Hoffnung für alle

Frauen begegnen Gott

Das Neue Testament mit Andachten von Frauen für Frauen

Hoffnung für alle

Frauen begegnen Gott

Das Neue Testament mit Andachten von Frauen für Frauen

Lydia Verlag Asslar
Brunnen Verlag Giessen/Basel

3. Auflage 2000

Übersetzung: Brunnen-Verlag Basel und Gießen

Umschlaggestaltung und Seitenlayout: Ursula Stephan
Satz: Die Feder GmbH, Wetzlar
Herstellung: Clausen & Bosse, Leck
ISBN 3-7655-6338-2 BRUNNEN
ISBN 3-9805788-0-1 LYDIA

Herzlich willkommen, liebe Leserin!

Sehnen Sie sich auch oft nach Orientierung in einer Welt, in der Richtig und Falsch so nah beieinanderzuliegen scheinen? Suchen Sie nach Wahrheit angesichts der Fülle von Meinungen, Meldungen und Informationen, mit denen wir nur so überschüttet werden? Würden Sie gern wissen, was Gott Ihnen heute sagen möchte?

In jedem Fall haben Sie eine gute Wahl getroffen, als Sie diese Bibel zur Hand nahmen. Hier finden Sie Ermutigung, Trost und Orientierung für Ihr Leben, und zwar aus der besten Quelle, die es gibt: aus dem Wort Gottes.

Die Andachten zu jedem biblischen Kapitel wollen dazu anregen, den Glauben im Alltag zu leben. Und warum nicht beim Lesen des biblischen Textes Papier und Bleistift zur Hand nehmen und notieren, wie Gott durch sein Wort zu Ihnen spricht? Wenn Sie, vielleicht Jahre später, diese Notizen wieder durchblättern, werden Sie staunen, wenn Sie im Rückblick erkennen, wie Gott Sie begleitet und geführt hat. Ihr Vertrauen auf Gott wird wachsen, wenn Sie seine Nähe so konkret erfahren.

Die Andachten in dieser Bibel sind wie ein bunter Blumenstrauß. Einige spiegeln die Erfahrungen junger Mütter, die von ihrem turbulenten Alltag zu Hause erzählen – und wie ihnen Gott mitten darin begegnet. Daneben stehen die Einsichten erfahrener Theologinnen, verpackt in kleine Geschichten, die Sie einen ganzen Tag hindurch begleiten können. Frauen im Beruf geben Einblick, wie der Glaube ihr Leben und ihren Alltag durchdringt und gestaltet. Und nicht zuletzt sind da die Stimmen von gereiften Frauen, von Müttern im Glauben, die uns Vorbilder für ein überzeugendes Leben sein können.

Sie greifen Themen auf, mit denen Frauen heute in Familie, Gesellschaft und Kirche konfrontiert werden: Beziehungen, Kindererziehung, Partnerschaft, Glaubensvertiefung, Frauen im kirchlichen Dienst und vieles mehr. Damit wird dieses Buch zu einer «Bibel zum Anfassen» – sie gibt praktische Anleitung, das Leben auch in schwierigen Zeiten an der Wahrheit Gottes auszurichten.

Bei aller Verschiedenheit in Lebenssituation und Lebensalter haben die Autorinnen (es sind übrigens 99) eines gemeinsam: ihre Liebe zu Gott und ihren Wunsch, Gottes Wort immer besser zu kennen und zu verstehen.

Es gibt keinen besseren Weg, Gott kennenzulernen und herauszufinden, was er uns sagen will, als den, seinen «Liebesbrief» an uns – die Bibel – täglich zu lesen. Es ist meine Hoffnung, daß die Stimmen der vielen Frauen, die in dieser Bibel zu Wort kommen, eine wirkliche Hilfe dazu sind, daß wir miteinander Gott in seinem Wort immer besser verstehen und immer tiefer lieben lernen.

Elisabeth Mittelstädt
Herausgeberin von LYDIA –
Die christliche Zeitschrift für die Frau

INHALT

Die Bücher des Neuen Testaments

Die Berichte über Jesus

Matthäus berichtet von Jesus 11
Markus berichtet von Jesus 99
Lukas berichtet von Jesus 153
Johannes berichtet von Jesus 240

Die Taten der Apostel 309

Die Briefe des Apostels Paulus

Der Brief an die Christen in Rom 396
Der erste Brief an die Christen in Korinth 444
Der zweite Brief an die Christen in Korinth 489
Der Brief an die Christen in Galatien 522
Der Brief an die Christen in Ephesus 540
Der Brief an die Christen in Philippi 556
Der Brief an die Christen in Kolossä 568
Der erste Brief an die Christen in Thessalonich 580
Der zweite Brief an die Christen in Thessalonich 591
Der erste Brief an Timotheus 599
Der zweite Brief an Timotheus 614
Der Brief an Titus 625
Der Brief an Philemon 632

Die übrigen Briefe

Der Brief an die Hebräer 636
Der Brief des Jakobus 672
Der erste Brief des Petrus 685
Der zweite Brief des Petrus 699
Der erste Brief des Johannes 708
Der zweite Brief des Johannes 721
Der dritte Brief des Johannes 723
Der Brief des Judas 725

Das prophetische Buch

Die Offenbarung an Johannes 729

Die Autorinnen 785

Matthäus berichtet von Jesus

Die Vorfahren Jesu
(Luk. 3,23–38)

1 Dieses Buch berichtet die Ge-
schichte von Jesus Christus. Er ist
Davids und Abrahams Nachkomme,
und das sind seine Vorfahren:
2 Abraham – Isaak – Jakob (der Vater
Judas und dessen Brüder)
3 Juda – Perez und Serach (Thamar
war ihre Mutter) – Hezron
4 Ram – Amminadab – Nachschon
5 Salma – Boas (Sohn der Rahab) –
Obed (Sohn der Ruth) – Jesse
6 König David – Salomo (seine Mutter
war Urias Frau)
7 Rehabeam – Abia – Asa
8 Josaphat – Joram – Usia
9 Jotham – Ahas – Hiskia
10 Manasse – Amon – Josia
11 Jojachin und seine Brüder (zur Zeit
der Verbannung in Babylon)
12 Sealthiel – Serubabel (nach der ba-
bylonischen Gefangenschaft)
13 Abiud – Eliakim – Asor
14 Zadok – Achim – Eliud
15 Eleasar – Matthan – Jakob.
16 Jakob war der Vater Josephs. Jo-
seph war der Mann Marias. Sie war
die Mutter Jesu Christi, des Sohnes
Gottes.
17 Von Abraham bis zu König Da-
vid sind es also vierzehn Generatio-
nen. Auch von David bis zur Verban-
nung in Babylon sind es vierzehn Ge-
nerationen, und von dieser Zeit bis zu
Christus noch einmal vierzehn.

Gott wird Mensch
(Luk. 1,26–2,20)

18 Und so wurde der Sohn Gottes
Mensch:[a] Seine Mutter Maria war mit
Joseph verlobt. Noch ehe sie verhei-
ratet waren, erwartete Maria ein
Kind, das Gottes Geist in ihr geschaf-
fen hatte. 19 Joseph sah keinen ande-
ren Ausweg, als die Verlobung still-
schweigend aufzulösen. Er wollte
nach Gottes Geboten handeln, aber
auch Maria nicht bloßstellen. 20 Er
grübelte noch darüber nach, wie er
sein Problem lösen sollte, als ihm im
Traum ein Engel Gottes erschien, der
zu ihm sagte: «Joseph, du Sohn Da-
vids, zögere nicht, Maria als deine
Frau zu dir zu nehmen! Denn das
Kind, das sie erwartet, ist vom Heili-
gen Geist. 21 Sie wird einen Sohn be-
kommen, den sollst du Jesus nennen,
das heißt ‹Retter›. Denn er wird sein
Volk von den Sünden befreien.»
22 Damit erfüllte sich, was Gott
durch seinen Propheten vorhergesagt
hatte: 23 «Eine Jungfrau wird schwan-
ger werden und einen Sohn bekom-
men. Den wird man Immanuel nen-
nen. Das bedeutet: ‹Gott ist mit
uns!›»[b]
24 Als Joseph erwachte, tat er, was
ihm der Engel befohlen hatte, und
nahm Maria als seine Frau zu sich.
25 Sie blieb aber Jungfrau bis zur Ge-
burt ihres Sohnes. Joseph gab ihm
den Namen Jesus.

a) Wörtlich: Mit der Geburt Jesu Christi verhielt es sich so:
b) Jesaja 7,14

BERUFEN, DAS LEBEN ZU SCHÜTZEN

Ingrid Trobisch

Matthäus 1,20

Joseph befindet sich in einer äußerst prekären Lage. Er ist ein rechtschaffener Mann und will Maria nicht öffentlich bloßstellen. Deshalb beschließt er, die Verlobung stillschweigend aufzulösen (Matthäus 1,19). Während er noch darüber nachdenkt, erscheint ihm im Traum ein Engel Gottes und spricht ihn mit Namen an. «Joseph», sagt er, «das Kind, das Maria erwartet, ist vom Heiligen Geist. Zögere nicht, sie als deine Frau zu dir zu nehmen.»

Die Geschichte findet ihre Fortsetzung in Vers 24. Wir erfahren, wie Joseph auf diese unerhörte Botschaft reagiert. Als er aufwacht, tut er unverzüglich, was ihm der Engel befohlen hat. «Er nahm Maria als seine Frau zu sich», heißt es.

Ich glaube, daß Gott uns zuweilen auf ungewöhnliche Art und Weise leitet. Vielleicht schlafen wir auch, so wie Joseph damals. Wenn Gott uns mit Namen ruft, gilt es aufzuwachen und zuzuhören. Gott möchte durch den heutigen Bibelabschnitt auch zu uns reden. Seine Botschaft lautet: «Achte auf das ungeborene Kind.»

Ich erinnere mich gut an einen Häuptling des Chagga-Volkes, das auf den Hängen des Kilimandscharo lebt, wo ich geboren bin. Dieser mächtige Mann hatte seinen männlichen Untertanen befohlen: «Gebt gut acht auf schwangere Frauen. Sie sind die wichtigsten Personen in unserem Stamm.»

Jede von uns ist dazu berufen, in diesem Sinne ein «Joseph» zu sein – Achtung vor dem Leben zu haben, vor dem ungeborenen wie vor dem geborenen. Jede von uns kann mithelfen, geschützte Räume zu schaffen, in denen Leben sich entfalten kann. Wenn wir das tun, tragen wir mit dazu bei, der Welt Gottes Ja zum Leben zu verkünden. Um dieses Ja ein für allemal zu bekräftigen, hat er den Christus gesandt.

Maria war ein Tempel des Heiligen Geistes, denn sie wurde dazu ausersehen, die Mutter Jesu zu werden. Mit ehrfürchtigem Staunen denke ich daran, daß auch wir dazu berufen sind, Tempel des Heiligen Geistes zu sein. Ich wünsche mir, daß wir uns dieser hohen Berufung würdig erweisen, indem wir Christus in unsere Umgebung hineintragen.

Gelehrte suchen den neuen König

2 Jesus wurde in Bethlehem geboren, einer kleinen Stadt in Judäa. Herodes war damals König. In dieser Zeit kamen einige Sternforscher aus dem Orient nach Jerusalem und erkundigten sich: 2 «Wo ist der neugeborene König der Juden? Wir haben seinen Stern aufgehen sehen und sind hierher gekommen, um ihn anzubeten.»

3 König Herodes war bestürzt, und nicht nur er, sondern alle Einwohner Jerusalems. 4 Er rief die führenden Priester und Schriftgelehrten zusammen und fragte sie: «Wo soll dieser neue König geboren werden?» 5 Sie antworteten ihm: «Im Buch des Propheten Micha heißt es: 6 ‹Bethlehem, du bist keineswegs die unbedeutendste Stadt im Land Judäa. Denn aus dir kommt der Mann, der mein Volk Israel führen wird.›»[a]

7 Da rief Herodes die Sternforscher heimlich zu sich und fragte sie, wann sie zum ersten Mal den Stern gesehen hätten. Anschließend schickte er sie mit diesem Befehl nach Bethlehem: 8 «Sucht nach dem Kind, und gebt mir Nachricht, wenn ihr es gefunden habt. Ich will dann auch hingehen und ihm Ehre erweisen.»

9 Nach diesem Gespräch gingen die Sternforscher nach Bethlehem. Und das Unglaubliche geschah: Der Stern, den sie im Osten gesehen hatten, führte sie. Er blieb über dem Haus stehen, in dem das Kind war. 10 Da kannte ihre Freude keine Grenzen. 11 Sie gingen in das Haus, wo sie das Kind mit seiner Mutter Maria fanden, knieten vor ihm nieder und beteten es an. Dann packten sie ihre Schätze aus und beschenkten das Kind mit Gold, Weihrauch und Myrrhe.

12 Im Traum befahl ihnen Gott, nicht mehr zu Herodes zurückzugehen. Deshalb wählten sie für ihre Heimreise einen anderen Weg.

Flucht nach Ägypten

13 In der folgenden Nacht erschien dem Joseph im Traum ein Engel Gottes, der ihn aufforderte: «Steh schnell auf und fliehe mit dem Kind und seiner Mutter nach Ägypten! Bleibt so lange dort, bis ich euch zurückrufe, denn Herodes will das Kind umbringen.» 14 Da zog Joseph noch in der Nacht mit Maria und dem Kind nach Ägypten. 15 Dort blieben sie bis zum Tode von Herodes. So erfüllte sich das Wort des Propheten, durch das Gott gesagt hatte: «Ich habe meinen Sohn aus Ägypten gerufen.»[b]

Jesus soll getötet werden

16 Herodes war außer sich vor Zorn, als er merkte, daß ihn die Sternforscher hintergangen hatten. Er ließ alle Jungen unter zwei Jahren in Bethlehem und in der Umgebung dieser Stadt umbringen. Das Alter des Kindes hatte er nach den Angaben der Sternforscher errechnet. 17 Mit diesem grausamen Mord erfüllte sich die Vorhersage des Propheten Jeremia: 18 «Schreie der Angst hört man in der Stadt Rama, das Klagen nimmt kein Ende. Rahel beweint ihre Kinder und ist untröstlich. Denn sie sind alle tot.»[c]

a) Micha 5,1
b) Hosea 11,1
c) Jeremia 31,15

MENSCHENSCHICKSAL

Brunhilde Blunck

Matthäus 2,13

Die Nachrichten bringen sie uns fast täglich ins Wohnzimmer, die Bilder aus Kriegs- und Krisengebieten: Müde, ausgemergelte Frauen mit ihren Kindern auf der Flucht. Mütter, die ihre letzte Kraft einsetzen, um dem geliebten Kind noch eine Überlebenschance zu geben. Kinder, manchmal schon vom Tode gezeichnet, die mit flehenden Augen die Mutter ansehen, von der sie Hilfe erwarten.

Jesus teilt das Schicksal der Menschen. Kaum hat Maria das verheißene Kind geboren, teilt sie das Schicksal der Flüchtlinge dieser Welt. Es geht auch um Leben und Tod. Der König Herodes befürchtet, daß dieses Kind ihm den Thron streitig machen könnte. Die Sternforscher aus dem Orient hatten ja von dem neugeborenen König der Juden gesprochen. Und der Prophet Micha hatte prophezeit, daß eines Tages ein Mann aus Bethlehem das Volk Israel führen und leiten sollte. Deshalb beschließt Herodes: Dieses Kind muß sterben!

Gott aber hat beschlossen: Jesus muß leben! Jesus ist in diese Welt gekommen, um den Menschen zu zeigen, wie sehr Gott sie liebt. Gott will uns durch Jesus Frieden geben und ewiges Leben schenken. Darum schickt Gott seinen Engel zu Joseph. Er fordert ihn im Traum auf, mit der Mutter und dem Kind die Flucht nach Ägypten anzutreten. Vielleicht hat Joseph gedacht: Hat Gott keine andere Möglichkeit, Jesus vor Herodes zu schützen? Warum mutet er dem Kind und der Mutter die Flucht und das Leben in der Fremde zu?

Flucht und Fremde – ich habe beides als Kind erlebt. Es war schrecklich, bei Nacht und Nebel nur mit dem Allernötigsten aufzubrechen. Ich war schon alt genug, um die Ängste meiner Mutter wahrzunehmen. Würde sie mit uns Kindern heil aus dem feindlichen Kessel herauskommen? Das Ziel war für sie genauso fern und fremd wie Ägypten für Maria. Maria hatte Joseph bei sich. Meine Mutter mußte die Flucht mit uns allein antreten.

Joseph sorgte sicher gut für Maria und das Kind. Und doch hat Maria sich bestimmt mehr auf Gott als auf Joseph verlassen. Mit Gott hat sie über ihre Angst geredet und über ihre Hoffnung, daß er das Kind am Leben erhalten würde.

Uns allen bleiben gefährliche und dunkle Lebenswege nicht erspart. Wie gut, wenn wir dann wie Maria Vertrauen zu Gott haben. Er ist auch in der Dunkelheit bei uns. Meine Mutter kannte damals auf der Flucht Gott noch nicht. Es war sehr schwer für sie, allein mit ihrer Not fertig zu werden. Aber als sie Jahre später zum Glauben fand, hat sie Gott auch für die Bewahrung auf der Flucht gedankt.

Rückkehr aus Ägypten

19 Als Herodes gestorben war, er-
schien dem Joseph in Ägypten wie-
der ein Engel Gottes im Traum und
sagte zu ihm: 20 «Stehe auf, nimm das
Kind und seine Mutter und kehre
heim in das Land Israel! Die Leute,
die das Kind töten wollten, sind ge-
storben.»
21 Da ging Joseph mit Maria und
dem Kind nach Israel zurück.
22 Als er aber erfuhr, daß Arche-
laus, der Sohn des Herodes, König
von Judäa geworden war, bekam er
Angst. Gott gab ihm im Traum die
Anweisung, in die Provinz Galiläa zu
ziehen. 23 So kamen sie nach Nazareth
und ließen sich dort nieder. Dadurch
erfüllte sich das Wort der Propheten
über Christus: «Man wird ihn den
Nazarener nennen.»

Ändert euch, Gottes Herrschaft kommt!

(Mark. 1,2–8; Luk. 3,1–18;
Joh. 1,19–28)

3 In dieser Zeit fing Johannes der
Täufer an, in der judäischen Wü-
ste zu predigen. Sein Hauptthema
war: 2 «Ändert euch von Grund auf!
Kehrt um zu Gott! Denn jetzt beginnt
die Herrschaft Gottes.» 3 Der Prophet
Jesaja hatte die Aufgabe des Jo-
hannes vorausschauend so beschrie-
ben: «Ich höre jemand in der Wüste
rufen: ‹Macht den Weg frei für den
Herrn! Räumt alle Hindernisse hin-
weg!›»[a]
4 Johannes trug einen aus Kamel-
haar gewebten Umhang, der von
einem Lederriemen zusammengehal-
ten wurde. Er ernährte sich von
Heuschrecken und Honig, den er
draußen fand. 5 Viele Menschen aus
Jerusalem, aus dem Jordantal und
aus allen Gegenden Judäas kamen zu
Johannes. 6 Sie bekannten ihre Sün-
den, und Johannes taufte sie im
Jordan.
7 Als er aber sah, daß auch viele
Pharisäer und Sadduzäer kamen, um
sich taufen zu lassen, wies er sie ab:
«Ihr Teufelspack! Wie könnt ihr
glauben, daß ihr dem kommenden
Gericht Gottes entrinnen werdet?
8 Beweist erst einmal durch Taten,
daß ihr euch wirklich ändern wollt!
9 Bildet euch nur nicht ein, daß ihr
euch damit herausreden könnt:
‹Abraham ist unser Vater!› Das wird
euch gar nichts helfen! Gott kann
selbst aus diesen Steinen hier Nach-
kommen Abrahams machen.
10 Schon ist die Axt erhoben, um die
Bäume an der Wurzel abzuschlagen.
Jeder Baum, der keine guten Früchte
bringt, wird umgehauen und ins
Feuer geworfen. 11 Wer umkehrt zu
Gott, den taufe ich mit Wasser. Nach
mir wird aber einer kommen, der ist
größer als ich. Ich bin nicht einmal
würdig, ihn zu bedienen.[b] Er wird
euch mit dem Heiligen Geist und mit
Feuer taufen. 12 Er hat schon die
Schaufel in seiner Hand, mit der er
die Spreu vom Weizen trennt. Die
Spreu wird er mit Feuer verbrennen,
das niemand löschen kann, aber den
Weizen wird er in seine Scheunen
bringen.»

a) Jesaja 40,3
b) Wörtlich: ihm die Schuhe nachzutragen.

Gebet für den Tag

Dorothea Unbehend

Matthäus 3,6

Vater, dieser Tag liegt vor mir wie ein weißes Blatt. Ich weiß nicht, was er mir bringen wird. Die Sonne geht auf und ihre Strahlen sind für mich wie ein Symbol deiner Liebe, hell, warm und freundlich. Reiche mir deine Hand, Herr, damit ich sie festhalte und mit dir durch diesen Tag hindurchgehe. Ziehe mich zurück, wenn ich Gefahr laufe, den Weg mit dir zu verlassen. Zeige mir, wo ich etwas tue, was dir nicht gefällt. Gib mir dafür bitte immer wieder Momente der Ruhe, in denen ich deine Stimme hören kann. In allen Entscheidungen lenke du mich, denn du weißt am besten, was gut ist für mich.

Öffne mir die Augen für die Fehler, die ich mache. Wenn ich dich kränke, sage es mir. Öffne mir die Ohren, daß ich deine leise Stimme höre. Laß mich deine Liebe weitergeben im Umgang mit den Menschen, die mir anvertraut sind. Die Menschen, die mir fremd sind und denen ich heute begegne, möchte ich mit deinen Augen sehen, sie respektieren und achten, weil sie dir wertvoll sind.

Mach mir alles bewußt, was mich von dir trennt, denn das ist Schuld in deinen Augen, das ist Sünde. Laß mich innehalten und sie dir bekennen und bringen. Reinige mich dann mit der Gnade deiner Vergebung, damit ich wieder aufstehen und weitergehen kann. Laß mich anhalten, niederknien, bekennen, umkehren und weiter in deiner Kraft vorwärtsgehen. So wie in der Taufe möchte ich eintauchen in deine heilende Vergebung und auftauchen in der Gewißheit deiner Liebe. Amen.

Alle Umkehr und Erneuerung
muß bei mir selbst anfangen.
Dietrich Bonhoeffer

Gott bekennt sich zu seinem Sohn
(Mark. 1,9–11; Luk. 3,21–22;
Joh. 1,32–34)

13 Auch Jesus kam aus seiner Heimat
in Galiläa an den Jordan, um sich von
Johannes taufen zu lassen. 14 Aber Jo-
hannes versuchte, ihn davon abzu-
bringen: «Ich müßte eigentlich von
dir getauft werden, und du kommst
zu mir?» 15 Jesus erwiderte: «Laß es
so geschehen, denn wir müssen alles
tun, was Gott will.»[a] Da wurde Jesus
von Johannes getauft.
16 Als Jesus wieder aus dem Wasser
stieg, öffnete sich der Himmel über
ihm, und er sah den Geist Gottes wie
eine Taube herabschweben und auf
sich kommen. 17 Gleichzeitig sprach
eine Stimme vom Himmel: «Dies ist
mein geliebter Sohn, an dem ich
Freude habe! Ihn habe ich erwählt.»

Wenn du Gottes Sohn bist, beweise es!
(Mark. 1,12–13; Luk. 4,1–13)

4 Danach wurde Jesus vom Geist
Gottes in die Wüste geführt, wo
ihn der Teufel versuchen sollte.
2 Vierzig Tage und Nächte lang aß er
nichts. Der Hunger quälte ihn. 3 Da
kam der Teufel zu ihm und forderte
ihn heraus: «Wenn du Gottes Sohn
bist, dann mach aus diesen Steinen
Brot!» 4 Jesus antwortete: «Nein,
denn es steht in der Heiligen Schrift:
‹Der Mensch lebt nicht allein von
Brot, sondern von allem, was der
Herr ihm zusagt!›»[b]
5 Da nahm ihn der Teufel mit nach
Jerusalem und stellte ihn an den Rand
der Tempelmauer. 6 «Spring hinun-
ter!» forderte er Jesus auf. «Du bist
doch Gottes Sohn! Und es steht ge-
schrieben: ‹Gott wird seine Engel
schicken. Sie werden dich auf Händen
tragen, und du wirst dich nicht einmal
an einem Stein verletzen!›»[c] 7 Jesus
entgegnete ihm: «Es steht aber auch
geschrieben: ‹Du sollst Gott, deinen
Herrn, nicht herausfordern!›»[d]
8 Nun führte ihn der Teufel auf einen
hohen Berg und zeigte ihm alle Reiche
der Welt und ihre Herrlichkeit. 9 «Das
alles gebe ich dir, wenn du vor mir nie-
derkniest und mich anbetest», sagte
er. 10 Aber Jesus wies ihn ab: «Weg mit
dir, Satan, denn es steht geschrieben:
‹Bete allein Gott, deinen Herrn, an
und gehorche ihm!›»[e] 11 Da gab der
Teufel auf und verließ ihn. Und die
Engel Gottes kamen und sorgten für
Jesus.

Hoffnung für alle, die von Gott nichts wissen
(Mark. 1,14–15; Luk. 4,14–15)

12 Als Jesus hörte, daß man Johannes
verhaftet hatte, zog er sich nach Gali-
läa zurück. 13 Er verließ Nazareth und
wohnte in Kapernaum am See Gene-
zareth, im Gebiet von Sebulon und
Naphtali. 14 Damit erfüllte sich das
Wort Jesajas: 15 «Du Land Sebulon
und Naphtali, Land am See und jen-
seits des Jordan, du gottloses Galiläa,
höre zu! 16 Das Volk, das in der Fin-
sternis wohnt, sieht ein großes Licht.

a) Wörtlich: denn so ist es für uns richtig, alle Gerechtigkeit zu erfüllen.
b) 5. Mose 8,3
c) Psalm 91,11–12
d) 5. Mose 6,16
e) 5. Mose 6,13

VERSUCHUNG

Elisabeth Mittelstädt

Matthäus 4,1–11

Auf das Brückengeländer gelehnt, starrte ich auf den Fluß tief unter mir, der im Sonnenlicht funkelte. Seit über einem Jahr war der Schmerz mein ständiger Begleiter, und jetzt gesellte sich auch noch seine Schwester, die Verzweiflung, dazu. «Spring!» flüsterte sie mir zu, «und alles ist vorbei. Nie mehr diese unerträglichen Schmerzen!»

Ich dachte an die Prognose des Arztes. Menschlich gesehen gab es keine Hoffnung auf Linderung der qualvollen Schmerzen. Die Angst kroch wieder in mir hoch. Wie sollte ich mit dieser Perspektive weiterleben?

Während die Aussicht auf Erlösung von den Schmerzen mir so tröstlich vor Augen stand, mußte ich an die Versuchung Jesu in der Wüste denken. Im selben Moment wußte ich, wer hinter diesem verführerischen Gedanken steckte.

Die Strategie des Versuchers hat sich seit seiner ersten Begegnung mit dem Menschen nicht verändert (vgl. 1. Mose 3). Er beginnt ganz harmlos mit einer *Frage.* In meinem Fall: «Willst du wirklich tagaus, tagein mit diesen Schmerzen leben?» Dann kommt er mit seinem *Gegenvorschlag:* «Es wäre besser, wenn du tot wärst.» Und schließlich gibt er einen scheinbar plausiblen Grund, *eigenmächtig zu handeln:* «Dann brauchst du nicht länger zu leiden.»

Versucht zu werden, gehört zum normalen Christenleben. Erst wenn wir der Versuchung nachgeben, wird sie zur Sünde. Jesus hat sich erfolgreich gegen den Versucher gewehrt. Zwei Faktoren waren dabei ausschlaggebend: Er kannte die *Schrift:* «Es steht geschrieben ...» Und er machte sie zum Maßstab für sein Handeln. Er war *gehorsam.* Das war seine natürliche Reaktion auf die göttliche Wahrheit.

Wie war ich an diesen Punkt völliger Verzweiflung gekommen? Warum hatte ich jede Hoffnung verloren? Nach und nach wurde mir deutlich, daß mein Beharren darauf, eine Antwort auf das «Warum» meines Leidens zu erhalten, der Verzweiflung die Tür geöffnet hatte.

Entschlossen, meinen unwillkommenen Besucher loszuwerden, sagte ich Gott, ich wolle nicht länger darauf bestehen, das Ganze zu verstehen, sondern ihm vertrauen.

Viele Jahre sind seit jener morgendlichen Versuchung auf der Brücke vergangen. Die Schmerzen begleiten mich noch immer. Aber Gott hat an die Stelle der Verzweiflung, die damals mein Leben bedrohte, die Hoffnung gesetzt.

Hell strahlt es auf über denen, die im Schatten des Todes leben und ohne Hoffnung sind.»[a]

17 Von da an begann Jesus zu predigen: «Ändert euch von Grund auf! Kehrt um zu Gott! Denn die Herrschaft Gottes bricht jetzt an!»

Vier Fischer folgen Jesus

(Mark. 1,16–20. Luk. 5,1–11; Joh. 1,35–51)

18 Am See Genezareth sah Jesus zwei Brüder: Simon, der später Petrus genannt wurde, und seinen Bruder Andreas. Sie waren Fischer und warfen gerade ihre Netze aus. 19 Jesus rief ihnen zu: «Kommt mit mir! Ich will euch zeigen, wie ihr Menschen für Gott gewinnen könnt.»[b] 20 Da ließen sie ihre Netze liegen und folgten ihm.

21 Etwas später sah er am Strand zwei andere Fischer, die Brüder Jakobus und Johannes. Sie saßen mit ihrem Vater Zebedäus im Boot und flickten Netze. Auch sie rief Jesus zu sich. 22 Sofort verließen sie das Boot und ihren Vater und gingen mit Jesus.

Jesus wirkt durch Wort und Tat

23 Jesus wanderte durch das Land Galiläa, predigte in den Synagogen und verkündete überall die Heilsbotschaft vom Reich Gottes. Er heilte alle Arten von Krankheiten und Leiden. 24 Bald wurde überall von ihm gesprochen, selbst in Syrien. Man brachte viele Kranke zu ihm, die unter großen Schmerzen litten: Besessene, Belastete und körperlich Behinderte.[c] Und er heilte sie alle. 25 Eine gewaltige Menschenmenge folgte Jesus, wohin er auch ging. Leute aus Galiläa, aus dem Gebiet der Zehn-Städte, aus Jerusalem und dem ganzen Gebiet von Judäa liefen ihm nach. Selbst vom gegenüberliegenden Jordanufer kamen sie.

Die Bergpredigt – Maßstäbe, die herausfordern

(Luk. 6,20–23)

5 Als Jesus die Menschenmenge sah, stieg er auf einen Berg. Nachdem er sich gesetzt hatte, traten seine Jünger zu ihm. 2 Da redete er zu ihnen und begann, sie zu unterweisen:

Wen Jesus glücklich nennt

3 «Glücklich[d] sind, die erkennen, wie arm sie vor Gott sind, denn Gottes Herrschaft und Herrlichkeit gehört ihnen.

4 Glücklich sind die Traurigen, denn Gott wird sie trösten.

5 Glücklich sind, die auf Gewalt verzichten, denn sie werden die ganze Erde besitzen.

6 Glücklich sind, die sich nach Gottes Gerechtigkeit sehnen, denn Gott wird ihre Sehnsucht stillen.

7 Glücklich sind die Barmherzigen, denn Gott wird auch mit ihnen barmherzig sein.

8 Glücklich sind, die ein reines Herz haben, denn sie werden Gott sehen.

a) Jesaja 8,23–9,1
b) Wörtlich: Her, hinter mich! Ich werde euch zu Menschenfischern machen.
c) Wörtlich: Und sie brachten alle, die mit verschiedenen Krankheiten übel dran und von Qualen beherrscht waren: Besessene und Mondsüchtige und Gelähmte.
d) Wörtlich: Glückselig, glücklich zu preisen.

[9]Glücklich sind, die Frieden stif-
ten, denn Gott wird sie seine Kinder
nennen.
[10]Glücklich sind, die deshalb ver-
folgt werden, weil sie Gottes Willen
tun. Sie werden mit Gott in seinem
Reich leben.
[11]Wenn ihr verachtet, verfolgt und
zu Unrecht verleumdet werdet, weil
ihr mir nachfolgt, dann könnt ihr dar-
über glücklich sein. [12]Ja, freut euch,
denn im Himmel werdet ihr dafür be-
lohnt werden. Genauso haben sie die
Propheten früher auch verfolgt.»

Salz und Licht: die Funktion der Christen in der Welt
(Mark. 4,21; 9,50;
Luk. 8,16; 11,33; 14,34–35)

[13]«Ihr seid das Salz, das die Welt vor
dem Verderben bewahrt. Aber so,
wie das Salz nutzlos ist, wenn es seine
Kraft verliert, so seid auch ihr nutz-
los, und man wird über euch hinweg-
gehen, wenn ihr eure Aufgabe in der
Welt nicht erfüllt.[a]
[14]Ihr seid das Licht, das die Welt
erhellt.[b] Eine Stadt, die hoch auf dem
Berg liegt, kann nicht verborgen blei-
ben. [15]Man zündet ja auch keine
Lampe an und deckt sie dann zu. Im
Gegenteil: Man stellt sie so auf, daß
sie allen im Haus Licht gibt. [16]Genau-
so soll euer Licht vor allen Menschen
leuchten. An euren Taten sollen sie
euren Vater im Himmel erkennen
und ihn auch ehren.»[c]

Gottes Wort gilt
(Luk. 16,17)

[17]«Meint nur nicht, ich bin gekom-
men, das Gesetz und das, was Gott
durch die Propheten gesagt hat, auf-
zuheben. Im Gegenteil, ich werde
beides voll zur Geltung bringen und
erfüllen.
[18]Denn das sage ich euch: Auch der
kleinste Buchstabe im Gesetz Gottes
behält seine Gültigkeit, solange die
Erde besteht. [19]Wenn jemand auch
nur den geringsten Befehl Gottes für
ungültig erklärt oder andere dazu
verleitet, der wird in Gottes Reich
keine Rolle spielen. Wer aber ande-
ren Gottes Gebote weitersagt und
sich selbst danach richtet, der wird im
Reich Gottes viel bedeuten.»

Die neue Gerechtigkeit
(Luk. 12,57–59)

[20]«Aber ich warne euch: Wenn ihr
nicht mehr aufweisen könnt als die
Pharisäer und Schriftgelehrten,[d]
kommt ihr nicht in Gottes Reich.
[21]Ihr habt gehört, daß es im Gesetz
des Mose heißt: ‹Du sollst nicht tö-
ten! Wer aber einen Mord begeht,
muß vor ein Gericht.›[e] [22]Doch ich sa-
ge euch: Schon wer auf seinen Bruder
zornig ist, den erwartet das Gericht.
Wer zu seinem Bruder ‹Du Idiot!›
sagt, der wird vom Obersten Gericht
abgeurteilt werden, und wer ihn ver-

a) Wörtlich: Ihr seid das Salz der Erde. Wenn aber das Salz fade geworden ist, womit soll man es salzen? Es taugt zu nichts mehr, als hinausgeworfen und von den Leuten zertreten zu werden.
b) Wörtlich: Ihr seid das Licht der Welt.
c) Wörtlich: ... daß sie eure guten Werke sehen und euren Vater, der in den Himmeln ist, verherrlichen.
d) Wörtlich: Wenn eure Gerechtigkeit nicht weit über die der Pharisäer und Schriftgelehrten hinausgeht.
e) 2. Mose 20,13; 21,12

LEBENSNOTWENDIG

Cornelia Mack

Matthäus 5,13

Ein König fragte seine drei Töchter, welche von ihnen ihn am meisten liebe. Die erste erklärte, sie liebe ihn mehr als Gold, die zweite sagte, er sei ihr lieber als alle Edelsteine. Die dritte Tochter dagegen antwortete, sie liebe ihn mehr als das Salz. Darauf fiel sie bei ihrem Vater in Ungnade, denn er deutete die Antwort seiner Tochter als Mißachtung und Geringschätzung. Als dann eines Tages das Salz im ganzen Land zur Neige ging und die Köche auf das Salz verzichten mußten, schmeckte niemandem mehr das Essen. Viele Menschen wurden krank, weil ihnen wichtige Mineralien fehlten. Da erinnerte sich der König an seine dritte Tochter: Er begriff, wie weise sie damals geantwortet hatte, er begriff, daß ohne Salz auf Dauer niemand leben kann, und freudig setzte er sie wieder in Ehren ein.

Jesus vergleicht uns Christen mit dem Salz der Welt. Wenn wir fehlen würden, wäre das Leben in vielen Bereichen fad und geschmacklos. Ein paar Körnchen Salz reichen schon aus, um den Geschmack des Ganzen zu verändern. Ein paar Christen in den Elternbeiräten, in den Finanzetagen, in den Positionen mit öffentlicher Verantwortung verändern das ganze Bild. Ein paar Christen, die Unrecht oder Verleumdung nicht schweigend hinnehmen, ein paar Christen, die nicht mitmachen bei Tratsch und hämischem Gerede, geben dem ganzen Umfeld ein anderes Gepräge.

Jesus macht auch deutlich, warum die, die ihm nachfolgen, solche Salzkraft ausstrahlen (V. 3–11). Christen sind anders, weil sie andere Werte und Prioritäten haben. Er gratuliert den Sanftmütigen, den Friedfertigen, denen, die ein reines Herz haben und sich nach Gottes Gerechtigkeit sehnen.

Wir fragen uns oft, ob wir als Christen überhaupt gehört werden, ob es überhaupt so bedeutend ist, was wir tun – wir zweifeln oft an der Wichtigkeit unseres Auftrags. Jesus zweifelt nicht. Er sagt ganz klar: Ja, ihr seid es. Er sagt nicht: Ihr solltet es sein, oder: Es wäre schön, wenn ihr … Er sagt: Ihr seid das Salz. Jesus selbst will sich in uns verherrlichen und durch uns in dieser Welt wirken. Vertrauen wir ihm, daß er es auch tut!

flucht, dem ist das Feuer der Hölle sicher.

[23] Wenn du während des Gottesdienstes ein Opfer bringen willst und dir fällt plötzlich ein, daß dein Bruder etwas gegen dich hat, [24] dann laß dein Opfer liegen, gehe zu deinem Bruder und versöhne dich mit ihm. Erst danach bringe Gott dein Opfer. [25] Setze alles daran, dich noch auf dem Weg zum Gericht mit deinem Gegner zu einigen. Du könntest sonst verurteilt werden und in das Gefängnis kommen. [26] Von dort wirst du nicht eher wieder herauskommen, bis du auch den letzten Pfennig deiner Schuld bezahlt hast.»

Kampf gegen die Sünde
(Matth. 18,8–9; Mark. 9,43–48)

[27] «Wie ihr wißt, heißt es im Gesetz: ‹Du sollst nicht die Ehe brechen!›[a] [28] Ich sage euch aber: Schon wer eine Frau mit begehrlichen Blicken ansieht, der hat im Herzen mit ihr die Ehe gebrochen.

[29] Wenn dich also dein rechtes Auge verführt, dann reiß es heraus und wirf es weg! Besser, du verlierst eins deiner Glieder, als daß du heil und unversehrt in die Hölle geworfen wirst. [30] Und wenn dich deine rechte Hand verführt, Böses zu tun, so hack sie ab und wirf sie weg! Es ist besser, ein Krüppel zu sein, als mit Haut und Haaren in die Hölle geworfen zu werden.»

Ehescheidung
(Matth. 19,9; Mark. 10,11–12; Luk. 16,18)

[31] «Bisher hieß es: ‹Wenn sich jemand von seiner Frau trennen will, soll er ihr eine Scheidungsurkunde geben.›[b] [32] Ich sage euch aber: Wenn ein Mann sich von seiner Frau trennt, obwohl sie ihn nicht mit einem anderen Mann betrogen hat, so treibt er sie zum Ehebruch. Und wer eine geschiedene Frau heiratet, der begeht auch Ehebruch.»

Wahrheit auch in kleinen Dingen

[33] «Ihr kennt auch diese Anweisung des Gesetzes: ‹Du sollst keinen Meineid schwören, sondern das halten, was du vor Gott versprochen hast.›[c] [34] Ich sage euch aber: Schwört überhaupt nicht! Wenn jemand sagt: ‹Der Himmel ist mein Zeuge!›, so mißbraucht er Gottes himmlischen Thron für seine weltlichen Geschäfte. [35] Und wenn du dich auf Dinge dieser Welt berufst, so mißbrauchst du Gott auch damit, denn die Erde ist sein Eigentum. Berufe dich nicht auf Jerusalem, denn sie ist die Stadt Gottes.[d] [36] Verbürge dich auch nicht mit deinem Kopf für etwas, denn du kannst ja nicht einmal ein einziges deiner Haare weiß oder schwarz wachsen lassen. [37] Sage einfach ‹Ja› oder ‹Nein›. Alle anderen Beteuerungen zeigen nur, daß du dich vom Bösen bestimmen läßt.»

a) 2. Mose 20,14
b) 5. Mose 24,1
c) 3. Mose 19,12; 4. Mose 30,3
d) Wörtlich: des großen Königs Stadt.

Entweder – oder!

Psalm 1

Glücklich ist, wer nicht lebt wie Menschen,
die von Gott nichts wissen wollen.
Glücklich ist, wer sich kein Beispiel an denen nimmt,
die gegen Gottes Willen verstoßen.
Glücklich ist, wer sich fern hält von denen,
die über alles Heilige herziehen.

Glücklich ist, wer Freude hat am Gesetz des Herrn
und darüber nachdenkt – Tag und Nacht.
Er ist wie ein Baum, der nah am Wasser steht,
der Frucht trägt jedes Jahr
und dessen Blätter nie verwelken.
Was er sich vornimmt, das gelingt.

Ganz anders ergeht es allen, denen Gott gleichgültig ist:
Sie sind wie dürres Laub, das der Wind verweht.
Vor Gottes Gericht können sie nicht bestehen.
Weil sie ihn abgelehnt haben,
sind sie von seiner Gemeinde ausgeschlossen.

Der Herr sorgt für alle, die nach seinem Wort leben.
Doch wer sich ihm trotzig verschließt,
der läuft in sein Verderben.

Vergeltung durch Liebe

(Luk. 6,27–30.32–36)

38 «Es heißt auch: ‹Wer einem anderen ein Auge ausschlägt, muß dafür mit seinem eigenen Auge büßen. Wer einem anderen einen Zahn ausschlägt, dem soll das gleiche geschehen.›[a] 39 Ich sage euch aber: Wehrt euch nicht, wenn euch Böses geschieht! Wenn man dir eine Ohrfeige gibt, dann halte die andere Wange auch noch hin! 40 Wenn einer dir dein Hemd nehmen will, so gib ihm auch noch den Mantel! 41 Wenn einer von dir verlangt, eine Meile mit ihm zu gehen, dann gehe zwei Meilen mit ihm! 42 Gib dem, der dich um etwas bittet, und auch dem, der etwas von dir leihen will.

43 Es heißt bei euch: ‹Liebt eure Freunde und haßt eure Feinde!›[b] 44 Ich sage aber: Liebt eure Feinde und betet für alle, die euch hassen und verfolgen! 45 Auf diese Weise handelt ihr nämlich als Kinder eures Vaters im Himmel. Denn er läßt seine Sonne für die Bösen wie für die Guten scheinen, und er läßt es regnen für Fromme und Gottlose. 46 Wollt ihr etwa noch dafür belohnt werden, wenn ihr die liebt, die euch auch lieben? Das tun sogar die, die Gott verachten! 47 Wenn ihr nur euren Freunden liebevoll begegnet, ist das etwas Besonderes? Das tun auch die, die von Gott nichts wissen. 48 Ihr aber sollt so vollkommen sein wie euer Vater im Himmel.»

Wertloser Gottesdienst

6 «Hütet euch davor, nur deshalb Gutes zu tun, damit die Leute euch bewundern.[c] So könnt ihr von eurem Vater im Himmel keinen Lohn mehr erwarten. 2 Wenn du einem Armen etwas gibst, mach kein großes Gerede davon, wie es die Heuchler tun. Sie reden davon in allen Gottesdiensten und an jeder Straßenecke. Sie wollen wegen ihrer Wohltätigkeit von allen gelobt werden. Das sage ich euch: Diese Leute haben ihren Lohn schon selbst einkassiert.[d] 3 Wenn du aber jemandem hilfst, dann soll deine linke Hand nicht wissen, was deine rechte tut; niemand soll davon erfahren. 4 Dein Vater, der alles sieht, wird dich dafür belohnen.»

Wie man beten soll

(Mark. 11,25–26; Luk. 11,2–4)

5 «Betet nicht wie die Heuchler! Sie bleiben gern in den Synagogen und an den Straßenecken stehen, um zu beten. Jeder soll es sehen. Ich sage euch: Sie haben von Gott nichts zu erwarten.[d] 6 Wenn du beten willst, gehe in dein Zimmer, schließe die Tür hinter dir zu, und bete zu deinem Vater. Und dein Vater, der selbst deine geheimsten Gedanken kennt, wird dich erhören.

7/8 Leiere deine Gebete nicht herunter wie Leute, die Gott nicht kennen. Sie meinen, Gott würde schon

a) Wörtlich: Auge um Auge, Zahn um Zahn. 2. Mose 21,24
b) 3. Mose 19,18
c) Wörtlich: ... daß ihr eure Gerechtigkeit nicht so vor den Menschen tut, um von ihnen gesehen zu werden.
d) Wörtlich: Ihr Lohn ist schon ausbezahlt (Verse 2.5).

antworten, wenn sie nur viele Worte
machen. Nein, euer Vater weiß genau, was ihr braucht, noch ehe ihr ihn
um etwas bittet.
9 Ihr sollt deshalb so beten:
‹Unser Vater im Himmel! Dein
heiliger Name soll geehrt werden.
10 Richte bald deine Herrschaft bei
uns auf. Laß deinen Willen hier auf
der Erde geschehen, wie er im Himmel geschieht.
11 Gib uns auch heute
wieder, was wir zum Leben brauchen.
12 Vergib uns unsere Schuld, wie wir
denen vergeben, die uns Unrecht getan haben.
13 Bewahre uns davor, daß
wir dir untreu werden,[a] und befreie
uns vom Bösen. Denn dir gehören
Herrschaft, Macht und Ehre für alle
Zeiten. Amen!›
14/15 Euer Vater im Himmel wird
euch vergeben, wenn ihr den Menschen vergebt, die euch Unrecht getan haben. Wenn ihr ihnen aber nicht
vergeben wollt, dann wird euch Gott
eure Schuld auch nicht vergeben.»

Verzichten, um zu gewinnen

16 «Fastet nicht wie die Heuchler! Sie
setzen eine wehleidige Miene auf, damit jeder merkt, was ihnen ihr Glaube wert ist. Das ist dann auch der einzige Lohn, den sie je bekommen werden.[b]
17 Wenn du fastest, dann pflege
dein Äußeres so,
18 daß keiner etwas
von deinem Verzicht merkt außer
deinem Vater im Himmel. Dein Vater, der jedes Geheimnis kennt, wird
dich belohnen.»

Reichtum, der seinen Wert nicht verliert
(Luk. 12,33–34)

19 «Häuft in dieser Welt keine Reichtümer an! Sie verlieren schnell ihren
Wert oder werden gestohlen.
20 Sammelt euch vielmehr Schätze im Himmel, die nie ihren Wert verlieren und
die kein Dieb mitnehmen kann.
21 Wo
nämlich eure Schätze sind, da zieht es
euch hin.»[c]

Licht und Finsternis
(Luk. 11,34–36)

22 «Das Auge gibt dir Licht. Wenn
deine Augen klar sehen, wirst du dich
überall sicher bewegen können.
23 Wenn du nun schlecht siehst, tappst
du unsicher herum. Hast du aber Gott
aus den Augen verloren, wie schrecklich wird dann deine Finsternis sein!»[d]

Gott gehört der erste Platz
(Luk. 12,22–31; 16,13)

24 «Niemand kann gleichzeitig zwei
Herren dienen. Wer dem einen richtig dienen will, wird sich um die Wünsche des andern nicht kümmern können. Genausowenig könnt ihr zur selben Zeit für Gott und das Geld leben.
25 Darum sage ich euch: Sorgt euch
nicht um euren Lebensunterhalt, um
Essen, Trinken und Kleidung. Leben
bedeutet mehr als nur Essen und
Trinken, und der Mensch ist mehr als
seine Kleidung.
26 Seht euch die Vögel
an! Sie säen nichts, sie ernten nichts

a) Wörtlich: Und führe uns nicht in eine Versuchung.
b) Wörtlich: Ihr Lohn ist schon ausbezahlt.
c) Wörtlich: Denn wo dein Schatz ist, dort wird auch dein Herz sein.
d) Verse 22–23 wörtlich: Das Licht des Leibes ist das Auge. Wenn nun dein Auge einfältig ist, wird dein ganzer Leib hell sein. Wenn aber dein Auge böse ist, wird dein ganzer Leib verfinstert sein. Wenn nun das Licht, das in dir ist, Finsternis ist, wie groß (ist dann) die Finsternis!

GUTEN MORGEN, LIEBE SORGEN

Dorothea Hille

Matthäus 6,34

Ich weiß nicht, ob Sie morgens mit einem Lied auf den Lippen aufwachen! Ich beglückwünsche Sie, wenn Sie das Lied singen können: «Ein neuer Tag beginnt, und ich freu mich». Meine Stirn legt sich jedoch oft schon morgens in Sorgenfalten: «Guten Morgen, liebe Sorgen, seid ihr auch schon wieder da», heißt es bei mir.

Und dann fällt mir nicht nur all das ein, was mich an diesem Tag belastet. Meine sorgenvollen Gedanken schweifen ins Morgen, ins Übermorgen, wenn ich 50 bin, wenn der Jüngste das Haus verläßt, wenn … Und schon ist der Tag für mich gelaufen.

Zum Glück kenne ich auch ein hilfreiches Rezept gegen solche «Morgenmelodien»: Täglich morgens beim Aufwachen eine Dosis Matthäus 6,34 einnehmen! Haben Sie keine Angst vor der Zukunft! Lassen Sie die Angst nicht in alle Ritzen Ihrer Seele dringen. «Angst essen Seele auf» heißt der Titel eines Films, der das Problem genau auf den Punkt bringt. Wir leben 70 oder 80 Jahre und haben Angst für 1000 Jahre. Welche Kräfteverschwendung! «Sich sorgen nimmt dem Morgen nichts von seinem Leid, aber es raubt dem Heute die Kraft!» schreibt Corrie ten Boom. Der Gott, der Sie vorgestern und damals – auch in den Krisen Ihres Lebens getragen, durchgetragen, ertragen hat, wird es auch morgen tun. Machen Sie doch aus Ihren Sorgen ein Gebet. Und dann leben Sie im Heute. Erwarten Sie gespannt, was es heute zum Freuen gibt. Und nehmen Sie die Lasten dieses Tages an. Das reicht. Nehmen Sie sie an als Herausforderung von Gott, zur Stärkung des Vertrauens, damit Sie andere trösten können, die auch viel zu tragen haben.

Gott wird dafür sorgen, daß Sie an diesem Tag nicht mehr aufgebürdet bekommen, als Sie mit seiner Hilfe ertragen können. Er trägt Sie heute, morgen, übermorgen.

Gute Nacht, liebe Sorgen, denn an diesem Tag soll Matthäus 6,34 meine Tagesmelodie bestimmen! Dann wird dieser Tag nicht nur erträglich, sondern wird erhellt von der Freude und Gelassenheit, die der lebendige Gott schenkt.

Anmerkung der Redaktion:
Dorothea Hille litt vor einigen Jahren an einem Gehirntumor, der erfolgreich entfernt werden konnte. Verständlich, daß für sie jeder neue Morgen, an dem sie ihre Gedanken klar ordnen kann, ein Anlaß zu großer Dankbarkeit ist.

und sammeln auch keine Vorräte.
Euer Vater im Himmel versorgt sie.
Meint ihr nicht, daß er sich um euch
noch viel mehr kümmert? 27 Und wenn
ihr euch noch so viel sorgt, könnt ihr
doch euer Leben auch nicht um einen
Augenblick verlängern.
28 Weshalb macht ihr euch so viele
Sorgen um eure Kleidung? Seht euch
die Blumen auf den Wiesen an! Sie
arbeiten nicht und kümmern sich auch
nicht um ihre Kleidung. 29 Doch selbst
König Salomo in seiner ganzen Herr-
lichkeit war lange nicht so prächtig ge-
kleidet wie irgendeine dieser Blumen.
30 Wenn aber Gott sogar das Gras so
schön wachsen läßt, das heute auf der
Wiese grünt und morgen vielleicht
schon verbrannt wird, meint ihr, daß
er euch dann vergessen würde? Ver-
traut ihr Gott so wenig?
31 Hört also auf, voller Sorgen zu
denken: ‹Werden wir genug zu essen
haben? Und was werden wir trinken?
Was sollen wir anziehen?› 32 Wollt ihr
denn leben wie die Menschen, die
Gott nicht kennen und sich nur mit
diesen Dingen beschäftigen? Euer
Vater im Himmel weiß ganz genau,
daß ihr das alles braucht. 33 Gebt nur
Gott und seiner Sache den ersten Platz
in eurem Leben, so wird er euch auch
alles geben, was ihr nötig habt.[a] 34 Des-
halb habt keine Angst vor der Zu-
kunft! Es ist doch genug, wenn jeder
Tag seine eigenen Lasten hat. Gott
wird auch morgen für euch sorgen.»

Kritik und Selbstkritik
(Luk. 6,37–38. 41–42)

7 «Urteilt nicht über andere, damit
Gott euch nicht verurteilt. 2 Denn
so wie ihr jetzt andere verurteilt, wer-
det auch ihr verurteilt werden. Und
mit dem Maßstab, den ihr an andere
legt, wird man euch selber messen.
3 Du regst dich auf über die kleinen
Schwächen deines Bruders und er-
kennst nicht deine eigene, viel größe-
re Schuld. 4 Du sagst: ‹Mein Freund,
komm her! Ich will dir die Augen für
deine Fehler öffnen!› Dabei bist du
blind für deine eigene Schuld. 5 Du
Heuchler! Kümmere dich zuerst um
deine Fehler, dann versuche, deinem
Bruder zu helfen.[b]
6 Gebt das, was euch heilig ist, nicht
Menschen preis, die es nicht achten.
Und was euch kostbar ist, verschleu-
dert nicht an solche, die seinen Wert
nicht erkennen. Sie werden sonst eu-
ern Glauben in den Dreck zerren und
euch hinterher auch noch angrei-
fen.»[c]

Beten hilft!
(Luk. 11,5–13)

7 «Bittet Gott, und er wird euch ge-
ben! Sucht, und ihr werdet finden!
Klopft an, dann wird euch die Tür ge-
öffnet! 8 Denn wer bittet, der wird be-
kommen. Wer sucht, der findet. Und
wer anklopft, dem wird geöffnet.

a) Wörtlich: Sucht zuerst die Königsherrschaft Gottes und seine Gerechtigkeit, so wird euch dies alles hinzugegeben werden.

b) Verse 3–5 wörtlich: Was aber siehst du den Splitter im Auge deines Bruders, den Balken in deinem Auge aber nimmst du nicht wahr? Oder wie wirst du zu deinem Bruder sagen: Erlaube, ich will den Splitter aus deinem Auge ziehen; und siehe, der Balken ist in deinem Auge? Heuchler, entferne zuerst den Balken aus deinem Auge. Dann wirst du klar sehen und kannst den Splitter aus dem Auge deines Bruders ziehen.

c) Wörtlich: Gebt das Heilige nicht den Hunden, und werft eure Perlen nicht vor die Schweine. Sonst zertreten sie sie mit ihren Füßen und machen dann kehrt und zerreißen euch.

SAG DOCH, WAS DU WILLST!

Ingrid Kern

Matthäus 7,7

Bitten, die nicht ausgesprochen werden, kann man schwer erfüllen. Vor mir sitzen zwei Menschen, die ich gut kenne. Sie hatten beide einmal hohe Ideale, als sie ihre Ehe begannen. Nun sind einige Jahre vergangen. Sie haben manche Krise durchlebt. Eigentlich normal – welche Ehe verläuft schon immer auf «sonnigen Höhen»! Die junge Frau ist die wortgewandtere, hat versucht, den Partner zum Sprechen zu zwingen. Aber er ist mehr und mehr verstummt. Er war einfach nicht in der Lage, seinen Gefühlen, seinen Wünschen für ein gelungenes Miteinander Ausdruck zu verleihen. Vielleicht wäre es ganz anders gekommen, wenn sie sich einmal offen ihre Bitten, ihre Wünsche und Erwartungen aneinander vorgetragen hätten.

Ich denke an eine andere Familie, in der die Eltern erklären: «Dieses Mädchen ist nicht mehr unsere Tochter.» Und die Tochter klagt: «Sie haben immer nur gefordert. Mich selbst haben sie als eigenständigen Menschen gar nicht ernst genommen. Kein Wunsch wurde mir erfüllt.» Auf die Frage, ob sie denn ihre Wünsche ausgesprochen habe, sagt sie nur: «Das hatte ja keinen Sinn. Meine Eltern bestimmten, was für mich gut war und was nicht.»

Unser menschliches Miteinander ist ein Spiegelbild unseres Verhaltens Gott gegenüber. Wir haben Erwartungen, Hoffnungen, Wünsche. Wir haben Vorstellungen davon, wie wir uns ein gelungenes Leben vorstellen, und entsprechende Erwartungen an Gott. Aber wir sprechen diese Wünsche oft nicht aus. Dann ziehen wir uns in unser Schneckenhaus zurück und schmollen, weil die Dinge nicht so laufen, wie wir es uns gewünscht haben.

Gott fordert uns auf: «Bittet, so wird euch gegeben.» Wenn ich eine Bitte ausspreche, habe ich mir klargemacht, was ich mir wünsche. Wir haben es bei Menschen und bei Gott nicht mit Maschinen oder Automaten zu tun, die einfach so funktionieren, wie es uns gefällt. Manchmal muß ich mehrmals bitten, damit der andere spürt, wie wichtig mir das Anliegen ist. Es kann allerdings auch manchmal geschehen, daß das, was ich mir so sehr ersehne, nicht gut für mich wäre und meine Bitte ausgeschlagen wird. Doch auch dann bleibt Gottes Zusage bestehen, daß wir empfangen, wenn wir bitten. Er wird uns das geben, was für unseren Weg gut ist.

[9]Wenn ein Kind seinen Vater um ein
Stück Brot bittet, wird er ihm dann
einen Stein geben? [10]Wenn es um
einen Fisch bittet, wird er ihm etwa
eine giftige Schlange anbieten?
[11]Wenn schon ihr hartherzigen,
sündigen Menschen euern Kindern
Gutes gebt, wieviel mehr wird euer
Vater im Himmel denen gute Gaben
schenken, die ihn darum bitten!
[12]So wie ihr von den Menschen be-
handelt werden möchtet, so behan-
delt sie auch. Das ist – kurz zusam-
mengefaßt – der Inhalt der ganzen
Heiligen Schrift.»

Nur zwei Wege
(Luk. 13,24)

[13]«Nur durch eine sehr enge Tür
könnt ihr in das Reich Gottes kom-
men. Der Weg zur Hölle dagegen ist
breit und hat ein weites Tor. Viele
entscheiden sich für diesen scheinbar
bequemen Weg. [14]Aber die Tür, die
zum Leben führt, ist eng, und der
Weg dorthin ist schmal. Deshalb ge-
hen ihn nur wenige.»

Das Erkennungszeichen
(Luk. 6,43–45)

[15]«Nehmt euch in acht vor denen, die
falsche Lehren verbreiten! Sie tarnen
sich als sanfte Schafe, aber in Wirk-
lichkeit sind sie reißende Wölfe.
[16]Wie man einen Baum an seiner
Frucht erkennt, so erkennt man auch
sie an ihrem Tun und Treiben. Wein-
trauben kann man nicht von Dorn-
büschen und Feigen nicht von Disteln
ernten.
[17]Ein guter Baum bringt gute
Früchte und ein kranker Baum
schlechte. [18]Ein guter Baum wird kei-
ne schlechten Früchte tragen, genau-
sowenig wie ein kranker Baum gute
Früchte hervorbringt. [19]Jeder Baum,
der keine guten Früchte bringt, wird
umgehauen und verbrannt. [20]Ebenso
werdet ihr auch einen Menschen an
seinen Taten erkennen.»

Fromme Schwätzer
(Luk. 6,46; 13,26–27)

[21]«Nicht, wer mich dauernd ‹Herr›
nennt, wird in Gottes Reich kommen,
sondern wer den Willen meines Va-
ters im Himmel tut. [22]Am Tag des
Gerichts werden zwar viele sagen:
‹Aber Herr, wir haben doch deine
Wahrheiten gepredigt! Wir haben
doch in deinem Namen Dämonen
ausgetrieben und mächtige Taten
vollbracht!› [23]Aber ich werde ihnen
antworten: ‹Ihr habt nie wirklich zu
mir gehört. Was ihr getan habt, das
habt ihr ohne mich getan. Geht mir
aus den Augen!›»[a]

Feste Fundamente
(Luk. 6,47–49)

[24]«Wer meine Worte hört und danach
handelt, der ist klug. Man kann ihn
mit einem Mann vergleichen, der sein
Haus auf felsigen Grund baut.
[25]Wenn ein Wolkenbruch nieder-
geht, das Hochwasser steigt und der
Sturm am Haus rüttelt, wird es trotz-
dem nicht einstürzen, weil es auf Fel-
sengrund gebaut ist. [26]Wer sich meine
Worte nur anhört, aber nicht danach
lebt, der ist so unvernünftig wie einer,
der sein Haus auf Sand baut. [27]Denn
wenn ein Wolkenbruch kommt, die
Flut das Land überschwemmt und der

a) Wörtlich: Geht weg von mir, die ihr die Gesetzlosigkeit tut.

Sturm um das Haus tobt, wird es mit großem Krachen einstürzen.»

Wirkung der Bergpredigt

28 Als Jesus seine Rede beendet hatte, waren die Zuhörer tief betroffen. 29 Denn was er gesagt hatte, waren nicht leere Worte wie bei ihren Schriftgelehrten. Sie merkten, daß Gott selbst durch Jesus zu ihnen gesprochen hatte.

Jesus heilt einen Leprakranken

(Mark. 1,40–45; Luk. 5,12–16)

8 Eine große Menschenmenge folgte Jesus, als er vom Berg herabstieg. 2 Da kam ein Leprakranker und fiel vor Jesus nieder: «Herr, wenn du willst, kannst du mich heilen!»

3 Jesus berührte den Mann und sagte: «Ich will's tun! Sei gesund!» Im selben Augenblick war der Mann von seiner Krankheit geheilt. 4 Da befahl ihm Jesus: «Sprich mit niemandem über deine Heilung, sondern gehe sofort zum Priester, damit er dich untersucht. Nimm auch das Opfer mit, so wie es Mose im Gesetz verlangt, damit jeder sieht, daß Gott dich geheilt hat.»[a]

Der Glaube des römischen Offiziers: «Dein Wort genügt!»

(Luk. 7,1–10; 13,28–30; Joh. 4,46–53)

5 Als Jesus in Kapernaum eintraf, kam ein Offizier der römischen Garnison zu ihm 6 und sagte: «Herr, heile meinen Diener! Er liegt gelähmt im Bett und leidet entsetzlich.» 7 Jesus antwortete: «Ich will mitkommen und ihn heilen.» 8 Der Offizier erwiderte: «Herr, ich bin nicht wert, dich in meinem Haus zu empfangen. Wenn du nur ein einziges Wort sagst, wird mein Diener gesund. 9 Auch ich habe Vorgesetzte, und ich erteile selbst Befehle an Untergebene. Wenn ich zu dem einen sage: ‹Geh!›, dann geht er. Wenn ich einem andern befehle: ‹Komm!›, dann kommt er. Und wenn ich zu meinem Diener sage: ‹Tu das!›, dann führt er meinen Auftrag aus.»

10 Als Jesus das hörte, wunderte er sich sehr. Und zur Volksmenge gewandt, sagte er: «Das ist sicher: Solch einen Glauben habe ich in Israel bisher nicht gefunden. 11 Eins aber will ich euch sagen: Viele Menschen aus aller Welt werden kommen und mit Abraham, Isaak und Jakob im Himmel das Freudenfest feiern. 12 Aber die ursprünglich für das Reich Gottes bestimmt waren, werden in die tiefste Finsternis hinausgestoßen, wo niemand ihr Heulen und ohnmächtiges Jammern hören wird.»

13 Dann sagte Jesus zu dem Offizier: «Du kannst gehen! Was du geglaubt hast, ist Wirklichkeit geworden.» Und zur selben Zeit wurde der Diener gesund.

Viele werden geheilt

(Mark. 1,29–34; Luk. 4,38–41)

14 Als Jesus in das Haus des Petrus kam, lag dessen Schwiegermutter mit hohem Fieber im Bett. 15 Jesus ergriff ihre Hand, da verschwand das Fieber. Sie konnte sogar aufstehen und ihre Gäste versorgen.

16 Am selben Abend wurden viele von bösen Geistern beherrschte Menschen zu Jesus gebracht. Er brauchte

a) Wörtlich: Und opfere die Gabe, die Mose angeordnet hat, ihnen zum Zeugnis.

VERSCHNAUFPAUSEN

Ruth Heil

Matthäus 8,23

Ein lieber Bekannter mäht gelegentlich mit der Sense die Wiese um unser Haus. Immer wieder hält er dabei inne, um sehr sorgfältig die Klinge der Sense zu schärfen. Dies kostet viel Zeit. Man sollte eigentlich denken: Er wäre viel schneller fertig, wenn er das Mähen nicht so oft unterbrechen würde. Aber der Schein trügt: Mit einer stumpfen Sense würde er wesentlich länger brauchen, und die Arbeit wäre viel beschwerlicher. Die scheinbare Unterbrechung fördert die Arbeitsleistung.

An diesen Bekannten denke ich oft, wenn ich meinen Tag beginne. Sicher können wir nicht immer die tägliche Arbeit unterbrechen, wann wir es gerade wollen. Aber wir dürfen, ja sollen uns Pausen schaffen. Es sind Momente, in denen wir mit Gott reden und unserer Seele Gutes gönnen.

Manchmal stelle ich den Kurzzeitwecker auf 10 Minuten und lasse die Kinder wissen, daß sie das Wohnzimmer nicht betreten dürfen, bevor er klingelt. Ich schließe die Tür und setze mich in meinen Schaukelstuhl. Dabei stelle ich mir vor, wie ich in der großen Hand Gottes Platz nehme: «Herr», bete ich, «das Leben überflutet mich wie eine große Welle. Ich fühle mich erstickt, erschlagen von der vielen Arbeit, dem Geschrei der Kinder, dem Telefon … Aber du, Herr, bist größer als alle Arbeit. Du bist jetzt da. Du hilfst mir durch. Ich brauche mich nicht mehr zu fürchten.»

Danach spüre ich, wie seine Ruhe mein Herz erfüllt. Dann ist mir wieder klar, daß die Ordnung im Haus nicht das Wichtigste im Leben ist, sondern der Friede Gottes in mir.

Manchmal schaffe ich mir nach dem Mittagessen ein wenig Platz auf dem Küchentisch. Da habe ich die Küche meist ganz für mich allein. Ich hole meine Farben und beginne zu malen, nicht *nach* getaner Arbeit, sondern *davor.* Denn Hausarbeit ist eine Arbeit, die man nur sieht, wenn sie nicht getan ist. Dann sitze ich im Chaos und male. Ich nenne das mein «Überlebenstraining».

Für Jesus war die Fahrt mit dem Schiff etwas Ähnliches: Er suchte den Abstand von den Menschen, um ihnen wieder neu begegnen zu können.

Innehalten, bei Gott ausruhen, das ist auch für uns wichtig. Gott gönnt es uns. Und deshalb dürfen wir es uns auch gönnen. Es ist, als wolle er uns zurufen: «Hab Mut, zu mir ins Boot zu steigen, damit du vom Abstand her deine Aufgaben mit neuen Augen sehen lernst.»

nur ein Wort zu sagen, und die Besessenen wurden frei und alle Kranken geheilt. 17 So erfüllte sich die Vorhersage des Propheten Jesaja: «Er nahm unsere Leiden auf sich und heilte unsere Krankheiten.»[a]

Kosten der Nachfolge
(Luk. 9,57–62)

18 Als Jesus merkte, daß die Menschenmenge um ihn immer größer wurde, ließ er sich von seinen Jüngern über den See an das andere Ufer rudern. 19 Da kam ein Schriftgelehrter zu ihm und sagte: «Meister, ich will mit dir gehen, ganz gleich wohin!» 20 Jesus antwortete ihm: «Die Füchse haben ihren Bau, und die Vögel haben ihre Nester; aber der Menschensohn hat keinen Platz, an dem er ausruhen kann.»

21 Ein anderer bat Jesus: «Herr, ich will erst noch meinen Vater beerdigen, aber dann will ich für immer bei dir bleiben.» 22 Doch Jesus erwiderte: «Komm jetzt mit mir, und überlaß es denen, ihre Toten zu begraben, die ohne Gott leben!»[b] 23 Danach stieg er in ein Boot und fuhr mit seinen Jüngern weg.

Sturm auf dem See
(Mark. 4,35–41; Luk. 8,22–25)

24 Mitten auf dem See brach plötzlich ein gewaltiger Sturm los, so daß die Wellen ins Boot schlugen. Aber Jesus schlief. 25 Da weckten ihn die Jünger und riefen voller Angst: «Herr, hilf uns, wir gehen unter!» 26 Jesus antwortete: «Warum habt ihr Angst? Habt doch mehr Vertrauen zu mir!» Dann stand er auf und bedrohte den Wind und die Wellen. Sofort legte sich der Sturm, und der See lag still da.

27 Alle fragten sich voller Staunen: «Was ist das für ein Mensch? Selbst Wind und Wellen gehorchen ihm!»

Belastete werden frei
(Mark. 5,1–20; Luk. 8,26–39)

28 Als Jesus mit seinen Jüngern am anderen Seeufer das Land von Gadara erreichte, liefen ihnen zwei Männer entgegen, die von Dämonen beherrscht wurden. Sie hausten in Grabhöhlen und waren so gefährlich, daß sich niemand in ihre Nähe wagte. 29 Sie fingen an zu schreien: «Was willst du von uns, du Sohn Gottes? Sollen wir schon jetzt gequält werden?»

30 In einiger Entfernung weidete gerade eine Schweineherde. 31 Die Dämonen baten ihn: «Wenn du uns schon austreibst, dann laß uns wenigstens in diese Schweineherde fahren!»

32 Jesus befahl ihnen: «Fort mit euch!» Da ließen die Dämonen die Männer frei, bemächtigten sich der Schweine, und die ganze Herde stürzte den Abhang hinunter und ertrank im See.

33 Entsetzt flohen die Hirten in die Stadt und erzählten, wie es bei der Befreiung der Besessenen zugegangen war. 34 Nun liefen alle Leute aus der Stadt Jesus entgegen. Sie baten ihn dringend, ihre Gegend wieder zu verlassen.

a) Jesaja 53,4
b) Wörtlich: Laß die Toten ihre Toten begraben.

Ein Gelähmter wird gesund
(Mark. 2,1–12; Luk. 5,17–26)

9 Jesus stieg in ein Boot und fuhr
über den See zurück nach Kaper-
naum, wo er wohnte[a]. 2 Dort brachten
sie auf einer Tragbahre einen Ge-
lähmten zu ihm. Als Jesus ihren
Glauben sah, sagte er zu dem Kran-
ken: «Habe keine Angst! Deine Sün-
den sind dir vergeben.»
3 «Dieser Gotteslästerer!» entsetz-
ten sich einige Schriftgelehrte. 4 Jesus
durchschaute sie und fragte: «Warum
habt ihr so böse Gedanken? 5 Was ist
leichter – zu sagen: ‹Deine Sünden
sind dir vergeben!› oder diesen Mann
zu heilen? 6 Aber ich will euch zeigen,
daß der Menschensohn die Macht
hat, schon jetzt[b] Sünden zu verge-
ben!» Und er sagte zu dem Gelähm-
ten: «Steh auf, nimm deine Tragbah-
re und geh nach Hause!» 7 Da stand
der Kranke auf und ging nach Hause.
8 Die Menschen erschraken, als sie
das sahen. Sie lobten Gott, der einem
Menschen so große Macht gegeben
hatte.

Der Zolleinnehmer Matthäus
(Mark. 2,13–17; Luk. 5,27–32)

9 Als Jesus durch die Stadt ging, sah er
den Zolleinnehmer Matthäus am Zoll
sitzen. Jesus forderte ihn auf:
«Komm, geh mit mir!» Sofort stand
Matthäus auf und folgte ihm.
10 Später war Jesus mit seinen Jün-
gern bei Matthäus zu Gast. Matthäus
lud viele seiner Kollegen ein und an-
dere Leute, die ebenso verrufen wa-
ren. 11 «Weshalb gibt sich euer Lehrer
mit solchem Gesindel ab?» empörten
sich die Pharisäer. 12 Jesus hörte das
und antwortete: «Die Gesunden
brauchen keinen Arzt, sondern die
Kranken!» 13 Und er fügte hinzu:
«Begreift doch endlich, was Gott
meint, wenn er sagt: ‹Nicht auf eure
Opfer oder Gaben kommt es mir an,
sondern darauf, daß ihr barmherzig
seid.›[c] Meine Aufgabe ist es, Sünder
in die Gemeinschaft mit Gott zu rufen
und nicht solche, die ihn schon ken-
nen.»

Neue Formen für das neue Leben
(Mark. 2,18–22; Luk. 5,33–39)

14 Eines Tages kamen die Jünger des
Johannes zu Jesus und erkundigten
sich: «Warum fasten deine Jünger ei-
gentlich nicht wie wir und die Pharisä-
er?» 15 «Sollen die Hochzeitsgäste
denn traurig sein, solange der Bräuti-
gam noch bei ihnen ist?» fragte Jesus.
«Die Zeit kommt früh genug, daß ich
nicht mehr bei meinen Jüngern bin.
Dann werden sie fasten.
16 Niemand flickt ein altes Kleid mit
neuem Stoff. Der alte Stoff würde an
der Flickstelle doch wieder reißen,
und das Loch würde nur noch größer.
17 Ebenso füllt niemand jungen, gä-
renden Wein in alte, brüchige Schläu-
che. Sonst platzen sie, der Wein läuft
aus, und die Schläuche sind un-
brauchbar.[d] So verlangt das neue Le-
ben nach neuen Ordnungen.»

a) Wörtlich: in seine Stadt.
b) Wörtlich: auf der Erde.
c) Hosea 6,6
d) Wörtlich: Junger Wein gehört in neue Schläuche, damit beide erhalten bleiben.

Macht über Krankheit und Tod
(Mark. 5,21–43; Luk. 8,40–56)

18 Als Jesus noch mit ihnen redete,
kam ein Vorsteher der jüdischen Ge-
meinde zu ihm, warf sich vor ihm nie-
der und sagte: «Meine Tochter ist ge-
rade gestorben. Aber du kannst sie
wieder lebendig machen. Komm
doch und lege deine Hände auf sie!»
19 Während Jesus mit seinen Jün-
gern zum Haus des Mannes ging,
20 berührte eine Frau, die seit zwölf
Jahren an schweren Blutungen litt,
von hinten heimlich ein Stück seines
Mantels. 21 Denn sie dachte: «Wenn
ich ihn nur berühre, werde ich be-
stimmt gesund.» 22 Jesus drehte sich
um, sah sie an und sagte: «Sei unbe-
sorgt! Dein Glaube hat dich geheilt.»
Im selben Augenblick war die Frau
gesund.
23 Jesus kam zum Haus des Synago-
genvorstehers. Als er den Tumult der
Leute sah und die Trauermusik hör-
te, sagte er: 24 «Geht alle hinaus! Das
Mädchen ist nicht tot, es schläft nur.»
Da lachten sie ihn aus. 25 Als die Leu-
te endlich hinausgetrieben waren,
trat Jesus in das Zimmer des Mäd-
chens und nahm die Hand des Kin-
des. Da stand das Mädchen auf und
war gesund. 26 Die Nachricht von
diesem Geschehen verbreitete sich
wie ein Lauffeuer in der ganzen Ge-
gend.

Blinde sehen

27 Als Jesus weiterging, liefen ihm
zwei Blinde nach und schrien: «Du
Sohn Davids! Hilf uns doch!» 28 Sie
folgten ihm bis in das Haus, in dem er
wohnte. Jesus fragte sie: «Glaubt ihr
denn, daß ich euch helfen kann?»
«Ja, Herr!» antworteten sie. 29 Da be-
rührte er ihre Augen und sagte: «Was
ihr mir zutraut, das soll sich erfüllen.»
30 Sofort konnten sie sehen. Jesus
aber befahl ihnen: «Niemand darf
von eurer Heilung erfahren.»
31 Trotzdem gingen sie in die Stadt
und erzählten überall von Jesus.

Jesus heilt: Der Widerstand wächst

32 Als die beiden gegangen waren,
brachte man einen Stummen zu ihm,
der von einem bösen Geist beherrscht
wurde. 33 Jesus trieb diesen Dämon
aus, und sofort konnte der Mann re-
den. Darüber wunderten sich die
Leute sehr und riefen: «So etwas ha-
ben wir noch nie erlebt!»
34 Aber die Pharisäer redeten ihnen
ein: «Er hat seine Macht vom Ober-
sten aller Dämonen bekommen, dar-
um kann er die Menschen von bösen
Geistern befreien.»

Hilflose Menschen – Gottes Ernte
(Mark. 6,34; Luk. 10,2)

35 Danach zog Jesus in viele Städte
und Dörfer. Er sprach in den Synago-
gen und verkündigte überall im Land
die Heilsbotschaft vom Reich Gottes.
Wohin er auch kam, heilte er alle
Krankheiten und Leiden. 36 Als er die
vielen Menschen sah, die ihm nach-
liefen, hatte er großes Mitleid mit ih-
nen. Sie waren hilflos und veräng-
stigt, ohne Ziel und ohne Hoffnung.
Sie waren wie Schafe ohne ihren Hir-
ten.
37 «Die Ernte ist so groß, aber es
gibt nur wenige Arbeiter», sagte Je-
sus zu seinen Jüngern. 38 «Bittet dar-
um den Herrn, daß er noch mehr Ar-
beiter schickt, die seine Ernte ein-
bringen!»

MACHT ÜBER KRANKHEIT UND TOD

Sigrid Arnold-Levey

Matthäus 9,19–22

Eine Frau macht sich auf den Weg zu Jesus Christus. Sie ist verhüllt und mischt sich unter die Menschenmenge um Jesus. Niemand kennt ihren Namen, niemand beachtet sie. Und das ist gut so, denn in der Anonymität der Menge ist sie geschützt vor dem Fingerzeig der anderen, der ihr bescheinigt, daß sie eine vom sozialen Leben ausgestoßene ‹unreine› Frau ist.

In Israel galten damals die Reinheitsgesetze, wie sie Mose das Volk gelehrt hatte. In ihren vielen Einzelbestimmungen machen sie deutlich, daß das von Gott erwählte Volk bis ins Alltägliche hinein die Heiligkeit seines Gottes spiegeln sollte. Vor Gott bedarf der Mensch stets der Reinigung.

Die Reinheitsgesetze gewährten unter anderem Frauen Schutz vor übermäßigen oder kultischen sexuellen Kontakten: Sie waren während ihrer Mensis ‹unrein› (3. Mose 15,21); ferner galten sie so, wenn sich Blutungen zu anderen Zeiten einstellten. Im Laufe der Jahrhunderte war dieses Gesetz allerdings zum Stigma für Frauen geworden.

Vor diesem Hintergrund wird die wunderbare Erfahrung der Heilung, die diese Frau mit Jesus macht, noch anschaulicher. Zwölf Jahre lang hat sie unter ihrer Krankheit gelitten und mit der Tatsache leben müssen, daß jeder, der mit ihr in Berührung kam, ‹unrein› wurde (3. Mose 15,25–27). Vermutlich hatten viele erfolglose ärztliche Behandlungen ihre finanziellen Mittel aufgebraucht. Nun lebte sie allein und isoliert von den Menschen. Aber auch isoliert von Gott, denn als ‹Unreine› durfte sie weder den Tempel noch eine Synagoge betreten.

Dann wagt die Frau einen kühnen Glaubensschritt: Sie berührt den Mantel Jesu an seinem äußersten Zipfel. Sie, deren Berührung andere unrein macht, erfährt in der Berührung Jesu augenblickliche Heilung an Körper und Seele.

Die Geschichte dieser ‹unreinen› Frau ist verwoben mit der Geschichte eines Obersten, der Jesus für seine im Sterben liegende Tochter um Hilfe bittet. Stellvertretend für das sterbende Mädchen glauben sein Vater und seine Mutter, und auch das Kind wird durch Jesu Berührung und Worte augenblicklich von Krankheit und Tod befreit.

In der Gegenwart Jesu verlieren Krankheit und Tod ihre Macht. Manche körperlichen Gebrechen mögen zwar weiter bestehen. Doch Jesus will das Erkrankte in unserem Leben berühren, durch sein Wort ansprechen und uns aus persönlicher Isolation und Trostlosigkeit herausführen.

Die zwölf Jünger Jesu
(Mark. 3,13–19; Luk. 6,13–16; Apg. 1,13)

10 In dieser Zeit rief Jesus seine zwölf Jünger zu sich und gab ihnen Vollmacht, böse Geister auszutreiben, die Kranken und Leidenden zu heilen.

2 Das sind die Namen der zwölf Apostel: Simon, den man auch Petrus nannte, und sein Bruder Andreas; Jakobus, der Sohn des Zebedäus, und sein Bruder Johannes; 3 Philippus und Bartholomäus; Thomas und Matthäus, der ehemalige Zolleinnehmer; Jakobus, der Sohn des Alphäus, und Thaddäus; 4 Simon, der ehemalige Freiheitskämpfer, und Judas Ischariot, der Jesus später verriet.

Der Auftrag an die Jünger
(Mark. 6,7–11; Luk. 9,1–6; 10,3–12)

5 Diese Zwölf sandte Jesus aus und gab ihnen folgenden Auftrag: «Geht nicht zu den Heiden oder in die Städte der Samariter, 6 sondern geht nur zu den Menschen aus dem Volk Israel, die sich von Gott entfernt haben. 7 Ihnen sollt ihr diese Nachricht bringen: ‹Die Gottesherrschaft bricht jetzt an!› 8 Heilt, weckt Tote auf, macht Leprakranke gesund und treibt Dämonen aus!

Tut alles, ohne etwas dafür zu verlangen, denn ihr habt auch die Kraft dazu umsonst bekommen. 9 Nehmt kein Geld mit auf die Reise, 10 auch keine Tasche mit Kleidern, keine Schuhe und keinen Wanderstock. Denn Gott wird für euch sorgen.[a]

11 Wenn ihr in eine Stadt oder in ein Dorf kommt, dann sucht jemand, der euch gern aufnimmt. Dort bleibt, bis ihr weiterzieht. 12 Wenn ihr in ein Haus eintretet, dann segnet es und sagt: ‹Friede sei mit euch!› 13 Nimmt man euch auf, so wird der Friede, den ihr bringt, in diesem Haus bleiben. Nimmt man euch nicht auf, so wird Gottes Friede nicht bei ihnen sein.

14 Wenn ihr in einer Stadt oder in einem Haus nicht willkommen seid und man eure Botschaft nicht hören will, so geht fort und kümmert euch nicht mehr um diese Leute! Schüttelt vielmehr den Staub von euren Füßen als Zeichen dafür, daß Gott diese Stadt strafen wird. 15 Aber das sage ich euch: Die Einwohner der Städte Sodom und Gomorrha werden am Gerichtstag besser wegkommen als die Menschen einer solchen Stadt.»

Jünger müssen mit Widerstand rechnen
(Mark. 13,9–13; Luk. 12,11–12; 21,12–19)

16 «Ich sende euch wie Schafe unter die Wölfe. Seid klug wie Schlangen, aber ohne Verschlagenheit wie Tauben. 17 Nehmt euch in acht vor den Menschen! Sie werden euch vor Gericht bringen, und in den Synagogen wird man euch auspeitschen. 18 Um meinetwillen werdet ihr vor Machthabern und Königen verhört werden. Dort werdet ihr meine Botschaft bezeugen, denn alle Völker müssen von mir erfahren.

19 Wenn ihr verhört werdet, sollt ihr euch nicht darum sorgen, was ihr zu sagen habt! Denn zur rechten Zeit wird Gott euch das rechte Wort geben. 20 Nicht ihr werdet es sein, die

a) Wörtlich: Denn der Arbeiter ist seiner Ernährung wert.

SPATZENPREDIGT

Elisabeth Mittelstädt

Matthäus 10,29–33

Ich hatte die ganze Nacht schlecht geschlafen. Sorgen über die verschiedensten Dinge plagten mich. Es fing bereits an zu dämmern, als ich endlich in einen unruhigen Schlummer fiel. Kurz darauf stimmten die Vögel mit aller Kraft ihr Morgenlied an.

Tränen traten mir in die Augen. Es schien, als wollte Gott mich an die trostreichen Worte hier in Matthäus 10,28–33 erinnern. «Welchen Wert hat schon ein Spatz auf dem Dach! Trotzdem fällt keiner tot zur Erde, wenn es euer Vater nicht will. Selbst die Haare auf eurem Kopf sind alle gezählt. Darum habe keine Angst! Ihr seid Gott mehr wert als ein ganzer Spatzenschwarm.» Gottes Interesse an den Vögeln ist so groß, daß er auf jeden einzelnen ganz besonders achtet! Sollte er mich weniger liebhaben als sie?

Als ich einige Zeit später das Badezimmer betrat, entdeckte ich auf den weißen Fliesen ein paar schwarze Haare meines Mannes. Unwillkürlich mußte ich lächeln. Gott weiß sogar über die Haare Bescheid, die mein Mann verliert! Und wenn er jedes einzelne meiner Haare kennt, überlegte ich weiter, dann weiß er auch sonst alles über mich – einschließlich meiner Sorgen. Der Gedanke, daß Gott sich sogar um die kleinsten Angelegenheiten unseres Lebens kümmert, überwältigte mich schier. Sein Interesse an uns ist so groß, daß er diese beiden simplen, alltäglichen Dinge – unscheinbare Vögel und verlorene Haare – benutzt, um uns immer wieder daran zu erinnern. Wir brauchen uns wirklich keine Sorgen zu machen, sondern dürfen ihm schlicht und einfach vertrauen.

Sollte ich kommende Nacht wieder wach liegen und mich mit irgendwelchen Sorgen abplagen, dann werde ich mir meinen Lieblingsvers aufsagen: «Es ist mein Friede, den ich euch gebe; ein Friede, den sonst keiner geben kann. Seid deshalb ohne Sorge und Furcht!» (Johannes 14,27). Vielleicht muß ich ihn mehrmals wiederholen und gezielt darüber nachdenken, ehe ich wieder einschlafen kann. Dann wird auch bald der neue Morgen da sein und mit ihm die Vögel, um mich daran zu erinnern, daß Gott mich liebt und für mich sorgt. Ich brauche mir keine Sorgen zu machen. Nur die Haare im Badezimmer sollte ich doch vielleicht lieber wegsaugen!

Rede und Antwort stehen, sondern
der Geist eures Vaters im Himmel
wird durch euch sprechen.
21 Ein Bruder wird den anderen dem
Henker ausliefern. Väter werden ihre
eigenen Kinder anzeigen. Kinder wer-
den gegen ihre Eltern vorgehen und
deren Hinrichtung veranlassen. 22 Al-
le Welt wird euch hassen, weil ihr euch
zu mir bekennt. Aber wer bis zuletzt
durchhält, der wird gerettet.
23 Wenn man euch in der einen Stadt
verfolgt, dann flieht in eine andere.
Ich versichere euch: Noch ehe ihr mei-
nen Auftrag in allen Städten Israels
ausgeführt habt, wird der Menschen-
sohn wiederkommen. 24 Der Schüler
steht nicht über seinem Lehrer, und
ein Diener hat es nicht besser als sein
Herr. 25 Sie können zufrieden sein,
wenn es ihnen genauso geht wie ihren
Lehrern und Herren. Wenn sie aber
den Herrn des Hauses schon ‹Teufel›
genannt haben, was werden sie erst zu
seinen Angehörigen sagen?»

(Luk. 12,2–9; Mark. 8,38)

26 «Darum fürchtet euch nicht vor de-
nen, die euch bedrohen. Denn jetzt
kommt bald die Zeit, in der die Wahr-
heit ans Licht kommt und die geheim-
sten Pläne bekannt werden. 27 Was ich
euch im Dunkeln sage, das ruft am
hellichten Tag laut hinaus! Was ich
euch ins Ohr flüstere, das sagt aller
Welt weiter! 28 Habt keine Angst vor
denen, die nur den Körper, aber nicht
eure Seele töten können! Fürchtet
euch vor Gott, der Leib und Seele in
der Hölle verderben kann.
29 Welchen Wert hat schon ein
Spatz auf dem Dach! Trotzdem fällt
keiner tot zur Erde, wenn es euer Va-
ter nicht will. 30 Selbst die Haare auf
eurem Kopf sind alle gezählt. 31 Dar-
um habt keine Angst! Ihr seid Gott
mehr wert als ein ganzer Spatzen-
schwarm.
32 Wer sich öffentlich zu mir be-
kennt, für den werde ich auch vor mei-
nem Vater im Himmel eintreten.
33 Wer aber vor den Menschen nicht zu
mir steht, für den werde ich auch vor
meinem Vater im Himmel nicht ein-
treten.»

Konsequenzen der Nachfolge
(Luk. 12,51–53; 14,26–27;
Mark. 8,34–35; Joh. 12,25)

34 «Meint nur nicht, daß ich gekom-
men bin, um Frieden auf die Erde zu
bringen. Nein, ich bringe Kampf!
35 Ich werde Vater und Sohn, Mutter
und Tochter, Schwiegertochter und
Schwiegermutter gegeneinander auf-
bringen. 36 Die schlimmsten Feinde
werden in der eigenen Familie sein.
37 Wer seinen Vater oder seine Mut-
ter, seinen Sohn oder seine Tochter
mehr liebt als mich, der ist es nicht
wert, daß ich für ihn da bin. 38 Und wer
nicht bereit ist, diese Lasten auf sich zu
nehmen und mir nachzufolgen, der
kann nicht zu mir gehören. 39 Wer sich
an sein Leben klammert, der wird es
endgültig verlieren. Wer es aber für
mich einsetzt, der wird ewig leben.»

Nichts bleibt ohne Lohn
(Mark. 9,41; Luk. 10,16; Joh. 13,20)

40 «Wer euch aufnimmt, der nimmt
mich auf, und wer mich aufnimmt,
der nimmt Gott auf, der mich gesandt
hat. 41 Wer einen von Gott gesandten
Verkündiger der Heilsbotschaft auf-
nimmt, der wird wie dieser Gottesbo-
te belohnt werden. Und wer einen
frommen Menschen aufnimmt, weil
dieser mit Gott lebt, der wird densel-
ben Lohn empfangen. 42 Wer einen
meiner unbedeutendsten Nachfolger

Freude im Leid

Psalm 4

Ein Lied Davids

O Gott, hörst du nicht meinen Hilfeschrei?
Du bist es doch, der für mich eintritt, der mich verteidigt!
Als ich vor Angst gelähmt nicht mehr weiter wußte,
hast du mir den rettenden Ausweg gezeigt.
So hilf mir auch jetzt und erhöre mein Gebet!

Ihr Mächtigen im Land, ihr mißbraucht euren Einfluß.
Ihr zieht meine Ehre in den Dreck und verbreitet Lügen.
Ihr habt Freude daran, mich zu verleumden.
Wann hört ihr endlich auf damit?

Begreift doch: Wer Gott die Treue hält,
steht unter seinem besonderen Schutz.
Er hört mich, wenn ich zu ihm rufe.

Plant nichts Böses mehr gegen mich,
auch wenn ihr zornig seid!
Nehmt euch Zeit, besinnt euch und gebt endlich Ruhe!
Wenn ihr Gott Opfer bringt, dann denkt daran,
daß er euer Herr ist, und vertraut ihm!

Viele jammern: «Wann wird es uns endlich besser gehen?
Herr, laß uns deine Nähe erfahren,
damit wir wieder aufatmen können!»
Und wirklich: Du hast mich wieder froh gemacht.
Während andere sich nur über eine reiche Ernte freuen können,
ist meine Freude viel größer.
Ich kann ruhig schlafen,
auch wenn kein Mensch zu mir hält,
denn du, Herr, beschützt mich.

auch nur mit einem Schluck Wasser erfrischt, weil er zu mir gehört, der wird seinen Lohn erhalten. Darauf könnt ihr euch verlassen!»

11 Nachdem Jesus seinen zwölf Jüngern diese Anweisungen gegeben hatte, zog er weiter, um in den Städten des Landes die Heilsbotschaft zu verkündigen[a].

Jesus und Johannes der Täufer

(Luk. 7,18–30)

2 Johannes der Täufer war zu der Zeit im Gefängnis und hörte dort von den Taten Jesu Christi. Er schickte seine Jünger mit der Frage zu Jesus: 3 «Bist du wirklich der Retter, der kommen soll, oder müssen wir auf einen andern warten?»

4 Jesus antwortete: «Geht zu Johannes zurück und erzählt ihm, was ihr miterlebt habt: 5 Blinde sehen, Gelähmte gehen, Leprakranke werden geheilt, Taube hören, Tote werden wieder lebendig, und den Armen wird die frohe Botschaft verkündet. 6 Sagt ihm außerdem: Glücklich ist jeder, der nicht an mir zweifelt.»

7 Als die Jünger des Johannes gegangen waren, wandte sich Jesus an die Menschenmenge, die ihn umgab, und fragte: «Was habt ihr von Johannes erwartet, als ihr zu ihm in die Wüste hinausgezogen seid? Wolltet ihr ein Schilfrohr sehen, das von jedem Windhauch hin- und herbewegt wird? 8 Oder wolltet ihr einen Mann in vornehmer Kleidung sehen? Dazu hättet ihr in die Königspaläste gehen müssen! 9 Oder wolltet ihr einem Propheten begegnen? Ja, Johannes ist ein Prophet und mehr als das.

10 Johannes ist der Mann, von dem geschrieben steht: ‹Ich schicke meinen Boten voraus, der dein Kommen ankündigt und die Menschen darauf vorbereitet.›[b] 11 Das eine versichere ich euch: Von allen Menschen, die je geboren wurden, ist keiner bedeutender als Johannes der Täufer. Trotzdem werden die Geringsten im Reich Gottes größer sein als er. 12 Seit Johannes der Täufer da ist, richtet Gott seine Herrschaft auf, wenn auch Gewalttätige versuchen, es zu verhindern.[c] 13 Das ganze Gesetz und die Propheten bis hin zu Johannes haben darauf hingewiesen. 14 Wenn ihr es begreifen könnt: Er ist Elia, von dem die Propheten sagten, daß er kommen wird, wenn Gottes Königreich beginnt. 15 Hört auf meine Worte und handelt danach.»

Jesu Urteil über seine Zeitgenossen

(Luk. 7,31–35; 10,13–15)

16 «Wie soll ich die Menschen von heute beschreiben? Sie sind wie spielende Kinder auf der Straße, die zu ihren Freunden sagen: 17 ‹Wir haben Musik gemacht, und ihr habt nicht getanzt. Danach haben wir Beerdigung gespielt, und ihr seid nicht traurig gewesen.› 18 Johannes fastete oft und trank keinen Wein. Da habt ihr gesagt: ‹Der ist ja von einem bösen Geist besessen!› 19 Nun ist der Menschensohn gekommen, ißt und trinkt

a) Wörtlich: zu lehren und zu verkündigen.
b) Maleachi 3,1
c) Hier sind verschiedene Übersetzungen möglich. Wörtlich: ... wird der Königsherrschaft der Himmel Gewalt angetan, und Gewalttätige rauben sie (reißen sie an sich). Vgl. Matth. 23,13.

wie jeder andere, und ihr beschuldigt ihn: ‹Er ißt unmäßig und trinkt wie ein Säufer; und zwielichtige Gestalten sind seine Freunde.› Doch wie recht die Weisheit Gottes hat, erweist sich in dem, was sie bewirkt.»[a]

20 Dann drohte Jesus den Städten, in denen er die meisten Wunder getan hatte, ohne daß sie sich zu Gott bekehrt hätten: 21 «Weh euch, ihr Einwohner von Chorazin und Bethsaida! Wenn die Wunder, die ich bei euch getan habe, in den lasterhaften Hafenstädten Tyrus oder Sidon geschehen wären, ihre Einwohner hätten längst ihre Schuld erkannt und ihr Leben geändert. 22 Am Tage des Gerichts wird es Tyrus und Sidon besser ergehen als euch! 23 Und du, hoch gerühmtes Kapernaum, zur Hölle wirst du fahren! Wenn die Taten, die du erlebt hast, in Sodom geschehen wären, die Stadt würde noch heute stehen. 24 Darauf kannst du dich verlassen: Es wird Sodom am Gerichtstag besser ergehen als dir!»

Die neue Lebensordnung
(Luk. 10,21–22)

25 Und Jesus betete: «Mein Vater, Herr über Himmel und Erde, ich danke dir, daß du die Wahrheit vor denen verbirgst, die sich für klug halten; aber den Unwissenden hast du sie enthüllt. 26 Ja, Vater, so entspricht es deinem Willen. 27 Mein Vater hat mir alle Macht gegeben. Nur der Vater kennt den Sohn. Und kein Mensch außer dem Sohn kennt den Vater – es sei denn, der Sohn zeigt ihm den Vater.»

28 «Kommt alle her zu mir, die ihr euch abmüht und unter eurer Last leidet! Ich werde euch Frieden geben. 29 Nehmt meine Herrschaft an und lebt darin! Lernt von mir! Ich komme nicht mit Gewalt und Überheblichkeit. Bei mir findet ihr, was euerm Leben Sinn und Ruhe gibt. 30 Ich meine es gut mit euch und bürde euch keine unerträgliche Last auf.»

Gesetzlichkeit oder Liebe?
(Mark. 2,23–28; Luk. 6,1–11)

12 Eines Tages wanderte Jesus mit seinen Jüngern am Sabbat durch die Getreidefelder. Die Jünger waren hungrig und rissen einzelne Weizenähren ab, um die Körner zu essen. 2 Als das die Pharisäer sahen, beklagten sie sich bei Jesus: «Deine Jünger brechen Gottes Gebote! Sie ernten am Sabbat Getreide!»

3 Jesus antwortete ihnen darauf: «Habt ihr nicht die Geschichte von König David und seinen Freunden gelesen? Als sie hungrig waren, 4 gingen sie in das Gotteshaus und aßen vom Opferbrot, das doch nur die Priester essen durften.[b] 5 Habt ihr nicht außerdem im Gesetz gelesen, daß die Priester den Sabbat durch ihre Arbeit im Tempel entweihen? Trotzdem sind sie schuldlos. 6 Ich will euch nur das eine sagen: Hier ist einer, der ist mehr als der Tempel. 7 Wenn ihr verstanden hättet, was das bedeutet: ‹Barmherzigkeit ist mir lieber als Opfer!›,[c] dann würdet ihr nicht Unschuldige verurteilen. 8 Denn der Menschensohn hat das Recht zu entscheiden, was am Sabbat erlaubt ist und was nicht.»

a) Wörtlich: Und die Weisheit ist durch ihre Werke gerechtfertigt worden.
b) 1. Samuel 21,7
c) Hosea 6,6

STRESS, LASS NACH!

Gerdi Stoll

Matthäus 11,28

Was sind doch Termin- und Leistungsdruck, hohe Erwartungen, Ehrgeiz, Sorgen und die Neigung zum Perfektionismus für lebensgefährliche Streßauslöser! Sie können uns in der Familie und auch im Beruf ganz schön zu schaffen machen. «Streß, laß nach!» – in diesem Stoßseufzer drückt sich der Wunsch aus, auch in den Alltagsstürmen Ruhe und Gelassenheit zu bewahren.

Da meldet sich der großartige Gastgeber Jesus Christus. Er mahnt nicht: «Beeil dich und streng dich ein bißchen mehr an, dann wirst du es auch schaffen!» Nein, er stellt keine Bedingungen. Er fragt mich ganz persönlich:

«Warum quälst du dich Tag für Tag allein ab und überforderst dich ständig? Was treibt dich eigentlich in deinem Herzen so an, daß du vor lauter Streß den Überblick über dein Leben verlierst? Hast du vergessen, was ich für dich am Kreuz getan habe? Mein Sterben am Karfreitag und Auferstehen am Ostermorgen sind die Quelle für einen tiefen Frieden. Den mußt du dir doch nicht erst selbst erarbeiten! Er ist mein Geschenk an dich, wenn du zu mir kommst und mir vertraust.

Du darfst dein Herz bei mir ausschütten, all deine Lasten bei mir abladen. Ich will dich entlasten und befreien. Du darfst dich auch von unguten Abhängigkeiten lösen und neue Prioritäten setzen in deinem Leben.

Auch mache ich dir Mut, neben aller Arbeit auch Zeit zur Entspannung zu nehmen. Wenn du dich immer wieder von mir einladen läßt, dann beschenke ich dich mit neuer Kraft und Energie. Vergiß mich deshalb in deinem Terminkalender nicht! Und glaube mir, dann macht es auch wieder Spaß, in der täglichen Arbeit bewußt voranzugehen!»

9 Nach diesen Worten ging er weiter und kam in ihre Synagoge. 10 Dort bemerkte er einen Mann mit einer verkrüppelten Hand. Die Pharisäer fragten ihn: «Erlaubt das Gesetz Gottes, am Sabbat zu heilen?» Sie suchten damit einen Vorwand, um ihn anzuzeigen. 11 Jesus antwortete: «Wenn jemand von euch nur ein einziges Schaf besitzt, und das fällt am Sabbat in den Brunnen, wird er es nicht sofort herausholen? 12 Aber ein Mensch ist doch viel mehr wert als ein Schaf! Also ist es erlaubt, am Sabbat Gutes zu tun.» 13 Dann forderte er den Mann auf: «Strecke deine Hand aus!» Der Mann gehorchte, und seine Hand war gesund.

Jesus erfüllt das Alte Testament

14 Nach diesem Ereignis berieten die Pharisäer, was sie tun könnten, um Jesus zu töten. 15 Jesus wußte aber, was sie vorhatten, und ging weg. Viele folgten ihm, und er heilte alle Kranken. 16 Er verbot ihnen jedoch, darüber zu reden.

17 Damit erfüllte sich, was der Prophet Jesaja einst vorausgesagt hatte:

18 «Dies ist mein Knecht, den ich erwählt habe. Ich liebe ihn, und an ihm habe ich meine Freude. Ich werde ihm meinen Geist geben, und er wird die Völker vor die Entscheidung stellen. 19 Er kämpft und streitet nicht. Seine Stimme wird auf der Straße nicht zu hören sein. 20 Das geknickte Schilfrohr wird er nicht abbrechen und den glimmenden Docht nicht auslöschen. Er wird das Recht zum Sieg führen. 21 Deshalb ist er die Hoffnung der ganzen Welt.»[a]

Jesus warnt vor dem Widerstand gegen Gott

(Mark. 3,20–30; Luk. 11,14–23)

22 Danach brachte man einen Mann zu ihm, der blind und stumm war, weil ein böser Geist ihn beherrschte. Jesus heilte ihn, und er konnte wieder reden und sehen. 23 In großer Aufregung riefen da die Menschen: «Ist dieser Jesus vielleicht doch der verheißene Retter, der Sohn Davids?» 24 Als die Pharisäer das hörten, sagten sie: «Er treibt die Dämonen aus, weil ihm Satan, der Oberste aller Dämonen, die Macht dazu gibt.»

25 Jesus kannte ihre Gedanken und entgegnete: «Ein Reich, das von verschiedenen Machthabern hin- und hergerissen wird, steht vor dem Untergang. Eine Stadt oder eine Familie, in der man sich gegenseitig bekämpft, hat keinen Bestand. 26 Wenn ein Teufel den anderen austreiben würde, dann bekämpfte Satan sich ja selbst und zerstörte damit sein eigenes Reich.

27 Wenn ihr behauptet, ich würde die Dämonen durch die Kraft des Satans austreiben, welche Kraft wenden dann eure eigenen Leute an, um böse Geister auszutreiben? Sie selbst werden eure Richter sein. 28 Wenn ich aber die Dämonen durch den Geist Gottes austreibe, so erkennt doch endlich, daß Gottes Herrschaft jetzt in eurer Mitte beginnt. 29 Denn wer könnte in das Haus eines starken Mannes eindringen und ihn berauben? Man müßte ihn erst fesseln, und dann könnte man ihm etwas wegnehmen.

30 Wer nicht für mich ist, der ist gegen mich, und wer mir nicht hilft, der

a) Jesaja 42,1–4

schadet meiner Sache! 31 Darum sage
ich euch: Jede Sünde, ja sogar Got-
teslästerung, kann vergeben werden.
Wer aber den Heiligen Geist lästert,
der wird keine Vergebung finden.
32 Wer dem Sohn Gottes widerspricht,
dem kann vergeben werden. Wer
aber bewußt gegen den Geist Gottes
redet, der wird niemals und nirgend-
wo[a] Vergebung finden.»

An den Früchten erkennt man den Baum

(Matth. 7,15–20; Luk. 6,43–45)

33 «Wie der Baum, so die Frucht! Ein
guter Baum trägt gute Früchte, ein
schlechter Baum trägt schlechte
Früchte. 34 Ihr Teufelspack! Wie
könnt ihr durch und durch verlogenen
Leute überhaupt etwas Gutes reden?
Wie es im Herzen eines Menschen
aussieht, das erkennt man an seinen
Worten. 35 Wenn ein guter Mensch
spricht, zeigt sich, was an Gutem in
ihm ist. Ein Mensch mit einem bösen
Herzen ist innerlich voller Gift, und
alle merken es, wenn er redet.

36 Ich sage euch das, weil ihr am Ge-
richtstag Rechenschaft ablegen müßt
über jedes böse Wort, das ihr geredet
habt. 37 An euern Worten entscheidet
sich eure Zukunft. Sie sind der Maß-
stab, nach dem ihr freigesprochen
oder verurteilt werdet.»[b]

Wir wollen Beweise!

(Matth. 16,1–4; Mark. 8,11–12;
Luk. 11,29–32)

38 Einige Schriftgelehrte und Pharisä-
er traten an Jesus heran und sagten:
«Vollbringe vor unseren Augen ein
Wunder, an dem wir eindeutig erken-
nen können, ob du wirklich von Gott
kommst!»

39 Jesus antwortete ihnen: «Nur bö-
se, gottlose Menschen können dafür
noch Beweise verlangen. Aber sie
werden auch nur das gleiche Zeichen
zu sehen bekommen, das am Prophe-
ten Jona geschah. 40 Jona war drei Ta-
ge und drei Nächte im Bauch des gro-
ßen Fisches. Ebenso wird der Men-
schensohn drei Tage und drei Nächte
im Grab sein. 41 Die Einwohner Nini-
ves werden euch am Gerichtstag ver-
urteilen, denn *sie* änderten sich. Nach
Jonas Predigt wandten sie sich von ih-
rem sündigen Leben ab und bekehr-
ten sich zu Gott. Der hier vor euch
steht, ist aber größer als Jona. Und
ihr glaubt ihm nicht!

42 Die Königin aus dem Süden wird
einmal beim Gericht Gottes als Zeu-
gin gegen dieses Volk auftreten und
es verurteilen. Denn sie kam von weit
her, um von der Weisheit des Königs
Salomo zu lernen. Der hier vor euch
steht, ist größer als Salomo, aber ihr
weigert euch dennoch, seinen Wor-
ten zu glauben.»

Jesus warnt vor eigenmächtiger Freiheit

(Luk. 11,24–26)

43 «Wenn ein Dämon ausgetrieben
wird, irrt er so lange ruhelos umher,
bis er ein neues Opfer gefunden hat.
Findet er keins, 44 entschließt er sich:
‹Ich will dorthin zurückkehren, wo-
her ich gekommen bin.› Wenn er nun
zurückkommt und seine frühere

a) Wörtlich: weder in diesem Zeitalter noch im kommenden.

b) Wörtlich: Denn aus deinen Worten wirst du gerechtfertigt werden, und aus deinen Worten wirst du verurteilt werden.

EIN NEUES ZUHAUSE

Edith Horcher

Matthäus 12,49

Wenn ich zum Fenster hinausschaue, sehe ich auf der anderen Talseite das Haus meiner Eltern. Sie wohnen noch immer dort, zusammen mit meiner Zwillingsschwester und ihrer Familie. Ich besuche sie regelmäßig, und mit dem Auto brauche ich weniger als zehn Minuten, um zu ihnen zu kommen. Ein Katzensprung – und doch empfinde ich oft, daß eine riesige Kluft, eine unbeschreiblich große Entfernung zwischen mir und ihnen liegt.

Nach dem frühen Tod meiner jüngeren Schwester, die ich sehr geliebt habe, suchte ich Gott. Ich fand Trost bei Jesus und nahm ihn in mein Leben auf. Seine Liebe und sein Wort sind mir seitdem an jedem neuen Tag Wegweiser und Kraftquelle.

Aber es scheint, als könnte ich Jesus in das Haus meiner Eltern nicht mitnehmen. Niemand öffnet ihm dort die Tür. Es schmerzt mich zutiefst, wenn ich bei meinen Besuchen beobachte, wie statt Liebe meist Unfriede, Streit und Zwietracht die Stimmung in der Familie prägen.

Ich weiß, daß es nicht in meiner Macht steht, diese Situation zu ändern. Aber meinen ganzen Kummer darüber kann ich zu Jesus bringen. Wenn ich traurig bin, daß ich das Wichtigste in meinem Leben nicht mit meiner Familie teilen kann, lenkt er meinen Blick auf die Menschen, die er mir als «neue Familie» zur Seite gestellt hat: Die Männer, Frauen und Kinder in meiner Gemeinde, die das gleiche Lebensziel haben wie ich: Jesus zu loben und seine Zeugen zu sein. Ihm wollen wir gemeinsam nachfolgen. Wir wollen den Willen Gottes, des Vaters, tun. Diese Gemeinde hat Jesus mir als mein neues Zuhause, als liebende Familie geschenkt.

Und wenn ich an meine eigene Familie denke, finde ich Hoffnung in dem Wissen, daß für Jesus kein Problem zu groß ist: Er hält auch meine leiblichen Eltern in seiner Hand. Unterstützt von der «neuen Familie» meiner Glaubensgeschwister kann ich ihn täglich daran erinnern und für sie beten.

Wohnung sauber und geschmückt,
aber leer vorfindet, 45 dann sucht er
sich sieben andere Geister, die noch
schlimmer sind als er selbst. Zusam-
men ergreifen sie Besitz von dem
Menschen, der nun schlimmer dran
ist als vorher. Genauso wird es auch
diesem gottlosen Volk ergehen.»

Wer gehört zu Jesus?

(Mark. 3,31–35; Luk. 8,19–21)

46/47 Als Jesus noch in dem überfüllten
Haus redete, kamen seine Mutter
und seine Brüder und wollten ihn
sprechen. 48 Doch er fragte: «Wer ist
meine Mutter? Wer sind meine Brü-
der?» 49 Dann zeigte er auf seine Jün-
ger: «Seht diese Männer dort, sie sind
meine Mutter und meine Brüder.
50 Denn jeder, der meinem Vater im
Himmel gehorcht, der ist mein Bru-
der, meine Schwester und meine
Mutter.»

Jesus redet in Gleichnissen

13 Am selben Tag verließ Jesus
das Haus und setzte sich an das
Seeufer. 2/3 Bald hatte sich eine große
Menschenmenge um ihn versammelt.
Deshalb stieg er in ein Boot und rede-
te zu ihnen in Gleichnissen. Die Leu-
te blieben am Ufer stehen und hörten
zu.

Vom Sämann und der Saat: Hindernisse für den Glauben

(Mark. 4,1–9; Luk. 8,4–8)

«Ein Bauer säte Getreide. 4 Dabei fie-
len einige Körner auf einen Feldweg.
Sofort kamen die Vögel und pickten
sie auf. 5 Andere Körner fielen auf fel-
sigen Boden, wo nur wenig Erde war.
Dort ging die Saat schnell auf. 6 Die
Sonne aber brannte, und die jungen
Pflanzen vertrockneten, weil die
Wurzeln nicht genügend Erde hatten.
7 Einige Samenkörner fielen zwischen
die Disteln, in denen die junge Saat
bald erstickte. 8 Aber der übrige Same
fiel auf guten Boden, wuchs heran
und brachte das Dreißigfache, das
Sechzigfache und sogar das Hun-
dertfache der Aussaat als Ertrag.
9 Hört auf das, was ich euch sage!»

Warum redet Jesus in Gleichnissen?

(Mark. 4,10–12; Luk. 8,9–10)

10 Später kamen seine Jünger und
fragten ihn: «Weshalb verwendest du
solche Vergleiche, wenn du zu den
Leuten redest?» 11 Jesus antwortete:
«*Ihr* könnt die Geheimnisse des Rei-
ches Gottes verstehen, anderen sind
sie verborgen. 12 Denn wer schon viel
versteht, dem wird die volle Erkennt-
nis geschenkt werden.[a] Wer aber we-
nig versteht, dem wird auch noch die
geringe Erkenntnis verlorengehen.
13 Deshalb rede ich in Gleichnissen.
Denn obwohl sie Augen haben, er-
kennen sie nichts, und obwohl sie Oh-
ren haben, verstehen sie doch nichts.
14 Damit erfüllt sich an ihnen, was
Gott durch den Propheten Jesaja
sagt: ‹Sie hören, aber sie verstehen es
nicht. Sie sehen, aber sie erkennen es
nicht. 15 Denn ihre Herzen sind hart
und gleichgültig. Sie sind schwerhörig
und verschließen die Augen. Deshalb
sehen und hören sie nicht. Sie wollen
sich nicht ändern und umkehren, dar-
um kann ich ihnen nicht helfen.›[b]

a) Wörtlich: Wer nämlich hat, dem wird gegeben werden, und er wird Überfluß haben.
b) Jesaja 6,9–10

16 Aber ihr könnt glücklich sein,
denn eure Augen können sehen und
eure Ohren können hören. 17 Ich sage
euch: Viele Propheten und fromme
Menschen hätten gern gesehen, was
ihr seht, und gehört, was ihr hört,
aber die Zeit war noch nicht da.»

Jesus erklärt das Gleichnis vom Sämann

(Mark. 4,13–20; Luk. 8,11–15)

18 «Ich will euch nun die Geschichte
von dem Bauern, der seinen Samen
aussäte, erklären. 19 Bei jedem, der
die Botschaft vom Reich Gottes hört,
sie aber nicht ernst nimmt, kommt
der Satan und reißt die Saat aus sei-
nem Herzen. Damit ist der gemeint,
bei dem der Same auf den Weg gesät
wurde.

20 Wie felsiger Boden ist ein
Mensch, der die Botschaft hört und
mit Freuden annimmt. 21 Aber wenn
er wegen seines Glaubens Schwierig-
keiten bekommt oder Verfolgung
einsetzt, dann ist es mit seiner Begei-
sterung schnell vorbei.

22 Der Boden, der mit Disteln be-
deckt ist, entspricht einem Men-
schen, der die Botschaft zwar hört
und anfängt, danach zu leben. Aber
die Sorgen des Alltags und die Ver-
führung durch den Wohlstand erstik-
ken Gottes Wort. So bleibt alles beim
alten.

23 Der gute Boden aber ist wie ein
Mensch, der die Botschaft hört, ver-
steht und dann dreißig-, sechzig- oder
hundertfache Frucht bringt.»

Unkraut im Weizen: Die letzte Entscheidung fällt Gott

24 Jesus erzählte ein anderes Gleich-
nis: «Gottes Reich ist mit einem Bau-
ern zu vergleichen, der gutes Saatgut
auf sein Feld säte. 25 Eines Nachts, als
alles schlief, kam sein Feind, säte Un-
kraut zwischen den Weizen und
schlich sich davon.

26 Als nun die Saat heranwuchs,
ging auch das Unkraut auf. 27 Da ka-
men die Arbeiter des Bauern und
fragten ihn: ‹Hast du das Feld nicht
mit gutem Samen bestellt? Woher
kommt denn das Unkraut?›

28 ‹Das muß mein Feind dazwi-
schengesät haben›, antwortete der
Bauer. ‹Sollen wir das Unkraut aus-
reißen?› fragten die Arbeiter.
29 ‹Nein, dabei würdet ihr ja den Wei-
zen mit ausreißen. 30 Laßt beides bis
zur Ernte wachsen.

Dann werde ich den Erntearbei-
tern befehlen: Sammelt zuerst das
Unkraut ein und verbrennt es! Den
Weizen aber bringt in meine Scheu-
nen!›»

Senfkorn und Sauerteig: Gottes Herrschaft setzt sich durch

(Mark. 4,30–32; Luk. 13,18–21)

31 Noch ein anderes Beispiel erzählte
ihnen Jesus: «Mit dem Reich Gottes
ist es wie mit einem Senfkorn, das auf
ein Feld gesät wird. 32 Es ist ein winzi-
ger Same, aber wenn er aufgeht und
wächst, wird er zu einer großen Pflan-
ze, ja zu einem Baum, in dem die Vö-
gel nisten können. 33 Man kann das
Reich Gottes auch mit einem Sauer-
teig vergleichen, den eine Frau zum
Brotbacken braucht. Sie nimmt eine
große Menge Mehl und mischt ein
wenig Sauerteig darunter, bis alles
davon durchsäuert ist.»

34 Jesus benutzte immer wieder sol-
che Beispiele, wenn er zu den Men-
schen sprach. In keiner seiner Predig-
ten fehlten sie. 35 Hier erfüllte sich das
Prophetenwort: «Ich werde in
Gleichnissen zu ihnen reden. Ge-

heimnisse, die seit Weltbeginn ver-
borgen waren, will ich ihnen enthül-
len.»[a]

Jesus erklärt das Gleichnis vom Unkraut im Weizen

36 Dann entließ Jesus die Menschen-
menge und ging ins Haus. Später ba-
ten ihn seine Jünger: «Erkläre uns
doch das Gleichnis vom Unkraut auf
dem Acker.» 37 Und Jesus erklärte es
ihnen: «Der Menschensohn selbst ist
der Landwirt, der den guten Samen
aussät. 38 Der Acker ist die Welt, der
Same das Volk des Gottesreiches, das
Unkraut sind die Leute, die dem Sa-
tan gehorchen. 39 Der Feind, der das
Unkraut zwischen den Weizen sät, ist
der Teufel. Die Ernte ist das Ende
der Welt, und die Erntearbeiter sind
die Engel.

40 Wie das Unkraut vom Weizen ge-
trennt und verbrannt wird, so wird es
auch beim Gericht Gottes über die
Welt sein: 41 Der Menschensohn wird
seine Engel senden. Sie werden aus
dem Gottesreich alle Verführer und
alle, die Unrecht tun, aussondern,
42 sie in den Feuerofen werfen und
verbrennen. Dort wird viel vergebli-
ches Heulen und ohnmächtiges Jam-
mern zu hören sein. 43 Aber alle, die
Gottes Willen tun, werden im Reich
ihres Vaters leuchten wie die Sonne.

Hört auf das, was ich euch sage!»

Der Schatz und die kostbare Perle: Ganzer Einsatz lohnt sich

44 «Das Reich Gottes ist wie ein ver-
borgener Schatz, den ein Mann auf
einem Feld entdeckte und wieder ver-
barg. In seiner Freude verkaufte er
alles, was er hatte, um den Acker zu
kaufen und so den Schatz zu bekom-
men.

45 Wer in das Reich Gottes will,
muß handeln wie ein Kaufmann, der
auf der Suche nach kostbaren Perlen
ist. 46 Er entdeckt eine Perle von un-
schätzbarem Wert. Deshalb verkauft
er alles, was er hat, um sie zu besit-
zen.»

Das Gleichnis vom Fischnetz

47 «Man kann das Gottesreich auch
mit einem Netz vergleichen, das ins
Meer geworfen wird und in dem viele
verschiedene Fische gefangen wer-
den. 48 Wenn das Netz voll ist, zieht
man es an Land, setzt sich hin und
sortiert die eßbaren Fische in Körbe.
Die ungenießbaren aber werden weg-
geworfen.

49 So wird es auch am Ende der
Welt sein. Die Engel werden kom-
men und die Bösen von den Gerech-
ten trennen, 50 um sie in das höllische
Feuer zu werfen. Dort werden sie
weinen und jammern, aber niemand
kann ihnen helfen.

51 Versteht ihr das alles?» «Ja», er-
widerten sie, «wir verstehen es.»
52 Und Jesus fügte hinzu: «Wer das
Reich Gottes verkündigt, macht es
wie ein Hausherr, der Altes und Neu-
es aus seiner Erfahrung berichtet.»

Jesus in seiner Heimatstadt Nazareth

(Mark. 6,1–6; Luk. 4,16–30)

53 Nachdem Jesus diese Gleichnisse
erzählt hatte, 54 kehrte er in seine Hei-
matstadt zurück und sprach dort in
der Synagoge.

a) Psalm 78,2

Woran mein Herz hängt

Christiane Bladt

Matthäus 13,44

Ein junger Mann verschuldet sich bis über beide Ohren, um für die Frau, die er liebt, zwei besonders schöne Schmuckstücke zu kaufen. Am Tag, bevor er ihr den Ring und die Kette schenken will, sagt sie ihm, daß sie einen anderen heiraten wird. In der Nacht darauf wird bei ihm eingebrochen und der Schmuck gestohlen. Ihm bleibt nichts mehr. Am Ende steht er mit leeren Händen da.

Oft geht es uns im Leben ähnlich. Unser Einsatz an Kraft, Liebe und Geld bringt nicht die ersehnte Erfüllung. Der Ehepartner geht fremde Wege, ein Kind entfernt sich weit von den Zielen der Eltern, eine Krankheit macht Träume zunichte. Wir haben alles gegeben und stehen am Ende mit leeren Händen da.

Die irdischen Schätze haben sich als Seifenblase erwiesen – faszinierend schillernd, aber unbeständig und keinen großen Einsatz wert. Und wir stehen da und starren ins Leere. Das Gleichnis Jesu zeigt uns, daß es einen Schatz gibt, für den sich jeder Einsatz lohnt.

Jesus ist das Fundament, der feste Boden, auf dem wir sicher stehen können. Das ist der verborgene Schatz, der uns reich macht. Wenn wir auf dem sicheren Boden der Liebe Gottes stehen, die unsere tiefsten Bedürfnisse stillt, können alle scheinbar vergeblichen Einsätze für Menschen und Dinge ertragen werden und sich zum Guten wenden. Auch wenn noch manche Seifenblasen falscher Hoffnungen zerplatzen – unser Herz ist geborgen in Gott. Der Schatz im Acker trägt in uns Frucht.

Alle staunten über ihn und fragten: «Woher hat er diese Weisheit und die Kraft, Wunder zu tun? 55 Er ist doch der Sohn eines Zimmermanns, und wir kennen Maria, seine Mutter, und seine Brüder Jakobus, Joseph, Simon und Judas. 56 Leben seine Schwestern nicht alle unter uns? Wie kann *er* etwas Besonderes sein!»

57 Und sie ärgerten sich über ihn. Da sagte Jesus: «Ein Prophet findet nirgendwo so wenig Anerkennung wie in seiner Heimat und in seiner eigenen Familie.» 58 Weil ihm seine Landsleute nicht glaubten, tat er dort nur wenige Wunder.

Johannes der Täufer wird ermordet

(Mark. 6,14–29; Luk. 3,19–20; 9,7–9)

14 Als König Herodes hörte, was man über Jesus redete, 2 sagte er zu seinen Leuten: «Das muß Johannes der Täufer sein. Er ist von den Toten auferstanden! Deshalb kann er auch solche Wunder tun.»

3 Herodes hatte Johannes nämlich verhaften und ins Gefängnis werfen lassen, weil es seine Geliebte Herodias so wollte. Sie war eigentlich die Frau seines Bruders Philippus. 4 Johannes hatte ihm gesagt: «Du hast nicht das Recht, die Frau deines Bruders zu heiraten!» 5 Herodes hätte Johannes am liebsten umgebracht; aber er wagte es nicht, weil er sich vor dem Volk fürchtete, das in Johannes einen Propheten sah.

6 Als nun Herodes Geburtstag feierte, tanzte die Tochter seiner Geliebten vor den Gästen. Das gefiel dem König so gut, 7 daß er ihr mit einem Schwur versprach: «Ich gebe dir alles, was du haben willst.»

8 Von ihrer Mutter angestiftet, bat sie den König: «Dann laß mir sofort den Kopf Johannes des Täufers auf einem Teller herbringen.»

9 Diese Bitte brachte Herodes in große Verlegenheit. Aber weil er sein Versprechen vor allen Gästen gegeben hatte, befahl er, 10 Johannes im Gefängnis zu enthaupten. 11 Man brachte den Kopf auf einem Teller und gab ihn dem Mädchen. Es überreichte ihn seiner Mutter.

12 Die Jünger des Johannes holten seinen Leichnam und begruben ihn. Dann berichteten sie Jesus, was geschehen war. 13 Als Jesus dies hörte, fuhr er mit einem Boot in eine entlegene Gegend. Er wollte allein sein. Aber die Leute merkten, wohin er gehen wollte, und folgten ihm in Scharen von überall her auf dem Landweg.

Fünftausend werden satt

(Mark. 6,30–44; Luk. 9,10–17; Joh. 6,1–13)

14 Als Jesus aus dem Boot stieg und die vielen Menschen sah, hatte er Mitleid mit ihnen und heilte die Kranken.

15 Gegen Abend kamen die Jünger zu ihm und sagten: «Es ist spät geworden, und die Gegend ist einsam. Schick doch die Leute weg, damit sie in die Dörfer gehen und sich dort etwas zu essen kaufen können!» 16 Aber Jesus antwortete: «Das ist nicht nötig. Gebt *ihr* ihnen doch zu essen!» 17 «Wir haben ja nur fünf Brote und zwei Fische hier!» meinten seine Jünger. 18 «Dann bringt sie her!» sagte Jesus.

19 Er forderte die Leute auf, sich im Gras zu lagern. Er nahm die fünf Brote und die zwei Fische, sah zum Himmel auf und dankte Gott. Dann teilte er das Brot, und die Jünger gaben es an die Menge weiter.

[20]Jeder aß sich satt. Als man an-
schließend die Reste einsammelte, da
waren es noch zwölf volle Körbe.
[21]Etwa fünftausend Männer hatten
an der Mahlzeit teilgenommen, au-
ßerdem noch viele Frauen und Kin-
der.

Jesus geht auf dem Wasser

(Mark. 6,45–52; Joh. 6,15–21)

[22]Danach befahl Jesus seinen Jün-
gern, in das Boot zu steigen und an
das andere Ufer des Sees vorauszu-
fahren. Er blieb zurück, um die Leute
zu verabschieden. [23]Dann ging er
allein auf einen Berg, um zu beten.

Es wurde Nacht. [24]Draußen auf
dem See gerieten seine Jünger in Not.
Ein Sturm war losgebrochen, und sie
hatten große Mühe, das Boot vor
dem Kentern zu bewahren.

[25]Gegen vier Uhr morgens kam Je-
sus auf dem Wasser zu ihnen. [26]Als
sie ihn sahen, schrien die Jünger vor
Entsetzen, weil sie dachten, es sei ein
Gespenst. [27]Aber Jesus sprach sie so-
fort an: «Ich bin es doch! Habt keine
Angst!» [28]Da rief Petrus: «Herr,
wenn du es wirklich bist, laß mich auf
dem Wasser zu dir kommen.»
[29]«Komm her!» antwortete Jesus.

Petrus stieg aus dem Boot und ging
Jesus auf dem Wasser entgegen. [30]Als
er aber die hohen Wellen sah, er-
schrak Petrus, und im selben Augen-
blick begann er zu sinken. «Herr, hilf
mir!» schrie er. [31]Jesus streckte ihm
die Hand entgegen, ergriff ihn und
sagte: «Hast du so wenig Glauben,
Petrus? Vertraue mir doch!» [32]Nach-
dem beide das Boot bestiegen hatten,
legte sich der Sturm. [33]Da fielen die
anderen vor Jesus nieder und be-
kannten: «Du bist wirklich der Sohn
Gottes!»

Heilungen in Genezareth

(Mark. 6,53–56)

[34]Sie gingen in Genezareth an Land.
[35]Als die Leute Jesus erkannten,
schickten sie Boten in die benachbar-
ten Orte, und man brachte alle Kran-
ken zu ihm.

[36]Diese wollten wenigstens einmal
seine Kleider berühren; und alle, die
das taten, wurden gesund.

Zu fromm, um Gott zu gehorchen?

(Mark. 7,1–23; Luk. 11,37–41)

15 Kurz darauf kamen einige
Pharisäer und Schriftgelehrte
aus Jerusalem zu Jesus und fragten
ihn: [2]«Weshalb befolgen deine Jün-
ger unsere alten Traditionen nicht?
Sie waschen sich nicht einmal vor
dem Essen die Hände.» [3]Jesus fragte
zurück: «Und weshalb brecht ihr mit
euren Vorschriften die Gebote Got-
tes?

[4]So lautet ein Gebot Gottes: ‹Ehre
deinen Vater und deine Mutter! Wer
seine Eltern verachtet, der soll ster-
ben.›[a] [5]Ihr aber sagt: ‹Wenn jemand
seinen hilfsbedürftigen Eltern er-
klärt, daß er ihnen nicht helfen kann,
weil er sein Vermögen dem Tempel
vermacht hat, dann hat er nicht gegen
Gottes Gebot verstoßen.›[b] [6]Damit
setzt ihr durch eure Vorschriften das

a) 2. Mose 20,12; 21,17
b) Wörtlich: Wenn jemand zu Vater oder Mutter sagt: Was dir von mir zusteht, soll eine Opfergabe sein, der braucht seinen Vater oder seine Mutter nicht zu ehren.

Hab keine Angst!

Dorothea Unbehend

Matthäus 14,27

Sturm auf dem See – ein Bild, das uns nicht unbekannt ist. Auch in unserem Leben gibt es das. Da reicht ja manchmal schon ein «Sturm im Wasserglas», um uns unruhig zu machen. Irgend etwas läuft schief, und wir reagieren ungehalten, ungeduldig, werden unzufrieden mit uns selbst und mit anderen. Dabei sind wir doch alle «moderne» Menschen, die mit allen erdenklichen technischen Errungenschaften versuchen, die Unwägbarkeiten des Alltags auszuschalten und in den Griff zu bekommen.
Wenn da nur diese unzähligen Stürme nicht wären: Versagensängste, Schuldgefühle, Mißtrauen, Enttäuschung, Krankheit, Einsamkeit, Leid.

Es wäre ein leichtes für Gott, uns vor diesen Stürmen zu verschonen. Aber er mutet sie uns zu und läßt uns mit den Wellen kämpfen, so wie die Jünger damals in ihrem Boot. Jesus kam ihnen auf dem Wasser entgegen, und sie erkannten ihn nicht.

Jesus kommt uns entgegen – erkennen wir ihn? Oder wenden wir uns ab, weil wir es ablehnen, daß er uns Schweres zumutet? Petrus testet seinen Herrn, er will wissen, ob er sich auf Jesus verlassen kann. Aber da hat er sich zuviel zugemutet, denn er erschrickt vor den Wellen und sinkt. Aber Jesus läßt ihn nicht fallen, er verliert nicht die Geduld, sondern er streckt ihm die Hand entgegen und ergreift ihn. Dieser Jesus ist Herr über jeden Lebenssturm. Er geht uns entgegen und ruft: «Ich bin es – hab keine Angst!»

Geben Sie nicht auf. Seine Hand hält Sie fest und zieht Sie auch aus dem grundlosesten Wellenmeer heraus.

Gebot Gottes außer Kraft. 7 Ihr
scheinheiligen Heuchler! Jesaja hat
ganz richtig von euch gesprochen:
8 ‹Diese Leute können schön über
Gott reden, aber mit dem Herzen
sind sie nicht dabei. 9 Ihr Gottesdienst
ist wertlos, weil sie ihre menschlichen
Gebote als Gebote Gottes ausge-
ben.›»[a]
10 Dann rief Jesus die Menschen-
menge zu sich: «Hört, was ich euch
sage, und begreift doch: 11 Nicht was
ein Mensch ißt, macht ihn unrein,
sondern das, was er denkt und redet.»
12 Da traten die Jünger näher zu
ihm und sagten: «Weißt du, daß du
damit die Pharisäer verärgert hast?»
13 Jesus antwortete: «Jede Pflanze,
die nicht von meinem himmlischen
Vater gepflanzt worden ist, wird aus-
gerissen. 14 Laßt euch nicht ein-
schüchtern! Sie wollen Blinde füh-
ren, sind aber selbst blind. Sie werden
zusammen mit den Blinden, die sie
führen wollen, in den Abgrund stür-
zen.»
15 Da sagte Petrus: «Das haben wir
nicht verstanden.» 16 «Selbst ihr habt
es immer noch nicht begriffen?» frag-
te Jesus. 17 «Versteht ihr denn nicht,
daß alles, was ein Mensch ißt, zuerst
verdaut und dann ausgeschieden
wird? 18 Aber böse Worte kommen
aus einem bösen Herzen, und sie be-
schmutzen den Menschen, der sie
ausspricht. 19 Aus dem Herzen kom-
men böse Gedanken, die dann zu
Mord, Ehebruch, Unzucht, Dieb-
stahl, Lüge und Verleumdung füh-
ren. 20 Durch sie wird der Mensch vor
Gott unrein, nicht dadurch, daß man
zum Essen geht, ohne sich vorher die
Hände zu waschen.»

Jesus hilft einer Ausländerin

(Mark. 7,24–30)

21 Danach verließ Jesus diese Gegend
und wanderte bis in die Gegend der
Städte Tyrus und Sidon. 22 Dort be-
gegnete ihm eine nichtjüdische Frau,
die ihn anflehte: «Herr, du Sohn Da-
vids, hab Erbarmen mit mir! Meine
Tochter wird von einem bösen Geist
furchtbar gequält.» 23 Aber Jesus
beachtete sie nicht. Seine Jünger
drängten ihn: «Schick sie doch weg!
Sie schreit sonst dauernd hinter uns
her.»
24 Da sagte er zu der Frau: «Ich ha-
be den Auftrag, nur denen zu helfen,
die zum Volk Israel gehören.»[b] 25 Sie
kam aber noch näher, warf sich vor
ihm nieder und bettelte: «Herr, hilf
mir!» Aber Jesus antwortete wieder:
26 «Es ist nicht richtig, wenn man den
Kindern das Brot wegnimmt und es
den Hunden vorwirft.» 27 «Das
stimmt», entgegnete die Frau, «aber
die kleinen Hunde dürfen doch die
Krümel fressen, die vom Tisch ihrer
Herren herunterfallen.» 28 Jesus ant-
wortete ihr: «Dein Glaube ist groß.
Was du erwartest, soll geschehen.»
Im selben Augenblick wurde ihre
Tochter gesund.

Jesus heilt viele Kranke

(Mark. 7,31–37)

29 Jesus kehrte an den See Genezareth
zurück. Er stieg auf einen Berg und
setzte sich dort hin. 30 Eine große
Menschenmenge kam zu Jesus. Unter
ihnen waren Lahme, Blinde, Krüp-
pel, Stumme und viele andere Kran-
ke. Man brachte sie zu Jesus, und er

a) Jesaja 29,13; Jeremia 8,8
b) Wörtlich: Ich bin nur gesandt zu den verlorenen Schafen des Hauses Israel.

heilte sie alle. 31 Die Menschen konn-
ten es kaum fassen, als sie sahen, wie
Stumme reden, Gelähmte gehen und
Blinde sehen konnten. Und sie lobten
den Gott Israels.

Viertausend werden satt

(Mark. 8,1–10)

32 Danach rief Jesus seine Jünger zu
sich: «Diese Leute tun mir leid. Sie
sind jetzt drei Tage bei mir und haben
nichts zu essen. Ich will sie nicht
hungrig wegschicken, sie könnten un-
terwegs zusammenbrechen.» 33 Aber
die Jünger antworteten: «Woher sol-
len wir hier Brot für so viele Men-
schen bekommen? Weit und breit
wohnt niemand.» 34 Jesus fragte:
«Was habt ihr denn bei euch?» Sie
antworteten: «Sieben Brote und ein
paar kleine Fische!» 35 Da forderte Je-
sus die Menschen auf, sich zum Essen
niederzulassen.
36 Nun nahm er die sieben Brote
und die Fische. Er dankte Gott für
das Essen, teilte die Brote und Fische
und gab sie den Jüngern, die sie an die
Leute verteilten. 37/38 Jeder aß, soviel
er wollte; etwa viertausend Männer
waren dabei, die Frauen und Kinder
nicht mitgerechnet. Anschließend
sammelten die Jünger die Reste ein:
Sieben Körbe voll waren noch übrig-
geblieben. 39 Jetzt erst schickte Jesus
die Leute nach Hause. Er selbst aber
bestieg ein Boot und setzte nach Ma-
gadan über.

«Beweise, daß du von Gott kommst!»

(Matth. 12,38–39; Mark. 8,11–13;
Luk.12,54–56)

16 Eines Tages kamen Pharisäer
und Sadduzäer, um Jesus eine
Falle zu stellen. Sie verlangten von
ihm ein deutliches Zeichen als Beweis
für seinen göttlichen Auftrag. 2/3 Jesus
sagte ihnen: «Ihr könnt das Wetter
aus den Zeichen am Himmel erken-
nen: Abendrot zeigt gutes Wetter für
den nächsten Tag an, Morgenröte be-
deutet schlechtes Wetter. Aber was
heute vor euren Augen geschieht, das
könnt ihr nicht richtig beurteilen!
4 Dieses böse, gottlose Volk verlangt
immer neue Beweise. Doch sie wer-
den kein anderes Zeichen zu sehen
bekommen als das, was an dem Pro-
pheten Jona geschah.» Mit diesen
Worten ließ Jesus sie stehen und ging
weg.

Schlimmer als Hunger

(Mark. 8,14–21; Luk. 12,1)

5 Als sie an das andere Seeufer ge-
kommen waren, stellten seine Jünger
fest, daß sie kein Brot dabei hatten.
6 Da warnte sie Jesus: «Hütet euch
vor dem Sauerteig der Pharisäer und
Sadduzäer!» 7 Die Jünger meinten:
«Das sagt er, weil wir das Brot ver-
gessen haben.»
8 Jesus wußte natürlich, was sie
dachten, und sagte: «Weshalb sorgt
ihr euch gleich, wenn einmal nichts zu
essen da ist? Traut ihr mir so wenig
zu? 9 Werdet ihr denn nie zur Einsicht
kommen? Habt ihr die fünftausend
Menschen vergessen, die ich mit fünf
Broten gesättigt habe? Und da waren
noch Körbe voller Brot übrig geblie-
ben! 10 Oder erinnert euch doch an die
viertausend, und wieviel damals üb-
riggeblieben ist! 11 Wie kommt ihr auf
den Gedanken, daß ich vom Essen re-
de? Ich sage euch noch einmal: Hütet
euch vor dem Sauerteig der Pharisäer
und Sadduzäer!» 12 Erst jetzt merkten
sie, daß Jesus mit dem Sauerteig die

DAS BISSCHEN IN MEINER HAND

Ilse Glebe

Matthäus 15,34

Drei Tage lang sind Tausende von Menschen um Jesus versammelt. Sie sind hungrig und müde. Er will sie speisen und sättigen und fragt seine Jünger: «Was habt ihr denn bei euch?» Sie antworten: «Das bißchen lohnt sich wirklich nicht: sieben Brote und ein paar Fische für so viele. Damit fangen wir gar nicht erst an.» Aber dann nimmt Jesus die Sache in die Hand. Er hätte gewiß auch Brot vom Himmel fallen lassen können, aber er wollte das Wenige von den Jüngern. Er wollte etwas von ihnen austeilen.

Vielleicht denken wir auch manchmal so wie damals die Jünger. Das bißchen in meiner Hand – das lohnt doch nicht. Die kleine Kraft, die wenige Zeit, die viel zu geringe Liebe, zu wenig Geld, zu schwache Nerven, zu wenig Wissen – und überhaupt: Andere haben und können doch mehr, sie sind kreativer, ihnen gelingt es besser. Da sind die großen Aufgaben – und da ist das bißchen in meiner Hand, mit dem ich diesen Aufgaben begegnen soll.

Lesen wir einige Kapitel im Matthäusevangelium weiter. Da erfahren wir von einem Knecht, der die ihm anvertrauten Gaben vergräbt, anstatt damit für seinen Herrn zu arbeiten. «Herr, deine Anstrengung mit mir lohnt sich wirklich nicht. Ich habe so wenig, daß ich es nur verstecken kann.» Als dann die Sache beurteilt wird (Matthäus 25,14–30), da hat er es falsch gemacht.

Die Jünger tun das Richtige: Sie geben das Wenige, das sie haben, in Jesu Hand und sehen mit Staunen, was er daraus macht. Die vielen Menschen werden satt, und es bleibt sogar übrig, vielleicht mehr, als sie gegeben hatten. Wenn wir es wagen, im Glauben das bißchen, das wir haben, in die Hände Jesu zu legen, macht er aus unseren geringfügigen, bedeutungslosen Gaben Speise, Erquickung, Hoffnung für andere, Wegweisung, vielleicht sogar Überlebenshilfe. Nicht wir, er tut das Wunder. Wir dürfen es staunend miterleben und bekommen für das bißchen, das wir eingesetzt haben, etwas Kostbares zurück.

Die Krone der Schöpfung

Psalm 8

Ein Lied Davids

Herr, unser Herrscher!
Groß und herrlich ist dein Name.
Himmel und Erde sind Zeichen deiner Macht.

Aus dem Mund der Kinder erklingt dein Lob.
Es ist stärker als das Fluchen deiner Feinde.
Erlahmen muß da ihre Rachsucht,
beschämt müssen sie verstummen.

Ich blicke zum Himmel und sehe,
was deine Hände geschaffen haben;
den Mond und die Sterne –
allen hast du ihre Bahnen vorgezeichnet.

Wie klein ist da der Mensch!
Und doch beachtest du ihn!
Winzig ist er, und doch kümmerst du dich um ihn!
Du hast ihn zur Krone der Schöpfung erhoben
und ihn mit hoher Würde bekleidet.
Nur du stehst über ihm!
Du hast ihm den Auftrag gegeben,
über deine Geschöpfe zu herrschen.
Alles hast du ihm zu Füßen gelegt:
die Schafe und Rinder, die Tiere des Feldes,
die Vögel unter dem Himmel und die Fische im weiten Meer.

Herr, unser Herrscher!
Groß und herrlich ist dein Name.
Himmel und Erde sind Zeichen deiner Macht.

falschen Lehren der Pharisäer und
Sadduzäer gemeint hatte.

Menschliche Einsicht reicht nicht aus

(Mark. 8,27–30; Luk. 9,18–21; Joh. 6,67–71)

13 Als Jesus in die Gegend von Cäsa-
rea Philippi kam, fragte er seine Jün-
ger: «Für wen halten mich die Leute
eigentlich?» 14 Sie erwiderten: «Man-
che halten dich für Johannes den Täu-
fer, andere für Elia, für Jeremia oder
einen anderen Propheten.»
15 «Und für wen haltet ihr mich?»
fragte er sie. 16 Darauf antwortete Pe-
trus: «Du bist Christus, der von Gott
verheißene Retter, der Sohn des le-
bendigen Gottes!» 17 «Du kannst
wirklich glücklich sein, Simon, Sohn
des Jona!» erwiderte Jesus. «Diese
Erkenntnis hat dir mein Vater im
Himmel gegeben; von sich aus
kommt niemand zu dieser Einsicht.
18 Ich sage dir: Du bist Petrus, ein
Fels. Auf diesen Felsen will ich meine
Gemeinde bauen, und keine Macht
der Welt wird sie vernichten können[a].
19 Ich will dir die Schlüssel zum
Reich Gottes geben. Wem du auf der
Erde seine Sünde anlastest, der soll
auch im Himmel damit belastet sein.
Und wen du auf der Erde von sei-
ner Schuld freisprichst, der soll auch
im Himmel davon freigesprochen
sein.»[b]
20 Darauf verbot er seinen Jüngern
streng, den Leuten zu sagen, daß er
der Christus sei.

Jesus spricht von seinem Tod

(Mark. 8,31–33; Luk. 9,22)

21 Während dieser Zeit begann Jesus
mit seinen Jüngern über den Weg zu
reden, den er noch gehen mußte: «In
Jerusalem werden mich die Führer
des Volkes, die Hohenpriester und
Schriftgelehrten foltern und töten.
Aber drei Tage später werde ich auf-
erstehen und leben.» 22 Erschrocken
nahm Petrus ihn zur Seite und be-
stürmte ihn: «Um Himmels willen!
So etwas darf dir nicht zustoßen!»
23 Aber Jesus wandte sich um und sag-
te zu Petrus: «Geh weg, Satan! Du
willst mir eine Falle stellen. Du
denkst, wie Menschen denken, und
verstehst Gottes Gedanken nicht.»

Jesus ruft in seine Nachfolge

(Mark. 8,34–9,1; Luk. 9,23–27; Joh. 12,25–26)

24 Danach sprach Jesus zu seinen Jün-
gern: «Wer mir nachfolgen will, darf
nicht mehr an sich selber denken,
sondern muß sein Kreuz willig auf
sich nehmen und mir nachfolgen.
25 Wer sein Leben um jeden Preis er-
halten will, der wird es verlieren, aber
wer sein Leben für mich einsetzt, der
wird es für immer gewinnen. 26 Denn
was gewinnt ein Mensch, selbst wenn
ihm die ganze Welt zufällt und er da-
bei das ewige Leben verliert? Mit
nichts auf dieser Welt kann er es wie-
der erwerben.[c] 27 Denn der Men-
schensohn wird mit seinen Engeln in
der Herrlichkeit seines Vaters wie-
derkommen und jeden nach seinen

a) Wörtlich: und die Tore des Totenreiches werden sie nicht überwältigen.
b) Wörtlich: Was du auf der Erde binden wirst, das soll im Himmel gebunden sein. Und was du auf der Erde lösen wirst, das soll im Himmel gelöst sein.
c) Wörtlich: Oder was kann ein Mensch als Lösegeld für sein Leben geben?

LEID – DER UNWILLKOMMENE FREUND?

Joni Eareckson Tada

Matthäus 16,24–25

Das Feuer ist ein launenhafter Geselle. In einem Augenblick kann es der beste Kamerad sein, den man sich wünschen kann. Und schon im nächsten Moment wird es zu einem wütenden Gegner.

Vor einigen Jahren machten wir Campingurlaub im Gebirge. Ich hatte mich riesig darauf gefreut, an kühlen Abenden gemütlich am warmen Lagerfeuer zu sitzen. So machte es mir auch nichts aus, als Ken mich eines Abends allein ließ, um am Bach Wasser zu holen.

Es war ein wunderschöner Abend, und das Feuer vor mir prasselte lustig vor sich hin. Fasziniert beobachtete ich das gelbrote Glühen und spürte die Wärme auf meinen Wangen.

Das Feuer war mein Freund, hier, mitten in einem kühlen, dunklen Wald. Doch plötzlich kam ein stärkerer Wind auf, und das ganze Bild veränderte sich schlagartig. Die Flammen stiegen höher und eine Wolke von beißendem Qualm hüllte mich ein. Hilflos, wie ich war, konnte ich meinen Rollstuhl nicht von der Stelle bewegen, nicht einmal laut um Hilfe rufen. Ich saß einfach da, hustend und spuckend. Mit Schrecken sah ich, wie die Flammen immer näher kamen und beinahe meine Füße berührten. Und ich konnte nichts dagegen tun!

Gerade in diesem Moment kam Ken zurück. Mit einem Blick erfaßte er die Situation und stürzte herbei, um meinen Rollstuhl aus der Gefahrenzone zu schieben. An jenem Abend lernte ich, wie schnell aus einem lieben Freund ein wütender Gegner werden kann.

Genauso ist es mit dem Leid. Es birgt große Möglichkeiten zum Guten in sich, aber es kann ebenso leicht zur zerstörenden Kraft werden. Leid kann Familien zusammenschweißen, so daß sie durch die Not eins werden, oder es kann sie auseinanderreißen, sie egoistisch und bitter machen. Leid kann die rauhen Kanten eines Charakters glattschleifen oder ihn noch härter und kantiger werden lassen.

Wie reagieren wir auf das Leid, das uns trifft? Gebrauchen wir es – oder lassen wir uns von ihm gebrauchen? Wenden wir uns damit an Gott – oder versuchen wir, es mit eigener Kraft durchzufechten? Leid, das oft aussieht und sich anfühlt wie ein unversöhnlicher, erbitterter Gegner, kann zu einem wertvollen Verbündeten werden. Mit der Hilfe Gottes entscheide ich selbst, was von beidem für mich zutrifft.

Taten richten. 28 Und ich sage euch: «Einige von euch, die ihr hier steht, werden leben, wenn sie den Menschensohn in seiner Königsherrschaft kommen sehen.»

Die Jünger erleben Jesu Herrlichkeit
(Mark. 9,2–13; Luk. 9,28–36)

17 Sechs Tage später ging Jesus mit Petrus, Jakobus und dessen Bruder Johannes auf den Gipfel eines hohen Berges. Sie waren dort ganz allein. 2 Auf einmal wurde Jesus vor ihren Augen verwandelt: Sein Gesicht leuchtete wie die Sonne, und seine Kleider strahlten hell. 3 Plötzlich erschienen Mose und der Prophet Elia. Sie redeten mit Jesus. 4 Da rief Petrus: «Herr, hier gefällt es uns! Wenn du willst, werden wir drei Hütten bauen, eine für dich, eine für Mose und eine für Elia.» 5 Noch während er so redete, hüllte sie eine leuchtende Wolke ein, und aus der Wolke hörten sie eine Stimme: «Das ist mein geliebter Sohn, an dem ich meine Freude habe. Ihm sollt ihr gehorchen.» 6 Bei diesen Worten fielen die Jünger erschrocken zu Boden. 7 Aber Jesus kam zu ihnen, berührte sie und sagte: «Steht auf! Fürchtet euch nicht!» 8 Und als sie aufsahen, war nur noch Jesus bei ihnen.

9 Als sie vom Berg herabstiegen, befahl ihnen Jesus: «Erzählt niemandem, was ihr gesehen habt, bis der Menschensohn von den Toten auferstanden ist.»

10 Da fragten ihn seine Jünger: «Weshalb halten unsere Schriftgelehrten daran fest, daß zuerst der Prophet Elia kommen muß?» 11 Jesus antwortete: «Sie haben recht! Elia kommt und wird alles in Ordnung bringen. 12 Doch ich sage euch: Er ist bereits gekommen, aber man hat ihn nicht erkannt. Sie haben mit ihm gemacht, was sie wollten. Und auch der Menschensohn wird durch sie leiden müssen.» 13 Nun war es den Jüngern klar, daß er von Johannes dem Täufer sprach.

Die Ohnmacht der Jünger und die Vollmacht Jesu
(Mark. 9,14–29; Luk. 9,37–43)

14 Als sie zu der Menschenmenge zurückgekehrt waren, kam ein Mann zu Jesus, fiel vor ihm nieder und sagte: 15 «Herr, hab Erbarmen mit meinem Sohn! Er leidet unter schweren Anfällen. Oft stürzt er dabei sogar ins Feuer oder ins Wasser. 16 Ich habe ihn zu deinen Jüngern gebracht, aber sie konnten ihm nicht helfen.» 17 Jesus antwortete: «Ihr eigensinnigen und ungläubigen Leute! Wie lange muß ich noch bei euch sein und euch ertragen? Bringt ihn her zu mir!» 18 Man brachte den Jungen zu Jesus, und er bedrohte den bösen Geist. Sofort ließ er von dem Kranken ab, und der Junge war wieder gesund.

19 Als sie später unter sich waren, fragten die Jünger Jesus: «Weshalb konnten wir den Dämon nicht austreiben?» 20 «Weil ihr nicht wirklich glaubt», antwortete Jesus. «Wenn euer Glaube nur so groß wäre wie ein Senfkorn, könntet ihr zu diesem Berg sagen: ‹Rücke von hier dorthin!›, und es würde geschehen. Nichts würde euch unmöglich sein! 21 Solche Geister können nur vertrieben werden, wenn ihr betet und fastet.»

Jesus spricht wieder von seinem Tod
(Mark. 9,30–32; Luk. 9,43–45)

22/23 Eines Tages, als Jesus sich mit seinen Jüngern in Galiläa aufhielt,

FACELIFTING – BRAUCH ICH NICHT!

Elisabeth Elliot

Matthäus 17,2

Weil morgen mein 60. Lebensjahr beginnt und meine Mutter bereits näher an 90 als an 80 Jahren ist, denke ich in letzter Zeit vermehrt über das Alter nach.

Es macht mir eigentlich nichts aus, alt zu werden. Vor Tagesanbruch heute morgen sah ich aus dem Fenster. Die Sterne leuchteten vom Himmel auf die ruhige, winterliche See herab. Plötzlich kam mir ein Lied in den Sinn, das früher oft auf Freizeiten gesungen wurde: «Einen Tag näher, mein Gott, zu dir.» Dieser Gedanke fasziniert mich. Ich kann die Menschen verstehen, die keine Hoffnung für die Ewigkeit haben und sich deshalb krampfhaft an dieses Leben klammern, an die Vergangenheit, an ihre Jugend. Sie unterziehen sich einem Facelifting, tragen das Make-up immer dicker auf oder färben sich die Haare – alles, um den Anschein zu erwecken, noch jung zu sein.

Wir wollen ehrlich sein: Altwerden ist oft mit Schmerzen und Leid verbunden. Das ist mir mehr denn je bewußt, wenn ich meine Mutter ansehe. Sie, die früher so voller Elan, so rege und flink war, ist heute so still, langsam und oft verwirrt. Man sieht, daß sie leidet, und wir, die wir sie liebhaben, leiden mit. Wir versuchen uns in ihre Lage hineinzuversetzen und fragen uns, wo bei einem so gebrechlichen Körper wohl die Herrlichkeit Gottes bleibt.

Man könnte tatsächlich Angst bekommen, wäre da nicht etwas, was Christen grundlegend vom Rest der Menschheit unterscheidet. Wir wissen, daß das Leben nicht umsonst ist.

Bis es allerdings soweit ist, sehen wir ganz nüchtern, was geschieht – Fähigkeiten wie Gehör, Sehkraft, Beweglichkeit, Verdauung und Gedächtnis lassen nach, Gesicht, Figur und Perspektive geraten aus der Fasson. Wäre das alles, was wir sehen, würden wir uns gewiß alle um ein Facelifting bemühen.

Doch wir befinden uns ja auf einer Pilgerreise. Der Weg, auf dem wir gehen, ist rauh und steil und führt bis zum Ende bergan. Es tut gut, unsere Augen nach oben, auf das Ziel zu richten und das Unsichtbare zu sehen: eine himmlische Stadt, ein helles Licht, ein warmes Willkommen und ein unbeschreiblich herrliches Angesicht. Wir werden Jesus sehen, wie er ist. Wir werden ihm gleich sein. Deshalb können wir auch unser Alter getrost erleben – als Durchgangsstation und Schritt auf dem Weg nach Hause.

sagte er zu ihnen: «Der Menschensohn wird bald in der Gewalt der Menschen sein. Sie werden ihn töten. Aber drei Tage später wird er auferstehen.» Da wurden seine Jünger sehr traurig.

Die Tempelsteuer

24 Bei ihrer Ankunft in Kapernaum kamen die Steuereinnehmer des Tempels zu Petrus und fragten: «Zahlt euer Lehrer keine Tempelsteuer?» 25 «Natürlich tut er das», antwortete Petrus und ging in das Haus, um mit Jesus darüber zu reden. Doch Jesus fragte ihn: «Was meinst du, Petrus, von wem fordern die Könige Abgaben und Steuern, von ihrem eigenen Volk oder von den Ausländern?» 26 «Von den Ausländern natürlich», antwortete Petrus. «Dann sind die eigenen Bürger also steuerfrei. 27 Doch wir wollen ihnen keinen Anlaß geben, uns anzuklagen, darum geh an den See und wirf die Angel aus. Dem ersten Fisch, den du fängst, öffne das Maul. Du wirst eine Münze finden, die für deine und meine Abgabe ausreicht. Bezahle damit die Tempelsteuer!»

Gott hat andere Maßstäbe
(Mark. 9,33–37; Luk. 9,46–48)

18 In dieser Zeit fragten die Jünger Jesus: «Wer ist wohl der Größte im Reich Gottes?»

2 Jesus rief ein kleines Kind, stellte es in ihre Mitte 3 und sprach: «Das will ich euch sagen: Wenn ihr euch nicht ändert und so werdet wie die Kinder, kommt ihr nie in das Reich Gottes. 4 Wer aber so klein und demütig sein kann wie ein Kind, der ist der Größte in Gottes Reich. 5 Und wer solch ein Kind mir zuliebe aufnimmt, der nimmt mich auf.»

Verführung zum Unglauben
(Matth. 5,29–30; Mark. 9,42–48; Luk. 17,1–2)

6 «Aber wenn jemand den Glauben eines dieser Menschen, der mir wie ein Kind vertraut, zerstört, käme er noch gut davon, wenn er mit einem Mühlstein um den Hals ins Meer geworfen würde. 7 Wehe der Welt, denn sie verführt zum Unglauben! Versuchungen zur Sünde können ja nicht ausbleiben. Aber wehe dem Menschen, der daran schuld ist!

8 Deshalb: Wenn deine Hand oder dein Fuß dich zum Bösen verführen, hacke sie ab und wirf sie weg. Es ist besser, du gehst verstümmelt ins ewige Leben als mit gesunden Händen und Füßen ins ewige Feuer. 9 Wenn dich dein Auge zur Sünde verführt, so reiß es heraus und wirf es weg. Es ist besser, mit nur einem Auge das ewige Leben zu erhalten, als mit beiden Augen in die Feuerhölle geworfen zu werden.

10 Hütet euch davor, hochmütig auf die herabzusehen, die euch gering erscheinen. Denn ich sage euch: Ihre Engel haben immer Zugang zu meinem Vater im Himmel.»

Jesus sucht Verlorene
(Luk. 15,3–7)

11 «Der Menschensohn ist gekommen, um Verlorene zu retten. 12 Was meint ihr: Wenn ein Mann hundert Schafe hat und eins läuft ihm davon; was wird er tun? Läßt er nicht die neunundneunzig zurück, um das verirrte Schaf zu suchen? 13 Und wenn er es endlich gefunden hat, freut er sich über dieses eine mehr als über die

neunundneunzig, die sich nicht ver-
laufen hatten. 14 Ebenso will mein Va-
ter nicht, daß auch nur einer, und sei
es der Geringste, verlorengeht.»

Einander ermahnen

(Luk. 17,3)

15 «Wenn dein Bruder dir Unrecht ge-
tan hat, dann gehe zu ihm und sage
ihm, was er verkehrt gemacht hat.
Wenn er auf dich hört, hast du deinen
Bruder zurückgewonnen. 16 Will er
davon nichts wissen, nimm einen
oder zwei andere mit, und versucht es
noch einmal gemeinsam, ihn zur Ein-
sicht zu bringen. 17 Wenn er auch
dann nicht hören will, bringe die Sa-
che vor die Gemeinde. Nimmt er
selbst das Urteil der Gemeinde nicht
an, dann behandle ihn wie einen, der
gottlos und ungläubig ist.

18 Ich sage euch dies: Wem ihr auf
der Erde seine Sünde anlastet, der
soll auch im Himmel damit belastet
sein. Und wen ihr auf der Erde von
seiner Schuld freisprecht, der soll
auch im Himmel frei sein.[a]

19 Aber auch das sage ich euch:
Wenn zwei von euch hier auf der Erde
meinen Vater um etwas bitten wollen
und darin übereinstimmen, dann wird
er es ihnen geben. 20 Denn wo zwei
oder drei in meinem Namen zusam-
menkommen, bin ich in ihrer Mitte.»

Vom unbarmherzigen Schuldner: Vergebung kennt keine Grenzen

(Luk. 17,4)

21 Da fragte Petrus: «Herr, wie oft
muß ich meinem Bruder vergeben,
wenn er mir Unrecht tut? Ist sieben-
mal denn nicht genug?» 22 «Nein»,
antwortete Jesus. «Nicht nur sieben-
mal. Es gibt gar keine Grenze. Du
mußt bereit sein, ihm immer wieder
zu vergeben.»[b]

23 «Man kann das Reich Gottes mit
einem König vergleichen, der mit sei-
nen Verwaltern abrechnen wollte.
24 Zu ihnen gehörte ein Mann, der
ihm einen Millionenbetrag schuldete.
25 Aber er konnte diese Schuld nicht
bezahlen. Deshalb wollte der König
ihn, seine Frau, seine Kinder und sei-
nen gesamten Besitz verkaufen las-
sen, um wenigstens einen Teil seines
Geldes zu bekommen. 26 Doch der
Mann fiel vor dem König nieder und
flehte ihn an: ‹Herr, hab noch etwas
Geduld! Ich will ja alles bezahlen.›
27 Da hatte der König Mitleid. Er gab
ihn frei und erließ ihm seine Schul-
den.

28 Kaum war der Mann frei, ging er
zu einem Mitarbeiter, der ihm einen
kleinen Betrag schuldete, packte ihn
und schrie: ‹Bezahle jetzt endlich dei-
ne Schulden!› 29 Da fiel dieser Arbei-
ter vor ihm nieder und bettelte: ‹Hab
noch etwas Geduld! Ich will ja alles
bezahlen!› 30 Aber der Verwalter
wollte nicht warten und ließ ihn ins
Gefängnis bringen, bis er alles be-
zahlt hätte.

31 Als nun die anderen sahen, was
sich da ereignet hatte, waren sie em-
pört und berichteten es dem König.
32 Der König ließ den Mann, dem er
die Schulden erlassen hatte, zu sich
kommen und sagte: ‹Was bist du
doch für ein hartherziger Mensch!
Deine ganze Schuld habe ich dir er-

a) Wörtlich: Was ihr auf der Erde binden werdet, das soll im Himmel gebunden sein. Und was ihr auf der Erde lösen werdet, das soll im Himmel gelöst sein.

b) Wörtlich: Nicht bis siebenmal, sondern bis siebzig mal sieben.

DER BAMBUS

Christel Eggers

Matthäus 18,19

Im letzten Frühjahr leistete ich mir erstmals zwei stattliche Bambuspflanzen. Am Wochenende danach Verwandtenbesuch. Kommentar meiner Schwägerin: «Ja, hast du es nicht in der Zeitung gelesen? Der gesamte europäische Bambus stammt von einer Pflanze ab, sie werden dieses Jahr blühen und danach sterben!» Enttäuscht stellte ich die beiden Pflanzen in eine Ecke – und widmete ihnen fortan nicht mehr viel Aufmerksamkeit. Sie wurden nicht eingepflanzt, nicht regelmäßig gegossen, erhielten nicht gerade das, was man gute Pflege nennen könnte. Als sie nach der Blüte tatsächlich ganz braun und strohig wurden, entsorgte ich den Bambus ohne viel Federlesen in unserem Grün-Container.

Immer wenn ich danach durch die Stadt fuhr, hielt ich Ausschau nach Gärten, in denen Bambus steht. Bald kannte ich einige Stellen. Und ich beobachtete sehr genau: Alle Bambuspflanzen bekamen Blütendolden – und: Alle Bambuspflanzen wurden strohig und braun. Überrascht stellte ich dann im November fest, daß der Bambus in anderen Gärten wieder austrieb und neue Blätter bildete. Der braune Bambus war wieder grün geworden. Ich fühlte mich sehr seltsam. Warum hatte ich so früh aufgegeben?

Mein weggeworfener Bambus ist für mich zu einem Gleichnis geworden für diesen Bibelvers. Jeder, der schon länger auf dem Weg der Nachfolge Christi ist, wird mit der hier verheißenen Zusage seine Erfahrungen haben. Jesus selbst sagt, daß der Vater uns geben will, um was wir bitten – wenn wir zu zweit darin übereinstimmen. Aber was ist mit den unerhörten Gebeten an dieser Stelle? Auch ich habe das erfahren müssen. Ich war darüber so enttäuscht, daß ich mich zu dieser Verheißung Jesu genauso verhalten habe wie zu meinem Bambus: Es lohnt sich ja doch nicht ...

Der voreilig aufgegebene Bambus hat mich ganz neu ermutigt. Ich will mich auf die Suche machen nach *einem* Menschen, mit dem ich *so* im Gebet einig werden kann! Ich habe da so eine leise Ahnung, daß da auch noch einmal etwas grünen könnte, dem ich eigentlich keine Chance mehr geben wollte ...

WIE DIE KINDER

Ruth Heil

Matthäus 19,14

«Lasset die Kinder zu mir kommen und hindert sie nicht, denn für Menschen wie sie ist das Reich Gottes bestimmt.»

«Haltet die Kinder ein wenig von mir fern, damit ich mal wieder eine Nacht durchschlafen kann», mag manche Mutter dagegen stöhnen. Daß man mit Kindern auch das Himmelreich um sich hat, kommt seltener ins Bewußtsein. Dazu sind Kinder viel zu anstrengend. Ihre kindlichen Fragen können einen nerven. Und das muß zu allen Zeiten so gewesen sein, sonst hätten die Jünger nicht versucht, die Kinder von Jesus fernzuhalten.

Jesus wehrt hier aber nicht den Kindern, sondern den Erwachsenen. Er stellt die Kinder in den Mittelpunkt. Er nimmt sie wichtig. Und an einigen anderen Stellen verdeutlicht er dies noch mehr: «Wenn ihr nicht werdet wie die Kinder, könnt ihr nicht ins Himmelreich kommen.»

Was haben Kinder uns denn voraus, wenn es um den Glauben geht? Sie haben einen direkten Zugang zu dem, was Gott sagt. Vertrauen ist für sie kein Problem. Sie haben noch nicht so viele Möglichkeiten zu prüfen, ob das, was sie bitten, menschlich möglich ist oder nicht. Wenn sie beten, sortieren sie nicht nach «sinnvoll» und «weniger sinnvoll». Sie wissen nur das eine: «Gott kann alles, und ich darf ihn um alles bitten.»

Als ich vor einiger Zeit abends am Bett einer unserer Töchter saß, erzählte sie mir, was sie «ausgefressen» hatte. Ich ermutigte sie, Gott dafür um Vergebung zu bitten. Sie betete von Herzen und fügte dann an: «Und Vater im Himmel, laß mich einmal so eine Frau wie die Mama werden, die tut, was du willst.»

Mir kamen die Tränen. Während mein Mädchen am Einschlafen war, betete ich in meinem Herzen: «Herr, vergib mir, daß ich dich so oft traurig mache durch mein Handeln, durch meine Gedanken über andere, meinen Ärger. Gib mir die Versöhnungsbereitschaft, die mein Kind so schnell zeigt, wenn ich versagt habe. Mach mich wie ein Kind, das dir in allen Dingen vertraut. Schenke mir die Einfalt eines Kindes, mit dir alles zu besprechen, was mein Herz bewegt.»

lassen, weil du mich darum gebeten
hast. 33 Hättest du da nicht auch mit
deinem Mitarbeiter Erbarmen haben
können, so wie ich mit dir?› 34 Zornig
übergab er ihn den Folterknechten.
Sie sollten ihn erst dann wieder frei-
lassen, wenn er alle seine Schulden
zurückgezahlt hätte.
35 Das gleiche wird mit euch gesche-
hen, wenn ihr euch weigert, eurem
Bruder wirklich zu vergeben.»

Die Frage nach der Ehescheidung
(Mark. 10,1–12; Luk. 16,18)

19 Nachdem Jesus das gesagt hat-
te, verließ er Galiläa und kam
in das judäische Gebiet auf der ande-
ren Seite des Jordan. 2 Eine große
Menschenmenge folgte ihm, und er
heilte ihre Kranken.
3 Einige Pharisäer kamen zu ihm,
weil sie Jesus eine Falle stellen woll-
ten. «Wie stehst du zur Eheschei-
dung?» fragten sie. «Darf man sich
von seiner Frau aus jedem beliebigen
Grund trennen?»
4 Jesus antwortete: «Lest ihr denn
die Heiligen Schriften nicht? Da
heißt es doch, daß Gott am Anfang
Mann und Frau schuf und sagte:
5 ‹Ein Mann verläßt seine Eltern und
verbindet sich so eng mit seiner Frau,
daß die beiden eins sind mit Leib und
Seele.›[a] 6 Sie werden also eins sein
und nicht länger zwei voneinander
getrennte Menschen. Was aber Gott
zusammengefügt hat, darf der
Mensch nicht trennen.»
7 «Doch weshalb», fragten sie wei-
ter, «hat Mose dann vorgeschrieben,
daß der Mann seiner Frau eine Schei-
dungsurkunde gibt, wenn er sich von
ihr trennt?»[b] 8 Jesus antwortete:
«Mose erlaubte es, weil er euer böses
und hartes Herz kannte. Aber Gottes
Absicht war das nicht, als er die Ehe
stiftete. 9 Ich sage euch, daß jeder die
Ehe bricht, der sich von seiner Frau
trennt und eine andere heiratet, es sei
denn, seine Frau lebt selbst im Ehe-
bruch.»
10 Da meinten seine Jünger: «Wenn
es so um die Ehe steht, dann ist es am
besten, gar nicht zu heiraten!»
11 «Nicht jeder kann begreifen, was
ich jetzt sage», antwortete Jesus.
«Gott aber kann den Menschen hier-
für das rechte Verständnis geben.
12 Manche sind von Geburt an zeu-
gungsunfähig; andere werden es
durch menschlichen Eingriff. Und es
gibt Menschen, die verzichten auf die
Ehe, um Gott besser dienen zu kön-
nen. Wer es versteht, der richte sich
danach!»

Jesus und die Kinder
(Mark. 10,13–16; Luk. 18,15–17)

13 Eines Tages brachte man kleine
Kinder zu Jesus, weil er sie segnen
und für sie beten sollte. Aber die Jün-
ger wollten sie wegschicken: «Laßt
ihn damit in Ruhe!» 14 Doch Jesus
sagte: «Laßt die Kinder zu mir kom-
men und hindert sie nicht, denn für
Menschen wie sie ist das Reich Gottes
bestimmt.» 15 Er legte ihnen die Hän-
de auf und segnete sie. Danach zog er
weiter.

a) 1. Mose 2,24
b) 5. Mose 24,1

Was muß ich Gutes tun?
(Mark. 10,17–27; Luk. 18,18–27)

16 Ein junger Mann kam mit der Frage
zu Jesus: «Herr, was muß ich Gutes
tun, um das ewige Leben zu bekom-
men?» 17 «Was meinst du denn mit
gut?» erwiderte Jesus. «Es gibt nur
einen, der gut ist, und das ist Gott.
Du kannst ewiges Leben bekommen,
wenn du Gottes Gebote hältst.»
18 «Welche Gebote denn?» fragte der
Mann, und Jesus antwortete: «Du
sollst nicht töten! Du sollst nicht die
Ehe brechen. Du sollst nicht stehlen!
Sag nichts Unwahres über einen ande-
ren. 19 Achte deine Eltern, und liebe
deine Mitmenschen wie dich selbst.»[a]
20 «Daran habe ich mich immer gehal-
ten! Was muß ich denn noch tun?»
wollte der junge Mann wissen.
21 Jesus antwortete: «Wenn du
wirklich das ewige Leben haben
willst, dann verkaufe, was du hast,
und gib das Geld den Armen. Damit
wirst du im Himmel einen Schatz er-
werben, der dir nicht mehr verloren-
geht. Dann komm und folge mir
nach.» 22 Als der junge Mann das hör-
te, ging er traurig weg, denn er war
sehr reich.
23 Da sagte Jesus zu seinen Jüngern:
«Eins ist sicher: Ein Reicher hat es
sehr schwer, zu Gott zu kommen.
24 Eher läßt sich ein dickes Seil in ein
Nadelöhr einfädeln,[b] als daß ein Rei-
cher in das Reich Gottes kommt.»
25 Darüber erschraken die Jünger:
«Wer kann dann überhaupt gerettet
werden?» 26 Jesus sah sie ernst an und
sagte: «Für Menschen ist es unmög-
lich, aber bei Gott ist alles möglich!»

Nachfolge lohnt sich
(Mark. 10,28–31; Luk. 18,28–30)

27 Jetzt fragte Petrus: «Du weißt, wir
haben alles aufgegeben und sind mit
dir gegangen. Was bekommen wir da-
für?» 28 Jesus antwortete: «Das sollt
ihr wissen, ihr, die ihr mit mir geht:
Wenn der Menschensohn auf dem
Thron der Herrlichkeit sitzen und
über Gottes neue Welt herrschen
wird, werdet ihr ebenfalls auf zwölf
Thronen sitzen und die zwölf Stämme
Israels richten. 29 Jeder, der sein
Haus, seine Geschwister, seine El-
tern, seine Frau, seine Kinder oder
seinen Besitz zurückläßt, um mir zu
folgen, wird dies alles hundertfach
zurückerhalten und das ewige Leben
empfangen.
30 Viele, die heute eine große Rolle
spielen, werden in Gottes neuer Welt
nichts bedeuten. Und viele, die heute
die Letzten sind, werden dann zu den
Ersten gehören.»

Die Arbeiter im Weinberg: Gott rechnet anders

20 «Ich möchte euch ein Gleich-
nis erzählen», sagte Jesus.[c]
«Ein Weinbauer ging frühmorgens
Arbeiter für seinen Weinberg anwer-
ben. 2 Er einigte sich mit ihnen auf
den üblichen Tageslohn und ließ sie
in seinem Weinberg arbeiten. 3 Ein
paar Stunden später ging er noch ein-
mal über den Marktplatz und sah dort
Leute herumstehen, die arbeitslos
waren. 4 Auch diese schickte er in sei-
nen Weinberg und versprach ihnen
einen angemessenen Lohn. 5 Zur Mit-

a) 2. Mose 20,12–16; 3. Mose 19,18
b) Andere Übersetzung: Es ist leichter, daß ein Kamel durch ein Nadelöhr geht.
c) Wörtlich: Denn das Reich Gottes ist gleich einem Hausherrn ...

tagszeit und gegen drei Uhr nachmit-
tags stellte er noch mehr Arbeiter
ein. [6]Als er um fünf Uhr in die Stadt
kam, sah er wieder ein paar Leute
untätig herumstehen. Er fragte sie:
‹Warum habt ihr heute nicht gearbei-
tet?› [7]‹Uns wollte niemand haben›,
antworteten sie. ‹Geht doch und ar-
beitet auch noch in meinem Wein-
berg!› forderte er sie auf.

[8]Am Abend beauftragte er seinen
Verwalter: ‹Ruf die Leute zusam-
men und zahle ihnen den Lohn aus!
Beginne damit beim Letzten und hö-
re beim Ersten auf!› Zuerst kamen
also die zuletzt Eingestellten, [9]und
jeder von ihnen bekam den vollen
Tageslohn. [10]Jetzt meinten die ande-
ren Arbeiter, sie würden mehr be-
kommen. Aber sie bekamen alle nur
den vereinbarten Tageslohn.

[11/12]Da fingen sie an zu schimpfen:
‹Diese Leute haben nur eine Stunde
gearbeitet, und du zahlst ihnen das-
selbe wie uns. Dabei haben wir uns
den ganzen Tag in der brennenden
Sonne abgerackert!›

[13]‹Mein Freund›, entgegnete der
Weinbauer, ‹dir geschieht doch kein
Unrecht! Haben wir uns nicht auf
diesen Betrag geeinigt? [14]Nimm dein
Geld und geh! Ich will den anderen
genausoviel zahlen wie dir.
[15]Schließlich darf ich doch wohl mit
meinem Geld machen, was ich will!
Oder ärgerst du dich, weil ich groß-
zügig bin?›

[16]Ebenso werden die Letzten ein-
mal die Ersten sein, und die Ersten
die Letzten.»

Jesus spricht noch einmal von seinem Tod

(Mark. 10,32–34; Luk. 18,31–34)

[17]Auf dem Weg nach Jerusalem nahm
Jesus seine Jünger beiseite [18]und sag-
te ihnen: «Wir gehen jetzt nach Jeru-
salem. Dort wird der Menschensohn
den Hohenpriestern und Schriftge-
lehrten ausgeliefert werden. Man
wird ihn zum Tode verurteilen und
den Römern übergeben. [19]Die wer-
den ihn verspotten, auspeitschen und
ans Kreuz schlagen. Aber drei Tage
später wird er vom Tod auferste-
hen.»

Streit um die besten Plätze

(Mark. 10,35–45; Luk. 22,24–27)

[20]Da kam die Frau des Zebedäus mit
ihren Söhnen Jakobus und Johannes
zu Jesus. Sie warf sich vor ihm nieder
und wollte ihn um etwas bitten.
[21]«Was willst du denn?» fragte er. Sie
antwortete: «Gib meinen beiden
Söhnen in deinem Königreich die Eh-
renplätze direkt neben dir!» [22]Jesus
antwortete ihnen: «Ihr wißt ja gar
nicht, was ihr da verlangt. Könnt ihr
denn das schwere Leiden ertragen,
das auf mich wartet?» «Jawohl», ant-
worteten sie, «das können wir!»
[23]Darauf erwiderte ihnen Jesus:
«Ganz gewiß werdet ihr leiden müs-
sen, aber ich kann nicht bestimmen,
wer einmal neben mir sitzen wird.
Wer diese Plätze einnehmen wird,
bestimmt allein mein Vater.»

[24]Die anderen Jünger waren entrü-
stet, als sie erfuhren, was Jakobus
und Johannes gefordert hatten. [25]Je-
sus rief sie deshalb zusammen und
sagte: «Die Könige herrschen über
die Völker wie Tyrannen, und die
Machthaber unterdrücken, wen sie
können. [26]Aber gerade so darf es bei
euch nicht sein. Wer groß sein will,
der soll den anderen dienen, [27]und
wer der Erste sein will, der soll sich
allen unterordnen. [28]Auch der Men-
schensohn ist nicht gekommen, um
sich dienen zu lassen. Er kam, um

Karriere nach unten

Magdalena Paulus

Matthäus 20,26

In unserer Gesellschaft geht es immer um die besten Plätze. Man findet sie in der vordersten Reihe oder oben auf dem Podium, auf der Rednertribüne. Wer etwas zu sagen hat, wird geehrt und respektiert, für die anderen bleiben «dienende Funktionen». Das ist die Hackordnung unserer Welt. Auch Jakobus und Johannes hatten das begriffen und ehrgeizige Karrierepläne geschmiedet. Sie wollten mit Jesus oben auf dem Podium sitzen, später, im Regierungskabinett der Regierung Gottes.

Doch Jesus enttäuscht ihre Hoffnungen. Bei ihm sind oben und unten vertauscht. Bei ihm liegt die Möglichkeit, nach oben zu kommen, tatsächlich in unserer Reichweite. Es ist unsere Entscheidung, ob wir nur selbst vorwärtskommen wollen oder unser Leben als Dienst für andere sehen. Als von Jesus Beauftragte anderen zu dienen, ist eine große Ehre, die jede von uns erreichen kann.

Es gibt Menschen, die das begriffen haben, so wie Sabine Ball: Sie trägt ihre geblümte Schürze wie ein Ehrenkleid. Im Dresdener Café Stoffwechsel bieten sie und ihre ehrenamtlichen Mitarbeiter Straßenkindern eine Zuflucht. «Ich bin eine Dienerin. Ich habe die Gabe des Dienens. Ich betrachte es als eine Ehre, daß Gott mir diese Aufgabe zutraut.» Und so sieht ihr tägliches Dienen aus: Brote belegen, Mittagessen kochen, spülen, putzen, aufräumen, Nahrungsmittel und Second-Hand-Kleidung organisieren. Entscheidend ist jedoch das Stück Zuhause, das in dieser Atmosphäre entsteht. Junge und alte Menschen, «Problemfälle», die anderen nur eine Last sind, wertlos in den Augen unserer Gesellschaft und oft auch in ihren eigenen, begreifen hier, daß sie wertvoll sind, weil jemand ihnen dient. Sie erleben, daß jemand nur für sie da ist, sie ernst nimmt, ihnen zuhört, sie lieb hat.

Es sind die Diener, die bei Jesus geehrt werden: «Wer groß sein will, der soll den anderen dienen.» Denn auch Jesus war ein Diener: Er diente dem Vater und uns. Seinen Jüngern wusch er die Füße, und durch sein Leiden und Sterben wusch er uns die Sünden ab. Wer bei ihm groß rauskommen möchte, kann keinen anderen Weg gehen als den, den Jesus selbst gegangen ist.

selbst zu dienen und mit seinem Le-
ben dafür zu bezahlen, daß viele
Menschen aus der Gewalt des Bösen
befreit werden.»

Blinde werden geheilt und gehen mit Jesus

(Mark. 10,46–52; Luk.18,35–43)

29 Als Jesus und seine Jünger die Stadt
Jericho verließen, zog eine große
Menschenmenge mit ihnen. 30 Zwei
blinde Männer saßen an der Straße.
Als sie hörten, daß Jesus vorüber-
kam, riefen sie: «Herr, du Sohn Da-
vids, hab Erbarmen mit uns!» 31 Die
Leute versuchten, sie zum Schweigen
zu bringen, aber die Blinden schrien
nur noch lauter: «Herr, erbarme dich
über uns!» 32 Da blieb Jesus stehen,
rief sie zu sich und fragte: «Was wollt
ihr von mir?» 33 «Herr, wir möchten
gern sehen können!» 34 Voll mitlei-
dender Liebe berührte Jesus ihre
Augen. Sofort konnten sie sehen,
und sie gingen mit ihm.

Jesus wird als König empfangen

(Mark. 11,1–10; Luk. 19,28–38;
Joh. 12,12–19)

21 Nachdem Jesus mit seinen
Jüngern in die Nähe von Jeru-
salem gekommen war, erreichten sie
Bethphage am Ölberg. Jesus schickte
zwei Jünger mit dem Auftrag voraus:
2 «Wenn ihr in das Dorf kommt, wer-
det ihr dort eine Eselin mit ihrem
Fohlen finden. Bindet sie los und
bringt sie zu mir. 3 Sollte euch jemand
fragen, was ihr vorhabt, dann sagt
einfach: ‹Der Herr braucht sie.› Man
wird euch keine Schwierigkeiten ma-
chen.» 4 Damit erfüllte sich das Pro-
phetenwort: 5 «Sagt dem Volk von Je-
rusalem: ‹Dein König kommt zu dir.
Er kommt ohne Gewalt und reitet auf
einem Eselsfohlen.›»[a]
6 Die beiden Jünger führten aus,
was Jesus ihnen gesagt hatte. 7 Sie
brachten die Tiere zu ihm, legten ihre
Mäntel über sie, und Jesus setzte sich
darauf. 8 Viele Menschen breiteten
ihre Kleider als Teppich auf der Stra-
ße aus, andere rissen Zweige von den
Bäumen und legten sie auf den Weg.
9 Vor und hinter ihm drängten sich die
Menschen und riefen: «Heil unserem
König, dem Sohn Davids! Ihn hat uns
Gott gesandt. Der Herr segne ihn!
Gelobt sei Gott!»
10 Als er so in Jerusalem einzog, war
die ganze Stadt in großer Aufregung.
«Wer ist dieser Mann?» fragten die
Leute. 11 «Das ist Jesus, der Prophet
aus Nazareth in Galiläa», riefen die
Menschen, die ihn begleiteten.

Geschäfte im Tempel

(Mark. 11,15–19; Luk. 19,45–46;
Joh. 2,13–17)

12 Dann ging Jesus in den Tempel, jag-
te alle Händler und Käufer hinaus,
stieß die Tische der Geldwechsler
und die Stände der Taubenhändler
um und rief: 13 «Gott sagt: ‹Mein
Haus soll ein Ort des Gebets sein›,[b]
ihr aber habt eine Räuberhöhle dar-
aus gemacht!»
14 Da kamen auch schon Blinde und
Krüppel, und er heilte sie im Tempel.
15 Als die Hohenpriester und die Ge-
setzeslehrer seine Wundertaten sa-
hen und als sie hörten, wie die Kinder
sogar im Tempel riefen: «Heil dem

a) Sacharja 9,9
b) Jesaja 56,7

Gott richtet und rettet

Aus Psalm 9

Ein Lied Davids

Dir, Herr, will ich von ganzem Herzen danken,
und erzählen will ich von deinen wunderbaren Taten.
Ich freue mich über dich und juble dir zu.
Ich singe und musiziere zu deiner Ehre, du höchster Gott!
Denn du schlägst meine Feinde in die Flucht, sie stürzen und kommen um!
Du bist ein gerechter Richter:
Mit deinem Urteil hast du mir Recht verschafft.
Die feindlichen Völker hast du in ihre Grenzen gewiesen.
Der Feind ist für immer erledigt, seine Städte sind nur noch Ruinen.
Keiner denkt mehr an sie.

Aber der Herr regiert für immer und ewig.
Sein Richterstuhl steht schon bereit.
Über die ganze Welt wird er ein gerechtes Urteil sprechen
und allen Völkern seine Entscheidung verkünden.
Die Unterdrückten finden bei Gott Zuflucht.
In schwerer Zeit beschützt er sie.

Herr, wer dich kennenlernt, der wird dir gern vertrauen.
Wer sich auf dich verläßt, der ist nie verlassen.
Lobt den Herrn mit euren Liedern
und erzählt allen Völkern von seinen machtvollen Taten!
Er regiert auf dem Berg Zion in Jerusalem.
Den Schrei der Wehrlosen überhört er nicht,
und keine Bluttat läßt er ungestraft.
Darum habe auch mit mir Erbarmen, Herr!
Siehe doch, wie ich leide unter dem Haß meiner Feinde!
Ich stehe am Rand des Todes! Bring mich in Sicherheit!
Dann will ich dich in Jerusalem loben.
Alle sollen hören, was du für mich getan hast.

Sohn Davids!», wurden sie wütend
und fragten Jesus: «Hörst du denn
nicht, was die Kinder da schreien?»
16 «Ja, ich höre es», antwortete Jesus.
«Habt ihr nie gelesen: ‹Selbst un-
mündige, kleine Kinder werden dich
loben!›?»[a] 17 Damit ließ er sie stehen,
verließ die Stadt und ging nach Be-
thanien, um dort zu übernachten.

Der unfruchtbare Feigenbaum: Wer glaubt, erlebt Wunder

(Mark. 11,12–14. 20–24)

18 Am nächsten Morgen, als Jesus
nach Jerusalem zurückkehrte, bekam
er Hunger. 19 Da sah er am Wegrand
einen Feigenbaum. Er ging hin, um
sich ein paar Feigen zu pflücken.
Aber er fand nichts als Blätter. Da
sagte Jesus zu dem Baum: «Du sollst
in Zukunft nie wieder Feigen tra-
gen!» Im selben Augenblick verdorr-
te der Baum.
20 Erstaunt fragten die Jünger:
«Wie kommt es, daß der Feigenbaum
so schnell vertrocknet ist?» 21 Jesus
erwiderte: «Wenn ihr wirklich glaubt
und nicht zweifelt, könnt ihr nicht nur
dies tun, sondern noch größere Wun-
der. Ihr könnt sogar zu diesem Berg
sagen: ‹Hebe dich von der Stelle und
stürze dich ins Meer!› Es wird gesche-
hen. 22 Ihr werdet alles bekommen,
wenn ihr im festen Glauben darum
bittet.»

Die Frage nach der Autorität Jesu

(Mark. 11,27–33; Luk. 20,1–8)

23 Dann ging Jesus in den Tempel und
sprach zu den Menschen. Sofort be-
drängten ihn die Hohenpriester und
Führer des Volkes mit der Frage:
«Wer hat dir das Recht gegeben, hier
in dieser Weise aufzutreten? Wer gab
dir die Vollmacht dazu?»
24 «Ich will euch auch eine Frage
stellen», entgegnete Jesus. «Wenn
ihr die beantwortet, will ich auf eure
Fragen antworten. 25 War Johannes
der Täufer ein Beauftragter Gottes
oder nicht?»
Sie überlegten: «Wenn wir sagen:
‹Er kam von Gott›, wird er uns fra-
gen, weshalb wir ihm nicht geglaubt
haben. 26 Wenn wir aber bestreiten,
daß Gott ihn gesandt hat, bekommen
wir Ärger mit dem Volk, weil alle
überzeugt sind, daß er ein Prophet
war.» 27 Deswegen antworteten sie:
«Wir wissen es nicht!»
Da sagte Jesus: «Dann sage ich
euch auch nicht, wer *mir* die Voll-
macht gegeben hat.»

Das Beispiel von den beiden Söhnen: Wer wirklich Gottes Willen tut

28 «Was sagt ihr dazu: Ein Mann hatte
zwei Söhne. Er sagte zu dem ersten:
‹Mein Sohn, arbeite heute in unserem
Weinberg!› 29 ‹Ja, Vater›, antwortete
er. Doch er hatte keine Lust und ging
nicht hin. 30 Auch den zweiten Sohn
forderte der Vater auf, die Arbeit zu
erledigen. ‹Ich will aber nicht!› ent-
gegnete dieser. Später tat es ihm leid,
und er ging doch an die Arbeit.
31 Wer von den beiden Söhnen hat
nun getan, was der Vater wollte?» Sie
antworteten: «Der zweite natürlich!»
Da erklärte ihnen Jesus, was er
meinte: «Das ist sicher: Betrüger und
Dirnen werden eher in Gottes Reich
kommen als ihr. 32 Johannes der Täu-
fer zeigte euch den Weg zu Gott und

a) Psalm 8,3

Aber ich Esel …

Ulrike Schild

Matthäus 21,2

Entschuldigen Sie … ich schmatze ein wenig. Aber ich bekam gerade frisches Heu, und das muß ich natürlich erst einmal probieren. Ich wär ja ein Esel, wenn ich das nicht täte. Ach, was sag ich. Ich bin ja einer. Und sogar ein ganz berühmter Esel. Was kann einen Esel schon berühmt machen?, werden Sie fragen. Ganz richtig: Ein Esel gleicht dem anderen. Tagaus, tagein die Lasten fremder Leute schleppen – da gibt es wenig, worauf man stolz sein könnte. Allerdings – manchmal frage ich mich schon, ob es wirklich keinen Unterschied macht, für wen ich mich so plage. Einmal nämlich, da hat jemand auf meinem Rücken gesessen, der machte einen Unterschied … Auf meinem Rücken hat schon so mancher gesessen, aber …

Also: Da steh ich so nichtsahnend mit meinem Fohlen im Stall. Von meinem Futterplatz aus kann ich gut die Hauptstraße von Jerusalem überblicken. Da kommen doch auf einmal zwei Gestalten auf uns zu. Männer, die ich noch nie gesehen hatte. Ich dachte noch, was wollen die denn hier? Im gleichen Augenblick binden sie uns los und nehmen uns einfach mit. Keiner sagt, wohin die Reise geht. Was das Ganze soll. Ob wir überhaupt mitwollen.

Normalerweise bin ich ja etwas störrisch … Also nicht bösartig oder so, sondern störrisch – na ja, das gehört zu meinem Wesen. Schließlich kann ja nicht alle Welt mit uns Eseln machen, was sie will. Doch trotz all der Fragen und aller Spannung, was nun auf uns zukam, hatte ich ein gutes Gefühl. Weiß der Himmel, woher das kam. Ich wurde sozusagen entführt – und trotzdem ging es mir gut!

Und ich hatte recht mit meinem Gefühl! Denn als ich den Namen des Mannes hörte, der diese Entführung veranlaßt hatte, da hätte ich vor Freude am liebsten Luftsprünge gemacht. Schließlich sprach man in ganz Jerusalem von ihm als Prophet, als König, als Gottes Sohn sogar.

Ich konnte das alles kaum glauben. Mich, einen unbedeutenden Esel, um genauer zu sein, eine unbedeutende Eselin, ausgerechnet mich hatte er ausgesucht. Und ich durfte ihm nun dienen. Also: Für diesen Menschen gab ich meinen Rücken gerne her. Obwohl ich mich auf dem Weg nach Jerusalem immer wieder fragte, warum Jesus gerade mich hat holen lassen. Ein Pferd, eine Kutsche, eine Sänfte … das wäre doch einem König angemessen gewesen. Aber ich Esel, ich durfte etwas für ihn tun.

Warum ich das erzähle? Nun ja, vielleicht macht es ja allen Mut, die meinen, meiner Gattung etwas ähnlich zu sein.

forderte euch zur Buße auf. Aber ihr wolltet nichts von ihm wissen.

Die Betrüger und Dirnen aber folgten seinem Ruf. Und obwohl ihr das gesehen habt, wolltet ihr ihm nicht glauben und euer Leben nicht ändern.»

Von den bösen Pächtern: Auflehnung gegen Gott

(Mark. 12,1–12; Luk. 20,9–19)

33 «Hört eine andere Geschichte: Ein
Grundbesitzer legte einen Weinberg
an, zäunte ihn ein, stellte eine Wein-
presse auf und baute auch einen
Wachtturm. Dann verpachtete er den
Weinberg an Weinbauern und reiste
ins Ausland. 34 Zur Zeit der Weinlese
schickte er seine Leute zu den Wein-
bauern mit dem Auftrag, den verein-
barten Anteil abzuholen. 35 Die
Weinbauern aber schlugen den einen
nieder, töteten den andern und stei-
nigten den dritten.
36 Da beauftragte der Grundbesit-
zer andere Leute. Aber ihnen erging
es nicht besser. 37 Schließlich sandte
er seinen Sohn, weil er sich sagte:
Den werden sie bestimmt anerken-
nen! 38 Als die Weinbauern aber den
Sohn kommen sahen, sagten sie zu-
einander: ‹Da kommt der Erbe! Den
bringen wir um! Dann gehört der
Weinberg uns.› 39 Sie jagten ihn aus
dem Weinberg und schlugen ihn tot.
40 Was wird der Besitzer mit diesen
Weinbauern machen, wenn er zu-
rückkehrt?»
41 Sie antworteten: «Er wird diese
Verbrecher umbringen und den
Weinberg an solche Weinbauern ver-
pachten, die ihm seinen Anteil ablie-
fern.»
42 «Richtig», sagte Jesus, «es steht
ja schon in der Schrift: ‹Der Stein,
den die Bauarbeiter weggeworfen ha-
ben, weil sie ihn für unbrauchbar hiel-
ten, ist nun zum Grundstein des gan-
zen Hauses geworden. Was keiner für
möglich gehalten hat, das tut Gott vor
euren Augen.›[a]
43 Deshalb sage ich euch: Das Reich
Gottes wird euch weggenommen und
einem Volk gegeben werden, das
Gott gehorcht.[b] 44 Wer nicht mit Gott
rechnet, muß scheitern, und wer sich
gegen Gott auflehnt, den wird Gott
vernichten.»[c]
45 Als die Hohenpriester und die
Pharisäer merkten, daß Jesus von ih-
nen sprach und daß sie die Weinbau-
ern in seiner Geschichte waren, 46 hät-
ten sie ihn am liebsten auf der Stelle
festgenommen. Aber sie fürchteten
sich vor dem Volk, das Jesus für einen
Propheten hielt.

Keine Zeit für Gottes Fest

(Luk. 14,16–24)

22 Jesus erzählte ihnen noch ein
anderes Gleichnis: 2 «Wenn
Gott seine Königsherrschaft aufrich-
tet, ist das wie bei dem König, der für
seinen Sohn ein großes Hochzeitsfest
vorbereitete. 3 Viele wurden zur
Hochzeit eingeladen. Als die Vorbe-
reitungen beendet waren, schickte er
seine Diener, um die Gäste abzuho-
len. Aber keiner wollte kommen.
4 Er ließ sie durch andere Diener

a) Psalm 118,22–23
b) Wörtlich: das seine Früchte bringt.
c) Wörtlich: Und wer auf diesen Stein fällt, wird zerdrückt; auf wen er aber fällt, den wird er zermalmen.

nochmals bitten: ‹Es ist alles fertig,
die Ochsen und Mastkälber sind ge-
schlachtet. Das Fest kann beginnen.
Kommt!› 5 Aber die geladenen Gäste
interessierte das nicht. Sie ließen sich
in ihrer Arbeit nicht stören. Der eine
hatte auf dem Feld zu tun, der andere
im Geschäft. 6 Einige wurden sogar
handgreiflich, mißhandelten und tö-
teten die Diener des Königs.

7 Voller Zorn sandte der König
seine Truppen aus, ließ die Mörder
umbringen und ihre Stadt in Brand
stecken. 8 Dann sagte er zu seinen
Dienern: ‹Die Hochzeitsfeier ist vor-
bereitet, aber die geladenen Gäste
waren es nicht wert, an diesem Fest
teilzunehmen. 9 Geht jetzt auf die
Straßen und ladet alle ein, die ihr
trefft!› 10 Das taten die Boten und
brachten alle mit, die sie fanden: gute
und böse Menschen. So füllte sich der
Festsaal mit Gästen.

11 Als der König kam, um seine Gä-
ste zu begrüßen, bemerkte er einen
Mann, der nicht festlich angezogen
war. 12/13 ‹Mein Freund, wie bist du
hier ohne das Festgewand hereinge-
kommen, das für dich bereitlag?›
fragte er ihn. Darauf konnte der Mann
nichts antworten. ‹Fesselt ihm Hände
und Füße und werft ihn hinaus in die
Finsternis!› befahl der König streng.
‹Dort wird er weinen und jammern,
ohne daß ihm jemand helfen kann.›
14 Denn viele sind eingeladen, aber nur
wenige sind bereit zu kommen.»[a]

Gott oder der Kaiser?

(Mark. 12,13–17; Luk. 20,20–26)

15 Nun begannen die Pharisäer zu be-
raten, wie sie Jesus mit seinen eige-
nen Worten in eine Falle locken
könnten. 16 Sie schickten ein paar von
ihren Leuten und einige Anhänger
des Königs Herodes zu ihm. Die frag-
ten ihn:

«Meister, wir wissen, daß es dir
allein um die Wahrheit geht. Du sagst
uns frei heraus, wie wir nach Gottes
Willen leben sollen. Du fragst auch
nicht danach, ob die Wahrheit den
Leuten gefällt oder nicht. 17 Deshalb
sage uns: Ist es eigentlich Gottes Wil-
le, daß wir dem römischen Kaiser
Steuern zahlen, oder nicht?»

18 Jesus erkannte ihre Hinterhältig-
keit. «Ihr Heuchler!» rief er. «War-
um wollt ihr mir eine Falle stellen?
19 Gebt mir ein Geldstück!» Sie gaben
ihm eine römische Münze. 20 «Wessen
Bild und Name ist hier eingeprägt?»
fragte er. 21 «Das Bild und der Name
des Kaisers», antworteten sie. «Dann
gebt dem Kaiser, was ihm zusteht,
und gebt Gott, was ihm gehört!»
22 Diese Antwort verblüffte sie. Und
sie ließen Jesus in Ruhe und gingen
weg.

Die Frage nach der Auferstehung der Toten

(Mark. 12,18–27; Luk. 20,27–40)

23 Am selben Tag kamen einige Sad-
duzäer zu Jesus. Das waren Leute,
die behaupteten, daß es keine Aufer-
stehung der Toten gibt. Sie fragten
Jesus: 24 «Herr, Mose hat bestimmt:
Wenn ein verheirateter Mann ohne
Kinder stirbt, dann soll sein Bruder
die Witwe heiraten, und das erste ih-
rer Kinder soll der Erbe des Verstor-
benen sein.[b] 25 Nun lebten da unter
uns sieben Brüder. Der erste heirate-

a) Wörtlich: Viele sind Gerufene, wenige aber Auserwählte.
b) 5. Mose 25,5–6

Ich gehe liebevoll mit mir um

Doris Praemassing

Matthäus 22,39

Den Nächsten zu lieben, das haben wir Frauen meist gut gelernt. Wir sind besorgt um andere, wir rennen und werkeln, oft bis über die Grenzen der eigenen Kraft. Doch haben wir auch gelernt, uns selbst Liebe zu erweisen? Oder erweisen wir anderen Barmherzigkeit, versagen sie aber uns selbst? Ertragen wir geduldig die Schwächen der anderen, verurteilen uns aber ständig selbst, wenn wir etwas falsch gemacht haben? Ist in unserem Leben die Waage aus dem Gleichgewicht geraten? Jesus erwartet, daß wir den Nächsten lieben, aber er setzt auch voraus, daß wir uns selbst lieben und annehmen. Sich selbst lieben bedeutet konkret:

- Ich achte meine Wünsche und Bedürfnisse und nehme mich ernst.
- Ich achte meine seelischen und körperlichen Grenzen und überfordere mich nicht. Ich lerne es, «Nein!» zu überzogenen Erwartungen und Ansprüchen anderer zu sagen.
- Ich verzeihe mir meine Fehler und habe Geduld mit mir.
- Ich tue mir Gutes und rede mir gut zu.
- Ich sehe mich als wertvollen Menschen, den Gott liebt.
- Ich denke gute Gedanken über mich und gehe liebevoll mit mir um, weil das Gottes Wille ist!

Wenn ich mich selbst so als von Gott geliebten Menschen annehme, werde ich auch Reserven an Liebesfähigkeit haben, die ich dann fröhlich an andere weitergeben kann.

te und starb kinderlos. Sein Bruder
heiratete die Witwe. 26 Auch der zwei-
te Bruder starb, und der nächste Bru-
der nahm sie zur Frau. So ging es wei-
ter, bis die Frau mit allen sieben ver-
heiratet gewesen war. 27 Schließlich
starb auch sie. 28 Wessen Frau wird sie
nun nach der Auferstehung sein?
Schließlich waren ja alle sieben mit
ihr verheiratet.»

29 Jesus antwortete: «Ihr kennt we-
der das Wort Gottes noch Gottes
Macht! Ihr irrt euch! 30 Nach der
Auferstehung gibt es keine Ehe
mehr, sondern die Auferstandenen
werden wie Engel im Himmel sein.
31 Doch wenn ihr behauptet, daß es
keine Auferstehung gibt, möchte ich
euch an Gottes Wort erinnern. Dort
heißt es: 32 ‹Ich *bin* der Gott Abra-
hams, Isaaks und Jakobs.›[a] Gott ist
doch nicht ein Gott der Toten, son-
dern er ist der Gott der Lebenden!»
33 Diese Worte Jesu hinterließen
einen tiefen Eindruck bei allen, die
ihm zuhörten.

Das wichtigste Gebot

(Mark. 12,28–31; Luk. 10,25–28)

34/35 Als die Pharisäer hörten, wie er
die Sadduzäer zum Schweigen ge-
bracht hatte, dachten sie sich eine
neue Frage aus. Ein Schriftgelehrter
fragte ihn: 36 «Herr, welches ist das
wichtigste Gebot im Gesetz Gottes?»
37 Jesus antwortete ihm: «‹Liebe
Gott, den Herrn, von ganzem Her-
zen, mit ganzer Hingabe und mit dei-
nem ganzen Verstand!›[b] 38 Das ist das
erste und wichtigste Gebot. 39 Ebenso
wichtig ist aber das zweite: ‹Liebe
deinen Mitmenschen, so wie du dich
selber liebst!›[c] 40 Alle anderen Gebo-
te und alle Forderungen der Prophe-
ten sind in diesen Geboten enthal-
ten.»

Sohn Davids oder Sohn Gottes?

(Mark. 12,35–37; Luk. 20,41–44)

41 Bei dieser Gelegenheit fragte Jesus
die Pharisäer: 42 «Was denkt ihr über
Christus, der zu euch als Retter kom-
men soll? Wessen Sohn ist er?» Sie
antworteten: «Er ist der Sohn Da-
vids.»

43 «Warum aber hat ihn David, er-
leuchtet vom Geist Gottes, ‹Herr› ge-
nannt? Denn David sagte: 44 ‹Gott
sprach zu meinem Herrn: Setze dich
auf den Ehrenplatz an meiner rechten
Seite, bis ich dir alle deine Feinde un-
terworfen habe!›[d] 45 Wenn David ihn
also ‹Herr› nennt, wie kann er dann
Davids Sohn sein?» 46 Darauf wußten
sie keine Antwort. Und von da an
wagte niemand mehr, ihm weitere
Fragen zu stellen.

Abrechnung mit den Pharisäern und Schriftgelehrten

(Mark. 12,38–39; Luk. 20,45–46)

23 Dann sprach Jesus zu der
Volksmenge und zu seinen
Jüngern: 2 «Eure Schriftgelehrten
und Pharisäer lehren euch das Gesetz
des Mose.[e] 3 Richtet euch nach ihren
Vorschriften! Folgt aber nicht ihrem

a) 2. Mose 3,6
b) 5. Mose 6,5
c) 3. Mose 19,18
d) Psalm 110,1
e) Wörtlich: Auf dem Lehrstuhl des Mose sitzen die Schriftgelehrten und Pharisäer.

Beispiel! Denn sie selber tun nicht,
was sie von den anderen verlan-
gen.
4 Sie bürden den Menschen uner-
trägliche Lasten auf, denken aber
selbst nicht daran, diese Lasten auch
nur mit einem Finger anzurühren.
5 Alles, was sie tun, ist nur Schau.
Am Arm tragen sie breite Gebetsrie-
men, und die Fransen an ihren Tala-
ren werden immer länger. Alle sol-
len sehen können, wie fromm sie
sind. 6 Bei euren Festen wollen sie
auf Ehrenplätzen sitzen, und beim
Gottesdienst haben sie ihren Platz in
der vordersten Reihe. 7 Sie haben es
gern, wenn man sie auf der Straße
ehrfurchtsvoll grüßt und ‹Meister›
nennt.
8 Laßt *ihr* euch nicht so anreden!
Nur Gott ist euer Meister, ihr seid un-
tereinander alle Brüder. 9 Niemanden
auf der Erde sollt ihr ‹Vater› nennen,
denn nur Gott im Himmel hat An-
spruch auf diesen Namen. 10 Ihr sollt
euch auch nicht Lehrer nennen las-
sen, weil ihr nur einen Lehrer habt:
Christus. 11 Wer allen anderen dient,
wird der Größte unter euch sein.
12 Aber alle, die sich für wichtig hal-
ten, werden gedemütigt werden. Wer
sich aber selbst erniedrigt, den wird
Gott erhöhen.»

Fromm und doch gottlos
(Luk. 11,39–51)

13 «Wehe euch, ihr Pharisäer und
Schriftgelehrten! Ihr seid Heuchler!
Durch euch wird anderen der Zugang
in das Reich Gottes versperrt. Ihr
selbst geht nicht hinein, und die hin-
ein wollen, hindert ihr daran.
14 Wehe euch! Gierig reißt ihr das
Vermögen der Witwen an euch, und
eure langen Gebete sind nichts als
Heuchelei. Dafür wird euch Gottes
Urteil besonders hart treffen. 15 Wehe
euch, ihr Scheinheiligen! Ihr scheut
keine Mühe, wenn es gilt, auch nur
einen Menschen für eure Lehre zu ge-
winnen. Aber wenn ihr einen gefun-
den habt, dann wird er durch euch ein
Kind der Hölle, das euch an Bosheit
noch übertrifft.
16 Wehe euch! Ihr seid selbst blind
und wollt doch andere führen. So be-
hauptet ihr: ‹Beim Tempel Gottes
schwören, das hat nichts zu bedeuten.
Diesen Eid kannst du ruhig brechen.
Aber wer beim Gold im Tempel
schwört, der muß seinen Eid halten.›
17 Ihr blinden Narren! Was zählt
mehr: das Gold oder der Tempel,
durch den das Gold erst geheiligt
wird?
18 Ihr sagt: ‹Ein Eid, beim Altar ge-
schworen, hat keine Bedeutung. Wer
aber bei dem Opfer auf dem Altar
schwört, der muß sein Versprechen
halten.› 19 Ihr Verblendeten! Was
zählt denn mehr: die Gabe auf dem
Altar oder der Altar, der die Gabe
erst zum Opfer werden läßt? 20 Wer
beim Altar schwört, schwört bei al-
lem, was darauf liegt. 21 Wer beim
Tempel schwört, der ruft Gott zum
Zeugen an, der dort wohnt. 22 Und
wer beim Himmel schwört, schwört
bei dem Thron Gottes und damit bei
Gott selbst, der auf diesem Thron
sitzt.
23 Wehe euch, ihr Schriftgelehrten
und Pharisäer! Ihr Scheinheiligen!
Sogar von Küchenkräutern wie Min-
ze, Dill und Kümmel gebt ihr Gott
den zehnten Teil. Aber die viel wich-
tigeren Forderungen Gottes nach Ge-
rechtigkeit, Barmherzigkeit und
Glauben sind euch gleichgültig. Doch
gerade darum geht es hier: Das We-
sentliche tun und das Nebensächliche
nicht unterlassen. 24 Ihr aber entfernt
jede kleine Mücke entrüstet aus eu-

VORSICHT, FALLE!

Margret Meier

Matthäus 23,7

Eine ältere Dame in unserer Straße fiel mir dadurch auf, daß sie jeden Tag hocherhobenen Hauptes und kerzengerade an unserem Haus vorbeispazierte. Vorher ließ sie sich in ihre beste Garderobe helfen. Die Schuhe mußten blitzblank sein. Angehörige mußten sofort springen, um ihr zu helfen. Neben der Bewegung und der frischen Luft war es ihr wichtig, gesehen zu werden. Peinlich genau achtete sie darauf, daß jeder sie gebührend grüßte. Je nach der gesellschaftlichen Stellung der Passanten ließ sie sich gerne auf ein Gespräch ein, sehr darauf bedacht, daß sie etwas erzählen konnte, was sie in ein gutes Licht rückte. Sie war eine angesehene Frau. Ihre Seele hungerte danach, daß sie von den Menschen geachtet, geehrt und gesehen wurde.

Zu den Grundbedürfnissen jedes Menschen gehört das Bedürfnis nach Anerkennung. Aber es soll nicht zum Stolz führen. Stolz ist eine Selbstüberhebung. Er beruht auf der Einbildung, etwas Besonderes zu sein oder etwas Besonderes geleistet zu haben, das man allein sich selbst verdankt. Der Arrogante und Stolze sondert sich selbst von anderen ab.

Stolz macht hart. Stolz blockiert und macht einsam, weil er den Menschen dazu verführt, ständig um sich selbst zu kreisen. Ein stolzer Mensch bleibt leicht in seiner Selbstbezogenheit stecken. Diese Haltung verschließt ihn gegenüber der Erkenntnis Gottes und seinem Reden.

Wer über sein Leben ehrlich nachdenkt, der erkennt, daß er seine Fähigkeiten und Gaben als Geschenk bekommen hat und nicht sich selbst verdankt. Was wir sind und haben, sind wir durch Gottes Güte, weil er es uns ermöglichte und gelingen ließ. Wer das einmal wahrgenommen und erkannt hat, für den wird die Dankbarkeit zu einer Lebenshaltung. Gott ist es wert, daß wir ihm für alle seine Liebeserweise danken und ihn ehren.

Gott will uns seinen Willen und seinen Weg für unser Leben erkennen lassen, aber dazu brauchen wir ein demütiges und aufgeschlossenes Herz. Wenn Gott in unserem Leben und Alltag handeln soll, müssen wir ihm mehr zutrauen als uns selbst. «Die Hochmütigen und Stolzen werden niemals Gottes Barmherzigkeit erfahren. Seine Gnade gilt denen, die zum demütigen Gehorsam bereit sind.» (1. Petrus 5,5)

rem Essen, doch ganze Kamele schluckt ihr bedenkenlos hinunter. Andere wollt ihr führen und seid doch selber blind!

25 Wehe euch, ihr Schriftgelehrten und Pharisäer! Ihr Heuchler! Äußerlich seid ihr wie die Becher, aus denen ihr trinkt: auf Hochglanz poliert! Aber euer wirkliches Leben besteht aus schmutziger Erpressung und
Gier. 26 Ihr blinden Verführer, sorgt erst einmal dafür, daß euer Leben mit Gott in Ordnung kommt! Dann wird auch alles andere in Ordnung kommen.[a]

27 Wehe euch, ihr Schriftgelehrten und Pharisäer! Ihr seid wie die gepflegten Grabstätten: von außen sauber und geschmückt, so daß man gern hinsieht; aber innen ist alles
voll stinkender Verwesung. 28 Ihr
wollt vor den Leuten als die Gerechten dastehen, aber in Wirklichkeit seid ihr voller Bosheit und Heuchelei.

29 Wehe euch, ihr Schriftgelehrten und Pharisäer! Ihr Scheinheiligen! Den Propheten baut ihr Denkmäler, und die Gräber der Gerechten
schmückt ihr. 30 Dazu behauptet
ihr noch: ‹Wenn *wir* damals gelebt hätten, wir hätten die Propheten nicht umgebracht, wie es unsere Vä-
ter getan haben.› 31 Damit gebt ihr al-
so zu, daß ihr die Nachkommen der
Prophetenmörder seid. 32 Ja, ihr
geht tatsächlich in ihren Fußspuren und steht ihnen an Bosheit nicht nach.

33 Ihr heimtückischen Verführer! Wie wollt ihr der Hölle entrinnen?
34 Ich werde euch Propheten, geisterfüllte Männer und Lehrer schicken. Einige von ihnen werdet ihr töten und kreuzigen. Andere werdet ihr in den Synagogen blutig peitschen, sie
von Stadt zu Stadt verfolgen. 35 Da-
durch seid ihr am Tod aller dieser Gerechten schuldig; angefangen bei Abel bis zu Zacharias, dem Sohn des Barachja, den ihr zwischen Tempel und Altar ermordet habt.[b]

36 Das sage ich euch: Das Strafgericht für all diese Schuld wird noch über diese Generation hereinbrechen.»

«Ihr habt nicht gewollt!»

(Luk. 13,34–35)

37 «Jerusalem! O Jerusalem! Du tötest die Propheten und erschlägst die Boten, die Gott zu dir schickt. Wie oft habe ich deine Kinder sammeln wollen, so wie eine Henne ihre Küken unter ihre Flügel nimmt! Aber ihr
habt es nicht gewollt! 38 Seht, euer
Haus[c] wird zerstört werden! 39 Denn
ich sage euch: Ihr werdet mich erst dann wiedersehen, wenn ihr bereit seid, mich als den von Gott Gesandten aufzunehmen. Dann werdet ihr rufen: ‹Heil dem Retter, den Gott gesandt hat!›»

Die Zukunft der Welt

(Mark. 13,1–20; Luk. 21,5–24)

24 Als Jesus den Tempel verließ, kamen seine Jünger und wollten ihm die riesigen Ausmaße der
Tempelanlage zeigen. 2 Da sagte Je-
sus zu ihnen: «Ja, seht euch alles genau an! Denn ich sage euch: Alles

a) Wörtlich: Reinige zuerst das Innere des Bechers, damit auch sein Äußeres rein werde.
b) 2. Chronik 24,20–21
c) Der Tempel: Jeremia 22,5

hier wird so zerstört werden, daß kein
Stein mehr auf dem anderen bleibt.»
3 «Wann wird das geschehen?» frag-
ten ihn später seine Jünger, als er mit
ihnen am Abhang des Ölbergs saß.
«Welche Ereignisse werden deine
Wiederkunft und das Ende der Welt
ankündigen?»

4 Jesus antwortete: «Laßt euch von
keinem Menschen täuschen und ver-
führen! 5 Denn manche werden von
sich behaupten: ‹Ich bin Christus!›
Und viele werden sich von solchen
Betrügern irreführen lassen. 6 Wenn
ihr von Kriegen und Unruhen hört,
achtet darauf, aber erschreckt nicht!
Das muß geschehen, doch es bedeu-
tet noch nicht das Ende. 7 Die Völker
und die Machtblöcke der Erde wer-
den gegeneinander Kriege führen. In
vielen Teilen der Welt wird es Hun-
gersnöte und Erdbeben geben.
8 Doch das ist erst der Anfang vom
Ende; so wie die ersten Wehen einer
Frau, die ein Kind zur Welt bringt.

9 Dann werdet ihr gefoltert, getötet
und in der ganzen Welt gehaßt wer-
den, weil ihr zu mir gehört. 10 Manche
werden ihren Glauben verleugnen,
einander verraten und hassen. 11 Fal-
sche Propheten werden auftreten und
viele verführen. 12 Und weil Gottes
Gebote mißachtet werden, setzt sich
das Böse überall durch. Und die Lie-
be wird bei vielen erlöschen. 13 Wer
aber bis zum Ende durchhält, der
wird gerettet. 14 Die Heilsbotschaft
vom Reich Gottes wird in der ganzen
Welt verkündet werden, damit alle
Völker sie hören. Dann erst wird das
Ende kommen.[a]

15 Wer dies liest, soll genau auf je-
des Wort achten: Wenn ihr das ab-
scheuliche Götzenbild seht, das die
heilige Stätte entweiht,[b] 16 dann sollen
alle, die sich in Judäa aufhalten, in
das Gebirge fliehen. 17 Wer sich gera-
de auf der Terrasse seines Hauses
aufhält, der soll nicht erst im Haus
sein Gepäck für die Flucht zusam-
mensuchen. 18 Wer auf dem Feld
arbeitet, soll nicht erst nach Hause
laufen, um seinen Mantel zu holen.
19 Schlimm wird es für die Frauen wer-
den, die ein Kind erwarten, und für
Mütter mit Säuglingen. 20 Betet des-
halb, daß ihr nicht im Winter oder am
Sabbat fliehen müßt!

21 Denn es wird eine Notzeit kom-
men, wie sie die Welt in ihrer ganzen
Geschichte noch nicht erlebt hat und
wie sie auch später nicht wieder ein-
treten wird. 22 Wenn diese Leidens-
zeit nicht verkürzt würde, könnte nie-
mand gerettet werden! Aber den
Auserwählten Gottes zuliebe wird
Gott diese Zeit verkürzen.»

Warnung vor falschen «Rettern»
(Mark. 13,21–23; Luk. 17,23–24)

23 «Wenn jemand zu euch sagt: ‹Hier
ist der Retter!›[c] oder: ‹Dort ist Chri-
stus erschienen!›, glaubt ihm nicht!
24 Denn es werden sich manche als
Retter der Welt aufspielen, und fal-
sche Propheten werden auftreten.
Sie werden erstaunliche Wunder
vollbringen, und wenn es möglich
wäre, würden sie sogar die von Gott
Auserwählten irreführen. 25 Denkt
also daran, ich habe euch gewarnt!

a) Wörtlich: Es wird verkündet werden dieses Evangelium auf dem ganzen Erdkreis zu einem Zeugnis allen Völkern, und dann wird das Ende kommen.

b) Daniel 9,27; 11,31; 12,11

c) Wörtlich: Christus – der Messias!

26 Wenn euch jemand erzählt: ‹Der
Retter ist draußen in der Wüste›,
so geht nicht hin. Wenn er sich ir-
gendwo verborgen halten soll, glaubt
es nicht. 27 Wenn aber der Menschen-
sohn wiederkommt, wird er sofort
für alle sichtbar sein, wie ein Blitz,
der von Ost nach West am Himmel
aufzuckt, 28 oder wie ein verendetes
Tier, um das sich die Geier scha-
ren.»

Retter und Richter
(Mark. 13,24–27; Luk. 21,25–28)

29 «Unmittelbar nach dieser großen
Schreckenszeit werden sich Sonne
und Mond verfinstern. Die Sterne
werden aus ihrer Bahn geschleudert,
und die kosmischen Kräfte geraten
durcheinander. 30 Dann wird das Zei-
chen des Menschensohnes am Him-
mel erscheinen. Die Menschen auf
der ganzen Erde werden vor Entset-
zen jammern und heulen. Sie werden
sehen, wie der Menschensohn in gött-
licher Macht und Herrlichkeit in den
Wolken des Himmels kommt. 31 Mit
gewaltigem Posaunenschall wird er
seine Engel aussenden, und sie wer-
den seine Auserwählten aus allen
Teilen der Welt sammeln.»

«Seid bereit!»
(Mark. 13,28–32;
Luk. 12,39–40; 17,26–36; 21,29–33)

32 «Der Feigenbaum soll euch dafür
ein Beispiel sein: Wenn seine Zweige
saftig werden und Blätter treiben,
dann wißt ihr, daß es bald Sommer
ist. 33 Wenn sich dies alles anbahnt,
sollt ihr wissen: Mein Kommen steht
unmittelbar bevor. 34 Das sage ich
euch: Dieses Volk[a] wird nicht unter-
gehen, bevor das alles geschieht.
35 Himmel und Erde werden verge-
hen; meine Worte aber gelten immer
und vergehen nie.

36 Niemand weiß, wann das Ende
kommen wird. Keiner kennt den Tag
oder die Stunde, auch nicht die Engel
im Himmel, ja nicht einmal der Sohn
Gottes. Allein der Vater kennt den
Zeitpunkt.

37 Wenn der Menschensohn kommt,
wird es auf der Erde zugehen wie
zur Zeit Noahs, als die große Flut
hereinbrach. 38 Auch damals lebten
die Menschen so weiter, wie sie im-
mer gelebt hatten: Essen, Trinken
und Heiraten waren ihr einziger Le-
bensinhalt. 39 Selbst als Noah in die
Arche stieg, glaubten die Leute nicht
an das Unheil, bis die Flut sie alle mit
sich riß. So wird es auch beim Kom-
men des Menschensohnes sein.
40 Zwei Männer werden auf dem Feld
arbeiten. Der eine wird angenom-
men, und der andere bleibt zurück.
41 Zwei Frauen werden mit ihrer
Hausarbeit beschäftigt sein; die eine
wird angenommen, die andere bleibt
zurück.

42 Deshalb seid jederzeit bereit!
Denn ihr wißt nicht, wann euer Herr
wiederkommen wird. 43 Das ist doch
klar: Wenn der Hausherr wüßte,
wann ein Dieb bei ihm einbrechen
will, würde er sich rechtzeitig vor ihm
schützen. 44 Seid also zu jeder Zeit be-
reit, denn der Menschensohn wird ge-
rade dann kommen, wenn ihr es am
wenigsten vermutet!»

a) Wörtlich: Dieses Geschlecht.

DIE KUNST DES WARTENS

Ingrid Trobisch

Matthäus 24

Jesus unterhält sich mit seinen Jüngern und erklärt ihnen die Zeichen der Zeit, während sie zusammen auf dem Ölberg sitzen und über die Stadt Jerusalem blicken. Er kündigt an, daß es schwere und leidvolle Zeiten geben wird, bevor er wiederkommt.

Und er fordert seine Jünger zum Durchhalten auf. «Wer aber bis zum Ende durchhält, der wird gerettet» (Vers 13). Zunächst wird das Evangelium in der ganzen Welt verkündigt werden. «Mission ist aufgeschobenes Gottesgericht», hat ein bekannter Bibellehrer gesagt. Unsere vornehmste Aufgabe ist es, Gottes Erlösungsplan allen Menschen bekanntzumachen, die noch nichts davon gehört haben, «und dann erst wird das Ende kommen.»

Jesus vergleicht das Warten auf seine Wiederkunft mit einem Geburtsvorgang (V. 8). Wenn die Wehen erst eingesetzt haben und in regelmäßigen Abständen auftreten, sind sie nicht mehr zu stoppen. Ein Schritt bereitet den nächsten vor. Als Geburtsberaterin weiß ich, wie wichtig eine gute Vorbereitung ist, um gegen die Furcht gewappnet zu sein. Ein Ehepaar, das sich über die verschiedenen Phasen der Geburt informiert hat, das weiß, daß schwere Arbeit damit verbunden ist, und gelernt hat, wie diese Arbeit am besten durchzuführen ist, kann mit Zuversicht und ohne Angst der Entbindung entgegensehen.

Jesus fordert uns auf, treue und kluge Knechte zu sein, während wir auf ihn warten – die Hungrigen zu speisen, die Nackten zu kleiden und die Kranken zu trösten. Wenn wir uns an seinen Rat halten, geduldig und gehorsam sind, werden wir sein Segenswort, nicht sein Gerichtswort über uns hören.

Die Worte, die David einst seinem Sohn Salomo als Ermutigung für eine große Aufgabe zusprach, sind gewiß auch für uns ein gutes Motto: «Mach dich ohne zu zögern an die Arbeit! Hab keine Angst, und laß dich durch nichts entmutigen! Denn der Herr, mein Gott, wird dir dabei helfen. Er steht zu dir und verläßt dich nicht. Er wird dir beistehen, bis der Bau des Tempels abgeschlossen ist.» (1. Chronik 28,20).

Der treue Verwalter
(Luk. 12,42–46)

45 «Wie verhält sich denn ein kluger und zuverlässiger Verwalter?» fragte Jesus die Jünger. «Er hat den Auftrag bekommen, seine Mitarbeiter zu beschäftigen und sie mit allem Nötigen zu versorgen! 46 Er darf sich glücklich nennen, wenn sein Herr ihn bei der Rückkehr gewissenhaft bei der Arbeit findet. 47 Das sage ich euch: Einem so zuverlässigen Mann wird er die Verantwortung für seinen ganzen Besitz übertragen.

48 Wenn aber ein Verwalter unzuverlässig ist und im stillen denkt: ‹Ach was, es dauert bestimmt noch lange, bis mein Herr kommt›, 49 und er fängt an, seine Mitarbeiter zu schlagen und Trinkgelage zu veranstalten, 50 dann wird die Rückkehr seines Herrn ihn völlig überraschen. 51 Der wird ihn hart bestrafen, als Heuchler verurteilen und hinausstoßen, dorthin, wo es nur Weinen und ohnmächtiges Jammern gibt.»

Die zehn Brautjungfern
(Luk. 12,35–38; 13,25–28)

25 «Wenn der Menschensohn seine Herrschaft antritt, wird es sein wie bei den zehn Mädchen, die bei einer Hochzeit als Brautjungfern mit ihren Lampen den Bräutigam abholen sollten. 2–4 Aber nur fünf von ihnen waren so klug, sich ausreichend mit Öl für ihre Lampen zu versorgen. Die anderen waren gleichgültig und dachten überhaupt nicht daran, genügend Öl mitzunehmen.

5 Als sich die Ankunft des Bräutigams verzögerte, wurden sie alle müde und schliefen ein. 6 Plötzlich um Mitternacht wurden sie mit dem Ruf geweckt: ‹Der Bräutigam kommt! Steht auf und begrüßt ihn!›

7 Da sprangen die Mädchen auf und brachten ihre Lampen in Ordnung. 8 Die fünf, die nicht genügend Öl hatten, baten die anderen: ‹Gebt uns etwas von euerm Öl! Unsere Lampen gehen aus.› 9 Aber die Klugen antworteten: ‹Unser Öl reicht gerade für uns selbst. Geht doch in den Laden und kauft euch welches!›

10 In der Zwischenzeit kam der Bräutigam, und die Mädchen, die genügend Öl für ihre Lampen hatten, gingen mit ihm in den Festsaal. Dann wurde die Tür verschlossen. 11 Später kamen auch die fünf anderen. Sie standen draußen und riefen: ‹Herr, mach uns die Tür auf!› 12 Aber er erwiderte: ‹Was wollt ihr denn? Ich kenne euch nicht!›

13 Deshalb seid wach und haltet euch bereit! Denn ihr wißt weder an welchem Tag noch zu welchem Zeitpunkt ich kommen werde.»

Beauftragt, zu handeln
(Luk. 19,11–27)

14 «Es wird dann so sein wie bei dem Mann, der ins Ausland reisen wollte. Er rief alle Verwalter zusammen und beauftragte sie, während seiner Abwesenheit mit seinem Vermögen zu arbeiten. 15 Dem einen gab er fünf Goldstücke, einem anderen zwei und dem dritten eins, entsprechend den Fähigkeiten, die er bei ihnen voraussetzte.[a] Danach reiste er ab.

16 Der Mann mit den fünf Goldstücken war so erfolgreich bei seinen Geschäften, daß er die Summe verdop-

a) Es geht hier um «Talente»: Gold- oder Silbertalente waren die größte Münzeinheit.

peln konnte. 17 Auch der die zwei
Goldstücke bekommen hatte, ver-
diente zwei hinzu. 18 Der dritte ver-
steckte sein Goldstück an einem si-
cheren Ort, weil er nichts riskieren
wollte.

19 Nach langer Zeit kehrte der Herr
von seiner Reise zurück und forderte
seine Verwalter auf, mit ihm abzu-
rechnen.

20 Der Mann, der fünf Goldstücke
erhalten hatte, brachte zehn Gold-
stücke. Er sagte: ‹Herr, fünf Gold-
stücke hast du mir gegeben. Hier, ich
habe fünf dazuverdient.› 21 Da lobte
ihn sein Herr: ‹Du warst tüchtig und
zuverlässig. In kleinen Dingen bist du
treu gewesen, darum werde ich dir
größere Aufgaben anvertrauen. Ich
lade dich zu meinem Fest ein!›

22 Danach kam der Mann mit den
zwei Goldstücken. Er berichtete:
‹Herr, ich habe den Betrag verdop-
peln können.› 23 Da lobte ihn der
Herr: ‹Du warst tüchtig und zuverläs-
sig. In kleinen Dingen bist du treu ge-
wesen, darum werde ich dir größere
Aufgaben anvertrauen. Ich lade dich
zu meinem Fest ein!›

24 Schließlich kam der mit dem
einen Goldstück und erklärte: ‹Ich
kenne dich als strengen Herrn und
dachte: Was ich auch immer verdie-
ne, du nimmst es mir doch weg.[a]
25 Und ich hatte Angst, das Geld bei
irgendwelchen Geschäften zu verlie-
ren. Deshalb habe ich es sicher aufbe-
wahrt. Hier hast du es wieder zu-
rück!› 26 Zornig antwortete ihm dar-
auf sein Herr: ‹Was bist du doch für
ein Dummkopf! Wenn du schon der
Meinung bist, daß es mir nur um Ge-
winn geht, 27 hättest du doch mein
Vermögen bei einer Bank angelegt!
Dort hätte es wenigstens Zinsen ge-
bracht! 28 Nehmt ihm das Geld weg,
und gebt es dem, der die fünf Gold-
stücke hatte!

29 Denn wer das, was er hat, gewis-
senhaft nutzt, dem kann man noch
mehr anvertrauen, bis er mehr als ge-
nug hat. Wer aber mit Wenigem
nachlässig umgeht, dem wird man
auch das noch nehmen. 30 Und jetzt
werft diesen nichtsnutzigen Kerl hin-
aus in die Finsternis, wo nur noch
Verzweiflung herrscht.›»

Das Weltgericht

31 «Wenn der Menschensohn in seiner
ganzen Herrlichkeit, begleitet von al-
len Engeln, wiederkommt, dann wird
er auf dem Thron Gottes sitzen. 32 Al-
le Völker werden vor ihm erscheinen,
und er wird die Menschen in zwei
Gruppen teilen, so wie ein Hirte die
Schafe von den Böcken trennt.
33 Rechts werden die Schafe und links
die Böcke stehen.

34 Dann wird der Richter zu denen
an seiner rechten Seite sagen:
‹Kommt her! Euch hat mein Vater
gesegnet. Nehmt das Reich Gottes in
Besitz, das er seit Erschaffung der
Welt für euch als Erbe bereithält!
35 Denn als ich hungrig war, habt ihr
mir zu essen gegeben. Als ich Durst
hatte, bekam ich von euch etwas zu
trinken. Ich war ein Fremder bei
euch, und ihr habt mich aufgenom-
men. 36 Ich war nackt, ihr habt mir
Kleidung gegeben. Ich war krank,
und ihr habt mich besucht. Ich war im
Gefängnis, und ihr seid zu mir ge-
kommen.›

37 Dann werden sie fragen: ‹Herr,
wann bist du denn hungrig gewesen

a) Wörtlich: Du erntest, wo du nicht gesät hast, und sammelst, wo du nicht ausgestreut hast.

MOTIVATIONSQUELLE

Lotte Bormuth

Matthäus 25,40b

Nein, solch einen Vers zur Konfirmation hatte ich mir nicht gewünscht: «Was ihr für einen meiner geringsten Brüder getan habt, das habt ihr für mich getan.» Enttäuscht schielte ich auf die tröstenden, ermutigenden Sprüche der andern Jungen und Mädchen. Aber schon ein Vierteljahr später lernte ich die Bedeutung dieses Wortes kennen. Eine Mitkonfirmandin war plötzlich erblindet. Marianne war voller Pläne und Ziele gewesen, wie sie Teenager haben, und nun umgab sie völlige Dunkelheit. Sie war verzweifelt. Mir war klar, ich sollte sie besuchen. Von da an gehörten der Sonntag und der Mittwochabend ihr. Wir gingen spazieren, hörten Musik, ich las ihr biblische Geschichten vor, wir lachten zusammen, führten aber auch viele ernsthafte Gespräche. Dieser Dienst war manches Mal sehr schwer für mich, aber ich wußte: Ich durfte es Jesus zuliebe tun. Nach meinem Abitur trennten sich unsere Wege, aber wir blieben Freundinnen.

Das Wort vom Dienst am Geringen ist mir bis heute eine starke Motivation. Ob ich in der Telefonseelsorge einem Selbstmordgefährdeten Mut zuspreche, einem Jungen aus Äthiopien bei den Schulaufgaben helfe, meine alte, bettlägerige Mutter in Windeln packe, einem Menschen bei seiner Beichte zuhöre und ihm die Vergebung Christi zuspreche, immer darf ich mir vor Augen führen: Es ist Jesus, dem ich diene, und ich will meine Arbeit so gut machen, wie ich es vermag. Denn alles, was ich tue, ist doch bloß ein herzliches Dankeschön für seine große Tat. Er opferte am Kreuz auf Golgatha sein Leben, damit ich mit dem Vater im Himmel versöhnt leben kann. Größeres gibt es nicht.

und wir haben dir zu essen gegeben?
Oder durstig und wir gaben dir zu
trinken? [38] Wann haben wir dir Gast-
freundschaft gewährt, und wann bist
du nackt gewesen und wir haben dir
Kleider gebracht? [39] Wann warst du
denn krank oder im Gefängnis und
wir haben dich besucht?›
[40] Der Richter wird ihnen dann ant-
worten: ‹Das will ich euch sagen.
Was ihr für einen meiner geringsten
Brüder getan habt, das habt ihr für
mich getan!›
[41] Zu denen auf seiner linken Seite
aber wird er sagen: ‹Geht mir aus den
Augen, ihr Verfluchten, ins ewige
Feuer, das für den Teufel und seine
Helfer bestimmt ist! [42] Denn ich war
hungrig, aber ihr habt mir nichts zu
essen gegeben. Ich war durstig, aber
ihr habt mir nichts zu trinken gegeben.
[43] Ich war ein Fremder unter euch,
aber ihr habt mich nicht aufgenom-
men. Ich war nackt, aber ihr wolltet
mir nichts zum Anziehen geben. Ich
war krank und im Gefängnis, aber ihr
habt euch nicht um mich gekümmert.›
[44] Dann werden auch sie ihn fragen:
‹Herr, wann haben wir dich denn
hungrig oder durstig, ohne Unter-
kunft, nackt, krank oder im Gefäng-
nis gesehen und dir nicht geholfen?›
[45] Darauf wird ihnen der Richter ant-
worten: ‹Die Hilfe, die ihr meinen
geringsten Brüdern verweigert habt,
die habt ihr mir verweigert.› [46] Und
sie werden der ewigen Strafe ausge-
liefert sein. Aber die Gottes Willen
getan haben, erwartet unvergängli-
ches Leben.»

Jesus soll getötet werden
(Mark. 14,1–2; Luk. 22,1–2;
Joh. 11,47–53)

26 Als Jesus diese Rede beendet
hatte, sagte er zu seinen Jün-
gern: [2] «Ihr wißt, daß übermorgen das
Passahfest beginnt. Dann wird der
Menschensohn an die Menschen aus-
geliefert und ans Kreuz genagelt wer-
den.»
[3] Zu derselben Zeit hielten die
Hohenpriester und die Führer des
Volkes im Palast des Hohenpriesters
Kaiphas eine Sitzung ab. [4] Sie berie-
ten darüber, wie sie Jesus heimlich
verhaften und umbringen könnten.
[5] Eins war ihnen von vornherein
klar: «Es darf auf keinen Fall wäh-
rend des Passahfestes geschehen,
damit es nicht zu Unruhen im Volk
kommt.»

Ein Vermögen für Jesus
(Mark. 14,3–9; Joh. 12,1–8)

[6] Jesus war in Bethanien Gast bei Si-
mon, der früher einmal leprakrank
gewesen war. [7] Während der Mahlzeit
kam eine Frau herein. Sie trug ein
Glas mit kostbarem Öl, mit dem sie
sein Haupt salbte.
[8/9] Die Jünger regten sich auf: «Das
Öl ist ein Vermögen wert! Man hätte
es verkaufen und das Geld den Ar-
men geben sollen. Das ist doch reine
Verschwendung!»
[10] Als Jesus ihren Ärger bemerkte,
sagte er: «Warum kränkt ihr die Frau
durch eure Vorwürfe? Sie hat etwas
Gutes für mich getan. [11] Arme werdet
ihr immer bei euch haben, ich dage-
gen werde nicht mehr lange bei euch
sein.
[12] Mit diesem Salböl hat sie meinen
Leib für mein Begräbnis vorbereitet.
[13] Überall da, wo man in der Welt
Gottes Heilsbotschaft verkünden
wird, wird man auch von ihr sprechen
und von dem, was sie an mir getan
hat.»

Wer glaubt, flieht nicht

Psalm 11

Bei dem Herrn suche ich Schutz.
Wie könnt ihr da zu mir sagen:
«Du mußt fliehen! Flieg fort wie ein Vogel!

Siehst du denn nicht, daß die Mörder schon die Pfeile aufgelegt
und ihre Bogen gespannt haben?
Aus dem Hinterhalt wollen sie auf jene schießen,
die aufrichtig und ehrlich sind.
Alle Ordnungen sind umgestoßen,
was kann da noch der bewirken,
dem Gottes Ordnungen alles bedeuten?»

Der Herr ist in seinem heiligen Tempel,
er thront im Himmel und herrscht über alles.
Er durchschaut alle Menschen und weiß, wie sie sind.

Er sieht sich jeden ganz genau an,
den, der Gott liebt, und jene, die ihn verachten.
Der Herr haßt den Gewalttätigen.

Auf die Schuldigen wird er Feuer und Schwefel regnen lassen,
und der Glutwind wird sie versengen.

Der Herr ist zuverlässig und gerecht,
deshalb liebt er alle, die gerechte Entscheidungen treffen;
sie werden ihn einst schauen.

Der Verrat
(Mark. 14,10–11; Luk. 22,3–6)

14 Anschließend ging einer der zwölf Jünger, Judas Ischarioth, zu den Hohenpriestern 15 und fragte: «Was gebt ihr mir, wenn ich euch Jesus verrate?» Sie gaben ihm dreißig Silbermünzen. 16 Von da an suchte Judas eine günstige Gelegenheit, um Jesus zu verraten.

Jesus feiert das Passahmahl mit seinen Jüngern
(Mark. 14,12–21; Luk. 22,7–14.21–23)

17 Am ersten Tag der Festwoche, dem Tag der ungesäuerten Brote,[a] kamen die Jünger zu Jesus und fragten: «Wo sollen wir das Passahmahl für uns vorbereiten?» 18 Er antwortete: «Geht in die Stadt zu dem und dem – er nannte den Namen – und teilt ihm mit: ‹Unser Meister sagt: Meine Zeit ist gekommen. Ich will mit meinen Jüngern in deinem Haus das Passahmahl feiern.›» 19 Die Jünger führten den Auftrag aus und bereiteten alles vor.

20 Am Abend dieses Tages saß Jesus mit den zwölf Jüngern beim Essen. 21 Während sie aßen, sagte er: «Einer von euch wird mich verraten!» 22 Erschrocken fragte jeder: «Meinst du etwa mich?» 23 Jesus antwortete: «Der mit mir das Brot in die Schüssel eingetaucht hat, der ist es. 24 Der Menschensohn muß zwar sterben, wie es vorausgesagt ist, aber seinem Verräter wird es schlimm ergehen. Es wäre besser für ihn, er wäre nie geboren worden.» 25 Judas fragte wie die anderen auch: «Meister, du meinst doch nicht etwa, daß ich es bin?» Da antwortete ihm Jesus: «Doch, du bist es!»

(Mark. 14,22–26; Luk. 22,19–20; 1. Kor. 11,23–25)

26 Während der Mahlzeit nahm Jesus ein Stück Brot, sprach das Dankgebet, teilte das Brot und gab es den Jüngern mit den Worten: «Nehmt und eßt, das ist mein Leib!» 27 Anschließend nahm er einen Becher mit Wein, dankte dafür und reichte ihn seinen Jüngern: «Trinkt alle daraus! 28 Das ist mein Blut, mit dem der neue Bund zwischen Gott und den Menschen besiegelt wird. Es wird zur Vergebung eurer Sünden vergossen. 29 Ich sage euch: Von jetzt an werde ich keinen Wein mehr trinken, bis ich ihn wieder im Reich meines Vaters mit euch trinken werde.» 30 Nachdem sie das Danklied gesungen hatten, gingen sie hinaus an den Ölberg.

Jesus warnt den selbstbewußten Petrus
(Mark. 14,27–31; Luk. 22,31–34; Joh. 13,36–38)

31 Unterwegs sagte Jesus zu seinen Jüngern: «In dieser Nacht werdet ihr alle an mir zweifeln und mich nicht mehr begreifen. Denn es steht geschrieben: ‹Ich werde der Herde den Hirten nehmen, und die Schafe werden auseinanderlaufen.›[b] 32 Aber nach meiner Auferstehung gehe ich nach Galiläa. Dort werde ich euch wiedersehen.»

33 Da erklärte Petrus: «Wenn auch alle anderen an dir zweifeln, ich halte

a) 2. Mose 12,18–20
b) Sacharja 13,7

DAS GESCHENK

Sue Richards

Matthäus 26,6–13

Eine Frau erscheint in einer Männerrunde, um Jesus ein Geschenk zu machen, wahrscheinlich ohne Einladung, auf jeden Fall ohne förmliche Anmeldung. Wir erfahren nur, daß sie, während Christus im Haus Simons, des Aussätzigen, zu Tisch liegt, hereinkommt und ein Alabasterfläschchen mit sehr kostbarem Salböl auf sein Haupt ausgießt. Die Jünger regen sich auf, als sie das sehen. «Das Öl ist ein Vermögen wert! Man hätte es verkaufen und das Geld den Armen geben sollen. Das ist doch reine Verschwendung!» Doch Jesus nimmt die Frau in Schutz: «Warum kränkt ihr die Frau durch eure Vorwürfe? Sie hat etwas Gutes für mich getan … Mit diesem Salböl hat sie meinen Leib für mein Begräbnis vorbereitet» (Matthäus 26,8–12).

Sie war allem Anschein nach eine sehr feinfühlige Frau, die Jesus ein besonderes Geschenk machen wollte, ehe er seinen Leidensweg begann. Zugleich besaß sie auch ein starkes geistliches Urteilsvermögen. Sie hatte gehört, daß Jesu Tod beschlossen war, und sie zweifelte nicht daran, daß es so kommen würde. Trotzdem wurden weder ihr Geschenk noch das Motiv dahinter von den anwesenden Männern, den zukünftigen Führern der ersten Christengemeinde, verstanden. Aber Jesus verstand sie. Er wußte diesen Ausdruck ihrer Liebe zu schätzen und versprach ihr etwas, was wir sonst nirgends in der Bibel finden: «Überall da, wo man in der Welt Gottes Heilsbotschaft verkünden wird, wird man auch von ihr sprechen und von dem, was sie an mir getan hat» (Matthäus 26,13).

Auch heute kommt es vor, daß Frauen bei ihrem Bemühen, mit ihren besonderen Gaben zu dienen, mißverstanden und kritisiert werden. Wie tröstlich ist es da zu wissen, daß unsere Gaben von Jesus angenommen werden, daß er sie akzeptiert und wertschätzt, wenn sie aus einer Haltung der Liebe heraus gegeben werden. Jesus versteht unsere Motive; er akzeptiert, was wir ihm als Zeichen unserer Liebe bringen.

Bitte, Vater, hilf uns, mit fröhlichem Herzen zu geben und mit dankbarem Herzen zu empfangen.

zu dir!» 34 Doch Jesus erwiderte ihm:
«Ich sage dir: Ehe heute nacht der
Hahn kräht, wirst du dreimal behaup-
ten, daß du mich nicht kennst.»
35 «Selbst wenn ich sterben müßte,
würde ich das nicht tun!» beteuerte
Petrus. Und die anderen Jünger sag-
ten alle das gleiche.

Gebetskampf in Gethsemane
(Mark. 14,32–42; Luk. 22,39–46;
Joh. 18,1)

36 Dann ging Jesus mit ihnen in einen
Garten, der Gethsemane hieß. «Setzt
euch hier hin und wartet auf mich!»
forderte er die Jünger auf. «Ich will
ein Stück weiter gehen und beten.»
37 Petrus, Jakobus und Johannes
nahm er mit. Tiefe Mutlosigkeit und
Angst überfielen Jesus, 38 und er sagte
zu ihnen: «Ich zerbreche beinahe un-
ter der Last, die ich zu tragen habe.[a]
Bleibt bei mir und laßt mich nicht
allein.» 39 Nachdem er einige Schritte
weiter gegangen war, warf er sich auf
die Erde und betete: «Mein Vater,
wenn es möglich ist, so bewahre mich
vor diesem Leiden[b]! Aber nicht mein
Wille soll geschehen, sondern dein
Wille.»

40 Danach ging er zu den drei Jün-
gern zurück und sah, daß sie einge-
schlafen waren. Er rüttelte Petrus
wach und rief: «Könnt ihr denn nicht
eine einzige Stunde mit mir wachen?
41 Bleibt wach und betet, damit ihr die
kommenden Tage überstehen könnt.
Ich weiß, ihr wollt das Beste, aber aus
eigener Kraft könnt ihr es nicht er-
reichen.»[c]

42 Noch einmal ließ er sie allein, um
zu beten: «Mein Vater, auch wenn
mir dieses Leiden nicht erspart blei-
ben kann, bin ich bereit, deinen Wil-
len zu erfüllen!» 43 Als er zurückkam,
sah er, daß seine Jünger wieder
schliefen.

44 Er kehrte um und betete zum
dritten Mal mit den gleichen Worten.
45 Dann kam er zu seinen Jüngern zu-
rück und sagte: «Hört auf zu schla-
fen, ruht euch ein andermal aus! Jetzt
wird der Menschensohn den Men-
schen ausgeliefert. 46 Steht auf, laßt
uns gehen! Der Verräter ist schon
da.»

Jesus wird verhaftet
(Mark. 14,43–50; Luk. 22,47–53;
Joh. 18,3–11)

47 Noch während Jesus sprach, kam
Judas, einer seiner Jünger, zusam-
men mit vielen Männern, die von den
Hohenpriestern und den Führern des
Volkes geschickt und mit Schwertern
und Knüppeln bewaffnet worden wa-
ren. 48 Judas hatte mit ihnen verein-
bart: «Der Mann, den ich küssen
werde, der ist es. Ihn müßt ihr fest-
nehmen!»

49 Judas ging auf Jesus zu und sagte:
«Sei gegrüßt, Meister!» Dann küßte
er ihn. 50 Jesus sah ihn an: «Mein
Freund! Was tust du?»[d] Sofort pack-
ten ihn die Soldaten und nahmen ihn
fest.

51 Aber einer der Jünger zog sein
Schwert und schlug einem Soldaten
des Hohenpriesters das Ohr ab.
52 Doch Jesus befahl ihm: «Stecke

a) Wörtlich: Tief betrübt ist meine Seele bis zum Tod.
b) Wörtlich: so gehe dieser Kelch (des Leidens) an mir vorüber.
c) Wörtlich: Der Geist ist zwar willig, das Fleisch aber ist kraftlos.
d) Wörtlich: Wozu bist du gekommen?

dein Schwert weg! Wer Gewalt an-
wendet, wird durch Gewalt umkom-
men.
53 Ist dir denn nicht klar, daß ich
meinen Vater um eine ganze Armee
Engel[a] bitten könnte, um uns zu
schützen? Er würde sie mir sofort
schicken. 54 Wie sollte sich aber dann
das erfüllen, was in der Heiligen
Schrift vorausgesagt ist? Es muß alles
so geschehen!»
55 Danach wandte sich Jesus an die
Soldaten: «Bin ich denn ein Schwer-
verbrecher, daß ihr mit Schwertern
und Knüppeln gekommen seid, um
mich zu verhaften? Jeden Tag habe
ich öffentlich im Tempel gepredigt,
und ihr habt nichts gegen mich unter-
nommen! 56 Aber auch dies geschieht,
damit sich die Vorhersagen der Pro-
pheten erfüllen.»
Entsetzt verließen ihn alle Jünger
und flohen.

Das Verhör
(Mark. 14,53–65; Luk. 22,54–55.
63–71; Joh. 18,12–14.19–24)

57 Man führte Jesus in das Haus des
Hohenpriesters Kaiphas, wo sich die
Schriftgelehrten und Führer des Vol-
kes versammelt hatten. 58 In sicherem
Abstand folgte ihnen Petrus bis zum
Innenhof des Palastes. Er ging hinein
und setzte sich zu den Wächtern, um
zu beobachten, was mit Jesus gesche-
hen würde.
59 Die Hohenpriester und der ganze
Gerichtshof waren versammelt. Sie
suchten Zeugen, die durch ihre fal-
schen Aussagen Jesus so belasten
sollten, daß man ihn zum Tode verur-
teilen konnte. 60 Es fanden sich auch
ein paar Leute, die dazu bereit wa-
ren. Aber ihre Aussagen waren wi-
dersprüchlich. 61 Schließlich erklärten
zwei Männer: «Dieser Mensch hat
behauptet: ‹Ich kann den Tempel
Gottes abreißen und in drei Tagen
wieder aufbauen.›»
62 Da stand der Hohepriester auf
und fragte Jesus: «Was antwortest du
darauf? Hast du das gesagt oder
nicht?»[b] 63 Doch Jesus schwieg. Dar-
auf sagte der Hohepriester: «Ich neh-
me dich vor dem lebendigen Gott un-
ter Eid: Sage uns, bist du Christus,
der Sohn Gottes?» 64 «Ja», antworte-
te Jesus, «und von jetzt an werdet ihr
den Menschensohn an der rechten
Seite Gottes sitzen und dann auf den
Wolken des Himmels wiederkom-
men sehen.»
65 Empört zerriß der Hohepriester
sein Gewand und rief: «Das ist Got-
teslästerung! Wozu brauchen wir
noch weitere Zeugen? Ihr habt seine
Gotteslästerung ja selbst gehört!
66 Wie lautet euer Urteil?» Sie
schrien: «Er muß zum Tode verur-
teilt werden!» 67 Und sie spuckten Je-
sus ins Gesicht, schlugen ihn mit
Fäusten und verhöhnten ihn: 68 «Na,
du Messias! Du bist doch ein Pro-
phet! Sag uns, wer hat dich geschla-
gen?»

Petrus verleugnet Jesus
(Mark. 14,66–72; Luk. 22,56–62;
Joh. 18,15–18 25–27)

69 Petrus war immer noch im Hof. Da
trat ein junges Mädchen auf ihn zu
und sagte: «Du warst doch auch bei
Jesus, diesem Galiläer!» 70 Aber Pe-
trus bestritt das laut: «Ich weiß nicht,

a) Wörtlich: mehr als zwölf Legionen Engel.
b) Wörtlich: Antwortest du nichts auf das, was sie gegen dich bezeugen?

was du willst.» 71 Als er danach in den
Vorhof hinausging, bemerkte ihn ein
anderes Mädchen und sagte zu den
Umherstehenden: «Der da gehört
auch zu diesem Jesus von Nazareth!»
72 Doch Petrus behauptete wieder,
diesmal sogar mit einem Schwur:
«Ich kenne den Mann gar nicht!»
73 Kurze Zeit später kamen einige
von den Leuten, die im Hof standen,
und sagten zu Petrus: «Natürlich!
Du gehörst auch zu seinen Freun-
den! Dein Dialekt verrät dich.» 74 Da
fing Petrus an zu fluchen und zu
schwören: «Ich habe diesen Men-
schen nie gesehen!»

In diesem Augenblick krähte ein
Hahn, 75 und Petrus fielen die Worte
ein, die Jesus gesagt hatte: «Ehe der
Hahn kräht, wirst du mich dreimal
verleugnen.» Da ging Petrus hinaus
und weinte voller Verzweiflung.

An die Römer ausgeliefert

(Mark. 15,1; Luk. 23,1; Joh. 18,28–32)

27 Am frühen Morgen faßten die
Hohenpriester und die Führer
des Volkes den Beschluß, bei den rö-
mischen Behörden die Vollstreckung
des Todesurteils über Jesus zu bean-
tragen. 2 Sie schickten ihn gefesselt
zu Pilatus, dem römischen Gouver-
neur.

Judas begeht Selbstmord

(Apg. 1,16–19)

3 Als Judas, der Verräter, sah, daß Je-
sus zum Tode verurteilt worden war,
bereute er bitter, was er getan hatte.
Er brachte den Hohenpriestern und
Führern des Volkes das Geld zurück.
4 «Ich habe eine große Schuld auf
mich geladen und einen Unschuldi-
gen verraten!» bekannte er. 5 «Was
geht uns das an?» gaben sie ihm zur
Antwort. «Das ist deine Sache!»

Da nahm Judas das Geld und warf
es in den Tempel. Dann lief er fort
und erhängte sich. 6 Die Hohenprie-
ster sammelten die Münzen ein, wa-
ren aber der Meinung: «Dieses Geld
dürfen wir nicht in den Tempelschatz
legen, weil Blut daran klebt!» 7 Nach-
dem sie die Sache besprochen hat-
ten, beschlossen sie, eine Tongrube
zu kaufen und diese als Friedhof für
die Fremden zu benutzen. 8 Noch
heute heißt dieser Friedhof «Blut-
acker».

9 Auf diese Weise erfüllte sich das
Wort des Propheten Jeremia: «Sie
nahmen die dreißig Silbermünzen –
soviel war er dem Volk Israel wert –
10 und kauften das Land von den Töp-
fern, wie Gott es befohlen hatte.»[a]

Das Todesurteil

(Mark. 15,2–15; Luk. 23,2–5. 17–25; Joh. 18,33–19,16)

11 Jesus aber wurde zu dem römischen
Gouverneur Pilatus gebracht. Der
fragte ihn: «Bist du der König der Ju-
den?» Jesus antwortete: «Ja!»
12 Als nun die Hohenpriester und
die Führer des Volkes alle möglichen
Anklagen gegen ihn vorbrachten,
schwieg Jesus. 13 «Hörst du denn
nicht, wie sehr sie dich beschuldi-
gen?» fragte Pilatus. 14 Aber Jesus er-
widerte kein Wort. Darüber wunder-
te sich Pilatus sehr.

15 Der Gouverneur hatte die Ge-
wohnheit, jedes Jahr zum Passahfest
einen Gefangenen zu begnadigen,

a) Sacharja 11,12–13; Jeremia 18,2–10; 32,6–9

den sich das Volk selbst auswählen
durfte. 16 In diesem Jahr saß ein be-
rüchtigter Gewaltverbrecher im Ge-
fängnis. Er hieß Barabbas. 17 Als sich
am Morgen die Menschenmenge vor
dem Haus des Pilatus versammelt
hatte, fragte er sie: «Wen soll ich
diesmal begnadigen? Barabbas oder
Jesus, euren Messias?» 18 Denn Pila-
tus wußte genau, daß die Führer des
jüdischen Volkes das Verfahren ge-
gen Jesus nur aus Neid und Haß ange-
zettelt hatten.

19 Während Pilatus die Gerichtsver-
handlung leitete, schickte ihm seine
Frau eine Nachricht: «Unternimm
nichts gegen diesen Mann. Er ist un-
schuldig! Ich habe seinetwegen in der
letzten Nacht einen fürchterlichen
Traum gehabt.»

20 Inzwischen aber hatten die Ho-
henpriester und die Führer des Volkes
die Menge aufgewiegelt. Sie sollten
von Pilatus verlangen, Barabbas zu
begnadigen und nicht Jesus. 21 Als der
Gouverneur nun seine Frage wieder-
holte: «Wen von den beiden soll ich
freilassen?», schrie die Menge: «Ba-
rabbas!»

22 «Und was soll ich mit Jesus, eu-
rem Messias, anfangen?» Da kam wie
aus einem Munde die Antwort: «Ans
Kreuz mit ihm!» 23 «Was für ein Ver-
brechen hat er denn begangen?» frag-
te Pilatus. Doch ununterbrochen
schrie die Menge: «Ans Kreuz mit
ihm!»

24 Als Pilatus sah, daß er so nichts
erreichte und daß der Tumult nur im-
mer größer wurde, ließ er eine Schüs-
sel mit Wasser bringen. Für alle sicht-
bar wusch er sich die Hände und sag-
te: «Ich bin für das Blut dieses Un-
schuldigen nicht verantwortlich. Die
Verantwortung dafür tragt ihr!»
25 Die Menge schrie zurück: «Ja, wir
und unsere Kinder, wir tragen die
Folgen!» 26 Da gab Pilatus ihnen Ba-
rabbas frei. Jesus ließ er auspeitschen
und übergab ihn den Soldaten mit
dem Befehl, ihn zu kreuzigen.

Jesus wird verspottet und mißhandelt

(Mark. 15,16–20; Joh. 19,2–3)

27 Die Soldaten brachten Jesus in ihre
Unterkunft und riefen die ganze
Mannschaft zusammen. 28 Dann
nahmen sie ihm seine Kleider weg
und zogen ihm einen roten Mantel
an. 29 Aus Dornenzweigen flochten
sie eine Krone und drückten sie ihm
auf den Kopf. Sie gaben ihm einen
Stock in die rechte Hand, knieten
vor ihm nieder und riefen höhnisch:
«Es lebe der König der Juden!» 30 Al-
le spuckten ihn an und schlugen ihm
mit dem Stock auf den Kopf. 31 Als
sie genug davon hatten, zogen sie
ihm den roten Mantel wieder aus,
gaben ihm seine eigenen Kleider zu-
rück und führten ihn ab zur Kreuzi-
gung.

Am Kreuz

(Mark. 15,21–32; Luk. 23,26–43; Joh. 19,17–27)

32 Auf dem Weg zur Hinrichtungsstät-
te begegnete ihnen ein Mann aus Ky-
rene, der Simon hieß. Ihn zwangen
sie, das Kreuz zu tragen, an das Jesus
gehängt werden sollte. 33 So zogen sie
aus der Stadt hinaus nach Golgatha,
was «Schädelstätte» heißt. 34 Dort ga-
ben ihm die Soldaten Wein, der ihn
betäuben sollte. Als Jesus das merk-
te, wollte er ihn nicht trinken.

35 Nachdem sie ihn ans Kreuz ge-
schlagen hatten, verlosten die Solda-
ten seine Kleider. Dadurch erfüllte
sich, was durch den Propheten vor-
ausgesagt wurde: «Meine Kleider ha-

WARUM-FRAGEN

Monika Deitenbeck-Goseberg

Matthäus 27,46

Unsere Warum-Fragen sind wohl die Fragen, die uns am tiefsten berühren. Es gibt Menschen, die Warum-Fragen stellen, um die Frage nach Gott so weit wie möglich von sich fern zu halten. Warum konnte Gott das zulassen? Wie konnte er mich so im Stich lassen, allein lassen, verlassen?

Es sind die existentiellen Warum-Fragen, die uns tief an die Substanz gehen, vor denen es kein Entrinnen gibt, auf die wir so oft keine Antwort finden. Es sind die Fragen, mit denen wir lernen müssen zu leben, auch wenn sie offenbleiben.

Situationen, in denen uns die Frage nach einem Warum innerlich quält, erleben wir oft als Zeiten, in denen Gott fern und unerreichbar erscheint. Es hat den Anschein, als habe Gott uns vergessen. Deshalb ist es gut, sich vor Augen zu führen, daß Christus selbst am Kreuz diese schmerzhafte Situation der Gottverlassenheit erfahren und empfunden hat und die Qual der Gottesferne kennt. Jesus nimmt in dieser Situation, wo ihm alle eigenen Worte ausgehen, Zuflucht zu einem Psalm, Psalm 22, dem Gebet des leidenden Gerechten.

Wir dürfen uns mit unseren quälenden Warum-Fragen verstanden und gehalten wissen von diesem Herrn. Alle unsere Warum-Fragen hat er selbst getragen. Bei ihm sind sie, sind wir gut aufgehoben.

ben sie unter sich geteilt und mein
Gewand verlost.»[a]

36 Sie setzten sich neben das Kreuz
und bewachten Jesus. 37 Über seinem
Kopf nagelten sie ein Schild an, auf
dem stand, weshalb man ihn gekreu-
zigt hatte: «Das ist Jesus, der König
der Juden!» 38 Zur gleichen Zeit wur-
den zwei Verbrecher gekreuzigt, der
eine rechts, der andere links von
ihm.

39 Die Leute, die vorbeigingen, be-
schimpften und verspotteten Jesus:
40 «Du also wolltest den Tempel zer-
stören und in drei Tagen wieder auf-
bauen! Dann rette dich doch jetzt
selbst! Komm vom Kreuz herunter,
wenn du wirklich der Sohn Gottes
bist!»

41 Auch die Priester, Gesetzesleh-
rer und die Führer des Volkes mach-
ten sich über ihn lustig: 42 «Anderen
hat er geholfen, aber sich selber kann
er nicht helfen. Wenn er wirklich der
König Israels ist, soll er doch vom
Kreuz heruntersteigen. Dann wollen
wir an ihn glauben! 43 Er hat sich doch
immer auf Gott verlassen; jetzt wol-
len wir sehen, ob Gott sich zu ihm be-
kennt und ihm hilft. Hat er nicht ge-
sagt: ‹Ich bin Gottes Sohn›?»
44 Ebenso beschimpften ihn die bei-
den, die mit ihm gekreuzigt worden
waren.

Der Tod Jesu

(Mark. 15,33–41; Luk. 23,44–49; Joh. 19,28–37)

45 Um die Mittagszeit dieses Tages
wurde es plötzlich im ganzen Land
dunkel. Diese Finsternis dauerte drei
Stunden. 46 Gegen drei Uhr rief Jesus
laut: «Eli, Eli, lama sabachthani?»
Das heißt: «Mein Gott, mein Gott,
warum hast du mich verlassen?»[b]

47 Einige von den Herumstehenden
hatten ihn aber falsch verstanden. Sie
meinten, er rufe den Propheten Elia.
48 Einer von ihnen holte schnell einen
Schwamm, tauchte ihn in Essig,
steckte ihn auf einen Stab und wollte
Jesus trinken lassen.[c] 49 Aber die an-
deren sagten: «Laß doch! Wir wollen
sehen, ob Elia kommt und ihm hilft.»
50 Da schrie Jesus noch einmal laut auf
und starb.

51 Im selben Augenblick zerriß der
Vorhang, der im Tempel das Aller-
heiligste abschloß, von oben bis un-
ten. Die Erde bebte, und die Felsen
zerbrachen. 52 Gräber öffneten sich,
und viele, die Gottes Willen getan
hatten und schon gestorben waren,
erwachten vom Tod 53 und verließen
ihre Gräber. Nach der Auferstehung
Jesu gingen sie in die Stadt und er-
schienen dort vielen Leuten.

54 Der Hauptmann und die Solda-
ten, die den gekreuzigten Jesus be-
wachten, erschraken sehr bei diesem
Erdbeben und allem, was sich sonst
ereignete. Sie sagten: «Dieser Mann
ist wirklich Gottes Sohn gewesen!»

55 Viele Frauen aus Galiläa waren
mit Jesus zusammen nach Jerusalem
gekommen. Sie hatten für ihn ge-
sorgt, und jetzt beobachteten sie das
Geschehen aus der Ferne. 56 Unter ih-
nen waren auch Maria aus Magdala
und Maria, die Mutter von Jakobus
und Joseph, sowie die Mutter der bei-
den Zebedäussöhne Jakobus und Jo-
hannes.

a) Psalm 22,19
b) Psalm 22,2
c) Psalm 69,22

Jesus wird begraben

(Mark. 15,42–47; Luk. 23,50–56;
Joh. 19,38–42)

57 Am Abend kam ein reicher Mann
aus Arimathia. Er hieß Joseph und
war ein Freund Jesu. 58 Er ging zu Pi-
latus und bat ihn um den Leichnam
Jesu. Pilatus befahl, diese Bitte zu er-
füllen. 59 Joseph nahm den Toten,
wickelte ihn in ein neues Leinentuch
60 und legte ihn in das Grab, das er für
sich selbst in einen Felsen hatte hauen
lassen. Dann verschloß er den Ein-
gang des Grabes mit einem großen
Stein und ging fort. 61 Maria von Mag-
dala und die andere Maria waren
auch dabei. Sie blieben beim Grab
sitzen.

Die Wache am Grab

62 Am nächsten Tag, es war der Sab-
bat, kamen die Hohenpriester und
Pharisäer zu Pilatus 63 und sagten:
«Uns ist eingefallen, daß dieser Ver-
führer einmal behauptet hat: ‹Drei
Tage nach meinem Tod werde ich
wieder lebendig werden!› 64 Laß dar-
um das Grab bis zum dritten Tag be-
wachen, sonst stehlen seine Jünger
noch den Leichnam und erzählen je-
dem, daß er wieder lebendig gewor-
den ist. Das aber wäre ein noch grö-
ßerer Betrug.» 65 «Ich will euch eine
Wache geben», antwortete Pilatus.
«Tut, was ihr für richtig haltet, und
sichert das Grab!» 66 Da versiegelten
sie den Stein und stellten Posten auf,
die das Grab bewachen sollten.

Jesus lebt

(Mark. 16,1–8; Luk. 24,1–12;
Joh. 20,1–18)

28 Als der Sabbat vorüber war,
am frühen Sonntagmorgen,
gingen Maria von Magdala und die
andere Maria hinaus an das Grab.
2 Plötzlich fing die Erde an zu beben,
und ein Engel Gottes kam vom Him-
mel herab, wälzte den Stein, der das
Grab verschloß, beiseite und setzte
sich darauf. 3 Er leuchtete hell wie ein
Blitz, und sein Gewand war weiß wie
Schnee. 4 Die Wachtposten stürzten
vor Schrecken zu Boden und blieben
wie tot liegen.

5 Der Engel wandte sich an die
Frauen: «Fürchtet euch nicht! Ich
weiß, daß ihr Jesus, den Gekreuzig-
ten, sucht. 6 Er ist nicht mehr hier. Er
ist auferstanden, wie er es vorherge-
sagt hat. Kommt und seht euch die
Stelle an, wo er gelegen hat. 7 Dann
beeilt euch, geht zu seinen Jüngern
und sagt ihnen, daß Jesus von den To-
ten auferstanden ist. Er wird nach
Galiläa gehen, um euch dort zu tref-
fen. Diese Botschaft soll ich euch aus-
richten.»

8 Erschrocken liefen die Frauen
vom Grab weg. Gleichzeitig erfüllte
sie unbeschreibliche Freude. Sie
wollten sofort den Jüngern alles be-
richten, was sie erlebt hatten. 9 Sie
waren noch nicht weit gekommen, als
Jesus plötzlich vor ihnen stand. «Seid
gegrüßt!» sagte er. Da fielen sie vor
ihm nieder und umklammerten seine
Füße. 10 Jesus beruhigte sie: «Fürch-
tet euch nicht! Geht, sagt meinen
Brüdern, sie sollen nach Galiläa kom-
men! Dort werden sie mich sehen.»

Die Lüge der Wachmannschaft

11 Nachdem die Frauen das Grab ver-
lassen hatten, liefen einige von der
Wachmannschaft zu den Hohenprie-
stern in die Stadt und berichteten,
was geschehen war. 12 Diese berieten
mit den Führern des Volkes, was sie
nun tun sollten. Schließlich gaben sie

LÖWENZAHN-CHRISTEN

Janice Kempe

Matthäus 28,7

Es ist wieder Löwenzahnzeit! Wie vorsichtig ich auch versuche, die ungeliebten Pflänzchen herauszuziehen – nie kriege ich sie ganz zu fassen. Ein Teil der Wurzel bleibt tief im Boden stecken und droht schon bald wieder auszuschlagen und neue Blüten zu treiben.

Trotz seines schlechten Rufs trägt der Löwenzahn wunderschöne Blüten, die mit ihren fein säuberlich aufgereihten Blättern einen dichten, gelben Blütenkranz bilden. Und kaum etwas anderes kann sich mit dem Charme einer Löwenzahnblüte in einer begeistert ausgestreckten, lehmverschmierten Kinderhand messen. Niemand zieht erbitterte Proteste auf sich, wenn er einen Löwenzahn pflückt. Vielleicht wächst der Löwenzahn ja nur, damit die Kinder mit den Blumen spielen und sich daran freuen können.

Der Löwenzahn wird ignoriert oder bekämpft, nie gehegt oder gepflegt, und blüht trotzdem in verschwenderischer Fülle an fast jedem Standort. Man muß ihn nicht in Watte packen oder besonders vorsichtig behandeln, damit er seine gelbe Blütenpracht hervorbringt; er sprießt auf steinigen Feldern, nistet im Rasen und zwängt sich aus Rissen im Asphalt hervor, selbst in den vornehmsten Gegenden. Können Sie sich vorstellen, in Ihrem Garten Löwenzahn zu pflanzen? Es würde sich flugs durch den Zaun davonschleichen und -zig sonnig-gelbe Gesichter würden Ihnen bald aus Nachbars Rasen entgegenstrahlen. Nie würde er sich in ein Beet zwingen lassen!

Christen sollten mehr von einem Löwenzahn an sich haben. Unsere sonnig-gelben Gesichter sollten daran erinnern, daß der schlichte Glaube tiefe Wurzeln schlägt, die man unmöglich herausreißen kann. Unsere große Zahl sollte der Welt zeigen, daß wir – auch wenn man uns nicht mag und schon gar nicht in Watte packt – überall zu finden sind, in den ärmsten wie in den vornehmsten Gegenden. Wir sollten genauso leicht zugänglich sein wie Löwenzahn. Jesus war das. Wir müssen uns aus unserem Garten herauswagen und über die Zäune springen, die uns in die Bereiche zwängen wollen, wo man uns anzutreffen erwartet. Wir können unsere sonnigen Gesichter an allen Flecken erstrahlen lassen, die ein wenig Aufhellung gebrauchen könnten – in den Rissen am Wegrand oder auf dem Rasen eines exklusiven Tennisklubs.

den Soldaten Geld und befahlen ihnen: [13]«Erzählt überall: ‹In der Nacht, als wir schliefen, sind seine Jünger gekommen und haben den Toten gestohlen.›» [14]Auch versprachen sie ihnen: «Wenn der Gouverneur dahinterkommt, werden wir dafür sorgen, daß euch nichts passiert.» [15]Die Soldaten nahmen das Geld und hielten sich an den Befehl. So hat sich diese Lüge weiter verbreitet und bis auf den heutigen Tag gehalten.

Jesus begegnet den Jüngern
(Mark. 16,14; Luk. 24,36–43; Joh. 20,19–20)

[16]Die elf Jünger aber gingen nach Galiläa zu dem Berg, den Jesus ihnen genannt hatte. [17]Als sie ihn dort sahen, fielen sie vor ihm nieder und beteten ihn an. Einige aber zweifelten, ob es wirklich Jesus war.

Der Auftrag
(Mark. 16,15–19; Luk. 24,47–51; Joh. 20,21–23)

[18]Da ging Jesus auf seine Jünger zu und sprach: «Ich habe von Gott alle Macht im Himmel und auf der Erde erhalten. [19]Geht hinaus in die ganze Welt und ruft alle Menschen in meine Nachfolge! Tauft sie und führt sie hinein in die Gemeinschaft mit dem Vater, dem Sohn und dem Heiligen Geist! [20]Lehrt sie, so zu leben, wie ich es euch aufgetragen habe.[a] Ihr dürft sicher sein: Ich bin immer und überall bei euch, bis an das Ende dieser Welt!»

a) Wörtlich: Geht also hin, macht zu Jüngern alle Völker, tauft sie auf den Namen des Vaters und des Sohnes und des Heiligen Geistes. Lehrt sie alles halten, was ich euch befohlen habe.

Markus berichtet von Jesus

Johannes der Täufer fordert: Ändert euch!

(Matth. 3,1–12; Luk. 3,1–18; Joh. 1,19–28)

1 Dies ist die Heilsbotschaft von Jesus Christus, dem Sohn Gottes.

2 Alles begann so, wie es in der Heiligen Schrift vorausgesagt worden war: «Gott wird einen Boten senden, der die Welt darauf vorbereiten soll, daß Gottes Sohn kommen wird.»[a]

3 Der Prophet Jesaja hatte vorausschauend die Aufgabe dieses Boten so beschrieben: «Ich höre jemand in der Wüste rufen: ‹Macht den Weg frei für den Herrn! Räumt alle Hindernisse weg, damit er kommen kann!›»[b]

4 Dieser Bote war Johannes der Täufer. Er lebte in der Wüste, taufte und verkündete den Leuten, die zu ihm kamen: «Ändert euch von Grund auf, und kehrt um zu Gott, damit er euch eure Sünden vergeben kann. Laßt euch von mir taufen!» 5 Viele Menschen aus der ganzen Provinz Judäa und aus Jerusalem kamen, um Johannes zu hören. Sie bekannten ihre Sünden, und er taufte sie im Jordan.

6 Johannes war sehr einfach gekleidet: Er trug einen groben, aus Kamelhaar gewebten Mantel, der von einem Lederriemen zusammengehalten wurde. Seine Nahrung bestand aus Heuschrecken und Honig, den er draußen fand. 7 Er rief den Leuten zu: «Nach mir wird ein anderer kommen, der viel mächtiger sein wird, als ich es bin. Ich bin nicht einmal würdig, ihm die Schuhe auszuziehen. 8 Ich taufe euch mit Wasser, aber er wird euch mit dem Heiligen Geist taufen.»

Jesus läßt sich taufen

(Matth. 3,13–17; Luk. 3,21–22; Joh. 1,32–34)

9 In dieser Zeit kam Jesus von Nazareth aus der Provinz Galiläa und ließ sich von Johannes im Jordan taufen. 10 Gleich nach der Taufe, als Jesus aus dem Wasser gestiegen war, sah er, wie sich der Himmel über ihm öffnete und der Geist Gottes wie eine Taube auf ihn herabkam. 11 Dabei hörte er eine Stimme aus dem Himmel: «Du bist mein geliebter Sohn, der meine ganze Freude ist.»

Jesus wird auf die Probe gestellt

(Matth. 4,1–11; Luk. 4,1–13)

12 Gleich darauf führte der Geist Gottes Jesus in die Wüste. 13 Vierzig Tage war er dort den Versuchungen des Teufels ausgesetzt. Er lebte mit wilden Tieren zusammen, und die Engel Gottes dienten ihm.

a) Maleachi 3,1
b) Jesaja 40,3

Die ersten Jünger
(Matth. 4,12–22; Luk. 4,14–15)

14 Nachdem Johannes der Täufer vom
König Herodes verhaftet worden
war, kam Jesus in die Provinz Galiläa,
um dort Gottes Botschaft zu verkün-
digen: 15 «Jetzt ist Gottes Stunde ge-
kommen. Seine Königsherrschaft
wird nun aufgerichtet. Ändert euch
von Grund auf! Kehrt um zu Gott
und nehmt seine Heilsbotschaft im
Glauben an!» 16 Am See Genezareth
traf Jesus den Fischer Simon und des-
sen Bruder Andreas. Sie warfen gera-
de ihre Netze aus. 17 Da forderte Jesus
sie auf: «Kommt mit mir! Ich will
euch zeigen, wie ihr Menschen für
Gott gewinnen könnt.» 18 Sofort lie-
ßen die beiden Männer ihre Netze lie-
gen und gingen mit ihm.
19 Nicht weit davon entfernt begeg-
nete Jesus den Söhnen des Zebedäus,
Johannes und Jakobus. Sie saßen im
Boot und flickten ihre Netze. Auch
sie forderte er auf, mit ihm zu gehen.
20 Da verließen sie ihren Vater mit sei-
nen Gehilfen und gingen mit Jesus.

Jesus erweist seine Macht
(Luk. 4,31–37)

21 Nun kamen sie in die Stadt Kaper-
naum. Am nächsten Sabbat besuchte
Jesus die Synagoge und predigte dort.
22 Die Zuhörer waren von seiner Rede
tief betroffen. Es war anders als bei
ihren Schriftgelehrten, denn alle
spürten, daß durch Jesus Gott selbst
zu ihnen sprach.
23 In der Synagoge war ein Mann,
der von einem bösen Geist beherrscht
wurde. Er lief zu Jesus und schrie:
24 «Was willst du von uns, Jesus von
Nazareth? Du bist doch nur gekom-
men, um uns zu vernichten. Ich weiß
genau, wer du bist: der Sohn Gottes.»
25 Aber Jesus wußte, daß nicht der
Mann selbst sprach, sondern der böse
Geist in ihm. Deshalb befahl er dem
Dämon: «Schweig und verlaß den
Mann!» 26 Der Dämon zerrte den
Mann hin und her und verließ ihn
dann mit einem lauten Schrei.
27 Darüber erschraken alle in der
Synagoge und fragten sich aufgeregt:
«Was ist das nur für eine Lehre? Den
Befehlen dieses Jesus müssen sogar
die bösen Geister gehorchen!» 28 In
Windeseile wurde in ganz Galiläa be-
kannt, was Jesus getan hatte.

Kranke werden geheilt
(Matth. 8,14–17; Luk. 4,38–41)

29 Nachdem Jesus die Synagoge ver-
lassen hatte, ging er mit Jakobus und
Johannes in Simons Haus, in dem
auch Andreas wohnte. 30 Dort erfuhr
er, daß Simons Schwiegermutter mit
hohem Fieber im Bett lag. 31 Er ging
zu ihr, nahm ihre Hand und richtete
sie auf. Sofort war das Fieber ver-
schwunden. Sie konnte sogar aufste-
hen und für ihre Gäste sorgen.
32 Am Abend, als die Sonne unter-
gegangen war, brachte man viele
Kranke und von Dämonen be-
herrschte Leute herbei. 33 Fast alle
Bewohner der Stadt versammelten
sich vor Simons Haus. 34 Jesus heilte
viele Menschen von ihren Krankhei-
ten und zwang die Dämonen, ihre
Opfer freizugeben. Dabei verbot er
den bösen Geistern, von ihm zu re-
den, denn sie wußten genau, wer er
war.

Alle müssen die Heilsbotschaft hören
(Luk. 4,42–44)

35 Am nächsten Morgen stand Jesus
vor Tagesanbruch auf und ging an

Natürliche Konsequenz

Jill Briscoe

Markus 1,31

Wer ein Herz für Gott hat, hat auch ein Herz für andere. Beides geht Hand in Hand. Immer, wenn Jesus einen Menschen zu sich zog, indem er einen kranken Körper, eine kranke Seele oder einen kranken Geist gesund machte, fing der Mensch, der diesen Segen erlebt hatte, unverzüglich an, ihm zu dienen. Nur bei zwei Gelegenheiten war eine besondere Aufforderung nötig. Als Jesus die Tochter des Jairus von den Toten auferweckt hatte, befahl er ihren Eltern, ihr «etwas zu essen zu geben» (Markus 5,43). Und als er nach seiner Auferstehung Maria Magdalena als erster Zeugin begegnete, gebot er ihr, zu den Jüngern zu gehen und ihnen zu sagen, daß sie Jesus, den auferstandenen Herrn, gesehen habe (Johannes 20,17–18).

Wer dem Meister begegnet, für den ist das Dienen eine ganz natürliche Konsequenz. Jesus vergab einer Frau «ihre vielen Sünden», und sie begann sofort, ihm «Liebe zu erzeigen» (Lukas 7,47). Wem viel vergeben ist, der liebt viel, und das führt automatisch zum Dienst.

Martha und Maria, von denen es heißt, daß Jesus sie liebhatte, erwiderten seine Liebe, indem sie ihm, jede auf ihre Weise, dienten. Die Mutter des Jüngers Jakobus diente Jesus dadurch, daß sie mit einigen anderen Frauen seinen Leib zum Begräbnis salben wollte (Lukas 24,10), während Johanna Jesus mit ihrem Besitz und ihren finanziellen Möglichkeiten diente (Lukas 8,3). Sogar die Samariterin am Jakobsbrunnen fing, nachdem sie Jesus begegnet war, sofort an, ihr Erleben den Leuten ihrer Stadt mitzuteilen (Johannes 4,28–29).

Es braucht keine großen Überredungskünste mehr, wenn ein Mensch Jesus Christus persönlich begegnet ist. Der Dienst ist für ihn dann keine Möglichkeit unter anderen, sondern ein absolutes Muß.

eine einsam gelegene Stelle, um dort
allein zu beten. 36 Petrus und die an-
deren suchten ihn. 37 Als sie ihn ge-
funden hatten, sagten sie vorwurfs-
voll: «Alle Leute fragen nach dir!»
38 Aber er antwortete: «Wir müssen
auch noch in die anderen Dörfer ge-
hen, um dort die Heilsbotschaft zu
verkünden. Das ist meine Aufgabe.»
39 Und Jesus reiste durch die ganze
Provinz Galiläa, predigte in den Syn-
agogen und befreite viele aus der Ge-
walt dämonischer Mächte.

Ein Geheilter kann nicht schweigen

(Matth. 8,2–4; Luk. 5,12–16)

40 Einmal kam ein Leprakranker zu
Jesus. Er fiel vor ihm nieder und bat:
«Wenn du willst, kannst du mich hei-
len.» 41 Jesus hatte Mitleid mit dem
Mann. Deshalb legte er segnend die
Hand auf ihn: «Ich will es tun! Sei ge-
sund!» 42 Von diesem Augenblick an
war der Aussatz verschwunden und
der Mann geheilt. 43/44 «Sprich mit
niemandem über deine Heilung»,
schärfte ihm Jesus ein, «sondern gehe
direkt zum Priester, und laß dich von
ihm untersuchen. Bring das Opfer für
deine Heilung, wie es Mose vorge-
schrieben hat. Jeder soll merken, daß
Gott dich geheilt hat.»
45 Aber der Mann erzählte überall,
wie er geheilt worden war, so daß Je-
sus nicht länger in der Stadt bleiben
konnte. Er mußte sich in eine einsa-
me Gegend zurückziehen. Aber auch
dorthin kamen von überall die Leute
zu ihm.

Jesus hat die Macht, Sünden zu vergeben

(Matth. 9,1–8; Luk. 5,17–26)

2 Nach einigen Tagen kehrte Jesus
nach Kapernaum zurück. Es
sprach sich schnell herum, daß er wie-
der zu Hause war. 2 Viele Menschen
strömten zusammen, so daß nicht ein-
mal mehr vor der Tür noch Platz war.
Ihnen allen verkündete Jesus die
Heilsbotschaft.
3 Da kamen vier Männer, die einen
Gelähmten trugen. 4 Weil sie wegen
der vielen Menschen nicht bis zu Je-
sus kommen konnten, deckten sie
über ihm das Dach ab. Durch diese
Öffnung ließen sie den Gelähmten
auf seiner Trage hinunter.
5 Als Jesus sah, wie fest sie darauf
vertrauten, daß er ihrem Freund hel-
fen würde, sagte er zu dem Gelähm-
ten: «Mein Sohn, deine Sünden sind
dir vergeben!»
6 Aber einige der anwesenden
Schriftgelehrten dachten: 7 «Das ist
Gotteslästerung! Was bildet der sich
ein! Nur Gott allein kann Sünden ver-
geben.» 8 Jesus durchschaute sie und
fragte: «Wie könnt ihr nur so etwas
denken! 9 Ist es leichter zu sagen: ‹Dir
sind deine Sünden vergeben› oder
diesen Gelähmten zu heilen? 10 Ich
will euch beweisen, daß der Men-
schensohn die Macht hat, schon jetzt[a]
Sünden zu vergeben.» Und er forder-
te den Gelähmten auf: 11 «Steh auf,
nimm dein Bett und geh nach Hause!
Du bist gesund!»
12 Der Mann stand auf, nahm seine
Trage und ging hinaus. Fassungslos
sahen ihm die Menschen nach und rie-
fen begeistert: «Noch nie haben wir so
etwas erlebt!» Und alle lobten Gott.

a) Wörtlich: auf der Erde.

Diagnose Gottesferne

Ilse Glebe

Markus 2,17

Es erschreckt mich, wie Jesus sich von den «Gerechten» abwendet. Tun sie nicht alles, um Gott zu gefallen? So fromm sie auch sein mögen, sie verfehlen Gott und das Heil, das er anbietet. Sie wollen Heil und Heilung nicht als Geschenk der Liebe Gottes annehmen – sie wollen es auf Grund ihrer eigenen Frömmigkeit beanspruchen.

In schwierigen Situationen hat wohl jeder schon einmal die Frage gestellt: «Womit habe ich das verdient? Wofür werde ich bestraft?» Hat ein moralischer Mensch nicht ein Recht auf Gottes Anerkennung? Gott trauert über Menschen, die in ihrer Sünde verlorengehen. Ebenso trauert er über alle, die in ihrer eigenen Frömmigkeit verlorengehen und die Chance der neuen Beziehung, die Jesus anbietet, nicht wahrnehmen.

Jesus ruft Menschen in eine Liebesbeziehung zu Gott. Weil der Vater uns liebt, möchte er uns in seiner Nähe haben, als heile Menschen. Er möchte, daß wir mit ihm reden wie mit einem guten Freund. Dann entspringt unser Gehorsam der Liebe und der Übereinstimmung mit ihm. Wir möchten ihn immer besser verstehen. Die Botschaft Jesu lautet: «Du darfst nach Hause kommen. Ich selbst habe für alle deine Schuld und Verfehlungen am Kreuz bezahlt. Es ist nichts mehr hinzuzufügen.» Jesus erzählt von Gott als einem Vater, der sein Kind von weitem sieht, ihm entgegenläuft, es in die Arme schließt und sich unendlich freut, daß es endlich nach Hause gekommen ist.

In der Gegenwart Jesu werden die «Kranken» tief innen heil. Das Leben bringt uns auch weiterhin manche Verwundung bei. Wir irren und verirren uns immer wieder. Aber wer von der Krankheit der Gottesferne geheilt ist, kann Wunden und Verschuldungen zu Jesus, dem Arzt, bringen und von ihm heilen lassen. Es liegt an uns, ob wir diese Liebe Gottes in unserem Leben zulassen.

Gesunde brauchen keinen Arzt
(Matth. 9,9–13; Luk. 5,27–32)

13 Jesus ging an das Ufer des Sees Ge-
nezareth und sprach zu den vielen
Menschen, die sich dort versammelt
hatten. 14 Als er weiterging, sah er Le-
vi, den Sohn des Alphäus, am Zoll sit-
zen. «Komm, folge mir nach!» rief er
ihm zu. Sofort stand Levi auf und ging
mit ihm.
15 Danach gab Levi ein großes Fest-
essen. Dazu hatte er nicht nur Jesus
und seine Jünger eingeladen, sondern
auch viele von seinen früheren Kolle-
gen und andere Leute, die einen
schlechten Ruf hatten. Viele von ih-
nen waren zu Freunden Jesu gewor-
den. 16 Als aber einige Schriftgelehr-
te, die zur Partei der Pharisäer gehör-
ten, Jesus in dieser Gesellschaft essen
sahen, fragten sie seine Jünger: «Wie
kann sich euer Jesus bloß mit solchem
Gesindel einlassen!» 17 Als Jesus das
hörte, antwortete er ihnen: «Die Ge-
sunden brauchen keinen Arzt, son-
dern die Kranken. Meine Aufgabe ist
es, Sünder in die Gemeinschaft mit
Gott zu rufen, und nicht solche, die
Gott bereits kennen.»[a]

Neues Leben und alte Formen
(Matth. 9,14–17; Luk. 5,33–39)

18 Die Jünger des Johannes und die
Pharisäer fasteten regelmäßig. Des-
halb kamen einige von ihnen zu Jesus
und fragten: «Die Jünger des Jo-
hannes und alle Pharisäer fasten.
Warum fasten deine Jünger nicht?»
19 Jesus antwortete ihnen: «Sollen
die Hochzeitsgäste etwa fasten, wenn
sie an der Festtafel sitzen? Sie denken
nicht daran! Zumindest werden sie so
lange feiern, wie der Bräutigam bei
ihnen ist. 20 Die Zeit kommt ohnehin
früh genug, daß der Bräutigam ihnen
genommen wird. Dann werden sie fa-
sten.
21 Niemand flickt ein altes Kleid mit
neuem Stoff. Der alte Stoff würde an
der Flickstelle doch wieder reißen,
und das Loch würde nur noch größer.
22 Ebenso füllt niemand jungen, gä-
renden Wein in alte, brüchige Schläu-
che. Sonst platzen die Schläuche, der
Wein läuft aus, und die Schläuche
sind unbrauchbar. So verlangt das
neue Leben nach neuen Ordnun-
gen.»[b]

Der Ruhetag ist für den Menschen da
(Matth. 12,1–8; Luk. 6,1–5)

23 An einem Sabbat ging Jesus mit sei-
nen Jüngern durch die Getreidefel-
der. Unterwegs rissen die Jünger Äh-
ren ab und aßen die Körner. 24 Da be-
gannen einige Pharisäer zu schimp-
fen: «Sieh dir das an! Es ist doch nicht
erlaubt, am Sabbat Getreide zu ern-
ten.»
25 Aber Jesus antwortete ihnen:
«Habt ihr denn nie gelesen, was Da-
vid und seine Männer getan haben?
26 Als sie hungrig waren, gingen sie in
das Haus Gottes – Abjathar war da-
mals Hoherpriester – und aßen die
Opferbrote, die nur die Priester essen
durften.[c]
27 Der Sabbat wurde doch für den
Menschen geschaffen und nicht der
Mensch für den Sabbat. 28 Deshalb

a) Wörtlich: und nicht die Gerechten.
b) Wörtlich: Neuer Wein gehört in neue Schläuche.
c) 1. Samuel 21,7

Wie lange noch, Herr?

Psalm 13

Ein Lied Davids

Herr, wie lange wirst du mich noch vergessen,
wie lange hältst du dich vor mir verborgen?

Wie lange noch sollen Sorgen mich quälen,
wie lange soll der Kummer Tag für Tag an mir nagen?
Wie lange noch wird mein Feind über mir stehen?

Herr, mein Gott, wende dich mir wieder zu und antworte mir!
Laß mich wieder froh werden und Mut gewinnen,
sonst holt mich noch der Tod.

Mein Feind würde triumphieren und sagen:
«Den habe ich zur Strecke gebracht!»
Meine Unterdrücker würden jubeln über meinen Tod.

Ich aber vertraue auf deine Liebe
und juble darüber, daß du mich retten wirst.
Mit meinem Lied will ich dich loben,
denn du hast mir Gutes getan.

hat der Menschensohn auch das Recht zu entscheiden, was am Sabbat erlaubt ist und was nicht.»

Gesetzlichkeit oder Liebe?

(Matth. 12,9–14; Luk. 6,6–11)

3 Als Jesus wie gewohnt zur Synagoge ging, traf er dort einen Mann, der eine verkrüppelte Hand hatte. [2]Seine Gegner warteten gespannt darauf, wie Jesus sich verhalten würde. Sollte er es nämlich wagen, auch am Sabbat zu heilen, so könnten sie Anklage gegen ihn erheben.

[3]Jesus rief den Mann zu sich: «Komm her zu mir!» [4]Dann fragte er die Anwesenden: «Darf man am Sabbat Gutes tun oder nicht? Soll man an einem solchen Tag Leben retten oder es zugrunde gehen lassen?»

Darauf wußten sie keine Antwort. [5]Zornig sah Jesus einen nach dem anderen an, tief erschüttert über ihre Hartherzigkeit. Zu dem Mann aber sagte er: «Strecke deine Hand aus!» Der Mann gehorchte, und sofort war seine Hand gesund.

[6]Erregt verließen die Pharisäer die Synagoge und trafen sich mit den Freunden und Anhängern des Königs Herodes. Sie berieten miteinander, wie sie Jesus am einfachsten aus dem Weg räumen könnten.

Jesus heilt am See Genezareth

(Matth. 12,15–16; Luk. 6,17–19)

[7/8]Jesus zog sich mit seinen Jüngern wieder an das Ufer des Sees Genezareth zurück. Aber eine große Menschenmenge aus ganz Galiläa lief hinter ihm her. Sogar aus Judäa, Jerusalem, Idumäa, von jenseits des Jordantals und von Tyrus und Sidon waren sie gekommen, weil sie von seinen Krankenheilungen und Wundern gehört hatten.

[9]Als immer mehr Menschen dazukamen, beauftragte er seine Jünger, ein Boot bereitzuhalten, wenn ihn die Menschen zu sehr bedrängen sollten. [10]Jesus heilte viele Kranke. Darum drängten sich die Leute um ihn. Sie wollten wenigstens seine Kleider berühren, um dadurch gesund zu werden. [11]Von Dämonen Beherrschte stürzten vor ihm nieder und schrien: «Du bist der Sohn Gottes!» [12]Aber Jesus befahl ihnen zu schweigen.

Die zwölf Jünger

(Matth. 10,1–4; Luk. 6,12–16)

[13]Danach stieg Jesus auf einen Berg. Einige seiner Freunde hatte er aufgefordert, mit ihm zu kommen; und sie waren mit ihm gegangen. [14/15]Diese zwölf Männer erwählte er zu seinen Jüngern. Sie sollten ständig bei ihm bleiben und von ihm lernen. Er wollte sie mit dem Auftrag aussenden, die Heilsbotschaft zu predigen und Menschen von der Macht der Dämonen zu befreien.

[16]Diese zwölf Männer, die später Apostel genannt wurden, waren: Simon, dem Jesus den Namen Petrus gab; [17]Jakobus und Johannes, die Söhne des Zebedäus – Jesus nannte sie «Donnersöhne» –; [18]Andreas, Philippus, Bartholomäus, Matthäus, Thomas, Jakobus, der Sohn des Alphäus, Thaddäus, Simon, der ehemalige Freiheitskämpfer, [19]und Judas Ischarioth, der ihn später verraten hat.

Widerstand gegen Jesus

(Matth. 12,24–32; Luk. 11,15–23; 12,10)

[20]Als Jesus nach Hause kam, liefen

Programmatischer Auftritt

Gretel Masuch

Markus 3,1–35

Da steht Jesus als Dreißigjähriger. Es scheint, als ob er mit aufgekrempelten Ärmeln den Aufbau seiner «Karriere» in Angriff nehmen will.

«Komm her zu mir! Strecke deine Hand aus!» sagt er einem einzelnen, der krank ist.

«Kommt her zu mir! Streckt euch nach mir aus! Ich mache euch frei», ruft er den vielen zu, die gebunden sind durch finstere Mächte.

«Kommt her zu mir! Streckt euch aus nach dem Auftrag, den ich für euch habe», wendet er sich zwölf Männern zu, die seine ersten Mitarbeiter werden. «Ich will euch senden und ihr sollt gehen, damit ich durch euch zu den Menschen kommen kann, die den Vater noch nicht kennen.»

«Kommt her zu mir! Streckt euch aus nach Gott und erkennt ihn, wie er erkannt sein will – durch mich!» bietet er den eifrigen Verfechtern des Gesetzes an, die ihn distanziert beobachten. Sie fühlen sich durch diesen «religiösen Exzentriker» bedroht.

«Kommt her zu mir!» sagt er seinen Angehörigen. «Ich bin zu allen gesandt, und auch ihr seid eingeladen, zur großen Familie meines Vaters zu gehören!»

Jesus ist die Quelle, an der Menschen Heilung und Hoffnung und Sinn finden. Jesus lebt und handelt aus dem Wissen um seine Gottessohnschaft. Wer im Blick auf Jesus klar und bewußt Gutes böse und Böses gut nennt, begeht die «Sünde wider den Heiligen Geist». Die Werke Gottes in und durch Jesus sind eindeutig und unverwechselbar. Sie entsprechen ihrem Ursprung im Willen Gottes und in der Kraft des Heiligen Geistes.

Sind wir schon angekommen bei diesem Jesus, der immer noch ruft: «Kommt her zu mir!»? Haben wir uns beauftragen lassen von dem, der will, daß unseren Mitmenschen geholfen werde (1. Timotheus 2,4)? Er will in uns leben, damit Gottes Werke in der Kraft des Heiligen Geistes auch heute geschehen.

gleich wieder so viele Menschen zu
ihm, daß er und seine Jünger nicht
einmal Zeit zum Essen hatten. 21 Als
seine Angehörigen das erfuhren,
wollten sie ihn unbedingt mit nach
Hause nehmen. «Er hat den Ver-
stand verloren!» sagten sie.

22 Einige der Schriftgelehrten aus
Jerusalem behaupteten sogar: «Er
hat sich dem Teufel verschrieben.
Nur weil er vom Obersten aller Dä-
monen die Macht bekommen hat,
kann er Dämonen austreiben.»

23 Jesus aber rief die Leute zu sich
und fragte sie: «Warum sollte denn
ein Satan den anderen vertreiben?
24 Ein Staat wird untergehen, wenn in
ihm verschiedene Herrscher um die
Macht kämpfen. 25 Eine Familie, die
ständig in Zank und Streit lebt, bricht
auseinander. 26 Wenn sich also der Sa-
tan gegen sich selbst erhebt, hätte er
keine Macht mehr. Das wäre sein Un-
tergang. 27 Niemand kann in das Haus
eines starken Mannes eindringen und
ihn berauben. Erst wenn der Starke
gefesselt ist, kann man ihn ausplün-
dern.

28 Das eine will ich euch mit aller
Deutlichkeit sagen: Jede Sünde und
jede Gotteslästerung kann den Men-
schen vergeben werden. 29 Wer aber
den Heiligen Geist lästert, der wird
niemals Vergebung finden; seine
Sünde bleibt für immer bestehen.»

30 Das sagte er zu den Schriftgelehr-
ten, weil sie behauptet hatten: «Er
hat sich dem Teufel verschrieben.»

Wer gehört zu Jesus?

(Matth. 12,46–50; Luk. 8,19–21)

31/32 Noch während Jesus sprach, ka-
men seine Mutter und seine Brüder.
Aber weil so viele Menschen bei ihm
waren, kamen sie nicht an ihn heran.
Deshalb baten sie, Jesus auszurich-
ten: «Deine Mutter und deine Ge-
schwister warten draußen. Sie wollen
mit dir reden!» 33 Er gab zur Antwort:
«Wer ist meine Mutter, und wer sind
meine Brüder?» 34 Dann sah er seine
Zuhörer an und sagte: «Das sind mei-
ne Mutter und meine Geschwister:
35 Jeder, der Gottes Willen tut, ist für
mich Bruder, Schwester und Mut-
ter!»

Das Gleichnis vom Sämann: Hören allein ist noch nicht Glauben

(Matth. 13,1–23; Luk. 8,4–15)

4 Wieder kam eine große Men-
schenmenge zusammen, als Jesus
am See sprach. Darum stieg er in ein
Boot und redete von dort zu den
Menschen am Ufer. 2 Was er ihnen
von Gott zu sagen hatte, erklärte er
ihnen durch Beispiele:

3 «Hört mir zu! Ein Bauer säte Ge-
treide aus. 4 Dabei fielen ein paar Sa-
menkörner auf den Weg. Die wurden
gleich von den Vögeln aufgepickt.
5 Andere fielen auf felsigen Boden,
wo die Ackerkrume nur dünn war.
Dort ging die Saat zwar schnell auf;
6 aber als die Sonne heiß brannte, ver-
trockneten die Pflänzchen, weil ihre
Wurzeln in der dünnen Erdschicht zu
wenig Nahrung fanden. 7 Ein Teil des
Samens fiel zwischen die Disteln, von
denen die jungen Pflanzen bald über-
wuchert wurden, so daß sie schließ-
lich erstickten. 8 Der übrige Same
aber fiel auf fruchtbaren Boden und
brachte das Dreißigfache, das Sech-
zigfache, ja sogar das Hundertfache
an Frucht ein. 9 Hört genau auf das,
was ich euch sage!»

10 Später, als Jesus mit seinen zwölf
Jüngern und den anderen Begleitern
allein war, fragten sie ihn: «Warum
erzählst du solche Beispiele?» 11 Er
antwortete: «Ihr versteht die Ge-

heimnisse des Reiches Gottes. Den anderen erkläre ich sie durch Gleichnisse. 12 Damit erfüllt sich an ihnen das Wort des Propheten Jesaja: ‹Sie sehen, aber sie erkennen nicht; sie hören, aber sie verstehen es nicht. Sonst würden sie ja zu Gott umkehren und ihre Sünde würde ihnen vergeben.›»[a]

13 Zugleich sagte er zu seinen Jüngern: «Aber ich sehe, daß auch ihr diesen einfachen Vergleich nicht verstanden habt. Wie wollt ihr dann all die anderen begreifen?

14 Wer Gottes Wort weitergibt, ist wie der Bauer, der Samen aussät. 15 Mit dem festgetretenen Weg, auf den ein paar Körner fallen, sind die hartherzigen Menschen gemeint. Sie hören zwar Gottes Botschaft, aber dann kommt der Satan und nimmt ihnen alles wieder weg.

16 Der felsige Boden ist ein Beispiel für die Leute, die das Wort Gottes schnell und mit großer Begeisterung annehmen. 17 Aber das Wort kann nicht tief genug in ihr Leben eindringen. Sie sind hin- und hergerissen. Wenn sie wegen ihres Glaubens in Schwierigkeiten kommen oder verfolgt werden, geben sie gleich auf.

18 Der von Disteln überwucherte Boden entspricht den Menschen, die Gottes Botschaft hören und aufnehmen. 19 Aber nur allzu schnell erstikken die Sorgen des Alltags, die Verführung des Wohlstandes und die Gier nach all den Dingen dieses Lebens Gottes Botschaft in ihrem Herzen, so daß keine Frucht wachsen kann.

20 Aber es gibt auch fruchtbaren Boden: Menschen, die Gottes Wort hören und in ihr Leben aufnehmen, so daß es Frucht bringt, dreißigfach, sechzigfach oder hundertfach.»

Hören und Gehorchen

(Luk. 8,16–18)

21 Dann fragte Jesus die Zuhörer: «Zündet man etwa eine Lampe an, um sie dann unter einen Eimer oder eine Bank zu stellen? Im Gegenteil! Eine brennende Lampe stellt man so auf, daß sie den ganzen Raum erhellt. Nur so erfüllt sie ihren Zweck. 22 Alles, was jetzt noch verborgen ist, wird einmal ans Licht kommen, und was jetzt noch ein Geheimnis ist, wird jeder verstehen. 23 Denkt genau darüber nach, was ich euch gesagt habe, 24 und richtet euch danach!

Eins steht fest: Mit dem Maßstab, den ihr an andere anlegt, werdet ihr selbst gemessen werden. Von euch wird man sogar noch mehr erwarten. 25 Denn wer viel hat, der bekommt noch mehr dazu. Wer meine Botschaft versteht, der wird einmal alles begreifen. Wer sie aber nicht versteht, dem wird noch die geringe Kenntnis, die er zu besitzen meint, verlorengehen.»[b]

Gott läßt die Saat aufgehen

26 «Mit dem Reich Gottes ist es wie mit dem Samen, den ein Bauer auf sein Feld sät», erklärte Jesus weiter. 27 «Nach der Arbeit geht er nach Hause, schläft, steht wieder auf, und das tagaus, tagein. Im Laufe der Zeit wächst die Saat ohne sein Zutun her-

a) Jesaja 6,9–10

b) Wörtlich: Denn wer hat, dem wird gegeben werden. Wer aber nicht hat, dem wird auch das, was er hat, genommen werden.

NUR NICHT ABLENKEN LASSEN!

Else Diehl

Markus 4,19

Es fing alles so gut an: Die beiden Frauen hatten gemeinsam einen Vortrag gehört, der sie nachdenklich und gleichzeitig neugierig machte, mehr vom Glauben zu erfahren. Sie folgten einer Einladung zu einem Gesprächskreis, bei dem Lebensfragen anhand der Bibel besprochen wurden. Bald stand für sie beide fest: Das war das, was sie immer gesucht hatten.

Claudia, die eher Stille, war froh, einen Halt zu finden und Geborgenheit und inneren Frieden zu erfahren. Ihre Freundin, die stets aktive Britta, begeisterte sich für die christlichen Werte und die daraus erwachsenen Aktionen unter Menschen aller Altersstufen. Für beide gab es ein weites Betätigungsfeld, aber …

Leider hielt die Begeisterung nicht lange an. Claudia war so beschäftigt mit Sorgen in der eigenen Familie, daß alle ihre Gedanken bald nur noch darum kreisten. Nach und nach verblieb auch das geplante Bibellesen, und Claudia quälte sich unruhig und angespannt durch ihre Tage.

Britta – weit entfernt davon, sich mit Sorgen zu quälen, erhielt großartige Chancen, sich finanziell zu verbessern, was allerdings ihren ganzen Einsatz forderte. Außerdem bestand sie darauf, dies und jenes endlich nachzuholen, was ihr früher versagt geblieben war.

Die Gedanken daran, andere mit der Guten Nachricht zu erreichen, waren schnell beiseite geschoben, und für Stunden der Besinnung fand sich keine Zeit. Selbst der Gesprächskreis war bald vergessen. Schade, aber die erhoffte Frucht blieb aus – genauso, wie es im biblischen Gleichnis beschrieben ist.

Lassen Sie uns Menschen sein, «die Gottes Wort hören und in ihr Leben aufnehmen, so daß es Frucht bringt …» (Vers 20).

an. 28 Denn die Erde läßt die Frucht aufgehen und wachsen. Zuerst kommt der Halm, dann die Ähre und endlich als Frucht die Körner. 29 Wenn aus dem Samen das reife Getreide geworden ist, wird es gemäht, denn die Erntezeit ist da.»

Vom Senfkorn: Gottes Reich beginnt im Kleinen

(Matth. 13,31–32; Luk. 13,18–19)

30 Schließlich fragte Jesus: «Womit sollen wir das Reich Gottes noch vergleichen? Welches Bild könnte euch helfen, es zu verstehen? 31 Ich möchte das Reich Gottes mit einem Senfkorn vergleichen. Das ist ein winziges Samenkorn. 32 Wenn es aber in den Boden gesät wird, wächst es schnell heran und wird größer als andere Sträucher. Es bekommt starke Zweige, in denen die Vögel sogar ihre Nester bauen können.»

33 Jesus benutzte sehr oft Beispiele, damit die Menschen seine Botschaft besser verstehen konnten. 34 In der Öffentlichkeit gebrauchte er immer solche Gleichnisse. Wenn er aber später mit seinen Jüngern allein war, erklärte er ihnen die Bedeutung dieser Bilder.

Herr über Wind und Wellen

(Matth. 8,23–27; Luk. 8,22–25)

35 Am Abend dieses Tages sagte Jesus zu seinen Jüngern: «Kommt, wir wollen ans andere Ufer übersetzen!» 36 Sie schickten die Menschen weg und ruderten mit dem Boot, in dem Jesus saß, auf den See hinaus. Einige andere Boote folgten ihnen.

37 Da brach ein gewaltiger Sturm los. Hohe Wellen schlugen ins Boot, es lief voll Wasser und drohte zu sinken. 38 Jesus aber schlief hinten im Boot auf einem Kissen. Da rüttelten ihn die Jünger wach und schrien voller Angst: «Herr, wir gehen unter! Merkst du das nicht?»

39 Sofort stand Jesus auf, bedrohte den Wind und rief in das Toben der See: «Sei still! Schweige!» Da legte sich der Sturm, und tiefe Stille breitete sich aus.

40 «Warum hattet ihr solche Angst?» fragte Jesus seine Jünger, «habt ihr denn gar kein Vertrauen zu mir?» 41 Voller Entsetzen flüsterten die Jünger einander zu: «Was ist das für ein Mann! Selbst Wind und Wellen gehorchen ihm!»

Jesus heilt einen Besessenen

(Matth. 8,28–34; Luk. 8,26–39)

5 Als sie auf der anderen Seite des Sees die Gegend um Gadara erreichten 2 und Jesus aus dem Boot stieg, lief ihnen ein Mann entgegen. 3 Dieser Mensch wurde von Dämonen beherrscht und lebte in Grabhöhlen. Er war so wild, daß er nicht einmal mit Ketten gebändigt werden konnte. 4 Sooft man ihn auch fesselte und in Ketten legte, jedesmal riß er sich wieder los. Niemand wagte sich in seine Nähe. 5 Tag und Nacht hielt er sich in den Grabhöhlen auf oder irrte in den Bergen umher. Dabei tobte er und schlug mit Steinen auf sich ein.

6 Kaum hatte er Jesus gesehen, warf er sich vor ihm nieder, und es schrie laut aus ihm: 7 «Was willst du von mir, Jesus, du Sohn Gottes? Ich beschwöre dich beim Allerhöchsten, quäle mich nicht!» 8 Jesus hatte nämlich dem Dämon befohlen: «Verlaß dein Opfer, du teuflischer Geist!» 9 Da fragte ihn Jesus: «Wie heißt du?» Der Dämon antwortete: «Mein Name ist Legion, denn nicht nur ich, sondern viele von uns beherrschen diesen

Menschen.» 10 Immer wieder bat er
Jesus: «Vertreibe uns nicht aus dieser
Gegend!»

11 Nicht weit entfernt an einem Ab-
hang wurde gerade eine große Herde
Schweine gehütet. 12 «Laß uns in die-
se Schweine fahren», bettelten die
Dämonen. 13 Jesus erlaubte es ihnen.
Jetzt ließen die bösen Geister den
Mann frei und bemächtigten sich der
Schweine, die den Abhang hinunter
in den See stürzten. Und alle zweitau-
send Tiere ertranken.

14 Verstört liefen die Hirten in die
Stadt und berichteten überall, was ge-
schehen war. Viele kamen nun am
See zusammen, um sich selbst zu
überzeugen. 15 Sie sahen den Mann,
den die vielen Dämonen gequält hat-
ten. Er war gekleidet wie jeder ande-
re und saß ganz ruhig neben Jesus. Da
wurde ihnen unheimlich zumute.
16 Die Leute aber, die alles mitangese-
hen hatten, erzählten, wie der Beses-
sene geheilt wurde und was mit den
Schweinen geschehen war. 17 Darauf-
hin baten die Leute Jesus, er möge ih-
re Gegend wieder verlassen.

18 Jesus wollte gerade in das Boot
steigen, als ihn der Geheilte bat: «Ich
möchte gern bei dir bleiben.» 19 Aber
Jesus erlaubte es ihm nicht. Er sagte:
«Geh nach Hause zu deiner Familie
und berichte, welch großes Wunder
Gott an dir getan hat und wie barm-
herzig er zu dir gewesen ist!» 20 Da
wanderte der Mann durch das Gebiet
der Zehn Städte und erzählte jedem,
was für ein Wunder Jesus an ihm ge-
tan hatte. Und alle staunten.

Macht über Krankheit und Tod
(Matth. 9,18–26; Luk. 8,40–56)

21 Kaum war Jesus ans andere Ufer
zurückgekehrt, als sich am Strand
wieder eine große Menschenmenge
um ihn versammelte. 22 Da kam Jai-
rus, ein Vorsteher der jüdischen Ge-
meinde, und warf sich vor Jesus nie-
der. 23 Er bat ihn verzweifelt: «Meine
Tochter liegt im Sterben. Komm und
lege ihr die Hände auf, damit sie wie-
der gesund wird!» 24 Jesus ging mit
Jairus, gefolgt von einer dichten
Menschenmenge.

25 In der Menge war auch eine Frau,
die seit zwölf Jahren an starken Blu-
tungen litt. 26 Sie hatte sich schon von
vielen Ärzten behandeln lassen und
dabei ihr ganzes Vermögen ausgege-
ben. Aber niemand konnte ihr hel-
fen. Ihr Leiden war eher schlimmer
geworden. 27 Dann hatte sie davon ge-
hört, daß Jesus Kranke heilt. Deshalb
drängte sie sich durch die Menge an
Jesus heran und berührte von hinten
seinen Mantel. 28 Dabei dachte sie:
«Wenn ich wenigstens seine Kleider
berühren kann, werde ich bestimmt
gesund.» 29 Und tatsächlich: Sie
merkte sofort, daß sie von ihrem Lei-
den befreit war. Die Blutung hörte
auf.

30 Aber auch Jesus spürte, daß hei-
lende Kraft von ihm ausgegangen
war. Deshalb drehte er sich um und
fragte: «Wer hat mich angefaßt?»
31 Seine Jünger antworteten: «Die
Leute bedrängen dich von allen Sei-
ten, und da fragst du, wer dich ange-
faßt hat?» 32 Aber Jesus sah die Frau
an, die ihn berührt hatte. 33 Die war
erschrocken und zitterte am ganzen
Leib, denn sie wußte ja, was an ihr ge-
schehen war. Sie fiel vor ihm nieder
und sagte ihm alles. 34 Jesus sprach zu
ihr: «Meine Tochter, weil du so fest
an mich geglaubt hast, bist du gesund
geworden. Gehe in Frieden. Du bist
geheilt.»

35 Noch während er mit der Frau re-
dete, kamen einige Leute aus dem
Haus des Jairus gelaufen und riefen:

«Deine Tochter ist tot. Es hat keinen
Zweck mehr, den Meister zu holen.»
36 Jesus hörte das und sagte zu Jairus:
«Verzweifle nicht! Verlaß dich ganz
und gar auf mich!» 37 Er wies die Men-
schen zurück, die ihm folgen wollten.
Nur Petrus, Jakobus und Johannes
durften ihn begleiten.
38 Als sie im Hause des Jairus anka-
men, sah Jesus die vielen Menschen
und hörte ihr Weinen und Jammern.
39 «Weshalb macht ihr solchen
Lärm?» fragte er sie. «Warum weint
ihr? Das Kind ist nicht tot, es schläft
nur.» 40 Das fanden die Leute so un-
sinnig, daß sie spöttisch lachten. Er
schickte sie alle weg; nur die Eltern
und seine drei Jünger gingen mit zum
Bett des Mädchens. 41 Dann faßte er
die Tochter des Jairus bei der Hand
und sagte: «Steh auf, mein Kind!»
42 Da stand das zwölfjährige Mädchen
auf und lief im Zimmer umher. Ihre
Eltern waren fassungslos. Sie wußten
nicht, was sie sagen sollten. 43 Jesus
verbot ihnen aber nachdrücklich, an-
deren davon zu erzählen. «Und nun
gebt dem Kind etwas zu essen!» sagte
er.

Der Prophet gilt nichts im eigenen Land

(Matth. 13,53–58; Luk. 4,15–30)

6 Bald darauf verließ Jesus diese
Gegend und kehrte mit den Jün-
gern in seinen Heimatort Nazareth
zurück. 2 Am Sabbat ging er in die
Synagoge, um dort zu lehren. Die
Leute, die ihm zuhörten, staunten
über ihn und fragten sich: «Wie ist so
etwas nur möglich? Woher hat er die-
se Weisheit? Wer gibt ihm die Macht
für solche Taten? 3 Er ist doch der
Zimmermann, Marias Sohn. Wir
kennen seine Brüder Jakobus, Joses,
Judas und Simon. Und auch seine
Schwestern wohnen bei uns. Alle sind
Leute wie wir.» Sie ärgerten sich über
ihn. 4 Da sagte Jesus: «Nirgendwo gilt
ein Prophet weniger als in seiner Hei-
mat, bei seinen Verwandten und in
seiner eigenen Familie.»
5 Weil die Menschen in Nazareth
nicht an Jesus glaubten, konnte er
dort nur wenigen Kranken helfen. Ih-
nen legte er die Hände auf, und sie
wurden gesund. 6 Er wunderte sich,
daß ihn die meisten in ihrem Unglau-
ben ablehnten. Darum ging er in an-
dere Dörfer und sprach dort überall
zu den Menschen.

Jesus schickt seine Jünger zu den Menschen

(Matth. 10,1.7–15; Luk. 9,1–6)

7 Jesus rief seine zwölf Jünger zu sich.
Jeweils zu zweit sollten sie in seinem
Auftrag durch das ganze Land zie-
hen. Er gab ihnen die Vollmacht, bö-
se Geister auszutreiben. 8 Jesus befahl
ihnen, nichts als ihren Wanderstock
mit auf den Weg zu nehmen. Sie soll-
ten ganz von Gott abhängig sein, kei-
ne Reiseverpflegung, keine Tasche
und kein Geld bei sich haben. 9 Nur
Sandalen durften sie tragen, aber
selbst auf Kleider zum Wechseln
mußten sie verzichten.
10 «Wenn ihr in ein Haus kommt»,
fügte er hinzu, «dann bleibt in die-
sem Haus, bis ihr weiterzieht. 11 Will
man euch irgendwo nicht aufnehmen
und eure Botschaft nicht hören, so
geht weiter und kümmert euch nicht
mehr um diese Leute. Sie müssen ihr
Verhalten einmal selbst verantwor-
ten.»
12 Dann zogen die Jünger los und
forderten die Menschen auf: «Ändert
euch von Grund auf! Kehrt um zu
Gott!» 13 Sie befreiten Menschen, die
von bösen Geistern beherrscht waren,

Nicht kurz vor dem Ziel aufgeben

Hanne Baar

Markus 5,34

Von C.H. Spurgeon gibt es eine Geschichte, die Mut macht, auch in schwierigen, aussichtslos scheinenden Situationen das Vertrauen auf Gott nicht aufzugeben.

Spurgeons Großvater war ein cholerischer, verbitterter Mann. Die Großmutter bat deshalb die Enkel, für ihn zu beten. Spurgeon – er war noch ein Kind – kam eines Tages, als es besonders schlimm war mit dem Großvater, zu der Ansicht: «Das Beten hilft in diesem Falle ja doch nichts!»

Die Großmutter nahm daraufhin den jungen Spurgeon mit in die Küche und zeigte auf die Küchenwaage. Sie bat ihn, sich vorzustellen, daß der hartherzige Großvater in einer der beiden Waagschalen säße, während in der anderen die Gebete für ihn lägen. «Wenn du dir vorstellst, mein tägliches Gebet hätte das Gewicht eines Kalenderblattes», erklärte sie, «dann wäre das im Vergleich zu dem schweren Großvater nicht viel. Nimmst du aber einen Jahreskalender mit 365 Zettelchen auf die Hand, dann wiegt das schon schwerer. Und jetzt denke dir 50 ganze Kalender! Die sind schon gehörig schwer. So lange bete ich bereits für den Großvater. Ich bin überzeugt, es kann nicht mehr viel fehlen, bis unsere Gebete so schwer wiegen, daß sie ihn zum Himmel emporziehen. Wäre es nicht schade, wenn wir jetzt müde würden?»

Das beeindruckte den jungen Spurgeon. Er betete weiter und erlebte, daß sich der Großvater beim Tod der Großmutter Jesus Christus zuwandte und selbst tief betroffen und unter Tränen auch noch andere Menschen zum Glauben führte.

In den Konflikten unseres Lebens geht es oft ähnlich zu. Nicht umsonst gibt es das Sprichwort: Es muß erst schlimmer werden, bevor es besser werden kann. Manchmal beten wir, und es scheint doch schlimmer zu werden mit der Not, um die es geht. Aber wer dranbleibt am Gespräch mit Gott, kommt durch. Wie schade, wenn wir kurz vor dem Ziel, das Gott für uns hat, aufgeben, verzweifeln, den Mut sinken lassen. Zwölf Jahre lang hatte die im heutigen Bibeltext erwähnte Frau alles getan, was sie nur konnte. Sie hätte viel Grund gehabt zu resignieren. Aber dann begegnet sie Jesus, und in diesem Moment erkennt sie ihre Chance – und nutzt sie: Die Berührung mit Jesus bringt die Wende.

und salbten viele Kranke mit Öl.[a]
Und die Kranken wurden gesund.

Johannes der Täufer wird ermordet

(Matth. 14,1–12; Luk. 3,19–20; 9,7–9)

14 Überall sprach man von Jesus und
dem, was er tat. Auch König Herodes
hörte davon. Man sagte ihm: «Jo-
hannes der Täufer ist von den Toten
auferstanden. Deshalb kann er solche
Wunder tun.» 15 Andere meinten:
«Er ist der Prophet Elia.» Wieder an-
dere behaupteten: «Er ist ein Pro-
phet, wie Gott sie schon früher ge-
schickt hat.» 16 Aber Herodes hatte
Angst, weil er dachte: «Es ist Jo-
hannes, den ich enthaupten ließ. Er
ist wieder lebendig geworden.»

17 Herodes hatte Johannes nämlich
verhaften und im Gefängnis in Ketten
legen lassen, weil es seine Frau Hero-
dias so wollte. Sie war eigentlich die
Frau seines Bruders Philippus. 18 Jo-
hannes hatte dem König vorgewor-
fen: «Du hattest nicht das Recht, die
Frau deines Bruders zu heiraten!»
19 Darum haßte ihn Herodias. Sie
wollte Johannes umbringen lassen,
aber Herodes war dagegen. 20 Er
fürchtete sich nämlich vor Johannes,
weil er wußte, daß der ein frommer
und heiliger Mann war. Er hatte zwar
Johannes ins Gefängnis sperren las-
sen, aber er hörte ihm doch gern zu,
auch wenn ihn dessen Worte sehr
beunruhigten.

21 Endlich aber kam die Stunde der
Herodias. Herodes hatte zu seinem
Geburtstag seine Hofleute, Offiziere
und die führenden Persönlichkeiten
von Galiläa eingeladen. 22 Bei diesem
Festessen tanzte die Tochter der He-
rodias. Herodes und seine Gäste wa-
ren begeistert. Der König versprach
ihr deshalb: «Bitte mich, um was du
willst; ich will es dir geben. 23 Ich
schwöre, dir alles zu geben, was du
willst, und wenn es die Hälfte meines
Königreiches wäre.»

24 Sie ging zu ihrer Mutter: «Was
soll ich mir denn vom König wün-
schen?» «Verlange von ihm, daß er
Johannes den Täufer enthaupten
läßt!» antwortete die Mutter. 25 Dar-
auf sagte die Tochter zu Herodes:
«Ich will, daß du mir sofort den Kopf
von Johannes dem Täufer auf einer
Schale bringen läßt!»

26 Der König war bestürzt. Aber
weil er sein Versprechen vor allen
Gästen gegeben hatte und sich vor ih-
nen nicht bloßstellen wollte, konnte
er die Bitte nicht abschlagen. 27 So be-
fahl er, Johannes töten zu lassen. Der
Henker enthauptete Johannes 28 und
brachte auf einem Teller das Haupt
des Toten. Das Mädchen gab ihn sei-
ner Mutter.

29 Als die Jünger des Johannes da-
von erfuhren, holten sie den Leich-
nam und begruben ihn.

Fünftausend werden satt

(Matth. 14,13–21; Luk. 9,11–17;
Joh. 6,1–13)

30 Nach ihrer Rückkehr erzählten die
von Jesus ausgesandten Jünger alles,
was sie auf ihrer Reise getan und den
Menschen verkündet hatten. 31 «Geht
jetzt an einen einsamen, stillen
Platz!» sagte Jesus zu ihnen. «Ihr
habt Ruhe nötig!» Es waren nämlich
so viele Menschen bei ihnen, daß sie
nicht einmal Zeit zum Essen fanden.
32 Deshalb fuhren sie mit dem Boot an
eine einsame Stelle. 33 Aber das hat-

a) Als Zeichen dafür, daß sie in Gottes Auftrag handelten.

ten viele Leute beobachtet. Aus allen
Dörfern liefen sie dorthin. Sie beeil-
ten sich so sehr, daß sie noch vor Jesus
und seinen Jüngern da waren.
34 Als Jesus aus dem Boot stieg und
die vielen Menschen sah, schickte er
sie nicht weg, weil er Mitleid mit ih-
nen hatte; sie waren wie eine Schaf-
herde ohne ihren Hirten. Deshalb
nahm er sich viel Zeit, ihnen Gottes
Botschaft zu erklären. 35/36 Gegen
Abend kamen seine Jünger zu ihm
und sagten: «Es wird bald dunkel.
Schick doch die Leute weg, damit sie
in die Dörfer oder auf die Höfe in der
Umgebung gehen und sich etwas zu
essen kaufen.»
37 Aber Jesus forderte sie auf:
«Gebt *ihr* ihnen doch zu essen!»
«Was sollen wir ihnen denn geben?»
fragten die Jünger verwundert. «Au-
ßerdem würde es ein Vermögen[a] ko-
sten, sie alle zu verpflegen.» 38 «Wie-
viel Brot habt ihr denn bei euch?» er-
kundigte sich Jesus. «Seht einmal
nach!» Kurz darauf kamen sie zurück
und berichteten: «Fünf Brote und
zwei Fische haben wir!»
39 Da ordnete Jesus an, daß sich die
Leute in Gruppen auf dem Gras la-
gern sollten. 40 So bildeten sie Grup-
pen von fünfzig bis zu hundert Perso-
nen. 41 Jetzt nahm Jesus die fünf Brote
und die beiden Fische, sah auf zum
Himmel und dankte Gott dafür. Er
teilte das Brot, und die Jünger gaben
jedem davon. Ebenso ließ er auch die
Fische verteilen. 42 Alle aßen sich satt,
43 und dann sammelten die Jünger
noch zwölf Körbe mit Resten ein.
44 An der Mahlzeit hatten etwa fünf-
tausend Männer teilgenommen.
45 Gleich danach befahl Jesus sei-
nen Jüngern, in ihr Boot zu steigen
und über den See nach Bethsaida zu
fahren. Er selbst blieb zurück, um die
Leute zu verabschieden.

Jesus kommt seinen Jüngern zu Hilfe

(Matth. 14,22–33; Joh. 6,16–21)

46 Endlich war Jesus allein. Er ging auf
einen Berg, um zu beten. 47 Als es
Nacht wurde, waren die Jünger noch
weit draußen auf dem See. 48 Jesus
sah, daß sie kaum noch das Boot steu-
ern konnten, weil sie gegen einen
schweren Sturm anzukämpfen hat-
ten. Gegen vier Uhr morgens kam er
auf dem Wasser zu ihnen. Er wollte
an ihnen vorbeigehen. 49 Als die Jün-
ger ihn auf dem Wasser gehen sahen,
schrien sie vor Entsetzen, denn sie
hielten ihn für ein Gespenst. 50 Alle
sahen ihn und waren zu Tode er-
schrocken.
Aber er sprach sie an: «Habt keine
Angst! Ich bin es doch! Fürchtet euch
nicht!» 51 Er stieg zu ihnen ins Boot,
und gleich legte sich der Sturm.
Die Jünger aber waren fassungslos
und wußten nicht, was sie sagen soll-
ten. 52 Selbst nach dem Wunder mit
den Broten hatten sie noch immer
nicht begriffen, wer Jesus eigentlich
war. Es war ihnen einfach ein Rätsel.[b]

Jesus heilt Kranke

(Matth. 14,34–36)

53 Nach ihrer Überfahrt kamen sie in
Genezareth an. 54 Als sie das Boot
verließen, erkannten die Leute Jesus
sofort. 55 Von überall holten sie die
Kranken, um sie auf ihren Tragen da-

a) Wörtlich: zweihundert Denare.
b) Wörtlich: Ihr Herz war verhärtet.

PRIVATAUDIENZ

Elisabeth Elliot

Markus 6,46

Ein großer, stattlicher Mann kniet, in eine Wolldecke gehüllt, vor seinem Stuhl: Wenn ich an meinen Vater denke, steht mir oft als erstes dieses Bild vor Augen. Er hatte es sich angewöhnt, früh am Morgen – meistens zwischen 4.30 und 5 Uhr – aufzustehen, um in der Bibel zu lesen und zu beten. Wir Kinder sahen ihn nicht sehr oft während dieser Zeit, aber wir waren es gewohnt, ihn auf den Knien liegen zu sehen.

Als aufrichtiger und bescheidener Jünger Jesu wollte mein Vater dem Beispiel seines Herrn folgen: «Am nächsten Morgen stand Jesus vor Tagesanbruch auf und ging an eine einsam gelegene Stelle, um dort allein zu beten» (Markus 1,35).

Christen dürfen überall und zu jeder Zeit beten. Aber wir brauchen in der Regel einen bestimmten Platz und eine bestimmte Zeit, um Gott allein zu begegnen. Den meisten von uns fällt es wahrscheinlich nicht gerade leicht, frühmorgens zu beten. Ich frage mich jedoch, ob uns das Beten überhaupt zu irgendeiner Zeit leichtfällt.

Tatsache ist, daß der frühe Morgen höchstwahrscheinlich die einzige Zeit ist, in der wir mehr oder weniger sicher sein können, daß uns keiner stört.

Und wohin können wir gehen? In einen ungestörten Raum, wenn er zur Verfügung steht. Vielleicht können wir einen Spaziergang im Freien machen und dabei beten. Wichtig ist, daß wir das Gebet fest einplanen und uns jeden Tag wirklich Zeit nehmen, um mit Gott allein zu sein.

Die Bibel ist Gottes lebendiges Wort, durch das er zu uns spricht. Wir betrügen uns selbst, wenn wir behaupten, seine Stimme hören zu wollen, aber den Weg, auf dem das in erster Linie geschieht, nicht nutzen.

In unserer täglichen Stillen Zeit sollten wir darauf achten, Gott nicht in erster Linie mit unseren Problemen zu bombardieren, sondern ihn vor allem zu loben und zu preisen.

Wir lesen in der Schrift, daß Gott voller Sehnsucht Ausschau hält nach Menschen, die ihn anbeten. Man stelle sich das einmal vor! Gott hält Ausschau nach Menschen, die beten! Muß er immer zuerst eine Kirche aufsuchen, um sie zu finden, oder gibt es vielleicht hier und da jemanden in einem ganz gewöhnlichen Haus, der allein vor seinem Stuhl kniet und das Gespräch mit Gott sucht?

hin zu bringen, wo sie Jesus gerade
vermuteten. 56 Wohin er auch immer
kam, ob in Dörfer, Städte oder auf
Bauernhöfe, überall trug man die
Kranken auf die Plätze und Straßen.
Die Kranken baten Jesus, wenigstens
ein Stück seiner Kleidung berühren zu
dürfen. Alle, die das taten, wurden ge-
sund.

Was ist rein – was unrein?
(Matth. 15,1–20)

7 Eines Tages kamen Pharisäer und
Schriftgelehrte aus Jerusalem zu
Jesus. 2 Dabei entdeckten sie, daß
einige seiner Jünger die jüdischen
Speisevorschriften nicht beachte-
ten. 3 Die Pharisäer und alle Juden es-
sen nämlich erst dann, wenn sie sich
die Hände so gewaschen haben, wie
es ihren überlieferten Satzungen ent-
spricht. 4 Auch wenn sie vom Markt
kommen, essen sie erst, nachdem sie
sich nach bestimmten Vorschriften
gewaschen haben. Es gibt noch viele
solcher Vorschriften, die sie streng
beachten, zum Beispiel bei der Reini-
gung von Trinkbechern, Krügen und
Töpfen.
5 Deshalb also fragten die Pharisäer
und Schriftgelehrten Jesus: «Warum
beachten deine Leute unsere alten
Vorschriften nicht und essen mit un-
gewaschenen Händen?» 6 Jesus ant-
wortete: «Wie recht hat Jesaja, wenn
er von euch Heuchlern schreibt:
‹Diese Leute können schön über Gott
reden, aber mit dem Herzen sind sie
nicht dabei. Es ist alles nur Ge-
schwätz. 7 Ihre Gottesdienste sind
wertlos, weil sie ihre menschlichen
Gesetze als Gebote Gottes ausge-
ben.›[a] 8 Aber Gottes Gebote beachtet
ihr nicht, sondern ersetzt sie durch
eure Vorschriften.
9 Dabei geht ihr sehr geschickt vor.
10 So hat euch Mose von Gott das Ge-
bot gegeben: ‹Du sollst deinen Vater
und deine Mutter ehren!› Und Gott
fügte noch hinzu: ‹Wer seinen Vater
oder seine Mutter verachtet, der soll
sterben!›[b] 11 Ihr aber behauptet nun:
‹Wenn jemand zu seinem hilfsbedürf-
tigen Vater oder zu seiner Mutter sagt,
daß er ihnen nicht helfen kann, weil er
sein Vermögen dem Tempel vermacht
hat, dann hat er nicht gegen Gottes
Gebot verstoßen.› 12 In Wirklichkeit
habt ihr damit aber nur erreicht, daß
niemand mehr seinem Vater oder sei-
ner Mutter helfen kann. 13 Ihr setzt al-
so durch eure eigenen Vorschriften
das ausdrückliche Gebot Gottes außer
Kraft.[c] Aber das ist nur *ein* Beispiel für
viele.»
14 Dann rief Jesus die Menschen
wieder zu sich. «Hört alle ganz genau
zu und merkt euch das, was ich euch
jetzt sage: 15 Nicht, was ein Mensch
ißt, macht ihn unrein, sondern das,
was er denkt und redet oder wie er
handelt; das kann ihn von Gott tren-
nen. 16 Es lohnt sich für euch, wenn ihr
darüber nachdenkt.»
17 Danach ging Jesus in ein Haus und
war mit seinen Jüngern allein. Hier
fragten sie ihn, was er mit dieser Rede
eigentlich hatte sagen wollen. 18 «Ver-
steht ihr das denn auch nicht?» erwi-
derte Jesus. «Wißt ihr nicht, daß alles,
was ein Mensch ißt, ihn nicht verunrei-
nigen kann? 19 Denn was ihr eßt, hat
nichts mit euerm Verhältnis zu Gott zu

a) Jesaja 29,13
b) 2. Mose 20,12; 21,17
c) Jesaja 29,13; Jeremia 8,8

UNVERSCHÄMTE BITTE?

Gaby Lobit

Markus 7,24–29

Er war Ausländer, aber das fiel nicht auf. Im Hafen kamen viele Ausländer an. Vielleicht sahen ihn ein paar Purpur-Farbhersteller, die dort ihre Arbeit verrichteten. Menschen, die an Zeus, Athene und den ganzen griechischen Götterhimmel glaubten, so wie es in dieser Gegend schon seit dreihundert Jahren üblich war. Und doch sprach es sich schnell herum, daß der Jude da war. Die Kunde von den besonderen Fähigkeiten dieses Mannes war ihm schon vorausgeeilt. Die ehrfürchtige Neugier der Menschen galt nun dem als Wundertäter bekannten Mann, der jetzt auch in die Nähe von Tyrus gekommen war – Jesus von Nazareth war da!

Für die Mutter eines kranken Kindes war Jesus vielleicht die letzte Hoffnung. Sie warf sich vor ihm auf die Knie und flehte um Hilfe. Eigentlich wollte er unerkannt bleiben. Aber die beharrliche Bitte dieser Mutter stimmt Jesus um.

Vor meinem inneren Auge sehe ich Jesus bei seiner Antwort schmunzeln. «Ganz schön dreist, diese Frau, aber zielstrebig», stelle ich mir seine Gedanken vor.

Hätte ich auch wie diese Frau selbstbewußt und hartnäckig um Hilfe gerungen? Jesus will auch mir helfen. Aber er drängt sich nicht auf. Ich kann ihn bitten: um Kraft für den Tag, um Beistand bei Planung der Finanzen, um Weisheit in Konflikten, um Geduld mit den Kindern, um einen klaren Blick inmitten von Versuchungen, um seine Nähe in allem, was mir begegnet. Nicht die Art oder der Inhalt der Bitte oder gar der Bittsteller sind für Jesus ein Problem. Allein die Herzenshaltung ist ihm wichtig. «Dein Glaube, dein Vertrauen hat dir geholfen», sagt Jesus immer wieder. Stolz oder Angst sollen mich nicht daran hindern, vor Jesus niederzufallen und meine Bitten vorzutragen, mit Ausdauer und Hartnäckigkeit – und mit Vertrauen!

WEN NIMMT GOTT AN?

Psalm 15

Ein Lied Davids

Herr, wer darf dein heiliges Zelt betreten?
Wer darf dich auf dem Berg Zion anbeten?

Jeder, der aufrichtig lebt und andere gerecht behandelt,
der durch und durch ehrlich ist und andere nicht verleumdet.

Jeder, der seinen Mitmenschen kein Unrecht zufügt,
der Nachbarn und Verwandte nicht bloßstellt.

Jeder, der keine Freundschaft pflegt mit denen,
die Gott verworfen hat,
der alle achtet, die den Herrn ernst nehmen.

Jeder, der hält, was er geschworen hat,
auch wenn ihm daraus Nachteile entstehen.

Jeder, der keine Wucherzinsen nimmt, wenn er Geld ausleiht,
der sich nicht bestechen läßt, gegen Unschuldige falsch auszusagen.

Wer so handelt, den wird nichts mehr zu Fall bringen!

tun; das Essen kommt in den Magen
und wird dann wieder ausgeschie-
den.» Damit wollte Jesus sagen, daß
im Grunde jede Nahrung ‹rein› ist.
20 Und er fügte noch hinzu: «Was
aus dem Inneren des Menschen
kommt, seine Gedanken, Worte und
Taten, die lassen ihn unrein werden.
21 Denn aus dem Inneren, aus dem
Herzen der Menschen, kommen all
die bösen Gedanken wie: Unzucht,
Diebstahl, Mord, 22 Ehebruch, Hab-
sucht, Bosheit, Betrügerei, Begehr-
lichkeit, Neid, Verleumdung, Über-
heblichkeit und Leichtsinn. 23 Dies
kommt von innen heraus, und das ist
es auch, was die Menschen von Gott
trennt.»

Der unerschütterliche Glaube einer Heidin

(Matth. 15,21–28)

24 Jesus zog nun mit seinen Jüngern in
die Nähe der Hafenstadt Tyrus. Er
wollte unerkannt bleiben, aber es
sprach sich schnell herum, daß er ge-
kommen war. 25 Davon hatte auch
eine Frau gehört, deren Tochter von
einem bösen Geist beherrscht wurde.
Sie kam zu Jesus, warf sich vor ihm
nieder 26 und bat ihn, ihr Kind aus der
Gewalt der Dämonen zu befreien.
Die Frau war keine Jüdin; sie wohnte
in Phönizien.
27 Jesus antwortete ihr: «Zuerst
müssen die Kinder versorgt werden,
das Volk Israel. Es ist nicht richtig,
wenn man den Kindern das Brot weg-
nimmt und es den Hunden vorwirft.»
28 Darauf antwortete sie: «Ja, Herr,
aber die kleinen Hunde bekommen
doch auch die Krümel, die den Kin-
dern vom Tisch fallen.»
29 «Du hast recht», antwortete Je-
sus, «ich will deiner Tochter helfen.
Geh nach Hause! Der böse Geist hat
dein Kind bereits verlassen.» 30 Und
tatsächlich: Als die Frau nach Hause
kam, lag ihre Tochter friedlich im
Bett. Der Dämon hatte keine Macht
mehr über sie.

Ein Taubstummer kann wieder hören und sprechen

(Matth. 15,29–31)

31 Von Tyrus aus ging Jesus in die
Stadt Sidon und von dort wieder an
den See von Galiläa in das Gebiet der
Zehn Städte. 32 Dort wurde ein Taub-
stummer zu ihm gebracht, damit er
dem Mann die Hände auflegen und
ihn heilen sollte. 33 Jesus führte den
Kranken von der Menschenmenge
weg. Er legte seine Finger in die Oh-
ren des Mannes, berührte dessen
Zunge mit Speichel, 34 sah auf zum
Himmel, seufzte und sprach: «Öffne
dich!»[a] 35 Im selben Augenblick konn-
te der Taubstumme hören und spre-
chen.
36 Jesus verbot den Leuten, darüber
zu reden. Aber je mehr er den Men-
schen einschärfte, nichts über diese
Ereignisse zu berichten, um so
schneller wurden sie bekannt. 37 Denn
für die Leute war es unfaßbar, was sie
gesehen hatten. «Es ist einfach groß-
artig, was er tut!» erzählten sie über-
all. «Selbst Taube können wieder hö-
ren und Stumme sprechen!»

Viertausend werden satt

(Matth. 15,32–39)

8 In diesen Tagen war wieder ein-
mal eine große Menschenmenge

a) Aramäisch: Hephata.

versammelt. Schließlich hatten die
Leute nichts mehr zu essen. Jesus
rief seine Jünger zu sich und sagte:
2«Die Leute tun mir leid, sie sind
schon drei Tage hier und haben
nichts mehr zu essen. 3Ich kann sie
doch nicht hungrig fortschicken. Vie-
le würden den weiten Weg nach
Hause nicht schaffen.» 4«Aber wo-
her sollen wir hier in dieser Einöde
genügend Brot bekommen, damit sie
alle satt werden?» fragten die Jünger
ratlos. 5«Wie viele Brote habt ihr
denn?» wollte Jesus wissen. Sie ant-
worteten: «Sieben!»
6Jetzt forderte Jesus die Leute auf,
sich hinzusetzen. Er nahm die sieben
Brote, dankte Gott dafür, teilte sie,
und die Jünger gaben jedem etwas.
7Sie hatten auch noch einige kleine
Fische bei sich. Wieder dankte Jesus
Gott dafür und ließ dann die Fische
verteilen. 8Nachdem sie alle satt wa-
ren, wurden die Reste eingesammelt:
sieben Körbe voll. 9Etwa viertausend
Menschen hatten sich sattgegessen.
Danach gingen sie alle in ihre Hei-
matorte zurück.
10Jesus selbst stieg mit seinen Jün-
gern in ein Boot und kam in die Ge-
gend von Dalmanutha.
11Hier wollten einige Pharisäer mit
Jesus diskutieren und ihm gleichzeitig
eine Falle stellen. Sie verlangten
nämlich von ihm ein eindeutiges Zei-
chen. Damit sollte er seinen gött-
lichen Auftrag beweisen. 12Zornig
entgegnete er ihnen: «Wie viele Be-
weise wollt ihr denn noch haben?
Eins steht fest: Leute wie ihr werden
von Gott kein Zeichen zu sehen be-
kommen.» 13So ließ er sie stehen,
stieg wieder in das Boot und fuhr ans
andere Seeufer.

Auch die Jünger verstehen Jesus nicht

(Matth. 16,1–12)

14Seine Jünger hatten vergessen, Brot
mitzunehmen, so daß für alle nur ein
Brot da war. 15Während sie über den
See fuhren, warnte Jesus seine Jün-
ger: «Hütet euch vor dem Sauerteig
des Herodes und der Pharisäer!»
16Sie überlegten, was er wohl damit
meinte: «Das sagt er bestimmt, weil
wir das Brot vergessen haben.»
17Jesus merkte, worüber sie spra-
chen, und fragte traurig: «Weshalb
macht ihr euch gleich Sorgen, wenn
ihr einmal nicht genug zu essen habt?
Werdet ihr denn nie verstehen, was
ich meine? Könnt ihr gar nichts be-
greifen? Ist euer Herz denn noch im-
mer so hart und unempfänglich? 18Ihr
habt doch Augen. Warum seht ihr
nicht? Und ihr habt Ohren. Warum
hört ihr nicht?
19Habt ihr vergessen, daß ich fünf-
tausend Menschen mit fünf Broten
gesättigt habe? Wieviel Körbe habt
ihr mit Resten gefüllt?» Sie antworte-
ten: «Zwölf!»
20«Oder denkt an die sieben Brote,
die ich an viertausend Menschen ver-
teilt habe! Wieviel blieb damals üb-
rig?» Sie antworteten: «Sieben Kör-
be voll!» 21«Und da habt ihr immer
noch nichts begriffen?» fragte sie Je-
sus.

Ein Blinder kann wieder sehen

22In Bethsaida brachten die Leute
einen Blinden zu Jesus. Sie baten ihn,
den Mann zu heilen. 23Jesus nahm
den Blinden bei der Hand und führte
ihn zum Dorf hinaus. Dann strich er
etwas Speichel auf seine Augen, legte
ihm die Hände auf und fragte:
«Kannst du etwas sehen?»

«WARUM SEHT IHR NICHT?»

Sharon Mumper

Markus 8,17

Das Abteil im Nachtzug von Utrecht nach Wien war überheizt und stickig gewesen, und ich hatte auf der schmalen Bank sehr unruhig geschlafen. Als ich am frühen Morgen in Wien aus dem Zug stolperte, merkte ich, daß ich nicht nur müde, sondern regelrecht krank war.

Die folgenden zehn Tage verbrachte ich im Bett und starrte nur die Wände meiner Wohnung an. Voller Verzweiflung dachte ich an das Unterrichtsprogramm für christliche Publizisten in der Ukraine, das in Kürze stattfinden sollte. Unser Büro war personell unterbesetzt, ich befand mich mit den Vorbereitungen im Rückstand, und es war bisher lediglich ein Viertel der benötigten Gelder für diese Konferenz eingegangen – die kostspieligste, die ich jemals organisiert hatte. In den folgenden Wochen wurde ich jedesmal, wenn ich über die Konferenz nachdachte, von panischem Schrecken erfaßt.

Meine Gefühle glichen wahrscheinlich denen der Jünger, als Jesus sie auffordert, 4000 Menschen in der Wüste mit Brot zu versorgen. Genau wie ich hatten auch diese Männer Gott bereits früher als «Jahwe-jireh», den großen Versorger, kennengelernt. Trotzdem lassen sie angesichts der hoffnungslosen Umstände den Kopf hängen. Nachdem sie dann miterleben, wie auch zum zweiten Mal eine riesige Volksmenge gespeist wird, dauert es nicht lange, da machen sich die Jünger bereits wieder Sorgen um das Essen.

Jesus ist betrübt über ihre «Begriffsstutzigkeit» und fragt sie: «Ist euer Herz denn noch immer so hart und unempfänglich?»

Ich fragte mich selbst: Wie kann ich so daran zweifeln, daß Gott tatsächlich in der Lage ist, die benötigten Mittel zu schenken, obwohl ich doch seit vielen Jahren immer wieder seine Fürsorge erlebt habe? Nach viel Gebet wurde mir klar, daß ja Gott selbst den Zeitpunkt der Konferenz so und nicht anders geplant hatte. Ich erkannte, daß meine Sorgen und Ängste lediglich von meinem harten Herzen kamen. Daraufhin bat ich einige Freunde, mich intensiv im Gebet zu unterstützen. Wir wollten uns fest auf die Tatsache berufen, daß Gott immer noch größer ist als alle widrigen Umstände.

Als ich drei Monate später die erwartungsvollen Gesichter der 50 christlichen Publizisten aus Rußland und der Ukraine vor mir sah, dachte ich beschämt daran, daß ich beinahe aufgegeben hätte. «Herr», betete ich, «vergib mir die Härte meines Herzens. Und bitte hilf mir, mich an diesen Augenblick zu erinnern, wenn ich das nächste Mal mit einer unmöglichen Situation konfrontiert bin.»

24 Der Mann blickte auf. «Ja», sagte
er, «ich sehe Menschen herumlaufen.
Aber ich kann sie nicht klar erkennen.
Es könnten genausogut Bäume sein.»
25 Da legte Jesus ihm noch einmal
die Hände auf die Augen. Jetzt sah der
Mann deutlich; alles konnte er genau
erkennen. Er war geheilt. 26 Aber Je-
sus befahl ihm: «Geh nicht erst in das
Dorf zurück, sondern gehe gleich nach
Hause!»

Wer ist Jesus?

(Matth. 16,13–20; Luk. 9,18–21;
Joh. 6,67–71)

27 Jesus und seine Jünger kamen nun
in die Dörfer bei Cäsarea Philippi.
Auf dem Weg dorthin fragte er seine
Jünger: «Für wen halten mich die
Leute eigentlich? Was sagen sie von
mir?» 28 «Einige meinen, du bist Jo-
hannes der Täufer. Andere halten
dich für Elia oder für einen der Pro-
pheten», antworteten die Jünger.
29 «Und für wen haltet *ihr* mich?» Da
rief Petrus: «Du bist Christus, der
verheißene Retter!» 30 Aber Jesus
verbot ihnen, das irgendeinem Men-
schen weiterzusagen.

Jesus spricht zum ersten Mal von seinem Tod

(Matth. 16,21–23)

31 An diesem Tag sprach Jesus zum er-
sten Mal von seinem Tod: «Der Men-
schensohn muß viel leiden. Die Füh-
rer des Volkes, die Hohenpriester
und die Schriftgelehrten werden ihn
verurteilen und töten. Aber nach drei
Tagen wird er von den Toten aufer-
stehen.» 32 So offen sprach Jesus mit
seinen Jüngern.

Da nahm ihn Petrus beiseite, um ihn
von diesen Gedanken abzubringen.
33 «Weg mit dir, Satan!» erwiderte Je-
sus, so daß alle Jünger es hören konn-
ten. «So wie du denken alle Men-
schen, die Gottes Gedanken nicht be-
greifen.»

Alles hingeben, um alles zu gewinnen

(Matth. 16,24–28; Luk. 9,23–27)

34 «Hört her!» rief Jesus seinen Jün-
gern und den Menschen zu, die bei
ihm waren. «Wer mir nachfolgen will,
der darf nicht mehr an sich selbst den-
ken, sondern muß sein Kreuz willig
auf sich nehmen und mir nachfolgen.
35 Wer sein Leben um jeden Preis er-
halten will, der wird es verlieren. Wer
aber sein Leben für mich einsetzt, der
wird es für immer gewinnen.

36 Denn was gewinnt ein Mensch,
selbst wenn ihm die ganze Welt zu-
fällt, er aber das ewige Leben dabei
verliert? 37 Gibt es denn etwas, mit
dem man sich das ewige Leben erkau-
fen kann?[a] 38 Wer sich hier vor den
gottlosen Menschen schämt, sich zu
mir und meiner Botschaft zu beken-
nen, den wird auch der Menschen-
sohn nicht kennen, wenn er mit den
heiligen Engeln in der Herrlichkeit
seines Vaters wiederkommen wird.»

9 Dann sagte Jesus zu seinen Zuhö-
rern: «Das sage ich euch: Einige
von euch werden erleben, wie die
Herrschaft Gottes in ihrer ganzen
Macht sichtbar wird.»

a) Wörtlich: Was könnte ein Mensch als Lösegeld für sein Leben geben?

Blick in die Wirklichkeit

Ingrid Heinzelmaier

Markus 9,1

«Ich möchte Jesus gerne mal richtig sehen», sagt meine Freundin am Frühstückstisch. Wir haben gerade die Losung gelesen. Ich hebe den Kopf, sehe ihr in die Augen und spüre, daß sie es ernst meint. Jesus sehen – als einen Menschen zum Anfassen – danach sehnen wir uns heute. Besonders dann, wenn es uns schwerfällt, Gebete wirklich zu beten, die wir schon oft gesprochen haben, und wir viel Glauben brauchen, um die Hoffnung nicht aufzugeben, daß Gottes Herrschaft einmal «zum Greifen nah» und für alle sichtbar anbrechen wird.

Die Menschen, die sich damals um Jesus drängten, hatten die gleiche Sehnsucht im Herzen. Sie konnten Jesus zwar berühren und anfassen, auch mal umarmen, aber sie sehnten sich danach, ihn «in seiner ganzen Macht» zu sehen. Nicht nur als Mensch, als großen Lehrer und Meister, sondern in ihm den Sohn Gottes zu erkennen, der den Weg zu Gott freimacht. Jesus wußte um diese Sehnsucht, deswegen macht er seinen Freunden hier das Versprechen: «Einige von euch werden erleben, wie die Herrschaft Gottes in ihrer ganzen Macht sichtbar wird.» Und einige Tage später nimmt er drei von ihnen mit auf einen hohen Berg. Da wird er vor ihren Augen verwandelt. Auf einmal sehen sie nicht mehr den Menschen Jesus, den Zimmermannssohn aus Nazareth mit den Händen, die zupacken können – auf einmal sehen sie ihn so, wie er bei Gott war und ist. «Seine Kleider strahlten so glänzend hell, wie nichts auf dieser Erde leuchten könnte.» Die Jünger auf dem Berg sind eingetaucht in göttliche Nähe, wo Zukunft und Gegenwart verschmelzen und sie den Blick auf das Ewige richten.

Aber den Freunden Jesu geht es nicht anders als uns. Wir können den geistlichen, unsichtbaren Jesus erleben. Dies kann zum Beispiel besonders deutlich in einer Gebetsrunde sein, wo Gottes Geist uns seine Nähe deutlich spüren läßt. Dann aber müssen wir wieder zurück in den Alltag. Und die Freunde Jesu mußten wieder runtersteigen vom Berg der Verklärung und erlebten gleich eine Notsituation, die ihnen über den Kopf wuchs. Auch wir müssen aus dem betrachtenden Gebet wieder zurück in den Alltag – aber Jesus begleitet uns, wie er seine Jünger begleitet hat. Damals war es der Mensch Jesus, der Zimmermannssohn, heute ist es der unsichtbare, himmlische Jesus, der uns auch in den Niederungen und Tälern unseres Lebens zur Seite steht.

Die Jünger erleben Jesu Herrlichkeit
(Matth. 17,1–13; Luk. 9,28–36)

2 Sechs Tage später ging Jesus nur mit
Petrus, Jakobus und Johannes auf
den Gipfel eines hohen Berges. Da
wurde Jesus vor ihren Augen ver-
wandelt. 3 Seine Kleider strahlten so
glänzend hell, wie nichts auf dieser
Erde leuchten könnte. 4 Dann er-
schienen Elia und Mose und redeten
mit Jesus.
5 Begeistert rief Petrus: «Meister,
hier gefällt es uns! Wir wollen gleich
drei Hütten bauen, für dich, für Mose
und für Elia.» 6 Er wußte aber gar
nicht, was er sagte, denn die drei Jün-
ger waren völlig verwirrt. 7 Da fiel der
Schatten einer Wolke über sie, und
aus der Wolke hörten sie eine Stim-
me: «Dies ist mein lieber Sohn! Auf
ihn sollt ihr hören!» 8 Als sich die Jün-
ger umsahen, waren sie plötzlich mit
Jesus allein.
9 Während sie den Berg hinabstie-
gen, befahl ihnen Jesus: «Erzählt
keinem, was ihr gesehen habt, bis
der Menschensohn von den Toten
auferstanden ist!» 10 So behielten sie
es für sich. Aber als sie allein waren,
sprachen sie darüber, was Jesus wohl
damit meinte, «von den Toten aufer-
stehen». 11 Deshalb fragten sie Jesus:
«Die Schriftgelehrten behaupten
doch, daß zuerst Elia kommen
muß.»
12 Jesus antwortete ihnen: «Sie ha-
ben recht. Zuerst kommt Elia, um al-
les vorzubereiten. Und doch heißt es
in der Heiligen Schrift vom Men-
schensohn, daß er viel leiden muß
und von allen verachtet wird. 13 Das
aber will ich euch sagen: Elia ist schon
gekommen. Sie haben mit ihm ge-
macht, was sie wollten. Genau das
steht schon in der Schrift.»

Wer kann im Auftrag Gottes handeln?
(Matth. 17,14–21; Luk. 9,37–43)

14 Bei ihrer Rückkehr fanden sie die
anderen Jünger zusammen mit eini-
gen Schriftgelehrten mitten in einer
großen Volksmenge. Die Schriftge-
lehrten hatten die Jünger in ein Streit-
gespräch verwickelt. 15 Als die Leute
Jesus sahen, liefen sie ihm aufgeregt
entgegen und begrüßten ihn. 16 «Wor-
über streitet ihr euch denn?» fragte er
sie.
17 Einer aus der Menge antwortete:
«Herr, ich habe meinen Sohn herge-
bracht, damit du ihn heilst, denn er
kann nicht sprechen, weil er von
einem bösen Geist beherrscht wird.
18 Wenn dieser Geist Gewalt über ihn
gewinnt, wirft er ihn zu Boden. Hilf-
los wälzt er sich dann auf der Erde,
Schaum tritt ihm vor den Mund, er
knirscht mit den Zähnen und bleibt
schließlich bewußtlos liegen. Ich ha-
be schon deine Jünger angefleht, den
bösen Geist auszutreiben; aber sie
konnten es nicht.»
19 «Wann wollt ihr endlich anfangen
zu glauben?» rief Jesus. «Wie lange
muß ich noch bei euch sein, bis ihr das
gelernt habt? Bringt das Kind her zu
mir!» 20 Sie brachten es. Als aber der
böse Geist Jesus erkannte, schüttelte
er den Jungen mit fürchterlichen
Krämpfen. Der stürzte zu Boden,
wälzte sich hin und her, und der
Schaum stand ihm vor dem Mund.
21 «Wie lange leidet er schon dar-
unter?» fragte Jesus den Vater. «Von
Kindheit an. 22 Schon oft hat ihn der
böse Geist in ein Feuer oder ins Was-
ser geworfen, um ihn umzubringen.
Habe doch Erbarmen mit uns! Hilf
uns, wenn du kannst!» 23 «Wenn ich
kann?» meinte Jesus verwundert.
«Alles ist möglich, wenn du mir ver-

traust.» 24 Verzweifelt bat ihn der
Mann: «Ich will dir ja vertrauen.
Aber hilf mir doch, daß ich es kann!»
25 Als Jesus sah, daß die Menschen-
menge immer größer wurde, bedroh-
te er den bösen Geist, der das taub-
stumme Kind quälte: «Ich befehle
dir, verlaß dieses Kind und kehre nie
wieder zu ihm zurück.»
26 Da stieß der Dämon einen furcht-
baren Schrei aus, zerrte den Jungen
hin und her und verließ ihn. Der Jun-
ge lag regungslos da, so daß die mei-
sten sagten: «Er ist tot!» 27 Aber Jesus
nahm seine Hand und half ihm aufzu-
stehen.
28 Als Jesus mit seinen Jüngern ins
Haus gegangen war, fragten sie ihn:
«Weshalb konnten wir diesen Dämon
nicht austreiben?» 29 Jesus antworte-
te: «Das könnt ihr nur durch Beten
und Fasten.»

Jesus spricht wieder von seinem Tod

(Matth. 17,22–23; Luk. 9,43–45)

30 Jesus verließ mit seinen Jüngern
diese Gegend und zog durch Galiläa.
Weil er seinen Jüngern noch viel zu
sagen hatte, wollte er mit ihnen allein
bleiben. 31 «Der Menschensohn wird
bald in der Gewalt der Menschen
sein», sagte Jesus, um sie auf die
kommenden Ereignisse vorzuberei-
ten. «Sie werden ihn töten. Aber
wenn sie ihn umgebracht haben, wird
er nach drei Tagen wieder auferste-
hen.»
32 Die Jünger verstanden nichts von
dem, was er sagte, aber sie wagten
auch nicht, ihn zu fragen.

Gott hat andere Maßstäbe

(Matth. 18,1–9; Luk. 9,46–50)

33 Sie kamen nach Kapernaum. Als sie
im Hause waren, fragte Jesus die Jün-
ger: «Worüber habt ihr unterwegs ge-
sprochen?» 34 Doch sie schwiegen
verlegen; denn sie hatten sich dar-
über gestritten, welcher von ihnen
wichtiger sei als alle anderen. 35 Jesus
setzte sich, rief die zwölf Jünger zu
sich und sagte: «Wer der Erste sein
will, der soll sich allen anderen unter-
ordnen und ihnen dienen.» 36 Er rief
ein kleines Kind, stellte es in die Mitte
und umarmte es. Dann sagte er:
37 «Wer ein solches Kind mir zuliebe
aufnimmt, der nimmt mich auf. Und
wer mich aufnimmt, der nimmt damit
Gott selbst auf, weil Gott mich ge-
sandt hat.»

Wer nicht gegen uns ist, der ist für uns

38 Johannes sagte zu Jesus: «Herr, wir
haben einen Mann getroffen, der in
deinem Namen Dämonen austrieb.
Aber wir haben es ihm verboten, weil
er ja gar nicht mit uns geht.» 39 «Das
hättet ihr nicht tun sollen!» erwiderte
Jesus. «Wer in meinem Namen große
Taten vollbringt, wird nicht gleichzei-
tig gegen mich arbeiten. 40 Wer nicht
gegen uns ist, der ist für uns. 41 Er-
frischt euch ein Mensch mit einem
Schluck Wasser, weil ihr zu Christus
gehört, so wird er seinen Lohn erhal-
ten. Darauf könnt ihr euch verlas-
sen!»

Keine Halbheiten!

(Matth. 18,6–9; Luk. 17,1–2)

42 «Wer in einem Menschen den fe-
sten Glauben, wie ihn ein Kind hat,
zerstört, für den wäre es noch das be-

ste, ihn mit einem Mühlstein um den Hals ins Meer zu werfen.

43/44 Wenn deine Hand dich zum Bösen verführt, dann hack sie ab! Es ist besser, du gehst verstümmelt in das ewige Leben als mit beiden Händen in das unauslöschliche Feuer der Hölle.

45/46 Verführt dich dein Fuß dazu, böse Wege zu gehen, dann hack ihn ab! Es ist besser für dich, mit kranken Füßen zum ewigen Leben zu kommen, als mit gesunden Füßen geradewegs in die Hölle zu marschieren.

47 Wenn dich dein Auge zur Sünde verführt, dann reiß es heraus. Es ist viel besser, einäugig in Gottes Reich zu gelangen, als mit zwei gesunden Augen schließlich ins Feuer der Hölle geworfen zu werden. 48 Dort wird die Qual nicht enden und das Feuer nicht verlöschen.

49 Niemand kann sich der Feuerprobe Gottes entziehen. So, wie man die Tiere im Tempel mit Salz für das Opfer vorbereitet, so sollt auch ihr euch vorbereiten.[a] 50 Salz ist gut und notwendig, solange es wirkt. Sonst ist es nutzlos. Deshalb achtet darauf, daß man an euch die Wirkung des Salzes sieht. Haltet Frieden miteinander.»

Die Frage nach der Ehescheidung
(Matth. 19,1–9)

10 Dann zog Jesus von Kapernaum nach Judäa und in die Gegend östlich des Jordan. Wie überall strömten auch hier die Menschen zusammen, und wie immer sprach er zu ihnen vom Reich Gottes. 2 Da kamen einige Pharisäer zu ihm. Sie wollten ihm auch diesmal eine Falle stellen, als sie ihn fragten: «Wie stehst du zur Ehescheidung? Darf sich ein Mann von seiner Frau scheiden lassen?»

3 Jesus fragte zurück: «Was hat Mose denn im Gesetz vorgeschrieben?» 4 «Mose», antworteten sie, «hat gesagt: ‹Wenn sich der Mann von seiner Frau trennt, soll er ihr eine Scheidungsurkunde geben.›»[b]

5 Jesus entgegnete: «Das war nur ein Zugeständnis an euer böses und hartes Herz. 6 Aber Gott hat die Menschen von Anfang an als Mann und Frau geschaffen. Nach seinem Willen sollen sie ein Leben lang zusammengehören. 7 Deshalb verläßt ein Mann seine Eltern und verbindet sich so eng mit seiner Frau, 8 daß die beiden eins sind mit Leib und Seele.[c] So sind sie nicht länger zwei voneinander getrennte Menschen. 9 Was Gott zusammengefügt hat, darf der Mensch nicht scheiden.»

10 Im Hause wollten seine Jünger noch mehr darüber hören. 11 Jesus sagte ihnen: «Wenn sich ein Mann von seiner Frau trennt, um eine andere zu heiraten, dann ist das Ehebruch. 12 Auch eine Frau bricht die Ehe, wenn sie sich von ihrem Mann trennt und wieder heiratet.»

Wem steht Gottes Reich offen?
(Matth. 19,13–15; Luk. 18,15–17)

13 Einige Eltern brachten ihre Kinder zu Jesus, damit er sie segnen sollte. Die Jünger aber wollten sie wegschikken. 14 Als Jesus das merkte, wurde er

a) Wörtlich: Jeder wird mit Feuer gesalzen werden. Vgl. 3. Mose 2,13
b) 5. Mose 24,1
c) 1. Mose 2,24

zornig: «Laßt doch die Kinder zu mir
kommen! Haltet sie nicht zurück!
Denn für Menschen wie sie ist das
Reich Gottes bestimmt. [15]Habt ihr
denn immer noch nicht begriffen:
Wer nicht wie ein kleines Kind voller
Vertrauen zu Gott kommt, dem
bleibt das Reich Gottes verschlos-
sen.» [16]Dann nahm er die Kinder in
seine Arme, legte ihnen die Hände
auf und segnete sie.

Die Reichen und das Reich Gottes
(Matth. 19,16–30; Luk. 18,18–30)

[17]Als Jesus weitergehen wollte, lief
ein junger Mann auf ihn zu, warf sich
vor ihm auf die Knie und fragte: «Gu-
ter Meister, was muß ich alles tun, um
ganz sicher das ewige Leben zu be-
kommen?» [18]Jesus entgegnete:
«Weshalb nennst du mich gut? Es
gibt nur einen, der gut ist, und das ist
Gott. [19]Du kennst doch seine Gebo-
te: Du sollst nicht töten! Du sollst
nicht die Ehe brechen! Du sollst nicht
stehlen! Sag nichts Unwahres über
deinen Mitmenschen! Du sollst nicht
betrügen! Achte deinen Vater und
deine Mutter!»
[20]«Meister», antwortete der junge
Mann, «an diese Gebote habe ich
mich schon als Kind gehalten.» [21]Je-
sus sah ihn voller Liebe an: «Eins
fehlt dir noch: Verkaufe alles, was du
hast, und gib das Geld den Armen.
Damit wirst du im Himmel einen
Reichtum gewinnen, der niemals ver-
lorengeht. Und dann komm und folge
mir nach!» [22]Über diese Forderung
war der Mann tief betroffen. Traurig
ging er weg, denn er war sehr reich.
[23]Zu seinen Jüngern sagte Jesus
nun: «Wie schwer ist es doch für
einen Reichen, in das Reich Gottes
zu kommen!» [24]Er sah, wie entsetzt
seine Jünger über diese Worte waren.
Deshalb wiederholte er ganz nach-
drücklich: «Für Menschen, die viel
besitzen, ist es fast unmöglich, dieses
Ziel zu erreichen. [25]Eher läßt sich ein
dickes Seil in ein Nadelöhr einfä-
deln,[a] als daß Menschen, die an ihrem
Reichtum hängen, in Gottes Reich
kommen.» [26]Darüber erschraken die
Jünger noch mehr, und sie fragten
sich: «Wer kann dann überhaupt ge-
rettet werden?» [27]Jesus sah sie ernst
an: «Für Menschen ist es unmöglich,
aber nicht für Gott. Bei ihm gibt es
kein ‹Unmöglich›.»
[28]Aufgeregt fragte Petrus: «Aber
wie ist es nun mit uns? Wir haben
doch alles aufgegeben und sind mit
dir gegangen!» [29]Jesus antwortete:
«Das sollt ihr wissen: Jeder, der sein
Haus, seine Geschwister, seine El-
tern, seine Kinder oder seinen Besitz
aufgibt, um mir zu folgen und das
Evangelium weiterzusagen, [30]der
wird schon hier alles hundertfach zu-
rückerhalten: ein Zuhause, Brüder
und Schwestern, Eltern, Kinder und
alles, was er zum Leben braucht. All
dies wird ihm – wenn auch mitten un-
ter Verfolgungen – hier auf dieser Er-
de gehören und außerdem in der zu-
künftigen Welt das ewige Leben.
[31]Viele, die jetzt eine große Rolle
spielen, werden dann nichts bedeu-
ten. Und andere, die heute die Letz-
ten sind, werden dort zu den Ersten
gehören.»

a) Andere Übersetzung: Es ist leichter, daß ein Kamel durch ein Nadelöhr geht.

Jesus spricht zum dritten Mal von seinem Tod

(Matth. 20,17–19; Luk. 18,31–34)

32 Auf dem Weg nach Jerusalem ging
Jesus seinen Jüngern voran. Voller
Angst und Sorge folgten sie ihm. Un-
terwegs, an einem ruhigen Platz,
sprach Jesus mit den zwölf Jüngern
noch einmal darüber, was ihn erwar-
tete. 33 «Wir gehen jetzt nach Jerusa-
lem. Dort wird der Menschensohn
den Hohenpriestern und Schriftge-
lehrten ausgeliefert. Sie werden ihn
zum Tode verurteilen und den Rö-
mern übergeben. 34 Die werden ihn
verspotten, anspucken, auspeitschen
und kreuzigen. Aber nach drei Tagen
wird er vom Tode auferstehen.»

Streit um die besten Plätze

(Matth. 20,20–28; Luk. 22,24–27)

35 Jakobus und Johannes, die Söhne
des Zebedäus, gingen zu Jesus und
sagten: «Herr, wirst du uns eine Bitte
erfüllen?» 36 «Was wollt ihr?» fragte
Jesus. 37 «Wir möchten gern in dei-
nem Königreich die Plätze rechts und
links neben dir einnehmen.»

38 «Ihr wißt ja gar nicht, was ihr da
verlangt!» antwortete Jesus. «Könnt
ihr denn das schwere Leiden tragen,
das auf mich wartet? Könnt ihr euer
Leben hingeben, so wie ich es hinge-
ben muß?»[a] 39 «Ja, das können wir!»
antworteten sie, ohne zu zögern. «Ihr
werdet tatsächlich leiden und euer
Leben hingeben müssen», sagte Jesus
zu ihnen. 40 «Aber trotzdem kann ich
nicht bestimmen, wer einmal die Plät-
ze rechts und links neben mir einneh-
men wird. Das hat bereits Gott ent-
schieden.»

41 Als die anderen Jünger von dem
Wunsch des Johannes und Jakobus
hörten, waren sie empört. 42 Da rief
Jesus alle zusammen. «Ihr wißt», sag-
te er, «wie die Machthaber der Welt
ihre Völker unterdrücken. Wer die
Macht hat, nutzt sie rücksichtslos aus.
43 Aber gerade so darf es bei euch
nicht sein. Wer in Gottes Augen groß
sein will, der soll allen anderen die-
nen, 44 und wer der Erste sein will, soll
sich allen anderen unterordnen.
45 Auch der Menschensohn ist nicht
gekommen, um sich bedienen zu las-
sen, sondern um zu dienen und mit
seinem Leben viele Menschen aus der
Gewalt des Bösen zu befreien.»

Ein Blinder wird geheilt und geht mit Jesus

(Matth. 20,29–34; Luk. 18,35–43)

46 Dann kamen Jesus und seine Jünger
nach Jericho. Als sie die Stadt wieder
verlassen wollten, folgte ihnen eine
große Menschenmenge. Am Weg saß
ein Blinder und bettelte. Es war Bar-
timäus, der Sohn des Timäus. 47 Als er
hörte, daß es Jesus von Nazareth war,
der vorbeikam, begann er laut zu ru-
fen: «Jesus, du Sohn Davids, hab Er-
barmen mit mir!» 48 «Halt den
Mund!» riefen ärgerlich die Leute.
Aber er schrie nur um so lauter und
immer wieder: «Du Sohn Davids, ha-
be doch Mitleid mit mir!»

49 Jesus blieb stehen: «Ruft ihn her
zu mir.» Ein paar von den Leuten lie-
fen zu dem Blinden und sagten zu
ihm: «Du hast es geschafft. Komm
mit! Jesus ruft dich.» 50 Vor Aufre-
gung ließ Bartimäus seinen Mantel
liegen, sprang auf und kam zu Jesus.

a) Wörtlich: Könnt ihr den Becher trinken, den ich trinke, und mit der Taufe getauft werden, mit der ich getauft werde?

NOCH EINMAL KIND SEIN DÜRFEN

Rosalind Rinker

Markus 10,14

Stellen Sie sich beim Lesen von Markus 10,13–16 ruhig einmal vor, Sie hätten damals in Israel gelebt.

Es ist ein schöner Tag. Die Sonne scheint warm auf Ihren Kopf, und Sie spüren den Sand in Ihren Sandalen, während Sie den von zahllosen Leuten umringten Jesus beobachten.

Hören Sie den Unwillen in der Stimme Jesu, als die Jünger versuchen, ihn gegen die Menge abzuschirmen. Hören Sie die Liebe und Zärtlichkeit in seiner Stimme, während er die Arme ausstreckt und die Kinder einlädt, zu ihm zu kommen.

Stellen Sie sich vor, wie Sie als Mutter oder Vater Ihre Kinder zu Jesus bringen. Sie sehen, wie andere Eltern ein schüchternes Kind nach vorn schieben oder ein krankes Kind durch die Menge tragen. Die Kinder drängen sich um Jesus; sie wollen ihn anfassen und jedes möchte am nächsten bei ihm sitzen. Ein kleines Mädchen legt vertrauensvoll den Kopf auf seine Schulter. Für jedes Kind nimmt Jesus sich Zeit; er segnet es, drückt es an sein Herz und schickt es dann wieder zu seinen Eltern zurück. Die Kinder sind glücklich – kein Wunder: Wer könnte je wieder derselbe sein, wenn Jesus ihn berührt hat?

Vielleicht sind Ihre Kinder bereits erwachsen. Doch in Gedanken sehen Sie immer noch den kleinen Jungen, das kleine Mädchen vor sich. Bringen Sie die erwachsenen Männer oder Frauen einfach als Ihre Kinder zu Jesus. Er wird sie berühren und segnen. Tun Sie es jetzt und immer wieder.

Als alleinstehende Frau haben Sie bestimmt unter Ihren Angehörigen oder Bekannten Kinder, die Sie liebhaben. Diese können Sie im Gebet zu Jesus bringen und sich vorstellen, wie er sie in die Arme nimmt und segnet.

Werden Sie selbst ganz einfach wieder Kind in den Armen Jesu, egal, wie alt Sie sind. Lassen Sie sich von ihm festhalten. Tief in unserem Herzen sind wir alle Kinder, und wir sehnen uns danach, in den starken Armen unseres Herrn zu ruhen. Meine liebe Mutter sprach in etwa das aus, als sie als 83jährige sagte: «Ich sehe mich immer noch als kleines Mädchen auf unserer Farm herumspringen.»

Schließen Sie die Augen und stellen sich vor, wie Sie als Kind in den Armen Jesu liegen. Und hören Sie seine Worte: «Mein Kind, du bist mir nicht gleichgültig. Ich habe dich lieb, so wie du bist. Vertraue mir.»

[51]«Warum hast du nach mir geru-
fen?» fragte ihn Jesus. «Herr, ich
möchte sehen können!» [52]Darauf
antwortete Jesus: «Geh! Dein Glau-
be hat dich geheilt.» Sofort konnte
der Blinde sehen, und er ging mit Je-
sus.

Großer Empfang für Jesus

(Matth. 21,1–9; Luk. 19,29–38;
Joh. 12,12–18)

11 Als sie in die Nähe von Jerusa-
lem nach Bethphage und Be-
thanien kamen – das sind zwei Ort-
schaften, die am Ölberg liegen –,
schickte Jesus zwei Jünger voraus:
[2]«Geht in das nächste Dorf!» trug er
ihnen auf. «Gleich am Eingang wer-
det ihr einen jungen Esel finden. Er
ist angebunden, und auf ihm ist noch
nie jemand geritten. Bindet ihn los
und bringt ihn her. [3]Sollte jemand
fragen, was ihr da macht, dann sagt
einfach: ‹Unser Herr braucht das
Tier, aber er wird es bald wieder zu-
rückschicken.›»
[4/5]Sie gingen hin und fanden den
Esel an ein Hoftor angebunden. Sie
banden ihn los; aber einige Leute, die
dabeistanden, fragten: «Was macht
ihr denn da? Was wollt ihr mit dem
Esel?» [6]Sie antworteten so, wie Jesus
ihnen gesagt hatte. Da ließ man sie
gewähren.
[7]Die Jünger brachten den jungen
Esel, legten ihre Mäntel auf das Tier,
und Jesus setzte sich darauf. [8]Viele
Leute breiteten ihre Kleider als Tep-
pich vor ihm aus, andere rissen grüne
Zweige von den Bäumen und legten
sie auf den Weg. [9]Vor und hinter ihm
drängten sich die Menschen und rie-
fen: «Heil unserem König! [10]Ihn hat
Gott zu uns gesandt! Jetzt kommt
endlich Davids Reich! Gelobt sei
Gott!»
[11]So zog Jesus in Jerusalem ein. Er
ging in den Tempel und beobachtete
aufmerksam das geschäftige Treiben.
Am Abend kehrte er mit seinen Jün-
gern nach Bethanien zurück.

Der Feigenbaum

(Matth. 21,18–19)

[12]Am nächsten Morgen, als sie Be-
thanien verließen, hatte Jesus Hun-
ger. [13]Schon von weitem sah er einen
Feigenbaum mit vielen Blättern. Er
ging hin, um sich ein paar Feigen zu
pflücken. Aber er fand nichts als
Blätter, denn zu dieser Jahreszeit gab
es noch keine Feigen. [14]Da hörten die
Jünger, wie Jesus zu dem Baum sag-
te: «Nie wieder soll jemand von dir
eine Frucht essen!»

Jesus jagt die Händler aus dem Tempel

(Matth. 21,12–17; Luk. 19,45–48;
Joh. 2,13–17)

[15]Sie kamen nach Jerusalem, und Je-
sus ging in den Tempel. Dort vertrieb
er die Händler, die den Pilgern
Opfertiere zum Kauf anboten, und
ihre Kunden. Die Tische der Geld-
wechsler stieß er um, ebenso die
Stände der Taubenhändler. [16]Er dul-
dete noch nicht einmal, daß jemand
irgendwelche Dinge durch den Tem-
pel trug. [17]«Ihr wißt doch, was Gott
sagt», rief Jesus der aufgebrachten
Menschenmenge zu: «‹Mein Haus
soll für alle ein Haus des Gebets
sein›,[a] ihr aber habt eine Räuberhöh-
le daraus gemacht.»

a) Jesaja 56,7

18 Nachdem die Hohenpriester und
Schriftgelehrten von diesen Ereignis-
sen gehört hatten, stand ihr Ent-
schluß fest, Jesus umzubringen. Sie
fürchteten den ständig wachsenden
Einfluß, den Jesus auf das Volk hatte.
Denn seine Worte hinterließen tiefen
Eindruck bei den Menschen. 19 Am
Abend verließ Jesus mit seinen Jün-
gern die Stadt.

Von der Kraft des Glaubens
(Matth. 21,20–22)

20 Am nächsten Morgen, als sie
wieder an dem Feigenbaum vorbei-
kamen, sahen sie, daß er völlig ab-
gestorben war. 21 Petrus dachte
daran, was Jesus gesagt hatte. «Siehst
du», meinte er, «der Baum, den du
verflucht hast, ist vertrocknet.» 22 Da
antwortete Jesus: «Ihr müßt Gott
ganz vertrauen! 23 Denn das ist sicher:
Wenn ihr glaubt und nicht im gering-
sten zweifelt, könnt ihr zu diesem
Berg hier sagen: ‹Hebe dich von der
Stelle und stürze dich ins Meer!›, und
es wird geschehen.

24 Es ist wirklich so: Alles, worum
ihr im festen Glauben betet, wird
Gott euch geben. 25 Aber wenn ihr ihn
um etwas bittet, sollt ihr vorher den
Menschen vergeben, die euch Un-
recht getan haben. Dann wird euch
der Vater im Himmel eure Schuld
auch vergeben. 26 Wenn ihr ihnen
aber nicht vergeben wollt, dann wird
euch Gott eure Schuld auch nicht ver-
geben.»

Die Frage nach der Autorität Jesu
(Matth. 21,23–27; Luk. 20,1–8)

27/28 Sie kamen wieder nach Jerusa-
lem. Als Jesus im Tempel war, kamen
die Hohenpriester, die Schriftgelehr-
ten und die Führer des Volkes zu Je-
sus und stellten ihn zur Rede: «Wo-
her nimmst du dir das Recht, hier in
dieser Weise aufzutreten? Wer gab
dir die Vollmacht dazu?»

29 Jesus erwiderte: «Ich will euch
eine Gegenfrage stellen. Wenn ihr
die beantwortet, will ich auf eure Fra-
ge eingehen. 30 Von wem hatte eurer
Meinung nach Johannes der Täufer
die Vollmacht zu taufen? War er von
Gott beauftragt oder nicht? Was
meint ihr?»

31 Sie überlegten: «Wenn wir ant-
worten: ‹Gott hat ihn gesandt›, dann
wird er fragen: ‹Warum habt ihr ihm
dann nicht geglaubt?› 32 Wenn wir
aber bestreiten, daß Gott ihn gesandt
hat, bekommen wir Ärger mit dem
Volk. Denn alle sind davon über-
zeugt, daß Johannes ein Prophet
war.»

33 So antworteten sie schließlich:
«Wir wissen es nicht!» Worauf Jesus
entgegnete: «Dann sage ich euch
auch nicht, wer mir die Vollmacht ge-
geben hat.»

Vom Weinbergbesitzer und den betrügerischen Pächtern
(Matth. 21,33–46; Luk. 20,9–19)

12 Wenn Jesus zu den Menschen
redete, gebrauchte er oft Bei-
spiele. So erzählte er: «Ein Mann leg-
te einen Weinberg an, zäunte ihn ein,
stellte eine Weinpresse auf und baute
einen Wachtturm. Dann verpachtete
er ihn an einige Weinbauern und rei-
ste ins Ausland.

2 Zur Zeit der Weinlese beauftragte
er jemanden, den vereinbarten An-
teil an der Ernte abzuholen. 3 Aber
die Weinbauern gaben ihm nichts,
sondern schlugen ihn nieder und jag-
ten ihn davon. 4 Da schickte der Besit-

FITNESSTRAINING FÜR DIE SEELE

Reinhilde Klatte

Markus 11,24–26

Jede verantwortungsvolle Hausfrau wird die Verfallsdaten der Lebensmittel im Auge behalten und sehr genau auf Schimmelbildung achten. Wir sind eben gesundheitsbewußt und halten alles von uns fern, was uns schadet. Alles? Mit unserer Seelenhygiene nehmen wir es oft nicht so genau. Dabei können wir hier noch viel größeren Schaden erleiden. Jesus fordert uns in Markus 11,25–26 auf, unseren Mitmenschen zu vergeben, damit Gott auch uns vergeben kann. Alle Gebote sind uns nicht zur Last, sondern zur Hilfe gegeben. Wenn wir nicht vergeben, bleiben wir an den Menschen gebunden, der an uns schuldig geworden ist. Wir müssen ihm seine Verfehlung nachtragen. Wer aber vergibt, befreit sich selbst aus dieser Gefangenschaft und hört auf, sich immer wieder neu mit dem erlittenen Unrecht zu beschweren.

Ich denke an Maria. Sie ist Aussiedlerin. In ihrer Heimat hat sie ein verwahrlostes Mädchen aufgenommen und wie ihr eigenes Kind aufgezogen. Später hat ihr einziger Sohn dieses Mädchen geheiratet. Als dann die ganze Familie nach Deutschland übersiedelte, machte die junge Frau Schulden, betrog ihren Mann und ließ ihn schließlich mit einem Schuldenberg im Stich. Maria litt unsagbar. Bitterkeit und Groll bestimmten ihr Leben. Sie kam aus diesem Unheilskreis nicht mehr heraus. Dann sprach sie in Gegenwart eines Seelsorgers ihren ganzen Schmerz vor Gott aus. Sie wollte nicht länger diese Qual in sich «hineinfressen». Mit Gottes Hilfe konnte Maria ihrer Schwiegertochter vergeben und sich von ihrem Haß lossagen. Von da an konnte sie wieder aufatmen.

zer einen zweiten Boten. Auch den
beschimpften sie und schlugen ihn
blutig. 5 Den dritten Boten des Wein-
bergbesitzers brachten sie um. Immer
wieder versuchte der Besitzer, zu sei-
nem Ernteanteil zu kommen. Doch
alle, die in seinem Auftrag kamen,
wurden schwer mißhandelt oder so-
gar getötet.
6 Nun blieb nur noch einer übrig:
sein einziger Sohn, den er sehr liebte.
Ihn schickte er zuletzt. ‹Sie werden es
nicht wagen, ihm etwas anzutun›,
sagte er sich. 7 Aber die Weinbauern
waren sich einig: ‹Jetzt kommt der
Erbe! Wenn wir ihn umbringen, dann
gehört der Weinberg endgültig uns.›
8 Deshalb ergriffen sie ihn, schlugen
ihn tot und warfen ihn vor den Wein-
berg.
9 Was – meint ihr – wird der Besit-
zer des Weinbergs jetzt wohl tun? Er
wird selbst kommen, die Weinbauern
töten und seinen Weinberg an andere
verpachten. 10 Habt ihr nicht in den
Psalmen gelesen: ‹Der Stein, den die
Bauarbeiter weggeworfen haben,
weil sie ihn für unbrauchbar hielten,
ist nun zum Grundstein des ganzen
Hauses geworden. 11 Was keiner für
möglich gehalten hat, das tut Gott vor
euren Augen.›»[a]
12 Am liebsten hätten die Hohen-
priester, Schriftgelehrten und Führer
des Volkes Jesus gleich verhaftet. Sie
hatten verstanden, daß Jesus von ih-
nen gesprochen hatte und daß sie die
Weinbauern in seiner Geschichte wa-
ren. Aber sie wagten sich nicht an ihn
heran, weil sie vor dem Volk Angst
hatten. So ließen sie ihn in Ruhe und
gingen weg.

Gott oder der Kaiser?

(Matth. 22,15–22; Luk. 20,20–26)

13 Danach schickten sie einige Phari-
säer und Anhänger des Königs Hero-
des zu Jesus, weil sie hofften, ihn mit
seinen eigenen Worten in eine Falle
locken zu können.
14 «Meister», sagten sie scheinhei-
lig, «wir wissen, daß es dir allein um
die Wahrheit geht. Du fragst nicht da-
nach, was den Leuten gefällt, sondern
sagst uns frei heraus, wie wir nach
Gottes Willen leben sollen. Deshalb
sage uns: Ist es eigentlich Gottes Wil-
le, daß wir dem römischen Kaiser
Steuern zahlen? Sollen wir bezahlen
oder nicht?»
15 Jesus durchschaute ihre Falsch-
heit und sagte: «Warum wollt ihr mir
eine Falle stellen? Zeigt mir ein
Geldstück!» 16 Sie gaben ihm eine rö-
mische Münze. Er fragte sie: «Wes-
sen Bild und Name ist hier einge-
prägt?» Sie antworteten: «Das Bild
und der Name des Kaisers!» 17 «Nun,
dann gebt dem Kaiser, was ihm zu-
steht, und gebt Gott, was ihm ge-
hört.» Seine Zuhörer waren ver-
blüfft: Diese Antwort hatten sie
nicht erwartet.

Gibt es eine Auferstehung der Toten?

(Matth. 22,23–33; Luk. 20,27–38)

18 Später kamen einige Sadduzäer zu
Jesus. Diese Leute behaupteten, daß
es keine Auferstehung der Toten
gibt. Sie fragten ihn: 19 «Meister, Mo-
se hat uns im Gesetz gesagt: ‹Wenn

a) Psalm 118,22–23

ein verheirateter Mann stirbt und seine Frau ohne Kinder hinterläßt, muß sein Bruder die Witwe heiraten. Das erste ihrer Kinder soll der Erbe des Verstorbenen sein.›[a]

20 Nun gab es da sieben Brüder. Der erste heiratete und starb ohne Nachkommen. 21 Da heiratete der zweite Bruder die Witwe. Auch er starb kinderlos, und der nächste Bruder nahm sie zur Frau. 22 So ging es weiter, bis die Frau mit allen sieben verheiratet gewesen war, ohne daß sie Kinder bekommen hätte. Schließlich starb auch die Frau. 23 Wessen Frau wird sie nun nach der Auferstehung sein? Alle sieben Brüder waren doch mit ihr verheiratet.»

24 Jesus antwortete ihnen: «Ihr irrt euch, weil ihr in eurem Denken von falschen Voraussetzungen ausgeht, denn ihr kennt weder die Heilige Schrift noch die Macht Gottes. 25 Wenn die Toten auferstehen, werden sie nicht wie hier auf der Erde verheiratet sein, sondern wie die Engel im Himmel leben. 26 Doch was die Auferstehung betrifft: Habt ihr nicht von Mose gelesen, wie Gott am brennenden Dornbusch zu ihm sagte: ‹Ich *bin* der Gott Abrahams, der Gott Isaaks und der Gott Jakobs›?[b] 27 Er ist doch nicht ein Gott der Toten, sondern er ist der Gott der Lebenden. Ihr seid völlig im Irrtum!»

Was ist das wichtigste Gebot?
(Matth. 22,34–40; Luk. 20,39–40)

28 Ein Schriftgelehrter war von der Antwort beeindruckt, die Jesus den Sadduzäern gegeben hatte. Deshalb fragte er ihn: «Welches von allen Geboten Gottes ist das wichtigste?» 29 Jesus erwiderte: «Dies ist das wichtigste Gebot: ‹Höre, Israel! Der Herr ist unser Gott, der Herr allein. 30 Ihn sollst du von ganzem Herzen lieben, mit ganzer Hingabe, mit deinem ganzen Verstand und mit all deiner Kraft.›[c] 31 Ebenso wichtig ist das andere Gebot: ‹Liebe deine Mitmenschen, so wie du dich selber liebst!›[d] Es gibt kein anderes Gebot, das lebenswichtiger ist als diese beiden.»

32 Darauf meinte der Schriftgelehrte: «Meister, du hast recht. Es gibt nur einen Gott und keinen anderen neben ihm. 33 Ihn sollen wir lieben mit ganzem Herzen, mit unserem ganzen Verstand und mit aller Kraft. Und auch unsere Mitmenschen sollen wir so lieben wie uns selbst. Das ist mehr als alle Opfer, die wir Gott bringen könnten.» 34 Jesus erkannte, daß dieser Mann ihn verstanden hatte. Deshalb sagte er zu ihm: «Du bist nicht weit vom Reich Gottes entfernt.» Danach wagte niemand mehr, Jesus weitere Fragen zu stellen.

Wer ist Christus?
(Matth. 22,41–46; Luk. 20,41–44)

35 Als Jesus später im Tempel redete, stellte er die Frage: «Wie können eure Schriftgelehrten behaupten, Christus sei ein Nachkomme von König David? 36 David selbst hat doch, geleitet vom Heiligen Geist, gesagt: ‹Gott sprach zu meinem Herrn: Setze dich auf den Ehrenplatz

a) 5. Mose 25,5–6
b) 2. Mose 3,6
c) 5. Mose 6,4–5
d) 3. Mose 19,18

LEBENSQUELLE LIEBE

Maria Czerwonka

Markus 12,29–31

Vor einigen Jahren ging unser Sohn sehr bewußt eigene Wege. Unsere Liebe, unsere Anfragen, unseren Rat und unsere Hilfe wies er zurück, freundlich zwar, aber bestimmt. Das tat weh. Aber noch viel mehr schmerzte die Ahnung, ja die Gewißheit, daß er sich auf diesen eigenen Wegen selbst Schaden zufügen würde.

Eines Nachts überwältigte mich die Angst um meinen Sohn, und ich brachte meine ganze Sorge im Gebet zu Gott. Wie eine tröstliche Antwort erlebte ich es, daß ich in meiner Sorge um meinen Sohn auf einmal etwas vom Wesen Gottes selbst erkannte.

Der große Schmerz um meinen Sohn erschien mir wie ein kleiner Anteil an dem Schmerz, den Gott für seine verirrten Kinder empfindet. Es war, als ob Gott mir sagte: «So wie du dich um deinen Sohn sorgst, so sorge ich mich um meine Kinder – sie gehen eigene Wege, sie fragen mich nicht, sie verletzen sich und andere … und sind sogar noch überzeugt, daß sie es richtig machen. So wie du dich danach sehnst, das Herz deines Sohnes zurückzugewinnen, so sehne ich mich danach, meinen Kindern zu helfen. Ich möchte mich ihnen verständlich machen und ihnen meine Liebe und Fürsorge zeigen.» Wie nie zuvor verstand ich, wie groß Gottes Sehnsucht nach uns ist, die ihn bewog, seinen eigenen Sohn aus seiner Gegenwart fort und zu uns zu senden, um uns seine Liebe zu zeigen und uns in die Gemeinschaft mit ihm zurückzurufen, die er gewollt hatte, als er die Menschen schuf.

Liebe kann nicht zur Gegenliebe zwingen. Das widerspricht ihrem Wesen. Darum wirbt und ringt die Liebe um den Geliebten, und sie kann erst dann erfahren werden, wenn man sich ihr öffnet und sie annimmt. Wenn ich Gottes Liebe beantworte, wenn ich mich mit Denken und Fühlen, mit Herz und allen meinen Sinnen auf ihn ausrichte, erfahre ich seine Heilung in allen Bereichen meines Lebens. Aus Gottes Liebe heraus werden wir auch befähigt, einander zu lieben. Wenn ich begreife, wie sehr ich selbst von meinem himmlischen Vater geschätzt und geliebt bin, wird dies mein Herz weiten, nicht nur für ihn, sondern auch für meinen Nächsten. Ich werde erkennen, wie viele Möglichkeiten Gott hat, Menschen neu zu machen, zu verwandeln, zu verschönern.

Meine Liebe zu meinem Sohn erhielt in jener Nacht neue Tragweite. Sie wurde beflügelt von Gottes gewaltiger Sehnsucht, seiner Retterliebe, seinen Möglichkeiten, Menschen zu verwandeln und zu heilen. Die Ohnmacht meiner Liebe verwandelte sich in Stärke und Vollmacht, meinem Sohn zu begegnen, weil sie an die Sehnsucht Gottes angeschlossen wurde!

Hier ist wirklich befreites Leben!

Ich kann mein Glück nicht fassen!

Psalm 16

Ein Lied Davids

Beschütze mich, Gott, denn dir vertraue ich!
Du bist mein Herr, mein ganzes Glück!
Darum freue ich mich über alle,
die nach deinem Willen leben.
Auf sie kommt es im Land entscheidend an!
Wer sich aber von dem lebendigen Gott abwendet
und anderen Göttern nachläuft,
der kommt aus dem Kummer nicht mehr heraus.
Diesen Göttern will ich kein Opfer bringen
und nicht einmal ihre Namen nennen.

Du, Herr, bist alles, was ich habe;
du gibst mir alles, was ich brauche.
In deiner Hand liegt meine Zukunft.
Was du mir gibst, ist gut.
Was du mir zuteilst, gefällt mir.
Ich preise den Herrn, denn er hilft mir,
gute Entscheidungen zu treffen.
Tag und Nacht sind meine Gedanken bei ihm.
Ich sehe immer auf den Herrn.
Er steht mir zur Seite, damit ich nicht falle.
Darüber freue ich mich so sehr,
daß ich es nicht für mich behalten kann.
Bei dir, Herr, bin ich in Sicherheit.
Denn du wirst mich nicht dem Tod
und der Verwesung überlassen, ich gehöre ja zu dir.
Du zeigst mir den Weg, der zum Leben führt.
Du beschenkst mich mit Freude, denn du bist bei mir.
Ich kann mein Glück nicht fassen, nie hört es auf.

an meiner rechten Seite, bis ich dir alle deine Feinde unterworfen habe.›[a]
37 Wenn David Christus nun seinen ‹Herrn› nennt, wie kann Christus dann Davids ‹Sohn› sein?» Alle im Tempel hörten ihm gespannt zu.

Jesus verurteilt die Heuchelei der Schriftgelehrten
(Matth. 23,5–7; Luk. 20,45–47)

38 Jesus redete weiter zu ihnen: «Hütet euch vor den Schriftgelehrten! Sie laufen gern in langen Talaren herum und erwarten, daß man sie auf der Straße ehrfurchtsvoll grüßt.
39 Beim Gottesdienst in der Synagoge beanspruchen sie die Sitze in der ersten Reihe, und bei allen Festen wollen sie die Ehrenplätze einnehmen.
40 Gierig reißen sie das Vermögen der Witwen an sich; dabei tarnen sie ihre Absichten mit langen Gebeten. Gottes Strafe wird sie besonders hart treffen.»

Viel Geld – aber kein Opfer
(Luk. 21,1–4)

41 Jesus setzte sich nun in die Nähe des Opferkastens im Tempel und beobachtete die Leute, die ihre Gaben einwarfen. Viele Reiche spendeten hohe
Beträge. 42 Dann aber kam eine arme Witwe und steckte zwei kleine Mün-
zen in den Opferkasten. 43 «Das eine ist sicher», erklärte Jesus seinen Jüngern, die er zu sich gerufen hatte, «diese arme Witwe hat mehr gegeben
als alle anderen. 44 Die Reichen haben nur etwas von ihrem Überfluß gegeben, aber diese Frau opferte alles, was sie hatte.»

Jesus kündigt die Zerstörung des Tempels an
(Matth. 24,1–2; Luk. 21,5–6)

13 Als Jesus den Tempel verließ, zeigte einer seiner Jünger voller Bewunderung auf die Tempelbauten: «Meister, sieh dir diese Steine und diese gewaltigen Bauwerke an!»
2 Jesus erwiderte: «Ja, sieh dir alles genau an! Kein Stein wird hier auf dem anderen bleiben. Bald wird alles nur noch ein großer Trümmerhaufen sein.»

Die Zukunft der Welt
(Matth. 24,3–28; Luk. 21,7–24)

3/4 Als Jesus am Abhang des Ölbergs saß und zum Tempel auf der anderen Seite des Tales hinübersah, kamen Petrus, Jakobus, Johannes und Andreas zu ihm und fragten: «Wann wird das alles geschehen? An welchen Ereignissen werden wir das En-
de erkennen?» 5 Jesus antwortete:
«Laßt euch von keinem Menschen täuschen und verführen! 6 Viele wer-
den nämlich behaupten: ‹Ich bin Christus!› Und leider werden sich viele von ihnen irreführen lassen.
7 Ihr werdet von Kriegen und Unruhen hören. Erschreckt nicht! Das muß geschehen; doch es bedeutet
noch nicht das Ende. 8 Die Völker und Machtblöcke der Erde werden Kriege gegeneinander führen. In vielen Teilen der Welt wird es Erdbeben und Hungersnöte geben. Das ist aber erst der Anfang vom Ende – so wie die ersten Wehen einer Frau, die ein Kind zur Welt bringt.
9 Seid wachsam! Man wird euch vor die Gerichte zerren, und in den Syn-

a) Psalm 110,1

agogen wird man euch auspeitschen.
Vor denen, die in dieser Welt die
Macht haben, werdet ihr euch verant-
worten müssen. Dort werdet ihr mei-
ne Botschaft bezeugen. Und das al-
les, weil ihr zu mir gehört.
[10]Das muß so geschehen, denn alle
Völker sollen die Heilsbotschaft hö-
ren, bevor das Ende kommt. [11]Wenn
sie euch verhaften und vor Gericht
bringen, bleibt ruhig. Ihr braucht
euch nicht darum zu sorgen, was ihr
aussagen sollt! Zur rechten Zeit wird
Gott euch das rechte Wort geben.
Denn nicht ihr werdet es sein, die Re-
de und Antwort stehen, sondern der
Heilige Geist wird durch euch spre-
chen.
[12]In dieser Zeit wird ein Bruder
den anderen dem Henker ausliefern.
Väter werden ihre eigenen Kinder
anzeigen. Kinder werden gegen ihre
Eltern vorgehen und sie sogar töten
lassen. [13]Alle Welt wird euch hassen,
weil ihr euch zu mir bekennt. Aber je-
der, der im festen Glauben bis ans
Ende durchhält, der wird gerettet.
[14]Wer das jetzt liest, soll genau auf
jedes Wort achten: Wenn ihr das ab-
scheuliche Götzenbild im Tempel
seht, das diese heilige Stätte ent-
weiht,[a] dann sollen alle, die sich in Ju-
däa aufhalten, in größter Eile in das
Gebirge fliehen. [15]Wer sich gerade auf
der Terrasse seines Hauses aufhält,
soll nicht erst im Haus sein Gepäck
für die Flucht zusammensuchen.
[16]Wer auf dem Feld arbeitet, soll
nicht erst nach Hause laufen, um sei-
nen Mantel zu holen. [17]Schlimm wird
es für die Frauen werden, die ein
Kind erwarten, aber auch für Mütter
mit Säuglingen. [18]Betet deshalb, daß
ihr nicht im Winter fliehen müßt.
[19]Denn es wird eine Notzeit kom-
men, wie sie die Welt seit der Schöp-
fung nicht erlebt hat und wie sie auch
nie wieder eintreten wird. [20]Kein
Mensch könnte solche Leiden über-
stehen, hätte Gott diese Zeit nicht
von vornherein verkürzt. Aber sei-
nen Auserwählten zuliebe hat Gott
diese Zeit begrenzt.
[21]Wenn dann jemand zu euch sagt:
‹Hier ist der Retter!› oder: ‹Dort ist
Christus!›, glaubt ihm nicht! [22]Viele
werden sich nämlich als Retter der
Welt aufspielen, und falsche Prophe-
ten wird es in Hülle und Fülle geben.
Dabei kann man diese Menschen
nicht so leicht als Schwindler entlar-
ven, denn sie werden erstaunliche
Wunder vollbringen, und würden –
wenn es möglich wäre – sogar Gottes
Auserwählte täuschen. [23]Deshalb
bleibt wachsam! Ich habe euch ge-
warnt!»

Retter und Richter

(Matth. 24,29–35; Luk. 21,25–33)

[24]«Nach dieser großen Schreckens-
zeit wird sich die Sonne verfinstern
und der Mond nicht mehr scheinen.
[25]Die Sterne werden aus ihrer Bahn
geschleudert und die kosmischen
Kräfte erschüttert. [26]Alle sehen dann
den Menschensohn, wie er in gött-
licher Macht und Herrlichkeit in den
Wolken des Himmels kommt. [27]Er
wird seine Engel aussenden, und sie
bringen Gottes Auserwählte aus allen
Teilen der Welt zu ihm.
[28]Ich will euch das am Beispiel des
Feigenbaums erklären: Wenn seine
Zweige saftig werden und Blätter
treiben, dann wißt ihr, daß es bald
Sommer ist.

a) Daniel 9,27

Hoher Besuch

Ruth Imhof-Moser

Markus 13,35

Leo Tolstoj erzählt die Geschichte vom Schuster Martin, der in einem Traum hört, daß Jesus noch an diesem Tag zu ihm kommen wolle. Martin ist schrecklich aufgeregt. Er bringt die Wohnung auf Hochglanz, macht Feuer, stellt Suppe und Tee bereit. Und er macht sich einen freien Tag, damit er ja das Kommen Jesu nicht verpaßt. Er wartet und wartet. Zwar klopfen während des Tages verschiedene Menschen bei ihm an, zum Beispiel der Straßenfeger Stefan, der sich bei Martin aufwärmen darf, oder die arme Frau mit dem Kind. Ihr gibt Martin einen warmen Mantel und Schuhe für das Kind. So vergeht der Tag. Martin wartet bis spät in die Nacht – vergebens. Jesus kommt nicht. Tief enttäuscht geht Martin zu Bett.

In der Nacht hat Martin wieder einen Traum. Dieselbe Stimme spricht zu ihm: «Hast du mich nicht erkannt, als ich bei dir war? Ich kam zu dir als Straßenfeger und als Mutter mit einem kleinen Kind, ja, das war ich.» Da ergreift den alten Schuster eine große Freude. Er greift zur Bibel und liest: «Denn ich bin hungrig gewesen, und ihr habt mich gespeist. Ich bin durstig gewesen, und ihr habt mich getränkt. Ich bin ein Gast gewesen, und ihr habt mich beherbergt … Was ihr getan habt einem unter diesen meinen geringsten Brüdern, das habt ihr mir getan.»

Auch wir wissen nicht, wann und wie unser Herr kommt. Schuster Martin kann uns daran erinnern, daß das Warten keine passive Angelegenheit ist. Wach bleiben heißt für mich nicht, daß wir täglich davor zittern, daß wir Jesus nicht verpassen, und uns ängstlich zurückziehen, um nur ja nicht von der Welt oder den Menschen von unserem hohen Ziel abgelenkt zu werden.

Für mich bedeutet das Warten und Wachen, sich der Not dieser Welt anzunehmen, andere zu unterstützen und zu ermutigen. Das Haus und die Familie zu öffnen, damit Menschen in Not Wärme und Geborgenheit finden. Darauf zu achten, wie es dem Nachbarn geht, bereit sein zu helfen, wenn er Hilfe braucht. Für mich bedeutet es, aus der tiefen Verbundenheit und Liebe zu Jesus mich selbst zurückzustellen und für den anderen da zu sein. So können wir die Zeit des Wartens sinnvoll nutzen und brauchen uns nicht ängstlich zu fragen, ob unser Herr am Morgen, am Abend oder um Mitternacht kommt. Wir dürfen gelassen in den Alltag gehen, weil wir wissen: Wir sind bereit.

29 Sobald ihr all diese Dinge kom-
men seht, könnt ihr sicher sein: Mein
Kommen steht unmittelbar bevor.
30 Und auch das will ich euch noch sa-
gen: Dieses Volk[a] wird nicht unterge-
hen, bevor das alles eintrifft. 31 Him-
mel und Erde werden vergehen; mei-
ne Worte sind für alle Zeiten gültig
und vergehen nie.»

«Seid immer bereit!»

(Matth. 24,42–44)

32 «Niemand weiß, wann das Ende
kommen wird; weder die Engel im
Himmel noch der Sohn Gottes. Die
genaue Stunde kennt nur der Vater.
33 Darum werdet nicht nachlässig und
bleibt wach! Denn ihr wißt nicht,
wann es soweit ist.

34 Es ist genau wie bei einem Mann,
der auf Reisen geht. Bevor er sein
Haus verläßt, weist er jedem Ange-
stellten eine bestimmte Arbeit zu und
befiehlt dem Pförtner, wachsam zu
sein.

35 Genauso sollt auch ihr wach blei-
ben. Ihr wißt ja nicht, wann der Herr
kommen wird, ob am Abend oder um
Mitternacht, im Morgengrauen oder
nach Sonnenaufgang. 36 Deshalb sollt
ihr zu jeder Stunde auf seine Ankunft
vorbereitet sein und nicht etwa schla-
fen. 37 Was ich euch sage, gilt auch für
alle anderen Menschen: Ihr müßt im-
mer wach und bereit sein!»

Verschwörung gegen Jesus

(Matth. 26,1–5; Luk. 22,1–2)

14 Es waren nur noch zwei Tage
bis zum Passahfest und der
Festwoche, in der die Juden nur un-
gesäuertes Brot essen.[b] Die Hohen-
priester und Schriftgelehrten suchten
schon lange nach einer günstigen Ge-
legenheit, bei der sie Jesus heimlich
festnehmen und umbringen lassen
konnten. Sie waren sich aber einig:
2 «Es darf auf keinen Fall während der
Festtage geschehen, damit es nicht zu
Unruhen im Volk kommt!»

Ein Vermögen für Jesus

(Matth. 26,6–13; Joh. 12,1–8)

3 Jesus war in Bethanien Gast bei Si-
mon, der früher einmal leprakrank
gewesen war. Während der Mahlzeit
kam eine Frau. In ihren Händen hatte
sie ein Glas mit kostbarem Öl. Sie
zerbrach dieses Gefäß und salbte mit
dem Öl das Haupt Jesu. 4/5 Darüber
regten sich einige Gäste auf: «Was
soll diese Verschwendung?» fragten
sie verärgert. «Dieses Öl ist ein Ver-
mögen wert. Das Geld hätte man lie-
ber den Armen geben sollen!» So
machten sie der Frau Vorwürfe.

6 Aber Jesus sagte: «Laßt sie in Ru-
he! Warum kränkt ihr sie? Was sie für
mich getan hat, war gut und richtig.
7 Arme, die eure Hilfe nötig haben,
wird es immer geben. Ihnen könnt ihr
jederzeit helfen. Aber ich bin nicht
mehr lange bei euch. 8 Diese Frau hat
getan, was sie konnte. Mit ihrem Öl
hat sie meinen Leib zum Begräbnis
vorbereitet. 9 Und das ist ganz sicher:
Überall in der Welt, wo man Gottes
Heilsbotschaft verkünden wird, da
wird man auch von dieser Frau spre-
chen und von dem, was sie getan
hat!»

a) Wörtlich: Dieses Geschlecht.
b) Zur Erinnerung an den Auszug aus Ägypten. Vgl. 3. Mose 23,5–6

Recht haben allein genügt nicht

Ursula Koch

Markus 14,4

Ich hatte mir so viel Mühe gegeben! Die Gäste kamen, schnupperten, freuten sich über den hübsch gedeckten Tisch, aber als ich den Salat und den Braten servierte, da ging es los: Ob es denn wohl auch ein biologisch angebauter Salatkopf sei, und Fleisch könne man eigentlich wegen der vielen Skandale gar nicht mehr essen. Nein, man verliert wirklich den Appetit … Ich hatte den Appetit schon verloren. Nach all der Plackerei und Mühe in der Küche erfuhr ich nun, daß ich alles falsch gemacht hatte. Das Schlimmste war: Sie hatten recht. Ich verabscheue Massentierhaltung, Tiertransporte, chemische Düngemittel, aber ich wollte es heute trotzdem allen schön machen, weil ich mich gefreut hatte auf die Gäste …

Nach dem Essen stand ich vor dem Abwasch (erstaunlicherweise waren die Töpfe leer), und fühlte mich als Versager. Alles verkehrt gemacht.

Da huschte meine Tochter herein. «Aber es hat doch gut geschmeckt!» sagte sie und legte mir die Arme um den Hals.

Es sind sicher nicht nur, aber vor allem Frauen, die solche Erfahrungen machen – und die Frau in Bethanien gehört dazu. Es kommt gar nicht darauf an, ob sie recht hat, entscheidend ist allein die Gesinnung ihres Herzens. Wie oft haben wir recht und unrecht zugleich, und wie leicht machen wir es uns, bei anderen das eine oder andere «eindeutig» festzustellen. Als wüßten wir nicht, daß alle unsere Berechnungen vor dem Herrn nicht gelten, der uns die Liebe als höchstes Gebot genannt hat. Wer ohne Liebe recht hat, hat immer unrecht.

Wie wohl tut es, wenn aus dem Kreis der «Rechthaber» einer oder eine heraustritt und mit dem Blick der Liebe erkennt, wie gut ich es gemeint habe. Jesus hatte diesen Blick. Und wir können einander daran erinnern, immer wenn mal wieder alles verkehrt zu sein scheint.

Jesus wird verraten
(Matth. 26,14–16; Luk. 22,3–6)

10 Anschließend ging Judas Ischa-
rioth, einer von den zwölf Jüngern, zu
den Hohenpriestern, weil er Jesus an
sie verraten wollte. 11 Die Hohenprie-
ster freuten sich darüber und verspra-
chen ihm eine Belohnung. Von da an
suchte Judas nach einer günstigen
Gelegenheit, um Jesus zu verraten.

Jesus bereitet sich mit seinen Jüngern auf das Passahfest vor
(Matth. 26,17–19; Luk. 22,7–13)

12 Am ersten Tag des Festes der unge-
säuerten Brote, an dem das Passah-
lamm[a] geschlachtet wurde, fragten
die Jünger Jesus: «Wo sollen wir für
dich das Passahmahl vorbereiten?»
13 «Geht in die Stadt», beauftragte Je-
sus zwei von ihnen. «Dort wird euch
ein Mann begegnen, der einen Was-
serkrug trägt. Diesem Mann folgt,
14 bis er in ein Haus geht. Dem Besit-
zer des Hauses sollt ihr sagen: ‹Unser
Herr läßt fragen: Wo ist der Raum, in
dem er mit seinen Jüngern das Pas-
sahmahl feiern kann?› 15 Er wird euch
einen großen Raum im Obergeschoß
zeigen, der für das Festmahl herge-
richtet ist. Bereitet dort alles Weitere
vor.»
16 Die beiden Jünger gingen in die
Stadt und fanden alles so vor, wie
Jesus es ihnen gesagt hatte, so daß
sie das Passahmahl herrichten konn-
ten.

Das Abendmahl: Gottes neuer Bund mit den Menschen
(Matth. 26,20–30; Luk. 22,14–23;
Joh. 13,21–26)

17 Am Abend kam Jesus mit den zwölf
Jüngern. 18 Während sie miteinander
aßen, sagte er zu ihnen: «Ich weiß,
daß mich einer von euch, der jetzt mit
mir ißt, verraten wird!» 19 Bestürzt sa-
hen sie einander an, und einer nach
dem andern fragte Jesus: «Meinst du
mich?»
20 «Es ist einer von euch Zwölfen,
der jetzt mit mir zusammen ißt. 21 Der
Menschensohn muß zwar sterben, so
wie es die Propheten vorausgesagt
haben; aber wehe dem, der zu seinem
Verräter wird! Für ihn wäre es besser,
er wäre nie geboren worden.»
22 Noch während sie aßen, nahm Je-
sus ein Stück Brot, sprach das Dank-
gebet, teilte das Brot und gab jedem
seiner Jünger ein Stück davon:
«Nehmt und eßt! Das ist mein Leib!»
23 Anschließend nahm er einen Be-
cher Wein, dankte Gott und gab den
Becher seinen Jüngern. Sie tranken
alle daraus. 24 Jesus sagte: «Das ist
mein Blut, mit dem der neue Bund
zwischen Gott und den Menschen be-
siegelt wird. Es wird zur Vergebung
der Sünden vergossen. 25 Ich sage
euch: Von jetzt an werde ich keinen
Wein mehr trinken, bis ich ihn wieder
mit euch im Reich Gottes trinken
werde.»
26 Nachdem sie das Danklied gesun-
gen hatten, gingen sie hinaus an den
Ölberg.

a) 2. Mose 12,3–6

Jesus warnt den selbstbewußten Petrus

(Matth. 26,31–35; Luk. 22,31–34; Joh. 13,36–38)

27 Auf dem Weg zum Ölberg sagte Jesus zu den Jüngern: «Ihr werdet mich alle nicht mehr verstehen können und an mir zweifeln. Schon die Propheten haben gesagt: ‹Ich werde der Herde den Hirten nehmen, und die Schafe werden auseinanderlaufen.›[a] 28 Aber nach meiner Auferstehung werde ich nach Galiläa gehen, und dort werdet ihr mich wiedersehen.»

29 Da beteuerte Petrus: «Wenn auch alle anderen an dir zweifeln sollten, ich halte zu dir!» 30 «Petrus», erwiderte ihm Jesus, «eins will ich dir sagen: Noch ehe heute nacht der Hahn zweimal kräht, wirst du dreimal behaupten, daß du mich nicht kennst.» 31 «Ausgeschlossen!» rief Petrus. «Und wenn ich mit dir sterben müßte, würde ich das nicht tun!» Auch die anderen Jünger beteuerten dies.

Gethsemane: Die Jünger lassen Jesus allein

(Matth. 26,36–46; Luk. 22,40–46)

32 Jesus und seine Jünger gingen dann in einen Garten, der Gethsemane heißt. Dort bat er sie: «Bleibt hier und wartet auf mich, bis ich gebetet habe!» 33 Petrus, Jakobus und Johannes gingen mit ihm. Grauen und Angst überfielen Jesus. 34 «Ich zerbreche beinahe unter der Last, die ich zu tragen habe»,[b] sagte er. «Bleibt bei mir und laßt mich nicht allein.» 35 Jesus ging ein paar Schritte weiter, kniete nieder und betete: «Mein Vater, wenn es möglich ist, so bewahre mich vor diesem Leiden.[c] 36 Dir ist alles möglich. Aber nicht, was ich will, sondern was du willst, soll geschehen.»

37 Dann kam er zu den drei Jüngern zurück und sah, daß sie eingeschlafen waren. Traurig weckte er Petrus: «Simon!» rief er, «schläfst du? Kannst du denn nicht eine einzige Stunde mit mir wachen? 38 Bleibt wach und betet, damit ihr die kommenden Tage überstehen könnt. Ich weiß, ihr wollt das Beste, aber aus eigener Kraft könnt ihr es nicht erreichen.»[d] 39 Noch einmal ließ er sie allein und bat Gott mit den gleichen Worten um Hilfe. 40 Als er zurückkam, schliefen die Jünger schon wieder. Die Augen waren ihnen zugefallen, und sie wußten vor Müdigkeit nicht, was sie Jesus sagen sollten. 41 Als er zum dritten Mal zu ihnen zurückkehrte, rief er: «Hört auf zu schlafen! Ruht euch ein andermal aus! Jetzt wird der Menschensohn in die Hände der Menschen ausgeliefert. 42 Steht auf, laßt uns gehen! Der Verräter ist da!»

Verrat und Verhaftung

(Matth. 26,47–56; Luk. 22,47–53; Joh. 18,2–18)

43 Noch während Jesus sprach, kam Judas, einer von seinen Jüngern, mit vielen Männern, die mit Schwertern und Knüppeln bewaffnet waren. Die Hohenpriester, Schriftgelehrten und

a) Sacharja 13,7
b) Wörtlich: Tief betrübt ist meine Seele bis zum Tod.
c) Wörtlich: so gehe dieser Kelch an mir vorüber.
d) Wörtlich: Der Geist ist zwar willig, aber das Fleisch ist schwach.

Führer des Volkes hatten sie ge-
schickt. 44 Judas hatte mit ihnen ver-
einbart: «Der Mann, den ich küssen
werde, der ist es! Den müßt ihr fest-
nehmen.» 45 Er ging auf Jesus zu und
sagte: «Sei gegrüßt, Meister!» Dann
küßte er ihn. 46 Sofort packten die Sol-
daten Jesus und nahmen ihn fest.

47 Aber einer von den Männern, die
bei Jesus waren, wollte das verhin-
dern. Er zog sein Schwert und schlug
einem der Leute des Hohenpriesters
das Ohr ab.

48 Jesus fragte die Soldaten: «Bin
ich denn ein Schwerverbrecher, daß
ihr mit Schwertern und Knüppeln ge-
kommen seid, um mich zu verhaften?
49 Jeden Tag habe ich öffentlich im
Tempel gepredigt. Warum habt ihr
mich nicht dort festgenommen? Aber
auch dies geschieht, damit sich die
Vorhersagen der Propheten erfül-
len.»

50 Entsetzt verließen ihn jetzt alle
Jünger und flohen.

51 Nur ein junger Mann, der einen
leichten Umhang trug, folgte Jesus.
Als die Männer versuchten, auch ihn
festzunehmen, 52 riß er sich los. Die
Soldaten blieben mit dem Umhang in
den Händen zurück, und der junge
Mann konnte nackt entkommen.

Jesus vor Gericht
(Matth. 26,57–68; Luk. 22,63–71;
Joh. 18,19–24)

53 Gleich darauf brachte man Jesus zu
dem Hohenpriester, der in dieser Zeit
den Vorsitz hatte. Bei ihm waren alle
Hohenpriester, Schriftgelehrten und
Führer des Volkes versammelt. 54 In
sicherem Abstand folgte Petrus der
Truppe bis in den Innenhof des Pala-
stes. Dort setzte er sich zu den Solda-
ten und wärmte sich am Feuer.

55 Währenddessen versuchten die
Hohenpriester und alle Mitglieder
des Gerichtshofes durch falsche Zeu-
genaussagen Jesus so zu belasten, daß
sie ihn zum Tode verurteilen konn-
ten. Aber sie fanden nichts. 56 Viele
Zeugen brachten falsche Anschuldi-
gungen gegen Jesus vor, doch ihre
Aussagen widersprachen sich.
57 Schließlich erklärten einige Män-
ner: 58 «Wir haben gehört, wie dieser
Jesus behauptete: ‹Ich will den von
Menschen gebauten Tempel abreißen
und dafür in drei Tagen einen ande-
ren aufbauen; den aber werden keine
Menschen errichten.›» 59 Doch auch
ihre Aussagen waren voller Wider-
sprüche, so daß die Hohenpriester
damit nichts anfangen konnten.

60 Jetzt erhob sich der Hoheprie-
ster, stellte sich mitten unter die hier
Versammelten und fragte Jesus:
«Was antwortest du darauf? Hast du
das gesagt oder nicht?» 61 Aber Jesus
schwieg. Noch einmal fragte ihn der
Hohepriester: «Bist du Christus, der
Sohn Gottes?» 62 «Ja, der bin ich»,
antwortete Jesus. «Ihr werdet den
Menschensohn an der rechten Seite
Gottes sitzen und auf den Wolken des
Himmels wiederkommen sehen.»

63 Empört zerriß der Hohepriester
sein Gewand und rief: «Das genügt!
Wir brauchen keine weiteren Zeu-
gen. 64 Ihr habt ja selber seine Gottes-
lästerung gehört. Wie lautet euer Ur-
teil?» Einstimmig beschlossen sie:
«Er muß zum Tode verurteilt wer-
den.»

65 Sie begannen, Jesus zu quälen:
Einige spuckten ihm in sein Gesicht,
verbanden ihm die Augen und schlu-
gen mit den Fäusten auf ihn ein. «Na,
du Prophet», verhöhnten sie ihn,
«sag uns, wer hat dich geschlagen?»
Auch die Männer, die Jesus abführ-
ten, schlugen ihn.

Petrus behauptet, Jesus nicht zu kennen
(Matth. 26,69–75; Luk. 22,54–62;
Joh. 18,17.25–27)

66/67 Petrus war immer noch unten im
Hof. Eine Dienerin des Hohenprie-
sters sah ihn am Feuer sitzen. «Du ge-
hörst doch auch zu diesem Jesus von
Nazareth!» 68 Erschreckt behauptete
Petrus: «Ich weiß nicht, wovon du re-
dest!» Und schnell ging er hinaus in
den Vorhof. Da krähte ein Hahn.
69 Aber auch hier erkannte ihn das
Mädchen und sagte laut vor allen:
«Das ist auch einer von den Leuten,
die bei Jesus waren!» 70 Heftig bestritt
es Petrus auch diesmal. Doch nach
einer Weile sagten auch die Umste-
henden: «Natürlich gehörst du zu sei-
nen Freunden; du kommst doch auch
aus Galiläa!» 71 Petrus begann, sich zu
verfluchen. «Ich kenne diesen Men-
schen überhaupt nicht, von dem ihr
da redet! Das kann ich beschwören!»
72 Da krähte der Hahn zum zweiten
Mal. In diesem Augenblick erinnerte
sich Petrus, daß Jesus gesagt hatte:
«Ehe der Hahn zweimal kräht, wirst
du mich dreimal verleugnen.» Und er
fing an zu weinen.

Jesus wird verhört
(Matth. 27,1–2.11–14;
Luk. 22,66–23,13; Joh. 18,28–38)

15 Am frühen Morgen schlossen
die Hohenpriester, die Führer
des Volkes, die Schriftgelehrten und
der ganze Gerichtshof ihre Beratun-
gen ab und trafen ihre Entscheidung.
Jesus wurde gefesselt zu Pilatus, dem
römischen Gouverneur, gebracht.
2 Pilatus fragte ihn: «Bist du der
König der Juden?» «Ja», antwortete
Jesus, «ich bin es.» 3 Die Hohenprie-
ster brachten noch andere schwere
Anklagen gegen ihn vor. 4 «Antworte
doch!» forderte ihn Pilatus auf.
«Willst du dich nicht verteidigen?
Hörst du nicht, wie schwer sie dich
beschuldigen?» 5 Aber Jesus sagte
kein Wort. Darüber wunderte sich Pi-
latus sehr.

Die Juden erzwingen das Todesurteil
(Matth. 27,15–26; Luk. 23,13–25;
Joh. 18,39–19,16)

6 Nun war es üblich, daß Pilatus jedes
Jahr zum Passahfest einen Gefange-
nen begnadigte, den das Volk selbst
auswählen durfte. 7 Bei politischen
Unruhen war kürzlich jemand ermor-
det worden. Zusammen mit den An-
führern dieses Aufstandes hatte man
einen Mann, der Barabbas hieß, ge-
fangengenommen. 8 Vor dem Palast
des Pilatus forderte jetzt eine große
Menschenmenge die Freilassung
eines Gefangenen. 9 «Was meint ihr?
Soll ich euch den ‹König der Juden›
freigeben?» fragte Pilatus. 10 Denn er
wußte genau, daß die Hohenpriester
das Verfahren gegen Jesus nur aus
Neid angezettelt hatten.
11 Aber die Hohenpriester hetzten
das Volk auf, die Freilassung des Bar-
abbas zu verlangen. 12 Pilatus fragte
zurück: «Und was soll mit dem Mann
geschehen, den man euern König
nennt?»
13 Da brüllten sie alle: «Ans Kreuz
mit ihm!» 14 «Warum denn? Was hat
er getan?» fragte Pilatus. Doch unun-
terbrochen schrie die Menge: «Ans
Kreuz mit ihm!» 15 Weil Pilatus sich
fürchtete, gegen diese aufgebrachte
Volksmenge zu entscheiden, gab er
Barabbas frei. Jesus aber ließ er aus-
peitschen und zur Kreuzigung abfüh-
ren.

Jesus wird verhöhnt und mißhandelt
(Matth. 27,27–31; Joh. 19,2–3)

16 Die römischen Soldaten brachten Jesus in den Hof des Palastes. Dort riefen sie die ganze Mannschaft zusammen. 17 Sie zogen ihm einen roten Mantel an, damit er wie ein König aussehen sollte, flochten einen Kranz aus Dornenzweigen und drückten ihm den als Krone auf den Kopf. 18 Dann nahmen sie Haltung an und grüßten Jesus voller Hohn: «Es lebe der König der Juden!» 19 Mit einem Stock schlugen sie Jesus auf den Kopf, spuckten ihn an und knieten vor ihm nieder, um ihn zu verspotten. 20 Als sie davon genug hatten, zogen sie ihm den roten Mantel wieder aus und gaben ihm seine eigenen Kleider zurück. Jetzt führten sie ihn zur Kreuzigung ab.

Die Kreuzigung
(Matth. 27,32–44; Luk. 23,26–43; Joh. 19,16–27)

21 Unterwegs begegnete ihnen Simon aus Kyrene, der Vater von Alexander und Rufus. Simon kam gerade von seinem Feld zurück, als ihn die Soldaten zwangen, das Kreuz zu tragen.

22 Sie brachten Jesus nach Golgatha; das bedeutet Schädelstätte. 23 Dort wollten die Soldaten ihm ein betäubendes Getränk geben: Wein mit Myrrhe. Aber Jesus wollte nichts davon trinken.

24 Dann nagelten sie ihn an das Kreuz. Seine Kleider verlosten sie unter sich. 25 Es war neun Uhr morgens, als sie ihn kreuzigten. 26 Über ihm wurde ein Schild angebracht, auf dem man lesen konnte, weshalb er verurteilt worden war. Darauf stand: «Der König der Juden!» 27 Mit Jesus wurden zwei Verbrecher gekreuzigt, einer rechts, der andere links von ihm. 28 Damit erfüllte sich die Vorhersage des Propheten Jesaja: «Er wurde zu den Verbrechern gezählt.»[a]

29 Die Leute, die am Kreuz vorübergingen, beschimpften ihn und spotteten: «So! Den Tempel wolltest du zerstören und ihn in drei Tagen wieder aufbauen? 30 Jetzt rette dich selber und komm vom Kreuz herunter!»

31 Auch die Hohenpriester und die Schriftgelehrten standen voller Schadenfreude unter dem Kreuz und verhöhnten Jesus: «Anderen hat er geholfen, aber sich selbst kann er nicht helfen! 32 Dieser Messias, dieser König von Israel, soll er doch vom Kreuz heruntersteigen! Dann wollen wir an ihn glauben!» Ebenso verspotteten ihn die beiden Männer, die mit ihm gekreuzigt worden waren.

Jesus stirbt am Kreuz
(Matth. 27,45–56; Luk. 23,44–49; Joh. 19,28–30)

33 Am Mittag wurde es plötzlich im ganzen Land dunkel. Diese Finsternis dauerte drei Stunden. 34 Gegen drei Uhr rief Jesus laut: «Eli, Eli, lama sabachthani?» Das heißt: «Mein Gott, mein Gott, warum hast du mich verlassen?»[b] 35 Einige von den Leuten, die dabeistanden, meinten: «Er ruft den Propheten Elia.» 36 Einer von ihnen tauchte sofort einen Schwamm in Essig und steckte ihn auf einen Stab, um Jesus davon trinken zu lassen.

a) Jesaja 53,12
b) Psalm 22,2

Fragen, auf die es keine Antwort gibt

Ursula Koch

Markus 15,34

Eine verzweifelte Freundin ruft an. Was Gott ihr auferlegt hat, scheint unerträglich. Warum gerade sie?

Es gibt Menschen, die wissen auf alle Fragen eine Antwort, und viele Christen gehören dazu. Sie fühlen sich verpflichtet, immer etwas Hilfreiches, Frommes zu sagen. Darin, meinen sie, zeige sich ihr unangefochtener Glaube.

Und Jesus? Nach Markus sind die letzten verständlichen Worte des gepeinigten und gequälten Herrn eine Frage. Schon vor ihm hat sie ein Psalmbeter gestellt (Psalm 22), vor ihm und nach ihm haben Tausende gequälter Menschen sie herausgeschrien – bis hin zu den Opfern von Terror und Gewalt in den Konzentrationslagern und Folterkammern unserer Zeit. Und der Himmel blieb – und der Himmel bleibt stumm!

Am dritten Tag erst hat Gott Jesus Antwort gegeben.

Auch wir gehen auf Ostern zu, aber heute stehen wir unter dem Kreuz und mit uns die Frauen, die Jünger. Auch meine Freundin in ihrer Not. Wir möchten gern weglaufen. Es ist schwer auszuhalten, daß da nichts ist als Verzweiflung. Vielleicht sind die guten Ratschläge, die frommen Sprüche unsere Art wegzulaufen.

In manchen religiösen Gemeinschaften bleiben nun vom Karfreitag an die Glocken und die Orgel stumm, die Kerzen werden gelöscht und auch die Menschen schweigen, erschüttert und bewegt von dem, was Gott geschehen läßt und was in seiner letzten Tiefe immer ein Geheimnis bleiben wird.

Die meisten von uns sind eingebunden in ihren Alltag mit all seinem Lärm und seiner Unruhe. Aber vielleicht schreckt uns der Ruf des Gekreuzigten doch in einem ruhigen Moment auf aus unserer Gleichgültigkeit, und es gelingt uns, in schweigender Anteilnahme denen nahe zu sein, die fragen, wie er gefragt hat: So nur können wir den dritten Tag erwarten, den Auferstehungsmorgen, der kommen wird, auch für uns.

DAS MUSS ICH DIR UNBEDINGT ERZÄHLEN ...

Robyn Claydon

Markus 16,15

Stellen Sie sich vor, Sie haben nach einer Zeit großer Anspannung endlich die Nachricht erhalten, die Ihrer Ungewißheit oder Ihren Sorgen ein Ende macht. Der Sohn hat ein wichtiges Examen gut bestanden, die mit Sorge erwartete ärztliche Diagnose gibt keinen Grund zur Beunruhigung, die Tochter überrascht Sie mit der Ankündigung einer Verlobung, der Sie aus ganzem Herzen zustimmen können. In der Regel wollen wir solche «wichtigen Neuigkeiten» unbedingt möglichst schnell mit irgend einem Menschen teilen, der unsere Freude versteht und dadurch verdoppelt. Wenn wir so richtig erfüllt sind von dem, was wir unbedingt «loswerden» wollen, macht es uns auch nichts aus, unerwartet bei jemandem hereinzuplatzen oder ein Gespräch zu unterbrechen.

Als Christen haben wir wirklich eine gute Nachricht weiterzugeben – die beste, die ein Mensch jemals erfahren kann. Diese gute Nachricht handelt von Liebe, Vergebung, Frieden und Hoffnung. Die gute Nachricht ist, daß Gott selbst auf diese Erde gekommen ist und auf ganz konkrete, lebendige Weise durch Jesus Kontakt mit den Menschen aufgenommen hat. Die gute Nachricht ist, daß alle, die Gott vertrauen, den Tod nicht mehr zu fürchten brauchen, weil er für sie lediglich den Durchgang zum ewigen Leben bei Gott bedeutet.

Diese gute Nachricht wurde einigen Hirten in der Nacht, als Jesus geboren wurde, durch Engel verkündet. Nachdem sie den Retter gesehen hatten, liefen die Hirten los, um diese sensationelle Nachricht zu verbreiten.

Am leeren Grab Jesu sagt der Engel zu den überraschten Frauen: «Und nun geht zu seinen Jüngern und zu Petrus, und sagt ihnen, daß Jesus euch nach Galiläa vorausgehen wird» (Markus 16,7).

Der Aufruf, «hinzugehen und weiterzusagen», gilt uns allen, die wir Gott durch den Glauben an Jesus Christus kennen und lieben. Die Worte, die Jesus unmittelbar vor seiner Himmelfahrt zu seinen Jüngern sagte, erinnern uns daran, wie wichtig es ist, diese gute Nachricht in der ganzen Welt zu verbreiten.

Wann immer sich uns eine Gelegenheit bietet, jemandem etwas über Jesus zu erzählen, sollen wir diese Botschaft mit Gottes Hilfe so klar und deutlich wie möglich weitergeben.

Wir wollen Gott gerade heute um Gelegenheiten bitten, die beste aller Nachrichten so schnell wie möglich «loszuwerden» und «an den Mann zu bringen».

«Wir wollen doch sehen, ob Elia kommt und ihn herunterholt!» sagte er. 37 Aber Jesus schrie laut auf und starb.

38 In demselben Augenblick zerriß im Tempel der Vorhang vor dem Allerheiligsten von oben bis unten.

39 Erschüttert bekannte der römische Hauptmann, der neben dem Kreuz stand und mitangesehen hatte, wie Jesus starb: «Dieser Mann ist wirklich Gottes Sohn gewesen!»

40 Einige Frauen hatten alles, was geschah, aus der Ferne beobachtet. Unter ihnen waren Maria aus Magdala und Maria, die Mutter von Jakobus dem Jüngeren und von Joses, sowie Salome. 41 Sie waren schon in Galiläa bei Jesus gewesen und hatten für ihn gesorgt. Zusammen mit vielen anderen waren sie mit Jesus nach Jerusalem gekommen.

Jesus wird begraben

(Matth. 27,57–61; Luk. 23,50–55; Joh. 19,38–42)

42/43 Am Abend ging Joseph von Arimathia, ein geachtetes Mitglied des Hohen Rates, zu Pilatus. Joseph wartete auf das Kommen des Reiches Gottes. Weil am nächsten Tag Sabbat war, entschloß er sich, Pilatus schon jetzt um den Leichnam Jesu zu bitten.

44 Pilatus wollte nicht glauben, daß Jesus schon gestorben war. Darum rief er den Hauptmann und erkundigte sich: «Lebt Jesus tatsächlich nicht mehr?» 45 Als der Hauptmann das bestätigte, überließ er Joseph von Arimathia den Leichnam. 46 Joseph kaufte ein großes Leinentuch, nahm Jesus vom Kreuz, wickelte ihn in das Tuch und legte ihn in ein Grab, das in einen Felsen gehauen war. Dann wälzte er einen Stein vor den Eingang des Grabes.

47 Maria aus Magdala und Maria, die Mutter von Joses, beobachteten, wohin er Jesus legte.

Jesus ist auferstanden

(Matth. 28,1–10; Luk. 24,1–12; Joh. 20,1–10)

16 Nachdem der Sabbat vorüber war, kauften Maria aus Magdala, Salome und Maria, die Mutter von Jakobus, Öle und Salben, um den Toten einzubalsamieren. 2 Früh am Sonntagmorgen, gerade als die Sonne aufging, kamen die Frauen zum Grab. 3 Schon unterwegs hatten sie sich besorgt gefragt: «Wie werden wir nur den schweren Stein von der Grabkammer wegrollen können?» 4 Um so erstaunter waren sie, als sie merkten, daß der Stein nicht mehr vor dem Grab lag.

5 Sie betraten die Grabkammer, und da sahen sie auf der rechten Seite einen jungen Mann sitzen, der ein langes weißes Gewand trug. Die Frauen erschraken sehr. 6 Aber der Mann sagte zu ihnen: «Habt keine Angst! Ihr sucht Jesus von Nazareth, den Gekreuzigten. Er ist nicht mehr hier. Er ist auferstanden. Seht her, an dieser Stelle hat er gelegen. 7 Und nun geht zu seinen Jüngern und zu Petrus, und sagt ihnen, daß Jesus euch nach Galiläa vorausgehen wird. Dort werdet ihr ihn sehen, wie er es euch versprochen hat.» 8 Da flohen die Frauen aus dem Grab und liefen davon. Angst und Entsetzen hatte sie erfaßt. Sie redeten mit niemandem darüber, so erschrocken waren sie.

9 Jesus war am Sonntagmorgen von den Toten auferstanden und erschien zuerst der Maria aus Magdala, die er von sieben Dämonen befreit hatte. 10 Sie lief zu den Jüngern, die um Jesus trauerten und weinten, 11 und berich-

tete ihnen: «Jesus lebt! Ich habe ihn gesehen!» Aber sie glaubten ihr nicht.

12 Danach erschien er zwei von ihnen in einer anderen Gestalt, als sie unterwegs waren.
13 Sie kamen voller Aufregung nach Jerusalem zurück, um es den anderen zu berichten. Aber auch ihnen glaubten sie nicht.

Der Auftrag an die Jünger
(Matth. 28,18–20; Luk. 24,36–53; Joh. 20,19–23)

14 Wenig später erschien Jesus den elf Jüngern, während sie gemeinsam aßen. Er wies sie zurecht, weil sie in ihrem Unglauben und Starrsinn nicht einmal denen glauben wollten, die ihn nach seiner Auferstehung gesehen hatten.

15 Dann sagte er zu ihnen: «Geht hinaus in die ganze Welt und verkündet allen Menschen die Heilsbotschaft.
16 Denn wer glaubt und sich taufen läßt, der wird gerettet werden. Wer aber nicht glaubt, der wird verurteilt werden.

17 Die Glaubenden aber werde ich durch folgende Zeichen bestätigen: In meinem Namen werden sie Dämonen austreiben und in neuen Sprachen[a] reden.
18 Gefährliche Schlangen und tödliches Gift werden ihnen nicht schaden. Den Kranken werden sie die Hände auflegen und sie heilen.»

19 Nachdem Jesus, der Herr, das gesagt hatte, wurde er in den Himmel aufgenommen und nahm den Platz an Gottes Seite ein.

20 Die Jünger aber zogen hinaus und verkündeten überall die Heilsbotschaft. Der Herr war mit ihnen und bestätigte ihr Wort durch Zeichen seiner Macht.

a) Vgl. Apostelgeschichte 2,4

Lukas berichtet von Jesus

1 Lieber Theophilus! Schon viele
Leute haben versucht, all das auf-
zuschreiben, was bei uns geschehen
ist, 2 so, wie es die Augenzeugen be-
richtet haben, die von Anfang an da-
bei waren. Ihnen hat Gott den Auf-
trag gegeben, die Heilsbotschaft wei-
terzusagen. 3 Nun habe auch ich mich
sehr darum bemüht, alles von Anfang
an genau zu erfahren. Ich will es dir,
lieber Theophilus, jetzt der Reihe
nach berichten. 4 Du wirst merken,
daß alles, was man dir über Jesus er-
zählt hat, richtig und wahr ist.

Johannes wird das Kommen des Messias vorbereiten

5 Als Herodes König von Judäa war,
lebte dort der Priester Zacharias. Er
gehörte zur Dienstgruppe Abia.[a] Sei-
ne Frau Elisabeth stammte aus der
Familie Aarons. 6 Beide lebten so,
wie es Gott gefällt. Sie hielten sich ge-
nau an seine Gebote und Ordnungen.
7 Ihre Ehe war kinderlos geblieben,
denn Elisabeth konnte keine Kinder
bekommen, und beide waren inzwi-
schen alt geworden.
8 Wieder einmal hatte die Gruppe
Abia Tempeldienst. 9 Wie üblich wur-
de ausgelost, wer zur Ehre Gottes im
Tempel den Weihrauch anzünden
sollte. Das Los fiel auf Zacharias.
10 Er betrat den Tempel, während
die Volksmenge draußen betete.
11 Plötzlich stand auf der rechten Seite
des Rauchopferaltars ein Engel Got-
tes. 12 Zacharias erschrak und fürchte-
te sich.
13 Doch der Engel sagte zu ihm:
«Fürchte dich nicht, Zacharias! Gott
hat dein Gebet erhört. Deine Frau
Elisabeth wird bald einen Sohn be-
kommen. Gib ihm den Namen Jo-
hannes! 14 Nicht nur du wirst über die-
ses Kind froh und glücklich sein; auch
viele andere werden sich über seine
Geburt freuen. 15 Gott wird ihm eine
große Aufgabe übertragen. Er wird
weder Wein noch andere alkoholi-
sche Getränke zu sich nehmen.[b]
Schon vor seiner Geburt wird er mit
dem Heiligen Geist erfüllt sein, 16 und
er wird viele in Israel zu Gott, ihrem
Herrn, zurückbringen. 17 Entschlos-
sen und stark wie der Prophet Elia
wird er das Kommen des Messias vor-
bereiten: Wie die Väter werden auch
die Söhne wieder Gott dienen[c] und
die Ungehorsamen wieder Gottes
Willen erfüllen. Das ganze Volk wird
bereit sein, den Herrn zu emp-
fangen.»
18 «Wie ist so etwas möglich?» frag-
te Zacharias erstaunt den Engel. «Ich
bin ein alter Mann, und auch meine
Frau ist alt!» 19 Der Engel antwortete:
«Ich bin Gabriel und stehe unmittel-
bar vor Gott als sein Diener. Er gab
mir den Auftrag, dir diese Nachricht
zu überbringen. 20 Aber weil du mir

a) 1. Chronik 24,7–18
b) 4. Mose 6,1 ff.
c) Wörtlich: um die Herzen der Väter zu bekehren zu den Kindern.

nicht geglaubt hast, sollst du stumm sein, bis geschieht, was ich gesagt habe. Dann wirst du sehen, daß alles wahr ist.»

21 Inzwischen wartete die Menschenmenge draußen auf Zacharias. Alle wunderten sich, daß er so lange im Tempel blieb. 22 Als er endlich herauskam, konnte er nicht mehr reden. Daran erkannten sie, daß Gott in besonderer Weise zu ihm gesprochen haben mußte. Zacharias versuchte, die Menschen mit einem Segenswunsch zu entlassen; aber er blieb stumm. 23 Er verrichtete noch den vorgeschriebenen Dienst im Tempel und ging dann nach Hause.

24 Nur wenig später erwartete seine Frau Elisabeth ein Kind. Sie blieb fünf Monate lang in ihrer Wohnung. 25 «Ich bin Gott so dankbar», sagte sie, «daß ich doch noch ein Kind bekomme. Nun kann mich niemand mehr verachten, weil ich keine Kinder habe.»

Ein Engel verkündet Maria die Geburt Jesu

26/27 Elisabeth war im sechsten Monat schwanger, als Gott den Engel Gabriel zu einem Mädchen nach Nazareth schickte, einer Stadt in Galiläa. Das Mädchen hieß Maria und war mit Joseph, einem Nachkommen des großen Königs David, verlobt.

28 Der Engel kam zu ihr und sagte: «Sei gegrüßt, Maria! Gott will dich beschenken. Er hat dich unter allen Frauen auserwählt.» 29 Maria fragte sich erschrocken, was diese seltsamen Worte bedeuten könnten. 30 «Hab keine Angst, Maria», redete der Engel weiter. «Gott liebt dich und hat etwas Besonderes mit dir vor. 31 Du wirst ein Kind erwarten und einen Sohn zur Welt bringen. Jesus soll er heißen. 32 Er wird mächtig sein, und man wird ihn Gottes Sohn nennen. Die Königsherrschaft Davids wird er weiterführen 33 und die Nachkommen Jakobs für immer regieren. Seine Herrschaft wird kein Ende haben.»

34 «Wie kann das geschehen?» fragte Maria den Engel. «Ich bin doch gar nicht verheiratet.» 35 Der Engel antwortete ihr: «Der Heilige Geist wird über dich kommen, und die Kraft Gottes wird sich an dir zeigen. Darum wird dieses Kind auch heilig sein und Sohn Gottes genannt werden. 36 Selbst Elisabeth, deine Verwandte, von der man sagt, daß sie keine Kinder bekommen kann, ist jetzt im sechsten Monat schwanger. Sie wird in ihrem hohen Alter einen Sohn zur Welt bringen. 37 Für Gott ist nichts unmöglich.»

38 «Ich will mich Gott ganz zur Verfügung stellen», erwiderte Maria. «Alles soll so geschehen, wie du es mir gesagt hast.» Darauf verließ sie der Engel.

Maria bei Elisabeth

39 Maria entschloß sich, so schnell wie möglich Elisabeth zu besuchen, die mit ihrem Mann Zacharias in einer kleinen Stadt in den Bergen Judäas wohnte. 40 Sie betrat das Haus und begrüßte Elisabeth. 41 Als Elisabeth die Stimme Marias hörte, bewegte sich das Kind in ihr, und – erfüllt vom Heiligen Geist – rief sie: 42 «Dich hat Gott gesegnet, mehr als alle anderen Frauen, dich und dein Kind! 43 Womit habe ich verdient, daß die Mutter meines Herrn zu mir kommt! 44 Als ich deine Stimme hörte, hüpfte das Kind in mir vor Freude. 45 Wie glücklich kannst du sein, weil du geglaubt hast! Was Gott dir angekündigt hat, wird geschehen.»

Ein Schlüssel zu einer neuen Tür

Cornelia Mack

Lukas 1,38

Maria erlebt etwas ganz Außergewöhnliches. Ein Engel tritt in ihre alltägliche Welt. In der Bibel werden uns Engel beschrieben als mächtige Wesen, die etwas von Gottes Herrlichkeit, von seiner Macht und Größe widerspiegeln. Daß Maria darüber erschrickt, ist verständlich. Wo Gott mit seiner Klarheit und Wahrheit in unser Leben tritt – sei es durch Engelserscheinung oder auf andere Weise –, da erschrecken wir Menschen.

Der Engel verkündet Maria nun eine ganz ungewöhnliche Botschaft: Sie, ein junges Mädchen, soll den Heiland in sich tragen, den Erlöser zur Welt bringen. Unverheiratet schwanger zu sein wurde damals nach dem strengen jüdischen Gesetz mit dem Tod bestraft. Sollte sie ein solches Risiko eingehen?

Maria wird nicht gezwungen zu diesem Weg – aber sie sagt Ja. «Ich will mich Gott ganz zur Verfügung stellen. Alles soll so geschehen, wie du es mir gesagt hast.» Sie sagt mit ihrem ganzen Sein, mit ihrer ganzen Existenz Ja zu dem Außergewöhnlichen. Sie stellt sich zur Verfügung, obwohl ihr Verstand dagegen spricht: «Wie kann das geschehen?»

Das Ja der Maria ist mir schon oft zum Vorbild geworden: Ja sagen zu schweren, ungewöhnlichen oder unbequemen Wegen. Ja sagen, wo wir von unserem menschlichen Verstand her Nein sagen müßten. Ja sagen, wo Schwierigkeiten unausweichlich sind.

Maria wird auf diesem Weg bestätigt: Als sie kurz nach ihrer Empfängnis der im sechsten Monat schwangeren Elisabeth begegnet, hüpft das Kind im Leib der hochbetagten Elisabeth. Wer selbst Kinder zur Welt gebracht hat, kann sich das lebhaft vorstellen. Der Heilige Geist kommt über Elisabeth, so daß sie in einen Lobgesang ausbricht über Gottes Herrlichkeit. Elisabeths Begrüßung ist eine erste Bestätigung für Maria, daß Gott ihr Ja segnet. Bis zur Geburt Jesu und auch danach erlebt sie immer wieder Gottes mächtiges Handeln und Eingreifen.

Ich verstehe dies auch als Ermutigung für uns: Das Ja zu Gottes Willen ist wie ein Schlüssel zu einer Tür, hinter der neue Erfahrungen mit Gott auf uns warten.

Gottes gute Ordnungen

Psalm 19

Ein Lied Davids

Der Himmel verkündet Gottes Größe und Hoheit,
das Firmament bezeugt seine großen Schöpfungstaten.
Ein Tag erzählt es dem nächsten, und eine Nacht sagt es der anderen.
Ohne Worte reden sie, keinen Laut kann man hören.
Doch auf der ganzen Erde hört man die Sprache der Schöpfung,
ihre Botschaft erreicht noch die fernsten Länder.
Der Sonne hat Gott am Himmel ein Zelt aufgeschlagen.
Am Morgen geht sie auf und strahlt wie ein Bräutigam bei der Hochzeit.
Siegesgewiß wie ein Held beginnt sie ihren Lauf;
wo sie aufgeht und wo sie untergeht, berührt sie den Horizont.
Nichts bleibt vor ihrer Hitze verborgen.
Das Gesetz des Herrn ist vollkommen, es macht glücklich und froh.
Auf seine Gebote kann man sich verlassen.
Sie machen auch den klug, der bisher gedankenlos in den Tag hineinlebte.
Die Ordnungen des Herrn sind zuverlässig, sie erfreuen das Herz.
Die Befehle des Herrn sind klar; Einsicht gewinnt, wer auf sie achtet.
Die Ehrfurcht vor dem Herrn ist gut, nie wird sie aufhören.
Die Gebote, die der Herr gegeben hat, sind richtig, vollkommen und gerecht.
Sie lassen sich nicht mit Gold aufwiegen, sie sind süßer als der beste Honig.
Herr, ich gehöre zu dir.
Wie gut, daß mich dein Gesetz vor falschen Wegen warnt!
Wer sich an deine Gebote hält, wird reich belohnt.
Wer aber kann erkennen, ob er nicht doch vom rechten Weg abkommt?
Vergib mir die Sünden, die ich selbst nicht bemerkt habe!
Bewahre mich vor gewissenlosen Menschen
und laß nicht zu, daß sie Macht über mich gewinnen;
dann werde ich dir nie mehr die Treue brechen
und frei sein von schwerer Schuld.
Herr, laß dir meine Worte und meine Gedanken gefallen!
Bei dir bin ich geborgen, du bist mein Retter!

Maria lobt und dankt Gott

46 Da lobte Maria Gott: «Von ganzem
Herzen preise ich den Herrn.
47 Ich bin glücklich über Gott, mei-
nen Retter.
48 Er hat mich – eine geringe und
unbedeutende Frau – zu Großem be-
rufen.
Zu allen Zeiten wird man mich
glücklich preisen, 49 denn Gott hat
große Dinge an mir getan, er, der
mächtig und heilig ist!
50 Ohne Ende kümmert er sich in
seiner Barmherzigkeit um alle, die
ihn fürchten.
51 Unübersehbar handelt Gott in
der Welt. Die Stolzen bekommen sei-
ne Macht zu spüren.
52 Er stürzt Herrscher von ihrem
Thron, doch Unterdrückte richtet er
auf.
53 Die Hungrigen beschenkt er mit
Gütern, und die Reichen schickt er
mit leeren Händen weg.
54 Seine Barmherzigkeit hat er uns
zugesagt, ja, er wird seinem Volk Is-
rael helfen.
55 So hat er es unseren Vätern,
Abraham und seinen Nachkommen,
für immer verheißen.»
56 Maria blieb etwa drei Monate bei
Elisabeth und kehrte dann nach Hau-
se zurück.

Er soll Johannes heißen

57 Für Elisabeth kam die Stunde der
Geburt, und sie brachte einen Sohn
zur Welt. 58 Als Nachbarn und Ver-
wandte hörten, daß Gott so barmher-
zig zu ihr gewesen war, freuten sie
sich mit ihr.
59 Nach acht Tagen wurde das Kind
zur Beschneidung gebracht. Dabei
sollte es den gleichen Namen bekom-
men wie sein Vater: Zacharias.
60 Doch Elisabeth widersprach:
«Nein, er soll Johannes heißen!»
61 «Aber keiner in deiner Verwandt-
schaft heißt so!» wandten die andern
ein. 62 Sie winkten dem Vater und
fragten ihn: «Wie soll dein Sohn hei-
ßen?» 63 Zacharias ließ sich eine Tafel
geben und schrieb darauf: «Sein Na-
me ist Johannes.» Darüber wunder-
ten sich alle. 64 Von diesem Augen-
blick an konnte Zacharias wieder
sprechen, und er lobte Gott.
65 Überall, wo man davon hörte –
und im ganzen Bergland von Judäa
wurde darüber gesprochen –, er-
schraken die Leute. 66 Nachdenklich
fragten sie sich: «Was wird aus die-
sem Kind noch werden? Gott hat be-
stimmt etwas Besonderes mit ihm
vor.»

Zacharias sieht den Auftrag des Johannes voraus

67 Erfüllt vom Heiligen Geist, verkün-
dete Zacharias, der Vater von Jo-
hannes, was Gott ihm gezeigt hatte:
68 «Gelobt sei der Herr, der Gott Is-
raels! Er ist zu unserem Volk gekom-
men und hat es befreit.
69 Aus dem Königshause seines
Dieners David hat er uns den starken
Retter geschickt.
70 So hatten es seine heiligen Pro-
pheten schon vor langer Zeit verkün-
det:
71 Er wird uns von unseren Feinden
erretten und aus der Hand aller Men-
schen, die uns hassen.
72 Gott war mit unseren Vorfahren
barmherzig. Er vergißt seinen heili-
gen Bund nicht, 73 den Eid, den er un-
serem Vater Abraham geschworen
hat und der auch für uns gilt.
74 Er befreit uns aus der Hand unse-
rer Feinde, damit wir ihm ohne
Furcht unser Leben lang dienen, 75 als

Menschen, die ihm gehören und nach
seinem Willen leben[a].
76 Und dich, mein Sohn, wird man
einen Propheten des Höchsten nen-
nen. Du wirst vor dem Herrn herge-
hen und sein Kommen vorbereiten.
77 Seinem Volk wirst du zeigen, daß
es durch die Vergebung seiner Sün-
den gerettet wird. 78 Gott vergibt uns,
weil seine Barmherzigkeit so groß ist.
Aus der Höhe kommt sein Licht zu
uns.
79 Dieses Licht wird allen Menschen
leuchten, die in Nacht und Todes-
furcht leben; es wird uns auf den Weg
des Friedens führen.»
80 Johannes wuchs heran und lernte
Gottes Willen immer besser verste-
hen[b]. Als junger Mann zog er sich in
die Einsamkeit der Wüste zurück bis
zu dem Tag, an dem er öffentlich vor
dem Volk Israel auftrat.

Gottes Sohn kommt in die Welt

2 In dieser Zeit befahl der Kaiser
Augustus, daß alle Bewohner des
römischen Reiches namentlich in Li-
sten erfaßt werden sollten.
2 Eine solche Volkszählung hatte es
noch nie gegeben. Sie wurde durch-
geführt, als Quirinius Gouverneur in
Syrien war. 3 Jeder mußte in die Stadt
gehen, aus der er stammte, um sich
dort eintragen zu lassen.
4 Weil Joseph ein Nachkomme Da-
vids war, der in Bethlehem geboren
wurde, reiste er von Nazareth in Gali-
läa nach Bethlehem in Judäa. 5 Joseph
mußte sich dort einschreiben lassen,
zusammen mit seiner jungen Frau
Maria, die ein Kind erwartete.
6 Als sie in Bethlehem waren,
brachte Maria ihr erstes Kind – einen
Sohn – zur Welt. 7 Sie wickelte ihn in
Windeln und legte ihn in eine Futter-
krippe im Stall, weil sie in dem Gast-
haus keinen Platz bekommen hatten.

Die Hirten auf dem Feld

8 In dieser Nacht bewachten draußen
auf dem Feld einige Hirten ihre Her-
den. 9 Plötzlich trat ein Engel Gottes
zu ihnen, und Gottes Licht umstrahl-
te sie. Die Hirten erschraken sehr,
10 aber der Engel sagte: «Fürchtet
euch nicht! Ich bringe euch die größte
Freude für alle Menschen: 11 Heute ist
für euch in der Stadt, in der schon Da-
vid geboren wurde, der lang ersehnte
Retter zur Welt gekommen. Es ist
Christus, der Herr. 12 Und daran wer-
det ihr ihn erkennen: Das Kind liegt,
in Windeln gewickelt, in einer Futter-
krippe!»
13 Auf einmal waren sie von unzäh-
ligen Engeln umgeben, die Gott lob-
ten: 14 «Gott im Himmel gehört alle
Ehre; denn er hat den Frieden auf die
Erde gebracht für alle, die bereit
sind, seinen Frieden anzunehmen.»[c]
15 Nachdem die Engel sie verlassen
hatten, beschlossen die Hirten:
«Kommt, wir gehen nach Bethlehem.
Wir wollen sehen, was dort gesche-
hen ist und wovon Gottes Engel ge-
sprochen hat.»
16 Sie machten sich sofort auf den
Weg und fanden Maria und Joseph
und das Kind, das in der Futterkrippe
lag. 17 Als sie das Kind sahen, erzähl-
ten die Hirten, was ihnen der Engel
gesagt hatte. 18 Und alle, die ihren Be-

a) Wörtlich: in Heiligkeit und Gerechtigkeit.
b) Wörtlich: erstarkte im Geist.
c) Wörtlich: Friede auf Erden den Menschen des Wohlgefallens.

GOTTES LIEBESERKLÄRUNG AN UNS MENSCHEN

Cornelia Mack

Lukas 2,7

Die Weihnachtsgeschichte gehört zu den bekanntesten Geschichten der Bibel. Und doch gibt es immer wieder Details, über die wir hinweglesen.

Haben Sie schon mal darüber nachgedacht, daß Maria wie jede andere Mutter ihr Kind in Windeln wickelt? Nicht in «Pampers», wie wir sie heute haben, sondern in einfache Stoffwindeln. Vermutlich sind die Windeln angegraut und zerschlissen. Maria ist nicht zu Hause in ihrer vertrauten Umgebung, als sie ihr Kind zur Welt bringt. Aufgrund der Volkszählung hat sie einen 150 km langen Fußmarsch hinter sich, wobei sie sicher nur das Nötigste mitnehmen konnte. Maria ist ganz bestimmt nicht so gut ausgerüstet wie wir heutigen Mütter. In einer zugigen und ärmlichen Unterkunft, in der auch Tiere gehalten werden, bringt sie ihr Kind zur Welt. Was für ein Risiko, sich dabei zu infizieren mit Kindbettfieber oder anderen Krankheiten! Ihr Kind bekommt keine schöne Naturholz-Wiege! Nein, in einen Futtertrog wird Jesus gelegt, es gibt sonst keinen Platz.

Wie ärmlich, bedrängt und hilflos Jesus zur Welt kommt, können wir uns nicht drastisch genug ausmalen. – Warum läßt Gott das zu? Könnte Gott nicht dafür sorgen, daß der König der Welt, sein Sohn, eine bessere, komfortablere Unterkunft bekommt? Es stünde doch in seiner Macht!

Gott wird Mensch – und zwar ganz. Gott durchlebt und durchleidet unser Menschsein in voller Konsequenz. Er läßt sich kein Hintertürchen offen für den Fall, daß es zu brenzlig wird. Er begibt sich ganz hinein, bis in schmutzige Windeln. Gott wird Mensch, um uns ganz nahe zu sein – auch in ärmlichen Verhältnissen. Er hat die Tiefen des Menschseins durchlitten und durchlebt – von der Geburt bis zum blutigen, schmerzhaften Tod am Kreuz. So nah kommt er uns, so sehr liebt er uns. Weihnachten ist Gottes Liebeserklärung an uns. Das sollten wir nie vergessen, wenn wir Weihnachten feiern!

richt hörten, waren darüber sehr er-
staunt.
19 Maria aber merkte sich jedes
Wort und dachte immer wieder dar-
über nach.
20 Dann kehrten die Hirten zu ihren
Herden zurück. Sie lobten und dank-
ten Gott für das, was sie in dieser
Nacht erlebt hatten. Alles war genau
so, wie der Engel es ihnen gesagt hat-
te.

Jesus wird als Retter erkannt

21 Bei der Beschneidung acht Tage
später gab man dem Kind den Namen
Jesus. Dies war der Name, den der
Engel nannte, noch ehe Maria das
Kind empfangen hatte.
22 Als die Zeit der «Reinigung» vor-
über war, wie sie Mose im Gesetz
nach der Geburt eines Kindes vor-
schreibt,[a] brachten Joseph und Maria
das Kind nach Jerusalem, um es Gott
zu weihen. 23 Im Gesetz heißt es aus-
drücklich: «Jeder erste Sohn der Fa-
milie und jedes erstgeborene männ-
liche Tier sollen dem Herrn gehö-
ren.»[b] 24 Und sie brachten auch ihr
Opfer. Das Gesetz verlangte: zwei
Turteltauben oder zwei andere Tau-
ben.[c]
25 In Jerusalem wohnte ein Mann,
der Simeon hieß. Er lebte so, wie
Gott es haben will, hielt sich genau an
seine Gebote und wartete voller
Sehnsucht auf den Retter Israels. Si-
meon war erfüllt von Gottes Heili-
gem Geist. 26 Durch ihn wußte er, daß
er nicht sterben würde, bevor er Chri-
stus, den Retter, gesehen hätte.
27 Vom Heiligen Geist dazu gedrängt,
war er an diesem Tag in den Tempel
gegangen. Als Maria und Joseph das
Kind hereinbrachten, um es Gott zu
weihen, 28 nahm Simeon es in seine Ar-
me und lobte Gott:
29 «Herr, jetzt kann ich in Frieden
sterben. 30 Denn ich habe den Befreier
gesehen, 31 den du der ganzen Welt ge-
geben hast. 32 Er ist das Licht für alle
Völker, und er wird der Ruhm für dein
Volk Israel sein.»
33 Maria und Joseph wunderten sich
über seine Worte. 34/35 Simeon segne-
te sie und sagte dann zu Maria: «An
diesem Kind wird sich das Leben vie-
ler Menschen in Israel entscheiden;
denn es wird entweder ihr Richter
oder ihr Retter sein. Viele werden sich
ihm leidenschaftlich widersetzen und
dadurch zeigen, daß sie gegen Gott
sind. Der Schmerz darüber wird dir
wie ein Schwert durchs Herz dringen.»
36 An diesem Tag hielt sich auch die
alte Prophetin Hanna im Tempel auf,
eine Tochter Phanuels aus dem
Stamm Asser. Sie war nur sieben Jah-
re verheiratet gewesen, 37 seit langer
Zeit Witwe und nun eine alte Frau von
vierundachtzig Jahren. Hanna verließ
den Tempel nur noch selten. Um Gott
zu dienen, betete und fastete sie Tag
und Nacht.
38 Während Simeon noch mit Maria
und Joseph sprach, trat sie hinzu und
begann ebenfalls, Gott zu loben. Al-
len, die auf die Befreiung Jerusalems
warteten, erzählte sie von diesem
Kind.
39 Nachdem Joseph und Maria alle
Vorschriften des Gesetzes erfüllt hat-
ten, kehrten sie nach Nazareth in Gali-
läa zurück. 40 Das Kind wuchs heran,

a) 3. Mose 12,4.6
b) 2. Mose 13,2.11–16
c) 3. Mose 12,8

erfüllt mit göttlicher Weisheit. Alle
konnten sehen, daß Gottes Segen auf
ihm ruhte.

Der zwölfjährige Jesus im Tempel

41 Jahr für Jahr gingen Joseph und
Maria zum Passahfest nach Jerusa-
lem. 42 Als Jesus zwölf Jahre alt war,
nahmen sie ihn zum ersten Mal mit.
43 Nach den Festtagen machten sich
die Eltern wieder auf den Heimweg.
Doch ohne daß sie es bemerkten,
blieb Jesus in Jerusalem. Am ersten
Tag ihrer Rückreise vermißten sie ihn
nicht, 44 weil sie dachten: Er wird mit
Verwandten oder Freunden gegan-
gen sein. 45 Als sie ihn aber dort nicht
fanden, kehrten sie besorgt um und
suchten ihn überall in Jerusalem.

46 Endlich, nach drei Tagen, ent-
deckten sie Jesus im Tempel. Er saß
bei den Schriftgelehrten, hörte ihnen
aufmerksam zu und stellte Fragen.

47 Alle wunderten sich über sein
Wissen und seine Antworten.

48 Die Eltern waren fassungslos, als
sie ihn dort fanden. «Kind», fragte
ihn Maria, «wie konntest du uns nur
so etwas antun? Wir haben dich über-
all verzweifelt gesucht!»

49 «Warum habt ihr mich gesucht?»
erwiderte Jesus. «Ihr hättet doch wis-
sen müssen, daß ich dort sein muß,
wo es um Gottes Sache geht.»[a]
50 Doch sie begriffen nicht, was er da-
mit meinte.

51 Dann kehrten sie gemeinsam
nach Nazareth zurück, und Jesus war
seinen Eltern gehorsam. Seine Mut-
ter aber vergaß nichts von dem, was
sie erlebt hatte.

52 So wuchs Jesus heran. Sein Wis-
sen und sein Verständnis nahmen zu.
Die Menschen liebten ihn und er-
kannten: Gott hat etwas Besonderes
mit ihm vor.

Johannes, der Wegbereiter Jesu

(Matth. 3,1–12; Mark. 1,1–8)

3 Es war im fünfzehnten Regie-
rungsjahr des Kaisers Tiberius.
Pontius Pilatus verwaltete als Gou-
verneur die Provinz Judäa; Herodes
herrschte als Fürst über Galiläa, sein
Bruder Philippus über Ituräa und
Trachonitis, und Lysanias regierte in
Abilene; 2 Hannas und später Kai-
phas waren die Hohenpriester. Da er-
reichte Gottes Auftrag Johannes, den
Sohn des Zacharias, der in der Wüste
lebte.

3 Johannes verließ die Wüste und
zog durch das ganze Gebiet am Jor-
dan. Überall forderte er die Leute
auf: «Ändert euch von Grund auf!
Kehrt um zu Gott, und laßt euch als
Zeichen dafür taufen. Dann wird
euch Gott eure Sünden vergeben!»[b]
4/5 So erfüllte sich, was im Buch des
Propheten Jesaja steht:

«Ich höre jemanden in der Wüste
rufen: ‹Macht den Weg frei für den
Herrn! Räumt alle Hindernisse weg,
damit er kommen kann! Jedes Tal soll
aufgefüllt, jeder Berg und Hügel ab-
getragen werden, krumme Wege sol-
len begradigt und holprige Wege zu
guten Straßen werden! 6 Dann wer-
den wir alle den von Gott gesandten
Retter sehen!›»[c]

7 Der Menschenmenge, die gekom-
men war, um sich taufen zu lassen,

a) Wörtlich: Wußtet ihr nicht, daß ich in dem sein muß, was meines Vaters ist?
b) Wörtlich: Er predigte eine Taufe der Umkehr zur Vergebung der Sünden.
c) Jesaja 40,3–5

rief Johannes zu: «Ihr Teufelspack!
Glaubt ihr etwa, daß ihr dem kom-
menden Gericht Gottes entrinnen
werdet? 8 Beweist erst einmal durch
eure Taten, daß ihr wirklich zu Gott
umgekehrt seid! Ihr sagt: ‹Abraham
ist unser Vater!› und wollt euch damit
herausreden. Das wird euch gar nichts
helfen! Selbst aus diesen Steinen hier
kann Gott Nachkommen Abrahams
machen.

9 Es ist jetzt allerhöchste Zeit zur
Umkehr; denn die Axt ist schon erho-
ben, um die Bäume an der Wurzel ab-
zuschlagen. Jeder Baum, der keine
guten Früchte bringt, wird umgehau-
en und ins Feuer geworfen.»

10 Da wollten die Leute wissen:
«Was sollen wir denn tun?» 11 Jo-
hannes antwortete: «Wer zwei Hem-
den hat, soll dem eins geben, der keins
besitzt. Und wer etwas zu essen hat,
soll seine Mahlzeit mit Hungrigen tei-
len.»

12 Es kamen auch Zolleinnehmer,
die sich taufen lassen wollten. Sie frag-
ten: «Und wir? Wie sollen wir uns ver-
halten?» 13 Johannes wies sie an:
«Verlangt nur so viel Zollgebühren,
wie ihr fordern dürft!»

14 «Und was sollen wir tun?» erkun-
digten sich einige Soldaten. «Plündert
und erpreßt niemand! Seid zufrieden
mit eurem Sold», antwortete ihnen
Johannes.

15 Die Leute ahnten, daß bald etwas
geschehen würde, und sie fragten sich,
ob nicht Johannes der ersehnte Be-
freier sei. 16 Doch Johannes erklärte
öffentlich: «Ich taufe euch mit Was-
ser, aber nach mir wird einer kommen,
der ist größer als ich. Ich bin nicht ein-
mal würdig, ihm die Schuhe auszuzie-
hen.[a] Er wird euch mit dem Heiligen
Geist und mit Feuer taufen.

17 Schon hat er die Schaufel in der
Hand, mit der er die Spreu vom Wei-
zen trennt. Den Weizen wird er in sei-
ne Scheune bringen, aber die Spreu
mit Feuer verbrennen, das niemand
löschen kann.»

18 In vielen Reden verkündete Jo-
hannes den Menschen die Heilsbot-
schaft Gottes und forderte sie auf um-
zukehren. 19 Mit scharfen Worten griff
er auch Herodes an, den Fürsten von
Galiläa. Herodes lebte mit Herodias
zusammen, der Frau seines Bruders.
Er schreckte vor keinem Verbrechen
zurück. 20 Schließlich ging er so weit,
daß er Johannes ins Gefängnis werfen
ließ.

Die Taufe Jesu: Gott bekennt sich zu seinem Sohn

(Matth. 3,13–17; Mark. 1,9–11; Joh. 1,32)

21 Als Johannes wieder einmal viele
Menschen taufte, kam auch Jesus und
ließ sich taufen. Während er betete,
öffnete sich der Himmel, 22 und der
Heilige Geist kam, wie eine Taube,
sichtbar auf ihn herab. Gleichzeitig
sprach eine Stimme vom Himmel:
«Du bist mein lieber Sohn, an dem ich
Freude habe.»[b]

Von Adam bis Jesus

(Matth. 1,1–17)

23 Jesus begann seine große Aufgabe,
als er ungefähr dreißig Jahre alt war.
Die Leute kannten ihn als den Sohn
Josephs. Josephs Vater war Eli, und
dessen Vorfahren waren:

a) Wörtlich: ihm die Schuhriemen aufzubinden.
b) Wörtlich: An dir habe ich Wohlgefallen.

MEIN GRÖSSTER WUNSCH – MEIN HÖCHSTES GLÜCK?

Christiane Prang

Lukas 3,14

«Wenn ich es doch schaffte, fünf Kilo abzunehmen, ich würde mich bestimmt attraktiver fühlen.»

«Ich träume schon so lange von der vollautomatischen Einbauküche aus Massivholz, aber mit dem Einkommen meines Mannes werden wir wohl noch Jahre sparen müssen.»

«Eine andere Arbeitsstelle, das wäre mein innigster Wunsch. Mit meinen Kollegen kann ich nämlich überhaupt nicht auskommen!»

Kennen wir das? So viele «Wenn-Sätze» füllen unsere Gedanken und versprechen uns Erfüllung. Der falsche Mann, die mangelnde Anerkennung in der Gemeinde, das fehlende Hochschulstudium … So viele Umstände und unerfüllte Sehnsüchte scheinen unser Lebensglück zu verhindern – glauben wir!

In unserer von Äußerlichkeiten und Materialismus geprägten Welt fällt es uns als Christinnen oftmals schwer, den Blick fest auf das Wesentliche zu richten: auf das Leben in der Gemeinschaft mit Gott. Auch die Soldaten, die Johannes nach seinem Ruf zur Umkehr um Rat bitten, leben inmitten «roher Sitten». Ihr Einkommen ist nicht gerade üppig. Plünderei, Erpressung und Bereicherung auf Kosten anderer gehören einfach dazu. Die Soldaten versprechen sich mehr Lebensqualität durch ein höheres Einkommen. Das klingt überzeugend. Doch Johannes warnt die Männer eindringlich und mahnt zur Genügsamkeit.

Wovon machen wir unser Lebensglück abhängig? Bringen uns Geld, ein Facelifting oder die langersehnte Beförderung wirklich innere Zufriedenheit und dauerhaftes Glück?

Oft werden unsere Wunschvorstellungen begleitet von Neid. Konkurrenzdenken prägt dann unsere Beziehungen. Ich lebe nicht wirklich, wenn ich nur Tagträumen vom «besseren Leben» nachhänge und andere beneide. Die kostbare Zeit, die für meine Wenn-Sätze verlorengeht, könnte für bessere Dinge eingesetzt werden. Unser Schöpfer möchte nicht, daß wir am wahren Leben vorbeilaufen, indem wir unsere Lebenssituation falsch einschätzen. Wir dürfen in einer Welt voller Besitzansprüche bei ihm zur Ruhe kommen, unseren Platz einnehmen und sinnvolle Veränderung dort anstreben, wo sie nötig und im Plan Gottes enthalten ist.

24 Mattat, Levi, Melchi, Jannai,
25 Joseph, Mattathias, Amos, Na-
hum,
26 Hesli, Naggai, Mahat, Matta-
thias, Simei, Josech,
27 Joda, Johanan, Resa, Serubabel,
Schealthiel,
28 Neri, Melchi, Addi, Kosam, El-
madam,
29 Ger, Jesus, Elieser, Jorim, Mat-
tat, Levi,
30 Simeon, Juda, Joseph, Jonam,
31 Eljakim, Melea, Menna, Matta-
tha, Nathan,
32 David, Isai, Obed, Boas, Sal-
mon,
33 Nachschon, Amminadab, Ad-
min, Arni, Hezron, Perez,
34 Juda, Jakob, Isaak, Abraham,
Tharah,
35 Nahor, Serug, Regu, Peleg,
Eber,
36 Schelach, Kenan, Arpachschad,
Sem, Noah,
37 Lamech, Metuschelach, Henoch,
Jared, Mahalaleel, Kenan,
38 Enosch, Seth. Seth war ein Sohn
Adams, und Adam wurde von Gott
geschaffen.

Versuchung und Widerstand
(Matth. 4,1–11; Mark. 1,12–13)

4 Erfüllt vom Heiligen Geist, kam
Jesus vom Jordan zurück. Und der
Geist Gottes führte ihn in die Wüste,
2 wo er sich vierzig Tage aufhielt. Dort
war er den Versuchungen des Teufels
ausgesetzt. Jesus aß nichts während
dieser ganzen Zeit, und der Hunger
quälte ihn. 3 Da forderte ihn der Teufel
auf: «Wenn du Gottes Sohn bist, dann
mach doch Brot aus diesem Stein!»
4 Aber Jesus wehrte ab: «Nein, denn
es steht in der Heiligen Schrift: ‹Der
Mensch lebt nicht allein von Brot,
sondern von allem, was der Herr ihm
zusagt.›»[a]

5 Dann führte ihn der Teufel auf
einen hohen Berg und zeigte ihm in
einem einzigen Augenblick alle Rei-
che der Welt 6 und bot sie Jesus an:
«Alle Macht über diese Welt und ihre
Herrlichkeit will ich dir geben; denn
mir gehört die Welt, und ich schenke
sie, wem ich will. 7 Wenn du vor mir
niederkniest und mich anbetest, wird
das alles dir gehören.»
8 Wieder wehrte Jesus ab: «Nein!
Denn Gott verlangt in der Heiligen
Schrift von uns: ‹Du sollst allein Gott
anbeten und nur ihm gehorchen!›»[b]
9 Jetzt nahm ihn der Teufel mit nach
Jerusalem und stellte ihn auf die
höchste Stelle der Tempelmauer.
«Spring hinunter!» forderte er Jesus
auf. «Du bist doch Gottes Sohn! 10 Es
steht geschrieben: ‹Gott wird seinen
Engeln befehlen, dich zu beschützen.
11 Sie werden dich auf Händen tragen,
und du wirst dich nicht einmal an
einem Stein verletzen!›»[c] 12 Aber Je-
sus wies ihn auch diesmal zurück: «Es
steht geschrieben: ‹Du sollst Gott,
deinen Herrn, nicht herausfor-
dern!›»[d]
13 Nachdem der Teufel mit seinen
Versuchungen gescheitert war, ver-
ließ er Jesus für einige Zeit.

a) 5. Mose 8,3
b) 5. Mose 6,13–14
c) Psalm 91,11–12
d) 5. Mose 6,16

PERLEN DER FREUDE

Katrin Ledermann

Lukas 4,8–32

Grauer Nebel hängt zwischen den Bäumen, von deren Blättern kühler Nieselregen tropft. Rheumaschmerzen durchziehen mein rechtes Bein. Und nach der Teepause um zehn steht mir ein schwieriges Gespräch bevor. Es gibt an sich keinen Grund, glücklich zu sein. Und doch! Ich sitze mit geschlossenen Augen im Sessel, die Bibel auf meinem Schoß, und genieße eine Wonne, als würden Perlen der Freude durch meine Seele rieseln! Ich las eben im Lukas-Evangelium und habe die Worte Jesu so aufgenommen, als säße ich zu seinen Füßen, inmitten der Schar am See Genezareth unter dem stahlblauen Himmel Galiläas.

Mächtig beeindruckten mich seine Worte – verwandelnd, Leben schenkend, Herz und Geist weckend. Ich spürte, wie eine Kraft von diesen Worten ausgeht, und es wurde mir an diesem grauen Novembermorgen zutiefst bewußt: Das Wort, das Gott ist, wurde ein Mensch – Jesus von Nazareth! Darum ist alles, was dieser Mensch ausspricht, Wort Gottes. Sein Wort ist eine dynamische Kraft, die den Alltag bewegt, das Grau hinwegwischen kann und Mut schenkt, trotz Schmerz und Unvermögen das Leben zu bejahen. Nur Gott vermag Kraftperlen der Freude in unsere Seele kugeln zu lassen, um sie zu erhellen. Sollten wir uns diesem Wort nicht viel öfter und intensiver widmen, auch wenn der Einstieg zum Geheimnis der Freudenperlen oft unattraktiv erscheint?

Dieses wirksame Wort Gottes kommt nicht aus irgend einer von Menschen erdachten Richtung zu uns, sondern es kommt allein aus der Heiligen Schrift, die von Gott eingegeben ist. Das Geheimnis der Schrift war Jesus gänzlich bewußt, als ihn der Teufel in der Wüste versuchte, indem er ihm die ganze Welt schenken wollte. Jesus wehrte sich gegen die Versuchung mit einem Wort aus der Bibel, das die Macht der Anfechtung sofort brach.

Nicht nur beeindruckende Freude quillt aus Gottes Wort: auch die Kraft, Böses abzuwehren, und die Motivation, die täglichen Aufgaben zu erfüllen. Sein Wort gibt Geduld, Schmerzen zu ertragen und die Kraft, das behinderte Kind zu lieben.

Perlen der Freude, die unsere Herzen erquicken wollen!

Ein Prophet gilt nichts in seinem Land
(Matth. 13,53–58; Mark. 6,1–6)

14 Mit der Kraft des Heiligen Geistes erfüllt, kehrte Jesus nach Galiläa zurück. Schon bald sprach man überall von ihm. 15 Er predigte in den Synagogen so überzeugend, daß alle mit größter Hochachtung von ihm redeten. 16 Eines Tages kam Jesus wieder in seine Heimatstadt Nazareth. Am Sabbat ging er wie gewohnt in die Synagoge. 17 Als er aufstand, um aus der Heiligen Schrift vorzulesen, reichte man ihm das Buch des Propheten Jesaja. Jesus las: 18 «Mit mir ist der Geist des Herrn, weil er mich berufen hat[a]. Er hat mich beauftragt, den Armen die frohe Botschaft zu bringen. Den Gefangenen soll ich die Freiheit verkünden, den Blinden sagen, daß sie sehen werden, und den Unterdrückten, daß sie bald von jeder Gewalt befreit sein sollen. 19 Jetzt erläßt Gott alle Schuld.»[b]

20 Jesus schloß das Buch, gab es zurück und setzte sich. Alle warteten gespannt darauf, was er dazu sagen würde. Er begann: 21 «Heute hat sich diese Voraussage des Propheten erfüllt.»

22 Während er sprach, konnte ihm die ganze Gemeinde nur zustimmen. Sie staunten alle über seine eindrückliche Rede und meinten: «Man kann es kaum glauben, daß er der Sohn des Zimmermanns[c] ist!»

23 Jesus redete weiter: «Sicher werdet ihr mir das Sprichwort vorhalten: ‹Arzt, hilf dir selbst! In Kapernaum hast du große Wunder getan. Zeig auch hier, was du kannst!› 24 Aber ihr wißt doch: Keinem Propheten glaubt man in seiner Heimatstadt. 25 Denkt an Elia! Damals gab es genug Witwen in Israel, die Hilfe brauchten; denn es hatte dreieinhalb Jahre nicht geregnet, und alle Menschen im Land hungerten. 26 Aber nicht zu ihnen wurde Elia geschickt, sondern zu einer heidnischen Witwe in Zarpath bei Sidon. 27 Oder erinnert euch an den Propheten Elisa! Es gab unzählige Aussätzige in Israel, aber von ihnen wurde keiner geheilt. Naeman, der heidnische Syrer, war der einzige.»

28 Das war den Zuhörern zuviel. Wütend sprangen sie auf 29 und schleppten Jesus bis zu dem Steilabhang des Berges, auf dem ihre Stadt gebaut war. Dort wollten sie ihn hinunterstoßen. 30 Doch Jesus ging ruhig durch die aufgebrachte Volksmenge weg, ohne daß es jemand gewagt hätte, ihn auch nur anzufassen.

Jesus erweist seine Macht
(Mark. 1,21–28)

31 Jesus kam nach Kapernaum in Galiläa und predigte dort am Sabbat.

32 Die Leute waren von seiner Lehre tief beeindruckt; denn sie spürten, daß aus seinen Worten Gott selbst zu ihnen sprach.

33 In der Synagoge war ein Mann, der von einem Dämon beherrscht wurde.

34 Der schrie laut: «Hör auf, Jesus von Nazareth! Was willst du von uns? Du bist doch nur gekommen, um uns

a) Wörtlich: denn er hat mich gesalbt.
b) Wörtlich: zu verkünden das Erlaßjahr des Herrn. Jesaja 61,1–2
c) Wörtlich: Josephs Sohn.

zu vernichten. Ich weiß genau, wer du
bist: der Sohn Gottes!»[a]
35 Jesus unterbrach ihn: «Schweig!
Verlasse diesen Menschen!» Da
schleuderte der Dämon den Mann
mitten unter sie auf den Boden und
verließ ihn, ohne ihm weiter zu scha-
den.
36 Erschrocken und bestürzt fragten
sich die Leute: «Wie redet denn die-
ser Mann? In der Kraft Gottes be-
fiehlt er den bösen Geistern, und sie
müssen gehorchen!» 37 Bald redete
man in der ganzen Gegend über das,
was Jesus getan hatte.

Alle müssen die Heilsbotschaft hören

(Matth. 4,23; 8,14–17; Mark. 1,29–39)

38 Nachdem Jesus die Synagoge ver-
lassen hatte, ging er in das Haus des
Petrus. Dessen Schwiegermutter hat-
te hohes Fieber. Man bat Jesus, ihr zu
helfen. 39 Er trat an ihr Bett, beugte
sich über sie und befahl dem Fieber
zu weichen. Sofort war sie gesund.
Sie stand auf und bediente ihre Gä-
ste.
40 Die Heilung wurde schnell be-
kannt. Wer einen Kranken in der Fa-
milie hatte, brachte ihn zu Jesus, nach-
dem die Sonne untergegangen war. Er
legte ihnen die Hände auf und heilte
sie alle. 41 Viele wurden auch von Dä-
monen befreit, die schrien: «Du bist
der Sohn Gottes!» Aber er bedrohte
sie und befahl ihnen zu schweigen;
denn sie wußten, daß er der von Gott
gesandte Befreier ist.
42 Am frühen Morgen verließ Jesus
das Haus und ging in eine einsame
Gegend. Aber die Leute suchten ihn
überall, und als sie ihn endlich gefun-
den hatten, wollten sie ihn festhalten.
Er sollte bei ihnen bleiben. 43 Doch er
wies sie ab: «Ich muß die frohe Bot-
schaft vom Reich Gottes auch in alle
anderen Städte bringen. Das ist mein
Auftrag.»
44 Er ging weiter und predigte in al-
len Synagogen des Landes.

Jesus beruft seine ersten Jünger

(Matth. 4,18–22; Mark. 1,16–20)

5 Eines Tages drängte sich am See
Genezareth eine große Men-
schenmenge um Jesus. Alle wollten
Gottes Wort hören. 2 Am Ufer lagen
zwei leere Boote. Die Fischer hatten
sie verlassen und arbeiteten an ihren
Netzen.
3 Da stieg Jesus in das Boot, das Pe-
trus gehörte, und bat den Fischer, ein
Stück auf den See hinauszurudern,
damit ihn alle besser sehen und hören
konnten. Vom Boot aus sprach Jesus
dann zu den Menschen.
4 Anschließend sagte er zu Petrus:
«Fahrt jetzt weiter auf den See, und
werft eure Netze aus!» 5 «Herr», gab
Petrus zu bedenken, «wir haben die
ganze Nacht gearbeitet und nichts ge-
fangen. Aber weil du es sagst, will ich
es wagen.»
6 Sie warfen ihre Netze aus und fin-
gen so viele Fische, daß die Netze zu
zerreißen drohten. 7 Deshalb winkten
sie den Fischern im anderen Boot,
ihnen zu helfen. Bald waren beide
Boote bis zum Rand beladen, so daß
sie beinahe sanken.
8 Als Petrus das sah, fiel er er-
schrocken vor Jesus nieder und rief:
«Herr, geh weg von mir! Ich bin ein
sündiger Mensch!» 9 Er und alle ande-
ren Fischer waren fassungslos über

a) Wörtlich: der Heilige Gottes.

diesen Fang, 10 auch Jakobus und Jo-
hannes, die Söhne des Zebedäus, die
Petrus bei der Arbeit geholfen hat-
ten. Aber Jesus sagte zu Petrus:
«Fürchte dich nicht! Du wirst jetzt
keine Fische mehr fangen, sondern
Menschen für mich gewinnen.» 11 Sie
brachten die Boote an Land, verlie-
ßen alles und gingen mit Jesus.

Ein Leprakranker wird geheilt
(Matth. 8,1–4; Mark. 1, 40–45)

12 In einer der Städte traf Jesus einen
Mann, dessen Körper von Lepra zer-
fressen war. Als er Jesus sah, warf er
sich vor ihm nieder und flehte ihn an:
«Herr, wenn du willst, kannst du
mich heilen!» 13 Jesus streckte die
Hand aus, berührte ihn und sagte:
«Ich will! Sei gesund!» Da war der
Mann von seiner Krankheit geheilt.

14 Jesus befahl ihm, nicht über seine
Heilung zu reden. «Geh und laß dich
vom Priester untersuchen», forderte
er ihn auf, «und bring das Opfer für
deine Heilung, wie es Mose im Ge-
setz anordnet! Sie sollen sehen, daß
Gott dich geheilt hat.»

15 Aber das änderte nichts daran,
daß immer mehr Menschen von den
Wundern Jesu sprachen. In Scharen
drängten sie sich zu ihm. Sie wollten
ihn hören und von ihren Krankheiten
geheilt werden. 16 Aber Jesus entzog
sich der Menge, um in der Einsamkeit
zu beten.

Jesus hat die Macht, Sünden zu vergeben
(Matth. 9,1–8; Mark. 2,1–12)

17 Als Jesus eines Tages Gottes Bot-
schaft erklärte, saßen unter den Zu-
hörern auch Pharisäer und Schriftge-
lehrte. Sie waren aus ganz Galiläa,
aus Judäa und aus Jerusalem gekom-
men. In der Kraft Gottes heilte Jesus
die Kranken.[a]

18 Da brachten einige Männer einen
Gelähmten auf einer Trage. Sie ver-
suchten, sich durch die Menge zu
drängen und den Kranken zu Jesus zu
bringen. 19 Aber das war unmöglich.
Die vielen Menschen ließen sie nicht
durch. Kurzentschlossen stiegen sie
auf das Dach, deckten die Ziegel
ab und ließen den Mann auf seiner
Trage durch die Öffnung zu Jesus hin-
unter.

20 Als Jesus sah, wie groß ihr Glau-
be an ihn war, sagte er zu dem Ge-
lähmten: «Deine Sünden sind dir ver-
geben!»

21 «Was bildet sich dieser Mensch
eigentlich ein?» entrüsteten sich da
die Pharisäer und Schriftgelehrten.
«Das ist Gotteslästerung! Nur Gott
kann Sünden vergeben!»

22 Jesus durchschaute sie und frag-
te: «Was habt ihr da für Gedanken?
23 Ist es leichter zu sagen: ‹Dir sind
deine Sünden vergeben›, oder: ‹Steh
auf, du bist geheilt›? 24 Aber ich will
euch beweisen, daß der Menschen-
sohn die Macht hat, schon jetzt Sün-
den zu vergeben.» Und er forderte
den Gelähmten auf: «Nimm deine
Trage und gehe nach Hause!»

25 Alle sahen, wie der Mann auf-
stand, seine Trage nahm, nach Hause
ging und dabei Gott dankte. 26 Voller
Entsetzen sahen ihm die Leute nach.
Doch dann riefen sie begeistert: «Wir
haben heute Unglaubliches gese-
hen!» Und alle lobten Gott.

a) Wörtlich: Die Kraft des Herrn war da, um zu heilen.

DIE ZWEI GESICHTER DER EINSAMKEIT

Rosemarie Uschold

Lukas 5,16

Warum zieht sich Jesus von den Menschen zurück, die ihn umdrängen? Sie haben den Wunsch, von ihm gesegnet und geheilt zu werden! Aber auch Jesus folgt einem dringenden Wunsch: Er möchte mit seinem himmlischen Vater allein sein und aus dieser Begegnung neue Kraft und Weisung für seinen Dienst empfangen.

Vor allem Christen, die im seelsorgerlichen Dienst stehen, kennen diese Spannung: Wie sollen sie ihrer Sehnsucht nach Stille vor Gott nachgeben und gleichzeitig die Erwartungen ihrer Mitmenschen erfüllen? Denn trotz aller Termine wissen sie: Erst aus dem Alleinsein mit Gott erwächst ihnen die nötige Kraft für ihre Aufgaben.

Einsamkeit hat zwei völlig entgegengesetzte Gesichter. Die freiwillig gewählte Einsamkeit kann segensreich und beglückend sein. Die unfreiwillige Einsamkeit jedoch wird vielen Menschen zur Qual. Sie leiden an ihrer Verlassenheit und fühlen sich ausgeschlossen.

Jesus liebte das Alleinsein mit dem Vater. Er stand oft vor Tag auf, um zu beten. Er kannte aber auch die schmerzliche Verlassenheit, als seine besten Freunde nicht einmal eine Stunde mit ihm wachten. Verlassenheit kann man in unserer Gesellschaft in vielerlei Gestalt antreffen. Eine Freundin von mir wohnt in einem 15-stöckigen Hochhaus mit 800 Einzelappartements. Die Anonymität in diesem Haus ist schwer zu ertragen.

Ich besuche regelmäßig eine 95jährige Frau in einem Pflegeheim. Das überlastete Pflegepersonal verrichtet so schnell wie möglich den Dienst, für Gespräche und Zuwendung bleibt kaum Zeit. Für die alte Frau dehnen sich die Stunden endlos, bis ein Besucher anklopft und ein wenig Licht und Freundlichkeit bringt.

Als ich nach 25jähriger Ehe geschieden wurde, schrieben mir mitfühlende Freundinnen, wie sehr sie mich nun wegen meines Alleinseins bedauerten, zumal die Kinder erwachsen und aus dem Haus waren. Sie verkannten meine Situation: die Einsamkeit in der Ehe war schmerzlich gewesen. Der vergebliche Versuch, den Partner zu erreichen und sich ihm verständlich zu machen.

Spät erst habe ich Gott als den liebevollen Vater entdeckt. In ihm habe ich gefunden, was ich suchte: Verständnis! Ihm muß ich nicht lange erklären, was ich fühle und denke. Er kennt mich bis in meine Tiefen. Er nimmt mich an, nimmt mich ernst, hat immer Zeit für mich. Wie geborgen bin ich bei ihm! Wie kostbar werden die Stunden des Alleinseins mit ihm! Bei Gott finden wir die Erfüllung unserer Sehnsüchte. Und diese Erfahrungen dürfen wir weitergeben an andere Menschen.

Gesunde brauchen keinen Arzt
(Matth. 9,9–13; Mark. 2,13–17)

27 Als Jesus weiterzog, sah er den Zolleinnehmer Levi am Zoll sitzen. Jesus forderte ihn auf: «Komm, geh mit mir!» 28 Ohne zu zögern, verließ Levi alles und ging mit ihm. 29 Kurz darauf gab er für Jesus in seinem Haus ein großes Fest. Viele Zolleinnehmer und seine anderen Freunde saßen mit Jesus und den Jüngern an der Festtafel.

30 «Wie könnt ihr nur mit solchem Gesindel verkehren?» empörten sich die Pharisäer und Schriftgelehrten bei den Jüngern. 31 Jesus antwortete ihnen: «Gesunde Menschen brauchen keinen Arzt, aber die Kranken. 32 Meine Aufgabe ist es, Sünder in die Gemeinschaft mit Gott zu rufen, und nicht solche, die Gott bereits kennen.»[a]

Neues Leben braucht neue Formen
(Matth. 9,14–17; Mark. 2,18–22)

33 Wieder einmal wollten die Pharisäer Jesus mit ihren Fragen in die Enge treiben. «Die Jünger von Johannes dem Täufer fasten und beten viel, und unsere Freunde halten es auch so», sagten sie zu Jesus. «Aber deine Jünger essen und trinken, ohne sich um die Fastentage zu kümmern.»

34 Da antwortete Jesus: «Wollt ihr vielleicht die Hochzeitsgäste hungern lassen, solange der Bräutigam mit ihnen an der Festtafel sitzt? 35 Die Zeit kommt früh genug, daß ich nicht mehr bei meinen Jüngern sein werde. Dann werden auch sie fasten.»

36 Noch mit einem anderen Beispiel ging er auf ihre Frage ein: «Niemand zerreißt ein neues Kleid, um damit ein altes zu flicken. Nicht nur, daß es um das neue Kleid zu schade wäre; sondern der neue Flicken paßt auch gar nicht zum alten Kleid. 37 Ebenso füllt niemand jungen, gärenden Wein in alte, brüchige Schläuche. Sie würden platzen, und man hätte Wein und Schläuche verloren. 38 Junger Wein gehört in neue Schläuche. 39 Wer aber gern alten Wein trinkt, der will vom jungen Wein nichts wissen. ‹Der alte Wein ist immer noch der beste›, wird er sagen.»

Gesetzlichkeit oder Liebe?
(Matth. 12,1–14; Mark. 2,23–3,6)

6 An einem Sabbat ging Jesus mit seinen Jüngern durch die Getreidefelder. Die Jünger rissen einzelne Ähren ab, rieben sie zwischen den Händen und aßen die Körner. 2 Einige Pharisäer, die das sahen, empörten sich: «Ihr übertretet Gottes Gebot! Am Sabbat ist es verboten, Getreide zu ernten!»

3 Darauf antwortete Jesus: «Kennt ihr nicht die Geschichte von König David und seinen Freunden? 4 Als er hungrig war, ging er in das Haus Gottes und aß mit ihnen vom Opferbrot, obwohl doch nur die Priester davon essen dürfen. 5 Erst recht hat der Menschensohn die Macht zu entscheiden, was am Sabbat erlaubt ist und was nicht.»

6 Als Jesus an einem anderen Sabbat in der Synagoge predigte, bemerkte er einen Mann, dessen rechte Hand verkrüppelt war. 7 Die Schriftgelehrten und Pharisäer ließen Jesus nicht aus den Augen. Wenn er den

a) Wörtlich: und nicht die Gerechten.

Mann am Sabbat heilen würde, hätten sie endlich einen Grund, ihn anzuzeigen. 8 Jesus wußte, was sie dachten. Deshalb sagte er zu dem Mann mit der verkrüppelten Hand: «Steh auf und komm hierher, damit dich alle sehen können!» Der Mann kam nach vorn.

9 Nun wandte sich Jesus an die Pharisäer und Schriftgelehrten: «Was soll man am Sabbat tun, Gutes oder Böses? Soll man das Leben eines Menschen retten, oder soll man ihn zugrunde gehen lassen?» 10 Jesus sah einen nach dem andern an, aber alle schwiegen. Schließlich sagte er zu dem Mann: «Zeige deine Hand her!» Er streckte sie aus, und die Hand war gesund.

11 Seine Gegner waren wütend. Und sie berieten miteinander, wie sie Jesus aus dem Weg schaffen könnten.

Jesus beruft seine zwölf Jünger
(Mark. 3,13–19)

12 In dieser Zeit stieg Jesus auf einen Berg, um zu beten. Er betete die ganze Nacht. 13 Als es hell wurde, rief er seine Jünger zu sich und wählte zwölf von ihnen aus, die er «Apostel» nannte. 14 Es waren Simon, dem er den Namen Petrus gab, und Simons Bruder Andreas; dann Jakobus und Johannes, Philippus, Bartholomäus, 15 Matthäus, Thomas und Jakobus, der Sohn des Alphäus; sowie Simon, der ehemalige Freiheitskämpfer, 16 Judas, der Sohn von Jakobus, und Judas Ischarioth, der Jesus später verraten hat.

Jesus heilt alle, die zu ihm kommen
(Matth. 4,23–25; Mark. 3,7–12)

17 Als Jesus mit seinen Jüngern den Berg hinuntergestiegen war, kamen sie zu einem großen freien Platz. Hier hatte sich eine riesige Menschenmenge versammelt, darunter viele seiner Anhänger. Die Leute kamen sogar aus Judäa, aus Jerusalem und aus den Hafenstädten Tyrus und Sidon. 18 Sie waren gekommen, um Jesus zu hören und von ihren Krankheiten geheilt zu werden. Alle, die von bösen Geistern beherrscht waren, wurden befreit. 19 Jeder versuchte, Jesus zu berühren; denn von ihm ging eine Kraft aus, die sie alle heilte.

Wer darf sich glücklich nennen?
(Matth. 5,1–12)

20 Jesus sah seine Jünger an und sagte: «Glücklich[a] seid ihr Armen, denn ihr werdet Gottes Reich besitzen. 21 Glücklich seid ihr, die ihr jetzt hungern müßt, denn Gott wird euren Hunger stillen. Glücklich seid ihr, die ihr jetzt weint, denn ihr werdet bald vor Freude jubeln!

22 Glücklich seid ihr, wenn euch die Menschen hassen; wenn sie von euch nichts wissen wollen und euch verachten; wenn sie euch beschimpfen und Schlechtes über euch erzählen, nur weil ihr zu mir gehört[b]. 23 Dann freut euch! Ja, ihr könnt jubeln, denn im Himmel werdet ihr dafür belohnt werden. So wie es euch ergeht, ist es auch schon den Propheten ergangen.

24 Doch wehe euch, ihr Reichen! Ihr habt euer Glück schon auf Erden genossen. 25 Wehe euch, ihr Satten!

a) Wörtlich: Glückselig.
b) Wörtlich: um des Menschensohns willen.

Ihr werdet Hunger leiden. Wehe euch, die ihr jetzt sorglos lacht! Ihr werdet weinen und jammern. [26] Wehe euch, die ihr jetzt von allen umschmeichelt werdet, denn die falschen Propheten waren schon immer beliebt.»

Liebe deine Feinde!

(Matth. 5,38–48)

[27] «Euch allen sage ich: Liebt eure Feinde und tut denen Gutes, die euch hassen. [28] Segnet die Menschen, die euch Böses wünschen, und betet für alle, die euch beleidigen.

[29] Schlägt dir jemand ins Gesicht, dann wehr dich nicht gegen den zweiten Schlag. Wenn dir einer den Mantel wegnimmt, dann weigere dich nicht, ihm auch noch das Hemd zu geben.

[30] Gib jedem, der dich um etwas bittet, und fordere nicht zurück, was man dir genommen hat.

[31] Seid zu den Leuten genauso, wie ihr auch von ihnen behandelt werden wollt. [32] Oder erwartet ihr einen Lohn dafür, wenn ihr die Menschen liebt, die euch auch lieben? Das tut schließlich jeder.[a] [33] Ist es etwas Besonderes, denen Gutes zu tun, die auch zu euch gut sind? Das können auch Menschen, die Gott ablehnen. [34] Was ist schon dabei, Leuten Geld zu leihen, von denen man genau weiß, daß sie es zurückzahlen? Dazu braucht man nichts von Gott zu wissen.

[35] Ihr aber sollt eure Feinde lieben und den Menschen Gutes tun. Ihr sollt ihnen helfen, ohne einen Dank oder eine Gegenleistung zu erwarten. Gott wird euch reich belohnen, weil ihr wie seine Kinder handelt. Denn auch er ist gütig zu Undankbaren und Bösen.»

Kritik und Selbsterkenntnis

(Matth.7,1–5)

[36] «Seid so barmherzig wie euer Vater im Himmel! [37] Richtet nicht über andere, dann wird Gott auch nicht über euch richten! Verurteilt keinen Menschen, dann wird Gott euch auch nicht verurteilen! Wenn ihr bereit seid, anderen zu vergeben, dann wird Gott auch euch vergeben. [38] Gebt, was ihr habt, dann wird Gott euch so reich beschenken, daß ihr gar nicht alles aufnehmen könnt. Mit dem Maßstab, den ihr an andere legt, wird auch Gott euch messen.»

[39] In seinen Predigten gebrauchte Jesus immer wieder Beispiele: «Wie kann ein Blinder einen anderen Blinden führen? Werden sie nicht beide in den Abgrund stürzen? [40] Ein Schüler kann nur so viel wissen wie sein Lehrer. Wenn er alles von ihm gelernt hat, wird er doch nur so klug wie der Lehrer sein.

[41] Weshalb regst du dich über die kleinen Schwächen deines Bruders auf und übersiehst deine eigene Schuld? [42] Du sagst: ‹Mein Freund, komm her! Ich will dir deine Fehler zeigen!› Dabei bist du blind für deine eigene Schuld. Du Heuchler! Kümmere dich erst um deine Fehler und dann versuche, deinem Bruder zu helfen.»[b]

a) Wörtlich: Auch die Sünder lieben, die sie lieben.

b) Verse 41–42 wörtlich: Was aber siehst du den Splitter im Auge deines Bruders, den Balken in deinem eigenen Auge aber nimmst du nicht wahr? Oder wie kannst du zu deinem Bruder

WAS GEHT DICH DAS AN?

Sharon Mumper

Lukas 6,37

Die Zeitungen waren voll von schmutzigen Details über die Fehltritte des bekannten Predigers. Die Reporter rieben sich buchstäblich die Hände vor Freude über jede neue Entgleisung, die da ans Licht kam.

Im Büro der christlichen Organisation, wo ich zu der Zeit arbeitete, herrschte ebenfalls so etwas wie Schadenfreude. Theologisch gesehen unterschied sich die Ausrichtung unserer Organisation deutlich von der des gefallenen Evangelisten. An zynischen Bemerkungen und Witzeleien fehlte es nicht, wenn in der Mittagspause die Mitarbeiter zusammensaßen. Auch in den Medien ergriffen verlegene geistliche Leiter jede Gelegenheit beim Schopf, um den «Sünder» öffentlich anzuprangern.

Doch mitten in diesem öffentlichen und privaten Trubel konnte ich mich eines Gefühls innerer Trauer nicht erwehren. Zwar war mir dieser Prediger nie besonders sympathisch gewesen. Auch theologisch hatte er auf einer anderen Wellenlänge gelegen. Dennoch schmerzte mich die Reaktion meiner Mitchristen zutiefst.

«Seid so barmherzig wie euer Vater im Himmel! Richtet nicht über andere ...» Es schien mir, als hätten manche von ihnen in dem krampfhaften Versuch, sich von dem Mann zu distanzieren, ein wichtiges biblisches Prinzip außer acht gelassen.

Vor vielen Jahren, als ich mich einmal bei Gott über die Fehler eines christlichen Kollegen beklagte, fiel mir plötzlich ein, daß Satan in der Bibel der «Verkläger der Brüder» genannt wird. Wenn ich also vor Gott trete und meinen Bruder oder meine Schwester anklage, begebe ich mich nicht gerade in gute Gesellschaft!

Seit jener Zeit erinnere ich mich in solchen Augenblicken gern an die Mahnung des Apostels Paulus in Römer 14,4: «Du bist nicht der Herr deines Nächsten. Mit welchem Recht willst du ihn also verurteilen? Er ist nicht dir verantwortlich, sondern Gott.» Im Geist stelle ich mir vor, wie Jesus auf die Frage von Petrus, was denn mit Johannes geschehen werde, mit fester Stimme antwortet: «Was geht es dich an? Folge du mir nach!» (Johannes 21,22).

Das Erkennungszeichen

(Matth. 7,15–20; 12,33–35)

43 «Ein guter Baum trägt keine schlechten Früchte und ein schlechter Baum keine guten. 44 So kann man jeden Baum an seinen Früchten erkennen. Von Dornbüschen erntet man keine Feigen und von Gestrüpp keine Weintrauben. 45 Also wird ein guter Mensch auch Gutes tun, eben weil er gut ist. Aber ein böser Mensch wird schlecht handeln, weil seine Absichten und Gedanken böse sind. So wie unser Wesen ist – gut oder böse –, so werden wir reden und handeln.»

Jesus, das Fundament des Glaubens

(Matth. 7,24–27)

46 «Warum nennt ihr mich dauernd ‹Herr!›, wenn ihr doch nicht tut, was ich euch sage? 47 Wißt ihr, mit wem ich einen Menschen vergleiche, der meine Worte hört und danach handelt? 48 Er ist wie ein Mann, der sich ein Haus bauen wollte. Zuerst hob er eine Baugrube aus, dann baute er die Fundamente seines Hauses auf festen, felsigen Grund. Als ein Unwetter kam und die Fluten gegen das Haus brandeten, konnte es keinen Schaden anrichten, denn das Haus war auf sicherem Grund gebaut. 49 Wer sich meine Worte allerdings nur anhört und nicht danach lebt, der ist wie einer, der beim Bauen auf das Fundament verzichtet und sein Haus auf weichen Boden baut. Bei einem Unwetter unterspülen die Fluten sein Haus, und es stürzt ein. Übrig bleibt nur ein Trümmerhaufen.»

Wo findet man solch einen Glauben?

(Matth. 8,5–13)

7 Nachdem Jesus zu der Menschenmenge geredet hatte, ging er nach Kapernaum. 2 In dieser Stadt lag der Diener eines römischen Offiziers im Sterben. 3 Weil der Offizier seinen Diener sehr schätzte, schickte er einige angesehene Juden zu Jesus, von dessen Ankunft er gehört hatte. Sie sollten ihn bitten, mitzukommen und seinen Diener zu heilen. 4 So kamen sie zu Jesus und redeten eindringlich auf ihn ein: «Du mußt diesem Mann unbedingt helfen! 5 Er liebt unser Volk und hat den Bau der Synagoge bezahlt.»

6 Jesus ging mit ihnen. Aber noch ehe sie das Haus erreicht hatten, schickte ihm der Offizier einige Freunde entgegen und ließ ihm sagen: «Herr, ich möchte nicht, daß du selbst in mein Haus kommst; denn ich bin es nicht wert. 7 Deshalb bin ich auch nicht persönlich zu dir gekommen. Ich weiß, du brauchst nur ein Wort zu sagen, dann wird mein Diener gesund. 8 Auch ich habe Vorgesetzte, denen ich gehorchen muß, und meinen Soldaten erteile ich Befehle. Wenn ich zu einem sage:

sagen: Bruder, erlaube, ich will den Splitter herausziehen, der in deinem Auge ist, während du selbst den Balken in deinem Auge nicht siehst? Heuchler, entferne zuerst den Balken aus deinem Auge. Dann wirst du klar sehen und kannst den Splitter aus dem Auge deines Bruders ziehen.

Mein Gott, warum hast du mich verlassen?

Aus Psalm 22

Ein Lied Davids

Mein Gott, mein Gott, warum hast du mich verlassen?
Warum bist du so weit weg und hörst mein Stöhnen nicht?
Mein Gott! Den ganzen Tag rufe ich, aber du gibst mir keine Antwort.
Ich rufe in schlaflosen Nachtstunden, aber ich finde keine Ruhe.
Du bist doch der heilige Gott! Dein Volk Israel lobt dich mit seinen Liedern.
Unsere Vorfahren haben dir vertraut, und du hast ihnen immer wieder geholfen.
Sie vertrauten dir, und du hast sie nicht enttäuscht.

Und was ist mit mir? Ein Wurm bin ich, kein Mensch mehr – Gespött der Leute,
alle behandeln mich wie Dreck. Von allen Seiten werde ich verspottet.
Wer mich sieht, verzieht sein Gesicht und grinst schadenfroh.
«Überlaß Gott deine Not!» lästern sie, «der soll dir helfen!
Er wird dich schon nicht sitzen lassen! Du bist ja sein Liebling!»

Herr, du hast mich aus dem Leib meiner Mutter gezogen.
Schon an ihrer Brust hast du mir Geborgenheit geschenkt.
Du bist mein Gott, seitdem mein Leben im Mutterleib begann.
Wende dich jetzt nicht ab von mir! Groß ist meine Angst!
Weit und breit gibt es keinen, der mir hilft …
Mein Herz verkrampft sich vor Angst, und meine ganze Kraft ist dahin.
Die Zunge klebt mir am Gaumen. Du läßt mich im Tode versinken.
Herr, wende dich nicht länger von mir ab!
Nur du kannst mir neue Kraft geben, komm mir schnell zu Hilfe!
Rette mich vor dem tödlichen Schwert. Ich habe doch nur ein Leben!

Herr, du hast mich erhört!
Ich will meinen Brüdern deinen Namen bekanntmachen.
Er hat den Hilflosen nicht verachtet, über sein Elend setzte er sich nicht hinweg …
Er hat ihm geantwortet, als er um Hilfe schrie.
Herr, jetzt habe ich allen Grund, dir vor der großen Gemeinde
ein Loblied zu singen. Was ich in meiner Not versprochen habe,
löse ich jetzt ein; alle, die dich ehren, sind meine Zeugen …
Alle, die den Herrn kennen, sollen ihn loben.

‹Geh!›, dann geht er. Befehle ich
einem anderen: ‹Komm!›, dann
kommt er. Und wenn ich zu meinem
Diener sage: ‹Tu dies!›, dann führt er
den Auftrag aus.»
9 Als Jesus das hörte, wunderte
er sich sehr. Er sagte zu den Men-
schen, die ihm gefolgt waren: «Das
ist sicher: Unter allen Juden in Israel
bin ich keinem Menschen mit so fe-
stem Glauben begegnet.» 10 Als die
Freunde des Offiziers in das Haus
zurückkamen, war der Diener ge-
sund.

Jesus erweckt ein totes Kind zum Leben

11 Nicht lange danach kam Jesus mit
seinen Jüngern in die Stadt Nain. Es
folgte ihm wieder eine große Men-
schenmenge. 12 Als er sich dem Stadt-
tor näherte, kam ihm ein Trauerzug
entgegen. Der Verstorbene war der
einzige Sohn einer Witwe. Viele
Trauergäste aus der Stadt begleiteten
die Frau. 13 Als Jesus sie sah, war er
von ihrem Leid tief bewegt. «Weine
nicht!» tröstete er sie. 14 Er ging zu
der Bahre und legte seine Hand auf
den Sarg. Die Träger blieben stehen.
Jesus sagte zu dem toten Jungen:
«Ich befehle dir: Steh auf!» 15 Da
setzte sich der Junge auf und be-
gann zu sprechen. Die Mutter hatte
ihr Kind durch Jesus wiederbekom-
men.
16 Alle erschraken über das, was sie
gesehen hatten. Dann aber begriffen
sie, und sie lobten Gott und sagten:
«Gott hat uns einen mächtigen Pro-
pheten geschickt. Er hilft seinem
Volk!»
17 Bald wußte jeder in Israel und in
den angrenzenden Ländern, was Je-
sus getan hatte.

Bist du der versprochene Retter?
(Matth. 11,2–6)

18 Von den Wundertaten Jesu erfuhr
auch Johannes der Täufer durch seine
Jünger. 19 Er schickte zwei von ihnen zu
Jesus. Sie sollten ihn fragen: «Bist du
der versprochene Retter, oder müssen
wir noch länger auf ihn warten?»
20 Die beiden kamen zu Jesus und
sagten: «Johannes läßt dich fragen:
‹Bist du der von Gott versprochene
Retter, oder müssen wir noch länger
auf ihn warten?›»
21 Jesus heilte gerade viele von ih-
ren Krankheiten und Leiden. Er be-
freite Menschen, die von Dämonen
geplagt wurden, und den Blinden
schenkte er das Augenlicht wieder.
22 So konnte er den Jüngern des Jo-
hannes antworten: «Geht zu Jo-
hannes zurück und erzählt ihm, was
ihr miterlebt habt: Blinde sehen, Ge-
lähmte gehen, Aussätzige werden ge-
heilt, Taube hören, Tote werden wie-
der lebendig, und den Armen wird
die frohe Botschaft verkündet! 23 Und
sagt ihm: Glücklich ist jeder, der
nicht an mir zweifelt!»

Jesus und Johannes
(Matth. 11,7–19)

24 Als die Jünger des Johannes gegan-
gen waren, wandte sich Jesus an die
Menschen, die sich um ihn versam-
melt hatten: «Was wolltet ihr sehen,
als ihr zu Johannes in die Wüste hin-
ausgezogen seid? Ein Schilfrohr, das
vom Wind hin- und herbewegt wird?
25 Oder was sonst? Einen Mann in
vornehmer Kleidung? Dann hättet
ihr in die Königspaläste gehen müs-
sen. 26 Oder wolltet ihr einem Prophe-
ten begegnen? Das will ich euch sa-
gen: Johannes ist ein Prophet, ja
mehr als das.

27 Johannes ist der Mann, von dem
Gott gesagt hat: ‹Ich schicke meinen
Boten voraus, der dein Kommen an-
kündigt und die Menschen darauf
vorbereitet.›[a] 28 Eins ist ganz sicher:
Von allen Menschen, die je geboren
wurden, ist keiner bedeutender als
Johannes der Täufer. Trotzdem wer-
den die Geringsten im Reich Gottes
größer sein als er.

29 Alle, die Johannes zuhörten,
selbst die von allen verachteten Zoll-
einnehmer, gaben Gott recht und lie-
ßen sich von Johannes taufen. 30 Nur
die Pharisäer und Schriftgelehrten
lehnten hochmütig Gottes Hilfe ab.
Sie ließen sich nicht von Johannes
taufen.

31 Wie soll ich die Menschen von
heute beschreiben? Wem gleichen
sie? 32 Sie sind wie spielende Kinder
auf der Straße, die ihren Freunden
zurufen: ‹Wir haben Musik gemacht,
und ihr habt nicht getanzt. Danach
haben wir Beerdigung gespielt, und
ihr seid nicht traurig gewesen!› 33 Jo-
hannes der Täufer fastete oft und
trank keinen Wein. Da habt ihr ge-
sagt: ‹Der ist doch verrückt!›[b] 34 Nun
ist der Menschensohn gekommen, ißt
und trinkt wie jeder andere Mensch,
und ihr beschimpft ihn: ‹Er ist ein
Fresser und Säufer. Verbrecher und
anderes Gesindel[c] sind seine Freun-
de!› 35 Doch nicht an solchen Äußer-
lichkeiten zeigt sich Gottes Weisheit;
sie beweist sich in dem, was sie be-
wirkt.»[d]

Worauf es ankommt – Jesus bei dem Pharisäer Simon

36 Einmal wurde Jesus von einem Pha-
risäer zum Essen eingeladen. Er ging
in das Haus des Pharisäers und setzte
sich an den Tisch. 37 Da kam eine Dir-
ne herein, die in dieser Stadt lebte.
Sie hatte erfahren, daß Jesus bei Si-
mon eingeladen war. In ihrer Hand
trug sie ein Glas mit wertvollem Öl.
38 Die Frau ging zu Jesus, kniete bei
ihm nieder und weinte so sehr, daß
seine Füße von ihren Tränen naß
wurden. Mit ihrem Haar trocknete sie
die Füße, küßte sie und goß das Öl
darüber.

39 Der Pharisäer hatte das alles be-
obachtet und dachte: «Wenn dieser
Mann wirklich ein Prophet Gottes
wäre, müßte er doch wissen, was das
für eine Frau ist!»

40 «Simon, ich will dir etwas erzäh-
len», unterbrach ihn Jesus in seinen
Gedanken. «Ja, ich höre zu, Mei-
ster», antwortete Simon.

41 «Ein reicher Mann hatte zwei
Leuten Geld geliehen. Der eine
Mann schuldete ihm fünftausend
Mark, der andere fünfhundert[e].
42 Weil sie aber zum festgesetzten Ter-
min das Geld nicht zurückzahlen
konnten, schenkte er es beiden. Wel-
cher der beiden Männer wird ihm nun
am meisten dankbar sein?»

43 «Bestimmt der, dem er die größte
Schuld erlassen hat», antwortete Si-
mon. «Du hast recht!» bestätigte ihm
Jesus.

a) Maleachi 3,1
b) Wörtlich: Er hat einen Dämon.
c) Wörtlich: Zöllner und Sünder.
d) Wörtlich: Und die Weisheit ist durch ihre Werke gerechtfertigt worden.
e) Wörtlich: fünfhundert bzw. fünfzig Denare.

44 Dann blickte er die Frau an und
sagte: «Sieh diese Frau, Simon! Ich
kam in dein Haus, und du hast mir
kein Wasser für meine Füße gegeben,
was doch sonst selbstverständlich ist.
Aber sie hat meine Füße mit ihren
Tränen gewaschen und mit ihrem
Haar getrocknet. 45 Du hast mich
nicht mit einem Bruderkuß begrüßt.
Aber diese Frau hat immer wieder
meine Füße geküßt. 46 Du hast meine
Stirn nicht mit Öl gesalbt, während
sie dieses kostbare Öl sogar über mei-
ne Füße gegossen hat. 47 Ich sage dir:
Ihre große Schuld ist ihr vergeben;
sonst hätte sie mir nicht so viel Liebe
zeigen können. Wem wenig vergeben
wird, der liebt auch wenig.»
48 Zu der Frau sagte Jesus: «Deine
Sünden sind dir vergeben.»
49 Da tuschelten die anderen Gäste
untereinander: «Was ist das nur für
ein Mensch! Kann der denn Sünden
vergeben?»
50 Doch Jesus sagte noch einmal zu
der Frau: «Dein Glaube hat dich ge-
rettet! Geh in Frieden.»

Frauen um Jesus

8 Bald darauf zog Jesus durch viele
Städte und Dörfer. Überall pre-
digte er und verkündete die frohe
Botschaft vom Reich Gottes. Auf
dieser Reise begleiteten ihn seine
zwölf Jünger 2 und einige Frauen, die
er von bösen Geistern befreit und von
ihren Krankheiten geheilt hatte. Zu
ihnen gehörten Maria aus Magdala –
Jesus hatte sie von sieben Dämonen
befreit –, 3 Johanna, die Frau des
Chusa, eines Beamten von König He-
rodes, Susanna und viele andere. Sie
waren vermögend und sorgten für Je-
sus und seine Jünger.

Das Gleichnis vom Bauern, der sein Korn aussät

(Matth. 13,1–23; Mark. 4,1–20)

4 Vor einer großen Menschenmenge –
aus allen Städten waren die Leute ge-
kommen – erzählte Jesus dieses
Gleichnis:
5 «Ein Bauer säte auf seinem Feld
Getreide aus. Dabei fielen einige
Körner auf den Feldweg. Sie wurden
zertreten und von den Vögeln aufge-
pickt. 6 Andere Körner fielen auf fel-
sigen Boden. Sie gingen auf, aber
weil es nicht feucht genug war, ver-
trockneten sie. 7 Einige Samenkörner
fielen zwischen die Disteln, in denen
die junge Saat bald erstickte. 8 Die üb-
rigen Körner fielen auf guten Boden.
Das Getreide wuchs heran, und der
Bauer brachte eine reiche Ernte ein.
Hört auf das, was ich euch sage!»
9 Später fragten ihn seine Jünger,
was er mit diesem Gleichnis sagen
wollte. 10 Jesus antwortete ihnen:
«Ihr könnt die Geheimnisse des Rei-
ches Gottes verstehen. Zu allen ande-
ren rede ich in Gleichnissen, damit sie
nichts erkennen, obwohl sie sehen
können, und nichts verstehen, ob-
wohl sie es hören.
11 Euch aber will ich das Gleichnis
erklären: Das Samenkorn ist Gottes
Wort. 12 Der Feldweg ist ein Beispiel
für Menschen, die Gottes Wort ge-
hört haben. Aber dann kommt der
Satan und nimmt das Wort aus ihren
Herzen, damit sie nicht glauben und
gerettet werden.
13 Der felsige Boden soll auf Men-
schen hinweisen, die das Wort Gottes
hören und bereitwillig aufnehmen.
Aber alles bleibt an der Oberfläche.
Eine Zeitlang sind sie begeistert,
doch sobald sie wegen ihres Glaubens
in Schwierigkeiten kommen, geben
sie auf.

AUFMERKSAM LEBEN

Margit Lambach

Lukas 7,37

Sie hat keinen guten Ruf. Trotzdem wagt sie sich in das vornehme Haus Simons, des Pharisäers, denn sie hat gehört, Jesus sei dort zu Gast. Jesus ist der Mann, der das Leben dieser Frau verändert hat. Er hat sie lange angesehen, und sie hat gespürt: «Der durchschaut mich – aber er verurteilt mich nicht. Er hat mich liebevoll angesehen, trotz allem, was bei mir nicht in Ordnung ist. Er liebt mich, wie ich bin. Und er weckt die Sehnsucht in mir, ein anderes Leben zu führen, nochmal neu zu beginnen. Ich will ihm danken. Er war so gut zu mir, jetzt will ich ihm Gutes tun, seine Füße mit kostbarem Öl salben. Ich möchte ihm meine Liebe und Dankbarkeit und Verehrung zeigen. Er wird es verstehen!»

Jesus hat auch mir schon so oft Gutes getan. Manchmal registriere ich das ganz bewußt und sage laut «Danke». Meistens aber läuft das Gute selbstverständlich in meinem Leben mit. Es wird erst dann zu etwas Besonderem, wenn es nicht mehr da ist: Gesundheit, Energie, Kraft, Freude …

Ich habe mir vorgenommen: Ich will mehr auf das Gute achten, das Jesus gibt. Ich will es nicht mehr selbstverständlich hinnehmen, sondern «Danke» sagen, ihn loben und preisen – und auch anderen davon erzählen. Ich wünsche mir, daß wir alle aus den Selbstverständlichkeiten herauskommen und wieder bewußt wahrnehmen, welche Geschenke wir jeden Tag neu aus Gottes Hand nehmen dürfen. Auch wenn es uns mal schlecht geht, haben wir immer noch viele Gründe zu danken.

Bei mir ist das oft so: Das Wunder der Veränderung geschieht, wenn ich in schwierigen Situationen beginne, Gott zu danken. Meine Stimmung ändert sich, ich lerne wieder, auf das Positive meines Lebens zu sehen, ich bekomme neuen Mut und neue Hoffnung durch die Gewißheit, daß Jesus auch morgen mit mir gehen wird.

14 Wie der Same, der zwischen die
Disteln fiel, sind Menschen, die Got-
tes Wort hören, bei denen aber alles
beim alten bleibt. Denn die Sorgen
des Alltags, die Verführung durch
den Wohlstand und die Jagd nach den
Freuden dieses Lebens ersticken je-
den Glauben.
15 Aber es gibt auch fruchtbaren
Boden. Das sind Menschen, die das
Wort bereitwillig und aufrichtig an-
nehmen. Es kann in ihnen wachsen
und reiche Frucht bringen.»

Das richtige Hören
(Matth. 5,15; Mark. 4,21–25)

16 «Niemand zündet eine Lampe an
und versteckt sie dann unter einem
Eimer oder stellt sie unter ein Bett.
Im Gegenteil: Man stellt die Lampe
so auf, daß jeder, der hereinkommt,
das Licht sieht.
17 Alles, was jetzt noch verborgen
ist, kommt einmal ans Licht, und was
jetzt noch ein Geheimnis ist, wird je-
der verstehen. 18 Entscheidend ist,
wie ihr mir zuhört. Denn wer viel hat,
der bekommt noch mehr dazu: Wer
meine Botschaft versteht, der wird
einmal alles verstehen. Wer sie aber
nicht begreift, dem wird noch die ge-
ringe Kenntnis, die er zu besitzen
meint, verlorengehen.»[a]

Wer gehört zu Jesus?
(Matth. 12,46–50; Mark. 3,31–35)

19 Seine Mutter und seine Brüder ver-
suchten einmal, Jesus zu sprechen.
Aber es drängten sich so viele Men-
schen um ihn, daß sie nicht bis zu ihm
durchkommen konnten.
20 Sie ließen ihm ausrichten: «Dei-
ne Mutter und deine Brüder stehen
draußen und wollen mit dir reden.»
21 Jesus antwortete: «Jeder, der Got-
tes Wort hört und danach lebt, ist für
mich Bruder und Mutter.»

In Seenot
(Matth. 8,18.23–27; Mark. 4,35–41)

22 Eines Tages stiegen Jesus und seine
Jünger in ein Boot, und er forderte sie
auf: «Fahrt über den See an das ande-
re Ufer!» Sie ruderten los. 23 Unter-
wegs schlief Jesus ein. Mitten auf dem
See kam plötzlich ein gewaltiger
Sturm auf, und die Wellen schlugen
ins Boot. 24 In höchster Not rüttelten
die Jünger Jesus wach: «Herr!»
schrien sie, «wir gehen unter!» Jesus
stand auf und bedrohte den Wind und
die Wellen. Da legte sich der Sturm,
und es wurde ganz still.
25 «Wo ist denn euer Glaube?»
wollte Jesus von ihnen wissen. Ent-
setzt und erstaunt fragten sich die
Jünger untereinander: «Wer ist die-
ser Mann? Sogar Wind und Wellen
gehorchen ihm, wenn er es befiehlt!»

Der Besessene von Gerasa: Die Menschen erschrecken vor Jesu Macht
(Matth. 8,28–34; Mark. 5,1–20)

26 Dann erreichten sie die Gegend von
Gerasa auf der anderen Seite des Sees
Genezareth.
27 Als Jesus aus dem Boot stieg, lief
ihm aus der Stadt ein Mann entgegen,
der von Dämonen beherrscht wurde.
Er zog keine Kleider an und blieb in
keiner Wohnung, sondern hauste
schon lange in Grabhöhlen.

a) Wörtlich: Denn wer hat, dem wird gegeben; wer aber nichts hat, dem wird auch noch genommen, was er zu haben meint.

DER STANDORT MACHT'S

Else Diehl

Lukas 8,16

In einer Zeit der grellen Lichter mit Leuchtreklame, Blitzlichtern und ständiger Beleuchtung fällt eine einfache Lampe nicht besonders auf. Trotzdem denke ich: Das Gleichnis, das Jesus hier benutzt, ist auch in der heutigen Zeit ein zutreffendes Bild für unser Leben.

Jesus Christus vergleicht die Christen mit einem angezündeten Licht. Nicht unsere hellen Gedanken sind es, die uns und andere erleuchten, sondern das, was von Jesus in unser Leben hineinwirkt: Reinigung von allem Schmutz, heilende Kräfte für unsere Seele, Wärme, die sich auch anderen mitteilt. Das macht dieses Licht so wichtig im Dunkel dieser Welt.

Licht braucht den richtigen Standort. Das gilt heute wie damals. Übertragen bedeutet dieses Bild für uns: Christen sind wichtig in dieser Welt. Ihre Ausstrahlung und ihr Gebet sind unverzichtbar. Beten dürfen wir gerne im Verborgenen, aber das Licht von Jesus soll aus uns herausstrahlen und bemerkt werden – da wo wir leben. Fürchten wir uns, als Christin erkannt zu werden, Widerspruch zu bekommen, vielleicht belächelt zu werden? Machen wir es uns bewußt: Nicht wir sind wichtig, wohl aber das Licht in uns. Die uns umgebende dunkle Welt braucht Jesus Christus.

[28]Kaum hatte er Jesus gesehen, fing er an zu schreien. Er warf sich vor ihm nieder und schrie laut: «Was willst du von mir, du Sohn Gottes, des Höchsten! Ich flehe dich an, quäle mich nicht!»

[29]Jesus hatte nämlich dem Dämon befohlen, den Mann endlich freizulassen.

Immer wieder hatte der böse Geist den Mann überwältigt. Obwohl man ihn an Händen und Füßen fesselte und einsperrte, konnte er seine Ketten zerreißen und in die Wüste entkommen.

[30]«Wie heißt du?» fragte ihn Jesus. «Legion», war die Antwort. Denn der Mann war von vielen Dämonen besessen. [31]Wieder und wieder bettelten sie: «Befiehl uns nicht, in die Hölle zu fahren!» [32]In ihrer Nähe an einem Berghang weidete gerade eine Schweineherde. In diese Schweine wollten die Dämonen fahren, und Jesus erlaubte es ihnen.

[33]Nun ließen die Dämonen den Mann frei und stürzten sich auf die Schweine. Da stürzte die ganze Herde in den See und ertrank. [34]Entsetzt flohen die Hirten in die Stadt und in die umliegenden Dörfer und berichteten, was sich ereignet hatte.

[35]Von überall her kamen die Leute gelaufen, um an Ort und Stelle zu sehen, was geschehen war. Sie sahen den Mann, den Jesus gerade von den Dämonen befreit hatte. Er war ordentlich angezogen und hörte ihm ruhig zu.

Da erschraken die Leute. [36]Und die alles mitangesehen hatten, berichteten, wie der besessene Mann von Jesus geheilt worden war. [37]Entsetzt baten sie Jesus, er möge ihre Gegend doch wieder verlassen, denn sie fürchteten sich.

Jesus stieg in das Boot, um zurückzufahren. [38]Der geheilte Mann wollte mitgehen und bei ihm bleiben. Aber Jesus beauftragte ihn: [39]«Geh nach Hause und berichte, wie Gott dir geholfen hat.» Und der Mann ging und erzählte in der ganzen Stadt, wie Jesus ihn geheilt hatte.

Die Tochter des Jairus: Jesu Macht endet nicht bei Krankheit und Tod
(Matth. 9,18–26; Mark. 5,21–43)

[40]Ungeduldig wartete auf der anderen Seite des Sees eine große Menschenmenge auf Jesus. [41]Als das Boot anlegte, drängte sich ein Mann nach vorn, Jairus, der Vorsteher der jüdischen Gemeinde. Er warf sich vor Jesus nieder und bat ihn inständig, in sein Haus zu kommen; [42]denn sein einziges Kind, ein zwölfjähriges Mädchen, lag im Sterben. Jesus ging mit ihm.

[43]Unter den Leuten war eine Frau, die seit zwölf Jahren an starken Blutungen litt. Niemand hatte ihr helfen können, obwohl sie schon von vielen Ärzten behandelt worden war und dafür ihr ganzes Geld ausgegeben hatte. [44]Als sie bis zu Jesus gekommen war, berührte sie von hinten seinen Mantel. In diesem Augenblick hörten die Blutungen auf.

[45]«Wer hat mich angefaßt?» fragte Jesus und blieb stehen. Aber alle zuckten mit den Schultern, und Petrus meinte: «Herr, bei diesem Gedränge ist es doch kein Wunder, daß dich jemand anstößt.» [46]«Nein», erwiderte Jesus, «jemand hat mich absichtlich angefaßt. Ich habe gespürt, wie heilende Kraft von mir ausgegangen ist!» [47]Als die Frau erkannte, daß Jesus alles bemerkt hatte, fiel sie zitternd vor ihm auf die Knie. Vor allen Leuten erzählte sie, weshalb sie ihn berührt hatte und wie sie sofort ge-

heilt worden war. 48 «Meine Tochter», sagte Jesus zu ihr, «dein Glaube hat dir geholfen. Gehe in Frieden!»

49 Während er mit der Frau sprach, brachte jemand Jairus die Nachricht: «Deine Tochter ist gestorben. Der Meister braucht nicht mehr zu kommen.»

50 Jesus hörte das und sagte zu dem Vater: «Fürchte dich nicht! Glaube nur, und deine Tochter wird gerettet!»

51 Als sie das Haus erreichten, erlaubte er nur Petrus, Jakobus, Johannes und den Eltern des Mädchens, mit hineinzugehen. 52 Alle klagten und weinten um die Tote, aber Jesus sagte: «Hört auf zu weinen! Das Kind ist nicht tot, es schläft nur!» 53 Sie lachten ihn aus, denn jeder wußte, daß dieses Mädchen tot war. 54 Aber Jesus faßte es bei der Hand und rief: «Kind, steh auf!» 55 Da wurde das Mädchen wieder lebendig, stand auf, und Jesus ließ ihm etwas zu essen bringen. 56 Die Eltern konnten kaum fassen, was sie erlebt hatten. Doch Jesus schärfte ihnen ein, mit niemandem darüber zu reden.

Auftrag zum Dienst

(Matth. 10,1.5–15; Mark. 6,7–13)

9 Jesus rief seine zwölf Jünger zusammen und gab ihnen Kraft und Vollmacht, alle Dämonen auszutreiben und Kranke zu heilen. 2 Er beauftragte sie, überall das Kommen der Gottesherrschaft anzukündigen und die Kranken gesund zu machen.

3 «Nehmt nichts mit auf die Reise», befahl er ihnen, «weder Wanderstab noch Tasche, weder Verpflegung noch Geld, nicht einmal Kleider zum Wechseln. 4 Bleibt in dem Haus, in dem ihr Aufnahme gefunden habt, so lange, bis ihr weiterzieht. 5 Will man euch in einer Stadt nicht haben, dann geht fort und kümmert euch nicht mehr um die Leute. Schüttelt den Staub von euren Füßen zum Zeichen dafür, daß Gott diese Stadt strafen wird.»

6 Die Jünger zogen los und wanderten von Ort zu Ort. Überall verkündeten sie die frohe Botschaft und heilten die Kranken.

Herodes ist ratlos: Wer ist dieser Jesus?

(Matth. 14,1–2; Mark. 6,14–16)

7 Herodes, der Fürst von Galiläa, bekam Angst, als er erfuhr, was Jesus tat; denn einige behaupteten: «Johannes der Täufer ist von den Toten zurückgekehrt.» 8 Andere wieder meinten, Elia sei erschienen oder einer von den alten Propheten auferstanden.

9 «Johannes habe ich enthaupten lassen!» überlegte Herodes. «Aber wer ist dieser Mann, von dem so erstaunliche Dinge berichtet werden?» Darum wollte er Jesus unbedingt kennenlernen.

Fünftausend Menschen werden satt

(Matth. 14,13–21; Mark. 6,30–44; Joh. 6,1–13)

10 Die zwölf Jünger kehrten zu Jesus zurück und berichteten, was sie getan hatten. Jesus nahm sie mit in die Stadt Bethsaida. Dort wollte er mit ihnen allein sein. 11 Es sprach sich aber schnell herum, wo Jesus war, und die Menschen folgten ihm. Er schickte sie nicht fort, sondern sprach mit ihnen über das Reich Gottes und heilte die Kranken.

12 Es war spät geworden. Da kamen die zwölf Jünger zu Jesus und sagten:

«Es wird Zeit, daß die Leute gehen,
damit sie in den umliegenden Dör-
fern und Höfen übernachten und sich
etwas zu essen kaufen können. Hier
gibt es doch nichts!»
13 «Gebt *ihr* ihnen zu essen!» for-
derte Jesus sie auf. «Aber wir haben
nur fünf Brote und zwei Fische!» ent-
gegneten die Jünger. «Oder sollen
wir etwa für all die Leute Essen be-
sorgen?» 14 Es hatten sich etwa fünf-
tausend Menschen um Jesus versam-
melt. «Sagt ihnen, sie sollen sich in
Gruppen von je fünfzig Personen la-
gern!» ordnete Jesus an. 15 Und so ge-
schah es.
16 Jesus nahm die fünf Brote und
zwei Fische, die ihm die Jünger ge-
geben hatten, sah zum Himmel auf
und dankte Gott. Er teilte Brot und
Fische, und die Jünger gaben sie an
die Menge weiter. 17 Jeder aß sich
satt, und trotzdem blieb noch viel üb-
rig: zwölf Körbe voll.

Petrus bekennt: «Du bist der von Gott gesandte Retter!»

(Matth. 16,13–28; Mark. 8,27–9,1)

18 Eines Tages war Jesus allein und be-
tete. Nur seine Jünger waren bei ihm.
Da fragte er sie: «Für wen halten
mich eigentlich die Leute?»
19 «Für Johannes den Täufer», er-
widerten die Jünger. «Andere halten
dich für den Propheten Elia, oder sie
meinen, einer der alten Propheten sei
wieder erschienen.»
20 «Und was meint ihr?» Voller
Überzeugung bekannte Petrus: «Du
bist Christus, der von Gott gesandte
Retter!» 21 Jesus befahl seinen Jün-
gern nachdrücklich, mit niemandem
darüber zu reden, 22 und er sagte:
«Der Menschensohn muß viel leiden.
Die Führer des Volkes, die Hohen-
priester und Schriftgelehrten werden
ihn ablehnen und töten. Aber drei
Tage später wird Gott ihn wieder auf-
erwecken.»

Bedingungen für die Nachfolge

(Matth. 10,33.39; Joh. 12,25)

23 Danach wandte sich Jesus an alle:
«Wer mir folgen will, darf nicht mehr
an sich selber denken; er muß sein
Kreuz willig auf sich nehmen und mir
nachfolgen. 24 Wer sein Leben um je-
den Preis erhalten will, der wird es
verlieren. Wer aber sein Leben für
mich einsetzt, der wird es für immer
gewinnen. 25 Denn was hat ein
Mensch davon, wenn er die ganze
Welt gewinnt, aber dabei das ewige
Leben verliert?
26 Das steht fest: Wer sich schämt,
sich zu mir und meinen Worten zu be-
kennen, für den wird auch der Men-
schensohn nicht eintreten, wenn er in
seiner Macht und in der Herrlichkeit
des Vaters und der heiligen Engel
wiederkommen wird. 27 Glaubt mir:
Einige von denen, die hier stehen,
werden leben und die Herrschaft
Gottes mit eigenen Augen sehen.»

Himmel auf Erden

(Matth. 17,1–9; Mark. 9,2–9)

28 Acht Tage später stieg Jesus mit Pe-
trus, Johannes und Jakobus auf einen
Berg, um zu beten. 29 Als Jesus bete-
te, veränderte sich sein Gesicht, und
seine Kleider strahlten hell. 30 Plötz-
lich standen zwei Männer bei ihm:
Mose und Elia. 31 Auch sie waren von
hellem Licht umgeben und sprachen
mit Jesus über seinen Tod, den er
nach Gottes Plan in Jerusalem erlei-
den sollte.
32 Petrus und die beiden andern
Jünger waren eingeschlafen. Jetzt
wurden sie wach und sahen Jesus in

Gipfeltreffen mit Jesus

Sabine Schmidt

Lukas 9,27–36

Jesus ist immer für eine Überraschung gut. Wo er hinkommt, da drängeln sich die Menschen um ihn. Sie wollen seine Worte hören. Und vielleicht tut er ja nebenbei auch wieder ein Wunder? Aber jetzt, hier auf dem Berg, zeigt Jesus sich von einer ganz anderen Seite. Petrus, Johannes und Jakobus sind wie gelähmt: Dieses Licht, diese Schönheit, die Erscheinung von Mose und Elia – das ist der Himmel auf Erden, ohne Zweifel! Ein wahrhaft göttlicher Moment, absolut erhebend!

Für Petrus steht fest: «Hier wollen wir bleiben! Wir sorgen auch für ein Dach über dem Kopf …»

Gipfelerlebnisse mit Jesus möchte jeder haben. Und weil Gott weiß, daß wir sie brauchen, teilt er großzügig aus: Die erhebende Predigt am Sonntag, die gelungene Gebetszeit vergangenen Mittwoch, die nahezu unmögliche Heilung eines todkranken Freundes, die Freizeit letzten Sommer, in der Gott uns so nah war wie nie. Und wir denken: «Hier wollen wir bleiben! Laßt uns die Zelte aufschlagen.»

Sobald wir uns aber niederlassen und dabei die Sicht für das Wichtigste verlieren, rückt Gott unseren verklärten Blick wieder gerade. Im Leben mit Gott geht es eben nicht ausschließlich um «Höhenflüge» fürs Gemüt. Es geht um Jesus, und ihn sollen wir im Blick haben – nicht das mehr oder weniger aufregende Drumherum.

Manchmal erscheint uns der Glaubensalltag jenseits der «Gipfeltreffen» eher glanzlos: Nur wir und Jesus. Doch gerade was wir in den täglichen – und manchmal wenig aufregenden – Gesprächen mit ihm hören und verstehen, wird unser Leben und das anderer verändern. «Tut, was er euch sagt!» – Unten im Tal.

verklärter Gestalt sowie die zwei
Männer, die bei ihm standen. 33 Als
die beiden gehen wollten, rief Petrus:
«Herr, hier gefällt es uns. Wir wollen
drei Hütten bauen: eine für dich, eine
für Mose und eine für Elia!» Dabei
war Petrus gar nicht bewußt, was er
redete.
34 Während er sprach, fiel der
Schatten einer Wolke auf sie. Die
Wolke hüllte sie ein, und sie fürchte-
ten sich; 35 denn sie hörten eine Stim-
me: «Das ist mein Sohn, den ich euch
gesandt habe. Tut, was er euch sagt!»
36 Dann war Jesus wieder allein.
Die Jünger sprachen lange Zeit nicht
über das, was sie erlebt hatten.

Die Ohnmacht der Jünger und die Vollmacht Jesu

(Matth. 17,14–20; Mark. 9,14–29)

37 Als sie am nächsten Tag vom Berg
herabstiegen, kamen ihnen viele
Menschen entgegen. 38 Ein Mann war
dabei, der Jesus anflehte: «Bitte,
Herr, sieh dir meinen Sohn an, mein
einziges Kind! 39 Oft packt ihn ein Dä-
mon! Dann schreit der Junge und
windet sich in Krämpfen, bis der
Schaum vor seinem Mund steht. Es
gibt kaum eine Stunde, in der er nicht
gequält wird. 40 Ich habe deine Jünger
gebeten, den bösen Geist auszutrei-
ben, aber sie waren machtlos.»
41 «Wann fangt ihr endlich an zu
glauben?»[a] rief Jesus. «Wie lange
muß ich noch bei euch sein und euren
Unglauben ertragen? Bringe deinen
Sohn her!» 42 Als sie ihn zu ihm brach-
ten, riß und zerrte der Dämon den
Jungen hin und her. Jesus bedrohte
den bösen Geist, heilte den Jungen
und gab ihn seinem Vater wieder.
43 Alle waren erstaunt und erschrok-
ken über die Macht, die Gott Jesus
gegeben hatte.

Jesus spricht wieder von seinem Tod

(Matth. 17,22–23; Mark. 9,30–32)

Während die Leute noch fassungslos
über diese Tat staunten, sagte Jesus
zu seinen Jüngern:
44 «Vergeßt nicht, was ich euch sa-
ge: Der Menschensohn wird den
Menschen ausgeliefert werden.»
45 Aber sie verstanden Jesus nicht.
Sie konnten nicht begreifen, was er
damit sagen wollte. Doch sie hatten
nicht den Mut, ihn offen danach zu
fragen.

Die anderen Maßstäbe

(Matth. 18,1–5; Mark. 9,33–40)

46 Eines Tages verhandelten die Jün-
ger darüber, welcher von ihnen der
Angesehenste und Wichtigste sei.
47 Jesus merkte, was sie beschäftigte.
Er rief ein Kind, stellte es neben sich
48 und sagte: «Wer ein solches Kind
aus Liebe zu mir aufnimmt, der
nimmt mich auf. Und wer mich auf-
nimmt, der nimmt gleichzeitig Gott
auf, der mich gesandt hat. Wer am
wenigsten von sich selbst hält, der ist
wirklich groß.»
49 «Herr», berichtete Johannes auf-
geregt, «wir haben einen gesehen,
der in deinem Namen böse Geister
austrieb. Weil er nicht zu uns gehört,
haben wir es ihm verboten.» 50 «Laßt
ihn weiter Dämonen austreiben»,
sagte Jesus. «Wer nicht gegen euch
ist, der ist für euch.»

a) Wörtlich: O du ungläubiges und verkehrtes Geschlecht!

Jesus geht nach Jerusalem

51 Weil die Zeit nahe war, daß er wie-
der zu Gott zurückkehren sollte, ent-
schloß sich Jesus, nach Jerusalem zu
reisen. 52 Unterwegs schickte er Bo-
ten voraus, die in einem Dorf in Sa-
marien für eine Unterkunft sorgen
sollten. 53 Aber weil Jesus auf dem
Weg nach Jerusalem war, wollte ihn
keiner aufnehmen.
54 Als seine Jünger Jakobus und Jo-
hannes das hörten, waren sie empört:
«Herr, das brauchst du dir doch nicht
gefallen zu lassen! Wenn du willst,
lassen wir Feuer vom Himmel fallen
wie damals Elia, damit sie alle ver-
brennen!»
55 Jesus wies sie scharf zurecht:
«Habt ihr denn vergessen, von wel-
chem Geist ihr euch leiten lassen
sollt? Der Menschensohn ist nicht ge-
kommen, das Leben der Menschen
zu vernichten, sondern es zu retten.»
56 Dann gingen sie in ein anderes
Dorf.

Nachfolge duldet keinen Aufschub

(Matth. 8,19–22)

57 Unterwegs wurde Jesus von einem
Mann angesprochen: «Ich will mit dir
gehen, ganz gleich wohin.» 58 Jesus
gab ihm zu bedenken: «Die Füchse
haben ihren Bau, die Vögel ihre Ne-
ster, aber der Menschensohn hat hier
keinen Platz, an dem er sich ausruhen
kann.»
59 Einen anderen forderte Jesus
auf: «Gehe mit mir!» Als dieser erwi-
derte: «Ja, Herr, aber vorher laß
mich noch meinen Vater beerdigen»,
60 antwortete ihm Jesus: «Überlaß es
denen, ihre Toten zu begraben, die
nicht auf Gott hören und nichts vom
ewigen Leben wissen wollen.[a] Du
aber sollst verkünden, daß Gott seine
Herrschaft aufrichtet.»
61 Noch einer sagte zu Jesus: «Ich
will mit dir gehen, Herr. Wenn ich
mich von meiner Familie verabschie-
det habe, komme ich mit.» 62 Ihm ant-
wortete Jesus: «Wer anfängt zu arbei-
ten und sich dann durch irgend etwas
ablenken läßt, kann Gottes Auftrag
nicht ausführen.»[b]

Arbeiter für Gottes Ernte

(Matth. 10,7–16; 11,20–24;
Mark. 6,7–13)

10 Danach wählte Jesus siebzig
andere Jünger aus und schick-
te sie immer zu zweit in die Städte und
Dörfer, in die er später selbst kom-
men wollte. 2 Bevor sie sich auf den
Weg machten, sagte er ihnen: «Die
Ernte ist groß, aber es gibt zu wenig
Arbeiter, die sie einbringen. Deshalb
bittet Gott, den Herrn der Ernte, daß
er mehr Arbeiter aussendet, die seine
Ernte einbringen.
3 Geht nun! Ich weiß, daß ich euch
wie Lämmer mitten unter die Wölfe
schicke. 4 Nehmt kein Geld, keine Ta-
sche, keine zusätzlichen Schuhe mit
auf die Reise und vergeudet unter-
wegs keine Zeit. 5 Wenn ihr in ein
Haus eintretet, dann segnet es und
sagt: ‹Friede sei mit diesem Haus!›
6 Wollen die Menschen Gottes Frie-
den annehmen, wird der Friede, den
ihr ihnen bringt, bei ihnen bleiben.
Lehnt man aber eure Friedensbot-

a) Wörtlich: Laß die Toten ihre Toten begraben.
b) Wörtlich: Wer seine Hand an den Pflug legt und sieht zurück, der ist für das Reich Gottes nicht brauchbar.

schaft ab, dann wird auch Gottes Friede nicht in diesem Haus sein.

7 Deshalb bleibt dort, wo man euch aufnimmt, und nehmt die angebotene Gastfreundschaft dankbar an. Wer arbeitet, soll auch seinen Lohn bekommen. Aber geht nicht von Haus zu Haus. 8 Wenn ihr in eine Stadt kommt, in der euch die Leute bereitwillig aufnehmen, da eßt, was man euch anbietet. 9 Heilt die Kranken in der Stadt und sagt allen Leuten: ‹Jetzt beginnt Gottes Herrschaft bei euch.›

10 Will man aber irgendwo nichts von euch wissen, dann verlaßt diese Stadt und sagt den Einwohnern: 11 ‹Ihr habt euch selbst das Urteil gesprochen. Sogar den Staub von euern Straßen schütteln wir von unseren Füßen. Doch merkt euch das eine: Gottes Reich ist euch sehr nahe gewesen!›

12 Es ist ganz sicher: Den Einwohnern von Sodom wird es am Gerichtstag besser ergehen als den Leuten einer solchen Stadt. 13 Wehe euch, ihr Bürger von Chorazin und Bethsaida! Wären diese Wunder in den lasterhaften Hafenstädten Tyrus und Sidon geschehen, ihre Bewohner hätten längst ihre Schuld erkannt und ihr Leben geändert. 14 Am Tag des Gerichts wird es Tyrus und Sidon besser ergehen als euch. 15 Und du, hochgerühmtes Kapernaum, wirst du wirklich in den Himmel gehoben werden? Nein, zur Hölle wirst du fahren!

16 Wer auf euch hört, der hört mich. Und wer euch ablehnt, der lehnt mich ab. Aber wer mich ablehnt, der lehnt damit auch Gott ab, der mich gesandt hat.»

Die Rückkehr der siebzig Jünger
(Mark. 16,18; Joh. 12,31)

17 Als die siebzig Jünger zurückgekehrt waren, berichteten sie begeistert: «Herr, sogar die Dämonen mußten uns gehorchen, wenn wir deinen Namen nannten!» 18 «Ich weiß», antwortete Jesus, «denn ich sah den Satan wie einen Blitz vom Himmel fallen. 19 Ich habe euch die Macht gegeben, auf Schlangen und Skorpione zu treten und die Gewalt des Feindes zu brechen. Nichts wird euch schaden. 20 Trotzdem: Laßt euch nicht davon beeindrucken, daß euch die Dämonen gehorchen müssen; freut euch vielmehr darüber, daß eure Namen im Himmel eingetragen sind!»

Jesus dankt dem Vater
(Matth. 11,25–27)

21 Erfüllt vom Heiligen Geist, betete Jesus nun voller Freude: «Mein Vater, Herr über Himmel und Erde! Ich danke dir, daß du die Wahrheit vor denen verbirgst, die sich für klug halten; aber den Unwissenden hast du sie enthüllt. Ja, Vater, das war deine Absicht. 22 Mein Vater hat mir alle Macht gegeben. Niemand außer dem Vater weiß, wer der Sohn ist. Und wer der Vater ist, weiß nur der Sohn und der, dem er es zeigen will.»

23 Zu seinen Jüngern sagte Jesus dann: «Ihr könnt glücklich sein, daß ihr dies alles seht und erlebt. 24 Denn das ist sicher: Propheten und Könige hätten viel darum gegeben, das zu erleben, was ihr seht und hört. Aber die Zeit war noch nicht da.»

Der barmherzige Samariter – Das wichtigste Gebot

(Matth. 22,34–40; Mark. 12,28–34)

[25] Da stand ein Schriftgelehrter auf, um Jesus eine Falle zu stellen. «Meister», fragte er scheinheilig, «was muß ich tun, um das ewige Leben zu bekommen?» [26] Jesus erwiderte: «Was steht denn darüber im Gesetz Gottes? Was liest du dort?» [27] Der Schriftgelehrte antwortete: «Du sollst Gott, deinen Herrn, lieben mit deinem ganzen Herzen, von ganzer Seele, mit aller Kraft und deinem ganzen Verstand. Und auch deinen Mitmenschen sollst du so lieben wie dich selbst.»

[28] «Richtig!» erwiderte Jesus. «Tue das, und du wirst ewig leben.»

[29] Aber der Mann wollte sich damit nicht zufrieden geben und fragte weiter: «Wer gehört denn zu meinen Mitmenschen? Wie ist das gemeint?»

[30] Jesus antwortete ihm mit einer Geschichte: «Ein Mann wanderte von Jerusalem nach Jericho hinunter. Unterwegs wurde er von Räubern überfallen. Sie schlugen ihn zusammen, plünderten ihn aus und ließen ihn halbtot liegen. Dann machten sie sich davon.

[31] Zufällig kam bald darauf ein Priester vorbei. Er sah den Mann liegen und ging schnell weiter. [32] Genauso verhielt sich ein Tempeldiener. Er sah zwar den verletzten Mann, aber er blieb nicht stehen, sondern machte einen großen Bogen um ihn. [33] Dann kam einer der verachteten Samariter vorbei. Als er den Verletzten sah, hatte er Mitleid mit ihm. [34] Er beugte sich zu ihm hinunter und behandelte seine Wunden. Dann hob er ihn auf sein Reittier und brachte ihn in den nächsten Gasthof, wo er den Kranken besser pflegen und versorgen konnte.

[35] Als er am nächsten Tag weiterreisen mußte, gab er dem Wirt Geld und bat ihn: ‹Pflege den Mann gesund! Sollte das Geld nicht reichen, werde ich dir den Rest auf meiner Rückreise bezahlen!› [36] Welcher von den dreien», fragte Jesus jetzt den Schriftgelehrten, «hat nach deiner Meinung Gottes Gebot erfüllt und an dem Überfallenen als Mitmensch gehandelt?» [37] Der Schriftgelehrte erwiderte: «Natürlich der Mann, der ihm geholfen hat.» «Dann geh und folge seinem Beispiel!» forderte Jesus ihn auf.

Maria und Martha: Was ist wichtig?

[38] Jesus kam mit seinen Jüngern in ein Dorf, wo sie bei einer Frau aufgenommen wurden, die Martha hieß. [39] Maria, ihre Schwester, setzte sich zu Jesus und hörte ihm aufmerksam zu. [40] Martha aber war unentwegt mit der Bewirtung ihrer Gäste beschäftigt.

Schließlich kam sie zu Jesus und fragte: «Herr, siehst du nicht, daß meine Schwester mir gar nicht hilft? Sie überläßt mir die ganze Arbeit. Kannst du ihr nicht sagen, daß auch sie etwas tun soll?» [41] Doch Jesus antwortete ihr: «Martha, Martha, du machst dir viel Sorgen und mühst dich um Dinge, die im Grunde nicht so wichtig sind. [42] Wichtig ist nur eins! Das hat Maria verstanden, und davon werde ich sie nicht abbringen.»[a]

a) Wörtlich: Maria hat das gute Teil erwählt, das soll nicht von ihr genommen werden.

DAS WICHTIGSTE ZUERST

Jill Briscoe

Lukas 10,40–42

Mir gefällt die Art und Weise, wie Jesus Probleme gelöst hat. Er packte sie direkt an! Er verstand es meisterhaft, Menschen so zu begegnen, daß seine Beziehung zu ihnen dadurch nicht beeinträchtigt wurde.

Denken wir beispielsweise an Martha. Jesus ist bei Martha, Maria und Lazarus zu Besuch. Maria, Marthas Schwester, setzt sich einfach zu Jesus und hört zu, was er sagt – und Martha regt sich darüber schrecklich auf. Sie ist sauer auf Maria – und wohl auch auf Jesus! Das Essen muß schließlich auch fertig werden, und keiner will ihr helfen! Ich bin sicher, daß sie auch auf sich selber ärgerlich ist, denn man kann unmöglich mit sich selbst im Einklang sein und gleichzeitig über andere schimpfen!

Nicht, daß Martha nicht gewußt hätte, wie kostbar die Zeit mit Jesus ist; aus dem Text ist zu entnehmen, daß auch Martha zu anderer Zeit bei denen gesessen hat, die Jesus zuhörten. Es geht hier lediglich um die Prioritäten. Martha hat sich vorgenommen, ein Festessen aufzutischen, obwohl eine Suppe und ein paar belegte Brote es auch tun würden. Jesus weist sie liebevoll darauf hin, daß sie besorgt und beunruhigt sei um viele «Speisen», wogegen Maria die beste «Speise» gewählt habe!

Wenn Jesus sah, daß Frauen durch ihr Dienen «beunruhigt» wurden, unterließ er es nie, sie daran zu erinnern, daß «der Mensch nicht vom Brot allein lebt» (Matthäus 4,4). Das Wichtigste hat immer Vorrang! «Erst der Meister, dann das Essen», macht er Martha klar.

Nicht, daß es ohne Tun ginge, aber zuerst kommt immer das Sein, und dann werden wir feststellen, daß das, was getan werden muß, auch fertig wird!

«So sollt ihr beten!»
(Matth. 6,9–13; 7,7–11)

11 Eines Tages, als Jesus gebetet hatte, baten ihn seine Jünger: «Herr, sage uns doch, wie wir richtig beten sollen. Auch Johannes hat dies seine Jünger gelehrt.» 2 Jesus antwortete ihnen: «So sollt ihr beten:

Unser Vater im Himmel! Dein heiliger Name soll geehrt werden. Richte bald deine Herrschaft bei uns auf. 3 Gib uns auch heute wieder, was wir zum Leben brauchen. 4 Vergib uns unsere Schuld, wie wir all denen vergeben, die uns Unrecht getan haben. Bewahre uns davor, daß wir dir untreu werden.»[a]

5 Dann sagte Jesus zu den Jüngern: «Stellt euch vor, einer von euch hat einen Freund. Mitten in der Nacht geht er zu ihm, klopft an die Tür und bittet ihn: ‹Leihe mir doch bitte drei Brote. 6 Ich habe unerwartet Besuch bekommen und nichts im Haus, was ich ihm anbieten könnte.› 7 Vielleicht würde der Freund dann antworten: ‹Stör mich nicht! Ich habe die Tür schon abgeschlossen und liege im Bett. Außerdem könnten die Kinder von dem Lärm wach werden. Ich kann jetzt nicht aufstehen und dir etwas geben.›

8 Das sage ich euch: Wenn er schon nicht aufstehen und dem Mann etwas geben will, weil er sein Freund ist, so wird er schließlich doch aus seinem Bett steigen und ihm alles Nötige geben, weil der andere ihm einfach keine Ruhe läßt.

9 Darum sage ich euch: Bittet Gott, und er wird euch geben. Sucht, und ihr werdet finden. Klopft an, dann wird euch die Tür geöffnet. 10 Denn wer bittet, der wird bekommen. Wer sucht, der findet. Und wer anklopft, dem wird geöffnet.

11 Welcher Vater würde seinem Sohn denn eine Schlange geben, wenn der ihn um einen Fisch bittet, 12 oder einen Skorpion, wenn er ein Ei haben möchte? 13 Wenn schon ihr hartherzigen, sündigen Menschen euren Kindern Gutes gebt, dann wird doch der Vater im Himmel erst recht denen seinen Heiligen Geist geben, die ihn darum bitten.»

«Wer nicht für mich ist, der ist gegen mich»
(Matth. 12,22–30; Mark. 3,22–27)

14 Einmal trieb Jesus einen Dämon aus, der einen Mann stumm gemacht hatte. Als der ihn verlassen hatte, konnte der Mann wieder sprechen. 15 Die Leute, die das beobachteten, staunten; aber es gab auch einige, die sagten: «Er kann nur deshalb die Dämonen austreiben, weil ihm Satan, der Oberste aller Dämonen, die Macht dazu gegeben hat.» 16 Andere wieder, die Jesus aushorchen wollten, verlangten von ihm ein göttliches Wunderzeichen als Beweis dafür, daß er wirklich in Gottes Namen handelte.

17 Jesus wußte aber genau, was sie dachten, und sagte zu ihnen: «Jeder weiß, daß ein Staat sich selbst ruiniert und schließlich untergehen wird, wenn dort mehrere Machthaber um die Alleinherrschaft kämpfen. 18 Würde nun ein Teufel den anderen austreiben, wie könnte dann das Reich des Teufels Bestand haben? Ihr behauptet, daß ich die Dämonen mit Hilfe des Satans austreibe.

a) Wörtlich: Führe uns nicht in Versuchung.

[19] Wenn das tatsächlich so wäre: Welche Kraft gebrauchen dann eure Leute, wenn sie Dämonen austreiben? Sie selbst werden euch das Urteil sprechen.
[20] Wenn ich aber die Dämonen durch Gottes Macht austreibe, so begreift doch endlich, daß Gottes Herrschaft jetzt beginnt – mitten unter euch!

[21] Solange ein starker Mann, der dazu noch gute Waffen besitzt, sein Haus verteidigt, kann ihm niemand etwas rauben;
[22] es sei denn, er wird von einem Stärkeren angegriffen, überwältigt und entwaffnet. Dann freilich wird der Stärkere den ganzen Besitz an sich reißen.
[23] Das steht fest: Wer nicht für mich ist, der ist gegen mich. Und wer sich nicht ganz für mich einsetzt, der schadet meiner Sache.»

Die Gefahr des Rückfalls
(Matth. 12,43–45)

[24] «Wenn ein Dämon sein Opfer verläßt, dann irrt er so lange ruhelos umher, bis er ein neues Opfer gefunden hat. Findet er keins, entschließt er sich: ‹Ich will dahin zurückkehren, woher ich gekommen bin.›
[25] Wenn er zurückkommt, findet er seine frühere Wohnung sauber und ordentlich, aber leer.

[26] Dann sucht er sich noch sieben andere Dämonen, die schlimmer sind als er selbst. Sie ergreifen zusammen Besitz von dem Menschen, der nun schlimmer dran ist als vorher.»

Wer darf sich glücklich nennen?

[27] Während Jesus das sagte, rief plötzlich eine Frau aus der Menschenmenge: «Wie glücklich muß die Frau sein, die dich geboren und aufgezogen hat!»

[28] Darauf sagte Jesus nur: «Wirklich glücklich sind die Menschen, die Gottes Wort hören und danach leben.»

Das Zeichen Gottes
(Matth. 12,38–42)

[29] Von allen Seiten drängten sich die Menschen um Jesus. Da sagte er zu ihnen: «Die Menschen von heute sind böse und gottlos. Sie verlangen nach Beweisen; aber sie werden keine erhalten, außer einem. Denkt an den Propheten Jona!
[30] So wie Jona für die Leute von Ninive ein Zeichen Gottes wurde, so wird auch der Menschensohn für euch ein Zeichen Gottes sein.

[31] Die Königin aus dem Süden wird am Gerichtstag Gottes als Zeugin gegen dieses Volk auftreten und es verurteilen. Sie kam von weit her, um von der Weisheit des Königs Salomo zu lernen. Der hier vor euch steht, ist größer als Salomo; trotzdem weigert ihr euch, seinen Worten zu glauben.

[32] Auch die Einwohner von Ninive werden euch am Gerichtstag verurteilen, denn nach Jonas Predigt bereuten sie ihre Sünden und wandten sich Gott zu. Der hier vor euch steht, ist größer als Jona.»

Wer Gott nicht klar sieht
(Matth. 5,15; 6,22–23)

[33] «Könnt ihr euch vorstellen, daß jemand eine Lampe anzündet, um sie dann zu verstecken oder unter einen Eimer zu stellen? Nein, er stellt sie so auf, daß sie das ganze Zimmer beleuchtet.

[34] Das Auge gibt dir Licht. Wenn deine Augen klar sehen, wirst du dich überall sicher bewegen können. Wenn du aber schlecht siehst, tappst

WO SIND DIE LAMPEN?

June Masters Bacher

Lukas 11,33

In einem kleinen Dorf in den Bergen lebte vor etlichen Jahrhunderten ein Edelmann. Ihn beschäftigte die Frage, was er wohl seinen Mitbürgern als Vermächtnis hinterlassen könne. Zu guter Letzt beschloß er, ihnen eine Kirche zu bauen.

Niemand durfte die Pläne sehen, bis die Kirche fertiggestellt war. Als die Dorfbewohner dann zusammenströmten, bewunderten alle die Schönheit und Harmonie des Gebäudes. Einer jedoch stellte fest, daß etwas fehlte. «Wo sind die Lampen?» fragte er. «Wie soll die Kirche beleuchtet werden?»

Der Edelmann lächelte. Dann überreichte er jeder Familie eine Lampe. «Jedesmal, wenn ihr hier in der Kirche seid, wird der Platz, an dem ihr sitzt, hell sein», erklärte er ihnen. «Wenn ihr aber nicht hier seid, wird ein Teil von Gottes Haus dunkel bleiben.»

Wir leben heute in einer zunehmend dunklen Welt. Die Dunkelheit ist so groß, daß selbst unsere säkularen «Problemlöser» anfangen zu stolpern. Trotz unseres «sozialen Gewissens» sehen wir, wie um uns herum Armut, Unwissenheit, Analphabetentum und finstere Machenschaften zunehmen.

Aber die Probleme dieser Welt sind doch so groß! Und unsere Lampe ist so klein! Das stimmt. Trotzdem können wir jeden Tag einen kleinen Kreis erhellen. Schauen wir uns den Sternenhimmel an. Wie klein sieht jeder Stern aus der Entfernung aus! Und doch, zusammen erhellen diese winzigen Edelsteine selbst die finsterste Nacht. Nicht eine dieser kleinen Lampen fehlt an ihrem Platz – sonst wäre der Himmel ein Stück dunkler. Jeder von uns gleicht einem Stern (oder einer Lampe, wenn Ihnen das lieber ist). Zusammen sind wir durchaus in der Lage, diese Welt heller zu machen. Das fängt vielleicht damit an, daß wir Michelangelos Gebet zu dem unseren machen: «O Gott, gib mir stets das Verlangen, mehr sein zu wollen, als ich je werde sein können.»

Ein Gedanke, den Sie an diesem Tag betend bedenken können Zünden Sie zunächst Ihre Lampe an. Lassen Sie sich dann von Gott in Ihren Alltag senden. Vielleicht begegnen Sie dort einem Menschen, der an einer Wegkreuzung seines Lebens steht. Machen Sie ein freundliches Gesicht, auch wenn Ihnen nicht danach zumute ist. Die Freude wird garantiert nicht ausbleiben.

du unsicher umher. 35 Deshalb achte
darauf, daß deine Augen nicht trübe
oder sogar blind werden! Kannst du
nämlich Gott nicht mehr sehen, wie
schrecklich wird dann deine Finster-
nis sein![a] 36 Wenn alles an dir licht und
nichts mehr finster ist, wirst du so
leuchten, als würdest du von einem
hellen Licht angestrahlt.»

Fromm und nichts dahinter
(Matth. 23,1–36)

37 Jesus sprach noch mit seinen Zuhö-
rern, als er von einem Pharisäer zum
Mittagessen eingeladen wurde. Er
ging mit und setzte sich an den Tisch.
38 Entrüstet beobachtete der Gastge-
ber, daß sich Jesus vor dem Essen
nicht die Hände gewaschen hatte, wie
es bei den Juden vorgeschrieben war.
39 Jesus bemerkte seinen Unwillen
und wandte sich zu ihm: «Äußerlich
seid ihr Pharisäer ohne Fehler, ihr
glänzt wie die Becher, aus denen ihr
trinkt. Aber innerlich seid ihr schmut-
zig und verkommen. 40 Ihr Scheinheili-
gen! Ihr wißt doch ganz genau, daß
Gott beides geschaffen hat – Äußeres
und Inneres. Meint ihr da wirklich,
daß er nur auf das Äußere achtet?
41 Eure Schüsseln und Becher sind
voll. Gebt das, was drin ist, den Ar-
men, dann seid ihr auch vor Gott rein!
42 Es steht schlimm mit euch, ihr
Pharisäer. Sogar von den kleinsten
Küchenkräutern gebt ihr Gott den
zehnten Teil. Aber Gerechtigkeit
und die Liebe zu Gott sind euch
gleichgültig! Doch gerade darum
geht es: Das Wesentliche tun und das
andere nicht unterlassen!
43 Ich warne euch, ihr Pharisäer! Im
Gottesdienst sitzt ihr auf den ersten
Plätzen, und es gefällt euch, wenn
man euch auf der Straße ehrfürch-
tig grüßt. 44 Wehe euch, ihr Phari-
säer! Wer mit euch zu tun hat, der
weiß nicht, daß er sich verunreinigt,
so wie man unrein wird, wenn man
ohne es zu wissen über Gräber
geht, die vom Gras überwuchert
sind!»

Vorbilder, die verführen
(Matth. 23,1–36)

45 «Meister», rief einer der Schriftge-
lehrten dazwischen, «damit be-
schimpfst du auch uns!»
46 Jesus erwiderte: «Ja, ich warne
euch! Ihr bürdet den Menschen uner-
trägliche Lasten auf, aber ihr selber
denkt nicht daran, diese Lasten auch
nur mit einem Finger anzurühren.
47 Wehe euch! Ihr baut Denkmäler für
die Propheten, die von euren Vätern
umgebracht wurden. 48 Damit wollt
ihr die Propheten ehren, doch ihr be-
stätigt nur die Schandtaten eurer Vä-
ter; denn ihr habt die gleiche Gesin-
nung wie sie. Sie haben die Propheten
getötet, ihr vollendet ihr Werk, in-
dem ihr Denkmäler baut.
49 Deshalb hat Gott in seiner Weis-
heit gesagt: Ich werde ihnen Prophe-
ten und Apostel schicken; doch sie
werden einige von ihnen töten und
die anderen verfolgen! 50 Ihr werdet
zur Rechenschaft gezogen für den
Mord an allen Propheten seit die
Welt besteht: 51 von Abel angefan-
gen, bis hin zu Zacharias, den ihr im
Tempel zwischen Brandopferaltar

a) Verse 34–35 wörtlich: Das Licht des Leibes ist das Auge. Wenn dein Auge einfältig ist, wird auch dein ganzer Leib erleuchtet sein. Wenn es aber böse ist, wird auch dein Leib dunkel sein. Sieh also, daß das Licht, das in dir ist, nicht Finsternis ist.

DER GUTE HIRTE

Psalm 23

Ein Lied Davids

Der Herr ist mein Hirte. Nichts wird mir fehlen.
Er weidet mich auf saftigen Wiesen
und führt mich zu frischen Quellen.
Er gibt mir neue Kraft.
Er leitet mich auf sicheren Wegen,
weil er der gute Hirte ist.

Und geht es auch durch dunkle Täler,
fürchte ich mich nicht,
denn du, Herr, bist bei mir.
Du beschützt mich mit deinem Hirtenstab.

Du lädst mich ein
und deckst mir den Tisch vor den Augen meiner Feinde.
Du begrüßt mich wie ein Hausherr seinen Gast
und gibst mir mehr als genug.

Deine Güte und Liebe werden mich begleiten mein Leben lang;
in deinem Haus darf ich für immer bleiben.

und Heiligtum ermordet habt.[a] Ja, noch diese Generation wird dafür die Verantwortung tragen müssen. 52 Wehe euch, ihr Schriftgelehrten! Denn durch eure Lehren verhindert ihr, daß die Menschen den Weg zur Wahrheit finden. Ihr selbst kommt zwar ohnehin nicht in Gottes Reich; aber – was schlimmer ist – allen, die hineinwollen, versperrt ihr den Zugang.»

53 Seit der Zeit verfolgten die Pharisäer und Schriftgelehrten Jesus. Sie stellten ihm hinterhältige Fragen 54 und warteten nur darauf, daß sie ihn in eine Falle locken und so ein für allemal unschädlich machen könnten.

Fürchtet Gott, bekennt ihn vor Menschen!

(Matth. 10,26–33)

12 Hunderte, ja Tausende strömten zusammen, und das Gedränge wurde bedrohlich. Doch Jesus sprach zunächst nur zu seinen Jüngern: «Hütet euch vor den Pharisäern und ihrer Scheinheiligkeit, die sich wie eine ansteckende Krankheit[b] ausbreitet. 2 Jetzt ist die Zeit da, in der die Wahrheit ans Licht kommen wird und alle Geheimnisse bekannt werden. 3 Was ihr im geheimen redet, werden alle erfahren, und was ihr hinter vorgehaltener Hand flüstert, wird alle Welt zu hören bekommen.

4 Meine Freunde! Habt keine Angst vor den Menschen, die euch zwar töten können, aber nicht mehr. 5 Gott sollt ihr fürchten. Er kann euch töten und in die Hölle werfen. Fürchtet ihn allein! 6 Welchen Wert hat schon ein Spatz auf dem Dach? Und doch vergißt Gott keinen einzigen von ihnen. 7 Selbst die Haare auf eurem Kopf sind alle gezählt. Ihr braucht wirklich keine Angst zu haben! Ihr seid mehr wert als ein ganzer Spatzenschwarm!

8 Das sage ich euch: Wer sich öffentlich zu mir bekennt, für den werde ich auch in Gottes Gericht vor den Engeln eintreten. 9 Wer aber vor den Menschen nicht zu mir steht, für den werde ich dann vor den Engeln Gottes auch nicht eintreten. 10 Wer den Sohn Gottes beschimpft oder beleidigt, dem kann vergeben werden. Wer aber den Geist Gottes lästert, der wird niemals Vergebung finden.

11 Wenn sie euch in den Synagogen zur Rechenschaft ziehen oder vor Behörden und Gerichten verhören, dann sorgt euch nicht darum, was ihr sagen oder wie ihr euch verteidigen sollt! 12 Denn der Heilige Geist wird euch zur rechten Zeit das rechte Wort geben.»

Der arme Reiche

13 Da rief einer aus der Menge: «Herr, sage doch meinem Bruder, er soll unser Erbe gerecht mit mir teilen.» 14 Aber Jesus wies ihn zurück: «Bin ich etwa euer Richter oder Schiedsmann?» 15 Dann wandte er sich an alle: «Hütet euch vor der Habgier! Wenn jemand auch noch soviel Geld hat, das Leben kann er sich damit nicht kaufen.» 16 An einem Beispiel erklärte er seinen Zuhörern, was er damit meinte:

«Ein reicher Gutsbesitzer hatte eine besonders gute Ernte. 17 Er überlegte: ‹Wo soll ich bloß alles unter-

a) 2. Chronik 24,20–21
b) Wörtlich: Sauerteig.

REISEN MIT LEICHTEM GEPÄCK

Hilde Dieterich

Lukas 12,22

Jesus möchte für uns das Beste, nämlich eine optimale Lebensqualität – das zeigt dieser Vers. Er weiß, daß der Mensch zwar planen muß, dabei aber immer wieder Gefahr läuft, Planung mit Sorge zu verwechseln.

Wenn wir von unseren eigenen Erfahrungen ausgehen, dann kennen wir die vielen negativen Begleiterscheinungen der Sorgen. Oftmals blockiert dann lähmende Angst unser Denken und Tun, wodurch alles nur noch schlimmer wird.

Sorgen sind meistens mit bestimmten Zielvorstellungen verbunden. Möglicherweise strebe ich aber nach dem falschen Ziel, von dem Jesus mich liebevoll abbringen will. Vielleicht möchte er heute meine Augen in eine andere Richtung lenken, mir eine neue Perspektive und damit eine neue Qualität für mein Leben zeigen?

Jesus will alle unsere Ängste und Sorgen wegnehmen, wenn wir dem vertrauen, der Himmel und Erde gemacht hat, der am Anfang war und am Ende sein wird, also Weg und Ziel ist. Vertrauen auf Gott bringt eine große Belohnung, es birgt den Frieden Gottes. Dieses Vertrauen ist allerdings kein emotionaler, sondern ein rationaler und damit willentlicher Entschluß. Das Leben an Gottes Seite beantwortet unsere Sinnfragen.

Aus dem Jüdischen ist eine Geschichte überliefert, die uns zum Nachdenken bringt. Ein Wanderer bat bei einem Rabbi um ein Nachtlager. Als er in dessen Hütte trat, staunte er über den armseligen Hausrat und fragte den Rabbi, warum er so wenig besitze.

Der Rabbi gab zurück: «Sag mir zuerst, warum du so wenig bei dir trägst.»

Verblüfft erklärte der Wanderer: «Ich bin doch unterwegs!»

«Das bin ich auch!» sagte da der Rabbi.

Pilger reisen am besten mit leichtem Gepäck, lautet ein Sprichwort – und Pilger sind wir alle.

bringen? Meine Scheunen sind voll; da geht nichts mehr rein.› [18]Er beschloß: ‹Ich werde die alten Scheunen abreißen und neue bauen, so groß, daß ich das ganze Getreide, ja alles, was ich habe, darin unterbringen kann. [19]Dann will ich mich zur Ruhe setzen. Ich habe für lange Zeit ausgesorgt. Jetzt lasse ich es mir gut gehen. Ich will gut essen und trinken und mein Leben genießen!› [20]Aber Gott sagte zu ihm: ‹Du Narr! Noch in dieser Nacht wirst du sterben. Was bleibt dir dann von deinem Reichtum?› [21]So wird es allen gehen, die auf der Erde Reichtümer sammeln, aber mit leeren Händen vor Gott stehen.»

Gott kennt unsere Sorgen

(Matth. 6,25–34)

[22]Seine Jünger ermutigte Jesus: «Macht euch keine Sorgen um euern Lebensunterhalt, um Essen, Gesundheit und Kleidung. [23]Leben bedeutet mehr als nur Essen und Trinken, und der Mensch ist wichtiger als das, was er anzieht.

[24]Seht euch die Raben an! Sie säen nichts und ernten nichts, sie haben keine Vorratskammern und keine Scheunen; aber Gott versorgt sie doch. Meint ihr nicht, daß er sich um euch noch viel mehr kümmert? [25]Und wenn ihr euch noch so viel sorgt, könnt ihr damit euer Leben auch nur um einen einzigen Augenblick verlängern? [26]Wenn ihr aber euer Leben nicht einmal um eine Sekunde verlängern könnt, was sorgt ihr euch um all die anderen Dinge? [27]Seht euch an, wie die Lilien auf den Wiesen blühen! Sie können weder spinnen noch weben. Ich sage euch, selbst König Salomo war in seiner ganzen Herrlichkeit nicht so prächtig gekleidet wie irgendeine dieser Blumen. [28]Wenn Gott sogar das Gras so schön wachsen läßt, das heute auf der Wiese grünt und blüht, morgen aber schon verdorrt ist, meint ihr wirklich, er könnte euch vergessen? Seid doch nicht so kleingläubig!

[29]Hört also auf, ängstlich danach zu fragen: Was werden wir essen? Was werden wir trinken? Macht euch darüber keine Sorgen! [30]Wollt ihr denn leben wie Menschen, die Gott nicht als Vater kennen? Er weiß genau, was ihr alles braucht. [31]Sorgt ihr euch vor allem um das Reich Gottes, dann wird euch Gott alles andere geben.

[32]Du kleine Herde, du brauchst keine Angst vor der Zukunft zu haben! Denn dir will der Vater sein Königreich schenken. [33]Verkauft euren Besitz, und gebt das Geld den Armen! Sammelt euch so einen Vorrat, der nicht alt wird und niemals verderben kann, einen Schatz im Himmel. Diesen Schatz kann kein Dieb stehlen, und er behält immer seinen Wert. [34]Wo eure Schätze sind, da zieht es euch auch hin.»

Der Herr kommt unerwartet: Seid bereit!

(Matth. 24,42–51)

[35]«Ihr sollt so leben wie Diener, die auf die Rückkehr ihres Herrn warten, der von einer Hochzeit kommt. [36]Seid wie sie dienstbereit,[a] und laßt eure Lampen angezündet. Wenn ihr Herr zurückkommt und klopft, können sie ihm schnell öffnen. [37]Das wird für alle, die ihn erwartet haben, eine

a) Wörtlich: Laßt eure Lenden umgürtet sein.

große Freude sein. Ich bin sicher, der
Herr wird sie bitten, am Tisch Platz
zu nehmen, und er selbst wird sich
eine Schürze umbinden und sie bedie-
nen.
38 Vielleicht kommt er spät am
Abend, vielleicht auch erst um Mit-
ternacht. Aber wenn er kommt, wer-
den seine Diener allen Grund zur
Freude haben, wenn sie bereit sind.
39 Das ist doch klar: Wenn ein
Hausherr wüßte, daß jemand bei ihm
einbrechen will, würde er wach blei-
ben und sich vor dem Dieb schützen.
40 Ihr wißt aber nicht genau, wann
der Herr zurückkommt. Darum müßt
ihr jederzeit auf seine Ankunft vorbe-
reitet sein, denn der Menschensohn
wird wiederkommen, wenn ihr am
wenigsten damit rechnet.»
41 «Herr, gelten diese Worte nur für
uns, oder meinst du alle Menschen
damit?» fragte ihn Petrus. 42 Jesus
entgegnete: «Erwartet man nicht von
einem klugen und zuverlässigen Ver-
walter, daß ihm sein Herr beruhigt
die Aufsicht über alle Mitarbeiter an-
vertrauen kann und er sie gewissen-
haft mit allem Nötigen versorgt?
43 Wenn sein Herr zurückkommt und
findet, daß er seine Arbeit gut getan
hat, wird er glücklich und zufrieden
sein. 44 Eins ist sicher: Einem so zu-
verlässigen und bewährten Mann
wird er die Verantwortung für seinen
ganzen Besitz übertragen.
45 Wenn aber ein Verwalter unzu-
verlässig ist und denkt: ‹Ach was, es
dauert bestimmt noch lange, bis mein
Herr kommt›, und er fängt an, seine
Mitarbeiter zu schikanieren und
Trinkgelage zu veranstalten, 46 dann
wird sein Herr ganz unerwartet zu-
rückkehren. Er wird den unzuverläs-
sigen Verwalter bestrafen[a] und ihm
den Lohn geben, den die Gottlosen
verdienen.
47 Der Knecht, der den Willen sei-
nes Herrn kennt, sich aber bewußt
nicht danach richtet, wird schwer be-
straft werden. 48 Wer dagegen falsch
handelt, ohne es zu wissen, wird mit
einer leichteren Strafe davonkom-
men. So wird von jedem, der viel be-
kommen hat, auch viel erwartet;
denn wem viel anvertraut wurde, von
dem verlangt man auch viel.»

Frieden um jeden Preis?
(Matth. 10,34–36)

49 «Ich bin gekommen, um auf der Er-
de ein Feuer anzuzünden. Wie froh
wäre ich, es würde schon brennen!
50 Vorher muß ich aber am Kreuz
noch Schweres erleiden.[b] Ich habe
Angst davor, bis alles vollbracht ist.
51 Meint nur nicht, daß ich gekom-
men bin, um Frieden auf die Erde zu
bringen! Nein, ich bringe Auseinan-
dersetzung. 52 Von jetzt an wird man
sich in einer Familie um meinetwillen
gegeneinander auflehnen: 53 der Va-
ter gegen den Sohn und der Sohn ge-
gen den Vater, die Mutter gegen die
Tochter und die Tochter gegen die
Mutter; die Schwiegermutter gegen
die Schwiegertochter und die Schwie-
gertochter gegen die Schwiegermut-
ter.»

Erkennen, was wichtig ist
(Matth. 16,1–4)

54 Dann redete Jesus wieder zu allen:
«Wenn die Wolken von Westen kom-

a) Wörtlich: in Stücke hauen.
b) Wörtlich: Ich muß mit einer Taufe getauft werden.

men, sagt ihr: ‹Es gibt Regen›, und das stimmt auch. 55 Wenn der Wind von Süden weht, sagt ihr: ‹Es wird heiß›, und ihr habt recht. 56 Ihr Heuchler! Das Wetter könnt ihr aus bestimmten Anzeichen voraussagen, aber was in dieser Zeit vor euren Augen geschieht, das wollt ihr nicht wahrhaben. 57 Warum weigert ihr euch zu erkennen, was die Stunde geschlagen hat?

58 Hast du deine Schulden nicht bezahlt, und man bringt dich deswegen vor Gericht, dann setze alles daran, dich noch auf dem Weg dorthin mit deinem Gegner zu einigen. Sonst wird dich der Richter verurteilen und ins Gefängnis werfen lassen. 59 Eins kann ich dir jetzt schon sagen: Du wirst nicht eher wieder herauskommen, bis du den letzten Pfennig deiner Schuld bezahlt hast.»

Umkehr oder Untergang

13 Zu dieser Zeit berichtete man Jesus, daß Pilatus einige Männer aus Galiläa während des Opferdienstes im Tempel hatte niedermetzeln lassen. So hatte sich ihr Blut mit dem der Opfertiere vermischt. 2 «Ihr denkt jetzt vielleicht», sagte Jesus, «diese Galiläer seien schlimmere Sünder gewesen als andere Leute, weil sie so grausam ermordet wurden. 3 Ihr irrt euch! Aber eins sollt ihr wissen: Wenn ihr euch nicht zu Gott hinwendet und euer schlechtes Leben ändert, dann werdet ihr genauso umkommen.

4 Erinnert euch an die achtzehn Leute, die starben, als der Turm von Siloah einstürzte. Glaubt ihr wirklich, daß ausgerechnet sie die schlimmsten Sünder in Jerusalem waren? 5 Nein! Aber wenn ihr euer Leben nicht ändert, wird es euch ebenso gehen.»

Die letzte Gelegenheit

6 Und dann erzählte Jesus ihnen diese Geschichte: «Ein Mann pflanzte in seinen Weinberg einen Feigenbaum. Jahr für Jahr sah er nach, ob der Baum Früchte trug. Aber vergeblich! 7 Endlich rief er seinen Gärtner: ‹Schon drei Jahre habe ich gewartet, aber noch nie hing an dem Baum auch nur eine einzige Feige. Hau ihn um. Er nimmt nur Platz weg.› 8 ‹Laß ihn noch ein Jahr stehen!› bat ihn der Gärtner. ‹Ich will diesen Baum gut düngen und sorgfältig pflegen. 9 Wenn er dann immer noch keine Früchte trägt, gut, dann werde ich ihn umhauen.›»

Was gilt mehr: der Mensch oder die Vorschrift?

10 Am Sabbat lehrte Jesus in einer Synagoge. 11 An dem Gottesdienst nahm auch eine Frau teil, die seit achtzehn Jahren schwer behindert war und sich nicht mehr aufrichten konnte. 12 Als Jesus sie sah, rief er sie zu sich: «Frau, du sollst von deinem Leiden erlöst sein!» 13 Segnend legte er seine Hände auf sie. Da richtete sie sich auf und dankte Gott von ganzem Herzen.

14 Aber der Vorsteher der Synagoge entrüstete sich darüber, daß Jesus die Frau am Sabbat geheilt hatte. «Die Woche hat sechs Arbeitstage. An denen könnt ihr kommen und euch heilen lassen, aber nicht ausgerechnet am Sabbat», ereiferte er sich.

15 Doch Jesus erwiderte ihm: «Ihr Heuchler! Ihr bindet doch eure Ochsen und Esel auch am Sabbat los und führt sie zur Tränke. 16 Und mir verbietet ihr, diese Frau am Sabbat aus der Knechtschaft Satans zu befreien! Achtzehn Jahre lang war sie krank.

DIE SPRACHE DER LIEBE

Jill Briscoe

Lukas 13,10–17

Jesus versteht uns Frauen, das zeigt sich besonders an seiner Sprache. Es ist die Sprache der Liebe. Wer sich einmal die Mühe macht nachzulesen, wie Jesus die Frauen anredete, denen er begegnete, der hört dort in der Tat die Liebe sprechen. Jesus redete die Frauen ausgesprochen höflich und mit großer Hochachtung an – und das in einer Zeit, als Frauen oft «wie der letzte Dreck» behandelt wurden.

Als die selbstgefälligen Pharisäer eine Frau herbeizerren, die auf frischer Tat beim Ehebruch ertappt worden ist, bewahrt Jesus sie vor der drohenden Steinigung (siehe Johannes 8,3–11). Er begegnet ihr nicht schroff oder grob, sondern redet höflich, aber bestimmt mit ihr.

In dieser Hinsicht möchte ich mir Jesus zum Vorbild nehmen. Es ist so wichtig, wie wir mit Menschen reden. Jesus schien immer das Richtige auf die richtige Weise zu sagen.

Als ich ein junges Mädchen war und in die Jugendarbeit einstieg, wurde mir sehr schnell sehr viel Verantwortung übertragen. Das muß mir zu Kopf gestiegen sein. Ich war eine ziemlich starke Persönlichkeit, und es dauerte nicht lange, bis ich die anderen regelrecht herumkommandierte. «Jill», sagte meine Mitarbeiterin eines Tages höflich zu mir, «ich möchte gerne gebeten werden – und nicht befohlen bekommen, was ich zu tun habe.»

Das saß! Jesus hat die Frauen nicht herumkommandiert. Er hatte Verständnis für sie und wußte, daß wir alle lieber gebeten werden. Er benutzte die Sprache der Liebe. Auch in dieser «Äußerlichkeit» sollten wir Jesus nacheifern.

Versuchen wir es ruhig einmal mit Höflichkeit; wir werden überrascht sein, wie viele Menschen positiv darauf reagieren und ihre Aufgaben viel lieber erledigen.

Gehört sie nicht auch zu Gottes aus-
erwähltem Volk?»[a] 17 Darauf konn-
ten seine Feinde nichts erwidern.
Aber alle anderen freuten sich über
die wunderbaren Taten Jesu.

Gott fängt immer klein an
(Matth. 13,31–33; Mark. 4,30–32)

18 Jesus fragte seine Zuhörer: «Womit
kann ich das Reich Gottes verglei-
chen? 19 Es ist wie ein winziges Senf-
korn, das ein Mann in seinem Garten
aussät. Aus dem kleinen Samenkorn
wird ein großer Baum, in dem die Vö-
gel ihre Nester bauen.
20/21 Ebenso kann ich das Reich
Gottes mit dem Sauerteig verglei-
chen. Eine Frau nimmt ein wenig da-
von, knetet ihn unter eine große
Menge Mehl, und er durchsäuert den
ganzen Teig.»

Warum nicht alle zu Gott kommen
(Matth. 7,13–14.22–23; 8,11–12)

22 Jesus zog predigend durch das
Land, von Stadt zu Stadt, von Dorf zu
Dorf. Auf dem Weg nach Jerusalem
23 sprach ihn ein Mann an: «Herr,
stimmt es wirklich, daß nur wenige
Menschen gerettet werden?» Jesus
antwortete ihm: 24 «Die Tür zum
Himmel ist schmal! Ihr müßt schon
alles dransetzen, wenn ihr durch die-
se Tür hineinkommen wollt. Viele
versuchen es, aber nur wenigen wird
es gelingen.
25 Hat der Hausherr erst einmal die
Tür verschlossen, werdet ihr draußen
stehen. So viel ihr dann auch klopft
und bettelt: ‹Herr, mach uns doch
auf!› – es ist umsonst! ‹Was wollt ihr
von mir, ich kenne euch nicht!› wird
er euch antworten. 26 ‹Aber wir haben
doch zusammen gegessen und getrun-
ken! Du hast bei uns gepredigt!›
27 Doch der Herr wird ihnen erwi-
dern: ‹Ich habe doch schon einmal
gesagt, daß ich euch nicht kenne.
Menschen wie ihr[b] haben hier nichts
verloren. Geht endlich weg!›
28 Wenn ihr dann draußen seid und
seht, daß Isaak, Jakob und alle Pro-
pheten im Reich Gottes sind, dann
werdet ihr verzweifelt heulen und
schreien.
29 Aus der ganzen Welt, aus Ost
und West, aus Nord und Süd werden
die Menschen in Gottes Reich, zu
Gottes Fest kommen.
30 Vergeßt nicht: Viele, die hier
nichts gelten, werden dort hoch ge-
ehrt, aber viele, die hier einen großen
Namen haben, sind dort unbekannt.»

Warnung an Jerusalem
(Matth. 23,37–39)

31 Kurze Zeit später kamen einige
Pharisäer zu Jesus. «Wenn dir dein
Leben lieb ist», warnten sie ihn,
«dann sieh zu, daß du schnell von hier
fortkommst. König Herodes will dich
töten lassen!» 32 Jesus antwortete:
«Sagt diesem Gauner: ‹Heute und
morgen treibe ich Dämonen aus und
heile Menschen. Aber am dritten Tag
werde ich mein Ziel erreicht haben.›
33 Ja, heute, morgen und übermorgen
bin ich noch unterwegs. Wo anders
als in Jerusalem könnte denn ein Pro-
phet umgebracht werden?
34 Jerusalem! O Jerusalem! Du er-
mordest deine Propheten und er-
schlägst die Boten, die Gott zu dir

a) Wörtlich: Ist sie nicht auch eine Tochter Abrahams?
b) Wörtlich: Übeltäter.

schickt. Wie oft schon wollte ich deine Bewohner um mich sammeln, so wie eine Henne ihre Küken unter ihre Flügel nimmt! Aber ihr habt es nicht gewollt. 35 Und nun? Von euerm Tempel werden nur noch Trümmer bleiben. Und mich werdet ihr erst wiedersehen, wenn ihr rufen werdet: ‹Gelobt sei der, der im Namen Gottes zu uns kommt!›»

Helfen verboten?

14 An einem Sabbat war Jesus bei einem angesehenen Pharisäer zu Gast. Scharf wurde er von allen Anwesenden beobachtet. 2 Vor ihm stand ein Mann, der an Wassersucht erkrankt war. Würde Jesus es wagen, ihn in diesem Haus an einem Sabbat zu heilen? 3 Jesus wußte, was sie dachten, und fragte die Schriftgelehrten und Pharisäer: «Erlaubt es das Gesetz, einen Mann am Sabbat zu heilen, oder nicht?» 4 Als sie ihm keine Antwort gaben, faßte Jesus den Kranken bei der Hand, heilte ihn und ließ ihn nach Hause gehen. 5 Dann fragte er die Gäste: «Was macht ihr, wenn euer Kind oder ein Ochse am Sabbat in den Brunnen fällt? Zieht ihr sie nicht sofort heraus? Oder wartet ihr, bis der Sabbat vorbei ist?» 6 Darauf konnten sie nichts antworten.

Wer bekommt die besten Plätze?

7 Als Jesus bemerkte, wie sich die Gäste nach den besten Plätzen drängten, nahm er dies als Beispiel und sagte: 8 «Wenn du zu einer Hochzeit eingeladen wirst, dann setze dich nicht gleich oben auf den besten Platz. Es könnte ja noch jemand kommen, der angesehener ist als du. 9 Mit ihm käme dann der Gastgeber zu dir: ‹Der Platz war für diesen Mann hier reserviert!› Vor allen Gästen müßtest du dich an das Ende des Tisches setzen. 10 Wäre es nicht besser, du setzt dich gleich dorthin? Wenn dich dann der Gastgeber begrüßt, wird er vielleicht zu dir sagen: ‹Mein Freund, für dich habe ich einen besseren Platz!› Du wirst damit vor allen Gästen geehrt. 11 Jeder, der sich selbst ehrt, wird gedemütigt werden; aber wer sich selbst erniedrigt, den wird Gott ehren.»

12 Schließlich sagte Jesus zu seinem Gastgeber: «Zu einem Essen solltest du nicht deine Freunde, Brüder, Verwandten oder die reichen Nachbarn einladen. Sie werden dir danken und dich wieder einladen. Das ist alles.

13 Bitte lieber die Armen, Behinderten, Lahmen und Blinden an deinen Tisch. 14 Dann hast du Menschen geholfen, die sich dir nicht erkenntlich zeigen können. Gott wird dich am Tage der Auferstehung dafür belohnen.»

Gott lädt ein zu seinem Fest
(Matth. 22,1–10)

15 Als einer von den Gästen das hörte, rief er: «Was für ein Glück muß das sein, zu Gottes Fest eingeladen zu werden!» 16 Jesus antwortete mit einer Geschichte:

«Ein Mann bereitete ein großes Festessen vor, zu dem er viele Gäste einlud. 17 Als alles fertig war, schickte er seinen Boten zu den Eingeladenen: ‹Alles ist vorbereitet, kommt!› 18 Aber niemand kam. Jeder hatte auf einmal Ausreden.

Einer sagte: ‹Ich habe ein Grundstück gekauft, das muß ich unbedingt besichtigen. Bitte entschuldige mich!›

19 Ein anderer: ‹Es geht leider nicht. Ich habe mir fünf Gespanne

Ochsen angeschafft. Die muß ich
jetzt ansehen!›
20 Ein dritter entschuldigte sich:
‹Ich habe gerade geheiratet. Du wirst
verstehen, daß ich nicht kommen
kann.›
21 Der Bote kehrte zurück und be-
richtete alles seinem Herrn. Der wur-
de sehr zornig: ‹Geh gleich auf die
Straßen, auf alle Plätze der Stadt und
hole die Bettler, Krüppel, Lahmen
und Blinden herein!› 22 Der Bote kam
zurück und berichtete: ‹Es sind viele
gekommen, aber noch immer sind
Plätze frei!›
23 ‹Geh auf die Landstraßen›, be-
fahl der Herr, ‹und bringe her, wen
du finden kannst! Jeder ist eingela-
den. Mein Haus soll voll werden.
24 Aber von denen, die ich zuerst ein-
geladen habe, wird keiner auch nur
einen einzigen Bissen bekommen.›»

Jesus fordert alles: Ist das zuviel?

(Matth. 10,37–39)

25 Wie schon oft, war Jesus von einer
großen Menschenmenge umlagert.
Bei dieser Gelegenheit machte er sei-
nen Zuhörern deutlich:
26 «Wenn einer mit mir gehen will,
so muß ich für ihn wichtiger sein als
alles andere in seinem Leben: wichti-
ger als seine Eltern,[a] seine Frau, seine
Kinder, seine Geschwister, ja wichti-
ger als das Leben selbst.
Nur so kann er mein Jünger sein.
27 Wer nicht bereit ist, diese Lasten
um meinetwillen auf sich zu nehmen[b]
und mir nachzufolgen, der gehört
nicht zu mir.
28 Will sich jemand ein Haus bauen,
dann überlegt er doch auch vorher,
ob er das überhaupt bezahlen kann.
29 Kein vernünftiger Bauherr wird
einfach anfangen und dabei riskieren,
daß er bereits nach dem Bau des Fun-
daments aufhören muß. Die Leute
werden ihn auslachen: 30 ‹Ein Haus
wollte er bauen! Aber es reichte nur
bis zum Fundament!›
31 Oder welcher König würde wohl
auf die Idee kommen, einem anderen
den Krieg zu erklären, ohne mit sei-
nen Beratern zu überlegen, ob seine
Armee von zehntausend Mann stark
genug ist, um die feindlichen Trup-
pen mit zwanzigtausend Mann zu
schlagen? 32 Erscheint ihm das Risiko
zu groß, dann wird er, wenn die feind-
lichen Truppen noch weit entfernt
sind, Unterhändler schicken, um
über einen Frieden zu verhandeln.
33 Überlegt es euch vorher, ob ihr
wirklich bereit seid, alles für mich
aufzugeben und mir nachzufolgen.
34 Salz ist lebensnotwendig. Aber
was soll man mit Salz anfangen, das
seinen Geschmack verloren hat?
35 Fades Salz ist nutzlos. Es taugt nicht
einmal als Dünger. Man muß es weg-
werfen. Hört mir genau zu, damit ihr
versteht, was ich meine!»

Jesus findet Verlorene

(Matth. 18,12–14)

15 Viele Zollbeamte und andere
verrufene Leute kamen immer
wieder zu Jesus, um ihn zu hören.
2 Empört zischten die Pharisäer und
Schriftgelehrten: «Mit welchem Ge-
sindel gibt der sich da ab! Und nicht
genug, daß er mit ihnen redet: Er
setzt sich sogar mit ihnen an einen
Tisch!»

a) Wörtlich: Wer nicht seine Eltern haßt...
b) Wörtlich: Wer nicht sein Kreuz trägt...

DAS THEMA WECHSELN?

Joni Eareckson Tada

Lukas 14,12

Stellen wir uns die Begebenheit aus Lukas 14,1–24 einmal bildlich vor. Jesus ist von einem vornehmen Pharisäer zum Essen eingeladen worden. Als er sieht, wie die Gäste sich nach den besten Plätzen am Tisch drängen, erzählt Jesus ihnen kurzerhand eine Geschichte. Er sagt ihnen, welche Art von Festessen man veranstalten und wen man dazu einladen solle – nämlich die Vergessenen, Obdachlosen, Armen und Behinderten.

Diese armen Leute, erklärt Jesus, können sich zwar nicht für die Einladung revanchieren, die Gastgeber jedoch werden ihre Belohnung im Himmel erhalten.

Man kann sich denken, was dann passiert ist. Höchstwahrscheinlich hat Jesus sich hingesetzt, die Serviette auf seinem Schoß ausgebreitet und ganz ruhig nach einer Vorspeise gegriffen.

Totenstille hängt über der Festtafel, während die Geladenen sich gegenseitig nervöse Blicke zuwerfen. Jesus hat der Feststimmung einen gehörigen Dämpfer verpaßt.

Schließlich räuspert sich ein Gast und meint: «Was für ein Glück muß das sein, zu Gottes Fest eingeladen zu werden» (Vers 15). Sonderbar, diese Antwort! Vielleicht hat der Mann folgendes gemeint:

«Jesus, ich kann zwar nicht verstehen, warum ich mit diesen Leuten essen soll, aber das, was du über den Himmel gesagt hast, gefällt mir. Es ist so tröstlich zu wissen, daß am Ende doch alles gut ausgehen wird.»

Mit anderen Worten: Dieser Mann gibt sich alle erdenkliche Mühe, das geistliche Thema zu wechseln.

Kommt Ihnen das irgendwie bekannt vor? Ich weiß nicht, wie oft ich schon versucht habe – bewußt oder unbewußt –, das Thema zu wechseln, wenn ich merke, daß Gott mich auf irgendeine Sache ansprechen will, in der ich nicht richtig gehandelt habe. Doch so, wie Jesus es damals nicht zuließ, daß die Eingeladenen einfach das Thema wechselten (siehe Lukas 14,15–24), wird es auch uns schwerlich gelingen, Gott von den wunden Punkten in unserem Leben abzulenken.

3 Jesus benutzte wieder ein Gleich-
nis, um es ihnen zu erklären:
4 «Wenn du hundert Schafe hast,
und eins läuft weg, läßt du dann nicht
die neunundneunzig allein zurück,
um das verlorene zu suchen, bis du es
gefunden hast? 5 Glücklich wirst du es
dann auf deinen Schultern nach Hau-
se tragen 6 und deinen Freunden und
Nachbarn zurufen: ‹Kommt her,
freut euch mit mir, ich habe mein
Schaf wiedergefunden!›
7 So wird man sich auch im Himmel
über *einen* verlorenen Sünder, der zu
Gott umkehrt, mehr freuen als über
neunundneunzig andere, die es nicht
nötig haben, Buße zu tun.»

Die verlorene Münze

8 «Oder nehmt ein anderes Beispiel:
Zehn Silbermünzen hatte eine Frau
gespart. Als ihr eines Tages eine
fehlt, zündet sie sofort eine Lampe
an, stellt das ganze Haus auf den
Kopf und sucht in allen Ecken. 9 End-
lich hat sie die Münze gefunden. Sie
rennt aus dem Haus zu ihren Freun-
dinnen und Nachbarinnen: ‹Ich hab'
mein Geld wieder! Schaut her! Freut
euch mit mir!›
10 Genau so freuen sich auch die
Engel Gottes, wenn ein einziger Sün-
der zu Gott umkehrt.»

Die zwei verlorenen Söhne

11 «Ein Mann hatte zwei Söhne», er-
zählte Jesus. 12 «Eines Tages sagte der
Jüngere zu ihm: ‹Vater, ich will jetzt
schon meinen Anteil am Erbe ausbe-
zahlt haben.› Da teilte der Vater sein
Vermögen unter ihnen auf.
13 Nur wenige Tage später packte
der jüngere Sohn alles zusammen,
verließ seinen Vater und reiste ins
Ausland. Endlich konnte er sein Le-
ben in vollen Zügen genießen. Er lei-
stete sich, was er wollte, 14 bis er
schließlich keinen Pfennig mehr be-
saß. Zu allem Unglück brach in dieser
Zeit eine große Hungersnot aus. Es
ging ihm sehr schlecht. 15 In seiner
Verzweiflung bettelte er so lange bei
einem Bauern, bis der ihn zum
Schweinehüten auf die Felder schick-
te. 16 Oft quälte ihn der Hunger so,
daß er froh gewesen wäre, etwas vom
Schweinefutter zu bekommen. Aber
selbst davon erhielt er nichts.
17 Da kam er zur Besinnung: ‹Bei
meinem Vater hat jeder Arbeiter
mehr als genug zu essen, und ich ster-
be hier vor Hunger. 18 Ich will zu mei-
nem Vater gehen und ihm sagen: Va-
ter, ich bin schuldig geworden an
Gott und an dir. 19 Sieh mich nicht län-
ger als deinen Sohn an, ich bin es
nicht mehr wert. Aber kann ich nicht
als Arbeiter bei dir bleiben?›
20 Er stand auf und ging zurück zu
seinem Vater. Der erkannte ihn
schon von weitem. Voller Mitleid lief
er ihm entgegen, fiel ihm um den Hals
und küßte ihn. 21 Doch der Sohn be-
kannte: ‹Vater, ich bin schuldig ge-
worden an Gott und an dir. Sieh mich
nicht länger als deinen Sohn an, ich
bin es nicht mehr wert.›
22 Sein Vater aber befahl den
Knechten: ‹Beeilt euch! Holt den
schönsten Anzug, den wir im Hause
haben, und gebt ihn meinem Sohn.
Bringt auch einen kostbaren Ring
und Schuhe für ihn! 23 Schlachtet das
Kalb, das wir gemästet haben! Wir
wollen feiern! 24 Mein Sohn war tot,
jetzt lebt er wieder. Er war verloren,
jetzt hat er zurückgefunden.› Und sie
begannen ein fröhliches Fest.
25 Inzwischen kam der ältere Sohn
nach Hause. Er hatte auf dem Feld
gearbeitet und hörte schon von wei-
tem die Tanzmusik. 26 Erstaunt fragte

DER VERLORENE DIAMANT

Hanne Lüling

Lukas 15

Eines Morgens entdeckte ich, daß an meinem Ehering der kleine Diamant fehlte. Ich war traurig und überlegte, wo und wie ich ihn wohl verloren haben konnte. Danach zu suchen, wäre wirklich sinnlos gewesen, er war ja höchstens stecknadelkopfgroß. Und überhaupt: Wo sollte ich anfangen zu suchen?

In der Mittagszeit las ich eine Andacht über Gottes Heiligkeit und Größe, die mich sehr beeindruckte. Während ich noch darüber nachdachte, verspürte ich den Wunsch, wieder einmal ganz bewußt zu erleben, daß Gott uns trotz seiner unendlichen Größe doch ganz nah ist.

Weil wir am Abend Gäste erwarteten, wollte ich nachmittags noch ein bißchen Hausputz halten. Ich begann im Bad. Während ich die Badvorleger ausschüttelte, bat ich Gott, mir doch dabei zu helfen, den Diamanten wiederzufinden. Ich fühlte mich fast wie die Frau aus Lukas 15, die eine Münze verloren hatte und ihr Haus gründlich kehrte. Erst neulich hatte ich darüber eine Kinderstunde gehalten.

Ich bückte mich, um mir den Staub, den ich zusammengefegt hatte, genauer anzusehen. Auf einmal blitzte da etwas auf dem Kehrblech! Tatsächlich, es war der verlorene kleine Diamant! Ich konnte mein Glück kaum fassen und war überwältigt von dieser Gebetserhörung. Bestimmt wollte Gott mir dadurch zeigen, daß er auch die kleinsten Dinge in der Hand hat. Aber Gott wollte mir offenbar noch mehr zeigen.

Ich unterbrach das Putzen, nahm meine Bibel und las das Gleichnis aus Lukas 15, wo Jesus deutlich macht, wieviel Freude im Himmel ist über einen Sünder, der Buße tut. Jetzt wurde mir auch ganz klar, was Gott mir noch zu sagen hatte: Wenn der Himmel sich so sehr freut über einen Sünder, der umkehrt, dann sollte uns die evangelistische Arbeit sehr am Herzen liegen. Dieser Gedanke war für mich in dem Moment ganz klar eine Bestätigung für unseren neu eingeschlagenen Weg.

Als wir am Abend das Andachtsbuch lasen, ging es darin um Gottes Führung in unserem Leben. Der Schreiber empfahl, wenn wir einen Weg eingeschlagen hätten, sollten wir Gott um eine Bestätigung oder Korrektur bitten. Hatte ich nicht genau das heute erlebt?

er einen Knecht: ‹Was wird denn hier gefeiert?› [27]‹Dein Bruder ist wieder da›, antwortete er ihm. ‹Dein Vater hat sich darüber so gefreut, daß er das Mastkalb schlachten ließ. Jetzt feiern sie ein großes Fest.›

[28]Der ältere Bruder wurde wütend und wollte nicht ins Haus gehen. Da kam sein Vater zu ihm und bat: ‹Komm und freu dich mit uns!› [29]Doch er entgegnete ihm bitter: ‹Wie ein Arbeiter habe ich mich all diese Jahre für dich geschunden. Alles habe ich getan, was du von mir verlangt hast. Aber nie hast du mir auch nur eine junge Ziege gegeben, damit ich mit meinen Freunden einmal hätte richtig feiern können. [30]Und jetzt, wo dein Sohn zurückkommt, der dein Geld mit Huren durchgebracht und alles verpraßt hat, jetzt gibt es gleich ein Fest, und du läßt sogar das Mastkalb schlachten!›

[31]Sein Vater redete ihm zu: ‹Mein Sohn, du bist immer bei mir gewesen. Was ich habe, gehört auch dir. [32]Darum komm, wir haben allen Grund zu feiern. Denn dein Bruder war für uns tot, jetzt hat für ihn ein neues Leben begonnen. Er war verloren, jetzt hat er zurückgefunden!›»

Der durchtriebene Verwalter

16 Danach erzählte Jesus seinen Jüngern folgende Geschichte: «Ein reicher Mann hatte einen Verwalter. Als er entdeckte, daß dieser seinen Besitz verschleuderte, [2]stellte er ihn zur Rede: ‹Was muß ich von dir hören? Bring mir deine Abrechnung! Du bist entlassen!›

[3]Der Verwalter überlegte: ‹Was mache ich jetzt? Meinen Posten bin ich los. Ein Feld umgraben kann ich nicht, und zum Betteln bin ich zu stolz. [4]Aber ich weiß, was ich tue. Ich mache mir Freunde, die mir weiterhelfen, wenn ich arbeitslos bin.›

[5]Er ließ alle Männer zu sich rufen, die bei seinem Herrn Schulden hatten. Den ersten fragte er: ‹Wieviel bist du meinem Herrn schuldig?› [6]‹Ich muß ihm hundert Faß Olivenöl geben', antwortete der Mann. ‹Hier ist dein Schuldschein!› erklärte ihm der Verwalter. ‹Trage fünfzig ein!›

[7]‹Und wie hoch sind deine Schulden?' fragte er einen anderen. ‹Ich schulde deinem Herrn hundert Sack Weizen.› ‹Hier, nimm den Schuldschein und schreibe achtzig!› forderte er ihn auf.»

[8]Jesus lobte das vorausplanende Handeln des gerissenen Verwalters. Denn die Menschen dieser Welt gehen klüger und geschickter miteinander um als die Menschen, die sich zu Gott bekennen.

Wie man am meisten aus seinem Geld macht

(Matth. 6,24)

[9]Jesus erklärte seinen Jüngern: «So klug wie dieser Verwalter sollt auch ihr das Geld einsetzen, das so viele zum Unrecht verführt. Helft damit solchen Menschen, die eure Hilfe brauchen. Dann werdet ihr, wenn euch das Geld nichts mehr nützen kann, von Gott einen Platz im Himmel bekommen.[a]

[10]Doch bedenkt: Nur wer im Kleinen ehrlich ist, wird es auch im Großen sein. Wenn ihr bei kleinen Din-

a) Wörtlich: Macht euch Freunde mit dem ungerechten Mammon, damit, wenn er zu Ende geht, man euch aufnimmt in die ewigen Zelte.

REICH UND ARM

Herti Dixon

Lukas 16,12

Es gibt etwas, was wirklich Ihnen gehört. Ein Paket, das auf Sie wartet, das einer Ihnen gerne schenken möchte. Es ist kein Ring für Ihren Finger und auch kein Schuh für Ihren Fuß, – sondern eine Krone für Ihr Haupt, ein Schimmer für Ihre Augen und ein Lächeln für Ihren Mund. Es ist etwas, was Sie erst zu dem macht, was Sie wirklich sind: Ein Mensch, der fühlt, ein Mensch, der lacht, ein Mensch, der gerne schenkt, weil er selber so viel hat.

Ganz anders der reiche Mann, von dem Jesus im Gleichnis erzählt (V. 19–31): Er hatte gar nichts, was er herschenken konnte. Nichts worauf er verzichten konnte, nicht einmal Reste vom Mittagstisch. Der bloße Gedanke, Lazarus etwas abzugeben, brachte ihn ins Schwitzen. Was, wenn dann alle kämen?! Was bliebe ihm dann noch?! In seinem Weltbild gab es keinen Geber, keinen, der etwas für ihn übrig hatte, nur einen harten Herrn! Natürlich war er arm, der Mann. So mit sich allein in dieser harten Welt mit ihrem harten Rhythmus, diesem harten Beat: Geld und wieder Geld. So allein wie unsere Kinder. Nach jüngsten Meinungsumfragen ist Geld heutzutage das Lebensziel Nr. 1 für die Kleinen: Viel Geld! Auch unsere Kinder haben anscheinend niemanden, der ihnen etwas schenkt. Der ihnen zeigt, wie man das macht, zu lieben, sich zu freuen, füreinander dazusein …

Ganz anders der Bettler Lazarus. Er hatte etwas! Er hatte Hunger! Immer wieder trieb es ihn hinaus. Immer wieder mußte er sich etwas schenken lassen. Und weil ihm immer wieder einer etwas schenkte, hatte er mit der Zeit auch etwas übrig für andere, hatte er etwas, was er hergeben konnte. Er war kein armer Mann.

Später sehen wir Lazarus im Himmel, von Engeln getragen ist er bei Abraham gelandet. Ja, wer hat, dem wird auch noch dazugegeben werden. Lazarus, das bedeutet soviel wie: «Gott hilft» – und Lazarus hat sich helfen lassen.

gen unzuverlässig seid, wird man euch niemals etwas Großes anvertrauen. [11]Geht ihr also schon mit Geld unehrlich um, wer wird euch dann die Reichtümer des Himmels geben wollen? [12]Verwaltet ihr das Geld anderer Leute nachlässig, wie kann euch Gott dann das schenken, was euch gehören soll?

[13]Niemand kann zwei Herren gleichzeitig dienen. Entweder wird er für den einen arbeiten und für den anderen nichts tun, oder er wird den einen anerkennen und den anderen ablehnen. Deshalb müßt ihr euch entscheiden, ob ihr Gott oder dem Geld dienen wollt. Beides zugleich geht nicht.»

Neue Maßstäbe

(Matth. 5,18.32; 11,12–13; Mark. 10,11–12)

[14]Die geldgierigen Pharisäer spotteten über diese Worte. [15]Deshalb sagte er zu ihnen: «Ihr wollt, daß alle Menschen von eurer untadeligen Frömmigkeit überzeugt sind. Aber Gott kennt euch und weiß, daß ihr böse seid. Er verabscheut, wie ihr die Menschen beeindrucken wollt.»

[16]Weiter sagte Jesus: «Bis Johannes der Täufer kam, waren das Gesetz von Mose und die Lehren der Propheten die Maßstäbe für alles Handeln. Seitdem wird die frohe Botschaft vom Reich Gottes verkündet, und alle wollen unbedingt hinein.

[17]Doch denkt daran: Eher vergehen Himmel und Erde, als daß auch nur ein einziger Buchstabe vom Gesetz Gottes ungültig wird.

[18]Wer also seine Frau wegschickt und eine andere heiratet, der begeht Ehebruch; aber auch der bricht die Ehe, der eine geschiedene Frau heiratet.»

Der Reiche und der Arme: Es gibt doch Gerechtigkeit

[19]«Da lebte einmal ein reicher Mann», berichtete Jesus. «Er war immer vornehm gekleidet und konnte sich alle Tage jeden Luxus leisten. [20]Vor dem Portal seines Hauses aber lag Lazarus, bettelarm und schwerkrank. Sein Körper war über und über mit Geschwüren bedeckt. [21]Während er dort um die Abfälle aus der Küche bettelte, kamen die Hunde und beleckten seine offenen Wunden.

[22]Lazarus starb, und die Engel brachten ihn dorthin, wo all sein Leiden zu Ende war.[a] Auch der reiche Mann starb und wurde begraben. [23]Als er im Totenreich unter Qualen erwachte, blickte er auf und erkannte in weiter Ferne Abraham und Lazarus. [24]‹Vater Abraham›, rief der Reiche laut, ‹habe Mitleid mit mir! Schicke mir doch den Lazarus! Er soll seine Fingerspitze ins Wasser tauchen und damit meine Zunge kühlen. Ich leide in diesen Flammen furchtbare Qualen!›

[25]Aber Abraham erwiderte: ‹Erinnere dich! Du hast in deinem Leben alles gehabt, Lazarus hatte nichts. Jetzt geht es ihm gut, und du mußt leiden. [26]Außerdem liegt zwischen uns ein tiefer Abgrund. Niemand kann von der einen Seite zur anderen kommen, selbst wenn er es wollte.›

[27]‹Vater Abraham›, bat jetzt der Reiche, ‹dann schicke ihn doch wenigstens [28]zu meinen fünf Brüdern.

a) Wörtlich: in den Schoß Abrahams.

Der König kommt!

Psalm 24

Ein Lied Davids

Dem Herrn gehört die ganze Welt
und alles, was auf ihr lebt.
Die Erde befestigte er über dem Wasser,
ihre Fundamente legte er auf Meeresgrund.

«Wer darf auf den Berg des Herrn gehen
und seinen heiligen Tempel betreten?»
«Jeder, der kein Unrecht tut und ein reines Gewissen hat.
Jeder, der keine fremden Götter anbetet
und keinen falschen Eid schwört.
Einen solchen Menschen wird Gott reich beschenken
und für schuldlos erklären;
der Herr ist sein Helfer!
Das gilt den Menschen, die sich nach dir richten
und im Gebet deine Nähe suchen, du Gott Jakobs.»

«Hebt euch aus den Angeln, ihr Tore!
Öffnet euch weit, ihr alten Portale,
denn der König will einziehen, die höchste Majestät!»
«Wer ist denn dieser mächtige König?»
«Es ist Gott, der Herr, der Starke, der Held.
Es ist der Herr, der siegreiche König!»
«Hebt euch aus den Angeln, ihr Tore!
Öffnet euch weit, ihr alten Portale,
denn der König will einziehen, die höchste Majestät!»
«Wer ist denn dieser mächtige König?»
«Es ist der Herr über Himmel und Erde.
Er ist der mächtige König!»

Er soll sie warnen, damit sie nach ih-
rem Tod nicht auch an diesen qual-
vollen Ort kommen.› 29 Aber Abra-
ham entgegnete: ‹Deine Brüder sol-
len auf das hören, was sie bei Mose
und den Propheten lesen können.
Dann sind sie gewarnt.›
30 Der Reiche widersprach: ‹Nein,
Vater Abraham, erst wenn einer von
den Toten zu ihnen käme, würden sie
ihr Leben ändern.› 31 Doch Abraham
blieb dabei: ‹Wenn sie nicht auf Mose
und die Propheten hören, werden sie
sich auch nicht überzeugen lassen,
wenn einer von den Toten aufer-
steht.›»

Vergebung kennt keine Grenzen

(Matth. 18,6–7.15.21–22; Mark. 9,42)

17 1/2 «Es wird immer wieder Ver-
suchungen geben, die euch
vom Glauben abbringen wollen»,
warnte Jesus seine Jünger. «Aber we-
he dem, der die in die Irre führt, die
wie ein Kind an mich glauben! Für ihn
wäre es noch das beste, man hätte
ihm einen Mühlstein um den Hals ge-
hängt und ihn ins Meer geworfen.
3 Nehmt euch in acht! Wenn dein
Bruder sündigt, dann sage ihm, was
er verkehrt gemacht hat. Tut es ihm
leid, dann vergib ihm! 4 Und wenn er
dir siebenmal am Tag Unrecht tut
und dich immer wieder um Verge-
bung bittet: Vergib ihm!»

Kleiner Glaube an den großen Gott

(Matth. 17,20)

5 Die Jünger baten Jesus eines Tages:
«Herr, wie kann unser Glaube groß
und fest werden?» 6 Darauf antworte-
te er: «Auf einen ‹großen› Glauben
kommt es gar nicht an. Selbst wenn
euer Glaube so winzig wäre wie ein
Senfkorn, könntet ihr diesem Maul-
beerbaum befehlen: ‹Reiß dich aus
der Erde und verpflanze dich ins
Meer!› – es würde sofort geschehen.»

Der selbstverständliche Dienst

7 «Wie ist das bei euch?» fragte Jesus
seine Zuhörer. «Wenn euer Knecht
vom Feld oder von der Herde heim-
kommt, sagt ihr dann zu ihm:
‹Komm, setz dich an den Tisch und
iß›? 8 Oder werdet ihr ihm nicht
den Auftrag geben: ‹Zieh dich um,
mach mir etwas zu essen und deck
den Tisch! Wenn ich gegessen habe,
dann kannst du auch essen und trin-
ken.›
9 Kann der Knecht dafür einen be-
sonderen Dank erwarten? Es gehört
doch schließlich zu seiner Arbeit.
10 Das gilt auch für euch. Wenn ihr in
meinem Dienst alles getan habt, was
ich euch aufgetragen habe, dann sollt
ihr sagen: ‹Wir haben nur das getan,
was zu unserem Auftrag gehört!›»

Nur einer dankt

11 Sie waren unterwegs nach Jerusa-
lem. Ihr Weg führte sie durch das
Grenzgebiet zwischen Galiläa und
Samarien. 12 In einem Dorf begegne-
ten ihnen zehn Leprakranke. In der
vorgeschriebenen Entfernung blie-
ben sie stehen 13 und riefen: «Jesus,
Meister! Hab doch Erbarmen mit
uns!» 14 Er sah sie an und forderte sie
auf: «Geht zu den Priestern und zeigt
ihnen, daß ihr geheilt seid!»
Auf dem Wege dorthin wurden sie
gesund. 15 Einer von ihnen lief zu Je-
sus zurück, als er merkte, daß er ge-
heilt war. Laut lobte er Gott. 16 Er
warf sich vor Jesus nieder und dankte
ihm. Und das war ein Mann aus Sa-
marien.
17 Jesus fragte: «Habe ich nicht

VERWANDELTE PERSPEKTIVE

Marianne Hirzel

Lukas 17,14–16

Immer wenn ich früher diese Geschichte las, schüttelte ich den Kopf und dachte: Ist das möglich? Da schreien zehn leprakranke Menschen Jesus um Hilfe und Erbarmen an, Jesus handelt sofort und erntet puren Undank! Während die Kranken zu den Priestern laufen, rennen, humpeln, merken sie, daß sie gesund werden. Ich wäre bestimmt auf der Stelle umgekehrt, hätte Jesus gedankt, ihn umarmt, ihn angebetet! Aber so handelt nur ein einziger: ein Fremder. Die anderen vergessen alles, rennen in die Stadt und stürzen sich ins Leben, um endlich wieder Menschen unter Menschen zu sein. So eine Undankbarkeit!, habe ich lange Zeit gedacht.

Wie anders aber reagiert Jesus auf diese Situation. Er schimpft nicht über die andern neun, sondern freut sich über den einen, segnet ihn und spricht ihm ewiges Leben zu.

O Herr, wieviele Male habe ich geschimpft und war enttäuscht, verletzt über die Undankbarkeit, die mir Menschen entgegenbrachten. Da habe ich geschuftet, mich eingesetzt, geholfen, gegeben – und nichts als Undank war der Lohn.

Jesu Liebe und Geduld berühren mich immer wieder ganz tief. Beschämt stelle ich fest, wie oft er mir geholfen, meine Gebete erhört hat – und ich bin gleich wieder zur Tagesordnung übergegangen. Oft habe ich ganz vergessen zu danken oder das Danken schnell «abgehakt», als Pflichtübung sozusagen.

Wie gut haben wir es doch heute. Wir können jederzeit zu Jesus kommen, ihm unseren Schmerz und unsere Enttäuschungen klagen und alles bei ihm abladen. Er vergibt uns auch unser undankbares Verhalten und befreit uns von aller Bitterkeit.

O Herr Jesus, ich danke dir, du bist so gut.

zehn Männer geheilt? Wo sind denn
die anderen neun? 18 Weshalb kommt
als einziger dieser Fremde zurück,
um sich bei Gott zu bedanken?»
19 Zu dem Samariter aber sagte er:
«Stehe auf! Dein Glaube hat dich ge-
rettet.»

Was geschieht, wenn Jesus wiederkommt?

(Matth. 24,23–28)

20 «Wann wird denn das Reich Gottes
kommen?» wollten die Pharisäer von
Jesus wissen. Er antwortete ihnen:
«Das Reich Gottes kann man nicht
sehen, wie man ein irdisches Reich
sieht. 21 Niemand wird euch sagen
können: ‹Hier ist es!› oder ‹Dort ist
es!› Das Reich Gottes ist schon jetzt
da – mitten unter euch.»

22 Zu seinen Jüngern aber sagte er:
«Die Zeit wird kommen, wo ihr al-
les dafür geben würdet, auch nur
einen einzigen Tag der Herrschaft
des Menschensohnes mitzuerleben.
Aber dieser Wunsch wird sich nicht
erfüllen.

23 Man wird euch immer wieder ein-
reden wollen, daß der Menschensohn
wiedergekommen ist und man ihn
hier oder dort gesehen hat. Glaubt
das auf keinen Fall, geht auch nicht
dorthin und lauft ihnen nicht nach!
24 Denn wenn der Menschensohn wie-
derkommt, wird es jeder wissen. Er
wird so unübersehbar sein wie ein
Blitz, der den ganzen Horizont er-
hellt. 25 Aber vorher muß der Men-
schensohn noch viel leiden und es er-
dulden, daß ihn die Menschen dieser
Zeit von sich stoßen.»

(Matth. 24,37–39)

26 «Am Tage seiner Wiederkunft
werden die Menschen genau so leben
wie zur Zeit Noahs. 27 Diese dachten
auch nur an Essen, Trinken und Hei-
raten. Das ging so lange gut, bis
Noah in die Arche stieg. Dann kam
die Flut, und keiner von ihnen blieb
am Leben.

28 Es wird genauso sein wie zu Lots
Zeiten. Die Menschen kümmerten
sich nur darum, daß sie genug zu es-
sen und zu trinken hatten, daß sie
kauften und verkauften, pflügten und
bauten. 29 So ging es bis zu dem Tag,
an dem Lot die Stadt Sodom verließ.
Da regnete Feuer und Schwefel vom
Himmel, und alle kamen in den Flam-
men um.

30 Genauso wird es sein, wenn der
Menschensohn kommt. 31 Wer dann
gerade auf der Terrasse seines Hau-
ses ist, der soll nicht mehr ins Haus
laufen, um seine Sachen zu holen.
Wer auf dem Feld arbeitet, soll nicht
mehr in sein Haus zurückkehren.
32 Denkt daran, was mit Lots Frau ge-
schah!

33 Wer sich an sein Leben klam-
mert, wird es verlieren. Wer sein Le-
ben aber für Gott einsetzt, wird es für
immer gewinnen.»

(Matth. 24,40–41)

34 «Auch das wird sich bei meiner
Wiederkunft ereignen: Zwei schlafen
in dieser Nacht in einem Bett, einer
wird angenommen, und der andere
bleibt zurück.

35 Zwei Frauen werden gemeinsam
ihre Hausarbeit erledigen. Die eine
wird angenommen, und die andere
bleibt zurück.

36 Zwei Männer werden auf dem
Feld arbeiten. Der eine wird an-
genommen, der andere bleibt zu-
rück.»

37 «Herr, wo wird sich das ereig-
nen?» fragten die Jünger. Da antwor-

tete ihnen Jesus: «Das wird für alle sichtbar sein.»[a]

«Laßt Gott keine Ruhe!»

18 Wie wichtig es ist, Gott so lange zu bitten, bis er antwortet, machte Jesus durch ein Gleichnis deutlich:

2 «In einer Stadt lebte ein Richter, der weder Gott noch Menschen fürchtete. 3 Tag für Tag bestürmte ihn eine Witwe mit ihrer Not: ‹Verhilf mir doch endlich zu meinem Recht!› 4/5 Immer wieder stieß sie bei ihm auf taube Ohren, aber schließlich verlor er die Geduld. ‹Mir sind zwar Gott und die Menschen gleichgültig, aber diese Frau macht mich noch verrückt›, sagte er sich. ‹Wenn sie nicht ihr Recht bekommt, wird sie am Ende noch handgreiflich.›»

6 Und Jesus fügte hinzu: «Begreift ihr, was ich euch damit sagen will? 7 Meint ihr, Gott wird seine Kinder übersehen und ihnen ihr Recht versagen, wenn sie ihm Tag und Nacht keine Ruhe lassen? 8 Ich versichere euch: Er wird ihnen schnellstens helfen. Die Frage ist: Wird der Menschensohn, wenn er wiederkommt, diesen Glauben bei euch finden?»

Das Gebet, das Gott hört

9 Mit einem Gleichnis wollte Jesus die Leute treffen, die sich gerecht vorkamen und hochmütig auf andere herabsahen:

10 «Zwei Männer, ein Pharisäer und ein Zolleinnehmer, gingen in den Tempel, um zu beten. 11 Selbstsicher stand der Pharisäer dort und betete: ‹Ich danke dir, Gott, daß ich nicht so bin wie andere Leute. Ich bin kein Räuber, kein Gottloser, kein Ehebrecher und schon gar nicht wie dieser Zolleinnehmer da hinten. 12 Ich faste zweimal in der Woche, und von allen meinen Einkünften gebe ich den zehnten Teil für Gott.›

13 Aber der Zolleinnehmer blieb verlegen am Eingang stehen und wagte kaum aufzusehen. Schuldbewußt betete er: ‹Gott! Vergib mir, ich weiß, daß ich ein Sünder bin!›

14 Ihr könnt sicher sein, dieser Mann ging von seiner Schuld befreit nach Hause, nicht aber der Pharisäer. Denn der Stolze wird gedemütigt, und der Demütige wird erhöht werden.»

Nur für Kinder

(Matth. 19,13–15; Mark. 10,13–16)

15 Eines Tages brachten einige Eltern ihre kleinen Kinder zu Jesus, damit er ihnen segnend die Hände auflegen sollte. Unwillig wollten die Jünger sie zurückweisen. 16 Doch Jesus rief die Kinder zu sich und wies die Jünger zurecht: «Laßt die Kinder zu mir kommen! Schickt sie nicht weg! Denn für Menschen wie sie ist das Reich Gottes bestimmt. 17 Habt ihr es denn noch immer nicht begriffen: Wer nicht wie ein kleines Kind voller Vertrauen zu Gott kommt, dem bleibt das Reich Gottes verschlossen.»

Reiche sind arm dran

(Matth. 19,16–30; Mark. 10,17–31)

18 Jesus wurde von einem angesehenen und reichen Mann gefragt: «Guter Meister, was muß ich tun, damit ich das ewige Leben bekomme?»

a) Wörtlich: Bei einem verendeten Tier sammeln sich die Geier.

19 «Weshalb nennst du mich gut? Nur
Gott ist gut, sonst keiner», stellte Je-
sus richtig. 20 «Um aber deine Frage
zu beantworten: Du kennst doch
Gottes Gebote: Du sollst nicht die
Ehe brechen, du sollst nicht töten,
nicht stehlen, du sollst über keinen
deiner Mitmenschen etwas Unwahres
sagen, und du sollst deine Eltern eh-
ren.»
21 Der Mann versicherte: «Alle die-
se Gebote habe ich von klein auf ge-
halten.» 22 «Aber etwas fehlt dir
noch», sagte Jesus. «Verkaufe alles,
was du hast, und gib das Geld den Ar-
men. Du gewinnst damit einen Schatz
im Himmel. Dann komm und folge
mir nach!»
23 Als der Mann das hörte, ging er
niedergeschlagen weg, denn er war
sehr reich.
24 Jesus sah ihm nach und sagte:
«Wie schwer haben es doch die Rei-
chen, in das Reich Gottes zu kom-
men! 25 Eher könnt ihr ein dickes Seil
in ein Nadelöhr einfädeln,[a] als daß
Menschen, die an ihrem Reichtum
hängen, in Gottes Reich kommen.»
26 «Wenn das so schwierig ist», frag-
ten ihn seine Zuhörer erschrocken,
«kann dann überhaupt jemand geret-
tet werden?»
27 Er antwortete: «Für Menschen
ist es unmöglich, aber nicht für Gott.»
28 Eifrig rief Petrus: «Wir haben
doch schon alles für dich aufgegeben
und sind mit dir gegangen!» 29 «Ja»,
bestätigte Jesus, «jeder, der bereit
ist, sein Haus, seine Frau, seine Ge-
schwister, seine Eltern oder Kinder
dem Reich Gottes unterzuordnen[b],
30 der wird dafür reich belohnt wer-
den: hier schon, in dieser Welt, und
erst recht in der zukünftigen Welt mit
dem ewigen Leben.»

Jesus spricht zum dritten Mal von seinem Tod
(Matth. 20,17–19; Mark. 10,32–34)

31 Jesus rief seine zwölf Jünger zu sich
und sagte ihnen: «Ihr wißt, daß wir
jetzt nach Jerusalem gehen. Dort
wird sich alles erfüllen, was die Pro-
pheten über den Menschensohn ge-
schrieben haben. 32 Man wird ihn an
die Römer ausliefern, ihn verspotten,
mißhandeln, anspucken und
33 schließlich auspeitschen und töten.
Doch drei Tage später wird er von
den Toten auferstehen.» 34 Aber die
Jünger begriffen nichts. Vergeblich
zerbrachen sie sich den Kopf: «Was
wollte Jesus nur damit sagen?»

Der Blinde, der nicht aufgab
(Matth. 20,29–34; Mark. 10,46–52)

35 Jesus und seine Jünger waren unter-
wegs nach Jericho. In der Nähe der
Stadt saß ein Blinder am Straßenrand
und bettelte. 36 Er hörte den Lärm der
vorbeiziehenden Menge und fragte
neugierig: «Was ist da los?» 37 Einige
riefen ihm zu: «Jesus von Nazareth
kommt nach Jericho!» 38 Als er das
hörte, schrie er laut: «Jesus, du Sohn
Davids, hilf mir!» 39 Die Leute fuhren
ihn an: «Halt den Mund!» Er aber
schrie nur noch lauter: «Sohn Davids,
hilf mir doch!»
40 Jesus blieb stehen und ließ den
Mann zu sich führen. 41 Dann fragte er
ihn: «Was willst du von mir?»
«Herr», flehte ihn der Blinde an, «ich
möchte wieder sehen können!»

a) Andere Übersetzung: Es ist leichter, daß ein Kamel durch ein Nadelöhr geht.
b) Wörtlich: zu verlassen.

«DU HAST ETWAS VERGESSEN!»

Dorothea Unbehend

Lukas 18,15

Fordernd stand mein kleiner Sohn vor mir. Er war gerüstet für den Kindergartentag, seine Tasche gefüllt mit einem guten Frühstück, seine Schuhe geschnürt, die Jacke zugeknöpft. «Du hast etwas vergessen, Mama!» rief er ungehalten, und ich musterte ihn erstaunt.

«Was denn?» fragte ich verblüfft, in Gedanken schon bei der nächsten Arbeit.

«Meinen Segen!»

Den hatte ich vor lauter Arbeitseifer tatsächlich vergessen. Ich umarmte ihn und flüsterte ihm ins Ohr: «Jesus paßt auf dich auf, und ich denke an dich! So segne ich dich in Jesu Namen – und jetzt ab mit dir!»

Fröhlich und ziemlich laut rannte er die Treppe hinunter, offenbar fühlte er sich jetzt richtig ausgerüstet für den Tag.

Ist Segnen nur ein Abschiedsritual? Für meinen kleinen Jungen muß es mehr sein, sonst hätte er nicht so vehement darauf bestanden. Wahrscheinlich spürt er täglich und immer wieder neu, was der Segen Gottes bedeutet. Eingepacktsein in die wärmende Liebe unseres Herrn, umgeben mit den besten aller guten Wünsche und eingehüllt in den sicheren Schutz des allmächtigen Gottes: So stelle ich mir diesen Segen vor, der meine Kinder dorthin begleitet, wo ich ihnen nicht folgen kann. Ich gebe sie in die Hände Gottes zurück, vertraue sie ihm an und weiß sie gut aufgehoben. Keinem sonst würde ich sie so vorbehaltlos anvertrauen.

Jesus hat die Kinder gesegnet, er segnet auch uns.

Deshalb erbitte auch ich für diesen Tag deinen Segen, Herr. Laß mich wie ein Kind dir in allem vertrauen. Beschütze du mich vor allem Bösen und laß mich für alle, denen ich heute begegne, ein Segen sein.

42«Du sollst wieder sehen!» sagte Jesus zu ihm. «Dein Vertrauen hat dich geheilt.» 43Von diesem Augenblick an konnte der Mann wieder sehen. Er ging mit Jesus und lobte Gott. Zusammen mit ihm lobten und dankten alle, die seine Heilung miterlebt hatten.

Jesus bei Zachäus: Ein Reicher kehrt um

19 Als Jesus durch Jericho zog, liefen viele Menschen zusammen. 2Unter ihnen war Zachäus, der Oberaufseher über alle Zolleinnehmer. Er war sehr reich. 3Zachäus wollte Jesus unbedingt sehen; aber er war sehr klein, und niemand machte ihm Platz. 4Da rannte er ein Stück voraus und kletterte auf einen Maulbeerbaum, der am Wege stand. Von hier aus konnte er alles überblicken. 5Als Jesus dort vorbeikam, entdeckte er ihn. «Zachäus, komm schnell herunter!» rief Jesus. «Ich möchte heute dein Gast sein!» 6Im Nu war er vom Baum herunter und nahm Jesus voller Freude mit in sein Haus.

7Die anderen Leute empörten sich über Jesus. «Jeder weiß doch, daß Zachäus nur durch Betrug reich geworden ist! Wie kann Jesus nur dieses Haus betreten!»

8Zachäus wurde auf einmal sehr ernst: «Herr, ich werde die Hälfte meines Vermögens an die Armen verteilen, und wem ich am Zoll zuviel abgenommen habe, dem gebe ich es vierfach zurück.» 9Da sagte Jesus zu ihm: «Heute ist ein großer Tag für dich und deine Familie; denn Gott hat euch heute als seine Kinder angenommen. Du warst einer von Abrahams verlorenen Söhnen. 10Der Menschensohn ist gekommen, Verlorene zu suchen und zu retten.»

Gaben und Aufgaben
(Matth. 25,14–30)

11Jesus fügte noch ein Gleichnis hinzu. Es war ihm nicht entgangen, daß viele in seiner Umgebung damit rechneten, bei ihrem Einzug in Jerusalem würde Gott seine Herrschaft sichtbar aufrichten.

12«Ein Fürst trat eine weite Reise an, um sich zum König krönen zu lassen. 13Bevor er abreiste, rief er zehn seiner Leute zu sich, gab jedem tausend Mark[a] und sagte: ‹Setzt dieses Geld gewinnbringend ein! Ich komme bald zurück!›

14Viele Bürger aber wollten ihn nicht als König haben. Deshalb schickten sie eine Abordnung hinter ihm her mit der Erklärung: ‹Diesen Mann werden wir nicht als König anerkennen!› 15Trotzdem wurde er gekrönt und kam als König in sein Land zurück. Er befahl die Leute zu sich, denen er das Geld gegeben hatte, und wollte wissen: ‹Was habt ihr damit gemacht?›

16Der erste berichtete: ‹Herr, ich habe das Zehnfache deines Geldes als Gewinn erwirtschaftet.› 17‹Ausgezeichnet!› rief der König. ‹Das hast du gut gemacht! Du hast dich in dieser kleinen Aufgabe bewährt. Ich vertraue dir die Verwaltung von zehn Städten an.› 18Darauf trat der nächste Mann vor und berichtete: ‹Herr, ich habe das Fünffache deines Kapitals hinzugewonnen.› 19‹Gut!› sprach sein Herr. ‹Du wirst Verwalter über fünf Städte.›

a) Wörtlich: zehn Minen (Goldstücke).

DIE GIER

Herti Dixon

Lukas 19,2.45.46

Wenn Zachäus träumte, dann träumte er die Träume der Reichen: Immer mehr für mich. Immer mehr. Er wußte, es war ein hohler Traum, aber er konnte nicht aufhören, ihn zu träumen.

Auch die Tempelverkäufer träumten und hofften. Jeden Morgen, wenn sie aufwachten zu einem Tag voll Schreiens und Verkaufens, da hofften sie. Aber am Abend, wenn sie mit vollen Taschen, aber leer im Herzen wieder heimschlichen, da wußten sie, es war das Falsche, auf das sie gehofft hatten.

Sie wußten: Der Weg, den sie gewählt hatten, würde sie zu niemandem hinführen. Zu keinem Menschen.

Trotzdem konnte keiner von ihnen aufhören, ihn zu gehen. Weder Zachäus noch die Händler. Denn da war etwas, das sie nicht losließ: die Gier.

Die Gier war immer da und zog an ihren Herzen wie ein Haken. Und sie mußten folgen, denn da gab's niemanden, der sie losmachte. Niemanden, der sagte: Halt, so geht's nicht weiter. Ich helfe euch.

Eines Tages kam einer, der sie suchte. Einer der sagte: Ihr gehört mir! Aber nicht alle hörten auf sein Rufen.

Zachäus hörte ihn. Er sah ihn. Er sah, da war einer, der ihn haben wollte, der etwas geben wollte, um sein Freund zu sein. Da starb etwas in ihm, da wurde etwas losgelöst in seinem Herzen: Er war wieder er.

Im Tempel sah ihn niemand kommen. Die Tische waren alle aufgestellt, die Waren waren alle ausgelegt: Kommt, Leute! Kommt und kauft! Wir warten nur auf euch! Auf den Mann mit der Geißel wartete niemand. Und als er wieder ging, war es, als hätten sie ihn nie gesehen.

20 Der dritte kam an die Reihe.
‹Hier hast du deine tausend Mark zu-
rück. Ich habe gut auf dein Geld auf-
gepaßt!› sagte er. 21 ‹Ich fürchte dich
als harten Geschäftsmann. Bestimmt
hättest du mir meinen Gewinn doch
abgenommen. Denn du nimmst, was
dir nicht gehört, und du erntest, was
andere gesät haben.› 22 ‹Du richtest
dich mit deinen eigenen Worten, du
Narr!› rief der König zornig. ‹Wenn
du weißt, daß ich ein harter Ge-
schäftsmann bin, daß ich nehme, was
mir nicht gehört, daß ich ernte, wo ich
nicht angebaut habe, 23 warum hast du
das Geld dann nicht bei der Bank ein-
gezahlt? Dann hätte ich wenigstens
Zinsen dafür bekommen!›

24 Er forderte die Umstehenden auf:
‹Nehmt ihm das Geld ab und gebt es
dem Mann, der das meiste erwirtschaf-
tet hat.› 25 ‹Aber Herr›, widerspra-
chen seine Leute, ‹der hat doch schon
genug!› 26 Da sagte ihnen der König:
‹Es ist nun einmal so: Wer das, was er
hat, gewissenhaft nutzt, dem kann
man noch mehr anvertrauen. Wer
aber mit Wenigem nachlässig umgeht,
dem wird man auch das noch nehmen.

27 Doch jetzt holt meine Feinde her,
die sich während meiner Abwesen-
heit gegen mich aufgelehnt haben:
Sie sollen vor meinen Augen hinge-
richtet werden!›»

Der Einzug in Jerusalem

(Matth. 21,1–9; Mark. 11,1–10;
Joh. 12,12–16)

28 Nachdem Jesus diese Geschichte
erzählt hatte, ging er nach Jerusalem.
29 In der Nähe der Dörfer Bethphage
und Bethanien, die beide am Ölberg
liegen, schickte er zwei seiner Jünger
voraus: 30 «Wenn ihr in dieses Dorf
kommt, werdet ihr einen jungen Esel
finden, auf dem noch nie jemand ge-
ritten ist. Bindet ihn los und bringt ihn
her! 31 Sollte euch jemand fragen, was
ihr da macht, sagt einfach: ‹Der Herr
braucht ihn.›»

32 Die Jünger fanden den Esel, wie
Jesus es ihnen beschrieben hatte.
33 Als sie ihn losbanden, fragten die
Besitzer: «Was macht ihr denn da?»
34 Sie antworteten: «Der Herr
braucht ihn.»

35 Und sie brachten den Esel zu Je-
sus. Einige legten dem Tier ihre Män-
tel auf den Rücken, bevor sich Jesus
daraufsetzte. 36 Auf dem Weg nach
Jerusalem breiteten die begeisterten
Menschen ihre Kleider auf der Straße
aus. Sie wollten Jesus wie einen Kö-
nig empfangen.

37 Als sie auf der Höhe des Ölbergs
angekommen waren und Jerusalem
vor ihnen lag, jubelten und sangen die
Menschen. Sie dankten Gott für die
vielen herrlichen Wunder, die Jesus
getan hatte. 38 Laut sangen sie: «Heil
dem König, den Gott uns sendet!
Gott hat Frieden mit uns geschlossen.
Lob und Ehre dem Allerhöchsten!»

39 Empört riefen da einige Pharisä-
er aus der Menge: «Meister, verbiete
das deinen Leuten! Das ist Gotteslä-
sterung!» 40 Er antwortete ihnen nur:
«Wenn sie schweigen, dann werden
die Steine am Wege schreien.»

Tränen über eine Stadt

41 Als Jesus Jerusalem vor sich liegen
sah, weinte er über die Stadt. 42 «Der
Friede war dir so nahe, warum nur
wolltest du ihn nicht haben? Und
auch jetzt willst du ihn nicht»,[a] sagte

a) Wörtlich: Wenn auch du an diesem Tag erkannt hättest, was zu deinem Frieden dient.

Jesus traurig. 43 «Der Tag wird kom-
men, an dem deine Feinde einen
Wall um deine Mauern aufwerfen
und dich von allen Seiten belagern.
44 Wenn deine Mauern fallen, werden
alle Bewohner getötet werden. Kein
Stein wird auf dem anderen bleiben.
Warum hast du die Gelegenheit nicht
genutzt, die Gott dir geboten
hat?»

Jesus schafft Ordnung im Tempel
(Matth. 21,12–17; Mark. 11,15–19;
Joh. 2,13–16)

45 Kaum hatte Jesus den Tempel be-
treten, da begann er, die Händler hin-
auszujagen 46 und rief: «Gott sagt:
‹Mein Haus soll ein Ort des Gebetes
sein›,[a] aber ihr habt daraus eine Räu-
berhöhle gemacht!»
47 Jeden Tag lehrte er im Tempel,
obwohl die Hohenpriester, die
Schriftgelehrten und führenden Män-
ner des Volkes nach einer passenden
Gelegenheit suchten, Jesus umzu-
bringen. 48 Noch konnten sie nichts
gegen ihn unternehmen, wenn sie
nicht zugleich das Volk gegen sich
aufbringen wollten, denn die Men-
schen hörten Jesus gern zu und achte-
ten auf jedes seiner Worte.

Fragen ohne Antworten
(Matth. 21,23–27; Mark. 11,27–33)

20 An einem dieser Tage verkün-
dete Jesus im Tempel die
Heilsbotschaft. Da gingen die Ho-
henpriester, die Schriftgelehrten und
führenden Männer des Volkes zu
ihm. 2 «Mit welchem Recht hast du
die Händler aus dem Tempel vertrie-
ben?» wollten sie von ihm wissen.
«Wer hat dir den Auftrag dazu gege-
ben?»
3 «Ehe ich eure Frage beantworte,
möchte ich euch etwas fragen», erwi-
derte Jesus. 4 «Taufte Johannes die
Menschen im Auftrag Gottes, oder
wer sonst hatte ihn beauftragt?»
5 Sie überlegten: «Wenn wir sagen,
‹Gott hat ihn gesandt›, so wird er uns
fragen: ‹Warum habt ihr ihm dann
nicht geglaubt?› 6 Sagen wir aber: ‹Jo-
hannes war kein Bote Gottes›, dann
steinigt uns das Volk; denn alle glau-
ben, daß Johannes ein Prophet war.»
7 Deshalb antworteten sie schließ-
lich: «Wir können deine Frage nicht
beantworten, weil wir es nicht wis-
sen.» 8 «Nun, dann sage ich euch auch
nicht, wer mir diesen Auftrag gegeben
hat», entgegnete ihnen Jesus.

Gott erntet Ablehnung
(Matth. 21,33–46; Mark. 12,1–12)

9 Seinen Zuhörern erzählte Jesus nun
die folgende Geschichte: «Ein Mann
legte einen Weinberg an. Er verpach-
tete ihn an einige Winzer und reiste für
längere Zeit ins Ausland. 10 Zur Zeit
der Weinlese sandte er einen Boten,
der den vereinbarten Anteil an der
Ernte abholen sollte. Aber die Pächter
schlugen ihn zusammen und schickten
ihn mit leeren Händen zurück.
11 Nun beauftragte der Weinbergbe-
sitzer einen anderen Mann. Aber dem
ging es genauso. Die Pächter be-
schimpften ihn und jagten ihn weg.
12 Er schickte einen dritten. Auch den
schlugen sie blutig und vertrieben ihn.
13 ‹Was soll ich machen?› fragte sich
der Besitzer. ‹Ich werde meinen ein-
zigen Sohn zum Weinberg schicken.
Sie werden es nicht wagen, ihm

a) Jesaja 56,7

etwas anzutun.› 14 Als die Pächter erkannten, daß der Sohn kam, beratschlagten sie: ‹Das ist der Erbe. Wenn wir den aus dem Weg räumen, gehört der Weinberg uns!› 15 Und sie zerrten ihn vor den Weinberg und töteten ihn.

Was meint ihr wohl», fragte Jesus nun seine Zuhörer, «was der Besitzer des Weinbergs mit diesen Pächtern tun wird? 16 Er wird kommen und sie töten und den Weinberg an andere verpachten!»

«Aber so etwas gibt es doch gar nicht!» meinten kopfschüttelnd die Zuhörer. 17 Da sah Jesus sie an und fragte: «Was bedeutet denn dieser Satz: ‹Der Stein, den die Bauarbeiter weggeworfen haben, weil sie ihn für unbrauchbar hielten, ist zum Grundstein des ganzen Hauses geworden›?»[a] 18 Und er fügte hinzu: «Wer auf diesen Stein fällt, wird sich zu Tode stürzen, und auf wen er fällt, den wird er zermalmen.»

«Gebt Gott, was Gott gehört»

(Matth. 22,15–22; Mark. 12,13–17)

19 Nach diesem Gleichnis hätten die Hohenpriester und Schriftgelehrten Jesus am liebsten sofort verhaftet. Sie erkannten, daß sie mit dieser Erzählung gemeint waren. Aber sie wagten es nicht, weil Jesus beim Volk sehr beliebt war.

20 Um einen Anlaß zu finden, ließen sie ihn überwachen. Sie versuchten, ihm eine Falle zu stellen, indem sie einige Männer vorschickten, die einen Gewissenskonflikt heucheln sollten. Ließe sich Jesus zu einer unbedachten Antwort verleiten, hätten sie endlich etwas in der Hand, um ihn den römischen Behörden auszuliefern.

21 Die Leute kamen also zu Jesus und fragten ihn: «Meister, wir wissen, daß du unbestechlich bist. Du sagst die Wahrheit, ohne darauf Rücksicht zu nehmen, was die Leute hören wollen. Du lehrst, wie wir nach Gottes Willen handeln sollen. 22 Deshalb bitten wir dich um einen Rat: Ist es eigentlich Gottes Wille, daß wir an den römischen Kaiser Steuern zahlen, oder nicht?» 23 Jesus durchschaute sie und sagte: 24 «Ihr wollt mich doch nur hereinlegen. Zeigt einmal eine Münze her! Welches Bild und welcher Name sind darauf zu erkennen?» Sie antworteten: «Das Bild und der Name des römischen Kaisers!»

25 «Dann gebt dem Kaiser, worauf er einen Anspruch hat», antwortete Jesus, «und gebt Gott, was ihm gehört!»

26 So war es ihnen nicht gelungen, Jesus vor allen Leuten in eine Falle zu locken. Sie waren von seiner Antwort so überrascht, daß sie schweigend weggingen.

Werden die Toten auferstehen?

(Matth. 22,23–33.46;
Mark. 12,18–27.34)

27 Einige Sadduzäer – sie glauben nicht an eine Auferstehung der Toten – 28 kamen zu Jesus und fragten ihn: «Im Gesetz des Mose steht: Wenn ein verheirateter Mann kinderlos stirbt, dann soll sein Bruder die Witwe heiraten. Das erste ihrer Kinder soll der Erbe des Verstorbenen sein.[b]

a) Psalm 118,22–23
b) 5. Mose 25,5–6

Gottes Rettungsaktion

Birgit Winterhoff

Lukas 20,14

Das Gleichnis handelt von einem Menschen, der einen Weinberg pflanzt. In den beiden Parallelberichten im Matthäus- und Markus-Evangelium wird ausführlicher geschildert, welche Maßnahmen der Besitzer zum Schutz seines Weinberges trifft. Anschließend wird der Weinberg verpachtet, weil der Besitzer für eine Zeit außer Landes geht.

Nach einigen Jahren wird der Pachtzins fällig. Der Weinbergbesitzer schickt einen seiner Angestellten, um den Betrag in Empfang zu nehmen. Aber die Pächter weigern sich, ihre Verpflichtungen zu erfüllen. Sie verprügeln den Boten und schicken ihn mit leeren Händen weg. Dem zweiten und dritten Boten geht es ähnlich.

Schließlich schickt der Weinbergbesitzer seinen Sohn. Er hofft, daß die Pächter vor dem Erben Respekt haben. Aber statt dessen schmieden sie einen Plan. «Wir töten den Erben. Dann gehört der Weinberg uns.» Herrenloser Besitz fiel nach damaliger Rechtsprechung dem zu, der als erster danach griff.

Jesus erzählt diese Geschichte vom Weingärtner als ein Gleichnis dafür, wie Gott handelt. Ganz menschlich wird Gott geschildert, ganz liebevoll. Auch so ist unser Gott. Er sendet seinen Sohn Jesus Christus in diese Welt. Seine ganze Liebe zu den Menschen wird dadurch sichtbar. Soviel sind ihm seine rebellischen Geschöpfe wert. In dieser Aussendung gipfelt seine Liebe zu uns.

Wäre unser Gott ein menschlicher Machthaber, dann hätte er seine Truppen zusammengerufen, einen Belagerungsring um den Weinberg gezogen, die Mauern gestürzt und die Widerständler bestraft. Aber Gott hat keine Strafaktion gestartet, sondern eine Rettungsaktion. Dafür ist Jesus Christus gekommen.

In der Verkündigung Jesu, in seinem Reden und Handeln wird Gottes Liebe sichtbar. Auch in seinem Tod am Kreuz. Am dritten Tag hat Gott ihn vom Tod auferweckt. Jesus ist der Herr der Welt, er hat alle Macht. Menschen aus aller Welt ruft er zur Mitarbeit in seinem Weinberg auf. «Kommt her zu mir!»

Lassen Sie sich zur Mitarbeit rufen?

29 Nun gab es da sieben Brüder. Der
älteste heiratete und starb kinderlos.
30 Darauf heiratete sein Bruder die
Witwe, aber auch in dieser Ehe wur-
den keine Kinder geboren. 31 So ging
es weiter, bis alle sieben mit ihr
verheiratet gewesen waren. Kinder
aber hatten sie nicht bekommen.
32 Schließlich starb auch die Frau.
33 Nun unsere Frage: Zu welchem
Mann wird diese Frau nach der Auf-
erstehung gehören? Alle sieben Män-
ner waren doch mit ihr verheiratet!»

34 Jesus antwortete den Sadduzä-
ern: «Die Ehe gibt es nur in dieser
Welt. 35 Wer aber das ewige Leben er-
langt und einmal in Gottes Reich sein
darf, für den wird es keine Ehe mehr
geben. 36 Er wird auch nicht mehr
sterben wie die Menschen hier auf der
Erde, sondern wie die Engel ewig le-
ben und zu den Kindern Gottes gehö-
ren. Denn er ist vom Tod zu einem
neuen Leben auferstanden. 37 Aber
die andere Frage, ob es überhaupt
eine Auferstehung gibt, wird schon
von Mose beantwortet. Er be-
schreibt, wie Gott ihm im brennen-
den Dornbusch erschien, und er
nennt ihn den Gott Abrahams, Isaaks
und Jakobs.[a] 38 Er ist ein Gott der Le-
benden, nicht der Toten. Für ihn sind
sie alle lebendig.» 39 Einige Schriftge-
lehrte stimmten ihm zu: «Das hast du
gut gesagt, Meister.» 40 Jetzt wagte
niemand mehr, weitere Fragen zu
stellen.

Wer ist Christus?

(Matth. 22,41–46; Mark. 12,35–37)

41 Dann stellte Jesus ihnen eine Frage:
«Wie könnt ihr behaupten, Christus
sei ein Nachkomme von König Da-
vid? 42 David selbst schreibt doch in
den Psalmen: ‹Gott sprach zu mei-
nem Herrn: Setze dich auf den Eh-
renplatz an meiner rechten Seite,
43 bis ich dir alle deine Feinde unter-
worfen habe, bis du deinen Fuß auf
ihren Nacken setzt.›[b] 44 David nennt
Christus also ‹Herr›. Meint ihr wirk-
lich, jemand würde seinen Sohn mit
‹Herr› anreden?»[c]

Heuchelei wird hart bestraft

(Matth. 23,1–14; Mark. 12,38–40)

45 Vor allen Leuten, die sich um sie
versammelt hatten, forderte Jesus
seine Jünger auf: 46 «Werdet nicht wie
die Schriftgelehrten, die in ihren lan-
gen Talaren auf der Straße herumspa-
zieren und es genießen, wenn die
Leute sie ehrerbietig grüßen. Beim
Gottesdienst in der Synagoge sitzen
sie in der ersten Reihe, und es gefällt
ihnen, wenn man ihnen bei allen Fe-
sten die Ehrenplätze anbietet. 47 Gie-
rig stürzen sie sich auf den Besitz
wehrloser Witwen. Dabei verstecken
sie ihre bösen Absichten hinter lan-
gen Gebeten. Gottes Strafe wird sie
besonders hart treffen.»

Nur wer sich selbst gibt, gibt genug

(Mark. 12,41–44)

21 Während Jesus das sagte,
konnte er beobachten, wie die
Reichen großzügig ihre Gaben in den
Opferkasten im Tempel legten. 2 Er
sah aber auch eine arme Witwe, die
zwei kleine Münzen hineinwarf.
3 «Das ist sicher», meinte Jesus, «die-
se arme Witwe hat mehr geopfert als

a) 2. Mose 3,6
b) Psalm 110,1
c) Wörtlich: Wie ist er dann sein Sohn?

Wenn Gott «Danke» sagt

Jill Briscoe

Lukas 21,2

Frauen, die alles, was sie sind und haben, für Gottes Sache einsetzen, werden vielleicht von Menschen übersehen. Nicht aber von Jesus. Jesus sitzt in der Nähe des Opferkastens im Tempel. Er sieht, wie eine arme Witwe ihr Geld dort einlegt, und macht seine Jünger auf sie aufmerksam.

Ich bin ziemlich sicher, diese Frau weiß gar nicht, daß Jesus sie beobachtet. Sie ist nicht darauf angewiesen, von irgend jemand gesehen zu werden, während sie Gott alles gibt, was sie besitzt.

Für die zwei kleinen Kupfermünzen hätte sie ein Stückchen Brot oder einen halben Sperling kaufen können (vgl. Lukas 12, 6–7), das ist wirklich nicht viel. Es ist so wenig, daß kein Mensch es beachtet, geschweige denn Aufhebens davon macht – bis auf Jesus. Er sieht, was die Frau tut, und sorgt dafür, daß die Jünger es auch sehen. Er achtet darauf, daß Lukas und Markus es aufschreiben, so daß alle Welt es heute lesen kann! Der Tempel hätte auch ohne die beiden Münzen der Witwe weiterbestanden, aber Jesus weiß, daß aus Gaben wie diesen sein Reich gebaut wird. Er sieht nicht nur die Höhe der Gabe, er kennt vor allem auch die Einstellung des Gebers.

Jesus sieht auch das kleinste Opfer. Auch wenn die Witwe meint, daß ihre Gabe nicht der Aufmerksamkeit wert sei – Jesus ist da anderer Meinung und bestätigt ihren Dienst.

Wie ist es bei Ihnen? Haben Sie auch alles investiert, was Sie konnten? Stehen Sie vielleicht finanziell so unter Druck, daß Sie nur wenig für Gottes Reich geben können, obwohl Sie gern viel mehr geben würden?

Wenn Sie Ihr Geld, Ihre Zeit und Kraft für Gottes Anliegen einsetzen, dann dürfen Sie sicher sein, daß Gott das zur Kenntnis nimmt. Er übersieht Sie nicht – und er sagt «Danke».

alle anderen. 4 Die Reichen haben nur etwas von ihrem Überfluß gespendet; aber diese Frau ist arm und gab doch alles, was ihr zum Leben geblieben war.»

Die Zeit des Tempels geht zu Ende

(Matth. 24,1–2; Mark. 13,1–2)

5 Einige sprachen begeistert von der Schönheit des Tempels, den wertvollen Steinen und Kostbarkeiten an seinen Wänden. 6 Aber Jesus sagte: «Seht es euch an! Bald kommt die Zeit, wo all das in Trümmer fällt. Kein Stein wird auf dem anderen bleiben.»

Die Zukunft der Welt

(Matth. 24,3–14; Mark. 13,3–13)

7 Erschrocken wollten die Jünger wissen: «Herr, wann wird das geschehen? Woran erkennen wir, wann das Ende kommt?» 8 «Bleibt wachsam!» warnte sie Jesus, «laßt euch nicht verführen, denn viele werden kommen, die von sich behaupten: ‹Ich bin Christus!› Andere werden verkünden: ‹Das Ende ist da!› Glaubt ihnen nicht! 9 Wenn es zu Kriegen und Unruhen kommt, geratet nicht in Panik. Es muß so kommen; aber das ist noch nicht das Ende.»

10 Dann sagte er zu ihnen: «Die Völker und Machtblöcke der Erde werden gegeneinander Kriege führen. 11 Erdbeben werden große Teile der Welt erschüttern, Seuchen und Hungersnöte die Menschen heimsuchen. Unerklärliche Erscheinungen am Himmel werden alle Menschen in Angst und Schrecken versetzen.

12 Bevor das alles geschieht, wird man euch verfolgen. Weil ihr euch zu mir bekennt, werden sie euch verurteilen, ins Gefängnis werfen und vor die Mächtigen dieser Welt und ihre Herrscher stellen.

13 Bedenkt aber, daß ihr dadurch Gelegenheit habt, mich zu bezeugen und meine Botschaft in aller Öffentlichkeit bekanntzumachen. 14 Prägt es euch ein: Grübelt nicht schon heute darüber nach, wie ihr euch vor Gericht verteidigen könnt. 15 Ich selber werde euch zeigen, wie ihr euch weise verhalten und was ihr sagen sollt, so daß eure Gegner nichts mehr erwidern können.

16 Selbst eure nächsten Angehörigen, eure Eltern, Brüder und Freunde werden euch verraten und verhaften lassen. Einige von euch wird man töten. 17 Alle Welt wird euch hassen, weil ihr zu mir gehört. 18 Aber Gott wird euch nie verlassen. Ohne seinen Willen wird euch kein Haar gekrümmt werden. 19 Bleibt fest und haltet durch, dann gewinnt ihr das ewige Leben.»

Die Zerstörung Jerusalems

(Matth. 24,15–21; Mark. 13,14–19)

20 «Wenn die Feinde Israels Jerusalem belagern, dauert es nicht mehr lange, bis diese Stadt zerstört wird. 21 Dann sollen die Bewohner Judäas in das Gebirge flüchten. Wer in Jerusalem wohnt, verlasse die Stadt so schnell wie möglich, und niemand suche in ihr Schutz. 22 Die Tage des göttlichen Gerichts sind gekommen. Jetzt erfüllen sich die Worte der Propheten. 23 Besonders hart trifft es die werdenden Mütter und die Frauen mit Säuglingen. Leiden aber müssen alle, denn Gott straft in seinem Zorn das ganze Volk. 24 Die Menschen werden niedergemetzelt und die Gefangenen in die ganze Welt verschleppt. Jerusalem aber wird besetzt und zerstört

Vergib mir meine Schuld!

Aus Psalm 25

Von David

Herr, ich sehne mich nach dir!
Mein Gott, auf dich setze ich mein ganzes Vertrauen.
Laß mich jetzt nicht fallen! Ich weiß:
Keiner wird scheitern, der auf dich hofft;
wer aber treulos ist und dich leichtfertig verläßt, der wird zu Fall kommen.

Herr, zeige mir, welchen Weg ich einschlagen soll,
und laß mich erkennen, was du von mir willst!
Schritt für Schritt laß mich erfahren, daß du zuverlässig bist.
Du bist der Gott, der mir hilft, du warst immer meine einzige Hoffnung.
Denke daran, daß du mir schon früher dein Erbarmen bewiesen hast!
Vergib mir die Sünden meiner Jugendzeit und vergiß meine mutwilligen Vergehen!
Erinnere dich an deine Barmherzigkeit und sei mir gnädig!

Der Herr ist gut und gerecht. Darum führt er die auf den richtigen Weg zurück,
die ihn verließen. Allen, die ihre Schuld eingestehen, zeigt er,
wie sie leben sollen und was er von ihnen erwartet.
In Liebe und Treue führt er alle, die sich an seinen Bund und seine Gebote halten.
Herr, mach deinem Namen Ehre und vergib mir meine schwere Schuld!
Was ist mit dem, der dem Herrn gehorcht? Der Herr zeigt ihm den richtigen Weg.
Er schenkt ihm Glück und Wohlstand,
und seine Nachkommen werden das ganze Land erben.
Der Herr zieht die Menschen, die ihn ernst nehmen, ins Vertrauen.
Er läßt sie wissen, wozu er einen Bund mit seinem Volk geschlossen hat.

Wende dich mir zu, Herr, und rechne meine Schuld nicht an,
denn ich bin einsam und niedergeschlagen.
Mir ist angst und bange, nimm diese Last von meinem Herzen!
Sieh meinen Jammer und mein Elend an und vergib mir alle meine Sünden!
Hilf mir, daß ich aufrichtig und ehrlich leben kann,
Herr, ich vertraue dir! O Gott, erlöse Israel aus aller Not!

sein, bis Gott die Herrschaft der Hei-
den beendet.»

Die Mitte der Nacht ist der Anfang des Tages

(Matth. 24,29–31; Mark. 13,24–26)

25 «Zu dieser Zeit werden Zeichen an
Sonne, Mond und Sternen Unheil
verkünden. Angst und schreckliche
Ratlosigkeit beherrschen die Men-
schen, weil Sturmfluten und Kata-
strophen über sie hereinbrechen.
26 Ungewißheit und Furcht treiben sie
zur Verzweiflung. Sogar der Lauf der
Gestirne wird in Unordnung geraten.
27 Doch dann werden alle Völker
den Menschensohn in den Wolken
des Himmels mit göttlicher Macht
und Herrlichkeit wiederkommen se-
hen. 28 Deshalb: Wenn sich diese Din-
ge ereignen, dann dürft ihr hoffen.
Eure Befreiung steht vor der Tür.»

(Matth. 24,32–35; Mark. 13,28–31)

29 «Ich will es euch an einem Beispiel
verdeutlichen: Seht euch den Feigen-
baum an oder die anderen Bäume.
30 Wenn sie anfangen zu blühen, weiß
jeder, daß es bald Sommer wird. 31 So
könnt ihr wissen, daß Gottes Reich
nahe ist, wenn sich all das ereignet.
32 Denn das steht fest: Dieses Volk
wird nicht untergehen, bevor sich
nicht alles erfüllt hat. 33 Und wenn
auch Himmel und Erde vergehen,
meine Worte vergehen nicht.»

«Bleibt wach und betet!»

34 «Ihr seid in Gefahr! Paßt auf, daß
euch nicht die Gier nach Luxus und
Wohlstand,[a] auch nicht die Sorgen
des Alltags vom Ziel ablenken! Seid
jederzeit auf diesen Tag vorbereitet,
sonst wird er euch überfallen. 35 Denn
das ist sicher: Er kommt für alle
plötzlich und überraschend. 36 Bleibt
wachsam und betet allezeit, damit ihr
das übersteht, was euch erwartet.
Dann könnt ihr ohne Furcht vor den
Menschensohn treten.»
37 Täglich ging Jesus in den Tempel,
um dort zu lehren. Abends verließ er
die Stadt und verbrachte die Nächte
am Ölberg. 38 Wenn er am frühen
Morgen wieder in den Tempel kam,
warteten schon viele Menschen auf
ihn, um ihn zu hören.

Verschwörung gegen Jesus

(Matth. 26,1–5; Mark. 14,1–2)

22 Es waren nur noch wenige Ta-
ge bis zum Passahfest. Dieses
Fest nennen die Juden auch das ‹Fest
der ungesäuerten Brote›.[b] 2 Nach wie
vor suchten die Hohenpriester und
Schriftgelehrten nach einer Gelegen-
heit, Jesus heimlich umzubringen;
denn sie hatten Angst, daß es sonst zu
Unruhen im Volk kommen würde.

Der Verräter

(Matth. 26,14–16; Mark. 14,10–11)

3 Zu der Zeit ergriff der Satan Besitz
von Judas Ischarioth, einem der zwölf
Jünger Jesu. 4 Judas ging zu den Ho-
henpriestern und den Anführern der
Tempelpolizei und beriet mit ihnen,
wie sie Jesus unauffällig festnehmen
könnten. 5 Hocherfreut versprachen
die Hohenpriester ihm eine Beloh-
nung. 6 Sie wurden sich einig, und Ju-

a) Wörtlich: daß eure Herzen nicht beschwert werden durch Völlerei und Trunksucht.
b) 2. Mose 12,18–21

das suchte nach einer Gelegenheit,
Jesus ohne Aufsehen an seine Feinde
zu verraten.

Alles ist vorbereitet

(Matth. 26,17–19; Mark. 14,12–16)

7 Es kam der Tag, an dem das Passah-
lamm geschlachtet werden mußte.
8 Deshalb gab Jesus seinen Jüngern
Petrus und Johannes den Auftrag:
«Bereitet alles vor, damit wir gemein-
sam das Passahmahl essen können.»
9 «Wo sollen wir denn das Fest fei-
ern?» fragten sie.
10 «Wenn ihr nach Jerusalem
kommt», antwortete er, «wird euch
ein Mann mit einem Wasserkrug be-
gegnen. Geht ihm nach bis zu dem
Haus, das er betritt. 11 Sagt dem
Hausherrn: ‹Unser Meister bittet
dich, uns den Raum zu zeigen, in dem
er mit seinen Jüngern das Passah-
lamm essen kann.› 12 Er wird euch im
Obergeschoß in einen großen Raum
führen, der mit Polstern ausgestattet
ist. Dort bereitet das Essen zu.» 13 Die
Jünger gingen in die Stadt. Es kam al-
les so, wie Jesus es gesagt hatte. Und
sie bereiteten dort das Fest vor.

Das Abendmahl: Gottes neuer Bund mit den Menschen

(Matth. 26,20–29; Mark. 14,17–25)

14 Als die Stunde für das Passahmahl
da war, nahm Jesus mit seinen Jüngern
an der Festtafel Platz. 15 «Wie sehr ha-
be ich mich danach gesehnt, mit euch
das Passahmahl zu essen, bevor ich lei-
den muß», sagte er. 16 «Ihr sollt wis-
sen: Ich werde das Passahmahl erst
wieder im Reich Gottes mit euch fei-
ern. Dann hat sich erfüllt, wofür das
Fest jetzt nur ein Zeichen ist.»
17 Jesus nahm den Becher mit
Wein, sprach das Dankgebet und sag-
te: «Nehmt den Becher und trinkt al-
le daraus. 18 Denn ich werde keinen
Wein mehr trinken, bis das Reich
Gottes gekommen ist.»
19 Dann nahm er das Brot. Er dank-
te Gott dafür, teilte es und gab es ih-
nen mit den Worten: «Das ist mein
Leib, der für euch hingegeben wird.
Feiert dieses Mahl immer wieder.
Denkt daran, was ich für euch getan
habe, sooft ihr dieses Brot eßt.»
20 Nach dem Essen nahm er den Be-
cher mit Wein, gab ihn den Jüngern
und sagte: «Dies ist mein Blut, mit
dem der neue Bund zwischen Gott
und den Menschen besiegelt wird. Es
wird für euch zur Vergebung der Sün-
den vergossen. 21 Aber mit uns an die-
sem Tisch sitzt der Mann, der mich
verraten wird. 22 Es ist der Wille Got-
tes, daß der Menschensohn sterben
muß. Aber wehe dem Verräter!»
23 Bestürzt fragte einer den anderen:
«Wer von uns könnte so etwas tun?»

Wer will der Größte sein?

(Matth. 20,25–28; Mark. 10,42–45)

24 Die Jünger stritten sich darüber,
wem unter ihnen der erste Platz zu-
steht. 25 Da sagte ihnen Jesus: «In die-
ser Welt unterdrücken die Herrscher
ihre Völker, und Diktatoren lassen
sich als Wohltäter feiern. 26 Aber so
soll es bei euch nicht sein. Der Erste
unter euch soll sich allen anderen un-
terordnen, und wer euch führen will,
muß allen dienen. 27 Wer ist denn der
Herr? Wer sich bedienen läßt oder
wer dient? Ich aber bin unter euch
wie ein Diener.
28 Ihr seid mir in diesen Tagen der
Gefahr und der Anfechtung treu ge-
blieben. 29 Deshalb verspreche ich
euch: Ihr werdet mit mir zusammen
in meinem Reich herrschen, das mein
Vater mir übergeben hat. 30 Mit mir

sollt ihr am selben Tisch essen und
trinken und mit mir über die zwölf
Stämme Israels Gericht halten.»

Keiner kann für sich garantieren

(Matth. 26,31–35; Mark. 14,27–31;
Joh. 13,36–38)

31 «Simon, Simon! Der Satan ist hin-
ter euch her, die Spreu vom Weizen
zu trennen. 32 Aber ich habe für dich
gebetet, damit du den Glauben nicht
verlierst. Wenn du dann zu mir zu-
rückkehrst, so stärke den Glauben
deiner Brüder!»
33 «Herr, wie kannst du so etwas sa-
gen?» fuhr Petrus auf. «Ich bin jeder-
zeit bereit, mit dir ins Gefängnis zu
gehen und sogar für dich zu sterben.»
34 Doch Jesus sagte: «Petrus, ich sage
dir: Noch ehe morgen früh der Hahn
kräht, wirst du dreimal geleugnet ha-
ben, daß du mich kennst.»

Wie wird es weitergehen?

35 Jesus fragte seine Jünger: «Als ich
euch damals ohne Geld, Tasche und
Schuhe aussandte, habt ihr da Not lei-
den müssen?» «Nein, niemals!» be-
teuerten sie.
36 «Jetzt aber nehmt das Geld, das
ihr habt, und euer Gepäck», forderte
er sie auf. «Wer keine Waffe besitzt,
soll seinen Mantel verkaufen und sich
eine beschaffen. 37 Denn jetzt ist die
Zeit da, in der sich auch dieses Wort
an mir erfüllt: ‹Man wird ihn wie
einen Verbrecher behandeln.›[a] Alles,
was die Propheten von mir geschrie-
ben haben, geht nun in Erfüllung.»
38 «Herr», riefen die Jünger, «wir ha-
ben hier zwei Schwerter.» Doch Jesus
unterbrach sie: «Genug damit!»

«Dein Wille geschehe!»

(Matth. 26,30.36–46;
Mark. 14,26.32–42)

39 Begleitet von seinen Jüngern, ging
Jesus nach dem Festmahl wieder hin-
aus zum Ölberg. 40 Dort sagte er zu ih-
nen: «Betet darum, daß ihr der kom-
menden Versuchung widerstehen
könnt!» 41 Nicht weit von seinen Jün-
gern entfernt kniete Jesus nieder
42 und betete: «Vater, wenn es mög-
lich ist, bewahre mich vor diesem Lei-
den. Aber nicht was ich will, sondern
was du willst, soll geschehen.»
43 Da erschien ein Engel vom Him-
mel und gab ihm neue Kraft. 44 Jesus
litt Todesängste und betete so ein-
dringlich, daß sein Schweiß wie Blut
auf die Erde tropfte. 45 Als er dann zu
seinen Jüngern zurückkehrte, schlie-
fen sie, erschöpft von ihren Sorgen
und ihrer Trauer. 46 «Ihr dürft jetzt
nicht schlafen», rüttelte Jesus sie
wach. «Steht auf und betet, damit ihr
der Versuchung widersteht!»

Jesus wird verhaftet

(Matth. 26,47–56; Mark. 14,43–49;
Joh. 18,2–11)

47 Noch während Jesus das sagte, kam
ein Trupp Männer auf sie zu. Sie wur-
den von Judas, einem der zwölf Jün-
ger, angeführt. Judas ging zu Jesus,
um ihn mit einem Kuß zu begrüßen.
48 Aber Jesus fragte ihn: «Judas, willst
du den Menschensohn mit einem Kuß
verraten?»
49 Jetzt hatten auch die anderen
Jünger begriffen, was hier vorging.
Aufgeregt riefen sie: «Herr, sollen
wir uns wehren?» 50 Einer von ihnen
zog auch gleich das Schwert und

a) Jesaja 53,12

Diamanten Gottes

Barbara von der Heydt

Lukas 22,33

Das Reich der Himmel existiert nicht nur im jenseitigen Leben, sondern bereits hier und jetzt. Es lebt und wächst im Herzen all derer, die Jesus liebhaben und ihm treu dienen. Der Preis für die Mitarbeit am Bau seines Reiches kann manchmal aber sehr hoch sein.

Denken wir nur an die vielen, die in unserer Generation unter dem Kommunismus leben mußten und immer noch leben müssen wie in China. Ihre Treue Gott gegenüber kostete sie häufig eine gute Schul- oder Berufsausbildung, ihre Arbeitsstelle, die Freiheit oder in manchen Fällen sogar das Leben. Sie leben für die Gerechtigkeit, aber weil ihre Treue zu Christus größer ist als die geforderte Treue gegenüber dem Staat, werden viele von ihnen verfolgt. Ihre Herzen gehören Jesus Christus. Auf ihn ist ihr Blick gerichtet, ohne Rücksicht auf die Kosten.

Wenn wir noch nie vor einer solchen Entscheidung gestanden haben, können wir uns nur schwer in diese Lage hineinversetzen. Wie würde ich reagieren? – so fragen wir uns vielleicht. Würde ich mich offen zu meinem Glauben bekennen, wenn ich wüßte, daß meine Kinder dann vielleicht Nachteile in der Schule oder bei der Suche nach einem Arbeitsplatz bekommen würden? Würde ich mich weigern, in die Partei einzutreten, wenn ich dafür die Chancen eines beruflichen Aufstiegs opfern müßte? Würde ich das Risiko auf mich nehmen, um meiner christlichen Überzeugung willen ins Gefängnis gesteckt zu werden? Wäre ich notfalls auch bereit, für meinen Glauben zu sterben? Ich hoffe es und bete darum.

Ich habe mit einigen hundert Menschen gesprochen, die eine solch schwierige Entscheidung zu treffen hatten und Christus treu geblieben sind, auch wenn der Preis sehr hoch war. Vor diesen Menschen habe ich eine gewaltige Hochachtung. Ihr Charakter wurde im Schmelztiegel der Entscheidung geformt – ein Prozeß ähnlich dem, wie Kohle in der Erde geformt wird. Ein enormer Druck über lange Zeiträume hinweg läßt entweder Staub entstehen – oder Diamanten. Mögen wir den Mut besitzen, zu Diamanten Gottes zu werden.

schlug auf einen Soldaten des Hohenpriesters ein. Er hieb ihm das rechte Ohr ab. 51 Aber Jesus befahl: «Hört auf damit!» Er berührte das Ohr des Mannes und heilte ihn.

52 Dann fragte Jesus die Hohenpriester, die Anführer der Tempelpolizei und die Führer des Volkes, die alle mitgekommen waren: «Bin ich denn ein Verbrecher, daß ihr euch mit Schwertern und Knüppeln bewaffnet habt, um mich zu verhaften? 53 Warum habt ihr mich nicht im Tempel festgenommen? Ich war schließlich jeden Tag dort! Aber jetzt ist eure Stunde da. Jetzt hat die Finsternis Macht.»

Petrus: «Ich kenne Jesus nicht!»
(Matth. 26,57–58.69–75;
Mark. 14,53–54.66–72;
Joh. 18,12–18.25–27)

54 Die Soldaten verhafteten Jesus und führten ihn zum Palast des Hohenpriesters. Petrus folgte ihnen in sicherem Abstand. 55 Im Hofe des Palastes zündeten sie ein Feuer an, um sich zu wärmen. Petrus setzte sich zu ihnen. 56 Im Schein des Feuers bemerkte ihn ein Dienstmädchen und sah ihn prüfend an. «Der Mann war auch bei Jesus!» rief sie. 57 Doch heftig widersprach Petrus: «Das ist unmöglich! Ich kenne den Mann überhaupt nicht!»

58 Kurz darauf sah ihn ein anderer und meinte: «Na klar, du bist einer von seinen Leuten!» «Ausgeschlossen! Ich doch nicht!» wehrte Petrus ab. 59 Nach etwa einer Stunde behauptete plötzlich wieder einer: «Der hier gehörte zu den Männern, die bei Jesus waren; man hört doch gleich, daß er auch aus Galiläa kommt.» 60 Aber aufgebracht stieß Petrus hervor: «Wovon redest du? Was meinst du eigentlich?» Da krähte ein Hahn.

61 In diesem Augenblick wandte sich Jesus um und sah seinen Jünger an. Da erinnerte sich Petrus daran, daß Jesus zu ihm gesagt hatte: «Noch ehe morgen früh der Hahn kräht, wirst du dreimal geleugnet haben, daß du mich jemals gesehen hast.»

62 Da ging Petrus hinaus und weinte sehr.

Die Soldaten mißhandeln Jesus
(Matth. 26,67–68; Mark. 14,65)

63 Die Soldaten, die Jesus bewachten, verhöhnten und schlugen ihn. 64 Sie banden ihm die Augen zu und spotteten: «Na, du Prophet! Sage uns, wer hat dich gerade geschlagen?» 65 In dieser Weise quälten sie ihn noch lange.

Die entscheidende Verhandlung
(Matth. 26,59–66; Mark. 14,55–64;
Joh. 18,19–24)

66 Bei Tagesanbruch kamen die führenden Männer des Volkes, die Hohenpriester und die Schriftgelehrten zu einer außerordentlichen Gerichtsverhandlung zusammen. 67 Sie fragten Jesus: «Bist du nun der Messias, der verheißene Befreier, oder bist du es nicht?» Er erwiderte: «Ihr glaubt doch nicht, was ich euch sage, 68 und wenn ich euch etwas frage, dann antwortet ihr mir nicht. 69 Schon bald wird der Menschensohn auf dem Platz an der rechten Seite Gottes sitzen.» 70 Empört schrien alle: «Willst du damit etwa sagen, daß du der Sohn Gottes bist?» Jesus antwortete: «Ihr habt recht, ich bin es!» 71 «Wozu brauchen wir da noch Zeugen?» riefen jetzt die Ankläger einmütig. «Alle haben seine Gotteslästerung gehört!»

Pilatus: «Jesus ist unschuldig!»
(Matth. 27,2.11–14; Mark. 15,1–5;
Joh. 18,28–38)

23 Nun erhoben sich die Mitglie-
der des Gerichtshofes und lie-
ßen Jesus zu dem römischen Gouver-
neur Pilatus bringen. 2 Dort beschul-
digten sie ihn: «Dieser Mensch hetzt
unser Volk auf. Er redet den Leuten
ein, daß sie dem Kaiser keine Steuern
zahlen sollen. Und er behauptet von
sich, er sei der neue König, den Gott
geschickt hat.»
3 «Stimmt das?» fragte Pilatus den
Angeklagten. «Bist du wirklich der
König der Juden?» Jesus antwortete:
«Ja, ich bin es!» 4 Pilatus erklärte den
Hohenpriestern und der ganzen
Volksmenge: «Dieser Mann ist doch
kein Verbrecher!» 5 Aber sie wider-
sprachen heftig: «Überall wo er hin-
kommt, von Galiläa bis hierher nach
Jerusalem, hetzt er die Menschen auf.»

Herodes kann mit Jesus nichts anfangen

6 «Ist der Mann denn aus Galiläa?»
fragte Pilatus. 7 Als sie es bestätigten,
sah er eine Gelegenheit, den Fall los-
zuwerden. Er befahl, Jesus zu König
Herodes zu bringen, der die Provinz
Galiläa regierte und sich während des
Passahfestes auch in Jerusalem auf-
hielt. 8 Herodes wollte Jesus schon
lange kennenlernen. Er hatte viel von
ihm gehört und hoffte, Jesus würde
ihm ein Wunder vorführen. 9 Der Kö-
nig stellte Frage um Frage, aber Jesus
gab ihm keine einzige Antwort. 10 Um
so mehr redeten die Hohenpriester
und Schriftgelehrten, die mitgekom-
men waren und ihn immer heftiger
beschuldigten. 11 Auch Herodes und
seine Soldaten ließen Jesus ihre Ver-
achtung spüren. Sie hängten ihm
einen Königsmantel um und schick-
ten ihn wieder zu Pilatus. 12 Herodes
und Pilatus waren bisher erbitterte
Feinde. Aber an diesem Tag wurden
sie Freunde.

Die Gegner erzwingen das Todesurteil
(Matth. 27,15–26; Mark. 15,6–15;
Joh. 18,38–19,16)

13 Vor den Hohenpriestern, den Füh-
rern des Volkes und der versammel-
ten Menge 14 verkündete Pilatus: «Ihr
habt diesen Mann zu mir gebracht
und ihn beschuldigt, daß er die Men-
schen aufhetzt. Ich habe ihn vor euch
verhört und bin zu dem Urteil gekom-
men: Dieser Mann ist unschuldig!
15 Herodes ist derselben Meinung.
Deswegen hat er ihn hierher zurück-
geschickt. Der Angeklagte hat nichts
getan, was mit dem Tode bestraft
werden müßte. 16 Ich werde ihn aus-
peitschen lassen, dann soll er frei
sein.» 17 Pilatus begnadigte ohnehin in
jedem Jahr am Passahfest einen Ge-
fangenen.
18 Da brach ein Sturm der Entrü-
stung los. Wie mit einer Stimme schrie
das Volk: «Weg mit diesem Jesus! Laß
Barabbas frei!» 19 Barabbas saß im
Gefängnis, weil er sich an einem Auf-
stand in Jerusalem beteiligt hatte und
wegen Mord angeklagt war.
20 Noch einmal versuchte Pilatus,
die Menge zu überzeugen; denn er
wollte Jesus gern freilassen. 21 Aber
sie schrien nur noch lauter: «Ans
Kreuz mit ihm!»
22 Pilatus versuchte es zum dritten
Mal: «Was für ein Verbrechen hat er
denn begangen? Ich finde nichts,
worauf die Todesstrafe steht! Ich
werde ihn also auspeitschen lassen.
Dann soll er frei sein.»
23 Aber die aufgehetzte Menge

brüllte immer lauter: «Kreuzige
ihn!», bis Pilatus ihrem Schreien nach-
gab 24 und ihre Forderung erfüllte.
25 Barabbas ließ er frei; den Mann,
der das Volk aufgehetzt hatte und we-
gen Mord angeklagt war. Jesus aber
verurteilte er zum Tod am Kreuz, wie
sie es gefordert hatten.

Auf dem Weg zur Hinrichtung
(Matth. 27,31–32; Mark. 15,20–22;
Joh. 19,16–17)

26 Auf dem Weg zur Hinrichtungsstät-
te begegnete ihnen Simon, der gerade
vom Feld kam. Er stammte aus Kyre-
ne in Nord-Afrika. Ihn zwangen sie,
mitzugehen und für Jesus das Kreuz
zu tragen.
27 Unzählige Menschen folgten Je-
sus auf dem Weg zur Hinrichtung. In
der Menge waren viele Frauen, die
laut klagten und um Jesus weinten.
28 Ihnen rief Jesus zu: «Weint nicht
über mich, ihr Frauen Jerusalems!
Weint über euch und eure Kinder!
29 Die Zeit wird kommen, in der man
sagt: ‹Glücklich sind die Frauen, die
keine Kinder haben.› 30 Die Men-
schen werden sich danach sehnen,
daß die Berge über ihnen zusammen-
stürzen und die Hügel sie bedecken,
damit ihr Leid ein Ende hat. 31 Wenn
schon der Unschuldige so viel leiden
muß, was haben dann erst die Schul-
digen zu erwarten?»[a]

Die Kreuzigung
(Matth. 27,33–44; Mark. 15,22–31;
Joh. 19,17–24)

32 Mit Jesus wurden zwei Verbrecher
vor die Stadt geführt 33 zu der Stelle,
die man «Schädelstätte» nennt. Dort
wurde Jesus ans Kreuz genagelt und
rechts und links von ihm die beiden
anderen.
34 Aber Jesus betete: «Vater, ver-
gib ihnen, denn sie wissen nicht, was
sie tun!» Unter dem Kreuz verlosten
die Soldaten seine Kleider. 35 Neugie-
rig stand die Menge dabei, denn sie
wollte sich nichts entgehen lassen.
Und die führenden Männer des Vol-
kes verhöhnten Jesus: «Er hat so vie-
len geholfen! Wenn er wirklich der
von Gott gesandte Befreier ist, dann
soll er sich jetzt doch selber helfen!»
36 Auch die Soldaten verspotteten
ihn. Sie gaben ihm Essig zu trinken
37 und riefen ihm zu: «Wenn du der
König der Juden bist, dann rette dich
doch selbst!»
38 Oben am Kreuz nagelten sie ein
Brett an. Damit jeder es lesen konn-
te, stand dort in den Weltsprachen
Griechisch, Hebräisch und Latein:
«Dies ist der König der Juden!»
39 Auch einer der Verbrecher, die
mit ihm gekreuzigt worden waren,
lästerte: «Bist du nun der Messias?
Dann beweise es! Hilf dir selbst und
uns!» 40 Aber der am anderen Kreuz
wies ihn zurecht: «Fürchtest du Gott
nicht einmal jetzt, kurz vor dem
Tod? 41 Wir hängen hier zu Recht.
Wir haben den Tod verdient. Der
hier aber ist unschuldig; er hat nichts
Böses getan.» 42 Zu Jesus sagte er:
«Herr, denke an mich, wenn du in
dein Königreich kommst!» 43 Da ant-
wortete ihm Jesus: «Ich versichere
dir: Noch heute wirst du mit mir im
Paradies sein.»

a) Wörtlich: Denn wenn man das am grünen Holze tut, was wird dann mit dem dürren geschehen?

ER BLEIBT AUF SENDUNG

Ulrike Klinkenborg

Lukas 23,34

Die Sendung beginnt in einem armseligen Stall, in dem der Hauptdarsteller nackt und hilflos geboren wird. Szenen seines Lebens verlaufen durchweg schlicht und einfach. Das Thema der Sendung lautet: Liebe. Um dieses Thema den Menschen nahezubringen, benutzt der Regisseur den Hauptdarsteller, der übrigens sein Sohn ist. An ihm, durch ihn und mit ihm zeigt er uns Menschen, was Liebe ist.

Schon der Name des Hauptdarstellers ist Programm: Jesus Christus. Jesus bedeutet: «Der Herr ist Heil». Christus bedeutet: «Der Gesalbte» und ist Ausdruck seiner Königswürde. Mit anderen Worten: Der Herr macht uns heil, und nur er kann es, denn er hat die Macht, weil er der gesalbte König ist.

«Nackt» und «hilflos» sind Attribute, die Gott, der Regisseur, benutzt, um sein Thema uns Menschen nahezubringen. Wer kennt nicht die Zeiten, in denen wir uns nackt und hilflos vorkommen, wo Äußerlichkeiten und Statussymbole nicht zählen, wo wir nichts mehr vorzuweisen haben. Jesus kennt diese Situationen. Er hat sie als Gesandter selbst durchlebt. Er wurde hingerichtet am Kreuz.

Doch damit ist die Sendung nicht zu Ende, obwohl manche geglaubt haben, daß sie ihn dadurch «abschalten» können. Nein, er bleibt auf Sendung – zwar auf einem anderen Kanal, aber wenn wir unsere Herzen auf Empfang stellen, erreichen uns seine Signale. Er kommt uns entgegen mit ausgestreckter Hand und sagt: «Ich habe dich lieb. Ich mache dich heil!»

Nichts und niemand kann diese Liebe erschüttern. Wenn wir uns selbst nicht mehr leiden können und uns nichts mehr einfällt, dann spricht er für uns. Denn dafür ist er gesandt worden, um unser Fürsprecher zu werden – für alle, ohne Ausnahme. Es geht kein Mensch über diese Erde, den er nicht lieb hat und heil machen will. Und das schließt sogar seine Henker mit ein, für die er am Kreuz um Vergebung bittet.

Jesus stirbt am Kreuz
(Matth. 27,45–56; Mark. 15,33–41; Joh. 19,28–30)

44 Am Mittag wurde es auf einmal im ganzen Land dunkel. Diese Finsternis dauerte drei Stunden. 45 Plötzlich zerriß der Vorhang im Tempel, der das Allerheiligste vor den Menschen verbergen sollte, von oben bis unten.

46 Jesus schrie noch einmal laut auf: «Vater, in deine Hände gebe ich meinen Geist!» Dann starb er.

47 Erschüttert bekannte der römische Offizier, der die Hinrichtung beaufsichtigt hatte: «Dieser Mann war wirklich unschuldig!» 48 Betroffen kehrten die Menschen, die ein Schauspiel erleben wollten, in die Stadt zurück. 49 Die Freunde Jesu und die Frauen, die mit ihm aus Galiläa gekommen waren, hatten aus einiger Entfernung alles mitangesehen.

Jesus wird begraben
(Matth. 27,57–61; Mark. 15,42–47; Joh. 19,38–42)

50–52 Joseph, ein Mann aus Arimathia, einer Stadt in Judäa, ging zu Pilatus und bat ihn, den toten Jesus begraben zu dürfen. Er war Mitglied des Gerichtshofes und ein guter und gerechter Mensch, der auf das Kommen des verheißenen Befreiers wartete. Er hatte nicht zugestimmt, als der Gerichtshof beschloß, Jesus hinrichten zu lassen.

53 Er nahm Jesus vom Kreuz, wikkelte den Toten in ein großes Leinentuch und brachte ihn in ein neu angelegtes Felsengrab. 54 Das alles geschah am späten Freitagnachmittag, unmittelbar vor Beginn des Sabbats.

55 Mit Joseph gingen auch die Frauen, die Jesus aus Galiläa gefolgt waren. Sie sahen zu, wie man den Toten in das Grab legte. 56 Dann kehrten sie in die Stadt zurück, um dort Öle und Salben für die Einbalsamierung vorzubereiten.

Wie es das jüdische Gesetz verlangt, verbrachten sie den Sabbat in aller Stille.

Das Grab ist leer: Jesus lebt
(Matth. 28,1–8; Mark. 16,1–8; Joh. 20,1–13)

24 Ganz früh am Sonntagmorgen gingen die Frauen mit den Salben, die sie zubereitet hatten, zum Grab. 2 Der Stein, mit dem man es verschlossen hatte, war zur Seite gerollt. 3 Zögernd betraten sie die Grabhöhle. Sie war leer. 4 Verwirrt überlegten sie, was sie jetzt tun sollten. Da traten zwei Männer in glänzend weißen Kleidern zu ihnen. 5 Die Frauen erschraken und wagten nicht, die beiden anzusehen.

«Warum sucht ihr den Lebenden bei den Toten?» wurden sie von den Männern gefragt. 6 «Er ist nicht hier; er ist auferstanden! Habt ihr vergessen, was er euch in Galiläa gesagt hat: 7 ‹Der Menschensohn muß den Gottlosen ausgeliefert werden. Sie werden ihn kreuzigen, aber am dritten Tag wird er von den Toten auferstehen.›»

8 Da erinnerten sich die Frauen an diese Worte Jesu. 9 So schnell sie konnten, liefen sie in die Stadt zurück, um den elf Jüngern und den anderen Freunden Jesu zu berichten, was sie erlebt hatten. 10 Zu den Frauen gehörten Maria aus Magdala, Johanna und Maria, die Mutter von Jakobus. 11 Aber den Jüngern erschien das alles so unwahrscheinlich, daß sie den Frauen nicht glaubten.

12 Nur Petrus sprang auf und lief zum Grab. Als er hineinschaute, fand

er außer den Leinentüchern nichts. Nachdenklich ging er in die Stadt zurück.

Der Auferstandene begegnet seinen Jüngern

(Mark. 16,12–13)

13 Am selben Tag wanderten zwei Jünger nach Emmaus, einem Dorf, das ungefähr zehn Kilometer von Jerusalem entfernt liegt. 14 Unterwegs redeten sie über nichts anderes als über die Ereignisse der letzten Tage. 15 Während sie miteinander sprachen, gesellte sich Jesus zu ihnen. 16 Aber, wie mit Blindheit geschlagen, konnten sie ihn nicht erkennen.

17 «Worüber unterhaltet ihr euch?» fragte sie Jesus. Die Jünger blieben traurig stehen, 18 und verwundert bemerkte Kleopas, einer von den beiden: «Ich glaube, du bist der einzige in Jerusalem, der nichts von den Ereignissen der letzten Tage gehört hat.» 19 «Was ist denn geschehen?» wollte Jesus wissen.

«Du hast nichts von Jesus gehört, dem Mann aus Nazareth?» antworteten die Jünger. «Er war ein Prophet, den Gott geschickt hat. Jeder im Volk konnte das an seinen Worten und Taten erkennen. 20 Aber unsere Hohenpriester und die Männer vom Hohen Rat haben ihn an die Römer ausgeliefert. Er wurde zum Tode verurteilt und dann ans Kreuz geschlagen. 21 Dabei hatten wir gehofft, daß er der von Gott verheißene Retter ist, der Israel befreien sollte.

Das war vor drei Tagen. 22 Heute morgen wurden wir sehr beunruhigt durch einige Frauen, die zu uns gehören. Schon vor Sonnenaufgang waren sie zum Grab gegangen; 23 aber sein Leichnam war nicht mehr da. Ihnen seien Engel erschienen, die sollen gesagt haben: ‹Jesus lebt!› 24 Einige von uns sind gleich zum Grab gelaufen. Es war tatsächlich leer, wie die Frauen berichtet hatten. Aber Jesus haben sie nicht gesehen.»

25 Darauf sagte Jesus zu ihnen: «Wie unverständig seid ihr doch! Warum begreift und glaubt ihr nicht, was die Propheten vorhergesagt haben? 26 Mußte Christus nicht all dies erleiden, bevor Gott ihn zum Herrn über alles einsetzt?»[a] 27 Dann erklärte ihnen Jesus, was in der Heiligen Schrift über ihn gesagt wird – von den Büchern Mose angefangen bis zu den Propheten.

28 Inzwischen waren sie kurz vor Emmaus. Es sah aus, als wollte Jesus weitergehen. 29 Deshalb drängten ihn die Jünger: «Bleibe doch über Nacht bei uns! Es wird ja schon dunkel.» So ging er mit ihnen ins Haus. 30 Als sie sich zum Essen gesetzt hatten, nahm Jesus das Brot, dankte dafür, teilte es in Stücke und gab es ihnen. 31 Da plötzlich erkannten sie ihn. Doch er verschwand vor ihren Augen.

32 Jetzt fiel es ihnen wie Schuppen von den Augen: «Haben wir nicht im Innersten gespürt, daß es Jesus ist, als er unterwegs mit uns sprach und uns die Verheißungen der Heiligen Schrift erklärte?»

33 Ohne Zeit zu verlieren, liefen sie sofort nach Jerusalem zurück. Dort waren die elf Jünger und andere Freunde Jesu zusammen. 34 Von ihnen wurden sie mit den Worten begrüßt: «Der Herr ist auferstanden! Er ist tatsächlich auferstanden! Petrus hat ihn gesehen!» 35 Nun erzählten die bei-

a) Wörtlich: und so eingehen in seine Herrlichkeit.

den, was auf dem Weg nach Emmaus geschehen war und daß sie ihren Herrn daran erkannt hatten, wie er das Brot austeilte.

Jesus erklärt seine Auferstehung
(Mark. 16,14–18; Joh. 20,19–23; Apg. 1,4–8)

36 Noch während sie berichteten, stand Jesus plötzlich mitten im Kreis der Jünger. «Friede sei mit euch!» begrüßte er sie. 37 Die Jünger erschraken furchtbar. Sie dachten, ein Geist stünde vor ihnen.

38 «Warum habt ihr Angst?» fragte Jesus. «Wieso zweifelt ihr daran, daß ich es bin? 39 Seht doch die Wunden an meinen Händen und Füßen! Ich bin es wirklich. Hier, faßt mich an und überzeugt euch, daß ich kein Geist bin. Geister sind doch nicht aus Fleisch und Blut[a].» 40 Und er zeigte ihnen seine Hände und Füße. 41 Aber vor lauter Freude konnten sie es noch immer nicht fassen, daß Jesus vor ihnen stand. Endlich fragte er sie: «Habt ihr etwas zu essen hier?» 42 Sie brachten ihm ein Stück gebratenen Fisch, 43 den er vor ihren Augen aß.

44 «Erinnert euch daran», sagte er seinen Jüngern, «daß ich euch oft gesagt habe: ‹Alles, was bei Mose, bei den Propheten und in den Psalmen über mich steht, muß sich erfüllen.›» 45 Dann erklärte er ihnen, wie sie die Prophetenworte verstehen könnten. 46 «Dort heißt es doch: Der Messias muß leiden und sterben, und er wird am dritten Tag von den Toten auferstehen.[b] 47 Alle Völker sollen hören: Es gibt Vergebung der Sünden für jeden, der zu Gott umkehrt.

Das soll zuerst in Jerusalem verkündet werden. 48 Ihr selbst habt miterlebt, daß Gottes Verheißungen in Erfüllung gegangen sind. Ihr seid meine Zeugen. 49 Ich werde euch Gottes Heiligen Geist[c] geben. Bleibt hier in Jerusalem, bis ihr mit der Kraft des Heiligen Geistes ausgerüstet werdet!»

Jesus kehrt zu seinem Vater zurück
(Mark. 16,19; Apg. 1,9–12)

50 Jesus führte seine Jünger von Jerusalem nach Bethanien. Er segnete sie mit erhobenen Händen und nahm Abschied von ihnen. 51 Und während Gott ihn in den Himmel zu sich nahm, fielen die Jünger vor ihm nieder und beteten ihn an. 52 Danach kehrten sie voller Freude nach Jerusalem zurück. 53 Immer wieder gingen sie in den Tempel, lobten und dankten Gott.

a) Wörtlich: Fleisch und Knochen.
b) Hosea 6,2
c) Wörtlich: die Verheißung meines Vaters.

AUS ERSTER HAND

Hertha-Maria Haselmann

Lukas 24,36

In unserer Zeit der Medienflut wollen wir möglichst immer live beim Geschehen dabei sein: ob nun Präsidentschaftswahl, Flugzeugunglück, Bombenanschlag, Trauung (oder Scheidung) eines Königspaares, Erdbeben, Vulkanausbruch oder bei der Ermittlung des großen Jackpotgewinners … Ist unsere nach Wissen hungernde Seele mit diesen Medieninformationen aus dritter Hand wirklich befriedigt? Wie erkenne ich, daß ich nicht nur Zuschauer bin, sondern daß auch mein Leben in all den guten und (meist) schlechten Meldungen vorkommt? Wir glauben an Wunder, wir beten um Wunder, doch wehe sie kommen!

Noch während die Berichterstatter, die Jünger und Freunde Jesu das einzigartige Ereignis der wahrhaftigen Auferstehung ihres Meisters Jesus Christus miteinander bereden, geschieht das Wunder aller Wunder: Jesus ist plötzlich und unmittelbar da.

Diese wunderbare Begegnung mit Jesus gibt es auch heute: bei mir, im Kreis meiner Familie, meiner Arbeitskollegen, meiner Freunde. Dieses unsichtbare, aber erlebbare Kommen behält Jesus sich vor. Wir können nicht darüber verfügen, und Berichterstatter können sich für die Abendnachrichten darauf nicht vorbereiten. Der Herr aller Herren – Gott persönlich – kommt zu uns, mitten in den Alltag hinein.

Unser guter Vater im Himmel begrüßt uns. Friede sei mit dir, Friede sei mit euch. Friede für jeden Menschen. Friede vom Kreuz auf Golgatha.

Wie gut, daß es die Bibel, Gottes Wort gibt. Täglich kann ich ihm darin begegnen – aus erster Hand! Den heiß ersehnten Frieden und Vergebung für meine Seele finde ich darin, Hilfe für die kaputte Ehe, Richtlinien für das Miteinander am Arbeitsplatz oder im Sportverein, Regeln für das gemeinsame Dienen in der Kirche, in der Gemeinde.

Laßt es uns weitersagen, laßt uns berichten, wie gut unser Gott ist! Er lebt, heute und hier, durch sein Wort, die Bibel. Good News für jeden Menschen!

Johannes berichtet von Jesus

Jesus Christus – Gottes Wort an die Welt

1 Am Anfang war das ewige Wort Gottes: Christus. 2 Immer war er bei Gott und ihm in allem gleich.[a]

3 Durch ihn wurde alles geschaffen. Nichts ist ohne ihn geworden. 4 Von ihm kommt alles Leben, und sein Leben ist das Licht für alle Menschen. 5 Er ist das Licht, das die Finsternis durchbricht, und die Finsternis konnte dieses Licht nicht auslöschen.

6 Gott schickte einen Boten: Johannes den Täufer. 7 Er sollte bezeugen, daß Jesus Christus das Licht ist, damit alle an ihn glauben. 8 Johannes selbst war nicht das Licht. Er sollte die Menschen nur auf das kommende Licht vorbereiten.

9 Christus ist dieses wahre Licht, das für alle Menschen in der Welt leuchtet. 10 Doch obwohl er unter ihnen lebte und die Welt durch ihn geschaffen wurde, erkannten die Menschen nicht, wer er wirklich war. 11 Er kam in seine Welt, aber die Menschen nahmen ihn nicht auf. 12 Die ihn aber aufnahmen und an ihn glaubten, denen gab er das Recht, Kinder Gottes zu sein. 13 Das wurden sie nicht, weil sie zu einem auserwählten Volk gehörten, auch nicht durch menschliche Zeugung und Geburt. Dieses neue Leben gab ihnen allein Gott.

14 Gottes Sohn wurde Mensch und lebte unter uns Menschen. Wir selbst haben seine göttliche Herrlichkeit gesehen, wie sie Gott nur seinem einzigen Sohn gibt. In Christus sind Gottes Barmherzigkeit und Liebe wirklich zu uns gekommen.[b]

15 Unüberhörbar wies Johannes auf Christus hin. «Diesen habe ich gemeint», rief er, «wenn ich sagte: ‹Es wird einer kommen, der viel bedeutender ist als ich. Denn er war schon da, bevor ich geboren wurde!›»

16 Immer und immer wieder hat er uns aus seinem göttlichen Reichtum mit seiner Liebe beschenkt.[c] 17 Durch Mose gab uns Gott das Gesetz mit seinen Forderungen. Aber durch Jesus schenkte er uns seine vergebende Liebe und Treue.[d] 18 Kein Mensch hat jemals Gott gesehen. Doch sein einziger Sohn, der den Vater genau kennt, hat uns gezeigt, wer Gott ist.

Johannes weist auf Christus hin

(Matth. 3,1–12; Mark. 1,1–8; Luk. 3,1–18)

19 Die jüdischen Führer in Jerusalem

a) Wörtlich: Am Anfang war das Wort, und das Wort war zu Gott hin(gewandt), und das Wort war Gott. Dieses war im Anfang zu Gott hin(gewandt). Vgl. 1. Mose 1

b) Wörtlich: Und das Wort wurde Fleisch und wohnte unter uns, und wir sahen seine Herrlichkeit, eine Herrlichkeit wie eines einzigen Sohnes vom Vater, voller Gnade und Wahrheit.

c) Wörtlich: Denn aus seiner Fülle haben wir alle genommen, und zwar Gnade um Gnade.

d) Wörtlich: Denn das Gesetz ist durch Mose gegeben worden; die Gnade und Wahrheit sind durch Jesus Christus geschehen.

Sicherheit von Anfang an

Christiane Bladt

Johannes 1,1–14

Kinder gehen den Dingen auf den Grund. Sie wollen die Zusammenhänge wissen. «Wo war ich eigentlich, bevor du mich geboren hast? Und warst du da auch schon da?» … «Und davor?» … »Und davor?»

Aus diesen Fragen spricht die Sehnsucht nach Sicherheit. Das Bedürfnis, daß die Welt mir eine verläßliche Ordnung bietet, die nicht erst mit mir selbst beginnt. Die Sehnsucht nach Wurzeln und Identität, nach Antwort auf die Fragen: «Wer bin ich, wo komme ich her und wohin gehe ich?»

Kinder geben sich nicht mit ausweichenden Antworten zufrieden. Sie haken nach, manchmal so lange, bis wir nicht weit von dem berühmten «Loch im Bauch» entfernt sind.

Zu den verläßlichen Grundlagen unseres Glaubens führt uns der Anfang des Johannesevangeliums: Zu dem, der von Anfang an war: Jesus Christus. Er war da, als der Kosmos geschaffen wurde. Er kennt auch uns von Anfang an. Er war vor uns und wird nach uns sein. Wir müssen nicht mehr nach einer anderen Sicherheit suchen. Das gibt uns Orientierung in unserer Suche nach der Richtung unseres Lebens. Das gibt Identität.

Kinder fühlen sich geborgen, wenn wir ihnen sagen: «Weißt du, deine braunen Augen, die hast du von der Großmutter geerbt. Und den Mund vom Urgroßvater.» Sie finden ihren eigenen Platz, wenn sie entdecken, daß bestimmte Merkmale durch Generationen hindurch in der Familie zu finden sind. Dies bindet sie ein in die Gemeinschaft der Menschen, die vor ihnen waren. Und sie werden selbst zum Vermittler des «Familienerbes» an die, die nach ihnen kommen.

Durch Jesus Christus sind wir eingebunden in die große Geschichte und wunderbare Beziehung Gottes mit den Menschen. Er ist unser Orientierungspunkt als Ursprung und Ziel unseres Lebens.

schickten eine Abordnung zu Johannes. Sie fragten ihn: «Bist du der von Gott versprochene Retter?» 20 Ohne einen Zweifel aufkommen zu lassen, bekannte Johannes: «Nein, ich bin nicht Christus, auf den wir alle warten.» 21 «Wer bist du dann?» fragten sie weiter. «Bist du vielleicht Elia?»[a] Johannes verneinte auch das. «Bist du der von Mose verheißene Prophet?»[b] «Nein!» entgegnete Johannes.

22 «Dann sage uns doch, wer du bist. Was sollen wir denen berichten, die uns hergeschickt haben?» 23 Da antwortete Johannes: «Der Prophet Jesaja hat es schon gesagt: ‹Ich bin die Stimme, die in der Wüste ruft: Räumt die Hindernisse aus dem Weg, damit der Herr kommen kann!›»[c]

24 Die von den jüdischen Führern geschickten Leute – es waren Pharisäer – fragten ihn nun: 25 «Wenn du nicht Christus, nicht Elia und auch nicht der von Mose angekündigte Prophet bist, mit welchem Recht taufst du dann?» 26 Darauf erwiderte Johannes: «Ich taufe mit Wasser. Aber mitten unter euch lebt schon der, auf den wir warten. Ihr kennt ihn nur noch nicht. 27 Er kommt nach mir; dann ist meine Aufgabe erfüllt. Aber ich bin nicht einmal würdig, ihm die Schuhe auszuziehen.»[d] 28 Dieses Gespräch führten sie in Bethanien, einem Dorf auf der anderen Seite des Jordan, wo Johannes taufte.

Das Opferlamm Gottes

(Matth. 3,13–17; Mark. 1,9–11; Luk. 3,21–22)

29 Am nächsten Tag kam Jesus an den Jordan. Da rief Johannes: «Seht, das ist Gottes Opferlamm, das die Sünden aller Menschen hinwegtragen wird.[e] 30 Dieser Mann ist es, von dem ich gesagt habe: ‹Es wird einer kommen, der schon vor mir da war. Er steht weit über mir! 31 Auch ich kannte ihn vorher nicht. Aber damit das Volk Israel auf ihn vorbereitet wird, taufe ich hier mit Wasser.›»[f]

32 Und Johannes berichtete weiter: «Ich sah den Geist Gottes wie eine Taube vom Himmel herabkommen und bei ihm bleiben. 33 Vorher habe ich ihn auch nicht gekannt», wiederholte Johannes, «aber Gott, der mir den Auftrag gab, mit Wasser zu taufen, sagte zu mir: ‹Wenn du den Geist auf jemanden herabkommen und bei ihm bleiben siehst, dann weißt du, daß er es ist, der mit dem Heiligen Geist tauft.› 34 Und weil ich das gesehen habe, kann ich euch bezeugen: Dieser Mann ist Gottes Sohn!»

Die ersten Jünger

35 Johannes der Täufer und zwei seiner Jünger waren am nächsten Tag wieder an dieser Stelle, als Jesus vorüberging. 36 Da zeigte Johannes auf ihn und sagte: «Seht, dies ist Gottes Opferlamm!» 37 Als die beiden Jünger

a) Maleachi 3,23
b) 5. Mose 18,15.18
c) Jesaja 40,3
d) Wörtlich: ihm die Riemen der Schuhe aufzubinden.
e) Wörtlich: Siehe, das Lamm Gottes, das die Sünde der Welt trägt. Vgl. 2. Mose 12,3–14; 3. Mose 16,20–22
f) Wörtlich: Aber damit er Israel geoffenbart werde, deshalb kam ich, mit Wasser taufend.

das hörten, folgten sie Jesus. 38 Jesus
drehte sich zu ihnen um, sah sie kom-
men und fragte: «Was sucht ihr?» Sie
antworteten: «Herr,[a] wo wohnst
du?» 39 «Kommt mit und seht selbst,
wo ich wohne!» sagte Jesus. Es war
ungefähr vier Uhr nachmittags, als sie
mit Jesus gingen; und sie blieben bei
ihm bis zum Abend.

40 Einer der beiden hieß Andreas.
Er war der Bruder von Simon Petrus.
41 Wenig später traf er seinen Bruder
Simon. «Wir haben Christus gefun-
den, den von Gott versprochenen
Retter!» berichtete ihm Andreas.
42 Dann nahm er seinen Bruder mit zu
Jesus. Der sah ihn nur an und sagte:
«Du bist Simon, der Sohn des Jo-
hannes. Du sollst Petrus[b] heißen!»
Das bedeutet: der Fels.

Jesus beruft Philippus und überzeugt Nathanael

43 Als Jesus am nächsten Tag nach Ga-
liläa gehen wollte, traf er unterwegs
Philippus. Auch ihn forderte er auf:
«Folge mir!» 44 Philippus stammte wie
Andreas und Petrus aus Bethsaida.
45 Kurze Zeit später begegnete er Na-
thanael und erzählte ihm: «Endlich
haben wir den gefunden, von dem
Mose und die Propheten sprechen.
Er heißt Jesus und ist der Sohn von
Joseph aus Nazareth.» 46 «Naza-
reth?» entgegnete Nathanael. «Was
kann von da schon Gutes kommen!»
«Du mußt ihn selbst kennenlernen.
Komm mit!» antwortete ihm Phi-
lippus.

47 Als Jesus den Nathanael erblick-
te, sagte er: «Hier kommt ein aufrich-
tiger Mensch, ein wahrer Israelit!»
48 «Woher kennst du mich?» wollte
Nathanael wissen. Jesus erwiderte:
«Noch bevor Philippus dich rief, habe
ich dich unter dem Feigenbaum gese-
hen.» 49 «Herr, du bist wirklich Got-
tes Sohn!» bekannte Nathanael. «Du
bist der König Israels!» 50 «Das
glaubst du, weil ich dir gesagt habe,
daß ich dich unter dem Feigenbaum
sah», erwiderte ihm Jesus. «Aber du
wirst größere Dinge zu sehen bekom-
men. 51 Und das sage ich euch allen:
Ihr werdet den Himmel offen und die
Engel Gottes hinauf- und herabstei-
gen sehen zwischen Gott und dem
Menschensohn!»[c]

Jesus auf der Hochzeit in Kana

2 Zwei Tage darauf wurde in dem
Dorf Kana in Galiläa eine Hoch-
zeit gefeiert. Maria, die Mutter Jesu,
war dort, 2 und auch Jesus hatte man
mit seinen Jüngern eingeladen.

3 Während des Festes stellte sich
heraus, daß der Wein nicht ausreich-
te. Da sagte Maria zu ihrem Sohn:
«Es ist kein Wein mehr da!» 4 Doch
Jesus antwortete ihr: «Was kommst
du mit solchen Dingen zu mir! Die
Zeit zu helfen ist für mich noch nicht
gekommen!» 5 Trotzdem sagte seine
Mutter zu den Bediensteten: «Was
immer er euch aufträgt, das tut!»

6 Nun gab es im Haus sechs steiner-
ne Wasserkrüge. Man benutzte sie für
die vom jüdischen Gesetz geforder-
ten Waschungen. Jeder von ihnen
faßte achtzig bis hundertzwanzig Li-
ter. 7 Jesus forderte die Leute auf:
«Füllt diese Krüge mit Wasser!» Und

a) Wörtlich: Rabbi – das heißt übersetzt: Lehrer.
b) Wörtlich: Kephas (das aramäische Wort für ‹Fels›).
c) Vgl. 1. Mose 28,10–22

sie füllten die Gefäße bis zum Rand. Dann ordnete er an: 8 «Jetzt bringt dem Küchenchef eine Probe davon!» 9 Dieser probierte den Wein, der vorher Wasser gewesen war. Er wußte allerdings nicht, woher der Wein kam. Nur die Diener wußten Bescheid. Da rief er den Bräutigam zu sich und sagte vorwurfsvoll: 10 «Jeder bietet doch zuerst den besten Wein an! Und erst später, wenn alle schon genug getrunken haben, kommt der billigere Wein auf den Tisch. Aber du hast den besten Wein bis jetzt zurückgehalten!»

11 Dieses Wunder geschah in Kana. Dort in Galiläa zeigte Jesus zum ersten Mal seine göttliche Macht. Und seine Jünger glaubten an ihn. 12 Danach ging er für kurze Zeit mit seiner Mutter, seinen Brüdern und seinen Jüngern nach Kapernaum.

Die Händler im Tempel

(Matth. 21,12–13; Mark. 11,15–17; Luk. 19,45–46)

13 Kurz vor dem Passahfest reiste Jesus nach Jerusalem. 14 Dort sah er im Tempel viele Händler, die Ochsen, Schafe und Tauben als Opfertiere verkauften. Auch Geldwechsler saßen hinter ihren Tischen. 15 Voller Zorn knüpfte Jesus aus Stricken eine Peitsche und jagte die Händler mit all ihren Schafen und Ochsen aus dem Tempel. Er schleuderte das Geld der Wechsler auf den Boden und warf ihre Tische um. 16 Den Taubenhändlern befahl er: «Schafft das alles hinaus! Das Haus meines Vaters ist doch kein Krämerladen!» 17 Seine Jünger aber mußten an das Prophetenwort denken: «Der Eifer für dein Haus wird mir den Tod bringen!»[a]

Von wem hat Jesus seine Vollmacht?

18 Die Führer der Juden stellten Jesus daraufhin zur Rede: «Woher nimmst du dir das Recht, die Leute hinauszuwerfen? Wenn du dich dabei auf Gott berufst, dann mußt du uns einen eindeutigen Beweis geben!» 19 Jesus antwortete ihnen: «Diesen Beweis sollt ihr haben. Zerstört diesen Tempel! In drei Tagen werde ich ihn wieder aufbauen.» 20 «Was?» riefen sie. «In sechsundvierzig Jahren ist dieser Tempel erbaut worden, und du willst das in drei Tagen schaffen?»

21 Mit dem Tempel aber meinte Jesus seinen Leib, der geopfert werden sollte.[b] 22 Als er von den Toten auferstanden war, erinnerten sich seine Jünger an diese Worte. Sie erkannten, daß alles wahr ist, was in der Heiligen Schrift steht, und sie glaubten, was Jesus ihnen gesagt hatte.

23 Während des Passahfestes in Jerusalem erlebten viele Menschen die Wunder, die Jesus vollbrachte, und glaubten deshalb an ihn. 24 Aber Jesus vertraute ihnen nicht, weil er sie genau kannte. 25 Ihm brauchte niemand zu sagen, mit wem er es zu tun hat, denn er wußte, was im Herzen jedes Menschen vor sich geht.

Jesus und Nikodemus: Wer kann in Gottes Reich kommen?

3 Einer von den Männern des jüdischen Gerichtshofes war der Pharisäer Nikodemus. 2 Mitten in der

a) Wörtlich: wird mich verzehren. Psalm 69,10
b) Wörtlich: Jener aber sprach vom Tempel seines Leibes.

SIE MÜSSEN NICHT ALLES SCHAFFEN

Margret Birkenfeld

Johannes 2,5

Hochzeitsfest in Kana. Die Stimmung ist auf dem Höhepunkt. Spielen, tanzen, lachen, essen, trinken … und Jesus mit seinen Jüngern und seiner Mutter mittendrin. Doch plötzlich kommt Verlegenheit auf. Maria in ihrer Umsicht hat die Situation sofort erfaßt: Der Wein ist alle. Der Bräutigam hat zu wenig eingekauft. Was tun? Da gibt Maria den einzig richtigen Rat: Was Jesus euch sagt, das tut!

Und was sagt Jesus? Er verursacht keine Hektik, startet keine große Aktion. Nein, er ordnet etwas völlig Unauffälliges und ganz Alltägliches an. Neben der Haustür stehen sechs steinerne Wasserkrüge. Und Jesus sagt: Füllt die Krüge bis oben hin mit Wasser. Die Leute gehorchen. Denn das ist wirklich keine Überforderung. Wasser schöpfen, das können sie, das tun sie doch jeden Tag, um den Gästen, die müde und staubig ins Haus kommen, die Füße zu waschen. Also ran.

Und dann tut Jesus sein erstes Wunder. Er macht aus ihrem Wasser Wein. Und rettet damit die Hochzeitsfeier und den guten Ruf des Bräutigams. Er stellt erstmals öffentlich seine Allmacht unter Beweis.

Was sagt Jesus zu uns? Er erwartet auch von uns nichts, was wir nicht können. Er will auf keinen Fall, daß wir uns an allen möglichen, auch christlichen, Aktivitäten wund reiben, die uns überfordern und die er uns oft gar nicht aufgetragen hat. Aber er möchte, daß wir eine geistliche Erfrischung für unsre Mitmenschen sind.

Ein ermutigendes Wort – es kann auch ruhig mal ein Kompliment sein –, ein freundliches Lächeln, ein guter Rat, praktische Hilfe, zuhören können, wenn jemand bei uns seine Sorgen oder auch seine Schuld abladen will, Zeit verschenken … Das ist so etwas wie «Wasser auf staubige Füße». Wenn wir es in seiner Liebe tun, kann Jesus dadurch Wunder wirken – aus unserm Wasser kann er Wein machen. Denn auch durch uns will er Menschen retten.

Vor Menschen mutig, vor Gott demütig

Aus Psalm 27

Von David

Der Herr ist mein Licht, er rettet mich.
Vor wem sollte ich mich noch fürchten?
Bei ihm bin ich geborgen wie in einer Burg.
Vor wem sollte ich noch zittern und zagen?

Wenn mich gewissenlose Leute in die Enge treiben,
wenn sie mich bedrängen und mich offen anfeinden,
werden sie dennoch stürzen und umkommen!
Selbst wenn eine ganze Armee gegen mich aufmarschiert,
fürchte ich mich nicht. Auch wenn sie einen Krieg gegen mich beginnen,
bleibe ich ruhig und zuversichtlich.

Um eines habe ich den Herrn gebeten; das ist alles, was ich will:
Solange ich lebe, möchte ich im Hause des Herrn bleiben.
Dort will ich erfahren, wie gut der Herr es mit mir meint …
Er bietet mir Schutz in schwerer Zeit und versteckt mich in seinem Zelt.
Er stellt mich auf einen hohen Felsen, unerreichbar für meine Feinde.
In seinem Tempel will ich Opfer bringen, und die Posaunen sollen blasen;
dankbar will ich für den Herrn singen und auf der Harfe spielen.

Höre mich, Herr, wenn ich rufe! Hab Erbarmen mit mir und antworte!
Denn ich erinnere mich, daß du gesagt hast: «Suchet meine Nähe!»
Das will ich jetzt tun und zu dir beten.
Verbirg dich nicht vor mir, stoße mich nicht im Zorn zurück!
Ich diene dir, und du hast mir bisher immer geholfen.
Gib mich nicht auf, verlaß mich nicht, du mein Gott und mein Retter!
Wenn Vater und Mutter mich verstoßen, nimmst du, Herr, mich doch auf.
Zeige mir, was ich tun soll! Führe mich auf sicherem Weg.
Ich aber vertraue darauf, daß ich am Leben bleibe und sehen werde,
wie gut Gott zu mir ist. Vertraue auf den Herrn! …

Nacht kam er heimlich zu Jesus: «Meister», sagte er, «wir wissen, daß Gott dich als Lehrer zu uns gesandt hat. Deine Taten beweisen: Gott ist mit dir.»

3 Darauf erwiderte Jesus: «Ich sage dir eins, Nikodemus: Wer nicht neu geboren wird, kann nicht in Gottes Reich kommen.» 4 Verständnislos fragte der Pharisäer: «Was meinst du damit? Wie kann ein Erwachsener neu geboren werden? Er kann doch nicht wieder in den Mutterleib zurück und noch einmal auf die Welt kommen!»

5 Aber Jesus wiederholte nur: «Eine andere Möglichkeit gibt es nicht: Wer nicht umkehrt und durch Gottes Geist neu geboren wird, kann nicht in Gottes Reich kommen![a] 6 Ein Mensch kann immer nur menschliches, vergängliches Leben zeugen; aber der Geist Gottes gibt das neue, das ewige Leben.[b] 7 Wundere dich deshalb nicht, wenn ich dir gesagt habe: Ihr müßt neu geboren[c] werden. 8 Es ist damit wie beim Wind. Er weht, wie er will. Du spürst ihn auch, aber du kannst nicht erklären, woher er kommt und wohin er geht. So kann man auch nicht erklären, wie diese Geburt aus Gottes Geist vor sich geht, obwohl jeder ihre Auswirkung spürt.»[d]

9 «Aber wie soll das nur vor sich gehen?» fragte Nikodemus noch einmal. 10 Jesus erwiderte: «Du bist doch einer der anerkannten Gelehrten in Israel und müßtest das eigentlich verstehen! 11 Glaube mir: Wir reden nur von dem, was wir genau kennen. Und was wir bezeugen, das haben wir auch gesehen. Trotzdem nehmt ihr unser Wort nicht ernst. 12 Ihr glaubt mir ja nicht einmal, wenn ich von ganz alltäglichen Dingen rede! Wie also werdet ihr mir dann glauben, wenn ich euch erkläre, was im Himmel geschieht? 13 Und doch kann nur der Menschensohn, der vom Himmel gekommen ist, vom Himmel sprechen.

14 Du weißt doch, wie Mose in der Wüste eine Schlange aus Bronze an einem Pfahl aufrichtete, damit jeder, der sie ansah, am Leben blieb.[e] Genauso muß auch der Menschensohn an einen Pfahl gehängt werden. 15 Jeder, der dann voll Vertrauen auf ihn sieht, wird das ewige Leben haben.

16 Denn Gott hat die Menschen so sehr geliebt, daß er seinen einzigen Sohn für sie hergab. Jeder, der an ihn glaubt, wird nicht verlorengehen, sondern das ewige Leben haben.

17 Gott hat nämlich seinen Sohn nicht zu den Menschen gesandt, um über sie Gericht zu halten, sondern um sie vor dem Verderben zu retten. 18 Wer an ihn glaubt, der wird nicht verurteilt werden. Wer aber nicht an den Sohn Gottes glaubt, über den ist wegen seines Unglaubens das Urteil schon gesprochen.

19 Die Menschen werden gerichtet, weil das Licht zwar in die Welt gekommen ist, sie aber die Finsternis

a) Wörtlich: Wenn jemand nicht aus Wasser und Geist geboren wird, kann er nicht in die Königsherrschaft Gottes eingehen.

b) Wörtlich: Was aus dem Fleisch geboren worden ist, das ist Fleisch; was aus dem Geist geboren worden ist, das ist Geist.

c) Wörtlich: von oben geboren.

d) Wörtlich: So ist es bei allen, die aus dem Geist geboren werden.

e) 4. Mose 21,4–9

mehr lieben als das Licht. Denn alles,
was sie tun, ist böse. 20 Wer Böses tut,
scheut das Licht und bleibt lieber im
Dunkeln, damit niemand seine
Schandtaten sehen kann. 21 Wer aber
Gott gehorcht, der tritt in das Licht.
Es zeigt sich dann, daß er sein Leben
nach dem Willen Gottes führt.»

Johannes der Täufer tritt hinter Jesus zurück

22 Danach kam Jesus mit seinen Jün-
gern in die Provinz Judäa. Dort blieb
er einige Zeit, um zu taufen. 23/24 Aber
auch Johannes taufte bei Änon, in der
Nähe von Salim, weil es dort genü-
gend Wasser gab. Viele Menschen ka-
men zu Johannes – er war damals noch
nicht im Gefängnis –, um sich von ihm
taufen zu lassen.

25 Eines Tages kam es zwischen den
Jüngern des Johannes und einem Ju-
den zum Streit über die Reinigungs-
vorschriften. 26 Gemeinsam gingen sie
schließlich zu Johannes und berichte-
ten ihm: «Meister, der Mann, der da-
mals am anderen Jordanufer zu dir
kam und von dem du gesagt hast, daß
er der von Gott verheißene Retter ist,
der tauft jetzt selber. Alle Leute ge-
hen zu ihm, anstatt zu uns zu kom-
men.»

27 «Gott gibt die Aufträge», erwi-
derte ihnen Johannes. «Ohne ihn
kann niemand etwas ausrichten. 28 Ich
habe doch immer wieder erklärt, daß
ich nicht Christus bin, der von Gott
gesandte Retter. Habt ihr das verges-
sen? Ich sollte ihn nur ankündigen,
mehr nicht. 29 Die Braut wird dahin
gehen, wo der Bräutigam ist. Der
Freund des Bräutigams freut sich mit
den beiden, auch wenn er nur dane-
ben steht. So geht es mir jetzt. Meine
Freude ist grenzenlos. 30 Immer mehr
Menschen sollen zu Christus kom-
men, und ich will immer mehr in den
Hintergrund treten.

31 Er ist vom Himmel gekommen
und steht deshalb über allen. Wir
aber gehören zur Erde und können
nur von irdischen Dingen reden.
32 Christus kommt vom Himmel und
kann bezeugen, was er dort gesehen
und gehört hat. Trotzdem glaubt ihm
keiner! 33 Wer aber an ihn glaubt, be-
stätigt damit, daß alles wahr ist, was
Gott sagt. 34 Christus ist von Gott zu
uns gesandt. Er redet Gottes Worte,
weil Gottes Geist ihn ganz und gar er-
füllt.[a] 35 Der Vater liebt den Sohn und
hat ihm alle Macht gegeben.

36 Wer an den Sohn Gottes glaubt,
der hat das ewige Leben. Wer aber
nicht an ihn glaubt, wird nie zum Le-
ben gelangen, sondern Gottes Zorn
wird ihn treffen.»[b]

Die Frau am Brunnen

4 Jesus erfuhr, wie aufgebracht die
Pharisäer darüber waren, daß er
noch mehr Nachfolger gewann und
taufte als Johannes, 2 obwohl Jesus
nicht einmal selber taufte; das taten
nur seine Jünger. 3 Da verließ er Ju-
däa und kehrte nach Galiläa zurück.
4 Auf seiner Reise kam er auch durch
Samarien, 5 unter anderem nach Sy-
char. Dieser Ort liegt in der Nähe des
Feldes, das Jakob seinem Sohn Jo-
seph geschenkt hatte.[c] 6 Dort ist der
Jakobsbrunnen. Müde von der lan-

a) Wörtlich: denn nicht nach Maß gibt er den Geist.
b) Wörtlich: sondern der Zorn Gottes bleibt auf ihm.
c) 1. Mose 48,22

Gott will uns nicht verlieren

Anneliese Nitsch

Johannes 3,16

Als ich im Fundbüro unserer Stadt nach einem verlorengegangenen Schlüssel fragte, stellte ich mit Erstaunen fest, wie viele Dinge verloren gehen, die anscheinend niemand vermißt oder bei denen keiner sich die Mühe gemacht hat, nach ihnen zu suchen.

Verlieren gehört zum Leben, «natürlicher Schwund» wird einkalkuliert. Scherzhaft werden wir davor gewarnt, «nicht auch noch unseren Kopf zu verlieren». Wir verlieren immer wieder Zeit, zuweilen die Übersicht, ganz bestimmt so manche Illusionen, und wir verlieren Ziele und sogar Menschen aus den Augen.

Auch mit diesen Verlusten können wir ganz gut leben.

Wenn ich dagegen höre, daß ein Kind vermißt wird, geht es mir durch und durch, da ich selbst Kinder habe und ahne, was Eltern in dieser Situation durchmachen. Auch habe ich erfahren, wie schmerzlich es ist, einen geliebten Menschen durch den Tod zu verlieren. Todesanzeigen von mir unbekannten Menschen berühren mich dagegen kaum. Alles, was ich liebe, will ich nicht verlieren.

Als unsere Kinder noch klein waren, habe ich sie deshalb in unübersichtlichen Situationen an die Hand genommen, und heute sage ich zu ihnen: «Bleibt in meiner Nähe!» und halte selbst immer wieder Ausschau nach ihnen.

Genau das ist der Grund, warum Gott uns nicht verlieren will.

Er liebt uns und behält uns im Auge. Er kommt sogar selbst in Jesus Christus zu uns, um ganz in unserer Nähe zu sein. In seiner Nähe gehen wir nicht verloren, jetzt nicht und in Ewigkeit nicht.

gen Reise setzte sich Jesus an den
Brunnen. Es war gerade Mittagszeit.
7 Da kam eine Samariterin aus der
nahegelegenen Stadt zum Brunnen,
um Wasser zu holen. Jesus bat sie:
«Gib mir etwas zu trinken!» 8 Denn
seine Jünger waren in die Stadt ge-
gangen, um Lebensmittel einzukau-
fen.
9 Die Frau fragte überrascht: «Du
bist doch ein Jude! Wieso bittest du
mich um Wasser, wo ich doch eine sa-
maritische Frau bin?» (Normalerwei-
se wollten die Juden nichts mit den
Samaritern zu tun haben.)
10 Jesus antwortete ihr: «Wenn du
wüßtest, was Gott dir geben will und
wer dich hier um Wasser bittet, wür-
dest du mich um das Wasser bitten,
das du zum Leben brauchst. Und ich
würde es dir geben.»
11 «Aber Herr», meinte da die
Frau, «du hast doch gar nichts, womit
du Wasser schöpfen kannst, und der
Brunnen ist tief! Wo willst du denn
das Wasser für mich hernehmen?
12 Kannst du etwa mehr als Jakob, un-
ser Stammvater, der diesen Brunnen
gegraben hat? Er selbst, seine Kinder
und sein Vieh haben schon daraus ge-
trunken.»
13 «Jeder, der dieses Wasser
trinkt», erwiderte Jesus darauf, «wird
bald wieder durstig sein. 14 Wer aber
von dem Wasser trinkt, das ich ihm
gebe, der wird nie wieder Durst be-
kommen. Dieses Wasser wird in ihm
zu einer Quelle, die bis ins ewige Le-
ben hinein fließt.»[a]

15 «Dann gib mir dieses Wasser»,
sagte die Frau, «damit ich nie mehr
durstig bin und nicht immer wieder
herkommen und Wasser holen muß!»
16 «Gut», entgegnete Jesus, «geh, und
rufe deinen Mann. Dann kommt bei-
de hierher!» 17 «Ich bin nicht verhei-
ratet», wandte die Frau ein. «Das
stimmt», erwiderte Jesus, «verheira-
tet bist du nicht. 18 Fünf Männer hast
du gehabt, und der, mit dem du jetzt
zusammenlebst, ist nicht dein Mann.
Da hast du die Wahrheit gesagt.»
19 Erstaunt meinte die Frau: «Ich
sehe, Herr, du bist ein Prophet!
20 Kannst du mir dann eine Frage be-
antworten? Unsere Vorfahren haben
Gott auf diesem Berg dort[b] angebe-
tet. Warum also behauptet ihr Juden,
man könne Gott nur in Jerusalem an-
beten?»
21 Jesus antwortete: «Glaube mir,
die Zeit wird kommen, in der es un-
wichtig ist, ob ihr Gott auf diesem
Berg oder in Jerusalem anbetet. 22 Ihr
wißt ja nicht einmal, wen ihr anbetet.
Wir aber wissen, zu wem wir beten.
Denn das Heil der Welt kommt von
den Juden. 23/24 Doch es kommt die
Zeit, ja sie ist schon da, in der die
Menschen Gott überall anbeten kön-
nen; wichtig ist allein, daß sie von
Gottes Geist und seiner Wahrheit er-
füllt sind.[c] Von diesen Menschen will
Gott angebetet werden. Denn Gott
ist Geist. Und wer Gott anbeten will,
muß seinen Geist haben und in seiner
Wahrheit leben.»
25 Die Frau entgegnete: «Ja, ich

a) Wörtlich: Das Wasser, das ich ihm geben werde, wird in ihm eine Quelle sprudelnden Wassers zum ewigen Leben werden.
b) Gemeint ist der Berg Garizim (vgl. Josua 8,30–35 mit 5. Mose 11,26ff. und 27,1ff.).
c) Wörtlich: Aber es kommt die Stunde, und jetzt ist sie da, da die wahrhaftigen Anbeter den Vater im Geist und in der Wahrheit anbeten werden. Denn der Vater sucht solche, die ihn in dieser Weise anbeten.

weiß, daß einmal der Messias kom-
men wird.[a] Der wird uns schon alles
erklären.» 26 Da sagte Jesus: «Du
sprichst mit ihm. Ich bin der Mes-
sias.»

27 Seine Jünger, die gerade aus der
Stadt zurückkamen, wunderten sich,
daß er mit einer Frau redete. Aber
keiner fragte ihn: «Was willst du von
ihr? Warum sprichst du mit ihr?»

28 Da ließ die Frau ihren Wasser-
krug stehen, lief in die Stadt und be-
richtete aufgeregt allen Leuten:
29 «Kommt mit! Ich habe einen Mann
getroffen, der alles von mir weiß; da-
bei hat er mich noch nie gesehen! Ob
er wohl der Messias ist?» 30 Neugierig
liefen die Leute aus der Stadt zu Je-
sus.

31 Inzwischen hatten ihm seine Jün-
ger zugeredet: «Herr, iß doch
etwas!» 32 Aber er sagte zu ihnen:
«Ich habe eine Speise, die ihr nicht
kennt.» 33 «Hat ihm denn jemand
etwas zu essen gebracht?» fragten
sich die Jünger verwundert.

34 Aber Jesus erklärte ihnen: «Ich
lebe davon, daß ich Gottes Willen er-
fülle und sein Werk zu Ende führe.
Dazu hat er mich in diese Welt ge-
sandt. 35 Habt ihr nicht selbst gesagt:
‹In vier Monaten beginnt die Ernte?›
Macht doch eure Augen auf und seht
euch um! Die Felder können abge-
erntet werden 35 und die Arbeiter
schon jetzt ihren Lohn bekommen,
wenn sie die Frucht zum ewigen Le-
ben ernten. Beide sollen sich über die
Ernte freuen: wer gesät hat und wer
die Ernte einbringt. 37 Hier trifft das
Sprichwort zu: ‹Einer sät, der andere
erntet.› 38 Ich habe euch auf ein Feld
geschickt, das ihr nicht bestellt habt,
damit ihr dort ernten sollt. Andere
haben sich abgemüht, und ihr erntet
die Früchte ihrer Arbeit.»

39 Viele von den Leuten aus Sychar
glaubten allein deshalb an Jesus, weil
die Frau überall erzählt hatte: «Die-
ser Mann weiß alles, was ich getan ha-
be.» 40 Als sie nun zu Jesus kamen, ba-
ten sie ihn, länger bei ihnen zu blei-
ben, und er blieb noch zwei Tage.
41 So konnten ihn alle hören, und
schließlich glaubten noch viel mehr
Menschen an ihn. 42 Sie sagten zu der
Frau: «Jetzt glauben wir nicht nur
deshalb an Jesus, weil du uns von ihm
erzählt hast. Wir haben ihn jetzt
selbst gehört und wissen: Er ist wirk-
lich der Retter der Welt!»

Jesus heilt ein schwerkrankes Kind

43 Zwei Tage später reiste Jesus weiter
nach Galiläa, 44 obwohl er selbst ein-
mal gesagt hatte, daß ein Prophet in
seiner Heimat nichts gilt. 45 Diesmal
aber nahmen ihn die Galiläer freund-
lich auf. Sie waren während des Pas-
sahfestes in Jerusalem gewesen und
hatten dort alles miterlebt, was er ge-
tan hatte.

46 Auf seiner Reise durch Galiläa
kam Jesus auch wieder nach Kana,
wo er Wasser in Wein verwandelt hat-
te. 47 In Kapernaum lebte ein hoher
königlicher Beamter, dessen Sohn
sehr krank war. Als dieser Mann hör-
te, daß Jesus aus Judäa nach Galiläa
zurückgekehrt war, ging er zu ihm
und bat: «Komm schnell in mein
Haus, und heile meinen todkranken
Sohn!»

48 «Wenn ihr nicht immer neue Zei-
chen und Wunder seht, glaubt ihr
nicht», hielt Jesus ihm entgegen.
49 Aber der Beamte flehte ihn an:

a) Wörtlich: Ich weiß, daß der Messias kommt, den man Christus nennt.

WICHTIGER ALS DAS MITTAGESSEN

Jill Briscoe

Johannes 4,34

Jesus hatte ein Herz für Gott. Er hatte einen klaren Blick für Prioritäten, was darauf hinauslief, daß manche Dinge für ihn wichtiger waren als das Mittagessen. Ich befürchte, wenige unter uns würden auf das Mittagessen verzichten, um etwas für Gott zu tun! Jesus war sich seines Auftrags bewußt. Er wußte, was er zu tun hatte. Er war auf dieser Erde, um mit Männern und Frauen über Gott und sein Reich zu sprechen. Und über sich selbst und seinen Auftrag. Deshalb nahm er sich die Zeit – obwohl er müde und hungrig war –, mit einer verrufenen Frau über «religiöse» Fragen zu reden.

Als die Jünger aus der Stadt kamen, wo sie etwas zu essen gekauft hatten, fanden sie Jesus noch am Brunnen sitzen, wo sie ihn verlassen hatten – hungrig, aber voller Freude. Kaum etwas kann uns eine so tiefe Zufriedenheit schenken, als zu sehen, wie ein Mensch sich für das Evangelium öffnet. Als Jesus sah, wie die Frau mit den Bewohnern der Stadt zurückkam, um ihnen «einen Menschen zu zeigen, der mir alles gesagt hat, was ich getan habe», war er im Tiefsten «gesättigt»!

Es gibt keine größere Erfüllung als das Wissen, einen Auftrag Gottes ausgeführt zu haben. Man hat gesagt, was notwendig war, hat für ein Kind gebetet, hat den Bibelkreis vorbereitet oder für die Obdachlosen gekocht – und, vor allen Dingen, man hat durchgehalten. Man hat die Sache zu Ende geführt. Freude stellt sich allerdings nur dann ein, wenn man Gottes Arbeit tut. Ich verliere sehr schnell den Mut, wenn ich sie als meine Arbeit betrachte. Mein Mann ertappte mich einmal dabei, wie ich von «meinen Frauen in meinem Bibelkreis» sprach, und wies mich auf meine verzerrte Perspektive hin. Sie waren ja gar nicht «meine» Frauen – sie waren Frauen, die Jesus für sich gewinnen wollte! Wenn ich ein Herz für Gott habe, wird er mir ein Herz für die Menschen geben, und der Dienst an ihnen wird für mich wichtiger sein als mein Mittagessen!

«Herr, komm doch schnell, sonst
stirbt mein Kind!» 50 «Geh nach Hau-
se», sagte Jesus, «dein Sohn ist ge-
sund!» Der Mann glaubte ihm und
ging nach Hause.
51 Noch während er unterwegs war,
liefen ihm einige seiner Leute entge-
gen. «Dein Kind ist gesund!» riefen
sie aufgeregt. 52 Der Vater erkundigte
sich: «Seit wann geht es ihm besser?»
Sie antworteten: «Gestern mittag um
ein Uhr hatte er plötzlich kein Fieber
mehr.» 53 Da erinnerte sich der Vater,
daß Jesus genau zu dieser Stunde ge-
sagt hatte: «Dein Sohn ist gesund!»
Seitdem glaubte dieser Mann mit sei-
ner ganzen Familie an Jesus.
54 Dies war das zweite Wunder in
Galiläa, das Jesus wirkte, nachdem er
aus Judäa zurückgekehrt war.

Der Kranke am Teich Bethesda

5 An einem der jüdischen Feiertage
ging Jesus nach Jerusalem. 2 Dort
liegt in der Nähe des Schaftors der
Teich Bethesda, wie er auf Hebräisch
genannt wird. Er ist von fünf Säulen-
hallen umgeben. 3 Viele Kranke,
Blinde, Gelähmte und Gebrechliche
lagen in diesen Hallen und warteten
darauf, daß sich Wellen auf dem Was-
ser zeigten. 4 Von Zeit zu Zeit beweg-
te nämlich ein Engel Gottes das Was-
ser. Wer dann als erster in den Teich
kam, der wurde gesund; ganz gleich,
welches Leiden er hatte.
5 Einer von den Menschen, die dort
lagen, war schon seit achtunddreißig
Jahren krank. 6 Als Jesus ihn sah und
hörte, daß er schon so lange an seiner
Krankheit litt, fragte er ihn: «Willst
du gesund werden?» 7 «Ach Herr»,
entgegnete der Kranke, «ich habe
niemanden, der mir in den Teich
hilft, wenn sich das Wasser bewegt.
Versuche ich es aber allein, komme
ich immer zu spät.» 8 Da forderte ihn
Jesus auf: «Steh auf, rolle deine Mat-
te zusammen und geh!» 9 In demsel-
ben Augenblick war der Mann ge-
heilt. Er nahm seine Matte und ging
glücklich seines Weges.
Das geschah an einem Sabbat.
10 Einige der Juden, die den Geheilten
sahen, hielten ihm vor: «Heute ist
doch Sabbat! Da ist es nicht erlaubt,
diese Matte zu tragen!» 11 «Aber der
Mann, der mich heilte, hat es mir aus-
drücklich befohlen», antwortete er
ihnen. 12 «Wer hat dir so etwas befoh-
len?» fragten sie nun. 13 Doch das
wußte der Mann nicht, denn Jesus
war unbemerkt in der Menschenmen-
ge verschwunden.
14 Später traf Jesus den Geheilten
im Tempel und sagte zu ihm: «Du bist
gesund geworden. Sündige nicht
mehr, damit du nicht etwas Schlim-
meres als deine Krankheit erlebst!»[a]
15 Da ging der Mann zu den Juden und
berichtete: «Es war Jesus, der mich
geheilt hat!»
16 Von dieser Zeit an verfolgten die
Juden Jesus, weil er sogar am Sabbat
Kranke heilte. 17 Aber Jesus sagte ih-
nen: «Immer, an jedem Tag, tut mein
Vater Gutes, und ich folge nur seinem
Beispiel.»[b] 18 Nach dieser Antwort
waren die Juden erst recht entschlos-
sen, ihn umzubringen. Denn Jesus
hatte nicht nur ihre Sabbatvorschrif-
ten mißachtet, sondern auch Gott sei-
nen Vater genannt und sich dadurch
mit Gott gleichgestellt.

a) Wörtlich: Sündige nicht mehr, damit dir nicht etwas Übleres geschehe.
b) Wörtlich: Mein Vater wirkt unaufhörlich, und ebenso wirke ich.

Woher nimmt Jesus das Recht für sein Handeln?

19 Zu dieser Anschuldigung der Juden
sagte Jesus: «Das steht fest: Von sich
aus kann der Sohn gar nichts tun. Er
folgt in allem dem Beispiel seines Va-
ters.[a] 20 Denn weil der Vater den Sohn
liebt, zeigt er ihm alles, was er selbst
tut. Und er wird ihn noch viel größere
Wunder tun lassen, so daß ihr staunen
werdet. 21 So wie der Vater Tote auf-
erweckt und ihnen neues Leben gibt,
so hat auch der Sohn die Macht dazu,
neues Leben zu geben. 22 Denn nicht
der Vater spricht das Urteil über die
Menschen, er hat das Richteramt
vielmehr dem Sohn übertragen, 23 da-
mit alle den Sohn ehren, genauso wie
den Vater. Wer aber Gottes Sohn
nicht als Herrn anerkennen will, der
verachtet auch die Herrschaft des Va-
ters, der ja den Sohn gesandt hat.[b]
24 Achtet deshalb genau darauf,
was ich euch jetzt sage: Wer mein
Wort hört und an den glaubt, der
mich gesandt hat, der wird ewig le-
ben. Ihn wird das Todesurteil Gottes
nicht treffen, denn er hat die Grenze
vom Tod zum Leben schon über-
schritten.
25 Ich sage euch: Die Zeit wird
kommen, ja sie hat schon begonnen,
in der die Toten die Stimme des Soh-
nes Gottes hören werden. Und wer
diesen Ruf hört, der wird leben.
26 Denn in Gott ist das Leben, und
nach Gottes Willen hat auch der Sohn
dieses Leben in sich.[c] 27 Er hat ihm die
Macht gegeben, die ganze Mensch-
heit zu richten, weil er der Menschen-
sohn ist.
28 Wundert euch nicht darüber! Der
Tag wird kommen, an dem die Toten
in ihren Gräbern die Stimme des Got-
tessohnes hören. 29 Dann werden alle
Menschen auferstehen: Die Gutes
getan haben, werden ewig leben, die
aber Böses getan haben, werden ver-
urteilt.[d]
30 Dabei kann ich nicht eigenmäch-
tig handeln, sondern ich entscheide
so, wie Gott es mir sagt. Deswegen ist
mein Urteil auch gerecht, weil es
nicht meinem eigenen Willen ent-
spricht, sondern dem Willen Gottes,
der mich gesandt hat.»

Glaubwürdige Zeugen für den Sohn Gottes

31 «Ich könnte verstehen, daß ihr mir
nicht glaubt, wenn ich für meine Wor-
te keinen Zeugen hätte.[e] 32 Aber ich
habe einen Zeugen. Und was er über
mich sagt, das ist wahr.
33 Ihr seid zu Johannes dem Täufer
gegangen, um die Wahrheit über
mich zu hören, und er hat sie euch ge-
sagt.[f] 34 Dabei brauche ich aber gar
keine Zeugenaussage von Menschen.
Nur um euretwillen nenne ich Jo-
hannes als Zeugen, damit ihr an mich
glaubt und errettet werdet. 35 Jo-

a) Wörtlich: Wahrlich, wahrlich, ich sage euch: Der Sohn kann nichts aus sich selber heraus tun, wenn er nicht den Vater es tun sieht. Denn was jener tut, das tut gleichfalls auch der Sohn.
b) Wörtlich: Wer den Sohn nicht ehrt, ehrt auch den Vater nicht, der ihn gesandt hat.
c) Wörtlich: Denn gleichwie der Vater Leben in sich selber hat, so hat er es auch dem Sohn gegeben, Leben in sich selber zu haben.
d) Wörtlich: Und es werden die hervorgehen, die das Gute getan haben, zur Auferstehung des Lebens, und die das Böse verübt haben, zur Auferstehung des Gerichtes.
e) Wörtlich: Wenn ich von mir selber Zeugnis gäbe, wäre mein Zeugnis nicht wahrhaftig.
f) Wörtlich: Ihr habt zu Johannes gesandt, und er bezeugte die Wahrheit.

GOTTES SIGNALE ERKENNEN

Ulla Schaible

Johannes 5,35

Jeder Teilnehmer des Straßenverkehrs kennt Ampeln. Doch würde es wohl niemandem einfallen zu sagen: «Ach, ist das schön anzusehen, dieses Wechselspiel von Rot und Gelb und Grün.» Und würde sich das Spiel eine Weile betrachten, dran freuen und dann bei Rot weiterfahren, ohne auf die Bedeutung der Signale zu achten. Ein solches Verhalten wäre lebensgefährlich.

Doch genau ein solches Verhalten wirft Jesus seinen Zuhörern vor. Johannes der Täufer war ein solches «Signal», ein strahlendes Licht von Gott. Doch die Menschen haben die Bedeutung des Signals nicht erkannt. Sie fanden Johannes einfach nur interessant, vielleicht auch unterhaltend. Endlich gab es einmal etwas Neues, etwas anderes zu hören als üblich. Daß er darauf hinwies, wie man das wahre Leben in Gott findet, wie man den einzig gangbaren Weg zu Gott findet – das haben sie überhört und übersehen. Sie haben nicht beachtet, daß es um ihr Leben ging.

Nehmen wir die Signale wahr, die Gott uns auch heute noch sendet? Geht es uns nicht oft ähnlich wie den Menschen, zu denen Johannes der Täufer predigte? Wir fragen bei einer Predigt: Ist es interessant, ist es etwas Neues? «Kenne ich alles schon», ist oft unsere Antwort. Aber offen bleibt: Bedenke ich, ob das, was ich gehört habe, Bedeutung für mein Leben hat? Wo ist das Gehörte in meinem Leben schon umgesetzt und wo nicht? Wo müßte ich einen nächsten Schritt tun?

Laßt uns nicht taub sein für Gottes Ruf, sondern sensibel werden für Gottes Fingerzeige im Alltag. Die «Signale» Gottes erkennen, richtig deuten und danach handeln. Denn es geht um unser Leben, das wahre Leben in Gott.

hannes war ein strahlendes Licht, aber ihr wolltet euch in diesem Schein nur ein wenig sonnen. 36 Doch ich habe noch wichtigere Zeugen als Johannes: Die Taten nämlich, die ich im Auftrag meines Vaters vollbringe. Sie sind der Beweis dafür, daß der Vater mich gesandt hat.

37 Gott selbst, der mich gesandt hat, ist also mein Zeuge. Aber ihr habt noch niemals seine Stimme gehört, habt ihn nie gesehen. 38 Sein Wort habt ihr weder begriffen noch befolgt; denn sonst würdet ihr den nicht ablehnen, den Gott zu euch gesandt hat.

39 Ihr studiert die Heilige Schrift, weil ihr meint, dadurch zum ewigen Leben zu gelangen. Und tatsächlich weist sie auf mich hin. 40 Dennoch wollt ihr nicht zu mir kommen, damit ich euch ewiges Leben geben kann.

41 Eure Zustimmung oder Ablehnung bedeuten mir nichts, 42 weil ich euch kenne und genau weiß, daß ihr Gottes Liebe nicht in euch habt. 43 Mein Vater hat mich zu euch geschickt, doch ihr lehnt mich ab. Aber mit offenen Armen werdet ihr jeden aufnehmen, der behauptet, alles aus sich selbst tun zu können.

44 Kein Wunder, daß ihr nicht glauben könnt. Denn ihr seid doch nur darauf aus, voreinander etwas zu gelten. Ob ihr aber vor Gott etwas geltet, darüber macht ihr euch keine Gedanken.[a]

45 Es ist gar nicht nötig, daß ich euch vor dem Vater anklage: Mose wird euer Ankläger sein. Genau der, auf den ihr eure ganze Hoffnung setzt! 46 Aber in Wirklichkeit glaubt ihr Mose gar nicht; denn sonst würdet ihr auch mir glauben. Schließlich hat doch Mose von mir geschrieben. 47 Wenn ihr aber nicht einmal glaubt, was er geschrieben hat, wie könnt ihr dann glauben, was ich euch sage?»

Über fünftausend Menschen werden satt

(Matth. 14,13–21; Mark. 6,30–44; Luk. 9,10–17)

6 Danach kam Jesus an das andere Ufer des Galiläischen Meeres, das man auch See von Tiberias nennt. 2 Eine große Menschenmenge folgte ihm, weil sie gesehen hatte, wie er Kranke heilte. 3 Zusammen mit seinen Jüngern ging Jesus auf eine Anhöhe. Dort setzten sie sich, und Jesus unterrichtete sie. 4 Das war in den Tagen kurz vor dem jüdischen Passahfest.

5 Als Jesus die vielen Menschen kommen sah, fragte er Philippus: «Wo können wir für alle diese Leute Brot kaufen?» 6 Er wollte aber nur sehen, ob Philippus ihm vertraute; denn er wußte natürlich, wie er die Menschen versorgen würde. 7 Philippus überlegte: «Wir müßten ein Vermögen[b] ausgeben, wenn wir für jeden auch nur ein kleines Stückchen Brot kaufen wollten.» 8 Da brachte Andreas, der Bruder von Simon Petrus, ein Kind zu ihnen: 9 «Hier ist ein Junge, der hat fünf Gerstenbrote und zwei Fische mitgebracht. Aber was ist das schon für so viele Menschen!»

10 Jetzt forderte Jesus die Jünger auf: «Sagt den Leuten, daß sie sich hinsetzen sollen!» Und alle – es wa-

a) Wörtlich: Wie könnt ihr glauben, die ihr Herrlichkeit voneinander nehmt, und die Herrlichkeit, die bei dem einzigen Gott gilt, sucht ihr nicht?

b) Wörtlich: zweihundert Denare.

ren etwa fünftausend Mann, Frauen
und Kinder gar nicht mitgerechnet –
lagerten sich auf der Wiese. 11 Dann
nahm Jesus die fünf Gerstenbrote,
dankte Gott dafür und ließ sie an die
Menschen austeilen. Mit den beiden
Fischen machte er es ebenso. Jeder
bekam so viel, wie er wollte. 12 Als al-
le satt waren, sagte Jesus zu seinen
Jüngern: «Sammelt die Reste ein, da-
mit nichts verdirbt!» 13 Und die Jün-
ger füllten noch zwölf Körbe mit den
Resten. So viel war von den fünf Ger-
stenbroten übriggeblieben.
14 Als die Leute begriffen, was Je-
sus getan hatte, riefen sie begeistert:
«Das ist wirklich der Prophet, auf den
wir so lange gewartet haben!»[a] 15 Je-
sus merkte, daß sie ihn jetzt unbe-
dingt festhalten und zu ihrem König
ausrufen wollten. Deshalb zog er sich
in die Berge zurück; er ganz allein.

Jesus geht auf dem Wasser

(Matth. 14,22–33; Mark. 6,45–52)

16 Am Abend gingen seine Jünger hin-
unter an den See. 17 Sie stiegen in ein
Boot, um nach Kapernaum überzu-
setzen. Die Nacht brach herein, und
Jesus war nicht bei ihnen. 18 Ein hefti-
ger Sturm kam auf. 19 Die Jünger wa-
ren schon vier bis fünf Kilometer vom
Ufer entfernt, als sie Jesus sahen. Er
ging über das Wasser auf ihr Boot zu.
Da packte die Jünger das Grauen.
20 Beruhigend rief ihnen Jesus zu:
«Fürchtet euch nicht! Ich bin es!»
21 Sie wollten ihn noch in ihr Boot
nehmen; aber da hatten sie schon das
andere Ufer erreicht.

Wo ist Jesus?

22 Am nächsten Morgen erinnerten
sich die Menschen, die auf der ande-
ren Seite des Sees geblieben waren,
daß nur ein Boot am Ufer gelegen
hatte. Mit diesem Boot hätte Jesus
den See überqueren müssen; aber sie
hatten gesehen, daß er nicht mit den
Jüngern gefahren war. 23 Inzwischen
legten mehrere Schiffe aus Tiberias
nahe bei der Stelle an, wo die Men-
schenmenge nach dem Dankgebet Je-
su das Brot gegessen hatte. 24 Weil
nun Jesus und seine Jünger nirgends
zu finden waren, stiegen alle in diese
Schiffe und fuhren hinüber nach Ka-
pernaum, um ihn dort zu suchen.

Das Brot des Lebens

25 Als sie Jesus auf der anderen Seite
des Sees gefunden hatten, fragten sie
ihn: «Herr, wann bist du denn hier-
hergekommen?» 26 Jesus antwortete
ihnen: «Ich weiß, weshalb ihr zu mir
kommt; doch nur, weil ihr von mir
Brot bekommen habt und satt gewor-
den seid; nicht weil ihr glaubt, daß
Gott mich geschickt hat. 27 Denkt
doch nicht immer nur an das, was ihr
zum täglichen Leben braucht! Im Ge-
genteil! Setzt alles dafür ein, die Nah-
rung zu bekommen, die euch das ewi-
ge Leben bringt. Nur der Menschen-
sohn kann sie euch geben. Denn
Gott, der Vater, hat ihn dazu be-
stimmt.»[b]
28 Jetzt fragten sie ihn: «Aber was
sollen wir denn tun, damit Gott mit
uns zufrieden ist?»[c] 29 Er erwiderte:

a) Wörtlich: Dieser ist wahrhaftig der Prophet, der in die Welt kommt.
b) Wörtlich: Wirkt nicht vergängliche Speise, sondern Speise, die ins ewige Leben bleibt, das euch der Sohn des Menschen geben wird; denn diesen hat Gott, der Vater, versiegelt.
c) Wörtlich: Was sollen wir tun, damit wir die Werke Gottes wirken?

«Nur eins erwartet Gott von euch: Ihr sollt an den glauben, den er gesandt hat.» 30/31 «Wenn wir an dich glauben sollen», wandten sie ein, «mußt du schon durch eine Wundertat beweisen, daß du im Auftrag Gottes handelst. Zeige uns, was du kannst! Gib uns jeden Tag Brot zu essen, so wie unsere Väter damals in der Wüste Manna, das Brot vom Himmel, aßen. Es heißt doch in der Heiligen Schrift: ‹Er gab ihnen Brot vom Himmel.›»[a]

32 Hierzu sagte ihnen Jesus: «Mose gab euch nicht das Brot, von dem ich gesprochen habe. Das wahre Brot vom Himmel gibt euch jetzt mein Vater. 33 Und nur dieses Brot, das vom Himmel kommt, schenkt der Welt das Leben.» 34 «Herr, gib uns jeden Tag dieses Brot!» baten ihn alle.

35 «Ich bin das Brot des Lebens», sagte Jesus zu ihnen. «Keiner, der zu mir kommt, wird jemals wieder Hunger leiden, und niemand, der an mich glaubt, wird jemals wieder Durst haben. 36 Doch ich habe euch ja schon einmal gesagt: Ihr glaubt nicht einmal das, was ihr mit euren eigenen Augen seht. 37 Alle Menschen, die mir der Vater gibt, werden zu mir kommen, und keinen von ihnen werde ich zurückstoßen. 38 Denn ich bin nicht vom Himmel gekommen, um zu tun, was mir gefällt, sondern um den Willen des Vaters zu erfüllen, der mich gesandt hat. 39 Und das ist Gottes Wille: Kein einziger von denen, die er mir anvertraut hat, soll verlorengehen. Ich werde sie alle am letzten Tag zum Leben erwecken. 40 Denn nach dem Willen meines Vaters wird jeder, der den Sohn sieht und an ihn glaubt, für immer leben. Darum werde ich sie am letzten Tag vom Tod auferwekken.»

41 Weil Jesus behauptet hatte: «Ich bin das Brot, das vom Himmel gekommen ist», riefen die Juden empört: 42 «Was? Das ist doch Jesus, Josephs Sohn. Wir kennen schließlich seine Eltern. Wie kann er behaupten: ‹Ich bin vom Himmel gekommen!›»

43 Ruhig antwortete Jesus auf ihre Vorwürfe: «Warum regt ihr euch auf? 44 Keiner kann zu mir kommen, dem nicht der Vater, der mich gesandt hat, den Weg zeigt. Alle diese Menschen, die er mir gibt, will ich am letzten Tag zum Leben erwecken.

45 Bei den Propheten heißt es: ‹Alle werden Schüler Gottes sein!›[b] Wer also auf den Vater hört und von ihm lernt, der kommt zu mir. 46 Das bedeutet aber nicht, daß jemals ein Mensch den Vater gesehen hat. Nur einer hat ihn wirklich gesehen: der eine, der von Gott gekommen ist. 47 Deshalb sage ich euch: Wer an mich glaubt, der hat jetzt schon das ewige Leben!

48 Ich selbst bin das Brot, das euch dieses Leben gibt! 49 Das Brot, das eure Väter in der Wüste gegessen haben, konnte ihnen kein ewiges Leben schenken. Obwohl sie ‹Brot vom Himmel› aßen, sind sie doch alle gestorben. 50 Aber hier ist das wahre Brot, das vom Himmel kommt. Wer davon ißt, wird nicht sterben. 51 Ich bin dieses Brot, das von Gott gekommen ist und euch das Leben gibt. Jeder, der dieses Brot ißt, wird ewig leben. Und dieses Brot ist mein Leib, den ich hingeben werde, damit die Welt leben kann.»

a) Psalm 78,24f.; 2. Mose 16,4.13–15
b) Jesaja 54,13; Jeremia 31,33f.

Brot, von dem wir leben

Rosalind Rinker

Johannes 6,35

Johannes 6 ist ein echtes «Wunderkapitel». Jesus nimmt etwas ganz Alltägliches zum Anlaß, um seinen Zuhörern etwas Wichtiges über Gott und den Glauben klarzumachen. Hier ist es das Brot; bei anderer Gelegenheit waren es Wasser, Saatgut, Kerze, Lampe oder Perle.

Jesus hatte mehr als 5000 Menschen satt gemacht, indem er fünf kleine Gerstenbrote in Stücke brach und zwei kleine Fische verteilte. Brot und Wasser können das physische Leben auf unbestimmte Zeit erhalten; trotzdem sagt Jesus: «Vom Brot allein kann niemand leben. Leben kann nur, wer Gottes Wort aufnimmt und befolgt» (Matthäus 4,4).

Brot muß ausgeteilt, gebrochen und angenommen werden, wenn es das Leben erhalten soll. Der kleine Junge gibt sein Mittagessen, damit auch andere satt werden; Jesus gibt sein Leben, damit alle leben. So steht das Wunder in diesem Kapitel in direktem Zusammenhang zu Jesus Christus und seinem Auftrag. «Ich bin dieses Brot, das von Gott gekommen ist und euch das Leben gibt. Jeder, der dieses Brot ißt, wird ewig leben. Und dieses Brot ist mein Leib, den ich hingeben werde, damit die Welt leben kann» (Johannes 6,51). Ähnlich wie die Gerstenbrote gebrochen wurden, wurde auch der Leib Jesu Christi gebrochen, damit wir «lebendiges Brot» essen können.

Jesus kann das lebendige Brot sein, weil er Gottes Sohn ist. Das ganze Kapitel macht deutlich, wie Jesus von einer höheren Perspektive aus mit den Menschen umgeht: 1. Er weiß, was er tun will (6,6). 2. Er kennt die oberflächliche Neugier der Menge (6,2). 3. Er hat Erbarmen mit ihrem körperlichen und seelischen Hunger (6,5.36.37). 4. Er sucht die Mitarbeit von anderen, ehe er die Menge speiste (6,8–9). 5. Er ist sich zutiefst seines göttlichen Auftrages bewußt und hat den Mut, darüber in einer Sprache zu sprechen, die die Menschen verstehen und auch behalten können. (6,35–40). 6. Er spricht vorausschauend vom Abendmahl (6,56–57). 7. Er ist in der Lage, das Wenige zu vermehren, so daß es für viele reicht (6,10–11).

Wir wollen die Worte Jesu in uns aufnehmen; er ist der Sohn Gottes, unser lebendiges Brot. Sein Wort führt uns unmittelbar zu ihm, dem Erlöser und Retter der Welt.

52 Nach diesen Worten Jesu kam es
unter den Juden zu einer heftigen
Auseinandersetzung. «Will dieser
Mensch uns etwa seinen Leib zu essen
geben?» fragten sie.

53 Darauf erwiderte Jesus: «Das
eine steht unumstößlich fest: Wenn
ihr den Leib des Menschensohnes
nicht eßt und sein Blut nicht trinkt,
habt ihr kein ewiges Leben. 54 Nur wer
meinen Leib ißt und mein Blut trinkt,
der hat ewiges Leben, und ihn werde
ich am letzten Tag auferwecken.
55 Denn mein Leib ist die lebensnot-
wendige Nahrung, und mein Blut der
lebenspendende Trank.[a] 56 Wer mei-
nen Leib ißt und mein Blut trinkt, der
bleibt in mir, und ich bleibe in ihm.
57 Ich lebe durch die Kraft des lebendi-
gen Gottes, der mich gesandt hat.
Ebenso wird jeder, der meinen Leib
ißt, durch mich leben. 58 So verhält es
sich mit dem Brot, das vom Himmel zu
euch gekommen ist! Eure Väter ha-
ben zwar auch in der Wüste ‹Brot vom
Himmel› gegessen, aber sie sind trotz-
dem gestorben. Doch wer dieses Brot
ißt, wird für immer leben.»

Jesus stellt seine Jünger vor die Wahl

(Matth. 16,13–20; Mark. 8,27–30; Luk. 9,18–21)

59 Dies alles sagte Jesus in der Syna-
goge von Kapernaum. 60 Aber damit
hatte er viele von denen verärgert,
die ihm bisher gefolgt waren. «Das ist
ja unerhört!» meinten sie. «Nein, das
ist zuviel!»[b]

61 Jesus sah ihre Entrüstung und
fragte sie deshalb: «Nehmt ihr schon
daran Anstoß? 62 Was werdet ihr erst
sagen, wenn ihr seht, wie der Men-
schensohn dahin zurückkehrt, woher
er gekommen ist? 63 Gottes Geist
allein schafft Leben. Ihr selber könnt
es nicht. Die Worte aber, die ich euch
gesagt habe, sind aus Gottes Geist;
deshalb bringen sie euch das Leben.[c]
64 Aber einige von euch glauben mir
trotzdem nicht.»

Jesus wußte nämlich von Anfang
an, wer nicht an ihn glaubte, und
kannte auch den, der ihn später verra-
ten würde. 65 «Deshalb», so erklärte
er weiter, «habe ich euch gesagt: Kei-
ner kann zu mir kommen, wenn ihn
nicht der Vater zu mir führt!»

66 Nach dieser Rede wandten sich
viele von Jesus ab und gingen nicht
mehr mit ihm. 67 Da fragte Jesus auch
seine zwölf Jünger: «Wollt ihr auch
weggehen und mich verlassen?»
68 «Herr, zu wem sollen wir denn ge-
hen?» antwortete Simon Petrus. «Nur
deine Worte bringen ewiges Leben.
69 Wir glauben und haben erkannt, daß
du Christus, der Sohn Gottes, bist.»[d]

70 Da sagte Jesus: «Ich selbst habe
euch zwölf ausgewählt – und doch:
Einer von euch ist ein Teufel!» 71 Da-
mit meinte er Judas, den Sohn von Si-
mon Ischarioth, seinen eigenen Jün-
ger. Und er war es tatsächlich, der Je-
sus später an die jüdischen Führer ver-
riet.

a) Wörtlich: Denn mein Fleisch ist wahrhaftige Speise, und mein Blut ist wahrhaftiger Trank.
b) Wörtlich: Hart (unerträglich) ist dieses Wort, wer kann es hören?
c) Wörtlich: Der Geist ist es, der lebendig macht, das Fleisch hat keinen Nutzen. Die Worte, die ich zu euch geredet habe, sind Geist und Leben.
d) Wörtlich: Wir haben geglaubt und erkannt, daß du der Heilige Gottes bist.

«Zeige, was du kannst!»

7 Danach reiste Jesus weiter durch Galiläa. In Judäa konnte er sich nicht aufhalten, weil dort die führenden Juden seinen Tod beschlossen hatten. 2 Kurz vor dem Laubhüttenfest aber 3 forderten ihn seine Brüder auf, mit ihnen nach Judäa zu reisen: «Komm mit und zeige den Menschen dort, welche Wunder du tun kannst! 4 Kein Mensch versteckt sich, wenn er bekannt werden will. Wenn du schon Wunder vollbringst, dann zeige sie auch vor aller Welt!» 5 So konnten seine Brüder nur reden, weil sie nicht an ihn glaubten.

6 Jesus antwortete ihnen: «Jetzt kann ich noch nicht dorthin gehen. Ihr könnt gehen und handeln, wann und wie ihr wollt. 7 Denn die Welt hat ja keinen Grund, euch zu hassen. Aber mich haßt sie, weil ich nicht aufhöre zu sagen, daß ihr Tun und Treiben böse ist. 8 Geht ihr nur zum Fest! Ich komme nicht mit. Denn die Zeit zum Handeln ist für mich noch nicht da.» 9 Das sagte er zu seinen Brüdern und blieb in Galiläa.

Jesus auf dem Laubhüttenfest in Jerusalem

10 Nachdem seine Brüder nach Jerusalem gereist waren, ging auch Jesus heimlich dorthin. 11 Die Führer des Volkes suchten ihn während des Festes und fragten überall: «Wo ist er denn? Hat jemand mit ihm geredet?» 12 Auch unter den Festbesuchern wurde viel über ihn gesprochen. Einige hielten ihn für einen guten Menschen, andere wieder behaupteten: «Er verführt das Volk!» 13 Aber keiner hatte den Mut, frei und offen seine Meinung über ihn zu sagen. Alle fürchteten sich vor den Führern des jüdischen Volkes.

14 Während des Festes ging Jesus in den Tempel und predigte dort öffentlich. 15 Die Juden, die ihm zuhörten, waren überrascht. «Wie kann jemand so viel aus der Heiligen Schrift wissen, obwohl er sie nicht studiert hat?» fragten sie sich.

16 Jesus beantwortete ihre Frage: «Was ich euch sage, sind nicht meine eigenen Gedanken. Es sind Gottes Worte. 17 Wer von euch bereit ist, Gottes Willen zu tun, der wird erkennen, ob diese Worte von Gott kommen oder ob es meine eigenen Gedanken sind.

18 Wer seine eigene Lehre verbreitet, der möchte persönlich anerkannt werden. Wer aber Anerkennung und Ehre für den sucht, der ihn gesandt hat, der ist zuverlässig, und ihm kann man vertrauen. 19 Mose hat euch das Gesetz gegeben; aber keiner von euch lebt nach diesem Gesetz! Mit welchem Recht also wollt ihr mich töten?»

20 Da empörte sich die Menge: «Du bist ja verrückt![a] Wer will dich denn umbringen?» 21 «Ich habe doch nur am Sabbat einen Menschen geheilt», entgegnete Jesus. «Und darüber regt ihr euch auf! 22 Mose hat angeordnet, daß eure Kinder am achten Tag beschnitten werden sollen[b] – eine Vorschrift, nach der sich bereits eure Stammväter vor Mose gerichtet haben. 23 Auch eure Söhne werden am achten Tag beschnitten, selbst wenn es ein Sabbat ist, damit das Gesetz

a) Wörtlich: Du hast einen Dämon!
b) 1. Mose 17,10–12; 3. Mose 12,3

des Mose nicht übertreten wird. Wes-
halb also seid ihr so empört darüber,
daß ich einen Menschen am Sabbat ge-
heilt habe? 24 Seid doch nicht so ober-
flächlich, sondern urteilt gerecht.»

Jesus im Widerstreit der Meinungen

25 Da meinten einige Leute von Jeru-
salem: «Ist das nicht der Mann, den
sie beseitigen wollen? 26 Jetzt redet er
hier in aller Öffentlichkeit, und kei-
ner verbietet es ihm. Sollten unsere
führenden Männer nun tatsächlich
davon überzeugt sein, daß er der
Messias ist? 27 Aber er kann es doch
gar nicht sein! Schließlich kennen wir
seine Herkunft. Woher aber der Mes-
sias kommt, wird niemand wissen.»

28 Darauf rief Jesus im Tempel, so
daß es alle hören konnten: «Ja, ihr
kennt mich und wißt, woher ich kom-
me. Aber der mir den Auftrag gege-
ben hat, den kennt ihr nicht. Er ist die
Wahrheit. 29 Ich kenne ihn, weil ich
von ihm komme und er mich zu euch
gesandt hat.»

30 Nach diesen Worten hätten sie
ihn am liebsten festgenommen; doch
keiner wagte es. Denn Gottes Zeit
dafür war noch nicht da. 31 Viele sei-
ner Zuhörer im Tempel aber glaub-
ten an Jesus und sagten: «Was erwar-
tet ihr eigentlich noch von diesem
Mann? Mehr Wunder, als er schon
getan hat, kann doch auch der Mes-
sias nicht tun.»

32 Als die Pharisäer hörten, was die
Leute über Jesus redeten, rieten sie
den Hohenpriestern dringend, Jesus
von der Tempelwache festnehmen zu
lassen. 33 Währenddessen sagte Jesus
zu der Volksmenge: «Ich bleibe nur
noch kurze Zeit bei euch. Danach
kehre ich zu dem zurück, der mich ge-
sandt hat. 34 Ihr werdet mich überall
suchen, aber nicht mehr finden. Wo
ich dann sein werde, dorthin werdet
ihr nie gelangen.»

35 «Wo will er denn hin?» fragten die
Juden verwirrt. «Will er etwa ins Aus-
land gehen und den Griechen seine
Lehre bringen? 36 Was meint er, wenn
er sagt: ‹Ihr werdet mich suchen und
nicht finden› und ‹Wo ich dann sein
werde, dorthin werdet ihr nicht kom-
men›?»

«Wer an mich glaubt...»

37 Am letzten Tag, dem Höhepunkt
des großen Festes,[a] trat Jesus wieder
vor die Menschenmenge und rief
laut: «Wer Durst hat, der soll zu mir
kommen und trinken! 38 Wer an mich
glaubt, wird erfahren, was die Heilige
Schrift sagt: Wie ein Strom wird le-
benschaffendes Wasser von ihm aus-
gehen.»

39 Damit meinte er den Heiligen
Geist, den alle bekommen würden,
die an Jesus glauben. (Den Geist
Gottes bekamen sie erst zu Pfingsten,
nachdem Jesus in Gottes Herrlichkeit
zurückgekehrt war. Jetzt hatten die
Menschen den Heiligen Geist noch
nicht.)

40 Nach diesen Worten waren einige
davon überzeugt: «Er ist der Pro-
phet, der vor dem Messias kommen
soll.» 41 Andere wieder sagten:
«Nein, er ist selbst der Messias!» Eine

a) 3. Mose 23,33–43; 4. Mose 29,12–39. – Zur Zeit Jesu gehörte zur Festfeier u. a. der Zug der Festpilger zur Siloah-Quelle. Dort schöpfte der Priester Wasser in einen Krug, trug es unter dem Festgesang der Pilger zum Heiligtum und goß es unter dem Jubel des Volkes aus (vgl. den Bezug dieses Brauches zu Jesaja 12,3).

DIE ECHTE ERFRISCHUNG

Doris Reinthaler

Johannes 7,37

Als Kinder machten wir mit unseren Eltern öfter lange Bergwanderungen. Daß wir gehörig ins Schwitzen kamen, blieb da nicht aus. So ließ auch die Frage: «Wir haben sooolchen Durst, können wir dort bei der Alm einkehren?!» selten auf sich warten. Doch ebenso sicher folgte meist die Antwort: «Nehmt einen sauberen Kieselstein in den Mund und lutscht den, das hilft auch. Wenn wir oben sind, könnt ihr eure Rucksäcke auspacken und euch stärken ...»

Die Eltern hatten recht. Der Kieselstein im Mund half uns, den Speichel zu sammeln und die Kehle vor dem Ausdörren zu bewahren. Aber er half nur eine Zeitlang! Irgendwann kam immer der Punkt, an dem der Ersatz nichts mehr half und nur die «echte» Erfrischung unseren gewaltigen Durst stillen konnte.

Warum aber geben wir uns eigentlich auch im täglichen Leben so oft mit «Ersatz-Angeboten» zufrieden? Warum greifen Menschen zu Alkohol, Drogen, Sex, Tabletten, Musik, um sich vollzudröhnen, abzulenken? Warum wenden sich Menschen in Lebensfragen an Wahrsager, Horoskope, Sonne und Mond, die sie letztlich nur rat- und hilfloser und auch enttäuschter zurücklassen?

Wohin kann ich mich denn wenden, um meinen Durst nach Leben zu stillen? Wo ist die «echte» Quelle? Für mich ist es Gott, der mich annimmt wie ich bin, zu mir steht, und mich mit unerschütterlicher Liebe begleitet. Er stillt meine Sehnsüchte, die auch der liebste Mensch nicht stillen könnte. Mit Gott «an der Seite» meinen Alltag zu erleben, das macht mir die Vielfalt des Lebens und seinen Reichtum erst so richtig bewußt. «Gott kennen ist Leben» – dieser Spruch grüßt gelegentlich von einem Autoaufkleber. Jeder Mensch kann diese Erfahrung machen. Dennoch aber passiert es auch mir gelegentlich, daß ich mich von scheinbar «einladenden Raststätten» ablenken lasse und am falschen Ort aufzutanken versuche. Doch meist wird mir schnell bewußt, daß sich der Aufenthalt dort letztlich nicht lohnt. Dann schwenke ich auf den richtigen Weg um und folge der Einladung Jesu: Wenn jemand durstig ist, der komme und ich gebe ihm zu trinken, damit er lebt!

dritte Gruppe schließlich meinte:
«Das kann gar nicht sein! Er kommt
doch aus Galiläa; 42 aber die Prophe-
ten sagen, der Messias soll von David
abstammen und wie David aus Beth-
lehem kommen.»[a]
43 So waren die Meinungen über Je-
sus sehr geteilt. 44 Einige hätten ihn
gern festgenommen; aber keiner
wagte es, in dieser Situation gegen ihn
vorzugehen.

Nikodemus spricht für Jesus

45 So kehrte die Tempelpolizei zu den
Hohenpriestern und Pharisäern zu-
rück, ohne Jesus festgenommen zu
haben. «Weshalb bringt ihr ihn nicht
mit?» stellten sie die Soldaten zur
Rede. 46 «Noch nie hat ein Mensch so
geredet wie dieser Mann!» entschul-
digten sie sich. 47 Da regten sich die
Pharisäer auf: «Habt ihr euch also
auch von ihm beschwatzen lassen?
48 Gibt es denn unter uns, den führen-
den Männern des Volkes, auch nur
einen einzigen, der diesem Menschen
glaubt? 49 Nur dieses verfluchte Volk
läuft ihm nach, das keine Ahnung
vom Gesetz hat.»[b]
50 Doch Nikodemus, der auch zu
den Pharisäern gehörte und Jesus frü-
her einmal heimlich aufgesucht hat-
te,[c] widersprach ihnen: 51 «Seit wann
verurteilt denn unser Gesetz einen
Menschen, ehe man ihn verhört und
ihm seine Schuld nachgewiesen hat?»
52 «Bist du etwa auch aus Galiläa?»
fragten ihn die Pharisäer. «Du
brauchst nur in der Heiligen Schrift
nachzulesen. Dann weißt du: Kein
Prophet kommt aus Galiläa!»
53 Ohne sich geeinigt zu haben, gin-
gen sie nach Hause.

Jesus vergibt der Ehebrecherin

8 Jesus verließ die Stadt und ging
zum Ölberg. 2 Aber schon am
nächsten Morgen war er wieder im
Tempel. Viele Menschen drängten
sich um ihn. Er setzte sich und be-
gann, sie zu unterrichten.
3 Da schleppten die Schriftgelehr-
ten und Pharisäer eine Frau heran,
die beim Ehebruch ertappt worden
war, stießen sie in die Mitte, damit je-
der sie sehen konnte, 4 und sagten zu
Jesus: «Diese Frau wurde beim Ehe-
bruch überrascht. 5 Wenn wir das Ge-
setz des Mose befolgen wollen, müs-
sen wir sie steinigen. Was meinst du
dazu?»[d]
6 Das war eine Fangfrage. Sie such-
ten nämlich nach einem Anlaß, um
Jesus anklagen zu können. Aber Je-
sus schien gar nicht auf ihre Frage zu
achten; er bückte sich und schrieb mit
seinem Finger auf die Erde.[e] 7 Als sie
hartnäckig nach einer Erklärung ver-
langten, richtete er sich auf und sagte:
«Nun, dann steinigt sie! Aber den er-
sten Stein soll der werfen, der selbst
noch nie gesündigt hat!» 8 Dann bück-
te er sich wieder und schrieb weiter
auf die Erde. 9 Als erstes gingen die
Ankläger. Dann schlichen sich auch
alle übrigen stillschweigend davon –
einer nach dem andern. Schließlich
war Jesus mit der Frau allein.

a) Micha 5,1; 1. Samuel 17,12
b) Wörtlich: Aber diese Leute, die das Gesetz nicht kennen, sie sind verflucht.
c) Johannes 3,1 ff.
d) 3. Mose 20,10; 5. Mose 22,22
e) Vgl. Jeremia 17,13

Von Schuld befreit!

Psalm 32

Ein Lied Davids zum Nachdenken

Glücklich sind alle, denen Gott ihre Sünden vergeben
und ihre Schuld zugedeckt hat!
Glücklich ist der Mensch, dem Gott seine Sünden nicht anrechnet,
und der mit Gott kein falsches Spiel treibt!
Erst wollte ich dir, Herr, meine Schuld verheimlichen.
Doch davon wurde ich so schwach und elend,
daß ich nur noch stöhnen konnte.
Tag und Nacht bedrückte mich dein Zorn,
meine Lebenskraft vertrocknete wie Wasser in der Sommerhitze.
Da endlich gestand ich dir meine Sünde;
mein Unrecht wollte ich nicht länger verschweigen.
Ich sagte: «Ich will dem Herrn meine Vergehen bekennen!»
Und wirklich: Du hast mir meine ganze Schuld vergeben!
Darum sollen auch alle, die dich lieben, Herr, zu dir beten.
Wer dich zur rechten Zeit anruft,
der bleibt verschont von den Wogen des Unheils.

Bei dir bin ich in Sicherheit;
du läßt nicht zu, daß ich vor Angst und Not umkomme.
Ich singe und juble: «Du hast mich befreit!»
Und du sprichst zu mir:
«Ich will dich lehren und dir sagen, wie du leben sollst;
ich berate dich, nie verliere ich dich aus den Augen.
Sei nicht wie ein Pferd oder ein Maultier ohne Verstand!
Wenn sie wild ausschlagen, mußt du sie mit Zaum und Zügel bändigen,
sonst folgen sie dir nicht!»
Wer Gottes Weisungen in den Wind schlägt,
der schafft sich Not und Schmerzen.
Wer jedoch dem Herrn vertraut, den wird Gottes Güte umgeben.
Freut euch an ihm und jubelt laut, die ihr zum Herrn gehört!
Singt vor Freude, die ihr Gott gehorcht!

10 Da stand er auf und fragte sie:
«Wo sind jetzt deine Ankläger? Hat
dich denn keiner verurteilt?»
11 «Nein, Herr», antwortete sie.
«Dann will ich dich auch nicht verur-
teilen», entgegnete ihr Jesus. «Geh,
aber sündige nicht noch einmal!»

Das Licht, das zum Leben führt

12 Ein andermal sagte Jesus zu den
Menschen, die ihm zuhörten: «Ich
bin das Licht für die Welt. Wer mir
nachfolgt, wird nicht mehr in der
Dunkelheit umherirren, sondern
folgt dem Licht, das ihn zum Leben
führt.»[a]
13 Da unterbrachen ihn die Pharisä-
er: «Du redest doch wieder nur für
dich selbst, als dein eigener Zeuge.
Das beweist doch gar nichts.» 14 Jesus
erwiderte ihnen: «Auch wenn ich hier
als mein eigener Zeuge auftrete, sage
ich die Wahrheit. Denn ich weiß, wo-
her ich komme und wohin ich gehe;
aber ihr wißt das alles nicht. 15 Ihr ur-
teilt über mich, und dabei laßt ihr
euch nur von Äußerlichkeiten leiten.
Ich urteile über niemanden.[b] 16 Wenn
ich aber über jemanden das Urteil
spreche, dann ist mein Urteil gerecht.
Denn ich richte nicht allein, sondern
der Vater, der mich gesandt hat,
spricht das Urteil. 17 Nach euerm Ge-
setz ist vor Gericht eine Aussage
glaubwürdig, wenn es dafür minde-
stens zwei Zeugen gibt.[c] 18 Nun, ich
selbst trete für mich als Zeuge auf,
und mein Vater, der mich gesandt
hat, ist auch mein Zeuge.» 19 «Wo ist
denn dein Vater?» fragten sie darauf-
hin. Jesus antwortete: «Ihr wißt ja
nicht einmal, wer *ich* bin; deshalb
kennt ihr meinen Vater erst recht
nicht. Wenn ihr mich kennen wür-
det, wüßtet ihr auch, wer mein Vater
ist.»
20 Das alles sagte Jesus an der Stel-
le des Tempels, an der das Geldopfer
gesammelt wurde. Aber niemand
nahm ihn fest. Denn die Zeit dafür
war noch nicht gekommen.

Nur wer glaubt, kennt Jesus

21 Später sagte Jesus noch einmal zu
ihnen: «Ich gehe fort. Ihr werdet
mich dann verzweifelt suchen, aber
ihr werdet in euren Sünden umkom-
men. Denn ihr könnt nicht dahin ge-
hen, wo ich sein werde.»
22 «Will er sich etwa das Leben neh-
men?» fragten sich die Juden, «oder
was heißt das: ‹Ihr könnt nicht dahin
gehen, wo ich sein werde›?» 23 Dazu
sagte ihnen Jesus: «Ihr kommt von
unten; ich komme von oben. Ihr ge-
hört zu dieser Welt; ich gehöre nicht
zu dieser Welt. 24 Deshalb habe ich
gesagt: Ihr werdet in euren Sünden
umkommen. Wenn ihr nicht glaubt,
daß ich es bin,[d] gibt es keine Rettung
für euch.»
25 «Dann sage uns doch, wer du
bist!» forderten sie ihn auf. «Ich weiß
überhaupt nicht, weshalb ich noch
darüber mit euch reden soll. Denn
das habe ich euch von Anfang an ge-
sagt», erwiderte Jesus. 26 «Ich hätte
euch viel vorzuwerfen und viel an
euch zu verurteilen. Trotzdem sage
ich euch nur, was er mir gesagt hat.

a) Wörtlich: Er wird das Licht des Lebens haben.
b) Wörtlich: Ihr richtet nach dem Fleisch; ich richte niemanden.
c) 5. Mose 17,6; 19,15
d) Vgl. 2. Mose 3,14; Jesaja 43,10

Beeindruckende Freiheit

Carole Mayhall

Johannes 8,31–32

Zuerst fiel mir ihr strahlendes Lächeln auf, dann bemerkte ich, daß sie im Rollstuhl saß und auch keine Beine hatte. Im Gespräch stellte sich heraus, daß sie schwer zuckerkrank war. Beim Schneiden ihrer Fußnägel hatte sie sich mit der Schere verletzt und eine Infektion bekommen. Als dann Wundbrand einsetzte, mußten beide Beine amputiert werden.

«Ich kann mir nicht im entferntesten ausmalen, was Sie an Leid und Schmerzen durchgemacht haben», murmelte ich betroffen.

Ihr Lächeln wurde noch strahlender, als sie leise erwiderte: «Ach, wissen Sie, ich habe ja immer noch Jesus!»

Diese beeindruckende Frau war ganz und gar von einer Wahrheit umhüllt, von der die meisten Christen nur einen kleinen Zipfel ergriffen haben. Sie hatte erfaßt, was Psalm 23,1 meint: «Der Herr ist mein Hirte. Mir wird nichts mangeln.» Eine andere Übersetzung drückt es so aus: «Weil der Herr mein Hirte ist, habe ich alles, was ich brauche.»

Diese Frau kannte die Wahrheit, die frei macht. Ihr Körper war zwar auf den Rollstuhl angewiesen, aber ihr Geist war total frei!

«Ich bin der Weg, ich bin die Wahrheit, und ich bin das Leben», sagt Jesus wenig später im Johannesevangelium (14,6). Wenn wir die Wahrheit (Christus) kennen – wenn wir ihn wirklich gut kennen –, wird er uns frei machen. Dennoch führen so viele von uns ein Leben, das wie mit Ketten auch an die Vergangenheit gebunden ist. Wir hassen diesen Zustand und sind darin gefangen. Wir sind ganz einfach nicht frei. Und anstatt zu dem zu gehen, der uns frei machen kann und will, laufen wir zu Menschen, die genauso gebunden sind wie wir selbst. Wir verhalten uns wie dumme Schafe, die zu anderen Schafen rennen, anstatt zum Hirten zu gehen, der unsere Verletzungen heilen, unser Herz verändern und uns wirklich frei machen kann!

Denn der Eine, der mich gesandt hat,
ist die Wahrheit.»
27 Aber sie verstanden noch immer
nicht, daß Jesus von Gott sprach.
28 Deshalb erklärte er ihnen: «Wenn
ihr den Menschensohn erhöht[a] habt,
werdet ihr erkennen, wer ich bin, und
einsehen, daß ich euch nicht meine ei-
genen Gedanken vortrage, sondern
weitergebe, was mir mein Vater ge-
sagt hat. 29 Er, der mich gesandt hat,
ist bei mir und verläßt mich nicht,
weil ich immer seinen Willen erfülle.»
30 Nach diesen Worten glaubten viele
an Jesus.

Wer sündigt, ist ein Gefangener der Sünde

31 Zu diesen Juden, die nun an ihn
glaubten, sagte Jesus: «Wenn ihr an
meinen Worten festhaltet und das
tut, was ich euch gesagt habe, dann
gehört ihr wirklich zu mir. 32 Ihr wer-
det die Wahrheit erkennen, und die
Wahrheit wird euch befreien!»
33 «Aber wir sind Nachkommen
Abrahams und niemals Sklaven ge-
wesen», wandten sie ein. «Wovon
sollen wir eigentlich befreit werden?»
34 Jesus erwiderte ihnen: «Eins ist
sicher: Jeder, der sündigt, ist ein Ge-
fangener der Sünde. 35 Ein Sklave
kann sich nicht darauf verlassen, daß
er immer in dem Haus bleibt, in dem
er arbeitet. Dieses Recht hat nur der
Sohn der Familie. 36 Wenn euch also
der Sohn Gottes befreit, dann seid ihr
wirklich frei.
37 Ich weiß natürlich auch, daß ihr
Nachkommen Abrahams seid. Und
trotzdem wollt ihr mich töten, weil ihr
meine Worte ablehnt. 38 Ich spreche
von dem, was ich bei meinem Vater
gesehen habe. Und ihr handelt da-
nach, was ihr von euerm Vater gehört
habt.»
39 «Unser Vater ist Abraham», er-
klärten sie. «Nein», widersprach ih-
nen Jesus, «wenn er es wirklich wäre,
würdet ihr auch so handeln wie er.
40 Weil ich euch die Wahrheit sage,
die ich von Gott gehört habe, wollt
ihr mich töten. Das hätte Abraham
nie getan. 41 Nein, ihr handelt genau
wie euer Vater.»
«Unsere Mutter ist doch schließ-
lich keine Dirne», wandten sie ein.
«Wir haben nur einen Vater, Gott
selbst!»
42 Doch Jesus entgegnete ihnen:
«Wenn es tatsächlich so wäre, dann
würdet ihr mich lieben; denn ich
komme ja von Gott zu euch; in sei-
nem Auftrag und nicht aus eigenem
Entschluß.
43 Aber ich will euch sagen, weshalb
ihr mich nicht versteht: Weil ihr mei-
ne Worte überhaupt nicht hören
könnt! 44 Denn ihr seid Kinder des
Teufels. Und deshalb handelt ihr so,
wie es euerm Vater gefällt. Der war
schon von Anfang an ein Mörder und
ein Feind der Wahrheit. Die Lüge ge-
hört zu seinem Wesen; denn er ist der
Lügner schlechthin, ja der Vater je-
der Lüge.
45 Mir aber glaubt ihr nicht, weil ich
die Wahrheit sage. 46 Oder kann mir
einer von euch auch nur eine einzige
Sünde nachweisen? Demnach müß-
tet ihr mir doch glauben, wenn ich
euch die Wahrheit sage. 47 Denn wer
Gott zum Vater hat, der versteht, was
Gott sagt. Ihr aber habt Gott nicht
zum Vater, und deshalb versteht ihr
auch seine Worte nicht.»

a) Mit dem Wort «erhöhen» deutet Jesus seinen Kreuzestod an.

Jesus, ein Gotteslästerer?

48 «Also hatten wir doch recht»,
schimpften die Juden. «Du bist ein
gottloser, von bösen Geistern beses-
sener Mensch!»[a]
49 «Nein», antwortete Jesus, «ich
bin nicht besessen, sondern ich ehre
meinen Vater, aber ihr verleumdet
mich. 50 Ich suche nicht meine eigene
Ehre. Gott will, daß ihr mich aner-
kennt. Er wird auch das Urteil über
euch sprechen.[b] 51 Aber das ist sicher:
Wer mein Wort annimmt und danach
lebt, wird niemals sterben.»
52 Verärgert riefen die Juden: «Dei-
ne Worte beweisen, daß du von
einem bösen Dämon beherrscht
wirst. Selbst Abraham und die Pro-
pheten sind gestorben. Und da willst
du behaupten: ‹Wer nach meinem
Wort lebt, wird niemals sterben.›
53 Bist du etwa mehr als unser Vater
Abraham, der doch auch gestorben
ist? Oder willst du mehr sein als die
Propheten, die schließlich alle ster-
ben mußten? Was bildest du dir ei-
gentlich ein?»
54 Jesus entgegnete: «Würde ich
mich selbst loben, könntet ihr mir zu
Recht mißtrauen. Aber mich ehrt
mein Vater. Ihr behauptet zwar von
ihm, er sei euer Gott. 55 Dabei kennt
ihr ihn überhaupt nicht. Ich aber ken-
ne ihn. Wenn ich sagen würde, ich
kenne ihn nicht, dann wäre ich eben-
solch ein Lügner, wie ihr es seid.
Doch ich kenne ihn und erfülle seinen
Auftrag.[c] 56 Euer Vater Abraham
freute sich auf den Tag, an dem ich
kommen würde. Er hat mein Kom-
men gesehen und war froh darüber.»
57 Ungläubig fragten ihn die Juden:
«Du bist noch nicht einmal fünfzig
Jahre alt und willst Abraham gesehen
haben?» 58 «Und doch ist es so», ent-
gegnete ihnen Jesus, «lange bevor
Abraham überhaupt geboren wurde,
war ich da.» 59 Zornig griffen sie da
nach Steinen, um Jesus zu töten.
Aber er entkam ihnen und verließ
den Tempel.

Jesus heilt einen Blinden

9 Unterwegs sah Jesus einen Mann,
der seit seiner Geburt blind war.
2 «Herr», fragten die Jünger, «wer ist
schuld daran, daß dieser Mann blind
ist? War es seine eigene Schuld oder
die Sünde seiner Eltern?» 3 «Weder er
selbst ist schuld daran noch seine El-
tern», antwortete Jesus. «Er ist blind,
weil an ihm die Macht Gottes sichtbar
werden soll. 4 Ich muß die Aufgaben,
die Gott mir gegeben hat, erfüllen,
solange es Tag ist. Bald kommt die
Nacht, in der niemand mehr etwas
tun kann. 5 Doch solange ich in der
Welt bin, werde ich für diese Welt das
Licht sein.»
6 Er spuckte auf die Erde, rührte
daraus einen Brei und strich den auf
die Augen des Blinden. 7 Dann for-
derte er ihn auf: «Geh jetzt zum
Teich Siloah, und wasche dich dort.»
(Siloah heißt: Von Gott gesandt.)
Der Blinde ging hin, wusch sich, und
als er zurückkam, konnte er sehen.
8 Seine Nachbarn und andere Leu-
te, die ihn als blinden Bettler kann-
ten, fragten erstaunt: «Ist das nicht
der Mann, der immer an der Straße
saß und bettelte?» 9 Einige meinten:

a) Wörtlich: Sagen wir nicht mit Recht, daß du ein Samariter bist und einen Dämon hast?
b) Wörtlich: Ich suche nicht meine Ehre. Es ist aber einer, der sie sucht, und der richtet.
c) Wörtlich: Aber ich kenne ihn und ich halte sein Wort.

WOMIT HABE ICH DAS VERDIENT?

Hannelore Risch

Johannes 9,1–3

Vor kurzem kam ich mit einer Frau mittleren Alters ins Gespräch, die seit Jahren an den Rollstuhl gefesselt ist. Immer wieder muß sie starke Schmerzen aushalten. Voller Mitgefühl sagte ich: «Sie haben sich Ihr Leben sicher anders vorgestellt!» – «Ja, das stimmt!» gab sie zu, «aber vielleicht wäre es nicht so gnadenreich!» – «Gnadenreich?» murmelte ich irritiert und schaute auf ihren bedauernswerten Körper. Sie erklärte es mir: «In meinen Schmerzen ist Jesus mir nahe, und ich sage zu ihm: ‹Mit dir und für dich will ich leiden!› So werde ich gereinigt und für das hohe Ziel in der Ewigkeit vorbereitet. Ich möchte mein Leben nicht anders haben. Keinesfalls will ich mit denen tauschen, die ohne Leiden, aber auch ohne die wunderbare Erfahrung der Nähe Gottes dahinleben.» Wenn ich selbst nicht Ähnliches in meiner Trauer erlebt hätte, hätte ich es ihr nicht abgenommen.

Als mein Mann so früh starb und ich unsere sechs Kinder allein und unter vielen Problemen großziehen mußte, habe ich mich manchmal gefragt: «Ist mein Leid eine Strafe?»

Die Frage nach dem Zusammenhang von Sünde und Krankheit und Tod steckt tief in uns. Darum fragen wir in Leidenszeiten, ob Gott durch ein schweres Schicksal jetzt eine bestimmte Verfehlung bei uns heimsucht. So fragen auch die Jünger ihren Meister, als sie einem Mann begegnen, der von Geburt an blind ist. Aber Jesus läßt sich nicht auf eine Erörterung der Schuldfrage ein. Er sieht die Not eines schweren Schicksals. Er schaut nicht zurück in die Vergangenheit, er sucht nicht nach menschlichen Erklärungsgründen. Vielmehr blickt er nach vorn und sieht schon wunderbare göttliche Ziele: Gott will dem Blinden nicht nur seine äußeren Augen, sondern auch seine Glaubensaugen öffnen. Er will ihn heilen, ihn erleuchten und erlösen.

Damit der Blinde möglichst spürbar seine Heilung erlebt, spuckt Jesus hörbar in den Sand, bereitet einen Brei und streicht ihn dem Blinden über die Augen. Dann befiehlt er ihm, sein Gesicht im Teich Siloah zu waschen. Der Blinde gehorcht. Vertrauensvoll tastet er sich zum Wasser, spült seine Augen aus und kann zum ersten Mal in seinem Leben sehen. Welches Erlebnis! Aber kaum ist der Blinde zu einem Sehenden geworden, wird er von den Beobachtern, den Pharisäern, nach den «Details» der Heilung ausgefragt. Aber für diese Details hat er jedes Interesse verloren. Wichtig ist ihm nur noch der, der ihn geheilt hat. Sein Glaube, gerade erst ein zarter Keim, wächst schnell und wird standhaft und klar: Er vergißt über der Freude der Heilung nicht den, der ihn geheilt hat. Ihm gilt seine Dankbarkeit und Liebe.

«Er ist es.» Aber andere konnten es
einfach nicht glauben und behaupte-
ten: «Das ist unmöglich! Er sieht ihm
nur sehr ähnlich.» «Doch, ich bin es»,
bestätigte jetzt der Mann selbst. 10 Da
fragten sie ihn: «Wieso kannst du
denn plötzlich sehen?»
11 Er berichtete: «Ein Mann, er
heißt Jesus, hat mir einen Brei auf die
Augen gestrichen. Dann schickte er
mich zum Teich Siloah. Dort sollte
ich den Brei abwaschen. Das habe ich
getan. Und jetzt kann ich sehen!»
12 «Wo ist denn dieser Jesus?» fragten
sie weiter. «Das weiß ich nicht», gab
er ihnen zur Antwort.

Das Verhör der Pharisäer

13 Sie brachten den von seiner Blind-
heit geheilten Mann zu den Pharisä-
ern. 14 Es war nämlich gerade Sabbat,
als Jesus den Brei gemacht und den
Blinden geheilt hatte. 15 Die Pharisäer
fragten ihn: «Wie kommt es, daß du
jetzt sehen kannst?» Der Mann er-
zählte: «Jesus strich einen Brei auf
meine Augen. Ich habe mich dann ge-
waschen, und nun kann ich sehen.»
16 «Von Gott kann dieser Mann nicht
kommen», meinten einige der Phari-
säer, «denn er arbeitet ja am Sabbat.»
Andere aber wandten ein: «Wie kann
ein sündiger Mensch solche Taten
vollbringen?» So fingen sie an, mit-
einander zu streiten.
17 Dann erkundigten sich die Phari-
säer noch einmal bei dem Mann, der
blind gewesen war: «Durch ihn
kannst du jetzt also sehen? Was
glaubst denn du, wer dieser Mann
ist?» «Er muß ein von Gott gesandter
Prophet sein», antwortete er. 18 Doch
die Juden wollten nicht glauben, daß
er überhaupt blind gewesen war. Sie
ließen deshalb seine Eltern holen
19 und verhörten sie: «Ist das euer
Sohn? Stimmt es, daß er blind gebo-
ren wurde? Wie kommt es, daß er
jetzt sehen kann?»
20 Die Eltern antworteten: «Ja, das
ist unser Sohn, und er wurde blind ge-
boren. Das wissen wir genau. 21 Aber
wie es kommt, daß er sehen kann,
wissen wir nicht. Wir wissen auch
nicht, wer ihn geheilt hat. Aber fragt
ihn doch selbst! Er ist alt genug und
kann euch am besten Auskunft ge-
ben.» 22 Diese ausweichende Antwort
gaben die Eltern, weil sie vor den jü-
dischen Führern Angst hatten. Denn
die hatten beschlossen, jeden aus der
Gemeinschaft des jüdischen Volkes
auszustoßen, der Jesus als Messias
anerkannte. 23 Nur deshalb hatten die
Eltern gesagt: «Er ist alt genug. Fragt
ihn selbst.»
24 Die Pharisäer verhörten den Ge-
heilten zum zweiten Mal. Sie versuch-
ten, ihn einzuschüchtern: «Bekenne
dich zu Gott, und sage die Wahrheit!
Wir wissen, daß dieser Jesus ein gott-
loser und sündiger Mensch ist.»
25 «Ob er gut oder böse ist, das weiß
ich nicht», antwortete der Mann.
«Ich weiß nur eins: Ich war blind, und
jetzt kann ich sehen!» 26 «Aber was
hat er denn gemacht? Wie hat er dich
geheilt?» versuchten sie erneut her-
auszubekommen.
27 Verärgert erwiderte der Mann:
«Das habe ich euch doch schon ge-
sagt. Habt ihr denn nicht zugehört?
Warum soll ich alles noch einmal er-
zählen? Wollt ihr etwa seine Jünger
werden?» 28 Da beschimpften sie ihn
und schrien: «*Du* bist sein Jünger.
Wir sind Moses Jünger. 29 Von Mose
wissen wir, daß Gott zu ihm geredet
hat. Aber von diesem Menschen wis-
sen wir noch nicht einmal, wo er her-
kommt.»
30 «Das ist ja merkwürdig!» entgeg-

nete der Mann. «Er kann einen Blin-
den heilen, und ihr kennt ihn nicht?
31 Jedes Kind weiß doch, daß Gott die
Gebete der Sünder nicht erhört, aber
wer nach seinem Willen lebt, den er-
hört er. 32 Noch nie, seit die Welt be-
steht, hat jemand einem Blindgebo-
renen das Augenlicht geschenkt.
33 Wäre dieser Mann nicht von Gott
gesandt, könnte er das doch gar nicht
tun.» 34 Wütend schrien sie ihn an:
«Was, du Sünder[a] willst uns beleh-
ren?» Dann warfen sie ihn hinaus.

Die Blindheit der Sehenden

35 Jesus hörte, daß sie den Geheilten
aus der jüdischen Gemeinschaft aus-
geschlossen hatten. Als er den Mann
wieder traf, fragte er ihn: «Glaubst
du an den Menschensohn?» 36 «Ja, ich
will gern an ihn glauben! Aber ich
kenne ihn nicht», erwiderte der Ge-
heilte. 37 «Du hast ihn schon gesehen,
und in diesem Augenblick spricht er
mit dir!» gab sich Jesus zu erkennen.
38 «Ja, Herr», rief jetzt der Mann,
«ich glaube!» Und er warf sich vor Je-
sus nieder.

39 «Ich bin in diese Welt gekom-
men, damit sich an mir die Geister
scheiden», sagte Jesus. «Blinde sol-
len sehen können; aber allen Sehen-
den werde ich zeigen, wie blind sie
sind.» 40 Einige Pharisäer standen da-
bei und fragten: «Soll das etwa hei-
ßen, daß wir blind sind?» 41 Jesus ant-
wortete: «Wärt ihr tatsächlich blind,
dann träfe euch keine Schuld und
euch könnte geholfen werden. Aber
ihr sagt ja: ‹Wir sehen.› Deshalb kann
euch niemand eure Schuld abneh-
men.»

Der Gute Hirte

10 «Merkt euch gut, was ich euch
jetzt sage», forderte Jesus sei-
ne Zuhörer auf. «Wer nicht durch die
Tür in den Schafstall geht, sondern
heimlich einsteigt, der ist sicherlich
ein Dieb und Räuber. 2 Der Hirte
geht durch die Tür zu seinen Schafen.
3 Ihm öffnet der Wächter das Tor, und
die Schafe erkennen ihn schon an sei-
ner Stimme. Dann ruft der Hirte sie
mit ihren Namen und führt sie auf die
Weide. 4 Wenn seine Schafe den Stall
verlassen haben, geht er vor ihnen
her, und die Schafe folgen ihm, weil
sie seine Stimme kennen. 5 Einem
Fremden würden sie niemals folgen.
Ihm laufen sie davon, weil die fremde
Stimme sie erschreckt.»

6 Die Leute, denen Jesus dieses
Beispiel erzählte, verstanden nicht,
was er damit meinte. 7 Deshalb er-
klärte er ihnen: «Glaubt mir, ich
selbst bin die Tür. 8 Alle, die sich vor
mir als eure Hirten ausgaben, waren
Diebe und Räuber. Aber die Schafe
haben nicht auf sie gehört. 9 Ich allein
bin die Tür. Wer durch mich zu mei-
ner Herde kommt, der wird gerettet
werden. Er kann durch diese Tür ein-
und ausgehen, und er wird saftig grü-
ne Weiden finden. 10 Der Dieb
kommt, um zu stehlen, zu schlachten
und zu vernichten. Ich aber bringe al-
len, die zu mir gehören, das Leben –
und dies im Überfluß.

11 Ich bin der gute Hirte. Ein guter
Hirte setzt sein Leben für die Schafe
ein. 12 Anders ist es mit einem, dem
die Schafe nicht gehören und der nur
wegen des Geldes als Hirte arbeitet.
Er wird fliehen, wenn der Wolf
kommt, und die Schafe sich selbst

a) Wörtlich: Du bist ganz und gar in Sünden geboren und...

Das tut mir wirklich gut!

Ulrike Klinkenborg

Johannes 10,14

Als gestreßte Mutter von vier kleinen süßen Wilden hatte ich eines Tages die Nase voll davon, abends Strümpfchen zu stopfen, Kleidchen zu bügeln, das Chaos, das die Kinder hinterlassen hatten, zu beseitigen und das Essen für den nächsten Tag vorzubereiten.

«Klag nicht – ändere was!» ermunterte mein Mann mich. Und das habe ich dann auch getan: Ich habe zum Beispiel angefangen, in einem Chor mitzusingen. Ich habe mich einer Frauengruppe angeschlossen, in der wir über unsere Belange reden und auch Entspannungsübungen machen. Beides tut mir richtig gut und macht mir viel Spaß. Aber was ist mit der unerledigten Hausarbeit?

Wirklich gut für mich ist der Hirte, der immer bei mir ist in den vielen stressigen Situationen des Alltags, in denen ich mich allein oft überfordert fühle. Ich bin ein großer Freund von Schafen. Aus Ton sammle ich sie auch. In allen Variationen stehen sie in meinem Setzkasten. Ich mag an ihnen, daß sie genügsam sind und nützlich, daß sie friedlich weiden und einen Hirten haben. Sie kennen ihren Hirten. Wenn er kommt, dann folgen sie ihm. Er führt sie – zuverlässig. Das gefällt mir. Vielleicht, weil ich mir auch oft wie ein Schaf vorkomme, wie jemand, der geführt werden muß. Geführt zu neuen saftigen Weiden, die Lebenskraft geben. Geführt zu frischem Wasser, das Lebensmut neu weckt. Geführt aus dem Chaos, das ich oft selbst um mich herum verbreite. Geführt aus wirren Gedanken.

Beim Evangelisten Johannes finden wir wunderbare Sätze über Jesus, den guten Hirten. Besonders gefällt mir ein Wort, das Jesus von sich selbst sagt: «Ich bin der gute Hirte. Ich kenne meine Schafe, und sie kennen mich» (10,14).

Es tut mir wirklich gut, daß ich Jesus kenne, dem ich vertraue, der mich kennt wie ein Hirte seine Schafe. Dennoch fällt es mir oft schwer zuzugeben, daß ich ohne seine Hilfe nicht weiterkomme. Ich möchte die Dinge lieber selbst in die Hand nehmen, meine Ohnmacht nicht zugeben. Das mag wie ein Widerspruch klingen, wenn ich einerseits davon spreche, daß ich geführt werden möchte, andererseits aber die Dinge lieber selbst regeln will. Aber leben wir nicht alle mit solchen Widersprüchen?

Es tut mir wirklich gut, daß der gute Hirte mich durch und durch kennt und auch um diese Widersprüche weiß. Und er läßt mich auf seiner großen «Weide» in Freiheit unter seinem Schutz und seiner Führung leben.

überlassen. Der Wolf wird die Schafe packen und die Herde auseinanderjagen. 13 Einen solchen Mann interessieren die Schafe überhaupt nicht. 14 Ich aber bin der gute Hirte und kenne meine Schafe, und sie kennen mich; 15 genauso wie mich mein Vater kennt und ich den Vater kenne. Ich gebe mein Leben für die Schafe.

16 Zu meiner Herde gehören auch Schafe, die jetzt noch in anderen Ställen sind. Auch sie muß ich herführen, und sie werden wie die übrigen meinem Ruf folgen. Dann wird es nur noch eine Herde und einen Hirten geben.

17 Der Vater liebt mich, weil ich mein Leben hingebe, um es neu zu empfangen. 18 Niemand kann mir das Leben nehmen, ich gebe es freiwillig hin. Ich habe die Macht und die Freiheit, es hinzugeben, aber auch, es wieder zu nehmen. Das ist der Auftrag, den mir mein Vater gegeben hat.»

19 Da fingen die Juden wieder an, sich über Jesus zu streiten. 20 Die meisten sagten: «Er ist von einem bösen Geist besessen! Er ist wahnsinnig! Weshalb geben wir uns überhaupt noch mit ihm ab?» 21 Andere aber meinten: «So spricht doch kein Besessener! Kann denn ein böser Geist einen Blinden heilen?»

Jesus im Kreuzverhör

22 Es war Winter. In Jerusalem feierte man das Fest der Tempelweihe. 23 Jesus hielt sich gerade im Tempel auf, in der Halle Salomos, 24 als die Juden ihn umringten und fragten: «Wie lange läßt du uns noch im Ungewissen? Wenn du Christus bist, dann sage uns das ganz offen!»

25 «Ich habe es euch schon gesagt, aber ihr wollt mir ja nicht glauben», antwortete Jesus. «All das, was ich im Auftrag meines Vaters getan habe, sollte als Beweis genügen. 26 Aber ihr glaubt mir nicht, denn ihr gehört nicht zu meiner Herde. 27 Meine Schafe erkennen meine Stimme; ich kenne sie, und sie folgen meinem Ruf. 28 Ihnen gebe ich das ewige Leben, und sie werden niemals umkommen. Niemand kann sie aus meiner Hand reißen. 29 Mein Vater hat sie mir gegeben, und er ist stärker als alle anderen Mächte. Deshalb kann sie auch keiner der Hand meines Vaters entreißen; 30 denn ich und der Vater sind eins.»

31 Wütend griffen da die Juden wieder nach Steinen, um ihn zu töten. 32 Jesus aber sagte: «In Gottes Auftrag habe ich viele große und wunderbare Dinge getan. Für welches von diesen Wundern wollt ihr mich töten?» 33 «Nicht wegen einer guten Tat sollst du sterben», antworteten sie, «sondern weil du nicht aufhörst, Gott zu lästern. Du bist nur ein Mensch und behauptest trotzdem, Gott zu sein!»[a]

34 Jesus entgegnete: «Heißt es nicht in eurem Gesetz: ‹Ich habe zu euch gesagt: Ihr seid Götter›?[b] 35 Gott nennt die schon Götter, an die er sein Wort richtet. Und ihr wollt doch nicht etwa die Heilige Schrift für ungültig erklären? 36 Wie könnt ihr den, der von Gott selbst auserwählt und in die Welt gesandt wurde, als ‹Gotteslästerer› beschimpfen, nur weil er sagt: ‹Ich bin Gottes Sohn›? 37 Wenn ich

a) Johannes 5,18; 8,24.28
b) Psalm 82,6

nicht Gottes Werke tue, braucht ihr
mir nicht zu glauben. 38 Vollbringe ich
sie aber, dann glaubt doch wenigstens
den *Werken*, wenn ihr schon *mir* nicht
glauben wollt, damit ihr endlich er-
kennt und einseht, daß der Vater in
mir ist und ich im Vater bin!»

39 Da versuchten sie wieder, Jesus
festzunehmen, aber er konnte ihnen
entkommen. 40 Er ging auf die andere
Seite des Jordan zurück und hielt sich
dort auf, wo Johannes früher getauft
hatte. 41 Viele Menschen folgten ihm.
«Johannes hat zwar keine Wunder ge-
tan», meinten sie untereinander,
«aber alles, was er von diesem Mann
gesagt hat, ist wahr!» So kamen dort
viele zum Glauben an Jesus.

Jesus ruft vom Tod zum Leben – Die Auferstehung des Lazarus

11 Lazarus, der in Bethanien
wohnte, war schwer erkrankt.
In diesem Dorf wohnten auch seine
Schwestern Maria und Martha. 2 (Ma-
ria war es gewesen, die mit kostbarem
Salböl die Füße des Herrn übergos-
sen und sie mit ihrem Haar getrock-
net hatte.) Weil ihr Bruder Lazarus
so krank war, 3 ließen die beiden
Schwestern Jesus die Nachricht zu-
kommen: «Herr, dein Freund Laza-
rus ist schwer erkrankt!» 4 Als Jesus
das hörte, sagte er: «Diese Krankheit
führt nicht zum Tode, sondern durch
sie soll die Macht Gottes sichtbar
werden, und der Sohn Gottes wird
dadurch verherrlicht.»

5 Jesus hatte Martha, ihre Schwe-
ster Maria und Lazarus lieb. 6 Aber
obwohl er nun wußte, daß Lazarus
schwerkrank war, wartete er noch
zwei Tage. 7 Erst danach sagte er zu
seinen Jüngern: «Wir wollen wieder
nach Judäa gehen.» 8 Doch seine Jün-
ger wandten ein: «Herr, vor kurzem
haben deine Feinde in Judäa versucht,
dich umzubringen. Und jetzt willst du
wieder dorthin?» 9 Jesus antwortete:
«Zwölf Stunden am Tag ist es hell.
Wer sicher laufen will, muß diese Zeit
nutzen; denn nur bei Tageslicht sieht
er den Weg. 10 Wer nachts unterwegs
ist, wird sich in der Dunkelheit verir-
ren.»[a]

11 Nachdem er das seinen Jüngern
gesagt hatte, meinte er: «Unser
Freund Lazarus schläft jetzt, aber ich
will hingehen und ihn aufwecken!»
12 «Wenn er schläft, wird er bald wie-
der gesund sein», erwiderten die Jün-
ger. 13 Sie glaubten nämlich, Jesus hät-
te vom gewöhnlichen Schlaf gespro-
chen, aber er redete vom Tod des La-
zarus.

14 Deshalb sagte er ihnen jetzt: «La-
zarus ist tot! 15 Doch euretwegen bin
ich froh, daß ich nicht bei ihm gewesen
bin. Denn jetzt könnt ihr lernen, was
Glauben heißt. Wir wollen jetzt ge-
meinsam zu ihm gehen!» 16 «Ja», sagte
Thomas – den man auch den Zwilling
nannte – zu den anderen Jüngern, «wir
wollen mit Jesus nach Judäa gehen
und dort mit ihm sterben.»

17 Als sie in Bethanien ankamen, lag
Lazarus schon vier Tage im Grab.
18 Bethanien ist nur wenige Kilometer
von Jerusalem entfernt. 19 Deswegen
waren viele Juden zu Maria und Mar-
tha gekommen, um die beiden Schwe-
stern zu trösten. 20 Als Martha hörte,
daß Jesus auf dem Wege zu ihnen war,
lief sie ihm entgegen. Maria aber blieb
zu Hause.

a) Wörtlich: Wenn aber jemand in der Nacht umhergeht, stößt er an, weil das Licht nicht in ihm ist.

Anders als erwartet

Ulrike Schild

Johannes 11,4

Manchmal stehen wir vielleicht in der Gefahr, uns unseren Glauben nach unseren eigenen Vorstellungen zurechtzubasteln. Vielleicht auch nach unseren Erwartungen davon, wie Jesus in unserem Leben handeln sollte. Ein Glück, daß Jesus nicht darauf eingeht!

Da wird Jesus in Windeseile eine Nachricht überbracht: «Lazarus schwer krank – Stop! Brauchen deine Hilfe – Stop! Bitte kommen – Stop! Wir warten auf dich. Martha und Maria.» Die Absenderinnen haben großes Vertrauen. Sie wissen: Jesus kann Lazarus heilen.

Aber Jesus scheint ihre Besorgnis nicht zu teilen: «Diese Krankheit ist nicht zum Tode, sondern durch sie soll die Macht Gottes sichtbar werden und der Sohn Gottes wird dadurch verherrlicht.» – Die Jünger mögen beruhigt sein. Nicht so Martha und Maria. Sie warten vergeblich auf Antwort. Ihr Vertrauen wird enttäuscht. Zu sehr riecht es nach Tod. Lazarus stirbt. Und Jesus ist immer noch nicht da. Voller Trauer und vielleicht auch Zorn wickeln sie ihren Bruder in Leichentücher. Die Enttäuschung ist ihnen anzusehen. Mit welcher Hingabe hatten sie an Jesus geglaubt! Und sie hatten sich alles schon so schön ausgemalt: Jesus kommt, legt seine Hände auf Lazarus – und der steht auf, und Sorge und Angst haben ein Ende. Nie zuvor war etwas so wichtig. Und diese größte Hoffnung ihres Lebens hat Jesus enttäuscht!

Aber dann kommt Jesus doch. Und er übertrifft alle ihre kühnsten Hoffnungen und Erwartungen. Er holt Lazarus nicht vom Krankenbett, er holt ihn aus dem Grab. Lazarus, den sie schon einbalsamiert hatten, lebt wieder.

Ich weiß nicht, ob Martha und Maria dieses Handeln Jesu verstanden haben. Ich denke, sie haben ganz neu begriffen, so wie wir es auch begreifen dürfen: Jesus handelt oft anders, als wir uns das wünschen und vorstellen. Er selbst entscheidet darüber, wann und wie er etwas tut. Ich darf beten, darf bitten und viel und Großes von ihm erwarten. Immer darf ich davon ausgehen, daß Jesus mich und meine Situation im Blick hat und daß er in mein Leben eingreifen wird – erwartet oder unerwartet …

21 Traurig sagte Martha zu Jesus:
«Herr, wärst du hier gewesen, würde
mein Bruder noch leben. 22 Aber auch
jetzt weiß ich, daß Gott dir alles geben
wird, worum du ihn bittest.» 23 «Dein
Bruder wird wieder leben!» versicher-
te ihr Jesus. 24 «Ja, ich weiß», sagte
Martha, «am letzten Tag, am Tag der
Auferstehung.»

25 Darauf erwiderte ihr Jesus: «Ich
bin die Auferstehung, und ich bin das
Leben. Wer an mich glaubt, der wird
leben, selbst wenn er stirbt. 26 Und wer
lebt und an mich glaubt, wird niemals
sterben. Glaubst du das?» 27 «Ja,
Herr», antwortete ihm Martha. «Ich
glaube, daß du Christus bist, der Sohn
Gottes, auf den wir so lange gewartet
haben.»[a]

28 Jetzt lief Martha zu ihrer Schwe-
ster Maria. Ohne daß die übrigen
Trauergäste es merkten, flüsterte sie
ihr zu: «Jesus ist da und will dich spre-
chen!» 29 Maria stand sofort auf und
lief ihm entgegen. 30 Jesus hatte das
Dorf noch nicht erreicht, sondern war
dort geblieben, wo Martha ihn getrof-
fen hatte. 31 Als Maria aufsprang und
ganz eilig das Haus verließ, meinten
die Juden, die Maria trösten wollten:
«Sie will am Grab weinen» – und folg-
ten ihr.

32 Aber Maria lief zu Jesus. Sie fiel
vor ihm nieder und rief: «Herr, wenn
du dagewesen wärst, würde mein Bru-
der noch leben!»

33 Jesus sah, wie sie und die Trauer-
gäste weinten. Da wurde er zornig,
war aber zugleich tief bewegt. 34 «Wo
habt ihr ihn hingelegt?» fragte er.

Sie antworteten: «Komm, Herr,
wir zeigen es dir!» 35 Alle sahen, daß
Jesus weinte. 35 «Seht», sagten die Ju-
den, «er muß ihn sehr lieb gehabt ha-
ben!» 37 Doch einige flüsterten einan-
der zu: «Einen Blinden hat er sehend
gemacht. Hätte er nicht verhindern
können, daß Lazarus starb?»

38 Da wurde Jesus erneut zornig. Er
trat an das Grab. Es war eine Höhle,
die man mit einem großen Stein ver-
schlossen hatte. 39 «Hebt den Stein
weg!» befahl Jesus. Aber Martha, die
Schwester des Verstorbenen, sagte:
«Herr, der Geruch wird unerträglich
sein! Er ist doch schon vier Tage tot!»
40 «Habe ich dir nicht gesagt», ent-
gegnete ihr Jesus, «du würdest die
Macht der Herrlichkeit Gottes sehen,
wenn du nur glaubtest?»

41 Nachdem sie den Stein wegge-
schoben hatten, sah Jesus zum Him-
mel auf und betete: «Vater, ich danke
dir, daß du mein Gebet erhört hast!
42 Ich weiß, daß du mich immer er-
hörst, aber ich sage es wegen der vie-
len Menschen, die hier stehen. Sie sol-
len alles miterleben und glauben, daß
du mich gesandt hast.»

43 Dann rief er laut: «Lazarus,
komm heraus!» 44 Und Lazarus kam
heraus. Hände und Füße waren mit
Grabtüchern umwickelt, und auch
sein Gesicht war mit einem Tuch ver-
hüllt. «Nehmt ihm die Tücher ab»,
forderte Jesus die Leute auf, «und laßt
ihn gehen.»

Einer soll für alle sterben

45 Viele von den Juden, die bei Maria
gewesen waren, glaubten an Jesus,
nachdem sie gesehen hatten, was er
tat. 46 Aber einige liefen schnell zu
den Pharisäern und berichteten ihnen
alles.

a) Wörtlich: Ja, Herr; ich glaube, daß du der Messias, der Sohn Gottes, bist, der in die Welt kommt.

47 Unmittelbar darauf beriefen die
Hohenpriester und Pharisäer eine
Sitzung des Hohen Rates ein. «Was
sollen wir bloß tun?» fragten sie sich,
«bei all den vielen Wundern, die die-
ser Mann vollbringt! 48 Wenn wir
nichts gegen ihn unternehmen, wird
bald das ganze Volk an ihn glauben.
Dann werden die Römer eingreifen
und uns auch noch die letzte Selbstän-
digkeit nehmen.»[a]

49 Einer von ihnen, Kaiphas, der in
diesem Jahr Hoherpriester war, sag-
te: «Was gibt es denn hier zu überle-
gen! 50 Das ist doch ganz einfach: Für
uns alle ist es besser, wenn einer für
das Volk stirbt, als daß ein ganzes
Volk zugrunde geht.» 51 Kaiphas
sprach damit nicht seine eigenen Ge-
danken aus. Er war in diesem Jahr
Hoherpriester, und Gott selbst hatte
ihm diese Worte in den Mund gelegt.
52 Denn nach Gottes Willen sollte Je-
sus für das Volk sterben; aber nicht
nur für das jüdische Volk allein, son-
dern für alle Kinder Gottes aus allen
Völkern.

53 Von dem Tage an waren die jüdi-
schen Führer fest entschlossen, Jesus
zu töten. 54 Deshalb vermied es Jesus,
sich in der Öffentlichkeit sehen zu las-
sen. Er zog sich vielmehr nach
Ephraim zurück, eine Stadt am Ran-
de der Wüste. Dort blieb er mit sei-
nen Jüngern.

55 Es war kurz vor dem jüdischen
Passahfest. Aus dem ganzen Land zo-
gen die Leute nach Jerusalem, um
schon vor Beginn des Festes die tradi-
tionellen Reinigungsvorschriften zu
erfüllen[b]. 56 Sie alle wollten Jesus gern
sehen und suchten ihn. Als sie im
Tempel zusammenstanden, fragte
einer den andern: «Was meint ihr,
wird er wohl zum Fest kommen?»
57 Inzwischen hatten die Hohenprie-
ster und Pharisäer nämlich den Be-
fehl erlassen, daß jeder, der den Auf-
enthaltsort Jesu kannte, ihn sofort zu
melden hatte; denn sie waren jetzt
endgültig entschlossen, ihn festzu-
nehmen.

Ein Vermögen für Jesus

(Matth. 26,6–13; Mark. 14,3–9)

12 Sechs Tage vor Beginn des
Passahfestes kam Jesus wieder
nach Bethanien, wo er Lazarus von
den Toten auferweckt hatte. 2 Jesus
zu Ehren hatte man dort ein Festmahl
vorbereitet. Martha half beim Bedie-
nen, während Lazarus bei den Gästen
war. 3 Da nahm Maria ein Gefäß mit
kostbarem Salböl, goß es über die Fü-
ße Jesu und trocknete sie mit ihrem
Haar. Der Duft des Öls erfüllte das
ganze Haus.

4 Aber einer von seinen Jüngern,
Judas Ischarioth, der ihn später ver-
raten sollte, meinte entrüstet: 5 «Das
Öl ist ein Vermögen wert. Es wäre
besser gewesen, man hätte es für drei-
hundert Silberstücke verkauft und
das Geld den Armen gegeben.» 6 In
Wirklichkeit ging es ihm aber nicht
um die Armen, sondern um das Geld.
Er verwaltete die gemeinsame Kasse
und hatte schon oft etwas für sich
selbst daraus genommen. 7 Jesus erwi-
derte: «Laß sie doch! Maria hat damit
nur die Salbung für mein Begräbnis
vorweggenommen. 8 Arme, um die

a) Wörtlich: Wenn wir ihn so gewähren lassen, werden alle an ihn glauben, und die Römer werden kommen und uns den Ort (= Tempel) und das Volk wegnehmen.

b) Wörtlich: um sich zu reinigen.

Schwierige Lektionen

Alexandra C.E. Depuhl

Johannes 12,24

Der Asphalt wölbt sich, die Straße wird schlecht befahrbar. Dann bricht das Pflaster auf. Mit zäher Beharrlichkeit drängt die kleine Pflanze an die Luft. Sie hat lebendige Schöpfungskraft in sich, das Potential zu einer großen Eiche, die viele Früchte bringen wird.

Oft genug vergessen wir, daß der Ursprung auch des prächtigsten Baumes im Sterben liegt.

Als Jesus seine Jünger auf sein Sterben vorbereitet, spricht er von dieser Kraft, der Auferstehungskraft, dem Dynamit Gottes.

Sterben ist eben nicht der Tod und aus.

Sterben ist der Durchgang zum Leben in Ewigkeit.

Für Jesus gibt es keine Traurigkeit angesichts des Todes. Was er sieht, ist die Herrlichkeit Gottes. Er nimmt dem Tod den Stachel.

Er bittet die Jünger, genau zuzuhören. Wie genau hören wir zu, wenn Jesus in den schwierigen Zeiten mit uns redet? Was kommt uns in den Sinn? Nur nicht sterben, nur keine Schwierigkeiten, nur nichts Ungewohntes, das vertrage ich nicht. Wir hatten uns unser Leben doch noch so schön mit dir vorgestellt, hatten Pläne geschmiedet – und jetzt soll alles aus sein?

Keine Chance mehr? Wirklich?

Wir wissen doch, was wir an dir haben, Jesus, bitte, laß uns doch nicht im Stich.

Was du uns da an Herrlichkeit versprichst, erscheint so klein und ohnmächtig gegenüber der Realität dieser Welt. Herrlichkeit? Die kennen wir doch gar nicht.

Keiner von uns sucht sich freiwillig Leiden und Schwierigkeiten aus. Trotzdem – die tiefen Täler können zu fruchtbaren Ebenen werden. Im Sterben ist die keimende Kraft des Leidens. Hier werden Kraft und Herrlichkeit freigesetzt. Die schweren Wege sind die Reifezeiten unseres Lebens. Es sind fruchtbare Zeiten, in denen wir Neues erkennen und unsere Beziehung zu Gott eine neue Tiefe gewinnen kann.

Wenn wir die „Sterbezeiten" erst einmal im Rückblick erleben, möchten wir sie oft nicht missen – wie die Jünger nach Ostern sicher die Erfahrung der Verlassenheit ganz anders gesehen haben.

Die Jünger damals begriffen es genausowenig wie wir heute. Behalten heißt verlieren. Aber unser Leben vorbehaltlos für Gott einzusetzen heißt gewinnen. Sterben heißt Gewinn.

ihr euch kümmern könnt, wird es immer geben. Aber ich bin nicht mehr lange bei euch.»

9 Als sich herumgesprochen hatte, wo Jesus war, liefen viele Menschen nach Bethanien. Sie kamen nicht nur, um Jesus zu sehen, sondern auch wegen Lazarus, den Jesus von den Toten auferweckt hatte. 10 Da beschlossen die Hohenpriester, auch Lazarus zu töten; 11 denn seinetwegen glaubten viele Juden an Jesus.

Jesus wird in Jerusalem als König empfangen

(Matth. 21,1–11; Mark. 11,1–10; Luk. 19,28–40)

12 Am nächsten Tag verbreitete sich in der ganzen Stadt die Nachricht, daß Jesus auf dem Wege nach Jerusalem war. 13 Da brachen die Menschen Palmenzweige ab, liefen Jesus entgegen und riefen ihm begeistert zu: «Gelobt sei Gott! Gelobt sei, der in Gottes Namen kommt! Heil dem König von Israel!»[a] 14 Jesus ritt auf einem Eselsfohlen in die Stadt. Damit erfüllte sich das Prophetenwort: 15 «Fürchte dich nicht, du Volk Israel! Dein König kommt! Er reitet auf einem Eselsfohlen.»[b] 16 Doch das verstanden seine Jünger damals noch nicht. Erst nachdem Jesus in Gottes Herrlichkeit zurückgekehrt war, begriffen sie, daß sich hier die Voraussage der Heiligen Schrift erfüllt hatte.

17 Alle, die dabeigewesen waren, als Jesus seinen Freund Lazarus aus dem Grab gerufen und wieder zum Leben erweckt hatte, erzählten es weiter. 18 Deswegen liefen Jesus auch so viele Menschen entgegen. Sie wollten den Mann sehen, der solche Wunder vollbringt. 19 Nur die Pharisäer warfen sich gegenseitig vor: «Nun seht ihr, daß ihr so nichts erreicht! Alle Welt rennt ihm hinterher!»

«Wir möchten Jesus kennenlernen!»

(Matth. 16,24–25; Mark. 8,34–35; Luk. 9,23–24)

20 Unter den Festbesuchern waren auch einige Griechen. 21 Sie kamen zu Philippus, der aus Bethsaida in Galiläa stammte, und baten ihn: «Herr, wir möchten Jesus gern kennenlernen!» 22 Philippus sprach mit Andreas darüber, dann gingen sie gemeinsam zu Jesus.

23 Er sagte ihnen: «Die Stunde ist gekommen. Jetzt soll der Menschensohn verherrlicht werden. 24 Hört mir genau zu: Ein Weizenkorn, das nicht in den Boden kommt und stirbt, kann keine Frucht bringen, sondern bleibt ein einzelnes Korn. In der Erde aber keimt es und bringt viel Frucht, obwohl es selbst dabei stirbt. 25 Wer sein Leben über alles liebt, der wird es verlieren. Wer aber bereit ist, sein Leben vorbehaltlos für Gott einzusetzen,[c] wird es für alle Ewigkeit erhalten. 26 Wer mir dienen will, der soll mir auf diesem Weg folgen. Denn wo ich bin, soll er auch sein. Und wer mir dient, den wird mein Vater ehren.»

a) Wörtlich: und sie riefen laut: Hosianna! Gepriesen werde, der in dem Namen des Herrn kommt, und der König Israels. Vgl. Psalm 118,26.

b) Sacharja 9,9

c) Wörtlich: Wer sein Leben in dieser Welt haßt.

NIEMAND MUSS VERZWEIFELN!

Aus Psalm 34

Von David

Ich will den Herrn allezeit preisen; nie will ich aufhören, ihn zu rühmen.
Mit Leib und Seele lobe ich ihn; wer entmutigt ist, soll es hören und sich freuen!
Preist mit mir diesen großen Herrn,
laßt uns gemeinsam seinen Namen bekannt machen!

Als ich den Herrn um Hilfe bat, antwortete er mir
und befreite mich von meinen Ängsten.
Wer zum Herrn aufschaut, der strahlt vor Freude,
und sein Vertrauen wird nie enttäuscht.
Der Engel des Herrn stellt sich schützend vor alle,
die Gott ernst nehmen, und bringt sie in Sicherheit.
Probiert es aus und erlebt selbst, wie gut der Herr ist!
Glücklich ist, wer bei ihm Zuflucht sucht!
Begegnet dem Herrn mit Ehrfurcht, alle, die ihr zu ihm gehört!
Denn wer ihn ernst nimmt, der muß keinen Mangel leiden.

Ihr jungen Leute, hört mir zu!
Ich will euch zeigen, wie ihr dem Herrn dienen könnt!
Wollt ihr das Leben genießen und gute Tage erleben?
Dann paßt auf, was ihr redet: Lügt nicht und verleumdet niemanden!
Wendet euch ab von allem Bösen und tut Gutes!
Setzt euch unermüdlich und mit ganzer Kraft für den Frieden ein!
Denn Gott sieht mit Freude auf solche Menschen und wird ihre Gebete erhören.
Alle jedoch, die Böses tun, werden seinen Zorn zu spüren bekommen.

Der Herr ist denen nahe, die verzweifelt sind,
und rettet jeden, der alle Hoffnung verloren hat.
Zwar bleiben auch dem, der treu zu Gott steht, Schmerz und Leid nicht erspart;
doch aus allem befreit ihn der Herr!
Der Herr erlöst alle, die ihm von Herzen dienen.
Niemand, der bei ihm Zuflucht sucht, muß sein Strafgericht fürchten.

Jesus spricht von seinem nahen Tod

27 «Jetzt habe ich Angst. Soll ich deshalb beten: Vater, bewahre mich vor dem, was jetzt kommen wird? Nein, denn ich bin in die Welt gekommen, um diese Stunde zu durchleiden. 28 Vater, dein Name soll gerühmt und geehrt werden!» Da erklang eine Stimme vom Himmel: «Das ist bisher schon geschehen und wird durch deinen Tod wieder geschehen.»[a]

29 Die Menschen um Jesus hatten die Stimme gehört und meinten: «Es hat gedonnert!» Andere behaupteten: «Ein Engel hat mit ihm geredet.» 30 Aber Jesus sagte: «Diese Stimme hat euch gegolten, nicht mir. 31 Jetzt kommt es zum Urteil über diese Welt; jetzt wird der Satan, der Herrscher dieser Welt, entmachtet.[b] 32 Wenn ich aber erhöht sein werde, will ich alle zu mir ziehen.» 33 Auf diese Weise deutete Jesus seinen Kreuzestod an.

34 Die Menge entgegnete ihm: «Aus dem Gesetz wissen wir doch, daß Christus für immer bei uns bleiben wird. Wie kannst du dann sagen: ‹Der Menschensohn muß erhöht werden›? Wer ist eigentlich dieser Menschensohn?» 35 Hierzu sagte Jesus: «Das Licht ist nur noch kurze Zeit bei euch. Nutzt diese Zeit, damit ihr das Ziel erreicht, bevor euch die Dunkelheit überfällt. Wer im Dunkeln geht, kann weder seinen Weg noch das Ziel erkennen. 36 Vertraut euch dem Licht an, solange ihr es habt, dann werdet ihr im Licht leben.»

Nur wenige glauben

Nach diesen Worten verließ Jesus die Menge. Niemand konnte ihn finden. 37 Trotz aller Wunder, die er getan hatte, glaubten die meisten Menschen nicht an ihn. 38 So erfüllte sich, was der Prophet Jesaja vorhergesagt hatte: «Herr, wer glaubt denn unserer Botschaft? Wer erkennt, daß es Gott ist, der die mächtigen Taten vollbringt?»[c] 39 Jesaja hat auch den Grund genannt, weshalb sie nicht glauben konnten; denn: 40 «Gott hat ihre Augen geblendet und ihre Herzen verschlossen, so daß sie weder sehen noch verstehen, noch zu mir umkehren können, damit ich sie heile.»[d] 41 Jesaja konnte so reden, weil Gott ihm die Herrlichkeit des kommenden Christus gezeigt hatte.

42 Und doch gab es unter den führenden Männern viele, die an Jesus glaubten. Aber aus Angst vor den Pharisäern, die allen Nachfolgern Jesu mit dem Ausschluß aus der Gemeinschaft des jüdischen Volkes drohten, bekannten sie sich nicht öffentlich zu ihm. 43 Ihnen bedeutete die Zustimmung der Menschen mehr als das Ansehen bei Gott.

44 Laut verkündete Jesus: «Wer an mich glaubt, der glaubt in Wahrheit an den, der mich gesandt hat. 45 Und wenn ihr mich seht, dann seht ihr den, der mich gesandt hat! 46 Ich bin als das Licht in die Welt gekommen, damit keiner, der an mich glaubt, länger in der Dunkelheit leben muß. 47 Wenn jemand auf mein Wort hört und nicht

a) Wörtlich: Ich habe ihn verherrlicht und will ihn wieder verherrlichen.
b) Wörtlich: Nun ist das Gericht für diese Welt da; nun wird der Fürst dieser Welt hinausgeworfen werden.
c) Jesaja 53,1
d) Jesaja 6,9–10

SKLAVENARBEIT

Cornelia Mack

Johannes 13,15

Leiden Sie auch manchmal an der Eintönigkeit der täglichen Arbeit? Tagaus, tagein immer dasselbe: putzen, waschen, aufräumen, nähen, einkaufen, kochen, abspülen und vieles mehr. Oft fühlen wir uns wie das unbezahlte Dienstmädchen der ganzen Familie, so als müßten wir Sklavenarbeit leisten. Alle erwarten etwas von uns, alle fordern. Hausarbeit hat es an sich, daß man meistens nur sieht, was wir nicht tun – und nicht, was wir tun. Fühlen wir uns dadurch nicht manchmal minderwertig und gering? Gäbe es nicht wesentlich erfüllendere Tätigkeiten? Was ist eigentlich sinnvolle Arbeit und was nicht?

Jesus gibt uns hier ein eindrückliches Beispiel dafür, was er für wichtig hält. Er tut hier die geringste und niedrigste Arbeit: Füße waschen war damals Sklavenarbeit, und dennoch ist er sich nicht zu schade, aus Liebe genau diese Arbeit zu tun. Durch sein Beispiel bekommen auch die «niedrigsten und geringsten» Arbeiten neuen Glanz und neue Würde. Jesus stellt unsere Vorstellungen von wichtig und unwichtig, von sinnvoll und unsinnig auf den Kopf. Er wertet «niedrige Arbeit» auf.

Jesus sagt: Nehmt euch mein Tun zum Beispiel: So wie ich euch, so ihr einander – übersetzt in unseren Alltag heißt das: «Wie Gott mir, so ich dir.» So wie er mich liebt, so soll ich Liebe weiter verschenken. Wenn Jesus sich nicht zu schade war, mit der geringsten Arbeit zu dienen und Liebe zu verschenken, sollte das auch mir zu denken geben. Durch Jesu Perspektive können auch die anscheinend so geringen Tätigkeiten zu einem Liebesdienst für meine Nächsten werden.

danach handelt, so werde ich ihn
nicht verurteilen. Denn ich bin nicht
als Richter für die Welt gekommen,
sondern als ihr Retter.
48 Wer mich ablehnt und nicht nach
meinen Worten lebt, der hat schon
seinen Richter gefunden. Das Wort,
das ich verkündet habe, wird ihn am
Tag des Gerichts verurteilen. 49 Denn
ich habe euch nicht meine Gedanken
weitergegeben; sondern der Vater,
der mich gesandt hat, sagte mir, was
ich reden und verkündigen soll.
50 Und das ist gewiß: Sein Wort führt
euch zum ewigen Leben.[a] Deshalb
gebe ich euch alles so weiter, wie ich
es vom Vater weiß.»

Die Fußwaschung – Jesus dient seinen Jüngern

(Matth. 23,11–12; Luk. 22,24–28)

13 Am Vorabend des Passahfe-
stes wußte Jesus, daß nun die
Zeit gekommen war, diese Welt zu
verlassen und zum Vater zurückzuge-
hen. Er hatte die Menschen geliebt,
die sich in dieser Welt zu ihm bekann-
ten, und er hörte nicht auf, sie zu lie-
ben. 2 An diesem Abend, als Jesus mit
seinen Jüngern beim Essen war, hatte
der Teufel Judas Ischarioth schon
zum Verrat an Jesus verführt. 3 Jesus
aber wußte, daß ihm der Vater unbe-
grenzte Macht gegeben hatte, daß er
von Gott gekommen war und zu ihm
zurückkehren würde. 4 Da stand er
vom Tisch auf, legte seinen Umhang
ab und band sich ein Tuch um. 5 Er
goß Wasser in eine Schüssel und be-
gann, seinen Jüngern die Füße zu wa-
schen und mit dem Tuch abzutrock-
nen.
6 Als er zu Simon Petrus kam, wehr-
te dieser ab: «Herr, wie kommst *du*
dazu, mir die Füße zu waschen!» 7 Je-
sus antwortete ihm: «Du verstehst
jetzt noch nicht, was ich tue. Aber
später wirst du es verstehen.» 8 Doch
Petrus blieb dabei: «Niemals sollst du
mir die Füße waschen!», worauf ihm
Jesus erwiderte: «Wenn ich dir nicht
die Füße wasche, gehörst du nicht zu
mir.» 9 Da sagte Petrus: «Herr, dann
wasch mir auch die Hände und das
Gesicht, nicht nur die Füße!» 10 Jesus
antwortete: «Wer gebadet hat, der ist
ganz rein. Ihm braucht man nur noch
den Straßenstaub von den Füßen zu
waschen. Ihr seid alle rein – außer
einem.» 11 Jesus wußte nämlich, wer
ihn verraten würde. Deshalb sagte er:
«Ihr seid nicht alle rein.»
12 Nachdem Jesus ihnen die Füße
gewaschen hatte, zog er seinen Um-
hang wieder an, setzte sich und fragte
seine Jünger: «Versteht ihr, was ich
eben getan habe? 13 Ihr nennt mich
Meister und Herr. Das ist auch richtig
so, denn ich bin es. 14 Wie ich, euer
Meister und Herr, euch jetzt die Füße
gewaschen habe, so sollt auch ihr
euch gegenseitig die Füße waschen.
15 Ich habe euch damit ein Beispiel ge-
geben, dem ihr folgen sollt. Handelt
ebenso! 16 Denkt immer daran: Ein
Untergebener steht niemals höher als
sein Vorgesetzter, und ein Botschaf-
ter untersteht dem, der ihn gesandt
hat. 17 Wenn ihr das eingesehen habt,
dann handelt danach, und Gott wird
euch segnen.[b]
18 Jetzt spreche ich nicht von euch
allen; denn ich weiß, wen ich als Jün-
ger zu mir gerufen habe. Aber was die
Heilige Schrift vorausgesagt hat, wird

a) Wörtlich: Sein Gebot (Auftrag) ist ewiges Leben.
b) Wörtlich: Wenn ihr dies wißt, glückselig seid ihr, wenn ihr es tut.

sich erfüllen: ‹Einer, der mit mir zu-
sammen das Brot ißt, tritt mich mit
Füßen.›[a] 19 Ich sage euch das schon
jetzt, damit ihr auch dann, wenn sich
das Schreckliche ereignet, ganz sicher
wißt: Ich bin der, den Gott gesandt
hat. 20 Vergeßt außerdem nicht: Wer
einen Menschen aufnimmt, den ich
senden werde, der nimmt mich auf.
Und wer mich aufnimmt, nimmt den
Vater auf, der mich gesandt hat.»

«Einer von euch wird mich verraten»

(Matth. 26,21–25; Mark. 14,18–21; Luk. 22,21–23)

21 Traurig wiederholte Jesus, nach-
dem er das gesagt hatte: «Ja, es ist
wahr: Einer von euch wird mich ver-
raten!» 22 Die Jünger sahen sich be-
stürzt an und bemühten sich er-
schrocken, herauszufinden, wen er
meinte.

23 Neben ihm am Tisch saß der Jün-
ger, den Jesus liebte. 24 Dem gab Pe-
trus einen Wink: «Frage du ihn, wen
er meint!» 25 Da beugte er sich zu Je-
sus hinüber und fragte leise: «Herr,
wer von uns ist es?» 26 Jesus antworte-
te ihm: «Es ist der, dem ich das Brot
geben werde, das ich jetzt in die
Schüssel eintauche.»

Und nachdem er das Brot einge-
taucht hatte, gab er es Judas, dem
Sohn des Simon Ischarioth. 27 Von
diesem Augenblick an hatte Satan
den Judas ganz in seiner Gewalt.
«Beeile dich, Judas! Erledige bald,
was du tun willst!» forderte Jesus ihn
nun auf.

28 Keiner von den anderen am Tisch
verstand, was Jesus mit diesen Worten
meinte. 29 Manche dachten, daß Jesus
den Judas, der ja das Geld verwaltete,
hinausgeschickt hätte, um das Nötige
für das Fest einzukaufen oder den Ar-
men etwas zu geben. 30 Judas nahm das
Brot und ging eilig hinaus in die Nacht.

Das neue Gebot der Liebe

31 Nachdem Judas sie verlassen hatte,
sagte Jesus: «Jetzt wird Gott zeigen,
wer der Menschensohn wirklich ist,
und dadurch wird auch die Herrlich-
keit Gottes sichtbar.[b] 32 Wenn der
Menschensohn erst Gott verherrlicht
haben wird, dann wird auch Gott den
Menschensohn verherrlichen, und
das geschieht bald. 33 Denn bei euch,
meine lieben Kinder, werde ich nur
noch kurze Zeit sein. Ihr werdet mich
suchen. Doch was ich den Juden ge-
sagt habe, muß ich jetzt auch euch sa-
gen: Wohin ich gehen werde, dahin
könnt ihr mir nicht folgen. Heute ge-
be ich euch ein neues Gebot: 34 Ihr
sollt einander lieben, so wie ich euch
geliebt habe. 35 An eurer Liebe für-
einander wird die Welt erkennen, daß
ihr meine Jünger seid.»

(Matth. 26,31–35; Mark. 14,27–31; Luk. 22,31–34)

36 Da fragte ihn Petrus: «Herr, wo
willst du hin?» «Diesmal kannst du
nicht mit mir gehen», antwortete ihm
Jesus. «Aber du wirst mir später fol-
gen.» 37 «Laß mich doch jetzt bei dir
bleiben», bat ihn Petrus und beteuer-
te: «Ich wäre sogar bereit, für dich zu
sterben!»

a) Psalm 41,10
b) Wörtlich: Nun ist der Menschensohn verherrlicht worden, und Gott ist durch ihn verherrlicht worden.

38 Da antwortete Jesus: «Du willst
für mich sterben? Petrus, ich sage dir:
Ehe morgen früh der Hahn kräht,
wirst du dreimal bestritten haben,
mich überhaupt zu kennen!»

Ohne Jesus kommt niemand zu Gott

14 «Seid ohne Sorge, und habt
keine Angst!»[a] forderte Jesus
seine Jünger auf. «Vertraut Gott, und
vertraut mir! 2 Denn im Hause meines
Vaters gibt es viele Wohnungen.
Wenn es nicht so wäre, hätte ich euch
nicht gesagt: Ich gehe hin, um dort al-
les für euch vorzubereiten. 3 Und
wenn alles bereit ist, werde ich wie-
derkommen und euch zu mir holen.
Dann werdet auch ihr dort sein, wo
ich bin. 4 Den Weg dorthin kennt ihr
ja.»[b]
5 «Nein, Herr», widersprach ihm
Thomas, «wir wissen nicht einmal,
wohin du gehst! Wie sollen wir dann
den Weg dorthin finden?» 6 Jesus ant-
wortete: «Ich bin der Weg, ich bin die
Wahrheit, und ich bin das Leben!
Ohne mich kann niemand zum Vater
kommen. 7 Kennt ihr mich, dann
kennt ihr auch meinen Vater. Von
jetzt an kennt ihr ihn; ja, ihr habt ihn
schon gesehen!»
8 Da bat Philippus: «Herr, zeige
uns den Vater, dann sind wir zufrie-
den!» 9 «Ich bin nun schon so lange
bei euch», entgegnete Jesus, «und du
kennst mich noch immer nicht, Phil-
ippus? Wer mich gesehen hat, der hat
auch den Vater gesehen. Wie also
kannst du bitten: ‹Zeige uns den Va-
ter!› 10 Glaubst du nicht, daß ich im
Vater bin und der Vater in mir ist?
Was ich euch sage, habe ich mir nicht
selbst ausgedacht. Es sind die Worte
meines Vaters, der in mir lebt. Er
handelt durch mich. 11 Glaubt mir
doch, daß der Vater und ich eins sind.
Und wenn ihr schon meinen Worten
nicht glaubt, dann glaubt doch mei-
nen Taten.
12 Eins ist sicher: Wer an mich
glaubt, wird die gleichen Taten voll-
bringen wie ich, ja sogar noch größe-
re; denn ich gehe zum Vater. 13 Wor-
um ihr in meinem Namen bitten wer-
det, das werde ich euch geben, damit
durch die Taten des Sohnes die Herr-
lichkeit des Vaters sichtbar wird.[c]
14 Was ihr also in meinem Namen er-
bitten werdet, das werde ich tun.»

Vom Geist der Wahrheit

15 «Wenn ihr mich liebt, werdet ihr so
leben, wie ich es euch gesagt habe.
16 Dann werde ich den Vater bitten,
daß er an meiner Stelle jemanden[d] zu
euch senden soll, der euch helfen wird
und euch nie verläßt. 17 Dies ist der
Geist der Wahrheit. Die Welt kann
ihn nicht aufnehmen, denn sie ist
blind für ihn und erkennt ihn deshalb
nicht. Aber ihr kennt ihn, denn er
lebt schon jetzt bei euch, und einmal
wird er in euch sein.[e]

a) Wörtlich: Euer Herz werde nicht in Unruhe versetzt!
b) Wörtlich: Und wo ich hingehe, wißt ihr, und auch den Weg.
c) Wörtlich: Und was irgend ihr bittet in meinem Namen, das werde ich tun, damit der Vater durch den Sohn verherrlicht werde.
d) Wörtliche Bedeutung: Der Herbeigerufene, der einem anderen beistehen soll; der Anwalt, der Fürsprecher, der Tröster.
e) Wörtlich: Ihr kennt ihn; denn er bleibt bei euch und wird in euch sein.

LEBENSLANGES LERNEN

Marianne Hirzel

Johannes 14,1

«Mach dir keine Sorgen, habe keine Angst, vertraue dem Vater, vertraue mir.» Unzählige Male habe ich diese Worte gelesen. Und immer wieder spricht der Heilige Geist diese Worte zu meiner Seele, die so oft eben doch voller Angst und Sorge ist. Ob ich ihnen jemals ganz nachkommen werde? Werde ich jemals ganz ohne Angst und Sorgen im vollen Vertrauen auf Gott leben können?

Ich erinnere mich an viele Nächte und Tage, die von Sorgen bestimmt waren. Sorgen, als die Kinder klein waren: Mache ich alles richtig? Werden sie wieder gesund? Finden sie gute Freunde? Dann die Zeiten, als sie größer und schließlich erwachsen wurden: Schaffen sie es durch die Ausbildung zu kommen? Werden sie fähig sein, einmal als eigenständige Menschen leben zu können? Entscheiden sie sich für den richtigen Partner? Ich kann die Stunden nicht zählen, in denen ich sorgenbeladen zu Hause saß, auf die Rückkehr der Kinder oder des Ehemannes wartete und oft trotz Gebet keine Ruhe fand.

Eines Nachts, als ich mich vor Sorgen in den Schlaf geweint hatte, hatte ich einen Traum. Ich träumte eine Situation aus meiner Kindheit, eine schwierige Situation, in der ich allein und voller Angst war. Ich hatte das Gefühl, als sei ein See voller Tränen in mir.

Der Traum hat mich sehr beschäftigt. Mir wurde klar, daß meine übermäßige Sorge und Angst von einer starken Verletzung aus meiner Kindheit herrührte. Gott zeigte mir schließlich die Wurzel des Problems, und ich konnte sie ausreißen. Im Vertrauen auf ihn heilten meine Verletzungen. Ich durfte erleben, wie schließlich Frieden und Ruhe in mein Herz einzogen und mein Vertrauen zu Jesus stärker wurde. Nach und nach erlebte ich, wie ich auch in wirklich schwierigen Situationen plötzlich die Kraft des Vertrauens in mir spürte, die mich durch viele schwierige Zeiten hindurchtrug.

Mit jeder dieser Erfahrungen dachte ich, ich hätte das Vertrauen nun ein- für allemal gelernt. Jetzt weiß ich, wie es geht, dachte ich, das nächste Mal lasse ich die ganze Angst gar nicht erst aufkommen.

Aber jede beängstigende Situation fordert mein Vertrauen neu heraus. Ich habe es nicht, aber er will es mir schenken. Und so wende ich mich immer wieder an Gott: «Herr, ich will lernen, dir zu vertrauen. Aber dieses Mal komme ich nicht durch.» Dann spüre ich seine Antwort: «Mein Kind, habe ich dich schon jemals im Stich gelassen oder dir nicht geholfen?» Kleinlaut muß ich dann antworten: «Nein, Herr, noch nie.»

18 Nein, ich lasse euch nicht als Wai-
senkinder zurück. Ich komme wieder
zu euch. 19 Schon bald wird mich nie-
mand mehr in dieser Welt sehen. Ihr
aber werdet mich sehen. Und weil ich
lebe, werdet auch ihr leben. 20 Dann
werdet ihr erkennen, daß ich eins bin
mit meinem Vater und daß ihr in mir
seid und ich in euch bin. 21 Wer meine
Gebote annimmt und danach lebt,
der liebt mich. Und wer mich liebt,
den wird mein Vater lieben. Auch ich
werde ihn lieben und mich ihm zu er-
kennen geben.»

22 Da fragte ihn Judas (nicht Judas
Ischarioth): «Herr, weshalb willst du
dich nur uns, deinen Jüngern, zu er-
kennen geben, warum nicht der gan-
zen Welt?» 23 Ihm antwortete Jesus:
«Weil ich mich nur dem zu erkennen
gebe, der mich liebt und nach meinem
Wort lebt. Den wird auch mein Vater
lieben, und wir beide werden zu ihm
kommen und immer bei ihm bleiben.
24 Wer mich aber nicht liebt, der rich-
tet sich auch nicht nach dem, was ich
sage. Was ich euch sage, kommt nicht
von mir, sondern von meinem Vater,
der mich gesandt hat.

25 Ich sage euch dies alles, solange
ich noch bei euch bin. 26 Der Heilige
Geist, den euch der Vater an meiner
Stelle senden wird, er wird euch an all
das erinnern, was ich euch gesagt ha-
be, und ihr werdet es verstehen.[a]

27 Auch wenn ich nicht bei euch
bleibe, sollt ihr doch Frieden haben.
Es ist mein Friede, den ich euch gebe;
ein Friede, den sonst keiner geben
kann. Seid deshalb ohne Sorge und
Furcht!

28 Denkt daran, was ich euch gesagt
habe: Ich gehe jetzt, aber ich komme
ja wieder: Wenn ihr mich wirklich lie-
ben würdet, müßtet ihr euch darüber
freuen, daß ich jetzt zum Vater gehe;
denn er ist größer als ich. 29 Ich sage
euch das alles, bevor es geschieht, da-
mit ihr auch dann an mich glaubt,
wenn es eintrifft. 30 Ich habe nicht
mehr viel Zeit, mit euch zu reden,
denn der Herrscher dieser Welt, der
Satan, ist schon unterwegs. Er hat
zwar keine Macht über mich, 31 aber
die Welt soll erfahren, daß ich den
Vater liebe. Und deswegen werde ich
erfüllen, was Gott mir aufgetragen
hat.

Und nun kommt, wir wollen ge-
hen!»

Der Weinstock und die Reben

15 «Ich bin der wahre Weinstock,
und mein Vater ist der Wein-
gärtner,[b] 2 der alle unfruchtbaren
Triebe abschneidet. Aber die frucht-
tragenden Reben beschneidet er
sorgfältig, damit sie noch mehr
Frucht bringen. 3 Ihr gehört schon zu
diesen guten Reben, weil ihr mein
Wort angenommen habt.[c] 4 Bleibt fest
mit mir verbunden, dann wird mein
Leben in euch sein! Denn so wie eine
Rebe nur dann Früchte tragen kann,
wenn sie am Weinstock ist, so werdet
auch ihr nur Frucht bringen, wenn ihr
mit mir verbunden bleibt.

5 Ich bin der Weinstock, und ihr
seid die Reben. Wer bei mir bleibt, in
dem bleibt mein Leben, und er wird
viel Frucht tragen. Wer sich aber von

a) Wörtlich: Aber der Tröster, der Heilige Geist, den mein Vater in meinem Namen senden wird, jener wird euch alles lehren und euch an alles erinnern, was ich euch gesagt habe.

b) Jesaja 5,1–7; Jeremia 2,21; Psalm 80,9–12

c) Wörtlich: Ihr seid schon rein durch das Wort, das ich zu euch geredet habe.

Frucht bringen

Cornelia Mack

Johannes 15,5

Einige Jahre wohnten wir am Rande von Weinbergen. Die Spaziergänge im Herbst waren besonders eindrucksvoll. Die dunkelblauen oder grünen Weintrauben hingen voller Kraft und Saft an den Reben und versprachen eine gute Ernte. Herbstzeit in den Weinbergen war eine Zeit der Dankbarkeit, eine Zeit der Belohnung für die Mühen des Jahres.

Das Geheimnis einer gute Ernte konnten wir im Frühjahr beobachten. Da gingen die Weinbauern Tag für Tag in ihren Weinberg und beschnitten ihre Weinstöcke. Nur drei Reben durften pro Weinstock stehen bleiben. Waren es mehr, konnte der Weinstock im Herbst nicht genug Kraft aufbringen, um große, volle Trauben zu tragen. So wurde jeder Weinstock kräftig beschnitten, die abgeschnittenen Reben wurden eingesammelt und gaben ein hervorragendes Brennmaterial.

Jesus hatte wohl Ähnliches beobachtet, denn er benützt das Bild des Weinbergs, der Ernte und des Weingärtners, um zu verdeutlichen, wie unser Glaube wachsen und Frucht bringen kann. In diesem Kapitel bezeichnet Jesus sich als Weinstock, uns als Reben, den Vater als Weingärtner. Nur die Rebe kann Frucht bringen, die in enger Verbindung zum Weinstock steht. Die abgeschnittene Rebe verdorrt und dient nur noch als Brennmaterial.

Die Verbindung, die uns lebendig am Weinstock hält, ist die Liebe zu Jesus (Vers 9–12). Wenn wir mit ihm verbunden bleiben, wenn wir ihn lieben, dann trägt unser Leben Frucht. Eines ist dabei sehr tröstlich und ermutigend. Frucht ist nicht gleichzusetzen mit Leistung. Frucht ist nicht etwas, was wir «erzeugen» müssen, sondern: Wir können es geschehen lassen, daß Frucht wächst durch uns. Die Frucht bringt der Weinstock mit seiner Kraft hervor. So ist es auch in unserem Leben: Jesus ist es, der in unserem Leben Frucht wachsen läßt. Voraussetzung dafür ist, daß die Verbindung stimmt, daß wir nah bei ihm bleiben: Er in uns und wir in ihm.

mir trennt, kann nichts ausrichten.
6 Wer ohne mich leben will, wird wie
ein unfruchtbarer Trieb abgeschnit-
ten und weggeworfen. Die verdorr-
ten Triebe werden gesammelt, ins
Feuer geworfen und verbrannt.
7 Wenn ihr aber fest mit mir verbun-
den bleibt und euch nach meinem
Wort richtet, dürft ihr von Gott erbit-
ten, was ihr wollt; ihr werdet es erhal-
ten. 8 Gott wird dadurch verherrlicht,
daß ihr viel Frucht bringt und ihr euch
so als meine wirklichen Jünger er-
weist.

9 Wie mich der Vater liebt, so liebe
ich euch. Bleibt in meiner Liebe!
10 Wenn ihr meinen Geboten ge-
horcht, bleibt euch meine Liebe er-
halten. Auch ich bin den Geboten
meines Vaters gehorsam und lebe in
seiner Liebe. 11 Das alles sage ich
euch, damit meine Freude euch ganz
erfüllt und eure Freude dadurch voll-
kommen wird. 12 Und so lautet mein
Gebot: Ihr sollt einander so lieben,
wie ich euch geliebt habe.

13 Die größte Liebe beweist je-
mand, der sein Leben für die Freunde
hingibt. 14 Und ihr seid meine Freun-
de, wenn ihr tut, was ich euch aufge-
tragen habe. 15 Ich nenne euch nicht
mehr Knechte; denn einem Knecht
sagt der Herr nicht, was er vorhat. Ihr
aber seid meine Freunde; denn ich
habe euch alles gesagt, was ich vom
Vater gehört habe. 16 Nicht ihr habt
mich erwählt, sondern ich habe euch
zu mir gerufen, damit ihr hingeht und
Frucht bringt, die bleibt. Dann wird
euch der Vater alles geben, worum
ihr ihn in meinem Namen bittet.
17 Deshalb sage ich euch noch einmal:
Ihr sollt einander lieben!»

Womit Christen rechnen müssen

18 «Wenn die Menschen euch hassen,
dann vergeßt nicht, daß man mich
schon vor euch gehaßt hat. 19 Diese
Welt würde euch lieben; aber ihr
müßtet zu ihr gehören. Doch ihr ge-
hört nicht mehr dazu. Ich selbst habe
euch aus der Welt herausgerufen.
Darum haßt sie euch. 20 Erinnert euch
daran, daß ich gesagt habe: ‹Ein
Knecht ist nicht mehr als sein Herr!›
Deshalb werden sie euch verfolgen,
wie sie mich verfolgt haben. Wenn sie
auf mein Wort gehört haben, werden
sie auch auf euer Wort hören.

21 Das alles wird man euch antun,
weil ihr zu mir gehört; denn die Welt
kennt Gott nicht, der mich gesandt
hat. 22 Wäre ich nicht in diese Welt ge-
kommen und hätte die Menschen al-
les über Gott gelehrt, wäre sie nicht
schuldig. Aber jetzt gibt es für ihr
Verhalten keine Entschuldigung
mehr. 23 Denn wer mich haßt, der
haßt auch meinen Vater. 24 Wenn ich
nicht vor aller Augen Gottes Wunder
vollbracht hätte, die kein anderer tun
kann, wären sie ohne Schuld. Aber
nun haben sie alles miterlebt, und
trotzdem hassen sie mich und auch
meinen Vater. 25 Doch darin erfüllt
sich die Voraussage der Heiligen
Schrift: ‹Sie hassen mich ohne
Grund!›[a]

26 Aber ich will euch jemanden sen-
den, der euch zur Seite stehen und
trösten wird, den Geist der Wahrheit.
Er wird vom Vater kommen und mein
Zeuge sein. 27 Und auch ihr werdet
meine Zeugen sein, denn ihr seid von
Anfang an bei mir gewesen.»

a) Psalm 69,5

16 «Ich sage euch das alles, damit
ihr nicht an mir zu zweifeln be-
ginnt und aufgebt. 2 Denn man wird
euch aus der Gemeinschaft des jüdi-
schen Volkes[a] ausschließen. Ja, es
wird so weit kommen, daß man
meint, Gott einen Dienst zu erwei-
sen, wenn man euch tötet. 3 Zu all
dem werden Menschen fähig sein,
weil sie meinen Vater und mich nicht
erkannt haben.»

Jesus läßt seine Jünger nicht allein zurück

4 «Noch einmal: Ich sage euch das,
damit ihr nicht überrascht seid, wenn
dies alles eintrifft. Bisher war es nicht
nötig, davon zu reden, weil ich ja bei
euch war. 5 Jetzt aber verlasse ich
euch, um zu dem zu gehen, der mich
gesandt hat, und keiner von euch
fragt mich, wohin ich gehe.

6 Ihr seid nur traurig und voller Sor-
gen über das, was ich euch gesagt ha-
be. 7 Doch glaubt mir: Es ist besser für
euch, wenn ich gehe. Sonst käme der
nicht, der meine Stelle einnehmen
soll, um euch zu helfen und zu trö-
sten. Wenn ich euch verlassen habe,
werde ich ihn zu euch senden. 8 Und
ist er erst gekommen, wird er den
Menschen die Augen für ihre Sünde
öffnen, aber auch für Gottes Gerech-
tigkeit und sein Gericht.[b] 9 Denn ihre
Sünde ist, daß sie nicht an mich glau-
ben. 10 Gottes Gerechtigkeit zeigt sich
darin, daß er sich zu mir bekennt und
ich zum Vater gehe, wenn ihr mich
dann auch nicht mehr sehen werdet.
11 Und Gottes Gericht werden die
Menschen daran erkennen, daß der
Herrscher dieser Welt bereits abgeur-
teilt ist.

12 Ich hätte euch noch viel mehr zu
sagen, aber ihr könnt es jetzt noch
nicht begreifen. 13 Wenn aber der
Geist der Wahrheit kommt, werdet
ihr die Wahrheit vollständig erfassen.
Denn er redet nicht in seinem eigenen
Auftrag, sondern gibt nur das weiter,
was ihm gesagt wurde. Auch was in
Zukunft auf euch wartet, wird er euch
verkündigen. 14 Dadurch wird er mich
verherrlichen; denn alles, was er euch
zeigt, kommt von mir. 15 Was der Va-
ter hat, gehört auch mir. Deshalb kann
ich mit Recht sagen: Alles, was er euch
zeigt, kommt von mir.»

«Eure Freude wird vollkommen sein»

16 «Ich werde nur noch kurze Zeit bei
euch sein. Bald nach meinem Wegge-
hen aber werdet ihr mich wiederse-
hen.» 17 «Was meint er bloß damit?»
fragten sich die Jünger. «Was heißt:
‹Ich werde nur noch kurze Zeit bei
euch sein! Aber bald darauf werdet
ihr mich doch wiedersehen›? Und
was bedeutet es, wenn er sagt: ‹Ich
gehe zum Vater›? 18 Und was meint er
mit ‹Nur noch kurze Zeit›? Wir ver-
stehen das nicht.»

19 Jesus merkte, daß sie ihn fragen
wollten, und sagte: «Macht ihr euch
darüber Gedanken, daß ich gesagt
habe: ‹Ich werde nur noch kurze Zeit
bei euch sein, aber bald darauf wer-
det ihr mich wiedersehen›? 20 Es wird
tatsächlich so kommen, wie ich es
euch jetzt sage: Ihr werdet weinen
und klagen, aber die Welt wird sich

a) Wörtlich: aus den Synagogen.
b) Wörtlich: Und nachdem jener gekommen ist, wird er die Welt überführen über die Sünde und über die Gerechtigkeit und über das Gericht.

freuen. Ihr werdet traurig sein, doch eure Traurigkeit soll sich in Freude verwandeln.

21 Das ist genauso wie bei einer Frau, die ein Kind bekommt. Sobald ihr Kind geboren ist, hat sie Angst und Schmerzen der Geburt vergessen. Sie ist nur noch glücklich darüber, daß ihr Kind zur Welt gekommen ist. 22 Auch ihr seid jetzt sehr traurig, aber ich werde euch wiedersehen. Dann werdet ihr froh und glücklich sein, und diese Freude kann euch niemand mehr nehmen. 23 Am Tage unseres Wiedersehens werden alle eure Fragen beantwortet sein.

Ich versichere euch: Wenn ihr den Vater in meinem Namen um etwas bittet, wird er es euch geben. 24 Bisher habt ihr in meinem Namen nichts von Gott erbeten. Bittet ihn, und er wird es euch geben. Dann wird eure Freude vollkommen sein.»

Die Welt ist besiegt

25 «Was ich euch sagen wollte, habe ich euch bis jetzt an Beispielen erklärt. Aber die Zeit kommt bald, in der das nicht mehr nötig sein wird. Dann werde ich euch ohne Bilder und Umschreibungen zeigen, wer der Vater ist. 26 Von diesem Tage an werdet ihr in meinem Namen zu ihm beten. Und dann muß ich den Vater nicht mehr bitten, euer Gebet zu erhören. 27 Denn der Vater liebt euch, weil ihr mich liebt und daran glaubt, daß ich von Gott gekommen bin. 28 Ja, ich kam vom Vater in die Welt, und jetzt verlasse ich sie wieder, um zum Vater zurückzugehen.»

29 «Endlich redest du klar und deutlich zu uns, ohne diese schwerverständlichen Bilder», sagten seine Jünger. 30 «Jetzt haben wir erkannt, daß du um alles weißt, noch ehe wir dich fragen. Darum glauben wir dir, daß du von Gott gekommen bist.»

31 «Glaubt ihr wirklich?» fragte Jesus. 32 «Ihr sollt nämlich wissen: Die Zeit wird kommen – und eigentlich ist sie schon da –, in der man euch auseinandertreibt. Ihr werdet euch in Sicherheit bringen und mich allein lassen. Aber auch dann werde ich nicht allein sein, denn der Vater ist bei mir.

33 Dies alles habe ich euch gesagt, damit ihr durch mich Frieden habt. In der Welt werdet ihr von allen Seiten bedrängt, aber vertraut darauf: Ich habe die Welt besiegt.»[a]

Jesus betet für seine Jünger

17 Nach diesen Worten sah Jesus zum Himmel auf und betete: «Vater, die Stunde ist da! Laß jetzt die Herrlichkeit deines Sohnes erkennbar werden, damit dein Sohn dich verherrlicht. 2 Du hast ihm Macht über die Menschen gegeben, so daß durch ihn alle zum ewigen Leben gelangen, die du ihm anvertraut hast. 3 Und das allein ist ewiges Leben: Dich, den einen wahren Gott, zu erkennen und an Jesus Christus zu glauben, den du gesandt hast. 4 Ich habe hier auf der Erde den Menschen gezeigt, wie herrlich du bist. Ich habe den Auftrag erfüllt, den du mir gegeben hast. 5 Und nun, Vater, zeige an mir die Herrlichkeit, die ich bereits mit dir teilte, bevor die Welt erschaffen wurde.

6 Ich habe den Menschen gezeigt, wer du bist, und zwar allen, die du aus

a) Wörtlich: In der Welt habt ihr Drangsal; doch seid guten Mutes, ich habe die Welt besiegt.

LASST MICH DOCH IN FRIEDEN!

Alexandra C. E. Depuhl

Johannes 16,33

Heute ist nicht mein Tag, meine Kinder sind krank und brauchen alle meine Zeit.

Heute ist nicht mein Tag, mein Mann hat meine Hilfe nötig.

Heute ist nicht mein Tag, meine Eltern möchten mich unbedingt sehen.

Heute ist nicht mein Tag, der Streit von gestern sitzt mir noch in den Knochen.

Heute ist nicht mein Tag – war es nötig, meine Mitarbeiterin mit solch verletzenden Worten anzugreifen?

Heute ist nicht mein Tag, der Ärger steigt schon am frühen Morgen in mir auf, und ich komme nicht mehr klar mit mir selber.

«... damit ihr durch mich Frieden habt!»

Danke Herr, du erinnerst mich im rechten Moment an deinen Frieden.

Meine Angst wird immer größer, wenn ich mir diese Welt ansehe. Sie wollen mich vereinnahmen, diese Bilder von dem Schiff mit Flüchtlingen, die ich im Fernsehen sehe. Was kann ich tun?

Sie wollen meine Zeit. Ich fühle, ich sollte handeln, wenn ich die Artikel in der Zeitung lese, von den Türken in unserer Stadt, die verbrannt sind. Aber wie?

Sie wollen mich umstimmen durch die Wahlprognosen und mich zu Entscheidungen bringen.

Sie wollen meine Persönlichkeit verändern durch die Werbung, die mich beeinflussen soll.

Danke Herr, du erinnerst mich im richtigen Moment an die Welt, die mich bedrängt. Aber du hast sie besiegt.

Heute möchte ich mich auf dich verlassen, in den Ansprüchen, die Menschen an mich stellen. Heute möchte ich mit dir Prioritäten setzen und mir Frieden schenken lassen.

Solchen Frieden, der mich zufrieden macht mit meinen Entscheidungen.

Heute möchte ich deinen Frieden erleben, so durch und durch mich von dir erfüllen lassen, tief in mir zufrieden sein, damit ich meine Aufgaben erfüllen kann, an die du mich gestellt hast.

Heute möchte ich mit mir selber zufrieden sein, weil ich mich erinnern möchte, daß Frieden in meiner Welt, in meiner Familie und in mir selbst nur von dir kommt und mir Ruhe schenkt.

Danke für dein Geschenk dieses echten Friedens. Durch deinen Tod am Kreuz kommt der Frieden durch Vergebung in meine Welt.

DIESE SEHNSUCHT …

Hannelore Illgen

Johannes 17,26

Liebe und Einssein gehören zusammen. Deshalb ist auch der Schmerz so groß, wenn es zwischen Liebenden nicht zu dieser «Verschmelzung» kommt.

Im Laufe des Lebens lernen wir alle das Leid des Getrenntseins kennen: Lösung von der Mutter, das Ende der Kindheit, das Ende einer Ehe, der Tod eines nahestehenden Menschen.

Wir alle sehnen uns danach, bei einem anderen vollkommen angenommen und geborgen zu sein. Und der Schmerz, wenn diese Erwartungen unerfüllt bleiben, ist meist sehr tief. Vom Tag der Geburt an, ja sogar schon im Mutterleib, brauchen wir die Gewißheit, daß wir geliebt und mit jemandem ganz fest verbunden sind.

Wir sind ein wenig wie die Einweckgläser in meiner Küche: Wenn sie geöffnet werden, füllt sich das Vakuum zischend mit Luft. In jedem Menschen gibt es solch ein Vakuum. Und wir entscheiden täglich neu, womit wir es füllen wollen. Zum Beispiel mit dem, was sich in unserer Umgebung «anbietet»: mit der Anerkennung am Arbeitsplatz, der Zuneigung eines Menschen, der uns besonders wichtig ist, mit Wünschen und Tagträumen … Früher oder später merken wir jedoch, daß nichts und niemand auf Dauer diese Ur-Sehnsucht nach Einssein stillen kann. Allein die Liebe des himmlischen Vaters kann unser tiefes Verlangen befriedigen. Diese Liebe hat Jesus ganz erfüllt. Sie war seine Antriebskraft bis zu seinem Sühnetod am Kreuz.

Diese Liebe sehnt sich danach, auch in uns zu wachsen und uns vollkommen zu erfüllen, ja alle Bereiche unserer Existenz zu durchdringen. Dazu darf ich heute Jesus einladen. Es ist nicht nur unser, sondern auch Gottes Herzensanliegen. Er will jeden Schmerz, der aus dem Getrenntsein herrührt, auffangen und heilen – durch Jesus, der in uns lebt.

der Welt herausgerufen und mir an-
vertraut hast. Dir gehörten sie schon
immer, und deswegen hast du sie mir
gegeben. Sie haben deinem Wort ge-
glaubt und leben danach. 7 Jetzt wis-
sen sie, daß alles, was ich habe, von
dir gekommen ist. 8 Denn was du mir
gesagt hast, habe ich ihnen weiterge-
geben. Sie haben dein Wort ange-
nommen und erkannt, daß ich von dir
herkomme; sie glauben daran, daß
du mich gesandt hast.

9 Für sie bitte ich dich jetzt: für die
Menschen, die du mir anvertraut hast
und die zu dir gehören; nicht für die
ganze Welt. 10 Denn alles, was ich ha-
be, das gehört dir, und was du hast,
das gehört auch mir. Sie werden der
Welt zeigen, wer ich bin.[a] 11 Ich ver-
lasse jetzt die Welt und komme zu dir.
Sie aber bleiben zurück. Heiliger Va-
ter, erhalte sie in der Gemeinschaft
mit dir[b], damit sie untereinander eins
werden, so wie wir eins sind. 12 Solan-
ge ich bei ihnen war, habe ich sie in
der Gemeinschaft mit dir erhalten, al-
le, die du mir anvertraut hast. Ich ha-
be sie bewahrt, und keiner von ihnen
ist verlorengegangen, außer dem
einen[c], wie es schon in der Heiligen
Schrift vorausgesagt ist.

13 Jetzt komme ich zu dir zurück.
Aber dies alles wollte ich noch sagen,
solange ich bei ihnen bin, damit mei-
ne Freude auch sie ganz erfüllt. 14 Ich
habe sie deine Worte gelehrt, und die
Welt haßt sie deswegen, weil sie
ebenso wie ich nicht mehr zu ihr ge-
hören. 15 Dennoch bitte ich dich nicht,
sie aus der Welt zu nehmen. Aber
schütze sie vor der Macht des Bösen.
16 Sie gehören ebensowenig zur Welt
wie ich. 17 Laß sie dir immer ähnlicher
werden und der Wahrheit gehor-
chen.[d] Dein Wort ist die Wahrheit.
18 Wie du mich in die Welt gesandt
hast, so sende ich sie in die Welt.
19 Für sie gebe ich mein Leben hin, da-
mit ihr Leben dir gehört.[e]

20 Ich bitte aber nicht nur für sie,
sondern für alle, die durch das Zeug-
nis meiner Jünger von mir hören wer-
den und an mich glauben. 21 Sie alle
sollen eins sein, genauso wie du, Va-
ter, mit mir eins bist. So wie du in mir
bist und ich in dir bin, sollen auch sie
in uns fest miteinander verbunden
sein. Dann werden sie die Welt über-
zeugen, daß du mich gesandt hast.
22 Deshalb habe ich ihnen auch die
Herrlichkeit gegeben, die du mir an-
vertraut hast, damit sie die gleiche en-
ge Gemeinschaft haben wie wir. 23 Sie
bleiben in mir und ich in dir: So sind
wir vollständig eins. Und die Welt
wird erkennen, daß du es bist, der
mich gesandt hat, und daß du meine
Jünger liebst, wie du mich liebst.

24 Vater, ich will, daß alle, die du
mir gegeben hast, bei mir bleiben. Sie
sollen an meiner Herrlichkeit teilha-
ben. Du hast mir die Herrlichkeit ge-
geben; denn du hast mich geliebt,
längst bevor die Welt geschaffen wur-
de. 25 Gerechter Vater! Wenn die
Welt dich auch nicht kennt, ich kenne
dich, und diese hier haben erkannt,
daß du mich gesandt hast. 26 Ich habe
ihnen gezeigt, wer du bist. Das werde
ich auch weiter tun, damit deine Lie-

a) Wörtlich: In ihnen bin ich verherrlicht.
b) Wörtlich: in deinem Namen, den du mir gegeben hast.
c) Wörtlich: dem Sohn des Verderbens (Judas).
d) Wörtlich: Heilige sie in der Wahrheit.
e) Wörtlich: Ich heilige mich selbst für sie, damit auch sie Geheiligte seien in Wahrheit.

Von Gott gehalten

Aus Psalm 37

Von David

Entrüste dich nicht über die Unheilstifter
und beneide nicht die Menschen, die Böses tun!
Denn sie verdorren so schnell wie Gras, wie Blumen welken sie dahin.
Verlaß dich auf den Herrn und tue Gutes!
Halte dich immer an die Wahrheit! Freue dich über den Herrn;
er wird dir alles geben, was du dir von Herzen wünschst.
Vertrau dich dem Herrn an und sorge dich nicht um deine Zukunft!
Überlaß sie Gott, er wird es richtig machen.
Sei geduldig und warte darauf, daß der Herr eingreift!
Laß dich nicht von Zorn und Wut überwältigen,
denn wenn du dich ereiferst, gerätst du schnell ins Unrecht.

Es dauert nicht mehr lange, dann ist es mit den Bösen aus und vorbei!
Doch alle, die auf Gewalt verzichten, werden dann das Land besitzen
und ihr Glück kaum fassen können.
Denn der Herr läßt machtgierige Menschen scheitern,
aber er kümmert sich liebevoll um alle, die ihm treu bleiben.
Tag für Tag sorgt er für sie; das versprochene Land bleibt für immer ihr Besitz.
In Zeiten der Not werden sie nicht umkommen.
Sogar dann, wenn Hunger herrscht, macht der Herr sie satt.

Wenn ein Mensch seinen Weg zielstrebig gehen kann,
verdankt er das dem Herrn, der ihn liebt.
Denn der Herr liebt Gerechtigkeit und läßt keinen im Stich, der ihn ehrt.
Wer sich ganz auf Gott verläßt, dessen Worte sind weise und gerecht.
Die Gebote seines Gottes trägt er in seinem Herzen,
darum kommt er nicht vom richtigen Weg ab.
Der Herr steht denen bei, die sich nach seinem Willen richten.
Er tröstet und stärkt sie in Zeiten der Not.
Bei ihm finden sie Hilfe und Rettung; ja, er rettet sie vor den Gottlosen
und steht ihnen zur Seite, denn bei ihm haben sie Zuflucht gesucht.

be zu mir auch sie erfüllt, ja damit ich
selbst in ihnen lebe.»[a]

Jesus stellt sich seinen Gegnern

(Matth. 26,47–56; Mark. 14,43–50;
Luk. 22,47–53)

18 Nach diesem Gebet ging Jesus
mit seinen Jüngern auf die an-
dere Seite des Kidrontals in einen
Garten. 2 Judas, der Verräter, kannte
diese Stelle, denn Jesus hatte sich oft
mit seinen Jüngern dort aufgehalten.
3 Mit einem Trupp römischer Solda-
ten und den Männern, die ihm die
Hohenpriester und Pharisäer mitge-
geben hatten, kam Judas dorthin. Sie
trugen Fackeln und Lampen und wa-
ren schwer bewaffnet.
4 Jesus wußte, was jetzt geschehen
würde. Er ging dem Trupp entgegen
und fragte: «Wen sucht ihr?» 5 «Jesus
von Nazareth», war die Antwort.
«Ich bin es!» erklärte da Jesus. Judas,
sein Verräter, stand mitten unter den
Soldaten. 6 Als Jesus klar und offen
sagte: «Ich bin es», wichen die Be-
waffneten erschrocken zurück und
fielen zu Boden. 7 Jesus fragte noch
einmal: «Wen sucht ihr denn?» «Je-
sus von Nazareth!» antworteten sie
wieder. 8 «Ich habe euch doch schon
gesagt, daß ich es bin», entgegnete
Jesus. «Wenn ihr mich sucht, dann
laßt die anderen hier gehen!» 9 So er-
füllte sich das Wort, das Jesus vorher
im Gebet gesprochen hatte: «Ich ha-
be keinen von denen verloren, die du
mir anvertraut hast.»
10 Simon Petrus hatte ein Schwert
dabei. Plötzlich zog er es und schlug
damit Malchus, einem Diener des
Hohenpriesters, das rechte Ohr ab.
11 Aber Jesus befahl Petrus: «Stecke
dein Schwert weg! Soll ich denn dem
Leiden aus dem Weg gehen, das ich
nach dem Willen meines Vaters auf
mich nehmen muß?»[b]
12 Da wurde Jesus von den römi-
schen Soldaten und der jüdischen Po-
lizei verhaftet. Sie fesselten ihn 13 und
brachten ihn zu Hannas, dem Schwie-
gervater von Kaiphas, der in diesem
Jahr Hoherpriester war, 14 derselbe
Kaiphas, der den jüdischen Führern
geraten hatte: «Es ist für uns alle bes-
ser, wenn dieser eine Mann für das
ganze Volk stirbt!»[c]

Petrus im Palast des Kaiphas

(Matth. 26,69–70; Mark. 14,66–68;
Luk. 22,55–57)

15 Petrus und ein anderer Jünger folg-
ten Jesus, als er abgeführt wurde.
Weil dieser andere Jünger mit dem
Hohenpriester bekannt war, ließ man
ihn bis in den Hof des Palastes gehen.
16 Petrus blieb draußen vor dem Tor.
Da kam der andere Jünger wieder zu-
rück, redete mit der Pförtnerin, und
so gelangte auch Petrus in den Palast
des Kaiphas. 17 Doch schon die Pfört-
nerin fragte Petrus: «Gehörst du
nicht auch zu den Jüngern dieses
Mannes?» «Nein, ich nicht!» antwor-
tete er schnell. 18 Die Wachmann-
schaft und die anderen Soldaten
hatten ein Feuer angezündet. Sie stan-
den um das Feuer herum und wärmten
sich, denn es war kalt. Petrus ging zu
ihnen, um sich auch zu wärmen.

a) Wörtlich: Und ich habe ihnen deinen Namen bekanntgemacht, und ich werde ihn bekanntmachen, damit die Liebe, mit der du mich geliebt hast, in ihnen sei und ich in ihnen.
b) Wörtlich: Den Kelch, den mir der Vater gegeben hat, soll ich ihn denn nicht trinken?
c) Johannes 11,49–52

Das Verhör vor dem Hohenpriester
(Matth. 26,59–66; Mark.14,55–64; Luk. 22,66–71)

19 Drinnen im Palast begann das Verhör. Der Hohepriester Hannas fragte Jesus nach seinen Jüngern und nach seiner Lehre.
20 Jesus antwortete: «Was ich gelehrt habe, ist überall bekannt. Denn ich habe in aller Öffentlichkeit gepredigt, in den Synagogen und im Tempel, wo es jeder hören kann. Niemals habe ich im geheimen etwas anderes gelehrt.
21 Weshalb fragst du mich also? Frage doch alle, die mich gehört haben! Sie wissen, was ich gesagt habe.»

22 Da schlug ihm einer von den Wächtern, die neben ihm standen, ins Gesicht und rief: «So redest du mit dem Hohenpriester?»
23 «Wenn ich etwas Böses gesagt habe, dann beweise es!» antwortete ihm Jesus. «Habe ich aber die Wahrheit gesagt, weshalb schlägst du mich?»

24 Da ließ Hannas Jesus in Fesseln zu Kaiphas bringen, dem amtierenden Hohenpriester.

Petrus behauptet noch einmal, Jesus nicht zu kennen
(Matth. 26,71–75; Mark. 14,69–72; Luk. 22,58–62)

25 Petrus stand noch immer am Feuer und wärmte sich. Da wurde er gefragt: «Bist du nicht auch einer von seinen Jüngern?» «Ich? Nein, ich bin es nicht», widersprach er heftig.
26 Aber einer der Diener des Hohenpriesters, ein Verwandter des Mannes, dem Petrus das Ohr abgehauen hatte, meinte: «Ich habe dich doch im Garten bei ihm gesehen!»
27 Wieder stritt Petrus energisch ab, Jesus zu kennen. Und in diesem Augenblick krähte ein Hahn.

Jesus vor Pilatus: «Bist du ein König?»
(Matth. 27,2.11–26; Mark. 15,1–15; Luk. 23,1–25)

28 In den frühen Morgenstunden brachten sie Jesus von Kaiphas zum Amtssitz des römischen Gouverneurs. Die Juden selbst betraten dieses Gebäude nicht, weil sie dadurch nach ihren religiösen Vorschriften unrein geworden wären und nicht am Passahmahl hätten teilnehmen dürfen.

29 Deshalb ging Pilatus zu ihnen hinaus und fragte: «Welche Anklage erhebt ihr gegen diesen Mann? Was hat er getan?»
30 «Wenn er kein Verbrecher wäre», antworteten sie, «hätten wir ihn nicht zu dir gebracht.»
31 «Dann nehmt ihn mit, und verurteilt ihn nach euerm Gesetz!» entgegnete Pilatus. «Aber wir dürfen doch niemanden hinrichten», wandten sie ein.
32 So sollten sich die Worte Jesu erfüllen, mit denen er vorausgesagt hatte, wie er sterben würde.

33 Pilatus kam nun in den Gerichtssaal zurück, ließ Jesus vorführen und fragte ihn: «Bist du der König der Juden?»
34 «Fragst du als römischer Gouverneur, oder wollen das die Juden wissen?» entgegnete Jesus.
35 «Bin ich etwa ein Jude?» fragte Pilatus. «Die Führer deines eigenen Volkes und die Hohenpriester haben dich hergebracht, damit ich dich verurteilen soll. Was also hast du getan?»

36 Jesus antwortete: «Mein Königreich gehört nicht zu dieser Welt, man kann es mit keinem anderen Reich vergleichen. Wäre ich ein weltlicher Herrscher, dann hätten meine Leute für mich gekämpft, damit ich nicht in die Hände der Juden falle. Aber mein Reich ist von anderer

Gehorsam und Vertrauen

Magdalena Paulus

Johannes 18,1–40

Polizeiliche Verfolgung, Festnahme, nächtliche Verhöre: Wie im Finale eines Krimis spielen sich in jener Nacht die Ereignisse um Jesus ab. Eine schwerbewaffnete Polizeieinheit nimmt ihn fest. Jetzt ist er nur noch ein Rädchen im Getriebe der Justiz, verurteilt auf Drängen einer aufgepeitschten Menschenmenge und mit Hilfe eines mißbrauchten Rechtssystems. Der Herr der Welt ist preisgegeben, verlassen und verraten von seinen engsten Vertrauten, gedemütigt in sinnlosen Verhören, mißhandelt und hingerichtet wie ein Schwerverbrecher – wer hat hier die Kontrolle über die Ereignisse?

Bei seiner Festnahme ist Jesus noch Herr der Situation. Die Soldaten weichen erschrocken zurück und fallen vor ihm nieder. Jesus hätte entkommen können, doch er läßt sich widerstandslos abführen. Als Petrus das Schwert zückt und ihn mit Waffengewalt verteidigen will, wird offenbar, was für Jesus oberste Priorität hat: «Soll ich denn dem Leiden aus dem Weg gehen, das ich nach dem Willen meines Vaters auf mich nehmen muß?»

Dies ist sein Weg. Die Liebe des Vaters hat es so gewünscht, der Sohn erwidert diese Liebe durch seinen Gehorsam. Und mehr: Der Sohn vertraut dem Vater. Als er Pilatus ausgeliefert wird, als Jesus längst nicht mehr Herr der Situation ist, weiß er: Über allem steht der Vater, er hat die Kontrolle über die Ereignisse. So kann er zu Pilatus sagen: «Du wärest machtlos, hätte dir Gott keine Macht über mich gegeben.»

Darin können wir Jesus nacheifern: Auch im Leiden vertrauen, daß der Vater die Kontrolle hat und es gut meint. Auch im Leiden der Liebe des Vaters gehorsam sein. Die Liebe Jesu ist einzigartig. Jesus rettet die Schuldigen. Auch seine Folterer können erlöst werden. Sein Gehorsam rettet uns in Zeit und Ewigkeit. Dafür wollen wir ihn anbeten.

Art.» 37 Da fragte ihn Pilatus: «Dann bist du also doch ein König?» Jesus antwortete: «Ja, du hast recht. Ich bin ein König. Ich bin geboren und in diese Welt gekommen, um ihr die Wahrheit zu bezeugen. Wer bereit ist, auf die Wahrheit zu hören, der hört auf mich.»[a] 38 «Die Wahrheit? Was ist das überhaupt, die Wahrheit?» fragte Pilatus zurück.

Dann ging er zu den Juden hinaus und sagte ihnen: «Nach meiner Meinung ist der Mann unschuldig. 39 Ich will euch wie üblich auch in diesem Jahr am Passahfest einen Gefangenen freigeben. Wenn ihr wollt, lasse ich diesen ‹König der Juden› frei.» 40 Aber sie schrien laut: «Nein! Nicht den! Wir wollen Barabbas!» Barabbas aber war ein Verbrecher.

Das Todesurteil
(Matth. 27,26–31; Mark. 15,15–20)

19 Da befahl Pilatus, Jesus abzuführen und ihn auszupeitschen. 2 Die Soldaten flochten eine Krone aus Dornenzweigen und setzten sie ihm auf den Kopf. Dann hängten sie ihm einen purpurroten Mantel um, 3 stellten sich vor ihn hin und spotteten: «Sei gegrüßt, du König der Juden!» Und sie schlugen ihm ins Gesicht.

4 Jetzt ging Pilatus wieder zu den Juden hinaus und sagte: «Ich will ihn noch einmal herbringen lassen, damit ihr erkennt, daß er unschuldig ist!» 5 Dann kam Jesus heraus. Er trug die Dornenkrone und den roten Mantel. Und Pilatus forderte die Menge auf: «Seht ihn euch an, diesen Menschen!»

6 Aber kaum hatten die Hohenpriester und die anderen Juden Jesus erblickt, fingen sie an zu schreien: «Ans Kreuz! Ans Kreuz mit ihm!» «Dann nehmt ihn doch und kreuzigt ihn!» rief daraufhin Pilatus. «Denn ich bin überzeugt: Er ist unschuldig!» 7 «Nach unserem Gesetz aber muß er sterben», entgegneten die Juden, «denn er hat behauptet, er sei der Sohn Gottes.»

8 Als Pilatus das hörte, bekam er es mit der Angst zu tun. 9 Er ging wieder in den Palast zurück und fragte Jesus: «Wer bist du eigentlich?»[b] Doch Jesus antwortete nichts. 10 «Redest du nicht mehr mit mir?» fragte Pilatus drohend. «Hast du vergessen, daß es in meiner Macht steht, dich freizugeben oder dich ans Kreuz nageln zu lassen?» 11 Jetzt antwortete Jesus: «Du wärest machtlos, hätte dir Gott keine Macht über mich gegeben. Deswegen ist auch die Sünde der Leute, die mich ausgeliefert haben, größer als deine Schuld.»

12 Da versuchte Pilatus noch einmal, Jesus freizulassen. Aber die Juden schrien: «Wenn du den laufen läßt, bist du kein Freund des Kaisers; denn wer sich selbst zum König macht, lehnt sich gegen den Kaiser auf.»

13 Als Pilatus das hörte, ließ er Jesus hinausführen. Er setzte sich auf den Richterstuhl, an die Stelle, die man «Steinpflaster» nannte, auf hebräisch: Gabbatha. 14 Das war um die Mittagszeit, am Tag vor dem Passah, an dem sich alle auf das Fest vorbereiteten. Pilatus sagte zu den Juden: «Da habt ihr euren König!»

a) Wörtlich: Ich bin dazu geboren worden und in diese Welt gekommen, daß ich Zeugnis von der Wahrheit gebe; jeder, der aus der Wahrheit ist, hört meine Stimme.
b) Wörtlich: Woher bist du?

15 «Weg mit ihm!» brüllten sie.
«Schlagt ihn ans Kreuz!» «Soll ich
wirklich euern König kreuzigen las-
sen?» fragte Pilatus noch einmal.
«Wir haben keinen König, nur den
Kaiser!» riefen die Hohenpriester.
16 Da gab Pilatus nach und befahl, Je-
sus zu kreuzigen.

Jesus am Kreuz
(Matth. 27,31–44; Mark. 15,21–32;
Luk. 23,26–43)

Die Soldaten packten Jesus und führ-
ten ihn aus Jerusalem hinaus. 17 Sein
Kreuz mußte er selbst tragen; vom
Richtplatz bis hin zur «Schädelstät-
te». Auf hebräisch heißt dieser Ort
Golgatha. 18 Dort schlugen sie ihn ans
Kreuz. Neben ihm wurden zwei ande-
re Männer gekreuzigt.
19 Pilatus ließ ein Schild an das
Kreuz Jesu nageln, auf dem die Wor-
te standen: «Jesus von Nazareth, der
König der Juden!» 20 Die Stelle, an
der Jesus gekreuzigt worden war, lag
nahe bei der Stadt. Und so lasen viele
Juden diese Inschrift, die in hebrä-
ischer, lateinischer und griechischer
Sprache abgefaßt war. 21 Da kamen
die Hohenpriester zu Pilatus und ver-
langten von ihm: «Laß das ändern.
Es darf nicht heißen: ‹Der König der
Juden›, sondern: ‹Er hat behauptet:
Ich bin der König der Juden›.» 22 Pila-
tus aber weigerte sich: «Es bleibt ge-
nau so stehen, wie ich es geschrieben
habe!»
23/24 Als die Soldaten Jesus gekreu-
zigt hatten, teilten sie seine Kleider
unter sich auf, so daß jeder der vier
Soldaten etwas davon bekam. Dann
beschlossen sie: «Das Untergewand
wollen wir nicht aufteilen. Wir wer-
den es verlosen.» Es war nämlich aus
einem Stück gefertigt, ohne jede
Naht. So erfüllte sich die Vorhersage
der Heiligen Schrift: «Meine Kleider
haben sie unter sich geteilt und mein
Gewand verlost.»[a] Genauso geschah
es auch.
25 Unter dem Kreuz, an dem Jesus
hing, standen seine Mutter und ihre
Schwester, außerdem Maria, die Frau
von Kleopas, und Maria Magdalena.
26 Als Jesus nun seine Mutter sah und
neben ihr den Jünger, den er liebhat-
te, sagte er zu ihr: «Er soll jetzt dein
Sohn sein!» 27 Und zu dem Jünger sag-
te er: «Sie ist jetzt deine Mutter.» Da
nahm der Jünger sie zu sich in sein
Haus.

«Es ist vollbracht!»
(Matth. 27,45–56; Mark. 15,33–41;
Luk. 23,44–49)

28 Jesus wußte, daß nun sein Auftrag
erfüllt war. Da erst sagte er (und wie-
der erfüllte sich damit eine Voraussa-
ge der Heiligen Schrift): «Ich habe
Durst!»[b] 29 In der Nähe stand ein Krug
mit Essigwasser. Die Soldaten tauch-
ten einen Schwamm hinein, steckten
ihn auf einen Stab und hielten den
Schwamm Jesus an den Mund. 30 Als
Jesus davon getrunken hatte, rief er:
«Es ist vollbracht!» Dann ließ er den
Kopf sinken und starb.[c]
31 Das alles geschah am Tag vor
dem Passahfest. Damit die Toten
nicht an diesem hohen Feiertag am

a) Psalm 22,19
b) Psalm 22,16; 69,22
c) Wörtlich: Als Jesus nun den Essig genommen hatte, sagte er: Es ist vollbracht (vollendet), und nachdem er sein Haupt geneigt hatte, gab er den Geist auf.

EIN «ENGEL» NAMENS JOHANNA

Katrin Ledermann

Johannes 19,27

Wie paßte es wohl in den Lebensplan des Johannes, daß er eine ältere Frau in sein Haus aufnehmen sollte? Maria hatte außerdem noch vier andere Söhne (Markus 6,3). Warum sollte sich zum Beispiel nicht Jakobus um sie kümmern? Doch es war Jesus sehr wichtig, daß Maria bei Johannes wohnen sollte. Unmittelbar nach diesen Worten heißt es: Jesus wußte, daß nun sein Auftrag erfüllt war.

Uns mag die Anweisung Jesu an Johannes rätselhaft vorkommen. Das Wort, das Jesus unmittelbar vorher zu seiner Mutter sprach, gibt einen wichtigen Hinweis: «Er soll jetzt dein Sohn sein.» Jesus hat eine zweifache Beziehung geschaffen: er gab seiner Mutter einen neuen Sohn – und er gab dem jungen Johannes eine neue Mutter. In seiner vollkommenen Einsicht für das, was für diese beiden Hinterbliebenen wichtig war, schuf er eine neue Beziehung.

Ich hatte ein durchschnittlich gutes Verhältnis zu meiner Mutter. Je älter und verwirrter sie wurde, je weniger hätte sie in meinen häuslichen Ablauf hineingepaßt. Sagte mir aber die Bibel, die ich erst schätzen lernte, als meine Mutter schon über 70 war, nicht, daß ich sie ehren und damit zu mir nehmen sollte? Ich trug schwer an diesem Konflikt und betete viel für den Lebensabend meiner Mutter. An ihrem 83. Geburtstag übergab sie in ihrer Wohnung ihr Leben Jesus. Kurze Zeit später wurde sie so krank, daß sie in ein Pflegeheim mußte – und ich gewann sie auf eine wundersame Art dort immer lieber. Wir hatten während meiner Besuche zum ersten Mal eine unbeschwerte und liebevolle Beziehung, die ich genießen konnte! Ich sah, wie sie ihre Pflegeschwestern umarmte und küßte und ihre Arme nach ihnen ausstreckte. Die Unterschiede in der Beziehung zwischen ihren beiden leiblichen Töchtern und jenen unter den Pflegerinnen, die sie liebte, verschwammen. Mutter nannte eine der Pflegerinnen, die goldblondes Haar hatte und fast täglich mit ihr betete, «meinen Engel». Ob dieser «Engel» eine Art «Johanna» für sie sein konnte?

Kann uns Frauen, die wir uns nicht alle eignen, unsere Mütter aufzunehmen, Jesu Anweisung am Kreuz nicht ein großer Trost sein? Er schafft Beziehungen, indem er für unsere Mütter in seiner Weisheit so sorgt, wie es für ihr Altwerden am besten ist. Unauflöslich aber steht sein größtes Gebot auch in bezug auf die Eltern da: «Liebet einander!» Daß er dies Wunder auch im hohen Alter schenken kann, das durfte ich erleben.

Kreuz hängen blieben, gingen die
Führer der Juden zu Pilatus und ba-
ten ihn, er solle den Gekreuzigten die
Beine brechen und sie vom Kreuz ab-
nehmen lassen. 32 Pilatus schickte Sol-
daten, die den beiden mit Jesus ge-
kreuzigten Verbrechern die Beine
brachen. 33 Als sie zu Jesus kamen,
stellten sie fest, daß er bereits tot war.
Deshalb zerschlugen sie ihm nicht die
Beine. 34 Aber einer der Soldaten
stieß ihm eine Lanze in die Seite. So-
fort flossen Blut und Wasser aus der
Wunde.
35 Das bezeugt einer, der alles selbst
mitangesehen hat. Sein Bericht ist zu-
verlässig und wahr; ihm könnt ihr
glauben. 36 Auch das ist geschehen,
damit dieses Wort der Heiligen
Schrift in Erfüllung geht: «Kein Kno-
chen soll ihm zerbrochen werden.»[a]
37 Ebenso erfüllte sich die andere Vor-
aussage: «Sie werden auf den sehen,
den sie durchbohrt haben.»[b]

Jesus wird vom Kreuz abgenommen und ins Grab gelegt
(Matth. 27,57–61; Mark. 15,42–47;
Luk. 23,50–56)

38 Nachdem das alles geschehen war,
bat Joseph von Arimathia um die Er-
laubnis, den toten Jesus vom Kreuz
abnehmen zu dürfen. Er glaubte ins-
geheim an Jesus, doch hatte er das
bisher verschwiegen, weil er vor den
Juden Angst hatte. Pilatus erlaubte es
ihm, und so ging er und nahm den
Leichnam vom Kreuz ab. 39 Auch Ni-
kodemus, der Jesus einmal in der
Nacht aufgesucht hatte,[c] kam und
brachte etwa hundert Pfund einer Mi-
schung aus Myrrhe und Aloe. 40 Dann
nahmen sie den Leichnam Jesu und
hüllten ihn mit dieser Mischung aus
Myrrhe und Aloe in Leinentücher
ein. So war es beim Begräbnis von Ju-
den üblich.
41 In der Nähe der Hinrichtungs-
stätte lag ein Garten. Dort war ein in
den Fels gehauenes, bisher noch nicht
benutztes Grab. 42 In dieses Grab leg-
ten sie Jesus, denn sie hatten es eilig,
weil bald der Sabbat begann.

Jesus lebt
(Matth. 28,1–8; Mark. 16,1–8;
Luk. 24,1–12)

20 Am ersten Tag nach dem Sab-
bat, früh am Morgen, als es
noch dunkel war, ging Maria Magda-
lena zum Grab. Als sie sah, daß der
Stein nicht mehr vor dem Eingang des
Grabes lag, 2 lief sie zu Simon Petrus
und dem anderen Jünger, den Jesus
liebte. Aufgeregt berichtete sie ih-
nen: «Sie haben den Herrn aus dem
Grab geholt, und wir wissen nicht,
wohin sie ihn gebracht haben.»
3 Da beeilten sich Petrus und der
andere Jünger, um möglichst schnell
zum Grab zu kommen. 4 Gemeinsam
liefen sie los, aber der andere war
schneller als Petrus und kam zuerst
am Grab an. 5 Ohne hineinzugehen,
sah er in die Grabkammer und be-
merkte die Leinentücher, die dort la-
gen. 6 Dann kam auch Simon Petrus.
Er ging in das Grab hinein und sah
ebenfalls die Leinentücher 7 zusam-
men mit dem Tuch, das den Kopf Je-
su bedeckt hatte. Es lag nicht zwi-
schen den Leinentüchern, sondern

a) 2. Mose 12,46; 4. Mose 9,12
b) Sacharja 12,10
c) Johannes 3,1–21

zusammengefaltet an der Seite. [8]Jetzt ging auch der andere Jünger, der zuerst angekommen war, in die Grabkammer. Er sah sich darin um, und nun glaubte er, daß Jesus vom Tod auferstanden war.[a] [9]Denn bis zu diesem Zeitpunkt hatten sie die Stelle in der Heiligen Schrift noch nicht verstanden, in der es heißt, daß Jesus von den Toten auferstehen wird. [10]Die Jünger verließen das Grab und gingen nach Jerusalem zurück.

Jesus begegnet Maria Magdalena

(Matth. 28,9–10; Mark. 16,9–11)

[11]Inzwischen war auch Maria zurückgekehrt und blieb voll Trauer vor dem Grab stehen. Weinend schaute sie in die Kammer [12]und sah plötzlich zwei weißgekleidete Engel an der Stelle sitzen, an der Jesus gelegen hatte; einen am Kopfende, den anderen am Fußende. [13]«Warum weinst du?» fragten die Engel. «Weil sie meinen Herrn weggenommen haben. Und ich weiß nicht, wo sie ihn hingebracht haben», antwortete Maria Magdalena.

[14]Als Maria sich umdrehte, sah sie Jesus vor sich stehen. Aber sie erkannte ihn nicht. [15]«Warum weinst du?» fragte er sie. «Und wen suchst du?» Maria hielt Jesus für den Gärtner und fragte deshalb: «Hast du ihn weggenommen? Dann sage mir doch, wohin du ihn gebracht hast. Ich will ihn holen.»

[16]«Maria!» sagte Jesus nun. Da fuhr sie zusammen und erkannte ihn. «Rabbuni!» rief sie (das ist Hebräisch und heißt: Mein Meister). [17]Doch Jesus wehrte ab: «Halte mich nicht länger fest![b] Denn ich bin noch nicht zu meinem Vater zurückgekehrt. Gehe aber zu meinen Brüdern und sage ihnen: Ich gehe zurück zu meinem Vater und zu euerm Vater, zu meinem Gott und zu euerm Gott!» [18]Maria Magdalena lief nun zu den Jüngern und berichtete ihnen: «Ich habe den Herrn gesehen!» Und sie erzählte alles, was ihr Jesus gesagt hatte.

Der Auferstandene erscheint seinen Jüngern

(Matth. 28,16–20; Mark. 16,14–18; Luk. 24,36–49)

[19]An diesem Sonntagabend hatten sich alle Jünger versammelt. Aus Angst vor den Juden ließen sie die Türen fest verschlossen. Plötzlich war Jesus bei ihnen. Er trat in ihre Mitte und grüßte sie: «Friede sei mit euch!» [20]Dann zeigte er ihnen die Wunden in seinen Händen und an seiner Seite. Als die Jünger ihren Herrn sahen, freuten sie sich sehr.

[21]Und Jesus sagte noch einmal: «Friede sei mit euch! Wie mich der Vater in diese Welt gesandt hat, so sende ich euch in die Welt!» [22]Dann hauchte er sie an und sprach: «Empfangt den Heiligen Geist! [23]Wem ihr die Sünde erlaßt, dem ist sie erlassen. Und wem ihr die Schuld nicht vergebt, der bleibt schuldig.»

[24]Thomas, einer der zwölf Jünger, der auch Zwilling genannt wurde, war nicht dabeigewesen, als dies geschah. [25]Deshalb erzählten sie ihm: «Wir haben den Herrn gesehen!» Aber zweifelnd antwortete er: «Das glaube ich

a) Wörtlich: Darauf ging auch der andere Jünger hinein, der zuerst zum Grab gekommen war, und sah und kam zum Glauben.
b) Wörtlich: Rühre mich nicht an!

DER DIENST DES ZWEIFLERS

Ruth A. Tucker

Johannes 20,25

Es sind nicht die glaubensstarken Frauen (die den zweifelnden Jüngern verkünden, daß Jesus auferstanden ist), mit denen ich mich unter den Teilnehmern am Geschehen rund um den Tod und die Auferstehung Jesu am meisten identifiziere. Wenn ich mein Hin- und Hergerissensein zwischen Glauben und Zweifel betrachte, erkenne ich mich am besten in dem Jünger Thomas wieder.

Thomas war mehr als nur ein Jünger, der Zweifel hatte und hartnäckig darauf bestand, einen Beweis für die Auferstehung zu erhalten – mehr als ein Skeptiker, der für alle Zeiten als Beispiel mangelnden Glaubens bekannt sein wird.

Thomas steht vielmehr für all die vielen anderen unter den Nachfolgern Jesu über die Jahrhunderte, die, genau wie er, eine Veranlagung zum Zweifeln mitbringen. Auch wir sind Jesu Jünger, aber wir geben uns manchmal zynisch, und wir brauchen oft mehr Zeit, um die Fakten zu überprüfen und uns darauf einzustellen.

Thomas verdient gewiß kein Lob für seine Schwerfälligkeit zu glauben. Aber er und die anderen Jünger, die ja zu Anfang ebenfalls zweifelten, bieten den Skeptikern aller Zeiten Rückhalt, weil sie nichts einfach als erwiesen annahmen, was mit den Geschehnissen um Ostern zusammenhängt. Ja, die Tatsache, daß die Jünger zweifelten, ist gerade der schlagendste Beweis für die Auferstehung Jesu. Sie machten es nicht wie manche Leute, die sich bereitwillig bei jedem Gerücht oder Bericht, der ihnen über den Weg läuft, einklinken – besonders wenn das ihrer Stellung nützlich ist. Nein, sie forderten Beweise und haben damit den Christen aller Zeiten einen enormen Dienst erwiesen.

Jesus war immer wieder enttäuscht über den mangelnden Glauben seiner Jünger, und ich weiß, daß auch mein Glaubensmangel oft das Herz meines Herrn betrüben muß. Ich weiß aber auch, daß er mein Ringen versteht, genau wie mein Gebet, das den Herzensschrei eines anderen Mannes aufnimmt, der ebenfalls mit dem Zweifel und dem Unglauben zu kämpfen hatte: «Ich will dir ja vertrauen. Aber hilf mir doch, daß ich es kann!» (Markus 9,24).

erst, wenn ich seine durchbohrten
Hände gesehen habe. Mit meinen Fin-
gern will ich sie fühlen, und meine
Hand will ich in die Wunde an seiner
Seite legen. Eher werde ich es nicht
glauben.»
26 Acht Tage später hatten sich die
Jünger wieder versammelt. Diesmal
war Thomas bei ihnen. Und obwohl
sie die Türen wieder abgeschlossen
hatten, stand Jesus auf einmal in ihrer
Mitte und grüßte sie: «Friede sei mit
euch!» 27 Dann wandte er sich an Tho-
mas: «Lege deinen Finger auf meine
durchbohrten Hände! Gib mir deine
Hand und lege sie in die Wunde an
meiner Seite! Zweifle nicht länger,
sondern glaube!» 28 Thomas antworte-
te nur: «Mein Herr und mein Gott!»
29 Doch Jesus sagte zu ihm: «Du
glaubst, weil du mich gesehen hast.
Wie glücklich können erst die sein, die
nicht sehen und trotzdem glauben.»

Der Zweck dieses Buches

30 Die Jünger erlebten noch viele an-
dere Wunder Jesu, die nicht in diesem
Buch geschildert werden. 31 Aber die
hier aufgezeichneten Berichte wur-
den geschrieben, damit ihr glaubt,
daß Jesus Christus der Sohn Gottes
ist, und ihr durch den Glauben an ihn
das ewige Leben habt.

Jesus begegnet den Jüngern am See Tiberias

21 Später erschien Jesus seinen
Jüngern noch einmal am See
von Tiberias; und zwar geschah das
so: 2 Simon Petrus, Thomas, der Zwil-
ling genannt wurde, Nathanael aus
Kana in Galiläa, die beiden Söhne
des Zebedäus und zwei andere Jünger
waren dort zusammen. 3 Simon Petrus
sagte: «Ich werde jetzt fischen ge-
hen!» «Wir kommen mit», meinten
darauf die anderen. Sie stiegen ins
Boot und fuhren hinaus auf den See.
Aber während der ganzen Nacht fin-
gen sie keinen einzigen Fisch.
4 Im Morgengrauen stand Jesus am
Ufer. Doch die Jünger erkannten ihn
nicht. 5 Jesus rief ihnen zu: «Habt ihr
denn nichts gefangen?» «Nein», ant-
worteten sie. 6 Da forderte er sie auf:
«Werft das Netz auf der rechten Seite
des Bootes aus, dann werdet ihr einen
guten Fang machen!» Sie folgten die-
sem Rat und fingen so viele Fische,
daß sie das Netz nicht mehr einholen
konnten.
7 Jetzt sagte der Jünger, den Jesus
liebte, zu Petrus: «Das ist der Herr!»
Kaum hatte Simon Petrus das gehört,
zog er sich an (während der Arbeit war
er nämlich nackt), sprang ins Wasser
und schwamm an das Ufer. 8 Die ande-
ren Jünger waren noch etwa hundert
Meter vom Ufer entfernt. Sie folgten
Petrus mit dem Boot und zogen das
gefüllte Netz hinter sich her. 9 Als sie
aus dem Boot stiegen, sahen sie ein
Kohlenfeuer, auf dem Fische brieten.
Auch Brot lag bereit.
10 «Bringt ein paar von den Fischen
her, die ihr gerade gefangen habt!» bat
Jesus die Jünger. 11 Simon Petrus ging
zum Boot und zog das Netz an Land.
Es war gefüllt mit hundertdreiund-
fünfzig großen Fischen. Und obwohl
es so viele waren, zerriß das Netz
nicht.
12 «Kommt her und eßt!» sagte Je-
sus. Keiner von den Jüngern wagte zu
fragen: «Wer bist du?» Aber sie alle
wußten: Es ist der Herr. 13 Jesus ging
auf sie zu, nahm das Brot und verteilte
es an sie, ebenso die Fische.
14 Dies war das dritte Mal, daß Jesus
nach seiner Auferstehung vom Tode
den Jüngern erschienen war.

Das Huhn

Doris Reinthaler

Johannes 21,17

Ort der Handlung: Irgendwo auf dieser Welt in einem Urwald. Die sogenannte Zivilisation, einige Missionare ausgenommen, ist mit den Einheimischen dort noch nie in Berührung gekommen. Eines Tages machen diese einen Versuch: Sie zeigen den Einheimischen einen Film der New Yorker Innenstadt … Autos, Neonreklame, Hochhäuser, Straßenschluchten etc. Nach Beendigung der Vorführung fragen sie die Einheimischen, was in dem Film zu sehen war. Sofort kommt die lachende Antwort: «Na klar, das Huhn!» Die verblüfften Missionare sahen sich daraufhin den Film nochmals an. Und da – tatsächlich, für den Bruchteil einer Sekunde sieht man ein Huhn am Straßenrand nach Körnern picken. Nie zuvor war jemandem diese Szene aufgefallen. Aber die Menschen, denen Autos, Häuser, Neonreklame unbekannt waren, erkannten als einzig vertrautes Element sofort dieses Huhn. Es hatte mit ihrer Wirklichkeit zu tun. Alles andere nicht. Ist es nicht bei uns genauso?

Als Jesus Petrus zum dritten Mal fragt: «Hast du mich lieb?», erkennt dieser plötzlich eine Situation wieder, in der er schon einmal gewesen ist. Auch damals wurde ihm, jedoch von drei verschiedenen Menschen, eine ganz ähnliche Frage gestellt: «Bist du nicht auch ein Jünger dieses Mannes?»

Drei Mal verleugnete Petrus seinen Freund Jesus – und damit auch seine eigene Vergangenheit. Doch nach dem dritten Mal wird ihm sein Verrat bewußt, den Jesus ihm vorausgesagt hatte, und «er ging hinaus und weinte» …

Jetzt, nach Ostern, wird er wieder mit dieser Frage konfrontiert: «Hast du mich lieb?» Sie ist gleichbedeutend mit: «Gehörst du zu mir?» Petrus bejaht. Darauf antwortet Jesus: «Hüte meine Schafe!» – Nachdem Jesus die Frage zum dritten Mal gestellt hat, «wurde Petrus traurig, weil Jesus ihm nicht zu glauben schien». Hat ihn die Vergangenheit eingeholt? «Herr, du weißt alles, du weißt doch auch, wie sehr ich dich lieb habe», sagt Petrus schließlich.

Unsere Beteuerungen: «Ich hab dich lieb» sollen keine Lippenbekenntnisse sein, sondern der Ausdruck unseres Herzens. Sagen wir Gott und unseren Lieben überhaupt, daß wir sie lieb haben? Verstehe ich, daß ein «Ja» zu Jesus bedeutet, für andere Verantwortung zu übernehmen, so wie Jesus es tat? Gott will uns dabei behilflich sein. – Lassen wir es zu? Es würde doch Sinn machen, wenn jedes «Hast du mich lieb – ich hab'dich lieb» – zu unserem «Huhn», dem Signal schlechthin werden würde, das uns augenblicklich an den Wert erinnert, den jeder einzelne von uns vor Gott hat und auch vor den Menschen haben sollte.

«Liebst du mich?»

15 Nach diesem Essen fragte Jesus den
Simon Petrus: «Simon, Sohn des Jo-
hannes, liebst du mich mehr als die
anderen hier?» «Ja, Herr», antworte-
te ihm Petrus, «du weißt, daß ich dich
liebhabe.» «Dann hüte meine Läm-
mer», sagte Jesus.
16 Jesus wiederholte seine Frage:
«Simon, Sohn des Johannes, liebst du
mich?» «Ja, Herr, du weißt doch, daß
ich dich liebe», antwortete Petrus
noch einmal. «Dann hüte meine
Schafe!»
17 Und zum dritten Mal fragte Je-
sus: «Simon, Sohn des Johannes, hast
du mich wirklich lieb?» Jetzt wurde
Petrus traurig, weil Jesus ihm nicht zu
glauben schien und zum dritten Mal
gefragt hatte: «Hast du mich lieb?»
Deshalb antwortete er: «Herr, du
weißt alles. Du weißt doch auch, wie
sehr ich dich liebe!» Darauf sagte Je-
sus: «Dann hüte meine Schafe!
18 Merke dir, was ich dir jetzt sage:
Als du jung warst, hast du getan, was
du wolltest, und du hattest deine eige-
nen Ziele.[a] Im Alter aber wirst du dei-
ne Hände ausstrecken, und ein ande-
rer wird dich führen; dorthin, wo du
nicht hingehen willst.»
19 Damit woll-
te Jesus andeuten, durch welchen
Tod Petrus Gott verherrlichen wür-
de. Dann forderte Jesus ihn auf:
«Folge mir nach!»
20 Petrus wandte sich um und sah
hinter sich den Jünger, den Jesus lieb-
te, der beim letzten Abendessen ne-
ben Jesus gesessen und ihn gefragt
hatte: «Herr, wer von uns wird dich
verraten?»
21 Da fragte Petrus:
«Herr, was wird denn aus ihm?»
22 Je-
sus erwiderte: «Was soll diese Frage?
Wenn ich will, daß er so lange lebt,
bis ich wiederkomme, was geht es
dich an? Folge du mir nach!»
23 So entstand unter den ersten
Christen das Gerücht: «Dieser Jün-
ger wird nicht sterben.» Aber das hat-
te Jesus überhaupt nicht gesagt, son-
dern: «Wenn ich will, daß er so lange
lebt, bis ich wiederkomme, was geht
es dich an?»
24 Eben dieser Jünger ist es, der all
das bezeugt und hier aufgeschrieben
hat. Und wir wissen, daß alles, was er
bezeugt, wahr ist.

Schlußwort

25 Es gibt noch vieles andere, was Je-
sus getan hat. Aber wollte man das al-
les eins nach dem anderen aufschrei-
ben, so wäre wohl auf der ganzen
Welt nicht genügend Platz für die vie-
len Bücher, die dann geschrieben
werden müßten.

a) Wörtlich: Wahrlich, wahrlich, ich sage dir: Als du jünger warst, gürtetest du dich selbst und wandeltest, wohin du wolltest.

Die Taten der Apostel

1 Lieber Theophilus! In meinem
ersten Bericht habe ich von allem
geschrieben, was Jesus getan und ge-
lehrt hat; 2 und zwar von Anfang an
bis zu seiner Rückkehr zu Gott. Be-
vor aber Jesus in den Himmel aufge-
nommen wurde, hatte ihm der Heili-
ge Geist gezeigt, welche Männer er
als seine Apostel berufen sollte. Ih-
nen gab er genaue Anweisungen für
die Zukunft. 3 Diesen Männern hat er
sich auch nach seinem Leiden und
Sterben gezeigt und damit bewiesen,
daß er tatsächlich auferstanden ist.
Vierzig Tage lang sahen sie ihn, und
er sprach mit ihnen über das Reich
Gottes.
4 An einem dieser Tage[a] befahl Je-
sus seinen Jüngern: «Verlaßt Jerusa-
lem nicht! Bleibt so lange hier, bis in
Erfüllung gegangen ist, was euch der
Vater durch mich versprochen hat.
5 Johannes taufte mit Wasser; ihr aber
werdet bald mit dem Heiligen Geist
getauft werden.»

Jesus geht zurück zu Gott

6 Bei dieser Gelegenheit fragten sie
ihn: «Herr, wirst du jetzt Israel wie-
der zu einem freien und mächtigen
Reich machen?» 7 Darauf antwortete
Jesus: «Die Zeit dafür hat allein Gott
der Vater bestimmt. Das ist nicht eu-
re Sache. 8 Aber ihr werdet den Heili-
gen Geist empfangen und durch seine
Kraft meine Zeugen sein in Jerusalem
und Judäa, in Samarien und auf der
ganzen Erde.»
9 Nachdem er das gesagt hatte,
nahm Gott ihn zu sich. Eine Wolke
verhüllte ihn vor ihren Augen, und sie
sahen ihn nicht mehr. 10 Noch wäh-
rend sie überrascht nach oben blick-
ten, standen auf einmal zwei weißge-
kleidete Männer bei ihnen. 11 «Ihr
Galiläer», sprachen sie die Jünger an,
«was steht ihr hier und seht zum Him-
mel? Gott hat Jesus aus eurer Mitte
zu sich in den Himmel genommen;
aber eines Tages wird er genauso zu-
rückkehren.»

Die Wahl des Matthias zum Apostel

12 Da gingen sie vom Ölberg nach Je-
rusalem zurück, das ungefähr einen
Kilometer entfernt liegt. 13/14 Sie ka-
men im oberen Stockwerk des Hauses
zusammen, wo sie sich auch sonst im-
mer trafen, und beteten miteinan-
der.[b] Es waren Petrus, Johannes, Ja-
kobus, Andreas, Philippus, Thomas,
Bartholomäus, Matthäus, Jakobus,
der Sohn des Alphäus, Simon, der
ehemalige Freiheitskämpfer, und Ju-
das, der Sohn des Jakobus. Zu ihnen
gehörten auch einige Frauen, unter
anderem Maria, die Mutter von Je-
sus, und seine Brüder.
15 An einem dieser Tage hatten sich
etwa hundertzwanzig Menschen dort
versammelt. Da stand Petrus auf und
sagte: 16 «Liebe Brüder! Die Voraus-

a) Wörtlich: Zusammen (mit ihnen) essend.
b) Wörtlich: Diese alle verharrten einmütig im Gebet.

KREISE ZIEHEN

Juliet Thomas

Apostelgeschichte 1,8

Es ist so, als wenn man einen Kieselstein ins Wasser wirft: Wir stürzen uns mit ganzer Kraft in die Aufgabe, das Licht Gottes in unsere Umgebung hineinzutragen, wo wir auch stehen. Die Wellen, die wir dabei schlagen, sind äußerst weitreichend. Bei einer Frau fängt das gewöhnlich mit ihrer Familie und ihren engsten Freunden an.

Wie steht es um Ihren Ehemann, Ihre Kinder und Ihre Verwandtschaft? Ist Jesus auch ihr Retterund Erlöser? Wenn das noch nicht der Fall ist, finden sich für Sie wunderbare Ermutigungen in der Heiligen Schrift. Wenn wir treu bleiben, wird Gott einen Weg finden, unseren Lieben auf seine Art und zu seiner Zeit eine wunderbare Errettung zuteil werden zu lassen, und der Kreis der Familie wird auch dereinst im Himmel wieder zusammen sein. Beten Sie unablässig für Ihre Lieben. Seien Sie ihnen ein Vorbild der Liebe Christi. Dienen Sie ihnen und sorgen Sie für sie, so gut Sie können. Dem Teufel liegt daran, Ehen und Familien zu zerstören, aber Gott macht es Freude, sie zu segnen, zu stärken und aufzubauen.

Natürlich muß jeder einzelne ganz persönlich Buße für seine Sünden tun und im Glauben das Heil seiner Seele erfassen. Doch es ist Gott, der das Herz zur Buße hin bewegt. Wenn wir nicht beständig darin sind, im Glauben für unsere Angehörigen zu beten, wird er an ihnen arbeiten, bis er sie zu sich gezogen hat. Was für wunderbare Möglichkeiten liegen im glaubensvollen Gebet verborgen. Viele Beispiele dafür finden wir in der Bibel – angefangen bei der Familie Noahs über Hanna und Josua bis hin zum Kerkermeister von Philippi und zum Haus des Kornelius.

Viel Lärm um nichts!

Aus Psalm 39

Ein Lied Davids

Ich hatte mir vorgenommen,
vor bösen Menschen meine Zunge im Zaum zu halten;
ich wollte mich zusammennehmen und nichts sagen,
was man mir als Schuld anrechnen könnte.
Also verstummte ich und sagte kein Wort mehr.
Aber das half mir auch nicht weiter, mein Schmerz wurde nur noch schlimmer.

Ich fraß den Kummer in mich hinein.
Je mehr ich darüber nachgrübelte, desto tiefer geriet ich in Verzweiflung.
Ich konnte es nicht mehr länger aushalten – da schrie ich zu Gott:
«Herr, laß mich erkennen, wie kurz mein Leben ist
und wieviel Zeit ich noch habe; wie vergänglich bin ich doch!
Wie begrenzt ist das Leben, das du mir gegeben hast!
Ein Nichts ist es in deinen Augen! Jeder Mensch, selbst der stärkste,
ist nur ein Hauch, der vergeht – schnell wie ein Schatten verschwindet er.
Sein Tun und Treiben ist viel Lärm um nichts!
Er häuft sich Reichtümer an und weiß nicht, was einmal daraus wird.»
Auf was kann ich da noch hoffen? Herr, du allein bist meine Hoffnung!

Vergib mir alle meine Sünden und mach mich nicht zum Gespött dieser Narren!
Wenn du einen Menschen wegen seiner Schuld strafst,
dann vergeht das Wertvollste, was er hat – sein Leben.
Es zerfällt wie ein Kleid, das die Motten zerfressen.
Jeder Mensch ist nur ein Hauch, der vergeht.

Höre mein Gebet, Herr, und achte auf meinen Hilfeschrei!
Schweige nicht, wenn du mein Weinen vernimmst!
Denn diese Welt wird nicht für immer meine Heimat sein;
schon meine Vorfahren sind hier nur Gäste und Fremde gewesen.
Strafe mich nicht länger in deinem Zorn, damit ich mich noch einmal freuen kann,
bevor ich sterben muß und nicht mehr bin!

sage der Heiligen Schrift über Judas, der Jesus an seine Feinde verriet, mußte sich erfüllen. Es ist so gekommen, wie es der Heilige Geist durch David vorhergesagt hat. [17]Judas gehörte zu uns und erhielt denselben Auftrag wie wir. [18]Von dem Geld, das er für seinen Verrat bekam, kaufte er sich ein Stück Land. Aber Judas hat ein schreckliches Ende gefunden. Kopfüber stürzte er zu Tode, sein Leib wurde zerschmettert, so daß die Eingeweide heraustraten. [19]Das weiß jeder in Jerusalem, und deshalb nennt man diesen Acker auf hebräisch Hakeldamach, das heißt ‹Blutacker›. [20]Schon in den Psalmen steht: ‹Sein Besitz wird veröden, und niemand wird darin wohnen!›[a] An einer anderen Stelle heißt es: ‹Seine Aufgabe soll ein anderer übernehmen.›[b] [21]Deshalb muß für Judas ein Nachfolger gefunden werden. Es muß ein Mann sein, der die ganze Zeit bei Jesus war; [22]angefangen von dem Tag, an dem Jesus von Johannes getauft wurde, bis zu dem Tage, an dem Gott ihn zu sich nahm. Denn zusammen mit uns soll er bezeugen, daß Jesus auferstanden ist.»

[23]Sie stellten zwei Männer zur Wahl: Joseph Justus, der auch Barsabas genannt wurde, und Matthias. [24]Dann beteten sie alle: «Herr, du kennst jeden Menschen ganz genau. Zeige uns, welcher von diesen beiden nach deinem Willen den Dienst und den Auftrag des Judas übernehmen soll. Denn Judas hat seinen Auftrag nicht erfüllt. [25]Er ist jetzt an dem Platz, der ihm zukommt.» [26]Danach losten sie, und das Los fiel auf Matthias. Seit dieser Zeit gehörte er zu den zwölf Aposteln.

a) Psalm 69,26
b) Psalm 109,8

Pfingsten: Gottes Geist kommt

2 Zum Beginn des jüdischen Pfingstfestes waren alle Jünger wieder beieinander. [2]Plötzlich kam vom Himmel her ein Brausen wie von einem gewaltigen Sturm und erfüllte das ganze Haus, in dem sie sich versammelt hatten. [3]Zugleich sahen sie etwas wie züngelndes Feuer, das sich auf jedem einzelnen von ihnen niederließ. [4]So wurden sie alle mit dem Heiligen Geist erfüllt, und sie redeten in fremden Sprachen; denn der Geist hatte ihnen diese Fähigkeit gegeben.

[5]Zum Fest waren viele gottesfürchtige Juden aus aller Welt nach Jerusalem gekommen. [6]Sie liefen von allen Seiten herbei, als das geschah. Fassungslos hörte jeder die Apostel in seiner eigenen Sprache reden.

[7]«Wie ist das möglich?» riefen sie außer sich. «Alle diese Leute sind doch aus Galiläa, [8]und dennoch reden sie in unserer Muttersprache; ganz gleich, ob wir Parther, Meder oder Elamiter sind. [9]Andere von uns kommen aus Mesopotamien, Judäa, Kappadozien, Pontus und der Provinz Asien, [10]aus Phrygien, Pamphylien und aus Ägypten, aus der Gegend von Kyrene in Libyen und selbst aus Rom. Wir sind Juden oder Anhänger des jüdischen Glaubens, [11]Kreter und Araber. Doch jeder von uns hört diese Männer in seiner eigenen Sprache von Gottes großen Taten reden!»

[12]Bestürzt und ratlos fragte einer den anderen: «Was soll das bedeuten?» [13]Einige aber spotteten: «Die haben doch nur zuviel getrunken!»

Gott gibt einen Auftrag

Else Diehl

Apostelgeschichte 2,18

Es war schon spannend, als Petrus an Pfingsten in Jerusalem seine Predigt hielt. Was seine Freunde gesagt hatten, erschien den Zuhörern so unverständlich, daß einige meinten, die Redner seien nicht ganz nüchtern. Das brachte Petrus auf den Plan. Er erklärte seinen Zuhörern, was Gott mit den Menschen vorhat, die ihm dienen. Gott will dabei alle Generationen gebrauchen, Alte und Junge, Männer und Frauen. Dazu rüstet Gott sie mit seinem Geist aus, der sie mutig und entschlossen macht, wie wir es an Petrus erleben. Das ist nicht eine Frage des Temperaments, sondern Gottes Wirken. So sind zarte Frauen zu mutigen Kämpferinnen geworden, die Großartiges begonnen und geleistet haben. So wurde Mathilda Wrede zum «Engel der Gefangenen» in den Gefängnissen und Zuchthäusern Finnlands. Weil dieser Geist sie bestimmte, kümmerte Eva von Tiele-Winckler sich um Waisenkinder und Mutter Teresa noch im hohen Alter um die Ärmsten der Armen.

Es ist dieser Geist Gottes, der liebesfähig macht und dafür sorgt, daß die Botschaft von der Liebe Gottes weitergetragen wird. Und dieser Geist Gottes will in allen lebendigen Christen wirken, die sich ihm öffnen.

Das gilt Ihnen und mir gleichermaßen.

«Hilf mir und segne meinen Geist
mit Segen, der vom Himmel fleußt,
daß ich dir stetig blühe;
gib, daß der Sommer deiner Gnad
in meiner Seele früh und spat
viel Glaubensfrüchte ziehe.

Mach in mir deinem Geiste Raum,
daß ich dir werd ein guter Baum,
und laß mich Wurzel treiben.
Verleihe, daß zu deinem Ruhm
ich deines Gartens schöne Blum
und Pflanze möge bleiben.»

Paul Gerhardt

Petrus verkündet die Botschaft von Jesus

14 Da erhob sich Petrus mit den ande-
ren elf Aposteln und rief der Menge
zu: «Hört her, ihr jüdischen Männer
und ihr Einwohner von Jerusalem.
Ich will euch erklären, was hier ge-
schieht.
15 Diese Männer sind nicht betrun-
ken, wie einige von euch meinen. Es
ist ja erst neun Uhr morgens. 16 Nein,
hier erfüllt sich, was der Prophet Joel
vorausgesagt hat. Bei ihm heißt es:
17 ‹In den letzten Tagen, spricht
Gott, will ich alle Menschen mit mei-
nem Geist erfüllen. Eure Söhne und
Töchter werden aus göttlicher Einge-
bung reden, eure jungen Männer
werden Visionen haben und die alten
Männer bedeutungsvolle Träume.
18 Allen Männern und Frauen, die mir
dienen, will ich meinen Geist geben,
und sie werden in meinem Auftrag re-
den. 19 Am Himmel und auf der Erde
werdet ihr Wunderzeichen sehen:
Blut, Feuer und Rauch. 20 Die Sonne
wird sich verfinstern und der Mond
blutrot scheinen, bevor der Tag des
Herrn kommt, groß und herrlich.
21 Wer dann den Namen des Herrn an-
ruft, soll gerettet werden.›[a]
22 Hört her, ihr Männer Israels! Wie
ihr alle wißt, hat Jesus von Nazareth
in Gottes Auftrag mitten unter euch
viele mächtige Taten, Zeichen und
Wunder gewirkt. Gott selbst hat es al-
so durch ihn getan. 23 Aber Jesus wur-
de durch Verrat an euch ausgeliefert,
und ihr habt ihn mit Hilfe der ungläu-
bigen Römer ans Kreuz genagelt und
umgebracht. Doch genau so war es
von Gott vorausbestimmt.
24 Diesen Jesus hat Gott auferweckt
und damit die Macht des Todes ge-
brochen. Wie hätte auch der Tod
über ihn Gewalt behalten können!
25 David sprach schon von Jesus, als er
sagte: ‹Ich sehe immer auf den
Herrn. Er steht mir zur Seite, damit
ich nicht falle. 26 Darüber freue ich
mich so sehr, daß ich es nicht für mich
behalten kann. Selbst wenn ich ster-
be, hoffe ich auf dich, Herr! 27 Denn
du wirst mich nicht dem Tod und der
Verwesung überlassen, ich gehöre ja
zu dir. 28 Du zeigst mir den Weg, der
zum Leben führt. Du beschenkst
mich mit Freude, denn du bist bei
mir.›[b]
29 Liebe Brüder! Laßt es mich ganz
offen sagen: Unser Vater David ist
gestorben, und er wurde begraben.
Sein Grab kann man heute noch se-
hen. 30 Gott hatte ihm aber mit einem
Eid geschworen, einer von Davids
Nachkommen werde als König auf
seinem Thron sitzen. Weil David nun
ein Prophet war, 31 hat er die Aufer-
stehung des Christus vorausgesehen.
Von ihm nämlich sagte er: Er wird
nicht bei den Toten bleiben, und sein
Leib wird nicht verwesen.
32 Diesen Jesus hat Gott von den
Toten auferweckt. Das können wir
alle bezeugen. 33 Nun hat Gott ihn
zum Herrscher eingesetzt. Er emp-
fing vom Vater den Heiligen Geist
und gab ihn uns, wie es vorausgesagt
war. Ihr seht und hört jetzt selbst, daß
es in Erfüllung gegangen ist. 34 Nicht
David ist zum Himmel aufgefahren,
denn er sagt: ‹Gott sprach zu meinem
Herrn: Setze dich auf den Ehrenplatz
an meiner rechten Seite, 35 bis ich dir
alle deine Feinde unterworfen habe,

a) Joel 3,1–5
b) Psalm 16,8–11

bis du deinen Fuß auf ihren Nacken
setzt.›[a]
36 Kein Mensch in ganz Israel kann
jetzt noch daran zweifeln: Gott hat
Jesus, den ihr gekreuzigt habt, zum
Herrn und Retter gemacht.»
37 Tief betroffen wollten die Zuhö-
rer von Petrus und den anderen Apo-
steln wissen: «Brüder, was sollen wir
tun?»
38 «Ändert euch und euer Leben!
Wendet euch Gott zu!» forderte Pe-
trus sie auf. «Laßt euch auf den Na-
men Jesu Christi taufen, damit euch
Gott eure Sünden vergibt und ihr den
Heiligen Geist empfangt. 39 Das alles
ist euch, euern Nachkommen und den
Menschen in aller Welt zugesagt, die
der Herr, unser Gott, in seinen
Dienst berufen wird.»
40 Petrus sprach noch lange mit ih-
nen und forderte sie eindringlich auf:
«Laßt euch von eurer Gottlosigkeit
erretten!»[b] 41 Viele Zuhörer glaub-
ten, was Petrus ihnen sagte, und lie-
ßen sich taufen. Etwa dreitausend
Menschen wurden an diesem Tag in
die Gemeinde aufgenommen.

Die erste Christengemeinde

42 Diese ersten Christen ließen sich re-
gelmäßig von den Aposteln unter-
richten und lebten in brüderlicher
Gemeinschaft, feierten das Abend-
mahl und beteten miteinander.
43 Eine tiefe Ehrfurcht vor Gott erfüll-
te sie alle. Er wirkte durch die Apo-
stel viele Wunder und bestätigte auf
diese Weise ihre Worte. 44 Die Gläu-
bigen lebten wie in einer großen Fa-
milie. Was sie besaßen, gehörte ihnen
gemeinsam. 45 Wer ein Grundstück
oder anderen Besitz hatte, verkaufte
ihn und half mit dem Geld denen, die
in Not waren. 46 Täglich kamen sie im
Tempel zusammen und feierten in
den Häusern das Abendmahl. In gro-
ßer Freude und mit aufrichtigem Her-
zen trafen sie sich zu gemeinsamen
Mahlzeiten. 47 Sie lobten Gott und
waren im ganzen Volk geachtet und
anerkannt. Die Gemeinde wurde mit
jedem Tag größer, weil Gott viele
Menschen rettete.

Gottes Wunder an einem Gelähmten

3 An einem Nachmittag gegen drei
Uhr gingen Petrus und Johannes
wie gewohnt zum Tempel. Sie woll-
ten dort am gemeinsamen Gebet teil-
nehmen. 2 Zur selben Zeit brachte
man einen Gelähmten und setzte ihn
an eine der Tempeltüren, an das so-
genannte «Schöne Tor». Der Mann
war seit seiner Geburt krank und bet-
telte dort wie an jedem Tag.
3 Als Petrus und Johannes den
Tempel betreten wollten, bat er auch
sie um etwas Geld. 4 Sie blieben ste-
hen, und Petrus sagte: «Sieh uns an!»
5 Erwartungsvoll blickte der Mann
auf: Würde er etwas von ihnen be-
kommen? 6 Doch Petrus sagte: «Geld
habe ich nicht. Aber was ich habe,
will ich dir geben. Im Namen Jesu
Christi von Nazareth: Stehe auf und
geh!» 7 Dabei faßte er den Gelähmten
an der rechten Hand und richtete ihn
auf. In demselben Augenblick konnte
der Kranke Füße und Gelenke ge-
brauchen. 8 Er sprang auf, lief einige
Schritte hin und her und ging dann
mit Petrus und Johannes in den Tem-

a) Psalm 110,1
b) Wörtlich: Laßt euch retten aus diesem verkehrten Geschlecht.

pel. Außer sich vor Freude rannte er
umher, sprang in die Luft und lobte
Gott.
9 So sahen ihn die anderen Tempel-
besucher. 10 Sie erkannten, daß es der
Bettler war, der immer an der «Schö-
nen Tür» des Tempels gesessen hatte.
Fassungslos starrten sie den Geheil-
ten an. Wieso konnte er jetzt laufen?
11 Alle drängten aufgeregt in die Halle
Salomos. Dort umringten sie Petrus,
Johannes und den Geheilten, der
nicht von der Seite der Apostel wich.

Petrus predigt im Tempel

12 Als Petrus die vielen Menschen sah,
sprach er zu ihnen: «Ihr Männer aus
Israel! Warum wundert ihr euch?
Und weshalb staunt ihr uns an?
Glaubt ihr denn, wir hätten diesen
Gelähmten aus eigener Kraft geheilt
oder weil wir so fromm sind?
13 Nein, es ist der Gott Abrahams,
Isaaks und Jakobs, der Gott unserer
Väter, der uns mit dieser Wundertat
die Macht und Ehre seines Sohnes[a]
Jesus gezeigt hat. Diesen Jesus habt
ihr verraten und verleugnet, obwohl
Pilatus entschlossen war, ihn freizu-
lassen. 14 Für den Heiligen und Ge-
rechten habt ihr das Todesurteil ver-
langt, aber den Mörder habt ihr be-
gnadigt. 15 Ihr habt den getötet, von
dem alles Leben kommt. Aber Gott
hat ihn von den Toten auferstehen
lassen. Das können wir bezeugen.
16 Weil wir an Jesus glauben, hat er
diesen Mann hier geheilt. Ihr alle
kennt ihn und wißt, daß er gelähmt
war. Doch nun ist er gesund gewor-
den, weil er an Jesus geglaubt hat.[b]
17 Ich weiß, liebe Brüder, euch war
nicht klar, was ihr damals getan habt,
und auch eure Führer wußten es
nicht. 18 Doch Gott hat dadurch er-
füllt, was alle Propheten angekündigt
haben: Der verheißene Retter muß
leiden.
19 Jetzt aber ändert euch von Grund
auf, und kehrt um zu Gott, damit er
euch die Sünden vergibt. 20 Dann wird
auch die Zeit kommen, in der sich
Gott euch freundlich zuwenden und
den seit langem ausersehenen Mes-
sias senden wird, nämlich Jesus.
21 Jetzt herrscht er unsichtbar im
Himmel, aber die Zeit wird kommen,
in der alles neu wird. Davon hat Gott
schon immer durch seine auserwähl-
ten Propheten gesprochen. 22 Bereits
Mose hat gesagt: ‹Einen Propheten
wie mich wird der Herr zu euch sen-
den, einen Mann aus euerm Volk.
Dem sollt ihr in allem gehorchen.
23 Wer ihm aber nicht gehorcht, der
soll aus dem Volk verstoßen werden
und sterben.›[c]
24 Ebenso haben Samuel und alle
Propheten nach ihm diese Tage ange-
kündigt. 25 Was diese Männer gesagt
haben, gilt auch für euch. Auch für
euch gilt der Bund, den Gott mit eu-
ern Vätern geschlossen hat. Denn
Gott sprach zu Abraham: ‹Durch
deine Nachkommen sollen alle Völ-
ker der Erde gesegnet werden.›[d]
26 Gott hat seinen Knecht Jesus zu
euch geschickt und bietet euch damit
das Heil an. Er wird euch segnen,
wenn ihr umkehrt und euer Leben än-
dert.»

a) Wörtlich: Knechtes.
b) Wörtlich: aufgrund des Glaubens an seinen Namen.
c) 5. Mose 18,15; 3. Mose 23,29
d) 1. Mose 12,3; 18,18

KEINE ALMOSEN!

Elke Werner

Apostelgeschichte 3,1–10

Eine Erzählung meiner Großmutter fällt mir ein: Meine Urgroßmutter putzte mit ihren drei Töchtern, die älteste noch keine 8 Jahre alt, jeden Morgen den Bahnhof. Meine Großmutter erledigte diese Arbeit, bevor sie zur Schule ging. Mit etwas Stolz erzählte sie uns noch Jahre später, daß ihre kleine Putzkolonne nachmittags auch die Schule am Ort geputzt hat. Mein Urgroßvater hatte seine Frau mit drei Kindern alleingelassen. Meine tapfere Urgroßmutter mußte ihre Kinder mit einspannen in die Arbeit. An einen Vormittag erinnerte sich meine Großmutter besonders gut. Sie schrubbte gerade das Treppengeländer, als eine feine, reiche Dame sie anlächelte und ihr ohne weiteren Kommentar eine Tafel Schokolade reichte! Für meine Großmutter ein Moment größten Glücks. Nicht wegen der Schokolade allein, auch wegen der Zuwendung und Aufmerksamkeit dieser feinen Dame. Es war ein so tiefes Erlebnis für sie, daß selbst ich, zwei Generationen später, immer noch tief bewegt bin durch diese kleine Geste.

Diese kleine Begebenheit fällt mir ein, wenn ich von der Begegnung des Petrus und des Johannes mit dem Gelähmten auf der Treppe vor dem Tempel lese. Dieser Mann hat unzählige Menschen achtlos an seinem Elend vorübergehen sehen. Das Betteln um Almosen ist für ihn Alltag. Er kennt gar kein anderes Leben mehr als dieses. Doch dann kommt ein Tag, an dem alles anders werden soll. Plötzlich stehen zwei Männer vor ihm, die ihn ansprechen und Blickkontakt mit ihm aufnehmen. Sie sehen in ihm nicht nur den lästigen Bettler, sondern einen wertvollen Menschen, mit dem man redet, den man anlächelt, den man ernst nimmt in seiner Not. Petrus stellt gleich klar, daß es nicht um Almosen geht. Es geht um den ganzen Menschen. Er soll gesund werden. Er soll sein Leben neu entdecken und nicht mehr unter dem Schatten der Behinderung leben. Petrus hat den Mut, im Namen Jesu für ihn zu beten. Und das erste uns berichtete Wunder nach der Himmelfahrt Jesu geschieht: Der Gelähmte kann gehen. Er springt auf und hüpft umher. Die Freude ist übergroß und steckt an. Er lobt Gott, denn er weiß, daß nicht die beiden Männer ihn geheilt haben, sondern der Gott, zu dem sie gebetet haben. Jesus hatte nicht nur Almosen für ihn bereit, er hat ihn geheilt.

Was könnte alles geschehen, wenn wir uns mit den Augen Gottes den Menschen «am Wegrand» zuwenden würden! Wenn wir anfangen würden, ihnen Gutes zu tun. Sei es durch eine kleine Aufmerksamkeit wie eine Tafel Schokolade oder durch unser Gebet im Namen Jesu. Gott hat noch viel vor. Sind Sie dabei?

Petrus und Johannes werden verhört

4 Noch während Petrus und die anderen Apostel zu den Leuten sprachen, drängten sich einige Priester, der Hauptmann der Tempelpolizei und ein paar Sadduzäer nach vorn. 2 Sie waren empört, weil Petrus und Johannes in aller Öffentlichkeit lehrten, daß es eine Auferstehung von den Toten gibt, wie es Jesu Auferstehung ja bewiesen habe. 3 Deswegen ließen sie die beiden Apostel verhaften und über Nacht ins Gefängnis sperren, weil es inzwischen Abend geworden war. 4 Aber viele von den Zuhörern waren durch die Predigt der Apostel zum Glauben gekommen, so daß nun etwa fünftausend Männer zur Gemeinde gehörten.

5 Am nächsten Morgen berief man eine Sitzung des jüdischen Gerichtshofes in Jerusalem ein. 6 Der Hohepriester Hannas, dazu Kaiphas, Johannes, Alexander und andere aus der Verwandtschaft des Hohenpriesters waren anwesend. 7 Sie ließen Petrus und Johannes hereinbringen und fragten die Apostel: «Wer hat euch für das, was ihr getan habt, den Auftrag und die Vollmacht gegeben?»

8 Erfüllt vom Heiligen Geist antwortete ihnen Petrus: «Ihr Führer und Ältesten unseres Volkes! 9 Wir werden heute vor Gericht gestellt, weil wir einem Kranken geholfen haben. 10 Auf die Frage, wie der Mann hier gesund geworden ist, gibt es nur eine Antwort, und die wollen wir euch und dem ganzen Volk Israel gern geben: Daß dieser Mann geheilt wurde, geschah allein im Namen Jesu Christi von Nazareth. Er ist es, den ihr gekreuzigt habt und den Gott von den Toten auferweckte. 11 Jesus ist der Eckstein, von dem in der Heiligen Schrift gesprochen wird und den ihr Bauleute als unbrauchbar weggeworfen habt.[a] Er aber trägt nun den ganzen Bau. 12 Nur Jesus kann den Menschen Rettung bringen. Nichts und niemand sonst auf der ganzen Welt rettet sie.»[b]

13 Die Mitglieder des Gerichtshofes wunderten sich darüber, wie mutig Petrus und Johannes redeten; wußten sie doch, daß es einfache Leute waren, die niemals Theologie studiert hatten. Aber sie erkannten die beiden als Jünger Jesu wieder; 14 und die Heilung selbst konnten sie nicht bestreiten, denn der Geheilte stand vor ihnen. 15 Deshalb ließen sie zunächst einmal die Angeklagten aus dem Sitzungssaal führen.

16 «Was sollen wir nur mit diesen Leuten anfangen?» fragten sie sich. «Daß sie in Jerusalem ein Wunder gewirkt haben, können wir nicht ableugnen. Schließlich haben das viele mit eigenen Augen gesehen. 17 Damit ihr Einfluß auf das Volk aber nicht noch größer wird, sollten wir ihnen streng verbieten, jemals wieder von diesem Jesus zu reden.»

18 Nachdem sie die Apostel wieder in den Sitzungssaal gerufen hatten, verboten sie ihnen sehr nachdrücklich, noch einmal in der Öffentlichkeit von Jesus zu reden. 19 Aber Petrus und Johannes antworteten nur: «Wollt ihr tatsächlich von uns verlangen, daß wir euch mehr gehorchen als

a) Psalm 118, 22
b) Wörtlich: Es ist auch kein anderer Name unter dem Himmel den Menschen gegeben, durch den wir gerettet werden können.

Einheit macht stark

Lisa Fuchs

Apostelgeschichte 4,32

Neulich las ich eine unglaubliche Geschichte. In einem amerikanischen Bundesstaat war ein Farmer mit seinem kleinen Jungen unterwegs, um in seinem riesigen Weizenfeld nach der Reife der Ähren zu schauen. Er lief in das Feld hinein, sein kleiner Sohn folgte ihm. Erst nach einer Zeit merkte der Vater, daß der Junge verschwunden war.

Aufgeregt fing er an zu suchen und zu rufen, aber vergeblich. Er suchte den ganzen Tag, aber er konnte seinen Sohn in dem riesigen Feld nicht finden.

Das Dorf, in dem der Farmer wohnte, war entsetzt über das Ereignis. Alle überlegten, was man tun könnte, und sie kamen auf eine gute Idee. Alle, die mithelfen wollten, faßten sich an den Händen und bildeten so eine lange Kette. Wie ein Kamm gingen sie in das Feld hinein. Sie fanden den Jungen, der noch zu klein gewesen war, um den Rückweg aus dem Weizenfeld zu finden. Der gemeinsame Einsatz hatte sie stark und erfolgreich gemacht.

Die ersten Christen in Jerusalem waren zur Zeit der Apostel in Bedrängnis gekommen. Sie hatten überall auf den Straßen unerschrocken von Jesus erzählt. 5000 Menschen gehörten nun schon zur Gemeinde. Viele Zeichen und Wunder geschahen.

Petrus und Johannes waren besonders aufgefallen. Dem jüdischen Gerichtshof und dem Hohenpriester Kaiphas waren sie ein Dorn im Auge. So ersannen sie einen Vorwand und nahmen die erste Gelegenheit wahr, um die beiden Apostel ins Gefängnis zu werfen. Diesem dauernden Gerede von Jesus mußte Einhalt geboten werden!

Die beiden wurden verhört und alle waren erstaunt über das, was sie sagten. Man ließ sie wieder frei. Petrus und Johannes berichteten der Gemeinde von diesem Vorfall. Da beteten alle gemeinsam zu Gott (V. 24). Dabei spürten sie recht deutlich den Kampf, dem sie bald ausgesetzt sein würden.

Der Heilige Geist stellte sich spürbar auf die Seite der Gemeinde. Wenn sie stark sein wollten, mußten sie näher zusammenrücken. Die Reichen ließen die Armen an ihrem Besitz teilhaben. Die ersten Christen in Jerusalem teilten ihr Hab und Gut untereinander. Sie waren ein Herz und eine Seele. Dadurch hatten sie eine große Überzeugungskraft. Ihre Einheit machte sie stark und anziehend für andere. – Was würde heute passieren, wenn Christen sich gegenseitig geistig und materiell helfen würden?! Ich glaube, das wäre der langersehnte «Schlüssel» zur Erweckung in unserem Land.

Gott? 20 Wir können unmöglich verschweigen, was wir gesehen und gehört haben!»

21 Da verwarnte das Gericht die Apostel noch einmal, ließ sie jedoch frei, weil die Richter Unruhe im Volk befürchteten. Denn alle Menschen in Jerusalem lobten Gott, der durch Petrus und Johannes ein solches Wunder vollbracht hatte. 22 Immerhin war der Mann, an dem dieses Wunder geschah, schon über vierzig Jahre gelähmt gewesen.

Die Apostel berichten der Gemeinde

23 Sofort nachdem Petrus und Johannes frei waren, gingen sie zu den anderen Christen[a] und berichteten, was ihnen die Hohenpriester und Führer des Volkes angedroht hatten. 24 Da beteten alle gemeinsam zu Gott:

«Herr, du hast den Himmel, die Erde und das Meer erschaffen und dazu alles, was lebt. 25 Es sind deine Worte, die unser Vater David, dein Knecht, durch den Heiligen Geist gesprochen hat: ‹Warum toben die Heiden, und weshalb schmieden die Völker ihre nutzlosen Pläne? 26 Die Machthaber der Erde rüsten auf, und alle Herrscher verbünden sich zum Kampf gegen Gott und seinen Christus.›[b] 27 Genau das ist in dieser Stadt geschehen. Sie haben sich verbündet: Herodes und Pilatus, die Römer und ganz Israel. Sie sind eins geworden im Kampf gegen Jesus, deinen heiligen Sohn, den du erwählt hast. 28 Doch sie erfüllen nur, was du in deiner Macht schon seit langem beschlossen hast. 29 Und nun, Herr, höre ihre Drohungen! Hilf allen, die an dich glauben, deine Botschaft ohne Angst weiterzusagen. 30 Zeige deine Macht! Laß Heilungen und Wunder geschehen durch den Namen deines heiligen Sohnes Jesus!»

31 Als sie gebetet hatten, bebte das Haus, in dem sie zusammengekommen waren. Sie wurden alle mit dem Heiligen Geist erfüllt und predigten das Wort Gottes furchtlos und unerschrocken.

Die Gemeinde wächst

32 Alle Christen waren ein Herz und eine Seele. Niemand betrachtete sein Eigentum als privaten Besitz, sondern alles gehörte ihnen gemeinsam. 33 Mit großer Überzeugungskraft berichteten die Apostel von der Auferstehung Jesu, und alle erlebten Gottes Güte.[c] 34 Niemandem in der Gemeinde fehlte etwas; denn wer Häuser oder Äcker besaß, verkaufte seinen Besitz. 35 Das Geld wurde von den Aposteln an die Bedürftigen weitergegeben. 36 Einer der Spender war der Levit Joseph aus Zypern. Die Apostel nannten ihn auch Barnabas, das heißt «der Tröster». Dieser Joseph hatte seinen Acker verkauft und das Geld den Aposteln gegeben.

Ananias und Saphira betrügen Gott

5 Ein Mann, er hieß Ananias, verkaufte zusammen mit seiner Frau Saphira ein Grundstück. 2 Sie war damit einverstanden, daß er einen Teil des Geldes behielt und nur den Rest

a) Wörtlich: zu den Ihren.
b) Psalm 2,1–2
c) Wörtlich: und große Gnade war mit ihnen allen.

TÄUSCHUNGSMANÖVER

Hannelore Illgen

Apostelgeschichte 5,1

Wer hat das nicht schon als Mutter erlebt: Da berichtet mein Kind über etwas, was sich zunächst ganz harmlos anhört. Wenn ich jedoch genauer nachhake, weil mir das Ganze zu belanglos erscheint, kommt bei eindringlicherem Nachfragen der «Elefant» zum Vorschein, von dem man mir nur das «Schwänzchen» präsentiert hatte: das Eigentliche wurde gezielt verschwiegen. Während der so ertappte Sünder – je nach Einsicht in sein Verhalten – mehr oder weniger ungeschoren bleibt, erlebe ich allerdings persönlich Trauer über den erfahrenen Vertrauensverlust.

In unserem heutigen Bibeltext geht es um den Versuch der Täuschung der sensibelsten Persönlichkeit, die es überhaupt gibt: des Heiligen Geistes. Ich bin jedesmal erschrocken, wenn ich von den schrecklichen Auswirkungen einer verhältnismäßig kleinen Täuschung lese, die doch noch nicht einmal nötig gewesen wäre: der plötzliche Tod von Ananias und seiner Frau.

Mit göttlich geschenktem Durchblick entlarvt Petrus in der dargestellten Situation den trügerischen menschlichen Versuch, den Heiligen Geist selbst zu belügen – ein Versuch mit fatalen Konsequenzen. Diese Kompromißlosigkeit war sehr wichtig zu einer Zeit, als die erste Gemeinde in einem außergewöhnlichen Wachstumsprozeß sowohl in der Liebe als auch in den Wirkungen des Heiligen Geistes stand.

Falschheit und Verheimlichen – selbst in feinsten Andeutungen – kann es im Zusammenhang mit Liebe und Hingabe an Gott nicht geben. Sie sind dem Wesen Gottes vollkommen entgegengesetzt und stellen eine satanische Logik dar. Sünde (übersetzt: «Trennung»), wozu auch Unaufrichtigkeit und Täuschung, Übertreibung und Halbwahrheiten gehören, hat letztlich immer tödliche Folgen. Sie hat den Sohn Gottes in ihrer vollen Konsequenz und an meiner Statt am Kreuz getroffen.

Mein Gebet heute ist deshalb: «Vater im Himmel, hilf mir, im Umgang mit dir, mit mir selber und meinen Schwestern und Brüdern in der christlichen Gemeinde immer aufrichtig zu sein, und bewahre mich davor, einer Selbsttäuschung zu erliegen.»

zu den Aposteln brachte. 3 Aber Pe-
trus durchschaute ihn. «Ananias»,
fragte er, «warum hast du es zugelas-
sen, daß der Satan von dir Besitz er-
greift? Warum hast du den Heiligen
Geist betrogen und einen Teil des
Geldes unterschlagen? 4 Niemand hat
dich gezwungen, das Land zu verkau-
fen. Es war dein Eigentum. Sogar das
Geld hättest du behalten können.
Wie konntest du nur so etwas tun! Du
hast nicht Menschen betrogen, son-
dern Gott selbst.»

5 Bei diesen Worten brach Ananias
tot zusammen. Alle, die davon hör-
ten, waren entsetzt. 6 Einige junge
Männer bedeckten den Toten mit
einem Tuch und trugen ihn hinaus,
um ihn zu begraben.

7 Etwa drei Stunden später kam sei-
ne Frau Saphira in die Gemeinde. Sie
wußte noch nicht, was geschehen
war. 8 Petrus fragte sie: «Ist das hier
alles gewesen, was ihr für euern Ak-
ker bekommen habt?» «Ja», antwor-
tete sie, «das war alles.» 9 «Wie konn-
tet ihr jemals annehmen, Gottes Hei-
liger Geist würde euern Betrug nicht
merken?» erwiderte Petrus. «Die
Männer, die deinen Mann begraben
haben, kommen gerade zurück. Sie
werden auch dich hinaustragen.» 10 In
demselben Augenblick stürzte Saphi-
ra tot zu Boden. Als die jungen Män-
ner hereinkamen und sahen, daß sie
tot war, trugen sie auch die Frau hin-
aus und begruben sie neben ihrem
Mann. 11 Die ganze Gemeinde aber
und alle, die davon hörten, erschra-
ken zutiefst.

Gott bekennt sich zu seiner Gemeinde

12 In Gottes Auftrag vollbrachten die
Apostel viele erstaunliche Taten und
Wunder. Die ganze Gemeinde traf
sich immer wieder im Tempel in der
Halle Salomos, fest vereint im Glau-
ben. 13 Die anderen wagten nicht, sich
ihnen anzuschließen; sie sprachen
aber mit Hochachtung von der Ge-
meinde. 14 Immer mehr glaubten an
Jesus, Männer wie Frauen. 15 Es kam
soweit, daß man die Kranken auf Bet-
ten und Bahren an die Straße brachte,
damit wenigstens der Schatten des
vorübergehenden Petrus auf sie fal-
len sollte. 16 Selbst aus den umliegen-
den Städten Jerusalems strömten die
Menschen herbei. Sie brachten ihre
Kranken und von Dämonen Besesse-
nen, und alle wurden gesund.

Erneute Verfolgung der Apostel

17 Der Hohepriester aber und seine
Freunde aus der Partei der Sadduzäer
waren neidisch auf die ständig wach-
sende Gemeinde Christi und be-
schlossen deshalb, nicht länger taten-
los zuzusehen. 18 Kurzerhand ließen
sie die Apostel festnehmen und ins
Gefängnis werfen.

19 Aber in der Nacht öffnete ein En-
gel des Herrn die Gefängnistüren und
führte die Apostel hinaus. 20 «Geht in
den Tempel», sagte er, «und verkün-
det dort allen die Botschaft vom neu-
en Leben durch Jesus!» 21 Also gingen
die Apostel frühmorgens in den Tem-
pel und predigten dort in aller Öffent-
lichkeit.

Zur selben Zeit berief der Hohe-
priester mit seinen Gesinnungsgenos-
sen den jüdischen Gerichtshof, die
Führer des Volkes, zu einer Sitzung
ein. Dann ließen sie die Apostel zum
Verhör holen. 22 Aber die waren nicht
mehr im Gefängnis. So gingen die Be-
auftragten des Hohenpriesters zurück
und meldeten: 23 «Die Gefangenen
sind fort. Die Türen des Gefängnisses
waren sorgfältig verschlossen und

ordnungsgemäß bewacht. Aber als
wir die Türen öffneten, war niemand
in der Zelle.» 24 Der Befehlshaber der
Tempelpolizei und der Hohepriester
waren ratlos. Wie sollte das alles noch
enden?
25 In diesem Augenblick stürzte je-
mand mit der Nachricht herein: «Die
Männer, die ihr ins Gefängnis gewor-
fen habt, sind schon wieder im Tem-
pel und reden von Jesus!» 26 Sofort
zog der Befehlshaber der Tempelpo-
lizei mit seinen Männern zum Tempel
und holte die Apostel. Allerdings
wendeten sie keine Gewalt an, weil
sie sonst fürchten mußten, vom Volk
gesteinigt zu werden.
27 Die Apostel wurden in den Ge-
richtssaal gebracht, wo der Hoheprie-
ster sie verhörte. 28 «Haben wir euch
nicht streng verboten, jemals wieder
von diesem Jesus zu reden?» begann
er. «Und doch spricht inzwischen
ganz Jerusalem davon. Ihr wollt uns
sogar für den Tod dieses Menschen
verantwortlich machen!»
29 Petrus und die anderen Apostel
erwiderten: «Man muß Gott mehr
gehorchen als den Menschen! 30 Der
Gott unserer Väter hat Jesus, den ihr
ans Kreuz geschlagen und getötet
habt, von den Toten auferweckt.
31 Gott hat ihn durch seine Macht zum
Herrscher und Retter erhoben, damit
sich das Volk Israel von Grund auf
ändern kann und ihm seine Sünden
vergeben werden. 32 Das werden wir
immer bezeugen und auch der Heilige
Geist, den Gott allen gibt, die ihm ge-
horchen.»
33 Diese Worte versetzten die Mit-
glieder des Gerichtshofes in maßlose
Wut, und sie beschlossen, die Apo-
stel töten zu lassen.

Gamaliels weiser Rat

34 Da stand Gamaliel auf, ein Pharisä-
er und hochangesehener Schriftge-
lehrter. Er ließ die Apostel für kurze
Zeit hinausbringen; 35 dann wandte er
sich an die Gerichtsversammlung:
«Ihr Männer von Israel, seid vorsich-
tig und überlegt euch genau, was ihr
gegen diese Leute unternehmt.
36 Schon früher glaubten manche
Männer, etwas Besonderes zu sein,
wie Theudas zum Beispiel. Etwa vier-
hundert Männer konnte er als An-
hänger gewinnen. Aber er wurde ge-
tötet, und von seinen Leuten ist kei-
ner mehr zu finden. Niemand spricht
mehr von ihnen. 37 Zur Zeit der
Volkszählung unternahm Judas aus
Galiläa einen Aufstand. Viele Leute
schlossen sich ihm an. Aber auch er
kam um, und von seiner Bewegung
spricht kein Mensch mehr. 38 Deshalb
rate ich euch: Laßt diese Männer in
Ruhe! Wenn es ihre eigenen Ideen
und Taten sind, für die sie sich einset-
zen, werden sie scheitern. 39 Steht
aber Gott dahinter, könnt ihr ohne-
hin nichts dagegen unternehmen.
Oder wollt ihr gegen Gott kämp-
fen?»
40 Das überzeugte alle. Man rief die
Apostel wieder herein, ließ sie aus-
peitschen und verbot ihnen noch ein-
mal, von Jesus zu reden. Dann wur-
den sie freigelassen. 41 Die Apostel
aber verließen den Gerichtssaal vol-
ler Freude darüber, daß Gott ihnen
das Vorrecht gegeben hatte, für Jesus
Verachtung und Schmerzen zu ertra-
gen. 42 Sie verkündeten weiter jeden
Tag öffentlich im Tempel und auch in
Privathäusern, daß Jesus der schon
lange erwartete Messias ist.

Die Wahl der sieben Diakone

6 In dieser Zeit wuchs die Gemeinde rasch. Dabei kam es zu Schwierigkeiten zwischen den Hebräern und den Juden, die griechisch sprachen. Diese beklagten sich darüber, daß ihre Witwen bei der täglichen Versorgung benachteiligt würden. 2 Deshalb riefen die zwölf Apostel alle Gläubigen zusammen. «Es ist nicht richtig», sagten sie, «wenn wir Lebensmittel verteilen müssen, statt Gottes Wort zu verkündigen. 3 Darum, liebe Brüder, sucht in der Gemeinde nach sieben zuverlässigen Männern, die ihr Leben ganz vom Heiligen Geist bestimmen lassen und wissen, was zu tun ist. Sie sollen diese Aufgabe übernehmen. 4 Wir selbst aber wollen nach wie vor alle Kraft für das Gebet und die Verkündigung des Wortes Gottes einsetzen.»

5 Mit diesem Vorschlag waren alle einverstanden. Zuerst wählten sie Stephanus, einen Mann mit festem Glauben und erfüllt mit dem Heiligen Geist; danach Philippus, Prochorus, Nikanor, Timon, Parmenas und Nikolaus von Antiochia; er war zum jüdischen Glauben übergetreten und dann erst Christ geworden. 6 Diese sieben Männer wurden den Aposteln vorgestellt, die für sie beteten und ihnen segnend die Hände auflegten.

7 Das Wort Gottes aber wurde immer mehr Menschen verkündet. Vor allem in Jerusalem wuchs die Zahl der Christen ständig. Unter ihnen waren viele jüdische Priester, die zum Glauben gefunden hatten.

Stephanus vor Gericht

8 Stephanus vollbrachte durch Gottes Gnade und Kraft aufsehenerregende Wunder im Volk. 9 Eines Tages verwickelten ihn Anhänger einer jüdischen Gemeinde, die sich die «Freigelassenen» nannten, in ein Streitgespräch. Auch Leute aus Kyrene, Alexandria, Zilizien und der Provinz Asia beteiligten sich daran. 10 Aber keiner von ihnen konnte den Argumenten des Stephanus, die Gottes Geist ihm eingab, etwas Überzeugendes entgegenhalten.

11 Weil sie sich darüber ärgerten, hetzten sie ein paar Leute auf, die behaupten sollten: «Er hat Gott und Mose beleidigt. Wir haben es selbst gehört.» 12 Dadurch gelang es ihnen, das Volk, seine Führer und die Gesetzeslehrer so aufzuwiegeln, daß sie über Stephanus herfielen und ihn vor ihren Gerichtshof schleppten.

13 Dort traten Zeugen gegen Stephanus auf, die man vorher bestochen hatte. «Dieser Mensch», so behaupteten sie, «lästert fortwährend den heiligen Tempel und das Gesetz Gottes. 14 Wir haben selbst gehört, daß er gesagt hat: ‹Jesus von Nazareth wird den Tempel zerstören und die Ordnungen ändern, wie sie Mose uns gegeben hat.›»

15 Jeder im Gerichtssaal blickte gespannt auf Stephanus, und jeder konnte sehen, daß sein Gesicht leuchtete wie das Gesicht eines Engels.

Die Verteidigungsrede des Stephanus

7 Der Hohepriester fragte ihn: «Stimmt es, was die Männer hier von dir behaupten?» 2 Stephanus antwortete: «Hört mich an, liebe Brüder und Väter! Gott, dem alle Ehre zukommt, erschien unserem Vater Abraham in Mesopotamien, noch ehe Abraham nach Haran gezogen war. 3 Gott forderte ihn auf: ‹Verlaß

MEIN GESICHT, EIN SPIEGEL MEINER SEELE

Doris Praemassing

Apostelgeschichte 6,15

«Ab 40 ist jeder für sein Gesicht selbst verantwortlich!» wurde ich einmal belehrt. Im ersten Moment möchte man protestieren: «Und wo bleibt die Genetik? Niemand hat sich selbst gemacht!» Und doch, unser Gesicht ist ein Spiegel unserer Seele. Unser Gesicht erzählt eine Geschichte. Ist unsere Seele erfüllt von Umbarmherzigkeit, Neid, Habgier und Gehässigkeit, so spiegeln unsere Gesichtszüge das mit den Jahren wider: der spitze, neidische und unzufriedene Blick, die harten Linien und Kanten, die heruntergezogenen Mundwinkel.

Das Gesicht des Stephanus leuchtet. Auch in schwierigen äußeren Umständen spiegelt sein Gesicht die innere Herzenseinstellung wider, die Freude an Gott, die Liebe, die vergebende Barmherzigkeit gegenüber seinen Anklägern.

Wenn ich mein Leben von Gottes Geist bestimmen lasse, so wachsen Freude, Frieden, Geduld, Güte, Freundlichkeit, und dies prägt meine Gesichtszüge. Wie schön ist ein Gesicht, in dem die Augen Wärme und Freundlichkeit ausstrahlen – trotz vielleicht mancher Falten und Runzeln.

Jesus beschreibt es so: «Das Auge vermittelt dem Menschen das Licht. Ist das Auge klar, dann steht der ganze Mensch im Licht.»

Echter Gottesdienst

Aus Psalm 40

Ein Lied Davids

Voll Zuversicht hoffte ich auf den Herrn, und er wandte sich mir zu
und hörte meinen Hilfeschrei. Ich war in eine verzweifelte Lage geraten.
Aber er hat mich herausgezogen und auf festen Boden gestellt.
Jetzt haben meine Füße wieder sicheren Halt.
Er gab mir ein neues Lied in meinen Mund, einen Lobgesang für unseren Gott.
Glücklich ist, wer sein Vertrauen auf den Herrn setzt!

Herr, mein Gott, du bist einzigartig!
Du hast so viele Wunder getan, alles hast du sorgfältig geplant!
Wollte ich das schildern und beschreiben – niemals käme ich zum Ende!
Du verlangst nicht, daß man dir Tiere schlachtet
und zur Sühne auf dem Altar verbrennt,
aber offene Ohren hast du mir gegeben,
um auf dich zu hören und dir zu gehorchen.

Deshalb antworte ich: «Herr, hier bin ich!
Im Buch des Gesetzes steht alles, was du mir zu sagen hast.
Ich will gerne tun, mein Gott, was du von mir erwartest.
Dein Gesetz ist mir ins Herz geschrieben.»
Nichts kann mich abhalten, davon zu reden – das weißt du, Herr!
Nie will ich verschweigen, wie du uns befreit hast.
Herr, du wirst mir auch in Zukunft dein Erbarmen nicht versagen.

Unlösbare Schwierigkeiten haben sich vor mir aufgetürmt,
sie nehmen kein Ende. Meine Verfehlungen haben mich eingeholt,
und die Folgen sind nicht mehr zu überblicken. Jeder Mut hat mich verlassen.
Herr, ich bitte dich: Rette mich, komm mir schnell zu Hilfe!
Ich bin hilflos und ganz auf dich angewiesen, Herr,
sorge für mich, denn du bist mein Helfer und Befreier.
Mein Gott, zögere nicht länger!

deine Heimat und deine Verwandt-
schaft, und zieh in das Land, das ich
dir zeigen werde!›[a] 4 So verließ Abra-
ham das Land der Chaldäer und
wohnte in Haran, bis sein Vater starb.
Dann brachte Gott ihn hierher, wo
ihr jetzt wohnt. 5 Aber Gott gab ihm
keinen Fußbreit eigenes Land, ob-
wohl er ihm zugesagt hatte, daß sei-
nen Nachkommen alles Land gehö-
ren würde. Zu der Zeit aber hatte
Abraham noch keine Kinder! 6 Gott
sagte zu ihm: ‹Deine Nachkommen
werden in einem fremden Land hei-
matlos sein. Vierhundert Jahre wird
man sie ausbeuten, und sie werden
viel leiden müssen.›

7 Aber Gott versprach Abraham
auch: ‹Ich werde das Volk bestrafen,
das die Israeliten so lange unter-
drückt hat. Dann werden deine Nach-
kommen Ägypten verlassen und mir
hier dienen.›[b]

8 Damals schloß Gott mit Abraham
den Bund, dessen Zeichen die Be-
schneidung ist. Als später Isaak gebo-
ren wurde, beschnitt ihn sein Vater
Abraham acht Tage nach der Geburt.
Auch Isaak und sein Sohn Jakob hiel-
ten an dieser Ordnung fest, ebenso
Jakobs zwölf Söhne, unsere Stamm-
väter.

9 Weil aber Jakobs Söhne auf ihren
Bruder Joseph neidisch waren, ver-
kauften sie ihn als Sklaven nach
Ägypten. Doch Gott verließ Joseph
nicht, 10 sondern half ihm jedesmal,
wenn er in Not geriet. Joseph konnte
die Gunst des ägyptischen Königs,
des Pharao, gewinnen. Wegen der
ungewöhnlichen Weisheit, die Gott
ihm gegeben hatte, wurde Joseph
vom Pharao schließlich zum Verwal-
ter über ganz Ägypten und den Kö-
nigshof eingesetzt.

11 Dann aber brach in Ägypten und
Kanaan eine Hungersnot aus. Die
Not war so groß, daß auch unsere Vä-
ter nichts mehr zu essen hatten. 12 Als
Jakob erfuhr, daß es in Ägypten noch
Getreide gab, schickte er seine Söhne
in dieses Land. 13 Bei ihrer zweiten
Reise nach Ägypten gab sich Joseph
seinen Brüdern zu erkennen. Nun er-
fuhr der Pharao, aus welchem Land
Joseph stammte. 14 Joseph ließ seinen
Vater Jakob und alle seine Verwand-
ten nach Ägypten kommen, insge-
samt fünfundsiebzig Menschen. 15 So
kam Jakob nach Ägypten. Er und alle
unsere Vorfahren lebten dort bis zu
ihrem Tode. 16 Später wurden sie nach
Sichem überführt und in dem Grab
beigesetzt, das Abraham von den
Nachkommen Hemors erworben hat-
te.

17 Dann kam die Zeit, daß Gott sein
Versprechen erfüllen wollte, wie er es
Abraham gegeben hatte. Die Nach-
kommen Josephs und seiner Brüder
waren in Ägypten zu einem großen
Volk geworden. 18 Ein neuer Pharao
kam an die Macht, der von Joseph
nichts mehr wußte. 19 Grausam unter-
drückte er unser Volk. Er schreckte
nicht einmal davor zurück, unsere
Väter zu zwingen, ihre neugeborenen
Kinder auszusetzen und auf diese
Weise zu töten.

20 In dieser Zeit wurde Mose gebo-
ren, mit dem Gott etwas Besonderes
vorhatte.[c] Drei Monate lang ver-
steckten ihn seine Eltern in ihrem
Haus. 21 Als er dann doch ausgesetzt

a) 1. Mose 12,1
b) 1. Mose 15,13–14
c) Wörtlich: Er war schön vor Gott.

werden mußte, fand ihn die Tochter
des Pharao. Sie zog ihn auf wie ihren
eigenen Sohn. 22 Mose wurde in allen
Wissenschaften der Ägypter gründ-
lich ausgebildet, und er stand – mit al-
lem, was er sagte oder tat – in hohem
Ansehen.

23 Als Mose vierzig Jahre alt war,
begann er sich um seine Brüder, die
Israeliten, zu kümmern. 24 Eines Ta-
ges mußte er mitansehen, wie ein Is-
raelit von einem Ägypter mißhandelt
wurde. Ohne zu zögern, griff er ein
und schlug den Ägypter tot. 25 Mose
meinte, seine Landsleute müßten
jetzt erkennen, daß Gott ihn zur Be-
freiung seines Volkes geschickt hatte.
Doch sie erkannten es nicht. 26 Am
nächsten Tag sah Mose, wie sich zwei
Israeliten stritten. Er versuchte, den
Streit zu schlichten, und sagte zu ih-
nen: ‹Ihr gehört doch zu ein und dem-
selben Volk, warum schlagt ihr
euch?› 27 Aber der mit dem Streit an-
gefangen hatte, stieß ihn zurück und
schrie: ‹Wer hat dich eigentlich zu un-
serem Herrn und Richter gemacht?
28 Willst du mich etwa auch umbrin-
gen, wie du gestern den Ägypter ge-
tötet hast?› 29 Mose erschrak über die-
se Worte. Er verließ Ägypten und
floh nach Midian, wo er als Auslän-
der lebte.

Dort wurden ihm zwei Söhne gebo-
ren. 30 Vierzig Jahre vergingen. Da er-
schien ihm in der Wüste am Berg Si-
nai der Engel Gottes im Feuer eines
brennenden Dornbusches. 31 Mose
sah die Flamme und wunderte sich
über die seltsame Erscheinung. Als er
aber näher an den Busch herantrat,
hörte er die Stimme Gottes:

32 ‹Ich bin der Gott deiner Väter,
der Gott Abrahams, Isaaks und Ja-
kobs.› Mose zitterte vor Angst und
wagte nicht aufzusehen. 33 Aber der
Herr redete weiter zu ihm: ‹Ziehe
deine Schuhe aus; das Land, auf dem
du stehst, ist heilig. 34 Mir sind die Lei-
den meines Volkes in Ägypten nicht
verborgen geblieben, und sein Wei-
nen und Klagen habe ich gehört. Nun
bin ich gekommen, um es zu befreien.
Gehe deshalb zurück nach Ägyp-
ten!›[a]

35 Gott sandte also gerade den
Mann als Befreier zu den Israeliten,
den sie mit den Worten abgewiesen
hatten: ‹Wer hat dich zu unserem
Herrn und Richter gemacht?› Ihn er-
wählte Gott durch den Engel im bren-
nenden Dornbusch zu ihrem Be-
freier, 36 und Mose führte unser Volk
aus Ägypten. Überall wirkte er Zei-
chen und Wunder: in Ägypten, am
Roten Meer und während der vierzig
Jahre in der Wüste.

37 Mose war es auch, der zum Volk
Israel sagte: ‹Einen Propheten wie
mich wird der Herr, euer Gott, zu
euch senden, einen Mann aus eurem
Volk.›[b] 38 Dieser Mose wurde zum
Vermittler zwischen unserem Volk
und dem Engel, der ihm auf dem
Berg Sinai das Gesetz Gottes gab.
Mose sollte uns Gottes Gebote über-
mitteln, die allen das Leben bringen.
39 Aber unsere Väter wollten ihm
nicht gehorchen. Sie begannen, sich
nach dem Leben in Ägypten zurück-
zusehnen, und erhoben sich sogar ge-
gen Mose, als er auf dem Berg Sinai
war. 40 Von seinem Bruder Aaron
verlangten sie: ‹Mache uns Götzen-
bilder. Wir wollen sie vor uns hertra-
gen, damit sie uns führen. Mose hat

a) 2. Mose 3,5–10
b) 5. Mose 18,15

GRUNDSATZENTSCHEIDUNG

Hilde Dieterich

Apostelgeschichte 7,60

«Wenn ich im Recht bin, dann soll ich auch noch vergeben! Nein, das werde ich nicht tun!» Mit solchen Worten kommen oftmals unsere Kinder nach Hause.

Wir können zwar das Leben des Stephanus in der Zeit der ersten Christenverfolgungen nur schwer mit dem unseren vergleichen. Dennoch hat uns dieser Text etwas Wichtiges zu sagen. Stephanus hat ein großartiges Zeugnis vor dem Hohen Rat abgelegt. Er hat seinen Zuhörern die biblische Wahrheit gesagt und wird daraufhin zum Märtyrer. Die letzten Worte des Stephanus lauten: «Herr, vergib ihnen diese Schuld.» So kann man nur reden, wenn man vorher sagen konnte: «Herr Jesus, nimm meinen Geist zu dir!»

Bevor jemand so beten kann, muß eine Grundsatzentscheidung fallen, und diese kann man nicht erst im Angesicht des Todes treffen. Nein, im Hier und Jetzt gilt sie und lautet: Ich selbst sollte demjenigen vergeben, der an mir schuldig geworden ist. Wir beten dies ja häufig im «Vaterunser» – aber haben wir auch schon Praxiserfahrungen mit der Vergebung gemacht? Ich habe in der Psychotherapie und Seelsorge viele Ratsuchende erlebt, die ihre Vergangenheit sorgsam gehütet haben. Man hatte an ihnen Schuld begangen, ohne Zweifel. Aber sie waren nicht bereit, diese Schuld zu vergeben, denn dadurch wäre ihnen ja der Trumpf genommen, immer wieder auf sich aufmerksam machen zu können. Mittlerweile hat man auch in der säkularen Psychotherapie erkannt, was wir vom Wort Gottes her schon längst wissen: Wer seinen Schuldigern vergibt, lebt gesünder. Das Vergeben ist für die Psyche des Menschen von allergrößter Wichtigkeit. Wenn Sie vergeben – auch wenn man Ihnen unrecht getan hat –, dann wird eine Menge psychischer Kräfte frei, die ansonsten durch Bitterkeit und Groll gebunden wären.

uns überredet, Ägypten zu verlassen.
Aber niemand von uns weiß, was aus
ihm geworden, wo er geblieben ist.›
41 Sie gossen sich ein Stierkalb aus
Gold, das ihr Gott sein sollte. Als es
fertig war, freuten sie sich über ihren
Götzen und brachten ihm ihre
Opfer. 42 Da wandte sich Gott von ih-
nen ab und überließ sie ihrem
Schicksal. So kam es, daß sie zur
Sonne, dem Mond und den Sternen
beteten, wie es im Buch des Prophe-
ten Amos steht: ‹Habt ihr vom Volk
Israel mir in den vierzig Jahren eurer
Wüstenwanderung jemals Opfertiere
und Schlachtopfer gebracht und
mich als Gott verehrt? 43 Nein, ihr
habt die Abbilder des Gottes Moloch
und Romphan vor euch hergetragen;
Götzenbilder, die ihr euch selbst ge-
macht habt, um sie anzubeten. Des-
halb werde ich euch in die Gefangen-
schaft führen, noch weit über Baby-
lon hinaus.›[a]
44 Während ihrer ganzen Wande-
rung durch die Wüste trugen unsere
Väter ein Zelt mit sich, das ihnen als
Tempel diente. Gott selbst hatte ih-
nen befohlen, ein solches Zelt zu
bauen, und zwar genau so, wie er es
Mose gezeigt hatte. 45 Die folgende
Generation übernahm das Zelt, und
als Josua später das Land eroberte,
aus dem die Heiden von Gott ver-
trieben wurden, nahmen sie das Zelt
mit in ihre neue Heimat. Dort blieb
es noch bis zur Zeit des Königs Da-
vid.
46 Diesem König bewies Gott im-
mer wieder seine Gunst. David war
es auch, der den Gott Israels bat,
ihm einen Tempel bauen zu dürfen.
47 Doch erst Salomo verwirklichte
diesen Plan. 48 Aber der höchste Gott
wohnt ohnehin nicht in Häusern, die
ihm Menschen bauen. So sagt schon
der Prophet Jesaja: 49 ‹Der Himmel
ist mein Thron und die Erde der
Schemel, auf den ich meine Füße set-
ze. Was für ein Haus also wollt ihr
mir bauen, in dem ich wohnen könn-
te? 50 Habe ich doch das Weltall ge-
schaffen!›[b]
51 Ihr Unbelehrbaren, ungehorsam
seid ihr, unablässig widersetzt ihr
euch Gottes Geist.[c] Wie eure Väter
weigert ihr euch, Gottes Willen zu
erfüllen. 52 Nennt mir einen einzigen
Propheten, den eure Väter nicht ver-
folgt haben. Sie haben alle umge-
bracht, die vom Kommen eures Ret-
ters sprachen. Ihr aber seid die Ver-
räter und Mörder dieses Gerechten!
53 Gott hat euch durch seine Engel
das Gesetz gegeben, aber ihr habt
euch nie danach gerichtet.»

Der Märtyrertod des Stephanus

54 Über diese Worte des Stephanus
gerieten seine Zuhörer in maßlose
Wut. 55 Stephanus aber blickte, erfüllt
vom Heiligen Geist, zum Himmel auf
und sah dort Gott in seiner Herrlich-
keit und Jesus an seiner rechten Seite.
56 «Ich sehe den Himmel offen!» rief
Stephanus, «und Jesus, den Men-
schensohn, auf dem Ehrenplatz an
der rechten Seite Gottes!»
57 Jetzt schrien sie ihn nieder, hiel-
ten sich die Ohren zu, um seine Wor-
te nicht länger hören zu müssen,
stürzten sich auf ihn 58 und zerrten ihn

a) Amos 5,25–27
b) Jesaja 66,1–2
c) Wörtlich: Ihr Halsstarrigen und Unbeschnittenen an Herzen und Ohren.

aus der Stadt. Hier steinigten sie ihn.
Die Männer, die das Urteil voll-
streckten, legten ihre weiten Umhän-
ge ab und gaben sie einem jungen
Mann, der Saulus hieß.
59 Als sie Stephanus töteten, betete
er laut: «Herr Jesus, nimm meinen
Geist zu dir!» 60 Er kniete nieder und
rief: «Herr, vergib ihnen diese
Schuld!» Mit diesen Worten starb er.

Die erste Christenverfolgung

8 Saulus hatte die Steinigung des
Stephanus mit Genugtuung ange-
sehen. Noch am selben Tag setzte
eine schwere Verfolgung der Christen
in Jerusalem ein. Von den Aposteln
abgesehen, flohen alle in die Landbe-
zirke Judäas und Samariens. 2 Stepha-
nus wurde von einigen frommen
Männern begraben, die seinen Tod
laut beklagten.
3 Saulus aber setzte alles daran, die
Gemeinde Jesu auszurotten. Er
schleppte die Christen aus ihren Häu-
sern und ließ sie – Männer wie Frauen
– ins Gefängnis werfen.

Das Evangelium in Samaria

4 Doch die aus Jerusalem geflohenen
Christen verkündeten überall die
Heilsbotschaft von Jesus. 5 Einer von
ihnen war Philippus. Er kam in die
Stadt Samaria und sprach dort von
Christus. 6 Die Einwohner hörten ihm
bereitwillig zu; vor allem, nachdem
sie die Wunder sahen, die er wirkte.
7 Böse Geister wurden ausgetrieben
und ließen mit lautem Geschrei von
ihren Opfern ab. Ebenso heilte Phi-
lippus viele Gelähmte und Körperbe-
hinderte. 8 Darüber herrschte große
Freude in Samaria.

Gottes Gnade läßt sich nicht kaufen

9 In Samaria lebte auch Simon, ein
Mann, der seit vielen Jahren Zaube-
rei getrieben und durch seine Künste
viele in Erstaunen versetzt hatte. Er
behauptete, etwas Besonderes zu
sein. 10 Alle Leute, die seine Zauberei
miterlebt hatten, sagten nämlich: «In
diesem Mann wirkt Gottes Kraft!»
11 Sie standen ganz in seinem Bann,
weil er sie jahrelang mit seinen Zau-
berkünsten beeinflußt hatte.
12 Aber nun glaubten viele an die
Botschaft vom Reich Gottes, wie sie
ihnen Philippus verkündet hatte, und
an Jesus Christus. Männer und
Frauen – unter ihnen auch der Zaube-
rer Simon – ließen sich taufen. 13 Nach
seiner Taufe begleitete Simon den
Philippus überallhin und sah dabei
staunend die Wunder, die Philippus
wirkte.
14 Als nun die Apostel in Jerusalem
davon hörten, daß die Leute in Sama-
ria Gottes Botschaft angenommen
hatten, schickten sie Petrus und Jo-
hannes dorthin. 15 Die beiden Apostel
kamen nach Samaria und beteten für
die Gläubigen, daß Gott ihnen seinen
Heiligen Geist schenken möge.
16 Denn bisher hatte keiner von ihnen
den Geist empfangen, obwohl sie auf
den Namen Jesu getauft worden wa-
ren. 17 Als ihnen aber die Apostel die
Hände auflegten, empfingen sie den
Heiligen Geist.
18 Simon hatte gesehen, daß den
Gläubigen der Heilige Geist gegeben
wurde, als die Apostel ihnen die Hän-
de auflegten. Da bot er Petrus und Jo-
hannes Geld an und sagte: 19 «Ver-
helft auch mir dazu, daß jemand, dem
ich die Hände auflege, den Heiligen
Geist bekommt.»
20 Aufgebracht rief da Petrus:
«Fahr zur Hölle mit deinem Geld!

Denkst du wirklich, daß sich Gottes
Gnade kaufen läßt? 21 Gottes Bot-
schaft gilt nicht für dich, denn du
meinst es nicht ehrlich. 22 Bereue dei-
ne Sünde, und ändere dich von
Grund auf. Bitte Gott, daß er dir die-
se abscheulichen Gedanken vergibt.
23 Denn ich sehe, daß du voller Gift
und Galle bist und den Weg zu Gott
noch gar nicht gefunden hast.»

24 «Betet für mich!» rief da Simon
erschrocken, «damit mir erspart
bleibt, was ihr mir angedroht habt.»

25 Nachdem sie in Samaria Gottes
Wort gepredigt hatten, kehrten Pe-
trus und Johannes nach Jerusalem zu-
rück. Unterwegs verkündeten sie
auch in vielen Dörfern Samariens das
Evangelium von Jesus.

Philippus und der äthiopische Finanzminister

26 Ein Engel des Herrn forderte Phi-
lippus auf: «Geh in Richtung Süden,
und zwar auf die einsame Straße, die
von Jerusalem nach Gaza führt.»
27 Philippus gehorchte sofort.

Zur selben Zeit war auf dieser Stra-
ße auch ein Mann aus Äthiopien mit
seinem Wagen unterwegs. Er war Fi-
nanzminister der äthiopischen Köni-
gin Kandake und ein hoher Würden-
träger seines Landes. 28 Auf dem
Rückweg von Jerusalem, wo er als
Pilger im Tempel gebetet hatte, las er
im Buch des Propheten Jesaja.

29 Da sprach der Heilige Geist zu
Philippus: «Geh zu diesem Wagen,
und bleib in seiner Nähe.» 30 Philippus
lief hin und hörte, daß der Mann laut
aus dem Buch Jesaja las. Er fragte
den Äthiopier: «Verstehst du eigent-
lich, was du da liest?» 31 «Nein», erwi-
derte der Mann, «wie soll ich das
denn verstehen, wo es mir noch nie-
mand erklärt hat!» Er bat Philippus,
einzusteigen und sich neben ihn zu
setzen.

32 Er hatte gerade die Sätze gelesen:
«Wie ein Schaf, das geschlachtet wer-
den soll, hat man ihn abgeführt. Und
wie ein Lamm, das sich nicht wehrt,
wenn es geschoren wird, hat er alles
erduldet. 33 Nicht einmal ein gerechtes
Urteil war er ihnen wert. Niemand
glaubte, daß er noch eine Zukunft ha-
ben würde. Denn man hat sein Leben
auf dieser Erde vernichtet.»[a]

34 Der äthiopische Minister fragte
Philippus: «Von wem spricht hier der
Prophet? Von sich selbst oder von
einem anderen?» 35 Da begann Phi-
lippus, ihm das Evangelium von Jesus
anhand dieses Prophetenwortes zu
erklären.

36 Als sie bald darauf an einer Was-
serstelle vorüberfuhren, sagte der
Äthiopier: «Dort ist Wasser! Kannst
du mich jetzt gleich taufen?»
37 «Wenn du von ganzem Herzen an
Christus glaubst, kann ich es tun», er-
widerte Philippus. «Ich glaube, daß
Jesus Christus der Sohn Gottes ist»,
bekannte der Minister. 38 Dann ließ er
den Wagen halten. Gemeinsam stie-
gen sie ins Wasser, und Philippus
taufte ihn. 39 Nachdem sie aus dem
Wasser gestiegen waren, entrückte
der Geist des Herrn den Philippus.
Der Äthiopier sah ihn nicht mehr,
aber er reiste mit frohem Herzen wei-
ter.

40 Philippus wurde danach in Asdod
gesehen. Von dort aus zog er von
Stadt zu Stadt und predigte überall
das Evangelium von Jesus, selbst im
entfernten Cäsarea.

a) Jesaja 53,7–8

CHANCEN WOLLEN GENUTZT WERDEN

Edith Horcher

Apostelgeschichte 8, 34

Zu einem Frauenfrühstück und zu einem Gospelkonzert, das unsere Gemeinde veranstaltete, hatte ich eine Bekannte eingeladen. Es war schon eineinhalb Jahre her, daß ihr einziges Kind gestorben war, damals gerade 26 Jahre alt. Sie rief mich an und nannte verschiedene Gründe, warum sie nicht kommen könne. Im nächsten Atemzug erzählte sie mir, daß sie jeden Abend am Grab ihres Kindes eine Kerze anzünde und so ihren Advent feiere. Es war offenbar: Diese trauernde Mutter erkannte und ergriff die ausgestreckte Hand Jesu nicht, und so verharrte sie ohne göttlichen Trost in ihrem Schmerz. Sie litt, wenn andere fröhlich waren.

Ganz anders dagegen verhält sich der äthiopische Minister, der auf seiner Reise dem Philippus begegnet. Der Minister gibt offen zu, daß er die Schrift des Propheten Jesaja nicht versteht. Ganz direkt fragt er nach Jesus. Als Philippus ihm vom Opfertod und von der Auferstehung Jesu erzählt, zögert er keinen Augenblick. Er nimmt Jesus als seinen Erlöser an und räumt ihm gleich den ersten Platz in seinem Leben ein. Seine beruflichen Geschöfte setzt er hintenan. Er nutzt die sich bietende Gelegenheit, sich von Philippus taufen zu lassen. Damit bezeugt der Minister seinen Glauben und stellt sich zu Jesus. Sofort erfüllt Fröhlichkeit sein Herz. Die Bibel berichtet, daß der Minister fröhlich seine Straße zog.

Nur Jesus kann unsere Tränen abwischen und uns wirklich fröhlich machen.

Saulus begegnet Christus

9 Saulus verfolgte noch immer mit fanatischem Haß alle Christen. [2]Darum ließ er sich vom Hohenpriester in Jerusalem ein Beglaubigungsschreiben für die jüdischen Gemeinden in Damaskus geben, die ihm beim Aufspüren von Christen behilflich sein sollten. Auf diese Weise wollte er die Christen – ganz gleich, ob Männer oder Frauen – als Gefangene nach Jerusalem bringen.

[3]Kurz vor Damaskus umgab Saulus plötzlich ein blendendes Licht vom Himmel. [4]Er stürzte zu Boden. Dabei hörte er eine Stimme: «Saul, Saul, warum verfolgst du mich?» [5]«Wer bist du, Herr?» fragte Saulus.

«Ich bin Jesus, den du verfolgst!» antwortete die Stimme. [6]«Steh auf und geh in die Stadt. Dort wird man dir sagen, was du tun sollst.»

[7]Die Begleiter des Saulus waren starr vor Schrecken, denn sie hatten zwar die Stimme gehört, aber nichts gesehen. [8]Als Saulus sich vom Boden erhob und die Augen öffnete, konnte er nicht mehr sehen. Man mußte ihn an der Hand nach Damaskus führen. [9]Drei Tage lang war er blind und wollte weder essen noch trinken.

[10]In Damaskus wohnte ein Christ, der Ananias hieß. Dem erschien der Herr in einer Vision. «Ananias», sagte er zu ihm. «Ja, Herr, hier bin ich», erwiderte der Mann. [11]«Gehe in der Geraden Straße in das Haus des Judas, und frage dort nach einem Saulus von Tarsus. Er betet gerade [12]und hat in einer Vision einen Mann gesehen, der Ananias heißt. Dieser kam zu ihm und legte ihm die Hände auf, damit er wieder sehen kann.»

[13]«Aber Herr», wandte Ananias ein, «ich habe schon von so vielen gehört, wie grausam dieser Saulus deine Gemeinde in Jerusalem verfolgt. [14]Außerdem haben wir erfahren, daß er eine Vollmacht der Hohenpriester hat, damit er auch hier alle gefangennehmen kann, die an dich glauben.»

[15]Doch der Herr sprach zu Ananias: «Erfülle alles so, wie ich es dir gesagt habe. Ich habe diesen Mann dazu auserwählt, allen Völkern und den Herrschern der Erde, aber auch den Israeliten meine Botschaft[a] zu verkündigen. [16]Dabei wird er erfahren, wieviel er um meines Namens willen leiden muß.»

[17]Ananias gehorchte. Er ging in das Haus des Judas, fand dort Saulus und legte ihm die Hände auf. «Lieber Bruder Saulus», sagte er, «Jesus, der dir unterwegs erschienen ist, hat mich zu dir geschickt, damit du mit dem Heiligen Geist erfüllt wirst und wieder sehen kannst.» [18]Im selben Moment fiel es Saulus wie Schuppen von den Augen, und er konnte wieder sehen. Er stand auf und ließ sich taufen. [19]Nachdem er gegessen hatte, erholte er sich schnell.

Aus dem Verfolger wird ein Verfolgter

Einige Tage blieb Saulus bei den Christen in Damaskus. [20]Gleich nach seiner Taufe begann er, in den Synagogen zu predigen und zu verkünden, daß Jesus der Sohn Gottes ist.

[21]Seine Zuhörer waren fassungslos. Ungläubig fragten sie: «Ist das nicht der, von dem die Christen in Jerusalem so erbarmungslos verfolgt

a) Wörtlich: meinen Namen.

Mittwoch

Starke Persönlichkeiten

Ulrike Lotze

Apostelgeschichte 9,1

«Leidenschaftlich» – wenn es ein Wort gibt, das den Charakter des Paulus am besten beschreibt, dann ist es sicher dieses. Was dieser hochgebildete und intelligente Mann anpackte, das tat er von ganzem Herzen. Heute würden viele Menschen den Apostel als Extremisten bezeichnen. Es wundert mich nicht, daß er in manchen christlichen Kreisen nicht sehr beliebt ist. Auch wenn ich mich mit manchen seiner Aussagen zum Thema «Frauen» ebenfalls etwas schwertue –, der Mensch Paulus begeistert mich, denn er ist eine faszinierende Persönlichkeit. Gerade wir Christen bevorzugen – bewußt oder unbewußt – in der Regel angepaßtere, harmonischere Persönlichkeiten. Dadurch geht uns vieles verloren.

Genauso extrem wie die Persönlichkeit des Paulus ist seine Umkehr zu Jesus. Die weniger schöne Kehrseite von «Extremisten» ist oft ihre Arroganz. An diesem Punkt packt ihn Gott. Paulus stürzt zu Boden, tappt drei Tage lang völlig hilflos und blind herum. Was viele Menschen als recht harte Behandlung durch Gott empfinden würden – das ist für die starke Persönlichkeit des Paulus richtig und wichtig. Wieder fasziniert mich dieser Mensch, denn er nimmt diese Herausforderung Gottes an. Er lamentiert nicht, er rebelliert nicht. Interessant ist auch, daß er von da an seinen zweiten Namen benutzt: Nicht mehr Saulus – was übersetzt der von Gott Erbetene heißt –, sondern Paulus, also der Kleine oder Geringe.

Gott möchte nicht die starke Persönlichkeit dieses Mannes brechen. Nein, er nimmt diesen Menschen erst einmal so, wie er ist, mit all seiner Leidenschaft, seinem Extremismus, seinen Fehlern und seinen zahlreichen Begabungen. Aber er will ihn für sich, für seine Arbeit. Und Paulus macht mit. Er wird zum leidenschaftlichsten und sicher bis heute bedeutendsten Nachfolger dieses Jesus.

Lernen wir von Gott. Freuen wir uns über die starken Persönlichkeiten in unseren Gemeinden. Bremsen und verletzen wir sie nicht durch ein übersteigertes Harmoniebedürfnis. Wir wollen lieber für sie beten, damit sie sich von Gott packen lassen. So wie Paulus das getan hat.

wurden? Und ist er nicht hierherge-
kommen, um sie auch in Damaskus
zu verhaften und als Gefangene an
die Hohenpriester in Jerusalem aus-
zuliefern?»
22 Saulus aber konnte immer über-
zeugender beweisen, daß Jesus der
verheißene Messias ist, so daß die Ju-
den in Damaskus schließlich keine
Argumente mehr dagegen vorbrin-
gen konnten.
23 Deshalb beschlossen sie nach
einiger Zeit, Saulus zu töten. 24 Der
aber erfuhr von ihren Plänen; und
weil die Juden Tag und Nacht die
Stadttore bewachten, um zu verhin-
dern, daß er ihnen entkommt, 25 lie-
ßen die Christen ihn nachts in einem
Korb über die Stadtmauer hinunter.

Saulus bei den Christen in Jerusalem

26 Nachdem Saulus in Jerusalem ange-
kommen war, versuchte er, sich dort
der Gemeinde anzuschließen. Aber
alle hatten Angst vor ihm, weil sie
nicht glauben konnten, daß er wirk-
lich Christ geworden war.
27 Endlich nahm sich Barnabas sei-
ner an. Er brachte ihn zu den Apo-
steln und berichtete dort, wie Saulus
auf der Reise nach Damaskus den
Herrn gesehen, daß Jesus zu ihm ge-
redet habe und Saulus dann in Da-
maskus furchtlos den Namen des
Herrn verkündigt hatte.
28 Nun erst wurde Saulus von den
Christen in Jerusalem herzlich aufge-
nommen. Er ging bei ihnen aus und
ein und predigte unerschrocken im
Namen Jesu. 29 Mit den griechisch-
sprechenden Juden führte er Streitge-
spräche.
30 Als bekannt wurde, daß diese Ju-
den ihn töten wollten, brachten ihn
seine Glaubensbrüder sicher nach
Cäsarea. Von dort reiste Saulus in
seine Heimatstadt Tarsus.
31 Die Gemeinden in Judäa, Galiläa
und Samarien hatten nun Frieden.
Sie wuchsen im Gehorsam und in der
Hingabe an Gott. Durch das Wirken
des Heiligen Geistes wurden viele
Menschen für Gott gewonnen.

Petrus in Lydda und Joppe

32 Auf einer seiner vielen Reisen, die
Petrus durch das ganze Land führten,
kam er auch zu der Christengemeinde
in der Stadt Lydda. 33 Dort traf er
Äneas, einen Mann, der schon acht
Jahre lang gelähmt im Bett lag. 34 Pe-
trus sagte zu ihm: «Äneas, Jesus
Christus heilt dich. Steh auf, und ver-
sorge dich selbst!» Tatsächlich stand
der Gelähmte auf und konnte gehen.
35 Als die Einwohner von Lydda und
den umliegenden Orten in der Saron-
Ebene den Geheilten sahen, began-
nen sie, an Jesus als ihren Herrn zu
glauben.
36 In der Stadt Joppe lebte damals
eine Christin, die Tabea hieß. Der
Name bedeutet «Gazelle». Tabea tat
viel Gutes und half den Armen. 37 Als
Petrus in Lydda war, wurde sie plötz-
lich krank und starb. Man bahrte sie
in einer Dachkammer auf und berei-
tete das Begräbnis vor. 38 Joppe liegt
nicht weit von Lydda. Die Christen in
Joppe schickten deshalb zwei Männer
mit der dringenden Bitte zu Petrus:
«Komm so schnell du kannst zu uns
nach Joppe!»
39 Petrus ging sofort mit ihnen. Als
er angekommen war, führte man ihn
in die Kammer, in der die Tote lag.
Dort hatten sich viele Witwen einge-
funden, denen Tabea in ihrer Not ge-
holfen hatte. Weinend zeigten sie Pe-
trus Kleider und Röcke, die Tabea ih-
nen genäht hatte. 40 Doch Petrus

schickte sie alle hinaus. Er kniete nie-
der und betete. Dann sagte er zu der
Toten: «Tabea, stehe auf!» Sofort
öffnete sie die Augen, sah Petrus an
und richtete sich auf. 41 Petrus gab Ta-
bea die Hand und half ihr aufzuste-
hen. Dann rief er die Gläubigen und
die Witwen herein, die nicht fassen
konnten, daß Tabea lebendig vor ih-
nen stand. 42 Bald wußte ganz Joppe,
was geschehen war, und viele glaub-
ten deswegen an den Herrn. 43 Petrus
blieb danach noch längere Zeit in
Joppe im Haus des Gerbers Simon.

Der römische Offizier Kornelius

10 In Cäsarea lebte damals ein rö-
mischer Offizier, der Korne-
lius hieß und Hauptmann im «Italie-
nischen Regiment» war. 2 Er war ein
frommer[a] Mann, der sich mit seiner
ganzen Familie zu Gott bekannte. Er
tat viel für die Hilfsbedürftigen und
Armen und betete regelmäßig zu
Gott.
3 Diesem Mann erschien gegen drei
Uhr nachmittags ein Engel Gottes.
«Kornelius!» rief der Engel. 4 Er-
schrocken sah Kornelius auf und frag-
te: «Was willst du, Herr?» Da ant-
wortete ihm der Engel: «Gott hat dei-
ne Gebete gehört und kennt deine gu-
ten Taten. 5 Deshalb schicke ein paar
Leute nach Joppe. Sie sollen sich dort
nach einem Simon Petrus erkundi-
gen, 6 der am Meer im Haus des Ger-
bers Simon wohnt. Dieser Simon Pe-
trus soll zu dir kommen!»
7 Gleich nachdem der Engel gegan-
gen war, rief Kornelius zwei von sei-
nen Dienern zu sich, außerdem einen
Soldaten, der wie Kornelius dem jü-
dischen Glauben nahestand und zu
seinem persönlichen Schutz einge-
setzt war. 8 Ihnen berichtete er genau,
was sich ereignet hatte, und sandte sie
nach Joppe.

Petrus hat eine Vision

9 Als die Boten am folgenden Tag
schon dicht bei der Stadt Joppe wa-
ren, stieg Petrus auf das flache Dach
des Hauses, um dort ungestört zu be-
ten. 10 Es war gerade um die Mittags-
zeit, und Petrus hatte Hunger. Wäh-
rend man sein Essen zubereitete, hat-
te er eine Vision:
11 Petrus sah etwas vom Himmel
herabkommen. Es sah aus wie ein
großes Leinentuch, das – an seinen
vier Ecken zusammengehalten – auf
die Erde heruntergelassen wurde.
12 In dem Tuch waren alle möglichen
Arten von vierfüßigen Tieren, aber
auch von Schlangen und Vögeln; alles
Tiere, die für Juden «unrein» sind
und deshalb nicht gegessen werden
dürfen. 13 Dann hörte Petrus eine
Stimme, die ihn aufforderte: «Petrus,
schlachte diese Tiere und iß davon!»
14 «Niemals, Herr!» entgegnete Pe-
trus. «Noch nie in meinem Leben ha-
be ich etwas Verbotenes oder Unrei-
nes gegessen.» 15 Da rief die Stimme
zum zweiten Mal: «Widersprich Gott
nicht! Wenn er sagt, daß etwas ‹rein›
ist, dann ist es auch rein.»[b] 16 Das ge-
schah dreimal. Dann wurde das Tuch
wieder in den Himmel gehoben.
17 Petrus verstand nicht, was Gott
ihm durch diese Erscheinung sagen
wollte. Aber während er noch ange-
strengt überlegte, klopften die Boten
des Kornelius an die Haustür.

a) Wörtlich: fromm und gottesfürchtig.
b) Wörtlich: Was Gott gereinigt hat, erkläre du nicht für unrein.

18«Wohnt hier ein Mann, der Simon
Petrus heißt?» erkundigten sie sich.
19Petrus dachte noch immer dar-
über nach, was die Erscheinung zu
bedeuten hatte. Da sprach der Heili-
ge Geist zu ihm: «Es sind drei Män-
ner zu dir gekommen. 20Gehe hinun-
ter und reise mit ihnen nach Cäsarea.
Du brauchst keine Bedenken zu
haben, denn ich habe sie gesandt.»
21Petrus ging hinunter. «Ich bin der,
den ihr sucht», sagte er. «Warum seid
ihr hierhergekommen?» 22Sie erwi-
derten: «Der Hauptmann Kornelius
schickt uns. Er ist ein guter und got-
tesfürchtiger Mann, der von allen Ju-
den hoch geachtet wird. Durch einen
heiligen Engel erhielt er von Gott den
Auftrag, dich in sein Haus einzuladen
und darauf zu hören, was du ihm zu
sagen hast.»

23Petrus ließ die Männer in das
Haus eintreten, und sie wohnten
dort. Bereits am nächsten Tag aber
ging er mit ihnen nach Cäsarea, wobei
ihn einige Christen aus Joppe beglei-
teten.

24Als sie am folgenden Tag dort an-
kamen, wurden sie schon von Korne-
lius erwartet. Alle seine Verwandten
und Freunde waren bei ihm. 25Noch
bevor Petrus das Haus betreten hatte,
kam ihm Kornelius entgegen und fiel
ehrerbietig vor ihm auf die Knie.
26Doch Petrus wehrte ab: «Steh auf,
ich bin auch nur ein Mensch!» und
half ihm, sich wieder aufzurichten.
27Dann betraten sie das Haus. Petrus
sah die vielen Menschen, die auf ihn
warteten.

28«Ihr wißt ebenso wie ich», be-
gann er, «daß es einem Juden streng
verboten ist, in das Haus eines Nicht-
juden zu gehen oder sich auch nur mit
ihm zu treffen. Aber Gott hat mir ge-
zeigt, daß ich keinen Menschen für
minderwertig[a] halten darf. 29Deshalb
bin ich auch gleich zu euch gekom-
men, als ihr mich gerufen habt. Aber
was wollt ihr nun von mir?»

30Kornelius antwortete: «Vor vier
Tagen betete ich nachmittags in mei-
nem Hause. Es war drei Uhr, unge-
fähr dieselbe Zeit wie heute. Da
stand plötzlich ein Mann in einem
leuchtenden Gewand vor mir 31und
sagte: ‹Kornelius, Gott hat deine Ge-
bete gehört. Er kennt deine guten Ta-
ten. 32Deshalb beauftragt er dich,
Leute nach Joppe zu schicken, die Pe-
trus zu dir bringen sollen. Er wohnt
am Meer im Haus des Gerbers Si-
mon. Höre darauf, was er dir zu sagen
hat.› 33Ich habe meine Boten sofort
zu dir geschickt, und ich freue mich,
daß du gekommen bist. Nun sind wir
alle hier in Gottes Gegenwart ver-
sammelt und wollen hören, was du
uns in seinem Auftrag zu sagen hast.»

Gott liebt jeden Menschen

34Da sagte Petrus zu Kornelius und
dessen Verwandten: «Jetzt erst habe
ich richtig verstanden, daß Gott kei-
nen Menschen wegen seiner Her-
kunft bevorzugt oder benachteiligt,
35sondern daß er jeden liebt, der an
ihn glaubt und nach seinen Geboten
lebt. 36Ihr kennt die Friedensbot-
schaft Gottes, die er dem Volk Israel
durch Jesus Christus mitgeteilt hat,
und er ist ja der Herr über alle.

37Ihr wißt auch, was in Judäa ge-
schehen ist, nachdem Johannes der
Täufer in Galiläa durch die Taufe zur
Umkehr gerufen hatte. 38Jesus aus
Nazareth ist von Ort zu Ort gezogen.

a) Wörtlich: unheilig und unrein.

Herz oder Hülle?

Ulrike Herrmann

Apostelgeschichte 10,34

Ich glaube, sie hieß Waltraud. Jedenfalls war sie in den 50er Jahren meine Schulfreundin. Sie lebte mit ihrer Familie in einer «Baracke». Dort war es sehr eng, und so lud ich sie zum Spielen zu uns nach Hause ein. Ich liebte es, ihre langen Zöpfe zu kämmen und zu flechten. Eines Tages entdeckte ich, daß Waltraud Läuse hatte. Gestört hat mich das herzlich wenig. Meine gläubige Mutter hatte uns Kinder eine tiefe, biblische Wahrheit gelehrt und sie uns vorgelebt: nämlich, daß das Herz eines Menschen weitaus wertvoller ist als sein äußeres Erscheinungsbild, seine Herkunft, Religion, Nationalität, Schulbildung oder Titel.

Während unseres kurzen Lebens hier auf der Erde sind wir alle «eingepackt» in eine äußere Hülle, die sich keiner selbst aussuchen kann. Und – nach dieser sichtbaren «Verpackung» sollen wir einander nicht beurteilen. Leider bleiben wir in unserer menschlichen Kurzsichtigkeit oft am Äußeren eines Menschen hängen und neigen zu Vorurteilen und Fehleinschätzungen.

Gott ist so anders: Er sieht geradewegs durch unsere Hülle hindurch in das Herz eines jeden Menschen. Weder Schloß noch Baracke, weder ein gepflegtes Outfit noch Kopfläuse beeinflussen seine Vaterliebe zu uns.

Gott ist so barmherzig: In seinen Augen sind wir ausnahmslos alle Sünder.

Davon gibt es jedoch zwei Gruppen. Die eine hat Gottes Erlösungsangebot schon angenommen und sich durch Jesus retten lassen. Und um die andere wirbt Gott noch mit seiner Retterliebe, weil er nicht will, daß jemand verloren geht.

Gott gab seinen Sohn in den Tod ans Kreuz für meine Schulfreundin Waltraud genauso gerne wie für mich und jeden anderen kostbaren Menschen auf dieser Erde. Bei ihm zählt nur das Herz und nicht die Hülle!

Er hat überall Gutes getan und alle befreit, die der Teufel gefangenhielt, denn Gott selbst hatte ihm seine Macht und seinen göttlichen Geist gegeben. Er war mit ihm.

39 Wir Apostel sind Augenzeugen für alles, was er in Israel und in Jerusalem unter den Juden getan hat. Diesen Jesus haben sie an das Kreuz genagelt und getötet. 40 Aber schon drei Tage später hat Gott ihn wieder zum Leben erweckt. 41 Danach ist er als Auferstandener zwar nicht dem ganzen Volk, aber seinen Jüngern[a] erschienen. Das können wir bezeugen. Wir haben nach seiner Auferstehung sogar mit ihm gegessen und getrunken. 42 Er gab uns den Auftrag, allen Menschen zu sagen und zu bezeugen, daß Gott ihn als Richter über die Lebenden und die Toten eingesetzt hat. 43 Schon die Propheten haben in ihren Schriften vorausgesagt, daß durch Jesus allen Menschen die Sünden vergeben werden, wenn sie an ihn glauben.»[b]

Zum ersten Mal werden Heiden in die Gemeinde aufgenommen

44 Petrus hatte seine Rede noch nicht beendet, da wurden alle, die zuhörten, mit dem Heiligen Geist erfüllt. 45 Die Juden aus der Gemeinde in Joppe, die mit Petrus gekommen waren, konnten es kaum fassen, daß Gott auch Nichtjuden den Heiligen Geist schenkte. 46 Denn sie hörten die Menschen Gott in einer Weise anbeten und loben, wie sie selbst es zu Pfingsten erlebt hatten.

Petrus aber sagte: 47 «Wer könnte ihnen jetzt noch die Taufe verweigern, wo sie genau wie wir den Heiligen Geist empfangen haben?» 48 Und er ließ alle, die im Hause des Kornelius versammelt waren, auf den Namen Jesu Christi taufen. Danach baten sie Petrus, er möge noch einige Tage bei ihnen bleiben.

Petrus rechtfertigt die Taufe von Heiden

11 Bald darauf erfuhren die Apostel und die anderen Brüder in Judäa, daß nun auch Heiden Gottes Wort angenommen hatten.

2 Als Petrus nach Jerusalem zurückkehrte, warfen ihm die jüdischen Gemeindeglieder vor: 3 «Du hast dich mit Heiden verbrüdert und sogar mit ihnen gegessen!» 4 Nun berichtete ihnen Petrus der Reihe nach, was geschehen war:

5 «In der Stadt Joppe zeigte mir Gott während des Gebets ein riesiges Tuch, das an seinen vier Ecken vom Himmel herabgelassen wurde. 6 Darin sah ich die unterschiedlichsten Arten von vierfüßigen, kriechenden, fliegenden und wilden Tieren, die für uns alle unrein sind. 7 Ich hörte eine Stimme, die mich aufforderte: ‹Petrus, schlachte das und iß davon!› 8 ‹Niemals, Herr›, widersprach ich. ‹Bisher habe ich noch nie etwas Unreines oder Verbotenes gegessen.› 9 Aber die Stimme vom Himmel sprach noch einmal: ‹Wenn Gott sagt: Das ist rein, darfst du es nicht ‹unrein› nennen.›

10 Dreimal wiederholte sich dieser Vorgang. Dann wurde das Tuch mit seinem Inhalt wieder in den Himmel

a) Wörtlich: den von Gott auserwählten Zeugen.
b) Jesaja 53,5–6; Jeremia 31,34

Grenzüberschreitung

Ursula Koch

Apostelgeschichte 11

Die Geschichte der Gemeinde Jesu ist eine Geschichte von Grenzüberschreitungen.

Grenzen sind notwendig und hilfreich, z. B. die «Grenzen», die Mose dem Volk Israel in der Wüste zog, indem er verbot, Kriechtiere zu essen. Es gab gute Gründe dafür. Auch wir verbieten unseren Kindern manches zu ihrem eigenen Schutz und geben ihnen damit auch eine Orientierung für ihr Leben.

Aber Grenzen engen auch ein, schließen aus, und wir reiben uns wund an ihnen. Dieses beklemmende Gefühl kennt jeder, der an den ehemaligen DDR-Grenzübergängen alle Papiere offenlegen, das Auto auspacken und das Reiseziel angeben mußte. Wer hinter der Mauer stand und den Vögeln nachsah, die in den Westen flogen, der weiß sehr genau, was Grenzen für Menschen bedeuten können.

Auch die Abgrenzung zwischen Juden und Heiden, Freien und Sklaven, Weißen und Schwarzen, Männern und Frauen diente den einen zum Schutz und zur Sicherung von Privilegien, während die andern ausgeschlossen wurden. Aber Jesus ging zum Entsetzen seiner Zeitgenossen auch über gesellschaftliche Grenzen hinweg.

Nie sind die Jünger ihrem Herrn dabei gern gefolgt. Am liebsten hätten sie schon die heidnische Frau weggeschickt, die ihn um Hilfe bat. Und wie lange hat es gedauert, bis sie als Freie bereit waren, einen Sklaven als ihren Bruder zu sehen! Bis heute gibt es Christen, die sich weigern, mit farbigen Brüdern und Schwestern Gottesdienst zu feiern. Petrus ist es auch nicht leicht gefallen, die Grenze zwischen Juden und Heiden zu überschreiten. Aber er ist bereit zu lernen! Er erkennt: «Wer bin ich …?» Und wer sind wir, daß wir manchmal meinen, Gott Vorschriften machen zu müssen, wenn er Grenzen niederreißt, hinter denen wir uns gut eingerichtet haben?

gehoben. 11 Zu eben dieser Zeit hatten drei Männer das Haus erreicht, in dem ich wohnte. Sie kamen aus Cäsarea und waren zu mir geschickt worden. 12 Der Heilige Geist befahl mir, ohne Bedenken mit diesen Männern zu gehen. Außerdem begleiteten mich noch diese sechs Brüder hier aus der Gemeinde in Joppe. Bald trafen wir im Hause des Mannes ein, der die Boten geschickt hatte. 13 Er berichtete uns, daß ihm ein Engel erschienen war, der ihm befohlen hatte: ‹Schicke Boten nach Joppe und laß Petrus holen. 14 Der wird dir sagen, wie du mit allen, die zu dir gehören, gerettet werden kannst.› 15 Ich war noch gar nicht lange bei ihnen und hatte gerade zu reden angefangen, da kam der Heilige Geist auf sie, genauso wie es bei uns am Pfingsttag gewesen war.

16 In diesem Moment fiel mir ein, was uns der Herr einmal gesagt hatte: ‹Johannes hat mit Wasser getauft, ihr aber sollt mit dem Heiligen Geist getauft werden.› 17 Weil diese Nichtjuden an den Herrn Jesus Christus glaubten, schenkte Gott ihnen dieselbe Gabe wie uns. Wer bin ich, daß ich Gott daran hätte hindern können?!»

18 Diese Worte überzeugten sie. Sie lobten Gott und verkündeten: «Gott hat allen Menschen den Weg zur Umkehr gezeigt, den einzigen Weg, der zum Leben führt.»

Gründung der Gemeinde in Antiochia

19 Die Gläubigen, die wegen der einsetzenden Christenverfolgung nach dem Märtyrertod des Stephanus aus Jerusalem geflohen waren, kamen bis nach Phönizien, Zypern und Antiochia. Das Evangelium verkündigten sie aber nur den Juden. 20 Lediglich ein paar Männer aus Zypern und Kyrene, die jetzt in Antiochia lebten, predigten auch den Griechen die Frohe Botschaft von Jesus Christus. 21 Der Herr aber war mit ihnen, und so begannen viele dieser Heiden an Jesus Christus als ihren Herrn zu glauben.

22 Als die Gemeinde in Jerusalem von dieser Entwicklung in Antiochia erfuhr, schickten sie Barnabas dorthin. 23 Der kam in die Stadt und erkannte voller Freude, was Gott getan hatte. Barnabas ermutigte die Gläubigen, fest und entschlossen in ihrem Glauben an den Herrn zu bleiben. 24 Barnabas war nämlich ein vorbildlicher Mann, erfüllt vom Heiligen Geist und stark im Glauben. So fanden damals viele Menschen den Weg zu Jesus Christus.

25 Von Antiochia reiste Barnabas nach Tarsus, um Saulus aufzusuchen. 26 Er traf ihn, und gemeinsam gingen sie nach Antiochia zurück. Dort blieben beide ein ganzes Jahr, um den vielen Gläubigen zu zeigen, wie sie als Jünger Jesu leben sollten. In Antiochia wurden die Nachfolger Jesu auch zum ersten Mal «Christen» genannt.

27 In diesen Tagen kamen Propheten aus Jerusalem nach Antiochia. 28 Während des Gottesdienstes sagte einer von ihnen – er hieß Agabus – eine große Hungersnot voraus. Sie würde sich über die ganze Welt erstrecken. So hatte es ihm der Heilige Geist gezeigt. Tatsächlich trat diese Hungersnot während der Regierungszeit des Kaisers Claudius ein. 29 Deshalb beschloß die Gemeinde in Antiochia, den Christen in Judäa zu helfen. Jeder in der Gemeinde gab, soviel er nur konnte, 30 und die gesamte Spende wurde dann von Barnabas und Saulus den Ältesten der Gemeinde in Jerusalem überbracht.

Sehnsucht nach Gott

Psalm 42

Wie ein Hirsch nach frischem Wasser lechzt,
so sehne ich mich nach dir, o Gott!
Ja, ich dürste nach Gott, nach dem lebendigen Gott.
Wann darf ich in seinen Tempel kommen? Wann darf ich ihn anbeten?

Tag und Nacht weine ich, Tränen sind meine einzige Speise,
denn ständig verspottet man mich und fragt: «Wo bleibt er denn, dein Gott?»
Es bricht mir das Herz, wenn ich an früher denke:
Da ging ich dem großen Festzug voran und führte ihn zum Haus Gottes.
Da konnte ich Gott zujubeln und ihm danken!

Warum nur bin ich so traurig?
Warum ist mein Herz so schwer?
Auf Gott will ich hoffen, denn ich weiß:
ich werde ihm wieder danken.
Er ist mein Gott, er wird mir beistehen!

Ich stehe auf dem Berg Misar im Hermongebirge.
Hier, fern von deinem Tempel, denke ich voll Trauer an dich.
Von den Bergen stürzen Wildbäche tosend in die Tiefe.
Mir ist zumute, als würden die Fluten mich mitreißen und fortspülen.
Tagsüber seufze ich: «Herr, schenke mir doch wieder deine Gnade!»
Und nachts singe und bete ich zu Gott; er allein kann mir das Leben wieder geben.
Gott, du bist doch mein einziger Halt! Warum hast du mich vergessen?
Warum läßt du mich leiden unter der Gewalt meiner Feinde?
Ihr Hohn dringt mir ins Herz, wenn sie Tag für Tag fragen:
«Wo bleibt er denn, dein Gott?»

Warum nur bin ich so traurig?
Warum ist mein Herz so schwer?
Auf Gott will ich hoffen, denn ich weiß:
ich werde ihm wieder danken.
Er ist mein Gott, er wird mir beistehen!

Die Verhaftung des Petrus und seine Befreiung

12 In dieser Zeit ließ König Herodes einige Christen in Jerusalem verhaften und foltern. 2 Jakobus, der Bruder des Johannes, wurde enthauptet. 3 Als Herodes merkte, daß er dadurch bei den jüdischen Führern an Ansehen gewann, ließ er noch während des Passahfestes Petrus gefangennehmen. 4 Man warf den Apostel ins Gefängnis. Dort bewachten ihn ununterbrochen vier Soldaten, die alle sechs Stunden abgelöst wurden. Herodes wollte nach dem Passahfest Petrus öffentlich den Prozeß machen.

5 Aber die Gemeinde in Jerusalem hörte nicht auf, Gott um Hilfe für den Gefangenen zu bitten. 6 In der letzten Nacht vor dem Prozeß schlief Petrus angekettet zwischen zwei Soldaten, während zwei andere vor der Zelle Wache hielten. 7 Plötzlich betrat ein Engel des Herrn die Zelle, und Licht erfüllte den Raum. Der Engel weckte Petrus und sagte zu ihm: «Steh schnell auf!» Sofort fielen Petrus die Ketten von den Handgelenken. 8 «Ziehe deine Kleider und deine Schuhe an», befahl ihm dann der Engel. «Nimm deinen Mantel, und folge mir!»

9 Petrus ging hinter dem Engel aus der Zelle. Aber die ganze Zeit über konnte er nicht glauben, daß all dies wirklich geschah. Er meinte zu träumen. 10 Doch sie passierten die erste Wache, die zweite und kamen schließlich an das schwere Eisentor, das zur Stadt führt. Es öffnete sich vor ihnen. Jetzt hatten sie das Gefängnis verlassen und bogen in eine schmale Straße ein. Da verschwand der Engel, 11 und erst jetzt begriff Petrus: «Es ist kein Traum. Der Herr hat mir tatsächlich seinen Engel geschickt, um mich aus der Gewalt des Herodes zu retten. Vergebens werden die Juden auf meine Hinrichtung warten.»

12 Petrus überlegte und ging dann zu dem Haus, in dem Maria wohnte, die Mutter von Johannes Markus. Dort hatten sich viele Christen aus der Gemeinde zusammengefunden, um zu beten.

13 Als Petrus an die Haustür klopfte, kam ein Mädchen, das Rhode hieß, und wollte nachsehen, wer da ist. 14 Sie erkannte Petrus sofort an seiner Stimme, war aber vor Freude so überrascht, daß sie die Tür verschlossen ließ und ins Haus zurücklief. «Petrus steht draußen vor der Tür!» rief sie. 15 «Das ist doch ganz unmöglich!» meinten die anderen ungläubig. «Du mußt dich irren.» Aber sie blieb bei ihrer Behauptung. 16 Jetzt vermuteten einige: «Vielleicht ist es sein Engel!»

Petrus hörte nicht auf, an die Tür zu klopfen. Als sie ihm endlich öffneten und Petrus erkannten, gerieten sie vor Freude außer sich. 17 Mit einer Handbewegung brachte er sie zur Ruhe, und dann berichtete er, wie ihn der Herr aus dem Gefängnis befreit hatte. «Sagt das auch Jakobus und den anderen», bat er zum Schluß. Dann trennten sie sich, und Petrus verließ Jerusalem, um sich in Sicherheit zu bringen.

18 Am nächsten Morgen entdeckten die Soldaten voller Entsetzen, daß Petrus nicht mehr da war. Sie konnten es sich einfach nicht erklären. 19 Als Herodes den Gefangenen vorführen lassen wollte, er aber nirgendwo zu finden war, ließ der König die Wachen nach eindringlichen Verhören hinrichten. Anschließend verließ Herodes Judäa und blieb längere Zeit in Cäsarea.

Gottes Wegen vertrauen

Angelica Jackson

Apostelgeschichte 12

Das Gesicht meines sechsjährigen Sohnes war leichenblaß. Sein Blutdruck sank immer tiefer, und nun erbrach er wieder eine Menge Blut. Wo blieb nur der Arzt?

Gabriel hatte vor ungefähr einer Woche eine Mandeloperation gehabt. Alles schien gut gegangen zu sein, bis er plötzlich in dieser Nacht erwacht war und Blut spuckte. Schnell hatten wir ihn ins Krankenhaus gefahren. Der Arzt hatte ihn begutachtet und gefunden, man solle nichts unternehmen, sondern abwarten. Doch wieder und wieder erbrach Gabriel sehr viel Blut. Niemand schien sicher zu sein, was zu tun sei. Minuten wurden mir zur qualvollen Ewigkeit.

Der Moment kam, in dem mir bewußt wurde, daß mein Sohn vielleicht sterben würde. Ich focht in dieser relativ kurzen Zeit unbeschreibliche innere Kämpfe aus, Angst und Verzweiflung überfielen mich. Konnte ich wirklich Gott vertrauen, egal ob mein Sohn leben oder sterben würde? Laut betend ging ich im Zimmer auf und ab. Da fiel mein Blick auf einen vergilbten Zettel, der über Gabriels Bett hing. Irgend jemand hatte ihn da zurückgelassen. «Fürchte dich nicht, glaube nur!» stand darauf.

Dann wurde mein Sohn in den Operationssaal gebracht. Ich hörte nicht auf zu beten. Als ich sein liebes Gesicht wieder sehen und sein Flüstern hören durfte, weinte ich vor Dankbarkeit und Erleichterung. Gott hatte mir meinen Sohn wiedergeschenkt.

Für Petrus und Jakobus wurde gebetet. Petrus wurde auf wunderbare Weise errettet und Jakobus wurde hingerichtet. Warum mußte der eine sterben und der andere durfte leben? Diese Frage beschäftigte mich sehr, als kurze Zeit, nachdem Gabriel gesund geworden war, der kleine Sohn meiner Nachbarin starb. Wir hatten so sehr für ihn gebetet! Ich fragte Gott: «Wozu?» Die Antwort, die ich bekam lautete: «Fürchte dich nicht, glaube nur!»

Meine Kinder im Leben und im Sterben, in Krankheit und in der Gesundheit, in Freude und im Leid der Hand Gottes anzuvertrauen, das begann ich damals zu lernen, und ich lerne es immer mehr. Wenn sie sich von uns oder von Gott abwenden, wenn sie ausgeschlossen oder schikaniert werden, wenn sie drogensüchtig werden, ihre Arbeitsstelle verlieren: Nichts, aber auch gar nichts, kann sie von der Liebe Gottes trennen.

Fürbitte für die Kinder tun ist der wichtigste Bestandteil unserer Elternschaft. Wir sollen fest im Glauben stehen und vertrauen, daß, was immer Gott tut, es das beste für unsere Kinder ist, auch wenn wir es mit unserem Verstand nicht erfassen können.

Das Ende des Herodes

20 In dieser Zeit plante Herodes Ver-
geltungsmaßnahmen gegen die Städ-
te Tyrus und Sidon. Um den König
umzustimmen und zum Frieden zu
bewegen, schickten die Städte eine
Abordnung zu ihm. Dieser Abord-
nung gelang es, Blastus, den Finanz-
verwalter des Königs, für sich zu ge-
winnen. So hofften sie, zu einer Eini-
gung zu gelangen, denn sie waren auf
die Lieferung von Lebensmitteln aus
dem Herrschaftsbereich des Herodes
angewiesen. 21 Nach dem Abschluß
der Verhandlungen zog Herodes sein
königliches Prachtgewand an und
hielt von seinem Thron aus eine öf-
fentliche Ansprache. 22 Begeistert ju-
belte ihm das Volk zu: «So spricht nur
Gott und kein Mensch!» 23 Im selben
Augenblick strafte ein Engel des
Herrn den König, weil er sich als Gott
verehren ließ. Er wurde von Wür-
mern zerfressen und starb unter Qua-
len. 24 An Gottes Wort aber glaubten
immer mehr Menschen. 25 Barnabas
und Saulus hatten inzwischen ihre
Aufgabe in Jerusalem erfüllt und
kehrten zusammen mit Johannes
Markus nach Antiochia zurück.

Paulus und Barnabas werden als Missionare ausgesandt

13 In der Gemeinde Antiochia
gab es mehrere Propheten und
Lehrer, zum Beispiel Barnabas, den
Afrikaner Simon, Lucius von Kyre-
ne, Manahen, einen Jugendfreund
des Königs Herodes, und Saulus.
2 Als diese Männer während eines Fa-
stens gemeinsam beteten, sprach der
Heilige Geist zu ihnen: «Gebt Barna-
bas und Saulus für die Aufgabe frei,
zu der ich sie berufen habe!» 3 Da fa-
steten und beteten sie, segneten Bar-
nabas und Saulus und sandten sie zum
Missionsdienst aus.

Auf Zypern: Erster Widerstand – erster Erfolg

4 Auf diese Weise vom Heiligen Geist
selbst ausgesandt, kamen Barnabas
und Saulus zuerst nach Seleukia und
von dort mit einem Schiff nach Zy-
pern. 5 Gleich nachdem sie in der
Stadt Salamis angekommen waren,
verkündigten sie in den Synagogen
das Wort Gottes. Johannes Markus
hatten sie als Gehilfen bei sich.

6 So kamen sie an das andere Ende
der Insel, bis nach Paphos. Dort trafen
sie einen Juden, der sich mit Zauberei
abgab. Er hieß Bar-Jesus und bezeich-
nete sich selbst als Propheten. 7 Dieser
Jude war mit dem Gouverneur Sergius
Paulus befreundet, einem klugen und
sehr verständigen Mann. Der Gou-
verneur lud Barnabas und Saulus zu
sich ein, weil er von ihnen Gottes Wort
hören wollte. 8 Aber Elymas, wie der
Name des Zauberers auf griechisch
hieß, wollte mit allen Mitteln verhin-
dern, daß der Gouverneur zum Glau-
ben an Christus kam.

9 Saulus aber, der sich auch Paulus
nannte, sah den Zauberer durchdrin-
gend an 10 und sagte, erfüllt vom Hei-
ligen Geist: «Du Sohn der Hölle, vol-
ler Lüge und Bosheit! In dir ist nichts
Gutes. Wann endlich wirst du aufhö-
ren, Gottes Wort zu verdrehen?
11 Gott wird dich dafür strafen: Du
sollst blind werden und einige Zeit
nicht sehen können.» In demselben
Augenblick erblindete der Mann. Er
tappte hilflos umher und brauchte je-
manden, der ihn an der Hand führte.
12 Beeindruckt von der Macht Gottes,
begann der Gouverneur, der alles
mitangesehen hatte, an den Herrn zu
glauben.

Missionsarbeit in Antiochia / Pisidien

13 Danach verließen Paulus und seine
Gefährten Paphos. Mit einem Schiff
fuhren sie nach Perge in Pamphylien,
wo sich Johannes Markus von ihnen
trennte und nach Jerusalem zurück-
kehrte. 14 Barnabas und Paulus je-
doch zogen allein weiter nach Antio-
chia in Pisidien. Am Sabbat gingen sie
dort zum Gottesdienst in die Synago-
ge. 15 Nach der üblichen Lesung aus
den Büchern des Mose und der Pro-
pheten ließen ihnen die Synagogen-
vorsteher ausrichten: «Liebe Brüder,
wenn ihr etwas lehren wollt, was
der Gemeinde nützt, dann redet
nur!»

16 Da erhob sich Paulus, bat mit
einem Handzeichen um Ruhe und be-
gann: «Ihr Männer Israels, aber auch
ihr andern alle, die ihr an den Gott
Israels glaubt, hört mir zu! 17 Der
Gott des Volkes Israel hat unsere
Vorfahren auserwählt und sie in
Ägypten zu einem großen Volk wer-
den lassen. Durch seine Macht und
Stärke gelang unserem Volk der Aus-
zug aus diesem Land. 18 Vierzig Jahre
lang erhielt er sie auf ihrem Weg
durch die Wüste. 19 Und nachdem
Gott sieben Völker in Kanaan ver-
nichtet hatte, konnten sie dieses Land
in Besitz nehmen. 20 Etwa vierhun-
dertfünfzig Jahre lang gab er ihnen
Richter; der letzte war Samuel, ein
Prophet Gottes.

21 Als das Volk einen König haben
wollte, gab Gott ihnen Saul, den
Sohn des Kis aus dem Stamm Benja-
min.

Saul regierte vierzig Jahre. 22 Dann
wandte sich Gott von ihm ab und er-
wählte David zum König über Israel,
von dem er sagte: ‹Ich habe David,
den Sohn Isais, gefunden, einen
Mann nach meinem Herzen. Er wird
mir gehorchen.›

23 Ein Nachkomme Davids ist Je-
sus, der von Gott versprochene Ret-
ter Israels. 24 Er kam, nachdem Jo-
hannes das ganze Volk Israel aufge-
rufen hatte, nicht länger ein sündiges
Leben zu führen und sich taufen zu
lassen. 25 Johannes hatte seinen Auf-
trag erfüllt, als er sagte: ‹Ich bin nicht
der, für den ihr mich haltet. Aber
nach mir wird einer kommen, dem
dürfte ich nicht einmal die Schuhe
aufbinden.›

26 Euch, liebe Brüder, die ihr von
Abraham abstammt, und euch, die
ihr an Gott glaubt und ihn ehrt, gilt
diese rettende Botschaft. 27 Die Ein-
wohner Jerusalems und ihre führen-
den Männer haben nicht verstanden,
wer Jesus ist. Trotzdem erfüllten sie
mit ihrem Urteil die Vorhersagen der
Propheten, die jeden Sabbat vorgele-
sen werden. 28 Denn obwohl sie ihm
nicht das Geringste nachweisen
konnten, was die Todesstrafe ge-
rechtfertigt hätte, verlangten sie von
Pilatus, daß Jesus hingerichtet wird.
29 Als sich alles so erfüllt hatte, wie es
in der Heiligen Schrift vorausgesagt
ist, nahmen sie ihn vom Kreuz herun-
ter und legten ihn in ein Grab.

30 Aber Gott hat ihn von den Toten
auferstehen lassen. 31 Danach ist Je-
sus noch oft seinen Jüngern erschie-
nen, die mit ihm von Galiläa nach
Jerusalem gekommen waren. Sie
sind jetzt vor dem Volk Israel die
Zeugen dafür, daß Jesus Gottes Sohn
ist.

32 Euch verkündigen wir nun diese
frohe Botschaft: Die Verheißung, die
Gott unseren Vorfahren gab, 33 hat er
für uns jetzt erfüllt, als er Jesus von
den Toten auferweckte. So heißt es
im zweiten Psalm: ‹Du bist mein
Sohn. Heute setze ich dich zum König

ein.›[a] 34 Daß Jesus von den Toten auferstehen und nicht mehr verwesen würde, hat Gott in der Heiligen Schrift vorausgesagt: ‹Ich will euch die Gnade erweisen, die ich David versprochen habe.›[b] 35 An einer anderen Stelle heißt es noch deutlicher: ‹Du wirst nicht zulassen, daß dein Heiliger verwesen wird.›[c]

36 Das bezog sich nicht etwa auf David. Der starb, nachdem er den Menschen seiner Zeit nach Gottes Willen gedient hatte. Er wurde begraben und verweste. 37 Aber der, den Gott von den Toten hat auferstehen lassen, der ist nicht verwest. 38 Das ist der Beweis dafür, liebe Brüder, daß es Jesus ist, durch den ihr Vergebung der Sünden erlangt.

39 Jeder, der an ihn glaubt, wird frei von seinen Sünden. Das Gesetz des Mose konnte ihn davon nicht lossprechen. 40 Seht euch also vor, daß auf euch nicht zutrifft, was in den Propheten geschrieben steht: 41 ‹Ihr Verächter der Wahrheit! Wacht auf aus eurer Gleichgültigkeit und erschreckt zu Tode. Denn was ich noch zu euren Lebzeiten geschehen lasse, würdet ihr nicht für möglich halten, wenn andere es euch erzählten.›»[d]

42 Als Paulus und Barnabas den Gottesdienst verließen, wurden sie gebeten, am nächsten Sabbat wiederzukommen, um noch einmal über diese Botschaft zu sprechen. 43 Viele Juden, aber auch andere, die zum Gottesdienst in der Synagoge gewesen waren, begleiteten Paulus und Barnabas. Die Apostel ermahnten alle diese Menschen, Gottes Gnade nicht zurückzuweisen.

Konflikt mit den Juden

44 Am folgenden Sabbat waren fast alle Einwohner der Stadt zusammengekommen, um das Wort Gottes zu hören. 45 Als die Juden die vielen Menschen in der Synagoge sahen, wurden sie neidisch. Sie widersprachen Paulus und spotteten. 46 Doch Paulus und Barnabas ließen sich nicht beirren. Ruhig und fest erklärten sie: «Zuerst mußte euch Juden das Wort Gottes verkündet werden. Weil ihr es aber nicht hören wollt und damit selbst gezeigt habt, daß ihr des ewigen Lebens nicht wert seid, wenden wir uns jetzt an die Heiden. 47 Denn der Herr hat uns befohlen: ‹Ich habe dich zum Licht für alle Völker gemacht, damit du der ganzen Welt die Rettung bringst, die von mir kommt.›»[e]

48 Als die Nichtjuden das hörten, freuten sie sich sehr und dankten Gott für sein Wort. Und alle, die zum ewigen Leben bestimmt waren, begannen zu glauben. 49 So wurde das Wort Gottes – über die Stadtgrenzen hinaus – in der ganzen Umgebung bekannt. 50 Den Juden aber gelang es, fromme, angesehene Frauen und einflußreiche Männer der Stadt gegen Paulus und Barnabas aufzuhetzen und sie aus der Stadt zu vertreiben. 51 Da überließen sie die Stadt ihrem Schicksal[f] und reisten weiter nach

a) Wörtlich: Heute habe ich dich gezeugt. Psalm 2,7
b) Jesaja 55,3
c) Psalm 16,10
d) Habakuk 1,5
e) Jesaja 49,6
f) Wörtlich: Sie aber schüttelten den Staub von ihren Füßen.

Lichterkette

Barbara von der Heydt

Apostelgeschichte 13,47

Paulus zitiert hier ein Bibelwort aus dem Propheten Jesaja (Jesaja 49,6) und erklärt den Juden in Antiochien, daß er und Barnabas als Lichter zu den Heiden gesandt sind. Sie sollen ihnen das Heil bringen, das zunächst nur den Juden verheißen war, nun aber allen Menschen angeboten wird.

Wo Licht ist, muß die Finsternis weichen. Eine Frau, die mit Christus lebt, gleicht einer Kerze. Sie erhellt den Platz, an dem sie steht: In ihrer Familie, in ihrer Nachbarschaft, auf ihrer Arbeitsstelle, unter ihren Freunden. Es gibt kein glaubwürdigeres Zeugnis für die Kraft Jesu Christi, als durch unseren Lebensstil für ihn zu leuchten. Gottes Güte und Freundlichkeit lassen sich nicht wirkungsvoller bekunden, als wenn man sie verschwenderisch weitergibt. Bevor ich Christus persönlich kennenlernen durfte, bin ich ihm in Menschen begegnet, die seine Liebe ausstrahlten.

Er befähigt uns, sein Licht überall dort zu verbreiten, wo wir gerade sind: durch eine freundliche Aufmerksamkeit, durch tröstende Worte. Er macht uns zu Friedenstiftern, er gibt uns die Kraft der Vergebung und den Mut, anderen Menschen Christus zu bezeugen. Er ist das Licht, und wenn er in uns wohnt, dann leuchtet er aus uns heraus.

Die Liebe Christi, die wir ausstrahlen, vertreibt die Finsternis. Wir sollen an dem Platz leuchten, an den Gott uns gestellt hat. Wir sollen soviel wie möglich von dem Licht Jesu in uns aufnehmen und es dann an andere weitergeben. Keine Begegnung ist Zufall, keine Tat ohne Bedeutung. Jedes Wort zählt. Jede Beziehung ist wichtig. Jede von uns soll das göttliche Heil bis ans Ende der Erde tragen. Mögen wir, Sie und ich, hell leuchten – jede individuell an ihrem Platz als eine Kerze für Christus.

Ikonium. 52 Die in Antiochia gebliebenen Jünger aber waren erfüllt vom Heiligen Geist und voller Freude.

Reise nach Ikonium

14 In Ikonium gingen Paulus und Barnabas zuerst wieder in die Synagoge und predigten dort so überzeugend, daß viele – Juden wie Griechen – zu glauben begannen. 2 Aber die Juden, die von Gottes Botschaft nichts wissen wollten, verleumdeten die junge Christengemeinde bei der heidnischen Bevölkerung. 3 Trotzdem blieben Paulus und Barnabas längere Zeit dort und predigten furchtlos in aller Öffentlichkeit. Denn sie vertrauten auf die Hilfe des Herrn, der sein Wort sichtbar durch Zeichen und Wunder bestätigte, die durch Paulus und Barnabas geschahen.

4 Die Meinung der Bevölkerung war geteilt. Manche hielten zu den jüdischen Führern, andere zu den Aposteln. 5/6 Als diese merkten, daß ihre jüdischen wie nichtjüdischen Gegner zusammen mit den Behörden entschlossen waren, sie zu verfolgen und zu steinigen, flohen sie in die Provinz Lykaonien, 7 in die Städte Lystra und Derbe, um dort und in der ganzen Umgebung das Evangelium zu verkündigen.

Heilung eines Gelähmten in Lystra

8 In Lystra lebte ein Mann, dessen Füße von Geburt an gelähmt und kraftlos waren. Noch nie hatte er einen Schritt gehen können. 9 Dieser Mann hörte Paulus reden. Paulus wurde auf ihn aufmerksam und sah, daß der Mann glaubte, er könne geheilt werden. 10 Laut rief er ihm zu: «Steh auf, stelle dich auf deine Füße!» Und der Mann sprang auf und konnte gehen.

11 Als die Leute erkannten, was Paulus getan hatte, riefen sie in ihrer Muttersprache, die von den Aposteln nicht verstanden wurde[a]: «Die Götter sind als Menschen zu uns herabgekommen!» 12 Sie nannten Barnabas «Zeus» und Paulus «Hermes», weil er der Wortführer war. 13 Der Priester des Zeustempels vor den Toren der Stadt brachte Stiere und Kränze zum Stadttor, um den Aposteln vor dem ganzen Volk ein Opfer zu bringen.

14 Als Paulus und Barnabas begriffen, was die Leute vorhatten, zerrissen sie ihre Kleider, liefen unter die Menge und riefen entsetzt: 15 «Was macht ihr da, Männer! Wir sind nur Menschen aus Fleisch und Blut wie ihr. Mit unserer Predigt wollen wir doch gerade erreichen, daß ihr euch von diesen toten Götzen abwendet und dafür an den lebendigen Gott glaubt, der das Weltall, die Erde, das Meer und alles, was darin ist, erschaffen hat! 16 Bisher hat er die Völker ihre eigenen Wege gehen lassen. 17 Trotzdem hättet ihr wissen müssen, daß er lebt, denn er hat euch viel Gutes getan. Ihm verdankt ihr den Regen und die guten Ernten; er gibt euch zu essen und schenkt euch Freude.»

18 Mit diesen Worten konnten Paulus und Barnabas die Leute nur mit Mühe davon zurückhalten, ihnen zu opfern. 19 Dann aber kamen Juden aus Antiochia und Ikonium. Sie hetz-

a) Wörtlich: auf Lykaonisch.

DIE GUTE BOTSCHAFT – VOM KOPF INS HERZ

Ulla Schaible

Apostelgeschichte 14,17

Paulus und Barnabas verkündigen den Menschen in Lystra das Evangelium, die Gute Botschaft Gottes. Sie sagen weiter, was Gott den Menschen an Gutem, an Frohmachendem, an Heil und Heilung bringen möchte. Sie sprechen die Leute auf das an, was sie jeden Tag erleben, was sie verstehen können: «Seht doch, wie gut Gott für euch sorgt. Ihr habt zu essen. Ihr könnt euch freuen.»

Könnte das nicht eine Anregung für uns sein, einmal unseren Alltag genauer anzusehen und zu entdecken, wo Gott gut für uns sorgt, wo er uns Freude schenkt? Vielleicht bekommen wir dann offene Augen für seine Güte und können seiner Liebe zu uns nachspüren.

Ganz praktisch könnte das so aussehen:

Ich setze mich am Abend hin und lasse den Tag noch einmal an mir vorüberziehen. Was habe ich erlebt, gedacht, gefühlt, empfunden? Wahrscheinlich gab es da Dinge, die mir Mühe gemacht haben. Auch darüber kann ich mit Gott reden. Doch bestimmt gab es auch Dinge, die mir gut getan haben, die mich gefreut haben. Es ist gut, wenn ich mir das noch einmal ins Bewußtsein bringe. Wie schnell gehen wir normalerweise darüber hinweg, einfach weil wir kleine Dinge, die uns gefreut haben, zu wenig beachten.

Wenn ich mir all diese Dinge noch einmal ins Bewußtsein rufe, wenn ich aufmerksam werde für all das, was Gott in meinem Leben tut, wächst Dankbarkeit in mir. In dieser Dankbarkeit erkenne ich, wie gut Gott es mit mir meint. Dann erkenne ich, daß ich sein Geschöpf bin, dem er sich liebevoll zuwendet. Die Gute Botschaft von Gott, das Evangelium, rutscht mir vom Kopf ins Herz.

ten die Volksmenge gegen die Apostel so sehr auf, daß Paulus gesteinigt wurde.

Weil die Leute dachten, Paulus sei tot, schleiften sie ihn vor die Tore der Stadt. 20 Doch als die Jünger ihn umringten, kam Paulus wieder zu sich, stand auf und ging in die Stadt zurück. Am folgenden Tag zog er mit Barnabas weiter nach Derbe.

Paulus und Barnabas kehren nach Antiochia in Syrien zurück

21 Nachdem die Apostel in Derbe die Frohe Botschaft gepredigt hatten und viele dort zu Christen geworden waren, kehrten sie nach Lystra, Ikonium und Antiochia zurück. 22 Dort ermutigten sie die jungen Christen, im Glauben festzubleiben, und erinnerten sie noch einmal: «Der Weg in Gottes Reich führt durch viel Leid.»

23 Paulus und Barnabas setzten in jeder Gemeinde Älteste ein, die während ihres ersten Aufenthalts Christen geworden waren. Für sie fasteten und beteten die Apostel.

24 Dann reisten sie durch die Provinzen Pisidien und Pamphylien 25 und verkündigten in der Stadt Perge das Evangelium. 26 Von der Hafenstadt Attalia aus segelten sie wieder nach Antiochia. Dort hatte man sie am Beginn ihrer Reise der Gnade Gottes anvertraut und ihnen den Auftrag gegeben, den sie nun ausgeführt hatten.

27 Unmittelbar nach ihrer Ankunft in Antiochia riefen sie die Gemeinde zusammen. Die Apostel berichteten von Gottes Wundern auf ihrer Reise und wie Gott auch den Heiden den Weg zum Glauben gezeigt hatte. 28 Paulus und Barnabas blieben längere Zeit bei den Christen in Antiochia.

Eine schwierige Entscheidung

15 Eines Tages kamen Gläubige aus Judäa in die Gemeinde von Antiochia. Sie behaupteten: «Wer sich nicht beschneiden läßt, so wie es im Gesetz des Mose vorgeschrieben ist, kann nicht gerettet werden.» 2 Paulus und Barnabas widersprachen dieser Meinung sehr heftig. Schließlich beschlossen die Brüder in Antiochia, daß Paulus und Barnabas mit einigen anderen aus der Gemeinde zu den Aposteln und Ältesten nach Jerusalem gehen sollten, um diese Streitfrage zu klären.

3 Nachdem die Gemeinde sie verabschiedet hatte, zogen sie durch die Provinzen Phönizien und Samarien. Überall berichteten sie, wie sich auch die Nichtjuden zu Gott bekehrt hatten, und alle freuten sich darüber. 4 In Jerusalem wurden sie von der Gemeinde, den Aposteln und den Ältesten herzlich aufgenommen. Auch dort erzählten sie, welche Wunder Gott unter den Heiden getan hatte.

5 Aber auch hier verlangten einige der Gläubigen, die früher zu den Pharisäern gehört hatten: «Man muß die Heiden beschneiden und von ihnen verlangen, daß sie das Gesetz des Mose befolgen.»

«Gott hat längst entschieden»

6 Daraufhin setzten sich die Apostel und Ältesten zusammen, um diese Frage zu klären. 7 Nach heftigen Auseinandersetzungen stand schließlich Petrus auf und sagte: «Liebe Brüder! Ihr wißt doch, daß Gott mir schon lange vor diesem Gespräch aufgetragen hat, das Evangelium auch denen zu verkünden, die keine Juden sind, denn auch sie sollen Jesus als ihren Herrn annehmen. 8 Und Gott, der je-

den von uns ganz genau kennt, hat sich zu ihnen bekannt, als er den Nichtjuden genauso wie uns den Heiligen Geist gab. [9]Und auch darin machte Gott keinen Unterschied zwischen Juden und Heiden, daß er sie von aller Schuld befreite, nachdem sie an ihn glaubten. [10]Warum wollt ihr jetzt Gott herausfordern und diesen Brüdern eine Last aufbürden, die weder wir noch unsere Väter tragen konnten? [11]Wir glauben, daß wir allein durch die Gnade Jesu gerettet werden. Dasselbe gilt auch für die Nichtjuden.»

[12]Nach diesen Worten gab es keine weitere Diskussion, und Barnabas und Paulus konnten berichten, welche großen Wunder Gott durch sie unter den Heiden getan hatte.

Der Vorschlag des Jakobus

[13]Jetzt stand Jakobus auf: «Liebe Brüder!» sagte er. [14]«Simon Petrus hat eben erzählt, wie Gott selbst begonnen hat, unter den Heiden ein Volk zu sammeln, das ihm gehört. [15]Das sagen ja schon die Propheten, denn es heißt bei ihnen: [16]‹Danach werde ich mich meinem Volk wieder zuwenden, das zerfallene Haus Davids und alles Zerstörte wieder aufbauen. [17]Alle Überlebenden sollen den Herrn suchen, auch alle Heiden, die zu mir gehören, [18]spricht der Herr, der das alles schon lange beschlossen hat.›[a]

[19]Ich meine deshalb», erklärte Jakobus, «wir sollten den Nichtjuden, die sich zu Gott bekehren, keine unnötigen Lasten aufbürden und ihnen nicht die jüdischen Gesetze aufzwingen. [20]Wir sollten von ihnen allerdings verlangen, sich vom Götzendienst und jeder Unzucht fernzuhalten, kein Fleisch von Tieren zu essen, die nicht ausbluteten, oder gar das Blut selber zu trinken. [21]Denn diese Gebote sind überall bekannt. Sie wurden schon immer an jedem Sabbat in allen Synagogen vorgelesen.»

Eine einmütige Entscheidung

[22]Am Ende der Beratungen beschlossen die Apostel und Ältesten zusammen mit der ganzen Gemeinde, einige Männer auszuwählen und sie mit Paulus und Barnabas nach Antiochia zu schicken. Man wählte Judas, der auch Barsabas genannt wurde, und Silas. Beide hatten in der Gemeinde ein hohes Ansehen. [23]In dem Brief, den man ihnen mitgab, hieß es:

«Wir, die Apostel und Ältesten in Jerusalem, senden brüderliche Grüße an alle Christen in Antiochia, Syrien und Zilizien, die nicht aus dem Judentum stammen. [24]Wir haben gehört, daß euch einige Leute aus unserer Gemeinde – ohne unser Wissen und ohne von uns beauftragt zu sein – durch ihre Lehren beunruhigt und verunsichert haben. [25]Deshalb beschlossen wir einstimmig, euch mit unseren lieben Brüdern Barnabas und Paulus, [26]die ihr Leben für die Sache unseres Herrn Jesus Christus eingesetzt haben, zwei geeignete Männer aus unserer Gemeinde zu senden: [27]Judas und Silas. Sie werden selbst noch berichten, was wir in der strittigen Frage entschieden haben.

[28]Geleitet durch den Heiligen Geist kamen wir zu dem Entschluß, euch außer den folgenden Regeln keine weitere Last aufzuerlegen:

a) Amos 9,11–12; vgl. Jesaja 45,21; Jeremia 12,15

[29] Ihr sollt kein Fleisch von Tieren essen, die den Götzen geopfert wurden, kein Fleisch von erstickten Tieren und auch kein Blut. Hütet euch vor aller Unzucht. Wenn ihr danach handelt, verhaltet ihr euch richtig. Herzliche Grüße an euch alle.»

[30] Judas und Silas wurden von der Gemeinde verabschiedet und kamen nach Antiochia. Dort beriefen sie eine Gemeindeversammlung ein und übergaben das Schreiben. [31] Als man es vorgelesen hatte, freute sich die ganze Gemeinde über diese Ermutigung.

[32] Judas und Silas – beide hatten prophetische Gaben – stärkten und ermutigten die Brüder durch ihre Predigten. [33] Begleitet von den besten Wünschen der Gemeinde kehrten sie erst einige Zeit später nach Jerusalem zurück. [34] Silas aber erschien es zweckmäßig, vorerst noch in Antiochia zu bleiben.

[35] Auch Paulus und Barnabas blieben noch länger dort. Sie verkündigten und lehrten zusammen mit vielen anderen das Wort des Herrn.

Aufbruch zur zweiten Missionsreise

[36] Nach einiger Zeit forderte Paulus den Barnabas auf: «Wir wollen noch einmal alle die Orte aufsuchen, in denen wir bereits das Evangelium verkündigt haben, damit wir sehen, wie es unseren Brüdern dort geht.»

[37] Barnabas wollte auch Johannes Markus mitnehmen. [38] Aber Paulus lehnte das entschieden ab, weil Johannes Markus sie damals in Pamphylien im Stich gelassen hatte. [39] Sie stritten so heftig miteinander, daß sie sich schließlich trennten. Während Barnabas mit Markus nach Zypern hinüberfuhr, [40] wählte Paulus als seinen Reisebegleiter Silas. Gestärkt durch das Gebet der Gemeinde, traten die beiden ihre Reise an. [41] Sie zogen zunächst durch Syrien sowie durch Zilizien und ermutigten dort die Gemeinden im Glauben.

Timotheus wird Mitarbeiter von Paulus

16 Nachdem Paulus die Stadt Derbe besucht hatte, erreichte er schließlich Lystra. Dort trafen sie Timotheus, einen jungen Christen. Seine Mutter, auch eine Christin, war jüdischer Abstammung, sein Vater ein Grieche. [2] In der Gemeinde von Lystra und Ikonium war Timotheus als zuverlässig bekannt und geschätzt. [3] Ihn nahm Paulus als weiteren Begleiter mit auf die Reise. Um auf die jüdischen Christen in diesem Gebiet Rücksicht zu nehmen, von denen jeder wußte, daß der Vater des Timotheus ein Grieche war, ließ Paulus ihn beschneiden.

[4] In jeder Stadt, durch die sie reisten, informierten sie die Gemeinden über den Beschluß der Apostel und Ältesten von Jerusalem, nach dem sich die Christen richten sollten.

[5] So wurden die Gemeinden im Glauben immer fester, und die Zahl der Gemeindeglieder nahm täglich zu.

Der Heilige Geist weist Paulus den Weg nach Europa

[6] Nach ihrem Aufenthalt in Lystra zogen sie durch die Provinzen Phrygien und Galatien. Aber der Heilige Geist ließ sie erkennen, daß sie in der Provinz Asia zu dieser Zeit Gottes Botschaft noch nicht verkündigen sollten. [7] Auch als sie dann nach Mysien kamen und weiter nach Norden in die

Lasst uns zusammensitzen, um uns auseinanderzusetzen

Linda Karbe

Apostelgeschichte 15,39

Das Wort Gottes lehrt uns, einander zu lieben, einander zu tragen und zu ertragen, den anderen sogar wichtiger zu nehmen als sich selbst. Doch auch Streit hat Platz in Beziehungen.

Selbst zwei große Glaubensvorbilder wie Barnabas und Paulus fechten ihre Meinungsverschiedenheiten vehement aus. In ihrem Fall kommen sie über die Person des Johannes Markus zu keinem Konsens und sie wählen getrennte Wege im Verkündigungsdienst. Trotzdem verlieren sie weder Ziel noch Aufgabe aus den Augen.

Wie gehen wir mit unterschiedlichen Meinungen, Sichtweisen zu den Themen Ehe, Familie, Gemeinde, Beruf um? Reden wir offen darüber, auch wenn dadurch Konflikte sichtbar werden? Sind wir aufrichtig genug, unsere Gefühle, Sorgen und Zweifel darzulegen oder verinnerlichen wir unsere Probleme und lassen wir Wurzeln der Bitterkeit, des Grolls, der Anklagen wachsen? Nehmen wir es hin, wenn dadurch die Beziehung erkaltet, eine Mauer der Ablehnung entsteht oder die Beziehung nur noch durch unaufrichtige Höflichkeiten aufrechterhalten wird?

Streit bedeutet nicht immer Trennung, es geht vielmehr darum, sich mitzuteilen, Positionen zu klären, Verständnis füreinander zu entwickeln und nach Lösungen zu suchen, die für beide Parteien tragbar sind. Rechtzeitig besprochene Meinungsverschiedenheiten sind für eine Beziehung wie der Kitt in einem zugigen Fenster.

Provinz Bithynien reisen wollten, erlaubte es ihnen der Geist Jesu nicht.

[8]So zogen sie durch Mysien, bis sie die Hafenstadt Troas erreichten. [9]Dort sprach Gott nachts in einer Vision zu Paulus. Der Apostel sah einen Mann aus Mazedonien, der ihn bat: «Komm nach Mazedonien herüber und hilf uns!» [10]Danach war uns klar, daß Gott uns gerufen hatte, in Mazedonien die Heilsbotschaft zu verkündigen. Wir suchten sofort nach einer Gelegenheit zur Überfahrt.

Philippi – die erste Christengemeinde in Europa

[11]Wir gingen in Troas an Bord eines Schiffes und segelten auf dem kürzesten Weg zur Insel Samothrake; am nächsten Tag weiter nach Neapolis, [12]und von dort gingen wir zu Fuß nach Philippi, der bedeutendsten römischen Garnisonsstadt in diesem Teil Mazedoniens. Hier blieben wir einige Tage.

[13]Am Sabbat verließen wir die Stadt und kamen an das Flußufer, wo sich – wie wir annahmen – eine kleine jüdische Gemeinde zum Gebet versammelte. Wir setzten uns und sprachen mit den Frauen, die sich dort eingefunden hatten. [14]Zu ihnen gehörte Lydia, die zum jüdischen Glauben übergetreten war. Sie stammte aus Thyatira und handelte mit Purpurstoffen. Der Herr selbst ließ sie erkennen, daß Paulus die Wahrheit verkündete. Sie begann zu glauben [15]und ließ sich mit ihrer ganzen Familie taufen. Danach forderte sie uns auf: «Wenn ihr davon überzeugt seid, daß ich an den Herrn glaube, dann kommt und wohnt in meinem Haus.» Sie gab nicht eher Ruhe, bis wir einwilligten.

Paulus und Silas im Gefängnis

[16]Auf dem Weg zur Gebetsstätte begegnete uns eines Tages eine Sklavin, die von einem Dämon besessen war. Sie konnte die Zukunft voraussagen und brachte auf diese Weise ihren Besitzern viel Geld ein. [17]Die Frau lief hinter uns her und schrie: «Diese Männer sind Diener des höchsten Gottes und zeigen euch den Weg zum Heil!»

[18]Das wiederholte sich an mehreren Tagen, bis Paulus es nicht mehr ertragen konnte. Er wandte sich zu der Frau um und befahl dem Dämon: «Im Namen Jesu Christi, verlasse diese Frau!» In demselben Augenblick verließ der Dämon die Sklavin.

[19]Als aber ihre Besitzer merkten, daß sie mit ihr nichts mehr verdienen konnten, packten sie Paulus und Silas und schleppten die Apostel auf den Marktplatz, wo sie verhört wurden. [20]«Diese Männer bringen unsere Stadt in Aufruhr», beschuldigte man sie vor den Richtern. «Es sind Juden! [21]Sie wollen hier Sitten einführen, die gegen das römische Recht verstoßen!»

[22]Da stellte sich die aufgehetzte Menschenmenge drohend gegen Paulus und Silas, und man ließ den beiden die Kleider vom Leib reißen und sie auspeitschen. [23]Nachdem sie so brutal mißhandelt worden waren, warf man sie ins Gefängnis und gab dem Aufseher die Anweisung, die Gefangenen besonders scharf zu bewachen. [24]Also sperrte er sie in die sicherste Zelle und schloß zusätzlich ihre Füße in einen Holzblock ein.

[25]Gegen Mitternacht beteten Paulus und Silas. Sie priesen Gott laut, und die übrigen Gefangenen hörten ihnen zu. [26]Da erschütterte plötzlich ein gewaltiges Erdbeben das ganze

EINE BEMERKENSWERTE FRAU

Renate Eschner

Apostelgeschichte 16,14

Eine bemerkenswerte Frau, diese Lydia. Ob sie Single, verheiratet oder eine Witwe war, ob sie Kinder hatte oder nicht, ist nicht bekannt. Was wir aber wissen: Sie hatte nicht nur einen Haushalt zu versorgen, sie war auch Geschäftsfrau. Sie war Purpurhändlerin und verkaufte erlesene Modekreationen. Doch wichtiger als all ihre Arbeit war die große Sehnsucht nach Gott, so daß sie die Gute Nachricht in ihr Herz aufnahm. Die erste Christin in Europa – das war Lydia.

Sie muß eine vielbeschäftigte Frau gewesen sein. Trotzdem nahm sie sich die Zeit, samstags regelmäßig zum Frauengebetstreffen an den Fluß zu gehen. In ihrem Leben hatten geistliche Dinge offensichtlich einen hohen Stellenwert, und so hatte sie ein offenes Herz für Gottes Wort.

Sie verstand, daß Jesus für ihre Sünden gestorben ist und er der einzige Weg zu Gott ist. Diese Botschaft zuerst an ihre Familie weiterzugeben, lag ihr am Herzen. Darüber hinaus hatte sie für die Verkündigung des Evangeliums immer ein offenes Haus. So entstand hier mit der Zeit eine wachsende Gemeinde, die wiederum die Missionsarbeit finanziell kräftig unterstützte, wie wir im Philipperbrief nachlesen können.

Eine Kettenreaktion des Segens – ausgehend von einer vorbildlichen Frau!

Gefängnis bis in die Grundmauern;
alle Türen sprangen auf, und die Ket-
ten der Gefangenen zerbrachen.

Die Bekehrung des Gefängnisaufsehers

27 Aus dem Schlaf gerissen, sah der
Gefängnisaufseher, daß die Zellentü-
ren offenstanden. Voller Schrecken
zog er sein Schwert und wollte sich tö-
ten, denn er dachte, die Gefangenen
seien geflohen.
28 «Töte dich nicht!» rief da Paulus
laut. «Wir sind alle hier.»
29 Der Gefängnisaufseher ließ sich
ein Licht geben, dann lief er in die
Zelle, wo er sich zitternd vor Paulus
und Silas niederwarf. 30 Als er die bei-
den hinausführte, fragte er sie: «Was
muß ich tun, um gerettet zu werden?»
31 «Glaube an den Herrn Jesus,
dann wirst du mit deiner Familie ge-
rettet», erwiderten Paulus und Silas.
32 Sie verkündigten ihm und seiner
ganzen Familie die Heilsbotschaft.
33 Der Gefängnisaufseher nahm
Paulus und Silas noch in derselben
Stunde zu sich, reinigte und verband
ihre Wunden und ließ sich mit allen
Familienangehörigen taufen.
34 Dann führte er sie in seine Woh-
nung, bewirtete sie und freute sich
mit seiner ganzen Familie, daß er zum
Glauben an Gott gefunden hatte.
35 Bei Tagesanbruch schickten die
römischen Justizbeamten die Ge-
richtsdiener mit dem Befehl zu ihm:
«Laß die Leute gehen!»
36 Der Gefängnisaufseher teilte das
Paulus und Silas mit. «Die Stadträte
lassen euch sagen», erklärte er ihnen,
«daß ihr frei seid. Ihr könnt jetzt un-
besorgt die Stadt verlassen.»
37 Doch Paulus widersprach: «Sie
haben uns in aller Öffentlichkeit ge-
schlagen und ohne jedes Gerichtsver-
fahren ins Gefängnis geworfen, ob-
wohl wir römische Bürger sind. Und
jetzt wollen sie uns auf bequeme Wei-
se loswerden! Aber damit bin ich
nicht einverstanden. Die Männer, die
dafür verantwortlich sind, sollen per-
sönlich kommen und uns aus dem Ge-
fängnis führen.»
38 Mit dieser Nachricht kehrten die
Gerichtsdiener zu den Richtern zu-
rück. Als die hörten, daß Paulus und
Silas römische Bürger waren, er-
schraken sie 39 und liefen sofort zum
Gefängnis. Unter vielen Entschuldi-
gungen führten sie Paulus und Silas
hinaus und baten die beiden höflich,
die Stadt zu verlassen.
40 Sie aber gingen zunächst in das
Haus der Lydia. Dort hatte sich die
ganze Gemeinde versammelt. Nach-
dem die Apostel sie ermutigt hatten,
im Glauben fest zu bleiben, verab-
schiedeten sie sich und verließen die
Stadt.

Paulus und Silas in Thessalonich

17 Paulus und Silas reisten über
Amphipolis und Apollonia
nach Thessalonich. In dieser Stadt
gab es eine Synagoge. 2 Wie gewohnt
ging Paulus zunächst dorthin und
sprach an drei Sabbaten zu den Leu-
ten. 3 Er erklärte ihnen aus der Heili-
gen Schrift, daß die Propheten die
Leiden des Messias und seine Aufer-
stehung von den Toten vorausgesagt
hatten. «Und dieser Messias», so be-
tonte er, «ist der Jesus, von dem ich
euch berichtet habe.»
4 Einige Juden ließen sich überzeu-
gen und unterstützten Paulus und Si-
las. Dazu kamen noch viele Grie-
chen, die zum jüdischen Glauben
übergetreten waren, sowie eine große
Zahl der vornehmsten und angese-
hensten Frauen der Stadt.

Er ist mit uns!

Psalm 46

Gott ist unsere Zuflucht und Stärke,
ein bewährter Helfer in Zeiten der Not.
Darum fürchten wir uns nicht,
selbst wenn die Erde erbebt, wenn die Berge wanken
und in den Tiefen des Meeres versinken,
wenn die Wogen tosen und schäumen
und die Berge erschüttert werden.

Ein breiter, mächtiger Strom belebt die Stadt Gottes,
die Wohnung des Höchsten, den heiligen Ort.
Gott ist in ihrer Mitte und beschützt sie schon früh am Morgen;
nie wird sie zerstört.

Ringsum toben die Völker, aber ihre Macht wird erschüttert.
Denn Gott läßt seine mächtige Stimme erschallen,
und die Erde vergeht.

Der Herr über Himmel und Erde ist mit uns!
Der Gott Jakobs ist unser Schutz.

Kommt und seht, was der Herr Großes getan hat!
Seine Taten verbreiten Entsetzen.
In aller Welt bereitet er den Kriegen ein Ende.
Die Kampfbogen bricht er entzwei,
er zersplittert die Speere und verbrennt die Kriegswagen.

«Hört auf!» ruft er, «und erkennt, daß ich Gott bin!
Ich stehe über den Völkern; ich habe Macht über die ganze Welt.»

Der Herr über Himmel und Erde ist mit uns!
Der Gott Jakobs ist unser Schutz!

5 Dieser Erfolg weckte Neid und Eifersucht bei den Juden. Mit Hilfe übler Burschen, die sie von der Straße holten, inszenierten sie einen Tumult und brachten die ganze Stadt in Aufruhr. Dann zogen sie vor das Haus des Jason, in dem Paulus und Silas wohnten, drangen dort ein und wollten die beiden vor die aufgebrachte Menge zerren. 6 Die Apostel waren aber nicht im Haus, und deshalb schleppte man Jason und einige andere Christen vor die römischen Verwalter der Stadt. «Diese Kerle wiegeln das ganze Land auf!» schrien sie. «Jetzt sind sie auch hierhergekommen 7 und haben sich bei Jason einquartiert. Sie empören sich außerdem gegen den Kaiser und behaupten, ein anderer sei der Herr, nämlich Jesus.» 8 Die Volksmenge und die verantwortlichen Beamten waren außer sich. 9 Erst nachdem Jason und die anderen eine Bürgschaft geleistet hatten, ließ man sie wieder frei.

Neue Schwierigkeiten in Beröa

10 Noch in derselben Nacht sorgten die Christen in Thessalonich dafür, daß Paulus und Silas nach Beröa abreisen konnten. Auch dort gingen die beiden gleich wieder in die Synagoge. 11 Doch die Juden in Beröa waren eher bereit, Gottes Wort anzunehmen, als die in Thessalonich. Sie hörten sich aufmerksam an, was Paulus und Silas lehrten, wobei sie täglich nachforschten, ob dies mit der Heiligen Schrift übereinstimmt. 12 Viele von ihnen begannen zu glauben; außer den Juden auch zahlreiche angesehene griechische Frauen und Männer.

13 Bald darauf erfuhren die Juden in Thessalonich, daß Paulus auch in Beröa Gottes Wort predigte. Deshalb kamen sie dorthin und wiegelten auch hier die Leute gegen die Apostel auf. 14/15 Doch die Christen in Beröa schickten Paulus sofort aus der Stadt. Sie begleiteten ihn auf dem Weg zur Küste und brachten ihn bis nach Athen. Silas und Timotheus blieben zurück. Doch sollten sie so schnell wie möglich nachkommen! Das ließ Paulus durch seine Begleiter ausrichten, die sich in Athen von ihm verabschiedeten und nach Beröa zurückkehrten.

Paulus in Athen

16 Während Paulus in Athen auf Silas und Timotheus wartete, wurde er zornig über die vielen Götterbilder und Statuen in der Stadt. 17 Er sprach in der Synagoge zu den Juden und den zum jüdischen Glauben übergetretenen Griechen. Außerdem predigte er an jedem Tag auf dem Marktplatz zu den Menschen, die gerade da waren. 18 Bei einer solchen Gelegenheit kam es zu einem Streitgespräch mit einigen Philosophen, und zwar mit Epikuräern und Stoikern. Meinten einige von ihnen: «Dieser Mann ist doch ein Schwätzer!», so sagten andere: «Er scheint eine fremde Religion zu verkündigen.» Denn Paulus hatte von Jesus und seiner Auferstehung gesprochen.

19 Weil die Philosophen mehr über die neue Religion erfahren wollten, nahmen sie den Apostel mit auf den Areopag, einen mitten in der Stadt gelegenen Hügel. 20 «Es ist alles neu für uns, was wir von dir hören, und recht seltsam», erklärten sie Paulus. «Wir möchten gern mehr davon wissen.» 21 Diese Bitte war nicht ungewöhnlich, denn sowohl den Athenern wie auch den Fremden in dieser Stadt ging es vor allem darum, neue Ideen zu hören und über sie zu diskutieren.

Beweisführung

Ute Zintarra

Apostelgeschichte 17,11

Leute, die anderen den Erfolg nicht gönnen, gibt es immer und überall. Paulus und Silas waren in der Tat darin erfolgreich gewesen, in Thessalonich ihre Botschaft zu verkündigen. Ihre Botschaft lautete: Die Propheten des Alten Testaments haben Leiden, Tod und Auferstehung des Messias vorausgesagt – und in Jesus hat sich das erfüllt. Er ist der Messias Gottes.

Aus der Apostelgeschichte wissen wir, daß viele Juden dieser Botschaft von Jesus glaubten, dazu auch Griechen, die den jüdischen Glauben angenommen hatten, und einige angesehene Frauen.

Das traf die anderen Juden ins Mark. Einige reagierten mit Neid, Eifersucht und üblen Geschichten, um Paulus und Silas in Schwierigkeiten zu bringen. Aber es ging noch mal glimpflich ab; die beiden zogen unbehelligt nach Beröa weiter. Und hier war es anders. In Beröa waren die Menschen überhaupt erst einmal bereit hinzuhören. Dann prüften sie das Gehörte, «ob dies mit der Heiligen Schrift übereinstimmte». Viele unter den Juden in Beröa stellten daraufhin fest, daß es sich wirklich so verhielt, und sie glaubten an Jesus, den Messias, und wurden Christen.

Wenn das doch immer so funktionieren würde: Da beweist es mir einer schwarz auf weiß und logisch und stimmig, so daß sich eigentlich jeder vernünftige Widerspruch erübrigt. Aber der Kopf ist es ja nicht alleine, der glaubt, sondern das Herz. Und da muß der Geist Gottes einen überzeugenden Beweis führen, «daß es sich also verhält» ... und zwar mit der Liebe Gottes in dem für uns leidenden und auferstandenen Christus.

Säkulare Zeitgenossen lesen nicht in der Bibel, die Christen selbst sind für sie das, worin sie täglich «lesen». Tragen wir also dafür Sorge, daß unser Reden mit unserem Leben übereinstimmt und beides zusammen anderen Menschen Appetit macht, Gott kennenzulernen.

22 Da stellte sich Paulus vor alle, die
auf dem Areopag versammelt waren,
und rief: «Athener! Mir ist aufgefal-
len, daß ihr sehr religiös seid; 23 denn
ich habe in eurer Stadt viele Altäre
gesehen. Auf einem stand ‹Dem un-
bekannten Gott›. Von diesem Gott,
den ihr verehrt, ohne ihn zu kennen,
spreche ich.

24 Es ist der Gott, der die Welt und
alles, was in ihr ist, geschaffen hat.
Dieser Herr des Himmels und der Er-
de wohnt nicht in Tempeln, die Men-
schen gebaut haben. 25 Er braucht
auch nicht den Opferdienst irgend-
eines Menschen. Er, der allen das Le-
ben gibt und was zum Leben notwen-
dig ist, 26 er hat den *einen* Menschen
geschaffen, von dem alle Völker auf
der ganzen Erde abstammen. Er hat
auch bestimmt, wie lange und wo sie
leben sollen. 27 Das alles hat er getan,
weil er wollte, daß die Menschen ihn
suchen, damit sie ihn spüren und fin-
den können. Und wirklich, er ist uns
ja so nahe! 28 Durch ihn allein leben
und existieren wir. So wie es einige
eurer Dichter gesagt haben: ‹Wir sind
seine Kinder.›[a]

29 Weil wir nun von Gott abstam-
men, ist es doch unsinnig zu glauben,
daß wir Gott in Standbildern aus
Gold, Silber oder behauenen Steinen
darstellen könnten, so wie es unserem
Können und unseren Vorstellungen
entspricht. 30 Bisher haben die Men-
schen das nicht erkannt, und Gott
hatte Geduld mit ihnen. Aber jetzt
befiehlt er allen Menschen auf der
ganzen Welt, sich von Grund auf zu
ändern. 31 Denn der Tag ist schon fest-
gesetzt, an dem Gott alle Menschen
richten wird;[b] richten durch den *einen*
Mann, den er selbst dazu bestimmt
hat. Daran hat Gott keinen Zweifel
gelassen, indem er ihn von den Toten
auferweckte.»

32 Als Paulus von der Auferstehung
der Toten sprach, begannen einige zu
spotten, andere aber meinten: «Dar-
über wollen wir später noch mehr hö-
ren.»

33 Paulus verließ jetzt die Versamm-
lung auf dem Areopag. 34 Einige Män-
ner, die durch die Rede des Paulus
zum Glauben gefunden hatten, gin-
gen mit ihm. Darunter waren Diony-
sius, ein Mitglied des Gerichtshofes,
eine Frau, die Damaris hieß, und
manche andere.

Ein vielversprechender Anfang in Korinth

18 Bald darauf verließ Paulus
Athen und reiste nach Ko-
rinth. 2 Dort lernte er den Juden
Aquila kennen, der aus der Provinz
Pontus stammte. Er war vor kurzem
mit seiner Frau Priszilla aus Italien
nach Korinth übergesiedelt, weil Kai-
ser Claudius alle Juden aus Rom aus-
gewiesen hatte. 3 Paulus wohnte bei
ihnen, und schließlich arbeiteten sie
zusammen, denn Aquila war wie Pau-
lus von Beruf Zeltmacher.

4 Paulus lehrte an jedem Sabbat in
der Synagoge, und was er sagte, über-
zeugte Juden wie Griechen. 5 Als
dann Silas und Timotheus aus Maze-
donien eintrafen, arbeitete Paulus
nicht länger als Zeltmacher, sondern
nutzte seine ganze Zeit, um Gottes
Wort zu verkündigen und den Juden
zu bezeugen, daß Jesus der von Gott
verheißene Retter ist.

a) Wörtlich: Denn wir sind auch seines Geschlechts.
b) Psalm 9,9; 96,13; 98,9

[6]Doch die Juden widersprachen ihm und spotteten über seine Lehre. Da weigerte sich Paulus, ihnen das Evangelium noch länger zu verkündigen.[a] «Ich habe euch Gottes Frohe Botschaft bringen wollen», sagte er. «Aber ihr habt sie abgelehnt. Deswegen bin ich nicht schuld an euerm Tod und Verderben.[b] Von jetzt an werde ich den Heiden das Wort Gottes predigen.»

[7]Danach wohnte er bei Titius Justus. Dieser Mann glaubte an Gott, auch wenn er kein Jude war. Sein Haus stand direkt neben der Synagoge. [8]Schließlich kam sogar Krispus, der Vorsteher der Synagoge, mit seiner ganzen Familie zum Glauben an den Herrn. Wie er glaubten noch viele Korinther, die Paulus gehört hatten, und ließen sich taufen.

[9]Eines Nachts sprach der Herr in einer Vision zu Paulus: «Habe keine Angst! Predige weiter und schweige nicht! [10]Ich bin bei dir, und niemand soll es wagen, dir irgendeinen Schaden zuzufügen. Denn viele Menschen in dieser Stadt werden an mich glauben.» [11]So blieb Paulus noch anderthalb Jahre in Korinth und verkündigte dort das Wort Gottes.

[12]Als aber Gallio Gouverneur von Achaja wurde, nutzten die Juden die Gelegenheit und verklagten Paulus. Sie brachten ihn vor Gericht [13]und beschuldigten ihn: «Dieser Mann verführt die Leute, Gott in einer Weise zu dienen, die im Widerspruch zum Gesetz steht.»

[14]Noch ehe Paulus etwas erwidern konnte, wandte sich Gallio an die Juden: «Wenn es sich um ein Verbrechen oder sonst ein schweres Vergehen handelte, müßte ich euch Juden anhören. [15]Weil ihr aber um Lehrfragen streitet, über irgendwelche Personen und religiösen Gesetze, müßt ihr euch schon selbst einigen. Ich jedenfalls werde darüber nicht entscheiden.»

[16]Damit wies er die Ankläger aus dem Gerichtssaal. [17]Jetzt fielen die Zuhörer über den neuen Synagogenleiter Sosthenes her und verprügelten ihn noch im Gerichtssaal. Er nämlich hatte die Anklage vorgebracht. Doch Gallio kümmerte sich überhaupt nicht darum.

Rückkehr nach Antiochia und Aufbruch zur dritten Missionsreise

[18]Paulus blieb noch einige Zeit in Korinth. Dann verabschiedete er sich von den Christen, und zusammen mit Priszilla und Aquila fuhr er mit dem Schiff in Richtung Syrien. Vorher hatte er in Kenchreä ein Gelübde abgelegt und sich deswegen – wie es bei den Juden üblich war – die Haare abschneiden lassen.

[19]Nach ihrer Ankunft in Ephesus blieben Priszilla und Aquila in der Stadt, während Paulus in die Synagoge ging. Dort sprach er mit den Juden. [20]Und obwohl sie ihn baten, länger bei ihnen zu bleiben, verabschiedete er sich mit den Worten: [21]«Wenn Gott es will, werde ich später wiederkommen.» Dann verließ er Ephesus auf einem Schiff. [22]Von Cäsarea aus ging er nach Jerusalem. Dort besuchte er die Gemeinde, um schließlich nach Antiochia weiterzuziehen.

[23]Aber auch hier blieb er nicht lange, sondern durchquerte ganz Gala-

a) Wörtlich: Da schüttelte er seine Kleider aus.
b) Wörtlich: Euer Blut komme auf euer Haupt.

KONKRETER AUFTRAG

Marianne Kawohl

Apostelgeschichte 18,9–10

An vielen Orten bezeugte der Apostel Paulus Jesus Christus, der sein Leben von Grund auf verändert hatte. Viele Menschen hörten ihm zu und kamen selbst zum Glauben an Jesus. Doch Paulus hatte andererseits auch viel um seines Glaubens willen zu leiden. Es gab viele, die nichts von diesem neuen Weg wissen wollten und Paulus das Leben schwer machten. Nur zu verständlich, daß der Apostel zuweilen entmutigt war.

In solch einer Situation erfährt Paulus Gottes mutmachende Zusage ganz konkret. Was Gott ihm sagte, will er auch uns sagen, wenn uns der Mut fehlt, den Mitmenschen von unseren Erfahrungen mit Jesus zu berichten: «Hab keine Angst! Predige weiter und schweige nicht! Ich bin bei dir, und niemand soll es wagen, dir irgendeinen Schaden zuzufügen. Denn viele Menschen in dieser Stadt werden an mich glauben.»

Unser Auftrag ist ähnlich wie der des Apostels Paulus: Mit Worten und Taten sollen auch wir «predigen», erzählen, bezeugen, was Jesus Christus uns bedeutet. Wir brauchen keine Angst zu haben; denn niemand kann uns schaden, weil Gott mit uns ist. Vielleicht wohnen wir nur deshalb in dieser Stadt oder in diesem Dorf, weil wir dazu beitragen sollen und dürfen, daß noch viele andere aus unserer Umgebung zum lebendigen Glauben finden. Welch ein Auftrag, welch große Aufgabe! Wir dürfen Gottes Mitarbeiter sein! Auch wenn es schwierig ist und Ablehnung oder Spott uns entmutigen wollen: weitermachen! Gott ist mit uns und gibt uns alles, was wir brauchen. Wir haben den Allmächtigen auf unserer Seite!

tien und Phrygien. Er besuchte alle Christengemeinden und ermutigte sie, in ihrem Glauben festzubleiben.

Apollos in Ephesus und Korinth

24 In der Zwischenzeit war Apollos, ein Jude aus Alexandria, nach Ephesus gekommen. Er kannte sich in Gottes Wort gut aus und war ein gewandter Redner. 25 Von der christlichen Lehre hatte er schon gehört, und er sprach voller Begeisterung von Jesus. Dennoch kannte er lediglich die Taufe des Johannes. 26 Dieser Apollos begann unerschrocken in der Synagoge zu predigen. Unter seinen Zuhörern waren auch Priszilla und Aquila. Sie nahmen ihn als Gast in ihrem Hause auf, um ihm dort Gottes Weg zur Erlösung genauer zu erklären.

27 Als Apollos plante, in die griechische Provinz Achaja zu reisen, gaben ihm die Christen von Ephesus ein Empfehlungsschreiben an die Gemeinde in Korinth mit, in dem sie darum baten, ihn dort freundlich aufzunehmen. In Achaja war Apollos mit seiner Begabung den Christen dann wirklich eine große Hilfe. 28 Denn in öffentlich geführten Streitgesprächen widerlegte er die Einwände der Juden und wies anhand der Heiligen Schrift nach, daß Jesus der verheißene Messias ist.

Paulus in Ephesus

19 Während Apollos in Korinth war, reiste Paulus durch das kleinasiatische Hochland und kam nach Ephesus. Dort traf er einige Jünger von Johannes dem Täufer[a]. 2 Er fragte sie: «Habt ihr den Heiligen Geist empfangen, als ihr zum Glauben gekommen seid?» «Nein», erwiderten sie. «Was ist denn das, der ‹Heilige Geist›? Wir haben noch nie etwas davon gehört.»

3 «Welche Taufe habt ihr denn empfangen?» wollte Paulus jetzt wissen. «Die Taufe des Johannes», war die Antwort. 4 «Wer sich von Johannes taufen ließ, bekannte damit, daß er ein neues Leben beginnen will»,[b] erklärte Paulus. «Johannes hat aber immer gesagt, daß man an den glauben muß, der nach ihm kommt: nämlich Jesus.»

5 Nachdem sie das gehört hatten, ließen sie sich auf den Namen Jesu taufen. 6 Und als Paulus ihnen die Hände auflegte, empfingen sie den Heiligen Geist. Sie beteten in anderen Sprachen und redeten, wie Gott es ihnen eingab. 7 Es waren an die zwölf Männer.

8 Paulus ging darauf in die Synagoge. Drei Monate lang predigte er dort unerschrocken Gottes Wort und gewann Menschen für Gottes Reich. 9 Es gab aber auch einige, die vom Glauben nichts wissen wollten und schließlich in aller Öffentlichkeit über das Evangelium spotteten. Da verließ Paulus mit den anderen Christen die Synagoge. Von nun an predigte er täglich im Lehrsaal eines Mannes, der Tyrannus hieß. 10 Das tat er zwei Jahre lang, so daß alle in der Provinz Asia, Juden wie Griechen, das Wort Gottes hörten.

11 Gott ließ durch Paulus außerordentliche Dinge geschehen. 12 Es kam

a) Wörtlich nur: Jünger.
b) Wörtlich: Johannes hat mit der Taufe der Umkehr getauft.

so weit, daß man Tücher und Klei-
dungsstücke des Paulus auf die Kran-
ken legte, damit sie gesund werden
und die Dämonen ausfahren soll-
ten.

Geisterbeschwörer mißbrauchen den Namen Jesus

13 Einige im Land umherziehende jü-
dische Geisterbeschwörer versuch-
ten Dämonen dadurch auszutreiben,
daß sie über den Besessenen den Na-
men Jesu aussprachen. Sie sagten
zum Beispiel: «Wir beschwören
euch bei dem Jesus, den Paulus pre-
digt!»
14 So trieben es auch die sieben Söh-
ne des jüdischen Hohenpriesters Ske-
vas. 15 Doch der Dämon verhöhnte
sie: «Jesus kenne ich, und von Paulus
habe ich gehört. Aber wer seid ihr?!»
16 Dann stürzte sich der Besessene
auf sie, warf sie zu Boden, so daß
sie schließlich alle nackt und zer-
schunden aus dem Haus fliehen muß-
ten.
17 Bald wußte ganz Ephesus – Juden
wie Griechen – von diesem Vorfall.
Alle waren zutiefst erschrocken, und
der Name des Herrn Jesus wurde nun
überall gelobt. 18 Viele Christen be-
kannten jetzt offen, was sie früher ge-
trieben hatten. 19 Andere brachten ih-
re Zauberbücher, für die sie ein Ver-
mögen ausgegeben hatten,[a] und ver-
brannten sie in aller Öffentlichkeit.
20 So erwies Gottes Wort seine Macht,
und immer mehr Menschen glaubten
daran.
21 Danach beschloß Paulus, über
Mazedonien und Achaja nach Jerusa-
lem zu reisen und von dort aus nach
Rom. 22 Er schickte zwei seiner Mitar-
beiter, Timotheus und Erastus, vor-
aus nach Mazedonien, während er
selber noch einige Zeit in der Provinz
Asia blieb.

Aufruhr der Silberschmiede von Ephesus

23 Etwa zur selben Zeit kam es in
Ephesus wegen der von Paulus ver-
kündeten neuen Lehre zu heftigen
Unruhen. 24 Angefangen hatte alles
mit dem Silberschmied Demetrius,
der kleine Nachbildungen des Tem-
pels der griechischen Göttin Artemis
herstellte. Nicht nur er selber, son-
dern auch die Händler der ganzen
Stadt verdienten sehr gut daran. 25 Al-
le diese Leute rief er eines Tages zu-
sammen und sagte ihnen:
«Ihr wißt ebensogut wie ich, daß
wir alle an den kleinen Nachbildun-
gen des Tempels gut verdienen.
26 Wie ihr sicher schon gehört habt,
behauptet nun dieser Paulus, von
Menschen angefertigte Götter seien
nichts wert. Das verbreitet er nicht
nur in Ephesus, sondern in der gan-
zen Provinz Asia, und viele Leute
glauben ihm schon. 27 Aber es geht
ja nicht nur darum, daß unsere Ar-
beit nicht mehr anerkannt wird!
Auch der Tempel der herrlichen
Göttin Artemis, die man nicht nur in
Kleinasien, sondern in der ganzen
Welt verehrt, wird bedeutungslos
werden und in Vergessenheit gera-
ten...» 28 Wutentbrannt schrien jetzt
die Zuhörer: «Groß ist die Artemis
der Epheser!» 29 In kürzester Zeit
war die Bevölkerung der ganzen
Stadt auf den Beinen. Das Volk rot-

a) Wörtlich: Ihren Wert schätzte man auf 50.000 Silberstücke.

AN VORDERSTER FRONT

Gerlinde Scheunemann

Apostelgeschichte 19

In Ephesus trifft Paulus einige Schüler Johannes des Täufers, die mit ihrer Taufe die Abkehr von ihrem alten Leben bezeugt hatten. Doch vom Heiligen Geist wußten sie noch nichts. Paulus darf sie den entscheidenden Schritt weiterführen zu Jesus, dem Geber des Heiligen Geistes, der aus ihnen Zeugen Gottes macht.

Zwei Jahre lang lehrt Paulus in Ephesus und gewinnt viele Menschen für das Reich Gottes, von Gott bestätigt durch ungewöhnliche Wundertaten an Kranken und Besessenen. Jüdische Geisterbeschwörer ahmen sein Wirken im Namen Jesu nach, scheitern damit aber kläglich, weil sie selbst keine Jesusjünger und darum weder von ihm legitimiert noch geschützt sind. Dadurch wirkt Gott in den jungen Gläubigen tiefere Erkenntnis, so daß sie mit allem Aber- und Dämonenglauben endgültig brechen und ihre Zauberbücher öffentlich verbrennen. Diese öffentliche Demonstration einer grundlegenden Lebensänderung führt zu weiteren Bekehrungen.

Doch solche Siege bleiben nicht ohne Gegenschlag. Der Goldschmied Demetrius, der seine Felle davonschwimmen sieht, zettelt einen Aufruhr an, und die fanatisierte Menge hätte Paulus sicher gelyncht, hätten nicht Christen und ihm wohlgesonnene Beamte der Provinzverwaltung ihn zurückgehalten. Der Stadtkanzler kann endlich die Leute beruhigen. Und nachdem der Tumult beendet ist, verabschiedet Paulus sich von der Gemeinde in Ephesus und zieht mit seiner Botschaft weiter.

Bis heute erleben Missionare ähnliches: auf der einen Seite die Machtwirkungen Gottes, auf der anderen heftigen Widerstand. Sie sind auf unsere Fürbitte angewiesen, ebenso wie die jungen Christen, die für ihre Hinwendung zu Jesus Christus häufig verfolgt und angefeindet werden.

tete sich zusammen und drängte ins Amphitheater. Dorthin schleppten sie auch die beiden Mazedonier Gajus und Aristarchus, die Paulus begleitet hatten.

[30]Paulus wollte nun selbst im Amphitheater Rede und Antwort stehen, aber seine Glaubensbrüder ließen das nicht zu. [31]Auch einige hohe Beamte der Provinzverwaltung, die Paulus schätzten, warnten ihn eindringlich davor, sich in der Öffentlichkeit zu zeigen.

[32]Bei der versammelten Volksmenge herrschte das größte Durcheinander; der eine schrie dies, der andere das. Die meisten wußten nicht einmal, warum sie sich hier versammelt hatten. [33]Die Juden drängten Alexander nach vorn, der bezeugen sollte, daß sie mit der Sache nichts zu tun hätten. Er versuchte, die Menschen mit einem Handzeichen zum Schweigen zu bringen. [34]Doch als die merkten, daß er Jude war, schrien sie zwei Stunden lang in Sprechchören: «Groß ist die Artemis der Epheser!»

[35]Schließlich gelang es dem Stadtkanzler, die Menge zu beruhigen, so daß er sich verständlich machen konnte. «Leute von Ephesus!» rief er. «Es gibt doch niemanden, der nicht weiß, daß unsere Stadt die Hüterin des Tempels der großen Artemis ist und ihres vom Himmel gefallenen Bildes. [36]Das ist einfach eine Tatsache, und dem wird niemand widersprechen. Deshalb bleibt ruhig, und tut nichts Unüberlegtes. [37]Diese Männer hier haben weder den Tempel beraubt noch unsere Göttin gelästert. [38]Sollten Demetrius und seine Kollegen irgendwelche Anklagen gegen sie vorbringen wollen, so gibt es dafür ordentliche Gerichte und Behörden. Sollen sie dort ihren Streit austragen! [39]Und wenn ihr noch andere Anliegen habt, die über die Anklage des Demetrius hinausgehen, dann müssen die in der ordentlichen Volksversammlung vorgebracht werden. [40]Ich fürchte nämlich, daß uns die römische Regierung sonst wegen dieses Aufruhrs zur Rechenschaft ziehen wird, und wir können wirklich keinen triftigen Grund dafür nennen.»

Danach löste er die Versammlung auf.

Paulus verläßt Ephesus und reist nach Griechenland

20 Nachdem der Tumult vorüber war, rief Paulus die ganze Gemeinde zusammen, um sie zu ermutigen und sich von ihr zu verabschieden. Dann begann er seine Reise nach Mazedonien. [2]Unterwegs besuchte er alle Christengemeinden und nahm sich viel Zeit, sie im Glauben zu stärken. [3]So erreichte er Griechenland, wo er drei Monate lang blieb. Er bereitete sich gerade auf die Überfahrt nach Syrien vor, als er davon erfuhr, daß die Juden ihn auf dieser Reise umbringen wollten. Deshalb entschloß er sich, auf dem Landweg über Mazedonien zurückzukehren.

[4]Mit ihm reisten Sopater aus Beröa, der Sohn des Pyrrhus, Aristarchus und Sekundus aus Thessalonich, Gajus aus Derbe und Timotheus; außerdem Tychikus und Trophimus, die aus der Provinz Asia stammten. [5]Sie waren schon vorausgereist und wollten in Troas auf uns warten. [6]Wir anderen verließen nach dem Passahfest Philippi und erreichten mit einem Schiff in fünf Tagen Troas. Dort blieben wir eine Woche.

Besuch in Troas

7 Am Sonntag[a] kamen wir zusammen, um das Abendmahl zu feiern,[b] und Paulus predigte. Weil er schon am nächsten Tag weiterreisen wollte, nahm er sich viel Zeit und sprach bis Mitternacht. 8 Der Raum im Obergeschoß, in dem wir uns befanden, war durch viele Öllampen erhellt. 9 Ein junger Mann – er hieß Eutychus – saß auf der Fensterbank. Während der langen Predigt des Paulus wurde er vom Schlaf überwältigt. Dabei verlor er das Gleichgewicht und fiel durch das offene Fenster drei Stockwerke tief. Als die Männer ihn aufhoben, war er tot.

10 Paulus lief hinunter, beugte sich über den Toten und nahm ihn in seine Arme. Dann sagte er zu den Leuten: «Seid ruhig! Er lebt.» 11 Paulus ging wieder hinauf, und sie feierten gemeinsam das Abendmahl. Er sprach noch lange mit ihnen, bevor er sie dann bei Tagesanbruch verließ. 12 Alle waren glücklich darüber, daß Eutychus wieder am Leben war.

Reise nach Milet

13 Wir anderen waren inzwischen an Bord eines Schiffes gegangen und nach Assos gesegelt. Paulus hatte darauf bestanden, bis dorthin zu Fuß zu gehen. 14 In Assos nahmen wir ihn dann an Bord und segelten weiter nach Mitylene. 15 Am nächsten Tag kamen wir bis Chios, tags darauf nach Samos, und einen Tag später erreichten wir Milet. 16 Um keine Zeit zu verlieren, hatte sich Paulus entschlossen, nicht nach Ephesus zu reisen. Wenn irgend möglich, wollte er nämlich zum Pfingstfest in Jerusalem sein.

Abschied von den Christen in Ephesus

17 Von Milet aus schickte Paulus einen Boten mit der Nachricht nach Ephesus, daß er gern mit den Ältesten der Gemeinde sprechen würde. 18 Als sie alle zusammen waren, sagte er zu ihnen: «Ihr wißt, wie ich mich in der Provinz Asia vom ersten Tage an bis heute bei euch verhalten habe. 19 Daß ich dem Herrn diente, ohne an mich selbst zu denken, oft unter Tränen und obwohl die Juden mich verfolgten.

20 Ihr wißt auch, daß ich nichts verschwiegen habe. Ich habe euch alles gepredigt und gelehrt, was euerm Heil dient – öffentlich, aber auch in euern Häusern. 21 Juden wie Griechen habe ich in aller Deutlichkeit erklärt, daß sie ihr Leben von Grund auf ändern und an unseren Herrn Jesus Christus glauben sollen.

22 Jetzt folge ich dem Willen des Heiligen Geistes, wenn ich nach Jerusalem gehe. Was dort mit mir geschehen wird, weiß ich nicht.

23 Nur dies eine weiß ich, daß mich Gefangenschaft und Leiden erwarten. Denn so sagt es mir der Heilige Geist durch Propheten in allen Gemeinden, die ich besuche. 24 Aber mein Leben ist mir nicht wichtig, wenn es darum geht, den Auftrag auszuführen, den mir Jesus Christus gegeben hat, nämlich das Evangelium von Gottes Gnade und Liebe zu verkündigen.

25 Ich weiß, daß keiner von euch,

a) Wörtlich: Am ersten Tag der Woche.
b) Wörtlich: um das Brot zu brechen.

denen ich das Evangelium gepredigt und bei denen ich gelebt habe, mich wiedersehen wird. [26]Deshalb sage ich euch heute in aller Deutlichkeit: Ich bin nicht schuld daran, wenn einer von euch verlorengeht. [27]Denn ich habe nichts verschwiegen, sondern euch den ganzen Plan Gottes zur Rettung der Welt verkündigt.

[28]Von jetzt an müßt ihr auf euch selbst achten und auf die ganze Gemeinde, für die euch der Heilige Geist als Hirten einsetzte. Ihr sollt die Gemeinde Gottes hüten, die er sich durch das Blut seines Sohnes erworben hat. [29]Denn ich weiß: Wenn ich nicht mehr da bin, werden falsche Lehrer wie reißende Wölfe über euch herfallen, und sie werden die Herde nicht schonen. [30]Sogar unter euch wird es Männer geben, die nur deshalb die Wahrheit verfälschen, weil sie Menschen für sich gewinnen wollen. [31]Seid also wachsam! Denkt daran, daß ich drei Jahre lang unermüdlich jedem von euch Tag und Nacht, manchmal sogar unter Tränen, den rechten Weg gewiesen habe.

[32]Und nun vertraue ich euch Gottes Schutz an und dem Wort seiner Gnade. Er allein hat die Macht, euern Glauben wachsen zu lassen und euch das Erbe zu geben, das er seinen Kindern zugesagt hat.[a]

[33]Niemals habe ich von euch auch nur einen einzigen Pfennig[b] verlangt. [34]Ihr wißt selbst, daß ich den Lebensunterhalt für mich und die Leute, die bei mir waren, mit diesen meinen Händen durch eigene Arbeit verdient habe. [35]Damit habe ich euch zeigen wollen, wie man arbeiten muß, um den Armen zu helfen und das zu erfüllen, was unser Herr selbst gesagt hat: Geben macht glücklicher als Nehmen.»

[36]Nun knieten alle nieder und beteten miteinander. [37]Sie küßten und umarmten Paulus zum Abschied; viele weinten laut, [38]weil er ihnen gesagt hatte, sie würden ihn nicht wiedersehen. Dann begleiteten sie ihn auf das Schiff.

Paulus reist nach Jerusalem

21 Als wir uns schweren Herzens von den Ältesten aus Ephesus verabschiedet hatten, segelte unser Schiff direkt nach Kos. Am folgenden Tag erreichten wir Rhodos und dann Patara. [2]Dort gingen wir an Bord eines anderen Schiffes, das nach Phönizien segeln sollte. [3]Bald sahen wir in der Ferne die Insel Zypern, segelten aber südlich an ihr vorbei in Richtung auf die syrische Hafenstadt Tyrus, wo die Ladung des Schiffes gelöscht wurde.

[4]In Tyrus besuchten wir die Gemeinde und blieben eine Woche dort. Diese Christen warnten Paulus mehrmals davor, nach Jerusalem zu reisen, denn so hatte es ihnen der Heilige Geist aufgetragen. [5]Aber am Ende der Woche gingen wir dann doch zu unserem Schiff. Die ganze Gemeinde mit Frauen und Kindern begleitete uns bis vor die Stadt. Am Strand knieten wir nieder und beteten. [6]Nachdem wir uns verabschiedet hatten, gingen wir an Bord des Schiffes, und sie kehrten in die Stadt zurück.

[7]Von Tyrus kamen wir dann nach Ptolemais. Auch dort besuchten wir

a) Wörtlich: und das Erbe unter allen Geheiligten zu geben.
b) Wörtlich: Silber, Gold oder Kleidung.

Geben und Nehmen

Hannelore Risch

Apostelgeschichte 20,35

Paulus verabschiedet sich von den Verantwortlichen der Gemeinde in Ephesus. Er legt ihnen noch einmal das Allerwichtigste ans Herz. Dann hebt er seine von harter Arbeit gezeichneten Hände hoch, so daß alle sie sehen können. Mit diesen Händen hat er seinen und den Unterhalt seiner Mitarbeiter erarbeitet. Von den Gemeindegliedern wollte er weder Honorar noch teure Geschenke annehmen. Vielmehr wollte er ihnen ein Vorbild sein im Dienen und im Geben. Er fügt dann ein Jesuswort an, das nicht in den Evangelien steht: «Geben macht glücklicher als Nehmen!» Den Gemeinden alles zu geben, was er an geistlicher und körperlicher Kraft hat, das ist für ihn eine glückselige Erfahrung.

Natürlich kann auch das Annehmen eine selige Sache sein! Wenn uns etwas fehlt, dann dürfen wir uns fröhlichen Herzens helfen lassen und uns in der Kunst des Dankens üben. Oder sind wir zu stolz, etwas anzunehmen, was uns gern gegeben wurde? Überlegen wir gleich einen Gegendienst? Denken wir gar verächtlich über diese Geschenke und Wohltaten?

Für Paulus ist das Hergeben eine größere Freude als das Empfangen: «Geben macht glücklicher als Nehmen!» Können wir ihm zustimmen?

Ich begleite zur Zeit eine alkoholkranke Frau für eine kurze Wegstrecke ihres Lebens. Das kostet keine Geldausgaben, sondern Zeit und Kraft und einige Autofahrten. Welche Freude ist es mitzuerleben, wie sie Schritt für Schritt einen neuen Lebensabschnitt beginnt! Ja, das macht mich glücklich.

Gott sieht unsere innere Haltung beim Schenken und belohnt uns mit Zufriedenheit. Aber den Himmel können wir uns damit nicht verdienen!

Doch es kann passieren, daß wir uns für jemanden verausgaben, indem wir alles uns mögliche geben. Dafür erhalten wir dann ein «schwaches Dankeschön», erneute Forderungen und sogar Kritik. Dann fühlen wir uns ausgenützt. Wir stehen in der Gefahr, darüber zu verbittern. Was ist falsch gelaufen?

Wir hätten gegen solche maßlosen Erwartungen rechtzeitig Grenzen setzen müssen. Das ist konsequente Liebe, die mich selbst vor Überforderung schützt und dem anderen hilft, seinen Egoismus zu erkennen. Dann kann unsere gestörte Beziehung wieder gesunden.

Geben und Nehmen gehören zusammen: einmal zeige ich als fröhlich Gebende einen Wesenszug unseres Schöpfers; ein anderes Mal bin ich die dankbar Nehmende, die sich von Gott und den Menschen beschenken läßt.

die Christen, blieben aber nur einen Tag bei ihnen.

[8]Von Ptolemais ging es zu Fuß weiter nach Cäsarea. Dort wohnten wir im Haus des Evangelisten Philippus, einem der sieben Diakone. [9]Die vier Töchter des Philippus waren unverheiratet geblieben und hatten von Gott prophetische Gaben bekommen.

[10]Wir waren schon einige Tage bei Philippus, als Agabus aus Judäa kam. Er war ein Prophet. [11]Mit dem Gürtel des Paulus fesselte er sich Hände und Füße. Dann erklärte er: «Der Heilige Geist sagt: Genauso wird der Besitzer dieses Gürtels in Jerusalem von den Juden gefesselt und an die Römer ausgeliefert werden.» [12]Da bestürmten wir und die anderen Christen der Gemeinde Paulus, nicht nach Jerusalem zu gehen. [13]Er aber antwortete nur: «Warum weint ihr und macht mir das Herz schwer? Ich bin nicht nur bereit, mich in Jerusalem fesseln und ins Gefängnis werfen zu lassen, ich bin auch bereit, dort für Jesus Christus zu sterben.» [14]Weil er sich nicht umstimmen ließ, bedrängten wir ihn schließlich nicht länger und sagten: «Gottes Wille soll geschehen!»

Paulus soll seine Gesetzestreue beweisen

[15]Bald darauf reisten wir nach Jerusalem. [16]Einige Brüder aus Cäsarea begleiteten uns. Sie führten uns zu Mnason, der aus Zypern stammte und einer der ersten Christen war. In seinem Hause sollten wir übernachten.

[17]Von der Gemeinde in Jerusalem wurden wir herzlich aufgenommen. [18]Am Tag nach unserer Ankunft ging Paulus zu Jakobus; auch alle Ältesten der Gemeinde hatten sich bei ihm versammelt.

[19]Paulus begrüßte sie alle und berichtete ausführlich, was Gott unter den Heiden getan hatte. [20]Darüber waren alle froh; sie lobten und dankten Gott. Dann aber sagten sie:

«Du weißt, lieber Bruder, daß Tausende von Juden zum Glauben gekommen sind, und jeder von ihnen befolgt streng die Gesetze des Mose. [21]Man hat nun von dir berichtet, du würdest die Juden außerhalb Israels auffordern, nicht mehr nach dem Gesetz zu leben. Sie sollten zum Beispiel ihre Kinder nicht mehr beschneiden lassen und die Ordnungen unseres Volkes mißachten. [22]Was sollen wir jetzt tun? Sie werden auf jeden Fall erfahren, daß du in Jerusalem bist. [23]Wir möchten dir deshalb folgendes raten: Hier sind vier Männer, die ein Gelübde einlösen müssen. [24]Schließe dich ihnen an, und erfülle alle vom Gesetz geforderten Reinigungsvorschriften, wozu ja auch gehört, daß sie sich die Haare schneiden lassen. Wenn du dafür die Kosten übernimmst, werden alle sehen, daß an den Gerüchten über dich nichts Wahres ist und du gewissenhaft das Gesetz befolgst. [25]Wie die nichtjüdischen Christen leben sollen, haben wir ja schriftlich geregelt. Wir haben damals entschieden, daß sie kein Fleisch von Tieren essen dürfen, die Götzen geopfert wurden, kein Blut oder das Fleisch von Tieren, die nicht ausbluteten. Außerdem sollen sie sich vor Unzucht hüten.»

Paulus wird in Jerusalem verhaftet

[26]Paulus nahm ihren Vorschlag an. Zusammen mit den Männern ging er am folgenden Tag in den Tempel. Dort wollten sie melden, daß ihr Gelübde erfüllt sei, wenn sie ihr Opfer gebracht hätten. [27]Die festgesetzten

HEILIGE STURHEIT

Lisa Fuchs

Apostelgeschichte 21,14

Viele Nächte hatte Klaus schon mit sich gekämpft. Eine steile Karriere als Betriebswirt war ihm vorausgesagt worden. Er würde bei seinem Können und Wissen sehr viel Geld verdienen. Schon jetzt war er sehr erfolgreich.

Doch da gab es noch einen anderen Gedanken, der ständig in seinem Kopf herumschwirrte. Sein Freund hatte ihn vor einiger Zeit mitgenommen zu einer Evangelisation mit Billy Graham. Während der Predigt hatte er plötzlich sein Leben in einem ganz anderen Licht gesehen. Dieser Jesus hat ihm mitten ins Herz geschaut und ihn berührt. Er spürte den Anspruch Jesu, ihm sein Leben ganz zu geben. Er merkte überdeutlich, daß sein Leben sich verändern würde, wenn er diesem Anruf folgte. Er konnte nicht mehr anders. An diesem besagten Abend vertraute er sein Leben Jesus an. Nun würde nichts mehr so sein wie früher, das spürte er.

Seine Karriere war ihm plötzlich nicht mehr so wichtig. Er beschloß, seinem neuen Herrn zu dienen. Nach vielen Kämpfen war es klar: Er wollte Theologie studieren. Seine Familie und der ganze Freundeskreis waren schockiert: «Das kann doch nicht wahr sein, wie kann man nur so dumm sein und seine Karriere so in den Wind schreiben!» lautete ihre Meinung. Doch Klaus wußte genau, daß ein Höherer ihn berufen hatte und daß es Gottes Wille war.

In Cäsarea ist Paulus bei dem Evangelisten Philippus zu Besuch. Es sind für Paulus schöne, erholsame Tage, die für ihn eine Verschnaufpause bedeuten.

Doch da tritt ein Ereignis ein, das alle sehr nachdenklich macht. Agabus, ein Prophet, sagt Paulus voraus, daß er in Jesusalem gefangengenommen und an die Römer ausgeliefert werden wird. Die Gemeindeglieder im Haus des Philippus sind entsetzt. Sie bestürmen Paulus, doch ja nicht nach Jerusalem zu gehen. Doch Paulus bleibt «stur», er läßt sich nicht von seinem als richtig erkannten Weg abbringen. Gottes Wille ist höher als alle Vernunft. Paulus merkt, daß hier ein Plan Gottes im Spiel ist. Er ist völlig bereit, auch ins Gefängnis und, wenn es sein muß, in den Tod zu gehen.

Im Kapitel 23 erfahren wir, warum es wichtig war, daß Paulus nach Jerusalem ging. Seine Gefangennahme wird ihm Gelegenheit geben, selbst in Rom das Evangelium zu bezeugen (23,11).

Gottes Gedanken sind höher als unsere Gedanken. Bin ich persönlich bereit, als Christ Gottes Willen zu erkennen und zu erfüllen? Der Heilige Geist will uns dabei helfen.

sieben Tage waren fast vorüber, als
einige Juden aus Kleinasien Paulus im
Tempel wiedererkannten. Sie wiegel-
ten das Volk gegen ihn auf, packten
ihn und schrien:
28 «Helft uns, ihr Männer aus Israel!
Das ist er, der überall in der Welt ge-
gen unser Volk, gegen das Gesetz und
gegen diesen Tempel hetzt! Und nicht
genug damit! Er hat sogar Griechen in
den Tempel gebracht und dadurch
diese heilige Stätte entweiht!» 29 Weil
sie nämlich Paulus zusammen mit dem
Griechen Trophimus aus Ephesus in
der Stadt gesehen hatten, vermuteten
sie nun, Paulus habe ihn auch mit in
den Tempel genommen. 30 Ganz Jeru-
salem geriet in Aufruhr. Sie griffen
Paulus und zerrten ihn aus dem Tem-
pel, dessen Türen man eilig schloß.
31 Die Menge war nahe daran, Pau-
lus umzubringen, als dem Komman-
danten der römischen Garnison ge-
meldet wurde: «Die ganze Stadt ist in
Aufruhr!» 32 Mit einem Trupp Solda-
ten und einigen Offizieren lief er so-
fort zum Tempelplatz. Als die Menge
den Kommandanten und die Soldaten
sah, ließen sie Paulus los.
33 Paulus wurde festgenommen und
mit zwei Ketten gefesselt. Anschlie-
ßend fragte der Kommandant die auf-
gebrachte Menge, wer dieser Mann sei
und was er getan habe. 34 Aber die
einen schrien dies, die anderen das,
und der Tumult war so groß, daß er
letztlich überhaupt nichts erfuhr. Des-
halb befahl der Kommandant, Paulus
in die Festung zu bringen. 35 Auf dem
Weg dorthin wütete das Volk so auf-
gebracht gegen Paulus, daß ihn die
Soldaten tragen mußten. 36 Die Leute
tobten: «Weg mit 'dem! Bringt ihn
um!»
37 Als man Paulus gerade in die Fe-
stung bringen wollte, sagte er zu dem
Kommandanten: «Kann ich kurz mit
dir sprechen?» «Du sprichst Grie-
chisch?» fragte dieser überrascht.
38 «Dann bist du also nicht der Ägyp-
ter, der vor einiger Zeit den Aufstand
mit viertausend bewaffneten Rebel-
len anführte, die er in der Wüste um
sich sammelte?» 39 «Nein», erwiderte
Paulus, «ich bin ein Jude aus Tarsus
und ein Bürger dieser bekannten Stadt
in Zilizien. Bitte erlaube mir, zu den
Leuten zu reden.» 40 Der Komman-
dant willigte ein. Paulus blieb auf der
obersten Treppenstufe stehen und
gab dem Volk mit der Hand ein Zei-
chen, daß er etwas sagen wollte. Nach-
dem sie sich beruhigt hatten, sprach er
auf hebräisch zu ihnen:

Paulus rechtfertigt sich vor den Juden

22 «Ihr Männer, liebe Brüder
und Väter! Hört euch an, was
ich zu meiner Verteidigung sagen
möchte.» 2 Als die Juden merkten,
daß Paulus in ihrer Sprache zu ihnen
redete, wurden sie noch stiller, und er
konnte ungehindert weitersprechen:
3 «Ich bin Jude, geboren in Tarsus,
einer Stadt in Zilizien. Erzogen wur-
de ich hier in Jerusalem. Als Schüler
Gamaliels habe ich gelernt, streng
nach dem Gesetz unserer Väter zu le-
ben. Ebenso wie ihr wollte ich nichts
anderes, als Gottes Gebote erfüllen.
4 Deshalb habe ich diese neue Leh-
re auch bis auf den Tod bekämpft.
Männer und Frauen ließ ich festneh-
men und in das Gefängnis werfen.
5 Das können der Hohepriester und
der ganze Hohe Rat bezeugen. Von
ihnen bekam ich die Empfehlungs-
schreiben für die jüdische Gemeinde
in Damaskus. So wollte ich erreichen,
daß auch die Christen in dieser Stadt
gefesselt hierher nach Jerusalem ge-
bracht und bestraft werden sollten.

Herr, vergib mir!

Psalm 51

Ein Lied Davids.
Er schrieb es, nachdem der Prophet Nathan ihn
wegen seines Ehebruchs mit Bathseba zurechtgewiesen hatte.

Du großer, barmherziger Gott, sei mir gnädig, hab Erbarmen mit mir!
Lösche meine Vergehen aus! Meine schwere Schuld –
wasche sie ab und reinige mich von meiner Sünde!
Denn ich erkenne mein Unrecht, meine Schuld steht mir ständig vor Augen.
Gegen dich habe ich gesündigt – gegen dich allein!
Was du als böse ansiehst, das habe ich getan.
Darum bist du im Recht, wenn du mich verurteilst,
dein Urteil wird sich als wahr erweisen.

Du freust dich, wenn ein Mensch von Herzen aufrichtig und ehrlich ist;
verhilf mir dazu und laß mich weise handeln!
Reinige mich von meiner Schuld, dann bin ich wirklich rein;
wasche meine Sünde ab, und mein Gewissen ist wieder weiß wie Schnee!
Du hast mich hart bestraft; nun laß mich wieder Freude erfahren,
damit ich befreit aufatmen kann!
Sieh nicht länger auf meine Schuld, vergib mir alle meine Sünden!

Erschaffe in mir ein reines Herz, o Gott;
erneuere mich und gib mir Beständigkeit!
Stoße mich nicht von dir und nimm deinen heiligen Geist nicht von mir!
Schenk mir Freude über deine Rettung
und mach mich bereit, dir zu gehorchen!
Dann will ich den Gottlosen deine Wege zeigen,
damit sie zu dir zurückfinden.

Herr, ich habe das Blut eines Menschen vergossen –
befreie mich von dieser Schuld, Gott, mein Helfer!
Dann werde ich deine Gnade preisen und jubeln vor Freude.
Herr, schenke mir die Worte, um deine Größe zu rühmen!
Ich bin zerknirscht und verzweifelt über meine schwere Schuld.
Solch ein Opfer gefällt dir, du wirst es nicht ablehnen.

6 Als ich auf dieser Reise Damaskus
schon fast erreicht hatte, umgab mich
zur Mittagszeit plötzlich vom Himmel
her ein strahlend helles Licht. 7 Ich
fiel zu Boden und hörte eine Stimme:
‹Saul, Saul, warum verfolgst du
mich?› 8 Voller Schrecken fragte ich:
‹Wer bist du, Herr?› und hörte als
Antwort: ‹Ich bin Jesus von Naza-
reth, den du verfolgst.›

9 Meine Begleiter sahen genauso
wie ich das Licht, aber sie hörten
nicht, was gesagt wurde. 10 ‹Was soll
ich tun, Herr?› fragte ich nun, und
der Herr antwortete mir: ‹Steh auf!
Geh nach Damaskus. Dort wird man
dir sagen, welche Aufgabe du über-
nehmen sollst.› 11 Von dem hellen
Licht war ich so geblendet, daß ich
nicht mehr sehen konnte und meine
Begleiter mich nach Damaskus füh-
ren mußten.

12 Dort lebte ein Mann, der Ana-
nias hieß. Er war fromm und erfüllte
Gottes Gebote so genau, daß er bei
allen Juden in Damaskus hoch ange-
sehen war. 13 Dieser Mann kam zu mir
und sagte: ‹Lieber Bruder Saul, du
sollst wieder sehen können!› Und so-
fort konnte ich wieder sehen. 14 Dann
erklärte er mir: ‹Der Gott unserer
Väter hat dich erwählt, seinen Willen
zu erkennen, seinen Sohn zu sehen
und ihn zu hören. 15 So wirst du vor
allen Menschen sein Zeuge sein, weil
du ihn selber gesehen und gehört
hast. 16 Zögere also nicht länger! Laß
dich taufen und von deinen Sünden
reinigen, indem du dem Herrn deine
Schuld bekennst.›

17 Ich kehrte nach Jerusalem zu-
rück. Eines Tages betete ich im Tem-
pel. Da erschien mir der Herr in einer
Vision 18 und sagte: ‹Beeile dich und
verlasse Jerusalem so schnell wie
möglich, denn niemand wird dir glau-
ben, was du von mir sagst.› 19 ‹Herr›,
antwortete ich, ‹aber alle wissen
doch, daß ich die in das Gefängnis
werfen und in den Synagogen aus-
peitschen ließ, die an dich glaubten.
20 Als dein Zeuge Stephanus getötet
wurde, habe ich sogar voller Genug-
tuung zugesehen und die Kleider sei-
ner Mörder bewacht.› 21 Doch der
Herr befahl: ‹Geh, denn ich will dich
weit weg zu den Heiden senden.›»

Paulus beruft sich auf sein römisches Bürgerrecht

22 Bis dahin hatten alle Paulus ruhig
angehört. Doch nun begannen sie zu
toben: «Weg mit ihm! Er darf nicht
länger leben!» 23 Voller Empörung
zerrissen sie ihre Kleider und wüte-
ten, daß der Staub hoch aufwirbelte.

24 Da ließ der Kommandant Paulus
in die Festung bringen und befahl, ihn
auszupeitschen und zu verhören. Auf
diese Weise wollte er erfahren, wes-
halb die Menge so erregt den Tod des
Paulus forderte. 25 Man hatte den
Apostel bereits zum Auspeitschen
festgebunden, als Paulus den dabei-
stehenden Offizier fragte: «Seit wann
ist es bei euch erlaubt, einen römi-
schen Bürger auszupeitschen, noch
dazu ohne Urteil?»

26 Der Offizier lief zum Komman-
danten: «Der Mann ist ein römischer
Bürger! Was willst du jetzt tun?»
27 Da ging der Kommandant selbst zu
Paulus und fragte ihn: «Stimmt es,
daß du ein römischer Bürger bist?»
«Ja, das stimmt», erwiderte Paulus.
28 «Ich habe für dieses Bürgerrecht
ein Vermögen gezahlt», erklärte der
Kommandant. «Ich aber wurde schon
als römischer Bürger geboren», erwi-
derte Paulus. 29 Sofort banden die Sol-
daten den Apostel los, denn der
Kommandant fürchtete, Schwierig-
keiten zu bekommen, weil er befoh-

RADIKALE WENDE ODER ALLMÄHLICHER WANDEL?

Hannelore Risch

Apostelgeschichte 22,7–8

Paulus steht hoch oben auf einer Treppe, von Soldaten beschützt. Hinter ihm die Burg Antonia, vor ihm die schweigende Menge, die ihn kurz vorher auf dem Tempelplatz umbringen wollte. Ein letztes Mal darf er in Jerusalem seinem geliebten Volk Israel das Evangelium verkündigen. Er versucht, diesen Juden und Judenchristen klarzumachen, daß er sich seinen Weg nicht selbst gewählt hatte. Gott hatte ihn darauf gebracht.

So bezeugt er, daß er einmal ein bekannter und gesetzesstrenger Pharisäer war. Radikal hatte er Christen verfolgt, sogar Frauen nicht verschont. Aus diesem fanatischen «Eifer für Gott» konnte er sich nicht selbst befreien. Gott selbst hatte übermächtig in sein Leben eingegriffen und es total verändert: Aus dem Christenverfolger wurde ein Apostel und Missionar.

Ich gestehe, daß ich schon gedacht habe: Wenn ich früher wenigstens eine Gottesleugnerin oder eine Jesusgegnerin gewesen wäre, dann wüßte ich wenigsten genau, daß ich so wie Paulus radikal umgekehrt bin. Ich habe auch nie ein göttliches Licht gesehen, nie Jesu Stimme akustisch gehört, nicht einmal eine Vision habe ich gehabt. Bin ich nun eine Christin oder bin ich noch keine?

Schließlich bin ich in einem christlichen Land aufgewachsen, wurde christlich erzogen, hatte einen guten Religionsunterricht erlebt, war sogar aktiv in einer kirchlichen Jugendgruppe. Ich bin in den christlichen Glauben nach und nach hineingewachsen. Wann hat er begonnen? Ich kann kein Datum nennen. Allerdings gibt es «Schlüsselerlebnisse» in meinem Glaubensleben, wobei mir die eine oder andere Erkenntnis gekommen ist und mir verschlossene Türen geöffnet wurden. Inzwischen habe ich keine Zweifel mehr, daß ich zu Gottes Familie gehöre und Jesus liebe, weil er mich zuerst geliebt hat.

Bei der Bekehrung kommt es darauf an, daß wir uns bewußt machen: Gott, der Vater, hat mich als sein Kind angenommen, so wie ich bin, mit allen Erbanlagen und Schwächen, die ich habe.

Entscheidend ist nicht, ob ich ein bestimmtes Datum nennen oder besondere Erfahrungen vorweisen kann. Entscheidend ist, daß ich heute aus der Begegnung mit Christus lebe. Dann stehe ich auch einem Paulus in nichts nach!

len hatte, einen römischen Bürger auszupeitschen.

Paulus vor dem Gerichtshof

30 Der Kommandant wollte wissen, was die Juden Paulus eigentlich vorwarfen. Deswegen befahl er am nächsten Tag den Hohenpriestern und dem Gerichtshof, zu einer Sitzung zu kommen, und nachdem man Paulus aus dem Gefängnis geholt und ihm die Fesseln abgenommen hatte, wurde auch er dorthin gebracht.

23 Ruhig und furchtlos blickte Paulus die Mitglieder des hohen Gerichts an und sagte: «Ihr Männer, liebe Brüder! Was mich anbelangt, so habe ich bis zum heutigen Tag Gott gedient, und zwar mit gutem Gewissen.» 2 Aufgebracht befahl daraufhin der Hohepriester Ananias seinen Leuten, Paulus auf den Mund zu schlagen. 3 Der aber rief: «Du Heuchler, Gott wird dich dafür strafen. Du willst hier nach dem Gesetz Recht sprechen, aber brichst selber das Gesetz und läßt mich schlagen!»

4 Da empörten sich einige: «Du wagst es, den Hohenpriester Gottes zu beleidigen?» 5 «Ich wußte nicht, Brüder, daß es der Hohepriester ist», lenkte Paulus ein, «denn natürlich ist mir bekannt, daß es in der Heiligen Schrift heißt: ‹Den Führer deines Volkes sollst du nicht beleidigen.›»[a]

6 Paulus wußte, daß unter den Anwesenden sowohl Sadduzäer als auch Pharisäer waren. Deshalb rief er laut: «Brüder, ich bin ein Pharisäer wie viele meiner Vorfahren[b], und nun stehe ich hier vor Gericht, weil ich an die Auferstehung der Toten glaube.»

7 Diese Worte lösten einen heftigen Streit zwischen den Pharisäern und Sadduzäern aus, und die Versammlung spaltete sich in zwei Lager. 8 Denn im Gegensatz zu den Pharisäern behaupten die Sadduzäer: Es gibt keine Auferstehung und weder Engel noch Geister. 9 Immer lauter wurde die Debatte. Aufgeregt sprangen einige Schriftgelehrte der Pharisäer auf und riefen: «An dem Mann ist doch nichts, wofür er verurteilt werden könnte. Vielleicht hat ja wirklich ein Geist oder Engel zu ihm geredet.» 10 Der Tumult nahm solche Formen an, daß der römische Kommandant fürchtete, Paulus vor der aufgebrachten Menge nicht länger schützen zu können. Deshalb ließ er Soldaten kommen, die Paulus holten und ihn wieder in die Festung zurückbrachten.

11 In der folgenden Nacht trat der Herr zu Paulus und sagte: «Sei unbesorgt! So wie du in Jerusalem mein Zeuge gewesen bist, sollst du auch in Rom mein Zeuge sein!»

Mordpläne gegen Paulus

12 Bei Tagesanbruch kamen einige Juden zusammen. Feierlich schworen sie sich, weder zu essen noch zu trinken, bis es ihnen gelungen wäre, Paulus zu beseitigen. 13 Mehr als vierzig Leute waren an dieser Verschwörung beteiligt. 14 Sie gingen zu den Hohenpriestern und Führern des Volkes, um ihnen mitzuteilen: «Wir haben geschworen, nichts zu essen, bis wir

a) 2. Mose 22,27
b) Wörtlich: und ein Sohn von Pharisäern.

LASSEN SIE SICH ERMUTIGEN!

Dorothea Hille

Apostelgeschichte 23,11

Paulus weiß, daß es um eine lebensrettende Botschaft geht. «Die Sache des Königs ist eilend, sie (die Menschen ohne Christus) sterben sonst darüber», haben die Pioniermissionare gesagt.

Diese Botschaft muß nach Rom gebracht werden, selbst wenn Paulus darüber zum Märtyrer wird.

Und doch, der lebendige Gott sorgt sich um seinen Botschafter und läßt ihn Hoffnung schöpfen für seinen neuen Dienst, indem er Paulus an das erinnert, was er schon bisher an Hilfe erfahren hat. «In Jerusalem habe ich dich zum Segen gesetzt, also werde ich es auch in Rom tun. Ich übernehme dafür die Verantwortung.»

Hoffnung durch dankbares Erinnern! Das macht Mut, zu neuen Ufern aufzubrechen im Gehorsam des Glaubens. Vielleicht liegt eine neue Aufgabe vor Ihnen – der Beginn einer Frauengesprächsgruppe, der Gedanke, an Ihrem Ort ein Frauenfrühstück einzurichten, die neue Nachbarin endlich zum Kaffee einzuladen ... Aber Sie sind unsicher. Werden sich andere einladen lassen, oder stehe ich am Ende mit meiner Initiative alleine da? Werden sich genügend Mitarbeiterinnen finden?

Wer sich einsetzt, der muß auch mit Kritik und allen möglichen Fehlschlägen rechnen. Da ist es gut, sich von Jesus erinnern zu lassen an das Vorrecht des Gebets und der Fürbitte. Vor allem aber an seine Zusagen. Wenn wir mit ihm unterwegs sind, erleben wir auch ganz praktisch seine Gegenwart und Hilfe.

diesen Paulus getötet haben. [15]Sorgt nun dafür, daß der Kommandant ihn noch einmal zum Verhör bringen läßt. Sagt, ihr wolltet die Angelegenheit genauer untersuchen. Alles andere überlaßt uns: Er wird nicht bei euch ankommen.»

[16]Ein Neffe des Paulus erfuhr von diesem Anschlag. Er lief zur Festung und berichtete ihm alles. [17]Da rief der Apostel einen der Offiziere zu sich und bat: «Bringe diesen jungen Mann zum Kommandanten; er hat eine wichtige Mitteilung für ihn!» [18]Der Offizier führte den Verwandten des Paulus zum Kommandanten und meldete: «Der Gefangene Paulus hat mich rufen lassen und darum gebeten, diesen jungen Mann zu dir zu bringen. Er soll dir etwas mitteilen.»

[19]Da führte der Kommandant den jungen Mann beiseite und fragte: «Was hast du mir zu melden?» [20]Eilig begann der zu berichten: «Die Juden werden dich bitten, Paulus morgen noch einmal dem jüdischen Gerichtshof vorzuführen. Aber das ist nur ein Vorwand. [21] Glaube ihnen nicht, denn vierzig Männer halten sich bereit, die ihn ermorden wollen. Sie haben sich geschworen, nichts zu essen und zu trinken, bis er tot ist. Jetzt warten sie nur auf deine Zusage.»

[22]Der junge Mann verließ die Festung, nachdem der Kommandant ihm eingeschärft hatte, daß niemand von dem Plan erfahren dürfte.

Paulus wird nach Cäsarea gebracht

[23]Gleich darauf ließ der Kommandant zwei Offiziere zu sich kommen. Ihnen gab er den Auftrag: «Stellt für heute abend neun Uhr zweihundert Soldaten zum Marsch nach Cäsarea bereit, dazu noch siebzig Reiter und zweihundert Leichtbewaffnete. [24]Kümmert euch auch um Reittiere für den Gefangenen, und bringt ihn sicher zu Gouverneur Felix.» [25]Dann schrieb er diesen Brief:

[26]«Claudius Lysias grüßt seine Exzellenz, den Gouverneur Felix. [27]Diesen Mann hier hatten die Juden ergriffen. Sie wollten ihn gerade töten, als ich ihn mit Gewalt aus ihren Händen befreite; denn ich hatte erfahren, daß er römischer Bürger ist. [28]Weil ich wissen wollte, was er getan hat, brachte ich ihn vor ihren Gerichtshof. [29]Dort stellte sich heraus, daß er nichts getan hat, wofür er die Todesstrafe verdient hätte oder wofür man ihn auch nur hätte gefangennehmen dürfen. Es handelt sich lediglich um Streitfragen ihrer Religion. [30]Inzwischen habe ich von einem neuen Mordanschlag gegen ihn erfahren, und deshalb schicke ich ihn zu dir. Seine Kläger habe ich angewiesen, bei dir Anklage gegen ihn zu erheben.»

[31]Wie man es ihnen befohlen hatte, brachten die Soldaten Paulus noch in derselben Nacht bis nach Antipatris. [32]Am folgenden Tag kehrten die Fußtruppen nach Jerusalem zurück, während die Berittenen mit Paulus weiterzogen. [33]In Cäsarea übergaben sie das Schreiben dem Gouverneur und lieferten ihm den Gefangenen aus.

[34]Nachdem der Gouverneur den Brief gelesen hatte, fragte er Paulus, aus welcher Provinz er stamme. «Aus Zilizien», antwortete Paulus. [35]«Wenn sich deine Ankläger hier eingefunden haben», entschied nun der Gouverneur, «werde ich deine Angelegenheit klären.» Auf Befehl des Felix wurde Paulus im Palast des Königs Herodes weiter gefangengehalten.

Anklage gegen Paulus

24 Fünf Tage später erschienen
der Hohepriester Ananias,
einige Führer des Volkes und der An-
walt Tertullus, um Anklage gegen
Paulus zu erheben. 2 Nachdem man
Paulus hereingerufen hatte, begann
Tertullus:
3 «Verehrter Felix! Voller Dank-
barkeit erkennen wir Juden an, daß
wir durch dich endlich Ruhe und Frie-
den genießen und es unserem Volk
durch deine Fürsorge so gut geht wie
selten zuvor. 4 Um aber deine kostba-
re Zeit nicht unnötig in Anspruch zu
nehmen, bitten wir dich, uns kurz an-
zuhören. 5 Wir wissen, daß dieser
Mann gefährlich ist wie die Pest.
Überall im Römischen Reich zettelt
er unter den Juden Aufstände an.
Und er selbst ist der Anführer der Na-
zarener-Sekte. 6 Als er versuchte, den
Tempel zu entweihen, haben wir ihn
gefaßt und wollten ihn nach unseren
Gesetzen aburteilen. 7 Aber der
Kommandant Lysias kam dazu und
ließ ihn durch seine Soldaten abfüh-
ren. 8 Außerdem befahl er, die Ankla-
ge gegen ihn bei dir vorzubringen.
Wenn du ihn verhörst, wirst du fest-
stellen, daß unsere Beschuldigungen
wahr sind.»
9 Die anderen Juden unterstützten
die Anklagerede in allen Punkten
und erklärten, daß sie die reine
Wahrheit enthält.

Paulus verteidigt sich vor Felix

10 Auf einen Wink des Gouverneurs
stand Paulus auf und sagte: «Weil ich
weiß, daß du seit vielen Jahren Rich-
ter für dieses Volk bist, will ich mich
gern vor dir verantworten. 11 Wie du
leicht nachprüfen kannst, bin ich erst
vor zwölf Tagen nach Jerusalem ge-
kommen, um im Tempel zu beten.
12 Dabei habe ich weder im Tempel
noch in den Synagogen oder in der
Öffentlichkeit mit jemandem gestrit-
ten oder gar einen Aufstand unter
dem Volk angezettelt. 13 Deshalb gibt
es auch für keine der gegen mich vor-
gebrachten Anklagen irgendwelche
Beweise.
14 Dies eine bekenne ich allerdings
offen: Ich diene dem Gott unserer
Väter, und zwar nach der Glaubens-
richtung, die sie für sektiererisch hal-
ten. Ich glaube alles, was im Gesetz
des Mose und in den Propheten ge-
schrieben steht. 15 Wie meine Anklä-
ger hoffe ich, daß Gott alle Men-
schen – Gerechte und Ungerechte –
auferweckt. 16 Deshalb will ich auch
in allem ein reines Gewissen vor
Gott und den Menschen haben.
17 Nachdem ich nun viele Jahre
nicht in diesem Lande gelebt habe,
bin ich nach Jerusalem zurückge-
kehrt, um mit einer Geldspende mei-
nem Volk zu helfen und um Gott im
Tempel ein Opfer darzubringen.
18 Als ich gerade – unauffällig und oh-
ne jedes Aufsehen – das Reinigungs-
opfer brachte, erkannten mich einige
Juden aus der Provinz Asia. 19 Sie
müßten eigentlich hier als Ankläger
auftreten, wenn wirklich etwas gegen
mich vorzubringen wäre! 20 Oder laß
dir von den hier Anwesenden sagen,
welche Verbrechen sie mir vorwer-
fen konnten, als ich vor dem jüdi-
schen Gerichtshof stand. 21 Es kann
lediglich der Satz gewesen sein:
‹Weil ich an die Auferstehung der
Toten glaube, werde ich heute ange-
klagt!›»
22 Felix, der über den Glauben der
Christen viel wußte, vertagte darauf-
hin die Verhandlung und sagte:
«Wenn der Kommandant Lysias hier
ist, werde ich die Sache entschei-

den!» 23 Paulus blieb weiter in Haft.
Aber Felix wies den verantwortlichen
Offizier an, die Haft zu mildern. Au-
ßerdem durften Angehörige und
Freunde Paulus versorgen.

Felix will sich nicht entscheiden

24 Nach einigen Tagen ließen Felix
und seine jüdische Frau Drusilla den
Gefangenen Paulus zu sich rufen. Sie
wollten mehr über den Glauben an
Jesus Christus hören. 25 Aber als Pau-
lus von Gerechtigkeit, von der Ent-
haltsamkeit und dem künftigen Ge-
richt Gottes sprach, erschrak Felix
und sagte schnell: «Für heute reicht
es! Wenn ich mehr Zeit habe, werde
ich dich wieder rufen lassen.» 26 Insge-
heim hoffte er, von Paulus Beste-
chungsgelder zu bekommen. Deshalb
ließ er ihn häufig zu sich holen und
unterhielt sich mit ihm.
27 Nach zwei Jahren wurde Felix
von Porzius Festus abgelöst. Um den
Juden am Ende seiner Amtszeit noch
einen Gefallen zu tun, ließ er Paulus
als Gefangenen zurück.

Die Verhandlung vor Festus

25 Drei Tage nachdem Festus
sein Amt angetreten hatte, rei-
ste er von Cäsarea nach Jerusalem.
2 Dort kamen die Hohenpriester und
die einflußreichsten Juden zu ihm,
um Paulus erneut anzuklagen. 3 Als
ein Zeichen seines Wohlwollens ba-
ten sie Festus darum, Paulus nach Je-
rusalem bringen zu lassen. In Wirk-
lichkeit wollten sie den Gefangenen
unterwegs überfallen und töten.
4 Aber Festus durchschaute sie und
lehnte den Vorschlag ab: «Paulus
bleibt in Cäsarea», entschied er. «Ich
reise bald wieder zurück. 5 Wenn er
tatsächlich etwas Unrechtes getan
hat, können eure Anklagevertreter
mitkommen und ihn verklagen.»
6 Nach etwa acht bis zehn Tagen
kehrte Festus nach Cäsarea zurück.
Schon am folgenden Tag setzte er die
Verhandlung an und ließ Paulus vor-
führen. 7 Kaum hatte man ihn herein-
gebracht, da drängten sich die Juden
aus Jerusalem um Paulus und be-
schuldigten ihn schwer. Aber sie
konnten nichts beweisen. 8 Paulus
verteidigte sich mit den Worten: «Ich
habe weder gegen das Gesetz der Ju-
den verstoßen noch den Tempel ent-
weiht oder die Gesetze des Kaisers
übertreten.»

Paulus beruft sich auf den Kaiser

9 Festus wollte den Juden einen Gefal-
len tun und fragte Paulus: «Bist du
damit einverstanden, daß wir deinen
Prozeß unter meinem Vorsitz in Jeru-
salem weiterführen?» 10 Paulus erwi-
derte: «Für mich ist das Gericht des
Kaisers zuständig. Wie du weißt, ha-
be ich das jüdische Recht nicht ver-
letzt. 11 Sollte ich ein Unrecht began-
gen haben, das mit dem Tode bestraft
werden muß, dann bin ich bereit zu
sterben. Wenn die Beschuldigungen
der Juden aber unbegründet sind,
darf mich auch niemand an sie auslie-
fern. Ich fordere, daß meine Angele-
genheit vor dem Kaiser in Rom ver-
handelt wird!»
12 Nachdem Festus sich mit den Bei-
sitzern beraten hatte, entschied er:
«Du hast dich auf den Kaiser beru-
fen; man wird dich also vor den Kai-
ser bringen.»

Festus berät sich mit König Agrippa

13 Einige Tage später kamen König
Agrippa und seine Schwester Bereni-
ke nach Cäsarea, um Festus offiziell

DIE CHANCE SEINES LEBENS ...

Ursula Koch

Apostelgeschichte 24,25

Felix, der Statthalter, der da am Ende der Welt in dem langweiligen Palästina seine Tage verbringen mußte, hat sich bestimmt gefreut: Endlich war einmal etwas «los» in seinem Machtbereich. Der vornehme Römer war schon einiges an Unterhaltung gewöhnt: kein Fernsehen natürlich, kein Radio, keine Konzerte, aber Wettrennen und Zirkusspiele auf Leben und Tod, das war auch ganz unterhaltsam und «prickelnd». Nun schleppt man einen «interessanten Fall» vor ihn, den Gefangenen Paulus. Felix erhofft sich Abwechslung, auch für seine sich ebenso langweilende Frau! Aber was dann geschieht, gefällt dem Statthalter gar nicht. Eine Moralpredigt bekommt er zu hören! Es ist kein Wunder, daß ihm schnell etwas einfällt, was er dringend erledigen muß.

Dieser Gefangene redet von Gerechtigkeit, von Enthaltsamkeit, vom Gericht. Als gebildeter Römer weiß Felix, was es mit solchen hochtrabenden Begriffen auf sich hat. Es gibt keine Gerechtigkeit, Enthaltsamkeit ist Dummheit, und Gericht hält allein der Kaiser über seine Beamten. Und das alles hat dann noch mit einem Jesus zu tun, einem hingerichteten Hochverräter, der nicht nur die Römer, sondern auch seine eigenen Leute gegen sich aufbrachte. Felix kennt die Geschichte schon!

Verständlich, daß der Statthalter davon nichts hören will. Nur seltsam: Fast zweitausend Jahre sind vergangen, und von Felix wüßten wir wohl kaum etwas, wenn er sich nicht damals mit dem Gefangenen Paulus abgegeben hätte. Aber dieser Jesus ist immer noch ein Thema. Von der Macht des Römischen Reiches zeugen nur noch Ruinen, aber von Gerechtigkeit wird immer noch gepredigt. Und auch heute lehnen sich viele gähnend zurück und sagen: «Gerechtigkeit – schön wär's ja; Enthaltsamkeit – na, wozu lebe ich denn? Und das Gericht Gottes? Interessiert mich nicht!» Wir haben ja auch so viel anderes zu tun, und vielleicht hören wir später einmal genauer hin, wenn es uns schlecht geht, wenn wir merken, daß wir mit unserer Kraft und Macht am Ende sind ...

Später? Heute ist unser Tag, unsere Stunde. Heute sind Gottes Boten unterwegs. Es sind nicht die, die am lautesten schreien und am meisten Erfolg haben. Ihre Botschaft treibt die Einschaltquoten nicht in die Höhe, aber – was sie zu sagen haben, trägt auch dann, wenn alle Zirkusspiele und Fernsehereignisse der Welt uns im Stich lassen. Haben wir wirklich Wichtigeres zu tun, als ihnen zuzuhören?

zu begrüßen. 14 Während ihres Auf-
enthaltes sprach Festus mit dem
König über Paulus. «Von meinem
Vorgänger Felix», so erklärte Festus,
«habe ich einen Gefangenen über-
nommen, dessen Fall noch nicht ent-
schieden wurde. 15 Kurz nach meiner
Ankunft in Jerusalem erschienen sei-
netwegen die Hohenpriester und die
Führer der Juden bei mir. Sie ver-
langten seine Verurteilung. 16 Ich ant-
wortete ihnen aber, daß die Römer
einen Menschen erst verurteilen,
wenn er sich in einem ordentlichen
Gerichtsverfahren verteidigen konn-
te. 17 Nachdem sie hierhergekommen
waren, zögerte ich nicht und setzte
schon am nächsten Tag die Gerichts-
verhandlung an, bei der ich den Ge-
fangenen vorführen ließ. 18 Doch ein
Verbrechen, wie ich es vermutet hat-
te, konnten ihm seine Ankläger nicht
vorwerfen. 19 Es ging lediglich um
Streitfragen ihrer Religion und um
irgendeinen verstorbenen Jesus, von
dem Paulus behauptet, daß er am Le-
ben ist. 20 Nun kenne ich mich auf die-
sem Gebiet sehr wenig aus. Deshalb
schlug ich Paulus vor, die Verhand-
lung in Jerusalem fortzuführen.
21 Doch Paulus verlangte, vor den
Kaiser gebracht zu werden, und for-
derte dessen Entscheidung. So befahl
ich, ihn weiter in Haft zu halten, bis
ich ihn vor den Kaiser bringen kann.»
22 «Diesen Mann würde ich gern
selber einmal hören!» erwiderte
Agrippa. «Morgen hast du die Mög-
lichkeit dazu», antwortete Festus.
23 Am folgenden Tag zogen Agrip-
pa und Berenike mit ihrem ganzen
Hofstaat in den Gerichtssaal ein. Sie
wurden von hohen Offizieren und
den vornehmsten Bürgern der Stadt
begleitet. Auf einen Befehl des Fe-
stus brachte man Paulus herein.
24 Festus begann: «König Agrippa!
Verehrte Anwesende! Vor euch steht
der Mann, dessen Hinrichtung alle
Juden in Jerusalem wie auch hier
lautstark gefordert haben. 25 Aus mei-
ner Sicht hat er allerdings nichts ge-
tan, was die Todesstrafe rechtfertigen
würde. Weil er sich aber selbst auf
den Kaiser berufen hat, werde ich ihn
nach Rom bringen lassen. 26 Doch ich
weiß nicht, was ich dem Kaiser als
Anklageschrift vorlegen soll. Des-
halb habe ich ihn euch vorführen las-
sen, besonders dir, König Agrippa,
damit ich nach dem Verhör weiß, was
ich schreiben soll. 27 Denn es wäre
doch unsinnig, einen Gefangenen vor
den Kaiser zu bringen, ohne sagen zu
können, was gegen ihn vorliegt.»

Die Verteidigungsrede des Paulus

26 Nun sagte Agrippa zu Paulus:
«Du darfst dich jetzt selbst ver-
teidigen.» Paulus hob die Hand und
begann: 2 «Ich bin sehr froh, König
Agrippa, daß ich mich wegen der An-
schuldigungen der Juden vor dir
rechtfertigen kann; 3 denn du kennst
ja die jüdischen Sitten und Lehren
sehr genau. Darum bitte ich dich,
mich geduldig anzuhören.
4 Zunächst: Weil ich seit meiner Ju-
gend in Jerusalem lebte, bin ich allen
Juden dort sehr gut bekannt. 5 Wenn
sie es nur wollten, könnten sie bezeu-
gen, daß ich von Anfang an zur
strengsten jüdischen Glaubensrich-
tung, zu den Pharisäern, gehört habe.
6 Heute stehe ich nun vor Gericht,
weil ich an die Verheißungen glaube,
die Gott unserem Volk[a] gab. 7 Auf ih-

a) Wörtlich: unseren Vätern.

HIMMLISCHE GERICHTSVERHANDLUNG

Rosemarie Uschold

Apostelgeschichte 25,27

Paulus ist von den Hohepriestern angeklagt, eine Irrlehre zu verbreiten. Er verteidigt sich durch Bezeugen der Wahrheit.

Gerichtsverhandlungen kennen wir alle aus den Medien. Ich nehme Sie als Zuschauerin zu einer «Gerichtsverhandlung» im Himmel mit. Der Ankläger tritt an den Richterstuhl und sagt: «Hohes Gericht, hier ist eine Anklage gegen Frau Müller. Sie hat am Sonntag nach dem Gottesdienst mit Frau Meier ein Gespräch geführt. Frau Meier sagte, wie schön die Predigt des Pastors über die Tugend der Demut gewesen sei. Frau Müller erwiderte: ‹Solche Predigt tut dem Pastor selber not! Haben Sie nie bemerkt, wie stolz und arrogant er ist?› – Diese Bemerkung erfüllt die Tatsache der üblen Nachrede. Ich beantrage eine Strafe von …»

«Halt!» sagt eine andere Stimme. Der Anwalt führt an: «Die vorgetragene Klage stimmt, aber ich habe sofort in das Herz von Frau Müller einen hellen Scheinwerferstrahl geschickt. Sie hat ihre Sünde erkannt und bereut sie sehr. Sie ist gerade auf dem Weg zu Frau Meier, um ihre Worte zurückzunehmen.»

«Dazu ist es zu spät!» kontert der Ankläger, «der Schaden ist schon angerichtet.»

«Die Strafe ist verdient, aber sie ist schon seit fast 2000 Jahren verbüßt!» ruft der Anwalt. – «In diesem Fall: Freispruch!» urteilt der Richter.

Wütend wendet sich der Ankläger ab. Aber vor dem Gerichtssaal winkt er seinen Folterknecht herbei, ein dunkler Schatten, der den Namen «Selbstverdammnis» trägt. Ihn schickt er zu Frau Müller.

Diese liest gerade in ihrer Bibel. «Selbstverdammnis» schleicht sich an ihre Seite und flüstert ihr suggestiv ins Ohr: «Sprich mir nach: Meine Klatschsucht zu besiegen, das wird mir nie und nimmer gelingen.» «Es wird mir nie und nimmer gelingen, meine Klatschsucht zu überwinden …», schluchzt Frau Müller. Die Bibel rutscht ihr vom Schoß. Sie bückt sich danach und findet auf der aufgeschlagenen Seite: «Alles vermag ich durch den, der mich stark macht: CHRISTUS!»

Der Folterknecht namens «Selbstverdammnis» verläßt sie fluchtartig. Er geht lieber zu Menschen, die keine Bibel zitieren.

re Erfüllung warten die zwölf Stämme Israels, wenn sie Gott Tag und Nacht dienen. Und trotzdem – König Agrippa – werde ich wegen dieser Hoffnung von den Juden angeklagt! 8 Warum erscheint es euch denn so unglaublich, daß Gott Tote auferweckt?

9 Zwar meinte auch ich zunächst, daß man den Namen und die Lehre des Jesus von Nazareth mit allen Mitteln bekämpfen muß. 10 Und das habe ich in Jerusalem auch getan. Ich ließ mir eine Vollmacht des Hohenpriesters geben und brachte viele Christen ins Gefängnis. Wenn sie zum Tode verurteilt werden sollten, stimmte ich dafür. 11 In den Synagogen quälte ich sie so lange, bis sie Christus verleugneten. In meinem maßlosen Haß verfolgte ich sie schließlich sogar bis ins Ausland.

12 Aus diesem Grunde reiste ich im Auftrag der Hohenpriester und mit ihrer Vollmacht versehen nach Damaskus. 13 Plötzlich umstrahlte mich und meine Begleiter mitten am Tag, o König, ein Licht vom Himmel, das heller als die Sonne war. 14 Wir stürzten zu Boden, und ich hörte eine Stimme in hebräischer Sprache: ‹Saul, Saul, warum verfolgst du mich? Dein Kampf gegen mich ist sinnlos.›[a]

15 Ich fragte: ‹Herr, wer bist du?›, worauf er antwortete: ‹Ich bin Jesus, den du verfolgst! 16 Aber stehe jetzt auf; denn ich bin dir erschienen, damit du mir dienst. Du sollst bezeugen, was du heute erlebt hast und was ich dir in Zukunft zeigen werde. 17 Ich will dich behüten vor deinem Volk und den Heidenvölkern, zu denen ich dich sende. 18 Ihnen sollst du die Augen öffnen, damit sie sich von der Finsternis dem Licht zuwenden und aus der Herrschaft des Teufels zu Gott kommen. Dann werde ich ihnen die Sünden vergeben, und als die Auserwählten[b] Gottes werden sie durch den Glauben an mich in sein Reich aufgenommen.›

19 Diesem Auftrag des auferstandenen Jesus[c] bin ich gefolgt, König Agrippa. 20 Zuerst habe ich in Damaskus und Jerusalem gepredigt, dann in Judäa und bei den übrigen Völkern. Überall habe ich verkündet, die Menschen sollen sich von der Sünde abwenden, zu Gott umkehren und ihre Sinnesänderung durch gute Taten beweisen.

21 Allein deswegen haben mich die Juden im Tempel ergriffen, und deswegen wollen sie mich umbringen. 22 Aber Gott hat mich bewahrt, so daß ich noch heute vor allen, den Machthabern wie dem einfachen Volk, bezeugen kann, was schon die Propheten und Mose vorhergesagt haben: 23 daß der verheißene Messias leiden und als erster von den Toten auferstehen wird, um den Juden, aber auch den Heiden das Licht zu bringen.»

24 An dieser Stelle unterbrach ihn Festus erregt: «Das ist Wahnsinn, Paulus! Vor lauter Studieren hast du den Verstand verloren!» 25 Doch Paulus erwiderte: «Ich bin nicht wahnsinnig, Festus. Meine Worte sind wahr, und ich weiß, was ich sage. 26 Der König, zu dem ich in aller Offenheit spreche, kann das bestätigen. Ich bin überzeugt, daß er davon erfahren hat,

a) Wörtlich: Schwer ist es für dich, gegen den Stachel auszuschlagen.
b) Wörtlich: Geheiligten.
c) Wörtlich: Dieser himmlischen Erscheinung.

KNAPP VERFEHLT!

Brunhilde Blunck

Apostelgeschichte 26,28

Manche Menschen sind überzeugt, daß man gar nicht sagen kann: Ich bin Christ. Sie denken, man könne bestenfalls auf dem Wege sein, ein Christ zu werden.

Agrippa gehörte nicht zu ihnen. Er sagte: «Viel fehlt nicht mehr, daß ich Christ werde.» Was aber hinderte ihn daran, Christ zu werden? Warum wird er nur beinahe ein Christ?

Agrippa lebte in einer unruhigen Zeit. Palästina war eine Provinz des Römischen Weltreiches und wurde deshalb von römischen Statthaltern regiert. Agrippa war nur ein von Rom eingesetzter kleiner König über einen Teil des Landes. Gerade hatte ein neuer Statthalter namens Festus den bisherigen Statthalter Felix abgelöst.

Weil Agrippa weiß, daß er sich mit den römischen Machthabern gutstellen muß, macht er in Cäsarea einen Besuch. Dabei erzählt Festus ihm von einem besonderen Gefangenen. Dieser Gefangene, namens Paulus, ist von den Juden wegen Glaubensstreitigkeiten angeklagt. Der Römer Festus erhofft sich von dem Juden Agrippa einen Rat, wie der Fall zu lösen sei. Agrippa möchte Paulus kennenlernen. Am folgenden Tag kommt es zur Begegnung. Paulus wird vorgeführt und bekommt Redeerlaubnis vor den hohen Herren.

Paulus erzählt seine Lebensgeschichte, wie er aus einem frommen, theologisch gebildeten Juden, der alle Christen ausrotten wollte, selbst zu einem Christen wurde. Der auferstandene und lebendige Jesus ist ihm begegnet und hat sein Leben völlig verändert. Aus dem eifrigen Christenverfolger wurde ein noch eifrigerer Christusbekenner, der andere Menschen einlädt, auch an Jesus Christus zu glauben. Paulus ist überzeugt, daß Jesus der von Gott durch die Propheten versprochene Messias ist. Juden und Heiden können durch Jesus den Weg zu Gott finden.

Erregt ruft Festus: «Das ist doch Wahnsinn, was du sagst!» Als stolzem Römer erscheint es ihm unmöglich, einen Juden als Retter der Welt zu akzeptieren. Agrippa aber kennt die Propheten. Er weiß, daß das Licht für die ganze Völkerwelt bei den Juden erscheinen wird (Jesaja 60,1–2). Nur: Wissen ist noch nicht Glauben. Und so winkt Agrippa ab: «Beinahe hättest du's erreicht, daß ich Christ werde.» Agrippa hat die Chance seines Lebens verpaßt, denn er ist ein sehr kurzsichtiger König. Rasch vergängliche Macht und hohes Ansehen sind ihm wichtiger als ewiges Leben.

Wer wirklich Christ werden will, muß wie Paulus bereit sein, sein Leben von Jesus ganz in Beschlag nehmen zu lassen.

denn schließlich ist das nicht in
irgendeinem verborgenen Winkel der
Welt geschehen. 27 Glaubst du den
Propheten, König Agrippa? Du
glaubst ihnen! Ich weiß es.» 28 Jetzt
sagte Agrippa: «Es fehlt nicht viel,
und du überredest mich noch, ein
Christ zu werden!» 29 «Wollte Gott»,
entgegnete Paulus, «daß nicht nur
du, sondern alle hier über kurz oder
lang Christen würden wie ich – nur
ohne Fesseln!»

30 Da erhoben sich der König, der
Prokurator, Berenike und alle ande-
ren. 31 Nach der anschließenden Bera-
tung erklärten sie einstimmig: «Die-
ser Mann hat nichts getan, wofür er
die Todesstrafe oder Haft verdient
hätte.» 32 «Wir könnten diesen Mann
freilassen», meinte Agrippa zu Fe-
stus, «hätte er sich nicht auf den Kai-
ser berufen.»

Auf dem Weg nach Rom

27 Nachdem feststand, daß wir
nach Italien segeln sollten,
wurde Paulus mit einigen anderen
Gefangenen dem Offizier Julius vom
kaiserlichen Regiment übergeben.
2 Wir gingen an Bord eines Schiffes,
das aus Adramyttium kam und ver-
schiedene kleinasiatische Häfen an-
laufen sollte. Die Seereise begann.
Uns begleitete auch der Mazedonier
Aristarch aus Thessalonich.

3 Am nächsten Tag legten wir in Si-
don an. Der Offizier Julius war sehr
freundlich zu Paulus und gestattete
ihm, seine Freunde zu besuchen, die
ihn mit allem Nötigen versorgten.
4 Wegen des ungünstigen Windes blie-
ben wir in Küstennähe und segelten
im Schutz der Insel Zypern weiter.
5 Nachdem unser Schiff das offene
Meer vor Zilizien und Pamphylien
überquert hatte, erreichten wir Myra
in der Provinz Lycien. 6 Dort fand un-
ser Offizier ein Schiff aus Alexandria,
das nach Italien segelte. Mit die-
sem Schiff setzten wir unsere Reise
fort.

7 Wir kamen sehr langsam voran
und erreichten nur mit Mühe Kni-
dus. Weil der Wind immer noch un-
günstig war, segelten wir südwärts
nach Kreta und im Schutz dieser
Insel in Richtung Salmone. 8 Lang-
sam trieben wir an der Küste entlang
und erreichten eine Bucht in der Nä-
he der Stadt Lasäa, die «Guter-Ha-
fen» heißt.

9 Inzwischen war viel Zeit vergan-
gen. Es war bereits Anfang Okto-
ber,[a] und die Seefahrt begann ge-
fährlich zu werden. Deshalb warnte
Paulus: 10 «Ihr Männer, wenn wir
weitersegeln, sehe ich große Gefah-
ren und Schwierigkeiten, und zwar
nicht nur für das Schiff und seine La-
dung, sondern auch für unser Le-
ben.»

11 Doch der Offizier gab mehr auf
das Urteil des Kapitäns, zumal auch
der Besitzer des Schiffes zur Weiter-
fahrt riet. 12 Weil sich außerdem der
Hafen zum Überwintern schlecht eig-
nete, bestanden die meisten darauf,
weiterzufahren. Wenn irgend mög-
lich, wollte man Phönix erreichen
und dort überwintern. Dieser Hafen
der Insel Kreta war nämlich nur nach
Nordwesten und Südwesten offen
und bot deswegen besseren Schutz.

a) Wörtlich: Die Zeit des Fastens war schon vorüber.

Besiegte Angst

Aus Psalm 56

Ein Lied Davids
aus der Zeit, als die Philister ihn in Gat festgenommen hatten.

Gott, hab Erbarmen mit mir, denn man will mich zur Strecke bringen!
Die Feinde verfolgen mich den ganzen Tag und bedrängen mich hart.
Unaufhörlich greifen sie mich an, viele bekämpfen mich in ihrem Hochmut.
Doch gerade dann, wenn ich Angst habe, will ich mich dir anvertrauen.

Ich lobe Gott für das, was er versprochen hat;
ihm vertraue ich und fürchte mich nicht.
Was kann mir ein Mensch jetzt noch Böses tun?
Unablässig verdrehen sie, was ich sage, und überlegen,
wie sie mir schaden können. Überall muß ich mit einem Hinterhalt rechnen.
Sie beschatten mich und warten nur darauf, mich umzubringen.
Gott, wirf diese Leute in deinem Zorn nieder!
Sollten sie bei so viel Bosheit ungeschoren davonkommen?
Du siehst doch, wie lange ich schon umherirre!
Jede Träne hast du gezählt, ja, alle sind in deinem Buch festgehalten.
Sobald ich dich um Hilfe bitte,
werden meine Feinde kleinlaut den Rückzug antreten.
Denn das weiß ich: Du, Gott, bist auf meiner Seite!

Ich lobe Gott für das, was er versprochen hat,
ja, ich lobe die Zusage des Herrn.
Ihm vertraue ich und fürchte mich nicht.
Was kann mir ein Mensch jetzt noch Böses tun?
Herr, was ich dir versprochen habe,
will ich jetzt einlösen und dir aus Dank Opfer bringen.
Denn du hast mich vor dem Tod gerettet,
vor dem Sturz in die Tiefe hast du mich bewahrt.
Ich darf weiterleben – in deiner Nähe.
Du hast mir das Leben neu geschenkt.

Eine gefährliche Überfahrt

13 Als Südwind aufkam, wurde die
Schiffsbesatzung in ihrem Plan be-
stärkt. Sie lichteten die Anker und se-
gelten dicht an der Küste Kretas ent-
lang. 14 Doch schon bald schlug das
Wetter um, und der gefürchtete
Nordoststurm 15 trieb das Schiff weit
auf das offene Meer hinaus, nachdem
die Mannschaft vergeblich versucht
hatte, es auf dem eingeschlagenen
Kurs zu halten. Wir trieben dahin,
Wind und Wogen ausgeliefert.

16 Im Schutz der kleinen Insel Klau-
da versuchten wir, das Rettungsboot
einzuholen. Es gelang nur mit Mühe.
17 Um den Rumpf des Schiffes zu ver-
stärken und zu sichern, banden die
Seeleute dicke Taue um das Schiff.
Außerdem warfen sie den Treibanker
aus, weil sie fürchteten, sonst auf die
Sandbänke vor der afrikanischen Kü-
ste zu geraten. 18 Der Sturm wurde so
stark, daß die Besatzung am nächsten
Tag einen Teil der Ladung über Bord
warf, 19 tags darauf sogar die Schiffs-
ausrüstung. 20 Tagelang hatten wir
weder Sonne noch Sterne gesehen,
und der Orkan tobte so heftig weiter,
daß schließlich keiner mehr an eine
Rettung glaubte.

21 Während dieser ganzen Zeit hat-
te niemand etwas gegessen. Da sagte
Paulus zu der Schiffsbesatzung:
«Leute! Es wäre besser gewesen, ihr
hättet auf mich gehört und in Kreta
überwintert. Dann wären uns allen
diese Ängste und Schwierigkeiten er-
spart geblieben. 22 Doch jetzt bitte ich
euch eindringlich: Gebt nicht auf!
Keiner von uns wird umkommen, nur
das Schiff ist verloren! 23 In der letzten
Nacht stand neben mir ein Engel des
Gottes, dem ich gehöre und dem ich
diene. Er sagte: 24 ‹Fürchte dich nicht,
Paulus. Du wirst vor den Kaiser ge-
bracht werden. Gott hat deine Bitte
erfüllt. Mit dir werden auch alle ande-
ren am Leben bleiben. Nicht einer
wird umkommen.› 25 Deshalb habt
keine Angst, Leute! Ich vertraue
Gott. Es wird sich erfüllen, was er mir
gesagt hat. 26 Wir werden auf einer
Insel stranden.»

27 Wir trieben schon die vierzehnte
Sturmnacht im Adriatischen Meer.
Gegen Mitternacht meinten die Ma-
trosen, daß sich das Schiff einer Küste
näherte. 28 Deshalb warfen sie ein Lot
aus und stellten eine Wassertiefe von
vierzig Metern fest. Kurz darauf wa-
ren es nur noch dreißig Meter. 29 Da
bekamen sie Angst, auf Grund zu lau-
fen. Sie warfen am Heck vier Anker
aus und warteten sehnsüchtig darauf,
daß es hell würde.

30 Im Morgengrauen versuchten die
Matrosen, das Schiff heimlich zu ver-
lassen. Unter dem Vorwand, sie
müßten auch vom Bug aus Anker
auswerfen, ließen sie das Rettungs-
boot zu Wasser. 31 Doch Paulus mach-
te dem Offizier und den Soldaten
klar: «Wenn die Besatzung nicht auf
dem Schiff bleibt, sind wir alle verlo-
ren.» 32 Da kappten die Soldaten die
Haltetaue, und das Rettungsboot
stürzte in die Tiefe.

33 Als es hell wurde, forderte Paulus
alle auf, endlich etwas zu essen. «Ihr
habt vierzehn Tage lang gehungert»,
sagte er. 34 «Wenn ihr überleben
wollt, müßt ihr jetzt etwas essen! Und
ihr dürft sicher sein: Euch wird nichts
passieren. Keinem von euch wird
auch nur ein Haar gekrümmt wer-
den!» 35 Nachdem Paulus das gesagt
hatte, nahm er ein Brot, dankte Gott
laut und vernehmlich, so daß alle es
hören konnten, und begann zu essen.
36 Da faßten alle neuen Mut und aßen
ebenfalls. 37 Insgesamt waren zwei-
hundertsechsundsiebzig Mann an

DER STURM

Gigi Graham Tchividjian

Apostelgeschichte 27,25

Ich lag auf dem weichen weißen Sand, während die Kinder fröhlich in den Wellen planschten. Plötzlich fiel ein Schatten auf mein Gesicht. Als ich aufblickte, verschwand die Sonne gerade hinter einer großen Gewitterwand. Auf dem Meer, das noch vor wenigen Augenblicken völlig ruhig dagelegen hatte, tanzten jetzt weiße Schaumkronen. Noch ehe ich die Kinder zusammenrufen und mit ihnen einen geschützten Platz aufsuchen konnte, prasselte der Regen in Strömen hernieder. Ich konnte mich nur wundern, wie schnell sich dieser Sturm zusammengebraut hatte. – Während wir in unserem Unterschlupf zusammensaßen, mußte ich an einen anderen Sturm denken, von dem die Bibel berichtet. Ob Paulus sich auf seinem sturmumtobten Schiff auch an dieses «Ur-Sturm-Erlebnis» der Jünger erinnert hat? Jedenfalls macht er eine ganz ähnliche Erfahrung: Jesus hatte einen anstrengenden Tag hinter sich. Nun blickte über den friedlich daliegenden See Genezareth und sagte zu seinen Jüngern: «Laßt uns zum jenseitigen Ufer übersetzen». Sie fuhren los, und kurz darauf war Jesus eingeschlafen.

Während er schlief, erhob sich ein heftiger Sturmwind. Die Jünger waren voller Angst, weckten Jesus auf und riefen: «Lehrer, macht es dir gar nichts aus, wenn wir ertrinken?» Jesus stand auf und schaute über den See. Er sah die Wellen, spürte den Wind und sagte befehlend: «Schweig! Sei still!» Und sofort war alles wieder ruhig. Dann wandte er sich zu den Jüngern um und fragte sie: «Warum habt ihr solch einen kleinen Glauben?» (nach Markus 4,35–41).

Auch in unserem Leben gibt es manche Stürme. Ein Telefonanruf bringt schockierende Nachrichten. Ein Kind verunglückt schwer. Ein geringfügiger Schmerz entwickelt sich zu einer ernsthaften Krankheit. Tod … Scheidung … finanzielle Rückschläge. Vielleicht sind es aber auch nur die Spannungen des Alltags, die sich höher und höher auftürmen, bis plötzlich der Sturm losbricht.

Auch ich kann von Stürmen in meinem Leben berichten. Manchmal waren es nur kurze Gewitterschauer. Manche wurden durch Spannungen ausgelöst, die sich immer stärker aufbauten. Andere brachen ganz plötzlich, aber mit großer Heftigkeit über mein Leben herein. Sie richteten viel Schaden an und hinterließen eine Menge Schutt. Wie die Jünger damals, habe auch ich mich gefürchtet und ausgerufen: «Herr, kümmert dich das alles denn gar nicht?» Später, wenn alles wieder ruhig war, habe ich manches Mal Jesu Stimme gehört: «Gigi, warum hattest du solch einen kleinen Glauben?»

Jesus hat uns nicht versprochen, daß unser Leben von allen Stürmen verschont bleiben würde. Paulus erfährt das hier hautnah. Aber er hat versprochen, inmitten der Stürme bei uns zu sein und uns sicher ans andere Ufer zu bringen, wenn wir ihm vertrauen.

Bord. [38] Als alle gegessen hatten, warfen sie die restliche Ladung Getreide über Bord, damit das Schiff leichter wurde.

Rettung in letzter Minute

[39] Bei Tagesanbruch wußte keiner der Seeleute, welche Küste vor ihnen lag. Sie entdeckten aber eine Bucht mit flachem Strand. Dahin wollten sie das Schiff treiben lassen. [40] Sie kappten sämtliche Ankertaue, ließen die Anker im Meer zurück und machten die Steuerruder klar. Schließlich hißten sie das Vorsegel und hielten mit dem Wind auf das Land zu. [41] Kurz darauf lief das Schiff auf eine Sandbank auf. Während der Bug fest eingerammt war, wurde das Heck des Schiffes von der Brandung zertrümmert.

[42] Jetzt wollten die Soldaten alle Gefangenen töten, um zu verhindern, daß einer von ihnen an Land schwimmt und entkommt. [43] Doch der Hauptmann Julius hinderte sie daran, weil er Paulus retten wollte. Er befahl zunächst allen Schwimmern, über Bord zu springen und so das Ufer zu erreichen. [44] Dann sollten die Nichtschwimmer versuchen, auf Brettern und Wrackteilen an Land zu kommen. Auf diese Weise konnten sich alle retten.

Auf der Insel Malta

28 Als wir in Sicherheit waren, erfuhren wir, daß die Insel Malta hieß. [2] Ihre Bewohner waren sehr freundlich. Sie zündeten ein Feuer an und nahmen uns bei sich auf; denn es hatte zu regnen begonnen, und es war sehr kalt. [3] Paulus sammelte trockenes Reisig und warf es aufs Feuer. Von der Hitze aufgescheucht, fuhr da eine Schlange heraus und biß sich an seiner Hand fest. [4] Die Inselbewohner sahen die Schlange an seiner Hand und riefen entsetzt: «Das muß ein Mörder sein. Er ist dem Meer entkommen, und nun trifft ihn hier die Rache der Götter!» [5] Aber Paulus schleuderte das Tier ins Feuer, ohne daß ihm etwas geschehen wäre. [6] Gespannt warteten die Leute darauf, daß sein Arm anschwellen oder Paulus plötzlich tot umfallen würde. Doch als sie auch nach langer Zeit nichts Ungewöhnliches beobachten konnten, änderten sie ihre Meinung. Jetzt sagten sie: «Er muß ein Gott sein!»

[7] Ganz in der Nähe der Küste lag das Landgut des obersten Regierungsbeamten der Insel. Er hieß Publius. Von ihm wurden wir freundlich aufgenommen, und wir blieben drei Tage dort. [8] Während dieser Zeit bekam der Vater des Publius Fieber und erkrankte an der Ruhr. Paulus ging zu ihm, betete, legte ihm die Hände auf, und der Kranke war wieder gesund. [9] Als das bekannt wurde, kamen auch alle anderen Kranken der Insel und ließen sich heilen. [10] Sie beschenkten uns überreich, und bei unserer Abfahrt versorgten sie uns mit allem, was wir brauchten.

Ankunft in Rom

[11] Drei Monate später segelten wir mit einem ägyptischen Schiff weiter, das aus Alexandria kam und in Malta überwintert hatte. Man konnte es an seinen Galionsfiguren, den «Zwillingen»[a], erkennen. [12] Wir liefen Syra-

a) Wörtlich: Dioskuren (Kastor und Pollux).

kus an und blieben drei Tage dort.
13 In Küstennähe ging es von da weiter
nach Regium. Weil schon nach einem
Tag ein günstiger Südwind aufkam,
erreichten wir in nur zwei Tagen Pu-
teoli. 14 Dort begegneten wir Chri-
sten. Sie luden uns ein, eine Woche
bei ihnen zu bleiben. Und dann ging
es nach Rom!

15 Die Christen in Rom hatten
schon von uns gehört und kamen uns
bis zum Forum des Appius und Tres
Tabernä entgegen. Als Paulus seine
Glaubensbrüder sah, dankte er Gott
und blickte mit neuem Mut in die Zu-
kunft.

Paulus in Rom

16 In Rom erlaubte man Paulus, eine
eigene Wohnung zu nehmen, in der
er von einem Soldaten bewacht wur-
de. 17 Drei Tage nach seiner Ankunft
lud er die führenden Männer der jüdi-
schen Gemeinde zu sich ein. Als sich
alle bei Paulus versammelt hatten,
sagte er:

«Liebe Brüder! Ich habe nichts ge-
gen unser Volk und nichts gegen die
Überlieferungen unserer Väter ge-
tan. Trotzdem hat man mich in Jeru-
salem gefangengenommen und an die
römischen Behörden ausgeliefert.
18 Die Römer haben mich verhört,
und weil sie nichts fanden, was die
Todesstrafe gerechtfertigt hätte,
wollten sie mich freilassen. 19 Aber
die Juden waren dagegen. Nur des-
halb mußte ich mich auf den Kaiser
berufen; nicht etwa, weil ich die Ab-
sicht habe, mein Volk in irgendeiner
Weise anzuklagen. 20 Um euch das zu
sagen, habe ich euch gebeten herzu-
kommen, denn ich trage diese Ket-
ten, weil ich an den Messias glaube,
auf den ganz Israel hofft.»

21 Darauf sagten die Juden zu Pau-
lus: «Wir haben bisher aus Jerusalem
weder in einem Brief noch von einem
Abgesandten des Hohen Rates etwas
Nachteiliges über dich gehört. 22 Wir
würden aber gern erfahren, was du zu
sagen hast, denn uns ist von dieser
Glaubensrichtung bisher nur be-
kannt, daß sie sehr umstritten ist.»

23 An einem festgesetzten Tag ka-
men viele Juden in die Wohnung des
Paulus. Ihnen erklärte und bezeugte
er den Weg der Rettung[a]. Vom Mor-
gen bis zum Abend sprach er zu ihnen
über Jesus und dessen Auftrag, so wie
es im Gesetz des Mose und in den Bü-
chern der Propheten vorausgesagt ist.
24 Einige ließen sich auch überzeugen,
andere aber wollten nichts davon wis-
sen.

25 Zerstritten und uneinig verließen
sie Paulus, als er sagte: «Der Heilige
Geist hatte recht, als er euern Vätern
durch den Propheten Jesaja sagen
ließ: 26 ‹Gehe zu diesem Volk und
sprich: Ihr werdet hören und nicht
verstehen, sehen und nicht erkennen.
27 Denn das Herz dieses Volkes ist
hart. Ihre Ohren und Augen halten
sie fest verschlossen, um nur ja nichts
zu sehen, zu hören und zu verstehen.
Sie würden sich sonst bekehren, und
ich würde sie heilen.›»[b]

28 «Das sollt ihr wissen», meinte
nun Paulus: «Dieses Heil Gottes wer-
den jetzt andere Völker empfangen,
und sie werden hören!»

29 Als Paulus dies gesagt hatte, gin-
gen die Juden heftig diskutierend aus
dem Haus.

a) Wörtlich: das Reich Gottes.
b) Jesaja 6,9–10

[30]Der Apostel blieb zwei Jahre in seiner Wohnung. Jeder durfte zu ihm kommen, [31]und niemand hinderte Paulus daran, in aller Offenheit vom Reich Gottes zu predigen und Jesus Christus als den Herrn zu bekennen.[a]

a) Wörtlich: verkündigend das Reich Gottes und lehrend von dem Herrn Jesus Christus mit allem Freimut ungehindert.

REDEN VOR VERSCHLOSSENEN OHREN?

Ruth Heil

Apostelgeschichte 28,26

Wie soll man hören, wenn die Ohren zu – und sehen, wenn die Augen geschlossen sind? Ist es nicht sinnlos, dann überhaupt mit der Kommunikation zu beginnen?

Spontan fallen mir unsere Teenager ein. Wir reden miteinander, aber die Worte klingen für den anderen oft wie eine Fremdsprache. Es entstehen Mißverständnisse.

Wenn die Kinder klein sind, ist ein gegenseitiges Verständnis meist schnell zu erreichen. Außerdem sind sie in der Regel offen für biblische Geschichten und Gebet. Werden sie älter, kommt eine Zeit, in der es angesagt ist, mehr mit Gott über die Kinder als mit den Kindern über Gott zu sprechen. Denn oft ist bei ihnen das Ohr dafür nicht mehr aufnahmebereit.

Das ist eine schwere Zeit für Eltern und Kinder. Auch wenn wir die Kinder dann nicht mehr mit Bibellesen und Gebet bedrängen sollen, müssen wir ihnen als Eltern weiterhin sagen, was wir für richtig halten. Und das auch, wenn sie diese Grenzen nicht akzeptieren. Vielleicht überschreiten sie gelegentlich unsere Vorgaben nur, um erwachsen zu werden. Ihre Eigenständigkeit entwickelt sich ein Stück weit durch ihren Ungehorsam.

Das darf uns als Eltern nicht resignieren lassen. Auch wenn unsere Kinder die von uns gesetzten Grenzen überschreiten, suchen sie im tiefsten Grunde unsere Korrektur. Dieses Wissen sollte uns ermutigen, trotzdem zu reden, auch wenn es sinnlos erscheint.

Gott spricht mit diesem Bibelwort aber alle an. Sind wir bereit, uns von Gott korrigieren zu lassen? Oder lesen wir sein Wort, ohne wirklich hören zu wollen, was er von uns möchte?

Die tiefe Sehnsucht muß da sein, Gottes Wort gehorchen zu wollen. Unser Gebet darf deshalb heißen:

«Herr, öffne meine Ohren, daß ich dich verstehen kann, und meine Augen, daß ich dich sehen und erkennen kann, mitten in meinem Alltagsgeschehen. Und dann gib mir die Kraft, nach deinem Wort zu handeln.»

Eindrücklich bleibt mir, was einer unserer Jungs einmal sagte, als er reumütig auf mich zukam: «Ich hab's ja echt zu weit getrieben, und Strafe muß sein, aber bitte schau mich doch nicht so böse dabei an.»

Angenommen werden, das wollen wir alle. Liebe ist die Sprache, die ausdrückt: «Du bist angenommen, auch wenn du dich nicht so verhältst, daß man dich lieb nennen könnte.»

Der Brief des Paulus an die Christen in Rom

Anschrift und Gruß

1 Diesen Brief schickt Paulus an alle Christen in Rom. Jesus Christus hat mich zu seinem Botschafter berufen. Ihm diene ich mit meinem ganzen Leben[a], und in seinem Auftrag verkündige ich Gottes frohe Botschaft. 2 In der Heiligen Schrift hat Gott sie schon lange durch seine Propheten angekündigt. Jetzt ist sie in Erfüllung gegangen. 3 Es ist die Botschaft von seinem Sohn Jesus Christus, unserem Herrn. Er ist als Mensch geboren worden und ein Nachkomme König Davids. 4 Daß er aber auch Gottes Sohn ist,[b] dem alle Macht gegeben wurde, beweist seine Auferstehung von den Toten.

5 Ich habe seine erbarmende Liebe[c] erfahren und bin als sein Apostel beauftragt, in seinem Namen bei allen Völkern Menschen für Gott zu gewinnen, damit sie an ihn glauben und ihm gehorsam sind. 6 Auch ihr in Rom habt euch ja von Jesus Christus rufen lassen und gehört jetzt zu ihm.

7 Ich grüße euch alle, die ihr von Gott geliebt und zu seinem Dienst berufen seid, und wünsche euch Gnade und Frieden von Gott, unserem Vater, und unserem Herrn Jesus Christus!

Paulus will die Christen in Rom kennenlernen

8 Zunächst danke ich meinem Gott im Namen Jesu Christi dafür, daß man von euerm Glauben überall in der Welt nur Gutes hört. 9 Und wie oft ich an euch denke, das weiß Gott ganz genau. Ihm diene ich mit allem, was ich bin und habe,[d] indem ich die Heilsbotschaft von seinem Sohn verkündige.

10 Gott weiß auch, daß ich im Gebet immer und immer wieder darum bitte, endlich einmal zu euch zu kommen, wenn es sein Wille ist. 11 Denn ich möchte euch sehr gern persönlich kennenlernen und euern Glauben stärken, indem ich etwas von dem weitergebe, was mir Gottes Geist geschenkt hat. 12 Aber auch ihr würdet mir neuen Mut geben, so daß wir alle in unserem gemeinsamen Glauben Trost und Zuversicht fänden.

13 Ihr könnt euch gar nicht vorstellen, liebe Brüder, wie oft ich schon zu euch kommen wollte. Bis jetzt war das nicht möglich. Denn nur allzugern würde ich auch bei euch wie bei anderen Völkern Menschen für Christus gewinnen; 14 fühle ich mich doch allen verpflichtet, ob sie nun eine hohe Kultur haben oder nicht, ob sie ge-

a) Wörtlich: Paulus, Sklave Christi Jesu.
b) Wörtlich: Eingesetzt zum Sohn Gottes... nach dem Geist der Heiligkeit.
c) Wörtlich: Gnade.
d) Wörtlich: in meinem Geist.

FÜRBITTE VERBINDET

Hannelore Risch

Römer 1,8–17

Paulus ist noch nie in Rom gewesen; außer einigen wenigen Mitgliedern kennt er die römische Gemeinde nicht persönlich. Trotzdem besteht eine innere Verbindung zwischen ihm und den römischen Christen. Dafür gibt es zwei Gründe:

Absender und Adressat haben die gleiche Glaubensüberzeugung: Das Evangelium von Jesus Christus ist eine Kraft Gottes, die alle selig macht, die daran glauben. Das verbindet beide Seiten und überbrückt die Fremdheit.

Ebenso verbindet die Fürbitte. Paulus betet schon lange für die Gemeinde in der damaligen Welthauptstadt. Er tut es nicht nebenbei, wenn es ihm gerade einfällt, sondern treu «immer und immer wieder» (V. 10).

Womit beginnt sein Gebet für die Christen in Rom? Mit einem Dank! Ich gebe offen zu: Bei mir steht zumeist die Bitte an erster Stelle. Ich bin eine Bettlerin bei Gott! Er schickt keine Bettler fort, sondern ermutigt sie: «Bittet, so wird euch gegeben!» So bitte ich, wie unzählige Frauen und Mütter es tun, immer wieder für meine Allernächsten: für die Familie, für Menschen, die mir anvertraut sind – natürlich auch für mich selbst und Dinge, die mich zur Zeit bedrücken. Danach fühle ich mich entlastet; denn ich habe meine Sorgen, Ängste und Nöte an Gott abgegeben. Er wird sie in die Hand nehmen und alles regeln.

Nun bin ich erst dort, wo Paulus beginnt: beim Danken. So vieles schenkt Gott in seiner Güte uns Menschenkindern! Wenn es mir gut geht, fällt mir das Danken leicht. Und wenn meine Nächsten mich erfreuen, quillt der Dank über. Einen großen Korb voll Dank und Lob kann ich meinem Gott bringen. Aber wenn ich bedrückt bin, muß ich mich zum Danken aufraffen. Auch wenn ich zunächst meine, es gäbe nichts zum Danken, finde ich meistens doch noch einen Grund, dem Vater im Himmel meinen Dank zu sagen.

Es wäre schade, wenn ich dann schon Amen sagen würde; denn jetzt ist Platz für die Fürbitte. Paulus hat wohl eine lange Fürbittenliste. Er betet für alle Gemeinden, in denen er gepredigt hat oder die durch seine Initiative entstanden sind. So betet er auch für die römischen Christen und für seine Mitarbeiter. Gott hat seine Fürbitte in vielem erhört und Großes getan.

Oft denke ich: Wenn wir treuer für unsere Gemeinde beten würden, könnte Gott mehr tun. Er wartet auf unsere Fürbitte. Er will sie hören. Dann handelt er auf seine Weise.

bildet oder ungebildet sind. 15 Soweit es an mir liegt, möchte ich auch bei euch in Rom Gottes Wort verkündigen.

Wie man vor Gott bestehen kann

16 Ich schäme mich nicht, diese Heilsbotschaft von Christus überall weiterzusagen. Denn diese Botschaft ist eine gewaltige Kraft Gottes. Wer an sie glaubt, erfährt, daß Gott ihn von seiner Schuld befreit und aus seiner Verzweiflung rettet.[a]

Zunächst galt diese Botschaft nur den Juden, aber jetzt sollen sie auch alle anderen Menschen hören. 17 Denn in ihr wird klar und deutlich gesagt, wer vor Gott bestehen kann: jeder, der sich allein auf das verläßt, was Gott für ihn getan hat, und daran festhält. So heißt es schon in der Heiligen Schrift: «Nur der wird Gottes Anerkennung finden und leben, der ihm vertraut.»[b]

Gottes Gericht über alle, die ohne ihn leben wollen

18 Gottes heiliger Zorn trifft alle Menschen, die sich gegen ihn auflehnen. Sie führen ein gottloses Leben, voller Ungerechtigkeit, und unterdrücken dadurch die Wahrheit. 19 Dabei wissen sie ganz genau, daß es Gott gibt, er selbst hat ihnen dieses Wissen gegeben. 20 Gott ist zwar unsichtbar, doch an seinen Werken, der Schöpfung, haben die Menschen seit jeher seine göttliche Macht und Größe sehen und erfahren können. Deshalb kann sich niemand damit entschuldigen, daß er von Gott nichts gewußt hat.

21 Obwohl die Menschen Gott schon immer kannten, wollten sie ihn nicht anerkennen und ihm nicht danken. Statt dessen beschäftigten sie sich mit belanglosen Dingen und konnten schließlich in ihrer Unvernunft Gottes Willen nicht mehr erkennen[c]. 22 Sie meinten, besonders klug zu sein, und waren in Wirklichkeit die größten Narren. 23 Statt den ewigen Gott zu ehren, begeisterten sie sich für vergängliche Idole; abgöttisch verehrten sie sterbliche Menschen, ja sogar alle möglichen Tiere[d]. 24 Deshalb hat Gott sie auch all ihren Trieben und Leidenschaften überlassen, so daß sie sogar ihre eigenen Körper schändeten. 25 Indem sie die Schöpfung anbeteten und nicht den Schöpfer, haben sie Gottes Wahrheit verdreht und ihrer eigenen Lüge geglaubt. Aber dem Schöpfer allein gehören doch Lob und Ehre bis in alle Ewigkeit – das ist gewiß!

26 Weil die Menschen Gottes Wahrheit mit Füßen traten, ließ Gott sie in abscheuliche Laster fallen: Ihre Frauen praktizierten gleichgeschlechtliche Liebe 27 ebenso schamlos wie die Männer. Damit haben sie die natürliche Ordnung mit einer unnatürlichen vertauscht. Wie es nicht anders sein konnte, haben sie die gerechte Strafe für ihren Götzendienst am eigenen Leib erfahren.

28 Gott war ihnen gleichgültig, und deshalb überließ Gott sie schließlich der ganzen Verwerflichkeit ihres

a) Wörtlich: Gottes Kraft zum Heil für jeden, der glaubt.
b) Wörtlich: Der Gerechte aber wird aus Glauben leben. Habakuk 2,4
c) Wörtlich: und ihr unvernünftiges Herz wurde verfinstert.
d) Wörtlich: Vögel, Vierfüßer, Schlangen.

Denkens. 29 Sie sind voller Unrecht
und Schlechtigkeit, voll von Habgier,
Bosheit und Neid; Mord, Streit, Hin-
terlist und Verlogenheit bestimmen
ihr Leben. 30 Einer wie der andere
sind sie gemeine Verleumder und
Gotteshasser, dazu anmaßend und
überheblich. Um sich Erfolg zu ver-
schaffen, ist ihnen jedes Mittel recht.
Sie verachten ihre Eltern, 31 sind un-
vernünftig, treulos, lieblos und un-
barmherzig. 32 Dabei wissen sie ganz
genau, daß sie nach dem Urteil Got-
tes dafür nichts anderes als den Tod
verdient haben. Trotzdem lassen sie
sich nicht von ihrem schändlichen
Tun abbringen, sondern freuen sich
noch, wenn andere es genauso trei-
ben.

Niemand kann sich dem Urteil Gottes entziehen

2 Aber auch ihr anderen – wer im-
mer ihr seid – könnt euch nicht
herausreden oder gar entschuldigen,
selbst wenn ihr meint, alle verachten
zu können, die solches Unrecht bege-
hen. Klagt ihr nicht bei anderen an,
was ihr selbst tut, und sprecht ihr euch
damit nicht euer eigenes Urteil? 2 Es
steht fest, daß Gott über *alle*, die so
handeln, ein gerechtes Urteil fällen
wird. 3 Meint ihr etwa, ihr könntet
dem Urteil Gottes entgehen, wenn
ihr genauso wie die handelt, die ihr
verurteilt? 4 Oder verachtet ihr etwa
Gottes Güte, Geduld und anhaltende
Fürsorge? Seht ihr denn nicht, daß
gerade diese Güte euch zur Umkehr
bringen will? 5 Ihr aber weigert euch
hartnäckig, euer Leben zu ändern. Es
ist allein eure Schuld, wenn euch Got-
tes Zorn am Tage des Gerichts mit
ganzer Härte trifft; 6 dann nämlich
wird Gott jedem geben, was er ver-
dient hat.[a]

7 Ewiges Leben wird er denen ge-
ben, die sich durch nichts davon ab-
bringen lassen, Gottes Willen zu tun,[b]
weil sie sich nach Gott sehnen und
ihm gefallen möchten[c].

8 Die aber aus Selbstsucht Gottes
Wahrheit leugnen, sich ihr widerset-
zen und dafür der Lüge und dem Un-
recht[d] gehorchen, die wird Gottes un-
versöhnlicher Zorn treffen. 9 Angst
und Not werden über alle kommen,
die Böses tun; zunächst über die Ju-
den, dann aber auch über alle ande-
ren. 10 Aber jedem, der Gutes tut,
wird Gott seine Herrlichkeit und sei-
nen Frieden schenken, ganz gleich,
ob dieser Mensch nun Jude ist oder
ob er aus irgendeinem anderen Volk
stammt. 11 Denn vor Gott sind alle
Menschen gleich.

12 Wer also Gottes Willen nicht
beachtet und gegen seine Gebote
handelt, wird sein Leben auf ewig
verlieren. Dabei spielt es keine Rolle,
ob er – wie die Heiden – Gottes ge-
schriebenes Gesetz gar nicht kannte
oder ob er – wie die Juden – davon
wußte und dennoch dagegen ver-
stieß. 13 Entscheidend ist nämlich
nicht, ob man Gottes Gebote kennt.
Nur wenn man auch danach handelt,
wird man von Gott angenommen.

14 Freilich gibt es Menschen, die
Gottes Gebote gar nicht kennen und
doch danach leben, weil ihr Gewissen

a) Wörtlich: nach seinen Werken.
b) Psalm 62,13; Sprüche 24,12
c) Wörtlich: nach Herrlichkeit, Ehre und Unvergänglichkeit suchen.
d) Wörtlich: der Ungerechtigkeit.

ihnen das vorschreibt. [15]Durch ihr Handeln beweisen sie, daß Gott ihnen seinen Willen in ihre Herzen geschrieben hat, denn ihr Gewissen und ihre Gedanken klagen sie entweder an oder sprechen sie frei. [16]Was heute noch in den Menschen verborgen ist, wird einmal sichtbar und offenkundig werden, und zwar an dem Tag, an dem Gott durch Jesus Christus die Menschen richten wird. Das verbürgt die Heilsbotschaft, die ich verkündige.

Wer gehört wirklich zum Volk Gottes?

[17]Wenn du ein Jude bist, siehst du das als besondere Ehre an. Du verläßt dich darauf, daß du Gottes Gesetz kennst, bist stolz auf deinen Gott [18]und auf dein besonderes Verhältnis zu ihm. Denn du hast Gottes Gebote gelernt und weißt genau, wie man sich verhalten soll. [19]Deshalb bist du davon überzeugt, den Blinden und allen, die keinen Weg mehr sehen, den Weg zu Gottes Licht zeigen zu können. [20]Du willst die Unwissenden belehren und so die Ungläubigen zu Gott führen; denn du kennst ja Gottes Wort, in dem alles über ihn und seine Wahrheit steht.[a]

[21]Doch wenn du die anderen so gut belehren kannst, weshalb nimmst du selbst keine Lehre an? Du forderst lauthals, daß man nicht stehlen soll, und stiehlst selber? [22]Du sagst den Leuten, daß Ehebruch Sünde ist, aber du selbst riskierst Seitensprünge? Von anderen verlangst du, keine Götzen anzubeten, und dabei bereicherst du dich an ihren Tempelschätzen. [23]Du bist so stolz darauf, daß Gott euch seine Gebote gegeben hat, und dennoch nimmst du ihn nicht ernst, weil du nicht nach seinen Geboten lebst. [24]Aber das steht ja schon in der Heiligen Schrift: «Euretwegen werden die Völker den Namen Gottes verspotten.»[b]

[25]Nun, es ist schon ein ganz besonderer Vorzug, ein Jude zu sein[c] und an Gott zu glauben, wenn du seine Gebote befolgst. Tust du es aber nicht, dann bist du nicht besser als jeder Heide. [26]Mußt du nicht zugeben, daß jeder andere, der nach Gottes Geboten lebt, einem Juden gleichzustellen ist?[d] [27]Ja, solche Menschen werden sogar über euch Juden Richter sein; denn ihr habt zwar Gottes Gebote, lebt aber nicht danach. [28]Die Abstammung von jüdischen Eltern und die Beschneidung lassen noch niemanden wirklich zum Juden werden. [29]Ein richtiger Jude, das heißt jemand, der zum Volk Gottes gehört, ist man nur, wenn die Beschneidung mehr bedeutet als die Erfüllung toter Buchstaben. Erst die Beschneidung, die vom Heiligen Geist kommt und zu einem Gesinnungswandel führt, zählt vor Gott. Bei den Menschen bedeutet das vielleicht nicht viel, aber es ist das einzige, was bei Gott zählt.

a) Wörtlich: Ein Erzieher der Unweisen, ein Lehrer der Unmündigen, die Ausprägung der Erkenntnis und Wahrheit im Gesetz besitzend.
b) Jesaja 52,5
c) Wörtlich: Die Beschneidung nützt allerdings.
d) Wörtlich: Wenn nun der Unbeschnittene die Forderungen des Gesetzes erfüllt, wird ihm da sein Unbeschnittensein nicht für Beschneidung angerechnet werden?

DU MACHST MICH NEUGIERIG!

Ethel Herr

Römer 2,24

Johannes war ein junger Prediger, dessen Herz für Gott brannte. Doch er hatte große Schwierigkeiten, eine Gemeinde zu finden, denn sein Vater, der ebenfalls Pastor war, hatte einen schlechten Ruf. Vor vielen Jahren hatte er seine Frau wegen einer anderen verlassen. Wenn Johannes sich nun bei der Stellensuche mit seinem Namen vorstellte, baten sich die Verantwortlichen Bedenkzeit aus – und gaben die Stelle dann doch lieber einem anderen.

«Ich glaube, ich muß mir einen anderen Namen zulegen», sagte Johannes eines Tages seiner Mutter.

«Ich kann mir vorstellen, wie du empfindest, mein Junge», meinte die Mutter mitfühlend. «Aber sieh die Sache mal von der anderen Seite. Gott gibt dir die seltene Gelegenheit, durch dein Leben und deinen Dienst den guten Ruf deines Familiennamens wiederherzustellen.»

Viele Menschen, die sich Christen nennen, machen sich überhaupt keine Gedanken darüber, wie sich ihre Art zu leben auf den guten Ruf des Namens Jesu Christi auswirkt. Der Apostel Paulus erinnert die Juden seiner Zeit daran, daß schon Jesaja ihre Vorväter zurechtweisen mußte. Diese waren ihrem Gott Jahwe untreu geworden und hatten dadurch seinen Namen vor den umliegenden Heidenvölkern in den Schmutz gezogen.

Heute hinterläßt die Bezeichnung «Christ» bei vielen Menschen einen bitteren Nachgeschmack – zu viele Gemeindemitglieder zeichnen sich nicht gerade durch einen besonders «christlichen» Lebenswandel aus! Wenn wir uns Christen nennen, repräsentieren wir Jesus Christus vor einer gottlosen Welt. Dessen sollten wir uns bewußt sein. Das heißt nicht, daß wir unserer Umgebung vorgaukeln sollten, daß wir perfekte Menschen sind. Das wäre ohnehin nicht möglich. Aber wir können in Wort und Tat deutlich machen, daß uns Gottes Maßstäbe wichtig sind.

Sobald die Menschen in unserer Umgebung wissen, daß wir Christen sind, werden sie genau beobachten, wie wir leben, auch wie wir mit Schuld und Versagen umgehen, und daraus ihre Schlüsse ziehen. Entweder sie werden sagen: «Wenn das ein Christ ist, will ich nichts damit zu tun haben!» Oder sie werden nachfragen: «Du machst mich neugierig. Erzähl mir mehr von deinem Glauben!»

Gott steht zu seinem Wort

3 Welchen Vorteil hat man also davon, ein Jude zu sein, und was nützt die Beschneidung? 2 Das hat durchaus Vorteile! Gott hat dem jüdischen Volk als erstem sein Wort anvertraut. 3 Freilich, einige sind ihre eigenen Wege gegangen, aber was ändert das? Meint ihr wirklich, die Untreue dieser Menschen könnte Gottes Treue aufheben? 4 Niemals! Gott steht auf jeden Fall zu seinem Wort[a], auch wenn die Menschen wortbrüchig werden. Es heißt ja schon in der Heiligen Schrift: «Deine Worte, Gott, werden sich als wahr erweisen, und du wirst siegen, wenn man dich verurteilen will.»[b]

5 Ist es nicht aber so, fragen manche Menschen, daß wir ungerecht sein müssen, damit Gottes Gerechtigkeit erst richtig zur Geltung kommt? Und ist es eigentlich gerecht von Gott, wenn er uns dann wegen unserer Sünden bestraft? 6 Nein, Gott ist nicht ungerecht! Könnte er denn sonst Richter über uns Menschen sein? 7 Aber fragen wir noch einmal: Wie kann Gott mich als Sünder ansehen und verurteilen, wenn doch erst durch meine Lüge seine Wahrheit in ihrer ganzen Größe sichtbar wird? 8 Wäre es dann nicht viel besser, nach dem Motto zu leben: «Wir können beruhigt das Böse tun, denn es kommt ja letztlich das Gute dabei heraus!»? Bösartig behaupten einige, ich wäre dieser Meinung. Gott wird jeden zu Recht bestrafen, der mich so verleumdet.

Vor Gott sind alle Menschen schuldig

9 Haben wir Juden nun irgendeinen Vorzug vor den anderen Menschen? Ich sage: Nein! Denn eben habe ich allen Menschen – ob Juden oder Nichtjuden[c] – bewiesen, daß sie Unrecht tun und unter der Herrschaft der Sünde leben. 10 Dasselbe sagt schon die Heilige Schrift:

«Es gibt keinen, auch nicht einen einzigen, der ohne Sünde ist.[d] 11 Es gibt keinen, der einsichtig ist und nach Gottes Willen fragt. 12 Alle haben sich von ihm abgewandt und sind dadurch für Gott unbrauchbar geworden. Da ist wirklich keiner, der Gutes tut, kein einziger.[e] 13 Ihre Worte bringen Tod und Verderben.[f] Durch und durch verlogen ist all ihr Reden, und was über ihre Lippen kommt, ist bösartig und todbringend wie Schlangengift.[g] 14 Ihr Mund ist voller Flüche und gemeiner Worte.[h] 15 Sie sind schnell bereit, Blut zu vergießen. 16 Wo sie auftauchen, da entstehen Verwüstung und Elend. 17 Den Weg zum Frieden kennen sie nicht,[i] 18 denn sie haben keine Ehrfurcht vor Gott.»[j]

a) Wörtlich: ist wahrhaftig.
b) Psalm 51,6
c) Wörtlich: Griechen.
d) Wörtlich: Da ist kein Gerechter.
e) Psalm 14,1–3; 53,2–4
f) Wörtlich: Ein geöffnetes Grab ist ihr Schlund.
g) Psalm 5,10; 140,4
h) Psalm 10,7
i) Jesaja 59,7–8
j) Psalm 36,2

EIN VORBILD IM GLAUBEN

Ethel Herr

Römer 3,22

Aus Erzählungen weiß ich, daß meine Großmutter als Kind sehr lebhaft und wild war. Man wußte nie, was sie als nächstes anstellen würde.

Wenn gerade keiner von den Erwachsenen aufpaßte, ließ sie ihre Kameraden zu sich ins Dachstübchen klettern und las ihnen gegen eine Eintrittsgebühr von 10 Pfennig aus Shakespeares gesammelten Werken vor – bei Kerzenlicht! Niemand war vor ihren Streichen sicher.

Als meine Großmutter 10 Jahre alt war, starb ihre Mutter bei der Geburt des fünften Kindes. Ihre vier Geschwister fanden Aufnahme bei Verwandten. Nur meine Großmutter blieb übrig. «Ich war einfach zu frech», erzählte sie mir später augenzwinkernd. «Keiner wollte mich nehmen.»

Doch dann nahm Gott selbst sich des mutterlosen Kindes an. Ein Pastorenehepaar nahm das kleine Mädchen auf. Dort hörte es zum ersten Mal, daß Gott es liebhabe. Eines Tages fand in der Kleinstadt eine Evangelisation statt. Der Redner erklärte seinen Zuhörern, wie sie an Jesus Christus glauben, Gott um Vergebung ihrer Sünden bitten und ihn in ihr Herz aufnehmen konnten. Genau das tat meine Großmutter, und dieser Schritt veränderte ihr Leben.

Großmutter hatte nicht mehr als fünf Jahre Schulbildung vorzuweisen. Doch von nun an wurde die Bibel ihr liebstes Buch und blieb es bis an ihr Lebensende. Sie lebte nach der Bibel, erzog ihre drei Kinder gemäß der Bibel und übte später auf alle vier Enkel und sieben Urenkel einen positiven Einfluß aus. Jeder von uns wußte, daß Großmutter den Gott der Bibel, der ihr seine Gerechtigkeit verliehen hatte, aus tiefstem Herzen liebte.

Als Großmutter 100 Jahre alt war, mußten wir sie in ein Pflegeheim geben. Aber auch dort setzte sie sich nicht zur Ruhe. Mit ihrem Rollstuhl fuhr sie von einem einsamen, kranken Mitbewohner zum anderen und las ihnen aus der Bibel vor. Oder sie setzte sich einfach an das Bett eines Kranken, hielt seine Hand und betete mit ihm.

Kurz vor ihrem 103. Geburtstag starb meine Großmutter. Bei der Trauerfeier wurde all des Guten gedacht, das sie in unserem Leben hinterlassen hatte. Großmutter hatte uns gezeigt, wie man – durch die Gerechtigkeit, die Gott uns schenkt – als Christ leben kann. Und jetzt hatte sie uns auch noch gezeigt, wie man als Christ sterben kann.

19 Nun wissen wir: Diese Worte
Gottes gelten gerade für die, denen
das Gesetz gegeben wurde. Deshalb
kann sich keiner herausreden, auch
ihr nicht. Alle Menschen auf der Welt
sind vor Gott schuldig. 20 Denn kein
Mensch wird jemals vor Gott damit
bestehen, daß er die Gebote so er-
füllt, wie das Gesetz es erfordert. Die
Aufgabe des Gesetzes ist es, daß wir
die Sünde erkennen.

Wen spricht Gott von seiner Schuld frei?

21 Jetzt aber hat Gott eingegriffen und
uns gezeigt, wie seine Gerechtigkeit
aussieht, das heißt, wie wir – unab-
hängig vom Gesetz – vor ihm beste-
hen können. So bezeugt es die Heilige
Schrift. 22 Gott spricht nämlich jeden
von seiner Schuld frei und nimmt je-
den an, der an Jesus Christus glaubt.
Nur diese Gerechtigkeit läßt Gott
gelten.

23 Denn darin sind die Menschen
gleich: Alle sind Sünder und haben
nichts aufzuweisen, was Gott gefallen
könnte.[a] 24 Aber was sich keiner ver-
dienen kann, schenkt Gott in seiner
Güte: Er nimmt uns an, weil Jesus
Christus uns erlöst hat. 25 Um unsere
Schuld zu sühnen, hat Gott seinen
Sohn am Kreuz für uns verbluten las-
sen. Das erkennen wir im Glauben,
und darin zeigt sich, wie Gottes Ge-
rechtigkeit aussieht.

In seiner Geduld hatte Gott ja bis
dahin die Sünden der Menschen er-
tragen, 26 um sie jetzt um Jesu willen
zu vergeben und damit seine Gerech-
tigkeit zu erweisen. So steht fest, daß
Gott allein gerecht ist und nur den
von seiner Schuld freispricht, der an
Jesus Christus glaubt.

27 Bleibt uns denn nichts, womit wir
uns vor Gott rühmen können? –
Nein, gar nichts! Woher wissen wir
das? Durch das Gesetz, das unsere ei-
gene Leistung verlangt? Nein! Nur
durch den Glauben, der uns ge-
schenkt ist.[b]

28 Also steht fest: Nicht wegen
meiner guten Taten, die ich Gott vor-
weise, werde ich von meiner Schuld
freigesprochen. Gott spricht mich
erst dann frei, wenn ich mein Ver-
trauen allein auf Jesus Christus
setze.

29 Gilt dies vielleicht nur für die Ju-
den, weil Gott ein Gott der Juden ist?
Oder gilt das auch für die anderen
Völker[c]? Natürlich gilt das auch für
sie, weil Gott für alle Menschen da
ist. 30 Denn es ist ein und derselbe
Gott[d], der Juden wie Heiden durch
den Glauben an Jesus von ihrer
Schuld befreit und ihnen dadurch ein
neues Leben mit Gott ermöglicht.[e]
31 Bedeutet das etwa, daß wir durch
den Glauben das Gesetz Gottes ab-
schaffen? Nein, im Gegenteil! Wir
bringen es neu zur Geltung.

a) Wörtlich: (Alle) entbehren der Herrlichkeit Gottes.
b) Wörtlich: Durch das Gesetz des Glaubens.
c) Wörtlich: Heiden.
d) Wörtlich: *ein* Gott.
e) Wörtlich: der rechtfertigen wird die Beschneidung aus Glauben und die Unbeschnittenheit durch den Glauben.

Herr, wo du wohnst, will auch ich sein

Psalm 61

Von David

Höre, Gott, meinen Hilfeschrei und achte auf mein Gebet!
Aus dem fernen Land rufe ich zu dir, denn ich bin am Ende meiner Kraft.
Ich selbst kann mich nicht mehr in Sicherheit bringen,
darum hilf du mir und rette mich!

Zu dir kann ich jederzeit fliehen;
du bist seit jeher meine Festung, die kein Feind bezwingen kann.
Wo du wohnst, möchte auch ich für immer bleiben –
dort, in deinem Heiligtum. Bei dir suche ich Zuflucht
wie ein Küken unter den Flügeln seiner Mutter.

Gott, du kennst die Versprechen, die ich dir gegeben habe.
Du beschenkst jeden reich, der dich in Ehrfurcht anruft.
Auch mir gibst du meinen Anteil.
Gib dem König ein langes Leben, gewähre ihm noch viele Jahre!
Viele Generationen sollen erleben, wie er regiert.
Laß ihn stets in Verantwortung vor dir herrschen,
beschütze ihn durch deine Güte und Treue!
Dann will ich dich allezeit besingen und deinen Namen preisen.
Tag für Tag werde ich erfüllen, was ich dir versprochen habe.

Abraham: ein Mensch, der vor Gott bestehen kann

4 Ich möchte das jetzt noch deut-
licher machen. Warum hat Gott
gerade Abraham zum Stammvater
des jüdischen Volkes ausgewählt?
2 Bestimmt nicht wegen seiner guten
Taten! Damit hätte er zwar bei den
Menschen Ruhm und Ansehen ge-
winnen können, nicht aber bei Gott.
3 In der Heiligen Schrift heißt es:
«Abraham setzte sein ganzes Ver-
trauen auf Gott, und so fand er Got-
tes Anerkennung.»[a]

4 Es ist doch so: Wenn ich eine Ar-
beit leiste, habe ich Anspruch auf
Lohn. Ohne Leistung werde ich
nichts bekommen. 5 Aber bei Gott ist
das anders. Bei ihm werde ich nichts
erreichen, wenn ich mich auf meine
«guten» Taten berufe. Nur wenn ich
Gott vertraue, der mich trotz meiner
Schuld freispricht, kann ich vor ihm
bestehen.[b] 6 Davon hat schon König
David gesprochen, als er den Men-
schen glückselig nannte, der von Gott
ohne jede Gegenleistung angenom-
men wird. David sagte:

7 «Glückselig sind alle, denen Gott
ihr Unrecht vergeben hat und die von
ihren Sünden befreit wurden!
8 Glückselig ist der Mann, dem Gott
seine Sünden nicht länger vorhält.»[c]

9 Für uns ergibt sich hier die Frage:
Gelten Davids Worte nur für die Ju-
den oder auch für alle anderen? Wie
gesagt, es heißt in der Heiligen
Schrift: «Abraham setzte sein ganzes
Vertrauen auf Gott, und so fand er
Gottes Anerkennung.»

10 Aber nun müssen wir genauer
fragen: *Wann* fand Abraham die An-
erkennung Gottes? War es vor oder
nach seiner Beschneidung? Wir wis-
sen aus den Berichten der Heiligen
Schrift, daß es *vorher* war. 11 Denn
Abrahams Beschneidung war ja gera-
de das äußere Zeichen dafür, daß er
durch seinen Glauben Anerkennung
bei Gott gefunden hatte. Und das,
noch ehe er beschnitten war! Auf die-
se Weise ist Abraham zum Stammva-
ter für alle Unbeschnittenen gewor-
den, die allein wegen ihres Glaubens
von Gott angenommen sind.

12 Doch Abraham ist ebenso der
Vater der Beschnittenen. Allerdings
genügt die Beschneidung nicht, um
zu seinen Nachkommen gezählt zu
werden. Entscheidend ist vielmehr,
daß wir denselben Glauben haben,
wie ihn unser Vater Abraham schon
vor seiner Beschneidung hatte.

Gesetz und Glaube

13 Gott hatte Abraham versprochen,
ihn mit seinen Nachkommen zum Se-
gen für die ganze Welt[d] werden zu las-
sen. Aber dieses Versprechen gab
Gott nicht, weil Abraham das Gesetz
erfüllte, sondern weil Abraham Gott
unerschütterlich vertraute. 14 Wer
sich dagegen auf die Erfüllung des
Gesetzes verläßt, für den gilt die Ver-
heißung nicht. Denn damit setzt er
den Glauben außer Kraft.

15 Tatsächlich bringt uns das Gesetz
nichts als den Zorn Gottes ein. Nur
da, wo es kein Gesetz gibt, wird nie-

a) Wörtlich: und das wurde ihm zur Gerechtigkeit angerechnet. 1. Mose 15,6
b) Wörtlich: Dem, der nicht Werke leistet, aber an den glaubt, der den Gottlosen rechtfertigt, wird hingegen sein Glaube als Gerechtigkeit angerechnet.
c) Psalm 32,1–2
d) Wörtlich: Erbe der Welt. 1. Mose 18,18; 22,17–18

LÄSST DAS GLÜCK SICH STEIGERN?

Dorothea Unbehend

Römer 4,7

Die Jagd nach dem Glück hält viele Menschen in Atem. Ich erlebe es täglich in meiner Umgebung. Die Jagd nach Karriere, Geld, Macht, Prestige, grenzenlos und egoistisch sieht sie aus – und wie oft verstecken sich hinter der Fassade von Reichtum und Ansehen menschliches Leid, zerbrochene Beziehungen und persönliche Orientierungslosigkeit.

Dabei sagte schon König David, den Paulus in Vers 7 zitiert: «Glückselig sind alle, denen Gott ihr Unrecht vergeben hat und die von ihren Sünden befreit wurden.» Er muß es wissen, dieser König, der so viel erlebt hat. Er dachte nach, er lebte im Aufblick zu Gott, und er wußte, worauf es ankommt im Leben. Er hat seine Fehler gemacht und daraus gelernt. Wir müssen das Rad nicht immer wieder neu erfinden, wir können uns die Weisheiten anderer Menschen zu eigen machen. Deshalb sollten wir ihn ernst nehmen, diesen König, der sogar herausfand, wie die Steigerung von Glück – die Glückseligkeit – erreichbar, erlebbar, umsetzbar wird.

Vergib mir, Herr, meine Schuld. Zeige sie mir, damit ich sie erkenne und dir bringen kann. Ich bin zufrieden und glücklich, weil im Tod deines Sohnes meine Sünden begraben sind. Jesus hat Vergebung möglich gemacht; meine Aufgabe ist es, daran zu glauben. In deiner unendlichen Güte reicht dir dieser Glaube, um alle Verfehlungen zu tilgen. Das macht mich glücklich, das befreit mich von der Hetze nach falschen Schätzen, und mein Herz kann in Deiner Liebe ruhen.

Danke, Vater.

mand schuldig. 16 Deshalb gilt Gottes
Zusage nur dem, der glaubt. Denn
was Gott versprochen hatte, sollte ja
ein Geschenk sein. Nur so bleibt die
Verheißung überhaupt gültig, und
zwar für *alle* Nachkommen Abra-
hams. Das sind nicht nur die Juden,
die nach dem Gesetz leben, sondern
auch alle anderen Menschen, die
Gott so vertrauen wie Abraham.
Deshalb ist Abraham der Vater aller
Gläubigen[a].

17 So sagt Gott schon in der Heili-
gen Schrift zu Abraham: «Ich habe
dich zum Vater vieler Völker be-
stimmt!»[b] Und Abraham vertraute
Gott; dem Gott, der die Toten zum
Leben erweckt und die zu seinem
Volk beruft, die bisher nicht dazuge-
hörten.[c] 18 Gott versprach Abraham:
«Deine Nachkommen werden so
zahlreich wie die Sterne am Himmel
sein, und du sollst zum Vater vieler
Völker werden.»[d]

Abraham glaubte diesen Worten.
Dabei schien die Erfüllung dieses
Versprechens ganz und gar unmög-
lich. 19 Denn er selbst war fast hundert
Jahre alt, und auch seine Frau Sara
konnte in ihrem hohen Alter nach
menschlichem Ermessen keine Kin-
der mehr bekommen. 20 Dennoch
zweifelte Abraham nicht und vertrau-
te Gottes Zusage. Mit seinem uner-
schütterlichen Glauben ehrte er Gott.
21 Er war fest davon überzeugt, daß
Gott erfüllen würde, was er verspro-
chen hatte. 22 Deshalb fand er Gottes
Anerkennung.[e]

23 Das hat nicht nur Abraham er-
fahren, 24 auch wir sollen Gottes An-
erkennung finden. Deswegen können
wir sicher sein, daß Gott, der unseren
Herrn Jesus Christus von den Toten
auferweckt hat, uns ebenso anneh-
men wird, wenn wir an ihn glauben.
25 Denn Jesus mußte sterben, um un-
sere Sünden zu tilgen; er wurde auf-
erweckt, damit wir vor Gott bestehen
können.[f]

Mit Gott versöhnt

5 Nachdem wir durch den Glauben
von unserer Schuld freigespro-
chen sind, steht nun nichts mehr zwi-
schen uns und Gott. Wir haben Frie-
den mit ihm. Wem verdanken wir
das? Allein Jesus Christus. 2 Er hat
uns die Tür zu diesem neuen Leben
mit Gott geöffnet. Voller Freude
danken wir Gott dafür, daß wir ein-
mal an seiner Herrlichkeit teilhaben
werden.

3 Doch nicht nur dafür sind wir
dankbar. Wir danken Gott auch für
die Leiden, die wir wegen unseres
Glaubens auf uns nehmen müssen.
Denn in solchen Leiden lernen wir,
geduldig zu werden. 4 Geduld aber
vertieft und festigt unseren Glauben,
und das wiederum gibt uns Hoffnung.
5 Und diese Hoffnung wird uns nicht
enttäuschen. Denn durch den Heili-
gen Geist, der uns geschenkt wurde,
ist Gottes Liebe in uns.

6 Schon damals, als wir noch hilflos
der Sünde ausgeliefert waren, ist

a) Wörtlich: unser aller Vater.
b) 1. Mose 17,5
c) Wörtlich: und dem Nichtseienden ruft, daß es sei.
d) 1. Mose 15,5
e) Wörtlich: Deshalb wurde es ihm zur Gerechtigkeit angerechnet. 1. Mose 15,6
f) Wörtlich: um unserer Rechtfertigung willen.

GOTT RECHNET ANDERS

Hildegard Horie

Römer 5,1

Immer wieder gerät der Apostel Paulus in harte Auseinandersetzungen mit dem Denken seiner Zeit. Die allgemeine Logik damals lautet: Ich muß die Gerechtigkeit verdienen, ich muß mich anstrengen, um von Gott anerkannt zu werden. Das gibt dem Menschen ein gutes Gefühl. Das stärkt sein Selbstbewußtsein. Doch damit wird das, was im menschlichen Bereich Gültigkeit hat, auch auf die Beziehung zu Gott übertragen.

Das heißt wiederum: Der Mensch kann sein Leben selbst kontrollieren. Er kann sich anstrengen – und wird belohnt. Die Belohnung kann er sich also selbst verdienen. Und manch einer bringt es zu Höchstleistungen, indem er sich beinahe Menschenunmögliches abverlangt, um immer noch «heiliger» zu werden.

Doch zugleich führt diese Anstrengung zu Heuchelei und Geltungsstreben. Der Mensch fängt automatisch an, sich mit anderen zu messen, will besser sein als andere, gerechter, selbstloser, hingegebener …

Auch Paulus ist viele Jahre in diesem Vergleichen und Berechnen gefangen gewesen. Aber dann kommt der Augenblick, in dem er erkennt, daß bei Gott diese menschlichen Bemühungen nicht zählen. Denn eine Gerechtigkeit, die allein auf guten Taten gründet, führt zu Überheblichkeit und Geltungsstreben. Um selbst groß zu sein, wird der andere herabgesetzt. Das aber verletzt und verstößt gegen die Liebe. Solch ein selbstsüchtiges Streben pflegt letztlich nur die eigene Eitelkeit.

Auch wir werden erst dann Ruhe und Entspannung finden, wenn wir all unsere frommen Bemühungen aufgeben, auf unsere Selbstgerechtigkeit verzichten und unsere Hände öffnen, um uns beschenken zu lassen. Dann können wir im Frieden mit Gott leben.

Gott liebt uns nicht deshalb, weil wir so gut sind, er liebt uns um Jesu willen, weil Jesus uns geliebt hat. Das ist die Basis, auf der unser Leben ruht. Und je mehr wir Jesus kennenlernen und erfassen, was er für uns getan hat, desto mehr wird dieses Wissen unseren Charakter verwandeln, so daß wir Jesus ähnlicher werden.

Christus für uns gottlose Menschen gestorben. 7 Selbst für einen guten Menschen[a] würde kaum jemand von uns sterben, obwohl es das vielleicht geben mag. 8 Gott aber hat uns seine große Liebe gerade dadurch bewiesen, daß Christus für uns starb, als wir noch Sünder waren.

9 Wieviel weniger müssen wir einmal am Gerichtstag Gottes Zorn fürchten, nachdem wir jetzt durch den Opfertod Jesu[b] von unserer Schuld freigesprochen sind. 10 Als wir noch seine Feinde waren, hat Gott uns durch den Tod seines Sohnes mit sich selbst versöhnt. Wieviel mehr werden wir, da wir jetzt Frieden mit Gott haben, am Tage des Gerichts bewahrt bleiben, nachdem ja Christus auferstanden ist und lebt.[c]

11 Lob und Dank sei ihm dafür! Schon jetzt sind wir durch unseren Herrn Jesus Christus mit Gott versöhnt.

Adam brachte den Tod – Christus bringt das Leben

12 Durch einen einzigen Menschen, durch Adam, ist die Sünde in die Welt gekommen und als Folge davon der Tod. Weil nun alle Menschen gesündigt haben, sind sie alle dem Tod ausgeliefert. 13 Demnach war die Sünde schon da, lange bevor Gott durch Mose das Gesetz gab. Aber wo kein Gesetz ist, kann auch keine Sünde, das heißt eine Übertretung des Gesetzes, angerechnet werden. 14 Dennoch muß man sagen, daß alle Menschen von Adam bis zu Mose ebenfalls dem Tod verfallen waren, auch wenn sie nicht bewußt gegen Gottes Willen handelten, wie es Adam getan hatte. Und doch weist Adam in seiner Person auf den kommenden Christus hin.[d]

15 Freilich läßt sich die Erlösung, die uns Christus gebracht hat, nicht mit der Sünde Adams vergleichen. Denn durch die Sünde des einen wurde die gesamte Menschheit dem Tode ausgeliefert; durch Jesus Christus aber erfuhren wir in überreichem Maße Gottes Barmherzigkeit und Liebe. 16 Man kann also die Erlösung durch Christus und die Sünde Adams nicht auf eine Stufe stellen. Gottes Urteilsspruch brachte wegen der *einen* Sünde Adams allen die Verdammnis; was Christus getan hat, brachte uns trotz *unzähliger* Sünden den Freispruch.

17 Hat aber der Ungehorsam eines einzigen Menschen zur Herrschaft des Todes geführt, um wieviel gewisser werden dann alle, die Gottes überreiche Barmherzigkeit und seine Vergebung erfahren haben, durch Jesus Christus leben und einmal mit ihm herrschen.[e]

18 Es steht also fest: Durch die Sünde eines Menschen – Adam – sind alle Menschen in Tod und Verderben geraten. Aber durch die Erlösungstat eines Menschen – Christus – haben alle die Chance zu einem neuen Leben mit Gott. 19 Oder anders gesagt: Durch Adams Ungehorsam wurden alle Menschen vor Gott schuldig; aber weil Jesus Christus gehorsam

a) Wörtlich: einen Gerechten.
b) Wörtlich: durch sein Blut.
c) Wörtlich: gerettet werden durch sein Leben.
d) Wörtlich: Dieser (Adam) ist Typos (das Gegenbild) des Kommenden.
e) Wörtlich: im Leben herrschen durch den einen, Jesus Christus.

war, sollen alle von Gott freigespro-
chen werden.
20 Das Gesetz aber, das später gege-
ben wurde, ließ uns erst erkennen,
wie sehr wir gegen Gottes Willen ver-
stoßen haben. Denn wo sich die ganze
Macht der Sünde zeigte, da erwies
sich auch Gottes Barmherzigkeit in
ihrer ganzen Größe. 21 Dort, wo bis-
her die Sünde über alle Menschen
herrschte und ihnen den Tod brachte,
soll jetzt Gottes Gnade herrschen. So
erweist Gott seine Gerechtigkeit, in-
dem er uns ewiges Leben schenkt
durch Jesus Christus, unseren Herrn.

Das neue Leben

6 Was bedeutet das nun für uns?
Sollen wir etwa weitersündigen,
damit Gott Gelegenheit hat, uns sei-
ne Barmherzigkeit und Liebe zu be-
weisen? 2 Natürlich nicht! Als Chri-
sten sind wir für die Sünde tot. Wie
könnten wir da noch länger mit ihr le-
ben? 3 Oder wißt ihr etwa nicht, daß
alle, die im Namen Jesu Christi ge-
tauft wurden, Anteil an seinem Tod
haben?[a] 4 Durch die Taufe sind wir al-
so mit Christus gestorben und begra-
ben. Und wie Christus durch die
Herrlichkeit und Macht seines Vaters
von den Toten auferweckt wurde, so
sollen auch wir ein neues Leben füh-
ren.
5 Denn wenn wir in der Taufe sein
Todesschicksal mit ihm geteilt haben,
so werden wir auch mit ihm leben.
6 Damit steht fest: Unser früheres Le-
ben endete mit Christus am Kreuz.
Unser von der Sünde beherrschtes
Wesen ist vernichtet, und wir müssen
nicht länger der Sünde dienen. 7 Wer
gestorben ist, kann nicht mehr be-
herrscht werden – auch nicht von der
Sünde.
8 Sind wir aber mit Christus gestor-
ben, dann – und davon sind wir über-
zeugt – werden wir auch mit ihm le-
ben. 9 Wir wissen ja, daß Christus von
den Toten auferstanden ist und nie
wieder sterben wird. Der Tod hat kei-
ne Macht mehr über ihn. 10 Christus
ist wegen unserer Sünde gestorben,
und zwar ein für allemal. Jetzt aber
lebt er, und er lebt für Gott. 11 Das gilt
genauso für euch, und daran müßt ihr
festhalten: Ihr seid tot für die Sünde.
Lebt nun für Gott, der euch durch Je-
sus Christus das neue Leben gegeben
hat.
12 Achtet darauf, daß euer vergäng-
licher Leib nicht von der Sünde, von
seiner Triebhaftigkeit beherrscht
wird. 13 Nichts, keinen einzigen Teil
eures Körpers sollt ihr der Sünde als
Werkzeug für das Böse[b] zur Verfü-
gung stellen. Dient vielmehr Gott mit
allem, was ihr seid und habt. Weil ihr
mit Christus gestorben seid und er
euch neues Leben schenkte, sollt ihr
jetzt Werkzeuge[c] in Gottes Hand
sein, damit er euch für seine Ziele
einsetzen kann. 14 Die Sünde hat ihre
Macht über euch verloren. Denn ihr
seid nicht länger an das Gesetz ge-
bunden, sondern ihr lebt von der
Barmherzigkeit Gottes.

Befreit zum Gehorsam

15 Soll das nun etwa heißen, daß wir
einfach weitersündigen können, weil
wir uns ja der Barmherzigkeit Gottes

a) Wörtlich: in seinen Tod getauft sind.
b) Wörtlich: Waffen der Ungerechtigkeit.
c) Wörtlich: Waffen der Gerechtigkeit.

gewiß sind und das Urteil des Gesetzes nicht mehr zu fürchten brauchen?

Nein, so ist das nicht gemeint!
16 Wißt ihr nicht, daß ihr *dem* Herrn gehorchen müßt, dem ihr euch verpflichtet habt? Und das heißt: Wenn ihr euch für die Sünde entscheidet, dann werdet ihr sterben. Entscheidet ihr euch aber für den Gehorsam, der aus dem Glauben kommt, dann wird Gott euch annehmen.[a]

17 Aber Gott sei Dank! Ihr seid nicht mehr hilflos der Sünde ausgeliefert, sondern ihr gehorcht mit Leib und Seele[b] dem Evangelium, wie es euch gelehrt worden ist.
18 Denn nachdem ihr von der Herrschaft der Sünde wirklich frei geworden seid, könnt ihr jetzt Gott dienen.[c]

19 Damit ihr mich besser versteht, will ich es euch am Beispiel des Sklaven verdeutlichen. Früher wart ihr ganz und gar der Unmoral und dem Unrecht verfallen. Jetzt aber sollt ihr uneingeschränkt Gott dienen; so wird ihm euer Leben gefallen.[d]
20 Als ihr Sklaven der Sünde wart, da wart ihr zwar frei, allerdings nur vom Guten.[e]
21 Und was kam dabei heraus?[f] Bei dem Gedanken daran könnt ihr euch heute nur schämen, denn ihr hattet nichts anderes als den Tod dafür verdient.

22 Aber jetzt seid ihr frei von der Sünde und dient Gott als seine Knechte. Daraus ergibt sich, daß ihr tut, was Gott gefällt, und er euch das ewige Leben schenkt.

23 Denn die Sünde wird mit dem Tod bezahlt. Gott aber schenkt uns in der Gemeinschaft mit Jesus Christus, unserem Herrn, das ewige Leben, das schon jetzt beginnt und niemals aufhören wird.

Die Grenzen des Gesetzes

7 Meine lieben Brüder! Ihr kennt doch das Gesetz. Eigentlich solltet ihr dann wissen, daß Gesetze für uns nur Gültigkeit haben, solange wir leben.

2 Was bedeutet das? Eine verheiratete Frau zum Beispiel ist an ihren Mann durch das Gesetz so lange gebunden, wie er lebt. Stirbt der Mann, dann ist sie von diesem Gesetz frei und kann wieder heiraten.
3 Hätte diese Frau zu Lebzeiten ihres Mannes einen anderen Mann gehabt, wäre sie eine Ehebrecherin gewesen. Nach dem Tode ihres Mannes aber ist sie frei von den Verpflichtungen des Ehegesetzes. Niemand wird sie eine Ehebrecherin nennen, wenn sie als Witwe einen anderen Mann heiratet.

4 In genau derselben Situation seid auch ihr. Auch ihr wart gewissermaßen an einen «Ehemann» gebunden, an das Gesetz. Aber ihr seid davon befreit worden, als Christus am Kreuz für euch starb. Und jetzt gehört ihr nur noch ihm, der von den Toten auferweckt wurde. Nur so werden wir für Gott Frucht bringen, das heißt leben, wie es ihm gefällt.

a) Wörtlich: Entweder seid ihr Sklaven der Sünde zum Tod oder des Gehorsams zur Gerechtigkeit.
b) Wörtlich: von Herzen.
c) Wörtlich: seid ihr Sklaven der Gerechtigkeit geworden.
d) Wörtlich: Gebt eure Glieder jetzt der Gerechtigkeit dienstbar zur Heiligung hin.
e) Wörtlich: frei von der Gerechtigkeit.
f) Wörtlich: Welche Frucht hattet ihr damals?

Der alte Zopf

Margarete Blank-Mathieu

Römer 6,6

Sie hatte eine bittere Enttäuschung hinter sich. Seit einem Jahr kämpfte sie darum, diese zu verwinden, um Neuem Platz zu machen. Vergeblich – die Enttäuschung ließ sie nicht los. Aber ist das Festhaltenwollen an alten Wünschen und Hoffnungen nicht auch eine Form von Sünde? Es trennt uns von den guten Absichten, die Gott für uns hat.

Gott alles übergeben, dazu gehört auch unser Einverständnis, das Vergangene vergangen sein zu lassen. Alte Zöpfe müssen von uns selbst abgeschnitten werden, alte Träume begraben, altes Nachtragen beendet werden.

Das kann ganz verschieden aussehen: Die Witwe, die sich in ihren Schmerz vergräbt, könnte sich vornehmen, nicht mehr jeden Tag ans Grab ihres Mannes zu gehen, sondern sich neue Aufgaben zu suchen. Einer ergreift vielleicht eine berufliche Tätigkeit oder wechselt das Aufgabengebiet. Eine Frau, die ihr Leben bisher allein ihren Kindern gewidmet hat, könnte ihr Haus anderen Menschen öffnen, nachdem die Kinder «ausgeflogen» sind.

Es genügt nicht, Gott zu bitten, uns einen neuen Weg zu zeigen. Wir selbst müssen aktiv ja dazu sagen, indem wir uns für Veränderungen und neue Aufgaben öffnen. Wir dürfen nicht länger in Selbstmitleid und zornigem Nachtragen verharren – wir schaden uns selbst damit.

Äußerliche Veränderungen können den Weg bereiten für innere Veränderungen, die Gott für uns geplant hat. Wenn wir Gott unser früheres Leben hingeben, so müssen wir auch bereit sein, die Konsequenzen zu tragen, und nicht an lieb gewordenen falschen Gewohnheiten festhalten wollen.

Gibt es einen alten Zopf in Ihrem Leben?

5 Als wir Christus noch nicht kann-
ten[a], waren wir der Gewalt der Sünde
ausgeliefert und wurden von unseren
Trieben beherrscht. Durch das Ge-
setz wurde die Sünde in uns erst ge-
weckt, so daß wir taten, was ins Ver-
derben führt.[b] 6 Aber jetzt sind wir
von diesen Zwängen frei, denn für
das Gesetz sind wir tot. Deswegen
können wir Gott durch seinen Heili-
gen Geist in einer völlig neuen Weise
dienen und müssen uns nicht länger
an die Buchstaben des Gesetzes
klammern.

Der Mensch und Gottes Gesetz

7 Soll das alles nun etwa bedeuten,
daß Gottes Gesetz sündig ist? Natür-
lich nicht! Aber es ist doch so: Ohne
die Gebote Gottes hätten wir nie er-
fahren, was Sünde ist. Würde es dort
nicht heißen: «Du sollst nicht begeh-
ren...»[c], so wüßte ich nicht, daß mei-
ne Leidenschaften Sünde sind. 8 Die
Sünde aber gebrauchte dieses Gebot
des Gesetzes, um in mir alle mög-
lichen Leidenschaften zu wecken.
Denn ohne das Gesetz wußte ich
nichts von der Macht der Sünde in
mir.[d]
9 Früher haben wir ohne das Gesetz
gelebt. Erst seit wir das Gesetz mit
seinen Geboten kennen, wurde auch
die Sünde in uns lebendig. 10 Wir aber
starben (denn keiner kann leben, den
die Sünde von Gott trennt). So hat
uns Gottes Gebot, das den Weg zum
Leben zeigen sollte, letztlich dem
Tod ausgeliefert. 11 Denn die Sünde
benutzte das Gebot und betrog uns,
indem sie statt des versprochenen Le-
bens den Tod brachte.
12 Das Gesetz selbst aber entspricht
Gottes Willen; jedes einzelne Gebot
ist heilig, gerecht und gut. 13 Kann
aber etwas, das heilig, gerecht und
gut ist, unseren Tod bewirken? Nein,
ganz und gar nicht. Aber gerade da-
durch, daß die Sünde das Gute be-
nutzte, um mir den Tod zu bringen,
hat sie sich als Sünde entlarvt; durch
das Gebot ist sie in ihrer ganzen Ab-
scheulichkeit sichtbar geworden.
14 Das Gesetz ist von Gottes Geist
bestimmt[e]. Das wissen wir genau. Ich
aber bin nur ein Mensch[f] und der
Herrschaft der Sünde ausgeliefert.
15 Ich verstehe ja selber nicht, was ich
tue. Das Gute, das ich mir vornehme,
tue ich nicht; aber was ich verab-
scheue, das tue ich. 16 Bin ich mir aber
bewußt, daß ich falsch handle, dann
gebe ich damit zu, daß Gottes Gesetz
gut ist. 17 Das aber bedeutet: Nicht ich
selbst tue das Böse, sondern die Sün-
de, die in mir wohnt, treibt mich
dazu.

Die Herrschaft der Sünde

18 Ich weiß wohl, daß der Mensch von
Natur aus nicht gut ist. Deshalb wer-
de ich niemals das Gute tun können,
so sehr ich mich auch darum bemühe.
19 Ich will zwar immer wieder Gutes
tun und tue doch das Schlechte; ich
verabscheue das Böse, aber ich tue es

a) Wörtlich: wir im Fleische waren.
b) Wörtlich: so daß wir dem Tode Frucht brachten.
c) Vgl. 2. Mose 20,17
d) Wörtlich: Denn ohne das Gesetz ist die Sünde tot.
e) Wörtlich: ist geistlich.
f) Wörtlich: bin fleischlich.

Gutgemeint und doch nicht gut

Linda Karbe

Römer 7,15

«Selbstverständlich höre ich auf meine Eltern!»

Aber dann findet man die Eltern doch einfach zu konservativ, zu überängstlich und mißtrauisch. Und dann kommt man drei Stunden nach der abgemachten Zeit ... Die Mutter ist in Tränen aufgelöst und der Vater besorgt und ärgerlich.

Oder man heiratet trotz aller Warnungen den ungläubigen Partner, und jetzt eckt man in vielen Bereichen sehr hart aneinander, hat unterschiedliche Vorstellungen über Zeit- und Geldeinteilung, ganz zu schweigen in Erziehungsfragen.

«Mein Mann sollte die beste Ehefrau der Welt haben!»

Mein Mann ist so anders als der Partner meiner Träume! Er legt doch tatsächlich Wert auf gutes und pünktliches Essen und eine aufgeräumte, schöne Wohnung. Es ist ihm wichtig, daß ich äußerlich attraktiv bleibe und wenige Erwartungen an ihn habe, wenn er abends müde von der Arbeit nach Hause kommt. Eigentlich sollte er sich doch ganz auf mich und meine Art einstellen ... Wollte er mir nicht die Sterne vom Himmel holen?

«Aber als Mutter werde ich perfekt sein – geduldig, fröhlich, liebevoll!»

Die Kinder fordern mich Tag und Nacht. Ich kann kaum sinnvolle, zusammenhängende Gedanken fassen, geschweige denn meinen Ordnungsstandard aufrechterhalten. Viele Wünsche bleiben offen: Gäste einladen und Vorhaben verwirklichen, mein baldiger Wiedereinstieg in den Beruf und meine Weiterbildung.

Alles wächst mir über den Kopf, paßt kräftemäßig und zeitlich nicht so richtig zusammen!

So komme ich zu Jesus und bete: Herr, ich möchte nicht Gutes aus mir selbst produzieren, denn ich merke, es klappt nicht! Bewirke du das Gute in mir. Hilf mir dabei, meine Beziehungen und meine Aufgaben durch deine Kraft zu meistern.

Ich verstehe jetzt, was Dr. Griffith Thomas schreibt: «Es ist nicht schwer, ein christliches Leben zu führen, es ist unmöglich. Nur Jesus Christus kann es.»

dennoch. [20]Wenn ich also immer wieder gegen meine Absicht handle, dann ist klar, daß es die Sünde in mir ist, die mich zu allem Bösen verführt.

[21]Ich mache immer wieder dieselbe Erfahrung: Das Gute will ich tun, aber ich tue das Böse. [22]Ich wünsche mir nichts sehnlicher, als Gottes Gesetz zu erfüllen. [23]Dennoch handle ich nach einem anderen Gesetz, das in mir wohnt. Dieser Widerspruch zwischen meiner richtigen Einsicht und meinem falschen Handeln beweist, daß ich ein Gefangener der Sünde bin. [24/25]Ich stelle also fest: Innerlich stimme ich zwar dem Gesetz Gottes zu, aber in meinen Taten folge ich dem Gesetz der Sünde. Ich unglückseliger Mensch! Wer wird mich jemals aus dieser Gefangenschaft[a] befreien? Gott sei Dank! Durch unseren Herrn Jesus Christus sind wir bereits befreit.

Leben durch Gottes Geist

8 Wer nun zu Jesus Christus gehört, wird der Verurteilung durch Gott entgehen; er wird leben. [2]Denn für ihn gilt nicht länger das Gesetz der Sünde und des Todes. Es ist durch ein neues Gesetz aufgehoben, nämlich durch das Gesetz des Geistes Gottes, der durch Jesus Christus das Leben bringt.

[3]Wie ist es dazu gekommen? Das Gesetz konnte uns nicht helfen, so zu leben, wie es Gott gefällt, weil wir, an die Sünde versklavt, zu schwach sind, es zu erfüllen. Deshalb sandte Gott seinen Sohn zu uns. Er wurde Mensch und war wie wir der Macht der Sünde ausgesetzt. An unserer Stelle nahm er Gottes Verurteilung der Sünde auf sich.

[4]Jetzt können wir den Willen Gottes tun, wie es das Gesetz schon immer von uns verlangt hat; denn jetzt bestimmt Gottes Geist und nicht mehr die sündige menschliche Natur unser Leben. [5]Wer nur seinen menschlichen Wünschen und Trieben folgt, der bleibt seiner sündigen Natur ausgeliefert. Wenn aber Gottes Geist in uns wohnt, wird auch unser Leben von seinem Geist bestimmt. [6]Was uns die alte, sündige Natur einbringt, sind Verzweiflung und Tod. Gottes Geist aber schenkt uns Frieden und Leben.

[7]Von unserem Wesen her lehnen wir Menschen uns gegen Gott auf, weil wir seine Gebote nicht erfüllen und auch gar nicht erfüllen können. [8]Deshalb kann Gott an uns – so wie wir sind – keinen Gefallen finden. [9]Nun aber ist Gottes Geist in euch, und ihr seid nicht länger der Herrschaft eures sündigen Wesens ausgeliefert. Seid euch darüber im klaren: Wer den Geist Christi nicht hat, der gehört auch nicht zu ihm.

[10]Wenn Christus in euch lebt, dann ist zwar euer Leib wegen eurer Sünde noch dem Tod ausgeliefert. Doch Gottes Geist schenkt euch ein neues Leben, weil Gott euch als seine Kinder angenommen hat.[b] [11]Ist der Geist Gottes in euch, so wird Gott, der Jesus von den Toten auferweckte, auch euren sterblichen Leib durch seinen Geist wieder lebendig machen; er wohnt ja in euch.

[12]Darum, liebe Brüder, müssen wir

a) Wörtlich: aus diesem Todesleib.
b) Wörtlich: Wenn aber Christus in euch ist, dann ist der Leib tot um der Sünde willen, der Geist jedoch Leben um der Gerechtigkeit willen.

nicht länger den Wünschen und dem Verlangen unserer alten menschlichen Natur folgen. 13 Denn wer ihr folgt, ist dem Tode ausgeliefert. Wenn du aber auf die Stimme Gottes hörst und ihr gehorchst, werden die selbstsüchtigen Wünsche in dir getötet, und du wirst leben.

14 Alle, die sich vom Geist Gottes regieren lassen, sind Kinder[a] Gottes. 15 Denn der Geist Gottes führt euch nicht in eine neue Sklaverei; nein, er macht euch zu Gottes Kindern. Deshalb dürft ihr furchtlos und ohne Angst zu Gott kommen und ihn euern Vater nennen.[b] 16 Gottes Geist selbst gibt uns die innere Gewißheit, daß wir Gottes Kinder sind. 17 Als seine Kinder aber sind wir – gemeinsam mit Christus – auch seine Erben. Und leiden wir jetzt mit Christus, werden wir einmal auch seine Herrlichkeit mit ihm teilen.

Hoffnung für die ganze Schöpfung

18 Ich bin ganz sicher, daß alles, was wir jetzt erleiden,[c] nichts ist, verglichen mit der Herrlichkeit, die wir einmal erfahren werden. 19 Darum wartet die ganze Schöpfung sehnsüchtig und voller Hoffnung auf den Tag, an dem Gott seine Kinder in diese Herrlichkeit aufnimmt.

20 Ohne eigenes Verschulden sind alle Geschöpfe durch die Schuld des Menschen der Vergänglichkeit ausgeliefert. Aber Gott hat ihnen die Hoffnung gegeben, 21 daß sie zusammen mit den Kindern Gottes einmal von Tod und Vergänglichkeit erlöst und zu einem neuen, herrlichen Leben befreit werden. 22 Denn wir sehen ja, wie die gesamte Schöpfung leidet und unter Qualen auf ihre Neugeburt wartet.

23 Aber auch wir selbst, denen Gott bereits jetzt seinen Geist[d] gegeben hat, warten voller Sehnsucht darauf, daß Gott uns als seine Kinder zu sich nimmt und auch unseren Leib von aller Vergänglichkeit befreit.

24 Darauf können wir zunächst nur hoffen und warten. Hoffen aber bedeutet: noch nicht haben. Denn was einer schon hat und sieht, darauf braucht er nicht mehr zu hoffen. 25 Hoffen wir aber auf etwas, das wir noch nicht sehen können, dann warten wir zuversichtlich darauf.

26 Dabei hilft uns der Heilige Geist in all unseren Schwächen und Nöten. Wissen wir doch nicht einmal, wie wir beten sollen, damit Gott uns erhören kann. Deshalb hilft uns der Heilige Geist und betet für uns auf eine Weise, wie wir es mit unseren Worten nie könnten.[e] 27 Aber Gott, der uns ganz genau kennt, weiß natürlich auch, was der Heilige Geist für uns betet; denn er vertritt uns im Gebet, wie es dem Willen Gottes entspricht.

28 Das eine aber wissen wir: Wer Gott liebt, dem dient alles, aber auch wirklich alles zu seinem Heil; denn dazu hat Gott selbst ihn erwählt und

a) Wörtlich: Söhne.
b) Wörtlich: Ihr habt ja nicht einen Sklavengeist empfangen, so daß ihr wieder Angst haben müßtet, sondern ihr habt den Geist der Sohnschaft empfangen, in welchem wir rufen: Abba, Vater!
c) Wörtlich: die Leiden der gegenwärtigen Zeit.
d) Wörtlich: die Erstlingsgabe des Geistes.
e) Wörtlich: mit unaussprechlichen Seufzern.

berufen. 29 Wen Gott nämlich auser-
wählt hat, der ist nach seinem Willen
auch dazu bestimmt, seinem Sohn
ähnlich zu werden, dem ersten unter
vielen Brüdern. 30 Und wen Gott da-
für bestimmt hat, den hat er auch in
seine Gemeinschaft berufen; wen er
aber berufen hat, den hat er auch von
seiner Schuld befreit. Und wen er von
seiner Schuld befreit hat, der hat
schon im Glauben Anteil an seiner
Herrlichkeit.

Gottes grenzenlose Liebe

31 Kann man wirklich noch mehr er-
warten? Wenn Gott für uns ist, wer
kann dann gegen uns sein? 32 Gott,
der für uns seinen eigenen Sohn geop-
fert hat, sollte er uns noch etwas vor-
enthalten? 33 Wer könnte es wagen,
die von Gott Auserwählten anzukla-
gen? Niemand, denn Gott selbst hat
sie von aller Schuld freigesprochen.
34 Wer wollte es wagen, sie zu verur-
teilen? Keiner, denn Christus ist für
sie gestorben, ja noch mehr: Er ist
vom Tode auferweckt worden und
tritt jetzt vor Gott für uns ein.

35 Was also könnte uns von Christus
und seiner Liebe trennen? Leiden
und Angst vielleicht? Verfolgung?
Hunger? Armut? Gefahr oder ge-
waltsamer Tod? 36 Gewiß nicht! Es
heißt ja schon in der Heiligen Schrift:
«Wie Schafe, die geschlachtet werden
sollen, wird man uns deinetwegen
überall verfolgen und töten.»[a]

37 Aber dennoch: Wir werden über
das alles triumphieren, weil Christus
uns so geliebt hat. 38 Denn da bin ich
ganz sicher: Weder Tod noch Leben,
weder Engel noch Dämonen[b], weder
Gegenwärtiges noch Zukünftiges,
noch irgendwelche Gewalten, weder
Himmel noch Hölle oder sonst irgend
etwas können uns von der Liebe Got-
tes trennen, die er uns in Jesus Chri-
stus, unserem Herrn, bewiesen hat.

Israel, das von Gott erwählte Volk

9 Christus ist mein Zeuge, und der
Heilige Geist bestätigt es mir in
meinem Gewissen, daß es wahr ist,
wenn ich euch versichere: 2 Ich bin
voller Trauer und empfinde tiefen
Schmerz, wenn ich an Israel denke.
3 Käme es meinen Brüdern, meinem
eigenen Volk, zugute, ich würde es
auf mich nehmen, verflucht und von
Christus getrennt zu sein. 4 Gott hat
doch Israel so reich beschenkt; es ist
ja das von ihm auserwählte Volk.[c] Er
hat sich diesem Volk in seiner Macht
und Herrlichkeit offenbart. Immer
wieder hat er mit ihm Bündnisse ge-
schlossen und ihm seine Gebote gege-
ben. In ihren Gottesdiensten ist Gott
gegenwärtig, und ihnen gelten seine
Verheißungen. 5 Abraham, Isaak und
Jakob sind ihre Väter, und Christus
selbst stammt aus ihrem Volk. Ihn,
der als Gott über alles regiert, preisen
wir in alle Ewigkeit. Amen.

Wer gehört zu Gottes Volk?

6 All dies hat nach wie vor Gültigkeit,
auch wenn nicht alle aus dem Volk Is-
rael zu Gottes auserwähltem Volk ge-
hören. 7 Nicht alle Nachkommen
Abrahams sind auch wirklich seine
Kinder. Denn Gott hatte zu Abraham

a) Psalm 44,23
b) Wörtlich: Herrschaften, Mächte.
c) Wörtlich: Sie sind Israeliten und ihnen gehört die Sohnschaft.

Wie du willst, Gott

Ruth Imhof-Moser

Römer 8,28

Wie schön und wie wahr ist dieser Vers: Gott lenkt alle Dinge des Lebens zu unserem Besten. Aber wie schwer ist es, diese Aussage in schwierigen Lebensabschnitten auch zu glauben!

Weil uns dieses Wort schon lange bewegte, ließen mein Mann und ich vor unserer Hochzeit folgenden Vers in unsere Eheringe eingravieren: «... wie sollte er uns mit ihm nicht alles schenken?» (Römer 8,31f.) Ein Vers, der mir immer wieder Hoffnung machte während des langen Wartens auf unser erstes Kind – ganze 18 Jahre lang. Zwar wußten wir beide unsere Zeit ohne Kinder gut zu nützen und konnten uns in viele Aufgaben im Reich Gottes investieren. Doch tief im Herzen haderte ich in den ersten Jahren oft mit Gott, daß er uns diesen innigsten Wunsch nicht erfüllte. Mir war damals kaum bewußt, wie Gott uns führte und uns Aufgaben gab, die uns beide tief befriedigten und zugleich auf spätere Pflichten vorbereiteten. Erst nach langem inneren Ringen konnte ich Gottes Weg annehmen und ehrlich sagen: «Wie du willst, Herr!»

Heute bin ich Mutter von drei brasilianischen Kindern im Alter von 8 bis 12 Jahren. Der Weg zu dieser Adoption war kein Spaziergang. Der anfängliche Wunsch, ein Kleinkind zu adoptieren, erwies sich als enttäuschender Fehlschlag. Dies brachte uns zu der Einsicht, daß es uns nicht darum gehen konnte, ein Kind zu erhalten, das einfach unsere Wünsche und Erwartungen erfüllte. Anders herum: Wir sollten bereit sein, für Kinder da zu sein, die uns als neue Eltern brauchten. Als diese Bereitschaft vorhanden war, wurden wir sehr schnell zu drei brasilianischen Waisenkindern geführt.

Der Entschluß, drei Kinder im Alter von 5 bis 9 Jahren aufzunehmen, fiel nicht leicht. Waren wir damit nicht überfordert? Doch plötzlich stimmten auch alle äußeren Voraussetzungen für diesen Schritt, und wir wußten, daß uns Gott mit den drei Kindern zusammengeführt hatte.

Die drei Jahre, welche die Kinder jetzt bei uns sind, haben uns viel Freude, Arbeit und natürlich zuweilen auch Sorgen bereitet. Aber wir können heute noch bestätigen: «Wer Gott liebt, dem dient alles zum Besten.» Für mich bedeutet diese erfüllende Aufgabe, täglich mein Vertrauen auf Gott zu setzen und ihm zu vertrauen, daß er heilen und helfen kann.

gesagt: «Nur die Nachkommen deines Sohnes Isaak werden das auserwählte Volk sein.»[a] 8 Das bedeutet: Nicht alle, die auf natürliche Weise von Abraham abstammen, gehören zu Gottes Volk, seinen Kindern. Nur der zählt dazu, wer – so wie Isaak – Gottes Verheißung hat. 9 Denn das hatte Gott Abraham zugesagt: «Im nächsten Jahr um diese Zeit werde ich kommen, und dann wird Sara einen Sohn haben.»[b]

10 Aber nicht nur Abrahams Frau Sara erging es so. Was geschah denn mit Rebekka, der Frau Isaaks? 11 Noch ehe ihre Söhne Esau und Jakob geboren waren, das heißt, noch ehe sie etwas Gutes oder Böses getan haben konnten, hatte Gott zu ihr gesagt: 12 «Der Ältere wird dem Jüngeren dienen.»[c] Damit gab Gott ganz klar zu erkennen, daß seine Verheißungen ausschließlich auf seinem Willen, seiner Gnade beruhen und nicht von den Leistungen des Menschen abhängig sind. 13 So sagt Gott ausdrücklich: «Jakob – nicht Esau – habe ich erwählt.»[d]

Kein Anspruch auf Gottes Barmherzigkeit

14 Bedeutet das etwa, daß Gott ungerecht ist? Auf keinen Fall! 15 Denn Gott hat einmal zu Mose gesagt: «Ich erweise meine Güte, wem ich will. Und über wen ich mich erbarmen will, über den werde ich mich erbarmen.»[e] 16 Entscheidend ist also nicht, wie sehr sich jemand anstrengt und müht, sondern daß Gott sich über ihn erbarmt. 17 Wie erging es dem Pharao, dem König Ägyptens, der sich gegen Gottes Befehle auflehnte? Zu ihm sagte Gott: «Ich habe dich als König über Ägypten eingesetzt, damit an deinem Ungehorsam meine Macht allen sichtbar und dadurch der ganzen Welt mein Name bekannt wird.»[f] 18 Gott schenkt also seine Barmherzigkeit, wem er will, aber er macht Menschen auch hart und gleichgültig, wenn er es will.

19 Sicher werdet ihr mich jetzt fragen: «Wie kann Gott dann noch von unserer Schuld sprechen? Wer kann denn etwas gegen Gottes Willen unternehmen?» 20 Darauf kann ich nur antworten: Wer seid ihr denn eigentlich, ihr Menschen, daß ihr meint, Gott zur Rechenschaft ziehen zu können? Glaubt ihr wirklich, daß sich der Schöpfer vor seinen Geschöpfen verantworten muß? 21 Schließlich kann auch ein Töpfer aus einem Klumpen Lehm ein wertvolles oder ein gewöhnliches Gefäß formen.

22 Genauso wollte Gott an den Ägyptern[g] seinen Zorn und seine Macht sichtbar werden lassen. Und obwohl sie ihrem Untergang nicht entgehen konnten, hat er große Geduld mit ihnen[h] gehabt. 23 An den Israeliten,[i] die an seiner Herrlichkeit teil-

a) 1. Mose 21,12
b) 1. Mose 18,10.14
c) 1. Mose 25,23
d) Wörtlich: Jakob habe ich geliebt, Esau aber gehaßt. Maleachi 1,2.3
e) 2. Mose 33,19
f) 2. Mose 9,16
g) Wörtlich: an den einen.
h) Wörtlich: mit den Gefäßen des Zorns.
i) Wörtlich: An den Gefäßen der Barmherzigkeit.

Bei Gott komme ich zur Ruhe

Psalm 62

Ein Lied Davids

Nur bei Gott komme ich zur Ruhe; geduldig warte ich auf seine Hilfe.
Nur er ist ein schützender Fels und eine sichere Burg.
Er steht mir bei, und niemand kann mir schaden.

Wie lange noch wollt ihr alle über einen herfallen
und ihm den letzten Stoß versetzen wie einer Wand,
die sich schon bedrohlich neigt, oder einer Mauer, die bereits einstürzt?

Ja, sie unternehmen alles, um meinen guten Namen in den Dreck zu ziehen.
Es macht ihnen Freude, Lügen über mich zu verbreiten.
Wenn sie mit mir reden, sprechen sie Segenswünsche aus,
doch im Herzen verfluchen sie mich.

Nur bei Gott komme ich zur Ruhe; er allein gibt mir Hoffnung.
Nur er ist ein schützender Fels und eine sichere Burg.
Er steht mir bei, und niemand kann mir schaden.

Gott rettet mich, er steht für meine Ehre ein.
Er schützt mich wie ein starker Fels, bei ihm bin ich geborgen.
Ihr Menschen, vertraut ihm jederzeit und schüttet euer Herz bei ihm aus!
Gott ist unsere Zuflucht.

Die Menschen vergehen wie ein Hauch; ob einfach oder vornehm –
sie sind wie ein Trugbild, das verschwindet.
Legt man sie auf die Waagschale, dann schnellt sie nach oben,
als wären die Menschen nur Luft.
Verlaßt euch nicht auf erpreßtes Gut,
laßt euch nicht blenden von unrecht erworbenem Reichtum!
Wenn euer Wohlstand wächst, dann hängt euer Herz nicht daran!
Mehr als einmal habe ich gehört, wie Gott gesagt hat:
«Ich allein habe alle Macht!»

Du, Herr, bist ein gnädiger Gott;
du vergiltst jedem, wie er es verdient.

haben sollen, wollte er dagegen seine Barmherzigkeit besonders beweisen.

24 Zu ihnen gehören auch wir. Und er hat uns nicht nur aus dem jüdischen Volk, sondern aus *allen* Völkern berufen. 25 Erinnert euch nur einmal an die Worte des Propheten Hosea! Dort sagt Gott: «Einmal werde ich die mein Volk nennen, die bisher nicht dazugehörten; und ich werde die auserwählen, die bisher nicht meine Auserwählten waren. 26 Und wo ihnen gesagt wurde: ‹Ihr seid nicht mein Volk›, da werden sie ‹Kinder des lebendigen Gottes› genannt.»[a]

27 Aber seinem Volk Israel ließ Gott durch den Propheten Jesaja sagen: «Selbst wenn es so viele Israeliten wie Sand am Meer gibt, werden doch nur wenige von ihnen gerettet. 28 Denn der Herr wird sein Urteil auf der Erde bald vollstrecken.»[b] 29 So hat es Jesaja schon vorher gesagt: «Hätte der Herr der himmlischen Heere[c] nicht einen kleinen Teil des jüdischen Volkes bewahrt, dann wären wir alle umgekommen wie die Leute von Sodom und Gomorra.»[d]

Der falsche Weg

30 Was will ich nun damit sagen? Menschen aller Völker, die sich nicht (wie die Juden) darum bemüht haben, bei Gott Anerkennung zu finden, wurden von ihm angenommen, und zwar durch ihren Glauben an Jesus Christus. 31 Israel aber, das sich so sehr bemühte, Gottes Gebote zu erfüllen, um dadurch vor Gott bestehen zu können, hat dieses Ziel nicht erreicht. 32 Warum eigentlich nicht? Weil dieses Volk nicht durch den Glauben an Christus, sondern durch seine Werke und seine eigenen Verdienste Anerkennung bei Gott finden wollte. Deshalb wurde ihnen Christus zum ‹Stein des Anstoßes›. 33 Von ihm hat Gott schon durch den Propheten Jesaja sagen lassen: «Seht her, ich lege in Jerusalem einen Stein, an dem man sich stoßen wird, und ein Hindernis, über das sie stürzen werden. Wer aber an ihn glaubt, wird leben.»[e]

Christus hat die Herrschaft des Gesetzes beendet

10 Liebe Brüder, ich wünsche mir sehnlichst, und ich bitte Gott inständig, daß auch mein Volk den richtigen Weg zu Gott findet. 2 Denn ich kann bezeugen, daß die Israeliten mit Eifer und Hingabe Gott dienen wollen, aber es fehlt ihnen die richtige Einsicht. 3 Sie haben nämlich nicht erkannt, daß Christus für sie gestorben ist, um sie mit Gott zu versöhnen. Statt dessen versuchen sie immer noch, sich durch eigene Leistungen Gottes Anerkennung zu verdienen. Deshalb lehnen sie ab, was Gott ihnen schenken will.[f] 4 Christus hat das Gesetz erfüllt und damit die Herr-

a) Hosea 2,25; 2,1
b) Jesaja 10,22–23
c) Wörtlich: der Herr Zebaoth.
d) Jesaja 1,9
e) Jesaja 8,14; 28,16
f) Wörtlich: Indem sie nämlich Gottes Gerechtigkeit verkannten und die eigene aufzurichten suchten, haben sie sich nicht der Gottesgerechtigkeit unterworfen.

IST GOTT UNGERECHT?

Barbara Chaignat-Schätzler

Römer 9,20–21

Gott ist absolut souverän und braucht sich niemandem gegenüber zu verantworten. Diesen Gedanken führt Paulus im 9. Kapitel des Römerbriefes aus. Gott schenkt seine Barmherzigkeit, wem er will; niemand hat Anspruch darauf. Seine Gnade ist in keiner Weise von menschlichen Leistungen abhängig.

Wie oft meinen auch heute Christen, daß sie sich Gottes Liebe verdienen können oder gar müssen? Nicht selten entstehen daraus zwanghafte «Übungen» – nach dem Motto: Ich muß unbedingt meine morgendliche Andacht halten, damit Gott mich segnet und mein Tag gut verläuft. Oder: Wenn ich schon soviel in der Bibel lese, muß mich Gott dafür belohnen und mich vor allem Übel bewahren.

Die Haltung «Ich tue etwas, dann bekomme ich auch etwas» ist zutiefst menschlich. Aber Paulus warnt uns im Römerbrief, denn Gott denkt nicht, wie wir Menschen denken, und Gott wird sich nicht vor den Menschen für sein Handeln verantworten. Sein Erbarmen können wir niemals verdienen oder kaufen und schon gar nicht erzwingen.

Er allein entscheidet, ob er aus einem Klumpen Lehm ein wertvolles oder ein gewöhnliches Gefäß formen will. Ist das nicht ungerecht? Nein, es ist gut für uns Menschen! Denn Gott urteilt nicht nach menschlichen Wertmaßstäben, sondern nach göttlichen. Er allein ist in der Lage, den Menschen ganzheitlich zu sehen, weil er bis in die tiefsten Tiefen unseres Herzens blickt. Wie oft schätzen wir unseren Nächsten falsch ein. Diese Fehleinschätzungen kommen bei Gott nicht vor, und deshalb können wir es auch getrost ihm überlassen, was er mit uns vorhat. Letztendlich sind wir in seiner Hand geborgen. Er kann uns nicht falsch verstehen, falsch beurteilen oder ungerecht behandeln.

Das gleiche gilt für Menschen, die sich selbst oder die wir für wertlos halten. Auch aus ihrem Leben kann Gott etwas Wertvolles entstehen lassen!

schaft des Gesetzes beendet. Wer an
ihn glaubt, wird von Gott angenom-
men.
5 Wer dennoch durch das Gesetz
vor Gott bestehen will, für den gilt,
was Mose geschrieben hat: «Wer *alle*
Forderungen des Gesetzes erfüllt,
wird dadurch leben.»[a]
6 Aber wer den Weg zu Gott durch
den Glauben an Christus gefunden
hat, der kann sagen: «Du brauchst
nicht länger darüber nachzudenken,
wie du in den Himmel steigen willst»[b]
– um Christus herabzuholen. Und er
muß nicht mehr fragen: 7 «Wer will
hinabsteigen zu den Toten?» – um Je-
sus von dort heraufzuholen. 8 Wer
glaubt, der weiß: «Gottes Wort ist
mir ganz nahe; es ist in meinem Mund
und in meinem Herzen.» Das ist näm-
lich das Wort vom Glauben an Chri-
stus, das wir verkündigen.
9 Denn wenn du mit deinem Munde
bekennst: «Jesus Christus ist der
Herr!», und wenn du von ganzem
Herzen glaubst, daß Gott ihn von den
Toten auferweckt hat, dann wirst du
gerettet werden. 10 Wer also von Her-
zen an Christus glaubt und seinen
Glauben auch bekennt, der erlebt,
was es heißt, von Christus erlöst zu
sein. 11 Gott sagte schon durch den
Propheten Jesaja: «Wer an ihn
glaubt, wird nicht verlorengehen.»[c]
12 Da gibt es auch keinen Unterschied
zwischen Juden und anderen Völ-
kern[d]: Gott ist ein und derselbe Herr,
der aus seinem Reichtum alle be-
schenkt, die ihn darum bitten.
13 «Denn jeder, der den Namen des
Herrn anruft, wird gerettet wer-
den.»[e]

Israel nimmt Gottes Angebot nicht an

14 Wie aber sollen die Menschen zu
Gott beten, wenn sie nicht an ihn
glauben? Wie sollen sie zum Glauben
an ihn kommen, wenn sie nie von ihm
gehört haben? Und wie können sie
von ihm hören, wenn ihnen niemand
Gottes Wort sagt? 15 Wer aber soll
Gottes Wort sagen, ohne dazu beauf-
tragt zu sein? Schon Jesaja wußte:
«Wieviel Gutes bewirken alle, die das
Evangelium verkündigen!»[f] 16 Aber
nicht jeder, der diese Heilsbotschaft
hört, nimmt sie auch an. So klagte
schon der Prophet Jesaja: «Herr, wer
glaubt denn unseren Worten?»[g]
17 Doch es bleibt dabei: Der Glaube
kommt allein aus dem Hören der Bot-
schaft; die Botschaft aber gibt uns
Christus. 18 Wie ist das nun bei den Ju-
den? Haben sie etwa Gottes Wort
nicht zu hören bekommen? Natürlich
haben sie es gehört, denn «diese Bot-
schaft ist überall verkündigt worden,
ihre Worte gelangten bis an das Ende
der Welt.»[h]
19 Man kann nun fragen: Haben sie
diese Botschaft vielleicht nicht ver-
standen? Doch, sie haben sie verstan-
den. Denn schon bei Mose heißt es:
«Ich will mein Volk eifersüchtig ma-

a) 3. Mose 18,5
b) 5. Mose 30,11–14
c) Jesaja 28,16
d) Wörtlich: Griechen.
e) Joel 3,5
f) Wörtlich: Wie lieblich sind die Füße derer, die eine gute Botschaft verkünden. Jesaja 52,7
g) Jesaja 53,1
h) Psalm 19,5

«LIEBLICHE» FÜSSE

Robyn Claydon

Römer 10,15

Nie werde ich jene Predigt während eines Gottesdienstes in den Bergen Nepals vergessen. Als ich bei dem kleinen Kirchlein ankam, mußte ich mir zunächst einen Weg durch Dutzende von Schuhen bahnen, die die Besucher vor der Tür stehen gelassen hatten.

Während des Gottesdienstes wanderte mein Blick immer wieder zu einer älteren Frau, deren Gesicht eine innere Freude ausstrahlte. Sie schien alle Lieder auswendig zu kennen und hob beim Beten und Singen spontan ihre Hände zum Himmel. Dabei bemerkte ich, daß ihr einige Finger fehlten. Und als ich dann den Blick über ihre Füße gleiten ließ, stellte ich fest, daß auch nicht alle Zehen vorhanden waren. Später erfuhr ich, daß diese Frau aussätzig gewesen war.

Nach dem Gottesdienst versuchte ich, per Übersetzer mit ihr zu sprechen, und fand heraus, daß sie Analphabetin war. Sie war nie zur Schule gegangen und hatte folglich auch noch nie die Bibel gelesen. Doch während des Gesprächs deutete sie vielsagend auf ihre Ohren und sagte: «Ich höre immer sehr genau zu, wenn aus der Bibel vorgelesen oder gepredigt wird. Auf diese Weise lerne ich Jesus immer besser kennen.»

In dem hinduistischen Land Nepal war es ihr als Christin nicht erlaubt, mit irgend jemand eine Unterhaltung über Christus zu beginnen. Es war jedoch nicht verboten, Menschen in die christlichen Gottesdienste einzuladen. So verbrachte sie den größten Teil der Woche damit, durch die Felder zu wandern und die arbeitenden Menschen zum Gottesdienst einzuladen. Mein Übersetzer erklärte mir, es seien jedesmal neue Leute da, die auf Einladung dieser Frau gekommen seien. Die Frau selbst meinte bescheiden: «Sie sollen doch auch erfahren, daß Jesus gekommen ist, um ihnen zu zeigen, wie sehr Gott sie liebt.»

Luther übersetzte diesen Vers: «Wie lieblich sind die Füßen der Freudenboten …» Diese Nepalesin hatte in der Tat «liebliche» Füße. Kein Weg war ihr zu weit, um die gute Botschaft von Jesus zu verkündigen.

Und wir mit unseren gesunden Füßen? Wir können uns an dieser Frau sicher ein Beispiel nehmen. Was hindert uns daran, Nachbarn und Freunde zu Veranstaltungen in unserer Gemeinde oder zum Hauskreis einzuladen? Vielleicht werden sie sonst nie erfahren, daß Gott sie liebt!

chen auf Menschen, die bisher nicht
zu mir gehörten, und ihr werdet zor-
nig sein auf ein Volk, das mich jetzt
noch nicht kennt.»[a] 20 Später wagte
Jesaja sogar ganz offen zu sagen:
«Die mich gar nicht gesucht haben,
die haben mich gefunden, und die
niemals nach mir fragten, werden
mich kennen.»[b] 21 Aber zu seinem ei-
genen Volk muß Gott sagen: «Den
ganzen Tag, immer wieder habe ich
meine Hände nach dem Volk ausge-
streckt, das sich nichts sagen läßt und
gegen meinen Willen handelt!»[c]

Hat Gott sein Volk aufgegeben?

11 Ich frage jetzt: Will Gott von
seinem Volk nichts mehr wis-
sen? Davon kann keine Rede sein!
Auch ich bin ja ein Israelit, ein Nach-
komme Abrahams aus dem Stamm
Benjamin. 2 Wie könnte Gott sein
Volk, das er sich einmal erwählt hat,
einfach aufgeben? Oder habt ihr ver-
gessen, wie Elia sich bei Gott über Is-
rael beklagte? 3 «Herr!» rief er, «alle
deine Propheten haben sie ermordet,
und deine Altäre haben sie niederge-
rissen. Nur ich bin übriggeblieben.
Und nun trachten sie auch mir nach
dem Leben.»[d]

4 Und was antwortete Gott damals?
«Nein, du bist nicht der einzige. Sie-
bentausend Menschen lasse ich am
Leben, alle, die nicht vor dem Götzen
Baal auf die Knie gefallen sind.»[e] 5 So
war es damals, und so ist es auch noch
heute. In seiner Barmherzigkeit und
Gnade hat Gott einen Teil des Volkes
Israel gerettet. 6 Wenn das aber aus
Gnade geschah, dann hatte es nichts
mit eigenen Leistungen zu tun. Sonst
wäre es ja keine Gnade.

7 Was heißt das also? Es heißt, Isra-
el hat nicht erreicht, worum es sich
mit aller Kraft bemühte. Das wurde
nur einem kleinen, von Gott auser-
wählten Teil des Volkes geschenkt.
Alle übrigen aber sind taub für Gottes
Wort. 8 Von ihnen sagt die Heilige
Schrift: «Sie sind wie betäubt.[f] Mit ih-
ren Augen sehen sie nichts, mit ihren
Ohren hören sie nichts – und das bis
auf den heutigen Tag.»[g] 9 Auch König
David sagt: «Ihr Gottesdienst soll
zum Götzendienst werden, zu einer
Falle, in der sie sich selbst fangen und
der Strafe Gottes ausliefern.[h] 10 Laß
ihre Augen blind werden, damit sie
nichts mehr sehen können, und beuge
für immer ihren Rücken unter der
Last des Gesetzes.»[i]

Warnung vor Überheblichkeit

11 War es nun Gottes Absicht, dieses
Volk fallenzulassen, weil er sich end-
gültig von ihm abwenden wollte? Nie
und nimmer! Aber durch den Unge-

a) Wörtlich: Ich will euch reizen mit einem Volk, das keines ist. Ich will euch herausfordern durch ein Volk ohne Erkenntnis. 5. Mose 32,21
b) Jesaja 65,1
c) Jesaja 65,2
d) 1. Könige 19,10
e) 1. Könige 19,18
f) Wörtlich: Eingegeben hat ihnen Gott einen Geist tiefen Schlafes.
g) Jesaja 29,10; 5. Mose 29,3
h) Wörtlich: Es werde ihnen ihr Tisch (Altar) zur Schlinge und zum Netz und zum Fallstrick und zum Anlaß der Vergeltung.
i) Psalm 69,23–24

horsam des Volkes Israel wurde der Weg bereitet, um den übrigen Völkern die Heilsbotschaft zu bringen. Ihrem Beispiel soll Israel nun nacheifern. 12 Bedenken wir aber, welchen Segen schon das Versagen Israels allen anderen Völkern brachte, wie groß wird erst der Segen sein, wenn das ganze Israel für Christus gewonnen ist.

13 Euch, die ihr keine Juden seid, möchte ich sagen: Ich freue mich, daß Gott mich gerade zu euch geschickt hat, um euch das Evangelium zu verkündigen. 14 Vielleicht wird dadurch auch bei einigen aus meinem Volk der Glaube geweckt, so daß sie doch noch gerettet werden.[a] 15 Denn kam es schon zur Versöhnung der Völker mit Gott, als er sich von Israel abwandte, wie herrlich muß es werden, wenn Gott sich seinem Volk wieder zuwendet. Dann werden Tote zum Leben auferstehen. 16 Mit dem ersten Brot, das Gott zum Opfer gebracht wird, ist nämlich die ganze Ernte gesegnet; und sind die Wurzeln eines Baumes gut[b], dann sind es auch die Zweige.

17 Einige Zweige dieses Baumes – ich spreche von Gottes auserwähltem Volk – sind herausgebrochen worden. An ihrer Stelle wurdet ihr als Zweige eines wilden Ölbaums aufgepfropft, so daß ihr von den Wurzeln und Säften des edlen Ölbaums lebt. 18 Bildet euch aber deshalb nicht ein, besser als die herausgebrochenen Zweige zu sein! Denn nicht ihr tragt die Wurzel, sondern die Wurzel trägt euch.

19 Freilich könnte jemand einwenden: «Man hat die Zweige doch herausgebrochen, damit ich dort Platz habe.» 20 Das ist richtig, sie wurden herausgebrochen, weil sie nicht glaubten. Und ihr seid an ihrer Stelle, weil ihr glaubt. Seid deshalb nicht hochmütig, sondern paßt auf, daß es euch nicht genauso ergeht.[c] 21 Denn hat Gott die Zweige des edlen Ölbaums nicht verschont, wird er euch erst recht nicht schonen.

22 Zweierlei sollt ihr daran erkennen: Gottes Güte und seine Strenge. Gottes Strenge seht ihr an denen, die von ihm abgefallen sind; seine Güte aber erfahrt ihr, solange ihr glaubt. Sonst werdet auch ihr wie jene Zweige herausgebrochen. 23 Umgekehrt werden alle aus dem Volk Israel wieder eingepfropft, die nicht länger im Unglauben bleiben. Gott hat die Macht dazu. 24 Immerhin hat er euch als Zweige eines wilden Ölbaumes dem guten Ölbaum aufgepfropft, was sonst niemand tun würde. Wieviel mehr wird Gott bereit sein, die herausgebrochenen Zweige wieder auf den Ölbaum zu pfropfen, auf den sie ursprünglich gehörten.

Gott hält seine Zusagen

25 Damit ihr nicht überheblich werdet, liebe Brüder, möchte ich euch anvertrauen, was mir Gott offenbart hat. Ein Teil des jüdischen Volkes ist zwar blind für die Botschaft von Jesus Christus. Aber das wird nur so lange dauern, bis alle Heiden, die Gott dafür ausersehen hat, den Weg zu Christus gefunden haben. 26 Danach wird ganz Israel gerettet, so wie

a) Wörtlich: Ob ich wohl mein Fleisch (Volk) reizen und einige von ihnen retten kann.
b) Wörtlich: heilig.
c) Wörtlich: sondern fürchtet euch.

es bei den Propheten heißt: «Aus Je-
rusalem[a] wird der Retter kommen. Er
wird Israel[b] von seiner Gottlosigkeit
bekehren. 27 Und das ist der Bund,
den ich mit ihnen schließe: Ich werde
sie von ihren Sünden befreien.»[c]

28 Indem sie das Evangelium ableh-
nen, sind viele Juden zu Feinden Got-
tes geworden. Aber gerade dadurch
wurde für euch der Weg zu Christus
frei. Doch Gott hält seine Zusagen,
und weil er ihre Vorväter erwählt hat,
bleiben sie sein geliebtes Volk.
29 Denn Gott fordert weder seine Ga-
ben zurück, noch widerruft er seine
Zusagen.

30 Früher habt ihr als Heiden Gott
nicht gehorcht. Aber weil die Juden
Christus ablehnten, hat Gott euch
seine Barmherzigkeit erfahren las-
sen. 31 Jetzt wollen die Juden nicht
glauben, daß Gott jedem Menschen
in Christus barmherzig ist, obwohl sie
es doch an euch sehen. Aber auch sie
sollen jetzt Gottes Barmherzigkeit er-
fahren. 32 Denn Gott hat alle Men-
schen – Juden wie Heiden – ihrem
Unglauben überlassen, weil er allen
seine Barmherzigkeit schenken will.

Gott ist unbegreiflich groß

33 Wie groß ist doch Gott! Wie unend-
lich sein Reichtum, seine Weisheit,
wie tief seine Gedanken. Wie unbe-
greiflich für uns seine Entscheidun-
gen[d] und seine Pläne! 34 Denn «wer
könnte jemals Gottes Absichten er-
kennen? Wer könnte ihm raten?»[e]
35 Oder: «Wer hätte Gott jemals
etwas gegeben, das er nun von ihm
zurückfordern könnte?»[f] 36 Denn al-
les, aber auch wirklich alles ist von
ihm, dem Schöpfer, ausgegangen, be-
steht durch ihn, und er wird alles voll-
enden. Ihm gehören Lob und Ehre in
alle Ewigkeit. Amen.

Das ganze Leben – ein Gottesdienst

12 Weil ihr Gottes Barmherzig-
keit erfahren habt, fordere ich
euch auf, liebe Brüder, mit Leib und
Leben für Gott dazusein. Seid ein le-
bendiges und heiliges Opfer, das Gott
gefällt. Einen solchen Gottesdienst
erwartet er von euch. 2 Nehmt nicht
die Forderungen dieser Welt zum
Maßstab, sondern ändert euch, in-
dem ihr euch an Gottes Maßstäben
orientiert. Nur dann könnt ihr be-
urteilen, was Gottes Wille ist, was gut
und vollkommen ist und was ihm ge-
fällt.

3 In der Vollmacht,[g] die mir Gott als
Apostel gegeben hat, warne ich jeden
einzelnen von euch: Schätzt euch
nicht höher ein, als euch zukommt.
Bleibt bescheiden, und maßt euch
nicht etwas an, was über die Gaben
hinausgeht, die Gott euch geschenkt
hat.

4 Unser Körper besteht aus vielen
Teilen, die ganz unterschiedliche
Funktionen haben. 5 Ebenso ist es mit

a) Wörtlich: Zion.
b) Wörtlich: Jakob.
c) Jesaja 59,20–21
d) Wörtlich: Gerichte.
e) Jesaja 40,13
f) Hiob 41,2–3
g) Wörtlich: Durch die Gnade.

AUF DIE WURZELN KOMMT ES AN

Vreni Stäheli

Römer 11,16

Eine Bastelarbeit aus der Kindergartenzeit unsres Sohnes muß ich ab und zu abstauben. Er ist jetzt 18 Jahre alt, aber ich kann mich einfach nicht entschließen, sie wegzuwerfen. Aus einer Käseschachtel, einer WC-Rolle, ein paar Zweigen und Styroporkugeln hat er damals ein wunderbares Bäumchen gebastelt und bunt angemalt.

Dieser Baum hält mir immer wieder eine «Predigt». Ohne Fundament – die Käseschachtel – und ohne Wurzeln hätte das ganze Bäumchen nämlich keinen festen Stand!

Ein Baum braucht zum Gedeihen Licht, Wasser und Nährstoffe. Im übertragenen Sinn gilt dies auch für uns Menschen und für unser Leben als Christen. Es ist entscheidend, wohin ich meine Wurzeln ausstrecke und woher ich Nahrung für mein Innerstes beziehe. Das klingt logisch und leuchtet unserem Verstand ein. Und doch müssen wir immer wieder prüfen, wo die Wurzeln unseres Lebensbaumes hinwachsen.

Vertraue ich Gott und erwächst daraus gute Frucht? Oder gewinnen Zweifel und Unglauben immer wieder die Oberhand?

Herr, hilf mir, nicht an den Früchten basteln zu wollen. Ich möchte konsequent darauf achten, daß mein Wurzelwerk in Ordnung ist. Früchte läßt du gedeihen! Wie wünsche ich mir, daß sie für andere genießbar sind und du geehrt wirst!

uns Christen. Gemeinsam bilden wir alle den Leib Christi – die Gemeinde –, und jeder einzelne ist auf die anderen angewiesen.

6 Gott hat jedem von uns durch seinen Heiligen Geist unterschiedliche Gaben geschenkt. 7 Hat jemand zum Beispiel die Gabe, in Gottes Auftrag prophetisch zu reden, dann muß dies mit dem Glauben übereinstimmen. Wem Gott einen praktischen Dienst übertragen hat, der soll ihn gewissenhaft ausführen. Wer Gottes Wort lehrt, soll diesem besonderen Auftrag gerecht werden. 8 Wer andere im Glauben ermutigen kann, der soll diese Gabe nutzen. Wer von der Gemeinde beauftragt ist, die Armen zu versorgen, der soll das gerecht und unparteiisch tun. Wer eine Gemeinde zu leiten hat, soll sich ganz für sie einsetzen. Wer Kranke und Alte zu pflegen hat, der soll es gern tun.

Ermutigung zu einem Leben aus Gottes Geist

9 Eure Liebe muß aufrichtig sein. Und wie ihr das Böse hassen müßt, sollt ihr das Gute lieben. 10 In herzlicher Liebe sollt ihr miteinander verbunden sein, und gegenseitige Achtung soll euer Zusammenleben bestimmen. 11 Setzt euch unermüdlich für Gottes Sache ein. Laßt euch ganz vom Heiligen Geist durchdringen, und steht Gott jeden Augenblick zur Verfügung. 12 Seid fröhlich in der Hoffnung darauf, daß Gott seine Zusagen erfüllt. Seid standhaft, wenn ihr verfolgt werdet. Und laßt euch durch nichts vom Gebet abbringen.

13 Helft anderen Christen, die in Not geraten sind, und seid gastfreundlich! 14 Wenn Menschen euch das Leben schwermachen[a], so betet[b] für sie, statt ihnen Schlechtes zu wünschen[c]. 15 Wenn andere fröhlich sind, dann freut euch mit ihnen. Weint aber auch mit den Trauernden! 16 Seid einmütig untereinander und streitet nicht. Versucht nicht immer wieder, hoch hinauszuwollen, sondern seid euch auch für geringe Dinge nicht zu schade. Hütet euch vor Selbstüberschätzung und Besserwisserei.

17 Vergeltet niemals Unrecht mit neuem Unrecht. Seid darauf bedacht, allen Menschen Gutes zu tun. 18 Soweit es irgend möglich ist und von euch abhängt, lebt mit allen Menschen in Frieden. 19 Liebe Freunde, denkt daran, daß es nicht eure Sache ist, euch selbst Recht zu verschaffen. Überlaßt dieses Urteil vielmehr Gott[d], denn er hat gesagt: «Es ist allein meine Sache, Rache zu nehmen. Ich werde alles vergelten.»[e]

20 Handelt so, wie es die Heilige Schrift von euch verlangt: «Wenn dein Feind hungrig ist, dann gib ihm zu essen; ist er durstig, gib ihm zu trinken. So wirst du ‹feurige Kohlen auf seinem Haupt sammeln›, du wirst ihn überwinden.»[f] 21 Laß dich nicht vom Bösen besiegen, sondern besiege das Böse durch das Gute.

a) Wörtlich: euch verfolgen.
b) Wörtlich: segnet.
c) Wörtlich: verflucht nicht.
d) Wörtlich: dem Zorngericht Gottes.
e) 5. Mose 32,35
f) Sprüche 25,21–22

SOGAR DAS HIER?

Gigi Graham Tchividjian

Römer 12,11.16

Obwohl ich am Vorabend erst wieder spät ins Bett gekommen war und nachts unseren Jüngsten beruhigen mußte, gelang es mir doch, am frühen Morgen Frühstück für die Familie zu machen, sechs Kinder auf den Weg zur Schule zu bringen und anschließend den Abwasch zu erledigen – bevor ich auf die Waschküche zusteuerte.

Abrupt blieb ich an der Tür stehen und starrte ungläubig auf den Berg mit schmutziger Wäsche. Hatte ich nicht erst gestern drei Maschinen gewaschen? Unwillkürlich traten mir Tränen in die Augen. Ich wischte sie hastig fort und schämte mich beinahe über mich selbst; dann stellte ich die erste Maschine an.

Weiter ging es mit der täglichen Hausarbeit: aufräumen, Zeitungen zusammenlegen, die vom Vorabend stehengebliebenen Becher, Gläser und Teller in die Küche bringen. Kurz darauf fand ich mich im Badezimmer wieder, wo ich die Wanne scheuerte. Wieder kamen mir plötzlich die Tränen. Ich war einfach frustriert über mein Los als Hausfrau: Jeden Tag das gleiche Theater! Ich war es leid, Kleider zu waschen, die ich erst gestern, sauber zusammengefaltet, in den Schrank gelegt hatte; das Geschirr zu spülen und wegzustellen, nur um es kurze Zeit später wieder aus dem Schrank zu holen und den Tisch zu decken; für Stunden am Herd zu stehen und das Essen zuzubereiten, das dann in wenigen Minuten verschlungen wurde …

Da saß ich, Schwamm und Scheuermittel in der Hand, mitten im Badezimmer, und die Tränen liefen mir über die Wangen. Ich weinte, schneuzte mir die Nase und betete – alles zur gleichen Zeit.

Doch dann kam Gott mir in seiner Liebe und Freundlichkeit mit einem Bibelwort zu Hilfe: «Was ihr für einen meiner geringsten Brüder getan habt, das habt ihr für mich getan!» (Matthäus 25,40).

«Sogar das hier, Herr?» fragte ich schluchzend.

«Das hier ganz besonders», erwiderte er. «Wer sonst würde das für mich tun? In all diesen kleinen Dingen dienst du mir.»

Erleichtert und getröstet trocknete ich meine Tränen und machte mich mit neuer Energie daran, die Wanne zu scheuern.

Der Christ und die staatliche Ordnung

13 Jeder soll sich den beste-
henden staatlichen Gewalten
unterordnen. Denn es gibt keine Au-
torität, die nicht von Gott kommt. Je-
de staatliche Autorität ist von Gott
eingesetzt. 2 Wer sich also den Behör-
den widersetzt, handelt gegen die von
Gott eingesetzte Ordnung und wird
dafür von ihm bestraft werden.
3 Wer gut und richtig handelt,
braucht die Autorität des Staates oh-
nehin nicht zu fürchten; das muß nur,
wer gegen das Recht verstößt. Wollt
ihr also ohne Angst vor Bestrafung le-
ben, dann haltet euch an die Gesetze.
Euer gutes Verhalten wird Anerken-
nung finden. 4 Die öffentliche Gewalt
steht im Dienst Gottes zum Nutzen
jedes einzelnen. Wer aber Unrecht
tut, muß sie fürchten, denn Gott hat
ihr nicht ohne Grund die Macht über-
tragen, Strafen zu verhängen. Sie
handelt im Auftrag Gottes, wenn sie
Gesetzesbrecher verfolgt und be-
straft. 5 Es sind also zwei Gründe,
weshalb sich Christen den staatlichen
Organen unterordnen müssen: zum
einen ist es der drohende Zorn Got-
tes, zum anderen aber auch unser Ge-
wissen, das uns sonst vor Gott ankla-
gen würde.
6 Und weil die Beamten als Beauf-
tragte des Staates ihren Dienst im
Auftrag Gottes ausüben, zahlt ihr ja
auch Steuern. 7 Gebt also jedem, was
ihr ihm schuldig seid. Zahlt die Steu-
ern, die man von euch verlangt,
ebenso den Zoll. Unterstellt euch der
Autorität des Staates, und erweist de-
nen, die Anspruch darauf haben, den
notwendigen Respekt.

Das wichtigste Gebot

8 Bleibt keinem etwas schuldig, abge-
sehen davon, daß ihr euch unterein-
ander lieben sollt. Denn nur wer sei-
ne Mitmenschen liebt, der hat Gottes
Gesetz erfüllt. 9 Alle Gebote, die
Gott Mose gegeben hat – wie zum
Beispiel: «Du sollst nicht die Ehe
brechen, du sollst nicht töten, du
sollst nicht stehlen, du sollst nicht das
begehren, was anderen gehört»[a] –, al-
le diese Gebote lassen sich in einem
Satz zusammenfassen: «Du sollst dei-
nen Mitmenschen lieben wie dich
selbst.»[b] 10 Denn wer seinen Mitmen-
schen liebt, tut ihm nichts Böses.
Deshalb ist die Liebe das Entschei-
dende an Gottes Gesetz.[c]

Leben im Licht Gottes

11 Liebt also euren Nächsten, denn ihr
wißt doch, daß es Zeit ist, aus aller
Gleichgültigkeit aufzuwachen. Bald
wird Christus wiederkommen und
uns endgültig erlösen. Dieser Zeit
sind wir jetzt näher als zu Beginn un-
seres Glaubens. 12 Bald ist die Nacht
vorüber, und Gottes Tag bricht an.
Deshalb wollen wir uns von den fin-
steren Werken der Nacht trennen
und uns statt dessen mit den Waffen
des Lichts rüsten. 13 Wir haben vor
niemandem etwas zu verbergen und
wollen ein gutes, anständiges Leben
führen;[d] ohne üppige Gelage und

a) 2. Mose 20,13–17
b) 3. Mose 19,18; vgl. Matthäus 22,34–40
c) Wörtlich: So ist die Liebe die Erfüllung des Gesetzes.
d) Wörtlich: Als am Tage laßt uns unser Leben ehrbar führen.

LIEBE – DIE ERFÜLLUNG DES GESETZES

Rosemarie Bräumer

Römer 13,1

Hinter dem Staat und seinen Politikern steht Gottes Ordnung und Gottes Wille. Die Regierenden sind Gottes Diener, auch wenn sie es nicht wissen. Sie sind die Hüter der öffentlichen Ordnung. Durch den Staat wird trotz aller menschlichen Fehler und Schwächen etwas von Gottes Gerechtigkeit sichtbar. Unterordnung bedeutet Ehrfurcht vor Gott, der durch den Staat mit den Menschen handelt.

Das Wort, das Paulus hier für Gehorsam gebraucht, heißt wörtlich übersetzt «sich einfügen». Untertan sein und Gehorsam bedeutet demnach das rücksichtsvolle Sich-Einfügen in eine von Gott gesetzte Ordnung. Das schafft nur die Liebe. Die Liebe ist die Brücke zwischen der staatlichen Ordnung und dem Leben in der Nachfolge Jesu.

Allein die Liebe schafft es, daß sich Menschen sogar in ein heidnisches und gottloses Regime einordnen können. Dies zeigt ein Blick in die Geschichte des Römischen Reiches. Dem römischen Kaiser Valerian (258 n.Chr.) war zugetragen worden, daß der Diakon Laurentius Liebesgaben an die Armen der christlichen Gemeinde verteile. Er hatte gehört, daß Laurentius der Hüter eines großen, in den Katakomben verborgenen Schatzes sei. Der Kaiser erließ also Befehl, diesen Schatz zu sehen. Der gehorsame Diakon sammelte daraufhin alle Armen, Kranken, Blinden und Krüppel, führte sie in den Hof des Kaiserpalastes und meldete Valerian: «Siehe, der ganze Hof ist voll goldener Gefäße. Das sind Schätze, die wachsen in aller Zeit. Diese sind des Lichtes Kinder, der wahre Schatz der Kirche, ihr Gold und ihr Edelgestein.» Der Kaiser ließ ihn daraufhin hinrichten.

Laurentius hat sich dem heidnischen Regime eingefügt, ohne dabei Jesus und seinem Auftrag untreu zu werden.

Herr, ich brauche dich!

Aus Psalm 63

Ein Lied Davids
aus der Zeit, als er in der Wüste Juda war.

Gott! Du bist mein Gott!
Ich sehne mich nach dir, dich brauche ich!
Wie eine dürre Steppe nach Regen lechzt,
so dürste ich, o Gott, nach dir.

Ich suche dich in deinem Heiligtum,
um deine Macht und Herrlichkeit zu sehen.
Deine Liebe bedeutet mir mehr als mein Leben!
Darum will ich dich loben;
mein Leben lang werde ich dir danken
und meine Hände zum Gebet emporheben.

Ich juble dir zu und preise dich,
ich bin glücklich und zufrieden wie bei einem Festmahl.
Wenn ich nachts in meinem Bett liege,
denke ich über dich nach,
meine Gedanken sind dann nur bei dir.

Denn du hast mir immer geholfen; ich preise dich,
unter deinem Schutz bin ich sicher und geborgen.
Ich klammere mich an dich,
und du hältst mich mit deiner starken Hand.

Die mir nach dem Leben trachten,
müssen alle selbst umkommen.
Der Tod erwartet sie schon.

Der König aber freut sich, weil Gott ihm beisteht.
Wer sich beim Schwören auf Gott berufen kann,
der darf sich glücklich schätzen;
den Lügnern aber wird das Maul gestopft.

Saufereien, ohne Ausschweifungen
und Sittenlosigkeit, ohne Streit und
Eifersucht. 14 Statt dessen soll Jesus
Christus in allem euer Vorbild sein.[a]
Hütet euch davor, euern Leib mit sei-
nen Wünschen und Begierden zum
Mittelpunkt eures Lebens zu machen.

Einander annehmen

14 Nehmt auch den ohne Vorbe-
halte an, der als Christ meint,
vieles ängstlich meiden zu müssen.
Verwirrt ihn nicht noch dadurch, daß
ihr über unterschiedliche Ansichten
streitet. 2 So essen die einen alles, oh-
ne daß ihr Glaube in Gefahr gerät,
während andere meinen, sich zu ver-
sündigen, wenn sie Fleisch essen.[b]
3 Niemand sollte deswegen auf die im
Glauben Schwachen verächtlich her-
abschauen. Diese wiederum haben
nicht das Recht, jemanden zu verur-
teilen, weil er das Fleisch der
Opfertiere ißt. Denn Gott hat den
einen wie den anderen in seine Ge-
meinschaft aufgenommen. 4 Du bist
nicht der Herr deines Nächsten. Mit
welchem Recht willst du ihn also ver-
urteilen? Er ist nicht dir verantwort-
lich, sondern Gott, und der ist stark
genug, ihn vor falschen Wegen zu be-
wahren.[c]

5 Es gibt Leute, für die bestimmte
Tage von besonderer Bedeutung
sind. Für andere wieder sind alle Tage
gleich. Das soll jeder so halten, wie es
nach seiner Überzeugung richtig ist.
6 Wer nämlich Fastentage einhält, der
will damit Gott ehren. Und wer an
solchen Tagen ißt, der ehrt auch
Gott, denn im Gebet dankt er ihm für
das Essen. Fastet aber jemand an die-
sen Tagen, dann fastet er aus Liebe zu
Gott, und auch er dankt Gott im Ge-
bet und erweist ihm dadurch die
Ehre.

7 Schließlich: Niemand von uns lebt
für sich selbst, und niemand stirbt für
sich selbst. 8 Leben wir, dann leben
wir für den Herrn, und sterben wir,
dann sterben wir für den Herrn. Ganz
gleich also, ob wir leben oder sterben:
Wir gehören dem Herrn. 9 Denn da-
für ist Christus gestorben und zu neu-
em Leben auferstanden, daß er im
Leben wie im Sterben unser Herr ist.[d]

10 Mit welchem Recht verurteilst du
also einen anderen? Und warum ver-
achtest du deinen Bruder, nur weil er
sich anders verhält? Vergiß nicht, daß
wir einmal alle vor Gott stehen wer-
den und er über uns urteilt. 11 Hat
nicht schon Jesaja geschrieben: «So
wahr ich lebe, spricht der Herr: Vor
mir werden alle niederknien, und alle
werden bekennen, daß ich der Herr
bin!»[e] 12 So wird also jeder für sich
selbst vor Gott Rechenschaft ablegen
müssen.

Füreinander verantwortlich

13 Deshalb wollen wir uns nicht länger
gegenseitig verurteilen. Keiner soll
durch sein Verhalten den anderen in
Bedrängnis bringen oder in seinem
Glauben verunsichern. 14 Ich weiß,

a) Wörtlich: Zieht den Herrn Jesus Christus an.
b) Wörtlich: der Schwache aber ißt (nur) Gemüse.
c) Wörtlich: Dem eigenen Herrn steht oder fällt er. Er wird aber stehenbleiben, denn der Herr kann ihn aufrecht erhalten.
d) Wörtlich: daß er über Tote und Lebende herrsche.
e) Jesaja 45,23

und Christus bestätigt es mir, daß es
keine Speise gibt, die uns von Gott
trennt, weil sie «unrein» wäre. Wer
aber etwas für «unrein» hält, für den
ist es tatsächlich «unrein».

15 Wenn du aber durch das, was du
ißt, deinen Bruder verwirrst oder ihn
sogar dazu verführst, gegen sein Ge-
wissen zu handeln, dann bist du lieb-
los. Wegen irgendwelcher Speisen
dürft ihr auf keinen Fall den Glauben
eures Bruders zerstören, für den doch
Christus auch gestorben ist. 16 Achtet
also darauf, daß nicht durch derartige
Nebensächlichkeiten der Glaube an
Christus[a] in Verruf gerät. 17 Denn es
geht allein um das Reich Gottes, nicht
um Essen und Trinken. Es geht dar-
um, daß Gott jeden annimmt, der zu
ihm kommt, und ihn durch seinen
Heiligen Geist mit Frieden und Freu-
de erfüllt. 18 Wer Christus in dieser
Weise dient, an dem hat Gott Freude,
und auch die Menschen werden ihn
achten.

19 Deshalb wollen wir uns mit allen
Kräften darum bemühen, in Frieden
miteinander zu leben, und einander
helfen, im Glauben zu wachsen.
20 Zerstört nicht Gottes Werk wegen
irgendwelcher Speisevorschriften.
Einige von euch sagen zwar: «Vor
Gott ist alles rein.» Das stimmt. Aber
andere kommen in Gewissensnöte,
wenn sie bestimmte Speisen essen.
Damit schaden sie sich selbst.

21 Deswegen ist es besser, du ißt
kein Fleisch, trinkst keinen Wein und
vermeidest überhaupt alles, was dei-
nen Bruder zur Sünde verführen
könnte.

22 Bleibe bei deiner persönlichen
Überzeugung, wenn du sie vor Gott
vertreten kannst, aber versuche
nicht, sie anderen aufzudrängen.[b]
Denn nur der hat Frieden, der mit sei-
ner Überzeugung vor dem eigenen
Gewissen bestehen kann.

23 Glaubt aber jemand, daß die
Speisevorschriften richtig sind, und
er verstößt dennoch gegen sie, so ver-
urteilt ihn schon sein Gewissen, weil
er gegen den Glauben handelt und
damit Christus ungehorsam wird.
Denn alles, was wir nicht im Glauben
an Christus tun, ist Sünde.

Das Vorbild: Jesus Christus

15 Weil wir aber so eng mit Chri-
stus verbunden sind, daß wir
uns von solchen Äußerlichkeiten frei
wissen,[c] sind wir erst recht dazu ver-
pflichtet, auf die Ängstlichkeit der
anderen[d] Rücksicht zu nehmen und
nicht selbstgefällig auf die eigene
Freiheit zu pochen. 2 Jeder von uns
soll sich so verhalten, daß sein per-
sönliches Vorbild den Nächsten zum
Guten ermutigt und ihn im Glauben
stärkt.[e]

3 Auch Christus lebte nicht für sich
selbst. Von ihm heißt es: «Die An-
feindungen, die gegen Gott gerichtet
waren, haben mich getroffen.»[f] 4 Und
aus dem, was in der Heiligen Schrift
vorausgesagt wurde, sollen wir ler-
nen. Ermutigt und getröstet durch

a) Wörtlich: das euch verliehene Gute.
b) Wörtlich: Behalte du den Glauben, den du hast, bei dir vor Gott.
c) Wörtlich: Wir, die Starken.
d) Wörtlich: der Schwachen.
e) Wörtlich: Jeder von uns suche dem Nächsten zu gefallen, zum Guten, zur Auferbauung.
f) Psalm 69,10

WER IST SCHULD AN MEINER SCHULD?

Hanne Baar

Römer 14,12

Es gibt eine Art falsches Erbarmen: das Selbstmitleid. Wir gefallen uns in der Rolle des bedrängten Opfers, wenn wir unser eigenes Fehlverhalten mit dem schuldhaften Verhalten der anderen rechtfertigen wollen.

Zwar mag es sein, daß Sünde mit bestimmten Ereignissen und Situationen erklärt werden kann, aber gerechtfertigt (getilgt) werden kann Sünde allein durch die Gnade Gottes.

Im Evangelium wird es uns erklärt: Wir dürfen sein, wie wir sind. Niemand ist zu schlecht, um Gott nahezukommen und Vergebung zu empfangen. Und das immer wieder. Voraussetzung dafür ist nicht, daß wir von da an nie mehr sündigen, sondern daß wir aufrichtig bereuen, was uns an Bösem anzuhaften scheint wie Pech. So ehren wir das Opfer Jesu in rechter Weise, indem wir es ernsthaft und im Glauben für unsere Schuld in Anspruch nehmen. Damit tritt an die Stelle der Sünde und des Verderbens Jesu Gnade und Erlösung. Und wem viel vergeben wird, der wird Jesus umso mehr lieben.

Manchmal erweist sich eine Sünde als zäh: Stolz, Neid, Eifersucht, Sorge, Mißtrauen, Mißgunst, Mißbilligung, Geiz … lassen sich meist nicht von heute auf morgen ablegen. Wenn ich bei mir selbst auf solche Einstellungen stoße, hilft mir der Vergleich mit einem Fleckwasser. Vorausgesetzt, daß ein Fleckwasser für einen bestimmten Fleck das richtige Lösungsmittel ist, löst es diesen Fleck auf. Man läßt es einfach einwirken, den Fleck durchdringen. Mehr kann man in dem Moment nicht tun.

Das richtige Lösungsmittel für unsere Sünde ist das am Kreuz vergossene Blut Jesu. Wenn ich es mit dem, was bei mir selbst erlösungsbedürftig ist, in Kontakt bringe, werde ich innerlich frei und heil. Der, der mich verletzt hat, hat mir nicht schaden können. Nein, er bewirkt, daß ich mich auf diese Weise mit meinem Erlöser verbünde und ihm ähnlicher werde.

Gottes Wort, können wir an der Hoffnung auf Gottes kommendes Reich festhalten.

5 Gott aber, von dem alle Ermutigung und aller Trost kommen, schenke es euch, daß ihr in Frieden miteinander lebt, so wie es euch Jesus Christus gezeigt hat. 6 Dann erst könnt ihr alle wie mit einer Stimme Gott, den Vater unseres Herrn Jesus Christus, loben und preisen.

Die ganze Gemeinde lobt Gott

7 Nehmt euch gegenseitig an, so wie ihr seid, denn auch Christus hat euch ohne Vorbehalte angenommen. Auf diese Weise wird Gott geehrt. 8 Kam doch Christus in diese Welt, um seinem Volk Israel zu zeigen, wie treu Gott seine Zusagen hält, die er Abraham, Isaak und Jakob gegeben hat. So diente Christus seinem Volk.[a]

9 Aber wie die Juden Gott wegen seiner Treue loben sollen, so müssen ihm die Heiden für seine Barmherzigkeit danken. Schon in den Psalmen lesen wir: «Ich will bei den Heiden deinen Namen loben und dich preisen.»[b] 10 Und bei Mose heißt es: «Jubelt, ihr Heidenvölker, zusammen mit seinem Volk Israel!»[c] 11 An einer anderen Stelle sagt der Psalmist: «Rühmt den Herrn, ihr Heiden! Alle Völker sollen ihn preisen!»[d] 12 Und Jesaja prophezeite: «Der versprochene Retter aus dem Stamm Isai wird kommen, um über die Heidenvölker zu herrschen. Er wird ihre einzige Hoffnung sein.»[e]

13 Deshalb bete ich für euch alle, daß Gott, der diese Hoffnung schenkt, euch in euerm Glauben mit großer Freude und vollkommenem Frieden erfüllt, damit eure Hoffnung durch die Kraft des Heiligen Geistes immer stärker wird.

Paulus beschreibt seinen Auftrag

14 Liebe Brüder! Ich bin fest davon überzeugt, daß ihr meine Ermahnung im Grunde nicht nötig habt, weil ihr selbst wißt, wieviel Gott euch geschenkt hat und was er von euch erwartet. Deshalb könnt ihr euch gegenseitig ermahnen und helfen, als Christen zu leben. 15 Trotzdem habe ich mir die Freiheit genommen, euch an einige Dinge zu erinnern, wobei ich stellenweise sehr deutlich geworden bin. Das habe ich getan, weil Gott mich beauftragt hat, 16 als Diener Jesu Christi allen Menschen die Frohe Botschaft zu verkündigen. Wie ein Priester im Tempel Gott dient und ihm opfert, so sehe ich meinen Auftrag. Durch den Heiligen Geist sollen Menschen aus allen Völkern für Gott eine Opfergabe werden, die ihm gefällt.

17 Ich bin vor Gott stolz auf alles, was Jesus Christus durch mich getan hat. 18 Hätte nicht er es bewirkt, daß Menschen aus vielen Völkern zum Glauben und Gehorsam gekommen sind, würde ich es nicht wagen, auch nur davon zu reden. 19 So aber wirkte Gott durch meine Verkündigung und meinen Einsatz und bestätigte dies al-

a) Wörtlich: Christus ist ein Diener der Beschnittenen geworden.
b) Psalm 18,50
c) 5. Mose 32,43
d) Psalm 117,1
e) Jesaja 11,10

WAS WIR GEBEN, MACHT UNS REICH

Barbara von der Heydt

Römer 15,26

Menschen, die über materielle Güter verfügen, sind moralisch verpflichtet, etwas davon an die weiterzugeben, die arm sind. Für die Gebenden ist damit in der Regel ein großer geistlicher Gewinn verbunden. Es ist wie ein geheimnisvoller Kreislauf: Je mehr wir geben, um so mehr bekommen wir zurück.

Wenn dieses Geben unter persönlichem Einsatz und mit der richtigen Herzenseinstellung geschieht, kann es für die Beschenkten und für uns selbst eine große Bereicherung sein. Mutter Teresa sagt: «Wir dienen Christus in der notleidenden Verkleidung der Armen.»

Wer bereit ist, den Armen mehr als nur sein Geld zu geben, nämlich Dinge, mit denen man gewöhnlich sehr geizt – Zeit, Liebe, persönliche Zuwendung –, mag überrascht feststellen, daß die Auswirkungen sowohl für den Geber als auch für den Empfänger lebensverändernd sind. Aus persönlicher Erfahrung kann ich sagen: Immer, wenn ich mich um Flüchtlinge, Obdachlose oder ledige Mütter kümmere, bekomme ich wesentlich mehr zurück, als ich je hätte geben können.

Wir sollten jedoch unbedingt darauf achten, daß wir beim Geben den Empfänger in seiner Würde nicht verletzen. Dann verhelfen wir ihm zu einem fruchtbaren Leben und bestärken ihn in seiner Verantwortung.

Hochmut oder eine gönnerhafte Haltung von unserer Seite aus ist völlig fehl am Platz; denn was wir haben und geben, ist uns von Gott geschenkt – und zu treuen Händen anvertraut.

les durch Zeichen und Wunder seines Geistes. Von Jerusalem bis hin zur Provinz Illyrien habe ich das Evangelium verkündet und ihm Geltung verschafft. [20]Dabei achtete ich vor allem darauf, nur dort zu predigen, wo man noch nichts von Jesus Christus gehört hatte und wo noch keine Gemeinde bestand. [21]Ich folgte damit den Worten des Propheten Jesaja: «Gerade die sollen ihn sehen, denen er nicht angekündigt war, und die noch nichts von ihm gehört haben, werden ihn begreifen.»[a]

Reisepläne

[22]Weil ich damit so beschäftigt war, bin ich auch bisher noch nicht bei euch gewesen. [23]Aber jetzt habe ich meine Arbeit hier beendet, und wie ich es mir schon seit Jahren wünsche, möchte ich nun zu euch kommen. [24]Ich habe vor, nach Spanien zu reisen, und bei dieser Gelegenheit hoffe ich, euch in Rom persönlich kennenzulernen. Wenn ich dann in der Gemeinschaft mit euch neue Kraft geschöpft habe, könntet ihr mich vielleicht auf meiner Weiterreise begleiten.

[25]Im Augenblick bin ich auf dem Weg nach Jerusalem, um der Gemeinde dort zu helfen.[b] [26]Denn die Christen in den Provinzen Mazedonien und Achaja haben für die Armen der Gemeinde von Jerusalem Geld gesammelt. [27]Sie haben das gern getan, weil sie, die früher Heiden waren, gerade dieser Gemeinde viel Dank schulden. Denn von Jerusalem aus hat sie das Evangelium von Jesus Christus erreicht, und insofern ist es nur recht und billig, daß sie jetzt der Jerusalemer Gemeinde in ihrer Not helfen. [28]Sobald man mir dort bestätigt hat, daß ich das Geld ordnungsgemäß abgeliefert habe, kann ich auf dem Weg nach Spanien zu euch kommen. [29]Ich weiß, daß ich euch dann den reichen Segen Jesu Christi weitergeben werde.

[30]Liebe Brüder, weil Jesus Christus es so will und weil wir in der Liebe des Heiligen Geistes miteinander verbunden sind, bitte ich euch: Helft mir bei meinem Kampf, indem ihr für mich betet. [31]Bittet Gott, daß er mich vor denen in Judäa bewahrt, die mich um Jesu willen verfolgen. Und betet darum, daß die Geldspende von den Christen in Jerusalem dankbar angenommen wird. [32]Dann erst kann ich frohen Herzens zu euch kommen und – so Gott will – mich über die Gemeinschaft mit euch freuen. [33]Gott aber, der allein Frieden schenken kann, sei mit euch allen. Amen.

Grüße

16 Unserer Schwester Phöbe, die im Dienst der Gemeinde von Kenchreä steht (und euch diesen Brief überbringen wird), dürft ihr vertrauen. [2]Nehmt sie freundlich auf, wie es für Christen selbstverständlich ist. Ihr tut es ja für den Herrn. Steht ihr bei, wo immer sie eure Hilfe braucht. Sie selbst hat auch vielen geholfen, die in Not waren, nicht zuletzt mir.

[3]Grüßt Priska und Aquila, die mit mir für die Sache Jesu Christi arbeiten. [4]Sie haben ihr Leben für mich gewagt, und ich bin nicht der einzige,

a) Jesaja 52,15
b) Wörtlich: den Heiligen dienend.

EIN UNSCHLAGBARES TEAM

Elke Werner

Römer 16,3

Vor einigen Jahren waren mein Mann Roland und ich in Finnland, wo er bei einer großen Jugendkonferenz sprechen sollte. Man stellte ihn vor als: «Roland Elke aus Deutschland». Die Veranstalter hatten unsere Namen nicht richtig zuordnen können. Alle Programme waren entsprechend gedruckt. Wir mußten lachen. Aus Roland Werner war Roland Elke geworden. Uns beiden gefiel das auf Anhieb, und wir konnten die Veranstalter überzeugen, daß wir keine Probleme damit hatten. Sagt nicht auch die Bibel, daß in der Ehe aus zwei Menschen ein neuer Organismus wird, eine Einheit?

Vielleicht ging es Aquila ähnlich. Zu seiner Zeit und in seiner jüdischen Kultur war es üblich, daß der Mann in der Öffentlichkeit auftrat, die Frau aber unbekannt blieb. Nun finden wir aber die Namen von Aquila und seiner Frau Priszilla (hier wird die Kurzform «Priska» genannt) sechsmal in der Bibel, viermal davon wird die Frau zuerst genannt. Priszilla muß eine ganz besondere Frau gewesen sein, so wie die beiden ein ganz besonderes Ehepaar waren.

Sie lebten zuerst in Rom. Wahrscheinlich gehörten sie dort zu den Juden, die von Jesus hörten und an ihn glaubten. Weil die neue Lehre viele Auseinandersetzungen unter den Juden in Rom brachte, wurden alle Juden durch Kaiser Klaudius aus Rom verbannt. Priszilla und Aquila zogen nach Korinth, wo sie als Zeltmacher arbeiteten. Sie lernten Paulus kennen und lebten und arbeiteten mit ihm zusammen beim Aufbau einer kleinen Gemeinde, die sich in ihrem Haus traf. Paulus nennt sie beide seine Mitarbeiter, denen er zu Dank verpflichtet ist, weil sie ihr Leben für ihn eingesetzt haben.

Mit Paulus gingen sie zurück nach Rom, und auch dort luden sie gleich wieder die Christen zu Versammlungen in ihr Haus ein. Sie gaben sogar gemeinsam Unterricht im christlichen Glauben. Apollos lernte zum Beispiel bei ihnen. In der damaligen Zeit war es fast undenkbar, daß eine Frau einen Mann lehrte. Aber Priszilla und Aquila taten es gemeinsam. Und weder Apollos noch Paulus fanden es anstößig. Priszilla und Aquila gingen große Risiken für ihren Glauben ein. Beide waren in ihrem gemeinsamen Dienst Vorreiter für das neue Leben, das Jesus Männern und Frauen schenkt. Sie waren ein unschlagbares Team!

Paulus setzte in seiner Zeit neue Maßstäbe, als er Priszilla zuerst erwähnte. Den beiden war das vermutlich unwichtig. Sie wollten vor allem, daß der Name Jesus bekannt wird. Dafür setzten sie sich ihr Leben lang ein. Und in der Beziehung zu Jesus gibt es keinen Unterschied zwischen Mann und Frau, denn sie sind eins in ihm.

der ihnen zu Dank verpflichtet ist. Auch die anderen Gemeinden[a] verdanken ihnen viel. [5]Grüßt die ganze Gemeinde von mir, die sich in ihrem Haus versammelt.

Grüßt meinen lieben Epänetus, der als erster in der Provinz Asia zum Glauben an Jesus Christus kam. [6]Grüßt Maria von mir, die so viel Mühe und Arbeit mit euch hatte. [7]Herzliche Grüße auch an Andronikus und Junias, meine jüdischen Landsleute, die mit mir wegen ihres Glaubens im Gefängnis waren. Beide sind ja noch vor mir Christen geworden und überall als Botschafter des Evangeliums[b] hoch angesehen.

[8]Grüßt Ampliatus, mit dem ich mich im Glauben verbunden weiß, [9]unseren Mitarbeiter Urban sowie den lieben Stachys. [10]Grüßt ebenso Apelles, diesen im Glauben bewährten Mann. Meine besten Wünsche gelten der Familie des Aristobul. [11]Grüßt meinen Landsmann Herodion und die Christen aus der Familie des Narzissus.

[12]Viele Grüße auch an Tryphäna und Tryphosa sowie meine liebe Persis, die alle so unermüdlich für den Herrn arbeiten. [13]Grüßt Rufus, den der Herr zu seinem Dienst auserwählt hat, und seine liebe Mutter, die auch mir eine Mutter gewesen ist. [14]Herzliche Grüße außerdem an Asynkritus, Phlegon, Hermes, Patrobas, Hermas und die anderen Brüder bei ihnen.

[15]Schließlich möchte ich noch besonders Philologus, Julia, Nereus und dessen Schwester grüßen sowie Olympas und alle Christen, die bei ihnen sind. [16]Grüßt einander mit dem Bruderkuß. Alle Gemeinden hier lassen euch grüßen.

Abschließende Ermahnung

[17]Zum Schluß, meine lieben Brüder, muß ich euch noch auf eins hinweisen: Es gibt Leute, vor denen ihr euch in acht nehmen müßt. Sie wollen eure Gemeinde spalten und stiften Unfrieden, weil sie eine andere Lehre verbreiten und dem widersprechen, was ihr gelernt habt. Mit solchen Leuten sollt ihr nichts zu tun haben. [18]Denn ihnen geht es nicht um unseren Herrn Christus, sondern um die Erfüllung ihrer persönlichen Wünsche und Begierden. Mit schönen Worten und Schmeicheleien verführen sie ihre arglosen Zuhörer.

[19]Von euch allerdings hört man nur Gutes. Jeder weiß, daß ihr dem Wort Gottes gehorsam seid. Darüber freue ich mich. Ich möchte, daß ihr auch in Zukunft beim Guten bleibt und mit dem Bösen nichts zu tun habt. [20]Denn Gott, der euch seinen Frieden schenkt, wird dafür sorgen, daß bei euch der Satan bald endgültig besiegt ist. Die Gnade unseres Herrn Jesus Christus sei mit euch!

[21]Mein Mitarbeiter Timotheus und meine Landsleute Lucius, Jason und Sosipater schicken euch viele Grüße.

[22]Auch ich, Tertius, möchte euch als meine Glaubensbrüder herzlich grüßen. Paulus hat mir diesen Brief an euch diktiert.

[23]Gajus läßt ebenfalls herzlich grüßen. Ich bin sein Gast, und die ganze Gemeinde trifft sich hier in seinem Haus. Erastus, der Stadtkämmerer, und unser Freund Quartus schicken

a) Wörtlich: Alle Gemeinden aus den Heiden.
b) Wörtlich: als Apostel.

euch viele Grüße. [24] Die Gnade unse-
res Herrn Jesus Christus sei mit euch
allen!

Lobpreis Gottes

[25] Gott sei gelobt, der euch durch das
Evangelium und die Botschaft von
Jesus Christus Kraft und Stärke gibt.
Er allein ist weise. Er hat euch durch
das Evangelium erkennen lassen, was
bisher jedem verborgen war. [26] Schon
die Propheten haben davon gespro-
chen, und auf Befehl des ewigen Got-
tes sollen nun Menschen aus allen
Völkern das Evangelium hören,
daran glauben und ihm gehorsam
sein. [27] Diesen allein weisen Gott, den
wir durch Jesus Christus kennen, ihn
wollen wir loben und preisen in alle
Ewigkeit. Amen!

Der erste Brief des Paulus an die Christen in Korinth

Anschrift und Gruß

1 Paulus, den Gott zum Botschafter
Jesu Christi berufen hat, und sein
Mitarbeiter[a] Sosthenes schreiben die-
sen Brief 2 an die Gemeinde Gottes in
Korinth.
Auch euch hat Gott durch Jesus
Christus berufen, ihr gehört nun zu
ihm. Gott hat euch für seine Aufga-
ben bestimmt, ebenso wie alle ande-
ren, die Jesus Christus auf der ganzen
Welt als ihren Herrn anbeten.
3 Ich wünsche euch Gnade und
Frieden von Gott, unserem Vater,
und unserem Herrn Jesus Christus.

Dank für Gottes Geschenk

4 Immer wieder danke ich Gott für das
unverdiente Geschenk, das er euch in
Jesus Christus gegeben hat. 5 Durch
ihn seid ihr wirklich reich geworden,
denn ihr habt sein Wort und könnt es
verstehen.[b] 6 Die Botschaft von Chri-
stus hat euer Leben völlig verändert.
7 Es fehlt euch keine der Gaben, die
Gottes Geist den Glaubenden
schenkt.
So wartet ihr darauf, daß Jesus
Christus, unser Herr, wiederkommt.
8 Er wird euch die Kraft geben, im
Glauben festzubleiben und das Ziel
zu erreichen, so daß ihr vor ihm be-
stehen könnt, wenn er wiederkommt.
9 Darauf könnt ihr euch verlassen,
denn Gott steht zu seinem Wort. Er
selbst hat euch ja für immer zur Ge-
meinschaft mit seinem Sohn, unse-
rem Herrn Jesus Christus, berufen.

Warnung vor Spaltungen

10 Liebe Brüder, im Auftrag[c] unseres
Herrn Jesus Christus möchte ich euch
aber bitten: Hört auf, euch zu strei-
ten! Duldet keine Spaltungen in der
Gemeinde, sondern steht fest zusam-
men, seid einig in allem, was ihr denkt
und glaubt! 11 Von den Verwandten
der Chloe habe ich erfahren, daß ihr
Streit miteinander habt. 12 Es soll eini-
ge bei euch geben, die sagen: «Wir
richten uns nach dem, was Paulus ge-
sagt hat», während andere erklären:
«Wir halten uns an Apollos!» Die
nächsten meinen: «Was Petrus sagt,
ist richtig!»; und die letzte Gruppe
behauptet schließlich: «Wir glauben
allein an Christus!»
13 Was soll das? Wollt ihr etwa
Christus zerreißen? Bin denn ich,
Paulus, für euch gekreuzigt worden?
Oder wurdet ihr auf meinen Namen
getauft? 14 Ich danke Gott dafür, daß
ich außer Krispus und Gajus nieman-
den von euch getauft habe. 15 Sonst
würdet ihr vielleicht noch behaupten,

a) Wörtlich: Bruder.
b) Wörtlich: in jedem Wort und in jeder Erkenntnis.
c) Wörtlich: im Namen.

GOTTES RETTUNGSRING

Rosemarie Uschold

1. Korinther 1,19–21

Kürzlich sah ich den Film «Unser blauer Planet». Ich war fasziniert, als ich mir klarmachte, daß man seit einigen Jahrzehnten vermag, was in der langen Geschichte der Menschheit erstmalig ist: unsere Erde von außen, von oben zu sehen und per Satellit zu fotografieren. Wenn die Bibel sagt, daß Gottes Augen den Erdkreis überblicken (Psalm 102,20), so müssen wir zugeben: Der Mensch kann das heute auch!

Der Mensch kann seinen Fuß auf den Mond setzen, das Weltall erforschen, Organe verpflanzen, Embryonen in Retorten züchten und Gene manipulieren. Die Wissenschaften und die technischen Möglichkeiten haben in nur einem halben Jahrhundert eine so rapide Entwicklung durchlaufen, daß nichts mehr unmöglich scheint.

Dennoch bedrohen Kriege, Hungersnöte, Seuchen, wirtschaftliche Zusammenbrüche und Umweltschäden das Leben auf diesem Planeten. Bei allem intellektuellen Wissen und technischen Fortschritt ist die Menschheit von Existenzangst erfüllt. Wir besitzen nicht die Voraussetzung für eine heile Welt. Das Böse steckt zu tief in uns.

Der Mensch, der so stolz auf die großen Errungenschaften ist, daß er sich von Gott unabhängig wähnt, ist doch der Vergänglichkeit ausgeliefert. Schon ein winziger Virus kann ihn töten. Daher ist er bei allem intellektuellen Wissen ein Dummkopf, wenn er nicht mit Gott rechnet.

Der erste Schritt zur Weisheit wäre: Gott zu suchen, Gott zu erkennen, Gottes Willen zu erfragen und danach zu handeln. Weisheit bedeutet: zu erfassen, zu glauben, daß wir durch das Kreuz Jesu erlöst sind vom Fluch der Sünde und der Vergänglichkeit. Gott schenkt uns ewiges Leben! In seiner Weisheit und Barmherzigkeit hat er uns diesen Rettungsring der Erlösung zugeworfen. Um diese Weisheit aus Gott zu empfangen, müssen wir allerdings demütig genug sein, unsere Erlösungsbedürftigkeit zuzugeben. Wir müssen bereit sein, der Botschaft vom Kreuz zu vertrauen.

ich hätte euch getauft, damit ihr *mir*
nachfolgt![a] 16 Da fällt mir ein, daß ich
auch die Familie des Stephanus ge-
tauft habe. Von anderen aber weiß
ich nichts.

17 Christus hat mich nicht beauf-
tragt, die Menschen zu taufen, son-
dern seine Heilsbotschaft zu verkün-
digen. Dabei geht es mir nun wirklich
nicht darum, meine Zuhörer durch
geschliffene Reden zu beeindrucken.
Denn auf diese Weise würde ich die
Menschen nur daran hindern zu er-
kennen, warum Christus verachtet
am Kreuz für uns starb.[b]

Die Botschaft vom Kreuz und die menschliche Weisheit

18 Daß Jesus Christus am Kreuz für
uns starb,[c] muß freilich all denen, die
verlorengehen, unsinnig erscheinen.
Wir aber, die gerettet werden, erfah-
ren gerade durch diese Botschaft vom
Kreuz die ganze Macht Gottes.

19 Es ist so, wie Gott gesagt hat:
«Bei mir zählt nicht die Weisheit der
Welt, nicht die Klugheit der Klugen.
Ich werde sie verwerfen.»[d] 20 Was
aber haben sie dann noch zu sagen, all
diese gescheiten Leute, die Gelehr-
ten und Philosophen dieser Welt?
Hat Gott ihre Weisheiten nicht als
Unsinn entlarvt? 21 Obwohl Gottes
Weisheit sich in seinen Werken zeigt,
haben die Menschen mit all ihrem
Scharfsinn Gott nicht erkannt. Des-
halb beschloß er, alle zu retten, die
einer scheinbar so unsinnigen Bot-
schaft glauben.

22 Die Juden wollen Wunder sehen,
und die Griechen suchen die Antwort
auf ihre Fragen in der Philosophie.[e]
23 Wir aber sagen den Menschen, daß
Christus – der Sohn Gottes – für uns
sterben mußte, auch wenn das für die
Juden eine Gotteslästerung ist und
für die Griechen schlichtweg Unsinn.
24 Und dennoch erfahren alle, die von
Gott berufen sind – Juden wie Grie-
chen –, daß sich gerade in diesem ge-
kreuzigten Christus Gottes Kraft und
Gottes Weisheit zeigen. 25 Was Gott
getan hat, übersteigt alle menschliche
Weisheit, auch wenn es unsinnig er-
scheint; und was bei ihm wie Schwä-
che aussieht, übertrifft alle mensch-
liche Stärke.

26 Seht doch einmal auf euch selbst,
liebe Brüder! Sind unter euch, die Je-
sus nachfolgen,[f] wirklich viele, die
man als gebildet, einflußreich oder
angesehen bezeichnen könnte?
27 Nein, denn Gott hat sich die Schwa-
chen ausgesucht, die aus mensch-
licher Sicht Einfältigen, um so die
Klugen zu beschämen. Gott nahm
sich der Schwachen dieser Welt an,
um die Starken zu demütigen. 28 Wer
von Menschen geringschätzig behan-
delt, ja verachtet wird, wer bei ihnen
nichts zählt, den will Gott für sich ha-
ben. Aber alles, worauf Menschen so
großen Wert legen, das hat Gott für
null und nichtig erklärt.[g] 29 Vor Gott
stehen wir alle mit leeren Händen.

a) Wörtlich: ihr wäret auf meinen Namen getauft.
b) Wörtlich: nicht in Wortweisheit, damit nicht das Kreuz Christi entleert werde.
c) Wörtlich: Das Wort vom Kreuz.
d) Jesaja 29,14
e) Wörtlich: die Griechen fragen nach Weisheit.
f) Wörtlich: Seht eure Berufung.
g) Wörtlich: Das Niedriggeborene der Welt und das Verachtete erwählte Gott, das, was nichts ist, um das, was etwas ist, zu vernichten.

DAS KREUZ VOR DER KLAMMER

Monika Deitenbeck-Goseberg

1. Korinther 2,2

Wer sich noch ein paar Mathematikkenntnisse aus der Schule bewahrt hat, der weiß, daß ein Pluszeichen (also ein Kreuz) vor der Klammer immer bedeutet, daß der gesamte Inhalt der Klammer mit diesem Pluszeichen zu versehen ist, egal, wie kompliziert, verworren oder negativ die Rechnung innerhalb der Klammer aussieht.

Jetzt wissen wir, warum Paulus es nicht lassen kann, vom Kreuz Jesu zu sprechen, warum er uns immer wieder Jesus als den Herrn vom Kreuz vor Augen malt.

Jesus ist das Kreuz, das Pluszeichen vor der Klammer unseres Lebens! Und egal, was nun an komplizierten Dingen, komplexen Zusammenhängen und negativen Geschehnissen in meinem Leben zu finden ist: Das Vorzeichen vor der Klammer, das Kreuz Jesu, bestimmt das Ergebnis und garantiert ein positives Endergebnis. Damit bekommt mein ganzes Leben eine positive Ausrichtung. Auch das, was mich negativ beeinflussen will, verliert dadurch seine zerstörerische Kraft.

Das bringt nur das Kreuz Jesu fertig. Machen wir es wie Paulus: Erzählen wir allen von dem «Pluszeichen» in unserem Leben!

30 Auch ihr verdankt alles, was ihr
seid, der Gemeinschaft mit Jesus
Christus. Er ist Gottes Weisheit für
uns. Durch ihn haben wir Anerken-
nung vor Gott gefunden, durch ihn
können wir ein Leben führen, wie es
Gott gefällt, und durch ihn sind wir
auch befreit von unserer Schuld und
Sünde.[a] 31 So trifft nun zu, was die
Heilige Schrift sagt: «Wenn jemand
stolz sein will, soll er auf das stolz
sein, was Gott für ihn getan hat!»[b]

Erste Predigt in Korinth

2 Liebe Brüder! Als ich zu euch
kam und euch Gottes Botschaft
brachte, habe ich das auch nicht mit
hochtrabenden Worten und klugen
Gedanken getan. 2 Ich wollte von
nichts anderem sprechen als von Je-
sus Christus und von seinem Tod am
Kreuz. 3 Dabei fühlte ich mich
schwach und elend, war voller Angst
und Furcht. 4 Was ich euch sagte und
predigte, war nicht ausgeklügelte
Überredungskunst, durch mich
sprach Gottes Geist und wirkte seine
Kraft. 5 Denn euer Glaube sollte sich
nicht auf Menschenweisheit gründen,
sondern auf Gottes rettende Kraft.

Gottes Weisheit

6 Dennoch erkennt jeder im Glauben
gereifte Christ[c], wie wahr und voller
Weisheit diese Botschaft ist, auch
wenn diese Welt und ihre Machtha-
ber das nicht als Weisheit gelten las-
sen wollen. Aber die Welt mit aller
ihrer Macht wird untergehen. 7 Die
Weisheit, die wir verkündigen, ist
Gottes Weisheit. Sie bleibt ein Ge-
heimnis und vor den Augen der Welt
verborgen. Und doch hat Gott, noch
ehe er die Welt schuf, in seiner Weis-
heit beschlossen, uns an seiner Herr-
lichkeit teilhaben zu lassen. 8 Von den
Herrschern dieser Welt hat das kei-
ner erkannt. Sonst hätten sie Chri-
stus, den Herrn der Herrlichkeit,
nicht ans Kreuz geschlagen. 9 Es ist
vielmehr das eingetreten, was schon
der Prophet Jesaja vorausgesagt hat:
«Was kein Auge jemals sah, was kein
Ohr jemals hörte und was sich kein
Mensch vorstellen kann, das hält
Gott für die bereit, die ihn lieben.»[d]

10 Uns aber hat Gott durch den Hei-
ligen Geist sein Geheimnis enthüllt.
Denn der Geist Gottes weiß alles, er
kennt auch Gottes tiefste Gedanken.
11 So wie jeder Mensch nur ganz allein
weiß, was in ihm vorgeht, so weiß
auch nur der Geist Gottes, was Got-
tes Gedanken sind. 12 Als Christen ha-
ben wir nicht den Geist dieser Welt
bekommen, sondern den Geist Got-
tes. Und deshalb können wir auch er-
kennen, was Gott für uns getan hat.

13 Was wir euch verkündigen,
kommt nicht aus menschlicher Klug-
heit oder menschlichem Wissen, son-
dern wird uns vom Heiligen Geist
eingegeben. Deshalb kann nur der
Gottes Geheimnisse verstehen und
erklären, der sich von Gottes Geist
leiten läßt. 14 Der Mensch kann von
sich aus, mit seinen natürlichen Fä-
higkeiten, nicht erfassen, was Gottes

a) Wörtlich: welcher uns geworden ist von Gott: Weisheit, Gerechtigkeit und Heiligung und Erlösung (Loskauf).

b) Jeremia 9,23

c) Wörtlich: die Vollkommenen.

d) Jesaja 64,3; 65,17

Du überschüttest uns mit deinen Gaben

Psalm 65

Ein Lied Davids

Auf dem Berg Zion kann man dir, o Gott, begegnen:
wenn man dich still anbetet, dir Loblieder singt
und das einlöst, was man dir versprochen hat.
Weil du Gebete erhörst, kommen die Menschen zu dir.
Schwere Schuld drückt uns zu Boden;
doch trotz unserer Untreue wirst du uns vergeben.

Glücklich ist jeder, den du erwählt hast
und der zu deinem Heiligtum kommen kann!
Dort, in deinem Tempel, segnest du uns mit allem Guten
und stillst unsere Sehnsucht.
Gott, du bist treu! Mit gewaltigen Taten antwortest du uns,
wenn wir deine Hilfe brauchen.
Du bist die Hoffnung aller Völker bis in die fernsten Länder.

Mit deiner Kraft hast du die Berge gebildet,
deine Macht ist allen sichtbar.
Du besänftigst das Brausen der Meere,
die tosenden Wellen läßt du verstummen;
ja, auch die tobenden Völker bringst du zum Schweigen.
Alle Bewohner der Erde erschrecken vor deinen Taten,
vom Osten bis zum Westen jubeln die Menschen dir zu.

Du sorgst für das ganze Land, machst es reich und fruchtbar.
Du schenkst Wasser im Überfluß, deshalb wächst Getreide in Hülle und Fülle.
Du feuchtest das gepflügte Land und tränkst es mit Regen.
Das ausgedörrte Erdreich weichst du auf, und alle Pflanzen läßt du gedeihen.
Du schenkst eine reiche und gute Ernte – die Krönung des ganzen Jahres.
Selbst die Steppe fängt an zu blühen, von den Hügeln hört man Freudenrufe.
Dicht an dicht drängen sich die Herden auf den Weiden,
mit wogendem Korn bedecken sich die Täler.
Alles ist erfüllt von Jubel und Gesang.

Geist sagt. Für ihn ist das alles Unsinn, denn Gottes Geheimnisse erschließen sich nur durch Gottes Geist. 15 Der von Gottes Geist erfüllte Mensch aber beurteilt alles, was ihm Gott zeigt und sagt. Er selbst aber untersteht nicht dem Urteil anderer, wenn er in Gottes Auftrag redet. 16 Denn hat nicht schon der Prophet Jesaja gefragt: «Wer kann die Gedanken des Herrn erkennen, oder wer könnte gar Gottes Ratgeber sein?»[a] Nun, wir haben seinen Geist und kennen seine Gedanken.[b]

Einer ist so notwendig wie der andere

3 Liebe Brüder! Ich konnte allerdings zu euch nicht wie zu Menschen reden, die sich vom Heiligen Geist führen lassen[c] und im Glauben erwachsen sind. Ihr wart noch wie kleine Kinder, die ihren eigenen Wünschen folgen.[d] 2 Darum habe ich euch nur Milch und keine feste Nahrung gegeben, denn die hättet ihr gar nicht vertragen. Selbst jetzt könnt ihr das noch nicht; 3 denn ihr lebt immer noch so, als würdet ihr Christus nicht kennen.[e] Beweisen Rivalität und Streit unter euch nicht, daß ihr immer noch wie alle anderen Menschen denkt und lebt?

4 Oder ist das etwa ein Beweis für den Heiligen Geist in euch, wenn die einen sagen: «Ich gehöre zu Paulus!» und andere: «Ich zu Apollos!»? 5 Wer ist denn schon Apollos oder Paulus, daß ihr euch deshalb streitet? Wir sind doch nur Diener Gottes, durch die ihr zum Glauben gekommen seid. Jeder von uns hat lediglich getan, was ihm von Gott aufgetragen wurde. 6 Ich habe gepflanzt, Apollos hat begossen, aber Gott hat euern Glauben wachsen lassen. 7 Es ist nicht so wichtig, wer pflanzt und wer begießt; wichtig ist allein Gott, der euern Glauben wachsen läßt. 8 Von Gottes Mitarbeitern ist einer so notwendig wie der andere, ob er nun das Werk beginnt oder weiterführt. Macht euch darüber keine Gedanken: Jeder wird von Gott den gerechten Lohn für seine Arbeit bekommen.

Jeder Mitarbeiter ist Gott verantwortlich

9 Wir sind Gottes Mitarbeiter, ihr aber seid Gottes Ackerland und sein Bauwerk. 10 Gott hat mir in seiner Gnade den Auftrag und die Fähigkeit gegeben, wie ein tüchtiger Bauleiter das Fundament zu legen. Doch andere bauen nun darauf weiter. Und jeder muß darauf achten, daß er wirklich sorgfältig arbeitet. 11 Das Fundament, das bei euch gelegt wurde, ist Jesus Christus. Niemand kann ein anderes oder gar besseres Fundament legen.

12 Nun kann man mit den unterschiedlichsten Materialien weiterbauen. Manche verwenden Gold, Silber, kostbare Steine, andere nehmen nur Holz, Schilf oder Stroh. 13 Doch an dem Tag, an dem Christus sein Urteil spricht, wird sich zeigen, womit

a) Jesaja 40,13
b) Wörtlich: Wir aber haben den Sinn (Geist) Christi.
c) Wörtlich: wie zu Geistbegabten.
d) Wörtlich: (Ihr wart noch) Fleischliche.
e) Wörtlich: Denn ihr seid noch fleischlich.

WO GOTT ZU HAUSE IST

Doris Siegenthaler

1. Korinther 3,16–17

Wenn wir uns näher mit unserem Körper und seinen Funktionen beschäftigen, geraten wir ins Staunen. In der Bibel wird er mit dem Tempel Gottes verglichen, einem Bauwerk, in dem Gott zu Hause ist. Der Leib ist uns geschenkt, das besagt dieses Bild, damit sich Gott durch uns und unser Leben verherrlichen kann.

Der Psalmist David hatte eine wunderbare Beziehung zu seinem Körper. Er spricht davon in Psalm 139,13–16: «Herr, ich danke Dir dafür, daß du mich so wunderbar und einzigartig gemacht hast!»

Fangen Sie an, über die Funktionen Ihres Körpers nachzudenken. Das Resultat wird sein, daß Sie Gottes Größe neu erkennen und ihn preisen.

Gott hat uns unseren Körper anvertraut, deswegen dürfen wir ihn keinesfalls vernachlässigen oder geringschätzen. Bewegungsmangel, genauso wie ein überstark leistungsorientiertes Leben, können zu psychischen Störungen und somit auch zu körperlichen Krankheiten führen.

Eine ausgewogene Lebensführung, verbunden mit einer nicht leistungsorientierten Bewegungstherapie beeinflußt unser tägliches Wohlbefinden positiv. Viele Belastungen lassen sich durch mehr Bewegung besser bewältigen. Treppensteigen, Botengänge zu Fuß oder per Rad, kleine Spaziergänge steigern das allgemeine Wohlbefinden und die Leistungsfähigkeit.

Zu Abrahams Zeiten waren die Menschen immer in Bewegung. Man beachte die weiten Wegstrecken, die in der Regel zu Fuß zurückgelegt wurden. Diese Menschen hatten mehr Willensspannkraft und Selbstvertrauen, was sich auch in ihrem Durchhaltevermögen widerspiegelte. Die heutige Trainingslehre besagt dasselbe. In diesem Sinne wünsche ich Ihnen viel Phantasie bei Ihrer täglichen «Tempelpflege».

jeder gebaut hat. Dann nämlich wird
alles im Feuer auf seinen Wert ge-
prüft, und es wird sichtbar, wessen
Arbeit dem Feuer standhält. 14 Hat je-
mand fest und dauerhaft auf dem
Fundament Christus weitergebaut,
wird Gott ihn belohnen. 15 Verbrennt
aber sein Werk, wird er alles verlie-
ren. Er selbst wird zwar aus dem
Feuer gerettet werden, aber nur mit
knapper Not.

16 Denkt also daran, daß ihr Gottes
Bauwerk und sein Tempel seid, daß
Gottes Geist in euch wohnt! 17 Wer
diesen Tempel zerstört, den wird
Gott richten. Denn Gottes Tempel ist
heilig, und dieser Tempel seid ihr!

Warnung vor Überheblichkeit

18 Macht euch doch nichts vor! Wenn
sich jemand einbildet, in dieser Welt
besonders klug und weise zu sein, der
muß den Mut aufbringen, als töricht
zu gelten. Nur dann wird er wirklich
weise. 19 Denn alle Weisheit dieser
Welt ist in den Augen Gottes nichts
als Torheit. So heißt es schon in der
Heiligen Schrift: «Er fängt die Klu-
gen mit ihrer eigenen Klugheit.»[a]
20 Und in den Psalmen steht: «Der
Herr durchschaut die menschlichen
Gedanken in all ihrer Sinnlosigkeit.»[b]

21 Merkt ihr, wie unsinnig es ist, sich
auf Menschen etwas einzubilden?
Euch gehört doch alles: 22 Paulus,
Apollos und Petrus, ja die ganze
Welt, das Leben wie der Tod, die Ge-
genwart wie die Zukunft – alles ge-
hört euch! 23 Ihr selbst aber gehört
Christus, und Christus gehört Gott.

Allein Gott verantwortlich

4 Deshalb sollt ihr das in uns sehen,
was wir wirklich sind, nämlich
Diener Christi und Verwalter, die in
seinem Auftrag den Menschen Got-
tes Geheimnisse verkündigen. 2 Von
Verwaltern verlangt man vor allem
Zuverlässigkeit. 3 Wie es bei mir da-
mit steht? Mir ist es nicht so wichtig,
wie ihr oder andere[c] in diesem Punkt
über mich urteilen. Hier ist sogar
mein eigenes Urteil unwichtig. 4 Zwar
bin ich mir keiner Schuld bewußt,
aber damit bin ich noch nicht freige-
sprochen. Entscheidend ist allein
Gottes Urteil! 5 Deshalb urteilt nicht
voreilig über mich. Wenn Christus
kommt, wird er alles ans Licht brin-
gen, auch unsere geheimsten Gedan-
ken. Dann wird Gott jeden so loben,
wie er es verdient hat.

6 Ich habe mit Rücksicht auf euch
jetzt nur von Apollos und mir gespro-
chen. An unserem Beispiel sollt ihr
lernen, was es bedeutet, nach Gottes
Wort zu leben.[d] Spielt darum nicht
einen von uns gegen den anderen aus!
7 Woher nimmst du dir das Recht da-
zu? Bist du etwas Besonderes? Alles,
was du besitzt, hat Gott dir doch ge-
schenkt. Hat er dir aber alles ge-
schenkt, wie kannst du dann damit
prahlen, als wäre es dein eigenes Ver-
dienst?

Noch nicht am Ziel

8 Aber ihr seid ja so satt und selbstzu-
frieden. Ihr haltet euch für so reich,
daß ihr anscheinend nichts mehr

a) Hiob 5,13
b) Psalm 94,11
c) Wörtlich: oder ein menschlicher Gerichtstag.
d) Wörtlich: nicht über das hinaus (zu denken), was geschrieben steht.

WORAUF ES GOTT ANKOMMT

Birgit Winterhoff

1. Korinther 4,2

In der Skala menschlicher Werte erleidet die Treue einen ständigen Kursverfall. Treue scheint in unserer Zeit altmodisch zu sein. Für andere hat Treue den Beigeschmack von Einfalt oder Dummheit. Wer über viele Jahre seinem Ehepartner treu ist und mit ihm durch dick und dünn geht, wird in die Nähe eines «bedauerlichen Pantoffelhelden» gerückt. Wer sich über einen langen Zeitraum mit Treue in einer christlichen Gemeinde engagiert, gilt als «unverbesserlicher Vereinsmeier». Und wer gar sein Leben lang dem lebendigen Gott treu bleibt, erscheint vielen als religiös überspannt.

Die Beispiele lassen sich beliebig fortsetzen. Sie zeigen: Treue ist heute wenig gefragt. Doch wahre Treue zeigt sich z. B. im kontinuierlichen Einsatz für andere Menschen, in der Übernahme von Verantwortung im Alltag, und sie zeigt sich auch darin, daß ein Mensch nicht bei den ersten Schwierigkeiten aufgibt.

In einem Gespräch ging es um die Bewertung von jungen Leuten, die zu einer Jugendgruppe gehören. Ich frage die Mitarbeiterinnen und Mitarbeiter, welche positiven Merkmale ihnen an den Teilnehmern aufgefallen seien. Zuerst werden die cleveren Teilnehmer genannt, die sportlichen, musikalischen und kreativen Asse. Dann ein Augenblick Pause. Ach ja, es gibt noch ein paar stille, zurückhaltende Leute. Zunächst will den Mitarbeitern nichts Passendes zu ihnen einfallen. Schließlich meint einer: «Der Udo ist ein ganz treuer Schluffen, eine treue Seele.»

Treue ist in unserer schnellebigen Zeit für viele Menschen keine erstrebenswerte Tugend. Und doch leben wir von der Treue Gottes. Sie ist mehr als bloße Zuneigung. Sie ist entschlossenes Tun Gottes zu unseren Gunsten. Gott gibt unserem wankenden Glauben Festigkeit. Gottes Treue sorgt dafür, daß wir Christen mit Rückgrat sein können. Gott wird uns am Ende nicht fragen, was wir alles für ihn geleistet haben. Er wird uns nach unserer Treue fragen.

braucht. Ihr bildet euch ein, schon jetzt herrschen zu können, als ob Christus bereits wiedergekommen wäre. Uns braucht ihr dabei nicht.[a] Ich wünschte, ihr würdet wirklich schon mit Christus herrschen. Dann wären auch wir am Ziel unseres Glaubens und könnten mit euch regieren.
9 Doch ich meine, daß Gott uns, seine Botschafter, auf den letzten Platz verwiesen hat, dem Tode näher als dem Leben. Wie in einer Arena kämpfen wir vor aller Welt Augen. Menschen und Engel beobachten gespannt, wie dieser Kampf ausgehen wird.
10 Uns hält man um Christi willen für Narren; ihr aber seid die hervorragenden Christen[b]. Wir sind mit unserer Kraft am Ende; ihr aber seid stark. Ihr werdet geachtet und geehrt; wir aber werden ausgelacht.

11 Bis heute leiden wir Hunger und Durst, und unsere Kleider sind kaum mehr als Lumpen. Wir werden geschlagen und herumgestoßen, nirgendwo haben wir ein Zuhause.
12 Mühsam sorgen wir selbst für unseren Lebensunterhalt. Doch wenn man uns beleidigt, dann segnen wir. Verfolgt man uns, wehren wir uns nicht dagegen; und wenn man uns verhöhnt, antworten wir freundlich.
13 Wir waren schon immer die Sündenböcke für die ganze Welt, der Müllhaufen, auf dem jeder seinen Unrat ablädt.

14 Ich schreibe das alles nicht, um euch zu beschämen. Vielmehr möchte ich euch, meine geliebten Kinder, ermahnen und wieder auf den rechten Weg bringen.
15 Selbst wenn ihr zehntausend Erzieher hättet, die euch im Glauben unterweisen, so habt ihr doch nicht viele Väter. Denn ich habe euch das Evangelium von Jesus Christus gebracht, und dadurch habt ihr das Leben empfangen.[c]
16 Darum bitte ich euch: Folgt meinem Beispiel, wie Kinder dem Beispiel ihres Vaters folgen.

17 Aus demselben Grund habe ich Timotheus zu euch geschickt, der mir durch den Glauben ein lieber und treuer Sohn geworden ist. Er wird euch an all die Anweisungen erinnern, die ich euch und jeder anderen Gemeinde im Auftrag Jesu Christi gegeben habe.

18 Einige von euch behaupten lautstark, ich würde es gar nicht mehr wagen, selbst nach Korinth zu kommen.
19 Aber wenn es der Herr zuläßt, werde ich bald bei euch sein! Dann interessieren mich nicht die großen Sprüche dieser Leute, sondern was hinter ihren Worten steckt.[d]
20 Gottes Herrschaft besteht nämlich nicht in Worten; sie zeigt sich vielmehr in einem Leben, in dem die Wirkung des Evangeliums für jeden erkennbar ist.[e]
21 Entscheidet also selbst: Soll ich den Stock bei euch gebrauchen oder mit Liebe und Freundlichkeit zu euch kommen?

Klare Verhältnisse

5 Ich habe gehört, daß ihr in eurer Gemeinde Unzucht duldet, und zwar soll einer von euch mit seiner

a) Wörtlich: ohne uns seid ihr zur Herrschaft gekommen.
b) Wörtlich: klug in Christus.
c) Wörtlich: Ich habe euch gezeugt in Christus Jesus durch das Evangelium.
d) Wörtlich: sondern die Kraft.
e) Wörtlich: denn das Reich Gottes (besteht) nicht in Worten, sondern in Kraft.

Ansteckungsgefahr!

Margret Meier

1. Korinther 5,6

Im Judentum wurde Brot auf diese Weise gebacken: Die Frauen kneteten ein Stück alten, gesäuerten Teig unter den frischen Brotteig. Durch die gärende Wirkung des Sauerteigs wurde der ganze Teig durchsäuert und gelockert. Diese Wirkweise des Sauerteigs wird in der Bibel als Sinnbild für unauffällige, gründlich wirkende und durchdringende Einflüsse gebraucht. Wenn das Böse «angesetzt» ist, wirkt es von selbst und durchdringt alles. Es «infiziert» seine Umgebung und ist schwer zu stoppen.

Hier zeigt sich, wie die Bibel das Herz des Menschen einschätzt. Es gibt Menschen, die jede schlechte Nachricht aufschnappen und schnell weiterverbreiten, sogar ohne sie geprüft zu haben. «Hast du schon gehört … Frau Sowieso hat eine Beziehung mit ihrem Chef. Man soll sie in einer eindeutigen Situation gesehen haben.»

Sensationsgierige Menschen halten gerne mit im Klatsch und Tratsch der Gesellschaft. Das macht sie ja gerade so interessant. Sie haben große Ohren für nichtige Dinge und ein schnelles Mundwerk für die Weitergabe. Die Wahrheit ist dabei nicht so wichtig.

Wieviel Schaden wird dadurch angerichtet! Solch ein «Sauerteig» zerstört menschliche Beziehungen und gegenseitiges Vertrauen. Nachrichten beeinflussen das Denken über Menschen und führen zu Vorurteilen. Ein überheblicher Mensch nutzt jede negative Nachricht, um sich selbst in ein helles Licht zu stellen, um besser als die anderen zu erscheinen. Vielleicht will er ganz unbewußt aber nur von sich selbst ablenken.

Menschen, die ernsthaft an Jesus glauben, sind anders. Aus dem Sauerteig ist ein «Süßteig» geworden, sie haben durch den Heiligen Geist einen neuen Sinn bekommen – Christi Sinn. Er sucht das Gute, das Vollkommene. Alles Denken und Wollen wird von Jesus her gelenkt und befruchtet. So geschieht eine innere Veränderung und Gesundung des Menschen.

Wer mit Jesus lebt und die Bibel zum Maßstab nimmt, hat es nicht mehr nötig, überheblich auf sich selbst aufmerksam zu machen. Er hat eine tragfähige Grundlage für sein Leben. Jesus ist der beste Herr und Lehrer für uns.

Stiefmutter zusammenleben. So etwas gibt es nicht einmal bei den schlimmsten Heiden! 2Ihr aber seid auch noch eingebildet. Müßtet ihr nicht statt dessen traurig und beschämt diesen Mann aus der Gemeinde ausschließen? 3Ich selbst bin zwar nicht persönlich, aber doch im Geist bei euch.[a] Und so habe ich – als wäre ich mitten unter euch – bereits mein Urteil über den Schuldigen gefällt.

4Wenn ihr im Namen Jesu Christi zusammenkommt, werde ich im Geist bei euch sein. Dann wollen wir gemeinsam in der Kraft unseres Herrn Jesus 5diesen Mann dem Satan ausliefern. Er soll die zerstörende Macht des Bösen an seinem Leib erfahren, damit er zur Besinnung kommt und sein Geist am Tag des Gerichtes gerettet werden kann.

6Ihr habt wirklich nicht den geringsten Grund zur Überheblichkeit. Wißt ihr nicht, daß schon ein wenig Sauerteig genügt, um den ganzen Teig zu durchsäuern? 7Entfernt jeden, auch den allerkleinsten Rest des alten Sauerteigs, damit ihr und eure Gemeinde ein neuer, ungesäuerter Teig werdet. Ihr seid doch rein, weil Jesus Christus als unser Passahlamm geopfert wurde. 8Darum meidet entschlossen den Sauerteig des Bösen und Schlechten, und lebt euer neues Leben im ungesäuerten Teig der Reinheit und Wahrheit.

9Ich habe euch schon einmal geschrieben, daß ihr als Christen nichts mit Leuten zu tun haben sollt, die Unzucht treiben. 10Damit habe ich freilich nicht alle auf der Welt gemeint, die zügellos leben, die habgierig und abergläubisch[b] sind oder stehlen. Ich fürchte, dann müßtet ihr die Welt verlassen. 11Nein, ich meinte, daß ihr euch von all denen trennen sollt, die sich Christen nennen und trotzdem Unzucht treiben, geldgierig oder abergläubisch sind, Gotteslästerer, Trinker oder Diebe. Mit solchen Leuten sollt ihr überhaupt nichts zu tun haben[c]. 12/13Es ist nicht unsere Aufgabe, Leute zu verurteilen, die nicht zur Gemeinde gehören. Das wird Gott tun. Aber für das, was in der Gemeinde geschieht, tragt ihr die Verantwortung. «Entfernt den Bösen aus eurer Mitte!» heißt es schon bei Mose.[d]

Rechtsstreit unter Christen?

6 Wie ist es möglich, daß ihr als Christen eure Streitigkeiten vor heidnischen Richtern[e] austragt, statt die Gemeinde um Rat zu bitten![f] 2Wißt ihr denn nicht, daß wir als Christen einmal über die Welt richten werden? Dann müßtet ihr doch auch diese Kleinigkeiten unter euch selbst regeln können. 3Habt ihr vergessen, daß wir sogar die Engel richten werden? Müßtet ihr dann nicht erst recht eure alltäglichen Streitigkeiten entscheiden können? 4Aber ihr lauft damit zu Richtern, die nicht einmal Christen sind.

5Traurig, daß ich darüber reden

a) Wörtlich: Ich bin zwar dem Leibe nach abwesend, aber dem Geiste nach anwesend.
b) Wörtlich: Götzendiener.
c) Wörtlich: nicht einmal zusammen essen.
d) 5. Mose 13,6
e) Wörtlich: vor Ungerechten.
f) Wörtlich: statt vor den Heiligen.

DIE ROSAROTE BRILLE

Lilo Kramer

1. Korinther 6,12

In einer Zeitschrift las ich kürzlich folgendes: Es ist angenehmer, alles durch die «rosarote Brille» zu sehen. Schicksalsschläge und eigenes Versagen können so wirkungsvoll ausgeblendet werden. Im Ernstfall werden die kleinen Lügen und Selbsttäuschungen aber zur faustdicken Lebenslüge, von der man wie von einer Droge abhängig wird. Die ungeliebte Wahrheit wird so lange verdrängt, bis man nur noch in einer Scheinwelt lebt, die irgendwann wie eine Seifenblase zerplatzt und einen völlig verzweifelten Menschen zurückläßt.

Ich kann dies nur dick unterstreichen, denn genauso war es bei mir, bevor ich mein Leben an Jesus Christus übergab. Ich war viele Jahre von Alkohol, Nikotin und Tabletten abhängig.

Kurze Rückblende: Als Kind hatte ich einen guten Anfang mit Jesus gemacht, und ich fühlte mich als junge Christin stark genug, um zu wissen, was ich tun durfte oder zu lassen hatte. Unser Bibelvers sagt es ja: Es ist alles erlaubt, also kann ich doch selber entscheiden, oder? Welch eine Selbsttäuschung. Dies ist ja nur der Anfang des Bibelverses. So leicht passiert es, daß wir ein Bibelwort aus dem Zusammenhang reißen und «passend» machen. Das nennt die Bibel Ungehorsam. Wir brauchen uns nicht zu wundern, wenn wir unzufrieden und unglücklich werden.

Wenn ich unsicher bin, was ich tun soll, und meine Motivation prüfen will, ist mir Psalm 139 hilfreich. Dort steht: «Erforsche mich, Gott, und zeige mir, wie ich's meine. Sollte ich aber falsch liegen, so hilf du mir bitte auf die rechte Spur.» Wer Gott so aufrichtig bittet, den läßt er nicht «im Dunkeln stehen», das habe auch ich immer wieder erfahren. Dazu gehört allerdings auch Mut, aber es lohnt sich, Jesus nachzufolgen, ohne Kompromisse! Er enthält mir nichts vor. Er weiß am besten, was mir wirklich nützlich ist, und gibt es mir gerne.

Dann habe ich echten Frieden in meinem Herzen und bin glücklich.

muß! Gibt es denn in der ganzen Ge-
meinde keinen einzigen, der Streit
zwischen euch schlichten kann?
6 Statt dessen zieht einer den andern
vor Gericht und verklagt seinen Bru-
der vor den Ungläubigen.

7 Schlimm genug, daß ihr über-
haupt Streit miteinander habt! Wes-
halb ertragt ihr nicht lieber Unrecht,
und warum seid ihr nicht bereit, eher
Nachteile in Kauf zu nehmen, anstatt
auf euer Recht zu pochen? 8 Doch ihr
tut selbst Unrecht und betrügt ande-
re; sogar eure eigenen Brüder!

9 Habt ihr vergessen, daß für Men-
schen, die Unrecht tun, in Gottes
Reich kein Platz sein wird? Darauf
könnt ihr euch verlassen: Keiner, der
unzüchtig lebt, keiner, dem irgend
etwas wichtiger ist als Gott,[a] kein
Ehebrecher, kein Mensch, der sich
von seinen Begierden treiben läßt
und homosexuell verkehrt, wird
einen Platz in Gottes Reich haben;
10 auch kein Dieb, kein Ausbeuter,
kein Trinker, kein Verleumder oder
Räuber. 11 Und all das sind einige von
euch gewesen. Aber jetzt sind eure
Sünden abgewaschen. Durch Jesus
Christus gehört ihr ganz zu Gott, und
durch seinen Geist seid ihr freige-
sprochen.[b]

Unser Körper gehört Gott

12 «Es ist alles erlaubt», sagt ihr. Das
mag stimmen, aber es ist nicht alles
gut für euch. Diese Parole «Es ist al-
les erlaubt» darf aber nicht dazu füh-
ren, daß ich mich von irgend etwas
beherrschen lasse und meine Freiheit
verliere. 13 Wenn ihr schreibt: «Das
Essen ist für den Bauch, und der
Bauch für das Essen», dann ist das
schon richtig. Und ebenso gewiß hat
Gott beides – das Essen wie den
Bauch – zur Vergänglichkeit be-
stimmt. Aber das bedeutet nicht, daß
Gott uns den Leib gab, damit wir un-
sittlich leben! Vielmehr wurde auch
unser Körper zum Dienst für den
Herrn geschaffen. Deshalb ist es Gott
nicht gleichgültig, wie wir damit um-
gehen.[c] 14 Denn Gott wird uns vom
Tod zum ewigen Leben auferwecken,
so wie er Christus durch seine Kraft
auferweckt hat.

15 Wißt ihr denn nicht, daß auch eu-
er Körper zum Leib Jesu Christi ge-
hört? Wollt ihr wirklich den Leib
Christi mit dem einer Hure vereini-
gen? Niemals! 16 Denn wer sich mit
einer Hure einläßt, der wird ein Leib
mit ihr. So heißt es schon in der Heili-
gen Schrift von Mann und Frau: «Die
zwei werden *ein* Leib sein.»[d] 17 Wenn
ihr euch dagegen dem Herrn zuwen-
det, werdet ihr mit Christus *eins* sein
durch seinen Geist. 18 Deshalb warne
ich euch eindringlich vor jeder Un-
zucht! Denn mit keiner anderen Sün-
de vergeht man sich so sehr am eige-
nen Leib wie mit einem unsittlichen
Leben.[e] 19 Oder habt ihr etwa verges-
sen, daß euer Leib ein Tempel des
Heiligen Geistes ist, den euch Gott

a) Wörtlich: Götzendiener.
b) Wörtlich: Aber ihr seid geheiligt worden, aber ihr seid gerechtgesprochen worden durch den Namen des Herrn Jesus Christus und durch den Geist unseres Gottes.
c) Wörtlich: Der Leib aber ist nicht für die Unzucht da, sondern für den Herrn, und der Herr für den Leib.
d) 1. Mose 2,24
e) Wörtlich: Jede Sünde, die der Mensch tut, ist außerhalb seines Leibes. Wer aber hurt, sündigt gegen seinen eigenen Leib.

gegeben hat? Ihr gehört also nicht mehr euch selbst. [20]Gott hat einen hohen Preis gezahlt, um euch freizukaufen; deshalb dient nun auch mit eurem Leib dem Ansehen Gottes in der Welt.

Verheiratet oder ledig?

7 Nun zu der Frage, die ihr mir in euerm Brief gestellt habt. Ich meine: Es wäre gut für einen Mann, überhaupt nicht zu heiraten. [2]Aber damit niemand zur Unzucht verleitet wird, ist es besser, wenn jeder Mann seine Frau und jede Frau ihren Mann hat. [3]Der Mann soll seine Frau nicht vernachlässigen, und die Frau soll sich ihrem Mann nicht entziehen, [4]denn weder die Frau noch der Mann dürfen eigenmächtig über ihren Körper verfügen; sie gehören einander. [5]Keiner soll sich dem Ehepartner verweigern, es sei denn, beide sind eine Zeitlang bereit, auf den ehelichen Verkehr zu verzichten, weil sie für das Gebet frei sein wollen. Danach kommt wieder zusammen, damit euch der Satan nicht in Versuchung führen kann, weil ihr euch nicht enthalten könnt.

[6]Was ich euch jetzt sage, ist ein Rat, kein Befehl. [7]Ich wünschte zwar, jeder würde wie ich ehelos leben. Aber wir sind nicht alle gleich. Nach Gottes Willen leben die einen in der Ehe, die anderen bleiben unverheiratet.[a]

[8]Den Unverheirateten und Verwitweten rate ich, lieber ledig zu bleiben, wie ich es bin. [9]Wenn ihnen das Alleinsein aber zu schwer fällt, sollen sie heiraten. Denn das ist besser, als von unerfülltem Verlangen beherrscht zu werden.

Ehescheidung?

[10]Was ich jetzt den Verheirateten sage, ist kein persönlicher Rat, sondern ein Gebot unseres Herrn Jesus Christus: Keine Frau darf sich von ihrem Mann scheiden lassen. [11]Hat sie sich aber doch von ihm getrennt, soll sie unverheiratet bleiben oder sich wieder mit ihrem Mann versöhnen. Dasselbe gilt für den Mann.

[12]Für alle anderen Fälle gibt es keinen ausdrücklichen Befehl des Herrn. Deshalb rate ich: Wenn ein Christ eine ungläubige Frau hat, die bei ihm bleiben will, soll er sich nicht von ihr trennen. [13]Und wenn eine Christin einen ungläubigen Mann hat, der bei ihr bleiben will, soll sie ihn nicht verlassen. [14]Denn der ungläubige Mann ist durch seine gläubige Frau und die ungläubige Frau durch ihren gläubigen Mann Christus sehr nahe[b]. Deshalb stehen ja auch eure Kinder unter Gottes Segen.[c]

[15]Wenn aber der ungläubige Partner auf einer Trennung besteht, dann willigt in die Scheidung ein. In einem solchen Fall ist der christliche Partner nicht länger an den anderen gebunden. Denn Gott will, daß ihr in Frieden lebt. [16]Es ist ja nicht sicher, ob du als Frau deinen Mann zu Christus führen kannst oder ob du als Mann deiner Frau zum Glauben verhelfen wirst.

a) Wörtlich: Aber jeder hat seine eigene Gnadengabe von Gott, der eine so, der andere so.
b) Wörtlich: geheiligt.
c) Wörtlich: Denn sonst sind eure Kinder unrein; nun aber sind sie heilig.

Jeder an seinem Platz

17 Abschließend möchte ich sagen, daß jeder in der Lebensform bleiben sollte, in der er lebte, als er Christ wurde, ob nun verheiratet oder unverheiratet. So ordne ich es in allen Gemeinden an.

18 Darum soll jemand, der nach jüdischem Gesetz beschnitten wurde, sich auch als Christ zu seiner Beschneidung bekennen. Wurde er aber nicht beschnitten, soll er die Beschneidung auch nicht nachholen. 19 Denn Gott kommt es nicht darauf an, ob wir beschnitten sind oder nicht. Bei ihm zählt allein, ob wir seinen Geboten gehorchen.

20 Jeder soll Gott an dem Platz dienen, an dem ihn Gottes Ruf erreichte. 21 Bist du als Sklave ein Christ geworden? Mach dir deswegen keine Sorgen! Selbst wenn du freiwerden kannst, warum willst du nicht Sklave bleiben?[a] 22 Denn wer als Sklave Christus gehört, der ist ja von ihm aus der Sklaverei der Sünde freigekauft worden. Ein freier Mann aber, der dem Herrn gehört, ist dadurch ein Sklave Christi. 23 Christus hat einen hohen Preis für euch gezahlt. Ihr gehört allein ihm; werdet also nicht wieder von Menschen abhängig!

24 Deshalb, liebe Brüder, soll jeder an dem Platz bleiben, an dem er war, als Gott ihn rief. Dort soll er ihm dienen.

Bereit, dem Herrn zu dienen

25 Für die unverheirateten Frauen hat der Herr keine ausdrückliche Anweisung gegeben. Aber als Botschafter des Herrn, dem ihr vertrauen könnt, möchte ich euch meine Meinung sagen.[b]

26 Wenn ich daran denke, welch schwere Zeiten uns bevorstehen, scheint es mir das beste zu sein, wenn man unverheiratet bleibt. 27 Hast du dich allerdings schon an eine Frau gebunden, dann sollst du diese Bindung nicht lösen. Bist du aber noch frei, dann bleibe es auch und suche nicht überall nach einer Frau. 28 Wenn du heiratest, begehst du jedoch keine Sünde. Das gilt in gleicher Weise für Männer wie für Frauen. Nur werdet ihr als Verheiratete besonderen Belastungen ausgesetzt sein, und das würde ich euch gern ersparen.

29 Denn eins steht fest, Brüder: Wir haben nicht mehr viel Zeit, für den Herrn zu arbeiten. Deshalb sollen sich jetzt auch die Verheirateten so für den Herrn einsetzen, als wären sie nicht verheiratet. 30 Weder Trauer noch Freude sollen uns daran hindern, Gott zu dienen. Was wir besitzen, sollte uns nicht davon abhalten, mit anderen zu teilen.[c] 31 Verliert euch nicht an diese Welt, auch wenn ihr in ihr lebt. Denn diese Welt mit allem, was wir haben, wird bald vergehen.

32 Ich möchte euch in all diesen Dingen unbelastet und ohne Sorgen wissen. Wer unverheiratet ist, kann sich

a) Andere Übersetzungsmöglichkeit: Kannst du aber frei werden, dann nutze die Gelegenheit.
b) Wörtlich: Ich sage aber meine Meinung als einer, dem vom Herrn die Barmherzigkeit widerfahren ist, Vertrauensmann zu sein.
c) Wörtlich: Und die weinen, als weinten sie nicht, und die kaufen, als behielten sie es nicht.

Die Familie im Zug

Sigrid Arnold-Levey

1. Korinther 7,12

Es ist Sonntag nachmittag, ich steige in den überfüllten Zug. Wie dankbar bin ich für meine Platzkarte! Zwei dunkle Augen begegnen den meinen, und der etwa siebenjährige Junge räumt bereitwillig den für mich reservierten Platz. Gegenüber sitzen die Eltern; der Vater hat einen weiteren Jungen, die Mutter ein kleines Mädchen auf dem Schoß.

Meine Augen und auch die der anderen Fahrgäste wandern immer wieder zu dieser Familie. Der Vater strahlt Ruhe, Schutz und Stärke aus. Die Rollenverteilung scheint wie selbstverständlich geklärt. Die liebevolle Art und Weise, wie die Familienglieder miteinander umgehen, wecken sichtlich das Interesse der Mitreisenden. Es entsteht eine kleine Oase der Entspannung und Nähe, der Wärme und der spontanen Kreativität, denn bald schon verwickeln die beiden Jungen die anderen Fahrgäste in ein simples Geschicklichkeitsspiel. Ich muß daran denken, wie attraktiv und vitalisierend doch Familienleben sein kann. Gott schuf damit eine wunderbare Zelle in unserer Gesellschaft.

Kurz bevor ich aussteige, ist der Korridor des Wagens erneut mit Menschen und Gepäck verstopft. Gedanklich noch ganz bei meiner «Zug-Familie», bemerke ich ein Mädchen, das vergeblich versucht hatte, sich in entgegengesetzter Richtung einen Weg zu bahnen.

«Willst du auch aussteigen?» fragt jemand teilnehmend.

«Nein, ich steige immer zwei Stationen später aus», antwortet sie.

«Du hast sicher deine Großeltern besucht?» fragt der Mitreisende weiter. Ich bemerke, wie das Mädchen einen abgegriffenen Teddy fest an sich drückt. «Nein, ich habe meinen Vati besucht, den ersten Vati, und nun fahre ich zurück zu meiner Mutti und meinem zweiten Vati», stammelt sie etwas unsicher, doch mutig und voller Entschlossenheit.

Lange Zeit lassen mich die Offenheit und Verletzbarkeit dieses Mädchens nicht los. Ehescheidung bedeutet immer die Zerstörung einer Familie. Kinder leiden unter dem Verlust von Vater oder Mutter und oft auch der vertrauten Umgebung. Für die Eltern türmen sich die erlittenen Verletzungen zu Bergen auf, oft verbunden mit Bitterkeit und Verzweiflung. So sieht Gottes Plan für unser Leben gerade nicht aus. Deswegen rät der Apostel Paulus: Trennt euch nicht aus Gründen des Glaubens, denn Gottes Segensstrom liegt auf eurer Ehe und heiligt sie.

Weil Gott vom Wesen her Vater ist, schlägt sein Herz für alle, die zerbrochen und zerschlagen sind. Deswegen gilt seine Liebe und Fürsorge auch allen Alleinerziehenden und «Scheidungsfamilien». Ihnen will er in besonderer Weise seine Kraft und Weisheit schenken, so daß aus Zerbrochenheit und Schmerz eine neue und vitale «Zelle Familie» entstehen kann.

uneingeschränkt für die Sache Gottes
einsetzen und so dem Herrn gefallen.
33 Ist aber jemand verheiratet, so muß
er sich seiner Frau zuliebe um viele
andere Dinge kümmern, und er kann
Gott nur mit einem Teil seiner Kraft
dienen. 34 Genauso kann eine unver-
heiratete Frau mit Leib und Seele,
von allen anderen Pflichten unbela-
stet, dem Herrn dienen. Aber eine
verheiratete Frau muß auch an ihren
Haushalt und an ihren Mann denken.

35 Ich sage dies alles nicht, um euch
irgendwelche Vorschriften zu ma-
chen, sondern um euch zu helfen. Ich
möchte, daß ihr ein vorbildliches Le-
ben führt und unbeirrt nur das eine
Ziel verfolgt, dem Herrn zu dienen.
36 Wenn aber jemand meint, es sei
Unrecht, seine Braut allzu lange auf
die Ehe warten zu lassen, so soll er
tun, was er für richtig hält. Er soll ru-
hig heiraten. Damit begeht er keine
Sünde. 37 Wer aber die innere Bereit-
schaft und Kraft zur Ehelosigkeit auf-
bringt und nicht durch ein Ehever-
sprechen gebunden ist, der ist gut be-
raten, wenn er nicht heiratet.[a] 38 Wer
also heiratet, der handelt richtig. Bes-
ser ist es allerdings, nicht zu heiraten.

39 Solange ein Mann lebt, gehört
seine Frau untrennbar zu ihm. Wenn
er aber stirbt, darf sie wieder heira-
ten, wen sie will. Nur sollte sie darauf
achten, daß der neue Partner ein
Christ ist! 40 Nach meiner Meinung
bliebe sie aber besser allein und wür-
de nicht noch einmal heiraten. Das
sage ich, weil ich schließlich auch
Gottes Geist empfangen habe.

Grenzen christlicher Freiheit

8 Nun wolltet ihr wissen, ob wir als
Christen das Opferfleisch essen
dürfen, das den Göttern geweiht wur-
de. Wir wissen zwar, daß Götzen kei-
ne Macht haben. Doch Einsicht allein
führt leicht zum Hochmut. Unerläß-
lich ist auch hier nur die Liebe, sie
baut die Gemeinde auf. 2 Wenn sich
einer einbildet, alles zu wissen, so
zeigt das nur, daß er noch nicht weiß,
worauf es wirklich ankommt. 3 Nur
wer Gott liebt, hat die rechte Er-
kenntnis und ist von Gott angenom-
men.[b]

4 Dürfen wir also Opferfleisch essen
oder nicht? Wir wissen doch alle, daß
es außer dem *einen* Gott gar keine an-
deren Götter gibt. 5 Wenn auch in der
Vorstellung der Menschen sogenann-
te Götter im Himmel und auf der Er-
de existieren – und es gibt ja tatsäch-
lich viele Mächte und Gewalten –, 6 so
haben *wir* doch nur *einen* Gott, den
Vater, der alles erschaffen hat und
vor dem wir einmal stehen werden.[c]
Und wir haben auch nur *einen* Herrn,
Jesus Christus, durch den alles ge-
schaffen wurde. Durch ihn haben wir
ein völlig neues Leben empfangen.[d]
7 Einige Christen, die noch unsicher in
ihrem Glauben sind, haben das aber
noch nicht erkannt. Bisher waren sie
davon überzeugt, daß es wirklich
Götter gibt. Wenn sie nun vom
Opferfleisch essen, fürchten sie, da-
mit zugleich auch die Götter anzuer-
kennen, und bekommen ein schlech-
tes Gewissen.

a) Wörtlich: Wer aber in seinem Herzen feststeht und keine Not hat, sondern Gewalt über seinen eigenen Willen hat und in seinem Herzen beschlossen hat, seine Jungfrau zu bewahren, der tut wohl.
b) Wörtlich: von Gott erkannt.
c) Wörtlich: von dem her alles (ist) und auf den hin wir (leben).
d) Wörtlich: durch den alles (ist) und wir durch ihn.

Kommt und seht, was Gott getan hat!

Aus Psalm 66

Ein Lied

Jubelt Gott zu, all ihr Menschen auf der Erde!
Singt und musiziert zu seiner Ehre,
stimmt ein Loblied an auf seine Größe und Pracht!
Sprecht zu Gott: «Wie gewaltig sind deine Taten!
Vor deiner Macht müssen sogar deine Feinde sich beugen.
Alle Völker der Erde werden dich anbeten und deinen Namen besingen.»
Kommt und seht, was Gott getan hat,
wie gewaltig sind seine Taten unter den Menschen!
Er teilte das Meer und ließ sein Volk sicher hindurchgehen,
trockenen Fußes konnten sie den Jordan durchqueren.
Darum freuen wir uns über Gott!
Ja, er hat alle Macht und regiert für immer und ewig.
Er schaut auf die Völker – ihm entgeht nichts.
Wer kann schon gegen ihn bestehen?

Ihr Völker, preist den Herrn! Lobt ihn laut, daß alle es hören!
Gott erhält uns am Leben, er läßt uns nicht untergehen.
Du, o Gott, hast uns geprüft, du hast uns geläutert wie Silber im Schmelzofen.
Wir waren gefangen, stöhnten und jammerten unter der Last,
die wir tragen mußten.
Du hast andere Menschen auf uns herumtrampeln lassen,
durch viele Feuerproben mußten wir hindurch –
aber du hast uns aus der Gefahr befreit
und uns mehr gegeben, als wir brauchten.

Kommt und hört mir zu, ihr, die ihr Gott ernst nehmt,
ich will euch erzählen, was er für mich getan hat.
Als ich zu ihm um Hilfe schrie, wußte ich:
Gott wird mir helfen! Deshalb begann ich, ihn zu loben.
Hätte ich Böses im Sinn gehabt, dann hätte der Herr mich nicht erhört.
Aber er hat mich erhört, mein Gebet hat er angenommen.
Ich preise den Herrn, denn er hat meine Bitten nicht verachtet
und mir seine Liebe nicht entzogen.

[8]Ihr dagegen sagt: «Wir werden
vor Gott weder besser noch schlech-
ter, ob wir nun das Fleisch essen oder
nicht.» [9]Das ist zwar richtig, aber ihr
sollter trotzdem darauf achten, daß
ihr mit euerm Verhalten dem nicht
schadet, dessen Glaube noch schwach
ist. [10]Angenommen, er sieht dich in
irgendeinem heidnischen Tempel
Opferfleisch essen. Wird er dann
nicht ermutigt, es dir nachzumachen,
obwohl er dabei gegen sein Gewissen
handelt? [11]Und so würde an deiner
durchaus richtigen Erkenntnis dein
im Glauben schwacher Bruder zu-
grundegehen, für den doch Christus
gestorben ist. [12]Wenn ihr euch euren
Brüdern gegenüber so verhaltet und
ihr Gewissen verletzt, so versündigt
ihr euch an Christus. [13]Darum: Wenn
ich befürchten muß, daß mein Bruder
zur Sünde verführt wird, weil ich be-
denkenlos Opferfleisch esse, dann
will ich lieber mein Leben lang über-
haupt kein Fleisch mehr essen, als
ihm das anzutun!

Nur ein Starker kann verzichten!

9 Wie halte ich es denn selbst in sol-
chen Dingen? Bin ich nicht ein
freier Mann? Habe ich nicht unseren
Herrn Jesus mit eigenen Augen gese-
hen? Hat er mich denn nicht zu sei-
nem Botschafter berufen? Daß ihr
Christen geworden seid, beweist
deutlich, daß ich für den Herrn gear-
beitet habe. [2]Mögen die anderen
auch behaupten, ich sei kein Bot-
schafter Christi, ihr könnt das nicht
sagen! Denn ihr selbst seid ja das Sie-
gel und die Bestätigung dafür.[a]
[3]Meine Kritiker aber frage ich:
[4]Hätten eigentlich meine Mitarbeiter
und ich nicht das Recht, uns auf Ko-
sten der Gemeinde versorgen zu las-
sen? [5]Dürften nicht auch wir eine
Ehefrau mit auf die Reise nehmen,
wie es die anderen Apostel tun, die
Brüder des Herrn und auch Petrus?
[6]Müssen etwa nur Barnabas und ich
unseren Lebensunterhalt selbst ver-
dienen? [7]Die Antwort kann sich je-
der selbst geben. Wo zahlt je ein Sol-
dat seinen eigenen Sold, und wer
würde einen Weinberg anlegen, ohne
die Trauben auch zu ernten? Oder
welcher Hirte würde nicht von der
Milch seiner Tiere trinken?
[8]Das ist nicht nur allgemein so üb-
lich; das verlangt auch Gottes Wort.
[9]Es heißt doch im Gesetz, das Gott
dem Mose gab: «Du sollst einem
Ochsen nicht das Maul zubinden,
wenn er das Getreide drischt!»[b] Hat
Gott dies angeordnet, weil er sich um
die Ochsen sorgt? [10]Ohne Frage
dachte er dabei an uns! Denn wir sind
gemeint, wenn es dort heißt, daß alle,
die pflügen und das Getreide dre-
schen, ihren Anteil an der Ernte er-
warten dürfen.
[11]Wir haben nun unter euch die
geistliche Saat – das Wort Gottes –
ausgesät. Ist es da wirklich zuviel ver-
langt, wenn ihr uns dafür mit dem
versorgen würdet, was wir zum Le-
ben brauchen? [12]Ihr unterstützt doch
auch noch andere Prediger, und das
ist richtig so. Aber hätten wir nicht
ein größeres Anrecht darauf? Den-
noch haben wir dieses Recht nie in
Anspruch genommen. Wir haben
darauf verzichtet, damit uns niemand
nachsagen kann: Sie predigen nur,
weil sie dafür bezahlt werden.

a) Wörtlich: Denn das Siegel meines Apostelamtes seid ihr in dem Herrn.
b) 5. Mose 25,4

Ich bin so frei!

Sabine Schmidt

1. Korinther 8

Aufruhr in Korinth. Einige Christen glauben ihren Ohren nicht zu trauen: Da gibt es doch tatsächlich noch einige «Gesetzlinge» in der Gemeinde, die ihnen ihren heißgeliebten Sonntagsbraten madig machen wollen. Und das nur, weil das Fleisch vor dem Verkauf den Götzen geweiht worden ist. Hat Paulus nicht gesagt, daß es neben Jesus gar keine anderen Götter gibt? Natürlich – also, was soll's?

Stop! Der Apostel Paulus rückt hier den Rechthabern die schiefe Optik zurecht: Wer recht hat, muß nicht immer auch das Rechte tun! Wenn die Freiheit der einen zur Fessel der anderen wird, geht im Ringen um die Wahrheit die Liebe zu Boden. Und atemlos liegt dort dann nicht nur der, den sein übervorsichtiges Gewissen geknebelt hat, sondern mit ihm auch Jesus Christus selbst (Vers 12).

Grenzenlose Freiheit, die den Gewissenhafteren lieblos überrennt, verliert an Kontur und verwischt den wahren Inhalt des Glaubens: Gott und den Nächsten so zu lieben wie sich selbst (Matthäus 22,36ff.). Freiheit aber, die sich aus Liebe zum anderen begrenzen kann, verleiht dem Glauben Profil. Ein Profil, das die Züge Jesu trägt: Er verzichtete freiwillig auf seine himmlischen Privilegien (Philipper 2), um uns zu Privilegierten zu machen! Seine Freiheit ließ sich aus Liebe zu uns binden, damit wir befreit leben können. Jesu Freiheit bestand nicht darin, sich über unsere Köpfe hinweg frei zu entfalten, sondern gipfelte darin, auf das eigene Leben zu verzichten, um uns an Gottes Ziel zu bringen.

Den Schwächeren, weil Gewissenhafteren, den Kauzigen, weil Engeren, unter Verzicht zu Gottes Ziel zu begleiten – das sollte Jesus von seinen «Starken» wohl verlangen dürfen! Bei ihm soll niemand auf der Strecke bleiben. Am wenigsten die Liebe.

13 Ihr wißt doch genau, daß alle, die im Tempel Dienst tun, damit auch ihren Lebensunterhalt verdienen. Und wer am Altar den Opferdienst übernimmt, erhält auch einen Teil von den Opfertieren. 14 Ebenso hat der Herr angeordnet: Wer das Evangelium verkündigt, soll von diesem Dienst auch leben können. 15 Trotzdem habe ich darauf verzichtet und nie auch nur einen Pfennig von euch verlangt. Ich schreibe das nicht, weil ich in Zukunft etwas von euch haben möchte. Lieber würde ich verhungern, als daß ich mir nachsagen ließe, ich hätte das Evangelium nur gegen Bezahlung verkündigt.[a]

16 Denn daß ich das Evangelium predige, ist nicht mein persönliches Verdienst; ich muß es tun! Dieser Aufgabe kann ich mich unmöglich entziehen. 17 Hätte ich sie freiwillig übernommen, so könnte ich dafür Lohn beanspruchen. Doch Gott hat mich dazu beauftragt, ich habe keine andere Wahl. 18 Aber worin besteht denn nun mein Lohn? Um es ganz klar zu sagen: Mein Lohn besteht darin, daß ich jedem die Botschaft von Jesus verkündige, und zwar ohne Bezahlung und ohne auf meine Rechte zu pochen.

Kompromißloser Einsatz

19 Ich bin also frei und von niemandem abhängig. Aber um möglichst viele für Christus zu gewinnen, habe ich mich zum Sklaven aller Menschen gemacht. 20 Damit ich die Juden für Christus gewinne, lebe ich wie ein Jude. Und wo man religiöse Vorschriften genau befolgt, lebe ich auch danach, obwohl sie für mich keine Gültigkeit mehr haben. Denn ich möchte auch diese Leute gewinnen. 21 Bin ich aber bei Menschen, die ohne diese Gesetze leben, dann passe ich mich ihnen genauso an, um sie für Christus zu gewinnen. Das bedeutet aber nicht, daß ich mich nicht an Gottes Gebote halte, sondern ich befolge die Gebote Christi.[b]

22 Wenn ich bei Menschen bin, deren Glaube noch schwach und unsicher ist, achte ich sorgfältig darauf, ihnen nicht zu schaden. Wer es auch sei, ich stelle mich ihm gleich, um auf jede erdenkliche Weise wenigstens einige Menschen zu retten. 23 Dies alles tue ich für das Evangelium, damit auch ich Anteil an dem Segen erhalte, den es verspricht.

24 Ihr kennt das doch: Von allen Läufern, die im Stadion zum Wettlauf starten, gewinnt nur einer die Goldmedaille. Lauft so, daß ihr sie gewinnt! 25 Wer im Wettkampf siegen will, setzt dafür alles ein. Ein Athlet verzichtet auf vieles, um zu siegen. Und wie schnell ist sein Sieg vergessen! Wir dagegen kämpfen um einen Preis, der unvergänglichen Wert hat. 26 Ich weiß genau, wofür ich kämpfe. Ich laufe nicht irgendeinem ungewissen Ziel entgegen. Wenn ich kämpfe, geht mein Schlag nicht ins Leere. 27 Ich setze mich für diesen Sieg ganz ein und nehme keine Rücksicht auf meinen Körper. Er muß sich meinem Willen fügen. Denn ich will nicht andere zum Kampf des Glaubens auffordern und selbst untauglich sein oder vorzeitig ausscheiden.

a) Wörtlich: Denn lieber will ich sterben … meinen Ruhm soll niemand zunichte machen.
b) Wörtlich: (Ich bin) den Gesetzlosen wie ein Gesetzloser, obwohl ich nicht vom Gesetz Gottes los bin, sondern im Gesetz Christi bin.

IST DER WEG SCHON DAS ZIEL?

Christiane Prang

1. Korinther 9,24

Als Teenager hatte ich nur vage Vorstellungen vom Leben. Die Zukunft erschien mir aufregend, aber auch furchteinflößend. So viele mögliche «Lebenswege» lagen vor mir. Die Vielfalt an Philosophien und Lebensstilen war schier unüberschaubar.

Unterschiedliche Menschen um mich herum schienen dies zu bestätigen. Mein Leben glich einer Fahne, die wetterwendisch im Wind flatterte. Ich hatte das Gefühl, Zeit zu verschwenden, nicht voranzukommen. In die tiefe Sehnsucht nach Leben und Erfüllung bettete sich die eine große Frage: Welchen Weg soll ich wählen, und worin liegt der Lebenssinn?

Zehn Jahre später entdeckte ich auf dem Schreibtisch meines Arbeitskollegen eine Spruchkarte, deren Aussage ich schon einmal irgendwo gelesen hatte: «Nicht das Ziel ist der Sinn, sondern der Weg.» Still mußte ich in mich hineinlächeln, voller Mitgefühl für meinen Kollegen. Solch eine Antwort konnte mich schon lange nicht mehr befriedigen …

Das Leben ist zu kurz, um jahrelang blind im Nebel zu suchen. Es ist furchtbar, wenn man niemals zu Hause ankommt.

Mein Zuhause ist dort, wo mein Herz ist – und mein Herz gehört inzwischen Jesus. Wenn ich mein Ziel kenne, lebe ich bewußter, gelassener. Manchmal verliere ich im Gefecht des Alltags mein Ziel aus den Augen. Dann lebe ich so in den Tag hinein, messe den Kleinigkeiten viel zu viel Bedeutung bei.

Das Ziel vor Augen zu haben bedeutet: Ich habe einen Sinn im Leben, ich kenne meine Richtung genau und lasse mich nicht von meinem Weg mit Jesus abbringen. Es bedeutet aber auch, daß ich meine eigenen Fähigkeiten und Reserven realistisch einschätze.

Es ist immens wichtig, daß ich mein von Gott erhaltenes Lebensziel kenne und um den Platz weiß, den er mir hier auf der Erde zugewiesen hat und den er im Himmel für mich bereithält.

Israel als warnendes Beispiel

10 Liebe Brüder, erinnert euch
daran, was unsere Väter wäh-
rend ihrer Wüstenwanderung erleb-
ten. Sie wurden alle durch die voraus-
ziehende Wolke von Gott geführt
und von ihm sicher durch das Rote
Meer geleitet. 2 Alle wurden im Meer
und unter der Wolke auf Mose ge-
tauft, als sie ihm nachfolgten und ihn
als Führer anerkannten. 3 Gott gab ih-
nen allen auf wunderbare Weise die-
selbe Speise und denselben Trank[a].
4 Sie tranken Wasser aus einem Fel-
sen; das bedeutet, Christus selbst war
bei ihnen.[b] 5 Aber es gefiel Gott nicht,
wie die meisten von ihnen lebten.
Deshalb kamen sie in der Wüste um.
6 Das soll uns eine Warnung sein, da-
mit wir nicht wie sie am Bösen Gefal-
len finden.
7 Werdet nicht zu Menschen, die
Gott vergessen, weil sie allen mög-
lichen Götzen nachlaufen, so wie
manche von ihnen. Die Heilige
Schrift berichtet: «Sie aßen und tran-
ken, und dann feierten sie ein rau-
schendes, ausschweifendes Fest.»[c]
8 Laßt euch auch nicht wie sie zur Un-
zucht verleiten, sondern denkt daran,
daß an einem einzigen Tag dreiund-
zwanzigtausend Menschen dafür mit
dem Tode bestraft wurden. 9 Fordert
Gott nicht heraus. Damals taten sie
es; sie wurden von Schlangen gebis-
sen und starben. 10 Lehnt euch nicht
gegen Gott und seine Führungen auf
wie einige von ihnen. Gott vernichte-
te sie durch seinen Engel.[d]
11 Alle diese Ereignisse sollen uns
ein abschreckendes Beispiel sein. Sie
wurden niedergeschrieben, damit wir
gewarnt sind; denn das Ende der
Welt ist nahe. 12 Deshalb seid vorsich-
tig! Gerade wenn jemand denkt: «So
etwas kann mir doch nicht passie-
ren!», muß er besonders aufpassen.[e]
13 Das, was euerm Glauben bisher an
Prüfungen zugemutet wurde, über-
stieg nicht eure Kraft. Gott steht zu
euch. Er läßt nicht zu, daß ihr in der
Versuchung zugrundegeht. Wenn eu-
er Glaube auf die Probe gestellt wird,
schafft Gott auch die Möglichkeit, sie
zu bestehen.

Abendmahl oder Götzendienst

14 Liebe Freunde, hütet euch vor je-
dem Götzendienst! 15 Als Christen
wißt ihr doch, worum es geht. Über-
legt einmal selbst: 16 Haben wir durch
den Abendmahlskelch, über dem wir
das Dankgebet sprechen, nicht An-
teil an dem, was uns Christus durch
sein Blut erworben hat?[f] Haben wir
durch das Brot, das wir brechen und
gemeinsam essen, nicht Anteil an
dem neuen Leben, das uns Christus
durch das Opfer seines Leibes am
Kreuz erworben hat?[g]
17 Es gibt beim Abendmahl nur *ein*
Brot. Und obwohl wir so viele sind,
sind wir doch *ein* Leib, weil wir alle
von dem *einen* Brot essen. 18 Seht

a) Wörtlich: geistliche Speise und geistlichen Trank.
b) Wörtlich: Sie tranken nämlich aus einem geistlichen Felsen, der ihnen folgte. Der Fels aber war Christus.
c) 2. Mose 32,6
d) 4. Mose 21,5–6; 25,9
e) Wörtlich: Wer zu stehen glaubt, sehe zu, daß er nicht falle.
f) Wörtlich: Ist er nicht die Teilhabe des Blutes Christi?
g) Wörtlich: Ist das nicht die Teilhabe des Leibes Christi?

Kann ich allen alles recht machen?

Ingrid Kerr

1. Korinther 10,33

Wir sitzen in einer Planungsrunde beisammen, um Entscheidungen für die Fortführung unserer Arbeit zu treffen. Schon wiederholt ist mir aufgefallen, daß einer in unserem Kreis sich zunächst völlig schweigsam verhält. Wenn es um kritische Punkte geht, beteiligt er sich nicht an den Diskussionen. Hat sich aber dann ein Trend herausgestellt, dann wird dieser Teilnehmer langsam wach. Er schlägt sich auf die Seite derer, die allem Anschein nach die Richtung bestimmen werden.

In unserer täglichen Arbeit ist es unvermeidlich, daß zwischendurch der eine dem anderen mal kräftig auf die Füße tritt. So etwas passiert unserem «Lebenskünstler» nie. Er wird immer nach allen Seiten hin bemüht sein, seinem Gesprächspartner das Gefühl zu geben, daß er ihn in seiner Haltung versteht.

Wenn der Apostel Paulus schreibt: «Das ist mein Grundsatz. Ich versuche, allen in jeder Beziehung gerecht zu werden», meint er dann, daß wir unser Fähnchen immer schön nach dem Winde drehen sollen? Wenn wir den Ausspruch ohne den Nachsatz lesen, dann könnte man ihn so deuten. Aber Paulus betont, daß es ihm dabei nicht um sich selbst geht, sondern darum, daß Menschen durch Christus gerettet werden.

Wer das Leben des Paulus verfolgt, stellt fest, daß dieser Mann zwar abweichen kann von äußeren jüdischen Traditionen, daß er aber kompromißlos ist, wenn es um die reine Lehre in der Verkündigung geht. Er kann seine eigene Person in den Hintergrund stellen. Als er im Gefängnis sitzt und andere die Gelegenheit nutzen, sich in den Vordergrund zu schieben, da kann er sagen: «Was soll's, Hauptsache, Christus wird verkündigt.» Wenn ich mich auf andere Menschen mit anderen Vorstellungen einlasse, um sie zu gewinnen, darf ich aber nie so weit gehen, daß dadurch mein Leben in der Nachfolge unglaubwürdig wird oder daß zentrale Aussagen des Glaubens aufgeweicht werden.

euch den Gottesdienst an, den das
Volk Israel feiert! Dort haben alle
Gemeinschaft mit Gott, weil sie ge-
meinsam vom Fleisch der Opfertiere
essen.[a]
19 Was will ich damit sagen? Daß es
doch Götter gibt oder die Opfer, die
ihnen gebracht werden, irgendeinen
Wert haben? 20 Natürlich nicht! «Sie
bringen ihre Opfer den Dämonen,
nicht etwa Gott.»[b] Ich will aber nicht,
daß ihr Gemeinschaft mit dämoni-
schen Mächten habt.
21 Ihr könnt unmöglich aus dem
Kelch des Herrn und zugleich aus
dem Kelch der Dämonen trinken. Ihr
könnt nicht Gäste am Tisch des Herrn
sein und auch noch am Tisch der Dä-
monen sitzen. 22 Oder wollen wir etwa
den Herrn herausfordern?[c] Bilden
wir uns wirklich ein, stärker zu sein
als er?

Rücksicht auf das Gewissen der andern

23 Ihr lebt nach dem Grundsatz: «Es
ist alles erlaubt!» Ich antworte dar-
auf: Aber nicht alles, was erlaubt ist,
ist auch gut. 24 Denkt bei dem, was ihr
tut, nicht nur an euch. Denkt vor al-
lem an die anderen und daran, was für
sie gut ist.
25 Kauft also unbesorgt das Fleisch,
das auf dem Markt angeboten wird,
und fragt nicht lange danach, ob es
von Opfertieren stammt. Dann wird
euer Gewissen mit diesem Problem
nicht belastet. 26 Denn «die Erde und
alles, was auf ihr lebt, gehört dem
Herrn.»[d] 27 Lädt euch jemand, der
kein Christ ist, zum Essen ein und ihr
wollt hingehen, so eßt, was aufgetra-
gen wird, ohne viel zu fragen, damit
euer Gewissen nicht belastet wird.
28 Sollte euch aber jemand ausdrück-
lich sagen: «Dieses Fleisch stammt
vom Götzenopfer!», dann eßt es sei-
netwegen nicht, damit ihr das Gewis-
sen nicht belastet. 29 Es geht dabei
nicht um dein eigenes Gewissen, son-
dern um das des andern.
Nun mag jemand einwenden: Wes-
halb soll ich denn meine persönliche
Freiheit vom Gewissen eines anderen
einengen lassen? 30 Wenn ich Gott für
eine Speise danken kann, warum soll
ich sie dann nicht essen, nur weil ein
anderer sie aus Gewissensgründen
ablehnt?
31 Darauf will ich antworten: Bei all
diesen Fragen, beim Essen und Trin-
ken oder was ihr auch tut, denkt im-
mer daran, daß alles zur Ehre Gottes
geschieht. 32 Gebt deshalb nieman-
dem Anlaß zur Verärgerung, weder
den Juden noch den Heiden und auch
nicht euern Brüdern in der Gemein-
de. 33 Das ist auch mein Grundsatz.
Ich versuche, allen in jeder Bezie-
hung gerecht zu werden. Dabei geht
es nicht um mich, sondern darum,
daß möglichst viele Menschen durch
Jesus Christus gerettet werden.

Verhalten der Frauen im Gottesdienst

11 Folgt meinem Beispiel, so wie
ich Christus folge. 2 Ich freue
mich darüber, daß ihr immer daran
denkt, was ich euch gesagt habe, und

a) Wörtlich: Sind nicht die Opfer Essenden die Anteilhabenden des Altars?
b) 5. Mose 32,17; Psalm 106,37
c) 5. Mose 32,21; Jesaja 65,11 ff.
d) Psalm 24,1

euch nach den Anweisungen[a] richtet, die ich euch weitergab.

[3]Dazu gehört auch folgendes: Nach Gottes Willen untersteht jeder Mann Christus, die Frau ihrem Mann, und Christus untersteht Gott. [4]Aus diesem Grunde entehrt ein Mann Christus, wenn er betet oder im Auftrag Gottes redet und dabei eine Kopfbedeckung trägt. [5]Trägt dagegen eine Frau keine Kopfbedeckung, wenn sie im Gottesdienst betet oder im Auftrag Gottes spricht, dann entehrt sie ihren Mann. Das wäre genauso, als wenn sie wie eine Dirne kahlgeschoren herumliefe. [6]Will eine Frau ihren Kopf nicht bedecken, kann sie sich auch gleich die Haare abschneiden lassen. Aber weil es jede Frau entehrt, wenn ihr das Haar kurzgeschnitten oder der Kopf kahlgeschoren ist, soll sie ihren Kopf bedekken.

[7]Ein Mann aber soll im Gottesdienst keine Kopfbedeckung tragen, denn er ist nach Gottes Bild geschaffen und dient seiner Ehre.[b] Die Frau dagegen ist zur Ehre ihres Mannes geschaffen. [8]Denn Adam, der erste Mensch, wurde nicht von einer Frau geboren, aber Eva, die erste Frau, wurde aus dem Mann erschaffen. [9]Wie die Schöpfungsgeschichte berichtet, wurde der Mann auch nicht für die Frau geschaffen, sondern die Frau für den Mann. [10]Deshalb soll sie im Gottesdienst eine Kopfbedeckung tragen, und das schon wegen der Engel, die über Gottes Ordnungen wachen.

[11]Bedenkt aber, daß nach Gottes Ordnung Mann und Frau füreinander da sind.[c] [12]Denn obwohl Eva aus Adam geschaffen wurde, so werden doch alle Männer von Frauen geboren. Beide aber, Mann und Frau, sind Geschöpfe Gottes.

[13]Nun sagt doch selbst: Gehört es sich für eine Frau, ohne Kopfbedekkung öffentlich zu beten? [14]Empfindet ihr nicht auch, daß es für den Mann eine Schande ist, lange Haare zu haben, [15]während sie einer Frau gut stehen? Das lange Haar ist ihr als Schleier gegeben. [16]Doch wer es darüber zum Streit kommen lassen will, dem möchte ich nur sagen: *Wir* kennen die Sitte nicht, daß Frauen im Gottesdienst ohne Kopfbedeckung beten, und die anderen Gemeinden Gottes auch nicht.

Wie Christen das Abendmahl feiern sollen

[17]Was ich euch jetzt noch zu sagen habe, ist kein Lob. Wie ihr eure Gottesdienste feiert, kann ich wirklich nicht gutheißen. Sie scheinen euch mehr zu schaden als zu nützen. [18]Zunächst höre ich da von Uneinigkeit bei euren Gemeindeversammlungen. Etwas Wahres muß wohl daran sein. [19]Bei eurer Einstellung lassen sich allerdings Spaltungen gar nicht vermeiden, denn nur so wird sichtbar, wer sich im Glauben bewährt hat.

[20]Was ihr in euren Gottesdiensten feiert, ist gar nicht das Mahl des Herrn. [21]Weil jeder das ißt und trinkt, was er mitgebracht hat, bleibt der eine hungrig und durstig, während

a) Wörtlich: Überlieferungen.
b) Wörtlich: da er Abbild und Abglanz Gottes ist.
c) Wörtlich: Allerdings ist im Herrn weder die Frau ohne den Mann noch der Mann ohne die Frau.

der andere so viel hat, daß er sich betrinkt. 22 Könnt ihr denn nicht zu Hause essen und trinken? Oder bedeutet euch die Bruderschaft[a] so wenig, daß ihr die geringschätzig behandelt, die wegen ihrer Armut kein Essen mitbringen konnten? Soll ich euch dafür auch noch loben? Darauf könnt ihr lange warten!

23 Denn diese Anweisung habe ich vom Herrn empfangen und an euch weitergegeben:

In der Nacht, in der unser Herr Jesus verraten wurde, nahm er das Brot, 24 dankte Gott dafür, teilte es und sprach: «Das ist mein Leib, der für euch hingegeben wird. Denkt daran, sooft ihr dieses Brot eßt!»

25 Dann nahm er den Kelch und sprach: «Dieser Kelch ist der neue Bund zwischen Gott und euch, der durch mein Blut besiegelt wird. Denkt daran, sooft ihr daraus trinkt!»

26 Denn jedesmal, wenn ihr dieses Brot eßt und aus diesem Kelch trinkt, verkündigt ihr den Opfertod des Herrn. Und daran sollt ihr festhalten, bis er wiederkommt. 27 Wer aber gedankenlos und leichtfertig[b] von diesem Brot ißt und aus dem Kelch des Herrn trinkt, der wird schuldig am Leib und Blut unseres Herrn.

28 Darum soll sich jeder prüfen, ehe er von dem Brot ißt und aus dem Kelch trinkt. 29 Denn wer davon nimmt, ohne zu bedenken, daß es hier um den Leib Christi geht, der liefert sich selbst dem Gericht Gottes aus. 30 Deshalb sind so viele von euch schwach und krank; gar nicht zu reden von denen, die schon gestorben sind. 31 Wenn wir uns selbst prüfen, brauchen wir die Prüfung Gottes nicht zu fürchten. 32 Straft uns aber der Herr, so will er uns erziehen, damit wir nicht zusammen mit der gottlosen Welt verurteilt werden.

33 Darum, meine Brüder, wartet aufeinander, wenn ihr zusammen das Abendmahl feiert. 34 Wer hungrig ist, soll vorher zu Hause etwas essen; sonst bringt euch dieses Mahl nicht Gottes Segen, sondern seine Strafe. Alles andere werde ich klären, wenn ich bei euch bin.

Gott gibt jedem seine Gabe

12 Nun möchte ich mit euch, liebe Brüder, noch über die Gaben des Heiligen Geistes sprechen.

2 Ihr wißt, daß es euch mit unwiderstehlicher Gewalt zu den stummen Götzen getrieben hat, als ihr noch keine Christen wart. 3 Deshalb erkläre ich euch ausdrücklich: Niemand kann sagen: «Verflucht sei Jesus!», wenn in ihm der Heilige Geist wirkt. Auch kann keiner von Herzen bekennen: «Jesus ist der Herr!», wenn er nicht den Heiligen Geist hat.

4 So verschieden die Gaben auch sind, die Gott uns gibt, sie stammen alle von ein und demselben Geist. 5 Und so unterschiedlich auch die Aufgaben in der Gemeinde sind, sie kommen doch alle von dem einen Herrn. 6 Es gibt verschiedene Wirkungen des Heiligen Geistes; aber Gott allein ist es, der dies alles in denen wirkt, die zur Gemeinde gehören.

7 Wie auch immer sich die Gaben des Heiligen Geistes bei jedem einzelnen von euch zeigen, sie sind zum Nutzen der ganzen Gemeinde be-

a) Wörtlich: Gemeinde Gottes.
b) Wörtlich: unwürdig (auf unwürdige Weise); vgl. Verse 20–22

DIE «FRAUENFRAGE»

Elisabeth Mittelstädt

1. Korinther 11,9

«Lieber Gott, sind Jungen besser als Mädchen? Ich weiß, du bist selbst einer, aber versuch bitte, fair zu sein!»

Dieses kurze Gebet eines kleinen Mädchens bringt die «Frauenfrage», mit der wir Christen konfrontiert sind, auf den Punkt. Ich erinnere mich gut an das enttäuschte Gesicht meines Vaters, als die letzten beiden «Störenfriede» Einzug hielten. «Noch zwei Mädchen!» stöhnte er. Papa, der immer auf einen Sohn gehofft hatte, besaß nun sieben Mädchen!

In meiner Gemeinde durften Frauen nur die Bänke abstauben und die Blumen gießen. Nicht, daß ich diese Arbeiten irgendwie abwerten möchte, aber mir ging es so ähnlich wie dem kleinen Mädchen in seinem Gebet. Ich fragte mich allen Ernstes: «Können wir Frauen nicht mehr tun?»

Im Lauf der Jahre stellte ich beim regelmäßigen Bibellesen fest, wie Jesus mit den Frauen umgegangen ist. Die Frau am Jakobsbrunnen bietet dafür ein gutes Beispiel. Durch das Lesen meiner Bibel ist mir eines klargeworden: Jesus ist wirklich fair, ja, er ist absolut gerecht. Er war es, der den Frauen half, ihren Wert zu erkennen. Die so überaus wichtige Botschaft seiner Auferstehung vertraute er beispielsweise Frauen an. Diese sollten sie anderen weitersagen, auch den Jüngern.

Aber wie steht es mit uns? Gilt dieser Auftrag auch für uns Frauen heute? Ja, ganz bestimmt. Wir dürfen ihn nicht nur erfüllen, wir sollen es sogar tun.

Trotzdem müssen wir wissen, daß der Wert einer Frau nicht auf ihrer Stellung im Reich Gottes beruht, sondern auf ihrer Treue beim Erfüllen der ihr von Gott zugewiesenen Aufgaben. Vor Gott sind Mann und Frau gleich; beide haben teil an der Gnade der Erlösung, beide sind zum gleichen Gehorsam berufen, und beide sind imstande, die gleichen geistlichen Gaben und Segnungen zu empfangen. Beide sind als Geschöpfe Gottes absolut gleichwertig, aber nicht gleichartig, was die Aufgabe und Bestimmung angeht, die jeder von Gott her zu erfüllen hat.

stimmt. 8 Dem einen schenkt er im
rechten Moment das richtige Wort[a].
Ein anderer kann durch den Heiligen
Geist den Willen Gottes klar erken-
nen.[b] 9 Wieder anderen schenkt Gott
durch seinen Geist unerschütterliche
Glaubenskraft und dem nächsten die
Gabe, Kranke zu heilen. 10 Manchen
ist es gegeben, Wunder zu wirken.
Einige sprechen aus, was Gott ihnen
zeigt oder sagt[c]; andere erkennen,
was es bedeutet und aus welchem
Geist gesprochen wird[d]. Einige beten
in anderen Sprachen[e], und manche
schließlich können dieses Gebet für
die Gemeinde auslegen.
11 Dies alles bewirkt ein und dersel-
be Geist. Und so empfängt jeder die
Gabe, die Gott ihm zugedacht hat.

Jeder wird gebraucht

12 So wie unser Leib aus vielen Glie-
dern besteht und diese Glieder einen
Leib bilden, so besteht auch die Ge-
meinde Christi aus vielen Gliedern
und ist doch ein einziger Leib. 13 Wir
haben alle denselben Geist emp-
fangen und gehören darum durch die
Taufe zu dem einen Leib Christi[f],
ganz gleich, ob wir nun Juden oder
Griechen, Sklaven oder Freie sind;
alle sind wir mit demselben Geist er-
füllt.[g]
14 Nun besteht aber ein Körper aus
vielen einzelnen Gliedern und Orga-
nen, nicht nur aus einem einzigen.
15 Selbst wenn der Fuß behaupten
würde: «Ich gehöre nicht zum Leib,
weil ich keine Hand bin!», er bliebe
trotzdem ein Teil des Körpers. 16 Und
wenn das Ohr erklären würde: «Ich
bin kein Auge, darum gehöre ich
nicht zum Leib!», es gehörte dennoch
dazu. 17 Angenommen, der ganze
Körper bestünde nur aus Augen, wie
könnten wir dann hören? Oder der
ganze Leib bestünde nur aus Ohren;
wie könnten wir dann riechen?
18 Deshalb hat Gott jedem einzel-
nen Organ des Körpers seine beson-
dere Funktion gegeben, so wie er es
wollte. 19 Was für ein sonderbarer
Leib wäre das, der nur *ein* Körperteil
hätte! 20 Aber so ist es ja auch nicht,
sondern viele einzelne Organe bilden
gemeinsam den einen Leib.
21 Darum kann das Auge nicht zur
Hand sagen: «Ich brauche dich
nicht!» Und der Kopf nicht zu den
Füßen: «Ihr seid überflüssig!» 22 Viel-
mehr sind gerade die Teile des Kör-
pers, die schwach und unbedeutend
erscheinen, besonders wichtig. 23 Was
uns an unserem Körper anstößig er-
scheint, das verbergen wir sorgfältig,
und was uns nicht gefällt, das putzen
wir besonders heraus. 24 Denn was
schön ist, wirkt ohnehin. Gott aber
hat unseren Leib so zusammenge-
fügt, daß unwichtig erscheinende Tei-
le in Wirklichkeit besonders wichtig
sind.
25 Unser Leib soll eine Einheit sein,
in der jeder einzelne Körperteil für
den anderen da ist. 26 Leidet ein Teil

a) Wörtlich: das Wort der Weisheit.
b) Wörtlich: dem anderen (wird) das Wort der Erkenntnis (gegeben).
c) Wörtlich: Prophetie.
d) Wörtlich: Deutung von Geistesoffenbarungen; Unterscheidung von Geistern.
e) Wörtlich: Sprachengebet (Glossolalie. Ein vom Geist Gottes gewirktes Gebet in einer Sprache, die man nicht gelernt hat).
f) Wörtlich: durch einen Geist zu einem Leib getauft.
g) Wörtlich: wir sind alle mit *einem* Geist getränkt.

DIE ZWEI-KOMPONENTEN-VERBINDUNG

Gretel Masuch

1. Korinther 12

Simone greift zum Zwei-Komponenten-Kleber, um ihre auseinandergebrochene Vase wieder zusammenzufügen. Wenige Tropfen des Klebers genügen dafür. Diese Reparatur bringt Simone zum Nachdenken.

Der Zwei-Komponenten-Kleber ist eine chemische Einheit. Sehr stark! Der Krug und die Blumen stellen eine künstlerische Einheit dar. Sehr schön! «Und wie ist es mit der Einheit in unserem Hauskreis?» fragt Simone sich. «Eigentlich sind wir ein Zehn-Komponenten-Kreis, wenn alle da sind!»

Paulus gibt uns in diesem Kapitel entscheidende Hinweise. Damit ein gutes Miteinander unter den «zehn Komponenten» herrscht und es zu einem effektiven Geben und Nehmen kommt, ist eine wichtige Grunderfahrung nötig. Gott hat so großes Interesse an einer persönlichen Liebesbeziehung zu jedem einzelnen, daß er dafür eine «Zwei-Komponenten-Basis» geschaffen hat. Auch für Sie und für mich!

Schon als Kind spürte ich oft, daß ich im Grunde ganz allein bin auf dieser Welt. Auch die Beziehung zu den liebsten Menschen war nicht so tief und beständig, wie ich es mir wünschte. Wie eine verlorene, unbedeutende «Komponente» im großen Universum fühlte ich mich oft. Welch eine Freude war es, als ich die andere «Komponente» entdeckte, durch die mein Menschsein vollständig und sinnvoll wurde: Gott als der Vater, der Sohn und der Heilige Geist. Die drei sind eins. Das, was der Vater erdacht und Jesus vollbracht hat, wird Realität durch die Wirksamkeit des Heiligen Geistes in unserem Leben.

Ein Mensch, der sich für die «Zwei-Komponenten-Verbindung» mit dem Heiligen Geist entscheidet, wird etwas Wertvolles, Einmaliges. Er wird nun Jesus «Herr» nennen (Vers 3). Wer dagegen auf diese entscheidende Komponente für sein Leben verzichtet, wird sich als Ersatz Götzen suchen, auch wenn er das nicht wahrhaben will.

Schon im Alten Testament war der Heilige Geist verheißen als Geist der Weisheit, des Rates und der Kraft, als Geist des Wissens und der Furcht des Herrn (Jesaja 11,2). Mit diesen Gaben will er Menschen beschenken, die sich beschenken lassen wollen. Wo dieser Geist in uns wirkt, da werden wir als Gläubige in der Liebe miteinander verbunden – so wie Körperteile sich gegenseitig unterstützen und helfen.

ERNTEDANK

Psalm 67

Gott, sei uns gnädig und segne uns!
Sieh uns an im Licht deiner Liebe!
Dann wird man auf der ganzen Welt erkennen,
daß du uns führst.
Alle Völker werden sehen und verstehen:
du willst die Menschen retten.

Die Völker sollen dir danken, Gott!
Ja, alle Völker sollen dich preisen!
Alle Menschen sollen sich freuen und jubeln,
denn du bist ein gerechter Richter,
du regierst die ganze Welt.

Die Völker sollen dir danken, Gott!
Ja, alle Völker sollen dich preisen!
Das Land brachte eine gute Ernte hervor,
unser Gott hat uns reich beschenkt.
Er segne uns auch weiterhin!
Alle Völker der Erde sollen ihn anbeten!

des Körpers, so leiden alle anderen
mit, und wird ein Teil gelobt, freuen
sich auch alle anderen.
27 An diesem Beispiel wollte ich
euch erklären: Ihr alle seid der *eine*
Leib Christi, und jeder einzelne von
euch gehört als ein Teil dazu.
28 Jedem hat Gott seinen ganz be-
stimmten Platz zugeteilt. Da sind zu-
nächst die Apostel, dann die Prophe-
ten und drittens Männer, die in der
Gemeinde Gottes Wort lehren. Dann
gibt es Christen, die Wunder tun und
solche, die Kranke heilen oder Be-
dürftigen helfen. Einige leiten die
Gemeinde, andere beten in unbe-
kannten Sprachen.
29 Sind sie nun etwa alle Apostel,
Propheten oder Lehrer? Oder kann
jeder von uns Wunder tun? 30 Kann
jeder Kranke heilen, in unbekannten
Sprachen beten und das Gesagte er-
klären? 31 Natürlich nicht. Aber jeder
einzelne soll sich um die Gaben be-
mühen, die der Gemeinde am mei-
sten nützen.[a] Und jetzt zeige ich euch
den einzigartigen Weg, der dazu
führt.[b]

Das Wichtigste ist die Liebe

13 Ohne Liebe bin ich nichts.
Selbst wenn ich in allen Spra-
chen der Welt, ja mit Engelszungen
reden könnte, aber ich hätte keine
Liebe, so wären alle meine Worte
hohl und leer, ohne jeden Klang, wie
dröhnendes Eisen oder ein dumpfer
Paukenschlag.
2 Könnte ich aus göttlicher Einge-
bung reden, wüßte alle Geheimnisse
Gottes, könnte seine Gedanken er-
kennen und hätte einen Glauben, der
Berge versetzt, aber mir würde die
Liebe fehlen, so wäre das alles nichts.
3 Selbst wenn ich all meinen Besitz
an die Armen verschenken und für
meinen Glauben das Leben opfern
würde, hätte aber keine Liebe, dann
wäre alles umsonst.
4 Liebe ist geduldig und freundlich.
Sie kennt keinen Neid, keine Selbst-
sucht, sie prahlt nicht und ist nicht
überheblich. 5 Liebe ist weder verlet-
zend noch auf sich selbst bedacht, we-
der reizbar noch nachtragend. 6 Sie
freut sich nicht am Unrecht, sondern
freut sich, wenn die Wahrheit siegt.
7 Diese Liebe erträgt alles, sie glaubt
alles, sie hofft alles und hält allem
stand.
8 Einmal werden keine Propheten
mehr zu uns sprechen, das Beten in
anderen Sprachen wird aufhören, die
Erkenntnis der Absichten Gottes mit
uns wird nicht mehr nötig sein. Nur
eins wird bleiben: die Liebe. 9 Denn
unsere Erkenntnis ist bruchstückhaft,
ebenso wie unser prophetisches Re-
den. 10 Wenn aber das Vollkommene
– Gottes Reich – da ist, wird alles
Vorläufige vergangen sein.
11 Als Kind redete, dachte und ur-
teilte ich wie ein Kind. Jetzt bin ich
ein Mann und habe das kindliche We-
sen abgelegt. 12 Noch ist uns bei aller
prophetischen Schau vieles unklar
und rätselhaft. Einmal aber werden
wir Gott sehen, wie er ist.[c] Jetzt er-
kenne ich nur Bruchstücke, doch ein-
mal werde ich alles klar erkennen, so
deutlich, wie Gott mich jetzt schon

a) Wörtlich: Strebt aber nach den höheren/größeren Gaben!
b) Wörtlich: Und ich zeige euch einen noch vorzüglicheren Weg.
c) Wörtlich: Denn jetzt sehen wir (noch) rätselhaft (wie) in einem Spiegel, dann aber von Angesicht zu Angesicht.

kennt. [13]Was bleibt, sind Glaube,
Hoffnung und Liebe. Die Liebe aber
ist das Größte.

Gottes Geist schafft Klarheit

14 Laßt die Liebe euer höchstes
Ziel sein! Bemüht euch um die
Gaben, die der Heilige Geist gibt; vor
allem darum, Gottes Weisungen wei-
terzugeben. [2]Wenn nämlich jemand
in unbekannten Sprachen betet, dann
spricht er nicht zu Menschen, denn
niemand versteht ihn. Er spricht zu
Gott, und was er durch Gottes Geist
redet, ist ein Geheimnis. [3]Wer aber
Gottes Weisungen empfängt, kann
sie an andere Menschen weitergeben.
Er hilft ihnen, im Glauben zu wach-
sen, er tröstet und ermutigt sie. [4]Wer
in unbekannten Sprachen betet,
stärkt[a] seinen persönlichen Glauben.
Wer aber Gottes Weisungen weiter-
sagt, stärkt[a] die ganze Gemeinde.
[5]Meinetwegen könnt ihr alle in Spra-
chen beten. Aber noch besser wäre,
ihr könntet alle von Gott Weisungen
empfangen und weitergeben. Das ist
wichtiger, als in unbekannten Spra-
chen Gott anzubeten, es sei denn,
dieses Gebet wird erklärt, damit die
ganze Gemeinde einen Gewinn da-
von hat.

[6]Stellt euch doch einmal vor, liebe
Brüder, ich komme zu euch und bete
in einer Sprache, die niemand kennt.
Davon hättet ihr gar nichts. Ich will
euch lieber klar sagen, was Gott mir
offenbart hat, was seine Absichten
mit euch sind, wenn ich in seinem
Auftrag rede oder euch unterweise.[b]
[7]Es ist genauso wie bei Musikinstru-
menten. Bei einer Flöte etwa oder
einer Harfe muß man unterschied-
liche Töne hören können, sonst er-
kennt keiner die Melodie. [8]Wenn der
Trompeter nicht ein klares Signal
bläst, wird sich kein Soldat auf den
Kampf vorbereiten.

[9]Genauso ist es beim Sprachenge-
bet. Wenn ihr unverständlich redet,
wird euch niemand verstehen. Ihr re-
det nur in den Wind. [10]Es gibt auf der
Welt unzählige Sprachen, und jede
hat ihren Wert für den, der sie ver-
steht.[c] [11]Wenn ich aber die Sprache
des anderen nicht kenne, können wir
uns nicht verständigen. [12]So ist es
auch mit euch: Wenn ihr euch schon
so eifrig um die Gaben des Heiligen
Geistes bemüht, dann setzt auch alles
daran, daß die ganze Gemeinde
etwas davon hat.

[13]Wer Gott also in einer unbekann-
ten Sprache anbetet, der soll den
Herrn darum bitten, daß er sie auch
auslegen kann, damit alle ihn verste-
hen. [14]Denn bei einem solchen Beten
spricht Gottes Geist in mir, es ist kei-
ne Sache meines Verstandes.[d]

[15]Wie sollen wir uns nun verhal-
ten? Ich kann durch Gottes Geist in
einer Sprache beten, die keiner ver-
steht; aber ich will auch für alle ver-
ständlich beten. Ich will ein Loblied
singen, wie es mir der Heilige Geist
schenkt, aber ich will auch so singen,
daß alle es verstehen. [16]Denn wenn
du Gott in unbekannten Sprachen an-
betest, wie soll jemand, der diese

a) Wörtlich: erbaut.
b) Wörtlich: Was werde ich euch nützen, wenn ich nicht zu euch rede mit Offenbarung oder Erkenntnis oder Prophetie oder Lehre?
c) Wörtlich: und nichts ist sprachlos.
d) Wörtlich: mein Verstand ist unfruchtbar.

Ohne Liebe ist alles nichts

Dorothea Unbehend

1. Korinther 13,1

«Hast du mich lieb, Mama?» fragte unsere Tochter schelmisch.

«Klar», antwortete ich.

«Aber ich habe mein Zimmer noch nicht aufgeräumt! Dann schimpfst du doch mit mir, oder?»

«Natürlich schimpfe ich dann mit dir, das weißt du doch!» brummte ich.

«Aber du hast mich trotzdem lieb, auch wenn du schimpfst?» wollte sie wissen, und aus ihrer Stimme klang ein ängstlicher Unterton heraus.

«Deine Unordnung mag ich nicht», erklärte ich ihr, «aber dich mag ich von Herzen gern!» Fröhlich sprang sie davon.

Die Sehnsucht nach Liebe ist uns Menschen angeboren. Wir brauchen Liebe wie die Luft zum Atmen. Ohne sie verkümmern, ersticken wir.

Es geschehen Wunder, wenn wir von Gottes Liebe ein Stück erbitten für uns selbst und für andere, denn Gott geht nicht sparsam mit seiner Liebe um. Sie zieht in unser Herz ein, verändert unseren Blick und macht uns bereit zu geben. Es ist dieses «Trotzdem», dieses «Dennoch», was diese Liebe so göttlich macht. Obwohl wir Menschen uns gegen unseren Schöpfer auflehnten, selbst Gott sein wollten und damit eine ewige Mauer der Trennung zwischen ihm und uns aufrichteten, war er in seinem Sohn bereit, den unvorstellbar schweren Weg der Erniedrigung zu gehen, den Weg ans Kreuz.

Es ist diese Liebe, mit der er uns zuerst geliebt hat, die mich vom lebendigen Gott überzeugt hat. Seine Liebe steht uns zur Verfügung – und wir können verschwenderisch damit umgehen. Sie reicht für uns selbst und für alle, denen wir begegnen!

Sprache nicht versteht, dein Gebet
mit einem «Amen» bekräftigen? Er
weiß doch gar nicht, was du gesagt
hast! 17 Da kann dein Gebet noch so
gut und schön sein, dem anderen
nützt es überhaupt nichts.

18 Ich bin Gott dankbar, daß ich ihn
in fremden Sprachen anbete, und
zwar mehr als ihr alle! 19 Dennoch will
ich in der Gemeinde lieber fünf Wor-
te sprechen, die jeder versteht und
die allen weiterhelfen, als zehntau-
send Worte in einer Sprache, die nie-
mand versteht.

20 Liebe Brüder, seid doch nicht wie
Kinder, die nicht verstehen, was man
ihnen erklärt. Wenn es darum geht,
Böses zu tun, dürft ihr unschuldig sein
wie Kinder. Im Verstehen aber sollt
ihr wie Erwachsene sein. 21 In der
Heiligen Schrift heißt es: «Ich will zu
diesem Volk in fremden, unbekann-
ten Sprachen reden. Aber sie wollen
nicht auf mich hören, spricht der
Herr.»[a] 22 Das Gebet in unbekannten
Sprachen bringt die Menschen also
nicht zum Glauben.[b] Aber das Reden
in göttlichem Auftrag überzeugt und
führt zum Glauben.

23 Stellt euch folgendes vor: Die
Gemeinde versammelt sich, und je-
der betet in einer anderen, unbe-
kannten Sprache. Nun kommt je-
mand dazu, der das nicht kennt, oder
einer, der noch kein Christ ist. Der
wird doch sagen: «Ihr seid alle ver-
rückt!» 24 Wenn ihr dagegen alle in
verständlichen Worten Gottes Wei-
sungen weitergebt und ein Ungläubi-
ger oder Fremder kommt dazu, wird
ihn dann nicht alles, was ihr sagt, von
seiner Schuld überzeugen und in sei-
nem Gewissen treffen? 25 Was er bis
dahin sich selbst nie eingestanden
hat, wird ihm jetzt plötzlich klar. Er
wird auf seine Knie fallen, Gott anbe-
ten und bekennen: «Gott ist wirklich
mitten unter euch!»

Regeln für den Gottesdienst

26 Was heißt das nun ganz praktisch
für euch, liebe Brüder? Wenn ihr zu-
sammenkommt, hat jeder etwas bei-
zutragen: Einige singen ein Loblied,
andere legen Gottes Wort aus. Einige
geben weiter, was Gott ihnen klarge-
macht hat, andere beten in unbe-
kannten Sprachen, die dann für alle
ausgelegt werden.[c] Wichtig ist, daß
alles zum Aufbau der Gemeinde ge-
schieht.

27 Während eines Gottesdienstes
sollen zwei oder höchstens drei in un-
bekannten Sprachen beten, und zwar
einer nach dem anderen. Jedes dieser
Gebete soll gleich für alle erklärt wer-
den. 28 Wenn dafür niemand da ist,
sollen sie schweigen. Sie können ja
für sich allein beten; Gott wird sie hö-
ren.

29 Auch von denen, die Gottes Wei-
sungen empfangen, sollen nur zwei
oder drei sprechen; die anderen sol-
len das Gesagte deuten und beurtei-
len. 30 Der Prophet, der etwas schaut,
soll seine Rede unterbrechen, wenn
Gott einen der Anwesenden erken-
nen läßt, was das geschaute Bild be-
deutet. 31 Ihr könnt doch alle der Rei-

a) Jesaja 28,11–12
b) Wörtlich: Daher sind die Sprachen zum Zeichen nicht den Glaubenden, sondern den Unglaubenden.
c) Wörtlich: Was folgt daraus, Brüder? Wenn ihr zusammenkommt, hat jeder ein Lied, eine Belehrung, eine Offenbarung, eine Zungenrede oder eine Übersetzung.

IM GOTTESDIENST SCHWEIGEN

Robyn Claydon

1. Korinther 14,34

Gerade der obige Vers aus dem 1. Korintherbrief wird häufig zitiert, um Frauen zu ermahnen, während des Gottesdienstes zu schweigen.

Was hat Paulus mit diesem Satz gemeint? Will er den Frauen verbieten, öffentlich aus der Bibel vorzulesen, im Gottesdienst zu beten, vor anderen ihren Glauben zu bekennen oder gar in der Sonntagsschule zu unterrichten?

Zunächst müssen wir uns informieren, in welchem Textzusammenhang dieser Vers steht. Wir stellen fest, daß es in diesem Abschnitt um die Ordnung im Gottesdienst geht. Paulus ermahnt die Versammelten, nicht alle auf einmal zu reden. Und die Menschen, die in einer Versammlung prophetisch reden, sollen ihre Worte sorgfältig abwägen.

Blättern wir noch etwas zurück: In 1. Korinther 11 stellt der Apostel fest, daß sowohl Frauen als Männer im Gottesdienst beten und weissagen können. In Kapitel 12 weist er darauf hin, daß Weissagung (bzw. prophetische Rede) eine der geistlichen Gaben ist, die Gott seinen Kindern schenkt.

Wenn es also in 1. Korinther 14, 34 heißt, daß «Frauen in den Gemeinden schweigen» sollen, dann ist das griechische Wort im Urtext hilfreich, wo wir «lalein» finden, was soviel bedeutet wie «schwatzen» oder «Geräusche machen». Den Frauen ist es also nicht etwa verboten, sich im Gottesdienst einzubringen, sondern sie sollen nicht miteinander plaudern und dadurch den Gottesdienst stören.

Was der Apostel hier anprangert, sind Störungen im Gottesdienst, die dadurch hervorgerufen werden, wenn jemand schwatzt, Zwischenfragen stellt oder Kommentare abgibt. Wenn eine Frau mehr wissen und Gottes Wort besser verstehen möchte, soll sie zu Hause ihren Mann fragen.

Wir als Frauen wollen Gott bitten, daß er uns zeigt, wie wir unsere Brüder in der Gemeinde beim Weitergeben von Gottes Wort unterstützen können.

he nach in Gottes Auftrag reden, da-
mit alle lernen und alle ermutigt wer-
den. [32]Wer eine Botschaft von Gott
bekommt, hat sich dabei völlig in der
Gewalt und kann warten, bis er an
der Reihe ist.[a] [33]Denn Gott will keine
Unordnung, er will Harmonie und
Frieden.

[34]Wie in allen Gemeinden sollen
auch bei euch die Frauen in den Got-
tesdiensten schweigen und dort nicht
das Wort ergreifen. Statt dessen sol-
len sie sich unterordnen, wie es schon
das Gesetz vorschreibt. [35]Wenn sie
etwas nicht verstehen, können sie zu
Hause ihren Mann fragen. Denn es
gehört sich nicht, daß Frauen in der
Gemeinde das Wort führen.

[36]Ihr seid anderer Meinung? Bildet
ihr euch etwa ein, die ersten und ein-
zigen zu sein, die Gottes Wort gehört
haben? [37]Wenn einer meint, Gott re-
de durch ihn oder er sei in besonderer
Weise vom Heiligen Geist erfüllt,
dann muß er auch erkennen, daß al-
les, was ich hier anordne, dem Willen
des Herrn entspricht. [38]Deshalb wird
jeder, der diese Anweisungen ab-
lehnt, auch von Gott abgelehnt wer-
den.

[39]Also, meine Brüder, setzt alles
daran, Gottes Weisungen weiterzu-
geben, und hindert keinen, in unbe-
kannten Sprachen zu beten. [40]Aber
sorgt dafür, daß alles anständig und
ordentlich vor sich geht.

Christus ist auferstanden

15 Liebe Brüder! Ich möchte
euch an das Evangelium erin-
nern, das ich euch verkündigt habe.
Ihr habt diese Botschaft angenom-
men und darauf euer Leben gegrün-
det. [2]Ganz gewiß werdet ihr durch sie
ans Ziel eures Glaubens kommen,
vorausgesetzt, ihr bewahrt die Bot-
schaft genau so, wie ich sie euch über-
liefert habe. Sonst glaubt ihr vergeb-
lich und erreicht das Ziel nicht.

[3]Zuerst habe ich euch weitergege-
ben, was ich selbst empfangen habe:
Christus ist für unsere Sünden gestor-
ben. Das ist das Wichtigste, und so
steht es schon in der Heiligen Schrift.
[4]Er wurde begraben und am dritten
Tag vom Tod auferweckt, wie es die
Propheten angekündigt hatten.

[5]Als der Auferstandene hat er sich
zuerst Petrus gezeigt und später den
zwölf Aposteln. [6]Dann haben ihn
mehr als fünfhundert Brüder zur glei-
chen Zeit gesehen, von denen die
meisten noch heute leben; einige sind
inzwischen gestorben. [7]Später ist er
Jakobus und schließlich allen Apo-
steln erschienen.

[8]Zuletzt hat er sich auch mir ge-
zeigt, der ich es am wenigsten ver-
dient hatte.[b] [9]Denn ich bin der unbe-
deutendste unter den Aposteln und
eigentlich nicht wert, ein Botschafter
Jesu zu sein; denn ich habe die Ge-
meinde Gottes verfolgt. [10]Alles, was
ich bin, bin ich allein durch Gottes
vergebende Gnade. Und seine Gnade
hat er mir nicht vergeblich geschenkt.
Ich habe mich mehr als alle anderen
eingesetzt, aber das war nicht meine
Leistung, sondern Gott selbst hat die-
ses in seiner Gnade bewirkt. [11]Doch
ganz gleich, ob nun die anderen Apo-
stel oder ich: Wir alle haben dieses
eine Evangelium verkündet, und da-
durch seid ihr zum Glauben gekom-
men.

a) Wörtlich: Aber die Geister der Propheten sind den Propheten untertan.
b) Wörtlich: mir, der Fehlgeburt (oder: Frühgeburt); vgl. Apostelgeschichte 9,1–9

Auch wir werden auferstehen

12 Wenn also im Evangelium gesagt
wird, daß Gott Christus von den To-
ten auferweckt hat, wie können da
einige von euch behaupten: «Eine
Auferstehung der Toten gibt es
nicht!»
13 Wissen diese Leute eigentlich,
was sie damit sagen? Wenn es keine
Auferstehung der Toten gibt, dann
kann ja auch Christus nicht auferstan-
den sein. 14 Wäre aber Christus nicht
auferstanden, so hätte unsere ganze
Predigt keinen Sinn, und euer Glaube
wäre völlig wertlos. 15 Mit Recht
könnte man uns dann vorwerfen, wir
seien Lügner und keine Zeugen Got-
tes. Denn wir behaupten doch: Gott
hat Christus auferweckt. Das kann ja
gar nicht stimmen, wenn mit dem To-
de alles aus ist![a]
16 Wie schon gesagt, wenn die To-
ten nicht auferstehen, dann ist auch
Christus nicht auferstanden. 17 Wenn
aber Christus nicht von den Toten
auferweckt wurde, ist euer Glaube
nichts als eine Illusion, und ihr seid
auch von eurer Schuld nicht frei.
18 Ebenso wären auch alle verloren,
die im Glauben an Christus gestorben
sind. 19 Wenn der Glaube an Christus
uns nur für dieses Leben Hoffnung
gibt, sind wir die bedauernswertesten
unter allen Menschen.
20 Tatsächlich aber ist Christus als
erster[b] von den Toten auferstanden.
21 Der Tod ist durch die Schuld eines
einzigen Menschen, nämlich Adam,
in die Welt gekommen. Ebenso
kommt auch durch einen einzigen,
nämlich Christus, die Auferstehung.
22 Wir sind Nachkommen Adams und
müssen alle sterben. Doch alle, die
Christus nachfolgen, werden durch
ihn zu neuem Leben auferweckt.
23 Die Auferstehung geht in einer
bestimmten Reihenfolge vor sich: Als
erster ist Christus auferstanden.
Wenn er wiederkommt, werden alle
auferstehen, die zu ihm gehören.
24 Danach kommt das Ende, wenn er
Gott, seinem Vater, die Herrschaft
über diese Welt übergibt. Er wird
dann alles vernichten, was Gewalt
und Macht für sich beansprucht.
25 Denn wie es in den Psalmen heißt,
wird Christus so lange herrschen, «bis
Gott ihm alle Feinde unterworfen
hat».[c]
26 Als letzten Feind wird er den Tod
vernichten, 27 denn es heißt: «Alles
hat Gott ihm unterworfen.»[d] Wenn
nun Christus «der Herr über alles»
ist, dann bedeutet dies natürlich
nicht, daß er auch Herr über Gott ist,
von dem ja alle Macht ausgeht.
28 Wenn aber zuletzt Christus der
Herr über alles ist, dann wird er als
der Sohn Gottes sich seinem Vater
unterordnen, der ihm diesen Sieg ge-
schenkt hat. So wird Gott über alles
der Herr sein.[e]
29 Bei euch haben sich einige stell-
vertretend für Menschen taufen las-
sen, die schon gestorben sind. Wel-
chen Sinn hätte das, wenn die Toten
gar nicht auferstehen? 30 Warum be-

a) Wörtlich: Weil wir bezeugt haben, daß er Christus auferweckt hat, den er nicht auferweckt hat, wenn doch die Toten nicht auferweckt werden.
b) Wörtlich: als Erstling der Entschlafenen.
c) Psalm 110,1
d) Psalm 8,7
e) Wörtlich: damit Gott alles in allem sei.

geben wir uns denn immer wieder in
Gefahr, wenn wir Gottes Botschaft
weitergeben? 31 Tag für Tag riskiere
ich mein Leben.[a] So gewiß ihr zum
Glauben gekommen seid, kann ich
vor Christus stolz auf euch sein.

32 Hätte ich mich wohl in Ephesus in
Lebensgefahr begeben, wenn ich
nicht an die Auferstehung glauben
würde? Wenn die Toten nicht aufer-
stehen, dann haben alle recht, die sa-
gen: «Freut euch des Lebens, denn
morgen ist alles vorbei!»[b] 33 Hütet
euch vor solchen Parolen, denn:
«Schlechter Umgang verdirbt gute
Sitten!» 34 Kommt endlich zur Besin-
nung, und sündigt nicht länger. Denn
zu eurer Schande muß ich feststellen,
daß einige von euch Gott im Grunde
noch gar nicht kennen.

Wie werden wir einmal auferstehen?

35 Vielleicht werdet ihr jetzt fragen:
«Wie werden die Toten denn aufer-
stehen? Was für einen Leib werden
sie haben?»

36 Das ist doch eine törichte Frage!
Jedes Samenkorn, das gesät wird,
muß vergehen, ehe neues Leben dar-
aus wächst. 37 Und was wir säen, ist ja
nicht schon die fertige Pflanze, son-
dern es sind nur Körner, Weizen zum
Beispiel oder anderes Saatgut.

38 Aus jedem Samenkorn läßt Gott
eine Pflanze wachsen, die so aussieht,
wie er es geplant hat. 39 Unterscheiden
sich nicht auch alle Lebewesen in ih-
rem Aussehen? Menschen sehen an-
ders aus als Tiere, Vögel anders als
Fische. 40 Die Sterne am Himmel sind
ganz anders beschaffen als die ver-
schiedenen Geschöpfe auf der Erde;[c]
die Schönheit der einen ist nicht mit
jener der anderen zu vergleichen.
41 Die Sonne hat ihren eigenen Glanz,
anders als das Leuchten des Mondes
oder das Glitzern der Sterne. Selbst
die Sterne unterscheiden sich in ihrer
Helligkeit voneinander.

42 Genauso könnt ihr euch die Auf-
erstehung der Toten vorstellen. Unser
irdischer Leib ist wie ein Samenkorn,
das einmal vergeht. Wenn er aber auf-
erstehen wird, ist er unvergänglich.
43 Was begraben wird, ist unansehn-
lich und schwach, was aufersteht, läßt
Gottes Herrlichkeit und Kraft erken-
nen.[d] 44 Begraben wird unser irdischer
Leib; aber auferstehen werden wir mit
einem Leib, der von göttlichem Leben
erfüllt ist.[e] Denn wenn es einen sterbli-
chen Leib gibt, dann gibt es auch einen
unsterblichen.[e] 45 In der Heiligen
Schrift heißt es ja, daß der erste
Mensch, Adam, zu einem «lebendi-
gen Wesen wurde».[f] Aber Christus,
der erste Mensch einer neuen Schöp-
fung, gibt uns göttliches Leben.[g]

46 Jetzt haben wir einen natürlichen,
irdischen Leib, dann aber gibt uns
Gott einen unvergänglichen Leib, der
von seinem Geist erfüllt ist. 47 Adam,

a) Wörtlich: Ich sterbe täglich.
b) Wörtlich: wenn die Toten nicht auferstehen, «laßt uns essen und trinken, denn morgen sterben wir».
c) Wörtlich: Es gibt himmlische Körper und irdische Körper.
d) Wörtlich: Gesät wird in Schande, auferweckt in Ehre; gesät wird in Schwäche, auferweckt in Kraft.
e) Wörtlich: ein geistlicher Leib.
f) 1. Mose 2,7
g) Wörtlich: Der letzte Adam (wurde) zum lebenschaffenden Geist.

Umgang prägt

Carole Mayhall

1. Korinther 15,33

«Wir ziehen weg», sagte meine Freundin traurig.

«Aber wieso denn?» protestierte ich. «Wo du doch dein Haus so liebst, deine Arbeit und auch unsere Stadt …»

«Damit unser Sohn aus einer Clique von Freunden herauskommt, die ihn zum Drogenkonsum verleiten wollen», erklärte sie.

Meine Freundin hatte die Kosten ihres Schrittes genau überschlagen und war bereit, um ihres Sohnes willen ein hohes Opfer zu bringen. Ich konnte nur ihren Mut bewundern. Sie hatte die Wahrheit des obigen Bibelverses erkannt: «Schlechter Umgang verdirbt den Charakter.»

Obwohl ich diesen Vers auswendig kenne, merke ich, daß die Konsequenzen, die ich in bezug auf die Wahl meiner Freunde eigentlich daraus ziehen müßte, manchmal nur sehr halbherzig ausfallen. Längst nicht immer bin ich mir der unterschwelligen Versuchung bewußt, die eine Freundin mit ihrer negativen Kritik oder ihrer Klatschsucht auf mich ausübt. Ich merke gar nicht, wie schädlich der Einfluß einer Bekannten ist, die einen ausgeprägt materialistischen Lebensstil pflegt. Die negative und deprimierte Lebenseinstellung einer anderen Person färbt auch auf mich ab.

Andererseits würde ich es als sehr lieblos empfinden, mich von Freunden zurückzuziehen, deren negative Haltung auf schwierige Lebensumstände zurückzuführen ist. Doch wenn das Wesen der Personen, die ich mir als Freunde aussuche, überwiegend Eigenschaften aufweist, welche die Bibel tadelt (Zorn, Bosheit, Klatschsucht, Unmoral), dann, so denke ich, wird es höchste Zeit, Gott in dieser Sache um Rat zu fragen. Es mag aber auch sein, daß er zu mir sagt: «Mein liebes Kind, mach dir doch nichts vor! Auch wenn du meinst, du wärest stark genug, um dich nicht von ihnen beeinflussen zu lassen – höre auf das, was mein Wort so klar sagt: Schlechter Umgang verdirbt den Charakter!»

den ersten Menschen, erschuf Gott
aus Erde; aber der neue Mensch,
Christus, kommt vom Himmel. 48 Als
Nachkommen Adams haben wir jetzt
alle einen irdischen Leib. Als Chri-
sten werden wir dann wie Christus
einen himmlischen Leib haben.[a]
49 Jetzt hat jeder von uns einen ver-
gänglichen Leib, wie ihn Adam hatte.
Aber einmal werden wir – wie Chri-
stus – einen unvergänglichen Leib ha-
ben.

Der Tod ist besiegt

50 Eins steht fest, liebe Brüder: Men-
schen aus Fleisch und Blut können
nicht in Gottes Reich kommen.
Nichts Vergängliches wird in Gottes
Ewigkeit Platz haben. 51 Ich möchte
euch aber ein Geheimnis anvertrau-
en: Wir werden nicht alle sterben,
aber Gott wird uns alle völlig umwan-
deln. 52 Das wird ganz plötzlich ge-
schehen, von einem Augenblick zum
andern, wenn die Posaune ankündigt,
daß Jesus Christus als Herrscher der
Welt wiederkommt. Ihr Schall wird
überall zu hören sein. Dann werden
die Toten zum ewigen Leben aufer-
weckt, und auch wir Lebenden wer-
den einen neuen Leib bekommen.[b]
53 Denn das Vergängliche muß mit
Unvergänglichkeit und das Sterbliche
mit Unsterblichkeit überkleidet wer-
den. 54 Wenn aber dieser vergängliche
und sterbliche Leib unvergänglich
und unsterblich geworden ist, dann
erfüllt sich, was die Propheten vor-
ausgesagt haben:
«Das Leben hat den Tod überwun-
den! 55 Tod, wo ist dein Sieg? Tod, wo
bleibt nun dein Schrecken?»[c]
56 Der Tod hat Macht durch die
Sünde, deren Herrschaft wir durch
das Gesetz erkennen.[d] 57 Aber gelobt
sei Gott, der uns den Sieg gibt durch
Jesus Christus, unseren Herrn!
58 Meine lieben Brüder, bleibt fest
und unerschütterlich in euerm Glau-
ben! Setzt euch für den Herrn ganz
ein; denn ihr wißt, nichts ist vergeb-
lich, was ihr für ihn tut.

Geld für die Gemeinde in Jerusalem

16 Ich will zum Schluß noch etwas
zur Geldsammlung für die
Christen in Jerusalem sagen. Führt
diese Sammlung so durch, wie ich es
auch für die Gemeinden in Galatien
angeordnet habe. 2 An jedem Sonntag
soll jeder von euch so viel Geld zu-
rücklegen, wie er entbehren kann.
Dann braucht ihr mit dem Sammeln
nicht erst anzufangen, wenn ich kom-
me. 3 Gleich nach meiner Ankunft
sollen dann zuverlässige Männer aus
eurer Gemeinde das Geld nach Jeru-
salem bringen. Die erforderlichen
Beglaubigungsschreiben werde ich
ihnen mitgeben. 4 Sollte es nötig sein,
werde ich selbst mit ihnen reisen.

Weitere Reisepläne

5 Ich werde zu euch kommen, sobald
ich die Gemeinden in der Provinz
Mazedonien besucht habe. 6 Dort will
ich mich nicht länger aufhalten; aber

a) Wörtlich: Wie beschaffen der irdische, so auch die Irdischen, und wie beschaffen der himmlische, so auch die Himmlischen.
b) Wörtlich: werden verwandelt werden.
c) Jesaja 25,8; Hosea 13,14
d) Wörtlich: Der Stachel des Todes aber ist die Sünde, die Kraft der Sünde aber ist das Gesetz.

Freude am Glauben

Hertha-Maria Haselmann

1. Korinther 16,13–14

Paulus mahnt und ermuntert uns auch heute: Seid wachsam! Tretet mit einem gesunden Selbstbewußtsein auf, und laßt euch nicht von jedem Windhauch umblasen. «Gott gebe mir Gelassenheit, die Dinge hinzunehmen, die ich nicht ändern kann, den Mut, die Dinge zu ändern, die ich ändern kann, und die Weisheit, das eine vom anderen zu unterscheiden» (Oetinger).

In der heutigen Zeit besteht in Europa die Gefahr, daß die Christen eine bemitleidenswerte Randgruppe werden, die in der Öffentlichkeit kaum noch Gehör findet. Woran liegt das? Welches Gottesbild vermitteln Christen den Nichtchristen? Suggerieren Christen, daß Gott zu klein, der Teufel zu gerissen ist?

Heute würden viele einem Paulus entgegnen: «Der Lebenskampf ist brutaler geworden, die Währung schwächer, Überlebenslügen und Muskelpakete sind gefragt. Wir können deiner Aufforderung nicht mehr konsequent nachkommen. Wir müssen mithalten: immer schick, immer dynamisch, immer gesund, immer modern, immer up-to-date!»

Dies kann man alles ohne die Liebe Gottes leben. Doch Hand aufs Herz: Macht es wirklich zufrieden und glücklich?

Was aber geschieht, wenn ich mich und mein Tun von der Liebe Gottes leiten lasse? Echte Mutter- oder Vaterliebe, eine Freundschaft, ein Kumpel, auf den man sich verlassen kann – wie kann das schon ein ganzes Leben positiv beeinflussen! Das Gegenteil spiegelt sich im Leben derer wider, die diese Liebe, insbesondere in jungen Jahren, entbehren mußten.

Um so mehr wollen wir die Liebe Gottes neu in unser ganzes Dasein, in unser Berufs- und Freizeitleben hineinnehmen. Durch diese Gottesliebe werden wir für die Stürme und Nöte des Lebens gefestigt. Wir werden Freude am Glauben haben, und wir werden persönlich befähigt – zum Beispiel dazu, andere Menschen auf die Bibel und auf Gottes wunderbare Liebe aufmerksam zu machen.

bei euch möchte ich eine Zeitlang bleiben, vielleicht sogar den ganzen Winter über. Es wäre gut, wenn mich dann einige von euch auf meiner Weiterreise begleiten könnten. 7 Diesmal möchte ich euch nicht nur kurz auf der Durchreise besuchen. Wenn der Herr es zuläßt, hoffe ich, einige Zeit bleiben zu können. 8 Bis Pfingsten bleibe ich noch in Ephesus. 9 Hier hat mir Gott große Möglichkeiten gegeben, das Evangelium vielen zu verkündigen; allerdings sind auch viele Gegner da.

10 Wenn Timotheus zu euch kommt, sorgt bitte dafür, daß er sich bei euch wohlfühlt. Ermutigt ihn, denn er arbeitet wie ich für den Herrn. 11 Niemand soll auf ihn herabsehen, weil er noch jung ist. Seht zu, daß er unbeschwert und ungehindert wieder zu mir zurückkommt, denn wir alle erwarten ihn hier. 12 Unseren Mitarbeiter Apollos habe ich immer wieder gebeten, euch mit den anderen Brüdern zu besuchen, aber er meinte, daß es nicht Gottes Wille sei, wenn er jetzt zu euch reist. Sobald sich eine andere Gelegenheit bietet, wird er kommen.

Grüße und Segenswünsche

13 Bleibt wachsam, und steht fest im Glauben! Seid nicht zaghaft, sondern entschlossen und stark! 14 Bei all euerm Tun aber laßt euch von der Liebe leiten.

15 Noch eins, Brüder: Ihr kennt doch Stephanas mit seiner Familie, und ihr wißt, daß sie die ersten Christen in der Provinz Achaja waren. Sie haben sich ganz für den Dienst in der Gemeinde zur Verfügung gestellt. 16 Hört auf solche Leute und auf alle anderen, die mitarbeiten und ihr Bestes geben. 17 Ich freue mich, daß Stephanas, Fortunatus und Achaikus zu mir gekommen sind. Sie haben mir darüber hinweggeholfen, daß ich nicht bei euch sein konnte. 18 Ja, sie haben auch uns neuen Mut gegeben und uns viele Sorgen abgenommen. Nehmt euch diese Männer zum Vorbild!

19 Die Gemeinden der Provinz Asien senden euch herzliche Grüße. Aquila und Priszilla lassen euch im Namen Jesu ebenfalls grüßen, zusammen mit der Gemeinde, die sich in ihrem Haus versammelt.

20 Auch die Brüder hier haben mich gebeten, euch zu grüßen. Grüßt euch mit dem Bruderkuß!

21 Und hier noch mein Gruß an euch, den ich mit eigener Hand schreibe.

22 Wer den Herrn nicht liebt, den wird Gott strafen! Ja, unser Herr, komm![a]

23 Die Gnade unseres Herrn Jesus Christus soll immer mit euch sein!

24 In seiner Liebe bleibe ich mit euch verbunden.

a) Wörtlich: Wenn jemand den Herrn nicht liebt, sei er verflucht! Maranatha! (Komm, Herr Jesus!)

Der zweite Brief des Paulus an die Christen in Korinth

Anschrift und Gruß

1 Paulus, der nach Gottes Willen
zum Botschafter Jesu Christi be-
rufen wurde, und sein Mitarbeiter Ti-
motheus schreiben diesen Brief an
die Gemeinde Gottes in Korinth und
an alle Christen in der Provinz Acha-
ja.
2 Gottes Gnade soll mit euch sein
und der Friede von Gott, unserem
Vater, und unserem Herrn Jesus
Christus.

Dank für Gottes Hilfe

3 Gepriesen sei Gott, der Vater unse-
res Herrn Jesus Christus, der Vater
voller Barmherzigkeit, der Gott, der
uns in jeder Not tröstet! 4 In allen
Schwierigkeiten ermutigt er uns und
steht uns bei, so daß wir auch andere
trösten können, die wegen ihres
Glaubens zu leiden haben. Wir trö-
sten sie, wie Gott auch uns getröstet
hat. 5 Weil wir Christus gehören und
ihm dienen, müssen wir viel leiden,
aber in ebenso reichem Maße erfah-
ren wir auch seine Hilfe.
6 Deshalb kommt es euch zugute,
wenn wir leiden; und wenn wir ermu-
tigt werden, dann geschieht auch das
zu euerm Besten. Das gibt euch
Kraft, die gleichen Leiden wie wir ge-
duldig zu ertragen.
7 Darum sind wir zuversichtlich und
haben keine Angst um euch. Denn
ihr werdet zwar leiden müssen wie
wir, aber ihr werdet auch von Gott
getröstet werden.
8 Liebe Brüder! Ich meine, ihr soll-
tet wissen, daß wir in der Provinz
Asien Schweres erdulden mußten.
Wir waren mit unseren Kräften am
Ende und hatten schon mit dem Le-
ben abgeschlossen. 9 Unser Tod
schien unausweichlich. Aber Gott
wollte, daß wir uns nicht auf uns
selbst verlassen, sondern auf ihn, der
die Toten zu neuem Leben erweckt.
10 Und tatsächlich hat Gott uns vor
dem Tod gerettet. Er wird es auch in
Zukunft tun; davon bin ich über-
zeugt. 11 Denn auch ihr betet ja für
uns. Und so werden nicht nur wir,
sondern viele Gott dafür danken, daß
er uns bewahrt hat.

Paulus wehrt sich gegen falsche Anschuldigungen

12 Wir freuen uns, mit gutem Gewis-
sen sagen zu können, daß wir so le-
ben, wie Gott es will; wir haben euch
nichts vorgemacht.[a] Nicht eigensüch-
tige Überlegungen haben unser Han-
deln bestimmt, sondern allein Gottes
Barmherzigkeit. Gerade ihr solltet
das wissen! 13 Auch unsere Briefe
wollen nichts anderes sagen, als was

a) Wörtlich: Denn dies ist unser Ruhm, das Zeugnis unseres Gewissens, daß wir in Heiligkeit und Lauterkeit Gottes ... gewandelt sind.

DIE TROSTBRÜCKE

Rosemarie Bräumer

2. Korinther 1,4

Der dreijährige Malte hat eine eitrige Nagelbettentzündung. Schließlich muß der Nagel entfernt werden. Als der Arzt die Betäubungsspritze gibt, nimmt der Vater seinen Sohn in den Arm und tröstet ihn. Obwohl der Einstich sehr weh tut, sind die Tränen schnell getrocknet, und der kleine Mann steht die Operation tapfer durch.

Die Nähe des Vaters hat das Kind in seinem Leid getröstet. Freundlichkeit und Zuspruch haben ihm eine Brücke gebaut, auf der er den Abgrund seiner Angst überwinden konnte.

Gott hat uns zuerst getröstet, sagt Paulus, und diesen Trost dürfen wir anderen Menschen weitergeben. «Der Gott allen Trostes», wie er in diesem Kapitel genannt wird, hat eine Brücke gebaut zwischen Himmel und Erde. Diese Brücke heißt Jesus Christus, Heiland und Herr. Weil Gott uns die Trostbrücke gebaut hat, können auch wir für Menschen, die in Leid und Not geraten sind, Brückenbauer sein. Die Trostbrücke geleitet den Verzweifelten auf die andere Seite des Abgrundes, auf der er trotz allen Leides ein neues Leben beginnen kann. Die Nähe des Brückenbauers, des Tröstenden, läßt den anderen, auch wenn ihm das Leid die Kehle zuschnürt, wieder durchatmen.

«Der Gott allen Trostes» hat uns zu Tröstern berufen. Was dieser Trost für andere bedeuten kann, kommt in dem folgenden Lied zum Ausdruck:

Es war nur ein sonniges Lächeln,
es war nur der Druck einer Hand,
doch schien's wie die leuchtende Brücke,
die Himmel und Erde verband.

Es kostet dich wenig, zu geben
Wort, Lächeln und helfende Hand;
doch arm und kalt ist dein Leben,
wenn keiner solch Trösten empfand.

Alt und schutzlos?

Aus Psalm 71

Bei dir, Herr, suche ich Schutz.
Du bist ein gerechter Gott, darum hilf mir und rette mich!
Schenke mir Geborgenheit, wie ein Haus, in das ich jederzeit kommen kann!

Mein Gott! Die Gottlosen haben mich in ihrer Gewalt.
Sie brechen die Gesetze und schrecken vor keiner Gewalttat zurück.
Rette mich aus ihren Klauen!
Du bist meine Hoffnung, Herr, dir vertraue ich von Kindheit an!
Ja, seit meiner Geburt bist du mein Halt.
Vom ersten Tag an hast du für mich gesorgt.
Darum will ich dich loben mein Leben lang.

Verstoße mich nicht, jetzt, wo ich alt geworden bin;
verlaß mich nicht, wenn meine Kräfte nun schwinden!
Gott, warum bist du so weit weg? Mein Gott, komm mir schnell zu Hilfe!
Nichts lassen sie unversucht, um mich ins Unglück zu stürzen.
Nie werde ich aufhören, auf dich zu hoffen –
loben will ich dich, je länger, je mehr.
Deine machtvollen Taten will ich rühmen, Herr, mein Gott!
Du hältst Wort – das allein werde ich weitersagen!
Von Jugend auf bist du mein Lehrer gewesen,
und bis heute erzähle ich von deinen Wundertaten.

Laß mich auch jetzt nicht im Stich, o Gott,
jetzt, wo ich alt und grau geworden bin!
Gib mir noch so viel Zeit, daß ich auch meinen Kindern und Enkeln
noch erzählen kann, wie groß und mächtig du bist!
Gott, deine Treue umschließt Himmel und Erde.
Du hast große Dinge getan! Wer ist wie du?
Not und Elend hast du mir zwar nicht erspart,
aber du erhältst mich am Leben und bewahrst mich vor dem sicheren Tod.
Ich lobe deine Treue, du, mein Gott! Ich juble vor Freude,
wenn ich von dir singe, denn du hast mich errettet.
Tag für Tag will ich davon reden, daß du wirklich Wort hältst.

ihr schwarz auf weiß lesen könnt. Wir
haben dabei keine Hintergedanken.
[14]Ich hoffe, daß ihr einmal alle be-
greift, was einige von euch schon jetzt
verstanden haben. Sie wissen näm-
lich, daß ihr auf uns stolz sein könnt,
genauso wie wir auf euch, wenn Jesus
Christus wiederkommen wird.

[15]In dieser Zuversicht wollte ich
euch eine doppelte Freude bereiten
[16]und sowohl auf dem Weg nach Ma-
zedonien als auch auf der Rückreise
von dort zu euch kommen. Einige von
euch hätten mich dann nach Judäa be-
gleiten können. [17]Bin ich denn nun
leichtfertig gewesen, als ich diese Rei-
se plante? Entscheide ich etwa so, wie
ich selbst es für richtig halte, ohne
nach Gottes Willen zu fragen? Oder
gehöre ich zu den unzuverlässigen
Leuten, die «Ja» sagen, wenn sie
«Nein» meinen?

[18]Gott weiß, daß wir niemals etwas
anderes sagen, als wir wirklich mei-
nen. [19]Auch Jesus Christus, der Sohn
Gottes, von dem Silvanus, Timotheus
und ich euch berichtet haben, sagte
nicht gleichzeitig «Ja» und «Nein». Er
selbst ist in seiner Person das Ja Gottes
zu uns,[a] [20]denn alle Zusagen Gottes
haben sich in ihm erfüllt. Und deshalb
sprechen wir im Blick auf Christus und
zur Ehre Gottes unser Amen.

[21]Gott selbst hat unser und euer Le-
ben durch Christus auf ein festes Fun-
dament gestellt und uns in seinen
Dienst gerufen.[b] [22]Er drückte uns sein
Siegel auf, wir sind sein Eigentum ge-
worden, und er hat uns seinen Heili-
gen Geist gegeben. Damit haben wir
die Garantie von Gott, daß er uns
noch viel mehr schenken wird.

[23]Warum bin ich dann schließlich
doch nicht wie geplant nach Korinth
gekommen? Nur um euch zu schonen,
mit Rücksicht auf euch! Gott soll mich
strafen, wenn das nicht die Wahrheit
ist.[c] [24]Denn wir möchten nicht über
euch und euren Glauben herrschen,
sondern mithelfen, daß ihr euch freu-
en könnt. Daß ihr fest im Glauben
steht, davon gehe ich aus.

2 Ein Besuch bei euch schien mir
nicht sinnvoll zu sein, weil er uns
allen nur neuen Kummer gebracht
hätte. [2]Denn wenn ich euch nur zu-
rechtweisen muß, sind wir am Ende
alle traurig und bedrückt. Wer aber,
wenn nicht ihr, könnte mich dann
wieder froh stimmen?

[3]Deshalb schrieb ich euch den letz-
ten Brief, damit ihr eure Angelegen-
heiten in Ordnung bringt, ehe ich zu
euch komme. Ich wollte nämlich
nicht über euch traurig sein, sondern
mich über euch freuen.[d] Denn ich
hoffe doch, daß auch ihr euch freut,
wenn ich mich freuen kann. [4]In gro-
ßer Sorge, mit schwerem Herzen und
unter Tränen hatte ich euch geschrie-
ben. Aber ich wollte euch damit nicht
verletzen. Im Gegenteil! Ihr solltet
vielmehr erkennen, wie sehr ich gera-
de euch liebe.

a) Wörtlich: Denn der Sohn Gottes, Christus Jesus, der unter euch durch uns verkündigt wurde, durch mich und Silvanus und Timotheus, war nicht Ja und Nein, sondern in ihm ist ein Ja geworden.
b) Wörtlich: Gott (selbst) ist es, der uns mit euch auf Christus festgemacht und gesalbt hat.
c) Wörtlich: Ich aber rufe Gott zum Zeugen auf gegen meine Seele.
d) Wörtlich: Und gerade dies habe ich euch geschrieben, um nicht, wenn ich komme, Betrübnis zu erfahren von denen, derer ich mich freuen sollte.

WIR BRAUCHEN DICH!

Magdalena Paulus

2. Korinther 2,7

Jemand hat sich danebenbenommen. Er hat versagt oder gesündigt, gegen das Gesetz verstoßen oder gegen Moral und Anstand. Wir sind dadurch verletzt, geschädigt, beleidigt oder gedemütigt worden. Natürlich bekommt der Übeltäter umgehend unseren Zorn zu spüren. Vergeltung oder Vergebung, Bestrafung oder Barmherzigkeit, Zurechtweisung oder Zuneigung – für die meisten von uns sind das unvereinbare Gegensätze, besonders wenn der Zorn noch frisch und die Empörung groß ist.

So ist es auch in Korinth: Ein geltungssüchtiger Mitchrist hat Streit verursacht, die Gemeinde gespalten, ihren Ruf ruiniert, sich an die Spitze der Opposition gesetzt und Paulus beleidigt. Schließlich hat man ihn gestraft, gedemütigt, geschnitten.

Richtig ist: Unrecht muß angesprochen, unsere Verletzungen ausgesprochen werden. Denn sonst hat der Missetäter nicht die Möglichkeit, sich zu ändern. Aber wie geht es weiter?

«Jetzt müßt ihr ihm vergeben und ihn ermutigen, damit er nicht verzweifelt», erklärt Paulus. Wer sein Unrecht eingesehen hat, trägt den Kopf nicht mehr hoch. In der Kunst der Ermutigung ist Jesus für Paulus das Vorbild: Nachdem Petrus Jesus verleugnet hat, schämt er sich, traut sich nichts mehr zu. Doch Jesus sucht ihn und setzt ihn zum Oberhirten seiner Schafe ein.

Wie wohltuend ist es für Petrus, als Jesus ihm zu verstehen gibt: «Ich vergebe dir. Was du getan hast, war zwar nicht richtig, aber jetzt fangen wir miteinander von vorne an. Ich brauche dich. Du hast gute Eigenschaften, du hast tolle Fähigkeiten. Ich vertraue dir, daß du dieses Gute nun Gott in die Hand gibst, so daß er es umgestalten kann und du es beim nächsten Mal besser machst.»

«Wir brauchen dich – hier in der Familie, in der Gemeinde, im Verein, am Arbeitsplatz.» Jeder wünscht sich nach einem Fehler wieder auf diese Weise ermutigt und in die Gemeinschaft aufgenommen zu werden. Darin wollen wir Jesus nacheifern.

Strafe genügt nicht – Vergebung ist nötig

5 Wenn einer von euch so lebt, daß er
Ärgernis erregt, dann hat er nicht
mir, sondern vielmehr euch allen
Kummer bereitet – oder doch den
meisten von euch, um nicht zuviel zu
sagen. 6 Ihr habt sein Verhalten be-
straft, damit soll es gut sein. 7 Jetzt
müßt ihr ihm vergeben und ihn ermu-
tigen, damit er nicht verzweifelt.
8 Zeigt ihm deshalb, daß ihr alle ihn
liebt. 9 Der Zweck meines Briefes ist
ja erreicht: Ihr habt meine Anweisun-
gen befolgt und getan, was nötig war.
10 Wem ihr vergebt, dem vergebe ich
auch. Wenn ich etwas zu vergeben
hatte, dann habe ich es um euretwil-
len vor Christus[a] längst getan. 11 Denn
wir wissen nur zu gut, wie uns der Sa-
tan zu Fall bringen möchte. Aber das
soll ihm nicht gelingen.

Mit Christus siegen

12 Als ich nach Troas kam, um dort
das Evangelium von Christus zu ver-
kündigen, waren die Menschen sehr
offen für diese Botschaft. 13 Trotzdem
war ich beunruhigt, weil ich meinen
Mitarbeiter Titus nicht antraf. Dar-
um verabschiedete ich mich bald wie-
der von den Christen in Troas und rei-
ste ihm nach Mazedonien entgegen.

14 Von ganzem Herzen danke ich
Gott dafür, daß er uns überall im
Triumphzug Christi mitführt. Wohin
wir auch kommen, verbreitet sich die
Erkenntnis Gottes wie ein angeneh-
mer Duft, dem sich niemand entzie-
hen kann. 15 Ob die Menschen nun
das Evangelium annehmen und ge-
rettet werden, ob sie es ablehnen und
verlorengehen: Unser Leben als
Christen ist ein Wohlgeruch für Gott.
16 Für die einen ist er ein Verwesungs-
geruch, der ihren Tod bestätigt;
aber den anderen ist er ein angeneh-
mer Duft, der ihr neues Leben an-
zeigt.[b]

Wer aber ist für diese große Aufga-
be geeignet? 17 Nun, wir machen je-
denfalls mit dem Wort Gottes keine
Geschäfte wie so manche andere. Wir
reden in aller Aufrichtigkeit und in
Gottes Auftrag, weil wir mit Christus
eng verbunden sind und uns Gott ver-
antwortlich wissen.[c]

Alter und neuer Bund – Gesetz und Heiliger Geist

3 Vielleicht denkt ihr jetzt, wir
wollten uns damit schon wieder
selbst loben. Sollen wir euch etwa,
wie es gewisse Leute tun, Empfeh-
lungsschreiben vorzeigen oder uns
solche von euch geben lassen? 2 Ich
denke, ihr selbst seid der beste Emp-
fehlungsbrief für uns. Er ist in unser[d]
Herz geschrieben und kann von allen
gelesen werden. 3 Jeder weiß auch,
daß ihr selbst ein Brief Christi seid,
den wir in seinem Auftrag geschrie-
ben haben; wenn auch nicht mit
Tinte, sondern mit dem Geist des le-
bendigen Gottes, nicht auf steinerne
Gesetzestafeln wie bei Mose, sondern
in eure lebendigen Herzen.

a) Wörtlich: vor dem Angesicht Christi.
b) Wörtlich: Den einen ein Duft vom Tode zum Tode, den anderen ein Duft vom Leben zum Leben.
c) Wörtlich: Aus reiner Gesinnung, als aus Gott reden wir in Christus vor Gott.
d) In einigen Handschriften: euer.

WIE WERDE ICH «GELESEN»?

Joanna Müller

2. Korinther 3,3

Die Stimme meiner aidskranken Freundin Birgit klang schwach und ängstlich, während sie mit mir sprach. Sie fühlte sich einsam und wollte einfach, daß jemand zuhörte. Ihre Geschichte ist keine Ausnahme in einer Stadt wie Zürich. Was sie sagte, hat mich zutiefst bewegt.

Birgit war von ihren Eltern nicht erwünscht, als sie geboren wurde. Aufgewachsen in einem Pflegeheim, hoffte sie anfänglich, ihre Eltern eines Tages wiederzusehen, um als echte Familie zusammenzuleben. Aber nach 17 Jahren des Wartens gab sie ihre Hoffnung auf. Wütend und zutiefst verletzt driftete sie in die Drogenszene ab. Eines Tages fanden sie die Helferinnen vom Ankerhaus. Sie war abgemagert, einsam und elend.

Gerade solche Menschen brauchen meine Liebe am meisten. Und doch ist es so schwer, ihnen liebevoll zu begegnen. Diese Menschen sind so fest davon überzeugt, daß sie ungewollt, ungeliebt und unwürdig sind, daß sie oft abweisend und «stachelig» reagieren. Statt Liebe erfahren sie in der Regel Ablehnung. Statt Fürsorge Abscheu. Statt Anteilnahme Zorn.

Wenn wir ein echter «Brief Christi» sind, geschrieben mit dem Geist des lebendigen Gottes, sollten die anderen dies an uns «ablesen» können. Hier ein paar Vorschläge:

– Reden Sie positiv statt negativ. Wenn Sie versucht sind, jemanden unliebsam zu behandeln, halten Sie inne und bedenken Sie: Diese Person hat sicherlich Verletzungen erlitten. Wie kann ich ihr konkret Gottes Liebe zeigen?

– Seien Sie barmherzig statt gereizt. Eine ablehnende Haltung des Hilfsbedürftigen dient diesem oft als «Selbstschutzstrategie». Wenn wir mit Barmherzigkeit und Güte reagieren, kann die wirkliche Persönlichkeit zum Vorschein kommen.

– Öffnen Sie Ihr Herz. Brücken werden nicht im Vorbeigehen gebaut. Gottes Liebe weiterzugeben erfordert Zeit und eigene Anstrengung.

4 Das wagen wir nur deshalb zu sa-
gen, weil wir Gott vertrauen, der uns
durch Christus beauftragt hat.[a] 5 Wir
bilden uns nicht ein, aus eigener Kraft
irgend etwas tun zu können. Was bei
euch geschehen ist, das hat allein
Gott getan. 6 Nur durch ihn sind wir
befähigt, euch das Evangelium zu
verkünden, den neuen Bund, den
Gott mit uns Menschen geschlossen
hat. Wir verkünden nicht länger die
Herrschaft des geschriebenen Geset-
zes, sondern das neue Leben durch
Gottes Geist. Denn die Forderungen
des Gesetzes brachten uns den Tod,
weil wir sie nicht erfüllen konnten;
der Heilige Geist aber führt uns zu
einem neuen Leben.[b]

7 Schon die Verkündigung des Ge-
setzes, das in Stein gehauen war und
doch nur den Tod brachte, ließ etwas
von Gottes Herrlichkeit erkennen.
War das Leuchten auf dem Gesicht
des Mose, nachdem Gott ihm das Ge-
setz gegeben hatte, nicht so stark, daß
es das Volk Israel nicht ertragen
konnte? Doch wie schnell war dieser
Glanz vergangen! 8 Wieviel herrlicher
muß es dann sein, das Evangelium
von Christus zu verkündigen, das die
Menschen durch den Heiligen Geist
zum Leben führt! 9 Wenn schon der
Auftrag, der schließlich alle zum To-
de verurteilte, so sichtbar Gottes
Herrlichkeit zum Ausdruck brachte,
wieviel herrlicher ist dann der Auf-
trag, durch den die Menschen von ih-
rer Schuld vor Gott freigesprochen
werden![c]
10 Die Herrlichkeit des Gesetzes ist
nichts, verglichen mit der Herrlich-
keit der Botschaft von Jesus Christus.
11 Wenn schon das Gesetz, das doch
nur für eine bestimmte Zeit galt, die
Herrlichkeit Gottes erkennen ließ,
um wieviel mehr wird sich Gottes
Herrlichkeit durch das Evangelium
offenbaren, das ewig gilt!

12 Weil wir diese Hoffnung haben,
können wir Gottes Wort voller Zu-
versicht verkündigen. 13 Und wir
brauchen auch nicht unser Gesicht
mit einer Decke zu verhüllen, wie
Mose es getan hat, damit die Israeli-
ten nicht sehen sollten, wie der Glanz
Gottes auf seinem Gesicht ver-
schwand.

14 Aber nicht nur das, Gott strafte
sie auch mit Blindheit. Denn bis zum
heutigen Tag ist das Alte Testament
für sie wie mit einer Decke verhüllt.
Sie lesen es zwar, aber seinen Sinn
verstehen sie nicht. Weil diese Decke
erst dann weggenommen wird, wenn
sie an Christus glauben, 15 liegt sie bis
heute auf ihren Herzen, wenn aus den
Büchern des Mose vorgelesen wird.
16 Aber «wenn sich Israel dem Herrn
zuwendet, wird die Decke wegge-
nommen».[d]

17 Mit dem ‹Herrn› ist der Heilige
Geist gemeint. Wenn er in uns wohnt,
sind wir frei von der Herrschaft des
Gesetzes. 18 Als Christen ist uns die
Herrlichkeit Gottes nicht länger ver-
hüllt. Sie ist für jedermann sichtbar,
und je mehr Gottes Geist unser Le-
ben bestimmt, um so mehr bekom-

a) Wörtlich: Solche Zuversicht aber haben wir durch Christus vor Gott.

b) Wörtlich: Welcher uns ja befähigt hat zu Dienern des neuen Bundes, nicht des Buchstabens, sondern des Geistes; denn der Buchstabe tötet, der Geist aber macht lebendig.

c) Wörtlich: Wenn nämlich der Dienst der Verurteilung Herrlichkeit bedeutet, um wieviel mehr ist der Dienst der Gerechtigkeit überreich an Herrlichkeit.

d) 2. Mose 34,34

DIE GOLDENE ÜBERRASCHUNG

Helen Lescheid

2. Korinther 4,7

Als Mutter tut es mir weh, meine Kinder leiden zu sehen. Deshalb möchte ich sie vor schlimmen Erfahrungen bewahren. Natürlich warne ich sie vor möglichen Gefahren, aber meine Worte stoßen häufig auf taube Ohren. Wenn meine Kinder dann wirklich in Schwierigkeiten geraten, tue ich alles, um sie herauszuholen.

Der Frühling kann in der Gegend, wo wir wohnen, recht launisch sein. Ende Februar letzten Jahres hatten die warmen Sonnenstrahlen unsere Osterglocken bereits aus der Erde gelockt, und sie standen kurz vor dem Aufblühen. Wenige Tage später fegten eisige Märzwinde meine Osterglocken zu Boden. Die sind unwiederbringlich verloren, dachte ich. Ich brach ein paar Stengel ab. Wie kläglich sie aussahen! Trotzdem steckte ich sie in eine Vase.

Am folgenden Morgen erwartete mich eine «goldige» Überraschung. Meine armen, «kaputten» Blumen waren zu einem Strauß wunderschöner makelloser Osterglocken erblüht. Ich liebe Blumen über alles. So pries ich Gott für die «Überwinderkraft», die er sogar in eine zarte Osterglocke hineingelegt hat.

Diese Blumen wurden für mich zu einem Gleichnis: «Wenn Gott die Blumen, die heute blühen und morgen verwelkt sind, so ausrüstet, wieviel mehr wird er meine Kinder für die Widerwärtigkeiten des Lebens ausrüsten!» überlegte ich.

Paulus vergleicht die Christen in diesem Kapitel mit zerbrechlichen Tongefäßen: «Denn obwohl uns die Schwierigkeiten von allen Seiten bedrängen, lassen wir uns nicht von ihnen überwältigen. Wir sind oft ratlos, aber nie verzweifelt. Von Menschen werden wir verfolgt, aber bei Gott finden wir Zuflucht. Wir werden zu Boden geschlagen, aber wir kommen dabei nicht um» (V. 8–9).

Ganz bestimmt werden meine Kinder ihren Teil an Leid und Not zu tragen haben. Ich kann manches für sie tun, vor allem auch für sie beten, aber nicht alles von ihnen fernhalten. Um so mehr danke ich Gott für die Verheißungen, die er uns in seinem Wort gibt. Das macht mich gelassen. Wer weiß, vielleicht erwartet mich schon am nächsten Tag eine «goldene» Überraschung?

men wir Anteil an dieser Herrlich-
keit.[a]

Zeitliche Leiden – ewige Herrlichkeit

4 Weil Gott uns in seiner Barmher-
zigkeit die unvergleichliche Auf-
gabe übertragen hat, seine Botschaft
überall zu verkündigen, verlieren wir
nicht den Mut. 2 Wir verzichten dabei
auf alle möglichen Tricks und verfäl-
schen auch nicht Gottes Wort. Im
Gegenteil, wir sind Gott verantwort-
lich und verkündigen frei und unver-
fälscht seine Wahrheit. Das ist unsere
Selbstempfehlung! Jeder gewissen-
hafte Mensch wird das bestätigen.
3 Die Botschaft, daß Jesus Christus
unsere Rettung ist, bleibt nur für die
dunkel, die verloren sind. 4 Diese Un-
gläubigen hat der Satan[b] so verblen-
det, daß sie das helle Licht des Evan-
geliums und damit die Herrlichkeit
Christi nicht sehen können. Und
doch erkennen wir Gott selbst nur
durch Christus. 5 Nicht wir sind der
Mittelpunkt unserer Predigt, son-
dern Christus, der Herr! Wir sind nur
eure Diener, und das aus Liebe zu Je-
sus.
6 Denn so wie Gott einmal befahl:
«Es werde Licht!», so hat er auch die
Finsternis in uns durch sein helles
Evangelium vertrieben.[c] Durch uns
sollen alle Menschen Gottes Herr-
lichkeit erkennen, die in Jesus Chri-
stus sichtbar wird.
7 Diesen kostbaren Schatz tragen
wir allerdings in einem zerbrech-
lichen Gefäß. Denn so wird jeder er-
kennen, daß die außerordentliche
Kraft, die in uns wirkt, von Gott
kommt und nicht von uns selbst.
8 Denn obwohl uns die Schwierigkei-
ten von allen Seiten bedrängen, las-
sen wir uns nicht von ihnen überwälti-
gen. Wir sind oft ratlos, aber nie ver-
zweifelt.
9 Von Menschen werden wir ver-
folgt, aber bei Gott finden wir Zu-
flucht. Wir werden zu Boden geschla-
gen, aber wir kommen dabei nicht
um. 10 Indem wir tagtäglich unser Le-
ben für Jesus einsetzen, erfahren wir
am eigenen Leib etwas von seinem
Sterben. Wir erfahren dadurch aber
auch etwas vom Leben des auferstan-
denen Jesus. 11 So sind wir also um Je-
su willen ständig dem Tod ausgelie-
fert; aber an unserem sterblichen
Leib wird auch immer wieder sein Le-
ben sichtbar. 12 Uns bringt der Dienst
für Jesus ständig in Todesgefahr,
euch dagegen hat er neues Leben ge-
bracht.
13 Weil wir an Jesus Christus glau-
ben, müssen wir von ihm reden.
Denn wie der Beter im Alten Testa-
ment können auch wir von uns sagen:
«Ich glaube, deshalb rede ich!»[d]
14 Wir wissen: Gott, der Jesus vom
Tod auferweckt hat, wird auch uns
auferwecken. Dann werden wir mit
euch gemeinsam vor Gott stehen.
15 Alle Entbehrungen aber ertragen
wir für euch. Denn je mehr Menschen
für Christus gewonnen werden, um so

a) Wörtlich: und werden in das gleiche Bild verwandelt von Herrlichkeit zu Herrlichkeit als vom Herrn des Geistes.
b) Wörtlich: der Gott dieser Weltzeit.
c) Wörtlich: Denn Gott ist es, der gesagt hat, aus der Finsternis soll Licht leuchten, der es hat Licht werden lassen in unseren Herzen.
d) Psalm 116,10

mehr werden Gott danken und ihn
über alles ehren.[a]
16 Darum geben wir auch nicht auf.
Freilich gehen diese Strapazen nicht
spurlos an mir vorüber. Wenn auch
meine körperlichen Kräfte nachlas-
sen, wird doch das Leben, das Gott
mir schenkt, von Tag zu Tag erneu-
ert. 17 Was wir jetzt leiden müssen,
dauert nicht lange und ist leicht zu er-
tragen, wenn wir bedenken, welch
unendliche, unvorstellbare Herrlich-
keit uns erwartet. 18 Deshalb lassen
wir uns von dem, was uns zur Zeit so
sichtbar bedrängt, nicht ablenken,
sondern wir richten unseren Blick auf
Gottes neue Welt, auch wenn sie
noch unsichtbar ist. Denn das Sicht-
bare vergeht, doch das Unsichtbare
bleibt ewig.

Hoffnung auf eine neue Heimat

5 Das wissen wir: Wenn unser Leib
einmal zerfallen wird wie eine
baufällige Hütte, werden wir einen
neuen Leib erhalten, ein festes Haus,
das nicht von Menschen errichtet ist.
Gott hält es im Himmel für uns be-
reit, ein Haus, das ewig bleibt. 2 Voll
Verlangen sehnen wir uns danach,
den neuen Leib anzuziehen wie ein
Kleid,[b] 3 ohne daß wir vorher sterben
müssen.[c] 4 Solange wir in unserem na-
türlichen Leib leben, fürchten wir uns
vor dem Tod. Es wäre uns viel lieber,
wir brauchten nicht zu sterben[d], son-
dern könnten einfach in das neue Le-
ben überwechseln[e], damit alles Ver-
gängliche vom Leben überwunden
wird. 5 Darauf hat uns Gott vorberei-
tet, indem er uns als sicheres Pfand
dafür schon jetzt den Heiligen Geist
gab.
6 Deshalb sind wir jederzeit zuver-
sichtlich, auch wenn wir Gott in unse-
rem irdischen Leib noch nicht unmit-
telbar nahe sein können. 7 Jetzt glau-
ben wir an ihn, auch wenn wir ihn
noch nicht sehen können.[f] 8 Aber wir
rechnen fest damit und würden am
liebsten diesen Leib verlassen, um
endlich ganz beim Herrn zu sein.
9 Aber ganz gleich, ob wir nun bei
ihm sind oder noch auf dieser Erde le-
ben, es kommt nur darauf an, alles zu
tun, was Gott gefällt. 10 Denn einmal
werden wir uns alle vor Jesus Christus
als unserem Richter verantworten
müssen. Dann wird jeder das bekom-
men, was er für sein Tun auf dieser
Erde verdient hat, mag es nun gut
oder schlecht gewesen sein.

Friede mit Gott

11 Weil wir wissen, daß wir Gott als
unbestechlichen Richter zu fürchten
haben, wollen wir so viele Menschen
wie nur möglich für Christus gewin-
nen. Gott weiß, daß wir nur dies eine
wollen,[g] und ich hoffe, auch ihr unter-

a) Wörtlich: Denn das alles geschieht um euretwillen, damit die Gnade wachse durch eine immer größere Zahl (der Gläubigen) und die Danksagung überreich mache zur Ehre Gottes.
b) Wörtlich: Deshalb auch seufzen wir, weil wir uns sehnen, unsere Behausung aus dem Himmel anzuziehen.
c) Wörtlich: Wenn es wenigstens richtig ist, daß wir, nachdem wir das (irdische) Gewand abgelegt haben, nicht nackt dastehen werden.
d) Wörtlich: nicht entkleidet zu werden.
e) Wörtlich: überkleidet werden.
f) Wörtlich: Denn wir wandeln im Glauben, nicht im Schauen.
g) Wörtlich: Vor Gott sind wir offenbar.

BESSERE AUSSICHTEN GIBT ES NICHT

Rosemarie Moll

2. Korinther 5,6

Das Jahr neigt sich dem Ende zu. Trübe, regnerisch und dunkel sind die Tage. Die letzten welken Blätter weht der Wind von den Bäumen. Wir werden an die Vergänglichkeit der Dinge erinnert.

Wir machen es uns wenig bewußt, wie stark unser Leben diesseitig ausgerichtet ist. Viele Christen verstehen Jesus vor allem als den, der ihnen hier und heute ein erfülltes Leben gibt. Die zentrale Botschaft der Bibel ist aber diese: Jesus hat den Tod besiegt, und darum haben wir ewiges Leben.

Der leibliche Tod kommt mit Sicherheit auf jeden von uns zu. Jeder Mensch stellt sich irgendwann einmal die Frage: Ist mit dem Tod alles aus? Wenn nicht, was kommt danach?

Gorch Fock, der bekannte Seemann und Dichter, der im Ersten Weltkrieg in der Seeschlacht im Skagerak unterging, schrieb vor seinem Tod an seine Mutter: «Wenn ich falle und mein Leib auf den Meeresgrund versinkt, kann ich doch nur in die hohle Hand meines Heilandes fallen, aus der mich nichts reißen kann.»

Wie groß ist das Vertrauen, das aus diesen Worten spricht! In Gottes Hand fallen und geborgen sein, in allen Höhen und Tiefen unseres Erdenlebens – wir dürfen wissen, daß wir auch nach diesem Leben auf ewig geborgen sind in der Hand Gottes.

Unser Glaube ist oft von Zweifeln und Anfechtungen begleitet, besonders wenn in unser Leben der Tod eintritt, wenn wir einen lieben Menschen verlieren oder Krankheit und Depression auf uns einstürzen.

Wir wissen genau, daß auf dieser Welt alles vergänglich ist. Trotzdem wollen wir so vieles festhalten und meinen, nur damit sei unser Leben lebenswert. Wir wollen unsere Kinder festhalten (oder haben Sie noch nie gedacht: Ohne meine Kinder kann ich nicht leben?), Träume und Vorstellungen, den Besitz, unser Recht … Wir vergessen so oft, daß wir Menschen nur Gäste auf dieser Erde und unsere Kinder nur Gäste bei uns sind. Im Loslassen liegt das Geheimnis. Alles bekommt dadurch einen anderen Stellenwert, und ich werde gelassener.

Wir werden, wenn wir in diesem Leben mit Gott leben, auch nach unserem leiblichen Tod bei ihm sein. Gott lügt nicht. Bessere Zukunftsaussichten gibt es nicht!

stellt uns keine anderen Absich-
ten.[a]

12 Das sagen wir nun wirklich nicht,
um uns selbst zu loben. Aber wenn
ihr euch mit Leuten auseinanderset-
zen müßt, für die Äußerlichkeiten
wichtiger sind als innere Überzeu-
gung, dann könnt ihr ihnen die Grün-
de nennen, warum ihr stolz auf uns
seid. 13 Ihr sagt, ich sei «von Sinnen»
gewesen? Nun gut, dann war ich es
für Gott. Euch gegenüber war ich im-
mer «bei Sinnen» und habe klar und
verständlich geredet.

14 Was wir auch tun, wir tun es aus
der Liebe, die Christus uns geschenkt
hat. Denn wir sind davon überzeugt:
Weil Jesus Christus stellvertretend
für alle Menschen starb, sind sie ge-
wissermaßen alle gestorben. 15 Und
Christus ist deshalb für alle gestor-
ben, damit alle, die durch seinen Tod
das Leben geschenkt bekamen, nicht
länger für sich selbst leben. Ihr Leben
soll jetzt Christus gehören, der für sie
gestorben und auferstanden ist.

16 Wir beurteilen auch niemanden
mehr nach äußeren Maßstäben.
Selbst wenn wir Christus früher da-
nach beurteilt haben, so gelten diese
Maßstäbe jetzt nicht mehr. 17 Gehört
jemand zu Christus,[b] dann ist er ein
neuer Mensch. Was vorher war, ist
vergangen, etwas Neues hat begon-
nen. 18 All dies verdanken wir Gott,
der durch Christus mit uns Frieden
geschlossen hat. Er hat uns beauf-
tragt, diese Botschaft überall zu ver-
kündigen. 19 Denn Gott hat durch
Christus Frieden mit der Welt ge-
schlossen, indem er den Menschen ih-
re Sünden nicht länger anrechnet,
sondern sie vergibt. Gott hat uns dazu
bestimmt, diese Botschaft von der
Versöhnung öffentlich bekanntzuge-
ben.[c]

20 Als Botschafter Christi fordern
wir euch deshalb im Namen Gottes
auf: Laßt euch mit Gott versöhnen!
Wir bitten euch darum im Auftrag
Christi. 21 Denn Gott hat Christus,
der ohne jede Sünde war, mit all un-
serer Schuld beladen und verurteilt,
damit wir von dieser Schuld frei sind
und Menschen werden, die Gott ge-
fallen.[d]

Bewährung im Dienst

6 Als Gottes Mitarbeiter bitten wir
euch: Seht zu, daß die Gnade, die
Gott euch geschenkt hat, in eurem
Leben nicht ohne Auswirkung bleibt.
2 Denn Gott hat gesagt: «Ich will dein
Gebet erhören. Es wird eine Zeit der
Gnade für dich geben, einen Tag, an
dem du meine Hilfe erfährst!»[e] Ge-
nau diese Zeit ist jetzt da, der Tag der
Rettung ist nun gekommen.

3 Niemand soll uns persönlich etwas
Schlechtes nachsagen können, damit
nicht unser Auftrag in Verruf gerät.
4 In allem empfehlen wir uns als Got-
tes Mitarbeiter: in Bedrängnissen, in
Not und Angst bleiben wir standhaft.
5 Auch wenn man uns schlägt und ein-
sperrt, wenn wir aufgehetzten Men-

a) Wörtlich: auch in euern Gewissen offenbar zu sein.
b) Wörtlich: Wenn jemand in Christus ist.
c) Wörtlich: ... und unter uns die Predigt der Versöhnung eingesetzt hat.
d) Wörtlich: Den, der Sünde nicht kannte, hat er für uns zur Sünde gemacht, damit wir Gottes Gerechtigkeit in ihm würden.
e) Jesaja 49,8

schen ausgeliefert sind, bis zur Er-
schöpfung arbeiten, uns kaum Schlaf
gönnen und auf Nahrung verzichten,
soll sichtbar werden, daß wir Gott ge-
hören. 6 Wir beweisen dies durch ein
untadeliges Leben und darin, daß wir
Gottes Absichten erkennen; durch
Geduld und Freundlichkeit, in allem,
was Gottes Heiliger Geist durch uns
wirkt, und durch eine aufrichtige Lie-
be zu jedem Menschen wird sichtbar,
daß wir Gottes Mitarbeiter sind.

7 Wir verkünden Gottes Wahrheit
und leben aus seiner Kraft. Zum
Angriff wie zur Verteidigung gebrau-
chen wir die Waffen Gottes: Recht-
schaffenheit vor Gott und Menschen.

8 Dabei lassen wir uns nicht beir-
ren: weder durch Lob noch Verach-
tung, weder durch gute Worte noch
böses Gerede. Man nennt uns Lüg-
ner, und wir sagen doch die Wahr-
heit. 9 Für die Welt sind wir Unbe-
kannte, aber Gott kennt uns. Wir
sind Sterbende, und dennoch leben
wir. Wir werden geschlagen und
kommen doch nicht um. 10 In allen
Traurigkeiten bleiben wir fröhlich.
Wir sind arm und beschenken doch
viele reich. Wir haben nichts und be-
sitzen doch alles.

11 Ihr lieben Christen in Korinth!
Wir haben euch sehr offen unsere
Meinung gesagt und euch dabei in un-
ser Herz blicken lassen. 12 Der Platz in
unserem Herzen ist euch sicher, auch
wenn ihr für uns nicht viel übrig habt.[a]
13 Ich rede zu euch wie ein Vater zu
seinen Kindern. Schenkt mir doch eu-
er Vertrauen, und öffnet mir eure
Herzen!

Warnung vor falschen Wegen

14 Macht nicht gemeinsame Sache mit
Leuten, die nicht an Christus glauben.
Gottes Gerechtigkeit und die Gesetz-
losigkeit dieser Welt haben so wenig
miteinander zu tun wie das Licht mit
der Finsternis. 15 Wird Christus jemals
mit dem Teufel übereinstimmen?
Oder was verbindet einen an Christus
Glaubenden mit einem Ungläubigen?
16 Was haben die Götzenbilder mit
dem Tempel Gottes zu tun?

Vergeßt nicht: Wir selbst sind Got-
tes lebendiger Tempel. So hat Gott
gesagt: «Ich will mitten unter ihnen
leben. Ich will ihr Gott und sie sollen
mein Volk sein!»[b] 17 Darum befiehlt
Gott: «Verlaßt sie, und trennt euch
von ihnen! Rührt nichts Unreines an!
Dann will ich euch annehmen. 18 Ich
werde euer Vater und ihr werdet mei-
ne Söhne und Töchter sein. So spricht
der allmächtige Herr.»[c]

7 Meine lieben Freunde! All dies
hat uns Gott versprochen. Darum
wollen wir uns auch von jeder Sünde
trennen, die unseren Körper oder un-
seren Geist verunreinigt. In Ehr-
furcht vor Gott wollen wir so leben,
wie es ihm gefällt.[d]

Bitte um Vertrauen

2 Vertraut uns doch! Wir haben ja kei-
nem von euch Unrecht getan. Wir ha-
ben niemanden zum Bösen verführt
und keinen von euch betrogen. 3 Ich
will euch damit keine Vorwürfe ma-

a) Wörtlich: Ihr seid beengt in euren Herzen.
b) 3. Mose 26,11–12
c) Jesaja 52,11; Jeremia 31,9
d) Wörtlich: (unsere) Heiligung vollenden in der Furcht Gottes.

FREUDE TROTZ TRAUER

Ingrid Krieger

2. Korinther 6,10

Nun ist die Mutter gestorben! Die Kinder sind sehr traurig, es ging alles so schnell. Zuerst der Schlaganfall, von dem sie sich nicht wieder erholte. Dem Krankenhausaufenthalt folgte das kurze Krankenlager. Sie konnte nicht mehr reden.

Konnte sie auch nichts mehr aufnehmen, was um sie herum geschah? Spürte sie, mit welcher Liebe und Fürsorge sie von den Kindern versorgt wurde? Und dann kam der Tod: Nie mehr mit ihr reden, ihr Lachen nicht mehr hören, sie nicht mehr um Rat fragen können.

Was hilft aus der Trauer heraus? Ein schnelles Auto, das große Haus, die Reichtümer? Das alles kann keinen wirklichen Trost geben. Allein die Gewißheit tröstet, einmal bei Gott zu leben und bei ihm wieder mit den Lieben vereint zu sein.

Mutter hat in dieser Gewißheit gelebt. Sie hat an Jesus geglaubt, die Weisungen der Bibel waren ihr wichtig. Jetzt ist sie bei ihrem Herrn, bei Gott in der Ewigkeit. Ihr Tod ist nicht das Ende, sondern ein Anfang. Gott verspricht in der Ewigkeit ein Leben ohne Schmerzen, ohne Trauer und Leid. Ewige Freude.

Für die Hinterbliebenen ist das der Grund, trotz aller Trauer dankbar zu sein. Dankbar für die lange Zeit, die ihre Mutter bei ihnen war. Dankbar für die gemeinsamen schönen Stunden. Dankbar für die Korrektur, die geformt und verändert hat.

Das Ergebnis dieser Dankbarkeit ist Zufriedenheit, die Gott in unser Leben legt. Das macht froh und tröstet über den Abschiedsschmerz hinweg. Paulus gibt den Philippern eine guten Rat (Phil. 4,4): Freut euch, daß ihr zu Jesus Christus gehört. Und noch einmal will ich es sagen: Freut euch!

Handelt so ein gerechter Gott?

Aus Psalm 73

Gott ist gut zu Israel, zu allen, die ihm ganz vertrauen.
Das kann niemand bestreiten! Ich aber
hätte beinahe an ihm gezweifelt, fast hätte ich den Glauben aufgegeben.
Denn ich beneidete die überheblichen Menschen:
Ihnen geht es gut, obwohl Gott ihnen völlig gleichgültig ist.
Ihr Leben lang haben sie keine Schmerzen,
sie strotzen vor Gesundheit und Kraft.
Sie müssen sich nicht abplagen wie andere Menschen,
und die täglichen Sorgen sind ihnen ganz und gar fremd.
Mit zynischen Worten setzen sie jeden unter Druck.
Sie tun, als kämen ihre Worte vom Himmel;
sie meinen, ihre Sprüche seien für die ganze Menschheit wichtig.
Denn diese eingebildeten Leute sagen:
«Gott kümmert sich um nichts – wie sollte er auch?
Er thront so weit oben und weiß nicht, was sich hier unten abspielt!»

War es denn völlig umsonst, daß ich mir nie etwas zuschulden kommen ließ?
Also versuchte ich zu begreifen, warum es dem Gottlosen gut
und dem Frommen schlecht geht, aber es war viel zu schwer für mich.
Da ging ich in Gottes heiligen Tempel, und dort wurde mir auf einmal klar:
Entscheidend ist, wie ihr Leben endet! Ganz plötzlich
wird sie das Entsetzen packen, sie werden ein Ende mit Schrecken nehmen.
Wie ein Traum beim Erwachen verschwindet,
so vergehen sie, wenn du dich erhebst, o Herr.
Als ich verbittert war und mich vor Kummer verzehrte,
da war ich dumm wie ein Stück Vieh, denn ich verstand dich nicht.
Jetzt aber bleibe ich immer bei dir, und du hältst mich bei der Hand.
Du führst mich nach deinem Plan und nimmst mich am Ende in Ehren auf.
Herr, wenn ich nur dich habe, bedeuten Himmel und Erde mir nichts.
Selbst wenn alle meine Kräfte schwinden und ich umkomme,
so bist du doch, Gott, allezeit meine Stärke – ja, du bist alles, was ich habe!
Ich aber darf dir immer nahe sein, mein Herr und Gott;
das ist mein ganzes Glück!
Dir vertraue ich, deine wunderbaren Taten will ich weitererzählen.

Wo gute Gedanken wachsen

Ruth Imhof-Moser

2. Korinther 7,2

Wenn Sie einen Garten haben, kennen Sie bestimmt gewisse hartnäckige Unkräuter, etwa die Winde. Ein kleiner Same fällt aus, ein Stückchen Wurzel gelangt in die Erde – und bald werden Sie die Plage nicht mehr los! Sie jäten und jäten, doch die Pflanze kommt immer wieder hoch. Während Nutzpflanzen und Gemüse bei Trockenheit welken und von Schnecken heimgesucht werden – der Winde scheint das alles nichts auszumachen. Nur mit viel Geduld besiegen wir das Kraut. Und wenn wir meinen, es geschafft zu haben, leuchtet uns aus einer Ecke schon wieder die schöne Blüte der Pflanze entgegen. In der Tat: Ihre Blüten sind sehr schön! Aber leider umschlingt und überwuchert die Winde Nutzpflanzen und die Zierblumen im Garten und nimmt ihnen ihren Lebensraum.

Manchmal vergleiche ich mein Leben mit einem Garten. Wie schnell kommen auch da «Unkräuter» hoch. Zweifel, unbewältigte Begegnungen und Erfahrungen wuchern in mir weiter und belasten nicht nur mein eigenes Gemüt, sondern auch meine Familie, Freunde und Nachbarn. Wie leicht glaube ich Gerüchten über meine Kollegin! Wieviel erzähle ich hinter vorgehaltender Hand «im Vertrauen».

Es genügt nicht, in unserem Leben die negativen Gedanken einfach unterdrücken zu wollen. In einem schönen Garten müssen auch die Nutz- und Zierpflanzen genährt und gepflegt werden. Einerseits ist es wichtig, daß wir unsere falschen Gedankenmuster und Gewohnheiten erkennen und ausmerzen. Andererseits sollen wir aber auch die in uns wachsende «Frucht des Geistes» pflegen. Wir können unsere Gedanken und unser Handeln dort investieren, wo es Freude bringt, wo es zur Heilung beiträgt, wo Wärme und Geborgenheit wachsen.

Wo gute Gedanken gedeihen, werden die schlechten zurückgedrängt. Wo eine gute Pflanze stark wird und sich ausbreitet, verlieren Unkräuter ihren Lebensraum. «Wo immer ihr etwas Gutes entdeckt, das Lob verdient, darüber denkt nach!» (Philipper 4,8).

chen. Denn ich habe euch ja vorhin gesagt, wie sehr ich euch liebe. Wir sind untrennbar, auf Gedeih und Verderb, miteinander verbunden.[a] 4 Ich vertraue euch in jeder Beziehung und bin stolz auf euch. Trotz aller Schwierigkeiten bin ich getröstet, und meine Freude ist unbeschreiblich groß.

Umkehr einer Gemeinde

5 Als wir nach Mazedonien kamen, waren wir sehr beunruhigt. Überall gab es Schwierigkeiten. Wir mußten alle möglichen Anfeindungen ertragen und waren doch selber voller Angst und Sorgen. 6 Aber Gott hilft den Mutlosen und Verzagten. Er hat uns durch die Ankunft des Titus getröstet; 7 und das nicht nur, weil Titus endlich wieder bei uns war. Noch mehr haben wir uns darüber gefreut, daß Titus bei euch so viel Gutes[b] erfahren hat. Er hat mir davon berichtet, wie sehr ihr auf meinen Besuch wartet, wie leid es euch tut, was geschehen ist, und mit welchem Eifer ihr euch für mich einsetzt. Ich kann euch gar nicht sagen, wie sehr ich mich darüber gefreut habe.

8 Jetzt bereue ich auch nicht, daß ich euch den Brief geschrieben habe, der euch so erschüttert hat. Und wenn ich auch schon dachte, es wäre besser gewesen, ich hätte ihn gar nicht abgeschickt – eben weil ihr wegen des Briefes tief betroffen gewesen seid –, 9 so bin ich jetzt doch froh, daß ich ihn geschrieben habe. Natürlich nicht, weil ihr bestürzt gewesen seid, sondern weil euch dies zum Nachdenken und zur Umkehr gebracht hat. Genau das war Gottes Absicht, und deshalb hat euch unser Brief auch nicht geschadet. 10 Denn die von Gott ausgelöste Erschütterung bewirkt eine Reue, die uns zu ihm hinführt.[c] Und wer sollte das jemals bereuen! Nur die Erschütterung, die nicht zur Umkehr führt,[d] bewirkt den Tod.

11 Bedenkt doch nur, was Gott alles durch eure Reue und Umkehr erreicht hat! Mit welcher Begeisterung geht ihr jetzt ans Werk, und wie bereitwillig habt ihr mich verteidigt! Jetzt seid ihr über das Vorgefallene empört, wie groß ist eure Furcht! Eure Entschlossenheit hat dazu geführt, daß der Schuldige bestraft wurde. Ihr habt damit bewiesen, daß diese Sache bereinigt ist.[e]

12 Ich habe euch meinen Brief nicht geschrieben, weil es mir um den ging, der Unrecht getan hat, oder den, dem Unrecht geschehen ist. Es kam mir allein darauf an, daß ihr vor Gott beweisen konntet, auf wessen Seite ihr steht. 13 Deshalb sind wir nun getröstet, und das um so mehr, als mir Titus voller Freude berichtete, wie sehr er von euch ermutigt worden ist. 14 Ich hatte ihm so viel Gutes von euch erzählt, und ihr habt mich nicht enttäuscht. Titus konnte mir auch bestätigen, daß ich die Wahrheit über euch gesagt habe und zu recht auf euch stolz bin. 15 Er liebt euch jetzt noch mehr, weil er eure Bereitschaft zum Gehorsam gesehen hat, nachdem ihr ihn voller Angst und Bangen aufgenommen

a) Wörtlich: daß ihr in unseren Herzen seid, mitzusterben und mitzuleben.
b) Wörtlich: Trost.
c) Wörtlich: eine Reue zum Heil.
d) Wörtlich: die Traurigkeit der Welt.
e) Wörtlich: In allem habt ihr den Erweis gebracht, daß ihr rein seid in dieser Sache.

habt. [16]Ich freue mich, daß ich euch so ganz und gar vertrauen kann.

Mit anderen teilen

8 Nun will ich euch berichten, was Gottes Gnade in den Gemeinden der Provinz Mazedonien bewirkt hat. [2]Obwohl die Christen dort wegen ihres Glaubens viele Schwierigkeiten ertragen mußten, waren sie doch voller Freude und haben trotz ihrer großen Armut sehr viel für andere gegeben. [3]Ich kann bezeugen, daß sie bereitwillig gaben, was sie nur geben konnten, und sogar mehr als das. [4]Dabei brauchte ich um ihre Spende gar nicht zu bitten. Im Gegenteil! Sie haben es als ein Vorrecht angesehen, sich an der Hilfe für die Christen in Jerusalem beteiligen zu dürfen. [5]Sie haben sehr viel mehr getan, als wir jemals erwarten konnten, denn sie opferten sich geradezu selbst. Zuerst stellten sie sich dem Herrn zur Verfügung, danach auch uns. Das taten sie im Gehorsam Gott gegenüber.

[6]Nach dieser Erfahrung habe ich Titus zugeredet, daß er auch bei euch eine solche Sammlung durchführt. Er hatte ja bereits damit begonnen und wird dieses Liebeswerk bei euch bald zum Abschluß bringen. [7]Ihr seid in so vielen Dingen überaus reich gesegnet: in eurem Glauben, in der Verkündigung und Erkenntnis des Wortes Gottes, in eurem Einsatz für den Herrn und durch die Liebe, die wir in euch geweckt haben. Seht zu, daß sich dieser Reichtum auch in eurer Hilfsbereitschaft für die Gemeinde in Jerusalem zeigt.

[8]Natürlich will ich euch nichts befehlen. Aber angesichts der Opferbereitschaft der anderen würde ich gern sehen, wie echt eure Liebe ist. [9]Denkt daran, was unser Herr Jesus Christus für euch getan hat.[a] Er war reich und wurde doch arm, um euch durch seine Armut reich zu machen.

[10]Nach meiner Meinung kann es nur gut für euch sein, wenn ihr nun endlich mit der Sammlung beginnt, wie ihr es euch seit einem Jahr vorgenommen habt. [11]Nur solltet ihr diesmal die Sache auch tatsächlich zu Ende führen, damit es nicht bei guten Vorsätzen bleibt. Gebt so viel, wie ihr geben könnt!

[12]Wenn ihr wirklich etwas geben wollt, dann ist es nicht entscheidend, wie viel ihr geben könnt. Denn Gott wird eure Gabe nach dem beurteilen, was ihr habt, und nicht nach dem, was ihr nicht habt. [13]Ihr sollt nicht dadurch in Not geraten, weil ihr anderen aus der Not helft. Es geht nur um einen Ausgleich. [14]Heute habt ihr so viel, daß ihr ihnen helfen könnt. Ein andermal werden sie euch von ihrem Überfluß abgeben, wenn es nötig ist. Das meine ich mit Ausgleich. [15]Erinnert euch daran, was die Heilige Schrift dazu sagt: «Wer viel sammelte, hatte nicht zuviel; und wer wenig sammelte, dem fehlte nichts.»[b]

Gewissenhafter Umgang mit Geld

[16]Ich bin Gott von Herzen dankbar, daß sich auch Titus so sehr für euch einsetzt. [17]Er war gleich bereit, zu euch zu reisen, ohne daß ich ihn erst lange darum bitten mußte. [18]Mit ihm

a) Wörtlich: Denn ihr kennt die Gnade unseres Herrn Jesus Christus.
b) 2. Mose 16,18

Ich bin ja nichts Besonderes

Doris Reinthaler

2. Korinther 8,12

Wir Frauen scheinen fürs «Tiefstapeln» eine besondere Veranlagung zu haben. Viele Frauen zweifeln überhaupt daran, daß sie jemand «sind», Bedeutung haben und etwas Ordentliches leisten können. Besonders Hausfrauen und Mütter leiden darunter, daß ihre Arbeit nicht anerkannt wird. Zu den eigenen Stärken zu stehen, gilt beinahe als «unschicklich».

Warum meinen wir, Gott und der Welt, erst recht aber uns selbst, nie genügen zu können? Wahrscheinlich, weil wir eine falsche Perspektive haben. Wir müssen Gott nichts vorweisen, um von ihm geliebt zu werden; wir müssen nichts leisten, wir müssen kein Idealgewicht und kein «Image» haben. Wir dürfen uns einfach der Gewißheit freuen, daß wir von Gott geliebt sind, so wie wir sind! Sie brauchen sich selbst, Ihre Gaben, Ihr Leben nicht herabzusetzen und schlecht von sich zu denken, um falsche Demut zu bekunden. Sie und ich, wir sind tatsächlich wertvoll in Gottes Augen.

Jesus bestätigt uns das immer wieder. Er steht mit seinem Leben für die gute Nachricht ein: Gottes Liebe, sein Erbarmen, seine Gerechtigkeit sind «beinharte» Tatsachen! Er vergibt jedem die Schuld, der aufrichtig darum bittet. Wenn die Beziehung zwischen Ihnen und Gott durch Jesus Christus in Ordnung gebracht ist, dann kann nichts Sie von seiner Liebe, Gegenwart und Hilfe trennen.

Gott läßt den Menschen die Freiheit. Er will keine erzwungene Hingabe. Ich kann teilen, ich kann geben, was ich habe. «Gott liebt den, der fröhlich (= gerne) und bereitwillig gibt, von dem, was er hat!» (Johannes 9,7). Freundlichkeit, Gastfreundschaft, Hilfsbereitschaft, Gebet, Ermutigung sind Gaben, die für Gott genauso hoch zählen wie Talente, die im «Rampenlicht» vorgeführt werden.

Ich erinnere mich an den Anruf einer Nachbarin, die mich fragte, ob sie mir einen Korb Wäsche bügeln solle. Ich war zu dieser Zeit so erschöpft, daß mir bei ihren Worten vor Erleichterung und Dankbarkeit die Tränen kamen. Was für eine Belastung hatte sie in diesem Augenblick von mir genommen! Und das soll keine großartige Begabung sein? Nur weil kaum jemand davon weiß?

Wir alle haben Begabungen, über die wir uns freuen und die wir mit anderen teilen können. Lassen wir uns doch von Gott immer wieder an den Platz stellen, den er uns zugedacht hat – mit großen und kleinen Gaben, unscheinbar oder in aller Öffentlichkeit. Auf jeden Fall aber mit einem frohen Herzen und ehrlicher Gesinnung.

kommt noch ein anderer Bruder, den
man in allen Gemeinden wegen seiner
Arbeit für Christus sehr schätzt.
19 Dieser Mann wurde von den Ge-
meinden ausdrücklich dazu bestimmt,
gemeinsam mit uns das gesammelte
Geld nach Jerusalem zu bringen. Das
war auch unser Wunsch, damit alles
zur Ehre Gottes geschieht. 20 So soll
allen Verdächtigungen vorgebeugt
werden – es handelt sich immerhin um
eine recht hohe Geldsumme. 21 Wir
wollen uns nämlich nicht nur Gott,
sondern auch den Menschen gegen-
über gewissenhaft verhalten.

22 Zusammen mit den beiden schik-
ken wir noch einen anderen Bruder
zu euch. Wir haben ihn bei vielen Ge-
legenheiten als überaus tatkräftigen
und zuverlässigen Christen kennen-
gelernt. Weil er schon so viel von
euch gehört hat, kommt er besonders
gern zu euch. 23 Sowohl mein Freund
und Mitarbeiter Titus als auch diese
beiden Männer können zu euch kom-
men. Sie wurden von den Gemeinden
für diese Aufgabe ausgewählt und
sind als Christen ein leuchtendes Vor-
bild.[a] 24 Nehmt sie deshalb in aller
Liebe auf, und beweist damit vor al-
len Gemeinden, daß wir euch zu
Recht so sehr gelobt haben.

9 Über die Sammlung für die Ge-
meinde in Jerusalem brauche ich
wohl keine weiteren Worte zu verlie-
ren. 2 Eure Bereitschaft zu helfen ist
mir ja bekannt. Schließlich habe ich
euch deswegen in den mazedonischen
Gemeinden schon gelobt und berich-
tet, daß ihr in der Provinz Achaja be-
reits im vorigen Jahr mit der Samm-
lung begonnen habt. Euer Beispiel
hat viele angespornt.

3 Ihr könnt jetzt beweisen, ob ich eu-
re Hilfsbereitschaft richtig einge-
schätzt habe. Damit eure Sammlung
nun auch wirklich abgeschlossen wird,
wie ich es überall erzählt habe, schik-
ke ich diese Männer zu euch. 4 Dann
brauche ich den Leuten aus Mazedo-
nien, wenn sie mit mir nach Korinth
kommen, nicht beschämt einzugeste-
hen, daß wir uns geirrt haben, weil es
mit eurer Opferbereitschaft nicht weit
her ist. Doch im Grunde müßtet ihr
euch dann schämen. 5 Deshalb hielt
ich es für zweckmäßig, die Brüder vor-
auszuschicken, damit sie dafür sor-
gen, daß die von euch zugesagte Spen-
de auch wirklich bereitliegt. Es soll
doch eine reiche Liebesgabe sein und
keine Spende von Geizhälsen.

Wie Christen geben sollen

6 Ich bin davon überzeugt: Wer wenig
sät, der wird auch wenig ernten; wer
aber viel sät, der wird auch viel ern-
ten. 7 So soll jeder für sich selbst ent-
scheiden, wieviel er geben will, und
zwar freiwillig und nicht, weil die an-
deren es tun. Denn Gott liebt den,
der fröhlich und bereitwillig gibt. 8 Er
wird euch dafür alles schenken, was
ihr braucht, ja mehr als das. So wer-
det ihr nicht nur selbst genug haben,
sondern auch noch den anderen Gu-
tes tun können.[b] 9 Schon in den Psal-
men heißt es ja von dem Mann, den
Gott reich beschenkt hat: «Er hat viel
gesät und von seiner reichen Ernte
den Armen abgegeben. Auf seine

a) Wörtlich: ein Abglanz Christi.
b) Wörtlich: Gott vermag aber jede Gnade reichlich auf euch kommen zu lassen, daß ihr in allem allewege alles Genüge habt und noch Überfluß zu jedem guten Werk.

Die Kürbisernte

Maria Utri

2. Korinther 9,6

«Bitte, bitte, wir möchten auch säen! Wir wollen viele Kürbissamen haben!» riefen die Kinder.

Ich wählte aus den Kürbissamen die sechs größten aus – für unseren Eigenbedarf würde das reichen. Die restlichen Samen bekamen die Kinder zum Spielen. Lächelnd beobachtete ich, wie sie ihre Körner dicht nebeneinander in einen Tontopf stopften.

Meine besondere Aufmerksamkeit galt in den nächsten Tagen natürlich meinen ausgewählten Samenkörnern. Sie bekamen spezielle Saaterde und wurden behutsam gepflegt. Nach einer Woche stellte ich fest, daß trotz aller Mühe nur zwei kümmerliche Kürbispflänzchen aufgegangen waren. Zwei hatten die Schnecken gefressen, die anderen waren wegen stauender Nässe abgefault.

Aber was waren das für kleine grüne Blättchen auf den Beeten? Überall sprossen unzählige Kürbispflänzchen hervor. Der alte Tontopf der Kinder quoll über. Am Komposthaufen, an den Wegen, auf den Beeten – überall hatten die Kinder reichlich gesät.

Und tatsächlich: Die Pflanzen wuchsen und gediehen prächtig und trugen später viele Früchte. Was sollten wir nur mit all den Kürbissen anfangen? Wir gaben an andere weiter, die davon haben wollten. Bis in den Spätherbst ernteten und verschenkten wir massenhaft Kürbisse!

Was der Mensch sät, das wird er ernten. Eine Wahrheit, die für alle Bereiche unseres Lebens Gültigkeit hat. Säen wir verschwenderisch – oder sparsam nur für den Eigenbedarf?

Gott gibt uns das beste Saatgut in ausreichendem Maß:

– sein Wort,

– seine Liebe, die er in unsere Herzen ausgegossen hat,

– unsere Talente und Fähigkeiten, die er in uns hineingelegt hat,

– die Gaben seines Geistes, die er uns gerne schenkt, wenn wir darum bitten.

Wie gehen wir mit allen diesen Samenkörnern um? Wenn wir fröhlich und bereitwillig geben, wird Gott gedeihen und wachsen lassen, und wir werden Überfluß haben, der anderen zugute kommt.

barmherzige Liebe kann man immer
zählen.»[a]
10 Gott aber, der dem Sämann Saat
und Brot schenkt, wird auch euch
Saatgut geben. Er wird es wachsen
lassen und dafür sorgen, daß eure
Opferbereitschaft Früchte trägt.[b]
11 Ihr werdet alles so reichlich haben,
daß ihr unbesorgt weitergeben könnt.
Außerdem würden wir auf diese Wei-
se dazu beitragen, daß viele Gott dan-
ken.
12 Eure Gabe hätte demnach zwei
gute Auswirkungen: Sie wäre nicht
nur eine Hilfe für die notleidenden
Christen in Jerusalem, sie würde auch
bewirken, daß viele Menschen Gott
danken. 13 Denn für diese dringend
benötigte Unterstützung werden die
Beschenkten Gott loben, weil ihr
euch so treu zum Evangelium von Je-
sus Christus bekennt und so bereit-
willig und freudig mit den Christen in
Jerusalem und mit allen anderen teilt.
14 Sie werden für euch beten und wä-
ren gern mit euch zusammen, weil
sich an euch die Gnade Gottes auf so
wunderbare Weise gezeigt hat. 15 Wir
aber danken Gott für seine unaus-
sprechlich große Gabe.

Abwehr persönlicher Angriffe

10 Da wäre nun noch eine persön-
liche Angelegenheit zu klären,
die ich mit euch im Geist der Liebe
und Güte Christi regeln möchte.
Einige von euch sagen mir nach, ich
sei unterwürfig und ängstlich, solange
ich bei euch bin, aber mutig und zu
allem entschlossen, wenn ich mich
nur weit genug von euch entfernt ha-
be. 2 Zwingt mich bitte nicht dazu, tat-
sächlich hart durchgreifen zu müssen,
wenn ich zu euch komme. Auf jeden
Fall werde ich energisch gegen alle
vorgehen, die mir allzu menschliche,
ja selbstsüchtige Absichten unterstel-
len[c].
3 Natürlich bin auch ich nur ein
Mensch, aber mit selbstsüchtigen
Mitteln kämpfe ich nicht. 4 Die Waf-
fen, mit denen ich kämpfe, sind die
Waffen Gottes. Sie sind mächtig ge-
nug, jede Festung zu zerstören, jedes
menschliche Gedankengebäude nie-
derzureißen, 5 einfach alles zu ver-
nichten, was sich stolz gegen Gott
und seine Wahrheit erhebt. Alles
menschliche Denken nehmen wir ge-
fangen und unterstellen es Christus.[d]
6 In diesem Sinn werden wir auch je-
den Ungehorsam strafen, sobald ihr
nur als Gemeinde zum Gehorsam be-
reit seid.
7 Verschließt eure Augen doch
nicht vor den Tatsachen! Ist jemand
davon überzeugt, zu Christus zu ge-
hören, dann soll er uns das auch nicht
absprechen. 8 Immerhin könnte ich
noch für mich in Anspruch nehmen,
daß Gott mir als Apostel besondere
Vollmacht gegeben hat. Damit würde
ich nicht einmal übertreiben. Doch
mein Auftrag ist, euch zu helfen,
nicht euch zu schaden.
9 Ihr sollt aber nicht denken, ich
wollte euch mit meinen Briefen ein-

a) Wörtlich: Seine Gerechtigkeit bleibt in Ewigkeit. Psalm 112,9
b) Wörtlich: Der aber, welcher dem Sämann Samen und Brot zur Speise gibt, wird auch euch Samen geben und ihn mehren und die Früchte eurer Gerechtigkeit reichlich werden lassen.
c) Wörtlich: als wandelten wir nach dem Fleisch.
d) Wörtlich: (Wir zerstören) alle Gegnerschaft, die sich gegen die Erkenntnis Gottes auflehnt, und führen jeden Anschlag unter den Gehorsam Christi gefangen.

GEFANGENE GEDANKEN

Hildegard Horie

2. Korinther 10,4–5

Kennen Sie Augenblicke, wo das Denken Sie gefangenhält? Wo Sie einfach nicht anders können, als ein und denselben Gedanken wieder und wieder sich drehen zu lassen? Auch wenn Sie nicht wollen: «es denkt» in Ihnen.

Vielleicht liegen Sie nachts wach und können nicht schlafen, weil die Gedanken sich wie von selbst drehen. So sehr Sie auch beten, Sie finden keine Befreiung. Sie sind wie ein Gefangener Ihren Gedanken hilflos ausgeliefert.

Paulus kennt dieses Karussell nur zu gut. Auch er ist manches Mal in einem solchen Gedankenwirbel gefangen gewesen. Aber im Laufe der Jahre hat er gelernt, damit umzugehen. Sobald er erkennt, daß seine Gedanken ihn gefangennehmen, packt er jeden einzelnen quälenden Gedanken und unterstellt ihn Christus. Das bedeutet: Paulus hat nichts mehr damit zu tun. Er legt alle Sorgen, Zweifel, Ängste und Spekulationen ab und bringt sie zu Jesus. Von dem Augenblick an sind seine Gedanken in der Gewalt Jesu.

Und wenn die Gedanken ihn erneut bedrängen und quälen wollen? Dann bindet er sie erneut und vertraut sie Jesus an. Jesus hat sich noch immer als der Stärkere erwiesen. Er ist der Herr des Universums und auch der Herr über böse Gedanken.

Paulus hat nicht immer gewußt, was er jetzt weiß. Sein Leben hat sich entwickelt und ist reifer geworden. Das Wichtigste, das er gelernt hat, ist dies: Er muß sein Leben immer wieder aufs neue in Gottes Hände legen. Um das zu tun, muß er seine Hände öffnen und loslassen.

Das ist das Geheimnis, das Paulus an die jungen Christen in Korinth weitergeben will, die meinen, alles selbst in die Hand nehmen zu müssen. Es ist, als wolle der Apostel ihnen zurufen: «Kämpft nicht mit euren eigenen Waffen! Ihr werdet nur verwundet. Überlaßt Christus den Kampf, dann werdet ihr an seinem Sieg teilhaben.»

schüchtern. 10 Das könnte man fast
annehmen, wenn ihr sagt: «In seinen
Briefen gebraucht er große Worte,
doch bei uns ist er ängstlich und zag-
haft. Und wen beeindruckt schon,
was er sagt?» 11 Wer das von mir be-
hauptet, der soll wissen: Genauso wie
ich in meinen Briefen mit euch rede,
werde ich handeln, wenn ich bei euch
bin.
12 Wir würden es natürlich niemals
wagen, uns mit denen zu vergleichen,
die sich überall selbst empfehlen,
oder uns gar auf eine Stufe mit ihnen
zu stellen. Denn wir haben es doch
gar nicht nötig, uns an anderen zu
messen und uns mit ihnen zu verglei-
chen. 13 Deshalb überschätzen wir uns
auch nicht so maßlos, wie sie es tun.
Wir möchten ausschließlich mit dem
Maß gemessen werden, mit dem Gott
uns mißt; und dazu gehört auch unse-
re Arbeit bei euch. 14 Wir gehen also
nicht zu weit, wenn wir von euch Ge-
horsam erwarten, denn wir haben
euch doch schließlich die rettende
Botschaft von Christus gebracht.
15 Dabei schmücken wir uns keines-
wegs mit fremden Federn. Wenn ihr
erst einmal im Glauben fest und stark
geworden seid, hoffen wir sogar, un-
sere Missionsarbeit noch weiter aus-
dehnen zu können.[a] 16 Denn wir wol-
len auch den Menschen das Evange-
lium bringen, die jenseits eurer Gren-
zen leben. Sonst würden wir uns ja
mit einer Arbeit brüsten, die andere
getan haben.
17 Es heißt doch: «Wer sich rühmen
will, sollte wissen, daß er nur rühmen
kann, was Gott getan hat.»[b] 18 Nie-
mand ist schon deshalb ein bewährter
Diener Gottes, weil er sich selbst
empfiehlt. Entscheidend ist, daß Gott
ihm ein gutes Zeugnis ausstellt.

Paulus verteidigt sich gegen falsche Apostel

11 Ihr gestattet mir sicher, wenn
ich mich jetzt auch einmal so
töricht verhalte wie die anderen. 2 Ich
werbe geradezu eifersüchtig um euch,
so wie Gott um euch wirbt. Wie eine
Braut sollt ihr nur einem einzigen
Mann gehören. Denn ich habe euch
mit Christus verlobt, dem ich euch
wie ein Brautvater zuführen möchte.
3 Zur Zeit aber fürchte ich, daß mir
dies nicht gelingt. Denn schon die
Schlange konnte Eva im Paradies mit
ihrer List verführen. Ebenso könntet
ihr von dem reinen und unverfälsch-
ten Glauben an Jesus Christus abge-
bracht werden. 4 Ihr seid allzu leicht-
gläubig. Wenn jemand zu euch
kommt und etwas anderes über Jesus
sagt, als wir euch gelehrt haben, wenn
irgend etwas anderes von euch Besitz
ergreift und den Heiligen Geist aus
euren Herzen vertreibt oder wenn ein
anderes Evangelium verkündet wird,
dann nehmt ihr das alles bereitwillig
hin.
5 Ich schätze mich wahrhaftig nicht
geringer ein als diese großartigen
Apostel[c], vor denen ihr solchen Re-
spekt habt. 6 Vielleicht bin ich kein
besonders geschickter Redner, aber
was meine Erkenntnis des Evange-
liums von Jesus Christus betrifft, neh-
me ich es gern mit ihnen auf. Das ha-

a) Wörtlich: Wir aber haben die Hoffnung, wenn euer Glaube unter euch wächst, groß zu werden nach unserem Maßstab bis zum Übermaß.
b) Wörtlich: Wer sich aber rühmt, der rühme sich des Herrn. Jeremia 9,22–23
c) Wörtlich: Überapostel.

be ich in aller Öffentlichkeit und un-
mißverständlich zu jeder Zeit bewie-
sen.
7 Wollt ihr mir etwa vorwerfen,[a]
daß ich euch das Evangelium verkün-
digt habe, ohne etwas für meinen Le-
bensunterhalt zu erwarten? War es
falsch, daß ich auf alles verzichtet ha-
be, nur damit euer Glaube stark und
fest wird?[b] 8 Um euch ungehindert
dienen zu können, habe ich andere
Gemeinden geradezu beraubt und
Geld von ihnen genommen. 9 Auch
als ich während meines Aufenthaltes
bei euch in Not geriet, habt ihr keinen
Pfennig für mich zahlen müssen. Ver-
sorgt haben mich die Gemeinden aus
Mazedonien, so daß ich euch niemals
zur Last gefallen bin. Und dabei wird
es auch in Zukunft bleiben. 10 Das ist
die Wahrheit; so wahr wie das Evan-
gelium von Christus.[c] Und niemand
in der ganzen Provinz Achaja wird
mir diesen Ruhm nehmen können.
11 Warum ich das alles getan habe?
Etwa weil ich euch nicht liebe? Gott
weiß, wie sehr ich euch liebe!
12 Trotzdem will ich auch in Zu-
kunft kein Geld von euch annehmen.
Keiner von diesen anderen soll noch
länger behaupten dürfen, er sei ein
Apostel wie ich. Wir unterscheiden
uns in vielen Dingen!
13 Denn sie sind falsche Apostel,
Betrüger, die lediglich behaupten, sie
seien Botschafter Christi. 14 Und das
ist nicht einmal erstaunlich! Gibt sich
nicht sogar der Satan als Engel Gottes
aus? 15 Es ist also kein Wunder, wenn
auch seine Helfer als Diener Gottes
auftreten. Doch ihr Ende wird ihren
Taten entsprechen.

Leiden für das Evangelium

16 Ich sage es noch einmal: Niemand
soll mich für einen Narren halten.
Wenn ihr es aber doch tut, dann hört
mir trotzdem zu; ich bin ja gezwun-
gen, mich selbst zu loben. 17 Was ich
jetzt sage, ist allerdings nicht im Sinne
unseres Herrn. Ich bin mir bewußt,
daß ich damit wie ein Narr rede. Aber
ich sage es trotzdem, wenn wir schon
einmal beim Prahlen sind. 18 Wie die
anderen dauernd ihre guten Seiten
herausstellen, will ich es auch einmal
tun. 19 Ihr seid ja so klug, daß ihr be-
reitwillig hinter jedem Narren her-
lauft. 20 Und ihr habt ja nichts dage-
gen, wenn man euch schindet und
ausnutzt, wenn man euch einfängt,
euch herumkommandiert oder gar ins
Gesicht schlägt. 21 Zu meiner Schande
muß ich gestehen: dazu war ich nicht
fähig!
Aber da ich mich nun einmal zum
Eigenlob entschlossen habe: Womit
diese Leute so selbstbewußt prahlen,
damit kann ich schon lange dienen.
22 Sie sind Hebräer? Das bin ich auch!
Sie sind Israeliten und gehören zu
dem von Gott auserwählten Volk?
Dazu gehöre ich auch! Sie sind Nach-
kommen Abrahams? Ich etwa nicht?
23 Sie sind Diener Christi? Ich sage,
ich habe Christus weit mehr gedient
und – das kann jetzt wirklich nur noch
ein Narr sagen –: Ich habe viel mehr
auf mich genommen als sie. Ich bin
öfter im Gefängnis gewesen und häu-
figer ausgepeitscht worden. Unzähli-
ge Male hatte ich den Tod vor Augen.
24 Fünfmal habe ich von den Juden
die neununddreißig Schläge erhalten.

a) Wörtlich: Oder habe ich eine Sünde begangen?
b) Wörtlich: indem ich mich selbst erniedrigte, damit ihr erhöht würdet.
c) Wörtlich: Bei der Wahrheit Christi, die in mir ist.

LAUTE UND LEISE HILFERUFE

Ulrike Schild

2. Korinther 11,30

Seit längerer Zeit bin ich krank. Ich habe schon alles ausprobiert und bin bei vielen Ärzten gewesen. Und wie oft habe ich schon gebetet: allein und mit anderen zusammen, in der Gemeinde, im Freundeskreis. Laute Gebete, leise Hilferufe – stundenlange Gebete über viele Jahre. Doch ich bin immer noch krank. Manchmal muß ich sogar darum beten, daß ich nicht an Gott verzweifle. Das ist kein leichter Weg.

Der Apostel Paulus hat vor knapp 2000 Jahren ganz andere Töne angeschlagen. In seinem zweiten Brief an die Korinther schreibt er: «Wenn ich mich also schon selbst loben muß, dann will ich mit meinen Leiden prahlen, die ich für Christus auf mich genommen habe.» Das muß ich erst einmal verdauen. Gerne würde ich mich mit Paulus darüber unterhalten.

«Lieber Paulus», möchte ich einwerfen, «meinst du etwa, daß Leiden zum Christsein dazugehört? Ich dachte immer, als Christ hätte ich weniger Probleme als andere Menschen. Wenn ich von all den Verheißungen in der Bibel lese, denke ich, es müßte mir doch gut gehen, oder? Aber du, Paulus – du sprichst vom Leiden für Jesus. Ich weiß, daß du viel gelitten hast. Du warst oft genug im Gefängnis und hattest auch körperliche Leiden. Aber daß du darauf noch stolz bist! – Ob es daran liegt, daß du vielleicht gerade in solch schweren Situationen die Kraft Gottes in besonderer Weise erlebt hast? Ob es vielleicht daran liegt, daß du immer genau wußtest, daß du es für Jesus tust? Für den Jesus, der auch für uns gelitten hat?

Paulus, je mehr ich mich damit beschäftige, um so mehr möchte ich auch lernen, die schweren Seiten meines Lebens nicht zu verachten, sondern dafür zu danken, daß Jesus mich durch diese Zeiten durchgebracht hat – und es auch weiterhin tun wird.»

25 Dreimal wurde ich von den Römern
ausgepeitscht, und einmal hat man
mich gesteinigt. Dreimal habe ich
Schiffbruch erlitten; einmal trieb ich
sogar einen Tag und eine ganze Nacht
hilflos auf dem Meer. 26 Auf meinen
vielen Reisen bin ich immer wieder in
Gefahr geraten durch Flüsse, die
über die Ufer getreten waren, und
durch Räuber, die mich ausrauben
wollten. Gefahr drohte mir von meinem eigenen Volk ebenso wie von
den Nichtjuden. In den Städten verfolgten sie mich. In der Wüste und auf
dem Meer bangte ich um mein Leben. Und wie oft wollten mich falsche
Brüder verraten!

27 Mein Leben bestand aus Mühe
und Plage, aus durchwachten Nächten, aus Hunger und Durst. Ich habe
oft gefastet und war schutzlos der
Kälte ausgesetzt. 28 Aber das ist noch
längst nicht alles. Tag für Tag bedrängt man mich und erwartet meinen Rat als Seelsorger.[a] Dazu kommt
die Sorge um alle Gemeinden. 29 Wo
gibt es jemanden, dessen Sünde nicht
auch mich belastet? Wer wird zum
Bösen verführt, ohne daß ich brennenden Zorn empfinde?[b]

30 Wenn ich mich also schon selbst
loben muß, dann will ich mit meinen
Leiden prahlen, die ich für Christus
auf mich genommen habe. 31 Gott
weiß, daß dies alles wahr ist. Ihm,
dem Vater unseres Herrn Jesus Christus, sei Lob und Ehre in Ewigkeit.

32 Einmal, es war in Damaskus, ließ
der Gouverneur des Königs Aretas
die Stadttore bewachen, um mich
festnehmen zu lassen. 33 Dort hat man
mich in einem Korb durch eine Luke
in der Stadtmauer hinuntergelassen,
und nur so konnte ich entkommen.

Gottes Kraft und unsere Schwachheit

12 Freilich ist solches Eigenlob im
Grunde Unsinn und nützt niemandem. Trotzdem möchte ich jetzt
diese Gedanken zu Ende führen und
von Visionen und Offenbarungen berichten, die Gott einigen Menschen
schenkt. 2 Ich kenne einen Christen,
der vor vierzehn Jahren in den dritten
Himmel entrückt wurde. Gott allein
weiß, ob dieser Mensch leibhaftig
oder mit seinem Geist dort war.[c]
3 Und wenn ich auch nicht verstehe,
wie er dorthin kam – auch das weiß
allein Gott –, 4 er war im Paradies und
hat dort Worte gehört, die für Menschen unaussprechlich sind.

5 Dieser Mensch bin ich, und darauf
könnte ich stolz sein. Ich bin aber nur
auf meine Leiden für Christus stolz
und auf nichts anderes.[d] 6 Doch selbst
wenn ich mit solchen Erlebnissen
prahlte, wäre ich noch lange nicht
verrückt, denn ich sage die Wahrheit.
Ich verzichte aber darauf, weil ich
möchte, daß ihr mich nicht überschätzt, sondern mich nur nach dem
beurteilt, was ihr an meinem Leben
sehen und aus meinen Worten hören
könnt.

7 Gott selbst hat dafür gesorgt, daß

a) Wörtlich: Der tägliche Andrang zu mir.
b) Wörtlich: Wer ist schwach, und ich bin nicht schwach? Wer wird zu Bösem verführt, und ich glühe nicht vor Erregung?
c) Wörtlich: Ob im Leibe oder außer dem Leibe, weiß ich nicht.
d) Wörtlich: Für diesen will ich mich rühmen. Für mich selbst aber will ich mich nicht rühmen, außer meinen Schwachheiten.

Gott, hast du uns für immer verstoßen?

Aus Psalm 77

Ein Lied Asafs

Ich rufe zu Gott, ja ich schreie immer wieder, damit er mich endlich hört.
Ich habe große Angst und sehe keinen Ausweg mehr.
Unaufhörlich bete ich zu Gott – sogar in der Nacht
strecke ich meine Hände nach ihm aus. Ich bin untröstlich.
Ich kann nicht schlafen, weil er mich wach hält;
die Unruhe treibt mich umher, ich finde keine Worte mehr.
Jede Nacht grüble ich nach; das Herz wird mir schwer,
weil meine Gedanken immer um die gleichen Fragen kreisen:
Hat der Herr uns für alle Zeiten verstoßen?
Wird er nie wieder freundlich zu uns sein?
Gelten seine Zusagen nicht mehr?
Hat Gott vergessen, uns gnädig zu sein?
Warum verschließt er uns im Zorn sein Herz?

Das ist es, was mich am meisten schmerzt:
Gott, der Höchste, verhält sich jetzt anders als vorher –
er setzt sich nicht mehr für uns ein!
Ich erinnere mich an deine großen Taten, Herr.
Ich führe mir vor Augen, was du getan hast.

O Gott, heilig ist alles, was du tust. Kein anderer Gott ist so mächtig wie du!
Du allein bist der Gott, der Wunder vollbringt.
Mit starker Hand hast du dein Volk aus der Gefangenschaft in Ägypten
befreit, die Nachkommen Jakobs und Josefs.
Als dich die Wasserfluten sahen, begannen sie zu brodeln,
sogar die Tiefen des Meeres erzitterten.
Aus den Wolken goß strömender Regen, gewaltige Donnerschläge krachten,
und deine Blitze durchzuckten die Luft. Ja, im Sturm donnerte deine Stimme;
grelle Blitze erhellten die Erde, sie zitterte und bebte.
Du bahntest dir einen Weg mitten durch das Meer.
Dein Pfad führte durch mächtige Fluten,
doch deine Spuren konnte niemand erkennen.
Durch Mose und Aaron, deine Diener, hast du dein Volk wie ein Hirte geführt.

ich mir auf diese unbeschreiblichen
Offenbarungen nichts einbilde. Des-
halb läßt er mich unter einer Krank-
heit leiden, die mir schwer zu schaffen
macht.[a] Es ist, als ob ein Engel des Sa-
tans mir ins Gesicht schlägt, damit ich
nicht überheblich werde. 8 Dreimal
schon habe ich Gott angefleht, daß er
mich davon befreit. 9 Aber er hat zu
mir gesagt: «Verlaß dich ganz auf
meine Gnade. Denn gerade wenn du
schwach bist, kann sich meine Kraft
an dir besonders zeigen.» Darum will
ich vor allem auf meine Leiden und
meine Schwäche stolz sein. Dann
nämlich wirkt die Kraft Christi an
mir. 10 Und so trage ich alles, was
Christus mir auferlegt hat: alle Miß-
handlungen und Entbehrungen, alle
Verfolgungen und Ängste. Denn ich
weiß: Gerade wenn ich schwach bin,
bin ich stark durch Christus.

Werben um Vertrauen

11 Ihr habt mich gezwungen, mich wie
ein Narr aufzuführen. Denn nicht ich
sollte mich loben, sondern ihr solltet
es tun. Zwar weiß ich, daß ich ein
«Nichts» bin, aber mit euern großar-
tigen Aposteln kann ich mich sehr
wohl messen. 12 Durch meine uner-
müdliche Arbeit bei euch und durch
Zeichen, Wunder und andere Taten
habe ich bewiesen, daß ich ein Bot-
schafter Gottes bin. 13 Habe ich euch
etwa schlechter behandelt als andere
Gemeinden, nur weil ich euch kein
Geld abnahm? Dann verzeiht mir
dieses «Unrecht»!

14 Ich werde jetzt zum dritten Mal
zu euch kommen, und auch diesmal
soll es euch nichts kosten. Schließlich
geht es mir nicht um euer Geld, son-
dern um euch selbst. Außerdem ver-
sorgen[b] in der Regel nicht die Kinder
ihre Eltern, sondern die Eltern ihre
Kinder. 15 Für euch würde ich alles
hingeben, was ich habe, sogar mein
Leben. Sollte tatsächlich meine große
Liebe der Anlaß sein, von euch weni-
ger geliebt zu werden?

16 Nun gut, ich habe von euch kein
Geld genommen. Aber vielleicht
denkt ihr sogar, ich sei ganz beson-
ders raffiniert gewesen und hätte
euch auf hinterlistige Weise ausge-
nutzt. 17 Haben euch meine Mitarbei-
ter ausgebeutet, die ich zu euch
schickte? 18 Titus etwa, den ich selbst
beauftragt habe, oder der von den
Gemeinden entsandte Bruder? Das
halte ich für ausgeschlossen! Denn in
dieser Frage sind wir vollkommen
einer Meinung und gehen denselben
Weg.

19 Ihr meint wohl, wir sagen dies al-
les, um uns vor euch zu verteidigen.
Ganz und gar nicht; denn als Christen
sind wir allein Gott verantwortlich.[c]
Mit allem, was wir euch gesagt haben,
liebe Brüder, wollen wir euch doch
nur weiterhelfen. 20 Denn ich befürch-
te, daß ich euch bei meiner Ankunft
nicht so antreffen werde, wie ich es
erwarten könnte. Und dann – fürchte
ich – werdet auch ihr von mir ent-
täuscht sein. Hoffentlich erwarten
mich bei euch nicht wieder Streit,
Neid, Zorn und häßliche Auseinan-
dersetzungen! Hoffentlich gibt es
nicht wieder Verleumdung und bös-
artiges Gerede, Hochmut und Un-
frieden! 21 Ich habe Angst, daß Gott

a) Wörtlich: Deshalb wurde mir gegeben ein Pfahl ins Fleisch.
b) Wörtlich: sammeln Schätze.
c) Wörtlich: Wir reden vor Gott in Christus.

Kohle oder Diamant?

Renate Eschner

2. Korinther 12,9

Kohle und Diamanten haben die gleichen chemischen Bestandteile. Beide reifen heran, tief unter der Erde, über lange Zeit. Erst das Tageslicht läßt erkennen: Die Kohle ist schwarz, für Licht undurchlässig, weich und von relativ geringem Marktwert. Der Diamant aber ist klar und durchscheinend, hart, funkelnd und sehr kostbar. Was macht den Unterschied aus? Der Diamant entstand durch große Hitze und sehr starken Druck.

Sind Ihr Körper und Ihre Seele gelähmt durch Krankheit und Schmerzen? Wachen Sie nachts auf, nach Atem ringend, schweißgebadet und mit flatterndem Herzen? Zählen Sie die Stunden und haben doch Angst vor dem kommenden Tag, weil die Anforderungen wie ein Berg vor Ihnen stehen? Spüren Sie körperlich den Druck? Fühlen Sie sich schwach und unfähig? Haben Sie schon mehrfach gebetet, daß die Schmerzen und der Druck von Ihnen genommen werden?

«Verlaß dich ganz auf meine Gnade!» könnte Gottes Antwort lauten.

Jetzt sind Ihre natürlichen Kräfte und Aktivitäten zum Erliegen gekommen. Der Druck des Leidens fordert Sie heraus. Selbstmitleid, Auflehnung und schließlich Verbitterung könnten nur Kohle ergeben …

Sind Sie dagegen vertrauensvoll abhängig von Jesus, werden Sie erleben, wie seine Kraft Sie trägt. Auf Leiden und Schwäche «stolz» zu sein, erfordert Demut und Hingabe. Kraftlosigkeit ist Ihre Chance, nur auf Gottes Aufforderung hin zu handeln.

Wir können sehr aktiv sein und doch «nichts» getan haben, weil es aus eigener Kraft geschah. Gottes Gnade will Sie durch Leiden und Demütigung zum Diamant formen.

mich bei euch erneut demütigen
könnte und ich über viele von euch
traurig sein müßte, die nicht bereit
waren, ihr sittenloses, ausschweifen-
des Leben zu bereuen und umzukeh-
ren.

Abschließende Bitte und Grüße

13 Jetzt werde ich zum dritten
Mal zu euch kommen. Denkt
daran: «Jeder Streitfall soll durch die
Aussage von zwei oder drei Zeugen
entschieden werden.»[a] 2 Ich habe
euch schon gewarnt, als ich das letzte
Mal bei euch war. Jetzt sage ich es
noch einmal in diesem Brief. Allen,
die Schuld auf sich geladen haben, er-
kläre ich ohne alle Umschweife: Ich
werde keine Nachsicht üben, wenn
ich wieder bei euch bin.
3 Ihr selbst wollt ja den Beweis, daß
Christus durch mich spricht. Nun,
Christus ist euch gegenüber nicht
schwach, sondern stark und mächtig.
4 Als er gekreuzigt wurde, war er
schwach; aber jetzt ist er auferstan-
den und lebt aus der Kraft Gottes.
Auch wir sind schwach, wie es Chri-
stus am Kreuz war; doch euch gegen-
über wird sich zeigen, daß wir mit
Christus aus der Kraft Gottes leben.
5 Prüft euch! Stellt selbst fest, ob
euer Glaube noch lebendig ist! Oder
ist bei euch nichts mehr davon zu
merken, daß Jesus Christus unter
euch lebt? Dann allerdings hättet ihr
diese Prüfung nicht bestanden.[b] 6 Ich
hoffe aber, ihr werdet erkennen, daß
wir diese Probe bestanden haben.
7 Wir beten zu Gott, daß ihr nichts
Böses tut; und das nicht, weil wir eine
Bestätigung für unsere Arbeit haben
wollen. Es geht uns nur darum, daß
ihr das Gute tut, selbst wenn man uns
für Versager hält. 8 Gegen Gottes
Wahrheit können wir ohnehin nichts
ausrichten, wir können nur für sie
eintreten. 9 Gern wollen wir schwach
sein, wenn ihr nur stark seid. Darum
beten wir, daß euer Leben wieder mit
Gott in Ordnung kommt.[c]
10 Ich habe euch das alles geschrie-
ben, ehe ich zu euch komme, damit
ich nicht zu streng mit euch sein muß,
wenn ich bei euch bin. Denn Gott hat
mir seine Vollmacht gegeben, um
euch weiterzuhelfen, nicht um euch
zu bestrafen.[d]
11 Zum Schluß, meine lieben Brü-
der, noch einmal meine Bitte: Freut
euch! Kehrt von euren falschen We-
gen um! Hört auf alles, was ich euch
geschrieben habe. Haltet fest zusam-
men, und schafft Frieden in eurer Ge-
meinde. Dann wird Gott, der ja ein
Gott der Liebe und des Friedens ist,
mit euch sein.
12 Grüßt euch mit dem Bruderkuß[e].
Die Gemeinde hier läßt euch grüßen.
13 Ich wünsche euch, daß die Gnade
unseres Herrn Jesus Christus, die
Liebe Gottes und die Gemeinschaft
des Heiligen Geistes euer Leben be-
stimmen.

a) 5. Mose 19,15
b) Wörtlich: Wenn nicht, seid ihr ja Unbewährte.
c) Wörtlich: um eure Vervollkommnung.
d) Wörtlich: zur Erbauung, nicht zur Zerstörung.
e) Wörtlich: mit dem heiligen Kuß.

KEHRT NICHTS UNTER DEN TEPPICH!

Gerdi Stoll

2. Korinther 13,11

Wie oft fehlen uns die richtigen Worte in heiklen Situationen: Streit in der Ehe, Machtkämpfe in der Gemeinde, Auseinandersetzungen am Arbeitsplatz.

Der Apostel Paulus leidet unter der Zerstrittenheit der Gemeinde in Korinth. Da er nicht sogleich selbst hinfahren kann, kommt er auf die Idee, den Christen einen Brief zu schreiben. Am Briefende faßt er noch einmal zusammen, was kalte, verhärtete Herzen nötig haben:

- Entdeckt die Freude wieder! Sie lockert und löst.
- Bleibt nicht stehen! Packt an und bereinigt, was zwischen euch steht. Kehrt es nicht unter den Teppich. Habt Mut, zu wachsen und zu überwinden.
- Zieht euch nicht zurück! Igelt euch nicht ein, sonst versauert ihr –, und nehmt Seelsorge in Anspruch.
- Ihr hattet einmal ein gemeinsames Ziel. Besinnt euch wieder mit aller Kraft auf dieses Ziel, nämlich Jesus zu verherrlichen und zu bezeugen.
- Seid einander nicht gleichgültig! Gewinnt einander wieder lieb. Das geht nicht aus eigener Kraft und Anstrengung. Im Frieden Gottes liegt das Geheimnis, das Blockaden löst und die Bereitschaft zur Versöhnung weckt, damit ihr miteinander wieder neu beginnen könnt.

Diese Anregungen des Apostels sind hochaktuell! Lassen Sie sich einladen, gerade in heiklen Situationen von ihnen Gebrauch zu machen – und Sie werden staunen.

Der Brief des Paulus an die Christen in Galatien

Botschaft und Gruß

1 Diesen Brief schreibt Paulus an die Gemeinden in der Provinz Galatien. Ich bin weder von Menschen berufen noch durch sie ausgesandt worden. Jesus Christus selbst hat mich zu seinem Botschafter bestimmt und Gott, unser Vater, der Jesus von den Toten auferweckte. 2 Ich schreibe euch im Namen aller meiner Mitarbeiter[a], die hier bei mir sind.

3 Euch allen wünschen wir Gnade und Frieden von Gott, unserem Vater, und dem Herrn Jesus Christus. 4 Er hat sein Leben für unsere Sünden hingegeben und hat uns davon befreit, so leben zu müssen wie diese vergängliche, vom Bösen beherrschte Welt. Damit erfüllte er den Willen Gottes, unseres Vaters. 5 Ihn wollen wir in alle Ewigkeit loben und ehren. Das ist ganz gewiß! Amen.

Es gibt nur einen Weg zu Gott

6 Ich muß mich wirklich wundern, daß ihr so schnell bereit seid, euch von Gott abbringen zu lassen, der euch doch in seiner Gnade durch Jesus Christus das neue Leben geschenkt hat.[b] Ihr meint, ein anderes Evangelium, einen anderen Weg zur Rettung, gefunden zu haben? 7 Dabei kann es gar kein anderes Evangelium geben! Es gibt nur ein paar Leute, die unter euch Verwirrung stiften, indem sie die Botschaft von Christus verfälschen.

8 Wer euch aber einen anderen Weg zum Heil zeigen will als das Evangelium, das wir euch verkündigt haben, den wird Gottes Urteil treffen; auch wenn wir selbst das wären oder gar ein Engel vom Himmel. 9 Ich sage es noch einmal: Wer euch ein anderes Evangelium verkündet, als ihr angenommen habt, der soll verflucht sein!

10 Rede ich so, wie die Menschen es hören wollen, oder geht es mir darum, Gott zu gefallen? Erwarte ich, daß die Menschen mir Beifall klatschen? Dann würde ich nicht länger Christus dienen.[c]

Paulus – von Gott selbst berufen

11 Ihr könnt sicher sein, liebe Brüder: Das Evangelium, wie ich es euch gelehrt habe, ist nicht das Ergebnis menschlicher Überlegungen. 12 Denn auch mir hat es niemand überliefert, kein Mensch hat es mich gelehrt. Jesus Christus selbst ist mir erschienen und hat mir sein Evangelium offenbart. 13 Ihr wißt sicherlich, wie ich als

a) Wörtlich: Brüder.
b) Wörtlich: der euch in die Gnade (Christi) gerufen hat.
c) Wörtlich: Beschwätze ich denn jetzt Menschen oder Gott? Oder suche ich Menschen zu gefallen? Wenn ich noch Menschen gefiele, wäre ich nicht Christi Sklave.

BEINAHE HÄTTE ICH MITGEMACHT!

Dorothea Unbehend

Galater 1,10

Herr, dein Wort ist so klar, so unmißverständlich und herausfordernd.

Ich muß dir etwas erzählen, mein Vater. Gestern haben sie im Büro über eine Kollegin geschimpft und hergezogen. Sie fühlten sich stark dabei und zerrissen sich ihren Mund über sie. Beinahe hätte ich mitgemacht, weil es so einfach ist, mit dem Strom zu schwimmen.

Es hätte ihnen gefallen, wenn ich mich beteiligt hätte – und mir auch, denn ich gefalle gern meinen Kollegen. Aber ich spürte genau, daß ich dir damit nicht gefallen kann, dir damit keinen Gefallen tue. Deshalb habe ich geschwiegen, aber das war nicht genug. Du erwartest mehr von mir.

Es war schwer, ruhig zu sagen: «Hört bitte auf, über sie zu schimpfen. Sie kann sich nicht wehren. Wenn ihr etwas gegen sie habt, dann redet mit ihr und nicht über sie.» Sie waren beleidigt, zogen sich zurück.

Aber als nach einiger Zeit die Kollegin kam, über die sie so geschimpft hatten, konnte ich ihr in die Augen sehen, und ich brauchte nicht unter einem schlechten Gewissen zu leiden. Das machte mich ruhig und zufrieden, und ich konnte meine Arbeit gut zu Ende bringen. Dafür danke ich dir, Herr.

Es ist nicht immer leicht, dir zu gefallen. Manchmal hast du hohe Erwartungen an uns in den kleinen und großen Dingen unseres Lebens. Öffne du mir an diesem Tag die Augen für die Momente, in denen ich dir gefallen kann. Denn dein Frieden in meinem Herzen ist mir wichtiger als der Beifall der Menschen.

strenggläubiger Jude gelebt habe, daß ich die Christen[a] überall unbarmherzig verfolgte und ihre Gemeinden zerstören wollte. 14 Mein Fanatismus, mit dem ich mich für den jüdischen Glauben einsetzte, wurde von keinem meiner Altersgenossen in unserem Volk erreicht. Ich wollte unbedingt die überlieferten Gesetze unserer Väter buchstabengetreu erfüllen.

15 Aber Gott hatte mich in seiner Gnade schon vor meiner Geburt dazu bestimmt, ihm einmal zu dienen. Als die Zeit dafür gekommen war, 16 ließ er mich Jesus Christus sehen und erkennen. Die anderen Völker sollten durch mich erfahren, daß Jesus ihr Retter ist. Ohne zu zögern, habe ich diesen Auftrag angenommen und keinen Menschen um Rat gefragt. 17 Ich bin nicht einmal nach Jerusalem gereist, um die nach ihrer Meinung zu fragen, die schon vor mir Gottes Botschafter waren. Nein, ich bin sofort nach Arabien gezogen und von dort wieder nach Damaskus zurückgekehrt.

18 Erst drei Jahre später kam ich nach Jerusalem, weil ich Petrus[b] kennenlernen wollte. Fünfzehn Tage bin ich damals bei ihm geblieben. 19 Von den anderen Aposteln habe ich bei diesem Aufenthalt keinen gesehen, außer Jakobus, den Bruder unseres Herrn. 20 Gott weiß, daß alles wahr ist, was ich euch sage.

21 Danach bin ich in den Gebieten von Syrien und Zilizien gewesen, um dort das Evangelium zu verkündigen. 22 Die christlichen Gemeinden in Judäa haben mich damals noch nicht persönlich gekannt. 23 Nur vom Hörensagen wußten sie: «Der Mann, der uns früher verfolgt hat, verkündigt jetzt selbst die Botschaft von Christus[c], die er früher so erbittert bekämpfte.» 24 Und sie dankten Gott für alles, was er an mir getan hat.

Paulus – von den anderen Aposteln anerkannt

2 Erst vierzehn Jahre später bin ich – zusammen mit Barnabas und Titus – wieder nach Jerusalem gekommen. 2 Gott selbst hatte mir den Auftrag zu dieser Reise gegeben.[d] In Jerusalem habe ich der Gemeinde – vor allem ihren führenden Männern – vorgetragen, was ich den Menschen aus anderen Völkern verkündige. Ich wollte sicher sein, daß ich nicht vergeblich arbeite oder bisher gearbeitet habe, indem ich etwas anderes lehrte als sie. 3 Alle Verantwortlichen stimmten meiner Arbeit zu. Nicht einmal von Titus, meinem griechischen Reisebegleiter, wurde verlangt, daß er sich beschneiden läßt.

4 Die Frage der Beschneidung wäre überhaupt nicht zum Problem geworden, wären da nicht einige falsche «Brüder» gewesen, die hinter meinem Rücken spioniert hatten. Sie wollten unbedingt beweisen, daß ich die Freiheit mißbrauche, die uns Christus schenkt, und erwarteten, daß wir uns wieder ihren Gesetzen unterwerfen. 5 Aber wir haben ihnen keinen Augenblick nachgegeben und ihnen in keinem einzigen Punkt zugestimmt. Denn für uns ist nur eins

a) Wörtlich: die Gemeinde Gottes.
b) Wörtlich: Kephas (Fels).
c) Wörtlich: den Glauben.
d) Wörtlich: aufgrund einer Offenbarung.

EIN KÄFIG AUS TAUSEND REGELN

Doris Praemassing

Galater 2,4–5

Unser Leben ist voller Unsicherheiten, die ausgehalten werden müssen. Wie soll ich diese Situation meistern? Was ist in jener zu tun? Welche Folgen haben meine Entscheidungen?

Unsicherheit bereitet Angst. Und deshalb versuchen wir, das Leben und auch Gott in den Griff zu bekommen. Wir stellen einen Katalog mit vielen Regeln auf, wie ein Christ zu denken und zu entscheiden hat. Zwang und Unfreiheit schleichen sich ein, wir sind schließlich gefangen in einem Käfig aus tausend Regeln, die erfüllt werden müssen.

Dagegen wehrt sich Paulus. Ihm geht es um die frohe Botschaft: Gott nimmt mich an, weil Christus für mich gestorben ist – und nicht, weil ich mich bemühe, tausend Gebote und Verbote einzuhalten, die häufig nur von Menschen ausgedacht sind.

Christus hat mich zum Leben befreit, damit ich aus Liebe und freien Stücken Gott gehorsam bin und seinen Willen befolge. Ich darf wissen, daß mein Leben mit allen Unsicherheiten bei Gott geborgen ist. Seine Hand hält mich.

Jesus tritt nicht mit einem Katalog von Regeln an mich heran. Statt dessen gibt er mir die eine wichtige Lebensregel mit auf den Weg: Liebe Gott von ganzem Herzen und deinen Nächsten wie dich selbst. Liebe ist mehr wert als tausend Gesetze.

wichtig: daß euch die Wahrheit des Evangeliums erhalten bleibt.

6 Die verantwortlichen Männer in der Gemeinde – wobei es mir unwichtig ist, was sie früher einmal waren; denn das ist vor Gott ganz ohne Bedeutung –, diese Männer haben mir jedenfalls keine Vorschriften gemacht. 7 Im Gegenteil! Ihnen ist klar geworden, daß Gott mir den Auftrag gegeben hat, den nichtjüdischen Völkern[a] die Botschaft von Christus zu verkündigen, so wie er Petrus aufgetragen hat, sie den Juden[b] zu bringen. 8 Denn alle konnten sehen, daß meine Arbeit als Apostel ebenso von Gott bestätigt wurde wie die des Petrus.

9 Und nachdem Jakobus, Petrus und Johannes erkannt hatten, daß Gott mir diesen besonderen Auftrag gegeben hat, da gaben sie[c] mir und Barnabas brüderlich die Hand. Wir einigten uns, daß sie das Evangelium weiter unter den Juden verkündigen sollten und wir unter den anderen Völkern. 10 Nur um eins haben sie uns gebeten: daß wir die Armen in der Gemeinde von Jerusalem nicht vergessen sollten. Und dafür habe ich mich auch immer eingesetzt.

Auseinandersetzung zwischen Paulus und Petrus

11 Als aber Petrus später nach Antiochia kam, mußte ich ihm öffentlich widersprechen, weil er sich einfach falsch verhalten hatte. 12 Zunächst hatte er ohne Bedenken mit den Christen, die keine Juden waren, an den gemeinsamen Mahlzeiten teilgenommen. Als aber einige jüdische Christen aus dem Kreis um Jakobus dazukamen, zog er sich zurück und wollte nicht mehr wie bisher mit allen zusammen sein[d]. Er fürchtete nämlich die Vorwürfe der jüdischen Christen.

13 So wie Petrus heuchelten auch die anderen Juden in der Gemeinde, und schließlich brachten sie sogar Barnabas dazu, gegen seine Überzeugung zu handeln.

14 Als ich merkte, daß sie durch ihre Heuchelei von der Wahrheit des Evangeliums abwichen, sagte ich in aller Öffentlichkeit zu Petrus: «Obwohl du als Jude geboren wurdest, befolgst du jetzt das jüdische Gesetz nicht mehr, weil du Christ geworden bist. Weshalb verlangst du dann von den Christen, die aus den Heidenvölkern stammen, daß sie nach den Regeln des jüdischen Gesetzes leben sollen?

15 Zwar sind wir beide durch unsere Geburt Juden und keine gottlosen Heiden[e]. 16 Trotzdem wissen wir inzwischen sehr genau, daß wir nicht durch gute Werke, wie das Gesetz sie von uns fordert, vor Gott bestehen können, sondern allein durch den Glauben an Jesus Christus. Wir sind doch deshalb Christen geworden, weil wir davon überzeugt sind, daß wir nur durch den Glauben an Christus von unserer Schuld freigesprochen werden; nicht aber, weil wir die Forderungen des Gesetzes peinlich genau erfüllen. Denn wie die Heilige Schrift sagt, findet kein Mensch allein

a) Wörtlich: den Unbeschnittenen.
b) Wörtlich: Beschneidung.
c) Wörtlich: die als die Säulen gelten.
d) Wörtlich: und sonderte sich ab.
e) Wörtlich: Sünder aus den Heiden.

durch gute Werke Gottes Anerken-
nung.»[a]
17 Wenn wir aber nicht durch gute
Werke, sondern nur durch den Glau-
ben an Christus Anerkennung bei
Gott finden wollen, geben auch wir
zu, Sünder zu sein. Bedeutet dies
nun, daß Christus zum Komplizen[b]
der Sünde wird, wenn durch den
Glauben an ihn das Gesetz aufgeho-
ben ist? Auf gar keinen Fall! 18 Nicht
Christus, sondern ich selbst bin ein
Komplize der Sünde, wenn ich dem
Gesetz wieder Geltung verschaffen
will, das ich vorher als nutzlos er-
kannt habe.

19 Durch das Gesetz nämlich war
ich zum Tode verurteilt, und dieses
Urteil ist tatsächlich an mir voll-
streckt worden; das heißt, mein altes
Leben ist beendet, damit ich jetzt
ganz neu für Gott leben kann. Durch
den Glauben erkenne ich, daß mein
altes Leben mit Christus am Kreuz
gestorben ist.

20 Jetzt habe ich ein neues Leben!
Es wird nicht mehr von meinem alten
Ich bestimmt, sondern von dem auf-
erstandenen Christus, der in mir lebt.
Mein Leben auf dieser Erde erhält
seinen Sinn durch den Glauben an Je-
sus Christus, den Sohn Gottes, der
mich geliebt und sich in seiner Liebe
für mich geopfert hat.[c] 21 Niemals
werde ich Gottes unverdientes Ge-
schenk ablehnen. Könnte ich nämlich
durch das Befolgen des Gesetzes er-
reichen, von Gott angenommen zu
werden, dann hätte Christus nicht zu
sterben brauchen.

Vom Fluch des Gesetzes befreit

3 Warum wollt ihr Christen in Ga-
latien das denn nicht endlich be-
greifen! Wer konnte euch bloß so
durcheinanderbringen? Habe ich
euch das Sterben Jesu am Kreuz nicht
so geschildert, als hättet ihr alles mit
eigenen Augen gesehen? 2 Beantwor-
tet mir nur diese eine Frage: Wo-
durch habt ihr den Heiligen Geist
empfangen? Indem ihr die Forderun-
gen des Gesetzes erfüllt habt oder
weil ihr die Frohe Botschaft von Jesus
Christus angenommen habt[d]?

3 Wie könnt ihr nur so blind sein!
Wollt ihr jetzt etwa aus eigener Kraft
zu Ende führen, was Gottes Geist in
euch begonnen hat? 4 Ihr habt doch so
Großes mit Gott erfahren. Soll das
wirklich alles vergeblich gewesen
sein? Das kann ich einfach nicht glau-
ben! 5 Ich frage euch darum noch ein-
mal: Schenkt Gott euch seinen Geist
und läßt er Wunder bei euch gesche-
hen, weil ihr das Gesetz erfüllt oder
weil ihr an Christus glaubt[d]?

6 Erinnert euch einmal daran, was
von Abraham gesagt wird: «Abra-
ham hat Gott geglaubt, und deswe-
gen hat er bei ihm Anerkennung ge-
funden.»[e] 7 Das bedeutet doch: Got-
tes Volk, die wirklichen Kinder
Abrahams, sind alle, die an Gott und
an Jesus Christus glauben und ihm

a) Psalm 143,2
b) Wörtlich: Diener.
c) Wörtlich: Es lebt aber nicht mehr mein Ich, es lebt vielmehr in mir Christus. Was ich aber jetzt im Fleisch (noch) lebe, im Glauben lebe ich an den Sohn Gottes, der mich geliebt und sich für mich hingegeben hat.
d) Wörtlich: oder aus dem Hören (der Predigt) des Glaubens.
e) 1. Mose 15,6

vertrauen.[a] 8 Die Heilige Schrift selbst hat schon längst darauf hingewiesen, daß Gott auch die anderen Völker durch den Glauben retten wird. Gott verkündigte schon Abraham die Frohe Botschaft: «Durch dich sollen alle Völker gesegnet werden.»[b] 9 Mit Abraham, der unerschütterlich Gott vertraute, werden alle gesegnet, die ebenso glauben wie er.

10 Wer dagegen darauf vertraut, von Gott angenommen zu werden, weil er das Gesetz erfüllt, der steht unter einem Fluch. Die Heilige Schrift sagt ganz klar: «Jeden soll der Fluch treffen, der nicht in allen Punkten Gottes Gesetz erfüllt.»[c] 11 Daß aber niemand durch das Gesetz Anerkennung bei Gott finden kann, ist klar. Denn schon der Prophet Habakuk sagt: «Nur der wird Gottes Anerkennung finden und leben, der ihm vertraut.»[d] 12 Das Gesetz aber fragt nicht nach dem Glauben. Hier gilt: «Nur wer seine Forderungen erfüllt, wird leben.»[e]

13 Von diesem Fluch des Gesetzes hat uns Christus erlöst. Als er den Tod am Kreuz starb, hat er diesen Fluch auf sich genommen, so wie es vorausgesagt war: «Wer am Kreuz hängt, der ist verflucht.»[f] 14 Der Segen, den Gott Abraham zugesagt hatte, sollte durch den Tod Jesu am Kreuz allen Völkern geschenkt werden. Und durch diesen Glauben sollten sie alle den Heiligen Geist empfangen, wie Gott es zugesagt hatte.

Das Gesetz und die Verheißung

15 Liebe Brüder! Ich möchte einmal ein ganz alltägliches Beispiel gebrauchen. Ist ein Testament ausgefertigt und rechtsgültig, dann kann niemand etwas hinzufügen oder gar das Testament selbst für ungültig erklären. 16 Sehen wir uns die Zusagen Gottes an Abraham genauer an, dann stellen wir fest: Gott gab sein Versprechen Abraham und *seinem* Nachkommen. Es heißt nicht: Abraham und *seinen* Nachkommen. Gottes Zusagen gelten demnach ganz eindeutig einem einzigen und nicht den vielen Nachkommen Abrahams. Dieser eine ist Christus.

17 Ich will damit sagen: Gottes Verheißung ist wie ein Testament rechtsgültig, und das Gesetz, das erst vierhundertdreißig Jahre später gegeben wurde, ändert daran nichts. Gottes Versprechen an Abraham wird deshalb nicht ungültig. 18 Würde Gott jetzt seine Zusage von der Erfüllung des Gesetzes abhängig machen, so wäre seine frühere Verheißung aufgehoben. Aber Gott hat Abraham seine Zusage ausdrücklich ohne jede Bedingung gegeben.[g]

Welche Aufgabe hat das Gesetz?

19 Was aber soll dann noch das Gesetz? Gott hat es zusätzlich gegeben, damit wir das Ausmaß unserer Sünden erkennen. Dieses Gesetz – von

a) Wörtlich: die aus dem Glauben sind.
b) 1. Mose 12,3; 18,18
c) 5. Mose 27,26
d) Wörtlich: Der Gerechte wird aus dem Glauben leben. Habakuk 2,4
e) 3. Mose 18,5
f) 5. Mose 21,23
g) Wörtlich: Denn wäre das Erbe aus dem Gesetz, dann käme es nicht mehr aus (der) Verheißung. Dem Abraham aber hat Gott es durch Verheißung frei geschenkt.

KLEIDER MACHEN LEUTE

June Hunt

Galater 3,6.11.27

Stellen Sie sich folgende Situation vor: Sie liegen am Strand. Plötzlich spüren Sie, daß Ihr Frühstück schon lange zurückliegt. Ein Restaurant an der Strandpromenade fällt Ihnen ein, an dem Sie morgens vorbeigekommen sind. Am Eingang werden Sie von einem Schild empfangen: «Bedienung in Badekleidung leider nicht möglich.»

Die Aussage ist klar: Um dieses Lokal betreten zu dürfen, müssen Sie eine gewisse «Kleiderordnung» beachten.

Gott hat ebenfalls eine «Kleiderordnung». Aber er hat es möglich gemacht, daß Sie zu jeder Zeit Zutritt zu ihm haben, indem er Ihnen die richtigen «Kleider» bereitlegt. Im Alten Testament steht, daß Gott Sie «mit Gerechtigkeit bekleidet» (Hiob 29,14). Das Wort «gerecht» bedeutet in seiner einfachsten Form «recht» oder «richtig». Es bedeutet aber auch «freigesprochen» oder «gerechtfertigt».

Aus dem Neuen Testament wissen wir, daß Jesus Christus es ist, der uns dieses «Kleid der Gerechtigkeit» erworben hat. Wenn wir an Christus glauben, kann Gott uns als gerecht ansehen. Er sieht nicht mehr das alte Kleid (Ihre Sünde), sondern er sieht das neue Kleid (die Gerechtigkeit Christi). Wenn wir uns auf diese Weise neu einkleiden lassen, sind wir richtig angezogen, um mit Gott Gemeinschaft zu pflegen.

Haben Sie auch manchmal den Eindruck, daß Sie die Bezeichnung «gerecht» wirklich nicht verdient haben? So vieles ist noch ungerecht in Ihrem Leben! Dann hilft Ihnen vielleicht das folgende Bild: Die «Kleidung», die Gott Ihnen gegeben hat, läßt sich mit einer Uniform vergleichen. Eine Uniform steht für Gerechtigkeit und verkörpert gleichzeitig Autorität.

Haben Sie schon einmal gesehen, wie ein gigantischer Sattelschlepper mit knirschenden Bremsen zum Stehen kommt, nur weil ein Polizist auf der Straße steht und die Hand hebt? Woher nimmt dieser Mensch das Recht, einen solchen Respekt zu verlangen? Es hat gewiß nichts mit seiner Herkunft, seinem sozialen Stand, seiner Schulbildung oder seinem guten Charakter zu tun. Daß der Polizist so selbstsicher vor dem furchteinflößenden «König der Landstraße» steht, liegt allein daran, daß er die richtige Kleidung trägt. Seine Uniform birgt eine unbestreitbare Autorität in sich, die ihm von höherer Stelle verliehen wurde.

Als wir zum Glauben an Jesus kamen, wurde uns die «Uniform» der Gerechtigkeit von höchster Stelle verliehen. Gott hat damit nicht nur unsere Vergangenheit zugedeckt, sondern uns auch Vollmacht für die Zukunft gegeben. Gottes Autorität und Kraft, die hinter der «Uniform» steht, dürfen wir als seine Kinder in Anspruch nehmen.

den Engeln durch den Vermittler Mose zu uns gebracht – sollte gelten, bis der Nachkomme Abrahams da war, an dem Gott sein Versprechen erfüllen wollte. 20 Bei dieser Zusage war kein Vermittler notwendig, sondern Gott, der Eine, hat selbst zu Abraham gesprochen.

21 Soll man nun daraus schließen, daß die Verheißung Gottes und das Gesetz einander widersprechen? Natürlich nicht. Das wäre nur der Fall, wenn es ein Gesetz gäbe, das uns neues Leben schenkt, indem es uns von unserer Schuld freispricht. Dann allerdings käme unsere Anerkennung vor Gott tatsächlich aus dem Gesetz. 22 Aber in der Heiligen Schrift heißt es eindeutig, daß wir alle Gefangene der Sünde sind und daß wir allein durch den Glauben an Jesus Christus befreit werden können. Denn in Christus hat sich die Verheißung Gottes erfüllt.[a]

23 Das Gesetz hielt uns gefangen, bis Christus[b] kam, der von Gott schon lange versprochene Retter. 24/25 Bis dahin hatte das Gesetz für uns die Funktion eines strengen Erziehers. Seitdem aber Christus[b] gekommen ist und wir durch den Glauben an ihn Gottes Anerkennung gefunden haben, sind wir dem Gesetz, diesem strengen Erzieher, nicht mehr unterstellt. 26 Denn durch den Glauben an Jesus Christus seid ihr nun alle zu Kindern[c] Gottes geworden. 27 Ihr gehört zu Christus,[d] weil ihr auf seinen Namen getauft seid. 28 Jetzt ist es nicht mehr wichtig, ob ihr Juden oder Griechen, Sklaven oder Freie, Männer oder Frauen seid: in Christus seid ihr alle eins. 29 Gehört ihr aber zu Christus, dann seid auch ihr Nachkommen Abrahams und habt Anspruch auf alles, was Gott ihm zugesagt hat.

Nicht mehr Gefangene des Gesetzes, sondern Kinder Gottes

4 Überlegt einmal: Solange jemand nicht über sein Erbe verfügen kann, weil er noch nicht volljährig ist, besteht zwischen ihm und einem Besitzlosen kein Unterschied, obwohl ihm als Erben schon alles gehört. 2 Aber bis zu dem vom Vater festgesetzten Termin bestimmen sein Vormund und seine Vermögensverwalter über den Besitz.

3 Genauso ging es auch uns. Wie Unmündige waren wir allen Mächten und Zwängen dieser Welt ausgeliefert[e], wurden wir von ihnen ausgebeutet und unterdrückt. 4 Aber zu der von Gott festgesetzten Zeit sandte er seinen Sohn zu uns. Christus wurde wie wir als Mensch geboren und den Forderungen des Gesetzes unterstellt.[f] 5 Er sollte uns befreien, die wir Gefangene des Gesetzes waren, damit Gott uns als seine Kinder annehmen konnte.

6 Weil ihr nun seine Kinder seid, schenkte euch Gott seinen Heiligen Geist, denselben Geist, den auch der

a) Wörtlich: damit die Verheißung aus Glauben an Jesus Christus den Glaubenden gegeben werde.
b) Wörtlich: der Glaube.
c) Wörtlich: Söhnen.
d) Wörtlich: Ihr habt Christus angezogen.
e) Wörtlich: waren wir unter die Weltelemente versklavt.
f) Wörtlich: Als aber kam die Fülle der Zeit, sandte Gott seinen Sohn, geworden aus einer Frau, gestellt unter das Gesetz.

Heilige Feste – nur noch Theater!

Aus Psalm 81

Jubelt unserem Gott zu, stark und mächtig ist er!
Jubelt laut über Gott, den Gott Jakobs!
Stimmt Lieder an und schlagt die Pauken!
Stoßt in die Trompete zum jährlichen Fest;
blast zu Beginn und zum Abschluß des Festes –
bei Neumond und bei Vollmond!

Dies ist für Israel eine bindende Ordnung, ein Gesetz des Gottes Jakobs.
Er gab es dem Volk Gottes, als er gegen die Ägypter kämpfte.
Da! Ich höre eine Stimme, die mir bisher unbekannt war:
Ich habe deine Schultern von der Last befreit,
den schweren Tragekorb habe ich dir abgenommen.
Als du in der Not zu mir schriest, rettete ich dich.
Ich antwortete dir aus der Gewitterwolke, in der ich mich verborgen hielt.
In Meriba prüfte ich dein Vertrauen zu mir,
als es dort in der Wüste kein Wasser mehr gab.

Höre, mein Volk; laß dich warnen, Israel!
Wenn du doch auf mich hören würdest!
Du sollst keine anderen Götter neben mir haben,
wie sie bei fremden Völkern verehrt werden – bete sie nicht an!
Denn ich allein bin der Herr, dein Gott,
ich habe dich aus Ägypten herausgebracht.
Nach mir sollst du verlangen, und ich werde dich sättigen,
ja, ich schenke dir Segen im Überfluß!

Aber mein Volk hat nicht auf mich gehört,
sie haben nicht mit sich reden lassen.
Da überließ ich sie ihrer Starrköpfigkeit, und sie machten, was sie wollten.
Wenn doch mein Volk auf mich hören wollte!
Wenn doch Israel nach meinen Geboten lebte!
Dann würde ich seine Feinde sofort in die Knie zwingen
und denen, die Israel unterdrücken, eine vernichtende Niederlage zufügen.
Israel aber würde ich mit dem besten Weizen versorgen
und mit Honig aus den Bergen sättigen.

Sohn hat. Deshalb dürft ihr jetzt im Gebet zu Gott sagen: «Lieber Vater!»[a] 7 Ihr seid nicht länger Gefangene des Gesetzes, sondern Kinder Gottes. Und als Kinder Gottes seid ihr auch seine Erben, denen alles gehört, was Gott versprochen hat.

Paulus sorgt sich um seine Gemeinden

8 Als ihr von Gott noch nichts wußtet, habt ihr zu Göttern gebetet und ihnen gedient, die in Wirklichkeit nichts anderes als von Menschen geschaffene Götzen sind. 9 Nachdem ihr nun aber Gott kennt – genauer gesagt, nachdem Gott euch kennt –, wie ist es da möglich, daß ihr euch diesen armseligen und kümmerlichen Vorstellungen wieder zuwendet und sogar sklavisch danach lebt? 10 Oder warum sonst legt ihr so großen Wert auf die Einhaltung bestimmter Tage, Monate, Feste und Jahre? 11 Muß ich da nicht befürchten, daß meine ganze Arbeit bei euch sinnlos gewesen ist?

12 Liebe Brüder, ich bitte euch: Folgt meinem Beispiel, und erwartet nicht eure Rettung vom Gesetz des Mose. Als ich zum ersten Mal bei euch war, habe ich mich ja auch nach euch gerichtet und nicht erwartet, daß ihr nach dem Gesetz lebt. Ihr habt mich nie gekränkt und werdet mich doch auch jetzt nicht kränken![b]

13 Ihr erinnert euch sicherlich daran, als ich das erste Mal bei euch war und euch das Evangelium verkündigte. Damals wurde ich krank und konnte nicht weiterreisen. 14 Und obwohl meine Krankheit für euch nicht leicht zu ertragen war, habt ihr mich weder verachtet noch abgewiesen. Im Gegenteil, ihr habt mich wie einen Engel Gottes aufgenommen, ja wie Jesus Christus selbst. 15 Wie glücklich und dankbar wart ihr doch damals! Und heute? Ich bin sicher, zu der Zeit hättet ihr sogar eure Augen für mich ausgerissen. 16 Weshalb nur seht ihr jetzt einen Feind in mir? Etwa, weil ich euch die Wahrheit sage?

17 Vielleicht liegt es an den Leuten, die euch im Moment so umwerben. Doch sie meinen es nicht ehrlich mit euch. Sie wollen nur erreichen, daß ihr euch von mir abwendet und ihnen folgt. 18 Nun habe ich gar nichts dagegen, wenn ihr andere zum Vorbild nehmt, allerdings müssen es gute Vorbilder sein. Wie gern wäre ich euer Vorbild, auch wenn ich nicht bei euch bin.

19 Euretwegen, meine lieben Kinder, leide ich noch einmal alle Schmerzen und Ängste, wie sie eine Mutter bei der Geburt ihres Kindes auszustehen hat. Wenn man doch endlich an euch erkennen könnte, daß Christus euer Herr ist und euer Leben bestimmt! 20 Könnte ich doch nur bei euch sein und mit meinen Worten euer Herz erreichen! Denn ich weiß mir keinen Rat mehr mit euch.

Die beiden Söhne Abrahams

21 Ihr wollt also nach dem Gesetz leben. Wißt ihr denn eigentlich, was im Gesetz steht? 22 Dort heißt es, daß Abraham zwei Söhne hatte: einen

a) Wörtlich: Gott sandte den Geist seines Sohnes in unsere Herzen, rufend: Abba, Vater!
b) Wörtlich: Werdet wie ich; denn ich wurde wie ihr; Brüder, ich bitte euch. In keiner Weise habt ihr mir ein Leid zugefügt.

Meine grosse Familie

Elke Jessen

Galater 4,27

«Sei fröhlich, du Unfruchtbare!» Dieses Wort verstand ich überhaupt nicht, als ich es zum ersten Mal in der Bibel las. Denn ich litt unendlich darunter, daß ich keine Kinder bekommen konnte und aus diesem Grunde auch von meinem Mann verlassen worden war. Doch im Wort des Propheten Jesaja, das Paulus hier zitiert (Jes. 54,1), steht ein paar Verse weiter, daß Gott selbst Kinder schenken will. Diese Aussage kann ich inzwischen selbst dankbar bestätigen.

Gott schenkte mir die Begegnung mit ausländischen Studenten, die für mich ein Stück Glaubensfamilie wurden: Zum Teil haben wir auch heute noch engen Kontakt. Gott schenkte mir nach seiner Verheißung Kinder, die ich selbst nicht geboren habe, aber mit denen ich für eine bestimmte Zeit ein Stück Familie erleben durfte und darf.

Heute kann ich über meinen Stand fröhlich und dankbar sein, weil Gott sich über mich erbarmt hat. So darf auch ich Erfahrungen machen, die sonst nur Mütter machen. Denn Kinder muß man immer wieder in Gottes Hände loslassen, und diesen Reifungsprozeß durchlaufe ich auch. Ich darf aus der Ferne am Leben dieser «Kinder» teilnehmen und sie in Freud und Leid der Fürsorge Gottes anbefehlen!

Wenn Dietrich Bonhoeffer gesagt hat: «Gott erfüllt nicht alle unsere Wünsche, aber alle seine Verheißungen», so kann ich sagen: Dies trifft auch auf meine Situation zu. Deshalb kann und will ich Gott, unserem Herrn, und seinem Wort für alle Bereiche meines Lebens vertrauen. Gott hält, was er in seinem Wort verspricht!

von der Sklavin Hagar und einen von
seiner Frau Sara, die als Freie gebo-
ren war. 23 Der Sohn der Sklavin wur-
de geboren, weil Abraham endlich
einen Sohn haben wollte, der Sohn
der Freien dagegen, weil Gott ihn
verheißen hatte.[a]

24 Am Beispiel dieser beiden
Frauen will uns Gott zeigen, wie ver-
schieden die beiden Bündnisse sind,
die er mit den Menschen geschlossen
hat. Den einen Bund schloß Gott auf
dem Berge Sinai mit dem Volk Israel,
als er ihm durch Mose das Gesetz
gab. Dieses Gesetz aber knechtet uns
und bringt nur Sklaven hervor wie
Hagar. 25 Hagar ist übrigens der ara-
bische Name für den Berg Sinai. Er
entspricht dem Jerusalem unserer
Zeit, den Juden, die am Gesetz fest-
halten, aber nie frei werden, weil sie
nicht an Christus glauben wollen.

26 Die andere Frau aber, von der
wir abstammen, ist frei. Sie weist auf
das neue Jerusalem im Himmel hin,
auf den neuen Bund, den Gott mit
uns durch Jesus Christus geschlossen
hat. 27 Davon spricht schon der Pro-
phet Jesaja: «Sei fröhlich, du Un-
fruchtbare, auch wenn du nie ein
Kind geboren hast. Juble und jauch-
ze, du Kinderlose. Denn du, die du
allein bist, wirst mehr Kinder haben
als die Frau, die einen Mann hat.»[b]
28 So steht ihr, liebe Brüder, nicht län-
ger unter dem Gesetz, weil euch wie
Isaak Gottes Verheißung gilt.

29 Allerdings verfolgte schon da-
mals der Sohn der Sklavin – der gebo-
ren wurde, weil Menschen es so woll-
ten – den Sohn der Freien, der gebo-
ren wurde, weil Gott es wollte. Ge-
nauso ist es auch noch heute. 30 Aber
was sagt die Heilige Schrift dazu?
«Verstoße die Sklavin mit ihrem
Sohn! Denn nicht er, sondern der
Sohn der Freien soll dein Erbe sein!»[c]
31 Wir aber, meine lieben Brüder, sind
nicht die Kinder der Sklavin. Wir sind
Kinder der Freien und nicht dem Ge-
setz verpflichtet, denn durch Jesus
Christus sind wir davon befreit.

Bewahrt die Freiheit, die Christus euch schenkt!

5 Durch Christus sind wir frei ge-
worden, damit wir als Befreite le-
ben. Jetzt kommt es darauf an, daß
ihr euch nicht wieder vom Gesetz ge-
fangennehmen laßt.

2 Ich, Paulus, sage euch deshalb in
aller Deutlichkeit: Wenn ihr euch den
Forderungen des jüdischen Gesetzes
beugt und euch beschneiden laßt, ist
alles nutzlos, was Christus für euch
getan hat. 3 Und noch einmal erkläre
ich jedem einzelnen von euch: Wer
sich beschneiden läßt, der muß das
ganze Gesetz von A bis Z – mit allen
seinen Forderungen – befolgen.
4 Wenn ihr aber durch das Gesetz vor
Gott bestehen wollt, dann habt ihr
euch von Christus losgesagt, und
Gottes Gnade gilt nicht länger für
euch.[d]

5 Wir aber vertrauen darauf, daß
wir durch den Glauben an Jesus Chri-
stus von Gott angenommen werden.
Er hat uns ja durch seinen Heiligen

a) Wörtlich: Doch der Sohn der Magd wurde kraft des Fleisches gezeugt, der Sohn der Freien aber kraft der Verheißung.
b) Jesaja 54,1
c) 1. Mose 21,10
d) Wörtlich: Ihr seid aus der Gnade herausgefallen.

PFLICHT ODER LIEBE?

Sharon Mumper

Galater 5,13–14

«Ich brauche meine Freiheit!» Mit diesen Worten verließ die junge Frau ihr Haus, ihren Ehemann und ihre drei kleinen Kinder. Freiheit und Selbstverwirklichung heißen die neuen Götzen unserer Gesellschaft. Zahllose Ehen und Kinder werden ihnen geopfert. Tausende ungeborene Babys fallen ihnen zum Opfer, genau wie unzählige nicht eingehaltene Versprechen und unterlassene Verpflichtungen.

Freiheit ohne Grenzen ist hochgradiger Egoismus. Christen ist eine andere Freiheit versprochen. Wenn Christus der Herr unseres Lebens geworden ist, sind wir wirklich frei – frei in unserer Entscheidung, einander zu lieben und zu dienen. Diese Freiheit schließt die göttliche Kraft ein, das, wozu wir uns nach Gottes Willen entschieden haben, auch ausführen zu können.

Meine Freundin Elisabeth hat diese Freiheit mit beiden Händen ergriffen. Sie hat ihr Herz für solche Kinder geöffnet, die andere nicht haben wollten. Elisabeth hatte selbst schon zwei Kinder, als sie anfing, behinderte Waisenkinder zu adoptieren. Mehr als zwei Dutzend dieser mißachteten Kinder haben in ihrem Haus und ihrem Herzen einen Platz gefunden.

In ihrem neuen Zuhause können die Kinder sich positiv entwickeln. Besucher, die einen Nachmittag in der quirligen Familie zubringen, gehen gewöhnlich erfrischt und gestärkt nach Hause. Hier ist keine gequälte Seele, die unter dem Druck der Verantwortung zusammenbricht, sondern eine Frau, die die Freiheit hat, ihre «Nächsten» von ganzem Herzen zu lieben und ihnen zu dienen.

Jesus hat seinen Jüngern nur ein einziges Gebot gegeben: «... daß ihr einander so liebt, wie ich euch geliebt habe» (Johannes 15,12). Warum mußte er seinen Nachfolgern «gebieten», einander zu lieben? Weil die Liebe sehr oft eben nicht von selbst kommt. Wir müssen uns dafür entscheiden, lieben zu wollen. Dazu gehört, daß wir bereit sind, die Waffen, mit denen wir uns selbst und unsere eigenen Interessen verteidigt haben, niederzulegen. Dann wird Gott Samenkörner seiner göttlichen Liebe in uns hineinlegen. Sie werden aufgehen und wachsen in dem Maß, wie wir sie hegen und pflegen und ihnen weiten Raum in unseren Herzen geben.

Geist diese Hoffnung geschenkt.[a] 6 Vor Jesus Christus ist es völlig gleich, ob wir beschnitten oder unbeschnitten sind. Bei ihm gilt allein der Glaube, der sich in selbstloser Liebe zeigt.

7 Es hat so gut mit euch angefangen! Wer hat euch nur dazu gebracht, daß ihr der Wahrheit nicht mehr folgen wollt? 8 Bestimmt nicht Gott, der euch auf diesen Weg des Glaubens führte! 9 Wie ihr wißt, genügt schon ein wenig Sauerteig, um den ganzen Teig zu durchsäuern. 10 Aber ich verlasse mich auf den Herrn und vertraue euch, daß ihr in dieser Frage mit mir übereinstimmen werdet. Wer euch aber im Glauben durcheinanderbringt, wird seiner Strafe nicht entgehen, wer er auch sein mag.

11 Manche Leute behaupten, ich selbst würde alle Christen dazu drängen, sich beschneiden zu lassen. Würden mich die Juden dann aber noch verfolgen? Dann brauchte sich auch niemand mehr darüber aufzuregen, daß ein Gekreuzigter der von Gott versprochene Retter ist.[b] 12 Sollen sie sich doch selbst verstümmeln, die euch so hartnäckig die Beschneidung aufschwatzen wollen!

Nur wer liebt, ist wirklich frei

13 Liebe Brüder! Durch Christus wurde euch die Freiheit geschenkt. Das bedeutet aber nicht, daß ihr jetzt tun und lassen könnt, was ihr wollt. Nehmt vielmehr in gegenseitiger Liebe Rücksicht aufeinander. 14 Denn das ganze Gesetz hat nur erfüllt, wer dieses eine Gebot befolgt: «Liebe deinen Mitmenschen wie dich selbst!»[c] 15 Wenn ihr aber wie wütende Hunde übereinander herfallt, dann paßt nur auf, daß ihr euch dabei nicht gegenseitig auffreßt!

16 Darum rate ich euch: Laßt euer Leben vom Heiligen Geist bestimmen. Wenn er euch führt, werdet ihr allen selbstsüchtigen Wünschen und Verlockungen[d] widerstehen können. 17 Denn, selbstsüchtig wie wir sind, wollen wir immer das Gegenteil von dem, was Gottes Geist will. Doch der Geist Gottes duldet unseren Egoismus nicht. Beide kämpfen gegeneinander, so daß ihr nicht ungehindert tun könnt, was ihr wollt. 18 Wenn ihr aber aus der Kraft des Heiligen Geistes lebt, seid ihr den Forderungen des Gesetzes nicht länger unterworfen.

19 Gebt ihr dagegen euern selbstsüchtigen Wünschen nach, ist allen klar, wohin das führt:[e] zu einem sittenlosen Leben, Unzucht und hemmungsloser Zügellosigkeit, 20 zur Anbetung selbstgewählter Idole und zu abergläubischem Vertrauen auf übersinnliche Kräfte. Feindseligkeit, Streitsucht, unberechenbare Eifersucht, Intrigen, Uneinigkeit und Spaltungen bestimmen dann das Leben ebenso 21 wie Neid, Trunksucht, üppige Gelage und ähnliche Dinge. Ich habe es schon oft gesagt und warne euch hier noch einmal: Wer so lebt, wird niemals in Gottes Reich kommen.

22 Dagegen bringt der Heilige Geist in unserem Leben nur Gutes hervor: Liebe und Freude, Frieden und Ge-

a) Wörtlich: Denn wir erwarten durch den Geist aus Glauben die erhoffte Gerechtigkeit.
b) Wörtlich: Dann ist ja das Ärgernis des Kreuzes beseitigt.
c) 3. Mose 19,18
d) Wörtlich: Begehren des Fleisches.
e) Wörtlich: Offenbar aber sind die Werke des Fleisches.

duld, Freundlichkeit, Güte und Treue, Besonnenheit und Selbstbeherrschung. 23 Ist das bei euch so? Dann braucht ihr kein Gesetz zu fürchten.

24 Es ist wahr: Wer zu Christus gehört, der hat sein selbstsüchtiges Wesen mit allen Leidenschaften und Begierden an das Kreuz geschlagen. 25 Durch den Heiligen Geist haben wir neues Leben, und das soll jetzt auch bei uns sichtbar werden. 26 Blinder Ehrgeiz, der nur unsere Eitelkeit befriedigt, gegenseitige Kränkungen und Neid dürfen bei uns keine Rolle mehr spielen.

Tragt die Lasten gemeinsam!

6 Liebe Brüder! Wenn sich aber einer von euch etwas zuschulden kommen läßt und sündigt, dann sollt ihr ihn als Menschen, die Gottes Geist leitet, verständnisvoll wieder zurechtbringen. Seht aber zu, daß ihr dabei nicht in dieselbe Gefahr geratet. 2 Kümmert euch um die Schwierigkeiten und Probleme des anderen, und tragt die Last gemeinsam. Auf diese Weise verwirklicht ihr, was Christus von euch erwartet.[a] 3 Wer sich einbildet, besser zu sein als die anderen, der betrügt sich selbst. 4 Darum soll jeder sein eigenes Leben sehr genau überprüfen. Dann wird er nämlich erkennen, wie unberechtigt es ist, sich über andere zu erheben. 5 Denn jeder ist für sein eigenes Tun vor Gott verantwortlich. Das ist schon schwer genug!

6 Wer in Gottes Wort unterwiesen wird, soll auch zum Lebensunterhalt seines Lehrers beitragen, so gut er kann.

7 Glaubt nur nicht, ihr könntet Gott irgend etwas vormachen! Ihr werdet genau das ernten, was ihr gesät habt. 8 Wer nicht Gott, sondern sich selbst vertraut, den erwartet das ewige Verderben. Wer sich aber durch den Geist Gottes führen läßt, dem wird Gott das ewige Leben schenken.[b]

9 Laßt also nicht nach in euerm Bemühen, Gutes zu tun. Es kommt eine Zeit, in der ihr eine reiche Ernte einbringen werdet. Gebt nur nicht vorher auf! 10 Solange uns noch Zeit bleibt, wollen wir allen Menschen Gutes tun; vor allem aber denen, die mit uns an Jesus Christus glauben.

Worauf es ankommt

11 Wie ihr an den großen Buchstaben sehen könnt, schreibe ich diesen Brief eigenhändig zu Ende.

12 Leute, denen es nur um ihr Ansehen und ihre Geltung vor Menschen geht, wollen euch einreden, ihr müßtet euch noch beschneiden lassen. Dabei haben sie doch nur Angst, verfolgt zu werden, wenn sie sich einzig und allein zum gekreuzigten Jesus Christus bekennen. 13 Doch obwohl sie für die Beschneidung eintreten, erfüllen sie die Forderungen des Gesetzes nicht. Sie wollen nur damit prahlen, daß sie euch zur Beschneidung überredet haben.

14 Ich aber kenne nur eins, das ich rühmen kann: das Kreuz unseres Herrn Jesus Christus. Durch seinen

a) Wörtlich: So werdet ihr das Gesetz Christi erfüllen.

b) Wörtlich: Denn wer auf sein Fleisch sät, wird vom Fleisch Verwesung ernten. Wer aber auf den Geist sät, wird vom Geist ewiges Leben ernten.

Tod am Kreuz ist die Welt für mich
gestorben, und ich bin tot für ihre An-
sprüche und Forderungen. 15 Vor
Gott ist es vollkommen gleichgültig,
ob wir beschnitten oder unbeschnit-
ten sind. Wichtig ist allein, daß wir in
Christus neue Menschen geworden
sind. 16 Wer sich daran hält, der ge-
hört zu Gottes auserwähltem Volk.
Ihm schenkt Gott seinen Frieden und
seine Barmherzigkeit.[a]
17 Haltet euch daran, und macht mir
nicht noch mehr Mühe. Im Dienst für
Jesus habe ich genug gelitten, wie die
Narben an meinem Körper zeigen.
18 Die Gnade unseres Herrn Jesus
Christus sei mit euch allen[b], liebe
Brüder. Amen!

a) Wörtlich: Und alle, die dieser Regel folgen, Friede und Erbarmen über sie und über das Israel Gottes!

b) Wörtlich: mit euerm Geist.

WARTEN LERNEN

Ulrike Lotze

Galater 6,9

Ich bin ein sehr ungeduldiger Mensch. Darin sehe ich einen meiner größten Fehler. Nichts kann mir schnell genug gehen. Antworten gebe ich, bevor mein Gegenüber die Frage richtig ausgesprochen hat. Warten müssen macht mich wahnsinnig. Am wohlsten fühle ich mich, wenn ich zwei bis drei Aufgaben gleichzeitig erledigen kann. Ergebnisse, auch geistliche, habe ich am liebsten sofort. Und dann ein solcher Vers: Warten können, bis die Zeit der Ernte da ist … Nicht aufgeben!

An solchen Sätzen habe ich erst einmal ziemlich zu schlucken. Denn ungeduldige Menschen wie ich resignieren schnell. Das erlebe ich zur Zeit in unserer Frauengruppe, die zu einer weltweiten, überkonfessionellen Frauenarbeit gehört. Seit mehreren Jahren führen wir in Düsseldorf evangelistische Abende durch, die so gestaltet sind, daß sich auch Nicht-christen dort wohl fühlen. Mit Erfolg, zumindest teilweise. Denn viele Frauen kommen, die das letzte Mal bei ihrer Konfirmation in der Kirche waren. Sie fühlen sich offensichtlich wohl. Doch Bekehrungen haben wir bisher recht wenige erlebt.

Einem ungeduldigen Menschen wie mir bereitet das eine Menge Probleme. Aber ich weiß, daß wir mit der Art, unsere Frauenabende zu gestalten, auf dem richtigen Weg sind.

Gott bringt mir in dieser Arbeit etwas bei: Durchhalten, nicht müde werden, nicht so kurzfristig denken, nicht so schnell aufgeben. Die Gewißheit habe ich im Hinterkopf, daß die Gemeinde Jesu irgendwann die Ernte einbringen wird.

Uns und unsere Arbeit wollen wir immer wieder vor Gott in Frage stellen. Vielleicht ernte ich dabei am Ende auch noch etwas Geduld für mich mit?

Der Brief des Paulus an die Christen in Ephesus

Anschrift und Gruß

1 Paulus, ein Botschafter Jesu Christi, den Gott berufen hat, schreibt diesen Brief an die Christen[a] in Ephesus. [2] Ich wünsche euch Gnade und Frieden von Gott, unserem Vater, und unserem Herrn Jesus Christus.

Dank für Gottes Erlösung

[3] Lob und Dank sei Gott, dem Vater unseres Herrn Jesus Christus! Er hat uns mit seinem Geist reich beschenkt, und durch Christus haben wir Zugang zu Gottes himmlischer Welt erhalten.[b]

[4] Schon vor Beginn der Welt, von allem Anfang an, hat Gott uns auserwählt. Wir sollten zu ihm gehören, befreit von aller Sünde und Schuld. [5] Ja, seine eigenen Kinder sollten wir werden, durch seinen Sohn Jesus Christus. Das hat Gott schon damals aus Liebe zu uns beschlossen.

[6] Darum wollen wir Gottes herrliche, unverdiente Güte rühmen und preisen, die wir durch Jesus Christus, seinen geliebten Sohn, erfahren haben. [7] Denn durch das Sterben Jesu am Kreuz[c] sind wir erlöst, sind unsere Sünden vergeben. Und das verdanken wir allein Gottes unermeßlich großer Gnade, mit der er uns so reich beschenkt hat. [8] Ihr verdanken wir es auch, daß wir von Gottes Plan zu unserer Rettung erfahren haben und seinen Willen kennen. [9] Danach wollte er von Anfang an Jesus Christus zu uns schicken,[d] [10] damit – wenn die Zeit dafür gekommen ist – alles im Himmel und auf der Erde unter der Herrschaft Christi zusammengefaßt wird. [11] Nach seinem Plan und Willen hat Gott uns schon im voraus durch Christus als seine Erben eingesetzt.

[12] Jetzt sollen wir mit unserem Leben Gott verherrlichen, die wir schon lange auf unseren Retter gewartet haben.[e] [13] Das gilt aber auch für euch, die ihr erst jetzt das Wort der Wahrheit gehört habt, die Frohe Botschaft von eurer Rettung. Nachdem ihr diese Botschaft im Glauben angenommen habt, gehört ihr Gott und habt den Heiligen Geist, den er jedem Glaubenden zugesagt hat.[f] [14] Diesen

a) Wörtlich: an die Heiligen und Glaubenden an Christus Jesus.

b) Wörtlich: der uns gesegnet hat mit allem geistlichen Segen in den himmlischen Bereichen in Christus.

c) Wörtlich: durch sein Blut.

d) Verse 8–9 wörtlich: In aller Weisheit und Einsicht hat er uns das Geheimnis seines Willens kundgetan nach seinem Huld-Ratschluß, den er zuvor in ihm gefaßt hatte.

e) Wörtlich: daß wir seien zum Preis seiner Herrlichkeit, die wir zuvor schon gehofft auf Christus.

f) Wörtlich: In ihm seid auch ihr, als ihr gläubig wurdet, mit dem Heiligen Geist der Verheißung versiegelt worden.

GEBETS-UNTERSTÜTZUNG

Ulrike Herrmann

Epheser 1,16–23

Paulus schrieb diesen Brief im Gefängnis. Er enthält eines der schönsten und auch tiefsten Gebete des Apostels für seine Mitchristen. Paulus hat beim Schreiben sicher nicht damit gerechnet, daß dieser Brief einmal von seiner Nachwelt gelesen und erst recht nicht, daß er in die «Heilige Schrift» aufgenommen werden würde. Diese Verse erlauben uns einen ganz privaten tiefen Blick in das Herz von Paulus: Er betet hier (und immer wieder in seinen Briefen) mit Hingabe und Inbrunst für die fundamentalen Bedürfnisse seiner gläubigen Freunde. Aber er ist auch nicht zu stolz, um für sich selbst um Gebetsunterstützung zu bitten. Er weiß genau, wie abhängig er von der treuen Fürbitte seiner Glaubensgeschwister ist (z. B. Epheser 6,18–19).

Vor einigen Jahren bat ich Gott, mir deutlich zu machen, für welche beiden Menschen ich in besonderer Weise beten sollte; ich wollte sie gern in allen Lebensbereichen durch mein Gebet unterstützen: für ihre körperlichen, seelischen und geistlichen Bedürfnisse, ihre Ehepartner, Kinder, ihre wachsende Beziehung zu Gott … Mein Gebet blieb nicht lange unbeantwortet. Gott erwärmte mein Herz für zwei richtige «Pionierfrauen», die beide ihr Leben Gott zur Verfügung gestellt haben.

Etwa zur selben Zeit bat ich Gott auch um Menschen, die mich durch ihre Fürbitte unterstützten. Genauso schnell erhörte er auch diesen Wunsch. Zu wissen, es gibt in meinem Leben Frauen, die darf ich bei Tag und bei Nacht anrufen – das ist wirklich kostbar! Ich kann ganz frei, ohne mich lästig zu fühlen, um konkrete Gebetshilfe bitten. Wenn mein Alltag und die Probleme des Lebens meinen Blick getrübt haben, brauche ich Menschen, die – genau wie Paulus für seine Freunde – für mich eintreten und bitten, daß meine «Herzensaugen» von der unvergleichlichen Liebe meines himmlischen Vaters wieder neu erleuchtet werden. Die Kraft der Fürbitte! Paulus kannte sie, praktizierte sie und bat um sie auch für sich selbst.

Heiligen Geist hat Gott uns als ersten Anteil[a] am himmlischen Erbe gegeben, das wir bekommen sollen. Er verbürgt uns das vollständige Erbe, die vollkommene Erlösung, die wir noch erhalten. Und dann werden wir Gott in seiner Herrlichkeit loben und preisen.

Christus, der Herr über alles

15 Seitdem ich von euerm festen Glauben an den Herrn Jesus gehört habe und davon, wie ihr allen Christen in Liebe verbunden seid,
16 höre ich nicht auf, Gott dafür zu danken und für euch zu beten.
17 Ihn, den Gott unseres Herrn Jesus Christus, den Vater, dem alle Herrlichkeit gehört, bitte ich darum, euch Weisheit zu geben, daß ihr ihn immer besser erkennt und er euch zeigt, was sein Wille ist.[b]
18 Er öffne euch die Augen, damit ihr seht, wozu ihr berufen seid, worauf ihr hoffen könnt und welch unvorstellbar reiches Erbe auf alle wartet, die an Christus glauben.

19 Ihr sollt erfahren, wie unermeßlich groß die Kraft ist, mit der Gott in uns, den Glaubenden, wirkt. Ist es doch dieselbe Kraft,
20 mit der er Christus von den Toten auferweckte und ihm den Ehrenplatz zu seiner Rechten gab!
21 Damit hat Gott ihn zum Herrscher eingesetzt über alle Mächte und Gewalten, über alle Kräfte und Herrschaften dieser und der zukünftigen Welt.
22 Alles ist ihm unterstellt. Er, der über alles herrscht, ist auch das Haupt seiner Gemeinde.
23 Und diese Gemeinde ist sein Leib, der von Christus, dem Schöpfer und Vollender aller Dinge, erfüllt ist.[c]

Das neue Leben

2 Aber wie sah euer Leben früher aus? Ihr seid Gott ungehorsam gewesen und habt gegen ihn rebelliert. Für ihn wart ihr tot.
2 Die Sünden dieser Welt waren eure Sünden, und ihr wart dem Satan verfallen. Sein böser Geist beherrscht auch heute noch das Leben aller Menschen, die Gott nicht gehorchen.[d]
3 Zu ihnen haben wir früher auch gehört, damals, als wir eigensüchtig unser Leben selbst bestimmen wollten. Wir haben den Leidenschaften und Verlockungen der Sünde nachgegeben, und wie alle anderen Menschen waren wir dem Zorn Gottes ausgeliefert.

4/5 Aber Gottes Barmherzigkeit ist groß. Wegen unserer Sünden waren wir in Gottes Augen tot. Doch er hat uns so sehr geliebt, daß er uns mit Christus neues Leben schenkte. Haben wir das verdient? Niemals! Das verdanken wir allein der Gnade Gottes.
6 Durch den Glauben an Christus sind wir dem Tod entrissen und haben einen Platz in Gottes Reich[e].
7 So will Gott in seiner Liebe zu uns, die in Jesus Christus sichtbar wurde, für alle Zeiten die Größe seiner Gnade zeigen.

8 Denn nur durch seine unverdiente

a) Wörtlich: als Anzahlung.
b) Wörtlich: Er gebe euch Geist der Weisheit und Offenbarung zu seiner Erkenntnis.
c) Wörtlich: die sein Leib ist, die Fülle dessen, der alles in allen erfüllt.
d) Wörtlich: dem Herrscher im Machtbereich der Luft, dem Geist, der jetzt noch in den Söhnen des Ungehorsams wirkt.
e) Wörtlich: und sind in die Himmel versetzt in Christus Jesus.

DER BONBONLADEN

Helen Lescheid

Epheser 2,4–5

Als Flüchtlingskind stand ich im Nachkriegsdeutschland oft vor dem Schaufenster des Süßwarenladens, preßte meine Nase gegen die blanke Scheibe und betrachtete sehnsüchtig die dort ausgestellten Gläser mit bunten Bonbons. Das Wasser lief mir im Mund zusammen, aber ich hatte kein Geld. Mit leeren Händen stapfte ich jedesmal zurück ins Flüchtlingslager, wo es nur Hafergrütze, Kartoffeln und Schwarzbrot gab.

Später als Teenager sah ich zu, wie meine Schulkameraden sich gegenseitig neckten und ungezwungen miteinander plauderten. Wie sehr sehnte ich mich danach, an ihrer Fröhlichkeit teilzuhaben. Doch es lag mir einfach nicht, mich zwanglos mit Menschen zu unterhalten. Im Sportunterricht stellte ich mich so ungeschickt an, daß niemand mich in seine Mannschaft wählte. Kein Wunder, daß ich mich einfach zu minderwertig für Freundschaften hielt!

Und Gott? Seine Ansprüche konnte ich doch erst recht nicht erfüllen! Ich lernte Bibelverse auswendig, ging treu zur Kirche, vergaß nie zu beten und gab mir große Mühe, eine vorbildliche Tochter zu sein. Doch trotz allem hatte ich nie das Gefühl, gut genug für Gott zu sein, so daß er mich akzeptieren konnte.

Dann stieß ich eines Tages beim Bibellesen auf diesen Abschnitt im Epheserbrief und stellte fest, daß Gottes Wort mir recht gab. In der Tat, meine Unzulänglichkeit ging noch viel weiter. Nicht nur, daß es mir an menschlichen Fähigkeiten und Tugenden mangelte; Gott sagte zu mir: «Du bist tot in Übertretungen und Sünden.» Nicht nur mangelhaft, sondern ungenügend!

Doch durch diesen Text lehrte Gott mich noch etwas anderes. Mir wurde plötzlich klar: Gott hat mich so lieb, daß er Jesus Christus sandte, um für meine Schuld zu bezahlen. Das einzige, was ich tun mußte, war: meine Hilflosigkeit zugeben und sein Geschenk der Sündenvergebung annehmen. Genau das tat ich.

Durch diesen Schritt kam ich aus der Kälte eigener und fremder Ablehnung heraus in die Wärme göttlicher Liebe. Ich war nun Gottes Kind, ein Bürger des Himmelreichs, und hatte somit Anspruch auf alle Schätze dieses Reiches. Als ich das von ganzem Herzen glauben konnte, fand ich sogar den Mut, anderen Menschen mit Offenheit und Freundlichkeit zu begegnen. Und zu meinem Erstaunen stellte ich fest, daß sie diese Freundlichkeit erwiderten.

Zurück zum Bonbonladen: Wenn ich daran denke, was Gott für mich getan hat, komme ich mir vor wie das arme kleine Mädchen, das plötzlich feststellt, daß der ganze Bonbonladen seinem Vater gehört.

Güte seid ihr vom Tod errettet wor-
den. Ihr habt sie erfahren, weil ihr an
Jesus Christus glaubt. Aber selbst
dieser Glaube ist ein Geschenk Got-
tes 9 und nicht euer eigenes Werk.
Durch eigene Leistungen kann man
bei Gott nichts erreichen. Deshalb
kann sich niemand etwas auf seine gu-
ten Taten einbilden. 10 Gott hat etwas
aus uns gemacht: Wir sind sein Werk,
durch Jesus Christus neu geschaffen,
um Gutes zu tun. Damit erfüllen wir
nur, was Gott schon immer mit uns
vorhatte.

Versöhnt mit Gott und miteinander

11 Vergeßt nie, daß ihr früher Heiden
gewesen seid und man euch verächt-
lich die «Unbeschnittenen» nannte.
Die Juden wollten sich als «Beschnit-
tene» von euch unterscheiden, ob-
wohl ihre Beschneidung nur von
Menschen durchgeführt wird und
nicht mehr als ein äußeres Zeichen
ist. 12 Ihr habt damals ohne Christus
gelebt und wart ausgeschlossen von
Gottes Volk. Darum galten für euch
die Verheißungen Gottes nicht, die er
seinem Volk gegeben hatte. Ohne je-
de Hoffnung und ohne Gott habt ihr
in dieser Welt gelebt. 13 Aber weil Je-
sus am Kreuz sein Blut vergossen hat,
gehört ihr jetzt zu ihm. Ihr seid ihm
jetzt nahe, obwohl ihr vorher so weit
von ihm entfernt lebtet.

14 Durch Christus haben wir Frie-
den. Er hat Juden und Heiden in sei-
ner Gemeinde vereint und die Mauer
niedergerissen, die trennend zwi-
schen ihnen stand. Sie sind nun sein
Volk. Als er sein Leben opferte, hat
er ihre Feindschaft beendet.[a] 15 Denn
die Mauer war das jüdische Gesetz
mit all seinen Geboten und Forderun-
gen, und dieses Gesetz hat er endgül-
tig außer Kraft gesetzt. Durch Chri-
stus leben wir nicht länger voneinan-
der getrennt, der eine als Jude, der
andere als Heide. Als Christen sind
wir eins.[b] So hat er zwischen uns Frie-
den gestiftet. 16 Christus ist für alle
Menschen am Kreuz gestorben, da-
mit wir alle Frieden mit Gott haben.
In seinem neuen Leib, der Gemeinde
Christi, können wir nun als Versöhn-
te miteinander leben.[c]

17 Christus ist gekommen und hat
seine Friedensbotschaft allen ge-
bracht, die fern von Gott lebten, und
allen, die nahe bei ihm waren.
18 Durch Christus dürfen jetzt alle, Ju-
den wie Heiden, vereint in *einem*
Geist, zu Gott, dem Vater, kommen.

19 So seid ihr nicht länger Fremde
und Heimatlose; ihr gehört jetzt als
Bürger zum Volk Gottes, ja sogar zu
seiner Familie.[d] 20 Als Gemeinde Jesu
Christi steht ihr auf dem Fundament
der Apostel und Propheten. Doch
der Stein, der dieses Gebäude trägt
und zusammenhält, ist Jesus Christus
selbst. 21 Auf ihm ruht der ganze Bau,
dessen Teile, untereinander fest ver-
bunden, zu einem Tempel Gottes
heranwachsen. 22 Auch ihr seid ein
Teil dieses Baus, in dem Gottes Geist
wohnt.

a) Wörtlich: Denn er ist unser Friede. Er machte die beiden Teile zu einem und zerbrach die trennende Zwischenwand, die Feindschaft zerstörte er durch sein Fleisch.
b) Wörtlich: daß er die zwei (Juden und Heiden) in ihm zu *einem* neuen Menschen schaffe.
c) Wörtlich: um die beiden in einem Leib mit Gott durch das Kreuz zu versöhnen, die Feindschaft tötend in sich.
d) Wörtlich: Ihr seid Mitbürger der Heiligen und Hausgenossen Gottes.

Herr, ich liebe deinen Tempel!

Psalm 84

Herr, du Gott über Himmel und Erde!
Wie sehr liebe ich deinen Tempel – den Ort, an dem du wohnst!

Ich kann es kaum noch erwarten, ja, ich sehne mich danach,
in die Vorhöfe deines Heiligtums zu kommen!
Mit Leib und Seele juble ich dir zu, du lebendiger Gott!
Herr, du Gott über Himmel und Erde, du bist mein König und mein Gott!
Sogar die Vögel haben hier ein Nest gebaut, die Schwalben sind hier zu Hause –
in der Nähe deiner Altäre ziehen sie ihre Jungen groß.

Glücklich sind alle, die in deinem Tempel wohnen dürfen!
Jederzeit können sie dich loben!
Glücklich sind alle, die ihre Stärke in dir suchen,
die gerne und voll Freude zu deinem Tempel ziehen.
Wenn sie durch ein dürres Tal gehen, brechen dort Quellen hervor,
und ein erfrischender Regen bewässert das Land.
So wandern sie mit stets neuer Kraft,
bis sie vor Gott auf dem Berg Zion stehen.

Herr, du Gott über Himmel und Erde – höre mein Gebet!
Verachte es nicht, du Gott Jakobs!
Herr, hilf dem König, der uns beschützt!
Steh ihm bei, denn du hast ihn erwählt!

Herr, ein Tag in deinem Tempel ist mehr wert als tausend andere!
Ich möchte lieber ein einfacher Türhüter sein an der Schwelle deines Hauses,
als bei den Menschen zu wohnen, die dich mißachten!

Denn Gott, der Herr, ist die Sonne,
die uns Licht und Leben gibt, schützend steht er vor uns.
Niemand ist so gut zu uns wie er, durch ihn gelangen wir zu hohem Ansehen.
Wer ihm rückhaltlos ergeben ist, den läßt er nie zu kurz kommen.

Herr, du Gott über Himmel und Erde!
Glücklich ist jeder, der sich auf dich verläßt!

Gottes Auftrag für Paulus

3 Weil ich, Paulus, euch Heiden diese Frohe Botschaft verkündigte, bin ich nun im Gefängnis. Als Gefangener Jesu Christi bete ich für euch. [2]Sicher wißt ihr, daß Gott mir den Auftrag gegeben hat, gerade euch, den Menschen aus anderen Völkern, von seiner Gnade zu berichten. [3]Daß auch ihr durch Christus zu Gottes Volk gehört, habe ich schon erwähnt. Gott selbst hat mir dieses Geheimnis offenbart.

[4]Wenn ihr meinen Brief lest, werdet ihr merken, welche Einsichten in das Geheimnis Christi mir Gott gegeben hat. [5]Früher wußten die Menschen noch nicht, was Gott jetzt seinen berufenen Aposteln und Propheten durch den Heiligen Geist offenbart hat. [6]Daß nämlich – durch Christus – die Heiden zusammen mit den Juden Erben des Gottesreiches sind, daß sie zur Gemeinde Jesu Christi gehören und daß auch für sie die Verheißungen gelten, die Gott seinem auserwählten Volk gab.[a] Das ist die Frohe Botschaft.

[7]Dieser Botschaft diene ich, weil Gott mir in seiner großen Gnade und unbegrenzten Macht einen Auftrag gegeben hat. [8]Ausgerechnet ich, der geringste unter allen Christen, darf anderen Völkern verkünden, welch unermeßlichen Reichtum Christus für jeden von uns bereithält. [9]Allen darf ich erklären, was Gott, der das Weltall geschaffen hat, von Anfang an mit uns Menschen vorhatte und was bisher verborgen blieb. [10]Jetzt sollen alle Mächte und Gewalten[b] an der Gemeinde die unendliche Weisheit Gottes erkennen.

[11]Alle sollen nun wissen, daß Gott seinen ewigen Plan durch unseren Herrn Jesus Christus verwirklicht hat. [12]Jetzt können wir zu jeder Zeit furchtlos und voller Zuversicht zu Gott kommen, wenn wir an ihn glauben. [13]Darum bitte ich euch: Werdet durch meine Gefangenschaft nicht mutlos. Was ich hier für euch leide, soll euch vielmehr ermutigen, denn es kommt euch zugute.[c]

Fürbitte und Anbetung

[14]Darum knie ich nieder vor Gott, dem Vater, und bete ihn an, [15]ihn, dem alle Geschöpfe im Himmel und auf der Erde ihr Leben verdanken.[d] [16]Ich bitte Gott, daß er euch aus seinem unerschöpflichen Reichtum Kraft schenkt, damit ihr durch seinen Geist innerlich stark werdet [17]und Christus durch den Glauben in euch lebt. In seiner Liebe sollt ihr fest verwurzelt sein; auf sie sollt ihr bauen. [18]Denn nur so könnt ihr mit allen anderen Christen das ganze Ausmaß[e] dieser Liebe erfahren, [19]die wir doch mit unserem Verstand niemals fassen können. Dann wird diese göttliche Liebe euch immer mehr erfüllen.[f]

[20]Gott aber kann viel mehr tun, als

a) Wörtlich: Die Heiden sind in Christus Jesus Mit-Erben, Mit-Leib, Mit-Teilhaber der Verheißung.
b) Wörtlich: Mächte und Gewalten in den himmlischen Bereichen.
c) Wörtlich: zu eurer Verherrlichung dienen.
d) Wörtlich: von dem her jede Vaterschaft im Himmel und auf der Erde ihren Namen hat.
e) Wörtlich: die Länge und Breite und Höhe und Tiefe.
f) Wörtlich: und zu erkennen die Liebe Christi, die die Erkenntnis übersteigt, auf daß ihr erfüllt werdet in die ganze Fülle Gottes hinein.

Sackgassen

Margarete Blank-Mathieu

Epheser 3,16

Als ich vor einiger Zeit von einer Tagung nach Hause fuhr, geriet ich in einen Stau. Ich beschloß, kurzerhand eine Abkürzung zu wagen. Aber schon nach wenigen Minuten hatte ich mich in der fremden Stadt verfahren. Schließlich landete ich in einer Sackgasse.

Als Paulus diesen Brief an die Epheser schreibt, ist er anscheinend auch in eine «Sackgasse» geraten. Er sitzt im Gefängnis, und seine ursprünglich gesetzten Ziele scheinen in unerreichbare Ferne gerückt.

Die «Sackgassen» unseres Leben können heißen: Krankheit, Alter, Arbeitslosigkeit, Scheidung, Auszug der Kinder, Tod eines nahen Angehörigen. Viele ähnliche Situationen ließen sich hinzufügen.

Wie gebannt halten wir dann Ausschau, ob wir nicht einen Ausweg entdecken. Oft meinen wir, die alten Verhältnisse wiederherstellen zu müssen. Manchmal rennen wir auch gegen Wände, wollen die Mauern vor uns durchbrechen. Wir flehen Gott an, diese Situation zu beenden. Wir haben ja schon oft erfahren, daß er unser Helfer ist.

Gott hat soviel Kraft und Reichtum, wie wir es uns gar nicht vorstellen können. Sein Reichtum ist so unerschöpflich, daß er ihn nicht sparsam verwenden muß. Wir können sicher sein, daß er unsere Bitten hört und uns das gibt, was wir gerade brauchen.

Das Problem liegt oft bei uns: Wir wollen unsere Pläne nicht aufgeben. Gott soll lieber unsere Situation nach unseren Wünschen verändern. Vielleicht ist es aber gerade diese «Sackgasse unseres Lebens», in der wir die für uns notwendigen Erfahrungen sammeln können.

Was tut der Apostel Paulus im feuchten, dunklen Kerker? Er hält Rückblick, läßt sein Leben und die Erfahrungen mit Gott vor seinem inneren Auge vorüberziehen und erkennt dabei die Größe und Allmacht Gottes. Sein eigenes Leben wird überstrahlt von der erfahrenen Güte Gottes. Und diese Erfahrung teilt er anderen mit. Paulus kann nicht aus eigener Kraft aus dem Kerker fliehen. Der Dank, die Anbetung und die Fürbitte stärken ihn um so mehr. Er macht anderen Mut, ein Leben mit Gottes Kraft zu wagen, wie er es selbst erfahren hat.

Sackgassen unseres Lebens können zum Innehalten, zum Danksagen und zum Weitersagen ermutigen. Es ist Gott ein leichtes, uns einen Ausweg aus der Sackgasse zu eröffnen oder auch sie zum Segen für andere zu nutzen. Ganz, wie es ihm gefällt und wie es gut für uns ist.

wir von ihm erbitten oder uns auch nur vorstellen können. So groß ist seine Kraft, die in uns wirkt. 21 Deshalb wollen wir ihn mit der ganzen Gemeinde durch Jesus Christus ewig und für alle Zeiten loben und preisen. Amen.

Die Einheit der Gemeinde und die Vielfalt der Aufgaben

4 Vergeßt nicht, daß ich um Jesu willen im Gefängnis bin. Als sein Gefangener bitte ich euch: Lebt so, wie Gott es von denen erwartet, die er zu seinen Kindern gemacht hat. 2 Seid freundlich und geduldig, gebt andere nicht so schnell auf und dient einander in selbstloser Liebe! 3 Setzt alles daran, daß die Einheit – wie sie der Heilige Geist schenkt – nicht durch Unfrieden zerstört wird.[a]

4 Gott hat uns in seine Gemeinde berufen. Darum sind wir *ein* Leib. In uns wirkt *ein* Geist, und uns erfüllt ein und dieselbe Hoffnung. 5 Wir haben nur *einen* Herrn, *einen* Glauben und *eine* Taufe. 6 Und wir haben nur *einen* Gott. Er ist der Vater, der über uns allen steht, der durch uns alle und in uns allen wirkt.

7 Jedem einzelnen von uns aber hat Christus besondere Gaben geschenkt, so wie er sie in seiner Gnade jedem zugedacht hat. 8 Nicht ohne Grund heißt es von Christus: «Er ist in den Himmel zurückgekehrt, er hat die gottfeindlichen Mächte besiegt und den Menschen Gaben geschenkt.»[b] 9 Wenn es aber heißt: «Er ist in den Himmel zurückgekehrt», so bedeutet dies doch, daß er vorher zu uns auf die Erde gekommen ist. 10 Der zu uns herabkam, ist derselbe, der auch wieder zu Gott zurückkehrte. Jetzt ist er Herr über alles.[c]

11 Einige hat er beauftragt, Gemeinden zu gründen, einige reden in Gottes ausdrücklichem Auftrag, und andere gewinnen Menschen für Christus. Wieder andere leiten die Gemeinde oder unterrichten sie in Gottes Wort.[d] 12 Sie alle sollen die Christen für ihren Dienst ausrüsten, damit die Gemeinde Jesu aufgebaut und vollendet werden kann. 13 Wenn das geschieht, werden wir im Glauben immer mehr eins werden und Jesus Christus, den Sohn Gottes, immer besser kennenlernen. Wir sollen zu mündigen Christen heranreifen, zu einer Gemeinde, in der Christus mit der ganzen Fülle seiner Gaben wirken kann.[e]

14 Dann sind wir nicht länger wie unmündige Kinder, die sich von jeder beliebigen Lehrmeinung aus der Bahn werfen und durch geschickte Täuschungsmanöver hinterlistiger Menschen irreführen lassen. 15 Statt dessen wollen wir an der Wahrheit des Evangeliums festhalten. Und durch die Liebe soll all unser Glauben und Handeln sich immer mehr an Christus ausrichten, der das Haupt

a) Wörtlich: voll Eifer, die Einheit des Geistes zu wahren durch das Band des Friedens.
b) Psalm 68,19
c) Wörtlich: Der hinabfuhr, er ist es, der auch hinauffuhr über alle Himmel, damit er das All erfülle.
d) Wörtlich: Und er gab die einen als Apostel, die anderen als Propheten, andere als Evangelisten, andere als Hirten und Lehrer.
e) Wörtlich: Bis daß wir alle gelangen zur Einheit im Glauben und in der Erkenntnis des Sohnes Gottes, zum vollkommenen Mann, zum Ausmaß der Größe der Fülle Christi.

DIE MIMOSE

Kristina Hartmann

Epheser 4,26

Sie stand mitten unter den anderen Blumen in meinem Garten – mit ihren kugelförmigen, gelben Blüten und gezackten Blättern hübsch anzusehen. Wenn ich die Mimose berührte, geschah etwas Interessantes: Sofort rollte sie ihre Blätter ein, als ob sie sich zurückziehen wollte. Dann dauerte es einige Zeit, bis sich die Blätter wieder aufrollten. So gab mir die Mimose Anschauungsunterricht über menschliches Verhalten.

Wenn im Zorn verletzende Worte fallen, reagieren die einen damit, laut und zornig zu antworten. Andere reagieren wie die Mimose: Sie ziehen sich zurück, «rollen sich ein».

Vorübergehender Rückzug zur Vermeidung von verletzenden Worten ist weise. In diesem Sinne gibt der Apostel Jakobus den Rat: «Seid immer sofort bereit, jemandem zuzuhören; aber überlegt genau, bevor ihr selbst redet. Und hütet euch vor unkontrolliertem Zorn! Denn im Zorn tun wir niemals, was Gott gefällt» (Jakobus 1,19.20).

Doch es gibt auch einen falschen Rückzug in ein beleidigtes Schweigen. Die «eingerollten Blätter» müssen sich wieder entfalten, dem Schweigen muß das klärende Gespräch zur Vergebung und Versöhnung folgen. Zugegeben, dem einen mag es leichter fallen als dem anderen, die Hand zur Versöhnung auszustrecken oder die ausgestreckte Hand zur Versöhnung anzunehmen.

Dennoch gilt für jeden von uns der Rat des Apostels Paulus in Vers 26. Wir können über diese Aussage diskutieren, sie in Seminaren von allen Seiten beleuchten, sie sogar als richtig anerkennen – oder aber durch ihre Nicht-Beachtung unserem Nächsten schwer zusetzen. Ihre befreiende Wirkung auf uns selbst und andere werden wir jedoch nur dann erleben, wenn wir sie in die Tat umsetzen: «Laßt die Sonne nicht über eurem Zorn untergehen.»

seiner Gemeinde ist.[a] 16 Dieses
Haupt bestimmt über den ganzen
Leib, wobei die einzelnen Körpertei-
le miteinander verbunden sind. Jedes
hilft auf seine Weise mit, daß der
ganze Körper funktionsfähig bleibt.
So wachsen wir durch die Liebe zu-
sammen, zu seiner Gemeinde, die
sein Leib ist.

Wie Christen leben sollen

17 Darum hat mir der Herr aufgetra-
gen, euch in aller Deutlichkeit zu sa-
gen: Lebt nicht länger wie Menschen,
die Gott nicht kennen! Ihr Denken ist
verkehrt und ohne Ziel, 18 denn ohne
Gottes Licht ist es finster in ihnen. Sie
wissen nicht, was es bedeutet, mit
Gott zu leben, und widersetzen sich
ihm hartnäckig.[b] 19 Ihr Gewissen ist
abgestumpft, deshalb geben sie sich
allen nur denkbaren Lastern hin und
sind in ihrer Gier, das Leben zu ge-
nießen, unersättlich.

20 Aber ihr habt gelernt, daß solch
ein Leben mit Christus nichts zu tun
hat. 21 Was Jesus wirklich von uns er-
wartet, habt ihr gehört und auch ver-
standen: 22 Ihr sollt euch von euerm
alten Leben, dem «alten Menschen»
mit all seinen trügerischen Leiden-
schaften, endgültig trennen und euch
nicht länger selbst zerstören. 23 Gottes
Geist will euch mit einer völlig neuen
Gesinnung erfüllen. 24 Ihr sollt den
«neuen Menschen» anziehen, wie
man ein Kleid anzieht. Diesen neuen
Menschen hat Gott selbst nach sei-
nem Bild geschaffen; er ist gerecht
und heilig, weil er sich an das Wort
der Wahrheit hält.

25 Belügt euch also nicht länger,
sondern sagt die Wahrheit. Wir sind
doch als Christen die Glieder eines
Leibes, der Gemeinde Jesu. 26 Wenn
ihr zornig seid, dann macht es nicht
noch schlimmer, indem ihr unver-
söhnlich bleibt. Laßt die Sonne nicht
untergehen, ohne daß ihr euch ver-
geben habt. 27 Gebt dem Teufel keine
Chance, Unfrieden zu stiften. 28 Wer
früher gestohlen hat und davon leb-
te, der soll sich jetzt eine ehrliche
Arbeit suchen, damit er Notleiden-
den helfen kann. 29 Redet auch nicht
schlecht voneinander. Was ihr sagt,
soll für jeden gut und hilfreich sein,
eine Wohltat für alle. 30 Sonst belei-
digt ihr den Heiligen Geist, den Gott
euch gegeben hat. Er ist doch euer
Bürge dafür, daß der Tag der Erlö-
sung kommt, an dem ihr von aller
Sünde befreit seid.[c]

31 Mit Bitterkeit, Jähzorn, Wut, ge-
hässigem Gerede oder anderen Ge-
meinheiten sollt ihr nichts mehr zu
tun haben. 32 Seid vielmehr freund-
lich und barmherzig, immer bereit,
einander zu vergeben, so wie Gott
euch durch Jesus Christus vergeben
hat.

Christus – das Licht unseres Lebens

5 Weil ihr Gottes geliebte Kinder
seid, sollt ihr in allem seinem Vor-
bild folgen. 2 Geht liebevoll miteinan-

a) Wörtlich: Vielmehr die Wahrheit in Liebe sagen und so alles zu ihm hin wachsen lassen, der das Haupt ist, Christus.

b) Wörtlich: Verdunkelt in ihrem Verstand, entfremdet dem Leben Gottes, weil Unwissenheit in ihnen wohnt und ihre Herzen verhärtet sind.

c) Wörtlich: Und betrübt nicht den Heiligen Geist Gottes, mit dem ihr versiegelt wurdet auf den Tag der Erlösung.

der um, so wie auch Christus euch sei-
ne Liebe erwiesen hat. Aus Liebe hat
er sein Leben für uns gegeben. Und
Gott hat dieses Opfer angenommen.
3 Ist es da nicht selbstverständlich,
daß ihr euch von allen Ausschweifun-
gen fernhaltet, von Schamlosigkeiten
ebenso wie von Habgier? Ihr sollt
nicht einmal darüber reden, ge-
schweige denn, daß man euch so
etwas nachsagt! 4 Genausowenig paßt
unanständiges, gemeines und zwei-
deutiges Gerede zu euch. Eure Sache
ist es vielmehr, Gott zu danken und
ihn zu loben. 5 Denn eins ist klar: In
Gottes Reich ist kein Platz für solche,
die ein ausschweifendes, schamloses
Leben führen oder von Habgier be-
sessen sind; denn solche Menschen
beten ihre eigenen Götzen an.

6 Laßt euch von niemandem zur
Sünde verführen, der euch durch sein
leeres Geschwätz einreden will, daß
dies alles harmlos ist. Gott nimmt un-
sere Sünde sehr ernst, und sein Zorn
wird alle treffen, die ihm nicht gehor-
chen. 7 Darum meidet solche Leute!
8 Früher war es auch in euch dunkel
und finster wie bei ihnen; aber heute
ist das anders: Durch Christus ist es
licht und hell in euch geworden.[a]
9 Darum lebt nun auch wie Kinder des
Lichts! Ein solches Leben führt zu
aufrichtiger Liebe, Gerechtigkeit und
Wahrheit.[b] 10 Prüft in allem, was ihr
tut, ob es auch Gottes Wille ist.
11 Laßt euch auf keine finsteren Ma-
chenschaften ein; im Gegenteil, helft
sie ans Licht zu bringen.
12 Denn was manche im Verborge-
nen treiben, ist so abscheulich, daß
man nicht einmal davon reden soll.
13 Doch wenn das Licht Gottes auf
diese Dinge fällt, werden sie erst rich-
tig sichtbar. 14 Was Gott ans Licht
bringt, kann hell werden. Denn sein
Licht ist stärker als alle Finsternis und
Sünde. Deshalb heißt es auch in
einem Lied: «Erwache aus deinem
Schlaf! Erhebe dich von den Toten!
Und Christus wird dein Licht sein.»

15 Achtet also genau darauf, wie ihr
lebt: Nicht wie Menschen, die von
Gott nichts wissen wollen, sondern
als Menschen, die ihn kennen und lie-
ben.[c] 16 Dient Gott, solange ihr es
noch könnt, denn wir leben in einer
schlimmen Zeit. 17 Sträubt euch nicht
gegen das, was der Herr von euch er-
wartet; begreift endlich, was er von
euch will! 18 Betrinkt euch nicht; das
führt nur zu einem liederlichen Le-
ben. Laßt euch vielmehr von Gottes
Heiligem Geist erfüllen. 19 Singt mit-
einander Psalmen, und lobt den
Herrn mit Liedern, wie sie euch sein
Geist schenkt. Singt und jubelt aus
vollem Herzen! 20 Und immer gilt: Im
Namen unseres Herrn Jesus Christus
dankt Gott, dem Vater, zu jeder Zeit,
überall und für alles!

Die christliche Ehe

21 Ordnet euch einander unter; so ehrt
ihr Christus[d].

22 So wie ihr Frauen Christus ge-
horcht, sollt ihr euch euern Männern
unterordnen. 23 Denn wie Christus als
Haupt für seine Gemeinde verant-

a) Wörtlich: Denn ihr wart einst Finsternis, jetzt seid ihr Licht im Herrn.
b) Wörtlich: Lebt als Kinder des Lichts. Denn die Frucht des Lichts ist alle Art Gutes und Gerechtigkeit und Wahrheit.
c) Wörtlich: Nicht wie Toren, sondern wie Weise.
d) Wörtlich: in der Furcht Christi.

Sprechen wir Gott unser Vertrauen aus!

Kristina Hartmann

Epheser 5,20

Von einer Missionarin wird ein außergewöhnliches Erlebnis berichtet. Sie arbeitete in einer sehr abgelegenen Gegend und brach sich dort eines Tages den Arm. Da der nächste Arzt weit entfernt war, versammelten sich die Christen um die Missionarin und fingen an, im kindlichen Glauben Gott zu bitten, daß er ihren Arm heilen möge.

Da sagte plötzlich einer der Männer: «Gott hat mir ein Bild gezeigt. Ich habe eine Waage mit zwei Waagschalen gesehen. Auf der einen Waagschale stand «Bitte», auf der anderen Schale stand «Lobpreis». Die Bitt-Schale hing schwer nach unten, während die Lobpreis-Schale federleicht oben schwebte.»

Die versammelten Menschen verstanden das Bild. Sie gingen sogleich vom Bitten über zum Loben und Danken. Je voller und schwerer nun die Lobpreis-Schale wurde, desto mehr ließen die Schmerzen bei der Missionarin nach, bis ihr Arm völlig geheilt war.

Diese Geschichte hat sich mir tief eingeprägt. Sie ist für mich bis auf den heutigen Tag eine große Herausforderung, stets und in allen Lebenslagen Gott zu danken.

Jeder kennt Situationen im Leben, die ausweglos scheinen. Wir fühlen uns hilflos und machtlos. Sollen wir wirklich Gott für diese Situation danken? Ist das nicht unehrlich? Nun, dies ist in der Tat eines jener Geheimnisse Gottes, die wir mit unserem menschlichen Verstand nicht begreifen können.

Wenn wir dennoch den Gehorsam gegenüber seinem Wort über unseren Verstand erheben, erreichen wir zweierlei: Erstens sprechen wir Gott durch das Danken unser Vertrauen aus – und damit unsere Erwartung, daß er einen Ausweg schaffen kann (siehe 1. Korinther 10,13). Zweitens sitzen wir nicht untätig herum, sondern aktivieren durch das Danken Kräfte in uns, die uns über diese Situation hinauswachsen lassen.

Sören Kierkegaard betet:
Herr, unser Gott! Zu dir ruft ein Mensch am Tage der Not, dir dankt er am Tage der Freude. Oh, schön zu danken, wenn du gute und vollkommene Gaben gibst. Doch seliger zu danken, wenn das Leben eine dunkle Rede wird und das Herz beklommen ist; denn der, der also dankt, der liebt Gott und darf zu dir sagen: Herr, du leitest mich, du weißt alles, du weißt, daß ich dich liebe.

wortlich ist, die er erlöst hat, so ist
auch der Mann für seine Frau verant-
wortlich. 24 Und wie sich die Gemein-
de Christus unterordnet, weil sie ihn
liebt, so sollen sich auch die Frauen
in allem ihren Männern unterord-
nen.
25 Ihr Männer, liebt eure Frauen
so, wie Christus seine Gemeinde
liebt, für die er sein Leben gab, 26 da-
mit sie ihm ganz gehört. Durch sein
Wort hat er sie von aller Schuld ge-
reinigt.[a] 27 Wie eine Braut soll seine
Gemeinde sein: schön und makellos,
ohne jeden Fehler, weil sie allein
Christus gehören soll.[b]
28 Darum müssen auch die Männer
ihre Frauen lieben wie sich selbst,
weil sie als Ehepartner untrennbar
zusammengehören. Wer nun seine
Frau liebt, der hat sich selbst ange-
nommen.[c] 29 Niemand haßt doch sei-
nen eigenen Leib. Vielmehr hegt
und pflegt er ihn. So sorgt auch Chri-
stus für seine Gemeinde; 30 denn wir
sind Glieder seines Leibes. 31 Erin-
nert euch an das Wort: «Ein Mann
verläßt seine Eltern und verbindet
sich so eng mit seiner Frau, daß die
beiden eins sind mit Leib und See-
le.»[d] 32 Das ist ein großes Geheimnis.
Denn für mich zeigt sich an der Ehe
beispielhaft die Verbindung zwi-
schen Christus und seiner Gemein-
de. 33 Deshalb sage ich noch einmal:
Ein Mann soll seine Frau so lieben
wie sich selbst. Und die Frau soll ih-
ren Mann achten und ehren.

Eltern und Kinder

6 Ihr Kinder, gehorcht euern El-
tern! So erwartet es Gott von
euch. 2 «Du sollst deinen Vater und
deine Mutter ehren!» Dies ist das er-
ste Gebot, das Gott mit einer Zusage
verbunden hat: 3 «... damit es dir gut
geht und du lange auf dieser Erde
lebst.»[e]
4 Ihr Eltern, behandelt eure Kinder
nicht ungerecht! Sonst fordert ihr sie
nur zum Widerspruch heraus. Eure
Erziehung muß vielmehr in Wort und
Tat von der Liebe zu Christus be-
stimmt sein.[f]

Vorgesetzte und Untergebene

5 Gehorcht euern Vorgesetzten! Be-
gegnet ihnen ohne Anmaßung mit
dem nötigen Respekt und dient ihnen
so aufrichtig, wie ihr Christus dient.[g]
6 Bei eurer Arbeit geht es nicht dar-
um, anderen zu imponieren. Ihr sollt
euch vielmehr als Diener Christi be-
trachten, die bereitwillig und gern
den Willen Gottes erfüllen. 7 Denkt
daran: Ihr arbeitet nicht für Men-
schen, sondern für unseren Herrn Je-
sus Christus! 8 Er wird euch den Lohn
geben, den ihr verdient, ganz gleich,
ob ihr nun als Vorgesetzte oder Un-

a) Wörtlich: um sie zu heiligen, da er sie gereinigt hat durch das Wasserbad im Wort.
b) Wörtlich: Daß er selbst die Gemeinde sich bereite herrlich, ohne Flecken oder Falte oder sonst dergleichen, daß sie vielmehr heilig sei und tadellos.
c) Wörtlich: Wer seine Frau liebt, liebt sich selbst.
d) 1. Mose 2,24
e) 5. Mose 5,16
f) Wörtlich: Ihr Väter, erzürnt eure Kinder nicht, sondern erzieht sie in der Zucht und Mahnung des Herrn.
g) Wörtlich: Ihr Sklaven, gehorcht euren irdischen Herren unter Furcht und Zittern in der Einfalt eures Herzens als wie Christus.

tergebene euren Dienst tut. 9 Das sollen vor allem die nicht vergessen, deren Anweisungen andere auszuführen haben.[a] Schüchtert eure Untergebenen nicht mit Drohungen ein. Denkt immer daran, daß ihr denselben Herrn im Himmel habt wie sie. Vor ihm sind alle Menschen gleich.

Ausgerüstet zum Kampf

10 Für euch alle gilt: Werdet stark durch den Glauben an Christus und im Vertrauen auf seine Macht! 11 Greift zu den Waffen Gottes, damit ihr alle heimtückischen Anschläge des Teufels abwehren könnt. 12 Denn wir kämpfen nicht gegen Menschen, sondern gegen Mächte und Gewalten des Bösen, die über diese gottlose Welt herrschen[b] und im Unsichtbaren ihr unheilvolles Wesen treiben. 13 Darum nehmt die Waffen Gottes! Nur gut gerüstet könnt ihr den Mächten des Bösen widerstehen, wenn es zum Kampf kommt.

14 Rüstet euch gut für diesen Kampf! Die Wahrheit Gottes ist euer Gürtel und seine Gerechtigkeit eure Rüstung. 15 Marschiert mutig voran und verkündet überall, daß Gott Frieden mit uns geschlossen hat. 16 Verteidigt euch mit dem Schild des Glaubens, an dem die Brandpfeile des Teufels wirkungslos abprallen. 17 Die Gewißheit, daß euch Jesus Christus gerettet hat, ist euer Helm, der euch schützt. Und nehmt das Wort Gottes. Es ist das Schwert, das euch der Heilige Geist gibt.

18 Hört nie auf, zu bitten und zu beten! Gottes Heiliger Geist wird euch dabei leiten. Bleibt wach und bereit. Bittet Gott inständig für alle Christen in der Welt. 19 Betet auch für mich, damit Gott mir zur rechten Zeit das rechte Wort gibt und ich überall das Evangelium von Jesus Christus frei und offen verkündigen kann. 20 Auch hier im Gefängnis will ich das tun. Betet darum, daß ich auch in Zukunft diese Aufgabe mutig erfülle, so wie Gott sie mir aufgetragen hat.

Grüße und Segenswünsche

21 Tychikus, mein lieber Bruder und treuer Mitarbeiter im Dienst für den Herrn, wird euch von mir berichten. 22 Ich schicke ihn zu euch, damit ihr erfahrt, wie es uns geht. Er soll euch ermutigen.

23 Gott schenke euch seinen Frieden, meine lieben Brüder. Er gebe euch Liebe und bewahre euern Glauben an ihn, den Vater, und unseren Herrn Jesus Christus. 24 Gottes Gnade und unvergängliches Leben sei mit allen, die unseren Herrn Jesus Christus unerschütterlich lieben.[c]

a) Wörtlich: Und ihr Herren.
b) Wörtlich: die Weltbeherrscher der Finsternis.
c) Wörtlich: Die Gnade mit allen, die unseren Herrn Jesus Christus lieben, samt Unverweslichkeit.

IM KAMPF BESTEHEN

Ethel Herr

Epheser 6,11–17

Gott hat uns nirgendwo in seinem Wort den Himmel auf Erden versprochen. Wenn wir Gott durch den Glauben an Jesus Christus persönlich kennen, bedeutet das nicht automatisch alle Tage Sonnenschein. Es bedeutet ganz einfach, Tag für Tag mit ihm zu leben – in guten wie in schlechten Zeiten. Dabei müssen wir wissen, daß der Erzfeind Gottes, Satan, auch unser größter Widersacher ist. Das Christenleben gleicht oft eher einem Kampf als einem beschaulichen Sonntagsspaziergang.

Wenn unsere Kinder gegen Gott und die Eltern rebellieren, wenn Krankheit uns zermürbt, wenn die Versuchung zu stark wird und wir zu fallen drohen, wenn wir zu Unrecht verleumdet und abgelehnt werden, wenn uns materielle Sorgen plagen, wenn wir erschöpft und mutlos sind und nicht einmal mehr sicher wissen, ob wir wirklich glauben: Wie können wir in solchen Situationen standhalten? Gott stellt uns alles zur Verfügung, um in diesem geistlichen Kampf bestehen zu können. In diesem Kapitel vergleicht Paulus die Ausrüstung, die Gott uns gibt, mit der Rüstung eines Soldaten. Dazu gehört:

Der Gürtel der Wahrheit: Je besser wir Gott kennen, um so eher können wir Irrtümer durchschauen, die mit dem Wesen Gottes nicht übereinstimmen.

Der Brustpanzer der Gerechtigkeit: Wenn wir versagt haben, brauchen wir uns nicht selbst zu rechtfertigen. Wir dürfen Gott unsere Schuld bekennen und werden von ihm «gerecht» gesprochen. Genauso wie der Brustpanzer im Altertum den Soldaten schützte, so schützt Gottes Gerechtigkeit mich vor allen Angriffen des Teufels.

Schuhe, die bereit sind, das Evangelium zu verkündigen: Wir machen uns auf den Weg, um auch andere Menschen mit dem Evangelium bekannt zu machen.

Der Schild des Glaubens: Wir bewältigen alle Probleme, indem wir Gott vertrauen und uns nicht auf unsere eigene Klugheit verlassen.

Der Helm des Heils: Wir dürfen in der Gewißheit leben, daß Jesus uns von unseren Sünden erlöst hat. Wir wissen, daß wir immer und überall auf Gottes Gnade angewiesen sind, um so leben zu können, wie er es von uns erwartet.

Das Schwert des Geistes: Damit ist Gottes Wort gemeint, das wir täglich mit unersättlichem Hunger in uns aufnehmen sollen. Wir erfahren darin, was Gottes Wille ist und was er uns alles schenken will.

Gott hat versprochen, meine Hände zum Kampf zu rüsten (Psalm 144,1). Aber natürlich muß ich seine «Waffenrüstung» auch anlegen, die er für mich bereithält – jeden Tag aufs neue!

Der Brief des Paulus an die Christen in Philippi

Anschrift und Gruß

1 Diesen Brief schreiben Paulus und Timotheus, die Jesus Christus dienen, an alle Christen[a] in Philippi, an die Leiter in der dortigen Gemeinde und an ihre Mitarbeiter[b].

2 Wir wünschen euch Gnade und Frieden von Gott, unserem Vater, und unserem Herrn Jesus Christus.

Ich bete für euch

3 Immer bin ich meinem Gott dankbar, wenn ich an euch denke, 4 und das tue ich in jedem meiner Gebete mit großer Freude. 5 Denn ihr habt euch vom ersten Tag an bis heute mit mir für das Evangelium eingesetzt. 6 Deshalb bin ich auch ganz sicher, daß Gott sein Werk, das er bei euch durch den Glauben begonnen hat, zu Ende führen wird, bis zu dem Tag, an dem Jesus Christus wiederkommt.

7 Es ist ja nicht erstaunlich, daß ich so von euch denke, denn ihr liegt mir ganz besonders am Herzen. Daran ändert sich nichts, auch wenn ich jetzt im Gefängnis bin und vor Gericht die Wahrheit des Evangeliums verteidigen und bezeugen muß. Durch eure Gaben und Gebete für mich habt ihr auch Anteil an dem Segen, den Gott mir schenkt.[c]

8 Gott allein weiß, wie sehr ich mich nach euch allen sehne; liebe ich euch doch so, wie auch Jesus Christus euch liebt.

9 Ich bete darum, daß eure Liebe immer reicher und tiefer wird, je mehr ihr Gottes Willen erkennt und euch danach richtet.[d] 10 So lernt ihr entscheiden, wie ihr leben sollt, um am Gerichtstag Jesu Christi untadelig und ohne Schuld vor euern Richter treten zu können. 11 Alles Gute, was Christus in einem von Schuld befreiten Leben schafft, wird dann bei euch zu finden sein. Und das alles zu Gottes Ehre und zu seinem Lob!

Jeder soll erfahren, wer Christus ist!

12 Meine lieben Brüder! Ihr sollt wissen, daß meine Untersuchungshaft die Ausbreitung des Evangeliums nicht hinderte. Im Gegenteil! 13 Allen meinen Bewachern hier und auch den übrigen Prozeßteilnehmern ist inzwischen klargeworden, daß ich nur deswegen eingesperrt bin, weil ich an Christus glaube. 14 Außerdem haben durch meine Gefangenschaft viele

a) Wörtlich: Heiligen.
b) Wörtlich: Bischöfe und Diakone.
c) Wörtlich: die ihr alle in meinen Fesseln und in der Verteidigung und Bekräftigung des Evangeliums Teilhaber der Gnade seid.
d) Wörtlich: daß eure Liebe noch mehr überfließen soll in Erkenntnis und jeglichem Feingefühl.

Die Reifeprüfung

Gerlinde Scheunemann

Philipper 1,10

Matthias Claudius schrieb einmal an seinen Sohn Johannes: «Wir sind nicht umsonst in diese Welt gesetzt. Wir sollen hier reif werden für eine andere.»

Ein ähnliches Anliegen hat Paulus, der an die Gemeinde in Philippi schreibt. Die Christen sollen im Glauben wachsen und reif werden, so daß sie am Gerichtstag Christi bestehen können, wenn über ihr und unser aller Leben das Urteil gesprochen wird.

Das wichtigste Ziel und der tiefste Sinn unseres Lebens ist der, daß wir die «Reifeprüfung» für das ewige Leben bestehen! Die Prüfung, von der unendlich viel mehr abhängt als vom Bestehen des Abiturs oder irgendeines Examens, einer Gesellen- oder Meisterprüfung.

Die Vorbereitung auf jede Prüfung erfordert Konzentration: Was ist wichtig zu lernen? Worauf kommt es an? – Ich darf mich nicht in Nebensächlichkeiten verzetteln. Darum ringt Paulus in seinem Gebet für die Gemeinde: Prüft, worauf es ankommt, damit ihr am Gerichtstag Christi bestehen könnt!

Die entscheidenden «Prüfungsfächer» in der uns allen bevorstehenden «Reifeprüfung» für die Ewigkeit sind die Liebe zu Gott und unserem Nächsten sowie das Erkennen und Befolgen von Gottes Willen in unserem Leben.

Darauf kommt es auch heute an. Gehen wir nicht unvorbereitet in die Prüfung!

Christen neuen Mut und Zuversicht gewonnen. Furchtlos und ohne Scheu predigen sie jetzt Gottes Wort.

15 Zwar verkündigen manche nur deswegen die Botschaft von Christus, weil sie neidisch sind und mir eine erfolgreiche Missionsarbeit nicht gönnen; andere aber sind aufrichtig und lassen sich bei ihrer Predigt von den besten Absichten leiten. 16 Sie handeln aus Liebe, weil sie wissen, daß ich im Gefängnis bin, um für das Evangelium einzutreten. 17 Die anderen aber reden von Jesus Christus, weil sie mir beweisen wollen, daß sie es besser können. Sie meinen es nicht ehrlich und wollen mir noch zusätzlich Kummer bereiten.

18 Doch was macht das schon! Wichtig ist allein, daß die Frohe Botschaft von Jesus Christus verbreitet wird; mag das nun unter einem Vorwand oder in ehrlicher Absicht geschehen. Wenn nur jeder erfährt, wer Jesus Christus ist! Darüber freue ich mich, und ich werde mich auch in Zukunft darüber freuen!

19 Weil ihr für mich betet und der Heilige Geist[a] mir beisteht, vertraue ich darauf, daß hier alles zum Besten[b] für mich ausgehen wird. 20 Ich hoffe, daß ich während meiner Gefangenschaft nicht schwach werde und versage, sondern daß Jesus Christus durch mich in aller Öffentlichkeit verherrlicht wird, sei es durch mein Leben oder durch meinen Tod.

21 Denn Christus bedeutet für mich alles; er ist mein Leben. Deshalb kann das Sterben für mich nur Gewinn sein. 22 Weil ich aber mehr für Christus erreichen kann, wenn ich am Leben bleibe, weiß ich nicht, was ich mir wünschen soll. 23 Beides erscheint mir verlockend: Manchmal würde ich am liebsten schon jetzt sterben, um bei Christus zu sein. Gibt es etwas Besseres? 24 Andererseits ist mir klar, daß ich bei euch noch eine wichtige Aufgabe zu erfüllen habe. 25 Deshalb bin ich auch davon überzeugt, daß ich am Leben bleiben und zu euch zurückkommen werde. Dann will ich euch helfen, damit euer Glaube wächst und eure Freude noch größer wird. 26 Wenn ich erst wieder bei euch bin, werdet ihr noch mehr loben und danken können für alles, was Jesus Christus getan hat.

Ein Vorrecht, für Christus zu leiden

27 Vor allem ist wichtig, daß ihr als ganze Gemeinde so lebt, wie es dem Evangelium entspricht. Ob ich nun bei euch sein kann oder nur davon höre, ich möchte, daß ihr alle *ein* Ziel habt und wie *ein* Mann für die Ausbreitung des Evangeliums kämpft.[c] 28 Laßt euch von euern Gegnern nicht einschüchtern! Denn ihre Feindschaft gegen das Evangelium ist nur ein Zeichen dafür, daß sie verloren sind, für euch aber der Beweis, daß ihr von Gott gerettet seid. 29 Ihr habt nicht nur das Vorrecht, an Christus zu glauben, ihr dürft sogar für ihn leiden. 30 Damit kämpft ihr nun denselben Kampf wie ich. Und wie dieser Kampf aussieht, habt ihr ja früher selbst mitangesehen. Jetzt kann ich euch davon nur berichten.

a) Wörtlich: der Geist Jesu Christi.
b) Wörtlich: zum Heil (Hiob 13,16).
c) Wörtlich: daß ihr in einem Geist feststeht, aus einer Seele zusammen kämpft für den Glauben des Evangeliums.

Wenn Gott neues Leben schenkt

Psalm 85

Herr, du bist deinem Land gnädig gewesen
und hast sein Geschick wieder zum Guten gewendet.
Die Schuld deines Volkes hast du vergeben
und alle seine Sünden zugedeckt.
Dein Zorn fand ein Ende, seine Glut ist verloschen.
So hilf uns auch jetzt, damit wir wieder stark werden.
Gib deinen Unwillen gegen uns auf!

Willst du für immer zornig auf uns sein –
ohne Ende, von einer Generation zur anderen?
Willst du uns nicht wieder neues Leben schenken,
damit wir uns über dich freuen können?
Herr, zeige doch, wie sehr du uns liebst!
Komm uns zu Hilfe!

Ich will hören, was Gott, der Herr, zu sagen hat:
er verkündet Frieden seinem Volk – denen, die ihn lieben;
doch sollen sie nicht in ihre alten Fehler zurückfallen.

Eins ist sicher:
Er wird allen helfen, die ihm mit Ehrfurcht begegnen,
seine Macht und Hoheit wird wieder in unserem Lande wohnen.
Dann verbünden sich Güte und Treue,
dann küssen einander Gerechtigkeit und Frieden.
Treue wird aus der Erde sprießen
und Gerechtigkeit vom Himmel herabblicken.
Der Herr selbst wird uns mit vielen Gütern beschenken,
und unsere Felder werden reiche Ernte einbringen.
Ja, Gerechtigkeit wird dem Herrn vorausgehen
und ihm den Weg bahnen.

Orientiert euch an Jesus Christus!

2 Helft und ermutigt ihr euch als
Christen gegenseitig? Seid ihr zu
liebevollem Trost bereit? Spürt man
bei euch etwas von der Gemeinschaft,
die der Heilige Geist schafft? Verbin-
det euch herzliche und mitfühlende
Liebe? 2 Darüber würde ich mich sehr
freuen. Vollkommen aber ist meine
Freude, wenn ihr die gleiche Gesin-
nung habt, in der einen Liebe mitein-
ander verbunden bleibt und fest zu-
sammenhaltet. 3 Weder Neid noch
blinder Ehrgeiz sollen euer Handeln
bestimmen. Im Gegenteil, denkt von
euch selbst gering, und achtet den an-
deren mehr als euch selbst. 4 Denkt
nicht immer zuerst an euch, sondern
kümmert und sorgt euch auch um die
anderen. 5 Orientiert euch an Jesus
Christus: 6 Obwohl er Gott in allem
gleich war und Anteil an Gottes Herr-
schaft hatte, bestand er nicht auf sei-
nen Vorrechten.[a] 7 Nein, er verzichte-
te darauf und wurde rechtlos wie ein
Sklave. Er wurde wie jeder andere
Mensch geboren und lebte als
Mensch unter uns Menschen. 8 Er er-
niedrigte sich selbst und war Gott ge-
horsam bis zum Tod, ja, bis zum
schändlichen Tod am Kreuz. 9 Darum
hat ihn Gott auch herrlich zu sich er-
hoben und ihm den Namen gegeben,
der über allen Namen steht. 10 Vor Je-
sus werden sich einmal alle beugen:
alle Mächte im Himmel, alle Men-
schen auf der Erde und alle im Toten-
reich. 11 Und jeder ohne Ausnahme
soll zur Ehre Gottes, des Vaters, be-
kennen: Jesus Christus ist der Herr!

Viel Grund zur Freude

12 Meine lieben Freunde! Ihr habt im-
mer befolgt, was ich euch geraten ha-
be. Hört aber nicht nur auf mich,
wenn ich bei euch bin, sondern erst
recht während meiner Abwesenheit.
Ihr seid gerettet, und das soll sich an
euerm Leben zeigen. Deshalb lebt
nun auch in Ehrfurcht vor Gott und in
ganzer Hingabe an ihn.[b] 13 Er selbst
bewirkt ja beides in euch: den guten
Willen und die Kraft, ihn auch auszu-
führen.

14 Bei allem, was ihr tut, hütet euch
vor unzufriedenem Murren und miß-
trauischen Zweifeln. 15 Dann wird eu-
er Leben hell und makellos sein, und
ihr werdet als Gottes vorbildliche
Kinder mitten in dieser verdorbenen
und dunklen Welt wie Sterne in der
Nacht leuchten. 16 Dazu müßt ihr un-
erschütterlich am Wort des Lebens
festhalten. Wenn Jesus Christus dann
wiederkommt, kann ich stolz auf euch
sein, daß ich nicht umsonst zu euch
gekommen bin und mich nicht ver-
geblich um euch gemüht habe.

17 Und selbst wenn ich sterben muß
und mein Blut wie ein Opfer vergos-
sen wird im Dienst für euren Glau-
ben, so bin ich doch voller Freude.
Ich freue mich mit euch allen, daß ihr
Christus kennengelernt habt und ihm
dient.[c] 18 Darüber sollt auch ihr froh
sein und euch mit mir freuen.

a) Wörtlich: der in der Daseinsweise Gottes sich befand, hielt nicht gierig daran fest, Gott gleich zu sein.

b) Wörtlich: Wirket eure Rettung mit Furcht und Zittern.

c) Wörtlich: Aber wenn ich auch als Trankopfer ausgegossen werde, freue ich mich und freue ich mich mit euch allen über den Opfer- und Gottesdienst eures Glaubens.

DAS PROBLEM MIT DEM KOPF

Gigi Graham Tchividjian

Philipper 2,5

Ich stand im oberen Flur unseres Hauses und wartete, über das Geländer gebeugt, auf meine Kinder. Gleich würden sie vom Spielen hereinkommen, dann wollte ich sie baden. Meine älteste Tochter hatte gerade Klavierstunde. Sie befand sich im Wohnzimmer direkt unter mir, und die Melodie, die sie bereits zum wiederholten Mal spielte, ging mir nicht mehr aus dem Kopf.

Die Haustür ging auf, und die Kleinen drängten herein. Sie hüpften die Treppe hoch zu ihren Zimmern, die Wangen vom Spiel gerötet und mit leuchtenden Augen.

Da bemerkte ich, wie einer von meinen kleinen Jungen sich langsam die Stufen heraufschleppte, mit gesenktem Kopf, das kleine Gesicht in seinen schmutzigen Händen vergraben.

«Was ist los?» fragte ich, als er oben ankam.

«Ach, nichts», gab er zurück. «Warum hältst du dann die Hände vors Gesicht?»

«Oh, ich habe gerade gebetet.»

«Gebetet? Wofür?»

«Das kann ich dir nicht sagen», erklärte er mir, «sonst regst du dich nur auf.»

Ich mußte meine ganze Überredungskunst einsetzen, um ihm klarzumachen, daß er sich mir ruhig anvertrauen könne. Daraufhin erzählte er mir, er habe gebetet, weil er ein Problem mit seinem Kopf habe. «Ein Problem mit deinem Kopf?» fragte ich erstaunt. Ich konnte mir beim besten Willen nicht vorstellen, was für ein Problem ein sechsjähriges Kind mit seinem Kopf haben könnte. «Was für ein Problem denn?»

«Weißt du», erwiderte er, «jedesmal, wenn ich an der Wohnzimmertür vorbeigehe und die Klavierlehrerin dort sitzen sehe, muß ich ihr die Zunge herausstrecken.»

Unnötig zu sagen, daß ich mir nur mit Mühe das Lachen verkneifen konnte. Trotzdem nahm ich sein Problem ernst und versicherte ihm, Gott könne ihm tatsächlich in dieser Sache helfen.

Als ich später neben der Wanne kniete und den Kleinen badete, mußte ich darüber nachdenken, wie sehr auch ich oft noch mit dem Problem zu kämpfen habe, meinen Kopf und meine Zunge im Zaum zu halten. Ich beugte den Kopf und bekannte Gott, daß auch ich, genau wie mein Sohn, Probleme mit meinem Kopf und meiner Zunge hätte. Ich bat ihn, mir zu vergeben und mir mehr und mehr die Gesinnung Jesu Christi zu schenken.

Zuverlässige Mitarbeiter

19 Im Vertrauen auf unseren Herrn Je-
sus hoffe ich, daß ich Timotheus bald
zu euch schicken kann. Könnte er mir
doch endlich berichten, wie es euch
geht, denn das würde mir auch neuen
Mut und neue Kraft geben! 20 Mit nie-
mandem bin ich im Glauben so ver-
bunden wie mit Timotheus, und kein
anderer wird sich so um euch küm-
mern wie er. 21 Alle andern beschäfti-
gen sich mit ihren eigenen Angele-
genheiten und nicht mit der Sache
Jesu Christi. 22 Aber ihr wißt ja selbst,
wie zuverlässig Timotheus ist. Wie
ein Kind seinem Vater hilft, so hat er
sich eingesetzt und mit mir das Evan-
gelium verkündigt. 23 Ich will ihn zu
euch schicken, sobald ich weiß, wie es
hier mit mir weitergeht. 24 Im übrigen
hat mir Gott die Zuversicht ge-
schenkt, daß ich bald selbst zu euch
kommen kann.
25 Ich hielt es für notwendig, Epa-
phroditus zu euch zurückzuschicken.
Er hat mir eure Gaben überbracht
und sollte mir beistehen. Nun, er ist
mir wirklich ein Bruder, ein guter
Mitarbeiter und Mitkämpfer gewor-
den. 26 Inzwischen aber hat er große
Sehnsucht nach euch allen. Es hat ihn
sehr beunruhigt, daß ihr von seiner
Krankheit erfahren habt. 27 Tatsäch-
lich war er todkrank, aber Gott hatte
Erbarmen mit uns beiden. Er wollte
mir zusätzliche Trauer ersparen.
28 Jetzt soll Epaphroditus so schnell
wie möglich zu euch zurückkehren.
Ihr sollt ihn gesund wiedersehen und
euch über ihn freuen. Dann werde
auch ich eine Sorge weniger haben.
29 Nehmt ihn herzlich als euren Bru-
der auf, und freut euch, wenn er
schon jetzt zu euch kommt. Men-
schen wie ihn sollt ihr achten und eh-
ren. 30 Denn er hat sein Leben einge-
setzt. Weil ihr nichts für mich tun
konntet, hat er sich an eurer Stelle für
mich aufgeopfert.

Was allein zählt, ist Christus

3 Was auch immer geschehen mag,
meine lieben Brüder: Freut euch,
weil ihr zu Christus gehört! Ich werde
nicht müde, euch das immer und im-
mer wieder zu sagen; weiß ich doch,
daß eure Gewißheit dadurch größer
wird.
2 Hütet euch aber vor allen, die eu-
re Gemeinde zerstören wollen. Sie
sind wie bösartige Hunde, diese fal-
schen Lehrer, die euch einreden wol-
len, daß ihr euch beschneiden lassen
müßt.[a] 3 Glaubt ihnen nicht, denn zu
Gottes Volk gehört man nicht durch
äußere Zeichen. Nein, wir sind Got-
tes Volk, weil Gott uns seinen Heili-
gen Geist geschenkt hat und wir ihm
dienen. Wir verlassen uns auf Jesus
Christus und nicht länger auf das, was
wir selbst tun können.
4 Ich selbst könnte mich mit größe-
rem Recht als manch anderer auf die-
se Vorzüge berufen, wenn es wirklich
auf die Beschneidung ankäme. 5 Ich
wurde acht Tage nach meiner Geburt
beschnitten, wie es das Gesetz vor-
schreibt. Ich stamme aus dem Volk
Israel und kann sogar meine Her-
kunft aus dem Stamm Benjamin
nachweisen. Von Geburt an bin ich
ein Jude wie schon alle meine Vorfah-
ren. Außerdem gehörte ich zu den
Pharisäern, der Gruppe, die am
strengsten darauf achtet, daß Gottes
Gesetz eingehalten wird. 6 Ich habe

a) Wörtlich: Gebt acht auf die Hunde, die schlechten Werkleute, die Zerschneidung.

die christliche Gemeinde mit fanati-
schem Eifer verfolgt und die Regeln
des Gesetzes bis in alle Einzelheiten
erfüllt. Gemessen an dem, was das
Gesetz fordert, brauchte ich mir
nichts vorzuwerfen.
7 Aber seit ich Christus kenne,[a] ist
für mich alles ein Verlust, was ich frü-
her als großen Gewinn betrachtet ha-
be. 8 Denn das ist mir klargeworden:
Gegenüber dem unvergleichlichen
Gewinn, daß Jesus Christus mein
Herr ist, hat alles andere seinen Wert
verloren. Ja, alles andere ist für mich
nur noch Dreck, wenn ich bloß Chri-
stus habe. 9 Zu ihm will ich gehören.
Durch meine Leistung kann ich vor
Gott nicht bestehen, selbst wenn ich
das Gesetz genau befolge. Was Gott
für mich getan hat, das zählt. Darauf
will ich vertrauen.[b] 10 Um ihn allein
geht es mir. Ihn will ich immer besser
kennenlernen und die Kraft seiner
Auferstehung erfahren, damit ich
auch seine Leiden mit ihm teilen und
seinen Tod mit ihm sterben kann.
11 Dann werde ich auch mit allen, die
an Christus glauben, von den Toten
auferstehen.[c]

Unterwegs zum Ziel

12 Dabei ist mir klar, daß ich dies alles
noch lange nicht erreicht habe, daß
ich noch nicht am Ziel bin. Doch ich
setze alles daran, das Ziel zu errei-
chen, damit der Siegespreis einmal
mir gehört, wie ich jetzt schon zu
Christus gehöre. 13 Wie gesagt, meine
lieben Brüder, ich weiß genau: Noch
habe ich den Preis nicht in der Hand.
Aber eins steht fest, daß ich alles ver-
gessen will, was hinter mir liegt. Ich
konzentriere mich nur noch auf das
vor mir liegende Ziel. 14 Mit aller
Kraft laufe ich darauf zu, um den Sie-
gespreis zu gewinnen, das Leben in
Gottes Herrlichkeit. Denn dazu hat
uns Gott durch Jesus Christus beru-
fen.
15 Wir alle, die wir auf dem Weg
zum Ziel sind,[d] wollen uns so verhal-
ten. Wenn ihr in dem einen oder an-
deren Punkt nicht meiner Meinung
seid, wird Gott euch Klarheit und
Einsicht schenken. 16 Doch an dem,
was ihr schon erreicht habt, müßt ihr
auch festhalten. Bleibt nicht auf hal-
bem Wege stehen!
17 Liebe Brüder, nehmt euch ein
Beispiel an mir und an den Men-
schen, die so leben wie ich. 18 Denn
ich habe es euch schon oft gesagt, und
jetzt beschwöre ich euch unter Trä-
nen: Hütet euch vor allen, die von
sich behaupten, Christen zu sein,
aber durch ihr Leben erkennen las-
sen, daß sie Feinde des Kreuzes Jesu
Christi sind.
19 Ihr Weg führt unausweichlich ins
Verderben. Im Grunde leben sie nur
für ihre Triebe und Begierden, und
worüber sie sich schämen müßten,
darauf sind sie sogar noch stolz.[e] Sie
denken an nichts anderes als an das
Leben auf dieser Erde. 20 *Unser* Bür-

a) Wörtlich: Aber um Christi willen.
b) Wörtlich: ... und in ihm erfunden werde – nicht meine Gerechtigkeit will ich haben, die aus dem Gesetz kommt, sondern jene, die aus dem Glauben an Christus kommt, die Gerechtigkeit aus Gott aufgrund des Glaubens.
c) Wörtlich: ob ich wohl hingelange zur Auferstehung aus den Toten.
d) Wörtlich: die vollkommen sind.
e) Wörtlich: Ihr Ende ist Untergang, ihr Gott der Bauch, und ihr Ruhm liegt in ihrer Schande.

DAS ZIEL

Margret Meier

Philipper 3,13

«Der große Preis» ist eine sehr beliebte Unterhaltungssendung im Fernsehen. Voller Spannung verfolgen die Zuschauer das bekannte Spiel. Sie zittern mit den Kandidaten und warten, wer den Preis gewinnt. Die Spieler stehen in großer Konkurrenz. Die Austragung geschieht öffentlich, noch dazu vor laufenden Kameras. Das steigert die Nervosität. Schließlich geht es um erhebliche Beträge: gewinnen oder verlieren?

Bei jedem Tennisturnier sitzen Tausende von Tennisbegeisterten in den Rängen des Stadions und verfolgen mit Spannung das Match. Hier geht es um einen großen kraftvollen Einsatz. Die Sportler haben ihr ganzes Leben eingestellt auf das Spiel. Für die Tennisspieler, die zur Weltrangspitze gehören, ist das Ziel klar: nach Möglichkeit gewinnen. Der Kampf ist harte Arbeit.

Am Anfang heißt es: Training, Training, Training. Dazu kommen Disziplin und Ausdauer. Das ist nur möglich, weil die Spieler Freude haben an diesem Sport. Sie spielen aus Begeisterung, nicht aus Pflicht.

Das Leben eines Christen wird in der Bibel verglichen mit einem Wettkampf. Dabei geht es nicht darum, andere auszustechen und durch eigene Leistung zu überbieten. Der Christ hat es wie der Sportler mit Anfechtungen und Ablenkungen zu tun. Manchmal sind wir unsere eigenen Gegner. Das Ich will nicht automatisch im Willen Gottes leben. Deshalb geraten Glaubende oft in «Wettkampfsituationen». Es geht um die zielbewußte Hinwendung nach vorne. Schließlich geht es auch hier um einen hohen Preis: Das ewige Leben, die direkte Gemeinschaft mit Gott, steht uns vor Augen. Dieser Siegespreis ist der allergrößte: ewige Freude mit Jesus Christus, dem Vater im Himmel und allen Glaubenden. Das Wie ist uns heute noch unvorstellbar. Ein solcher Preis ist nicht mit materiellen Werten zu vergleichen. Gott hat ihn all denen verheißen, die ihm bis zum Ende treu bleiben. In der Ewigkeit wird es kein Leid mehr geben, keine Tränen, keinen Tod. Dafür lohnt sich die Konzentration nach vorne. Paulus sagt: Ich lasse die Vergangenheit hinter mir und gehe in die Zukunft hinein, weil ich ein großes Ziel habe. In Jesus steht es schon vor mir.

gerrecht aber haben wir im Himmel.
Von dort erwarten wir auch Jesus
Christus, unseren Retter. 21 Dann
wird unser hinfälliger, sterblicher
Leib verwandelt und seinem aufer-
standenen, unvergänglichen Leib
gleich werden. Denn Christus hat die
Macht über alles.

Wie Christen leben sollen

4 Darum, meine lieben Brüder,
bleibt fest in euerm Glauben an
den Herrn Jesus Christus! Ich habe
große Sehnsucht nach euch, denn ihr
seid meine ganze Freude, die Krö-
nung meiner Arbeit.
2 Euodia und Syntyche sollen sich
wieder vertragen. Sie glauben doch
beide an den Herrn Jesus Christus.
3 Vielleicht kannst du, Syzygus, mein
treuer Mitarbeiter, den Frauen dabei
helfen! Schließlich haben sie gemein-
sam mit Klemens und meinen ande-
ren Mitarbeitern für die Sache des
Evangeliums gekämpft. Gott kennt
sie alle. Er hat ihre Namen in das
Buch des Lebens eingetragen.
4 Freut euch, daß ihr zu Jesus Chri-
stus gehört. Und noch einmal will ich
es sagen: Freut euch! 5 Jeder soll eure
Güte und Freundlichkeit erfahren.
Denn: Der Herr kommt bald! 6 Macht
euch keine Sorgen! Ihr dürft Gott um
alles bitten. Sagt ihm, was euch fehlt,
und dankt ihm!
7 Gott wird euch seinen Frieden
schenken, den Frieden, der all unser
Verstehen, all unsere Vernunft über-
steigt, der unsere Herzen und Gedan-
ken im Glauben an Jesus Christus be-
wahrt.
8 Schließlich, meine lieben Brüder,
orientiert euch an dem, was wahrhaf-
tig, gut und gerecht, was anständig,
liebenswert und schön ist. Wo immer
ihr etwas Gutes entdeckt, das Lob
verdient, darüber denkt nach. 9 Hal-
tet an dem Evangelium fest, so wie ihr
es von mir gehört und angenommen
habt. Richtet euch nach dem, was ich
euch gelehrt habe, und lebt nach mei-
nem Vorbild. Dann wird Gott bei
euch sein und euch seinen Frieden
schenken.

Dank für die Hilfe der Philipper

10 Ich habe mich sehr gefreut und bin
dem Herrn von Herzen dankbar, daß
es euch wieder möglich war, mich fi-
nanziell zu unterstützen. Mir ist klar,
daß ihr immer dazu bereit seid und
daß ihr in letzter Zeit nur durch die
ungünstigen Umstände daran gehin-
dert wurdet.
11 Ich sage das nicht, um euch auf
meine Not aufmerksam zu machen.
Schließlich habe ich gelernt, in allen
Lebenslagen zurechtzukommen.
12 Ob ich nun wenig oder viel habe,
beides ist mir durchaus vertraut, und
so kann ich mit beidem fertigwerden:
Ich kann satt sein und hungern; ich
kann Mangel leiden und Überfluß ha-
ben. 13 Das alles kann ich durch Chri-
stus, der mir Kraft und Stärke gibt.
14 Trotzdem habt ihr mir diesmal
sehr geholfen. 15 Ihr wißt ja, daß ich
mich von keiner anderen Gemeinde
als von euch in Philippi habe unter-
stützen lassen. Gleich von Anfang an,
als ich von Mazedonien weiterzog,
um das Evangelium zu verkündigen,
wart ihr die einzigen, von denen ich
Geld annahm, nachdem ich euch die
Frohe Botschaft von Jesus Christus
gebracht hatte. 16 Eure Gemeinde hat
mich schon unterstützt, als ich in
Thessalonich war, und danach habt
ihr mir noch mehrmals geholfen.
17 Dabei geht es mir gar nicht um das
Geschenk, sondern um die Frucht,
die daraus erwächst: daß Gott euch

für eure Liebe und Fürsorge belohnt
und ihr dadurch nicht ärmer, son-
dern reicher werdet.
18 Alles, was mir Epaphroditus von
euch überbrachte, habe ich bekom-
men. Nun habe ich alles, was ich
brauche, ja mehr als das! Eure Gabe
ist wie ein wohlriechendes Opfer,
das Gott gefällt. 19 Aus seinem
Reichtum wird euch Gott, dem ich
gehöre, durch Jesus Christus alles
geben, was ihr zum Leben braucht.
20 Dafür wollen wir Gott, unseren
Vater, in alle Ewigkeit loben und
preisen. Amen.

Herzliche Grüße

21 Grüßt alle Christen in Philippi von
mir. Herzliche Grüße von den Brü-
dern, die bei mir sind. 22 Auch alle an-
deren Christen hier grüßen euch, be-
sonders die, welche im Dienst des
Kaisers stehen.
23 Unser Herr Jesus Christus be-
wahre euch in seiner Gnade!

TU SELBST DEN ERSTEN SCHRITT!

Meike-D. Wessling

Philipper 4,5

Betrübt klagt mir eine Frau ihr Leid: «Ich fühle mich einsam und so allein. Keiner kümmert sich um mich. Im Gottesdienst umarmen sich alle, führen angeregte Gespräche – nur ich stehe abseits.»

In dem Moment fällt mir der Inhalt einer Cassette ein, die meine Kinder begeistert hören. Sie handelt von einem kleinen Mäusejungen, der sich sehnlichst einen Freund wünscht. Er weiß nur nicht, wo er ihn finden soll.

Seine Mutter gibt ihm den Rat: «Christopher, wo du einen Freund findest, das kann ich dir auch nicht sagen. Aber ich weiß, wie du einen finden kannst: Laß deine üble Laune zu Hause, geh offen und freundlich auf andere zu.»

Wenig später begegnet Christopher einer kleinen Feldmaus, die ihn nach einer Unterkunft fragt. Christopher weiß auch nicht, wo die Feldmaus unterkommen kann, und schickt sie fort. Da fällt ihm plötzlich der Rat der Mutter ein. Er ruft der kleinen Maus hinterher, hilft ihr bei der Wohnungssuche, und die beiden werden gute Freunde.

Indem ich diese kleine Geschichte erzähle, merke ich, wie meine Gesprächspartnerin anfängt, aus ihrem emotionalen Gefängnis auszubrechen, und Mut schöpft, an ihrer Situation selbst etwas zu verändern. Sie beginnt die Schätze, die sie in sich trägt, auszupacken und Menschen mit ihrer Art zu beschenken, anstatt darauf zu warten, daß andere zuerst auf sie zukommen.

Paulus will uns in diesem Vers ermuntern, jeden Menschen unsere Güte und Freundlichkeit erfahren zu lassen und nicht darin zu verharren, daß der andere den ersten Schritt tut.

Der Brief des Paulus an die Christen in Kolossä

Anschrift und Gruß

1 Paulus, der von Gott zum Bot-
schafter Jesu Christi berufen wur-
de, und sein Mitarbeiter Timotheus
2 senden diesen Brief an die Christen
in Kolossä, mit denen wir im Glauben
verbunden sind.[a] Wir wünschen euch
Gnade und Frieden von Gott, unse-
rem Vater.

Wir beten für euch

3 Wenn wir für euch beten, danken wir
immer wieder Gott, dem Vater unse-
res Herrn Jesus Christus. 4 Wir haben
von eurem festen Glauben an Jesus
Christus gehört und von eurer Liebe
zu allen Christen; 5 denn ihr wißt ja,
daß sich eure Hoffnung im Himmel er-
füllen wird. Von dieser Hoffnung habt
ihr gehört, als man euch das Evange-
lium von Jesus Christus, das Wort der
Wahrheit, verkündete.

6 Diese Heilsbotschaft wird nicht
nur bei euch, sondern auch in der
ganzen Welt gepredigt. Immer mehr
hören die Botschaft des Evangeliums,
nehmen sie an, und ihr Glaube trägt
reiche Frucht. So ist es auch bei euch
vom ersten Tage an gewesen, an dem
ihr erkannt habt, wie barmherzig
Gott ist. 7 Euch brachte unser lieber
Mitarbeiter Epaphras dieses Evange-
lium. Wir wissen, daß er euch ein
treuer und guter Lehrer war. 8 Er hat
uns auch davon berichtet, welch brü-
derliche Liebe der Heilige Geist in
euch geweckt hat.[b]

9 Seitdem haben wir nicht aufge-
hört, für euch zu beten und Gott dar-
um zu bitten, daß ihr seinen Willen
erkennt und sein Geist euch mit
Weisheit und Einsicht erfüllt. 10 Dann
nämlich könnt ihr so leben, wie es
Gott gefällt, und viel Gutes tun. Ihr
sollt ihn immer besser kennenlernen
11 und seine göttliche Kraft erfahren,
damit ihr geduldig und ausdauernd
euern Weg gehen könnt.

12 Ihr habt wirklich allen Grund,
Gott, dem Vater, von ganzem Her-
zen dafür zu danken, daß ihr einmal
mit allen anderen Christen bei ihm
sein dürft, in seinem Reich des
Lichts. 13 Er hat uns aus der Gewalt
der Finsternis befreit, und nun leben
wir unter der Herrschaft seines ge-
liebten Sohnes Jesus Christus.
14 Durch ihn sind wir erlöst, unsere
Sünden sind vergeben.

Was Christus für uns getan hat

15 Christus ist das Abbild seines Va-
ters; in ihm wird der unsichtbare Gott
für uns sichtbar. Vor Beginn der
Schöpfung war er da.[c] 16 Durch ihn ist

a) Wörtlich: an die Heiligen, die gläubigen Brüder in Christus.
b) Wörtlich: von eurer Liebe im Geist.
c) Wörtlich: (Er ist der) Erstgeborene vor aller Schöpfung.

Gottes Willen erkennen und tun

Maria Czerwonka

Kolosser 1,9–11

Wer Gottes Liebe erfahren hat, wer das gewaltige Erlösungswerk Jesu erlebt, der wird alles daran setzen, nun nicht nur diesem Vater zu gehören, sondern auch zu tun, was ihm gefällt. Denn wir erahnen, wie befreiend es ist und wie gut es uns tut, wenn wir tun, was er möchte. Allerdings stoßen wir in diesem Bemühen schnell an unsere engen Grenzen und versuchen nun mit eigener Kraft, Gottes Willen zu tun.

An diesem Punkt beginnt der Kampf zwischen unserer alten Natur – den Prägungen und alten Maßstäben, nach denen wir bisher gelebt haben – und dem Neuen, das Gott durch seinen Geist in uns wirken will und kann.

Hier sind wir am Scheidepunkt zwischen Heuchelei und Heiligung. Hier findet in meinem Herzen die Entscheidung statt, ob ich Gottes Gerechtigkeit in Jesus annehme oder selbst gerecht werden will.

Jesus starb am Kreuz für uns, und damit öffnete sich für uns die Tür zu Gott, so daß wir uns nun Kinder Gottes nennen können. Wir haben eine persönliche Beziehung zu Gott. Als Tochter Gottes habe ich Anteil an der Kraft und Stärke meines himmlischen Vaters. So möchte er seine Herrschaft der Liebe, der Vergebung, der Freiheit, des gelebten Friedens in unseren Beziehungen, Freundschaften, Ehen und Familien aufrichten.

Nur durch den Geist des Vaters erfassen wir überhaupt erst diese Gotteskindschaft. Nur durch seine Offenbarung werden wir mit den Gedanken der Liebe und dem Willen Gottes vertraut und erkennen seine Wege für unser Leben. In dieser innigen Beziehung mit dem himmlischen Vater werden wir ausgerüstet, um die für uns vorbereiteten Wege gehen zu können.

So wie Paulus hier für die Kolosser betet, können auch wir beten – für uns selbst und füreinander. Damit wir Gott, unseren Vater, immer tiefer kennenlernen und immer vertrauter mit ihm werden, um seine Liebe zu empfangen und seinen Willen tun zu können an dem Platz, an dem wir stehen: als Frau, Schwester, Freundin, Kollegin, Ehefrau oder Mutter.

alles erschaffen, was im Himmel und auf der Erde ist, alles Sichtbare und Unsichtbare, alle Königreiche und Mächte, alle Herrscher und Gewalten. Alles ist durch ihn und auf ihn hin geschaffen. 17 Denn Christus war vor allem anderen; und nur durch ihn besteht alles. 18 Er ist das Haupt der Gemeinde, die sein Leib ist. Mit ihm hat alles angefangen. Weil er in allen Dingen der Erste ist, war er auch der erste, der von den Toten zu neuem Leben auferstand. 19 Denn Gott wollte mit allem, was er ist und hat, in seinem Sohn wohnen. 20 Alles im Himmel und auf der Erde sollte durch Christus mit Gott wieder versöhnt werden und Frieden mit ihm finden. Das ist geschehen, als er am Kreuz sein Blut vergoß.

21 Auch ihr habt früher von Gott nichts gewußt und seid mit euerm bösen, sündigen Leben bisher seine Feinde gewesen. 22 Durch seinen Tod hat euch Christus mit Gott versöhnt, so daß ihr einmal ohne Sünde und ohne jeden Makel vor Gott stehen könnt. 23 Bleibt nur fest und unerschütterlich in eurem Glauben, und laßt euch durch nichts davon abbringen! Keine Macht der Erde soll euch die Hoffnung des Evangeliums rauben, das euch wie allen anderen Menschen dieser Erde verkündet worden ist.

Im Auftrag Gottes

Im Auftrag Gottes verkündige ich, Paulus, dieses Evangelium. 24 Und was ich auch immer dabei erleiden muß, nehme ich gern auf mich; ich freue mich sogar darüber. Das Maß der Leiden, die ich für Christus auf mich nehmen muß, ist noch nicht voll. Und ich leide für seinen Leib, für seine Gemeinde.[a] 25 Gott hat mir aufgetragen, seiner Gemeinde zu dienen und euch sein Wort uneingeschränkt und ohne Abstriche zu verkünden. 26 Ihr habt erfahren, was von Anfang der Welt, was allen Menschen vor euch verborgen war: ein Geheimnis, das euch als Christen jetzt enthüllt worden ist. 27 Gott wollte euch zeigen, wie unbegreiflich und wunderbar dieses Geheimnis ist, das für alle Menschen auf dieser Erde gilt: Christus lebt als der Auferstandene mitten unter euch. Er hat euch die Hoffnung auf die Herrlichkeit Gottes geschenkt.[b]

28 Diesen Christus verkündigen wir euch. Mit aller geistlichen Weisheit, die Gott mir gegeben hat, ermahne ich die Menschen und unterrichte sie im Glauben, damit jeder einzelne zu einem reifen, mündigen Christen wird. 29 Das ist das Ziel meiner Arbeit, dafür kämpfe ich und mühe ich mich ab. Christus, der mit seiner Macht in mir wirkt, schenkt mir die Kraft dazu.

2 Ihr sollt wissen, wie sehr ich um euch kämpfe, auch um die Gemeinde in Laodicea und um all die anderen, die mich persönlich noch gar nicht kennen. 2 Gott möge euch Mut und Kraft geben und euch in der Liebe Christi zusammenhalten; die ganze Größe seines Geheimnisses sollt ihr erkennen. Dieses Geheimnis ist

a) Wörtlich: Jetzt freue ich mich in den Leiden für euch und erfülle, was an den Trübsalen Christi noch fehlt, an meinem Fleisch für seinen Leib, das ist die Gemeinde.
b) Wörtlich: Christus unter (in) euch, die Hoffnung auf Herrlichkeit.

Grösser als alles, was uns Bauchweh macht

Katrin Ledermann

Kolosser 2,9.10

Wenn eine Frau ein Baby erwartet, genießt sie das wunderbare Gefühl, daß ein anderes Wesen in ihr lebt und wächst. Ein kleiner Mensch nimmt Gestalt an, regt und bewegt sich, läßt sich durch die liebenden Hände der zukünftigen Eltern ertasten.

Wie großartig ist das Wissen, daß Gott selbst in uns lebt – für immer! Der große Gott und Schöpfer lebt in uns – während unseres Erdendaseins. Wenn die Todesstunde kommt, wird sie für uns die Wende zur Herrlichkeit. Wir werden dann hineingenommen ins Reich des Himmels: Vorher lebte durch Christus das Reich Gottes inwendig in uns – danach leben wir selbst in Gottes Reich.

Diese Verbundenheit mit Christus gibt einen unerhörten Trost, weil er der Herr ist über alle Mächte und Gewalten, über sichtbare und unsichtbare. Das gibt unserem Glauben die feste Zuversicht, daß uns letzlich kein Mensch und kein «Geist» wirklich etwas anhaben kann, weil Christus in uns lebt und stärker ist.

Wir dürfen jubeln, weil sich Gott ganz und gar und ohne Vorbehalte seinerseits in diesem einzigartigen Christus finden läßt! Wir dürfen gewiß sein, in ihm alles gefunden zu haben und nichts außerhalb der Heiligen Schrift suchen zu müssen. Welche Erleichterung, das in einer so schnellebigen Zeit wissen und glauben zu dürfen wie ein Kind!

Ein Kind war es auch, das mir diese Gewißheit, daß Gott in uns wohnt, am selbstverständlichsten veranschaulicht hat. Der Vierjährige hatte starkes Bauchweh und mußte zum Kinderarzt gebracht werden. Als er auf der Liege ausgestreckt war, drückte der Arzt auf seinen Bauch und fragte: «Patrick, was hast du da drin?»

«Jesus!» antwortete der Junge spontan.

Möge uns Erwachsenen das Glück beschieden sein, daß uns – wie diesem kleinen Jungen – Christus gegenwärtiger ist als alles, was uns Bauchweh macht!

Christus. [3]In ihm ist alles, was es an Weisheit und Erkenntnis Gottes geben kann.

[4]Ich sage das in aller Deutlichkeit, damit ihr euch von niemandem durch wohlklingende Worte betrügen laßt. [5]Zwar bin ich weit von euch entfernt, aber im Geist bin ich mit euch allen verbunden. Ich bin glücklich, wenn ich sehe, wie fest ihr zusammensteht und wie unerschütterlich ihr an Christus glaubt.

Nur Christus ist wichtig

[6]Ihr habt Christus als euren Herrn angenommen; nun lebt auch mit ihm und tut seinen Willen. [7]Wie ein Baum in der Erde, so sollt ihr in Christus fest verwurzelt bleiben, und nur er soll das Fundament eures Lebens sein. Haltet fest an dem Glauben, den man euch lehrte, und dankt Gott für alles, was er euch geschenkt hat.

[8]Laßt euch von keiner Ideologie oder irgendwelchem leeren Gerede einfangen. All das haben sich Menschen ausgedacht; aber hinter ihren Gedanken stehen dunkle, dämonische Mächte und nicht Christus. [9]Nur in Christus ist Gott wirklich zu finden, denn in ihm lebt er ganz und gar. [10]Deshalb lebt Gott auch in euch, wenn ihr mit Christus verbunden seid. Er ist der Herr über alle Mächte und Gewalten.[a]

[11]Durch euern Glauben an Christus habt ihr euer altes, sündiges Leben aufgegeben, seid auch ihr Beschnittene. Zwar nicht durch eine Beschneidung, wie sie der Priester im Tempel durchführt, sondern durch die Beschneidung, wie ihr sie durch Christus erfahren habt.

[12]Durch die Taufe ist euer altes Leben beendet; ihr wurdet mit Christus gleichsam begraben; aber durch den Glauben seid ihr auch mit ihm zu einem neuen Leben auferweckt worden. Diesen Glauben hat Gott in euch bewirkt, und er war es auch, der Christus von den Toten auferstehen ließ. [13]Durch euren Egoismus[b] und eure Sünden wart ihr für Gott tot, aber er hat euch mit Christus lebendig gemacht und alle Schuld vergeben.

[14]Gott hat den Schuldschein, der uns mit seinen Forderungen so schwer belastete, eingelöst und auf ewig vernichtet, indem er ihn ans Kreuz nagelte. [15]Auf diese Weise wurden die finsteren dämonischen Mächte entmachtet und in ihrer Ohnmacht bloßgestellt, als Christus über sie am Kreuz triumphierte.

Freiheit durch Christus

[16]Darum ist es auch unsinnig, daß ihr euch Vorschriften machen laßt über eure Eß- und Trinkgewohnheiten oder bestimmte Feiertage, religiöse Feste und was man am Sabbat tun darf oder nicht. [17]Das alles sind nur schwache Abbilder, ein Schatten von dem, was in Christus Wirklichkeit geworden ist.

[18]Laßt euch deshalb durch niemanden von euerm Ziel abbringen. Schon gar nicht von solchen Leuten, die sich in falsch verstandener Demut gefallen, zu Engeln beten und sich dabei stolz auf ihre Visionen berufen. Diese Menschen haben nicht

a) Wörtlich: Und ihr seid in ihm Erfüllte, der das Haupt jeder Macht und Gewalt ist.
b) Wörtlich: Unbeschnittenheit eures Fleisches.

Ist denn alles vergeblich?

Aus Psalm 90

Herr, solange es Menschen gibt, bist du unsere Zuflucht!
Ja, bevor die Berge geboren wurden,
noch bevor Erde und Weltall unter Wehen entstanden,
warst du, o Gott. Du bist ohne Anfang und Ende.

Du läßt den Menschen wieder zu Staub werden,
«kehr zurück!», sprichst du zu ihm.
Tausend Jahre sind für dich wie ein einziger Tag,
wie ein Tag, der im Flug vergangen ist, wie eine Stunde Schlaf.
Du reißt die Menschen hinweg,
sie verschwinden so schnell wie ein Traum nach dem Erwachen.
Sie vergehen wie das Gras: Morgens sprießt es und blüht auf,
doch schon am Abend welkt und verdorrt es im heißen Wüstenwind.
Ja, durch deinen Zorn vergehen wir, schnell geht es mit uns zu Ende!
Unsere Schuld liegt offen vor dir. Dein Zorn läßt unser Leben verrinnen –
schnell wie ein kurzer Seufzer ist es vorbei!

Unser Leben dauert siebzig, vielleicht sogar achtzig Jahre.
Doch worauf wir stolz sind, ist nur Mühe, viel Lärm um nichts!
Wie schnell eilen die Jahre vorüber! Wie rasch fliegen sie davon!
Doch wer kann begreifen, wie gewaltig dein Zorn ist?
Wer fürchtet sich schon davor? Mach uns bewußt,
wie kurz unser Leben ist, damit wir endlich zur Besinnung kommen!

Herr, wende dich uns wieder zu! Wie lange soll dein Zorn noch dauern?
Hab Erbarmen mit uns, wir gehören doch zu dir!
Herr, schenke uns deine Liebe jeden Morgen neu!
Dann können wir singen und uns freuen, so lange wir leben!
So viele Jahre litten wir unter Not und Bedrückung;
laß uns nun ebenso viele Jahre Freude erleben!
Zeige uns, wie machtvoll du eingreifst;
auch unsere Kinder sollen deine mächtigen Taten sehen!

den geringsten Grund, sich derart aufzuspielen. 19 Sie halten sich nicht mehr an Christus, der doch das Haupt der Gemeinde ist. Denn nur von ihm her kann die Gemeinde als sein Leib zusammengehalten werden und so wachsen und gedeihen, wie Gott es will.[a]

20 Wenn ihr euch nun als Christen vom Wesen dieser Welt und ihren Mächten losgesagt habt,[b] weshalb unterwerft ihr euch dann von neuem ihren Forderungen und lebt so, als wäre diese Welt für euch maßgebend? 21 Weshalb laßt ihr euch vorschreiben: «Du darfst dieses nicht anfassen, jenes nicht essen und ganz bestimmte Dinge nicht berühren»? 22 Diese Gebote sind doch nichts anderes als von Menschen erdachte Verhaltensregeln.[c] 23 Möglich, daß Menschen, die danach leben, den Anschein von Weisheit erwecken, zumal sie fromm wirken und sich selbst bei diesen Anstrengungen nicht schonen[d]. Tatsächlich aber hat dies alles überhaupt nichts mit der Ehrfurcht vor Gott zu tun, sondern es dient ausschließlich menschlichem Ehrgeiz und menschlicher Eitelkeit.

3 Wenn ihr nun mit Christus zu einem neuen Leben auferstanden seid, dann richtet euer ganzes Leben nach ihm aus. Seht dahin, wo Christus ist, auf dem Ehrenplatz an Gottes Seite. 2 Richtet eure Gedanken auf Gottes kommendes Reich und nicht auf das, was diese Welt zu bieten hat.[e] 3 Denn für diese Welt seid ihr gestorben, aber Gott hat euch mit Christus bereits ewiges Leben geschenkt, auch wenn das jetzt noch verborgen ist. 4 Doch wenn Christus, unser Leben, erscheinen wird, dann wird in Herrlichkeit sichtbar werden, daß ihr mit ihm lebt.

Wie Christen leben sollen

5 Also trennt euch ganz entschieden von allen selbstsüchtigen Wünschen, wie sie für diese Welt kennzeichnend sind! Trennt euch von Sittenlosigkeit und Unmoral, von Leidenschaften und Lastern, aber auch von der Habgier, die den Besitz für das Wichtigste im Leben hält und ihn zu ihrem Gott macht! 6 Wer diese Dinge in seinem Leben duldet, wird Gottes gerechten Zorn zu spüren bekommen.

7 Auch ihr habt früher so gelebt. 8 Doch das ist jetzt vorbei. Laßt euch nicht mehr von Zorn und Haß beherrschen. Schluß mit aller Bosheit! Schluß mit dem gotteslästerlichen Reden und Fluchen! 9 Hört auf, euch gegenseitig zu belügen. Ihr habt doch euer früheres Leben mit allem, was dazugehörte, wie alte Kleider abgelegt. 10 Zieht jetzt neue Kleider an, denn ihr seid neue Menschen geworden! Laßt euch von Gott erneuern. So entsprecht ihr immer mehr dem Bild, nach dem Gott euch geschaffen

a) Wörtlich: ...und sich nicht an das Haupt halten, von dem her der ganze Leib, durch Sehnen und Bänder gestützt und zusammengefügt, wächst im Wachstum Gottes.
b) Wörtlich: Wenn ihr nun mit Christus den Weltelementen abgestorben seid.
c) Wörtlich: Das ist doch alles zum Verderb durch Verbrauch bestimmt – nach Satzungen und Lehren der Menschen.
d) Wörtlich: und nicht ihren Leib schonen.
e) Wörtlich: Sinnt auf das, was oben ist, nicht auf das, was auf Erden ist.

Ich bin reicher, als ich dachte

Hannelore Risch

Kolosser 3,12.13

Es gibt falsche und echte Könige, Prinzen und Prinzessinnen. Sie sind auf den ersten Blick nicht zu unterscheiden. Aber die einen spielen auf der Bühne oder beim Karneval nur eine königliche Rolle, die anderen sind von Geburt an königlich. Welch ein Unterschied!

Es gibt Christen, die bemühen sich sehr, christlich zu sein oder so zu erscheinen. Das ist harte Arbeit – und oft genug eine Überforderung! Aber es gibt auch Christen, die wachen morgens auf und denken: «Ich bin ein von Gott geliebter Mensch – ich bin sogar sein geliebtes Kind! Welch ein Geschenk – ich habe es sicher nicht verdient!»

Egal wie trübe oder traurig der Tag aussehen mag, diesen Menschen scheint doch eine helle Sonne, die sie froh und stark macht. Darum können sie an die Widerwärtigkeiten des Tages gehen mit dem Wissen: «Ich bin ein Königskind! Mein himmlischer Vater hat alles und kann alles und hilft mir!» Für ihr Tagewerk ziehen sie «königliche Kleider» an, die der höchste König ihnen bereitgelegt hat: herzliches Erbarmen, Güte, Demut, Nachsicht und Geduld. So ausgestattet ist es ihnen möglich, Streitereien zu beenden, Frieden zu stiften und einander zu vergeben. Es ist dann keine Überforderung!

Und doch – da gibt es eine Person, die hat mich so sehr verletzt, daß ich ihr nicht vergeben will. Ich beklage mich über sie bei meinem himmlischen Vater. Der macht mich darauf aufmerksam, ob vielleicht auch ich Vergebung benötige?

Da fällt es mir wie Schuppen von den Augen: Ich erkenne meine Sturheit und meine Rechthaberei: «Vergib mir meine Schuld, Vater im Himmel!»

«Jesus Christus hat für dich restlos bezahlt!» lautet die Antwort. Ich lasse mich füllen von Gottes überfließender Vergebung.

Wie wunderbar, daß es diese unverdiente Gnade für mich gibt! Ich bin reicher, als ich dachte. Ich bin so reich beschenkt, daß ich an meinen Schuldner abgeben kann. Ich vergebe ihm in Gedanken, vielleicht auch in Worten, weil Christus mir vergeben hat. Aus der Fülle seiner Vergebung kann ich weiterreichen an die Person, von der ich dachte, ihr nie vergeben zu können.

hat.[a] 11 Dann ist unwichtig, ob einer Grieche oder Jude ist, beschnitten oder unbeschnitten, ob er einem unkultivierten oder gar primitiven Volk angehört, ob er ein Sklave oder Herr ist. Entscheidend ist einzig und allein, ob Christus in ihm lebt.[b]

12 Weil ihr von Gott auserwählt und seine geliebten Kinder seid, die zu ihm gehören, sollt ihr euch untereinander auch herzlich lieben in Barmherzigkeit, Güte, Demut, Nachsicht und Geduld. 13 Streitet nicht miteinander, und seid bereit, einander zu vergeben, selbst wenn ihr glaubt, im Recht zu sein. Denn auch Christus hat euch vergeben. 14 Das Wichtigste ist die Liebe. Wenn ihr sie habt, wird euch nichts fehlen.[c] 15 Und der Friede, den Christus schenkt, soll euer ganzes Leben bestimmen. Gott hat euch dazu berufen, als Gemeinde Jesu in diesem Frieden eins zu sein. Dankt Gott dafür!

16 Laßt das Wort Christi seinen ganzen Reichtum bei euch entfalten. Achtet darauf, daß es bei euch richtig verkündigt und verstanden wird. Ermutigt und ermahnt euch gegenseitig, und dankt Gott von ganzem Herzen mit Psalmen, Lobgesängen und Liedern, die euch der Heilige Geist schenkt. Ihr habt doch Gottes Gnade erfahren! 17 Laßt all euer Tun – euer Reden wie euer Handeln – im Namen unseres Herrn Jesus geschehen. So könnt ihr Gott, dem Vater, für alles danken.

Christsein in der Familie

18 Ihr Frauen, seid dazu bereit, euch euern Ehemännern unterzuordnen. So erwartet es Christus von euch. 19 Ihr Männer, liebt eure Ehefrauen und kränkt sie nicht. 20 Ihr Kinder, seid euern Eltern in allen Dingen gehorsam; denn das gefällt dem Herrn. 21 Ihr Väter, seid liebevoll zu euern Kindern, damit sie nicht ängstlich und mutlos werden.

Christsein im Beruf

22 Wer Vorgesetzte hat,[d] der soll sie in jeder Beziehung als solche anerkennen. Und das nicht, um gut bei ihnen angesehen zu sein. Nein, er soll seine Arbeit aufrichtig und in Ehrfurcht vor Gott tun. 23 Denkt bei allem daran, daß ihr für Gott und nicht für die Menschen arbeitet. 24 Als Lohn dafür wird Gott euch geben, was er versprochen hat. Das wißt ihr ja.[e] Ihm allein, euerm Herrn Jesus Christus, dient ihr und keinem anderen! 25 Wer allerdings Unrecht tut, wird auch dafür den entsprechenden Lohn bekommen; er mag sein, wer er will.

4 Wer Vorgesetzter ist, soll seine Mitarbeiter gerecht und anständig behandeln. Er darf niemals vergessen, daß auch er über sich einen Herrn hat: Gott im Himmel.

a) Wörtlich: Und zieht den neuen (Menschen) an, der erneuert wird zur Erkenntnis nach dem Bild dessen, der ihn schuf.
b) Wörtlich: Wo es nicht mehr Grieche und Jude, Beschneidung und Unbeschnittensein, Barbar, Skythe, Sklave, freier Mann gibt, sondern Christus alles in allen (ist).
c) Wörtlich: Über diesen allen aber die Liebe, die das Band der Vollkommenheit ist.
d) Wörtlich: Ihr Sklaven...
e) Wörtlich: Wißt ihr doch, daß ihr vom Herrn als Vergeltung das Erbe empfangen werdet.

Wie sollen wir antworten?

Carole Mayhall

Kolosser 4,6

Meine Freundin und ich sehen uns nicht oft. Doch nach jedem Gespräch mit ihr fühle ich mich neu herausgefordert, angespornt und motiviert. Sie regt meinen Geist an mit frischen Ideen, weckt in mir einen Durst nach Gerechtigkeit und fordert mich heraus mit ihrer Hingabe an das Wort Gottes.

Meine Freundin nimmt sich jede Woche einen ganzen Vormittag lang Zeit zu intensivem Bibelstudium und Gebet. Wie kaum eine andere Frau spiegelt sie für mich den obengenannten Vers wider, denn das, was sie sagt, ist voller Liebe und trifft doch die Wahrheit im Kern.

Wenn wir diesen Bibelvers genau untersuchen, dann soll unsere Rede drei wesentliche Eigenschaften aufweisen:

1) Sie soll «freundlich» sein. Unsere Unterhaltung mit anderen Menschen soll liebevoll im Ton sein, sie soll Gutes, Dankbarkeit und Gottesfurcht zum Ausdruck bringen.

2) Sie soll «wahrhaftig» oder «mit Salz gewürzt» sein (so heißt es in der Lutherübersetzung). Salz verleiht den Speisen einen besseren Geschmack. Außerdem macht es durstig. Ich kann mich ruhig öfter fragen, ob der Inhalt meiner Rede anderen gut «schmeckt» und ob Menschen davon «durstig» nach Gott werden.

3) Eine Unterhaltung, die freundlich und wahrhaftig ist, zeichnet sich dadurch aus, daß wir «für jeden die richtigen Worte finden».

Um wirklich zu wissen, wie wir antworten sollen – sei es auf den Herzensschrei einer Freundin oder auf eine Frage nach wichtigen geistlichen Dingen –, müssen wir Weisheit haben. Eine andere Weisheit, als sie an Schulen und Universitäten gelehrt wird! Es geht hier um Gottes Weisheit, die wir bekommen, wenn wir Gottes Wort studieren und – wie Maria – zu Füßen dessen sitzen, der die Weisheit ist: Jesus Christus.

Für andere leben

2 Laßt euch durch nichts vom Gebet
abbringen, und vergeßt dabei nicht,
Gott zu danken. 3 Betet auch für uns,
damit Gott uns eine Möglichkeit gibt,
die Botschaft von Christus zu verkün-
digen, für die ich hier im Gefängnis
sitze. 4 Und betet, daß ich frei und of-
fen von dem reden kann, was mir auf-
getragen wurde.

5 Verhaltet euch klug und besonnen
denen gegenüber, die keine Christen
sind. Denkt daran, daß euch nicht
mehr viel Zeit bleibt. 6 Redet mit je-
dem Menschen freundlich, aber
scheut euch nicht, die Wahrheit zu sa-
gen.[a] Dann werdet ihr schon für jeden
die richtigen Worte finden.

Persönliche Grüße und Wünsche

7 Unser lieber Bruder Tychikus wird
euch berichten, wie es mir geht. Ich
bin dankbar dafür, in Tychikus einen
so treuen Mitarbeiter für die Sache
des Herrn gefunden zu haben.
8 Durch ihn sollt ihr nicht nur erfah-
ren, wie es mir geht, sondern er soll
euch ermutigen und weiterhelfen.
9 Euer Landsmann Onesimus wird ihn
begleiten. Auch ihn schätze ich als
treuen und lieben Bruder. Er und Ty-
chikus werden von allem berichten,
was hier geschehen ist.

10 Aristarchus, der zusammen mit
mir im Gefängnis ist, läßt euch grü-
ßen, ebenso Markus, der Vetter von
Barnabas. Seinetwegen hatte ich
euch ja schon geschrieben. Ich bitte
euch noch einmal, ihn freundlich auf-
zunehmen, wenn er zu euch kommt.
11 Auch Jesus Justus schickt euch sei-
ne Grüße. Diese drei Männer sind die
einzigen Christen jüdischer Her-
kunft, die mit mir hier zusammenar-
beiten und mir helfen, das Evange-
lium von Christus zu verkündigen.
Sie sind mir Trost und Hilfe zugleich.

12 Euer Landsmann Epaphras grüßt
euch ebenfalls sehr herzlich. Er dient
Jesus Christus mit ganzer Hingabe
und läßt nicht nach, für euch zu be-
ten. Inständig bittet er Gott darum,
daß ihr vollkommen und untadelig
vor Gott werdet und bereit, in allen
Dingen Gottes Willen zu erfüllen.
13 Ich kann bezeugen, wie er sich auf-
opfert und mit welch großem Eifer er
sich für euch, für die Christen in Lao-
dicea und die in Hierapolis einsetzt.
14 Freundliche Grüße auch von dem
Arzt Lukas, den wir alle sehr schät-
zen, und von Demas. 15 Grüßt bitte al-
le Christen in Laodicea von mir, vor
allem die Nympha und alle, die sich in
ihrem Haus versammeln.

16 Wenn ihr diesen Brief gelesen
habt, dann gebt ihn doch bitte an die
Gemeinde in Laodicea weiter. Lest
auch den Brief, den ich dorthin ge-
schrieben habe. 17 Und sagt dem Ar-
chippus: Erfülle den Auftrag, den dir
der Herr übertragen hat, treu und ge-
wissenhaft!

18 Und hier mein Gruß an euch, den
ich mit eigener Hand dazuschreibe:
Betet für meine Freilassung.[b]

Gottes Gnade sei mit euch!

a) Wörtlich: Euer Wort sei ... mit Salz gewürzt.
b) Wörtlich: Gedenkt meiner Fesseln!

ICH WILL AUCH DIE KLEINEN FREUDEN SEHEN!

Helen Lescheid

1. Thessalonicher 1,6

Können wir uns freuen, auch wenn wir Schweres leiden müssen? Ist das möglich?

Vor zehn Jahren kam mein Mann mit einem schweren Nervenzusammenbruch in eine psychiatrische Klinik. Ich fühlte mich in dem Moment, als hätte ein schweres Erdbeben unsere bis dahin so glückliche Familie erschüttert.

Aus seinen Augen leuchtete die nackte Furcht. Seine Lippen sprachen Todessehnsüchte aus.

Unsere Kinder waren völlig verunsichert. «Wo ist Gott?» fragte mein Sohn. «Warum hilft er Papa nicht?» Die Kinder so leiden zu sehen, vergrößerte noch meinen eigenen Schmerz.

Von den vergangenen zehn Jahren verbrachte mein Mann sieben Jahre im Krankenhaus, doch Heilung war nicht in Sicht. Im Laufe dieser Jahre merkte ich, daß ich meine Kinder nicht mit Worten trösten konnte.

«Wie werden andere Menschen mit solch niederschmetternden Situationen fertig?» fragte ich mich. «Wie schaffen sie es, trotz ihres großen Leides immer noch fröhlich zu sein?»

Corrie ten Boom fiel mir ein, die im Dritten Reich lange Zeit in Einzelhaft zubringen mußte. Ihre gesamte Welt lag in Trümmern, trotzdem konnte sie sich noch kindlich über einen vereinzelten Sonnenstrahl oder eine Schar Ameisen freuen. Freude dieser Art kann nur der Heilige Geist bewirken.

«O Gott», betete ich, «bitte, schenke mir Augen, die jeden Tag auch die kleinen Freuden sehen!»

Und genau das tat Gott. Er zeigt mir so viele Dinge, über die ich mich freuen kann: ein strahlender Sonnenaufgang, das Schreien der Wildgänse, das beruhigende Flüstern der Tannen, ein warmer Händedruck, ein unerwarteter Telefonanruf eines Freundes oder auch nur der Genuß einer guten Tasse Tee.

«Ach, Mama, du freust dich aber auch über die banalsten Dinge», lachen meine Kinder dann gutmütig, wenn ich sie auf diese kleinen Freuden hinweise. Doch ich merke, wie die Spannung von ihnen weicht.

Was meine Worte nicht geschafft haben, das hat die Kraft einer fröhlichen Herzenseinstellung fertiggebracht: Wir sind nun wirklich getröstet.

Der erste Brief des Paulus an die Christen in Thessalonich

Anschrift und Gruß

1 Paulus, Silvanus und Timotheus
schreiben diesen Brief an die Ge-
meinde in Thessalonich, die sich zu
Gott, dem Vater, und dem Herrn Je-
sus Christus bekennt. Gott möge
euch seine Gnade und seinen Frieden
schenken.

Vorbildlicher Glaube

2 Immer, wenn wir für euch alle beten,
danken wir Gott von ganzem Herzen.
3 Wir werden dann immer daran erin-
nert, mit welcher Selbstverständ-
lichkeit ihr euren Glauben in die Tat
umsetzt, mit welcher Liebe ihr für an-
dere sorgt und mit welcher Hoffnung
und Geduld ihr auf das Wiederkom-
men unseres Herrn Jesus Christus
wartet. 4 Wir wissen, liebe Brüder,
daß Gott euch liebt; ihr gehört ja zu
denen, die er auserwählt hat, seine
Kinder zu sein.

5 Denn als wir euch das Evangelium
von Jesus Christus brachten, da habt
ihr nicht nur das Wort gehört und auf-
genommen. Nein, Gottes Macht ist
unter euch wirksam geworden. Sein
Heiliger Geist erfüllte euch und gab
volle Gewißheit.[a] Ihr wißt selbst, wie
sehr ich mich bemüht habe, euch das
Beste zu geben.

6 Nun seid ihr unserem Beispiel und
dem unseres Herrn gefolgt. Und ob-
wohl ihr deswegen viel leiden mußtet,
habt ihr Gottes Wort mit einer sol-
chen Freude aufgenommen, wie sie
nur der Heilige Geist schenken kann.
7 So seid ihr für die Christen in ganz
Mazedonien und in der Provinz
Achaja zum Vorbild geworden.

8 Aber nicht nur dort habt ihr das
Evangelium weitergesagt, auch an
vielen anderen Orten spricht man von
euerm Glauben, so daß wir darüber
nichts mehr berichten müssen. 9 Im
Gegenteil! Überall spricht man da-
von, wie freundlich ihr uns aufge-
nommen habt, daß ihr nicht länger
die toten Götzenbilder anbetet, son-
dern zu dem lebendigen, wahren Gott
umgekehrt seid und ihm allein dient.
10 Jeder weiß auch, wie sehr ihr auf
Gottes Sohn wartet, auf Jesus, den er
von den Toten auferweckt hat und
der für alle sichtbar wiederkommen
wird. Er allein rettet uns vor Gottes
Zorn im kommenden Gericht.

Wie alles angefangen hat

2 Ihr wißt ja selbst, liebe Brüder,
wie es war, als wir zum ersten Mal
Gottes Wort bei euch verkündigten:
Viele sind zum Glauben gekommen.
2 Und ihr wißt auch, daß wir vorher in
Philippi viel zu leiden hatten und miß-

a) Wörtlich: Unser Evangelium erging an euch nicht bloß im Wort, sondern auch in Kraft und Heiligem Geist und voller Gewißheit.

DARUM REDEN WIR

Maria Czerwonka

1. Thessalonicher 2,4

Ich unterhielt mich mit einer sehr selbstbewußten Frau. Im Laufe unseres Gesprächs kam mir ein Bibelwort in den Sinn, das momentan weder zu ihr noch zu ihrem Anliegen zu passen schien. Als ich es dann aber doch aussprach, begann die Frau bitterlich zu weinen. Dieses Wort Gottes deckte eine große Not in ihr auf, die sie noch nie jemand anvertraut hatte. Gott berührte an diesem Tag ihr Herz und tröstete sie.

Wir sehen auf das, was vor Augen ist, was in unsere Erfahrung, unsere Erkenntnisse, unser Denken hineinpaßt. Dabei sind und bleiben unsere Sichtweise und unser verstandesmäßiges Begreifen begrenzt! Gott aber schaut das Herz an, sein Sehen und Hören ist vollkommen und klar. Deshalb wollen wir lernen, uns in den Begegnungen mit anderen Menschen von ihm leiten zu lassen.

Der Wunsch, anderen etwas davon zu erzählen, was wir selbst mit Gott erlebt haben, wird durch die Liebe Gottes in uns geweckt. Ich freue mich, daß Gott uns nicht nur einen Auftrag gibt, sondern uns auch fähig macht, diesen auszuführen. Er will unser Herz mit seinem Herzen im Einklang bringen. Er möchte uns seine Barmherzigkeit, seine Güte, seine Klarheit, seine Weisheit schenken für die Menschen, die wir auf unserem Lebensweg treffen – seien es Freunde, Kollegen, Nachbarn, der Ehemann oder unsere Kinder.

Gott hat uns eine wertvolle Nachricht anvertraut. Wir brauchen uns damit nicht zu verstecken. Wir dürfen es nicht. Dafür ist die Nachricht zu wichtig!

handelt worden waren. Aber Gott hat
uns den Mut und die Kraft gegeben,
euch seine Botschaft zu verkünden –
trotz aller Widerstände, mit denen
wir fertigwerden mußten. 3 Was wir
euch zu sagen haben, kommt schließ-
lich aus offenem, ehrlichem Herzen;
ohne hinterlistige und betrügerische
Absichten. 4 Das haben wir gar nicht
nötig. Weil Gott uns für würdig hält,
das Evangelium zu verkündigen, dar-
um reden wir; und wir wollen nicht
Menschen damit gefallen, sondern
Gott. Ihn können wir nicht täuschen,
denn er kennt alle unsere Gedanken.

5 Ihr wißt auch, daß wir euch nie-
mals mit Schmeicheleien einfangen
wollten und daß es uns nicht um unse-
ren eigenen Vorteil ging. Dafür ist
Gott unser Zeuge. 6 Niemals wollten
wir bei euch oder anderen Leuten
persönliches Ansehen gewinnen oder
uns wichtig machen.

7 Obwohl wir als Apostel Jesu Chri-
sti von euch durchaus einen Beitrag
zu unserem Unterhalt hätten verlan-
gen können, bewegte uns nichts an-
deres als unsere Liebe zu euch – eine
Liebe, wie sie eine Mutter für ihre
Kinder empfindet. 8 Weil wir euch so
liebgewonnen hatten, waren wir nicht
nur dazu bereit, euch Gottes Bot-
schaft zu verkünden, sondern auch
uns selbst, unser ganzes Leben für
euch einzusetzen.

9 Liebe Brüder, erinnert euch doch
nur einmal daran, wie hart wir damals
gearbeitet haben! Tag und Nacht ha-
ben wir uns geplagt; denn wir wollten
euch die Botschaft von Jesus Christus
bringen, ohne jemandem zur Last zu
fallen. 10 Gott weiß es, und ihr wißt es
auch, wie sehr wir in der Gemeinde
darauf geachtet haben, nach Gottes
Willen zu leben, gerecht und vorbild-
lich zu sein. 11 Denkt ihr noch daran,
daß ich für euch gesorgt habe wie ein
Vater für seine Kinder? Daß ich euch
ermahnte und ermutigte, 12 ja be-
schworen habe, so zu leben, daß Gott
geehrt wird? Denn als seine Kinder
sollt ihr in seinem Reich wohnen und
seine Herrlichkeit mit ihm teilen.

Gottes Kraft wirkt

13 Immer wieder danken wir Gott da-
für, daß ihr unsere Predigt[a] nicht als
Menschenwort aufgenommen und
verstanden habt, sondern als das, was
es ja tatsächlich ist, als Gottes Wort.
Dieses Wort verändert jeden, der
daran glaubt. 14 Ihr, liebe Brüder,
wurdet wegen eures Glaubens genau-
so verfolgt wie die Christen in Judäa.
Sie hatten von den Juden dasselbe zu
erleiden wie ihr von euren Landsleu-
ten. 15 Die Juden haben Jesus Christus
getötet, wie sie vorher schon ihre Pro-
pheten töteten. Jetzt verfolgen sie
auch uns. Mit Gott und aller Welt
sind sie verfeindet, 16 und auch uns
wollen sie mit allen Mitteln daran hin-
dern, anderen[b] die rettende Botschaft
von Jesus Christus zu verkündigen.
Das Maß ihrer Sünden ist voll; Gottes
Zorn läßt sich nicht mehr abwenden.
Er wird sie in ganzer Härte treffen.

17 Liebe Brüder, auch wenn wir uns
eine Zeitlang nicht sehen konnten,
waren wir in Gedanken immer bei
euch. Weil wir euch aber unbedingt
wiedersehen wollten, haben wir alles
mögliche unternommen, um zu euch
zu reisen. 18 Ich selbst versuchte es so-

a) Wörtlich: das Wort, das aus dem Hören (auf Gott) kommt.
b) Wörtlich: den (Heiden-) Völkern.

ICH WILL EINE MUTMACHERIN SEIN!

Margit Lambach

1. Thessalonicher 3,2

Oft genug fehlt mir der Mut, und ich sehe nur noch das Dunkle, Böse, Schwere. Dann muß ich mir neuen Mut und neue Hoffnung schenken lassen. Ich tue das, indem ich bete und mit meinem Vater im Himmel rede. Der versteht mich, auch wenn ich ganz unten bin und mir alles zuviel wird.

Gott zeigt mir den Grund aller Hoffnung: Er hat seinen Sohn Jesus Christus auf diese Erde geschickt, um uns seine Liebe zu zeigen. Wenn ich mir das bewußt mache, staune ich über Gottes Güte und Liebe, mit der ich so reich beschenkt bin. Und dann habe ich wieder selbst ganz viel Mut und Hoffnung und kann auch andere damit «anstecken».

Manchmal ist es einfach nur ein Spaziergang in der Natur, bei dem ich staunend Gottes wunderbare Schöpfung wahrnehme: die knorrige Baumrinde, das leuchtend-rote Blatt, die biegsamen Zweige, die Wiesenblümchen im taufrischen Gras … Dann spüre ich, wie herrlich Gott sich das alles ausgedacht hat mit dieser Welt – und daß ich ein Teil seiner herrlichen Schöpfung bin!

Eine schöne Erfahrung ist es auch, wenn jemand mir sagt oder zeigt: «Ich mag dich!» Wenn ich merke, ich werde angenommen und geliebt, so wie ich bin, ohne erst besondere Leistungen bringen zu müssen, dann tut mir das in der Seele gut.

Seitdem ich selbst diese Erfahrung gemacht habe, fange ich an, auch andere zu ermutigen. Ich sage einfach spontan, was mir an Positivem auffällt: die strahlenden Augen, der hübsche Pulli, die gelungene Bibelarbeit, die wunderbare Zusammenstellung der Blumen, das leckere Essen, die hilfreichen Worte … Es gibt so viele Möglichkeiten, wie wir uns das Leben gegenseitig schöner machen können!

Besonders originell hat Andreas Ebert das in seinem «Kindermutmachlied» ausgedrückt:

Wenn einer sagt, ich mag dich, du, ich find'dich ehrlich gut –
dann krieg ich eine Gänsehaut und auch ein bißchen Mut.
Wenn einer sagt, komm geh mit mir, zusammen sind wir was,
dann werd ich rot, weil ich mich freu, dann macht das Leben Spaß.
Wenn einer sagt, ich brauch'dich, du, ich schaff es nicht allein,
dann kribbelt es in meinem Bauch, ich fühl mich nicht mehr klein.
Gott sagt zu dir: «Ich hab'dich lieb und wär so gern dein Freund.
Und das, was du allein nicht schaffst, das schaffen wir vereint!»

gar mehrmals. Aber bisher hat der
Satan alle diese Pläne durchkreuzt.
[19]Doch wir werden nicht aufgeben.
Denn seid ihr nicht unsere Hoffnung
und Freude, der Siegespreis, auf den
wir stolz sein können, wenn Jesus
Christus wiederkommt? [20]Ja, ihr seid
wirklich unser Stolz und unsere Freude.

Wie geht es euch?

3 Wir konnten es einfach nicht länger ertragen, ohne Nachricht von
euch zu sein. Deswegen hatten wir
uns entschlossen, allein in Athen zu
bleiben [2]und unseren lieben Bruder
Timotheus zu euch zu schicken. Er
dient ja Gott und sollte euch ermutigen und in euerm Glauben stärken,
[3]damit ihr bei allem, was ihr augenblicklich erleiden müßt, standhaft
bleibt. Ihr wißt ja selbst, daß wir als
Christen leiden müssen. [4]Das haben
wir euch schon gesagt, als wir bei euch
waren. Und jetzt wißt ihr es aus eigener Erfahrung.

[5]Nun wollte ich aber genau wissen,
wie es euch geht, und darum habe ich Timotheus zu euch geschickt. Er sollte mir berichten, ob euer Glaube all diesen Angriffen standgehalten hat oder ob euch der Versucher zu Fall bringen konnte. Dann allerdings wäre all unsere Arbeit vergeblich gewesen.

Freude und Ermutigung

[6]Doch jetzt ist Timotheus zurückgekehrt. Er hat uns die besten Nachrichten von euch gebracht: wie ihr an
eurem Glauben festhaltet und wie
groß eure Liebe zueinander ist, daß
ihr uns nicht vergessen habt, ja daß
ihr euch ein Wiedersehen ebenso
sehnlich wünscht wie wir. [7]Das alles
hat uns in unserer eigenen Not und
Bedrängnis getröstet. [8]Jetzt haben
wir wieder neuen Lebensmut, weil ihr
unbeirrt an Jesus Christus festhaltet.
[9]Wie sollen wir Gott nur dafür danken, daß er uns durch euch so viel
Freude schenkt! [10]Tag und Nacht bitten wir ihn um ein Wiedersehen mit
euch. Denn wie gern würden wir euch helfen, daß ihr im Glauben weiter vorankommt.

[11]So warten wir jetzt darauf, daß
Gott, unser Vater, und Jesus, unser
Herr, uns recht bald zu euch führen.
[12]Euch aber schenke der Herr immer
größere Liebe zueinander und zu allen anderen Menschen; eine Liebe,
wie wir sie auch für euch empfinden.
[13]So werdet ihr innerlich stark, rein
und vollkommen vor Gott, unseren Vater, treten können, wenn Jesus, unser Herr, mit allen seinen Engeln[a] wiederkehren wird.

Wie ein Christ leben soll

4 Um eins möchte ich euch noch bitten, liebe Brüder. Wir haben euch bereits gesagt, wie ihr leben sollt, damit Gott Freude an euch hat. Wir wissen auch, daß ihr unseren Anweisungen folgt. Doch nun bitten wir euch eindringlich im Namen unseres Herrn Jesus, daß ihr euch mit dem
Erreichten nicht zufriedengebt. [2]Ihr
kennt ja die Gebote, die wir euch in seinem Auftrag gegeben haben.

[3]Gott will, daß ihr ganz und gar ihm

a) Wörtlich: mit allen seinen Heiligen.

Unter Gottes Schutz

Psalm 91

Wer unter dem Schutz des Höchsten wohnt,
der kann bei ihm, dem Allmächtigen, Ruhe finden.

Auch ich sage zu Gott, dem Herrn: «Bei dir finde ich Zuflucht,
du schützt mich wie eine Burg! Mein Gott, dir vertraue ich!»
Er bewahrt dich vor versteckten Gefahren und vor tödlicher Krankheit.
Er wird dich behüten wie eine Henne, die ihre Küken unter die Flügel nimmt.
Seine Treue schützt dich wie ein starker Schild.
Du brauchst keine Angst zu haben vor den Gefahren der Nacht
oder den heimtückischen Angriffen bei Tag.
Selbst vor der Pest, die im Dunkeln zuschlägt, oder dem tödlichen Fieber,
das am hellen Tag die Menschen befällt, fürchtest du dich nicht.

Wenn tausend neben dir tot umfallen,
ja, wenn zehntausend in deiner Nähe sterben – dich selbst trifft es nicht!
Mit eigenen Augen wirst du sehen, wie Gott es denen heimzahlt, die ihn mißachten.

Du aber darfst sagen: «Beim Herrn bin ich geborgen!»
Ja, bei Gott, dem Höchsten, hast du Heimat gefunden.
Darum wird dir nichts Böses zustoßen, kein Unglück wird dein Haus erreichen.
Denn Gott hat seine Engel ausgesandt, damit sie dich schützen,
wohin du auch gehst. Sie werden dich auf Händen tragen,
und du wirst dich nicht einmal an einem Stein verletzen!
Löwen werden dir nichts anhaben, auf Schlangen kannst du treten.

Gott sagt: «Er liebt mich von ganzem Herzen, darum will ich ihn retten.
Ich werde ihn schützen, weil er mich kennt und ehrt.
Wenn er zu mir ruft, antworte ich ihm.
Wenn er keinen Ausweg mehr weiß, bin ich bei ihm.
Ich will ihn befreien und zu Ehren bringen.
Bei mir findet er die Hilfe, die er braucht;
ich gebe ihm ein erfülltes und langes Leben!»

gehört. Deshalb soll sich niemand mit
Dirnen abgeben oder auf andere
Weise unzüchtig leben.[a] 4 Jeder soll
mit seiner Ehefrau zusammenleben
und rücksichtsvoll mit ihr umgehen.[b]
5 Ungezügelte Leidenschaft ist ein
Kennzeichen der Menschen, die Gott
nicht kennen. 6 Keiner von euch darf
eine Ehe zerstören oder seinen Bru-
der durch Ehebruch betrügen.[c] Denn
wir haben es euch bereits mit allem
Nachdruck gesagt: Wer so etwas tut,
wird in Gott einen unbestechlichen
Richter finden. 7 Gott hat uns nicht zu
einem zuchtlosen Leben berufen,
sondern zu einem Leben, das ihn
ehrt. 8 Wer sich darüber hinwegsetzt,
der verachtet nicht Menschen; er ver-
achtet Gott, dessen Heiliger Geist in
euch wohnt.

9 Daß ihr euch als Christen unter-
einander lieben sollt, brauchen wir
euch nicht mehr zu sagen. Ihr wißt es,
denn Gott selbst hat euch gezeigt, wie
ihr einander lieben sollt.[d] 10 Ihr be-
weist diese Liebe ja auch an euern
Brüdern in ganz Mazedonien. Trotz-
dem, gebt euch damit nicht zufrie-
den; denn eure Liebe kann nie groß
genug sein. 11 Achtet darauf, daß ihr
ruhig und besonnen lebt. Kümmert
euch um eure eigenen Angelegenhei-
ten, und sorgt selbst für euern Le-
bensunterhalt, so wie wir es euch
schon immer aufgetragen haben.
12 Auf diese Weise seid ihr von nie-
mandem abhängig, und die Men-
schen außerhalb der Gemeinde wer-
den euch achten und euch vertrauen.

Hoffnung über den Tod hinaus

13 Und nun, liebe Brüder, möchten
wir euch nicht im unklaren darüber
lassen, was mit den Christen ist, die
schon gestorben sind. Ihr sollt doch
nicht trauern wie die Menschen, de-
nen die Hoffnung auf das ewige Le-
ben fehlt. 14 Wenn wir glauben, daß
Jesus gestorben und auferstanden ist,
so dürfen wir auch darauf vertrauen,
daß Gott alle auferwecken wird, die
im Glauben an Jesus Christus gestor-
ben sind. Wenn er wiederkommt,
werden sie dabeisein.

15 Denn das hat uns der Herr ganz
gewiß zugesagt: Wer bei der Wieder-
kunft Jesu noch am Leben ist, wird
gegenüber den Toten nichts voraus-
haben. 16 Auf den Befehl Gottes wer-
den die Stimme des höchsten Engels
und der Schall der Posaune vom
Himmel ertönen, und Christus wird
wiederkommen. Als erste werden
die auferstehen, die im Glauben an
Christus gestorben sind. 17 Nach ih-
nen werden wir, die wir zu diesem
Zeitpunkt noch leben, unserem
Herrn entgegengeführt, um ihm zu
begegnen.[e] Dann werden wir für im-
mer bei ihm sein. 18 Tröstet euch un-
tereinander, weil ihr diese Hoffnung
habt.

Wir warten auf Christus

5 Wann das alles sein wird, zu
welcher Zeit und Stunde, brau-
chen wir euch, liebe Brüder, nicht zu

a) Wörtlich: Das ist Gottes Wille: eure Heiligung, daß ihr euch der Unzucht enthaltet.
b) Wörtlich: Jeder von euch soll sein eigenes Gefäß in Heiligkeit und in Ehren halten.
c) Wörtlich: Weder übervorteile noch betrüge jemand seinen Bruder in solcher Angelegenheit.
d) Wörtlich: Ihr seid selbst Gott-Belehrte.
e) Wörtlich: Dann werden wir, die Lebenden, die Übriggelassenen, mit ihnen zusammen auf Wolken entrückt werden, dem Herrn entgegen, in die Lüfte.

Die grosse Wiedersehensfreude

Ilse Ammann-Gebhardt

1. Thessalonicher 4,13

Keiner von uns bleibt von Schmerz, Kümmernissen oder Niederlagen verschont. Sie kommen. Und früher oder später im Leben begegnen wir auch dem Tod. Menschen, die wir lieben, werden durch eine schwere Krankheit von uns genommen oder durch einen plötzlichen Unfall. Wir stehen fassungslos da, müssen uns mit der Situation auseinandersetzen, wieder «Boden unter den Füßen» gewinnen, uns durchringen, durchtrauern. Das kann uns hart ankommen, je näher uns die verstorbene Person gestanden hat. Auch bei Christen ist der Schmerz da und will bewältigt sein.

Ich hörte von einem jüngeren Mann, der dem Glauben fernstand. Am Sarg seiner Mutter rief er nur immer wieder verzweifelt: «Ich seh dich niemals wieder, niemals!» – Welche Hoffnungslosigkeit für einen Menschen, der nicht an Gott, nicht an die Auferstehung der Toten und ewiges Leben glaubt.

Wir werden immer wieder der Frage begegnen: Gibt es wirklich eine Auferstehung? Wie kann man das wissen? Es ist noch keiner zurückgekommen … Doch, da ist einer! Augenzeugen berichten uns in der Bibel von seiner Auferstehung (1. Korinther 15,3–8). Und in unsrem Kapitel heißt es in Vers 14: «Wenn wir glauben, daß Jesus gestorben und auferstanden ist, so dürfen wir auch darauf vertrauen, daß Gott alle auferwecken wird, die im Glauben an Jesus Christus gestorben sind.»

Wenn wir das zutiefst begriffen haben, daß Jesus lebt, daß er nicht im Grab geblieben ist, so können wir glauben, daß auch wir auferstehen werden. Und so wahr wir ihn sehen werden, so wahr werden wir auch alle unsere Lieben wiedersehen, die uns vorausgegangen sind. Das verändert unsere Trauer. Wir müssen nicht trauern wie Menschen, denen die Hoffnung auf das ewige Leben fehlt.

Und plötzlich verstehen wir auch, was Johannes auf der Insel Patmos gesehen hat (Offenbarung 7,9–17): Eine große, unzählbare Schar, Menschen aus allen Völkern, Stämmen und Nationen … Sie stehen vor Gottes Thron und jauchzen ihm zu. Und dann heißt es: «Gott wird abwischen alle Tränen von ihren Augen.»

Unsere Trauer wird von Hoffnung durchglüht und wandelt sich zur Gewißheit einer großen Wiedersehensfreude.

schreiben. [2]Ihr wißt ja genau, daß Je-
sus Christus[a] so unerwartet kommen
wird wie ein Dieb in der Nacht.
[3]Wenn sich die Leute in Sicherheit
wiegen und sagen werden: «Überall
ist Ruhe und Frieden», wird sie das
Ende so plötzlich überfallen wie die
Wehen eine schwangere Frau. Es
wird für niemanden mehr einen Aus-
weg geben.

[4]Doch ihr, liebe Brüder, lebt ja
nicht in der Finsternis. Also kann
euch der Tag des Herrn auch nicht
wie ein Dieb in der Nacht überra-
schen. [5]Als Christen sind wir Kinder
des Lichts, Kinder des hellen Tages;
wir gehören nicht zur Nacht mit ihrer
Finsternis. [6]Also schlaft nicht wie die
anderen! Bleibt wach und nüchtern!
[7]Denn die Müden schlafen in der
Nacht, und die Säufer feiern nachts
ihre Trinkgelage.

[8]Wir aber haben uns für den Tag
entschieden und wollen wach, nüch-
tern und kampfbereit sein. Dazu
brauchen wir als Panzer den Glauben
und die Liebe. Die Hoffnung auf Er-
lösung wird uns wie ein Helm schüt-
zen. [9]Denn Gott will uns nicht seinem
Zorn und Gericht aussetzen; wir sol-
len vielmehr durch Jesus Christus ge-
rettet werden. [10]Christus ist für uns
gestorben, damit wir – ganz gleich, ob
wir nun leben oder schon gestorben
sind – mit ihm ewig leben. [11]Vergeßt
das nicht, und erinnert euch gegensei-
tig daran. So werdet ihr einander er-
mutigen und trösten, wie ihr es ja
auch bisher getan habt.

Anweisungen für die Gemeinde

[12]Liebe Brüder! Ich bitte euch dar-
um, all die Leute besonders zu achten
und anzuerkennen, die sich für euch
einsetzen, die eure Gemeinde leiten
und euch vor falschen Wegen bewah-
ren wollen. [13]Für ihre Mühe sollt ihr
sie lieben und ihnen dankbar sein.
Vor allem aber lebt in Frieden mitein-
ander.

[14]Außerdem, ihr Lieben, helft de-
nen zurecht, die leichtsinnig in den
Tag hineinleben. Ermutigt die Ver-
zagten, helft den Schwachen, und
bringt für jeden Menschen Geduld
und Nachsicht auf. [15]Keiner von euch
soll Böses mit Bösem vergelten, viel-
mehr sollt ihr euch bemühen, Gutes
zu tun; und zwar untereinander wie
auch allen anderen Menschen gegen-
über. [16]Seid zu jeder Zeit fröhlich!
[17]Hört niemals auf zu beten. [18]Ver-
geßt auch nicht, Gott für alles zu dan-
ken. Denn das erwartet Gott von sei-
nen Kindern.

[19]Laßt den Heiligen Geist ungehin-
dert in euch wirken! [20]Hört auf das,
was er euch sagt![b] [21]Prüft alles sorg-
fältig, und behaltet nur das Gute!
[22]Das Böse aber – ganz gleich in wel-
cher Form – meidet wie die Pest.

Herzliche Grüße

[23]Mein größter Wunsch ist, daß Gott
euch mit seinem Frieden erfüllt und
ihr ohne jede Einschränkung ganz
ihm gehört.[c] Nur so könnt ihr, wenn

a) Wörtlich: der Tag des Herrn.
b) Wörtlich: Prophetische Rede verachtet nicht!
c) Wörtlich: Der Gott des Friedens heilige euch durch und durch.

VERGISS DAS NICHT!

Maria Utri

1. Thessalonicher 5,18

Ein Mensch ist unheilbar krank, vom Zerfall gezeichnet, gesellschaftlich ausgestoßen und isoliert. Doch eines Tages trifft er einen Mann, durch den er völlig geheilt wird. Fassungslos und überglücklich kehrt er in die Welt der Gesunden zurück. Aber er vergißt ganz einfach, sich bei seinem Helfer zu bedanken. Unvorstellbar, denken wir.

Die Bibel berichtet uns, wie Jesus zehn Aussätzige heilte. Doch nur einer besinnt sich, kehrt um und dankt seinem Helfer. Haben die anderen neun einen schlechten Charakter – oder sind sie einfach nur gedankenlos?

Jesus fragt selbst: «Wo sind die anderen, weshalb kommt nur einer zurück?»

Wir können uns leicht moralisch entrüsten über den Undank der geheilten Leprakranken. Würden wir nicht sofort ein Geschenk besorgen, um unsere Dankbarkeit auszudrücken? Doch bei genauerer Betrachtung erkenne ich mich selbst in diesen Männern.

Hat Jesus nicht auch mich vom ewigen Tod errettet und an Geist, Seele und Leib geheilt? Wo ich «das Selbstverständliche» bewußt erlebe, ist jeder Tag mit Freude erfüllt. Gesundheit, Familie, Freunde, Gemeinde, Arbeit, materielle Güter: Sind es nicht unverdiente Geschenke Gottes?

Danken ist die Antwort, die Gott von uns Menschen erwartet. Der Dank ist das Opfer unserer Lippen, das uns dem Herzen Gottes näherbringt.

Wir Menschen vergessen so schnell – eine Schwäche, auf die uns die Bibel immer wieder hinweist. Es bedarf täglicher Erinnerung, denn mit der Gedankenlosigkeit geht auch die Undankbarkeit einher. Wo gedankt wird, herrscht Zufriedenheit. Zufriedenheit auch in allen alltäglichen Dingen ist ein großer Reichtum.

unser Herr Jesus Christus wiederkommt, rein und fehlerlos an Geist, Seele und Leib vor ihm erscheinen.
24 Gott hat euch das ja zugesagt; er ist treu, und was er verspricht, das hält er auch.
25 Betet auch in Zukunft für uns, liebe Brüder,
26 und grüßt alle in der Gemeinde mit dem Bruderkuß.
27 Im Namen unseres Herrn bitte ich euch dringend, diesen Brief allen in der Gemeinde vorzulesen.
28 Die Gnade unseres Herrn Jesus Christus sei allezeit mit euch.

Der zweite Brief des Paulus an die Christen in Thessalonich

Anschrift und Gruß

1 Paulus, Silvanus und Timotheus
senden diesen Brief an die Ge-
meinde in Thessalonich, die sich zu
Gott, unserem Vater, und zu unse-
rem Herrn Jesus Christus bekennt.
2 Wir wünschen euch Gnade und
Frieden von Gott, dem Vater, und
dem Herrn Jesus Christus.

Christus, der Retter und Richter

3 Liebe Brüder! Immer wieder müs-
sen wir Gott für euch danken; wir
können gar nicht anders, denn euer
Glaube wächst ständig, ebenso die
Liebe, die ihr füreinander habt. 4 Wir
sind stolz auf euch und stellen euch
den anderen Gemeinden als leuch-
tendes Vorbild hin. Wie standhaft er-
tragt ihr doch alle Verfolgungen und
Leiden! 5 An ihnen läßt sich schon
jetzt erkennen, daß Gott euch in sein
Reich aufnehmen wird, für das ihr
hier leidet.
6 Er ist ein gerechter Richter. Des-
halb wird er alle bestrafen, die euch
jetzt verfolgen. 7 Aber eure Not wird
ein Ende haben, und auch wir werden
nicht länger leiden müssen, wenn Je-
sus als der Herr mit allen seinen En-
geln vom Himmel kommen wird.
8 Wie ein vernichtendes Feuer wird
sein Urteil alle treffen, die von Gott
nichts wissen wollen und die das
Evangelium von Jesus Christus abge-
lehnt haben. 9 Sie werden dem ewigen
Verderben ausgeliefert sein; für im-
mer von unserem Herrn getrennt,
ausgeschlossen aus seinem herrlichen
Reich. 10 Die aber zu ihm gehören,
werden ihn an jenem Tag anbeten,
und alle, die an ihn glauben, werden
ihm voller Freude zujubeln. Und
auch ihr werdet unter ihnen sein, weil
ihr der Botschaft vertraut habt, die
wir euch gebracht haben.

Wir beten für euch

11 Deshalb hören wir auch nicht auf,
für euch zu beten, daß ihr so lebt, wie
man es von Menschen erwarten kann,
die Gott zu Großem berufen hat. Wir
bitten ihn, daß es nicht bei euerm gu-
ten Willen bleibt, sondern daß ihr
diesen Willen auch in die Tat umsetzt.
Alles, was ihr im Glauben begonnen
habt, sollt ihr durch Gottes Kraft
auch vollenden.[a] 12 Dann wird durch
euch der Name unseres Herrn Jesus
gerühmt und geehrt. Und euch wird
man auch achten und ehren, weil un-
ser Gott und Herr Jesus Christus euch
seine Barmherzigkeit erwiesen hat.

a) Wörtlich: Deshalb beten wir auch allezeit für euch, daß unser Gott euch würdig mache der Berufung und erfülle allen guten Willen der Rechtschaffenheit und das Werk des Glaubens in Kraft.

Hoffnung auf Gerechtigkeit

Marianne Kawohl

2. Thessalonicher 1,6

Wohl jeder hat gelegentlich den Eindruck, ungerecht behandelt zu werden. Da wollte uns doch jemand ganz bewußt schaden!? Fühlen wir uns nicht manchmal zurückgesetzt und benachteiligt?

Für solche Überlegungen gibt es einen großen Trost: «Gott ist ein gerechter Richter. Deshalb wird er alle bestrafen, die euch jetzt verfolgen.» Das schrieb der Apostel Paulus an die Gemeinde in Thessalonich, die viel auszuhalten hatte.

Sicher geht es nicht darum, Gott als grausam hinzustellen oder ihn als «himmlischen Schutzmann» für unsere privaten Rachebedürfnisse ins Feld zu führen. Paulus will hier betonen, daß Gott absolut gerecht ist. Er weiß um alles, was geschieht. Gott ist nichts verborgen. Und weil ihm nichts verborgen ist, dürfen wir uns allezeit in ihm geborgen wissen.

Alle Ungerechtigkeit, die uns je widerfuhr, ist ihm bekannt. Deshalb dürfen wir zuversichtlich sein. Deshalb brauchen wir keine Rachegedanken aufkommen zu lassen. Deshalb können wir auch in schwierigen Situationen gelassen bleiben. Gott ist ein absolut gerechter Richter. Unsere Hoffnung auf Gerechtigkeit ist bei ihm gut aufgehoben.

Und im Blick auf unser eigenes oft ungerechtes Handeln dürfen wir uns daran erinnern, daß wir in Jesus Christus unsere absolute Gerechtigkeit finden. Jederzeit.

Christus und Anti-Christus

2 Im Zusammenhang mit dem Wiederkommen unseres Herrn Jesus Christus und seinem Versprechen, daß wir für alle Zeiten bei ihm sein werden, haben wir noch eine Bitte an euch, liebe Brüder: [2]Laßt euch nicht durch Gerüchte verwirren und erschrecken, der Tag des Herrn sei schon da. Bleibt kritisch und besonnen, wenn ihr von Visionen und angeblichen Offenbarungen Gottes hört. Glaubt es nicht, wenn man euch Briefe mit derartigen Behauptungen zeigt, die wir geschrieben haben sollen.

[3]Laßt euch von niemandem so etwas einreden, auf gar keinen Fall dürft ihr darauf hören! Denn bevor Christus wiederkommt, werden sehr viele Menschen von Gott abfallen. Dann wird der Antichrist erscheinen, ein Mensch, der das Böse verkörpert, der Sohn der Hölle.[a] [4]Er ist der Feind Gottes schlechthin und maßt sich an, über Gott und jede Art von Gottesverehrung erhaben zu sein. Ja, er wird sich im Tempel Gottes selbst als Gott verehren und anbeten lassen.

[5]Erinnert ihr euch nicht daran, daß ich euch das alles schon gesagt habe, als ich noch bei euch war? [6]Ihr wißt doch auch, was den Antichrist daran hindert, schon jetzt zu erscheinen, noch vor seiner Zeit. [7]Zwar spüren wir schon überall, wie sich die Mächte des Bösen regen, aber noch werden sie von dem einen aufgehalten. [8]Doch dann wird der Antichrist in aller Öffentlichkeit erscheinen, aber Jesus Christus wird ihn bei seinem Wiederkommen vernichten. Ein Hauch seines Mundes genügt.

[9]Doch seht euch vor: Mit Hilfe des Teufels wird der Antichrist Taten vollbringen, über die man staunen wird. Und doch ist alles durch und durch verlogen. [10]Mit seinen Verführungskünsten wird er alle auf seine Seite bringen, die verloren sind, weil sie die Wahrheit nicht anerkennen wollten, die ihre Rettung gewesen wäre. [11]Weil sie nicht der Wahrheit, sondern der Lüge glauben, überläßt sie Gott ihrem Irrtum.[b] [12]So wird jeder gerichtet, der die Wahrheit nicht liebt, sondern der Lüge glaubt.

Bleibt fest im Glauben!

[13]Euch aber, liebe Brüder, wollte Gott von Anfang an vor der Verdammnis bewahren.[c] Dafür danken wir ihm immer wieder. Weil ihr durch den Heiligen Geist euer Leben nach Gottes Willen führt und an Jesus Christus glaubt[d], seid ihr gerettet. [14]Durch das Evangelium, das wir euch gebracht haben, seid ihr von Gott dazu berufen, an der Herrlichkeit unseres Herrn Jesus Christus teilzuhaben. [15]Bleibt also standhaft und treu im Glauben, liebe Brüder. Haltet fest an dem, was wir euch mündlich und schriftlich gelehrt haben.

a) Wörtlich: der Mensch der Gesetzlosigkeit, der Sohn des Verderbens.
b) Wörtlich: Und deswegen schickt ihnen Gott die Kraft der Verführung, damit sie der Lüge glauben.
c) Wörtlich: vom Anbeginn an erwählt zur Rettung.
d) Wörtlich: im Glauben der Wahrheit.

[16]Unser Herr Jesus Christus aber und Gott, unser Vater, der uns seine Liebe geschenkt und in seiner Barmherzigkeit einen Trost und eine Hoffnung gegeben hat, die niemals aufhören und auch den Tod überdauern werden, [17]er ermutige euch und gebe euch Kraft, Christus in Wort und Tat zu bekennen.[a]

Betet für uns

3 Liebe Brüder! Jetzt möchten wir euch noch darum bitten, daß ihr für uns betet. Bittet Gott, daß auch hier das Evangelium von Jesus Christus seinen Siegeslauf antritt – wie schon bei euch. [2]Bittet Gott auch darum, daß er uns vor den Angriffen all der niederträchtigen und böswilligen Menschen schützt, die vom Glauben einfach nichts wissen wollen.

[3]Gott ist treu. Er wird euch Mut und Kraft geben und euch vor allem Bösen bewahren. [4]Im Glauben an den Herrn vertrauen wir darauf, daß ihr euch jetzt und in Zukunft an alle unsere Anweisungen haltet. [5]Wir beten, daß die Liebe Gottes euer Leben bestimmt und daß ihr geduldig auf die Wiederkunft Jesu Christi wartet.[b]

Wer nicht arbeiten will, der soll auch nicht essen

[6]Liebe Brüder! Im Namen unseres Herrn Jesus Christus fordern wir euch noch einmal auf: Trennt euch von all den Menschen in eurer Gemeinde, die faul sind und nicht so leben, wie wir es euch gelehrt und aufgetragen haben. [7]Ihr wißt doch genau, daß ihr auch darin unserem Beispiel folgen sollt. Und wir sind nicht faul gewesen. [8]Oder haben wir jemals auf Kosten anderer gelebt? Im Gegenteil: Tag und Nacht haben wir gearbeitet und uns abgemüht, um niemandem von euch zur Last zu fallen. [9]Wir hätten zwar von euch Unterstützung verlangen können, doch wir wollten euch ein Vorbild sein, dem ihr folgen sollt. [10]Schon damals haben wir euch eindringlich aufgefordert, nach dem Grundsatz zu leben: Wer nicht arbeiten will, der soll auch nicht essen.

[11]Trotzdem haben wir gehört, daß einige von euch ein liederliches Leben führen, nicht arbeiten und sich nur herumtreiben. [12]Sie alle fordern wir im Namen Jesu Christi auf, einer geregelten Arbeit nachzugehen und für ihren Lebensunterhalt selbst zu sorgen.

[13]Euch aber, liebe Brüder, bitten wir: Werdet nicht müde, Gutes zu tun! [14]Sollte sich jemand unter euch weigern, den Anweisungen dieses Briefes zu folgen, dann brecht jede Verbindung mit ihm ab, damit ihm sein beschämendes Verhalten bewußt wird. [15]Doch behandelt ihn nicht als euern Feind, sondern als Bruder, dem man helfen muß.

Abschließende Grüße

[16]Unser Herr, von dem aller Friede kommt, schenke euch seinen Frieden immer und überall. Er sei mit euch allen!

a) Wörtlich: er tröste eure Herzen und stärke euch in allem guten Werk und Wort.
b) Möglich auch: Der Herr aber lenke eure Herzen hin zur Liebe gegen Gott und zur Geduld Christi.

Reden allein genügt nicht!

Karin Rieger

2. Thessalonicher 2,17

Ich beneide die Thessalonicher! Warum? Weil sie jemanden haben, der so für sie betet, wie Paulus es in diesem Vers tut. Wie sehr brauchen doch auch wir diese Ermutigung und Kraft von Christus, um in den ‹Stürmen des Alltags› bestehen zu können. Christus mit Worten zu bekennen, das ist oftmals schon schwierig genug. Doch tatsächlich auch nach seinen Geboten zu leben, das bedarf einer besonderen Kraftquelle, nämlich der Liebe Gottes, die wir täglich in Anspruch nehmen dürfen.

Warum ist es denn so wichtig, daß Wort und Tat übereinstimmen? Weil es negative Folgen für uns ganz persönlich und für die Glaubwürdigkeit unseres «Bekennens» hat, wenn Theorie und Praxis auseinanderklaffen.

Unsere Seele läßt sich nicht betrügen. Deshalb werden wir seelisch krank, wenn unser Tun und Handeln widersprüchlich sind. Die Folgeerscheinungen einer solchen Spaltung können innere Unzufriedenheit, bedrückte Stimmung, Depression und anderes sein. Sie werden vielleicht nicht immer sofort auftreten. Aber auf lange Sicht hin läßt unsere Seele sich nichts vormachen. «Scheinheiligkeit» beeinflußt unser gesamtes Denken und Handeln negativ.

Unsere Mitmenschen beobachten uns genau. Und wenn sie merken, daß unser Glaube nur ein Lippenbekenntnis ist, möchten sie nichts damit zu tun haben. Anstatt Menschen für Jesus zu gewinnen, verlieren wir sie.

Mich hat eine Begebenheit bewegt, die Corrie ten Boom in einem ihrer Bücher erzählte. Auf einer ihrer Reisen begegnete sie eines Tages jener Wärterin, die ihre todkranke Schwester im Konzentrationslager so geschlagen hatte, daß diese an den Folgen starb. Haß stieg in ihrem Herzen hoch und brannte wie Feuer. Doch sie wußte, daß sie nun das tun mußte, wovon sie jahrelang auf allen Kontinenten gepredigt hatte – nämlich vergeben. Sie bat Gott um Vergebung für ihren Haß und erlebte eine ungeheure Befreiung. So wurde durch diese Tat ihr Zeugnis gesegnet.

Nicht allein das Wissen um die Liebe Gottes, sondern vor allem das entsprechende Handeln macht uns daher wirklich in der Tiefe unseres Herzens zufrieden und glücklich.

17 Diesen Gruß an euch schreibe ich, Paulus, eigenhändig darunter. So schließe ich alle meine Briefe, damit ihr erkennt, daß sie auch wirklich von mir sind.

18 Die Gnade unseres Herrn Jesus Christus sei mit euch allen!

DAS RICHTIGE GLEICHGEWICHT

Helga Becker

2. Thessalonicher 3,1–2

Sie lag schon einige Wochen im Bett und war nun ganz auf ihre Schwiegertochter angewiesen. Vor ihrer Bettlägrigkeit konnte sie, obwohl sie einen Schlaganfall erlitten hatte, doch immer noch in ihrer Wohnung kleine Arbeiten erledigen. Aber jetzt war auch das nicht mehr möglich. Ich besuchte sie an einem Nachmittag, und sie klagte: «Ich kann gar nichts mehr arbeiten, ich fühle mich so überflüssig.» Aber dann strahlten ihre Augen: «Ach, das stimmt ja gar nicht, ich kann immer noch meine Hände falten und mit meinem Herrn reden. Ich darf ihm meine Kinder, meine Enkel und Urenkel im Gebet bringen. Ist das nicht wunderbar?»

Im heutigen Kapitel lehrt uns die Bibel, daß wir mit ganzer Kraft arbeiten und damit unseren Lebensunterhalt bestreiten sollen. Wir dürfen über unserer Arbeit aber nicht das Gebet vergessen. Gebet ist das Atemholen der Seele, gerade in unserem harten Arbeitsalltag. Arbeit und Gebet gehören zusammen. Und wer nach einem arbeitsreichen Leben, manchmal kraftlos und krank wie im obigen Beispiel beschrieben, die Hände zum Gebet erhebt, der tut einen wunderbaren, großen Dienst. Paulus sagt in seinem Brief an die Thessalonicher: «Jetzt möchten wir euch noch darum bitten, daß ihr für uns betet.» Das soll nicht dazu führen, daß wir untätig dasitzen und Gott die Aktivität überlassen. Paulus weist deutlich darauf hin, daß die Christen ein geregeltes Leben führen und einer ordentlichen Arbeit nachgehen sollen. Alle ermahnt er, nicht müde zu werden, Gutes zu tun. Beides gehört zusammen, beten und arbeiten. So soll unser Leben von der Liebe Gottes bestimmt sein.

Wie gut ist es, dir, Herr, zu danken!

Psalm 92

Ein Lied zum Sabbat

Wie gut ist es, dir, Herr, zu danken
und dich, du höchster Gott, zu besingen,
schon früh am Morgen deine Gnade zu loben
und noch in der Nacht deine Treue zu preisen,
zum Klang der Laute, zur Musik der Harfe und Leier!

Herr, was du tust, macht mich froh, und ich juble über deine großen Taten.
Wie machtvoll sind deine Werke, und wie tief deine Gedanken!

Nur ein unvernünftiger Mensch sieht das nicht ein,
nur ein Narr kann nichts damit anfangen.
Mag auch ein Gottloser Erfolg haben, mag er emporwachsen und blühen –
er wird doch für immer vertilgt werden.
Du aber, Herr, bist groß und erhaben für immer und ewig!

Eines ist sicher: Deine Feinde werden umkommen;
die, die Unrecht tun, werden in alle Winde zerstreut werden!
Doch mir gibst du Kraft, wie ein wilder Stier sie hat;
du schenkst mir Freude und neuen Mut.
Ich werde noch miterleben, wie meine Feinde stürzen;
ich werde hören, wie sie um Gnade wimmern.

Doch wer Gott liebt, gleicht einer immergrünen Palme,
er wird mächtig wie eine Zeder auf dem Libanongebirge.

Er ist wie ein Baum, der im Vorhof des Tempels gepflanzt wurde
und dort gedeihen kann. Noch im hohen Alter
wird er Frucht tragen, immer ist er kraftvoll und frisch.

Sein Leben ist ein Beweis dafür, daß der Herr seine Versprechen hält.
Bei Gott bin ich sicher und geborgen; was er tut, ist nie verkehrt!

Der erste Brief des Paulus an Timotheus

Anschrift und Gruß

1 Diesen Brief schreibt Paulus, ein
Apostel Jesu Christi. Von Gott,
unserem Retter, und Jesus Christus,
der unsere Hoffnung ist, bin ich zu
seinem Botschafter berufen.
2 Ich grüße dich, lieber Timotheus.
Du bist durch mich zum Glauben gekommen
und stehst mir deshalb so
nahe wie ein Sohn. Ich wünsche dir
Gnade, Barmherzigkeit und Frieden
von Gott, unserem Vater, und unserem
Herrn Jesus Christus.

Warnung vor falschen Lehren

3 Als ich nach Mazedonien reiste,
hatte ich dich gebeten, in Ephesus zu
bleiben. Du solltest verhindern, daß
dort bestimmte Leute falsche Lehren
über das Evangelium verbreiten.
4 Sie sollen endlich mit diesem sinnlosen
Nachforschen in Legenden und
allen möglichen Abstammungstafeln
aufhören; das führt zu nichts als zu
nutzlosem Gerede und Streit. Was
wir brauchen, ist ein Gehorsam, der
aus dem Glauben an Gott kommt.[a]
5 Die Unterweisung in der christlichen
Lehre will nur das eine: die
Liebe, die aus einem reinen Herzen,
einem guten Gewissen und einem
unverfälschten Glauben kommt.
6 Doch es gibt Leute, die das bestreiten
und sich lieber mit nutzlosem
Geschwätz abgeben. 7 Sie bilden
sich ein, die Heilige Schrift besonders
gut zu kennen; dabei verstehen
sie nicht einmal das, was sie selbst
reden, und haben keine Ahnung
von dem, was sie so kühn behaupten.
8 Wir dagegen wissen: Das Gesetz
des Mose ist gut, wenn es nur richtig
gebraucht wird. 9 Aber für wen gilt
denn das Gesetz? Doch nicht für
Menschen, die nach Gottes Willen leben,
sondern für solche, die gegen
das Recht verstoßen und sich gegen
Gott und seine Gebote wenden: Es
gilt für Gotteslästerer und Gottesleugner,
für Niederträchtige und Gewissenlose,
für Mörder und Totschläger,
10 für Menschen, die unmoralisch
leben, Kinder sexuell mißbrauchen,
andere rücksichtslos ausbeuten; für
Lügner und solche, die Meineide
schwören, oder für Menschen, die in
irgendeiner anderen Weise gegen
Gottes Gebote[b] verstoßen. 11 So lehrt
es das Evangelium, das mir von Gott
anvertraut wurde und das Gottes
Herrlichkeit zeigt.

a) Wörtlich: noch auf Fabeln und endlose Geschlechtsregister achten, die eher zu Streitfragen führen als zur Haushalterschaft Gottes im Glauben.
b) Wörtlich: gegen die gesunde Lehre.

Die Botschaft für alle

12 Ich danke unserem Herrn Jesus
Christus immer wieder, daß er gerade
mich bestimmt hat, für seine Sache zu
arbeiten, und mir für diese Aufgabe
auch die Fähigkeit und Kraft schenk-
te. 13 Früher habe ich ihn verhöhnt,
ich habe Christus und seine Gemein-
de mit blindem Haß verfolgt und be-
kämpft. Aber Gott hat sich über mich
erbarmt und mir alles vergeben.
Denn in meinem Unglauben wußte
ich nicht, was ich tat. 14 Um so reicher
habe ich dann Gottes unverdiente
Güte erfahren. Er hat mir den Glau-
ben und die Liebe geschenkt, wie
sie nur bei Jesus Christus zu finden
sind.
15 Denn das ist unumstößlich wahr
und gilt für jeden: Jesus Christus ist
auf diese Welt gekommen, um uns
gottlose Menschen zu retten. Ich
selbst bin der schlimmste von ihnen.
16 Doch gerade deshalb war Gott mir
ganz besonders barmherzig. An mir
wollte Jesus Christus zeigen, wie groß
seine Geduld mit uns sündigen Men-
schen ist. An meinem Beispiel soll je-
der erkennen, daß wirklich alle durch
den Glauben an Christus ewiges Le-
ben finden können. 17 Gott aber, den
ewigen König, der unvergänglich ist
und den keine menschliche Vorstel-
lungskraft jemals erfassen kann, die-
sen einzig wahren Gott wollen wir bis
in alle Ewigkeit loben und ehren.
Amen, das ist wahr und gewiß!
18 Mein lieber Timotheus! Du
weißt, daß du mir lieb bist wie ein ei-
gener Sohn. Dir vertraue ich jetzt die-
se Botschaft an, damit du tapfer und
unerschrocken für sie kämpfst. Ver-
giß nicht, daß Gott selbst dir diesen
Auftrag gegeben hat.[a] 19 Bleibe in
deinem Glauben fest, und bewahre
dir ein reines Gewissen. Denn wie du
weißt, haben einige das nicht getan,
und deshalb hat ihr Glaube Schiff-
bruch erlitten. 20 Hymenäus und
Alexander gehören zu ihnen. Ich ha-
be sie aus der Gemeinde ausge-
schlossen und dem Satan übergeben,
damit sie zur Besinnung kommen
und Gott nicht länger verhöhnen.

Unsere Gottesdienste

2 Sorge vor allem und zuerst dafür,
daß die Gemeinde nicht aufhört
zu beten. Betet für alle Menschen auf
dieser Welt und dankt Gott. 2 Betet
besonders für alle, die in Regierung
und Staat Verantwortung tragen, da-
mit wir in Ruhe und Frieden leben
können, ehrfürchtig vor Gott und
aufrichtig unseren Mitmenschen ge-
genüber. 3 So soll es sein, und so ge-
fällt es Gott, unserem Retter. 4 Denn
er will, daß alle Menschen gerettet
werden und seine Wahrheit erken-
nen.
5 Es gibt nur einen einzigen Gott
und nur einen Einzigen, der zwischen
Gott und den Menschen vermittelt
und Frieden schafft. Das ist der
Mensch Jesus Christus. 6 Er hat sein
Leben am Kreuz geopfert, damit wir
alle erlöst werden, so wie es schon
lange vorhergesagt war.[b] 7 Ich bin von
Gott beauftragt, als sein Botschafter
besonders denen die Frohe Botschaft
zu verkündigen, die Gott bisher nicht
kennen. Sie sollen glauben und Gott

a) Wörtlich: (Dir vertraue ich jetzt diese Botschaft an...) gemäß den Voraussagen der Prophe-
ten über dich.
b) Wörtlich: der sich selbst für alle als Lösegeld gab – zum Zeugnis zur festgesetzten Zeit.

Ein einziger Krampf?

Hanne Baar

1. Timotheus 1,16

Glaube ich – oder meine ich, glauben zu müssen? Ich kenne Menschen, für die ist der Glaube ein einziger Krampf.

Wenn ich in der Bibel lese, so wird mir klar: Glauben kann ich nicht machen, er wird mir von Gott geschenkt. Daraus, was dieser Glaube konkret beinhaltet, baut sich für uns nach und nach eine Sicht und ein Wissen von Gottes ewigem Reich auf, jener anderen Welt, in der unser suchender, unruhiger Geist Heimat und Wohnung findet.

Das ist etwas vollkommen anderes, als wenn jemand meint, sich den Glauben einreden zu müssen. Denn aus der Vorstellung, glauben zu müssen (aber womöglich nicht zu können), entsteht ein sehr ungesunder und schließlich alles beherrschender Streßfaktor.

Wie aber können wir Glauben von Gott empfangen und bewahren? Die Lösung lautet: nicht «müssen», sondern «nutzen». Ich meine damit folgendes: Ich achte darauf, was ich bereits glauben kann. Und ich sorge dafür, daß es mehr wird.

Wie geschieht das? In der Bibel steht: «Der Glaube kommt aus dem Wort.» Wenn wir in der Heiligen Schrift lesen und einfach nur festhalten, was wir verstehen können, dann wird das, was wir durch die Wirkung des Geistes Gottes glauben können, im Laufe der Zeit immer mehr zunehmen. Am Ende erschließt sich unserem Geist der gesamte wunderbare Heilsplan Gottes, dem auch wir angehören.

Wenn wir unseren Lebensweg an der Hand Jesu gehen, wenn wir in seiner Nähe bleiben und uns nicht von ihm trennen, dann wird unser Glaube wachsen und auch für andere zum Zeichen für Gottes Liebe werden.

gehorchen.[a] Und das ist die Wahrheit. Ich lüge nicht.

8 Ich will, daß die Männer in allen Gemeinden beten, mit reinem Gewissen,[b] ohne Zorn und Zweifel. 9 Ebenso sollen die Frauen unauffällig und schlicht gekleidet zum Gottesdienst kommen. Sie sollen sich weder durch ausgefallene Frisuren noch durch kostbaren Schmuck oder irgendwelche Modetorheiten hervortun. 10 Der wahre Schmuck der Frauen ist es, Gutes zu tun. Damit beweisen sie, daß sie Gott lieben und ehren.

11 Die Frau soll lernen, sich in der Gemeinde unterzuordnen und still zuzuhören. 12 Einer Frau erlaube ich nicht, öffentlich zu lehren oder dem Mann Anweisungen zu geben[c]. Sie soll vielmehr still und zurückhaltend sein. 13 Denn Gott hat zuerst Adam geschaffen, den Mann, und danach Eva, die Frau. 14 Außerdem ließ sich auch nicht Adam von der Schlange verführen, sondern Eva. Sie hat Gottes Gebot übertreten. 15 Doch auch sie wird gerettet werden, wenn sie ihre Aufgabe als Frau und Mutter erfüllt, ihr Vertrauen auf Gott setzt, in seiner Liebe bleibt und bereit ist, seinen Willen zu tun.

Wer eine Gemeinde leiten kann

3 Es ist richtig: Wer eine Gemeinde leiten will, der ist bereit, eine schöne und große Aufgabe zu übernehmen. 2 Allerdings muß ein solcher Mann einen vorbildlichen Lebenswandel führen; das heißt, er soll nur *eine* Frau haben, nüchtern und besonnen sein und keinen Anstoß erregen. Gastfreundschaft muß ihn auszeichnen, und er soll als ein guter Lehrer den christlichen Glauben weitergeben können. 3 Außerdem darf er weder ein Trinker sein noch unbeherrscht oder streitsüchtig; vielmehr soll er gütig und friedfertig seine Arbeit tun und nicht am Geld hängen.

4 Sein Familienleben soll geordnet sein, die Kinder gehorsam und gut erzogen. 5 Denn wie kann jemand, der schon in seiner eigenen Familie keine Ordnung halten kann, die Gemeinde Gottes leiten? 6 Er soll nicht erst vor kurzem Christ geworden sein, sondern sein Glaube muß sich schon bewährt haben. Nur allzuleicht verliert er sonst das rechte Augenmaß und wird überheblich. Dann hätte der Teufel ein leichtes Spiel mit ihm.[d] 7 Ein Gemeindeleiter soll auch bei Nichtchristen in einem guten Ruf stehen, damit er sich nicht in den Stricken des Teufels verfängt, wenn andere über ihn reden.

Wer in der Gemeinde mitarbeiten kann

8 Auch die Mitarbeiter[e] in der Gemeinde sollen geachtete Leute sein, ehrlich und glaubwürdig in ihrem Reden; sie sollen sich nicht betrinken und auch nicht auf Gewinn bedacht sein. 9 Sie sollen nicht nur nach außen

a) Wörtlich: Sein Herold und Apostel zu sein, bin ich eingesetzt als Lehrer der Heiden in Glauben und Wahrheit.
b) Wörtlich: aufhebend die reinen Hände.
c) Wörtlich: auch nicht zu herrschen über den Mann.
d) Wörtlich: damit er nicht… dem Gericht des Teufels verfällt.
e) Wörtlich: Diakone.

Zu Hause anfangen

Marianne Hirzel

1. Timotheus 2,15

Paulus, gehst du nicht etwas hart mit uns Frauen um? Du schreibst einfach, die Frau müsse zu Hause bleiben und ihre Aufgabe als Frau und Mutter erfüllen, dann werde auch sie gerettet … Und was, bitte, sollen denn die ledigen und kinderlosen Frauen tun? Werden wir etwa heute noch bestraft für das, was unsere Ur-Schwester Eva getan hat?

Weltweit beschäftigt diese Bibelstelle Frauen, Männer, Theologen, Theologinnen und Prediger. Wenn wir die Aussage des Verses richtig verstehen wollen, denke ich, müssen wir uns den zeitgeschichtlichen Hintergrund ansehen:

Heiden und Juden fanden zum Glauben an Jesus, Menschen aus den verschiedensten Religionen und Kulturen. Das war für die Gemeinden keine leichte Situation. Damals war es teilweise Sitte, daß Frauen völlig vom kulturellen und öffentlichen Leben ausgeschlossen blieben, keine Bildung erhielten und weitgehend unter Frauen lebten. In anderen Kulturen wurden die Frauen zu Göttinnen erhoben. Man verehrte sie als die fruchtbaren Spenderinnen allen Lebens. Diese Frauen konnten sich alle Freiheiten herausnehmen.

Frauen aus so unterschiedlichen Kulturkreisen kommen nun zum Glauben an Jesus und gehören einer Gemeinde an! Können wir uns vorstellen, welche Schwierigkeiten dadurch in den Gemeinden auftreten?

Paulus kann ja nicht auf bewährte Erfahrungen anderer Gemeindegründer zurückgreifen. So ist es seine Aufgabe, klare Zeichen zu setzen. Er hat recht: Zuerst muß es zu Hause stimmen, bevor wir außer Haus dienen. Die Frauen müssen lernen, die göttlichen Weisungen zu studieren, um ihren Platz im Reich Gottes zu finden.

Ich bin überzeugt, daß Paulus heute uns Frauen Mut machen würde: Geht hinaus, nützt jede Gelegenheit, gebraucht eure Bildung, eure Talente und Gaben für das Reich Gottes! Es ist auch heute noch nicht einfach, Familie, Beruf und Gemeindearbeit unter einen Hut zu bringen. Immer wieder müssen wir versuchen, mit Gottes Hilfe Prioritäten neu zu setzen.

Dienst für Gott darf nie eine Flucht vor zu Hause sein. Ein Sprichwort in der Schweiz heißt: «Zuhause muß beginnen, was draußen leuchten soll.» So betrachtet hat Paulus auch heute noch recht … Ich mag ihn übrigens sehr!

hin untadelig erscheinen, denn das, was ihnen mit dem Glauben anvertraut wurde,[a] können sie nur in einem reinen Gewissen bewahren.
10 Auch die Mitarbeiter müssen sich zuerst bewähren. Nur wenn an ihnen nichts auszusetzen ist, darf man sie zum Dienst zulassen.
11 Auch ihre Frauen sollen in ihrer Lebensführung untadelig sein, keine bösartigen Klatschmäuler, sondern besonnene und in allen Dingen zuverlässige Frauen.
12 Wie der Gemeindeleiter soll auch der Mitarbeiter nur mit *einer* Frau verheiratet sein, und auch er muß ein vorbildliches Familienleben führen.
13 Wer sich aber in seinem Dienst als Mitarbeiter bewährt, den wird die Gemeinde achten, und er selbst wird die Zuversicht und Freude ausstrahlen, wie sie der Glaube an Jesus Christus schenkt.

Das Geheimnis des Glaubens

14 Ich habe dir, lieber Timotheus, das alles geschrieben, obwohl ich hoffe, bald selbst zu dir zu kommen.
15 Aber falls sich mein Besuch noch hinauszögern sollte, weißt du nun, wie man sich im Hause Gottes, in seiner Gemeinde, zu verhalten hat. Die Gemeinde des lebendigen Gottes ist der tragende Pfeiler und das Fundament der Wahrheit.
16 Und tatsächlich: Wie unermeßlich groß und einzigartig ist das Geheimnis des Evangeliums! Als Mensch ist Christus in diese Welt gekommen. Bestätigt wurde er durch den Heiligen Geist. Er erschien seinen Jüngern[b], wurde gepredigt den Völkern der Erde. In aller Welt glauben nun Menschen an ihn. Er wurde aufgenommen in Gottes Herrlichkeit.

Warnung vor falsch verstandener Frömmigkeit

4 Gottes Heiliger Geist sagt uns ausdrücklich, daß in Zukunft manche vom Glauben an Gott abfallen werden, weil sie falschen Propheten hinterherlaufen und teuflischen Lehren glauben.
2 Diese gewissenlosen Verführer sind durch und durch verlogen[c].
3 Sie verbieten beispielsweise, zu heiraten oder bestimmte Speisen zu essen. Dabei hat Gott doch alles geschaffen, damit jeder, der an ihn glaubt und seine Wahrheit erkannt hat, auch diese Dinge dankbar von ihm annimmt.
4 Denn alles, was Gott geschaffen hat, ist gut; und nichts ist schlecht, was wir mit Dank gegen Gott genießen.
5 Durch das Wort Gottes und das Gebet wird alles rein; nichts kann uns da von Gott trennen.

Ratschläge für den Dienst

6 Wenn du, lieber Timotheus, der Gemeinde das alles so weitergibst,[d] bist du ein guter Diener Jesu Christi. Du lebst nach dem Wort des Glaubens und richtest dich nach der wahren Lehre, zu der du dich schon immer bekannt hast.
7 Gib dich nicht mit dem gottlosen Geschwätz dieser falschen Prediger ab, sondern setze deine ganze Zeit und Kraft dafür ein, Gott im-

a) Wörtlich: das Geheimnis des Glaubens.
b) Möglich auch: geschaut von den Engeln.
c) Wörtlich: gebrandmarkt in ihrem eigenen Gewissen.
d) Wörtlich: Wenn du dieses die Brüder lehrst.

Gesunde Beziehungen

Christel Eggers

1. Timotheus 3,11

In der Kindergartengruppe sind neue Kinder. Zum Kennenlern-Nachmittag treffen sich Mütter und Kinder auf einem Spielplatz. Die Kleinen toben bald munter herum.

Wir Frauen sitzen mit unseren Kaffeetassen um den Picknicktisch. Bald ergibt sich ein offenes Gespräch. Eine Mutter kommt gerade von einer Mutter-Kind-Kur zurück.

Eine andere hat Probleme, mit ihrem geschiedenen Mann die Besuchszeiten für die Kinder zu regeln. Da können die anderen mitreden. Vier von uns sechs Müttern sind alleinerziehend.

Welche Probleme sich da für mich auftun: Wieviel Mühe, was für Anstrengungen, wieviel Organisieren! Quälende innere Schmerzen höre ich aus ihren Worten! Soviel Verbitterung, Frust und Enttäuschung, Einsamkeit und Sehnsucht nach Verstanden-Werden kommt im Gespräch zum Vorschein.

Ich sitze ganz still dabei und wage gar nicht so recht, mich an meinem Glück zu freuen. Ein deutliches Gefühl der Dankbarkeit erfaßt mich, wenn ich an meine persönliche Situation als Ehefrau und Mutter denke.

Natürlich kenne auch ich sehr anstrengende Zeiten, in denen ich seufze und verzagt bin. Gern hätte ich manchmal mehr Zeit für mich. Aber ich finde es erfüllend und schön, Kindern ein liebevolles Zuhause zu geben. Ich liebe es, in der Freizeit gemeinsam mit der ganzen Familie etwas zu unternehmen. Ich habe einen Partner, der mich unterstützt und schätzt. Ich werde verstanden.

Auf einmal empfinde ich ganz neu, wie kostbar in unserer Zeit gesunde Beziehungen sind.

In diesem Zusammenhang kommen mir einige Fragen: Arbeite ich genug an meiner Ehe? Behandle ich meine Kinder wirklich wie die kostbaren Gäste, die sie für mich sein sollen? Bete ich genug für meine Familie, habe ich genug Zeit für sie? Halte ich mich an die guten Anweisungen Gottes? Setze ich die Prioritäten in meinem Leben richtig?

Immer wieder stehen wir vor Entscheidungen. Gott kennt den Weg und den Plan für mein Leben. Ihm allein traue ich immer wieder zu, daß er den vollen Überblick hat.

Dieses Vertrauen – meine lebendige Beziehung zum lebendigen Jesus – erscheint mir das Wichtigste, damit mein Leben gelingen kann.

mer besser zu dienen. 8 Wie ein Asket zu leben ist ganz gut und schön, aber sich im Gehorsam gegen Gott zu üben ist in jedem Fall besser. Denn damit werden wir dieses und das zukünftige Leben gewinnen. 9 Das ist unumstößlich wahr, darauf dürfen wir fest vertrauen. 10 Für nichts anderes arbeiten und kämpfen wir. Auf Gott allein haben wir unsere Hoffnung gesetzt, auf den lebendigen Gott. Er ist der Retter für alle Menschen, wenn sie nur an ihn glauben.[a] 11 Das alles sollst du jedem in der Gemeinde klarmachen[b].

12 Niemand hat ein Recht, auf dich herabzusehen, weil du noch so jung bist. Allerdings mußt du in jeder Beziehung ein Vorbild sein, in allem, was du sagst und tust: in der Liebe, im Glauben und in deiner ganzen Gesinnung[c]. 13 Solange ich nicht wieder bei euch bin, lies du in der Gemeinde aus der Heiligen Schrift vor, ermutige die Christen und unterrichte sie. 14 Setze die Gabe ein, die Gott dir schenkte, als er dich durch ein prophetisches Wort in der Gemeinde für diese Aufgabe bestimmte und die Ältesten dir segnend die Hände auflegten. 15 Gebrauche diese deine Gabe, dann wird jeder erkennen, wie dein Glaube in jeder Hinsicht wächst. 16 Achte auf dich selbst; sieh zu, daß du die Lehre von Jesus Christus rein und unverfälscht weitergibst. Laß dich auf keinen Fall davon abbringen. Dann wirst du selbst gerettet und alle, die auf dich hören.

5 Einem älteren Mann begegne mit Achtung, und rede mit ihm wie mit einem Vater, wenn du ihn ermahnen mußt. Die jungen Männer behandle als deine Brüder. 2 Sei zu den älteren Frauen wie zu deiner Mutter und zu den jüngeren wie zu deinen Schwestern, aufrichtig und zurückhaltend.

Wie die Gemeinde für ihre Witwen sorgen soll

3 Sorge für die Witwen, wenn sie keine Angehörigen haben, die sie unterstützen. 4 Sind aber Kinder oder Enkel da, dann sollen diese lernen, zuerst in der eigenen Familie Gottes Willen zu tun und ihre Angehörigen zu versorgen. Es gefällt Gott, wenn sie auf diese Weise ihre Dankbarkeit zeigen für das, was sie von ihnen empfangen haben. 5 Es gibt aber auch Witwen, die niemanden mehr haben, die ihre ganze Hoffnung auf Gott setzen und Tag und Nacht zu ihm flehen und beten. 6 Andere wieder meinen, jetzt müßten sie ihr Leben erst einmal genießen. Sie sind schon tot, auch wenn sie noch leben. 7 Davor warne die Witwen ganz entschieden, damit man ihnen nichts nachsagen kann. 8 Wer sich aber weigert, seine Angehörigen zu versorgen – und das gilt besonders für Familienmitglieder –, der ist kein Christ; er ist schlimmer als ein Heide.

Witwen im Dienst der Gemeinde

9 Für den Dienst in der Gemeinde sollte eine Witwe erst ausgewählt werden, wenn sie mindestens sechzig

a) Wörtlich: besonders (zumal für) die Gläubigen.
b) Wörtlich: verkündigen und lehren.
c) Wörtlich: Keuschheit.

Ich pauke fürs Abschlussexamen!

Florence Littauer

1. Timotheus 4,16

Eine liebe alte Dame von sechsundneunzig Jahren gehörte zu den treuesten Teilnehmerinnen meines Frauenbibelkreises. Jedesmal, wenn wir zusammenkamen, hatte sie sich gründlich auf die Lektion vorbereitet und wußte sämtliche Antworten.

Einmal fragte eine der Anwesenden ziemlich taktlos: «Warum bereiten Sie sich eigentlich immer so intensiv vor? In Ihrem Alter ist das doch gar nicht mehr so wichtig!»

Die kleine Frau sah auf und erwiderte ruhig: «Ich pauke fürs Abschlußexamen!»

Es ist nie zu spät, aber auch nie zu früh, um uns auf unser «Abschlußexamen» vorzubereiten.

«Schmal ist der Weg, der zum Leben führt, und wenige sind, die ihn finden», so formuliert Jesus es einmal. Das heißt doch: Nicht alle, die unterwegs sind, kommen automatisch auch im Ziel an. Wir müssen uns darauf einstellen.

Wenn wir auf Gottes Wort hören und die Regeln, die er uns darin mitgeteilt hat, beachten, werden wir am Ziel nicht «disqualifiziert», sondern siegreich unseren Lauf vollenden.

Jahre alt ist und nur *einen* Mann hatte. 10 Außerdem sollte sie dafür bekannt sein, daß sie viel Gutes getan hat. Hat sie ihre Kinder gut erzogen? War sie gastfreundlich? Hat sie anderen Christen selbstlos geholfen und Notleidenden beigestanden? Hat sie sich auch sonst überall eingesetzt, um anderen zu helfen?

11 Junge Witwen sind für den besonderen Dienst in der Gemeinde nicht geeignet. Denn wenn sie eines Tages doch wieder heiraten wollen, halten sie ihr Versprechen nicht, Christus allein zu dienen. 12 Auf ihnen lastet dann der Vorwurf, ihr Versprechen Christus gegenüber gebrochen zu haben. 13 Außerdem ist für sie dieses «Von-Haus-zu-Haus-Gehen» gar nicht gut. Denn statt zu helfen, besteht die Gefahr, daß sie träge und geschwätzig werden. Neugierig beschäftigen sie sich mit Dingen, die sie überhaupt nichts angehen.

14 Deshalb ist es besser, wenn die jungen Witwen wieder heiraten, Kinder bekommen und ihre eigene Familie versorgen. Dann wird an ihrem Lebenswandel niemand etwas aussetzen können. 15 Leider aber haben sich schon einige von Christus abgewandt und folgen jetzt dem Satan.

16 Wenn aber eine Christin in ihrer Verwandtschaft Witwen hat, dann soll sie für diese Witwen sorgen. Auf keinen Fall darf die Gemeinde damit belastet werden. Denn die Gemeinde hat genug zu tun, wenn sie sich um die Witwen kümmert, die gar keine Angehörigen haben.

Die Ältesten der Gemeinde

17 Alle, die als Leiter der Gemeinde, als Älteste, ihren Dienst verantwortungsvoll ausüben, sollen nicht nur gut versorgt, sondern auch hoch geachtet werden; vor allem, wenn sie mit ganzem Einsatz Gottes Wort verkündigen und die Gemeinde unterrichten. 18 Denn in der Heiligen Schrift heißt es: «Du sollst einem Ochsen beim Dreschen nicht das Maul zubinden»,[a] und an anderer Stelle: «Jeder Arbeiter soll für seine Arbeit den gerechten Lohn bekommen.»[b]

19 Weigere dich auch, eine Klage gegen einen Ältesten der Gemeinde anzunehmen, wenn nicht mindestens zwei oder drei Zeugen sie bestätigen. 20 Aber sollte sich einer tatsächlich etwas zuschulden kommen lassen, dann weise ihn vor allen[c] zurecht, damit auch die anderen gewarnt sind.

21 Vor Gott, dem Herrn Jesus Christus und seinen heiligen Engeln ermahne ich dich: In solchen Fällen mußt du ohne jedes Vorurteil und unparteiisch handeln. 22 Übertrage nicht voreilig jemandem eine wichtige Aufgabe in der Gemeinde, und sprich niemanden leichtfertig von seinen Sünden frei, sonst machst du dich mitschuldig.[d] Dulde auch keine Sünde in deinem eigenen Leben.

23 Hier noch ein persönlicher Rat: Trinke nicht länger nur Wasser. Du bist so oft krank, und da ist es für dei-

a) 5. Mose 25,4
b) 1. Korinther 9,9; Lukas 10,7
c) Wahrscheinlich: vor allen *Ältesten!*
d) Wörtlich: Sei nicht eilig mit der Handauflegung, werde nicht mitverantwortlich für fremde Sünden.

DAS VORBILD

Vreni Stäheli

1. Timotheus 5,10

Geht es Ihnen auch so wie mir? Wenn ich so ein Wort lese oder höre, dann könnte ich seufzen. Die Meßlatte des Paulus ist viel zu hoch! Dieses Vorbild erdrückt mich, zeigt mir meine ganzen Unzulänglichkeiten.

«Viel Gutes tun und sich überall einsetzen …»

Wo sind da die Grenzen?

«Sind die Kinder gut erzogen?»

Mein Kind geht andere Wege. Das schmerzt.

«Habe ich Notleidenden geholfen?»

Die Nöte um mich herum sind so riesengroß. Wo muß ich mich abgrenzen? Die Depressionen meiner Nachbarin lasten auch auf meinem Gemüt. An die Einsamkeit meiner reichen Nachbarn komme ich nicht heran. Scheinbar hat auch der neue Freund die alleinerziehende Mutter wieder verlassen … Alles das beobachte ich.

«Herr, wie gut, daß ich nicht für alles und alle zuständig bin – sonst müßte ich ja wie du sein! Vergib mir, wenn ich dies vergesse und zuviel auf mich nehmen will. Oder wenn ich mich zu früh verschließe! Herr, lehre mich, daß nicht die Not mich leitet, sondern du!

Schenke mir die Sensibilität für den Menschen, den du mir heute besonders ans Herz legst: Ist es vielleicht mein Mann? Oder eins meiner Kinder, das durch eine schwere Prüfungszeit geht? Oder mein Chef?

Fülle du selbst mein Herz, damit ich von deinem Reichtum weitergebe und nicht aus mir selbst heraus helfen will. Laß die andern sehen, wie auch ich mit meinen Schwächen und meinem Versagen kämpfe.

Jesus, ich will dir danken, daß du mir so viel Gutes erweist. Ich will dir danken, daß die Kinder nicht mein Eigentum sind, sondern dir gehören. Danke, daß du der Heiland bist für die Nöte meiner Nächsten. Ich bete dich an!»

nen Magen besser, wenn du etwas
Wein trinkst.
24 Im übrigen erinnere dich daran:
Die Sünden mancher Menschen kann
jeder sehen; sie sind schon vor dem
Gerichtstag Gottes allen offenkun-
dig. Die Sünden anderer wieder blei-
ben uns verborgen; erst Gott wird sie
einmal aufdecken. 25 Genauso ist es
auch mit den guten Taten der Men-
schen: Manche sind schon jetzt für je-
dermann sichtbar, während wir ande-
re überhaupt nicht erkennen. Doch
auch sie werden nicht für immer und
ewig verborgen bleiben.

Untergebene und Vorgesetzte

6 Wer sich als Christ einem Vorge-
setzten unterordnen muß,[a] der
soll ihm Achtung und den notwendi-
gen Respekt entgegenbringen, damit
der Name Gottes und der christliche
Glaube nicht durch sein schlechtes
Verhalten in Verruf geraten. 2 Das
gilt auch, wenn der Vorgesetzte selbst
Christ ist. Der Untergebene soll sich
nicht mit ihm auf eine Stufe stellen,
nur weil sie durch den Glauben Brü-
der sind. Im Gegenteil, er soll ihm um
so bereitwilliger dienen. Wenn er an
Christus glaubt und von ihm geliebt
wird, ist er auch bereit, Gutes zu tun.
Das sollst du allen klarmachen, und
daran sollst du sie immer wieder erin-
nern.

Warnung vor geldgierigen Irrlehrern

3 Wer aber etwas anderes behauptet,
wer sich nicht an die heilsamen Worte
unseres Herrn Jesus Christus hält und
die christliche Lehre in den Wind
schlägt, 4 der nimmt nur sich selbst
wichtig, weiß aber überhaupt nichts.
Solche Leute sind auf ihr hohles Ge-
schwätz stolz und auf ihr Herumdis-
kutieren, das keinem nützt, woraus
sich aber oft Neid, Zank, böses Gere-
de und gemeine Verdächtigungen er-
geben. Wie eine Krankheit, wie eine
Seuche ist das. 5 Man könnte meinen,
sie hätten den Verstand verloren und
die Wahrheit nie gehört; versuchen
sie doch sogar, aus dem Glauben an
Jesus Christus Kapital zu schlagen
und sich daran zu bereichern. 6 Dabei
ist in der Tat jeder reich, der an Gott
glaubt und mit dem zufrieden ist, was
er hat. 7 Denn wir sind auf diese Welt
gekommen, ohne etwas zu besitzen,
und genauso werden wir sie auch wie-
der verlassen.
8 Wenn wir zu essen haben und uns
kleiden können, sollen wir zufrieden
sein. 9 Wie oft sind die Menschen, die
um jeden Preis reich werden wollten,
den Versuchungen des Teufels erle-
gen; wie oft haben sie sich in seinen
Netzen gefangen! Solche unsinnigen
und schädlichen Wünsche stürzen die
Menschen in den Untergang und ins
Verderben. 10 Denn alles Böse wächst
aus der Habgier. Schon so mancher
ist ihr verfallen und hat dadurch sei-
nen Glauben verloren. Wieviel Not
und Leid hätte er sich ersparen kön-
nen!

Seelsorgerliche Ratschläge

11 Du aber, mein lieber Timotheus,
gehörst Gott und dienst ihm. Laß dich
deshalb von all diesen Dingen nicht
gefangennehmen. Bemühe dich viel-
mehr mit aller Kraft um ein Leben,
mit dem du einmal vor Gott bestehen

a) Wörtlich: Alle, die als Sklaven unter dem Joch stehen.

Freut euch mit uns – Gott hat uns befreit!

Psalm 98

Singt dem Herrn ein neues Lied, denn er hat Wunder getan!
Er, der heilige Gott, hat einen gewaltigen Sieg errungen.
Alle Völker wissen es jetzt: der Herr hat Israel befreit;
er hat bewiesen, daß man sich auf ihn verlassen kann!

Er hat sein Versprechen gehalten, seinem Volk gnädig und treu zu sein.
Bis in die fernsten Länder ist die Nachricht gedrungen:
Gott hat Israel gerettet!

Jubelt dem Herrn zu, ihr Menschen auf der Erde!
Preist ihn mit Liedern, singt und jubelt laut vor Freude!
Spielt ihm auf der Laute, laßt die Saiten erklingen
und erfreut den Herrn mit Gesang!
Trompeten und Hörner sollen erschallen;
lobt Gott, euren König!

Das Meer mit allem, was in ihm lebt,
soll zu seiner Ehre brausen und tosen!
Die ganze Welt soll in Jubel ausbrechen!
Ihr Flüsse, klatscht in die Hände;
ihr Berge, preist unseren Herrn,
denn er kommt, um die Welt zu richten.
Sein Urteil über die Völker ist unbestechlich und gerecht!

kannst.[a] Setze alles daran, daß dir
nichts wichtiger wird als Gott, daß
du an ihn glaubst und deine Mitmen-
schen von ganzem Herzen liebst. Be-
gegne ihnen mit Geduld und Freund-
lichkeit.[b] 12 Kämpfe den guten
Kampf des Glaubens! Erringe so das
ewige Leben. Dazu hat dich Gott be-
rufen, und das hast du vor vielen
Zeugen bekannt.
13 Vor Gott, der alles Leben gibt,
und vor Christus Jesus, der von Pon-
tius Pilatus zum Tode verurteilt wur-
de, weil er sich zu Gott bekannte,
befehle ich dir nun: 14 Führe deinen
Auftrag so aus, daß niemand etwas
daran auszusetzen hat, bis unser
Herr Jesus Christus wiederkommt.
15 Die Zeit dafür bestimmt Gott
selbst, der einzige und allmächtige
Gott, der König aller Könige, der
Herr aller Herren. 16 Er, der allein
unsterblich ist, der in einem Licht
lebt, das niemand sonst ertragen
kann, den kein Mensch je gesehen
hat und auch keiner auf dieser Erde
sehen kann, ihm allein gehören Ehre
und ewige Herrschaft. Amen. Das ist
unumstößlich wahr!
17 Zum Schluß noch eins: Den Rei-
chen mußt du unbedingt einschärfen,
daß sie sich nichts auf ihren irdischen
Besitz einbilden oder ihre Hoffnung
auf etwas so Unsicheres wie den
Reichtum setzen. Sie sollen vielmehr
auf Gott hoffen, der uns reich be-
schenkt mit allem, was wir brauchen.
18 Sage ihnen, daß sie Gutes tun sol-
len und gern von ihrem Reichtum
abgeben, um anderen zu helfen. So
werden sie wirklich reich sein 19 und
sich ein gutes Fundament für die Zu-
kunft schaffen, um das wahre und
ewige Leben zu gewinnen.
20 Lieber Timotheus! Bewahre
sorgfältig, was Gott dir anvertraut
hat! Halte dich fern von allem gottlo-
sen Geschwätz und dem leeren Ge-
rede von Leuten mit ihren angeblich
so neuen Erkenntnissen. 21 Manche
sind schon vom Glauben abgekom-
men, weil sie sich darauf eingelassen
haben.

Gottes Gnade sei mit euch allen!

a) Wörtlich: Jage vielmehr der Gerechtigkeit nach.

b) Wörtlich: Jage... der Frömmigkeit, dem Glauben, der Liebe, der Geduld, der Sanftmut nach.

DIE WUNSCH-SPIRALE

Barbara Chaignat-Schätzler

1. Timotheus 6,6–7

Als Kind besaß ich ein Poesiealbum, das ich eifrig allen meinen Klassenkameraden, Freunden und Lehrern gab, damit sie mir einen guten Wunsch oder einen netten Spruch widmen sollten. Einer dieser wohlgemeinten Reime blieb mir bis heute in Erinnerung:

«Zufrieden sein – das ist mein Spruch!
Was hilft mir Geld und Ehr?
Das, was ich hab, ist mir genug.
Wer klug ist, wünscht nicht mehr.
Man wünscht und wünscht, und wenn man's hat,
ist man des Wünschens doch nicht satt.»

Schon als zehnjähriges Mädchen war mir klar, daß sich hinter diesem Reim eine tiefe Wahrheit verbarg. Hatte ich doch selbst bereits die ernüchternde Erfahrung gemacht: Wenn ein Wunsch endlich in Erfüllung gegangen war, so bedeutete das keinesfalls, daß man anschließend wunschlos glücklich war!

Es gehört zu unserem Menschsein, materielle Wünsche und Ziele zu haben. Problematisch wird es dann, wenn Wünsche oder Sehnsüchte nach Hab und Gut uns neidisch, unausgeglichen und geizig machen. Wenn unsere Gedanken gefangen sind und nicht mehr zur Ruhe kommen können. Diese Spirale des Wünschens kann, wenn wir sie nicht bewußt durchbrechen, endlos werden. Deshalb will Paulus unsere Sicht korrigieren: «Dabei ist in der Tat jeder reich, der an Gott glaubt und mit dem zufrieden ist, was er hat (Vers 6).»

Ich selbst habe schon oft während depressiver Phasen die bereichernde Erfahrung gemacht, wie meine eigene Sichtweise erneuert wurde, als ich einmal ganz bewußt Gott «danke» sagte für all die Sachen, die ich habe, die mir Freude machen, die mir dienlich sind. Zuerst wollte mir fast nichts in den Sinn kommen. Aber je länger ich nachdachte, desto mehr fiel mir ein. Und beschämt stellte ich fest, daß ich bereits reich beschenkt war. Ich spürte eine tiefe Dankbarkeit und Freude in mir.

Vers 7 erinnert uns an etwas, das wir eigentlich immer vor Augen haben sollten: «Denn wir sind auf diese Welt gekommen, ohne etwas zu besitzen, und genauso werden wir sie auch wieder verlassen.»

Der zweite Brief des Paulus an Timotheus

Anschrift und Gruß

1 Diesen Brief schreibt Paulus, den
Gott zum Botschafter Jesu Christi
bestimmt hat. In Gottes Auftrag ver-
kündige ich das ewige Leben, wie es
uns durch Jesus Christus geschenkt
wird. 2 Ich grüße dich, lieber Timo-
theus. Du bist mir lieb wie ein eigener
Sohn, und ich wünsche dir Gnade,
Barmherzigkeit und Frieden von
Gott, unserem Vater, und unserem
Herrn Jesus Christus.

Gott hat uns viel gegeben

3 Immer, Tag und Nacht, danke ich
Gott, wenn ich für dich bete. Ihm die-
ne ich mit allem, was ich bin und ha-
be,[a] so wie es schon meine Vorfahren
getan haben. 4 Wenn ich an deine Ab-
schiedstränen denke, dann sehne ich
mich danach, wieder bei dir zu sein.
Darüber würde ich mich sehr freuen.
5 Denn ich erinnere mich sehr gern
daran, wie aufrichtig und überzeu-
gend dein Glaube ist; genauso war es
schon bei deiner Großmutter Lois
und deiner Mutter Eunike. Ich weiß,
daß dieser Glaube auch in dir lebt.
6 Darum bitte ich dich: Laß Gottes
Gabe voll in dir wirksam werden. Du
hast sie bekommen, als ich dir seg-
nend die Hände auflegte. 7 Denn Gott
hat uns seinen Heiligen Geist gege-
ben. Und das ist kein Geist der
Furcht, sondern ein Geist, der uns
mit Kraft, Liebe und Selbstüberwin-
dung erfüllt.

Bekenntnis zu Christus auch im Leiden

8 Schäme dich also nicht, dich in aller
Öffentlichkeit zu unserem Herrn Je-
sus Christus zu bekennen. Halte auch
weiter zu mir, obwohl ich jetzt für ihn
im Gefängnis bin. Sei auch du bereit,
für das Evangelium zu leiden. Gott
wird dir die Kraft dazu geben. 9 Er hat
uns gerettet, und er selbst, der heilige
Gott, hat uns zu seinem Dienst beru-
fen. Nicht etwa, weil wir das verdient
hätten, sondern aus Gnade, und weil
dies von Anfang an Gottes Absicht
war. Denn noch ehe diese Welt be-
stand, war es Gottes Plan, uns in sei-
nem Sohn Jesus Christus seine erbar-
mende Liebe zu schenken. 10 Das ist
jetzt Wirklichkeit geworden, denn
unser Retter Jesus Christus ist ge-
kommen. Das ist das Evangelium: Er
hat dem Tod die Macht genommen
und das Leben – unvergänglich und
ewig – ans Licht gebracht. 11 Eben die-
ses Evangelium soll ich bekanntma-
chen, in Gottes Auftrag verkündigen
und lehren.[b]
12 Darum hat man mich auch in das
Gefängnis geworfen. Aber ich schä-

a) Wörtlich: mit reinem Gewissen.
b) Wörtlich: Dazu bin ich bestimmt worden als Herold und Botschafter und Lehrer.

Darauf will ich mich stützen

Dorothea Unbehend

2. Timotheus 1,7

Tatsachen stehen fest. Sie sind eine Basis für unser Leben, setzen Grenzen, sind Chancen und Orientierungshilfen. Sie müssen nicht ständig neu überprüft und umformuliert werden, sie sind verläßlich und klar.

Gott hat uns seinen Heiligen Geist gegeben, schreibt Paulus. Wir sind mit ihm versiegelt im Tod und in der Auferstehung Jesu. Das ist eine Tatsache. Wir können uns daran festhalten, wenn uns Furcht überfällt. Der Heilige Geist tauscht unsere Angst und Furcht aus gegen Kraft, Liebe und Selbstüberwindung.

Diese Zusage nehme ich mit in diesen neuen Tag.

Ich will mich darauf verlassen und bin gespannt, was ich damit erleben werde.

Ich will mich daran erinnern, wenn Ängste mich einholen und Sorgen mich kraftlos machen.

Ich will mich darauf stützen, wenn meine Liebe für die Menschen meiner Umgebung nicht ausreicht, vor allem für die, die mich heute verachten, verletzen und Gottes Zielen im Wege stehen.

Ich will erfahren, daß ich mich selbst überwinde und demjenigen die Hand reiche, mit dem ich schon längst einiges zu klären habe.

Ich will erleben, daß ich bezeugen kann, wie wichtig mir die Liebe Jesu geworden ist und wie gerne ich sein Kind bin.

Ich freue mich auf diesen Tag, Herr, denn deine Zusagen sind meine Tatsachen. Ich bin gespannt, wofür ich dir heute abend von Herzen danken werde.

me mich nicht und verliere nicht den
Mut. Denn ich weiß genau, an wen
ich glaube, und ich bin ganz sicher,
daß Gott mich und all das, was er mir
anvertraut hat, bis zum Tag seines
Kommens bewahren wird. 13 Halte
dich genau an die Lehre, wie du sie
von mir gehört hast. Halte dich an
den Glauben und die Liebe, die wir in
Jesus Christus haben. 14 Bewahre die-
se kostbare Gabe, die man dir anver-
traut hat. Die Kraft dazu wird dir
Gottes Heiliger Geist geben, der in
uns wohnt.

15 Wie du weißt, haben sich alle
Christen aus der Provinz Asien von
mir abgewandt, sogar Phygelus und
Hermogenes. 16 Ich bitte den Herrn
darum, daß er der Familie des Onesi-
phorus barmherzig ist. Denn Onesi-
phorus hat mir immer wieder gehol-
fen. Er war einer der wenigen, die
treu zu mir hielten, obwohl ich im Ge-
fängnis war. 17 Als er nach Rom kam,
ließ er nichts unversucht, bis er mich
fand. 18 Gott möge ihm am Tage des
Gerichts sein Erbarmen schenken.
Gerade du, mein lieber Timotheus,
weißt ja, wieviel er auch in Ephesus
für mich getan hat.

Für Christus kämpfen und leiden

2 Mein lieber Timotheus! Werde
stark im Glauben durch die Kraft,
die Jesus Christus dir schenkt. 2 Was
du von mir in Gegenwart vieler Zeu-
gen gehört hast, das gib jetzt an zu-
verlässige Christen weiter, die fähig
sind, auch andere im Glauben zu un-
terweisen.

3 Als ein guter Kämpfer für die Sa-
che Jesu Christi mußt du so wie ich
bereit sein, auch für ihn zu leiden.
4 Kein Soldat, der in den Krieg zieht,
darf sich von seinen privaten Angele-
genheiten ablenken lassen, wenn sein
Vorgesetzter mit ihm zufrieden sein
soll. 5 Ein Sportler wird niemals eine
Medaille gewinnen, wenn er sich
nicht an die Wettkampfregeln hält.
6 Auch ein Bauer kann die Früchte
seiner Arbeit erst genießen, wenn er
zuvor schwer gearbeitet hat. 7 Denke
darüber nach, was das heißt. Im übri-
gen wird dir der Herr in allen Dingen
die richtige Einsicht geben.

8 Eins aber vergiß nie: Jesus Chri-
stus, ein Nachkomme Davids, wurde
von Gott aus den Toten auferweckt.

Das ist die Frohe Botschaft, die ich
verkündige. 9 Dafür leide ich, und
allein deswegen hat man mich wie
einen Verbrecher ins Gefängnis ge-
sperrt. Aber Gottes Wort läßt sich
nicht einsperren. 10 Für alle, die Gott
retten will, nehme ich das gern auf
mich, damit sie durch Jesus Christus
das ewige Leben bekommen und für
immer in Gottes Herrlichkeit sein
dürfen. 11 Denn das steht unwiderruf-
lich fest: Sind wir mit Christus gestor-
ben, werden wir auch mit ihm leben.
12 Leiden wir hier mit ihm, werden wir
auch mit ihm herrschen. Verleugnen
wir ihn, wird er uns auch verleugnen.
13 Sind wir untreu, bleibt er treu. Ihm
können wir vertrauen.[a]

Warnung vor Irrlehrern

14 An dieses Bekenntnis sollst du alle
immer wieder erinnern. Weise sie vor
Gott eindringlich darauf hin, daß sie
endlich mit diesem sinnlosen Gezänk
um Worte aufhören, was keinem
nützt, aber viele verwirrt und durch-
einanderbringt. 15 Setze alles daran,

a) Wörtlich: denn er kann sich selbst nicht verleugnen.

WIE ERMUTIGE ICH?

Hilde Dieterich

2. Timotheus 2,1

Abgekämpft und wohl auch verzagt erlebten die Kinder uns als Eltern eines Tages bei Tisch. Die Stimmung war traurig und ratlos. Offenkundig bemerkten die Kinder, daß wir Eltern nicht mehr weiter wußten.

Auf einmal unterbrach eins der Kinder die Stille: «Hier kann Jesus helfen, hier müßt ihr nichts tun! Er weiß doch alles und wird Kraft schenken, das habt ihr uns auch immer gesagt, wenn wir nicht mehr weiterkamen …»

Mutmacher müssen also nicht erwachsen, gelehrt oder stark sein – wenn sie nur die Quelle allen Lebens kennen!

Der Vers, der an den jungen und verzagt scheinenden Timotheus gerichtet ist, zeigt uns anschaulich, wie Ermutigung aussehen soll. Paulus spricht von einer Kraft, die nichts mit der eigenen zu tun hat, auch wenn der junge Timotheus sich noch so sehr «ins Zeug» legt. Das große Geheimnis liegt darin, nicht aus sich selbst, sondern aus der Quelle, die Jesus Christus ist, zu schöpfen. All jenen, die sich stark fühlen und – ohne an der Quelle zu schöpfen – im Alleingang in den Lebenskampf stürzen wollen, könnte bald der Atem ausgehen.

Der Kampf gehört zum Leben. Aber wie lange kann oder soll man denn als Christ kämpfen? Viele Menschen fragen dies in seelsorgerlichen Gesprächen – besonders dann, wenn Störungen und unerklärbare Nöte nicht mehr allein zu bewältigen sind. Welche Antwort geben wir dann?

Paulus räumt dem Leid in unserem Leben seinen selbstverständlichen Platz ein. Er ermutigt uns trotz des Leides zum Laufen und Kämpfen. Er weist weg von sich selbst – und damit auch weg von den noch offenen Fragen – hin auf das Zentrum allen Lebens.

Es gibt unzählige Situationen, in denen wir mit eigener Kraft auf der Stelle bleiben und daran zerbrechen würden. Hat uns Jesus den Ausweg gezeigt, so gibt er uns auch die Kraft, unsere Aufgabe mit vollem Einsatz anzupacken.

daß du in deiner Arbeit zuverlässig bist und dich dafür nicht schämen mußt. Sorge dafür, daß Gottes Wort[a] richtig und klar verkündigt wird.

16 Beteilige dich nicht an dem heillosen, leeren Geschwätz gewisser Leute. Sie geraten dadurch nur immer tiefer in die Gottlosigkeit. 17 Wie ein todbringendes Krebsgeschwür breitet sich ihre Irrlehre aus. Ich rede hier von solchen Leuten wie Hymenäus und Philetus. 18 Sie haben den Weg der Wahrheit verlassen und behaupten unter anderem, die Auferstehung sei schon geschehen. Auf diese Weise haben sie schon manchen vom Glauben abgebracht. 19 Aber das feste Fundament, das Gott gelegt hat, können sie nicht erschüttern. Es trägt die Aufschrift: «Der Herr kennt alle, die zu ihm gehören», und ebenso: «Wer sich zu Jesus Christus bekennt, der darf nicht länger Unrecht tun.»

20 Nun gibt es ja selbst in einem reichen Haushalt nicht nur goldene und silberne Gefäße, sondern auch solche aus Holz oder Ton. Während die einen bei Festen und großen Feiern auf den Tisch kommen, gebraucht man die anderen für den Abfall. 21 Wer sich von diesen Schwätzern fernhält, der wird wie eins der edlen Gefäße sein: rein und wertvoll, nützlich für den Hausherrn, geeignet für alles, was gut ist und Gott gefällt.

22 Widerstehe den Verlockungen und Leidenschaften, die besonders jungen Menschen zu schaffen machen. Setze vielmehr alles daran, daß du vor Gott bestehen kannst,[b] daß dein Glaube fest wird und du in Liebe und Frieden mit allen lebst, die Gott aufrichtig anbeten. 23 Den törichten und nutzlosen Auseinandersetzungen gehe aus dem Weg. Du weißt ja, daß sie nur zu unsinnigem Streit führen, 24 und wer Gott dienen will,[c] sollte sich nun wirklich nicht durch ein zänkisches Wesen auszeichnen. Er soll allen Menschen freundlich begegnen, ein geduldiger Lehrer sein, bereit, auch Böses zu ertragen.

25 Wer sich dir widersetzt, den versuche mit Güte auf den richtigen Weg zu bringen. Denn vielleicht führt Gott ihn ja zur Einsicht, daß er zur Besinnung kommt, umkehrt und die Wahrheit erkennt. 26 Solche Menschen können frei werden von den Schlingen des Satans, in denen sie sich verfangen hatten und sich von ihm für seine Zwecke mißbrauchen ließen.

Zeichen der letzten Zeit

3 Das eine sollst du noch wissen: In den letzten Tagen dieser Welt werden schreckliche Zeiten kommen. 2 Dann werden die Menschen nur sich selbst und ihr Geld lieben. Wichtigtuerei und maßlose Selbstüberschätzung werden sie ebenso kennzeichnen wie Verleumdung, Ungehorsam ihren Eltern gegenüber, Undankbarkeit und Ehrfurchtslosigkeit. 3 Lieblos und unversöhnlich werden sie sein, ihre Mitmenschen verleumden und hemmungslos leben, brutal und rücksichtslos. 4 Sie hassen alles Gute und kennen keine Treue, diese unverschämten und aufgeblasenen Sprücheklopfer, die nur ihr Vergnügen und ihre Bequemlichkeit im Kopf haben und von Gott nichts wissen

a) Wörtlich: das Wort der Wahrheit.
b) Wörtlich: Jage der Gerechtigkeit nach.
c) Wörtlich: ein Sklave des Herrn.

GOTT KANN WARTEN

Sigrid Arnold-Levey

2. Timotheus 3,1.2

Wann beginnen die «letzten Tage» dieser Welt? Wir leben bereits in dieser Zeit, sagt der Apostel Paulus, wenn er Timotheus in Vers 5 ermahnt: «Hüte dich vor solchen Menschen!»

In einem seiner Gleichnisse vergleicht Jesus die Welt mit einem Acker (Matthäus 13,24–30). Der Bauer (Gott) sät guten Samen aus, aber sein Feind (der Teufel) streut anschließend Unkrautsamen aus. Um die sprießenden zarten Hälmchen nicht zu beschädigen oder versehentlich auszujäten, bestimmt der Bauer, daß Weizen und Unkraut erst zur Erntezeit getrennt werden sollen, denn dann lassen sich die Pflanzen eindeutig unterscheiden. Beides soll nebeneinander bis zur Reife wachsen.

Bei meinen Spaziergängen durch die Felder denke ich oft über dieses Gleichnis nach. Das zarte Saatgut verwandelt sich rasch in senkrecht aufschießende, stabile Halme: Sie stehen aufrecht und gerade – auch wenn sie von dem ebenso wachsenden Unkraut, einer Winde etwa, fest umrankt werden.

Ein Unwetter kann ein Weizenfeld böse zurichten, aber überraschend wenige Halme werden dauerhaft beschädigt. Ein Halm mag zwar geknickt oder zu Boden gedrückt werden, doch er hat die Fähigkeit, sich in kurzer Zeit wieder aufzurichten. Der Reifeprozeß der Ähren wird dadurch kaum behindert.

Vom Ackerrand aus erkenne ich mühelos den Unterschied zwischen der Getreidepflanze und dem Unkraut: Der Weizenhalm ist in seiner Struktur robuster, deshalb macht sich das Unkraut die Stärke des Getreides zunutze.

Doch wie mag der Weizenhalm sich selbst wahrnehmen? Umrankt und eingeengt? Sicher wird er die Umrankung anders einschätzen, denn seine Perspektive ist eine andere als meine. Vielleicht fühlt er nur, daß er geknickt nach dem Sturm am Boden liegt – aber bemerkt nicht, daß seine Frucht unbeschadet geblieben ist.

Der Verlauf der Weltgeschichte liegt fest in Gottes Händen. Weil er gerecht ist, billigt Gott dem Bösen zu, neben dem Guten zu reifen. Im Gleichnis wird das Unkraut vor der eigentlichen Ernte vom Acker entfernt (Vers 30). Und deshalb bin ich getrost. Denn Gott hat versprochen, das Gute zur vollen Entfaltung kommen zu lassen und den schrecklichen Ereignissen der letzten Zeitepoche rechtzeitig Einhalt zu gebieten.

wollen. 5 Nach außen tun sie zwar, als
seien sie fromm, aber von der Kraft
des wirklichen Glaubens wissen sie
nichts. Hüte dich vor solchen Menschen!

6 Einige gehen sogar von Haus zu
Haus und versuchen dort – listig und
verschlagen – vor allem leichtgläubige
Frauen auf ihre Seite zu ziehen. Diese
Frauen sind mit Sünden beladen und
werden nur von ihren Leidenschaften
getrieben, 7 wollen jederzeit etwas
Neues hören, sind aber nie willig, die
Wahrheit zu erkennen.

8 So wie sich die ägyptischen Zauberer Jannes und Jambres gegen Mose auflehnten, so widersetzen sich
diese falschen Lehrer der Wahrheit.
Es sind durch und durch verdorbene
Menschen, deren Glaube keiner Prüfung standhält. 9 Auf die Dauer werden sie aber ihr Unwesen nicht treiben können. Mit der Zeit wird jeder
erkennen, wie töricht und unsinnig
alles ist, was sie sagen und tun. Genauso ist es den beiden ägyptischen
Zauberern ergangen.

Wer glaubt, muß mit Widerstand rechnen

10 Du aber, Timotheus, bist bei dem
geblieben, was du von mir gelernt
hast. Du hast dir mein Leben, meine
Gesinnung, meinen Glauben zum
Vorbild genommen, dazu auch meine
Langmut, meine Liebe und Geduld.
11 Du weißt, welche Verfolgungen
und Leiden ich in Antiochia, in Ikonium und Lystra ertragen mußte. Wie
unerbittlich hat man mich dort verfolgt! Aber der Herr hat mich aus allen Gefahren gerettet. 12 Doch vergiß
nicht: Jeder, der an Jesus Christus
glaubt und so leben will, wie es Gott
gefällt, muß mit Verfolgung rechnen.
13 Die Verführer aber und die Betrüger werden es immer schlimmer treiben und sich immer stärker in die
Sünde verstricken. Sie betrügen andere und merken nicht, daß sie selbst
die Betrogenen sind.

14 Darum bitte ich dich: Halte an
dem Glauben fest, so wie du es gelernt hast. Von seiner Wahrheit bist
du ja überzeugt. Schließlich weißt du
genau, wer deine Lehrer waren.
15 Außerdem bist du von frühester
Kindheit an mit der Heiligen Schrift
vertraut. Sie zeigt dir den einzigen
Weg zur Rettung, den Glauben an Jesus Christus. 16 Denn die ganze Heilige Schrift ist von Gottes Geist eingegeben. Sie lehrt uns, die Wahrheit zu
erkennen, unsere Schuld einzusehen,
uns von Grund auf zu ändern und so
zu leben, daß wir vor Gott bestehen
können.[a] 17 Sein Wort zeigt uns, wie
wir als veränderte Menschen fähig
werden, in jeder Beziehung Gutes zu
tun.[b]

Auftrag und Vermächtnis des Paulus

4 Vor Gott und vor unserem Herrn
Jesus Christus, der wiederkommen wird, um über die Lebenden und
die Toten Gericht zu halten und sein
Königreich aufzurichten, bitte ich
dich eindringlich: 2 Verkündige den
Menschen Gottes Wort. Setze dich

a) Wörtlich: Alle Schrift ist von Gott eingegeben und nützlich zur Belehrung, zur Überführung, zur Besserung, zur Erziehung in der Gerechtigkeit.

b) Wörtlich: Damit der Mensch Gottes allen Anforderungen gewachsen sei, zu jedem guten Werk zugerüstet.

WERDE ICH STANDHALTEN?

Lotte Bormuth

2. Timotheus 4,5–7

Werde ich auch dann Jesus die Treue halten, mich zu ihm bekennen, wenn es mir Nachteile bringt – oder wenn es sogar gefährlich wird, von ihm zu reden? In diesem Zusammenhang ist mir eine kleine Geschichte im Gedächtnis geblieben, die der bekannte Jugendpfarrer Wilhelm Busch (1897–1966) erzählt hat:

«Ich lag einmal ganz elend in der Zelle eines Gefängnisses. Ich hatte Fieber, war hungrig, fror mächtig und war völlig niedergeschlagen. Wenn ich doch nur aus diesem entsetzlichen Loch herausgeholt würde. Und dann wurde ich zur Geheimen Staatspolizei gebracht. Da sitzen drei führende Männer am Tisch. Einer von ihnen hieß Schweim mit m. Da hat er noch Glück gehabt. Ein bleicher Bursche. Die Gestapoleute waren katzenfreundlich. Mein Herz verkrampfte sich.

Da sagen sie: ‹Pastor Busch, Sie sind gar nicht so übel. Der einzige Unsinn ist, daß Sie Jugendpfarrer sein wollen. Wir bieten Ihnen eine Stelle als Regierungsrat an. Sie können sofort nach Hause entlassen werden, wenn Sie versprechen, keinem Mensch mehr von Jesus zu sagen. Persönlich können Sie glauben, was Sie wollen.›

Das war eine grauenvolle Lage. Ich war so verzweifelt, wollte nur raus aus dieser schrecklichen Zelle. Und dann schlich sich die Versuchung in mein Herz. Ich brauche doch bloß nicht mehr übers Evangelium reden, glauben kann ich, was ich will. Da waren plötzlich alle Dämonen der Hölle in der Zelle: Tu es doch! Und dann trat Jesus vor mich. Er hielt mir vor Augen, wie schön ein Leben im Dienst für ihn war, und dann wurde mir klar: Ich kann darüber nicht schweigen, was ich mit meinem Herrn erlebt habe. Ich kann Jesus nicht absagen. Auf Golgatha hat er sein Leben für mich eingesetzt, nein, Jesus kann ich nicht absagen. Ich halte es nicht aus, keine Versöhnung, keinen Frieden, keinen Heiland, kein ewiges Leben, keine Hoffnung zu haben. Das ist unmöglich!

Am andern Morgen trat ich vor die Leute der Gestapo und sagte: ‹Ich kann Ihr Angebot nicht annehmen.›

Das war eine große Versuchung in meinem Leben. Aber ich hielt ihr stand.»

dafür ein, und zwar überall und zu je-
der Zeit! Rede ihnen ins Gewissen,
weise sie zurecht, und ermutige sie,
wo es nötig ist. Lehre sie geduldig,
den richtigen Weg zu gehen[a].
3 Denn es wird eine Zeit kommen,
in der die Menschen von der wahren
Lehre nichts mehr wissen wollen. So
wie es ihnen gerade gefällt, werden
sie sich Lehrer aussuchen, die ihnen
nur das sagen, was sie gerne hören
möchten. 4 Und weil ihnen die Wahr-
heit nicht gefällt, folgen sie allen
möglichen phantastischen Ideen.
5 Doch du sollst wachsam und beson-
nen bleiben; laß dir nichts vorma-
chen! Sei vielmehr bereit, für Chri-
stus zu leiden. Predige unerschrocken
die Frohe Botschaft, und führe dei-
nen Dienst treu und gewissenhaft
aus.
6 Ich sage dir das, weil ich mit dem
Todesurteil rechnen muß[b] und mein
Leben nun bald für Gott geopfert
wird. 7 Doch ich habe mit vollem Ein-
satz gekämpft; jetzt ist das Ziel er-
reicht, und ich bin Christus im Glau-
ben treu geblieben. 8 Nun hält Gott
für mich auch den Siegespreis bereit:
seine Gerechtigkeit[c]. Er, der gerech-
te Richter, wird ihn mir am Tag des
Gerichts geben; aber nicht mir allein,
sondern allen, die wie ich voller Sehn-
sucht auf sein Kommen warten.

Persönliche Bitten und Anliegen

9 Nun bitte ich dich: Komm doch so
schnell wie möglich zu mir! 10 Demas
hat mich im Stich gelassen und ist
nach Thessalonich gereist, weil ihm
die Dinge dieser Welt wichtiger wa-
ren. Crescens ist in Galatien und Ti-
tus in Dalmatien. 11 Nur Lukas ist bei
mir geblieben. Wenn du kommst,
bringe Markus mit, denn er könnte
mir hier viel helfen. 12 Tychikus habe
ich nach Ephesus geschickt. 13 Bringe
mir aus Troas meinen Mantel mit,
den ich bei Karpus zurückgelassen
habe, ebenso die Bücher, vor allem
aber die Pergamentrollen.
14 Der Schmied Alexander hat mir
viel Böses angetan. Er wird dafür die
gerechte Strafe erhalten. 15 Hüte dich
vor ihm, denn er hat unsere Botschaft
von Jesus Christus erbittert be-
kämpft.
16 Bei meiner ersten Gerichtsver-
handlung war niemand auf meiner
Seite. Alle ließen mich allein. Gott
möge ihnen verzeihen. 17 Der Herr
aber war bei mir. Er hat mir Kraft ge-
geben, daß ich selbst an diesem Ort
die Frohe Botschaft von Jesus ver-
kündigen konnte und Menschen aus
aller Welt sie hörten. Er hat mich vor
dem sicheren Tod[d] bewahrt. 18 Auch
in Zukunft wird mir Gott in allen Ge-
fahren beistehen und mich in sein
himmlisches Reich aufnehmen. Ihm
gehört für immer alle Ehre. Amen.

Grüße

19 Grüße bitte Priska und Aquila und
auch die Familie des Onesiphorus.
20 Erastus ist in Korinth geblieben,
und Trophimus habe ich krank in Mi-
let zurücklassen müssen. 21 Ich wäre
sehr froh, wenn du noch vor Beginn
des Winters hier sein könntest.

a) Wörtlich: mit aller Geduld und Lehre.
b) Wörtlich: Die Zeit meines Todes ist da.
c) Wörtlich: den Kranz der Gerechtigkeit.
d) Wörtlich: aus dem Rachen des Löwen.

Betet den heiligen Gott an!

Psalm 99

Der Herr allein ist König!
In Ehrfurcht erschauern die Völker.
Er thront über den Cherub-Engeln,
darum erzittert die Erde.

Ja, der Herr regiert in Jerusalem,
er herrscht über alle Völker.
Ihn sollen sie preisen,
ihn, den großen und gewaltigen Gott! Heilig ist er!

Mächtiger König! Weil du das Recht liebst,
hast du Recht und Ordnung gegründet.
Deinem Volk gabst du das Gesetz
und sorgtest für Gerechtigkeit.

Betet den Herrn an, unseren Gott!
Fallt vor seinem Thron nieder, denn er ist der heilige Gott!
Schon Mose und Aaron gehörten zu seinen Priestern,
auch Samuel betete zum Herrn.
Sie alle riefen zu ihm, und er gab ihnen Antwort.
Gott sprach zu ihnen aus der Wolkensäule,
und sie gehorchten den Geboten und Ordnungen,
die er ihnen gab.

Herr, unser Gott! Du hast sie erhört.
Du hast deinem Volk die Schuld vergeben,
aber auch ihre Vergehen bestraft.
Betet den Herrn an, unseren Gott!
Auf seinem heiligen Berg Zion fallt vor ihm nieder,
denn er ist der heilige Gott, unser Herr!

Eubulus läßt dich herzlich grüßen,
ebenso Pudens, Linus, Klaudia und
alle anderen Christen hier.

22 Unser Herr Jesus Christus sei mit
dir und seine Gnade mit euch allen!

Der Brief des Paulus an Titus

Anschrift und Gruß

1 Diesen Brief schreibt Paulus, ein Diener Gottes und Botschafter Jesu Christi. Er hat mich berufen, damit alle, die Gott als seine Kinder annahm, im Glauben gestärkt werden. Viele sollen noch erkennen, wer Jesus Christus ist, und gerettet werden.[a] 2 Wir hoffen auf das ewige Leben, das Gott uns zugesagt hat, noch ehe die Welt bestand. Und Gott lügt nicht. 3 Jetzt ist die Zeit gekommen, daß alle Menschen von seiner Zusage erfahren sollen. Gott, unser Retter und Erlöser, hat mir deshalb den Auftrag gegeben, diese Botschaft überall zu verkündigen.

4 Ich grüße dich, lieber Titus. Durch unseren gemeinsamen Glauben bist du mir lieb wie ein eigener Sohn. Ich wünsche dir Gnade und Frieden von Gott, unserem Vater, und unserem Retter Jesus Christus.

Wer eine Gemeinde leiten kann

5 Ich habe dich auf Kreta zurückgelassen, damit du die Arbeit zu Ende führst, die wir dort gemeinsam begonnen haben. Vor allem sollst du in den einzelnen Städten geeignete Männer einsetzen, die als Älteste die Gemeinden leiten. 6 Es müssen Männer sein, die einen untadeligen Lebenswandel führen und in einem guten Ruf stehen. Sie dürfen nur *eine* Frau haben. Ihre Kinder sollen an Jesus Christus glauben und nicht als zügellos und ungehorsam bekannt sein.

7 Ein Ältester muß tatsächlich in jeder Beziehung vorbildlich leben, denn er trägt die Verantwortung für die Gemeinde Gottes. Darum darf er weder rechthaberisch noch jähzornig oder streitsüchtig sein, kein Trinker, kein Geschäftemacher. 8 Dagegen soll er gastfreundlich, gütig und besonnen sein, gerecht urteilen, so leben, wie es Gott gefällt, und sich selbst beherrschen können. 9 Außerdem muß er sich an das Wort Gottes halten, ohne es zu verändern oder zu verfälschen. Denn nur so kann er die Gemeinde im Glauben festigen und andere, die einer falschen Lehre verfallen sind, von ihrem Irrweg abbringen.

Dulde keine Irrlehre!

10 Denn es gibt viele, die dem Wort Gottes nicht gehorchen wollen; Männer, die unnützes Zeug daherreden und dadurch andere Menschen in die Irre führen. Solche Leute waren früher oft strenggläubige Juden. 11 Diese Schwätzer muß man unbedingt zum Schweigen bringen; denn es ist ihnen schon gelungen, ganze Familien vom

a) Wörtlich: (abgesandt) für (den Dienst am) Glauben der Auserwählten Gottes und (an der Ausbreitung der) Wahrheitserkenntnis unseres Glaubens.

rechten Glauben abzubringen. Und
dafür lassen sie sich auch noch teuer
bezahlen!
12 Einer von ihnen muß geradezu ein
Prophet gewesen sein, als er sagte:
«Die Leute auf Kreta sind durch und
durch verlogen. Sie sind faul und ge-
fräßig und benehmen sich wie wilde
Tiere.» 13 Dieser Mann hat die Wahr-
heit gesagt. Darum weise sie scharf zu-
recht, damit sie wieder zum rechten
Glauben zurückfinden. 14 Keiner soll
diese jüdischen Ammenmärchen
glauben und sich nach den Vorschrif-
ten von Leuten richten, die der Wahr-
heit den Rücken gekehrt haben.
15 Wer ein reines Gewissen hat, für
den ist alles rein, was Gott geschaffen
hat.[a] Wer aber ein schlechtes Gewis-
sen hat, dem helfen auch keine Geset-
ze und Vorschriften. Alles, was er
fühlt und denkt, ist böse und gemein.
16 Zwar behaupten diese Leute, Gott
zu kennen, aber ihre Taten beweisen
das Gegenteil. Sie widersetzen sich
Gottes Wort und sind zu nichts Gutem
fähig. Was sie tun, kann man nur ver-
abscheuen.

Wie Christen leben sollen

2 Du aber sollst dich in allem, was
du sagst, nach Gottes unver-
fälschtem Wort richten. 2 Den älteren
Männern sage, daß sie maßvoll, ehr-
bar und besonnen leben sollen; dabei
treu in ihrem Glauben, voller Liebe
und Geduld. 3 Von den älteren
Frauen verlange, daß sie ein Leben
führen, wie es Gott Ehre macht. Sie
sollen nicht klatschen und tratschen
noch sich betrinken, sondern in allen
Dingen mit gutem Beispiel vorange-
hen. 4 So können sie die jungen Frauen
zu einem guten, geordneten Leben
anleiten; dazu, daß sie ihre Männer
und Kinder lieben, 5 nicht anstößig
und unbeherrscht handeln, ihren
Haushalt gut versorgen, sich liebevoll
und gütig verhalten und ihre Männer
achten[b], damit Gottes Wort durch sie
nicht in Verruf gerät.
6 Ebenso mußt du die jungen Män-
ner ermahnen, beherrscht und or-
dentlich zu leben. 7 Vor allem sei du
ihnen in jeder Hinsicht ein gutes Vor-
bild. Das gilt für alles, was du lehrst,
aber auch für dein persönliches Le-
ben. 8 Was immer du sagst, soll wahr
und überzeugend sein. Nur so kannst
du die Gegner des Wortes Gottes ent-
larven. Sie werden beschämt sein und
nichts Nachteiliges gegen uns vorbrin-
gen können.
9 Sage allen, die Vorgesetzte haben,
daß sie sich ihnen in jeder Beziehung
unterordnen, und zwar mit innerer
Bereitschaft und nicht widerstrebend.
10 Sie sollen ehrlich und zuverlässig
sein, damit ihr Beispiel die Menschen
davon überzeugt, wie wahr und gut
das Evangelium von Jesus Christus ist.

Gottesdienst im Alltag

11 Denn in der Person Jesu Christi ist
jetzt Gottes Barmherzigkeit sichtbar
geworden, mit der er alle Menschen
retten will. 12 Sie bringt uns dazu, daß
wir uns von aller Gottlosigkeit, allen
selbstsüchtigen Wünschen trennen,
dafür aber besonnen und rechtschaf-
fen leben, so wie es Gott gefällt.
13 Denn wir warten darauf, daß sich
bald erfüllt, was wir sehnlichst erhof-
fen, daß unser Herr und Erlöser Jesus

a) Wörtlich: Den Reinen ist alles rein (vgl. Markus 7,15).
b) Wörtlich: sich ihren Männern unterordnen.

Beziehungs-Sachen

Ute Zintarra

Titus 1,16

«Gott kennen ist Leben» – so lautet ein Wort des russischen Dichters Leo Tolstoi.

Der Apostel Paulus schreibt an seinen Mitarbeiter Titus über einige Menschen auf Kreta: «Diese Leute behaupten zwar, Gott zu kennen, aber ihre Taten beweisen das Gegenteil.» Gott kennen – was bedeutet das eigentlich? Woran erkennt man das? Paulus äußert sich eindeutig und ist auch in seiner Wortwahl nicht gerade zimperlich. Verabscheuungswürdig sei der Lebenswandel jener Menschen, die er der besonderen Aufmerksamkeit des Titus empfiehlt. Schlimmer als der Lebenswandel selbst sei jedoch der Widerspruch zwischen Wort und Tat: Die gleichen Menschen, die sich so unmöglich verhalten, behaupten, Gott zu kennen.

Gott kennen kann keine eingleisige Beziehung sein. Das Kennen beruht immer auf Gegenseitigkeit: Ich kenne Gott und weiß, er kennt mich.

Gott kennen, das heißt mehr, als nur von seiner Existenz zu wissen. Es heißt auch: ihn erkennen, ihm nahe kommen, bemüht sein herauszufinden, wie er ist, was ihm gefällt, ihn lieben zu lernen. Wenn die Menschen, von denen Paulus hier redet, sich Gottes Wort «widersetzen», dann kann es also mit ihrem «Gott-Kennen» nicht sehr weit her sein. Und wenn Paulus weiter schreibt, «sie sind zu nichts Gutem fähig», dann hat das ganz bestimmt nichts mit der Lebensqualität zu tun, auf die Tolstois Wort zielt.

Die Fülle der Ermahnungen und Empfehlungen, die Paulus im Anschluß an seine Bestandsaufnahme folgen läßt, ist uns Hinweis, in welcher Reihenfolge wir vorgehen sollen.

Gott kennen heißt: erst einmal erfahren und erleben, wer und wie Gott ist. Dann stellen wir fest: Er ist kein herzloser Wächter über den Buchstaben des Gesetzes, sondern einer, der Leben schenkt durch Vergebung der Sünden, der die liebende Beziehung zu seinen Geschöpfen sucht.

Erst wenn wir das alles erfahren und begriffen haben, dann folgt der nächste Schritt: ein Lebensstil, der auf diese Erfahrung antwortet mit Liebe, mit Gutem – wie es zwischen Liebenden «üblich» ist.

Gott kennen ist Leben.

Gott kennen bewirkt ein Leben, wie es Gott gefällt.

Gott kennen erfüllt das Leben.

Und wenn wir in diesem Sinne Gott kennen, dann braucht (hoffentlich) keiner über uns so zu seufzen und zu klagen wie der Apostel Paulus seinerzeit über die Menschen auf Kreta.

Christus in seiner ganzen göttlichen
Herrlichkeit und Größe erscheinen
wird. 14 Er hat sein Leben für uns ge-
geben und uns von allem Bösen und
von aller Schuld befreit. So sind wir
sein Volk geworden; bereit, ihm
dankbar zu dienen.

15 Das sollst du lehren und allen
nachdrücklich klarmachen. An der
Ernsthaftigkeit deiner Worte darf es
keinen Zweifel geben.

Der Christ in Staat und Gesellschaft

3 Erinnere die Christen daran, daß
sie sich dem Staat und seinen Be-
hörden unterzuordnen haben. Sie
sollen die Gesetze des Staates befol-
gen und sich tatkräftig für das Ge-
meinwohl einsetzen. 2 Kein Christ
darf gehässig über andere reden oder
gar Streit suchen. Er soll vielmehr je-
dem freundlich und liebevoll begeg-
nen.

3 Vergessen wir nicht: Auch wir
wußten es früher nicht besser. Wir
waren Gott ungehorsam, kannten
den richtigen Weg nicht und wurden
von allen möglichen Wünschen und
Leidenschaften beherrscht. Bosheit
und Neid bestimmten unser Leben.
Wir haßten alle, und alle haßten uns.

4 Aber dann haben wir Gottes Lie-
be und Güte erfahren durch unseren
Erlöser und Retter Jesus Christus.
5 Nicht, weil wir etwas geleistet hät-
ten, womit wir diese Liebe verdien-
ten, nein, seine Barmherzigkeit war
es, die uns durch eine neue Geburt zu
neuen Menschen gemacht hat.[a] Das
war ein Werk des Heiligen Geistes,
6 den Gott uns durch unsern Erlöser
Jesus Christus in reichem Maße ge-
schenkt hat.

7 So sind wir allein durch seine un-
verdiente Güte von aller Schuld be-
freit und warten voller Hoffnung auf
sein himmlisches Reich, das wir als
seine Kinder erben werden.[b] 8 Darauf
können wir vertrauen.

Irrlehrer in der Gemeinde

Ich will, daß du dies alles sehr nach-
drücklich denen klarmachst, die zum
Glauben an Gott gekommen sind. Sie
sollen alles daransetzen, Gutes zu
tun. Das dient uns selbst und hilft
auch anderen. 9 Wo aber nur leeres
Stroh gedroschen wird und man völlig
sinnlos über Abstammungslinien und
Geschlechtsregister streitet, da hast
du nichts zu suchen. Beteilige dich
nicht an dem Gezänk über bestimmte
religiöse Vorschriften. Das führt zu
nichts und hat gar keinen Wert.

10 Wer die Wahrheit verfälscht wie
diese Sektierer, den sollst du ein-
oder zweimal zurechtweisen. Kommt
er trotzdem nicht zur Einsicht, dann
trenne dich von ihm. 11 Denn eins ist
sicher: Du kannst solchen Menschen,
die ihre Sünde nicht einsehen wollen,
nicht helfen. Sie sprechen sich selbst
das Urteil.

Bitten und Grüße

12 Sobald Artemas oder Tychikus bei
dir sind, komme so schnell wie mög-
lich zu mir nach Nikopolis. Dort will

a) Wörtlich: Nicht aus den Werken und der Gerechtigkeit, die wir getan hätten, sondern aufgrund seines Erbarmens rettete er uns durch das Bad der Wiedergeburt.

b) Wörtlich: Damit wir, gerechtfertigt durch seine Gnade, Erben des ewigen Lebens würden, auf das wir hoffen.

LIEBE WILL GEÜBT SEIN!

Katrin Ledermann

Titus 2,3.4

Europas bunte Presse blickt immer gern auf die Frauen der Königshäuser: Wie laufen die Ehen (bzw. die Scheidungen) von Fergie und Diana? Was macht die Prinzessin von Monaco? Es ist offensichtlich auch für materiell Privilegierte nicht einfach, eine gute Ehe zu führen!

Ich war schon um die vierzig, als ich Titus 2,4 endlich nicht mehr überlas. Bis dahin dachte ich: Was können denn ältere Frauen in Bezug auf die Liebe schon die jüngeren lehren? Modern und immer eine Nasenlänge voraus sein – das ist es doch, was Frauen für Männer attraktiv macht, oder? Die Attraktivität der Frau ist doch der beste Kitt für eine Ehe?! Was also sollen Frauen jenseits der 50, die ihre Attraktivitätsgrenze, meiner damaligen Ansicht nach, längst überschritten haben, hier mitreden können?

Da erst erkannte ich die inneren Nöte jüngerer Frauen und Mütter. Nicht die äußere Attraktivität, sondern nur die Liebe kann eine Ehe erhalten.

Die wirtschaftliche Zerreißprobe unserer Zeit zehrt zunehmend an den Gemütskräften der Männer. Im täglichen Konkurrenzkampf ihres Hochleistungsjobs müssen sie weitgehend auf die wärmende Kollegialität verzichten, die in früheren Jahrzehnten noch selbstverständlich war. Woher sollen sie die Kraft nehmen, um der Familie ihre Zuneigung zu zeigen? Und doch darf die Liebe nicht erlöschen!

Da sind sie gefragt, die älteren Frauen mit ihrer Lebenserfahrung, mit ihrer Gemütskraft, ihrem Vermögen, zu trösten und Glaubenskräfte zu wecken: wo junge Frauen und Mütter lernen müssen, ihre überforderten Männer – und oft auch Kinder – zu lieben! Geistlich gereifte Frauen, die selbst Ehen führen, die Gott Ehre machen – sie können jüngere Frauen beraten, ihnen ein gutes Vorbild sein. Junge Ehefrauen können bei ihnen lernen, die Situation ihrer Männer realistisch einzuschätzen, so daß sie mit neuer Kraft und Liebe im Rahmen ihrer Möglichkeiten ausgleichend gegensteuern.

Vielleicht hätten Diana und Fergie genau so eine erfahrene Beraterin gebraucht?

ich den ganzen Winter über bleiben.
13 Den Rechtsanwalt Zenas und auch
Apollos rüste mit allem aus, was sie
für die Reise brauchen, damit ihnen
unterwegs nichts fehlt. 14 Alle, die
sich zu Jesus Christus bekennen,
müssen lernen, überall da zu helfen,
wo es nötig ist. Denn sonst vertun sie
ihr Leben, und ihr Glaube ist nichts
wert.[a]
15 Meine Mitarbeiter lassen dich
herzlich grüßen. Viele Grüße an alle
Christen, die uns in Liebe verbunden
sind.

Die Gnade Gottes sei mit euch allen!

a) Wörtlich: Aber auch die Unsrigen sollen lernen, in guten Werken vorauszugehen für die notwendigen Bedürfnisse, damit sie nicht ohne Frucht seinen.

Aus Liebe zu uns

Gaby Lobit

Titus 3,5

Er hieß Thomas und war in meiner Schulklasse. Keiner mochte ihn. Aber er verstand es, sich hin und wieder in Szene zu setzen. Mal verteilte er Süßigkeiten, mal waren es Bleistifte. Weil er sich unsere Zuneigung «erkaufen» wollte, verlor er erst recht sämtliche Sympathien.

Liebe kann man nicht kaufen. Sie ist ein Geschenk. Es gibt nur eine Möglichkeit, selbst etwas beizutragen, und das ist, selbst Liebe zu verschenken. Aber schon sobald wir Gegenliebe erwarten, ist die eigene Liebe berechnend und verliert an Kraft.

Gottes Liebe zu uns ist nicht berechnend. Er verschenkt seine Liebe, ohne Gegenliebe zu erwarten – und doch wünscht er sich, von uns geliebt zu werden!

Ich hörte von einer schwangeren Frau, der man sagte, sie werde sterben, wenn sie ihr Kind zur Welt bringen würde. Nach langen Gesprächen mit ihrem Mann entschied sie sich, dem Kind das Leben zu schenken und auf das eigene Leben zu verzichten. Dieses Beispiel ist vielleicht ein schwaches Abbild für Gottes Liebe zu uns Menschen. Zu Geschöpfen, die tun, was sie wollen, die rebellieren, die ihn verletzen, die es vorziehen, auf die eigene Leistung zu setzen, anstatt sich von ihrem Schöpfer abhängig zu machen.

Gottes Liebe zu uns ist nicht an Bedingungen geknüpft. Es kommt nicht darauf an, welche Vorgeschichte wir mitbringen, welche Hautfarbe wir haben, in welcher aktuellen Situation wir stecken. Wenn wir uns an ihn wenden, dann kommt er uns mit seiner bedingungslosen Liebe entgegen. Das Vergangene zählt nicht mehr, wir werden «neu geboren» und damit zu neuen Menschen gemacht. Dies ist ein Werk des Heiligen Geistes. Wir müssen nicht länger versuchen, «gute Menschen» zu sein, die für ihre gute Leistung belohnt werden.

Gottes Geschenk ist mehr wert als Bequemlichkeit, Geld, Macht, Karriere, Erfolg, Glück, Zufriedenheit und Freiheit zusammen. Er macht uns zu neuen Menschen und schenkt «ewiges» Leben. Nicht als Belohnung, sondern aus Liebe zu uns!

Als erneuerter Mensch kann ich seine Liebe weiter verschenken. Und dann wird schon hier auf unserer Erde ein Stück vom Himmel sichtbar.

Der Brief des Paulus an Philemon

Anschrift und Gruß

1 Paulus, der im Gefängnis ist, weil er
das Evangelium von Jesus Christus
verkündigt, und Timotheus schreiben
diesen Brief an ihren lieben Freund
und Mitarbeiter Philemon. 2 Wir grü-
ßen auch unsere liebe Schwester Ap-
pia sowie Archippus, der sich wie wir
mit aller Kraft für das Evangelium
einsetzt, und alle anderen Christen in
Philemons Haus.
3 Wir wünschen euch allen Gnade
und Frieden von Gott, unserem Va-
ter, und unserem Herrn Jesus Chri-
stus.

Ein Glaube, der ermutigt

4 Lieber Philemon! Ich danke meinem
Gott immer wieder, wenn ich für dich
bete. 5 Denn ich habe erfahren, wie
fest du an unseren Herrn Jesus
glaubst und mit welch liebevoller Für-
sorge du allen Christen begegnest.
6 Ich bete, daß der Glaube, der uns
miteinander verbindet, in dir weiter
wächst und du immer mehr erkennst,
wie reich uns Jesus Christus be-
schenkt hat. 7 Durch deine Liebe habe
ich viel Freude und Ermutigung er-
fahren, denn ich weiß, wie oft du an-
dere Christen in ihrem Glauben ge-
stärkt hast.

Fürsprache für einen entlaufenen Sklaven

8 Aus diesem Grunde möchte ich dich
jetzt um etwas bitten, was ich als Bot-
schafter Jesu Christi auch mit gutem
Recht von dir verlangen könnte.
9 Doch weil wir beide von Christus ge-
liebt werden, möchte ich dir nichts
befehlen, sondern dich schlicht und
einfach bitten als ein alter Mann, den
man ins Gefängnis geworfen hat, weil
er das Evangelium von Jesus Christus
verkündigt.
10 Es geht um deinen Sklaven One-
simus, der hier durch mich zum Glau-
ben an Christus gefunden hat und mir
ein lieber Sohn geworden ist. 11 Mög-
lich, daß er früher seinem Namen kei-
ne Ehre[a] gemacht hat und für dich
nicht besonders nützlich war. Aber
wie nützlich wird er von nun an für
dich und für mich sein!
12 Ich schicke ihn jetzt zu dir zurück
und mit ihm mein eigenes Herz.
13 Wie gern hätte ich ihn noch bei mir
behalten, solange ich für das Evange-
lium im Gefängnis sein muß. Er hätte
mir helfen können, so wie du selbst es
tun würdest. 14 Aber ich wollte ihn
nicht ohne deine Einwilligung hierbe-
halten. Denn zu einer guten Tat sollte
man nicht gezwungen werden, son-
dern freiwillig bereit sein.
15 Eins bitte ich dich noch zu beden-

a) Onesimus bedeutet «der Nützliche».

ES KOMMT AUF MICH AN, OB SIE DAS SCHAFFEN!

Gerlinde Scheunemann

Philemon 6

Im Gefängnis betet der Apostel Paulus für Philemon, der durch ihn zum Glauben an Jesus Christus kam und dessen Leben schon die schöne Frucht fürsorglicher Gemeinschaft mit allen Gläubigen trägt:

«... daß der Glaube in dir weiter wächst und du immer mehr erkennst, wie reich uns Jesus Christus beschenkt hat.»

Im späten Frühjahr habe ich ein paar Sonnenblumenkerne in einen großen Blumentopf auf unserem Balkon gesteckt. Es dauerte gar nicht lange, da kamen die Pflänzchen hervor und wuchsen kräftig. Kennen Sie die Freude, etwas Selbstgepflanztes wachsen zu sehen? Es wurde mir auch nicht zuviel, die Pflänzchen täglich zu gießen. Sie brauchten viel Wasser.

Manchmal meinte mein Mann: «Die schaffen es doch auf dem heißen Balkon nie zur Blüte!» Aber ich gab nicht auf. An heißen Tagen brauchten sie sogar mittags noch einen Guß. Und dann erblühten sie in voller Pracht, mit immer neuen Blüten, an denen wir bis in den Herbst viel Freude hatten. Regelmäßig und treu begießen, das war das Geheimnis ihres gesunden Wachstums!

Kümmern «Christen-Pflanzen» in der heißen Sonne von Alltag und Anfechtungen dahin, weil wir für sie nicht treu und regelmäßig beten? – Für wen will der Heilige Geist in Ihnen heute fürbittend eintreten, damit sein Glaube nicht stagniert, sondern seine ganze Kraft entfaltet und schöne Früchte hervorbringt?

ken: Vielleicht ist dir Onesimus nur deshalb für eine kurze Zeit genommen worden, damit er endgültig und für immer zu dir zurückkehrt. 16 Nun kommt er nicht nur als dein Sklave wieder, du wirst viel mehr an ihm haben: einen geliebten Bruder. Das ist er für mich gewesen. Wieviel mehr wird er es für dich sein, wo er doch zu dir gehört, als Mensch und nun auch als Christ.

17 Wenn ich nun dein Freund und Bruder bin, dann nimm Onesimus auf, als würde ich selbst zu dir kommen. 18 Sollte dir durch seine Flucht irgendein Schaden entstanden sein oder sollte er dir etwas schulden, dann stelle es mir in Rechnung. 19 Ich werde es bezahlen. Damit verbürge ich mich hier mit meiner Unterschrift. Was du mir schuldest, weil du durch mich zum Glauben an Jesus Christus gefunden hast, davon will ich hier gar nicht reden.[a] 20 Lieber Philemon! Bereite mir doch diese Freude und erfülle meine Bitte! Sei mir auch einmal von Nutzen! Das würde mich im Glauben sehr ermutigen.[b]

21 Ich habe dir diesen Brief geschrieben, weil ich darauf vertraue, daß du meine Bitte erfüllst. Doch ich denke, du wirst noch mehr tun, als ich von dir erbitte.

22 Übrigens rechne ich damit, daß Gott eure Gebete erhört und ich bald zu euch kommen kann. Dann würde ich gern bei dir wohnen.

Herzliche Grüße

23 Epaphras läßt dich herzlich grüßen. Er ist mit mir für Christus im Gefängnis. 24 Herzliche Grüße auch von meinen Mitarbeitern Markus, Aristarchus, Demas und Lukas.

25 Die Gnade unseres Herrn Jesus Christus soll euch leiten![c]

a) Wörtlich: Ich, Paulus, schreibe es mit eigener Hand: Ich werde es bezahlen – um dir nicht zu sagen, daß du dich selbst mir schuldig bist.
b) Wörtlich: Erquicke mein Innerstes (mein Herz) in Christus.
c) Wörtlich: Die Gnade des Herrn Jesus Christus sei mit euerm Geist!

GANZ DER VATER

Alexandra C. E. Depuhl

Hebräer 1,3

«Ganz und gar der Vater.» Wie oft hören wir diesen Satz bei Neugeborenen. Er scheint mir immer ein wenig suspekt oder übertrieben. Das Aussehen verändert sich gerade in den ersten Tagen und Monaten derartig, daß wir als Mütter gerne schmunzeln, wenn dieser Ausspruch eines nahen Verwandten dem frisch gebackenen Vater zu einem stolzen Lächeln verhilft.

«Ganz und gar Gott.»

Kein Schmunzeln oder Lächeln, sondern liebevolle Autorität und himmlische Herrlichkeit Gottes kommt hier zum Ausdruck. Gott redet durch seinen Sohn in seiner Autorität zu uns.

Diese liebevolle, weltbewegende, erschaffende Autorität versetzt uns in Staunen. In Jesus Christus begegnen wir nicht einem übermächtigen Weltenschöpfer, vor dem wir angstvoll weichen müßten. In ihm begegnet uns Gottes Herrlichkeit.

Der Sohn streckt seine liebenden, vergebenden Hände aus. Das Wort, mit dem das Weltall geschaffen wurde, berührt mich mit der gleichen Kraft und verändert mich: es läßt in mir Gottes Ebenbild wieder zum Vorschein kommen. Auch ich darf heil werden und mit Gott ins reine kommen.

Ganz und gar Gottes Nähe.

Jesus ist ganz und gar der Vater. Getrieben von der Liebe des Vaters zu uns, ist er für unsere Schuld gestorben. Da ist alles bezahlt, aber auch alles. Sogar meine lieblosen Worte, die einen bitteren Nachgeschmack hinterlassen haben. Meine egoistischen Ansprüche an Menschen, die wie Mauern zwischen uns stehen. Meine kraftlosen Anstrengungen, Gott zu gefallen. Von all dieser untragbaren, selbstverschuldeten Last hat Gott uns durch Jesus befreit, durch seinen Tod am Kreuz. Wir sind frei gesprochen, erleichtert und zum Dienst freigestellt.

Ganz und gar Gottes Kinder – so können wir in seiner Kraft leben und durch seine Liebe Früchte bringen.

Der Brief an die Hebräer

Gott spricht durch seinen Sohn

1 Immer wieder hat Gott schon vor
unserer Zeit auf unterschiedliche
Art und Weise durch die Propheten
zu unseren Vätern gesprochen.
2 Doch jetzt, in diesen letzten Tagen,
sprach Gott durch seinen Sohn Jesus
Christus zu uns. Durch ihn schuf Gott
die Welt, und ihn hat er auch zum Er-
ben über diese Welt eingesetzt. 3 In
dem Sohn zeigt sich die göttliche
Herrlichkeit seines Vaters, denn er ist
ganz und gar Gottes Ebenbild. Sein
Wort ist die Kraft, die das Weltall zu-
sammenhält. Durch seinen Tod hat er
uns von der Last unserer Schuld be-
freit und nun den Ehrenplatz an der
Seite Gottes eingenommen, dem alle
Macht gehört.

Christus – höher als die Engel

4 Gott hat Christus seinen Sohn ge-
nannt und ihm damit eine Stellung
weit über allen Engeln gegeben. 5 Zu
welchem Engel hätte Gott wohl je-
mals gesagt: «Du bist mein Sohn.
Heute setze ich dich zum König
ein»?[a] Und zu keinem Engel hat Gott
je gesagt: «Ich werde sein Vater sein,
und er wird mein Sohn sein.»[b] 6 Als
Gott seinen erstgeborenen Sohn in
diese Welt sandte, erfüllte sich das
Wort: «Alle Engel sollen ihn anbe-
ten.»[c]
7 Von den Engeln heißt es in den
Psalmen: «Gottes Engel sind Boten,
die schnell sind wie die Stürme, wie
ein Feuer, das niemand löscht.»[d]
8 Von dem Sohn aber heißt es:
«Gott, deine Herrschaft bleibt im-
mer und ewig bestehen. In deinem
Reich herrscht die Gerechtigkeit.
9 Denn du liebst das Recht, aber du
haßt die Sünde. Darum hat dich
dein Gott als Herrscher eingesetzt
und mehr als alle anderen mit Freu-
de beschenkt.»[e]
10 Christus ist gemeint, wenn ge-
sagt wird: «Am Anfang hast du,
Herr, alles geschaffen. Die Erde
und die Himmel, alles ist das Werk
deiner Hände. 11 Sie werden verge-
hen, du aber bleibst. Wie alte Klei-
der werden sie zerfallen, 12 und wie
einen alten Mantel wirst du sie weg-
hängen, um sie gegen etwas Neues
auszuwechseln. Du aber bleibst ein
und derselbe, du wirst immer und
ewig leben.»[f]
13 Oder hat Gott jemals zu einem
Engel gesagt: «Setze dich auf den Eh-
renplatz an meiner rechten Seite, bis
ich dir alle deine Feinde unterworfen
habe, bis du deinen Fuß auf ihren

a) Wörtlich: Heute habe ich dich gezeugt. Psalm 2,7
b) 2. Samuel 7,14
c) Psalm 97,7
d) Psalm 104,4
e) Psalm 45,7–8
f) Psalm 102,26–28

Lobt den Herrn!

Aus Psalm 103

Ich will den Herrn von ganzem Herzen loben!
Ich will den Herrn loben und nie vergessen, wieviel Gutes er mir getan hat.

Ja, er vergibt mir meine ganze Schuld und heilt mich von allen Krankheiten!
Er bewahrt mich vor dem sicheren Tod und schenkt mir das Leben neu.
Seine Liebe und Güte umgeben mich allezeit.
Mein Leben lang gibt er mir Gutes im Überfluß.

Der Herr hält Wort! Den Unterdrückten verhilft er zu ihrem Recht,
so wie er es versprochen hat. Er weihte Mose in seine Pläne ein
und zeigte allen Israeliten, daß er gewaltige Taten vollbringen kann.
Barmherzig und gnädig ist der Herr,
groß ist seine Geduld und grenzenlos seine Liebe!
Unsere Sünden und Verfehlungen zahlt er uns nicht heim.

Denn so hoch, wie der Himmel über der Erde ist,
so groß ist seine Liebe zu allen, die ihm mit Ehrfurcht begegnen.
So fern, wie der Osten vom Westen liegt,
so weit wirft Gott unsere Schuld von uns fort!
Wie ein Vater seine Kinder liebt, so liebt der Herr alle, die ihn ehren.
Denn er weiß, wie vergänglich wir sind; er vergißt nicht,
daß wir nur Staub sind. Der Mensch ist wie das Gras,
er blüht wie eine Blume auf dem Feld.
Wenn der heiße Wüstenwind darüberfegt, ist sie spurlos verschwunden,
und niemand weiß, wo sie geblüht hat.
Die Güte des Herrn aber bleibt für immer und ewig;
sie gilt allen, die ihm gehorchen.

Lobt den Herrn, ihr mächtigen Engel,
die ihr seinen Befehlen gehorcht und auf seine Worte hört!
Lobt den Herrn, ihr mächtigen Wesen im Himmel,
die ihr ausführt, was er euch befohlen hat!
Lobt den Herrn, alle seine Geschöpfe,
an allen Orten seiner Herrschaft!
Auch ich will den Herrn von ganzem Herzen loben!

Nacken setzt»?[a] 14 Alle Engel sind nur
Wesen, die Gott dienen. Er sendet sie
aus, damit sie allen helfen, denen er
Rettung und Erlösung schenken will.

Verfehlt nicht das Ziel!

2 Weil wir das wissen, müssen wir
um so mehr auf die Worte achten,
die wir von Jesus Christus gehört ha-
ben. Sonst verfehlen wir noch das
Ziel! 2 Denn schon das Gesetz, das die
Engel dem Mose überbrachten, war
für alle verbindlich, und jeder, der
diese Gebote Gottes übertrat, erhielt
seine gerechte Strafe. 3 Wieviel weni-
ger werden wir der Strafe entkom-
men, wenn wir Gottes unvergleichli-
ches Rettungsangebot ausschlagen!
Jesus Christus selbst hat es zuerst be-
kanntgemacht, und es wurde uns von
Zeugen bestätigt, die unseren Herrn
mit eigenen Ohren gehört haben.
4 Gott selbst hat diese Botschaft be-
glaubigt durch erstaunliche Zeichen
und Wunder, durch seine machtvol-
len Taten und die Gaben des Heiligen
Geistes, die er nach seinem Willen
austeilt.

Christus führt zu Gott

5 Über die kommende, zukünftige
Welt, von der wir hier reden, werden
keine Engel herrschen. 6 An einer
Stelle der Heiligen Schrift heißt es da-
zu: «Was ist schon der Mensch, daß
du überhaupt an ihn denkst? Und was
ist der Menschensohn, daß du so um
ihn besorgt bist? 7 Für eine kurze Zeit
hast du ihn zwar so erniedrigt, daß er
noch unter den Engeln stand. Aber
dann hast du ihn mit Ruhm und Ehre
gekrönt. Du hast ihm den Auftrag ge-
geben, über deine Schöpfung zu herr-
schen. 8 Alles hast du ihm zu Füßen
gelegt.»[b]

Wenn Gott aber seinen Sohn zum
Herrscher eingesetzt hat, dann gilt
das ohne jede Ausnahme. Freilich
können wir das jetzt noch nicht sehen.
9 Aber wir sehen, daß Gott seinen
Sohn Jesus Christus, der für eine kur-
ze Zeit niedriger war als die Engel,
mit Ruhm und Ehre gekrönt hat.
Dies war der Lohn für sein Sterben
am Kreuz. Denn Gott hatte in seiner
großen Liebe beschlossen, daß Chri-
stus für uns alle den Tod erleiden soll-
te.

10 So ist es auch kein Widerspruch,
daß Gott – für den alles geschaffen
wurde und durch den alles ist – seinen
Sohn durch das Leiden am Kreuz zur
Vollendung gelangen ließ. Dadurch
hat Jesus Christus den Weg für viele
Menschen gebahnt, die er als Gottes
Kinder in sein herrliches Reich führt.
11 Jetzt haben sie alle den einen Vater:
sowohl Christus, der die Menschen in
die Gemeinschaft mit Gott führt, als
auch die Menschen, die durch Chri-
stus zu Gott geführt werden.[c] Darum
schämt sich Christus auch nicht, sie
seine Brüder zu nennen, 12 wenn er
sagt:

«Ich will meinen Brüdern deinen
Namen bekanntmachen, vor der gan-
zen Gemeinde will ich dich loben und
ehren.»[d] 13 Durch den Propheten Je-
saja bekennt Christus: «Gott allein
will ich vertrauen! Hier bin ich, und

a) Psalm 110,1
b) Psalm 8,5–7
c) Wörtlich: Stammen doch, der da heiligt und die geheiligt werden, alle von Einem ab.
d) Psalm 22,23

VOR DEM GESETZ SIND ALLE GLEICH?

Magdalena Paulus

Hebräer 2,2

Gesetzesübertretung und Strafe – dieses Begriffspaar könnte aus dem Strafgesetzbuch stammen: Wer ein Gesetz gebrochen hat, muß mit dem Arm der Justiz rechnen. Auf den Prozeß folgt ein Urteil, dann die Strafe.

«Aber beim Gott der Christen ist das doch nicht so!» begehrt es in uns auf. «Er ist doch ein Gott der Gnade. Er straft nicht. Er kennt und berücksichtigt meine besondere Zwangslage. Er ist barmherzig. Er vergibt.» Oder etwa nicht?

«Für alle verbindlich» ist das Gesetz, ohne Ansehen der Person. Das heißt doch: Meine Veranlagung, meine besondere Zwangslage gelten vor dem Gesetz nicht. Nur die Übertretung gilt. Wahr ist und unser Vers unterstreicht es: Gott ist der Gesetzgeber der Zehn Gebote, der jeden Verstoß straft. Bis auf diesen Tag zahlt jeder Mensch einen hohen Preis, wenn er auch nur eines der zehn Gebote übertritt, egal ob er sie anerkennt oder nicht. Kein Strafverfahren, keine Ehescheidung, keine Mietstreitigkeit fände statt, wenn alle sich an Gottes Gebote hielten. Wir alle leiden schon jetzt an den Konsequenzen unserer Sünde, ihren unmittelbar sichtbaren Folgen.

Die Strafe jedoch hat eine geistliche Dimension: Wir verlieren die Verbindung zu Gott, unserem Schöpfer. Das Tor, aus dem sonst Trost, Ermutigung, Liebe und Weisheit strömen, ist verschlossen. Mit unserer Selbstherrlichkeit und Eigenmächtigkeit können wir in Gottes Nähe nicht bestehen. Die Strafe dieser Trennung nahm Jesus Christus für uns auf sich. Jesus öffnet wieder das Tor zur Freude, das Tor zu Trost und Weisheit.

Doch das sagt der Hebräerbrief warnend: Wehe dem, der Jesus, diesen letzten Rettungsring Gottes, nicht ergreift. Ohne Jesus bleibt dieses Tor auf ewig verschlossen. Heute streckt Jesus uns seine Hand entgegen. Laßt sie uns ergreifen!

hier sind die Kinder, die Gott mir gegeben hat.»[a]

14 Die Kinder aber sind wir, Menschen aus Fleisch und Blut. Christus ist nun auch ein Mensch geworden wie wir, damit er durch seinen Tod dem Satan – als dem Herrscher des Todes – die Macht entreißen konnte. 15 So hat er alle befreit, die aus Furcht vor dem Tod ihr ganzes Leben hindurch Gefangene des Satans waren.

16 Denn Christus geht es ja nicht um die Engel. Ihm geht es um die Menschen, um die Nachkommen Abrahams. 17 Deshalb mußte er uns, seinen Brüdern, auch in allem gleich sein, das heißt, er mußte Mensch werden. Dadurch konnte er ein barmherziger und zuverlässiger Hoherpriester für uns werden und sich selbst als Sühneopfer für unsere Sünden Gott darbringen. 18 Denn weil er selbst gelitten hat und denselben Versuchungen des Satans ausgesetzt war wie wir Menschen, kann er uns in allen Versuchungen helfen.

Christus – höher als Mose

3 Euch, meine lieben Brüder, hat Gott dazu bestimmt, an seiner Herrschaft teilzuhaben. Seht deshalb auf Jesus, den Beauftragten Gottes und Hohenpriester, zu dem wir uns bekennen.[b] 2 Er ist seinem Vater, der ihn dazu beauftragt hat, ebenso treu gewesen wie Mose, der dem Volk Gottes treu gedient hat. 3 Und doch ist Christus viel höher zu ehren als Mose; ein Baumeister genießt ja auch ein größeres Ansehen als das Haus, das er gebaut hat. 4 Jedes Haus hat seinen Baumeister. Gott aber ist der Baumeister, der alle Dinge geschaffen hat.

5 Mose war Gottes treuer *Diener* im Volk Israel, dem Haus, das ihm der Herr anvertraut hatte. So konnte er auf Ereignisse hinweisen, die erst in der Zukunft geschehen sollten. 6 Christus dagegen ist Gottes treuer *Sohn* in dem Haus, das ihm gehört. Dieses Haus sind wir, seine Gemeinde, wenn wir bis zum Ende entschlossen und freudig auf Christus vertrauen und uns durch nichts von der Hoffnung abbringen lassen, daß unser Herr wiederkommt.

Gottes Zusagen für sein Volk

7 Deshalb fordert uns der Heilige Geist auf: «Heute, wenn ihr meine Stimme hört, 8 dann verschließt eure Herzen nicht, wie es eure Väter getan haben; damals, als ich sie in der Wüste auf die Probe stellte und sie sich erbittert gegen mich auflehnten. 9 Vierzig Jahre lang haben sie jeden Tag erlebt, daß ich sie führte. Und trotzdem haben sie immer wieder neue Beweise von mir verlangt. 10 Voller Zorn über dieses Volk habe ich deshalb gesagt: ‹Ihr ganzes Wünschen und Wollen ist falsch und führt sie in die Irre. Aber die Wege, die ich sie führen will, verstehen sie nicht.› 11 Ich habe geschworen in meinem Zorn: ‹Niemals sollen sie in das verheißene Land kommen, nie die Ruhe finden, die ich für sie bereithielt.›»[c]

12 Achtet deshalb darauf, liebe Brü-

a) Jesaja 8,17
b) Wörtlich: Daher betrachtet genau, heilige Brüder und Teilhaber himmlischer Berufung, den Sendboten und Hohenpriester unseres Bekenntnisses, Jesus.
c) Psalm 95,7–11

UNBEQUEMER FREUNDSCHAFTSDIENST

Ulrike Herrmann

Hebräer 3,13

Ein paar Jahre nach der Hochzeit war in Ullas Ehe der «Lack» ab. Gähnende Alltagsroutine hatte sich breit gemacht. Genau da tauchte ein junger Mann in der Firma auf, der verborgene Sehnsüchte in ihr weckte. Ganz neuartige Gefühle regten sich mächtig und nahmen regelrecht Besitz von Ulla. Eine enge Freundin beobachtete mit Sorgen ihre Veränderung und witterte Gefahr. Sie wagte es zunächst nicht, sich «einzumischen». Außerdem war schließlich noch nichts «Handfestes» passiert.

Ulla kannte als gläubige Christin die Bibel und wußte genau, daß ihre Gefühle für den anderen Mann gar nicht harmlos waren. Aber da niemand sie aufhielt, verdrängte sie ihre Zweifel, beschwichtigte ihr Gewissen und klammerte Gott aus diesem Problem aus. Schließlich hörte sie sogar ganz auf zu beten. Als es nach einem langen gemeinsamen Bürotag zu einer liebevollen «Bis morgen!»-Abschiedsumarmung kam, traf Ulla die körperliche Nähe des Mannes wie ein elektrischer Schlag. Tausend Gefühle überfluteten sie. Sie erkannte entsetzt, daß sie die Situation nicht mehr im Griff hatte. Sie zog die «Notbremse» und vertraute sich ihrer Freundin an. Durch Ullas Offenheit ermutigt, wagte die Freundin, die Worte «Sünde» und «Ehebruch» auszusprechen. Heilsam geschockt über die Wahrheit tat Ulla Buße und kündigte sogar in der Firma, um der Versuchung aus dem Weg zu gehen.

In ihr Gebetstagebuch schrieb sie: «Ich kann mich nicht länger verstecken, weder vor mir, noch vor meinem Mann und schon gar nicht vor dir, mein Gott! Ich will mich der Wahrheit stellen, meine Schuld ans Licht bringen und den Schmerz darüber aushalten. Danke für meine treue Freundin, die mich genug liebte, um Sünde auch Sünde zu nennen. Mein Gott, bitte gib mir jetzt viel Kraft, das zu tun, was ich erkannt habe!»

der, daß ihr nicht ebenso töricht und
voller Unglauben seid und euch – wie
eure Väter – von dem lebendigen
Gott abwendet. 13 Ermahnt und er-
mutigt euch immer wieder, solange
Gott zu euch redet. Nur so seid ihr si-
cher, daß ihr seine Stimme nicht
überhört und die Sünde euch nicht
betrügen kann. 14 Denn nur wenn wir
wirklich bis zuletzt im Glauben fest
bleiben, gehören wir zu Christus.[a]
15 Darum gilt: «Wenn ihr *heute* seine
Worte hört, dann verschließt eure
Herzen nicht wie das Volk Israel, als
es sich gegen Gott auflehnte.»

16 Aber wer hat denn Gottes Worte
gehört und trotzdem gegen ihn rebel-
liert? Es waren doch dieselben Leute,
die Mose aus Ägypten geführt hatte!
17 Und wer forderte vierzig Jahre lang
Gottes Widerwillen heraus? Waren
es nicht eben diese Rebellen, die sich
gegen Gott auflehnten und deshalb in
der Wüste so elend umkamen? 18 Hat-
te ihnen Gott nicht geschworen, daß
sie niemals in das verheißene Land
gelangen würden, wo sie zur Ruhe
kommen sollten? 19 Das alles zeigt uns
ganz klar: Sie konnten ihr Ziel, das
von Gott verheißene Land, nicht er-
reichen, weil sie Gott nicht gehor-
chen wollten.

Die Ruhe Gottes

4 Deshalb müssen wir alles daran
setzen, um das Ziel nicht zu ver-
fehlen, solange Gottes Zusage noch
nicht erfüllt ist, uns seine Ruhe und
seinen vollkommenen Frieden zu
schenken.[b] 2 Denn auch uns hat Gott
diese Zusage gegeben, die er unseren
Vätern gab. Ihnen freilich nutzte dies
nichts; denn sie haben Gottes Wort
zwar gehört, aber nicht danach ge-
handelt. 3 Doch wir, die wir im Glau-
ben daran festhalten, werden in sein
Reich des Friedens kommen.

Gott hat gesagt: «In meinem Zorn
über ihren Unglauben habe ich ge-
schworen: Niemals sollen sie in das
verheißene Land kommen, nie die
Ruhe finden, die ich ihnen geben
wollte.»[c] Und das sagte Gott, ob-
wohl er diesen Ort der Ruhe von al-
lem Anfang an bereithielt. 4 Es heißt
doch vom siebten Schöpfungstag:
«Am siebten Tag hatte Gott sein
Werk vollendet und ruhte von seiner
Arbeit aus.»[d] 5 Dennoch schwört
Gott: «Niemals sollen sie in das ver-
heißene Land gelangen, wo sie zur
Ruhe kommen.»

6 Das bedeutet: Gottes Angebot,
uns in sein Reich des Friedens aufzu-
nehmen, besteht auch heute noch.
Denn unsere Väter, denen dieses
Versprechen zuerst galt, haben seine
Erfüllung nur deswegen nicht erlebt,
weil sie sich Gottes Willen widersetz-
ten. 7 Gott hat jetzt einen neuen Tag
festgesetzt, an dem er sein Verspre-
chen erfüllen will. Dieser Tag heißt
Heute. Von ihm sprach schon König
David: «Wenn ihr *heute* Gottes Stim-
me hört, dann verschließt eure Her-

a) Wörtlich: Denn wir sind Genossen des Christus geworden, wenn wir die anfängliche Zuversicht bis zum Ende fest bewahren.

b) Wörtlich: So laßt uns nun Furcht haben, daß nicht etwa, während die Verheißung, in seine Ruhe einzugehen, noch aussteht, jemand von euch zurückgeblieben erscheint.

c) Wörtlich: Wie ich schwur in meinem Zorn, sie sollen nicht zu meiner Ruhe eingehen. Psalm 95,11

d) 1. Mose 2,2

RUHETAG

Hannelore Illgen

Hebräer 4,4

Schon einige Male haben wir als Familie den Sabbat, den jüdischen Ruhetag, in Israel erlebt. Wenn am Freitagabend nach der Hektik der Woche alle Aktivitäten zum vollkommenen Stillstand kommen, ahnt man etwas von der Ruhe, die Gott nach seiner gewaltigen Schöpfungsarbeit für diese Welt und für uns als seine Geschöpfe vorbereitet hat. Trotzdem scheint es, daß das Land Israel, daß alle Nationen und auch jeder einzelne niemals wirklich Ruhe von Arbeit und Anspannung findet. Wie ist da die Zusage Gottes zu verstehen, uns «seine Ruhe und vollkommenen Frieden zu schenken»?

Interessanterweise grüßt man in Israel zu allen Gelegenheiten mit «Schalom» – «Friede». Dieser Gruß umfaßt von der hebräischen Wortbedeutung her sehr viel: Ruhe, Sicherheit, Wohlbefinden, Zufriedenheit, Gutes, Vertrauen, Heilsein.

Gott verspricht seinem Volk Israel Frieden. Nicht, weil wir ihn uns verdient hätten, sondern weil er durch Jesus zu uns kam, der dafür gelebt und gelitten hat.

Zu Jesu Erlösungswerk ist nichts mehr beizutragen. Es gilt, nur darin zu leben, auszuruhen und von eigenen Anstrengungen Abstand zu nehmen, um sich vertrauensvoll auf Gottes Zusage von Ruhe und Frieden zu verlassen.

Inmitten des Alltags, aber auch im Streß des Ruhetages, den gerade wir Frauen recht häufig an diesem Tag haben, gibt es in Jesus für uns einen dauerhaften inneren Ort der Ruhe, zu dem wir jederzeit Zugang haben können.

zen nicht, wie es eure Väter getan haben.» [8]Hätte Josua sie tatsächlich zum Ort der Ruhe geführt, würde Gott nicht später von einem anderen Tag sprechen.

[9]Gottes Volk wartet also noch immer auf die Zeit der Ruhe, die ihm Gott zugesagt hat. [10]Wer zu dieser Ruhe gefunden hat, wird von aller seiner Arbeit ausruhen können, so wie Gott am siebten Schöpfungstag von seinen Werken ruhte. [11]Darum setzt alles daran, zu dieser Ruhe Gottes zu gelangen, damit niemand durch Ungehorsam das Ziel verfehlt. Unsere Väter sind uns darin ein warnendes Beispiel.

[12]Gottes Wort ist voller Leben und Kraft. Es ist schärfer als die Klinge eines zweischneidigen Schwertes; dringt es doch bis in unser Innerstes, trennt dort Menschliches von Göttlichem[a] und trifft uns tief in Mark und Bein. Dieses Wort ist ein unbestechlicher Richter über die Gedanken und geheimsten Wünsche unseres Herzens. [13]Gottes Augen bleibt nichts verborgen; vor ihm ist alles sichtbar und offenkundig. Jeder – ohne Ausnahme – muß Gott Rechenschaft geben.

Christus ist der einzig wahre Hohepriester

[14]Laßt uns also unerschütterlich an unserem Bekenntnis zu Gott festhalten, denn wir haben einen Hohenpriester, der vor Gott für uns eintritt. Das ist Jesus, Gottes Sohn, der in das Reich seines Vaters gegangen ist.[b] [15]Doch er gehört nicht zu denen, die unsere Schwächen nicht verstehen und zu keinem Mitleiden fähig sind. Jesus Christus mußte mit denselben Versuchungen kämpfen wie wir, auch wenn er nie gesündigt hat. [16]Aber weil er für uns eintritt, dürfen wir mit Zuversicht und ohne Angst zu Gott kommen. Er wird uns seine Barmherzigkeit und Gnade zuwenden, wenn wir seine Hilfe brauchen.

5 Jeder Mensch, der zum Hohenpriester ernannt wird, ist zum Dienst für Gott eingesetzt: Stellvertretend muß er Gott Gaben und Opfer bringen, um die Schuld der Menschen zu sühnen. [2]Und weil er selbst ein Mensch mit allen seinen Schwächen ist, kann er mit den unwissenden und irrenden Menschen fühlen und sie verstehen. [3]Doch gerade deshalb muß er nicht nur für die Sünden anderer opfern, sondern auch für seine eigenen.

[4]Niemand kann sich selbst zum Hohenpriester ernennen. Gott beruft in diese Aufgabe, so wie er es mit Aaron getan hat. [5]Auch Christus hat sich nicht die Würde des Hohenpriesters angemaßt. In diese Aufgabe hat Gott ihn berufen, als er zu ihm sprach: «Du bist mein Sohn, heute habe ich dich dazu gemacht.»[c] [6]Oder wie Gott an anderer Stelle sagt: «In alle Ewigkeit sollst du ein Priester sein, so wie es Melchisedek war.»[d]

[7]Als Jesus unter uns Menschen leb-

a) Wörtlich: es dringt durch bis zur Scheidung von Seele und Geist.
b) Wörtlich: Da wir nun einen großen Hohenpriester haben, der durch die Himmel hindurchgeschritten ist, Jesus, den Sohn Gottes, so laßt uns am Bekenntnis festhalten.
c) Wörtlich: Heute habe ich dich gezeugt. Psalm 2,7
d) Psalm 110,4. Vgl. 1. Mose 14,8

Geschultes Urteilsvermögen

Lorry Lutz

Hebräer 5,14

Auf einer Frauenkonferenz in Polen berichtete eine junge Zigeunerin aus ihrem Leben. Die Zuhörerinnen – Vertreterinnen aus zwanzig europäischen Ländern – waren sichtlich bewegt.

Die Rednerin sprach von ihrer Kindheit in einer Kleinstadt. Immer wenn sie mit ihrer Mutter ein Geschäft betrat, schnappten andere Eltern sich hastig ihre Sprößlinge, um sie «vor den Zigeunern zu schützen», die beschuldigt wurden, Kinder zu stehlen. Jeder war mißtrauisch, sobald ein Zigeuner irgendwo in der Stadt auftauchte. Die junge Frau hatte inzwischen eine hohe Position im Erziehungsministerium erreicht; aber die Erinnerungen schmerzten immer noch. Nach dem Vortrag kamen mehrere Frauen auf die Rednerin zu und berichteten sehr bewegt, daß sie diese Voreingenommenheit gegenüber den Zigeunern ebenfalls geteilt hätten. Erst durch diesen Vortrag hätten sie ihre Haltung als Sünde erkannt.

Christen sollen in der Lage sein, zwischen Gut und Böse zu unterscheiden – selbst wenn das Böse in unserer Gesellschaft als etwas Normales akzeptiert wird. Diese Unterscheidungsfähigkeit hängt jedoch von einigen Voraussetzungen ab:

Es ist wichtig, daß wir Gottes Wort in uns aufnehmen (5,13), es verstehen lernen und fragen, was es uns heute zu sagen hat.

Wir müssen das Leben und all seine Probleme mit den Augen Jesu betrachten und uns vom Heiligen Geist führen lassen.

Wir sollten uns ganz praktisch darin üben, die Heilige Schrift auf die Bedürfnisse und Probleme unserer Umgebung anzuwenden.

Katharina von Siena, die im Mittelalter lebte, kritisierte den Papst wegen seines luxuriösen Lebensstils und machte ihn auf die Notwendigkeit von Reformen innerhalb der Kirche aufmerksam. Sie riskierte ihr Leben, indem sie gefährliche Anklagen gegen die Hierarchie vorbrachte. Doch sie erfährt noch heute hohes Ansehen wegen ihrer Fähigkeiten, nicht nur Gut und Böse voneinander zu unterscheiden, sondern auch diejenigen, die böse handelten, liebevoll, aber konsequent darauf hinzuweisen.

Gott hat uns Frauen mit der besonderen Fähigkeit ausgestattet, intuitiv Dinge zu erfühlen und wahrzunehmen. Durch diese Gabe, gepaart mit Erkenntnis aus dem Wort Gottes und geübt durch ein Leben unter der Führung des Heiligen Geistes, können wir zu Menschen werden, die einen unverzichtbar wertvollen Einfluß ausüben auf das, was als Rechtschaffenheit in unserer Gesellschaft gilt.

te, hat er Gott, der ihn allein vom Tod
retten konnte, unter Tränen und vol-
ler Verzweiflung angefleht. Und Gott
erhörte sein Gebet und befreite ihn
aus seiner Angst, weil Jesus den Va-
ter ehrte und ihm gehorsam war.
8 Auch Jesus, der Sohn Gottes, mußte
durch sein Leiden lernen, was Gehor-
sam heißt. 9 Nachdem er aber sein
Opfer am Kreuz vollbracht hatte, ist
er für alle, die ihm gehorsam sind,
zum Retter und Erlöser geworden.[a]
10 Gott selbst hat ihn für uns zum Ho-
henpriester eingesetzt, so wie Melchi-
sedek.

Werdet endlich im Glauben erwachsen!

11 Darüber hätten wir euch noch sehr
viel mehr zu sagen. Aber weil ihr so
wenig hinhört, ist es schwer, euch das
klarzumachen. 12 Eigentlich müßtet
ihr es in euerm Glauben schon zum
Meister gebracht haben und andere
unterweisen. Tatsächlich aber seid
ihr erst wie Lehrlinge, denen man die
allerersten Grundlagen des christ-
lichen Glaubens beibringen muß.
Wie Säuglingen kann man euch nur
Milch geben, weil ihr feste Nahrung
noch nicht vertragt. 13 In euerm Wis-
sen um Gottes Wort und euerm Glau-
ben seid ihr ahnungslos wie kleine
Kinder und vertragt nichts als Milch.
14 Nur wer erwachsen und reif ist,
kann feste Nahrung zu sich nehmen.
Ich meine: Nur wer im ständigen Ge-
brauch des Wortes Gottes seine Ur-
teilsfähigkeit geschult hat, der kann
auch zwischen Gut und Böse unter-
scheiden.

6 Dennoch wollen wir jetzt aufhö-
ren, euch immer wieder in den
einfachsten Grundlagen eures Glau-
bens an Christus zu unterweisen. Wir
möchten vielmehr darüber sprechen,
was Christen wissen müssen, die in ih-
rem Glauben erwachsen sind. Es geht
jetzt also nicht mehr darum, euch
klarzumachen, daß man nicht durch
eigenes Tun vor Gott bestehen kann;
auch nicht darum, wie notwendig es
ist, zu Gott umzukehren. 2 Ebensowe-
nig wollen wir über die Taufe[b], die
Handauflegung, die Auferstehung
der Toten und über Gottes letztes
Gericht reden. 3 Wir wollen Schritte
nach vorn tun. Gott wird uns helfen,
daß es gelingt.[c]

4 In aller Entschiedenheit möchte
ich euch jetzt nur dies eine sagen: Für
alle, die das helle Licht des Evange-
liums schon erleuchtete, die an sich
selbst erfahren haben, wie herrlich
Gottes himmlische Gaben sind, und
denen der Heilige Geist geschenkt
wurde, 5 die Gottes heilbringendes
Wort hörten und dadurch etwas von
der Kraft der ewigen Welt spürten, –
6 für all diese Menschen ist es unmög-
lich, Buße zu tun und wieder zu Gott
zurückzukehren, wenn sie sich be-
wußt von ihm abgewendet haben und
ihm untreu geworden sind. Ihre Un-
treue würde nichts anderes bedeuten,
als daß sie den Sohn Gottes noch ein-
mal ans Kreuz schlagen und ihn dem
Spott seiner Feinde ausliefern.

7 Wer für Gott ein guter Acker ist,
der wird von ihm gesegnet. Er nimmt
den Regen auf, der immer wieder
über ihm niedergeht und nützliche
Pflanzen wachsen läßt. Schließlich

a) Wörtlich: Und vollendet, wurde er allen, die ihm gehorchen, der Urheber ewigen Heils.
b) Wörtlich: Taufen (oder: Waschungen).
c) Gemeint ist: Wir wollen zur «vollkommenen» Lehre schreiten.

HÖHERE WEISHEIT

Elisabeth Mittelstädt

Hebräer 6,10

Wie oft hören wir den Vorwurf: «Wenn Gott gerecht wäre, würde er nicht so viel Leid zulassen.» Warum werden Kinder mit Krankheiten geboren? Warum gibt es so viel Armut in der Welt? Warum finde ich keinen Partner? Warum? Warum? Vielleicht wirft die folgende Geschichte ein etwas anderes Licht auf unsere Vorstellung vom Leid und unsere Fragen nach dem Warum:

Ein Bauer gönnte sich nach stundenlanger, harter Arbeit eine Verschnaufpause im Schatten seines geliebten Walnußbaumes. Während er dort saß und sein Kürbisbeet betrachtete, konnte er sich der Frage nicht erwehren: «Was mag Gott sich bloß dabei gedacht haben, so große, dicke Kürbisse an schwache, dünne Stengel zu hängen, die sie gar nicht tragen können, so daß sie auf dem Boden liegen müssen? Die kleinen Walnüsse dagegen läßt er an Bäumen wachsen, deren Äste so stark sind, daß sie einen ausgewachsenen Mann tragen können!» Und weil ihm die Sache absolut unlogisch erschien, kam er zu dem Schluß: «Irgend etwas muß Gott verkehrt gemacht haben!»

Plötzlich kam ein leichter Wind auf, der die Zweige des Walnußbaumes bewegte, und siehe da – eine Walnuß landete auf seinem Kopf. Schlagartig erkannte der Bauer, wie weise Gott gehandelt hatte, indem er keine Kürbisse auf Bäumen wachsen ließ!

Wie oft habe ich versucht, Leid in meinem Leben und dem Leben anderer Menschen zu verstehen und einzuordnen. Mir ist klar, daß Gott Krankheiten nicht schickt, aber ich frage mich – so wie der Bauer in unserer Geschichte –, warum er solche Dinge zuläßt. Doch sind nicht seine Wege tatsächlich höher als unsere Wege (Jesaja 55,8–9)? Wir verstehen vielleicht den Grund nicht und können auch das Resultat noch nicht sehen, aber Gott weiß und kennt beides. Wir können ihm ruhig unser Leben ganz anvertrauen. Er bleibt auch in schweren Zeiten bei uns. Das macht das Leid für uns erträglich und bewahrt uns vor Bitterkeit.

bringt er eine gute Ernte. 8 Wer aber
einem schlechten Acker gleicht, weil
auf ihm nichts als Dornen und Disteln
wachsen, dem droht Gottes Fluch.
Wie ein Bauer seinen Unkrautacker
abbrennt, so wird ein solcher Mensch
Gottes vernichtenden Zorn erfahren.
9 Das mußten wir euch, liebe
Freunde, ganz offen und unmißver-
ständlich sagen. Trotzdem sind wir
überzeugt, daß ihr gerettet werdet
und das Ziel erreicht. 10 Denn Gott ist
nicht ungerecht. Er vergißt nicht, was
ihr getan habt und wie ihr aus Liebe
zu ihm anderen Christen geholfen
habt und immer noch helft.
11 Wir haben nur einen Wunsch:
Haltet mit diesem Eifer an der Hoff-
nung des Glaubens fest, bis ihr das
Ziel erreicht. 12 Werdet in euerm
Glauben nicht träge und gleichgültig,
sondern folgt dem Beispiel der Chri-
sten, die durch ihr Vertrauen zum
Herrn standhaft geblieben sind und
alles erhalten werden, was Gott ver-
heißen hat.

Gott hält, was er verspricht

13 Als Gott dem Abraham sein Ver-
sprechen gab, da bekräftigte er seine
Zusage mit einem Eid. Und weil es
niemanden gibt, der diesen Eid Got-
tes beglaubigen konnte, schwor Gott
bei seinem eigenen Namen 14 und gab
Abraham die Zusage: «Du kannst
dich fest darauf verlassen: Ich will
dich mit Segen überschütten, und du
sollst viele Nachkommen haben.»[a]
15 Abraham wartete geduldig; und
schließlich ging in Erfüllung, was
Gott ihm versprochen hatte.
16 Menschen schwören einen Eid,
um zu bekräftigen, daß ihre Aussage
wahr ist, und um mögliche Zweifel aus-
zuräumen. Dabei berufen sie sich auf
eine Autorität, die über ihnen steht
und von allen anerkannt wird. 17 Gott
hat einen Eid geschworen, und zwar
zusätzlich zu seinem Versprechen, da-
mit wir als Erben seiner Verheißung
die unumstößliche Gewißheit haben,
daß er seine Zusage einlöst. 18 Und
weil Gott niemals lügt, haben wir jetzt
zwei Tatsachen, auf die wir uns verlas-
sen können. Gottes Verheißung und
sein Schwur ermutigen und stärken al-
le, die an der von Gott zugesagten
Hoffnung festhalten. 19 Diese Hoff-
nung ist für uns ein sicherer und fester
Anker, der bis in den Himmel, bis zu
Gott selbst reicht.[b] 20 Dorthin ist uns
Jesus vorausgegangen. Er ist unser
Hoherpriester für alle Zeiten – wie es
Melchisedek war.

Melchisedek und das jüdische Priestertum

7 Melchisedek war König von Sa-
lem und ein Priester des höchsten
Gottes. Als Abraham aus der
Schlacht gegen die Könige siegreich
zurückkehrte, ging ihm Melchisedek
entgegen und segnete ihn.[c] 2 Abra-
ham gab ihm damals den zehnten Teil
seiner ganzen Kriegsbeute. Melchise-
dek heißt eigentlich «König der Ge-
rechtigkeit». Aber weil Melchisedek
auch König von Salem war, heißt er
auch «König des Friedens». 3 Weder
der Vater noch die Mutter Melchise-
deks sind bekannt, auch keiner seiner
Vorfahren. Man weiß nicht, wann er

a) 1. Mose 22,16–17
b) Wörtlich: der auch hineinreicht in das Innere des Vorhangs (das Allerheiligste).
c) 1. Mose 14,17–20

Herr, du hast uns gerettet!

Aus Psalm 107

Preist den Herrn, denn er ist gut, und seine Gnade hört niemals auf!
Dies sollen alle bekennen, die der Herr gerettet hat.
Ja, er hat sie aus der Gewalt ihrer Unterdrücker befreit
und aus fernen Ländern wieder zurückgebracht –
aus Ost und West, aus Nord und Süd.
Viele irrten in der trostlosen Wüste umher
und konnten den Weg zu einer bewohnten Stadt nicht finden.
Vor Hunger und Durst waren sie am Ende ihrer Kraft
und verloren allen Mut. In auswegloser Lage
schrien sie zum Herrn, und er rettete sie aus ihrer Not.
Er half ihnen, den richtigen Weg zu finden,
und führte sie zu einer Stadt, in der sie wohnen konnten.
Sie sollen den Herrn preisen für seine Gnade
und für seine Wunder, die er uns Menschen erleben läßt!
Aus Dank sollen sie ihm Opfergaben bringen
und voll Freude von seinen Taten erzählen!

Der Herr verwandelt wasserreiches Land in dürre Wüste,
und wo vorher Quellen sprudelten, entstehen trostlose Steppen.
Fruchtbare Gebiete macht er zur Salzwüste,
wenn die Bosheit der Bewohner überhand nimmt.
Doch er verwandelt auch dürres Land in eine Oase
und läßt mitten in der Steppe Quellen aufbrechen.
Hungernde Menschen siedeln sich dort an
und gründen Städte. Sie bestellen die Felder, legen Weinberge an
und bringen Jahr für Jahr eine reiche Ernte ein.
Wenn habgierige Machthaber sie unterdrücken
und sie immer weniger werden, gebeugt von Unglück und Leid,
dann macht Gott ihre Unterdrücker zum Gespött
und läßt sie in der Wüste umherirren.
Die Hilflosen aber rettet er aus ihrem Elend.
Wer verständig ist, soll immer wieder daran denken.
Er wird erkennen, daß der Herr auf vielfache Weise zeigt,
wie gnädig er ist!

geboren, auch nicht, wann er gestor-
ben ist; sein Leben war gewisserma-
ßen ohne Anfang und ohne Ende. Er
gleicht dem Sohn Gottes und bleibt
Priester für alle Zeit.
4 Wie mächtig muß dieser König
und Priester gewesen sein, dem
Abraham, der Stammvater Israels,
den zehnten Teil seiner Siegesbeute
übergab! 5 Zwar haben die jüdischen
Priester als Nachkommen Levis ein
Anrecht darauf, von den Angehöri-
gen ihres Volkes den «Zehnten»[a] zu
nehmen; und das, obwohl sie ihre
Brüder sind und wie diese von Abra-
ham abstammen. 6 Melchisedek aber
gehörte gar nicht zu Abrahams Volk.
Dennoch nahm er den zehnten Teil
der Beute an und segnete ihn, weil
Gott dem Abraham seine Verheißun-
gen gegeben hatte.
7 Nun steht ohne jede Frage der Seg-
nende über dem, der den Segen emp-
fängt. 8 Die jüdischen Priester, die den
«Zehnten» erhalten, sind sterbliche
Menschen. Mit Melchisedek aber
nahm einer den «Zehnten» entgegen,
von dem die Heilige Schrift bezeugt,
daß er weiterlebt. 9 Indem Abraham
dem Melchisedek den «Zehnten»
gab, hat ihn sozusagen auch Levi ent-
richtet, obwohl er als Priester doch
selbst den «Zehnten» empfängt.
10 Zwar war Levi damals noch gar nicht
ungeboren, aber bei der Begegnung
Abrahams mit Melchisedek stand
schon fest, daß Levi zu Abrahams
Nachkommen zählen würde.
11 Das Priestertum der Leviten –
über das im Gesetz klare Bestimmun-
gen vorliegen – war offensichtlich
nicht dazu imstande, uns die Verge-
bung Gottes zu vermitteln.[b] Sonst
hätte Gott doch nicht einen ganz an-
deren Priester vom Range Melchise-
deks zu uns schicken müssen. Dann
hätte auch ein Priester vom Range
Aarons genügt.

Christus, der Hohepriester des neuen Bundes

12 Setzt Gott nun aber ein anderes
Priestertum ein, dann muß auch das
Gesetz geändert werden, das von den
Priestern vertreten wird. 13 Immerhin
kommt ja Christus, von dem hier die
Rede ist, aus einem Stamm unseres
Volkes, von dem nie einer als Priester
am Altar Gottes gedient hat. 14 Denn
wie jeder weiß, gehört unser Herr Je-
sus Christus zum Stamm Juda, ob-
wohl Mose nie gesagt hat, daß aus
diesem Stamm Priester kommen wer-
den.
15 Schickt Gott also einen anderen
Priester, einen vom Range des Mel-
chisedek zu uns, dann wird ganz klar,
daß er damit eine besondere Absicht
verfolgt. 16 Das wird noch deutlicher,
wenn wir bedenken, daß Christus
nicht aufgrund menschlicher Verord-
nungen und Gesetze Hoherpriester
geworden ist, sondern weil in ihm un-
zerstörbares, ewiges Leben ist. 17 So
heißt es ja von Christus: «In alle
Ewigkeit sollst du ein Priester sein, so
wie es Melchisedek war.»[c]
18 Das alte Gesetz, die alte Ord-
nung ist damit ungültig geworden; sie

a) Zehnter = der zehnte Teil vom Ernteertrag (Korn, Wein, Öl); vgl. 1. Mose 28,22; 3. Mose 27,30–33; 4. Mose 18,21–32; Maleachi 3,8–10

b) Wörtlich: Wenn nun durch das levitische Priestertum – das Volk hat ja im Gesetz darüber Bestimmungen erhalten – die Vollendung erreicht worden wäre...

c) Psalm 110,4

Einer, auf den Verlass ist

Rosemarie Moll

Hebräer 7,21.22

«Für immer und ewig sollst du Priester sein.» Das ist Gottes «Platzanweisung» für Jesus nach dem Hebräerbrief.

Jesus ist der Hohepriester für uns. Das Ziel des hohenpriesterlichen Dienstes ist es, dem Volk die Verbindung mit seinem Gott zu ermöglichen, indem er die Sünden des Volkes auslöscht. Einmal im Jahr ging der Hohepriester in das Allerheiligste, um dann den Sündenbock in die Wüste zu jagen, nachdem er die Schuld des Volkes auf ihn gelegt hatte. Im Bund Gottes mit Israel mußte der Hohepriester diese Sühnehandlung jedes Jahr wiederholen.

Jesus aber hat ein für allemal diesen hohenpriesterlichen Dienst getan. Durch seinen Opfertod am Kreuz hat er Befreiung von der Sünde bewirkt und damit den Zugang zu Gott frei gemacht.

Das geht über unser Verstehen. Aber es gilt, weil Gott es bestätigt hat, sogar eidlich: Jesus ist der Hohepriester für uns. Er läßt keinen, der sich ihm anvertraut, im Stich. Er stellt sich vor ihn und hält seine Hand über ihn.

An den Unterkünften der römischen Soldaten standen die beiden Buchstaben «S T». Das war die Abkürzung für Semper talis: «Immer derselbe.»

Das gilt in einzigartiger Weise im Grunde nur für Jesus. Jesus ist wahrhaft immer derselbe. Wir sind es nicht. In unserem Leben gibt es ein ständiges Auf und Ab. Wenn es um den Zugang zu Gott geht, sind unsere Anstrengungen vergeblich, aus eigenem Bemühen können wir nichts erreichen. Wir sind und bleiben auf Jesus Christus angewiesen.

Gibt es ein größeres Angebot? Wir haben einen Fürsprecher, einen Hohenpriester, der für uns eintritt. «Semper talis» – auf ihn ist Verlaß.

war wirkungslos und brachte keinen Nutzen. 19 Das Gesetz, so wie es uns von Mose übergeben wurde, konnte uns nicht ans Ziel bringen und mit Gott versöhnen. Doch jetzt haben wir die Gewißheit, daß wir wirklich zu Gott kommen dürfen.[a]

20 Das hat Gott durch einen Eid bekräftigt; die Leviten sind ohne Schwur Priester geworden. 21 Nur zu Christus hat Gott gesagt: «Der Herr hat es geschworen, und diesen Schwur wird er niemals bereuen: ‹Für immer und ewig sollst du Priester sein!›»[b] 22 So wurde Jesus für uns zum Bürgen eines neuen, besseren Bundes mit Gott. 23 Zur Zeit des alten Bundes mußte es außerdem viele Priester geben, denn sie waren alle sterbliche Menschen. 24 Christus aber lebt in alle Ewigkeit; sein Priesteramt wird nie von einem anderen eingenommen. 25 Und weil Jesus Christus ewig lebt und für uns bei Gott eintritt, wird er auch alle endgültig retten, die durch ihn zu Gott kommen.

26 Er allein ist der Hohepriester, den wir brauchen: Er ist heilig und ohne jede Schuld, rein und ohne Fehler, von Gott hoch erhoben auf den Ehrenplatz im Himmel.[c] 27 Christus muß nicht – wie die anderen Hohenpriester – an jedem Tag zuerst wegen der eigenen Sünden für sich selbst ein Opfer bringen, ehe er für sein Volk opfert. Als Jesus Christus am Kreuz für unsere Schuld starb, hat er ein Opfer gebracht, das ein für allemal gilt. 28 Das Gesetz des Mose bestimmte Menschen mit all ihren Schwächen und Fehlern zu Hohenpriestern. Doch dieses Gesetz gilt nicht mehr, nachdem Gott seinen eigenen Sohn mit einem Schwur als unseren Hohenpriester einsetzte. Und das wird er bleiben – für alle Zeiten in göttlicher Vollkommenheit.[d]

Christus, der Vermittler des neuen Bundes

8 Hierbei geht es vor allem um folgendes: Wir haben einen Hohenpriester, der auf dem Thron zur Rechten des allmächtigen Gottes sitzt. 2 Er dient dort als Priester in dem einzig wahren Heiligtum, das von Gott selbst und nicht von Menschen errichtet wurde.

3 So wie jeder Hohepriester dazu eingesetzt ist, Gott Opfer und Gaben zu bringen, muß auch Christus etwas haben, was er opfern kann. 4 Freilich, hier auf der Erde könnte Christus kein Priester sein; denn hier gibt es schon genügend Priester, die den Opferdienst leisten, wie es das Gesetz vorschreibt.

5 Sie dienen allerdings in einem Tempel, der nur eine schwache Nachbildung, ein unvollkommenes Abbild des himmlischen Heiligtums ist. Als Mose das heilige Zelt errichten sollte, befahl ihm Gott: «Achte genau dar-

a) Wörtlich: Das Gesetz hat nichts zur Vollendung gebracht – eine bessere Hoffnung wird aber eingeführt, durch die wir Gott nahen.
b) Psalm 110,4
c) Wörtlich: Denn ein solcher Hoherpriester geziemte sich auch für uns, heilig, sündlos, unbefleckt, von den Sündern geschieden und über die Himmel erhöht.
d) Wörtlich: Das Wort des Eidschwurs aber, das später als das Gesetz gegeben ist, einen, der Sohn ist, auf ewig vollendet.

auf, daß alles nach dem Vorbild ange-
fertigt wird, das ich dir hier auf dem
Berg zeige.»[a]
6 Nun hat Christus eine viel größere
Aufgabe erhalten als alle anderen
Priester auf der Erde. Deshalb hat er
auch als Vermittler zwischen Gott und
uns Menschen einen weitaus besseren
Bund geschlossen, der außerdem auf
festeren Zusagen beruht als der alte
Bund. 7 Wenn dieser alte Bund voll-
kommen gewesen wäre, hätte ein neu-
er Bund nicht geschlossen werden
müssen. 8 Gott tadelte sein Volk, als er
sagte:
«Der Tag wird kommen, an dem ich
mit dem Volk Israel und dem Volk
Juda einen neuen Bund schließen
werde. 9 Er ist nicht mit dem zu ver-
gleichen, den ich damals mit ihren
Vorfahren schloß, als ich sie mit star-
ker Hand aus Ägypten befreite. Denn
sie sind wortbrüchig und untreu ge-
worden und haben sich nicht an mei-
nen Bund gehalten. Deshalb habe ich
mich von ihnen abgewandt», spricht
der Herr.
10 «Aber nach dieser Zeit werde
ich mit dem Volk Israel einen neuen
Bund schließen. Und der wird so
aussehen: Ich schreibe mein Gesetz
in ihre Herzen, es soll ihr ganzes
Denken und Handeln bestimmen.
Ich will ihr Gott sein, und sie sollen
mein Volk sein. 11 Niemand muß
dann seinen Nächsten noch beleh-
ren, keiner braucht seinem Bruder
mehr zu sagen: ‹Erkenne doch den
Herrn!› Denn alle – vom Kleinsten
bis zum Größten – werden erkennen,
wer ich bin. 12 Ich will sie begnadi-
gen, ihnen ihren Ungehorsam verge-
ben und nicht mehr an ihre Sünden
denken.»[b]
13 Gott selbst hat hier von einem
neuen Bund gesprochen. Das bedeu-
tet, daß der erste Bund nicht mehr gilt.
Was aber alt und überholt ist, wird
bald nicht mehr bestehen.

Das Opfer im alten Bund

9 Auch im ersten Bund gab es Re-
geln und Vorschriften für den
Gottesdienst und das Zelt-Heiligtum,
das Menschen hier auf der Erde für
Gott errichtet hatten. 2 Im vorderen
Teil des Heiligtums standen ein
Leuchter und ein Tisch mit den
Schaubroten. Diesen Teil des Zeltes
nannte man das Heilige. 3 Dahinter
lag ein zweiter Raum, durch einen
Vorhang abgetrennt. Dies war das
Allerheiligste. 4 Hier befanden sich
der goldene Rauchopferaltar und
eine rundum mit Gold beschlagene
Truhe, die sogenannte Bundeslade.
Darin lagen die Steintafeln mit den
Zehn Geboten, ein goldener Krug
mit Manna, dem Himmelsbrot, und
der Stab Aarons, der Knospen getrie-
ben hatte. 5 Über der Bundeslade
breiteten die Cherubim[c], die Wächter
über Gottes Herrlichkeit, ihre Flügel
aus und bedeckten so diese Stätte der
Vergebung und Versöhnung. Doch
nun genug von diesen Einzelheiten.
6 Das Heiligtum besteht also aus
zwei Räumen: In dem ersten Raum
verrichten die Priester an jedem Tag
ihren Dienst. 7 Den anderen Raum,
das Allerheiligste, darf aber nur der
Hohepriester betreten, und auch das
nur ein einziges Mal im Jahr. Hier

a) 2. Mose 25,40
b) Jeremia 31,31–34
c) Vgl. 1. Mose 3,24; 2. Samuel 6,2; Psalm 80,2; 99,1

AKTENVERNICHTUNG

Hertha-Maria Haselmann

Hebräer 8,12

Heute ist ein schwarzer Tag für Thomas. Ich begleite ihn von der Therapiestätte zum Polizeipräsidium. Die Vorladung kam nicht ganz unerwartet. Thomas weiß um seine Straftaten. Sie tun ihm auch sehr leid, und er hat es auch satt, dafür immer nur der Droge die Schuld in die Schuhe zu schieben. Jetzt droht die Verhaftung, und Thomas hofft inständig, daß vieles der Justiz nicht bekannt und damit nicht aktenkundig ist. Doch seine Erwartung wird schonungslos enttäuscht. Kriminalhauptkommissar L. hat eine entmutigend dicke Akte vor sich liegen, aus der er Thomas nun Tatbestände vorliest, die Thomas sich erst einmal ins Gedächtnis zurückrufen muß. Doch es stimmt alles haargenau, wie Thomas mir später zuraunt. Für ihn wird es ein langer Weg: Gefängnisstrafe, vielleicht vorzeitige Entlassung, Bewährungszeit. Die Akte wird bleiben, zumindest über Jahre. Wird Thomas resignieren? Wie kann er mildernde Umstände bekommen?

Uns liegt es nahe, zu denken: «Wie gut, daß ich nicht Thomas bin. Mit so einer Akte? Keine Chance in unserer Gesellschaft!» Doch wie Thomas haben auch wir eine Vergangenheit mit so manch dunklen Ecken. Wir wissen um dunkle Wege und Schatten in unserem Leben, wir wissen um Dinge, die die Bibel Sünde nennt. Wer nimmt uns die Lebensakte, die Lebensbeichte ab? Manches ist uns auch zu schwer geworden, wir können die Verfehlungen nicht mehr tragen. Manches hat uns buchstäblich krank gemacht an Leib und Seele. Und da hinein tritt der ewige Gott, der vollkommene Gott, der alles weiß, und bietet uns das Kreuz auf Golgatha an für unseren Ungehorsam, für unsere Verfehlungen und Sünden. Der gekreuzigte Jesus Christus vernichtet unser Sündenregister. Welch eine Barmherzigkeit Gottes: Vergebung und Begnadigung. Nicht nur Aktenverschluß, nein: Aktenvernichtung.

Machen wir uns auf und geben anderen die Adresse dieses Gottes aller Gnade weiter. Denn wo ist so ein Gott wie unser Gott?!

bringt er das Blut eines Tieres als Opfer, damit Gott ihm seine eigene Schuld vergibt und die Sünden seines Volkes auslöscht.

8 Der Heilige Geist wollte auf diese Weise sichtbar werden lassen: Solange das erste Zelt noch steht, bleibt uns der Zugang zum Allerheiligsten, zu Gott, verschlossen. 9 Das erste Zelt ist nichts anderes als ein Bild, ein Gleichnis für unsere gegenwärtige Zeit. In ihm werden zwar Gaben und Opfer gebracht, aber nichts davon kann uns vollkommen mit Gott versöhnen.[a] 10 Denn in einem solchen Gottesdienst werden doch nur Vorschriften befolgt, die das äußere Leben regeln. Es geht dabei um Essen und Trinken oder bestimmte Reinigungsvorschriften. Diese Anordnungen galten aber nur solange, bis Gott die neue Ordnung in Kraft setzte.

Christus – das einmalige Opfer

11 Seit Christus da ist, gilt diese neue Ordnung. Er ist der Hohepriester über alles, was Gott uns verheißen hat. Seinen Dienst verrichtet er in einem Heiligtum, das größer und vollkommener ist als jedes andere, was je von Menschen betreten wurde. Denn dieses Heiligtum haben nicht Menschenhände errichtet, es gehört nicht zu dieser Welt. 12 Christus opferte auch nicht das Blut von Böcken und Kälbern für unsere Sünden. Als er im Allerheiligsten sein eigenes Blut ein für allemal zum Opfer gab, hat er uns für immer und ewig von unserer Schuld vor Gott befreit.

13 Nach den Regeln des alten Bundes wurde jemand, den die Sünde unrein gemacht hatte, wieder rein, wenn er mit dem Blut von Böcken und Stieren oder mit der Asche einer geopferten Kuh besprengt wurde. 14 Wieviel mehr wird uns das Blut Jesu Christi von unseren Sünden reinwaschen![b] Erfüllt vom Heiligen Geist, hat er, der ohne jede Sünde war, sich selbst für uns als fehlerloses Opfer Gott dargebracht. Jetzt brauchen wir unser Vertrauen nicht länger auf Ordnungen zu setzen, die uns doch nicht vom Tod erretten. Wir sind frei, um dem lebendigen Gott zu dienen.

Der neue Bund zwischen Gott und den Menschen

15 So hat Christus den neuen Bund zwischen Gott und uns Menschen vermittelt: Er starb, damit die Sünden aufgehoben werden, die während des alten Bundes geschehen sind. Nun können alle, die dazu berufen sind, das von Gott zugesagte, unvergängliche Erbe empfangen, das ewige Leben bei Gott.

16 Ein Testament wird erst eröffnet, wenn der Tod seines Verfassers nachgewiesen ist. 17 Solange er lebt, ist es ohne jede Rechtskraft. Erst durch seinen Tod wird es gültig. 18 So wurde auch schon der alte Bund erst rechtskräftig, nachdem er mit Blut besiegelt war. 19 Als Mose dem Volk Israel alle Gebote des Gesetzes mitgeteilt hatte, nahm er das Blut von Kälbern und Böcken, vermengte es mit Wasser und besprengte mit Hilfe von Ysop-

a) Wörtlich: Werden doch in diesem Zelt Gaben und Opfer dargebracht, die nicht im Gewissen vollenden können den, der im Gottesdienst tätig ist.

b) Wörtlich: Wieviel mehr wird das Blut des Christus … unser Gewissen reinigen von toten Werken.

zweigen und roter Wolle das Gesetz-
buch und das ganze Volk. 20 Dann
sagte er: «Dieses Blut ist das Siegel
für den Bund, den Gott mit euch ge-
schlossen hat.»[a] 21 Ebenso besprengte
Mose das heilige Zelt und alle Geräte
für den Gottesdienst. 22 Nach den Be-
stimmungen des alten Bundes wird
fast alles mit Blut gereinigt. Eine Ver-
gebung der Schuld ohne Blut ist nicht
möglich.

Christus setzt alles für uns ein

23 Deshalb mußte das heilige Zelt,
das als Abbild des himmlischen Hei-
ligtums hier auf der Erde stand,
durch das Blut von Tieren gereinigt
werden. Als es aber um das wirk-
liche, das himmlische Heiligtum
ging, war ein besseres Opfer nötig.
24 Schließlich ging Christus nicht in
ein von Menschen erbautes Heilig-
tum, das ja nur ein Abbild des wah-
ren Heiligtums ist. Er betrat den
Himmel selbst, um sich bei Gott für
uns einzusetzen.

25 Christus brauchte sich nur ein
einziges Mal zu opfern. Der Hohe-
priester dagegen muß jedes Jahr aufs
neue ins Allerheiligste gehen und
Gott das Blut eines Tieres opfern.
26 Wie oft hätte Christus dann seit
Beginn der Welt schon leiden müs-
sen! Aber er ist jetzt, am Ende der
Zeit, erschienen, um ein für allemal
durch seinen Opfertod die Sünden zu
tilgen.

27 Jeder von uns, jeder Mensch
muß einmal sterben und kommt da-
nach vor Gottes Gericht. 28 So ist
auch Christus ein einziges Mal ge-
storben, um viele von ihren Sünden
zu erlösen. Wenn er zum zweiten
Mal kommen wird, dann nicht, um
uns noch einmal von unserer Schuld
zu befreien. Dann kommt er, um al-
le, die auf ihn warten, in sein Reich
aufzunehmen.[b]

Einmalig und endgültig

10 Das Gesetz des alten Bundes
war lediglich ein matter Ab-
glanz und Vorgeschmack all dessen,
was Gott für uns bereithält. Es brach-
te uns noch nicht in eine enge Ge-
meinschaft mit Gott. Denn die Opfer
der alten Ordnung konnten keinen
Menschen für immer von seiner
Schuld befreien. Jahr für Jahr mußte
man erneut Opfer bringen. 2 Niemand
hätte mehr ein Opfer gebracht, wenn
alle schon nach dem ersten Opfer von
ihren Sünden befreit worden wären.
Dann hätte ja auch die Schuld ihr Ge-
wissen nicht länger belastet. 3 Tat-
sächlich aber erinnern diese wieder-
holten Opfer die Menschen Jahr für
Jahr an ihre Sünde und Schuld. 4 Da-
bei ist es vollkommen unmöglich, daß
wir durch das Blut von Stieren und
Böcken von unserer Schuld befreit
werden können.

5 Deshalb sprach Christus zu Gott,
als er in die Welt kam: «Opfer und
andere Gaben wolltest du nicht. Aber
du hast mir einen Leib gegeben; er
soll das Opfer sein. 6 Dir gefallen we-
der die Brandopfer noch all die ande-
ren Opfer, die man dir bringt, um von
der Sünde freizukommen. 7 Deshalb
habe ich gesagt: ‹Ich komme, damit
ich deinen Willen, mein Gott, erfülle.

a) 2. Mose 24,8
b) Wörtlich: Zum zweiten Mal wird er ohne (Beziehung zur) Sünde erscheinen zum Heil für diejenigen, die auf ihn warten.

KEINE LEERE VERTRÖSTUNG

Ilse Ammann-Gebhardt

Hebräer 9,28

Jesus kommt wieder. Klar! – Wirklich? Oder ist es nur der fromme Wunschtraum der ersten Christen gewesen? Fast 2000 Jahre sind seit damals vergangen. Wie kann man das heute noch glauben? Mancher mag sich so fragen.

Der Hebräerbrief sagt uns, daß Jesus zum ersten Mal in diese Welt gekommen ist, um uns durch sein Sterben von unserer Schuld zu erlösen. Jahrhunderte und Jahrtausende waren diesem Ereignis vorausgegangen, in denen Propheten im Auftrag Gottes das Kommen eines Erlösers – des Messias – prophezeiten. Sie waren gestorben und Generationen von Menschen mit ihnen, und alle hatten es nicht erlebt, daß der versprochene Messias kam (1. Petrus 1,10–12). Aber dann, «zu der von Gott festgesetzten Zeit sandte er seinen Sohn» (Galater 4,4–6). Der Tag kam. Die alten Prophezeiungen erfüllten sich. Gott hielt Wort. Der Erlöser kam. Und alles, was die Propheten über ihn geweissagt hatten, erfüllte sich.

Das Neue Testament kündigt an vielen Stellen an, daß Jesus wiederkommen wird. Jesus selbst sprach öfter davon; er versprach den Jüngern am letzten Abend vor seinem Tod: «Ich werde wiederkommen und euch zu mir holen. Dann werdet ihr auch dort sein, wo ich bin» (Johannes 14,3).

Diesem Versprechen kann man glauben. Jesus kommt wieder! Denn: So sicher die Prophezeiungen seines ersten Kommens in Erfüllung gingen, so sicher werden alle Prophezeiungen seiner Wiederkunft sich erfüllen. Der Tag wird kommen. Jesus wird wiederkommen, um die Seinen – die Verstorbenen wie die noch Lebenden – in sein Reich aufzunehmen. «Dann werden wir für immer bei ihm sein» (1. Thessalonicher 4,16–17).

So heißt es von mir bereits in der Hei-
ligen Schrift.»»[a]
8 Obwohl das Gesetz diese Opfer
verlangte, hat Christus gesagt:
«Opfer und andere Gaben hast du
nicht gewollt. Sie gefallen dir so we-
nig wie die Brandopfer und die ande-
ren Opfer.» 9 Außerdem sagte er:
«Ich komme, mein Gott, um deinen
Willen zu erfüllen.» Das bedeutet:
An die Stelle der alten Opfer setzt
Christus sein eigenes Opfer.[b] 10 Er hat
mit seinem Tod am Kreuz diesen Wil-
len Gottes erfüllt; und deshalb sind
wir durch sein Opfer ein für allemal
von Gott angenommen.[c]
11 Fassen wir zusammen: An jedem
Tag hat der Priester erneut die Auf-
gabe, den Altardienst zu verrichten
und Gott immer wieder Opfer zu
bringen. Dennoch können diese
Opfer keinen Menschen für immer
von seiner Schuld befreien. 12 Jesus
Christus dagegen hat ein einziges
Opfer für alle Sünden gebracht. Jetzt
sitzt er für immer auf dem Ehren-
platz an der Seite Gottes. 13 Dort
wartet er, bis alle seine Feinde be-
siegt sind und sie wie ein Fußschemel
unter seinen Füßen liegen. 14 Für im-
mer und ewig hat Christus mit dem
einen Opfer alle Menschen, die Gott
als seine Kinder annimmt, in eine
vollkommene Gemeinschaft mit ihm
gebracht.[d]
15 Das bezeugt uns auch der Heilige
Geist. Denn nachdem Gott gesagt
hatte: 16 «Dies ist der Bund, den ich
mit meinem Volk Israel schließen
werde», sprach er: «Ich schreibe
mein Gesetz in ihre Herzen, es soll ihr
ganzes Denken und Handeln bestim-
men. 17 Ihren Ungehorsam will ich ih-
nen vergeben und nicht mehr an ihre
Sünden denken.»[e] 18 Sind aber die
Sünden vergeben, dann ist kein Opfer
mehr nötig.

Haltet an der Hoffnung fest!

19 Und so, liebe Brüder, können wir
jetzt durch das Sterben Jesu Christi,
durch das Opfer seines Blutes frei
und ungehindert in das Heiligtum
eintreten und zu Gott selbst kommen.
20 Christus hat sein Leben geopfert
und damit den Vorhang niedergeris-
sen, der uns von Gott trennte. So hat
er uns einen neuen Weg gebahnt, der
zum Leben führt. 21 Als unser Hoher-
priester herrscht er nun über das
Haus Gottes, seine Gemeinde.
22 Darum wollen wir uns Gott nähern
mit aufrichtigem Herzen und im fe-
sten Glauben; denn das Blut Jesu
Christi hat uns von unserem schlech-
ten Gewissen befreit und von aller
Schuld reingewaschen.[f] 23 Haltet an
dieser Hoffnung fest, zu der wir uns
bekennen, und laßt euch durch nichts
davon abbringen. Ihr könnt euch fel-
senfest auf sie verlassen, weil Gott
sein Wort hält.
24 Achtet aufeinander! Ermutigt

a) Psalm 40,7–9
b) Wörtlich: Er hebt das Erste auf, um das Zweite in Geltung zu setzen.
c) Wörtlich: Kraft dieses Willens sind wir ein für allemal geheiligt durch die Darbringung des Leibes Jesu Christi.
d) Wörtlich: Denn durch eine einzige Darbringung (seines Leibes) hat er für immer vollendet, die geheiligt werden.
e) Jeremia 31,33–34
f) Wörtlich: So laßt uns mit wahrhaftigem Herzen in völligem Glauben hinzutreten, die Herzen besprengt und losgelöst vom bösen Gewissen, und den Leib gewaschen mit reinem Wasser.

UM ANTWORT WIRD GEBETEN!

Joanna Müller

Hebräer 10,23

Wenn Christus die Antwort ist, was ist die Frage?

Vielleicht sind wir Christen in unseren angestammten Schafherden zu beschäftigt miteinander, als daß wir jene Schafe beachten, die die feste Hoffnung des Glaubens, von der hier die Rede ist, noch nicht kennen? Unser Vertrauen zu Gott ist begründet, denn Gott ist ein Gott, der zu seinem Wort steht und es hält. Objektive und geschichtliche Fakten für den biblischen Glauben sind vorhanden. Es gibt Menschen, die aufrichtig nach Gott suchen und mit logischem Denken zu Werke gehen – ihnen fehlen lediglich die Argumente. Ihre Fragen zwingen uns, unseren oft so selbstverständlichen Glauben auf sein Fundament hin zu befragen. «Seid immer dazu bereit, denen Rede und Antwort zu stehen, die euch nach der Begründung eures Glaubens fragen» (1. Petrus 3,15b).

Wer suchenden Menschen begegnet und selbst auf Gottes felsenfestem Boden steht, der kann kritische Fragen ertragen. Er kann ruhig und gelassen bleiben, auch wenn scharfe Worte fallen.

Fragen Sie sich doch heute: Wie fest ist mein Fundament? Kann ich es auf eine verständliche Weise vermitteln?

Ich möchte Ihnen Mut machen, auf andere zuzugehen im Vertrauen darauf, daß Gott Sie am heutigen Tag gebrauchen möchte, um für andere vielleicht einen Stolperstein auf dem Weg zum Glauben wegzuräumen.

euch zu gegenseitiger Liebe, und
spornt einander an, Gutes zu tun.
25 Versäumt nicht die Zusammen-
künfte eurer Gemeinde, wie es sich
einige angewöhnt haben. Ermahnt
euch gegenseitig dabeizubleiben. Ihr
seht ja, daß der Tag nahe ist, an dem
der Herr wiederkommt.

26 Sündigen wir auch jetzt noch
mutwillig weiter, obwohl wir in Chri-
stus die Wahrheit erkannt haben,
wird uns kein anderes Opfer mehr
von unseren Sünden befreien.
27 Dann bleibt nichts als das schreckli-
che Warten auf das Gericht, in dem
Gottes verzehrendes Feuer alle seine
Feinde vernichten wird.

28 Wenn jemand gegen das Gesetz
des Mose verstößt und dieses Verge-
hen von zwei oder drei Zeugen bestä-
tigt wird, kann er keine Gnade erwar-
ten. Er muß sterben! 29 Was meint ihr,
um wieviel härter die Strafe für den
sein wird, der den Sohn Gottes ver-
achtet, ihn gleichsam mit Füßen tritt,
dem das Blut Jesu[a] nichts mehr be-
deutet, das doch zu seiner Vergebung
vergossen wurde? Ein solcher
Mensch beleidigt Gottes Heiligen
Geist, von dem er nichts als Gnade
und Barmherzigkeit erfahren hat!
30 Wir alle kennen doch den, der ge-
sagt hat: «Ich werde Rache nehmen
und Vergeltung üben!»[b] Von ihm
heißt es auch: «Der Herr wird über
sein Volk das Urteil sprechen.»[b]
31 Wie furchtbar wird es allen erge-
hen, die dem Glauben an Christus ab-
sagen. Sie werden in die Hände des
lebendigen Gottes fallen!

Glaube muß sich bewähren

32 Erinnert euch nur einmal an die
Zeit, kurz nachdem ihr die Wahrheit
kennengelernt habt und Christen ge-
worden seid. Damals mußtet ihr euch
in einem schweren und leidvollen
Kampf bewähren. 33 Viele von euch
wurden in aller Öffentlichkeit ver-
spottet und gequält; andere halfen
denen, die so leiden mußten. 34 Ihr
habt mit den Gefangenen gelitten,
und ihr habt es sogar mit Freuden er-
tragen, wenn man euch euer Hab und
Gut wegnahm. Denn ihr wißt, daß ihr
durch Christus etwas viel Besseres
besitzt; etwas, das einen bleibenden,
unvergänglichen Wert hat.

35 Werft nun euer Vertrauen nicht
weg! Es wird sich erfüllen, worauf ihr
hofft.[c] 36 Aber ihr müßt standhaft blei-
ben und tun, was Gott von euch er-
wartet. Er wird euch alles geben, was
er zugesagt hat. 37 Denn das steht fest:
«Es dauert nur noch eine kurze Zeit,
bis der kommen wird, der angekün-
digt ist. Er wird nicht mehr lange auf
sich warten lassen. 38 Wer an ihn
glaubt, wird leben, weil ihm die
Schuld vergeben ist.[d] Wer aber zu-
rückweicht und aufgibt, an dem wird
Gott kein Gefallen finden.»[e]

39 Doch wir gehören nicht zu denen,
die zurückweichen und verlorenge-
hen. Wir gehören zu denen, die am
Glauben festhalten und das ewige Le-
ben gewinnen.

a) Wörtlich: das Blut des Bundes.
b) 5. Mose 32,35–36
c) Wörtlich: Werft nun eure Zuversicht nicht weg, die ja einen großen Lohn hat.
d) Wörtlich: Mein Gerechter aber wird aus Glauben leben.
e) Habakuk 2,3–4

Vorbilder des Glaubens

11 Was aber heißt: Glaube? Der
Glaube ist die feste Gewißheit,
daß sich erfüllt, was Gott verspro-
chen hat; er ist die tiefe Überzeu-
gung, daß die unsichtbare Welt Got-
tes Wirklichkeit ist, auch wenn wir sie
noch nicht sehen können.[a] 2 Unsere
Väter lebten diesen Glauben. Des-
halb sind sie Vorbilder für uns.
3 Weil wir an Gott glauben, wissen
wir, daß die ganze Welt durch sein
Wort geschaffen wurde; daß alles,
was wir sehen, aus dem Nichts ent-
standen ist.
4 Weil *Abel* an Gott glaubte, war
sein Opfer besser als das seines Bru-
ders Kain. Gott nahm sein Opfer an,
und Abel fand Gottes Anerken-
nung.[b] Obwohl Abel schon lange tot
ist, zeigt er uns noch immer, was es
heißt, Gott zu vertrauen.
5 Weil *Henoch* glaubte, mußte er
nicht sterben. Gott nahm ihn zu sich;
er war plötzlich nicht mehr da. Die
Heilige Schrift bestätigt, daß Henoch
so gelebt hatte, wie es Gott gefiel.[c]
6 Freude kann Gott aber nur an je-
mandem haben, der ihm fest vertraut.
Ohne Glauben ist das unmöglich.
Wer nämlich zu Gott kommen will,
muß darauf vertrauen, daß es ihn gibt
und daß er alle belohnen wird, die ihn
suchen und nach seinem Willen fra-
gen.
7 Auch *Noah* glaubte Gott und be-
folgte seine Anweisungen. Er baute
ein großes Schiff, obwohl von einer
Gefahr weit und breit nichts zu sehen
war. Deshalb wurde er mit seiner
ganzen Familie gerettet. Durch sei-
nen Glauben wurden auch der Un-
glaube und Ungehorsam der anderen
Menschen offenkundig. Und dieser
Glaube war es, durch den Noah Got-
tes Anerkennung fand.[d]
8 Sein fester Glaube brachte *Abra-
ham* dazu, Gott zu gehorchen. Als
Gott ihm befahl, in ein Land zu zie-
hen, das ihm erst viel später gehören
sollte, verließ er, ohne zu zögern, sei-
ne Heimat.[e] Dabei wußte er über-
haupt nicht, wohin er kommen wür-
de. 9 Er vertraute Gott. Das gab ihm
die Kraft, in dem Land, das Gott ihm
versprochen hatte, als Fremder zu le-
ben. Wie Isaak und Jakob, denen
Gott dieselbe Zusage gegeben hatte,
wohnte er nicht in einem festen Haus,
sondern in Zelten. 10 Denn Abraham
wartete darauf, daß er einmal in die
Stadt einziehen würde, die wirklich
auf festen Fundamenten steht und de-
ren Gründer und Erbauer Gott selbst
ist.
11 Auch *Sara*, Abrahams Frau,
glaubte unerschütterlich an Gottes
Zusage, daß sie noch ein Kind be-
kommen würde, obwohl sie dafür
schon viel zu alt war. Wußte sie doch,
daß Gott alle seine Zusagen einhält.[f]
12 So hatte dieser eine Mann, der zu-
dem schon in einem Alter war, in dem
er eigentlich keine Kinder mehr zeu-
gen konnte, so viele Nachkommen,

a) Wörtlich: Es ist aber der Glaube ein Unterpfand für Gehofftes und ein Überführtsein von Dingen, die man nicht sieht.
b) 1. Mose 4,3–10
c) 1. Mose 5,21–24
d) 1. Mose 6,13–27; 1. Petrus 3,20
e) 1. Mose 12,1–2
f) 1. Mose 17,19; 18,11–14; 21,2

wie es Sterne am Himmel und Sand-
körner am Meeresstrand gibt, die nie-
mand zählen kann.
13 Sie alle waren Menschen, die sich
fest auf Gott verließen. Doch sie star-
ben, ohne daß sich Gottes Verheißung
zu ihren Lebzeiten erfüllte. Lediglich
aus der Ferne haben sie etwas davon
gesehen und sich darüber gefreut;
denn sie wußten genau, daß sie auf
dieser Erde nur Gäste und Fremde
sind. 14 Wer aber zugibt, hier nur ein
Fremder zu sein, der sagt damit auch,
daß er seine wirkliche Heimat noch
sucht. 15 Unsere Väter betrachteten
das Land, aus dem sie weggezogen wa-
ren, nicht als ihre Heimat; dorthin
hätten sie ja jederzeit zurückkehren
können. 16 Nein, sie sehnten sich nach
einer besseren Heimat, nach der Hei-
mat im Himmel. Deshalb bekennt sich
Gott zu ihnen. Er will ihr Gott und
Herr sein; denn für sie hat er seine
Stadt im Himmel gebaut.

Vorbildlicher Glaube

17 *Abraham* glaubte so unerschütter-
lich an Gott, daß er sogar bereit war,
seinen einzigen Sohn Isaak zu opfern,
als Gott es von ihm forderte.[a] Und
das, obwohl ihm Gott versprochen
hatte: 18 «Die Nachkommen deines
Sohnes Isaak werden das auserwählte
Volk sein.»[b] 19 Abraham traute es
Gott zu, daß er Isaak selbst von den
Toten auferwecken könnte. Darum
schenkte Gott Isaak das Leben noch
einmal.
20 *Isaak*, ein Mann des Glaubens,
segnete zuerst Jakob und danach
Esau. Ohne es zu wissen, erfüllte er
damit Gottes zukünftige Absichten.[c]
21 *Jakob* segnete kurz vor seinem
Tod in festem Glauben die beiden
Söhne Josephs. Auf seinen Stab ge-
stützt, neigte er sich demütig vor
Gott.[d]
22 Weil er an Gottes Zusagen glaub-
te, konnte *Joseph* vor seinem Tod den
Auszug des Volkes Israel aus Ägypten
voraussagen. Er rechnete so fest da-
mit, daß er anordnete, beim Auszug
seine Gebeine mitzunehmen.[e]
23 Weil die Eltern des Mose uner-
schütterlich an Gott glaubten, hatten
sie keine Angst, gegen den Befehl des
Königs zu handeln, als sie ihr gesundes
und schönes Kind drei Monate lang
versteckt hielten.[f]
24 Auch *Mose* vertraute Gott. Sonst
hätte er sich – als er erwachsen war –
nicht geweigert, noch länger als Sohn
der Pharaonentochter zu gelten.
25 Lieber wollte er gemeinsam mit dem
Volk Gottes Unterdrückung und Ver-
folgung erleiden, als weiter das gottlo-
se Leben am Königshof zu genießen.[g]
26 Wie Christus auf die Herrlichkeit
bei Gott verzichtete und die
Schmach des Kreuzes auf sich nahm,
so verzichtete auch Mose auf das Gold
und die Schätze Ägyptens, um sein
Volk aus der Sklaverei zu befreien.[h]

a) 1. Mose 22,1–4; Jakobus 2,21
b) 1. Mose 21,12
c) Wörtlich: Im Glauben segnete Isaak auch im Hinblick auf die zukünftigen Dinge den Jakob und den Esau. 1. Mose 27,27–40
d) 1. Mose 47,31–48,20
e) 1. Mose 50,24–25; 2. Mose 13,19
f) 2. Mose 1,22; 2,2
g) Wörtlich: als einen zeitweiligen Genuß der Sünde zu haben. 2. Mose 2,10–12
h) Wörtlich: Er achtete die Schmach Christi für größeren Reichtum als die Schätze Ägyptens.

EIN MANN WILL NACH UNTEN

Luci Swindoll

Hebräer 11,39–40

Das 11. Kapitel im Hebräerbrief ist für mich ausgesprochen inspirierend. Man hat es «die Ruhmeshalle des Glaubens» genannt. Die Männer und Frauen, von denen hier die Rede ist, haben Gott vertraut und deshalb seine Anerkennung gefunden. Durch den Glauben erwarteten sie von Gott die Erfüllung ihrer Hoffnung, auch wenn sie das Ziel selbst noch nicht sahen.

Die erstaunlichste Figur in diesem ganzen Reigen ist wohl Mose – und zwar wegen der Wahl, die er traf. Was war das für eine Wahl? «Lieber wollte er gemeinsam mit dem Volk Gottes Unterdrückung und Verfolgung erleiden ...» Was veranlaßte Mose dazu? Ägypten war zu jener Zeit ein blühendes Land, allen anderen Völkern in bezug auf Bildung, Kunst, Handel und Kultur weit überlegen. Verglichen damit waren die Hebräer nichts anderes als ein «Misthaufen» am Stadtrand. Mose, der von der Tochter des Pharaos erzogen wurde, wählte den Misthaufen. Unglaublich! Anstatt dort zu bleiben, wo alles schön und sauber, angenehm und ruhmreich war, entschied er sich für ein Leben in Unterdrückung und Verfolgung. Das bringt mich zum Nachdenken.

Wie würde ich mich in einer solchen Situation verhalten? Würde ich auch das Unangenehme wählen? Könnte ich überhaupt so viel Charakterstärke aufbringen? Das würde doch bedeuten, meine Vorliebe für die schönen Dinge des Lebens hintenanzustellen und die tieferen Werte zu suchen. Was würde mich dazu veranlassen, das Bessere und nicht das Einfachere zu wählen? Eine solche Entscheidung könnte aus einem Gefühl der Notwendigkeit erwachsen – aus meinem Glauben.

Durch den Glauben traf Mose eine weise Entscheidung. Er betrachtete die Schmach und die Unannehmlichkeiten lediglich als vorübergehende Belastung. Das Ziel, für das er das alles auf sich nahm, war ihm mehr wert als das, was Ägypten im Moment zu bieten hatte. Der Glaube entscheidet sich bewußt sogar für die Schmach und das Unangenehme, wenn es dem Weg Gottes entspricht, weil er durch einen Akt des Vertrauens auf das Ziel sieht, für das sich diese Entscheidung lohnt – das Ziel, das Gott bereithält.

Auch wir haben die Möglichkeit, uns entweder für die augenfälligen Werte zu entscheiden, die in greifbarer Nähe vor uns liegen, oder für ein zukünftiges Ziel, das uns noch verborgen ist, von dem wir aber wissen, daß es jeden Einsatz wert ist. Wir haben die Wahl, uns für uns selbst oder für Christus zu entscheiden. Darauf läuft es im Grunde hinaus. Wie entscheiden Sie sich? Denken Sie an Mose!

Er wußte, wie reich Gott ihn beloh-
nen würde.
27 Im Vertrauen auf Gott verließ er
später Ägypten, ohne den Zorn des
Königs zu fürchten. Er rechnete so
fest mit Gott, als könnte er ihn sehen.
Deshalb gab er nicht auf.[a]
28 Weil er Gott glaubte, hielt Mose
die Passahfeier und ließ die Türpfo-
sten mit dem Blut eines Lammes be-
streichen. So blieben alle Israeliten
am Leben, als Gottes Engel die älte-
sten Söhne der Ägypter tötete.[b]
29 Auch das *Volk Israel* bewies sei-
nen Glauben, als es durch das Rote
Meer wie über trockenes Land ging.
Das ägyptische Heer verfolgte die Is-
raeliten und versank in den Fluten.[c]
30 Nicht militärische Stärke, son-
dern allein der Glaube Israels war es,
der die Mauern Jerichos einstürzen
ließ, nachdem das Volk Israel sieben
Tage lang um die Stadt gezogen war.[d]
31 Nur weil die Dirne *Rahab* Gott
vertraute und die Kundschafter Isra-
els freundlich aufnahm, wurde sie
nicht getötet wie alle anderen Bewoh-
ner Jerichos, die sich Gottes Willen
widersetzt hatten.[e]

Glaube, der zum Ziel führt

32 Es wären noch viele andere zu nen-
nen. Nur würde die Zeit wohl nicht
ausreichen, wollte ich sie alle aufzäh-
len: Gideon und Barak, Simson,
Jephta, David, Samuel und die Pro-
pheten.
33 Weil sie glaubten und Gott
vertrauten, konnte er Großes durch
sie tun. Sie bezwangen Königreiche,
sorgten für Recht und Gerechtigkeit
und erlebten, wie sich Gottes Verhei-
ßungen erfüllten. Vor dem Rachen
des Löwen wurden sie bewahrt,
34 und
die Glut des Feuers konnte ihnen
nichts anhaben. Sie entgingen dem
Schwert des Henkers. Sie waren tod-
krank und wurden doch wieder ge-
sund. Weil sie sich auf Gott verließen,
vollbrachten sie wahre Heldentaten
und schlugen die Feinde in die Flucht.
35 Und Frauen erlebten, wie ihre ver-
storbenen Angehörigen von Gott
auferweckt wurden.

Andere, die auch Gott vertrauten,
wurden gequält und zu Tode gefol-
tert. Sie verzichteten lieber auf ihre
Freiheit, als ihren Glauben zu verra-
ten. Die Hoffnung auf ihre Auferste-
hung gab ihnen Kraft.
36 Wieder ande-
re wurden verhöhnt und gefoltert,
weil sie an Gott festhielten. Man legte
sie in Ketten und warf sie ins Gefäng-
nis.
37 Sie wurden gesteinigt, als Ket-
zer verbrannt, auf qualvolle Weise
getötet oder mit dem Schwert hinge-
richtet. Heimatlos, nur mit einem
Schafpelz oder Ziegenfell bekleidet,
zogen sie umher, hungrig, verfolgt
und mißhandelt.
38 Sie irrten in Wü-
sten und im Gebirge umher und muß-
ten sich in einsamen Tälern und Höh-
len verstecken; Menschen, zu schade
für diese Welt.

39 Sie alle haben durch den Glauben
die Anerkennung Gottes gefunden.
Und doch warteten sie vergeblich
darauf, daß sich die Verheißung Got-
tes noch zu ihren Lebzeiten erfüllte.
40 Denn Gott hatte einen besseren

a) 2. Mose 2,15; 12,41
b) 2. Mose 12,1–14
c) 2. Mose 14,21–29
d) Josua 6,12–21
e) Josua 2,11–12; 6,21–25; Matthäus 1,5; Jakobus 2,25

Was Gott tut, ist einzigartig!

Psalm 111

Halleluja – lobt den Herrn!
Ich will dem Herrn von ganzem Herzen danken vor allen,
die ihm treu sind – ja, vor der ganzen Gemeinde!
Wie gewaltig ist alles, was der Herr vollbracht hat!
Wer sich über seine Taten freut, denkt immer wieder darüber nach.

Was der Herr tut, ist eindrucksvoll und einzigartig.
Für immer und ewig hält er, was er versprochen hat.
Er selbst hat alles dafür getan,
daß seine Wunder nicht in Vergessenheit geraten.
Gnädig und barmherzig ist der Herr!

Denen, die ihn ehrten und achteten,
gab er immer genug zu essen.
Niemals vergißt er den Bund,
den er mit Israel geschlossen hat.
Er bewies ihnen seine Macht:
die Länder anderer Völker gab er ihnen zum Besitz.

Er ist zuverlässig und gerecht in allem, was er tut;
seinen Geboten kann man völlig vertrauen.
Niemals verlieren sie ihre Gültigkeit, für alle Zeiten bleiben sie bestehen.
Er hat sie gegeben, um uns seine Treue und Wahrhaftigkeit
vor Augen zu führen. Der Herr hat sein Volk erlöst
und mit ihnen einen Bund geschlossen für immer und ewig.
Heilig und furchterregend ist unser Gott!

Alle Weisheit fängt damit an, daß wir ihn ernst nehmen.
Wer sein Leben nach Gottes Geboten ausrichtet,
der allein gewinnt Einsicht.
Nie wird das Lob unseres Gottes verstummen!

Plan: Sie sollten mit uns zusammen
ans Ziel kommen, in sein Reich.[a]

Gott erzieht seine Kinder

12 Wie Zuschauer im Stadion die
Wettkämpfer anfeuern, so
sind diese Zeugen des Glaubens Vor-
bilder für unseren Kampf.[b] Darum
wollen wir alles ablegen, was uns in
diesem Kampf behindert, vor allem
die Sünde, die uns immer wieder fes-
seln will. Mit zäher Ausdauer wollen
wir auch noch das letzte Stück bis zum
Ziel durchhalten. 2 Dabei wollen wir
nicht nach links oder rechts schauen,
sondern allein auf Jesus. Er hat uns
gezeigt, wie man diesen Lauf beginnt
und als Sieger ans Ziel gelangt.[c] Weil
große Freude auf ihn wartete, erdul-
dete Jesus den schmachvollen Tod
am Kreuz. Jetzt hat er als Sieger den
Platz an der rechten Seite Gottes ein-
genommen. 3 Vergeßt nicht, wieviel
Haß und Anfeindung er von gottlo-
sen Menschen ertragen mußte, damit
auch ihr in Zeiten der Verfolgung
nicht den Mut verliert und aufgebt.

4 Bis jetzt hat euch der Kampf ge-
gen die Sünde noch nicht das Letzte
abverlangt, euer Leben habt ihr noch
nicht eingesetzt. 5 Trotzdem werdet
ihr schon mutlos. Habt ihr denn ver-
gessen, was Gott euch als seinen Kin-
dern[d] sagt: «Mein Sohn, wenn der
Herr dich zurechtweist, dann sei nicht
entrüstet, sondern nimm es an, 6 denn
darin zeigt sich seine Liebe. Wie ein
Vater seinen Sohn erzieht, den er
liebt, so schlägt der Herr jeden, den
er als sein Kind annimmt.»[e]

7 Wenn ihr also leiden müßt, dann
will euch Gott erziehen. Es zeigt, daß
ihr wirklich seine Kinder[d] seid. Wel-
cher Sohn wird von seinem Vater
nicht streng erzogen und auch einmal
bestraft? 8 Viel schlimmer wäre es,
wenn Gott euch anders behandeln
würde. Dann nämlich wärt ihr gar
nicht seine rechtmäßigen Kinder[d].
9 Außerdem: Haben uns nicht auch
unsere leiblichen Väter gestraft, und
wir haben sie trotzdem geachtet?
Wieviel mehr müßten wir dann die
Erziehung unseres göttlichen Vaters[f]
annehmen, der uns ja für das ewige
Leben erzieht.

10 Unsere leiblichen Väter haben
uns eine bestimmte Zeit erzogen, wie
sie es für richtig hielten. Gott aber
weiß wirklich, was zu unserem Besten
dient. Wir sollen ihm als seine Kinder
ähnlich werden.[g] 11 Nun freut sich al-
lerdings niemand darüber, wenn er
gestraft wird; denn Strafe tut weh.
Aber später wird sich zeigen, wozu
das alles gut war. Wer auf diese Weise
den Gehorsam lernte, der hat gelernt,
im Frieden Gottes und nach seinem
Willen zu leben.[h]

a) Wörtlich: Darum, weil Gott etwas Besseres für uns vorgesehen hat, damit sie nicht ohne uns vollendet würden.
b) Wörtlich: Darum wollen auch wir, die wir eine solche Wolke von Zeugen um uns haben...
c) Wörtlich: Laßt uns aufsehen auf Jesus, den Anfänger und Vollender des Glaubens.
d) Wörtlich: Söhne.
e) Sprüche 3,11–12
f) Wörtlich: Vater der Geister.
g) Wörtlich: Damit wir an seiner Heiligkeit Anteil haben.
h) Wörtlich: Danach aber bringt sie denen, die durch sie geübt sind, eine friedsame Frucht der Gerechtigkeit.

Erziehung im neuen Stil

Ingrid Heinzelmaier

Hebräer 12,10

Erziehen ist schwierig geworden. Aggressive Jugendliche zerstören nicht nur öffentliches Eigentum, sie strapazieren auch die Nerven ihrer Eltern und Erzieher bis zur Zerreißprobe. Was tun? Die Ratlosigkeit ist oft groß. Wer schnell und oft die «handgreifliche Pädagogik» wählt, verbaut sich rasch den Zugang zum Herzen der Kinder. Wer alle «handfesten Mittel» generell ablehnt, verschafft sich oft neue Probleme, wenn junge Menschen keine Grenzen mehr akzeptieren. Schon Martin Luther beschreibt das Dilemma aus eigenem Erleben so:

«Mein Vater stäupt' mich einmal so sehr, daß ich ihn floh, und daß ihm bang war, bis er mich wieder zu sich gewöhnt. Ich wollt' auch nicht gern meinen Hansen schlagen, sonst würd' er blöd und mir feind, so wüßt' ich kein größer Leid (...). Unser Herrgott wollt' auch nicht gern, daß wir ihm feind würden.»

Das ist der springende Punkt: An der Art, wie Eltern ihre Kinder erziehen, sollen Kinder spüren lernen, wie Gott erzieht. Das macht die Erziehung zu einer besonders verantwortungsvollen Aufgabe für Menschen, die bewußt mit Gott leben – sie wissen, wieviel davon abhängt. Das Tröstliche dabei ist: Gott weiß genau, menschliche Eltern können diese Aufgabe immer nur unvollkommen erfüllen. Und Gott erzieht anders. Wenn hier der unbekannte Verfasser des Hebräerbriefes diesen Vergleich wählt, dann heißt das auch: «Gott aber weiß wirklich, was zu unserem Besten dient.» Gott ist nie ratlos in Erziehungskonflikten – er resigniert nicht in Situationen, wo Eltern nicht mehr weiterwissen. Aber als ein Vater, der uns liebt und der wirklich Bescheid weiß, kann er keinen «Laissez-faire»-Stil praktizieren, kann nicht alles laufen lassen.

Gott erzieht uns. Sein Erziehungsziel muß nicht erst in mühsamen Diskussionen erarbeitet werden. Es ist klar: «Wir sollen ihm als seine Kinder ähnlich werden.» Das gilt für kleine und für große Leute.

Wie wir Gott dienen sollen

12 Richtet eure kraftlos und müde gewordenen Hände wieder auf zum Gebet, damit ihr stark werdet. Eure zitternden Knie sollen wieder fest werden, damit ihr sichere Schritte im Glauben tun könnt. 13 Bleibt auf dem geraden Weg, damit die Verzagten und Schwachen nicht fallen, sondern neuen Mut fassen und wieder gesund werden.

14 Setzt alles daran, mit jedem Menschen Frieden zu haben und ein Leben zu führen, das Gott gefällt.[a] Sonst werdet ihr den Herrn niemals sehen. 15 Achtet darauf, daß keiner von euch an Gottes Gnade gleichgültig vorübergeht, damit sich das Böse nicht bei euch breitmacht und Zank und Streit die ganze Gemeinde vergiften.[b] 16 Keiner von euch soll die Treue brechen wie Esau, für den nur materielle Dinge erstrebenswert waren. Für ein Linsengericht verschleuderte er das Vorrecht, als ältester Sohn sein Erbe und den besonderen Segen seines Vaters zu erhalten. 17 Zwar wollte er später alles wieder rückgängig machen, als er seinen Vater unter Tränen um diesen Segen bat. Doch da war es zu spät.

18 Ihr habt noch Größeres erlebt als damals die Israeliten. Sie sahen den Berg Sinai im Feuer lodern, als Mose von Gott die Gebote erhielt. Dann wurde es finster wie in der Nacht, ein Sturm heulte, 19 und nach einem lauten Fanfarenstoß hörten die Israeliten eine mächtige Stimme wie das Rollen des Donners. Erschrocken bat das Volk, diese Stimme nicht länger hören zu müssen. 20 Sie hatten Angst vor dem Befehl Gottes: «Jeder Mensch und jedes Tier, das diesen Berg auch nur berührt, soll gesteinigt werden.»[c] 21 Was sich vor ihren Augen und Ohren abspielte, war so furchterregend, daß sogar Mose bekannte: «Ich zittere vor Angst und Schrecken!»[d]

22 Ihr dagegen seid zum Berg Zion gekommen und in die Stadt des lebendigen Gottes. Das ist das himmlische Jerusalem, wo ihr Gott zusammen mit seinen vielen tausend Engeln voller Freude anbetet. 23 Ihr gehört zu seinen Kindern, die er besonders gesegnet hat[e] und die ein Bürgerrecht im Himmel haben. Ihr habt eure Zuflucht zu Gott genommen, der alle Menschen richten wird. Ihr gehört zu derselben großen Gemeinde wie alle diese Vorbilder des Glaubens, die bereits am Ziel sind und Gottes Anerkennung gefunden haben.[f]

24 Ja, ihr seid zu Jesus selbst gekommen, durch den Gott einen neuen Anfang mit uns Menschen gemacht hat. Um euch von euren Sünden zu reinigen, hat Christus am Kreuz sein Blut vergossen. Das Blut Abels, der von seinem Bruder umgebracht wurde, schrie nach Rache,

a) Wörtlich: Jagt nach dem Frieden gegen jedermann und der Heiligung.
b) Wörtlich: Und seht darauf, daß nicht jemand Gottes Gnade versäumt, daß nicht eine bittere Wurzel aufwächst, beschwerlich wird und die vielen durch sie befleckt werden.
c) 2. Mose 19,13
d) 5. Mose 9,19
e) Wörtlich: zur Gemeinde der Erstgeborenen.
f) Wörtlich: (Ihr seid gekommen) zu den Geistern der vollendeten Gerechten.

aber das Blut Christi spricht von der
Vergebung.[a]
25 Hört also auf den, der jetzt zu
euch redet. Weigert euch nicht – wie
damals das Volk Israel –, auf seine
Stimme zu hören. Sie sind ihrer Strafe
nicht entgangen, weil sie am Berg Si-
nai Gott nicht gehorchen wollten.
Uns wird die Strafe noch viel härter
treffen, wenn wir den zurückweisen,
der jetzt vom Himmel her zu uns
spricht. 26 Damals hat seine Stimme
nur die Erde erbeben lassen. «Noch
einmal werde ich die Erde erschüt-
tern und auch den Himmel!» spricht
er durch den Propheten.[b] 27 Dieses
«Noch einmal» bedeutet: Alles, was
Gott geschaffen hat, wird er dann
grundlegend verändern. Bleiben wird
allein das Ewige, das nicht erschüttert
werden kann. 28 Auf uns wartet also
ein ewiges, durch nichts zu erschüt-
terndes Reich. Dafür wollen wir Gott
von Herzen danken und ihm voller
Ehrfurcht dienen, damit er Freude an
uns hat. 29 Denn unser Gott ist wie ein
verzehrendes Feuer.

Wie Christen leben sollen

13 Bleibt auch weiter in brüderli-
cher Liebe fest miteinander
verbunden. 2 Vergeßt nicht, Gast-
freundschaft zu üben; denn ohne es
zu wissen, haben manche auf diese
Weise Engel bei sich aufgenommen.
3 Kümmert euch um alle, die wegen
ihres Glaubens gefangen sind. Sorgt
für sie wie für euch selbst. Steht den
Christen bei, die verhört und mißhan-
delt werden. Leidet mit ihnen, denn
es kann euch jederzeit genauso erge-
hen.[c]
4 Achtet die Ehe, und haltet euch
als Ehepartner die Treue. Gott wird
jeden verurteilen, der unsittlich lebt
und die Ehe bricht.
5 Seid nicht hinter dem Geld her,
sondern zufrieden mit dem, was ihr
habt. Denn Gott hat uns verspro-
chen: «Niemals werde ich euch
verlassen. Ich werde für euch sorgen,
daß es euch an nichts fehlt!»[d] 6 Des-
halb können wir voller Vertrauen be-
kennen: «Der Herr hilft mir, und ich
brauche mich vor nichts und nieman-
dem zu fürchten. Was kann mir ein
Mensch schon antun?»[e]
7 Denkt an die Leiter eurer Ge-
meinden, die euch Gottes Wort wei-
tersagten! Vergeßt nicht, wie sie Gott
bis zu ihrem Lebensende die Treue
gehalten haben. Nehmt euch ihren
Glauben zum Vorbild. 8 Jesus Chri-
stus ist und bleibt derselbe. Wie er ge-
stern war, so ist er auch heute, und so
wird er für immer und ewig bleiben.
9 Darum laßt euch nicht durch alle
möglichen Heilslehren in die Irre füh-
ren. Es gibt nichts Größeres, als wenn
jemand seine ganze Hoffnung auf
Gottes Gnade setzt und sich durch
nichts davon abbringen läßt. Fest im
Glauben wird man nicht, indem man
auf bestimmte Speisen verzichtet.
Das haben alle erfahren, die es ver-
suchten.
10 Wenn an unserem Altar das

a) Wörtlich: (Ihr seid gekommen) zu dem Mittler des neuen Bundes, Jesus, und dem Blut der Reinigung, das da besser redet als das Blut Abels.
b) Haggai 2,6
c) Wörtlich: Gedenkt der Gefangenen als solche, die mitgefangen sind, der Notleidenden als solche, die ebenfalls im Leibe leben.
d) Josua 1,5; 5. Mose 31,6
e) Psalm 118,6

Abendmahl ausgeteilt wird, dürfen
diejenigen nicht davon essen, die ihre
Rettung noch immer von der Erfül-
lung des Gesetzes erwarten statt vom
Opfertod Christi am Kreuz.[a] 11 Ein-
mal im Jahr – am großen Versöh-
nungstag – bringt der Hohepriester
das Blut von Opfertieren in das Aller-
heiligste des Tempels, um die Sünden
des Volkes zu sühnen. Die Tiere
selbst werden aber außerhalb der
Stadt Jerusalem verbrannt. 12 So starb
auch Jesus außerhalb der Stadt, als er
sein Blut für die Sünden der Men-
schen opferte. 13 Laßt uns zu ihm hin-
ausgehen und die Verachtung mittra-
gen, die ihn getroffen hat. 14 Denn auf
dieser Erde gibt es keine Stadt, in der
wir wirklich und für immer zu Hause
sein können. Sehnsüchtig warten wir
auf die Stadt, die im Himmel für uns
erbaut ist.

15 Wir wollen nicht aufhören, Gott
im Namen Jesu zu loben und ihm zu
danken. Das sind unsere Opfer, mit
denen wir uns zu Gott bekennen.
16 Und vergeßt nicht, Gutes zu tun
und allen zu helfen, die in Not sind.
An solchen Opfern hat Gott Freude.

17 Hört auf die Leiter eurer Ge-
meinden und folgt ihrem Rat. Sie
müssen einmal Rechenschaft über
euch ablegen, denn sie sind für euch
verantwortlich. Macht ihnen das
nicht zu schwer; sie sollen doch ihre
Aufgabe mit Freude tun und nicht als
eine bedrückende Last empfinden.
Dies würde euch nur selber schaden.

18 Betet für uns! Wir haben ein gu-
tes Gewissen, denn wir wollen in je-
der Weise ein Leben führen, das Gott
gefällt. 19 Betet vor allem darum, daß
ich bald wieder zu euch kommen
kann.

Segenswunsch und Grüße

20/21 Ich wünsche euch nun von Her-
zen, daß Gott selbst euch hilft, das
Gute zu tun und seinen Willen zu er-
füllen. Er ist es ja, der uns seinen
Frieden schenkt. Er hat unseren
Herrn Jesus Christus von den Toten
auferweckt. Ihn, durch dessen Blut
der neue und ewig gültige Bund ge-
schlossen wurde, ihn hat er zum wah-
ren Hirten seiner Herde gemacht. Je-
sus Christus wird euch die Kraft ge-
ben, das zu tun, was Gott gefällt.
Deswegen wollen wir ihn bis in alle
Ewigkeit loben und ehren. Amen.

22 Ich bitte euch, liebe Brüder: Laßt
euch von meinem Brief ermutigen,
nehmt diese Ermahnung an! Ich habe
euch ja nur kurz schreiben können.

23 Zum Schluß möchte ich euch
noch mitteilen, daß unser Bruder Ti-
motheus freigelassen worden ist. So-
bald er kommt, wollen wir euch ge-
meinsam besuchen.

24 Viele Grüße sende ich an eure
Gemeinden und an alle, die sie leiten.
Die Christen aus Italien lassen euch
grüßen.

25 Gottes Gnade sei mit euch allen!

a) Wörtlich: Wir haben einen Altar, von dem zu essen diejenigen, die dem Zelt dienen, keine Befugnis haben.

Gott hält Wort

Sue Richards

Hebräer 13,5

Nach achtjähriger Ehe verließ mich mein Mann, als ich gerade mit unserem zweiten Kind im vierten Monat schwanger war. Nie habe ich mich so abgelehnt, verletzlich und ungeliebt gefühlt. Ich litt ständig unter Übelkeit, war müde und mußte versuchen, meinem zweijährigen Sohn zu erklären, daß sein Papa nicht wieder zu uns kommen würde.

Es war Winter und bitterkalt. Der eisige Wind trug nicht wenig zu meiner Niedergeschlagenheit bei, während ich meine schweren Einkaufstaschen samt Kind in den dritten Stock hinaufschleppte. Wir waren erst kürzlich umgezogen, und diese Wohnung sollte uns vorübergehend als Bleibe dienen.

Kein Haus, keine Arbeit, kein Mann, keine Gemeinde! Nur ein lebhafter kleiner Junge, der herzzerreißende Fragen stellte, und ein Magen, der schon beim bloßen Gedanken an Essen rebellierte.

Und doch gab es noch etwas anderes, tief, ganz tief in meinem Herzen. Nichts Großes oder Aufregendes, aber etwas, was mir den Mut gab, morgens aufzustehen und den neuen Tag zu bestehen.

Es war das Bewußtsein, daß Gott mich liebhatte.

Abend für Abend weinte ich in mein Kopfkissen und konnte dann lange nicht einschlafen, weil meine vom Weinen verquollene Nase mir das Atmen schwermachte. Dabei kreisten meine Gedanken unaufhörlich um die Frage, was aus mir und meinen Kindern werden sollte.

Ich blieb aber nicht beim Grübeln stehen, sondern ich betete auch. Ich betete, wenn ich beim Einkaufen war oder wenn ich meinen Sohn badete.

Wie tröstlich war für mich in jenen einsamen Tagen Gottes Wort:

«Niemals werde ich dich verlassen. Ich werde für dich sorgen, daß es dir an nichts fehlt.»

An dieses Wort klammerte ich mich, wenn ich mich total verlassen und allein fühlte. Und ich darf sagen: Immer, wenn ich mich bereitwillig nach Gott und seinem Wort ausstreckte, war er da, wie er es versprochen hatte, und hat mir durchgeholfen.

Danke, Herr, daß du mir die Kraft gegeben hast, jene schwere Zeit zu überstehen. Danke, daß du mich durchgetragen und festgehalten hast, auch in den Augenblicken, in denen ich besonders schwach und verwundbar war.

Der Brief des Jakobus

Anschrift und Gruß

1 Jakobus, der Gott und unserem
Herrn Jesus Christus dient, grüßt
mit diesem Brief das Volk Gottes, das
über die ganze Welt zerstreut in der
Fremde lebt.[a]

Durch Anfechtung wird der Glaube stark

2 Liebe Brüder! Ihr braucht nicht zu
verzweifeln, wenn euer Glaube im-
mer wieder hart auf die Probe gestellt
wird. Im Gegenteil: Freut euch dar-
über! 3 Denn durch solche Bewäh-
rungsproben wird euer Glaube fest
und unerschütterlich. 4 Bis zuletzt
sollt ihr so unerschütterlich festblei-
ben, damit ihr in jeder Beziehung zur
vollen geistlichen Reife gelangt und
niemand euch etwas vorwerfen kann
oder etwas an euch zu bemängeln hat.
5 Falls jemand von euch nicht weiß,
was der Wille Gottes in einer be-
stimmten Sache ist, soll er um Weis-
heit bitten.[b] Ihr wißt doch, wie reich
Gott jeden beschenkt und wie gern er
allen hilft. Also wird er auch euer Ge-
bet erhören. 6 Betet aber in großer
Zuversicht, und zweifelt nicht; denn
wer zweifelt, gleicht den Wellen im
Meer, die vom Sturm hin- und herge-
trieben werden. 7 Ein solcher Mensch
kann nicht erwarten, daß Gott ihm
etwas gibt. 8 In allem, was er tut, ist er
unbeständig und hin- und hergeris-
sen.

Der Reichtum der Armen

9 Wer arm ist und wenig beachtet
wird, soll deshalb nicht mutlos sein,
sondern sich darüber freuen, daß er
vor Gott viel gilt. 10 Ein Reicher dage-
gen soll niemals vergessen, wie wenig
sein irdischer Besitz vor Gott zählt.[c]
Wie eine Blume auf dem Feld wird
auch sein Reichtum vergehen. 11 So-
bald die Sonne in ihrer Mittagshitze
glüht, verdorrt das Gras, die Blüten
fallen ab, und alle Schönheit ist da-
hin. Ebenso wird es den Reichen er-
gehen. All ihre Geschäftigkeit be-
wahrt sie nicht vor Tod und Verder-
ben.

Was uns zur Sünde verführt

12 Glücklich ist der zu nennen, der die
Bewährungsproben besteht und im
Glauben fest bleibt. Gott wird ihn mit
dem Siegeskranz, dem ewigen Le-
ben, krönen. Das hat er allen ver-
sprochen, die ihn lieben. 13 Niemand,
der in Versuchung gerät, kann be-
haupten: «Diese Versuchung kommt
von Gott.» Denn Gott, der für das
Böse unangreifbar ist, wird nieman-
den zum Bösen verführen. 14 Es sind

a) Wörtlich: den zwölf Stämmen, die in der Zerstreuung sind.
b) Wörtlich: Wenn aber einer von euch Mangel hat an Weisheit, so soll er sie erbitten von Gott.
c) Wörtlich: (V.9 und 10a) Es rühme sich aber der Bruder, der arm ist, seiner Höhe, der Reiche aber seiner Niedrigkeit.

VERSUCHUNG UND PRÜFUNG

Ruth Bell Graham

Jakobus 1,12

Versuchung und Prüfung sind die beiden Seiten einer Medaille.

Satan benutzt eine Situation oder einen Menschen, um uns zu versuchen und zu Fall zu bringen. Gott benutzt die gleichen Dinge, um uns zu erproben und stark zu machen. Beispiele dafür finden wir sowohl in Matthäus 4,1–11 als auch im Buch Hiob beschrieben.

So prüfet euch doch selbst, ob ihr im Glauben stehet,
ob Christus in euch ist, ob ihr ihm auch nachgehet
in Demut und Geduld, in Sanftmut, Freundlichkeit;
in Lieb dem Nächsten stets zu dienen seid bereit.

Der Glaube ist ein Licht, im Herzen tief verborgen,
bricht als ein Glanz hervor, scheint als der helle Morgen,
erweiset seine Kraft, macht Christus gleich gesinnt,
erneuert Herz und Mut, macht uns zu Gottes Kind.

O Herr, vermehre doch in mir den wahren Glauben,
so kann mich keine Macht der guten Wert berauben.
Wo Licht ist, geht der Schein freiwillig davon aus.
Durch bist mein Gott und Herr, bewahr mich als dein Haus.

Gotthelf August Francke

vielmehr unsere eigenen begehrli-
chen Wünsche, die uns immer wieder
zum Bösen verlocken. 15 Geben wir
ihnen nach, dann folgt diesen Wün-
schen die böse Tat. Sie aber führt un-
weigerlich zum Tod.[a]
16 Laßt euch also nichts vormachen,
liebe Brüder! 17 Alles, was gut und
vollkommen ist, das kommt von
Gott, dem Vater des Lichts. Er ist un-
wandelbar; niemals wechseln bei ihm
Licht und Finsternis, Gutes und Bö-
ses. 18 Es war sein freier Wille, daß er
uns durch das Wort der Wahrheit
neues Leben geschenkt hat. So soll-
ten wir der Anfang einer neuen
Schöpfung sein.[b]

Worte und Taten

19 Denkt daran, liebe Brüder: Seid
immer sofort bereit, jemandem zuzu-
hören; aber überlegt genau, bevor ihr
selbst redet. Und hütet euch vor un-
kontrolliertem Zorn! 20 Denn im
Zorn tun wir niemals, was Gott ge-
fällt.[c] 21 Deshalb trennt euch ganz ent-
schieden von allem Gemeinen und
Bösen. Nehmt vielmehr bereitwillig
Gottes Wort an, das er wie ein Sa-
menkorn in euch gelegt hat. Es hat
die Kraft, euch zu retten.
22 Nun genügt es aber nicht, sein
Wort nur anzuhören; ihr müßt auch
danach handeln. Alles andere ist
Selbstbetrug! 23 Wer Gottes Wort nur
hört, es aber nicht in die Tat umsetzt,
dem geht es wie einem Mann, der in
den Spiegel schaut. 24 Er betrachtet
sich, geht wieder weg und hat auch
schon vergessen, wie er aussieht.
25 Wer aber die Botschaft von der Ret-
tung und Befreiung[d] erkannt hat und
immer wieder danach handelt, der
hat sie nicht vergeblich gehört. Er
kann glücklich sein, denn Gott wird
ihn segnen und alles, was er tut.
26 Wer sich für fromm hält, dabei
aber geschwätzig ist und seine Zunge
nicht zügeln kann, der macht sich
selbst etwas vor. Seine Frömmigkeit
ist nichts wert. 27 Witwen und Waisen
in ihrer Not zu helfen und sich vom
gottlosen Treiben dieser Welt nicht
verführen zu lassen: das ist wirkliche
Frömmigkeit, mit der man Gott, dem
Vater, dient.

Falsche Maßstäbe

2 Liebe Brüder! Wenn ihr wirklich
an Jesus Christus glaubt, den
Herrn aller Herrlichkeit, dann laßt
euch nicht vom Rang und Ansehen
der Menschen beeindrucken! 2 Stellt
euch einmal vor, in eure Gemeinde
kommt ein vornehm gekleideter
Mann mit dicken, goldenen Ringen
an den Fingern. Zur selben Zeit
kommt einer, der arm und schäbig ge-
kleidet ist. 3 Wie würdet ihr euch ver-
halten? Ihr würdet euch von dem
Reichen beeindrucken lassen und
ihm eilfertig anbieten: «Hier ist noch
ein guter Platz für Sie!» Aber zu dem
Armen würdet ihr sicherlich sagen:
«Bleib stehen, oder setze dich da hin-
ten auf den Fußboden.»[e] 4 Dürft ihr

a) Wörtlich: Dann empfängt die Begierde und gebiert eine Sünde, die Sünde aber, die vollendet ist, gebiert den Tod.
b) Wörtlich: damit wir gewissermaßen Erstlingsfrucht seiner Schöpfungen seien.
c) Wörtlich: Denn Manneszorn bewirkt nicht Gottes Gerechtigkeit.
d) Wörtlich: das vollkommene Gesetz der Freiheit.
e) Wörtlich: Setz dich auf den Schemel unterhalb meiner Füße.

GLAUBEN HEISST, SEIN HERZ ZU GOTT BRINGEN

Ulla Schaible

Jakobus 2,14

Kürzlich las ich eine interessante Ausführung zu dem Wort «glauben». «Ich glaube» heißt im Lateinischen «credo». Darin stecken zwei Wörter: das Wort «cor» (Herz) und das Wort «do» (etwas hinbringen). Wörtlich übersetzt würde «credo» – ich glaube – also bedeuten: Ich bringe mein Herz zu Gott.

Wir verwenden das Wort «glauben» meistens in einem anderen Sinn. Bei uns steht «glauben» für: «etwas für wahr oder wahrscheinlich halten». Ich glaube, was man mir über meine Nachbarin erzählt. Ich glaube, daß man im Supermarkt günstig einkaufen kann. In beiden Fällen ist gemeint, daß ich das alles für wahr halte.

Auch unter Christen im christlichen Sinn wird das Wort «glauben» vielfach in dieser Bedeutung verwendet. Ich halte etwas für wahr. Ich halte für wahr, daß es einen Gott gibt. Ich spreche bestimmte Glaubenssätze nach und halte sie für wahr. Das «Für-wahr-Halten» ist sicherlich eine Voraussetzung für den Glauben. Doch glauben im biblischen Sinn geht noch weit darüber hinaus. Da geht es nämlich darum, «sein Herz zu Gott zu bringen». Das ist für mich etwas fundamental anderes. Das hat eben nicht nur etwas mit dem Kopf zu tun (für wahr halten), sondern wirklich mit dem Herzen, das sich auf Gott und sein Wort verläßt, das ganz und gar auf Gott setzt. Solcher «Glaube» hat dann auch etwas zu tun mit den Händen.

Wer sein Herz zu Gott bringt, der muß es vielleicht erst einmal ausleeren von all den Dingen, die sich unmerklich in seinem Herzen Raum verschafft habensonst in seinem Herzen sind, die ihn blockieren, an die er – vielleicht zu sehr – in übermäßiger Weise sein Herz gehängt hat.

Doch wer sein Herz so zu Gott bringt, der bekommt es nicht leer zurück. Gott will unser Herz füllen mit seiner Liebe (Römer 5,5). Und wessen Herz so von Gott gefüllt worden ist, der wird es nicht verschließen gegenüber anderen Menschen. Der wird ein Herz haben für andere. Ich denke, wenn wir unseren Glauben in diesem Sinn als «Herzensangelegenheit» erfahren, verstehen, da ist die Tat der Liebe untrennbar in den Glauben mit eingeschlossen.

als Christen solche Unterschiede machen? Dann wären doch menschliche Eitelkeit und Geltungssucht euer Maßstab![a]

5 Hört mir einmal gut zu, liebe Brüder: Hat Gott nicht gerade die erwählt, die vor der Welt arm, aber im Glauben reich sind? Sie wird Gott in sein Reich aufnehmen, das er allen zugesagt hat, die ihn lieben. 6 Wie töricht also von euch, daß ihr die Armen verachtet und geringschätzig behandelt. Habt ihr denn noch nicht gemerkt, daß es gerade die Reichen sind, die euch unterdrücken und vor die Gerichte schleppen? 7 Wie oft sind gerade sie es, die Jesus Christus verhöhnen, den Namen, auf den ihr getauft seid.[b]

8 Lebt nach dem wichtigsten Gebot, das Gott uns gegeben hat: «Liebe deinen Mitmenschen wie dich selbst!»[c] Wenn ihr das in die Tat umsetzt, handelt ihr richtig. 9 Beurteilt ihr dagegen Arme und Reiche nach unterschiedlichen Maßstäben, dann verstoßt ihr gegen Gottes Gebot und werdet schuldig. 10 Es hilft dann nichts, wenn ihr alle anderen Gebote Gottes genau einhaltet. Wer nämlich auch nur gegen ein einziges seiner Gebote verstößt, der hat das ganze Gesetz übertreten.

11 Denn Gott, der gesagt hat: «Du sollst nicht ehebrechen!», der hat auch bestimmt: «Du sollst nicht töten!» Wenn du nun zwar keine Ehe zerstörst, aber einen Menschen tötest, so hast du Gottes Gesetz übertreten und bist damit schuldig vor ihm.

12 Maßstab eures Redens und Handelns soll das Gesetz Gottes sein, das euch zur Liebe verpflichtet und euch Freiheit schenkt. Danach werdet ihr einmal gerichtet.[d] 13 Ohne Gnade wird dann über den das Urteil gesprochen, der selbst kein Erbarmen gehabt hat. Wer aber barmherzig ist, braucht das Gericht nicht zu fürchten.

Der Glaube muß sich durch die Tat beweisen

14 Liebe Brüder! Welchen Wert hat es, wenn jemand behauptet, an Christus zu glauben, aber an seinen Taten ist das nicht zu erkennen! Kann ihn ein solcher Glaube vor Gottes Urteil retten? 15 Stellt euch vor, in eurer Gemeinde sind einige in Not. Sie haben weder etwas anzuziehen noch genug zu essen. 16 Wäre ihnen schon damit geholfen, wenn du zu ihnen sagst: «Ich wünsche euch alles Gute! Hoffentlich habt ihr warme Kleider und könnt euch satt essen!», ohne daß ihr ihnen gebt, was sie zum Leben brauchen? 17 Genauso nutzlos ist ein Glaube, der sich nicht in der Liebe zum Nächsten beweist: Er ist tot.[e]

18 Nun könnte jemand sagen: «Der eine glaubt, und der andere tut Gutes.» Ihm müßte ich antworten: «Zeige doch einmal deinen Glauben her,

a) Wörtlich: Habt ihr da nicht bei euch selbst Unterscheidungen getroffen und wurdet Richter von schlechter Gesinnung?
b) Wörtlich: Sind nicht sie es, die den guten Namen lästern, der über euch angerufen wurde?
c) 3. Mose 19,18
d) Wörtlich: So redet und handelt als solche, die durch das Gesetz der Freiheit gerichtet werden!
e) Wörtlich: So ist auch der Glaube, wenn er keine Werke aufweist, tot, für sich allein (gesehen).

der keine guten Taten hervorbringt!
Meinen Glauben kann ich dir zeigen.
Du brauchst dir nur anzusehen, was
ich tue.» 19 Du glaubst, daß es nur
einen einzigen Gott gibt? Gut und
schön. Aber das glauben sogar die
Dämonen – und zittern vor Angst.
20 Wann endlich wirst du törichter
Mensch einsehen, daß der Glaube
nichts wert ist, wenn wir nicht auch
tun, was Gott von uns will! 21 Erinnert
ihr euch nicht daran, daß sogar Abra-
ham, unser Stammvater und Vorbild
im Glauben, vor Gott erst Anerken-
nung fand, nachdem er tat, was Gott
von ihm verlangte? Er war bereit, sei-
nen Sohn Isaak zu opfern. 22 Hier wird
ganz deutlich: Bei ihm gehörten
Glaube und Tun zusammen; und erst
durch sein gehorsames Handeln wur-
de sein Glaube vollkommen. 23 Das
meint auch die Heilige Schrift, wenn
sie sagt: «Abraham glaubte Gott,
und dadurch fand er seine Anerken-
nung.»[a] Ja, er wurde sogar der
«Freund Gottes»[b] genannt. 24 Ihr seht
also: Wir werden nur dann von Gott
angenommen, wenn unsere Taten be-
weisen, daß unser Glaube echt ist.
Anders geht es nicht.
25 Auch die Dirne Rahab ist dafür
ein Beispiel. Sie wurde von Gott ge-
rettet, weil sie in Jericho die Kund-
schafter der Israeliten vor den Solda-
ten des feindlichen Königs versteckte
und ihnen auf einem sicheren Weg
die Flucht ermöglichte.[c]
26 So wie der Körper ohne den Geist
tot ist, so ist auch der Glaube tot,
wenn er ohne praktisches Handeln
bleibt.

Warnung vor Geschwätzigkeit

3 Liebe Brüder! Es sollten sich
nicht so viele in der Gemeinde da-
nach drängen, andere belehren zu
wollen. Denkt vielmehr daran, daß
alle, die Gottes Wort lehren, von ihm
nach besonders strengen Maßstäben
beurteilt werden. 2 Und haben wir
nicht alle unsere Fehler? Wem es frei-
lich gelingt, nur das zu sagen, was
dem anderen hilft und ihm nicht scha-
det, den kann man als vollkommen
bezeichnen. Denn wer seine Zunge
beherrscht, der kann auch seinen
ganzen Körper beherrschen. 3 So le-
gen wir zum Beispiel den Pferden das
Zaumzeug ins Maul und beherrschen
sie damit. 4 Und selbst die großen
Schiffe, die nur von starken Winden
vorangetrieben werden können,
lenkt der Steuermann mit einem klei-
nen Ruder, wohin er will.
5 Genauso ist es mit unserer Zunge.
So klein sie auch ist, was kann sie
nicht alles anrichten! Ein kleiner
Funke setzt einen ganzen Wald in
Brand. 6 Mit einem solchen Feuer läßt
sich auch die Zunge vergleichen. Sie
kann eine ganze Welt voller Unge-
rechtigkeit und Bosheit sein, die uns
und unser Leben vergiftet. Es gibt
nichts und niemand, der vor ihrem
Höllenfeuer sicher wäre.[d]
7 Die Menschen haben es gelernt,
wilde Tiere, Vögel, Schlangen und

a) Wörtlich: Es glaubte aber Abraham Gott, und angerechnet wurde (es) ihm zur Gerechtigkeit. 1. Mose 15,6
b) 2. Chronik 20,7; Jesaja 41,8
c) Josua 2
d) Wörtlich: Sie entflammt den «Umkreis unseres Werdens» (d. h. die ganze Welt), angezündet von der Hölle.

Echte Weisheit

Luci Swindoll

Jakobus 3,13

Einmal fragte ich meinen Bruder Chuck, ob er lieber Weisheit oder Jugend hätte, vorausgesetzt, daß nicht beides zur gleichen Zeit in ein und derselben Person sein könnte. Ohne zu zögern, erwiderte er: «Natürlich Weisheit, Schwesterchen, ist doch klar! Damit ich nicht immer noch die gleichen Dummheiten mache wie früher als Kind!» Augenzwinkernd fügte er hinzu: «Selbstverständlich wäre mir Weisheit in einem jungen Körper am liebsten!»

In ihrem ausgezeichneten Gedicht «Weisheit» beschreibt Sara Teasdale den Weg zur Weisheit. Ich erreiche das Ziel, wenn ich dem Leben ruhig und gelassen ins Auge blicke. Wenn ich weise genug bin, um nicht mehr gegen all seine Unvollkommenheiten anzukämpfen und ständig nervös um mich zu schlagen. Wenn ich vielmehr gelernt habe, diese Unvollkommenheit zu akzeptieren, weil ich weiß, daß alles und jeder seine Fehler und Schwächen hat. Schließlich heißt es in dem Gedicht: «… Dann, wenn das Leben mir die Wahrheit gegeben und mir dafür meine Jugend genommen hat.»

Ohne daß wir es merken, hört – wie es scheint – das eine auf, und das andere fängt an.

Jakobus spricht in unserem heutigen Bibelabschnitt von zwei verschiedenen Arten der Weisheit. Da ist zum einen die irdische Weisheit, die mißgünstig, eigennützig und neidisch ist. Dagegen ist die Weisheit, die von Gott kommt, freundlich und gütig. Ein geistlich weiser Mensch strahlt Verständnis, Annahme und Frieden aus.

Ob jemand verständig und weise ist, das zeigt sich, so schreibt Jakobus, an einem «guten Lebenswandel». Ich habe mehr als fünfzig Jahre gebraucht, um zu lernen, daß das gute Leben nicht darin besteht, einen akademischen Grad zu erwerben, Erfolg im Beruf zu haben, einen teuren Wagen zu fahren, ein dickes Bankkonto zu besitzen oder Urlaub in der Südsee zu machen. All diese Dinge sind zwar gut und schön und durchaus nach meinem Geschmack, aber sie sind nicht «das gute Leben».

Ein wirklich gutes Leben lebe ich, wenn ich zum inneren Frieden finde: Das Wissen, rücksichtsvoll gewesen zu sein und nicht rechthaberisch, für den Nächsten dagewesen zu sein, als seine Lage absolut hoffnungslos schien, für eine gute Sache Opfer gebracht zu haben, als einzige unter Ängstlichen die unbequeme Wahrheit vertreten zu haben und versöhnungsbereit gewesen zu sein oder auch den Mut besessen zu haben, einen als richtig erkannten Weg zu gehen, auch wenn er zunächst Nachteile mit sich bringt.

Manchmal frage ich mich: Warum habe ich all dies eigentlich nicht gelernt, als ich noch jung war?

Geben macht glücklicher als Nehmen!

Psalm 112

Halleluja – lobt den Herrn!
Glücklich ist, wer dem Herrn in Ehrfurcht begegnet
und sich über seine Gebote freut!

Seine Nachkommen werden im ganzen Land
hohes Ansehen genießen,
denn Gottes Segen liegt auf jeder Generation,
die sich von ihm nicht abbringen läßt.

Bei einem solchen Menschen
sind Reichtum und Wohlstand zu Hause.
Unerschütterlich und treu hält er zu Gott.
Selbst in dunklen Stunden leuchtet ihm ein Licht,
er ist voll Erbarmen, großmütig und gerecht.

Gut geht es dem, der freundlich zu den Armen ist
und ihnen gerne Geld leiht,
der sich an das Recht hält bei allem, was er unternimmt!
Nichts wird ihn zu Fall bringen,
einen solchen Menschen vergißt man nicht!

Er fürchtet sich nicht vor schlechter Nachricht,
denn sein Glaube ist stark – er vertraut dem Herrn.
Er läßt sich nicht erschüttern und hat keine Angst,
denn er weiß, daß er über seine Feinde triumphieren wird.
Großzügig schenkt er den Bedürftigen, was sie brauchen;
auf seine barmherzige Liebe kann man immer zählen.
Darum ist er überall hoch angesehen.
Alle, die Gott mißachten, sehen es und ärgern sich,
sie knirschen mit den Zähnen und vergehen vor Wut.
Denn was sie sich erträumt haben, zerrinnt in nichts.

Fische zu zähmen und unter ihre Ge-
walt zu bringen. 8 Aber seine Zunge
kann kein Mensch zähmen. Unge-
bändigt und unkontrolliert verbreitet
sie ihr tödliches Gift.
9 Mit unserer Zunge loben wir
Gott, unseren Herrn und Vater, und
mit derselben Zunge verfluchen wir
unsere Mitmenschen, die doch nach
Gottes Ebenbild geschaffen sind.
10 Segen und Fluch kommen aus ein
und demselben Mund. Aber genau
das, meine lieben Brüder, darf es bei
euch nicht geben! 11 Fließt denn aus
einer Quelle gleichzeitig frisches und
ungenießbares Wasser? 12 Kann man
Oliven von Feigenbäumen pflücken
oder Feigen vom Weinstock?
Ebensowenig kann man aus einem
stinkenden Tümpel frisches Wasser
schöpfen.

Wirkliche Weisheit

13 Wer von euch meint, klug und weise
zu sein, der soll das durch sein ganzes
Leben zu erkennen geben, durch sei-
ne Freundlichkeit und Güte. Sie sind
Kennzeichen der wahren Weisheit.
14 Seid ihr aber voller Neid und Haß,
dann braucht ihr euch auf eure angeb-
liche Weisheit nichts einzubilden. In
Wirklichkeit seid ihr dann Lügner
und Betrüger. 15 Eine solche Weisheit
kann niemals von Gott kommen. Sie
ist irdisch, ungeistlich, ja teuflisch.
16 Wo Mißgunst und Streit herrschen,
da gerät alles in Unordnung; da wird
jeder Gemeinheit Tür und Tor geöff-
net.
17 Die Weisheit aber, die von Gott
kommt, ist lauter und rein. Sie sucht
den Frieden. Sie ist freundlich, bereit
nachzugeben und läßt sich etwas sa-
gen. Sie hat Mitleid mit anderen und
bewirkt immer und überall Gutes; sie
ist unparteiisch, ohne Vorurteile und
ohne alle Heuchelei. 18 Nur wer selber
Frieden schafft, wird erfahren, daß
seine Gerechtigkeit und Friedfertig-
keit Früchte tragen.[a]

Freundschaft mit der Welt – Feindschaft mit Gott

4 Wieso gibt es denn bei euch so
viel Streit, Krieg und Kampf?
Kommt alles nicht daher, daß ihr eu-
ren Leidenschaften und Trieben nicht
widerstehen könnt? 2 Ihr wollt alles
haben und werdet nichts bekommen.
Ihr seid voller Neid und tödlichem
Haß; doch gewinnen werdet ihr da-
durch nichts. Streitet, zankt und
kämpft also, soviel ihr wollt! Es nützt
euch gar nichts. Solange ihr nicht
Gott bittet, werdet ihr nichts emp-
fangen. 3 Wenn ihr freilich Gott nur
darum bittet, eure selbstsüchtigen
Wünsche zu erfüllen, wird er euch
nichts geben.
4 Wie erbärmlich vergeltet ihr Got-
tes Treue![b] Ist euch denn nicht klar,
daß Freundschaft mit der Welt zu-
gleich Feindschaft mit Gott bedeu-
tet? Wer also ein Freund dieser Welt
sein will, der wird zum Feind Gottes.
5 Oder meint ihr, die Heilige Schrift
sagt ohne jeden Grund: «Gottes
Geist, der in uns wohnt, will uns ganz
allein besitzen»?[c] 6 Gott wird allen,
die ihm treu sind, noch mehr Gnade

a) Wörtlich: Die Frucht aber der Gerechtigkeit wird im Frieden gesät denen, die den Frieden schaffen.
b) Wörtlich: Ihr Ehebrecher!
c) Wörtlich: Eifersüchtig verlangt er nach dem Geist, den er in uns wohnen ließ. 2. Mose 20,3

Eine andere Art von Mut

Monika Deitenbeck-Goseberg

Jakobus 4,6

Wenn eines aus der Mode geraten ist, dann das Dienen. Früher gab es noch den Beruf des Dieners. Man diente bei Hof oder als Soldat. Heute dient mir vielleicht gerade noch jemand als gutes oder schlechtes Beispiel, als Sprungbrett oder als Gesprächspartner/in. Im steten Wachsen begriffen sind dagegen alle Sparten von Dienstleistungsberufen. Aber das Dienen ...? Wenn etwas aus der Mode gekommen ist, dann das.

Jakobus spricht von der Demut. Dieser Begriff kommt von Diene-Mut. Mut zum Dienen. Das hat mit Hingabe zu tun, mit der Fähigkeit und Bereitschaft, sich einzubringen und zu verströmen.

«Jeder soll dem anderen mit der Begabung dienen, die Gott ihm gegeben hat», so drückt es der 1. Petrusbrief aus. Ich darf mich mit meinen Möglichkeiten und Fähigkeiten einbringen und kreativ entfalten, hinein in diese Welt. Wir dürfen uns beschenkt wissen. Da gibt es so viel zu entdecken, zu entwickeln, auszuleben, hineinzuleben – das ist faszinierend und gibt Grund zum Danken.

Hochmut bucht selbstgerecht aufs eigene Konto, macht engherzig und kleinkariert. Demut kennt das Staunen, die Freude über so viel Beschenktsein und kann von Herzen aus dem vollen schöpfen zum Weitergeben. Da schenkt Gott von Herzen seine Nähe und seinen Segen.

schenken. Darum heißt es auch: «Die
Stolzen und Hochmütigen weist Gott
von sich, aber er hilft denen, die wis-
sen, daß sie ihn brauchen.»[a]

7 Unterstellt euch Gott im Gehor-
sam, und widersetzt euch mit aller
Entschiedenheit dem Teufel. Dann
muß er vor euch fliehen. 8 Wendet
euch Gott zu, dann wird er zu euch
kommen. Wascht die Schuld von eu-
ren Händen, ihr Sünder, und laßt
Gott allein in euren Herzen wohnen,
ihr Unentschiedenen! 9 Seht doch
endlich ein, wie groß eure Schuld ist;
erschreckt und trauert darüber!
Dann werdet ihr nicht mehr lachen,
sondern weinen; und aus eurer Freu-
de wird Leid. 10 Erkennt eure Unwür-
digkeit, und beugt euch vor dem
Herrn! Erst dann wird Gott euch hel-
fen und aufrichten.

Nicht über andere urteilen!

11 Redet nicht schlecht übereinander,
liebe Brüder! Denn wer jemandem
Schlechtes nachsagt oder ihn verur-
teilt, der verstößt gegen Gottes Ge-
bot. Anstatt Gottes Wort zu befol-
gen, spielt er sich als Richter auf.
12 Gott allein ist beides: Gesetzgeber
und Richter. Nur er kann verurteilen
oder von der Schuld freisprechen.
Woher nimmst du dir also das Recht,
deine Mitmenschen zu verurteilen?

Keine selbstsichere Überheblichkeit

13 Da ist noch etwas. Manche von
euch sagen: «Heute oder morgen
wollen wir hier- und dorthin reisen.
Wir wollen dort ein Jahr bleiben, gute
Geschäfte machen und viel Geld ver-
dienen.» 14 Ihr plant so großartig und
wißt nicht einmal, was morgen ge-
schieht! Was ist denn schon euer Le-
ben? Nichts als ein leiser Hauch, der
– kaum ist er da – auch schon wieder
verschwindet.

15 Darum sollt ihr immer nur sagen:
«Wenn der Herr will und wir leben,
wollen wir dieses oder jenes tun!»
16 Ihr aber seid stolz auf eure Pläne
und gebt damit an. Doch eine solche
Überheblichkeit ist durch und durch
verwerflich. 17 Wer aber weiß, was
richtig ist, und tut es trotzdem nicht,
der wird vor Gott schuldig.

Gottes Urteil über die Reichen

5 Nun zu euch, ihr Reichen! Ihr
werdet noch weinen und klagen
über all das Elend, das über euch her-
einbricht. 2 Euer Reichtum ver-
kommt, und die Motten zerfressen
eure kostbaren Kleider. 3 Euer Gold
und Silber ist so wertlos wie verroste-
tes Eisen. All das wird euch anklagen.
Ihr selbst werdet vergehen wie euer
Reichtum.[b] Warum habt ihr euch – so
kurz vor dem Ende dieser Welt – nur
darum gekümmert, euern Reichtum
zu vermehren? 4 Aber Gott hat den
Schrei der Arbeiter gehört, die ihr um
ihren verdienten Lohn betrogen habt.
5 Euch dagegen ist es auf dieser Erde
gut ergangen, ihr habt in Saus und
Braus gelebt und euch doch nur für
den Schlachttag gemästet. 6 Alle, die
euch dabei im Wege waren,[c] habt ihr
verurteilt und umgebracht, weil sie
sich nicht gegen euch wehren konn-
ten.

a) Sprüche 3,34
b) Wörtlich: Und ihr Rost wird Zeugnis gegen euch geben und euer Fleisch fressen wie Feuer.
c) Wörtlich: Den Gerechten.

BEFREIENDE OFFENHEIT

Ulrike Herrmann

Jakobus 5,16

Ich treffe mich seit längerer Zeit mit zwei Frauen regelmäßig zum Beten. Im Rückblick sehen wir drei dankbar, wie erstaunlich lang die Liste der Gebetserhörungen ist. Mit Blick auf die Empfehlung von Jakobus 5,16 frage ich mich allerdings, ob wir vielleicht das wunderbare Eingreifen Gottes noch mehr erlebt hätten, wenn wir vor dem gemeinsamen Gebet noch konsequenter einander unsere Sünden bekannt hätten.

Freiwillig die eigene Schuld zuzugeben, schließt den Fingerzeig auf die Sünden des anderen aus. Es reinigt die Luft und entzieht dem «Ankläger» das Bleiberecht in unserem Leben. Unsere Verbindung zu Gott wird dadurch von allen Störungen befreit, und wir dürfen getrost sein, daß Gott unsere Gebete erhört.

Wenn wir danach gemeinsam in einer Atmosphäre der Wahrhaftigkeit mit großem Vertrauen auf Gott füreinander im Gebet eintreten, verspricht er, daß wir geheilt werden in einem umfassenden Sinn. Im Bekenntnis der Sünde wird viel mehr geheilt, als wir mit unseren natürlichen Augen auf Anhieb sehen könnten! Durch Sündenbekenntnis wird meine getrübte Beziehung zu Gott, meinem Vater, wiederhergestellt und heil. Mein Gewissen wird gereinigt und entlastet. Meine Seele kann wieder durchatmen. Das wiederum hat heilende Auswirkungen auf meinen Körper. Außerdem stehen wir ohne Masken voreinander, offen und transparent – auch das ist heilsam und befreiend. Ich stehe nicht allein und unansehnlich in meiner Sünde da, sondern wir «bekennen einander» unsere Sünden und erfahren unsere Gemeinschaft neu als eine Gemeinschaft von Sündern. Das schenkt auch Heilung von Selbstverurteilung. Und oft greift Gott getreu seiner Verheißung souverän und mächtig ein und heilt unsere Gebrechen.

Laßt euch nicht entmutigen!

7 Meine Brüder, laßt euch nicht entmutigen, und wartet geduldig auf den Tag, an dem der Herr kommt. Muß nicht auch der Bauer mit viel Geduld Sonne und Regen abwarten, bis er im Herbst die Ernte einfahren kann? 8 Auch ihr müßt geduldig sein und dürft nicht mutlos werden, denn der Herr kommt bald. 9 Macht euch mit eurer Ungeduld nicht das Leben schwer,[a] liebe Brüder. Sonst wird Gott euch verurteilen. Bedenkt: Der Tag des Gerichts ist nahe, und der Richter steht schon vor der Tür.

10 Nehmt euch ein Beispiel an den Propheten, die im Auftrag Gottes gesprochen haben. Wie vorbildlich und mit welcher Geduld haben sie alle Leiden ertragen! 11 Solche Menschen sind wirklich glücklich zu nennen, die so standhaft waren und Gott treu geblieben sind! Denkt doch nur an Hiob! Ihr habt alle schon gehört, wie geduldig er sein Leiden ertragen hat. Und ihr wißt, daß Gott in seiner Barmherzigkeit und Liebe alles zu einem guten Ende führte.

12 Um eines möchte ich euch vor allem noch bitten, meine Brüder: Schwört nicht; weder beim Himmel noch bei der Erde, noch bei sonst etwas! Wenn ihr «Ja» sagt, dann muß man sich darauf verlassen können. Und wenn ihr «Nein» sagt, dann steht auch dazu. Sonst ist euch Gottes Urteil sicher.

Gebet für die Kranken

13 Leidet jemand unter euch? Dann soll er beten! Wem es aber gutgeht und wer Grund zur Freude hat, der soll Gott Loblieder singen. 14 Wenn jemand von euch krank ist, soll er die Ältesten der Gemeinde zu sich rufen, damit sie für ihn beten, ihn im Namen des Herrn segnen und ihn mit Öl salben. 15 Wenn sie im festen Vertrauen beten, wird Gott den Kranken heilen. Er wird ihn aufrichten und ihm vergeben, wenn er gesündigt hat.

16 Darum sollt ihr einander eure Sünden bekennen und füreinander beten, damit ihr geheilt werdet. Denn das Gebet eines Menschen, der unbeirrt glaubt,[b] hat große Kraft. 17 Elia war ein Mensch wie wir, und doch erreichte er durch sein Gebet, daß es drei Jahre und sechs Monate nicht regnete. 18 Dann betete er um Regen. Da regnete es, und alles Land wurde grün und brachte wieder seine Früchte.[c]

19 Liebe Brüder! Wenn einer von euch vom rechten Weg abkommt und Gottes Wahrheit nicht mehr erkennt, dann sollt ihr ihn wieder auf den rechten Weg zurückbringen. 20 Ihr müßt nämlich wissen: Wer einen Sünder von seinem falschen Weg abbringt, der hat diesen Menschen vor dem sicheren Verderben gerettet, denn Gott hat ihm seine Sünden vergeben.

a) Wörtlich: Seufzet nicht gegeneinander.
b) Wörtlich: des Gerechten.
c) 1. Könige 17,1; 18,41–45

Der erste Brief des Petrus

Anschrift und Gruß

1 Diesen Brief schreibt Petrus, den
Jesus Christus zu seinem Bot-
schafter berufen hat, an alle Christen,
die als Fremde überall in den Provin-
zen Pontus, Galatien, Kappadozien,
Asien und Bithynien mitten unter
Menschen leben, die nicht an Chri-
stus glauben.
2 Liebe Freunde! Ihr seid Gottes
Kinder geworden, weil Gott, unser
Vater, euch von Anfang an dazu aus-
erwählt hat. Durch die Kraft des Hei-
ligen Geistes könnt ihr jetzt Jesus
Christus als euren Herrn anerkennen,
weil er am Kreuz sein Blut für euch
vergossen und euch von eurer Schuld
befreit hat.[a] Gott schenke euch im-
mer mehr seine Gnade und seinen
Frieden.

Die Hoffnung der Christen

3 Gelobt sei Gott, der Vater unseres
Herrn Jesus Christus! In seinem gren-
zenlosen Erbarmen hat er uns neues
Leben geschenkt. Weil Jesus Christus
von den Toten auferstanden ist, ha-
ben wir die Hoffnung auf ein neues,
ewiges Leben.[b] 4 Es ist die Hoffnung
auf ein ewiges, von keiner Sünde be-
schmutztes und unzerstörbares Erbe,
das Gott in seinem Reich für euch be-
reithält. 5 Bis dahin wird euch Gott in
seiner Allmacht bewahren, weil ihr
an ihn glaubt. Aber dann, am Ende
der Zeit, werdet ihr selbst sehen, wie
herrlich das unvergängliche Leben
ist, das Gott schon jetzt für euch be-
reithält.
6 Darüber freut ihr euch von gan-
zem Herzen, auch wenn Gott euch
jetzt noch für eine kurze Zeit durch
manche Prüfungen führt und ihr viel
erleiden müßt. 7 So wird sich euer
Glaube bewähren und sich wertvoller
und beständiger erweisen als pures
Gold, das im Feuer vollkommen ge-
reinigt wurde. Lob, Preis und Ehre
werdet ihr dann an dem Tag emp-
fangen, an dem Christus wieder-
kommt. 8 Ich weiß: Ihr habt ihn nie
gesehen und liebt ihn doch. Ihr glaubt
an ihn, obwohl ihr ihn auch jetzt nicht
sehen könnt, und ihr freut euch unbe-
schreiblich auf den Tag, an dem er
wiederkommt. 9 Dann werdet ihr am
Ziel eures Glaubens sein: Ihr seid ge-
rettet für alle Ewigkeit.[c]
10 Schon die Propheten haben da-
nach gesucht und geforscht, und sie
haben vorausgesagt, wie reich Gott
euch beschenken wird, wenn Christus
kommt. 11 In ihnen wirkte bereits der
Geist Christi. Sie hatten auch schon
erkannt, wann und auf welche Weise
Christus leiden mußte. Und ebenso
hatten sie seine Herrlichkeit voraus-
gesehen, die danach folgt. 12 Gott hat-

a) Wörtlich: ... zu Gehorsam und Besprengung mit dem Blut Jesu Christi.
b) Wörtlich: (Jesus Christus), der nach seinem vielen Erbarmen uns wiedergeboren hat zu lebendiger Hoffnung durch die Auferstehung Jesu Christi von den Toten.
c) Wörtlich: Da ihr ja das Ziel eures Glaubens erhaltet, das Heil der Seelen.

te sie wissen lassen, daß diese Bot-
schaft nicht ihnen selbst galt, sondern
euch. Nun ist sie euch verkündigt
worden, und zwar von den Männern,
die euch das Evangelium gebracht ha-
ben. Gott hatte sie dazu mit dem Hei-
ligen Geist ausgerüstet. Was euch er-
wartet, ist so unvorstellbar, daß selbst
die Engel gern mehr davon erfahren
würden.

Ein neues Leben

13 Darum seid bereit, und stellt euch
ganz und gar auf dieses Ziel ein. Laßt
euch nichts vormachen, seid nüchtern
und richtet all eure Hoffnung auf
Gottes Barmherzigkeit, die er euch in
vollem Ausmaß an dem Tag erweisen
wird, wenn Jesus Christus als Herr
der Welt wiederkommt.[a] 14 Weil ihr
Gottes Kinder seid, gehorcht ihm und
lebt nicht mehr wie früher, als ihr eu-
ren Leidenschaften hilflos ausgelie-
fert wart und Gott noch nicht kann-
tet. 15 Jetzt sollt ihr leben wie Chri-
stus, der euch als seine Jünger beru-
fen hat: Vorbildlich, ja heilig soll euer
ganzes Leben sein. 16 Genau das
meint Gott, wenn er sagt: «Ihr sollt
heilig sein, denn ich bin heilig.»[b]

17 Ihr betet zu Gott als euerm Vater
und wißt, daß er jeden von euch nach
seinem Verhalten richten wird, und
zwar ohne jedes Ansehen der Person.
Deswegen führt euer Leben in Ge-
horsam und Ehrfurcht vor Gott, so-
lange ihr noch nicht am Ziel seid.[c]
18 Denkt daran, was es Gott gekostet
hat, euch aus der Sklaverei der Sünde
zu befreien, aus einem sinnlosen Le-
ben, wie es schon eure Väter geführt
haben. Christus hat euch losgekauft,
aber nicht mit Geld, 19 sondern mit
seinem eigenen kostbaren Blut, das
er als unschuldiges, reines Lamm
Gottes für uns geopfert hat.

20 Daß er für uns sterben sollte, hat-
te Gott schon vor Erschaffung der
Welt bestimmt. Aber erst jetzt, in
dieser letzten Zeit, ist Christus zu
euch gekommen, um euch zu retten.
21 Durch ihn habt ihr zum Glauben an
Gott gefunden. Er hat Jesus Christus
von den Toten auferweckt und ihm
seine göttliche Herrlichkeit gegeben,
damit ihr an ihn glaubt und eure gan-
ze Hoffnung auf ihn richtet.

22 Nachdem ihr euch nun Christus
zugewandt habt und ihm gehorcht,
könnt ihr auch einander aufrichtig lie-
ben.[d] So handelt auch danach, und
liebt einander von ganzem Herzen.
23 Ihr seid ja neu geboren worden.
Und das verdankt ihr nicht euren El-
tern, Gott selbst hat euch durch sein
lebendiges und ewiges Wort neues
Leben geschenkt. 24 Ja, es stimmt:
«Alles menschliche Leben ist wie
Gras, und alle Schönheit unseres Le-
bens ist wie die Schönheit der Blu-
men. Das Gras verdorrt, und die Blu-
men welken. 25 Aber Gottes Wort
bleibt immer und ewig.»[e] Und genau
dieses Wort ist die rettende Bot-
schaft, die euch verkündigt wurde.

a) Wörtlich: Darum setzt eure ganze Hoffnung, die Lenden eures Sinnes umgürtet und nüchtern, auf die Gnade, die euch bei der Offenbarung Jesu Christi zuteil wird.
b) 3. Mose 19,2
c) Wörtlich: Wandelt in Furcht die Zeit eurer Fremdlingsschaft.
d) Wörtlich: Da ihr eure Seelen im Gehorsam gegen die Wahrheit zu ungeheuchelter Bruderliebe gereinigt habt...
e) Jesaja 40,6–8

ERNSTFALL FÜR DEN GLAUBEN

Gerdi Stoll

1. Petrus 1,7

Ich werde zu einem Krankenbesuch gebeten. Seit 15 Jahren schon leidet der Patient an der heimtückischen Krankheit Multiple Sklerose. In den letzten Monaten haben sich die Attacken in kürzeren Abständen wiederholt. Mittlerweile sind die Gehirnzellen stark angegriffen, das Augenlicht nimmt ab, und er kann nur noch undeutlich seine Gedanken in Worte fassen. Tag für Tag liegt er «nur» noch da. Seine Frau, eine ausgebildete Krankenschwester, betreut ihn mit viel Liebe und Hingabe.

«Ihr seid doch Christen – warum kann euer Gott euch nicht helfen und der Krankheit ein Ende machen?! Gott ist doch alles möglich!»

Diese Frage mußten sich die Eheleute und ihre beiden Söhne schon oft anhören. Eine Antwort darauf wird wohl auch weiterhin Gottes Geheimnis bleiben.

Aber eines ist gewiß: In Krankheit und Leid werden alle vergänglichen «Hauptsachen» des Lebens zu Nebensachen. Materielle Güter, Ansehen und Image machen nicht heil. Welch ein Frieden leuchtet aber aus den Augen des Kranken, wenn er erzählt, was ihn hält, was ihm Hoffnung gibt und worauf er sich jetzt schon freut: «Jesus kommt wieder. Ich darf bei ihm sein. Dann werde ich ihm entgegengehen, ja laufen vor Freude. Ich freue mich auf ihn!»

Wie lange wird der Glaube dieses Mannes schon auf die Probe gestellt! Doch er ist «wertvoll» und «beständiger erwiesen als pures Gold, das im Feuer vollkommen gereinigt wurde». Sein Leben in der Vergänglichkeit dient «zu Lob, Preis und Ehre» dessen, der einmal wiederkommt und ihn in seine liebenden Arme schließen wird: Jesus Christus.

Christen – das Volk Gottes

2 Hört auf mit aller Bosheit und allem Betrug! Heuchelei, Neid und böses Gerede darf es bei euch nicht länger geben. 2 Wie ein neugeborenes Kind nach der Milch schreit, so sollt ihr nach dem unverfälschten Wort Gottes verlangen. Dann werdet ihr im Glauben wachsen und das Ziel erreichen. 3 Ihr habt ja selbst erfahren, wie gut der Herr ist.

4 Zu ihm dürft ihr kommen. Er ist der lebendige Stein, den die Menschen weggeworfen haben, weil sie seinen Wert nicht erkannten. Aber Gott hat ihn ausgesucht, weil er weiß, wie wertvoll und kostbar dieser Stein ist. 5 Auch ihr seid solche lebendigen Steine, aus denen Gott sein Haus, die Gemeinde, aufbauen will. Darin sollt ihr als seine Priester dienen, die ihm als Opfer ihr Leben zur Verfügung stellen. Um Jesu willen nimmt Gott diese Opfer an.

6 Es steht ja schon in der Heiligen Schrift: «Einen ausgewählten, kostbaren Grundstein werde ich in Jerusalem legen. Wer auf ihn baut, steht fest und sicher.»[a]

7 Ihr habt durch euern Glauben erkannt, wie wertvoll dieser Grundstein ist. Für alle aber, die nicht glauben, gilt das Wort: «Der Stein, den die Bauarbeiter weggeworfen haben, weil sie ihn für unbrauchbar hielten, ist zum Grundstein des ganzen Hauses geworden. 8 Er ist ein Stein, an dem sich die Menschen stoßen, ja, der sie zu Fall bringt.»[b] Denn sie stoßen sich nur deshalb daran, weil sie dem Wort Gottes nicht gehorchen. Wenn sie stolpern und fallen, ist das unvermeidlich.

9 Ihr aber seid das von Gott auserwählte Volk, seine königlichen Priester, Menschen, die ihm gehorchen und sein Eigentum sind. Deshalb sollt ihr die großen Taten Gottes verkündigen, der euch aus der Finsternis befreit und in sein wunderbares Licht geführt hat. 10 Früher konnte man euch nicht einmal als Volk bezeichnen; wer wart ihr schon? Aber jetzt seid ihr Gottes Volk! Früher kanntet ihr Gottes Gnade nicht; doch jetzt habt ihr seine Barmherzigkeit erfahren.[c]

Christen als Staatsbürger

11 Meine lieben Freunde! Ihr wißt, daß ihr in dieser Welt Fremde seid, nur auf der Durchreise. Deshalb bitte ich euch eindringlich: Gebt den Wünschen und Verlockungen dieser Welt nicht nach, die euern Glauben gefährden.[d] 12 Führt statt dessen einen untadeligen Lebenswandel, der sich vom Leben der Nichtglaubenden abhebt. Durch euer Verhalten sollen auch die überzeugt werden, die euch so bösartig verleumden. Wenn die Wahrheit ans Licht kommt,[e] werden selbst sie Gott noch ehren.

13 Denkt daran: Es entspricht dem Willen des Herrn, wenn ihr euch den staatlichen Ordnungen und Gesetzen fügt. Gehorsam schuldet ihr nicht nur der Regierung eures Landes, 14 son-

a) Jesaja 28,16
b) Psalm 118,22; Jesaja 8,14
c) Hosea 2,25
d) Wörtlich: (Ihr sollt euch) der fleischlichen Begierden enthalten, die gegen die Seele streiten.
e) Wörtlich: Am Tage der Heimsuchung.

Ganz normale Heilige

June Hunt

1. Petrus 2,9.10

«Eigentlich toll», denke ich beim Lesen dieser Verse. Schließlich wird einem ja nicht jeden Tag bescheinigt, daß man zu den «Auserwählten» gehört (V. 9)! – Allerdings, so stelle ich beim weiteren Lesen fest, gibt es da auch noch eine andere Seite. Es geht nicht nur um eine besondere Vorzugsstellung. Leider ist damit auch ein erschreckender Anspruch verbunden. Und Petrus ist damit auch gar nicht zimperlich. «Ihr sollt heilig sein, denn ich bin heilig» (1,16), zitiert er aus dem 3. Buch Mose. Und damit, zugegeben, habe ich so meine Schwierigkeiten.

Für die meisten Menschen ist «heilig» gleichbedeutend mit «sündlos». Sie fragen sich natürlich, wer dann überhaupt heilig sein kann. Das ist doch unvorstellbar, unerreichbar!

Eine Bekannte sagte einmal zu mir: «Natürlich weiß ich, daß heilig ‹abgesondert› oder ‹ausgesondert› heißt – aber ich will gar nicht abgesondert sein! Das klingt ja so, als müßte ich permanent unter Quarantäne stehen, weil ich irgendeine ansteckende Krankheit habe!» Viele stellen sich unter einem «Heiligen» tatsächlich jemanden vor, der sich in ein Kloster zurückzieht und 23 Stunden am Tag betet, um nur ja nicht in Sünde zu fallen. Dabei hat Heiligkeit nichts mit Isolation zu tun, sondern vielmehr mit Integration. Wenn Christus in mir ist, wird sein Wesen ein Teil von mir und kommt durch mich zum Ausdruck – auf ganz natürliche Weise.

Als ich ein kleines Mädchen war, nahm mich mein Onkel mit auf sein Melonenfeld. Er nahm ein winziges schwarzes Samenkorn in die Hand und erklärte mir: «Die dicken Melonen, die du hier siehst, sind aus solchen kleinen Samenkörnern gewachsen.» Das schien mir damals unmöglich! Und doch ist es so. Der Melonensamen tut einfach, was für ihn ganz natürlich ist – er wächst. Jedes einzelne Samenkorn wird von Gott speziell zu diesem Zweck «ausgesondert».

Wenn wir von Gott auserwählt – «ausgesondert» – werden, ist «Heiligkeit» die ganz natürliche Folge. Der Vater ist der Gärtner; Christus ist der Same. Wenn Christus in mir ist, werde ich wachsen und ihm immer ähnlicher werden.

Für Jesus ist es ganz natürlich, nicht zu sündigen. Und wenn der göttliche Same in uns bleibt, wird es auch für uns immer natürlicher werden, nicht zu sündigen. Was einst unmöglich schien, wird möglich. Wir werden nie ganz sündlos sein, aber wir werden Christus immer ähnlicher werden.

Gott nennt uns seine Heiligen. Seine Gegenwart in unseren Herzen wird das Unmögliche hervorbringen. Warum sollten wir uns mit weniger begnügen?

dern auch seinen Beamten. Denn sie
haben den Auftrag, die Gesetzesbre-
cher zu bestrafen und die guten Bür-
ger zu loben.
15 Gott will, daß ihr durch euer vor-
bildliches Verhalten alle überzeugt,
die aus Unwissenheit oder Dummheit
euch verleumden. 16 Das könnt ihr
tun, weil ihr durch Christus freie
Menschen geworden seid. Keiner von
euch darf aber diese Freiheit miß-
brauchen, um damit sein schlechtes
Verhalten zu entschuldigen. Denn ihr
seid frei geworden, damit ihr immer
und überall Gott dient. 17 Begegnet
allen Menschen mit Achtung, und
liebt eure Brüder! Fürchtet Gott, und
bringt der Regierung den schuldigen
Respekt entgegen.

Unser Vorbild

18 Euren Vorgesetzten sollt ihr euch
mit der notwendigen Achtung unter-
ordnen; aber nicht nur den guten und
freundlichen, sondern auch den un-
gerechten und lieblosen müßt ihr ge-
horchen. 19 Es ist eine besondere
Gnade, wenn jemand deshalb Böses
erträgt und Unrecht erduldet, weil er
in seinem Gewissen an Gott gebun-
den ist. 20 Kann denn jemand stolz
darauf sein, wenn er die gerechte
Strafe für sein böses Handeln an-
nimmt? Erträgt aber jemand Strafe
und Leid, obwohl er nichts Böses,
sondern nur Gutes getan hat, dann ist
das ein Geschenk Gottes. 21 Als Chri-
sten hat euch Gott dazu berufen.
Denn auch Christus hat für euch
gelitten, und er hat euch ein Beispiel
gegeben, dem ihr folgen sollt. 22 Er
hat keine Sünde getan; keine Lüge,
kein betrügerisches Wort ist je über
seine Lippen gekommen. 23 Wenn
man ihn beschimpfte oder mißhan-
delte, hat er es ohne Widerspruch er-
tragen; denn er wußte, daß Gott ein
gerechter Richter ist und seine Sache
vertritt.
24 Christus hat unsere Sünden auf
sich genommen und sie selbst zum
Kreuz hinaufgetragen. Das bedeutet,
daß wir frei sind von der Sünde und
jetzt leben können, wie es Gott ge-
fällt.[a] Durch seine Wunden hat Chri-
stus uns geheilt. 25 Ratlos und ohne je-
de Orientierung seid ihr herumgeirrt
wie Schafe, die sich verlaufen hatten.
Aber jetzt habt ihr zu euerm Hirten
zurückgefunden, zu Christus, der
euch auf den rechten Weg führt.[b]

Mann und Frau in der Ehe

3 So wie wir uns Christus unterord-
nen, so sollen sich auch die
Frauen ihren Männern unterordnen.
Auch ohne viele Worte sollt ihr
Frauen allein durch euer Vorbild eure
Männer für Christus gewinnen, die
bisher nicht an sein Wort glaubten.
2 Ein vorbildlicher Lebenswandel und
die Achtung ihnen gegenüber wirken
überzeugender als viele Worte.
3 Nicht äußerliche Dinge – wie kunst-
volle Frisuren, wertvoller Schmuck
oder modische Kleidung – dürfen für
euch Frauen wichtig sein. 4 Nein, euch
sollen vielmehr Eigenschaften von
unvergänglichem Wert schmücken,
wie Freundlichkeit und Güte; denn
wahre Schönheit kommt von innen.
Und diese Werte zählen vor Gott. 5 So

a) Wörtlich: Er hat unsere Sünden selber an seinem Leib auf das Holz hinaufgetragen, damit wir, der Sünde gestorben, der Gerechtigkeit leben.
b) Wörtlich: Aber jetzt seid ihr hingewandt zum Hirten und Hüter eurer Seelen.

DER STANDPUNKT

Kristina Hartmann

1. Petrus 3,1.7

Zwei griechische Philosophen disputieren in der Säulenhalle miteinander und können zu keiner Einigung kommen. Weil ihnen das nun nicht gelingt, schießt dem einen ein Gedanke durch den Kopf. Er fragt seinen Freund: «Wieviele Säulen siehst du?» Der sagt: «Zwei.» «Nein», entgegnet der erste, «es sind drei.» Nachdem sie eine Weile ergebnislos hin- und herargumentiert haben, bittet er seinen Gesprächspartner: «Komm, stell dich hierher zu mir.» Und tatsächlich: Aus seiner Perspektive sieht man drei Säulen.

Im Zusammenleben der Ehe läuft man leicht Gefahr, Dinge nur vom eigenen Standpunkt zu betrachten, von dem aus jeder gewissermaßen recht hat. Will man vermeiden, daß sich die Fronten verhärten, tun beide gut daran, zunächst einmal den Standpunkt des Partners zu beachten, um so das Streitobjekt aus der anderen Perspektive zu sehen. Ein Standortwechsel kann ganz neue Einsichten bringen! Notwendig sind aber Ehrlichkeit und die Bereitschaft, dem Partner recht zu geben, wenn die andere Betrachtungsweise der Dinge neue Erkenntnisse bringt.

In Gottes Ordnung nehmen beide Ehepartner ihren besonderen Standpunkt ein: Die Frau fügt sich ihrem Mann, der Mann behandelt seine Frau mit Achtung. Der Mann liebt seine Frau, die seine Liebe erwidert und ihm Respekt entgegenbringt. Keiner übervorteilt den anderen, sondern jeder ist bedacht auf den anderen. In dieser Rollenverteilung ist es möglich, Partnerschaft nach Gottes Vorstellungen zu leben.

Aber das ist oft leichter gesagt als getan. Besonders wenn ein Partner ständig «danebenhaut» und es so dem anderen schwer macht, nicht ebenfalls aus seiner Rolle zu entgleisen. Darum ist es gut, sich immer wieder an das «Grundmodell» erinnern zu lassen, sich auf die göttliche Rollenverteilung zu besinnen und gemeinsam daran zu arbeiten, daß jeder die ihm zugedachte Aufgabe ernsthaft lebt. Dann wird Ehe wieder richtig schön!

haben sich auch die frommen Frauen zur Zeit unserer Väter geschmückt: Sie setzten ihre ganze Hoffnung auf Gott und ordneten sich ihren Män-
nern unter. 6 Ich denke an Sara, die sich Abrahams Führung anvertraute und ihn ihren Herrn nannte. Ihr könnt euch als ihre Töchter betrachten, wenn ihr wie Sara das Gute tut und euch durch nichts davon abbringen laßt.

7 Aber auch ihr *Männer*, verhaltet euch euern Frauen gegenüber einsichtig und verständnisvoll. Ihr müßt ihnen die Achtung und Hilfe entgegenbringen, die sie als die Schwächeren brauchen. Vergeßt nicht, daß Gott in seiner Gnade allen das ewige Leben schenkt, Männern wie Frauen. Nichts soll zwischen euch stehen, das euch am gemeinsamen Gebet hindert.

Vergeltet nicht Böses mit Bösem!

8 Schließlich möchte ich euch allen noch eins sagen: Haltet fest zusammen! Nehmt Anteil am Leben des andern, und liebt euch wie Brüder! Seid barmherzig zueinander, und haltet
nicht so viel von euch selbst. 9 Vergel-
tet nicht Böses mit Bösem, bleibt freundlich, auch wenn man euch beleidigt. Denkt und redet Gutes über den andern, denn ihr wißt ja, wieviel
Segen Gott euch zugedacht hat. 10 Es
heißt doch in der Heiligen Schrift:

«Wer sich am Leben freuen und gute Tage erleben will, der achte auf das, was er sagt. Keine Lüge, kein gemeines Wort soll über seine Lippen
kommen. 11 Vom Bösen soll er sich
abwenden und das Gute tun. Er setze sich unermüdlich und mit ganzer
Kraft für den Frieden ein. 12 Denn
Gott sieht mit Freude auf solche Menschen und wird ihre Gebete erhören. Wer aber Böses tut, wird Gottes Zorn zu spüren bekommen.»[a]

13 Könnte euch jemand schaden, wenn ihr wirklich Gutes tun wollt?
14 Doch selbst wenn ihr leiden müßt, weil ihr so lebt, wie es Gottes Wille ist, kann man euch glücklich nennen. Darum fürchtet euch nicht vor dem Leid, das euch die Menschen zufügen, und laßt euch durch sie nicht
verwirren. 15 Laßt Christus den Mit-
telpunkt eures Lebens sein.[b] Seid immer dazu bereit, denen Rede und Antwort zu stehen, die euch nach der Begründung eures Glaubens fra-
gen[c]. 16 Seid dabei freundlich, aber
vergeßt nicht, welche Verantwortung ihr vor Gott habt.[d] Ihr habt ja ein gutes Gewissen! Dann nämlich werden sich alle die selbst richten, die euch schlechtgemacht und über euer vorbildliches Leben als Christen
Lügen verbreitet haben. 17 Es ist
doch besser – wenn Gott es so will –, für das Gute zu leiden als für etwas Schlechtes.

Gelegenheiten zur Umkehr

18 Vergeßt nicht, wieviel Christus für unsere Sünden erlitten hat! Er, der frei von jeder Schuld war, starb für uns schuldige Menschen, und zwar ein für allemal. So hat er uns zu Gott geführt; Jesus Christus, der am Kreuz

a) Psalm 34,13–17
b) Wörtlich: Den Herrn Christus heiligt in euren Herzen.
c) Wörtlich: der von euch Rechenschaft fordert über die Hoffnung in euch.
d) Wörtlich: Aber tut dies mit Sanftmut und Furcht.

Du hast mir das Leben neu geschenkt!

Psalm 116

Ich liebe den Herrn, denn er hat mich erhört, als ich zu ihm um Hilfe schrie.
Ja, er hat sich zu mir herabgeneigt; mein Leben lang will ich zu ihm rufen!
Ich war schon gefangen in den Klauen des Todes,
Angst vor dem Grab überfiel mich, ich war völlig verzweifelt.
Da schrie ich laut zum Herrn, ich flehte ihn an:
«O Herr, rette mein Leben!»
Wie gnädig ist der Herr! Was er verspricht, das hält er auch.
Unser Gott ist voll Erbarmen!
Er beschützt alle, die sich selbst nicht helfen können.
Ich war in großer Gefahr, doch der Herr hat mir herausgeholfen!

Nun sage ich mir: «Werde wieder ruhig! Der Herr hat dir Gutes erwiesen!»
Ja, er hat mich vor dem sicheren Tod errettet. Meine Tränen hat er getrocknet
und mich vor dem Untergang bewahrt. Ich darf am Leben bleiben,
in seiner Nähe. Mein Vertrauen zu ihm blieb unerschüttert,
auch als ich zugeben mußte: «Jetzt weiß ich nicht mehr aus noch ein!»,
auch als ich bestürzt ausrief: «Keinem Menschen kann man vertrauen!»

Wie soll ich dem Herrn nun danken für all das Gute, das er mir getan hat?
Beim Opfermahl will ich den Kelch erheben als Zeichen meines Dankes.
Denn der Herr hat mich gerettet – das allein will ich bekennen!
So will ich vor Gottes Volk erfüllen, was ich dem Herrn versprochen habe.
Der Herr bewahrt alle, die ihn lieben,
denn in seinen Augen ist ihr Leben wertvoll.

Gott, du bist mein Herr, und ich diene dir,
wie meine Mutter es schon tat.
Du hast mich den Klauen des Todes entrissen.
Deshalb will ich dir ein Dankopfer bringen;
laut will ich bekennen, daß du mein Herr bist.
Vor deinem ganzen Volk – auf dem Vorhof des Tempels mitten in Jerusalem –
will ich dir, Herr, meine Gelübde erfüllen. Halleluja!

gestorben ist, den aber Gottes Geist
zu neuem Leben erweckte.[a]

19 So ist er auch zu den Verstorbe-
nen in die Totenwelt[b] gegangen, um
ihnen die Botschaft der Befreiung zu
verkündigen; 20 und zwar denen, die
zur Zeit Noahs lebten und Gott unge-
horsam waren, obwohl er ihnen lange
Zeit Gelegenheit zur Umkehr gege-
ben hatte. Geduldig wartete er auf
sie, während Noah schon die Arche
baute. Nur acht Menschen wurden in
der Arche vor der Wasserflut geret-
tet.

21 So wie diese acht Menschen da-
mals, erfahrt ihr heute eure Rettung
in der Taufe. Denn in der Taufe soll ja
nicht der Schmutz von euerm Körper
abgewaschen werden. Vielmehr bit-
ten wir Gott darum, uns ein reines,
gutes Gewissen zu schenken. Und das
ist möglich geworden, weil Jesus
Christus auferstanden ist. 22 Er ist
jetzt bei Gott und hat den Ehrenplatz
an seiner rechten Seite eingenom-
men. Alle Engel, alle Mächte und
Gewalten unterstehen seiner Herr-
schaft.

Alle müssen sich vor Gott verantworten

4 Weil Christus für uns gelitten und
viele Schmerzen ertragen hat,
sollt auch ihr bereit sein, Leiden auf
euch zu nehmen. Wer körperlich lei-
det, über den verliert die Sünde ihre
Macht.[c] 2 Die Zeit, die euch noch
bleibt, soll Gott gehören und nicht
euren Leidenschaften. 3 Es ist
schlimm genug, daß ihr früher ein
gottloses Leben in Saus und Braus ge-
führt habt. Ihr wart euren Leiden-
schaften ausgeliefert, der Trunksucht
ergeben, dem sinnlosen Prassen, und
gefangen in einem abstoßenden Göt-
zendienst.

4 Natürlich können eure alten
Freunde nicht verstehen, weshalb ihr
von diesem zügellosen Leben auf ein-
mal nichts mehr wissen wollt. Und
deshalb verhöhnen sie euch. 5 Doch
dafür werden sie sich verantworten
müssen, wenn sie von dem zur Re-
chenschaft gezogen werden, der bald
sein Urteil über alle Menschen spre-
chen wird, über die Lebenden wie
über die Toten. 6 Denn auch Toten ist
die Botschaft der Rettung durch Jesus
verkündet worden. Was sie getan hat-
ten, brachte ihnen den Tod ein, aber
durch seinen Geist gab Gott ihnen die
Möglichkeit, zum ewigen Leben zu
gelangen.

Jeder soll Gott mit seiner Gabe dienen

7 Bald wird das Ende dieser Welt
kommen. Deshalb seid wachsam und
nüchtern, werdet nicht müde zu be-
ten. 8 Vor allem aber laßt nicht nach,
einander zu lieben. Denn «die Liebe
deckt viele Sünden zu».[d] 9 Seid gast-
frei, und klagt nicht über die ver-
mehrte Arbeit. 10 Jeder soll dem an-
deren mit der Begabung dienen, die
ihm Gott gegeben hat. Wenn ihr die
vielen Gaben Gottes in dieser Weise
gebraucht, verwaltet ihr sie richtig.

a) Wörtlich: der getötet wurde dem Fleische nach, der aber lebendig gemacht wurde dem Geiste nach.
b) Wörtlich: zu den Geistern im Gefängnis.
c) Wörtlich: Denn wer am Fleische gelitten hat, hat mit der Sünde aufgehört.
d) Sprüche 10,12

GRUNDKURS VERTRAUEN

Ruth Bell Graham

1. Petrus 4,19

«In allen Dingen Gott vertrauen» – das ist ein schönes Ziel. Aber es ist oft so schwer zu erreichen.

Der entsprechende hebräische Ausdruck, den das Alte Testament für diesen Sachverhalt verwendet, besagt, daß wir Gott unsere Anliegen anbefehlen können, indem wir sie auf ihn wälzen. Etwas, das zu schwer zum Tragen oder zum Werfen ist, soll ich einfach rollen. Für mich bedeutet die Vorstellung eine große Hilfe.

Was sollen wir nun Gott anbefehlen bzw. anvertrauen?

Uns selbst. Psalm 22,9 (in der Übersetzung Martin Luthers):

«Er klage es dem Herrn, der helfe ihm heraus und rette ihn, hat er Gefallen an ihm.»

Unsere Sorgen. Psalm 55,23:

«Überlaß alle deine Sorgen dem Herrn! Er wird dich wieder aufrichten; niemals läßt er den scheitern, der treu zu ihm steht.»

Unsere Seele. 1. Petrus 4,19 (in der Übersetzung Martin Luthers):

«Darum sollen auch die, die nach Gottes Willen leiden, ihm ihre Seelen anbefehlen als dem treuen Schöpfer und Gutes tun».

Unsere Zukunft. Psalm 37,5:

«Vertrau dich dem Herrn an und sorge dich nicht um deine Zukunft! Überlaß sie Gott, er wird es richtig machen.»

Unsere Sache. 1. Petrus 2,23:

«Wenn man ihn beschimpfte oder mißhandelte, hat er es ohne Widerspruch ertragen; denn er wußte, daß Gott ein gerechter Richter ist und seine Sache vertritt.»

11 Bist du dazu berufen, Gottes Wort
auszulegen, dann soll Gott durch dich
sprechen. Hat jemand in der Gemein-
de die Aufgabe übernommen, ande-
ren Menschen zu helfen, dann arbeite
er in der Kraft, die Gott ihm gibt. So
preisen wir Gott durch Jesus Christus
mit allem, was wir sind und haben.
Ihm allein gehören alle Ehre und alle
Macht für immer und ewig. Das ist
gewiß.

Leiden gehört zum Christsein

12 Meine lieben Freunde! Wundert
euch nicht über die heftigen Anfein-
dungen, die ihr jetzt erfahrt. Sie sol-
len euren Glauben prüfen und festi-
gen. Denkt nur nicht, daß solche An-
griffe etwas Außergewöhnliches sind;
sie gehören zum Christsein. 13 Freut
euch vielmehr darüber, daß ihr um
Christi willen leidet;[a] dann werdet ihr
auch jubeln und euch mit ihm freuen,
wenn er in all seiner Herrlichkeit wie-
derkommt.

14 Ihr dürft euch glücklich nennen,
wenn man euch nur deshalb angreift
und verhöhnt, weil ihr Christen seid.
Daran zeigt sich nämlich, daß der
Geist Gottes, der Geist seiner Herr-
lichkeit, bei euch ist. 15 Freilich soll
keiner von euch leiden, weil er als
Mörder, Dieb oder wegen anderer
Verbrechen bestraft werden mußte
oder weil er sich Rechte anmaßt, die
ihm nicht zustehen. 16 Wer dagegen
leidet, weil er ein Christ ist, der
braucht sich nicht zu schämen. Er soll
Gott dafür danken, daß er zu Christus
gehört.

17 Denn es ist Zeit für das Gericht
Gottes, und es beginnt bei denen, die
zu ihm gehören. Wenn aber schon wir
als seine Kinder gerichtet werden,[b]
welches Ende werden dann die neh-
men, die Gottes Frohe Botschaft ab-
lehnen! 18 Wenn schon der Gottes Ur-
teil fürchten muß, der nach Gottes
Willen lebt, wie wird es erst Gottlo-
sen und Sündern ergehen? 19 Wer
nach Gottes Willen leiden muß, der
soll sich nicht davon abbringen las-
sen, Gutes zu tun und seinem Schöp-
fer in allen Dingen zu vertrauen.

Die Gemeinde und ihre Leiter

5 Jetzt noch ein Wort an die Ge-
meindeältesten unter euch. Ich
selbst habe die gleiche Aufgabe wie
ihr, bin ein Zeuge der Leiden Christi
und werde auch an seiner Herrlich-
keit Anteil haben, wenn er wieder-
kommt. Deshalb möchte ich euch bit-
ten: 2 Versorgt die Gemeinde gut, die
euch Gott anvertraut hat. Hütet die
Herde Gottes als gute Hirten, und
das nicht, weil es eure Pflicht ist, son-
dern freiwillig und gern. Das erwartet
Gott. Es geht dabei auch nicht ums
Geldverdienen, sondern darum, daß
ihr mit Lust und Liebe Gott dient.
3 Spielt euch nicht als die Herren eu-
rer Gemeinde auf, sondern seid ihre
Vorbilder. 4 Nur dann werdet ihr eine
unvergängliche Auszeichnung – das
ewige Leben – erhalten, wenn Chri-
stus wiederkommt, der ja der oberste
Hirte seiner Gemeinde ist.

5 Den jungen Leuten unter euch sa-
ge ich: Ordnet euch den Gemeindeäl-
testen unter, und hütet euch alle vor
Überheblichkeit und Hochmut!

a) Wörtlich: Sondern, da ihr an den Leiden Christi teilhabt, freut euch.
b) Wörtlich: Denn die Zeit ist da, daß das Gericht beim Hause Gottes beginnt. Wenn es aber bei uns beginnt...

TOTAL BELIEBT

Lotte Bormuth

1. Petrus 5,7

Unser Daniel hat große Sorgen. Er spielt mit Begeisterung Basketball und muß doch immer wieder bei einem Auswärtsspiel auf der Reservebank sitzen. Die Mannschaft möchte gewinnen, und so werden nur die besten Spieler eingesetzt. Ihm aber fehlt es noch an Wurfkraft, an Sprunghöhe, an Treffsicherheit. Nur ab und zu darf der kleine Kerl für ein paar Minuten mitspielen, damit er die Lust am Trainieren nicht verliert. Wenn ihm in dieser kurzen Zeit ein Treffer gelingt, dann ist Daniel glücklich. Einmal war dies der Fall, dazu noch ein Dreipunktewurf, der seiner Mannschaft, die schon auf der Verliererstraße war, zum Sieg verhalf. Er wurde gefeiert wie ein Star. Freudestrahlend kam er nach Hause: «Weißt du, Papa, ich bin der Schlechteste im ganzen Verein, aber total beliebt.»

Immer wieder muß ich an diese Geschichte denken. Ist dies nicht auch meine Erfahrung in einem viel tieferen Sinn? Ich weiß, ich bin bei Gott total beliebt. Dies zeigt sich in vielen alltäglichen Erfahrungen. Gott sorgt für mich. Er hat mich wunderbar geschaffen. Ich kann hören, sehen, laufen, reden, ich habe eine Familie, eine große sogar. Wenn ich morgens aufwache, dann wollen mich die Sorgen wie häßliche Gespenster beschleichen. Aber ich darf wissen: Gott hat nicht nur für mich, sondern auch für meinen Mann, meine Kinder einen guten Plan. So stelle ich die Großen und die Kleinen ganz bewußt unter die Obhut Christi. Er wird sie bewahren und sie einen guten Weg des Glaubens führen.

Und wenn der Teufel versucht, mir den Blick auf Gottes Fürsorge zu verdunkeln, dann will ich mich an Jesu Wort halten: «Sorgt euch nicht … Sehet euch die Vögel an! Sie säen nicht, sie ernten nicht und sammeln auch keine Vorräte. Euer Vater im Himmel versorgt sie. Meint ihr nicht, daß er sich um euch noch viel mehr kümmert?»

Ich begreife es neu: Ich bin bei Gott total beliebt.

Denn die Hochmütigen und Stolzen
werden niemals Gottes Barmherzigkeit erfahren. Seine Gnade gilt denen, die zum demütigen Gehorsam
bereit sind. 6 Deshalb beugt euch in
Demut unter Gottes mächtige Hand.
Gott wird euch aufrichten, wenn seine Zeit da ist.

7 Überlaßt alle eure Sorgen Gott,
denn er sorgt für euch. 8 Bleibt besonnen und wachsam! Denn der Teufel,
euer Todfeind, schleicht wie ein
hungriger Löwe um euch herum. Er
wartet nur auf ein Opfer, das er verschlingen kann. 9 Stark und fest im
Glauben sollt ihr seine Angriffe abwehren. Und denkt daran, daß alle
Christen in der Welt diese Leiden ertragen müssen.

10 Gott aber, von dem ihr nichts als
Gnade und Liebe erfahrt, hat euch
durch Jesus Christus zugesagt, daß er
euch nach dieser kurzen Leidenszeit
in seine ewige Herrlichkeit aufnimmt. Er wird euch ans Ziel bringen, euch Kraft und Stärke geben, so
daß ihr fest und sicher steht. 11 Denn
Gott allein gehört alle Macht für immer und ewig. Das ist ganz gewiß!

Grüße und Segenswünsche

12 Silvanus, den ich als treuen Bruder sehr schätze, hat mir geholfen, diesen kurzen Brief an euch zu schreiben. Damit wollte ich euch Mut machen. Ihr könnt ganz sicher sein, daß Gott barmherzig ist und euch wirklich liebt. Daran haltet fest!

13 Die Gemeinde hier in Babylon[a]
sendet euch Grüße, ebenso Markus,
den ich wie einen Sohn liebe. 14 Grüßt
euch untereinander mit dem Bruderkuß. Gottes Friede sei mit euch allen, die ihr im Glauben an Jesus Christus miteinander verbunden seid.

a) Babylon ist vielleicht ein Deckname für Rom.

Der zweite Brief des Petrus

Anschrift und Gruß

1 Diesen Brief schreibt Simon Pe-
trus, ein Diener und Botschafter
Jesu Christi, an alle, die denselben
Glauben haben wie wir. Dieser kost-
bare Glaube wurde uns geschenkt,
weil wir durch Jesus Christus, unse-
ren Retter, von Gott angenommen
sind.
2 Ich wünsche euch, daß Gottes
Gnade und sein Friede euch immer
mehr erfüllen. Das wird geschehen,
wenn ihr Gott und unseren Herrn Je-
sus Christus immer besser kennen-
lernt.

Bewährung im Glauben

3 Alles, was wir brauchen, um ein Le-
ben zu führen, wie es Gott gefällt, hat
uns Christus geschenkt. Denn durch
ihn haben wir Gott kennengelernt,
der uns in seiner Macht und Herrlich-
keit zu einem neuen Leben berufen
hat. 4 Dadurch hat er uns das Größte
und Wertvollste überhaupt ge-
schenkt: Seine Zusagen, daß alle, die
dem verdorbenen und todbringenden
Wesen dieser Welt entflohen sind, an
Gottes ewigem Wesen und Leben
Anteil haben werden.
5 Deshalb setzt alles daran, und be-
weist durch einen vorbildlichen Le-
benswandel, daß ihr an Gott glaubt.
Jeder soll sehen, daß ihr Gott kennt.
6 Diese Erkenntnis Gottes zeigt sich in
eurer Selbstbeherrschung. Selbstbe-
herrschung lernt man nur in Geduld
und Ausdauer, und dadurch wieder
kommt man zur wahren Liebe und
Ehrfurcht vor Gott. 7 Wer Gott liebt,
wird auch seine Brüder lieben, und
schließlich werden alle Menschen
diese Liebe zu spüren bekommen.
8 Wenn ihr diesen Weg geht und da-
bei weiter vorankommt, wird euer
Christsein nicht leer und wirkungslos
bleiben.[a] 9 Wer aber nicht auf diesem
Weg ist, der tappt wie ein Blinder im
Dunkeln, weil er vergessen hat, daß
er von seiner Schuld befreit wurde.
10 Setzt deshalb alle eure Kräfte ein,
daß ihr euch darin bewährt, wozu
Gott euch berufen und auserwählt
hat. Wenn ihr das tut, werdet ihr nicht
vom richtigen Weg abkommen, 11 und
die Tür zum ewigen Reich unseres
Herrn und Retters Jesus Christus
wird dann für euch weit geöffnet sein.
12 Weil ihr dieses herrliche Ziel vor
Augen habt, will ich nicht aufhören,
euch daran zu erinnern, selbst wenn
ich euch damit nichts Neues sage. Ihr
seid ja längst davon überzeugt und in
der Wahrheit gefestigt, die euch ver-
kündigt wurde. 13 Trotzdem halte ich
es für meine Pflicht, euch immer wie-
der daran zu erinnern und euch wach
zu halten, solange ich lebe. 14 Durch
unseren Herrn Jesus Christus weiß
ich aber, daß ich diese Erde[b] bald ver-

a) Wörtlich: Wenn diese bei euch vorhanden sind und wachsen, lassen sie euch weder träge noch fruchtlos sein für die Erkenntnis unseres Herrn Jesus Christus.
b) Wörtlich: mein Zelt.

«Uns fehlt nichts»

Angelica Jackson

2. Petrus 1,3

«Wenn ich mehr Geld hätte, würde ich die Mission unterstützen.» «Ja, sie hat natürlich Zeit und kann sich um die kranke Nachbarin kümmern.» «Wenn ich so einen wunderbaren Mann, so unkomplizierte Kinder hätte, so gut reden oder beten könnte, so klug und geistlich wäre …» Die Liste unserer «Wenn» ist endlos!

Wie leicht stolpern wir doch in die Vergleichsfalle! Im Grunde sagen wir damit ja aus, daß wir unzufrieden sind mit dem, was Gott für uns getan hat. Er hat einen Fehler gemacht und uns etwas vorenthalten, das wir brauchen, um wirklich in der Nachfolge Jesu zu leben, um wirklich Gottes Kinder zu sein.

Aber Gott macht keine Fehler. Genau in meinen jetzigen Lebensumständen kann ich «ein Leben führen, wie es Gott gefällt». Der Zwanzigmarkschein, mit dem ich eine alleinerziehende Mutter unterstütze, obwohl ich das Geld bereits für etwas anderes eingeplant hatte, hat im Reich Gottes denselben Wert wie die großzügige Gabe eines Reichen. Segen kann nicht mathematisch bemessen werden. Auch mein noch so gestammeltes Gebet nimmt Christus gnädig an, wenn es von Herzen kommt.

Einer der lustigsten, gesegnetsten Abende, an die ich mich erinnere, war, als wir in unserer kleinen Wohnung einige Türen aushängten, daraus niedrige Tische machten und ein riesiges Festmahl feierten, bei dem alle auf dem Fußboden saßen! Jesus war der Ehrengast, und es machte ihm nichts aus, daß wir von Papptellern aßen.

Wie der kleine Junge, der Jesus die fünf Brote und zwei Fische brachte, von denen fünftausend Menschen satt wurden, will ich Jesus mit dem dienen, was er mir geschenkt hat. In kindlichem Glauben stelle ich ihm meine «Brote und Fische» zur Verfügung. Er kann damit Wunder tun und Menschen segnen.

lassen muß. 15 Deswegen setze ich al-
les daran, daß ihr auch nach meinem
Tode nicht vergeßt, was ich euch ge-
sagt habe.

Zeugen der Wahrheit

16 Wir haben euch doch keine schönen
Märchen erzählt, als wir euch von der
Macht unseres Herrn Jesus Christus
und von seinem Wiederkommen be-
richteten. Mit unseren eigenen Au-
gen haben wir ihn in seiner ganzen
Größe und Herrlichkeit selbst gese-
hen. 17/18 Gott, der Vater, hat ihm die-
se Ehre und Macht gegeben. Als Je-
sus mit uns auf dem Berg war, haben
wir selber die Stimme Gottes vom
Himmel gehört: «Das ist mein gelieb-
ter Sohn, an dem ich meine Freude
habe.»

19 Um so fester verlassen wir uns
jetzt auf das, was Gott durch seine
Propheten zugesagt hat. Auch ihr tut
gut daran, wenn ihr darauf hört.
Denn Gottes Zusagen sind wie ein
Licht, das in der Dunkelheit leuchtet
und Klarheit schenkt, bis es endgültig
Tag wird und der aufgehende Mor-
genstern Licht in unsere Herzen
bringt.

20 Doch eins dürft ihr dabei nicht
vergessen: Kein Mensch kann jemals
die prophetischen Worte der Heiligen
Schrift aus eigenem Wissen deuten.
21 Denn niemals haben sich die Pro-
pheten selbst ausgedacht, was sie ver-
kündigten. Immer war es der Heilige
Geist, der sie beauftragte und dazu
trieb, das auszusprechen, was Gott
ihnen eingab.

Gottes Gericht über die Irrlehrer

2 Doch schon damals hat es im
Volk Israel falsche Propheten ge-
geben. Solche Leute werden auch bei
euch auftreten und Lehren verbrei-
ten, die euch ins Verderben stürzen.
Damit verraten sie Christus, der sie
doch von ihren Sünden freigekauft
hat. Aber sie sollen ein schnelles En-
de finden! 2 Trotzdem werden viele
auf sie hören und sich ihrem schamlo-
sen Treiben und zügellosen Leben
anschließen. Diese Leute bringen den
Weg der Wahrheit in Verruf.[a] 3 Dabei
sind sie in ihrer Habgier nur darauf
aus, euch zu belügen und zu betrü-
gen, um an euer Geld zu kommen.
Doch das Urteil über sie ist längst ge-
fällt; sie werden ihrem Untergang
nicht entgehen.

4 Gott hat nicht einmal die Engel,
die sich gegen ihn auflehnten, vor der
Strafe verschont, sondern sie in die
Tiefe der Hölle gestoßen. Dort müs-
sen sie – gefesselt in der Finsternis –
auf ihr Verdammungsurteil warten.
5 Ebensowenig hat er die Menschen[b]
geschont, die zu Noahs Zeiten lebten.
Als die große Flut über die Gottlosen
hereinbrach, kamen alle um; nur acht
wurden gerettet: Noah, der die Men-
schen zur Umkehr aufrief, und sieben
andere aus seiner Familie.[c] 6 Auch die
Städte Sodom und Gomorra hat Gott
in Schutt und Asche sinken lassen
und damit sein Urteil an ihnen voll-
streckt.[d] Dies sollte ein warnendes
Beispiel für die gottlosen Menschen
aller Zeiten sein. 7 Nur Lot hat er ge-
rettet, der nach Gottes Willen lebte

a) Wörtlich: Um ihretwillen wird der Weg der Wahrheit gelästert werden.
b) Wörtlich: die frühere Welt.
c) 1. Mose 8,18
d) 1. Mose 19,24–25

und durch das lasterhafte Treiben der Bewohner Sodoms viel erleiden mußte. 8 Für ihn, der Gott vertraute, war es geradezu eine Folter, Tag für Tag hören und sehen zu müssen, wie sehr die Leute Gottes Gebote mißachteten.

9 Denkt daran: Gott weiß genau, wie er alle, die sich nach seinem Willen richten, aus Versuchungen und Gefahren rettet. Aber ebenso gewiß wird er am Tag des Gerichts alle strafen, die seinen Willen mißachten. 10 Sein Gericht wird vor allem die treffen, die sich wie die Bewohner von Sodom und Gomorra von ihren Trieben und Leidenschaften beherrschen lassen und so tun, als gäbe es keinen Herrn, der sie zur Rechenschaft zieht.

Gefährliche Folgen der Irrlehre

Frech und überheblich, wie diese Irrlehrer sind, verspotten sie sogar unsichtbare Mächte. 11 Das wagen nicht einmal die Engel, die doch viel stärker und mächtiger sind. Niemals würden sie diese Mächte vor Gott lächerlich machen und verurteilen.

12 Diese falschen Lehrer, von denen ich hier rede, haben genausowenig Vernunft und Verstand wie das Vieh, das zu nichts anderem geboren wird, als daß man es einfängt und schlachtet. Weil sie sich über das lustig machen, was sie gar nicht verstehen, werden sie an ihrer eigenen Bosheit zugrundegehen. 13 Das wird der Lohn für ihren Unglauben und ihre Verdorbenheit sein. Besteht doch ihr ganzes Vergnügen darin, von morgens früh bis abends spät die üppigsten Gelage zu veranstalten. Ein schmutziger Schandfleck sind sie in eurer Gemeinde; denn sie verbreiten selbst dann noch ihre betrügerischen Irrlehren, wenn sie an euren Mahlzeiten teilnehmen.

14 Keine Frau entgeht ihren lüsternen, ehebrecherischen Blicken. Sie sind geradezu unersättlich in ihrem Verlangen zu sündigen. Sie haben es darauf abgesehen, jeden zu verführen, der im Glauben noch nicht gefestigt ist. Habgier und Neid haben alles andere aus ihrem Herzen verdrängt. Gottes Fluch wird sie treffen. 15 Den richtigen Weg haben sie verlassen und gehen in die Irre; genauso wie Bileam, der Sohn Beors. Er war bereit, Unrecht zu tun, wenn er nur Geld dafür bekommen konnte.[a] 16 Aber Bileam wurde von seinem Unrecht überführt. Ein Esel war es, der mit menschlicher Stimme zu ihm sprach und den Propheten hinderte, sein wahnwitziges Unternehmen auszuführen.

17 Diese falschen Lehrer sind wie Brunnen ohne Wasser, wie Wolken, die vorüberziehen, ohne den ersehnten Regen zu bringen. In der tiefsten Finsternis werden sie einmal für ihre Bosheit büßen müssen. 18 Was sie reden, klingt großartig und ist doch hohl und leer. Noch schlimmer ist, daß sie mit ihrem zügellosen Leben alle wieder in die Sünde hineinreißen, die gerade erst mit knapper Not dem falschen Weg entkommen sind.[b] 19 Sie versprechen anderen die Freiheit, sind aber selbst Gefangene ihrer Leidenschaften. Denn wer von der Sün-

a) 4. Mose 22,7–28
b) Wörtlich: Mit hochtrabender Rede ohne Gehalt ködern sie in ausschweifenden Fleischeslüsten jene, die kaum denen entflohen sind, die im Irrtum wandeln.

ESELS-GESCHICHTEN

Ute Zintarra

2. Petrus 2

Welche Verhältnisse müssen wohl geherrscht haben, daß Petrus mit so beredten Worten die Machenschaften und Umtriebe der sogenannten Irrlehrer beschreibt und ihre Verdammnis aufzeigt?! Petrus ist besorgt, daß diese irreführenden Lehren in die Gemeinde hineinwirken und sie zerstören.

Der Leitgedanke des Briefes ist: Gott ist immer noch der, der in der Geschichte handelt. Er ist ein gerechter Gott, einer der straft, und auch einer, der gnädig ist. Noah, Lot, Bileam – diese Männer sind Hoffnungszeichen, auch für uns heute.

Noah und Lot, das waren wirklich einsame Gottesfreunde inmitten einer gottlosen Welt. Bileam hatte eigentlich nichts mit Gott zu tun. Habgier machte ihn bereit, gegen Gott, gegen sein Volk zu handeln, es auftragsgemäß zu verfluchen. Aber sein Beruf als Seher ließ ihn auch aufmerksam horchen auf Stimmen zwischen Himmel und Erde. Er hörte, was Gott zu ihm sprach. Aber das reichte offensichtlich noch nicht aus; es brauchte noch einen Esel, damit Gott zu seinem erklärten Ziel kam (4. Mose 22). Segen statt – wie ursprünglich bestellt – Fluch schüttete Bileam dann über dem israelitischen Volk aus.

Gott allein ist Herr der Geschichte, und er wirkt durch Menschen und sogar durch Tiere, an die man zunächst nicht denkt.

Ich stelle mir jetzt vor, ich fände in meinem Briefkasten einen solchen Brief, wie ihn seinerzeit Petrus geschrieben hat. Was könnte meine Reaktion auf die Lektüre solch eines Briefes sein? Wie es in der Bibel steht: «Laß mich deine Eselin sein, die die Zeichen der Zeit und Gottes Weisungen erkennt. Laß mich jemand sein, der sich nicht verführen läßt, der selbst nach Gottes Wegen fragt. Laß mich jemand sein, der andere nicht in die Irre führt, sondern sie auf Gottes Wege bringt.»

de beherrscht wird, ist ihr Gefangener.

20 Viele haben Jesus Christus als ihren Herrn und Retter kennengelernt und sich von der Verdorbenheit dieser Welt getrennt. Wenn sie sich aber dann wieder von der Sünde überwinden und gefangennehmen lassen, so sind sie schlimmer dran als je zuvor. 21 Es wäre besser, sie hätten nie etwas von Christus erfahren! Denn so haben sie ihn zwar kennengelernt, sich dann aber doch wieder von seinem Wort abgewandt.[a] 22 Ihr kennt sicher das Sprichwort: «Der Hund frißt noch einmal, was er eben herausgewürgt hat.» Oder das andere: «Auch ein gewaschenes Schwein wälzt sich wieder im Dreck.» Nichts anderes tun diese Menschen.

Christus kommt wieder

3 Das ist nun mein zweiter Brief an euch, liebe Freunde. Ich wollte euch wieder an so manches erinnern, damit ihr auch in Zukunft in euerm Glauben und Leben aufrichtig und standhaft bleibt.[b] 2 Vergeßt nicht, was schon die Propheten Gottes vor langer Zeit gesagt haben! Erinnert euch an die Worte unseres Herrn und Retters Jesus Christus, die euch die Apostel weitergegeben haben.

3 Vor allen Dingen müßt ihr wissen, daß in dieser letzten Zeit Menschen auftreten werden, die nicht nach Gottes Willen fragen, sondern rücksichtslos nur das tun, wozu sie Lust haben. Nichts ist ihnen heilig; sie machen sich über alles lustig. 4 Spöttisch werden sie euch fragen: «Wo ist denn nun euer Christus? Hat er nicht versprochen, daß er wiederkommt? Schon unsere Väter haben vergeblich gewartet. Sie sind längst gestorben, und alles ist so geblieben, wie es von Anfang an war!»

5/6 Dabei wollen sie nicht wahrhaben, daß Gott schon einmal durch das Wasser der Sintflut diese Erde zerstörte, die er durch sein Wort am Anfang der Welt aus dem Wasser erschuf.[c] 7 Auch unser Himmel und unsere Erde werden nur so lange bestehen, wie Gott es will. Dann aber, am Tage des Gerichts, wird er sein Urteil über alle Gottlosen sprechen, und auf sein Wort hin wird das Feuer Himmel und Erde vernichten.

8 Doch eins dürft ihr dabei nicht vergessen, liebe Freunde: Gott steht über aller Zeit. Was für uns ein Tag ist, das ist für Gott wie tausend Jahre; und was für uns tausend Jahre sind, das ist für ihn wie ein Tag. 9 Wenn manche also behaupten, Gott würde seine Zusage nicht einhalten, dann stimmt das einfach nicht. Gott kann sein Versprechen jederzeit einlösen. Aber er hat Geduld mit euch und will nicht, daß auch nur einer von euch verlorengeht. Jeder soll Gelegenheit haben, vom falschen Weg umzukehren.

Ein neuer Himmel und eine neue Erde

10 Doch der Tag des Gerichts[d] wird so plötzlich und unerwartet da sein wie

a) Wörtlich: Besser wäre es für sie, den Weg der Gerechtigkeit nicht erkannt zu haben, als ihn erkannt zu haben und sich wieder abzuwenden von dem heiligen, ihnen überlieferten Gebot.
b) Wörtlich: In beiden (Briefen) will ich euren reinen Sinn durch Erinnerung wachhalten.
c) Wörtlich: eine Erde aus Wasser und im Wasser bestehend.
d) Wörtlich: Tag des Herrn.

AUGENBLICKE MIT EWIGKEITSWERT

Joni Eareckson Tada

2. Petrus 3,8

Die Sonne schickt sich an unterzugehen. Es bleiben uns nur noch wenige Stunden, in denen wir himmlische Siege erringen können.

Ich erinnere mich an ein Gespräch mit einer schwerkranken jungen Frau, in dem es um Leben und Tod ging. Kim war unschlüssig, ob sie sich künstlich beatmen lassen sollte. Sie wußte nicht, ob das Atemgerät nicht lediglich ihr Sterben verlängern würde. In diesem schwierigen Gespräch über Leben und Tod wollte ich Kim gern etwas von der Perspektive der Ewigkeit deutlich machen. Ich schickte ein Stoßgebet um das nötige Fingerspitzengefühl zum Himmel, und dann las ich Kim vor: «Eins dürft ihr nicht vergessen: Gott steht über aller Zeit. Was für uns ein Tag ist, das ist für Gott wie tausend Jahre; und was für uns tausend Jahre sind, das ist für ihn wie ein Tag.».

Tausend Jahre sind vor Gott wie ein Tag – diese Wendung kennen wir alle. Aber wer hat sich jemals mit der anderen Vershälfte befaßt – daß man jeden Tag auch betrachten kann wie tausend Jahre in der Perspektive Gottes? Für mich steckt hier so etwas wie göttliche Mathematik – sozusagen eine mathematische Formel, die mir versichert, daß jeder Tag die einmalige Chance in sich birgt, in tausend Jahre Ewigkeit zu investieren. Gott gibt jedem von uns eine 24-Stunden-Scheibe Zeit, in der wir alle darin liegenden Möglichkeiten nach Kräften ausnutzen sollen, weil sie Auswirkungen auf die Ewigkeit haben.

Wie wir – sei es Kim oder jemand anders – die Stunden und Augenblicke jedes Tages verbringen, ist viel entscheidender, als wir oft meinen. Ich schlug Kim vor, sie solle jedesmal, wenn ihre Mutter die künstliche Ernährung in ihre Bauchsonde spritzt, sie anlächeln und danke sagen. Damit würde sie das Beste aus dieser Gelegenheit machen, und es könnte sich auf 359 Jahre Segen in der Ewigkeit für sie, für ihre Mutter sowie zu Gottes Ehre auswirken. Kim mußte lachen, als ich ihr das erklärte. «Und wenn du dir auf die Zunge beißt, anstatt dich zu beklagen, können daraus 500 Jahre Freude, Segen und Herrlichkeit werden!» Ist das nicht eine wunderbare Möglichkeit für diese junge Frau, ihre letzten Tage zu verleben?

Ich sage natürlich nicht, daß jeder Tag hier unten unbedingt tausend Jahren dort oben entspricht. Im Himmel herrscht eine andere Zeitrechnung. Aber in diesem Gespräch mit Kim half diese Vorstellung, ihren Erdenstunden eine himmlische Bedeutung zu verleihen. Kein Wunder, daß es in Psalm 90,12 heißt: «Mach uns bewußt, wie kurz unser Leben ist, damit wir endlich zur Besinnung kommen.» Ja, wir wollen wirklich jeden Augenblick nach Kräften ausnützen.

ein Dieb. Krachend werden dann die Himmel zerbersten, die Elemente werden sich auflösen und im Feuer verglühen, und die Erde wird verbrennen mit allem, was auf ihr ist. 11 Wenn aber alles in dieser Weise zugrundegehen wird, müßt ihr euch erst recht darauf vorbereiten, das heißt, ihr müßt ein Leben führen, das Gott gefällt.

12 Erwartet diesen Tag und lebt so, daß Gott mit seinem Gericht nicht mehr lange warten muß. An diesem Tag werden die Himmel im Feuer verbrennen und die Elemente in der Glut zerschmelzen. 13 Wir alle aber warten auf den neuen Himmel[a] und die neue Erde, die Gott uns zugesagt hat. Wir warten auf diese neue Welt, in der es endlich Gerechtigkeit gibt.

Ermahnungen und Segenswünsche

14 Weil ich weiß, daß ihr, meine Freunde, voller Hoffnung darauf wartet, ermahne ich euch: Lebt so, daß ihr dem Herrn ohne Schuld und mit einem guten Gewissen im Frieden entgegengehen könnt. 15 Erkennt doch in der Geduld, die euch der Herr entgegenbringt, einen Weg zu eurer Rettung! Das hat euch ja auch schon unser lieber Bruder Paulus gesagt, dem Gott in all diesen Fragen viel Weisheit geschenkt hat. 16 Er schreibt in seinen Briefen mehrfach darüber. Freilich ist manches davon nur schwer zu verstehen. Und deshalb haben Leute, die entweder unwissend oder im Glauben noch nicht gefestigt sind, vieles verdreht und verfälscht. So machen sie es ja auch mit den anderen heiligen Schriften und bringen sich damit selbst ins Verderben.

17 Ihr aber, meine Lieben, wißt nun, wie gefährlich diese Irrlehrer sind. Hütet euch vor ihnen! Laßt euch nicht von euerm unerschütterlichen Glauben abbringen, und geht nicht mit ihnen in die Irre. 18 Ich wünsche euch vielmehr, daß ihr in euerm Leben immer mehr die unverdiente Liebe und Gnade unseres Herrn und Retters Jesus Christus erfahrt und ihn immer besser kennenlernt. Denn ihm allein gehört alle Ehre – jetzt und in Ewigkeit! Amen.

a) Wörtlich: auf neue Himmel.

Unterwegs unter Gottes Schutz

Psalm 121

Ein Lied für Festbesucher,
die nach Jerusalem hinaufziehen

Ich schaue hinauf zu den Bergen –
woher kann ich Hilfe erwarten?
Meine Hilfe kommt vom Herrn,
der Himmel und Erde gemacht hat!

Der Herr wird nicht zulassen, daß du fällst;
er, dein Beschützer, schläft nicht.
Ja, der Beschützer Israels schläft und schlummert nicht.

Der Herr gibt auf dich acht; er steht dir zur Seite
und bietet dir Schutz vor drohenden Gefahren.
Tagsüber wird dich die Sonnenglut nicht verbrennen,
und in der Nacht wird der Mond dir nicht schaden.

Der Herr schützt dich vor allem Unheil,
er bewahrt dein Leben.
Er gibt auf dich acht,
wenn du aus dem Hause gehst und wenn du wieder heimkehrst.
Jetzt und für immer steht er dir bei!

Der erste Brief des Johannes

Wir haben Christus gesehen

1 Christus war von allem Anfang an
da.[a] Jetzt aber haben wir ihn
selbst gehört. Wir haben ihn mit un-
seren eigenen Augen gesehen und
mit unseren Händen berühren kön-
nen, ihn, der uns die Botschaft vom
Leben brachte. 2 Ja, Christus selbst ist
das Leben.[b] Das haben wir gesehen,
und das können wir bezeugen. Des-
halb verkünden wir diese Botschaft
von Christus, der das ewige Leben
bringt. Er ist von Gott, dem Vater,
gekommen und hat als Mensch unter
uns gelebt.
3 Wir geben euch nur das weiter,
was wir selbst gesehen und gehört ha-
ben, damit ihr mit uns im Glauben
verbunden seid. Gemeinsam gehören
wir zu Gott, dem Vater, und zu sei-
nem Sohn Jesus Christus. 4 Wir
schreiben euch das, damit wir uns von
ganzem Herzen freuen können.

Leben im Licht Gottes

5 Das ist die Botschaft, die wir von
Christus gehört haben und die wir
euch weitersagen: Gott ist Licht. Bei
ihm gibt es keine Finsternis. 6 Wenn
wir also behaupten, daß wir zu Gott
gehören und dennoch in der Finster-
nis der Sünde leben, dann lügen wir
und widersprechen mit unserem Le-
ben der Wahrheit. 7 Leben wir aber
im Licht Gottes, dann sind wir auch
miteinander verbunden. Und das
Blut, das sein Sohn Jesus Christus für
uns vergossen hat, befreit uns von al-
ler Schuld.
8 Freilich werden immer wieder
Leute behaupten, sie hätten das nicht
nötig, sie seien frei von aller Schuld.
Wer so etwas sagt, betrügt sich selbst.
In ihm ist kein Fünkchen Wahrheit.
9 Wenn wir aber unsere Sünden be-
reuen und sie bekennen, dann dürfen
wir darauf vertrauen, daß Gott seine
Zusage treu und gerecht erfüllt: Er
wird unsere Sünden vergeben und uns
von allem Bösen reinigen. 10 Doch
wenn wir behaupten, wir hätten gar
nicht gesündigt, dann machen wir
Gott zum Lügner und beweisen damit
nur, daß wir Christus noch gar nicht
kennen.[c]

Woran man einen Christen erkennt

2 Meine geliebten Kinder, ich
schreibe euch, damit ihr nicht län-
ger sündigt. Sollte aber doch einer
Schuld auf sich laden, dann haben wir
einen, der selbst ohne jede Sünde ist
und beim Vater für uns Sünder ein-
tritt: Jesus Christus. 2 Denn Christus
hat unsere Sünden, ja die Sünden der
ganzen Welt auf sich genommen; er
hat sie gesühnt.
3 Daß wir nun Gottes Gebote hal-
ten, ist der Beweis dafür, daß wir

a) Wörtlich: Was von Anfang an war... Vgl. Johannes 1,1–5
b) Wörtlich: Und das Leben ist erschienen.
c) Wörtlich: und sein Wort wohnt nicht in uns.

BEFREIT ZUM LEBEN

Rosemarie Moll

1. Johannes 1,9

«Die Christen leben wie Gänse auf einem Hof. An jedem siebten Tag wird eine Parade abgehalten und der beredsamste Gänserich schnattert über das Wunder der Gänse. Er erzählt von den Taten der Vorfahren, die einst zu fliegen wagten, und lobt die Gnade und Barmherzigkeit des Schöpfers, der den Gänsen Flügel und den Instinkt zum Fliegen gab. Die Gänse sind tief gerührt, senken in Ergriffenheit die Köpfe und loben die Predigt und den beredten Gänserich. Aber das ist auch alles. Eines tun sie nicht – sie fliegen nicht. Sie gehen zu ihrem Mittagsmahl. Sie fliegen nicht, denn das Korn ist gut, und der Hof ist sicher.» So beschrieb der große dänische Theologe Sören Kierkegaard, was er an den Christen wahrnahm.

Sind wir nicht oft genau so? Wir wissen gut Bescheid, aber wir handeln nicht danach. Wir könnten heraus aus der Enge unserer Schuld. Wir könnten fliegen, aber wir tun es nicht. Gott hat uns die Möglichkeit gegeben, unsere Schuld bei ihm abzuladen. Er liebt uns! Darum lädt er uns ein, all unsere Schuld und unser Versagen zu Jesus zu bringen. Jesus aber wirft sie – wie Corrie ten Boom einmal sagte – in die tiefste Stelle des Meeres. Und am Ufer steht das Schild: «Fischen verboten».

Schuld und Sünde sind nicht mehr da. Es gibt auch keinen Ankläger mehr. Niemand kann unsere Verfehlungen wieder aus diesem Meer der Barmherzigkeit Gottes herausholen.

Jesus wird Herr in unserem Leben. Wir können zu Gott Vater sagen. Wir erfahren die Kraft des Heiligen Geistes: Er hilft uns, die Bibel zu verstehen und zu beten. Er schenkt Liebe zu Gott und den Menschen. Wir werden zu Frauen, die von Gott aufgerichtet, zur vollen Entfaltung ihrer Persönlichkeit kommen und einen Sinn in ihrem Leben sehen.

Nietzsche sagte einmal: «Die Christen müßten erlöster aussehen.» Vielleicht hat er sogar recht. Wir machen oft zu wenig Gebrauch von unseren «Flügeln» und vergessen, daß wir fliegen können, daß wir all die Dinge, die uns bedrücken, nicht mehr mit uns herumtragen müßen, sondern abladen dürfen bei Jesus. Lassen wir uns doch heute wieder daran erinnern.

Gott kennen. [4]Sollte allerdings jemand behaupten: «Ich kenne Gott», seinen Geboten aber trotzdem nicht gehorchen, so ist er ein Lügner, der Christus gar nicht kennt.[a] [5]Doch wer sich an Gottes Wort hält und danach lebt, an dem zeigt sich Gottes ganze Liebe. Daran ist zu erkennen, ob wir wirklich Christen sind.[b] [6]Wer von sich sagt, daß er zu Christus gehört, der soll auch so leben, wie Christus gelebt hat.

Das alte und das neue Gebot

[7]Was ich euch jetzt schreibe, meine Lieben, ist für euch nicht neu. Es ist kein neues Gebot, sondern die Botschaft Gottes, die ihr von Anfang an gehört habt. [8]Und trotzdem ist dieses Gebot neu, weil Christus es verwirklicht hat und ihr jetzt danach lebt. Denn die Finsternis schwindet, weil das wahre Licht – Jesus Christus – für uns leuchtet.

[9]Nun kann freilich jeder behaupten, daß er in diesem Licht lebt. Wenn er aber seinen Bruder haßt, dann beweist er damit nur, daß er immer noch in der Finsternis ist. [10]Nur wer seinen Nächsten liebt, der lebt wirklich im Licht. An ihm läßt sich nichts Anstößiges finden.[c] [11]Wer dagegen seinen Nächsten haßt, der lebt ganz und gar in der Finsternis und weiß nicht, wohin er geht. Er ist wie ein Blinder, der nichts sehen kann in all der Dunkelheit, die ihn umgibt.

[12]Ihr aber, meine geliebten Kinder, müßt nicht hilflos in der Finsternis umherirren; denn durch Jesus Christus ist eure Schuld vergeben. [13]Euch Väter soll mein Brief im Glauben ermutigen; ihr kennt ja Christus, der schon immer, von aller Ewigkeit her, da ist. Ich schreibe aber auch euch, ihr jungen Leute; denn ihr habt den Bösen besiegt. [14]Euch Kindern schreibe ich, weil ihr den Vater kennt. Ebenso habe ich euch Vätern geschrieben, weil ihr den kennt, der von allem Anfang an da war. Und euch, ihr jungen Leute, habe ich geschrieben, weil ihr in euerm Glauben stark geworden seid. Gottes Wort ist in euch lebendig, und ihr habt den Bösen besiegt.

[15]Liebt nicht diese Welt, die von Gott nichts wissen will. Hängt euer Herz nicht an sie, auch nicht an irgend etwas, das zu dieser Welt gehört. Denn wer die Welt liebt, kann nicht zugleich Gott, den Vater, lieben. [16]Was gehört nun zum Wesen dieser Welt? Menschliche Leidenschaften, die Gier nach Besitz und Macht, überhaupt ein Leben voller Selbstgefälligkeit und Hochmut. All dies kommt nicht von Gott, unserem Vater, sondern gehört zur Welt. [17]Die Welt aber mit ihren Verführungen und Verlockungen wird vergehen. Nur wer den Willen Gottes tut, wird bleiben und ewig leben.

Nichts soll euch von Christus trennen

[18]Das Ende dieser Welt ist nahe, meine geliebten Kinder! Ihre letzte Stunde ist angebrochen. Ihr wißt, daß zu dieser Zeit der Feind Christi, der Antichrist, kommen wird. Schon jetzt sind viele aufgetreten, die von sich

a) Wörtlich: In ihm wohnt die Wahrheit nicht.
b) Wörtlich: Daran erkennen wir, daß wir in ihm sind.
c) Möglich auch: In ihm gibt es nichts, wodurch er (selbst) zu Fall kommen könnte.

«Den kann ich nicht leiden»

Hildegard Horie

1. Johannes 2,9

Warum leben wir eigentlich oft widersprüchlich? Meist haben wir eine bestimmte Vorstellung davon, wie ein Christ zu sein hat. Um von andern anerkannt zu werden, versuchen wir, diesem Bild zu entsprechen. Aber häufig gelingt uns das nicht. So sind wir bemüht, uns nach außen hin diesem Bild anzupassen, während wir unser eigentliches Gesicht tief im Dunkeln vergraben. In der Tiefe ist es ganz dunkel.

Wieviel Kraft verschwendet ein Mensch daran, so zu tun, als sei alles in Ordnung. Er kann sogar öffentlich davon berichten, wie Gott sein Leben gesegnet hat – aber ganz tief drinnen liegt eine Fäulnisgrube, ganz tief im Innern sitzt diese Ablehnung des Bruders, der Schwester, des Menschen, der einem absolut nicht paßt. Wenn der andere unseren Vorstellungen nicht entspricht, fangen wir schnell an, ihn zu kritisieren.

Wieviel Leid entsteht dadurch, daß ein Mensch meint, einen anderen verändern zu können. Und je mehr wir uns auf das konzentrieren, was uns nicht paßt, desto schwieriger wird das Zusammenleben.

Zugleich wissen wir, daß Gott etwas anderes von uns erwartet. So fangen wir an, so zu tun, als sei alles in Ordnung. Nach außen hin lächeln wir und beten miteinander, aber tief in unserem Herzen wird der Groll genährt.

Die Bibel nennt das ganz schlicht Sünde. Nicht das ist entscheidend, wie der andere mir begegnet, sondern wie ich dem andern begegne.

Solange einer seine Maske nicht ablegen will, kann keine Veränderung geschehen. Liebe ist eine Entscheidung. Wenn ich mich bewußt dafür entscheide, diesen Bruder, diese Schwester zu lieben, dann werde ich eines Tages ganz überrascht feststellen, daß in der Tat etwas anders geworden ist. Dann sind wir aus der Finsternis ins Licht gekommen.

Vielleicht brauchen wir gerade diesen nörgelnden Bruder, die geschwätzige Schwester, die uns so viel Ärger bereiten. Vielleicht ist gerade er oder sie von Gott geschickt, damit wir Geduld lernen und Liebe üben. So sollten wir anfangen, für sie zu danken. Wir sollten damit beginnen, dem andern mit ehrlichem und offenem Herzen Gutes zu wünschen und ihm Freundlichkeit zu erweisen. Dann haben wir das Gebot Christi erfüllt.

behaupten, Christus zu sein. Daran können wir erkennen, daß die Welt ihrem Ende entgegengeht. [19]Diese Feinde Christi kommen zwar aus unseren eigenen Reihen, in Wirklichkeit aber haben sie nie zu uns gehört. Denn wären sie wirklich Christen gewesen, hätten sie sich niemals so weit von uns entfernt. Nun aber ist für jedermann sichtbar geworden, daß sie gar nicht zu uns gehörten.

[20]Doch euch hat Christus seinen Heiligen Geist gegeben, und deshalb kennt ihr die Wahrheit.[a] [21]Ich schreibe euch also nicht, weil ich meinte, ihr müßtet die Wahrheit über Gott erst noch erfahren. Ihr kennt diese Wahrheit sehr gut und wißt auch, daß aus ihr keine verlogene Irrlehre kommen kann.[b]

[22]Wenn nun jemand behauptet, Jesus sei gar nicht Christus, der von Gott gesandte Retter, muß der nicht ein Lügner sein? Wer den Vater und den Sohn ablehnt, ist ohne jeden Zweifel ein Feind Christi, ja der Antichrist. [23]Denn wer sich gegen den Sohn stellt, der stellt sich auch gegen den Vater. Doch wer sich zum Sohn bekennt, der hat auch Gemeinschaft mit dem Vater.

[24]Laßt euch also nicht von dem abbringen, was ihr von Anfang an gehört habt. Wenn ihr daran festhaltet, kann euch nichts von Gott, dem Vater, trennen und von Jesus Christus, seinem Sohn. [25]Denn genau das hat uns Gott zugesagt: ewiges Leben bei ihm.

[26]Das müßt ihr über diese Leute wissen, die euch vom richtigen Weg abbringen wollen. [27]Doch der Heilige Geist[c], den euch Christus gegeben hat, er bleibt in euch. Deshalb braucht ihr keine anderen Lehrer, der Heilige Geist selbst ist euer Lehrer. Was er euch sagt, ist wahr und ohne Lüge. Haltet also an dem fest, was euch Gottes Geist lehrt, und bleibt bei Christus.

[28]Meine Kinder, laßt euch durch nichts von Christus trennen. Dann werden wir ihm voll Zuversicht entgegengehen und brauchen sein Urteil nicht zu fürchten, wenn er wiederkommt. [29]Ihr wißt, daß Christus gerecht ist. Also können wir davon ausgehen, daß jeder, der nach Gottes Geboten lebt, zu seinen Kindern gehört.[d]

Was es bedeutet, Gottes Kind zu sein

3 Seht doch, wie groß die Liebe ist, die der Vater uns schenkt! Denn wir dürfen uns nicht nur seine Kinder nennen, sondern wir sind es wirklich. Als seine Kinder sind wir Fremde für diese Welt, weil Gott für sie ein Fremder ist. [2]Meine Lieben! Wenn wir schon jetzt Kinder Gottes sind, was werden wir erst sein, wenn Christus wiederkommt! Dann werden wir ihm ähnlich sein und ihn sehen, wie er wirklich ist. [3]Wer diese Hoffnung hat, wird alles daransetzen, ganz für Gott zu leben, so wie Christus es getan hat.[e]

a) Wörtlich: Ihr habt die Salbung von dem Heiligen und seid alle Wissende.
b) Wörtlich: daß keine Lüge (Irrlehre) aus der Wahrheit stammt.
c) Wörtlich: die Salbung; oder: das Salböl.
d) Wörtlich: Wenn ihr wißt, daß er gerecht ist, so erkennt ihr, daß auch jeder, der Gerechtigkeit übt, aus ihm (Gott) gezeugt ist.
e) Wörtlich: der heiligt sich, so wie jener (Christus) heilig ist.

4 Wer sündigt, lehnt sich gegen
Gott und seine Gebote auf, denn sün-
digen heißt: Gottes Gebote mißach-
ten. 5 Doch ihr wißt ja, daß Gottes
Sohn Mensch wurde, damit er – der
ohne jede Sünde ist – uns von unseren
Sünden befreit. 6 Wer fest mit Chri-
stus verbunden bleibt, der wird nicht
länger sündigen. Wer aber weiter
sündigt, der weiß nichts von Christus
oder hat ihn nicht verstanden.

7 Meine geliebten Kinder! Laßt
euch durch niemanden vom richtigen
Weg abbringen! Ihr dürft nur dem
vertrauen, der wie Christus ein Leben
führt, das Gott gefällt.[a] 8 Wer aber
gottlos lebt, beweist damit nur, daß er
dem Teufel gehört. Denn der Teufel
hat sich schon immer gegen Gott auf-
gelehnt, von Anfang an. Doch Chri-
stus, der Sohn Gottes, ist gerade des-
wegen zu uns gekommen, um die
Werke des Teufels zu zerstören.

9 Wer von Gott ein neues Leben be-
kommen hat und zu seinen Kindern
gehört, der sündigt nicht; denn Gott
hat ihm seinen Geist geschenkt, der
in ihm wirkt.[b] Als Kind Gottes kann
er gar nicht länger sündigen. 10 Daran
kann also jeder erkennen, wer ein
Kind Gottes oder wer ein Kind des
Teufels ist. Alle, die Unrecht tun und
ihren Bruder nicht lieben, sind nie-
mals Gottes Kinder.

Der Maßstab für unsere Liebe

11 Von Anfang an habt ihr gehört:
Christen sollen einander lieben.
12 Nicht Kain darf unser Vorbild sein.
Er war ein Kind des Teufels und töte-
te seinen Bruder Abel. Und warum
hat er ihn ermordet? Weil seine eige-
nen Taten böse waren, aber das Le-
ben seines Bruders Gott gefiel.

13 Genau aus demselben Grund
haßt euch die Welt. Wundert euch al-
so nicht darüber, meine Lieben.
14 Wir wissen, daß wir durch Christus
vom ewigen Tod gerettet wurden und
jetzt ein neues Leben haben. Das
zeigt sich an der Liebe zu unseren
Brüdern. Wer diese Liebe nicht hat,
der bleibt dem ewigen Tod ausgelie-
fert. 15 Jeder, der seinen Bruder haßt,
ist ein Mörder. Und das wißt ihr: Ein
Mörder wird das ewige Leben verlie-
ren.[c]

16 Die Liebe Christi haben wir
daran erkannt, daß er sein Leben für
uns opferte. Ebenso müssen auch wir
bereit sein, unser Leben für andere
hinzugeben. 17 Denn wie kann Gottes
Liebe in einem Menschen bleiben,
dem die Not seines Bruders gleichgül-
tig ist, obwohl er selbst alles im Über-
fluß besitzt?

Gott ist größer als unser Gewissen

18 Deshalb, meine Kinder, laßt uns
einander lieben: nicht mit leeren
Worten, sondern mit tatkräftiger Lie-
be und in aller Aufrichtigkeit.
19 Daran zeigt es sich, daß Jesus Chri-
stus unser Leben bestimmt.[d] So kön-
nen wir mit einem guten Gewissen
vor Gott treten.[e] 20 Doch auch wenn
unser Gewissen uns anklagt und
schuldig spricht, dürfen wir darauf

a) Wörtlich: Wer die Gerechtigkeit übt, der ist gerecht, so wie jener gerecht ist.
b) Wörtlich: weil sein (Gottes) Samen in ihm bleibt.
c) Wörtlich: Kein Mörder hat ewiges Leben bleibend in sich.
d) Wörtlich: daß wir aus der Wahrheit sind.
e) Wörtlich: Und so werden wir unser Herz vor ihm beschwichtigen.

vertrauen, daß Gott größer ist als unser Gewissen. Er kennt uns ganz genau. 21 Kann uns also unser Gewissen nicht mehr verurteilen, meine Lieben, dann dürfen wir voller Freude und Zuversicht zu Gott kommen. 22 Er wird uns geben, worum wir ihn bitten; denn wir gehorchen seinen Geboten und leben, wie es ihm gefällt. 23 Und so lautet Gottes Gebot: Wir sollen an seinen Sohn[a] Jesus Christus glauben und einander so lieben, wie Christus es uns aufgetragen hat. 24 Wer seinen Geboten gehorcht, den wird nichts von Gott trennen, und auch Gott hält ihm die Treue.[b] Das wissen wir, weil der Heilige Geist, den Gott uns geschenkt hat, dies bestätigt.

Der Geist der Wahrheit und der Geist der Lüge

4 Meine Lieben! Glaubt nicht jedem, der behauptet, daß er Gottes Geist hat. Prüft vielmehr genau, ob es wirklich von Gott stammt, was er sagt.[c] Es hat in dieser Welt schon viele falsche Propheten gegeben, die alle vorgaben, im Auftrag Gottes zu reden. 2 Daran zeigt sich, ob jemand tatsächlich vom Geist Gottes erfüllt ist: Er wird bekennen, daß Jesus Christus als Mensch aus Fleisch und Blut von Gott zu uns gekommen ist. 3 Wer das leugnet, hat nicht den Geist Gottes. Aus ihm spricht der Geist des Antichristen. Daß er kommen wird, habt ihr schon gehört, ja ihr bekommt ihn schon jetzt zu spüren.

4 Doch ihr, meine geliebten Kinder, gehört zu Gott. Ihr habt diese Lügenpropheten durchschaut und besiegt. Denn der Geist Gottes, der euer Leben bestimmt, ist stärker als der Geist der Lüge, von dem die Welt beherrscht wird. 5 Sie gehören ganz zu dieser Welt. Deshalb verbreiten sie ihre eigenen Vorstellungen und Gedanken, und alle Welt hört auf sie.[d] 6 Wir dagegen gehören zu Gott. Jeder, der sich zu Gott bekennt, wird auf uns hören. Wer aber nicht zu Gott gehört, wird uns ablehnen. Daran erkennen wir den Geist Gottes und den Geist der Verführung.

Gottes Liebe und die Liebe zum Nächsten

7 Meine Freunde! Laßt uns einander lieben, denn die Liebe kommt von Gott. Wer seinen Bruder liebt, beweist damit, daß er ein Kind Gottes ist und Gott wirklich kennt. 8 Wer aber den anderen nicht liebt, der weiß nichts von Gott; denn Gott ist Liebe. 9 Gottes Liebe zu uns ist für alle sichtbar geworden, als er seinen einzigen Sohn in die Welt sandte, damit wir durch Christus ein neues und ewiges Leben bekommen. 10 Das Einzigartige an dieser Liebe ist: Nicht wir haben Gott geliebt, sondern er hat uns seine Liebe geschenkt. Er gab uns seinen Sohn, der alle Schuld auf sich nahm, um uns von unserer Schuld freizusprechen.

11 Meine Freunde, wenn uns Gott

a) Wörtlich: an den Namen seines Sohnes.
b) Wörtlich: der bleibt in ihm (Gott), und er (Gott) bleibt in ihm.
c) Wörtlich: Geliebte, schenkt nicht jedem Geist Glauben, sondern prüft die Geister, ob sie aus Gott sind.
d) Wörtlich: Sie sind von der Welt; deswegen reden sie von der Welt (her), und die Welt hört auf sie.

EIN LÖFFEL VOLL LIEBE

Ilse Ammann-Gebhardt

1. Johannes 3,23

Kann man Liebe gebieten, befehlen? Nein. Und doch sagt Jesus, und nach ihm Johannes, es so. Liebe ist etwas, was jeder braucht, so nötig wie das tägliche Brot. Wir sehnen uns nach Liebe, mehr als nach allem anderen.

Kürzlich hörte ich von einer Frau, die eine Missionarin zum Einkaufen in die Geschäfte der nächsten Stadt fuhr. Abends fragte die Missionarin: «Du hast mir diesen ganzen Tag gegeben. Was kann ich denn dir dafür geben?» Die Frau antwortete: «Gib mir einen Löffel voll Liebe!»

Diese Antwort hat mich sehr bewegt. Ein Löffel voll Liebe, das hört sich an wie ein Löffel voll Arznei, zur Linderung, zur Heilung, zum Gesundwerden.

Ich dachte darüber nach, daß heute die meisten Menschen mit diesem hungernden Verlangen leben: «Bitte einen Löffel voll Liebe!» Und gerade an dieser Stelle kommt Gott und ermutigt uns, ruft uns auf, einander diese gesundmachende Liebe zu geben. Er weiß, daß wir das gar nicht aus unseren eigenen Kräften können – wir hungern doch selbst auch nach Liebe. Doch Gott hat schon längst Vorsorge getroffen: Er hat uns Jesus gesandt. Er läßt uns verstehen, daß Jesus uns so sehr liebt, daß er bereit war, für unsere Sünden zu sterben. Ihm dürfen wir uns anvertrauen, seine Liebe annehmen, in dem Geliebtwerden leben. Seine Liebe geht wie ein warmer Strom durch unser Herz und Leben. Und irgendwann spüren wir, daß diese wärmende Liebe beginnt, von uns auf andere überzuströmen … Wir werden fähig, den anderen zu lieben, weil wir von Gott so geliebt sind.

Bedienen wir uns heute mit «einem Löffel voll Liebe» – und dienen wir auch anderen damit.

WENN DIE MENSCHEN NICHT SO SCHWIERIG WÄREN

Ruth Heil

1. Johannes 4,7

Eines meiner Kinder hatte in seinem ersten Sprachschatz drei Lieblingsworte: «Nein», «Nö» und «Nee!» Mit der Zeit ging mir dabei die Puste aus. Das ständige «Nö» brachte mich dahin, daß ich mein eigenes Kind manchmal nicht mehr richtig annehmen konnte.

Einander zu lieben ist dann besonders schwierig, wenn man die Schwächen des anderen kennt. Und dann fällt es schwer, sich an seinen Stärken zu freuen.

Lieben, auch wenn nichts Liebenswertes da ist, dazu fordert der Johannesbrief auf. Es gibt keine Voraussetzungen, die jemand erfüllen muß, um geliebt zu werden. Eigentlich haben die Kratzbürstigen es am meisten nötig, daß sie geliebt werden. Und doch machen sie es den Mitmenschen so schwer, sie wirklich und unvoreingenommen zu lieben.

Gerade schwierige Menschen brauchen Lob. Die Psychologen lehren uns, daß erst fünf positive Worte ein negatives aufwiegen. Vielleicht meint Johannes dies in seinem Wort, wenn er sagt «Liebt einander»:

Akzeptiert einander, auch wenn ihr nicht vollkommen seid! Lobt einander, auch wenn ein Grund für dieses Lob nur mit der Lupe zu finden ist! Sprecht einander Mut zu, und verachtet den nicht, der jammert!

Lieben heißt also, den anderen trotz seiner Unvollkommenheit anzunehmen. Jesus hat uns nicht erlöst, weil wir so wundervoll waren, sondern weil wir ihn so nötig hatten. Dies soll unsere Motivation sein, speziell schwierige Christen, aber auch den Ehepartner, Teenager und die Schwiegermutter anzunehmen.

Lieben heißt aber auch, sich auf gute Weise abgrenzen zu lernen. Ich darf mir nicht alles gefallen lassen, bis meine Zuneigung zerstört ist. Lieben meint, daß der Stille sich ein Herz nimmt und zu reden beginnt – und daß der Laute einen Kieselstein unter die Zunge legt, um schweigen zu lernen.

Die tiefste Liebe kann ich einem Menschen damit geben, daß ich für ihn bete, und zwar nicht nur: «Herr, verändere ihn, damit ich ihn lieben kann», sondern vielmehr: «Herr, gib mir Liebe für ihn, damit er sich verändern kann.»

so sehr liebt, dann müssen auch wir
einander lieben. [12]Niemand hat Gott
jemals gesehen. Doch wenn wir ein-
ander lieben, wird sichtbar, daß Gott
in uns lebt und wir von seiner Liebe
erfüllt sind.
[13]Ich sage es noch einmal: Daß wir
mit Gott verbunden bleiben und er
mit uns, wissen wir, weil er uns seinen
Heiligen Geist gegeben hat. [14]Wir ha-
ben es selbst erlebt und darum bezeu-
gen wir: Gott, der Vater, hat seinen
Sohn in diese Welt gesandt, um sie zu
retten. [15]Wer glaubt und bekennt,
daß Jesus Christus der Sohn Gottes
ist, den wird nichts von Gott tren-
nen.[a] [16]Das haben wir erkannt, und
wir vertrauen fest auf Gottes Liebe.
Gott ist Liebe, und wer in dieser Lie-
be bleibt, der bleibt in Gott und Gott
in ihm.
[17]Das ganze Ausmaß der göttlichen
Liebe zeigt sich darin, daß wir dem
Tag des Gerichts ohne Angst entge-
gengehen können. Denn wir leben in
dieser Welt so, wie Christus es will.[b]
[18]Wirkliche Liebe ist frei von Angst.
Ja, die Liebe vertreibt sogar die
Angst. Wer sich also fürchtet und vor
der Strafe zittert, der beweist damit
nur, daß er wirkliche Liebe noch nicht
kennt.
[19]Wir wollen lieben, weil Gott uns
zuerst geliebt hat. [20]Sollte nun je-
mand behaupten: «Ich liebe Gott»,
und dabei seinen Bruder hassen,
dann ist er ein Lügner. Denn wie
kann man Gott lieben, den wir doch
gar nicht sehen, aber den Bruder has-
sen, der leibhaftig vor uns steht?
[21]Vergeßt nicht, daß Christus selbst
uns aufgetragen hat: Wer Gott liebt,
der muß auch seinen Bruder lieben.

Ein Glaube, der die Welt besiegt

5 Wer glaubt, daß Jesus Christus
der von Gott verheißene Retter
ist, der ist ein Kind Gottes. Kinder
aber, die ihren Vater lieben, die lie-
ben auch ihre Brüder und Schwe-
stern.[c] [2]Daß wir wirklich Gottes Kin-
der lieben, erkennen wir an unserer
Liebe zu Gott und daran, daß wir sei-
ne Gebote halten. [3]Denn Gott lieben
heißt nichts anderes als das tun, was
er uns sagt; und das ist nicht schwer.
[4]Denn das Leben, das Gott uns gege-
ben hat, ist mächtiger als alle Verlok-
kungen dieser Welt. Wir können sie
durch den Glauben besiegen.[d] [5]Die-
sen Sieg aber kann nur erringen, wer
fest daran glaubt, daß Jesus der Sohn
Gottes ist.

Drei Zeugen für Jesus Christus

[6]Jesus Christus kam zu uns. Daß er
tatsächlich Gottes Sohn ist, bestätigte
Gott selbst bei seiner Taufe. Jesus hat
sein Blut für uns am Kreuz vergossen.
Nicht allein das Wasser seiner Taufe,
sondern auch sein Blut bestätigen ihn
als Sohn Gottes. Das bezeugt auch
Gottes Geist. Und Gottes Geist ist
die Wahrheit. [7]Für Jesus Christus als

a) Wörtlich: in dem bleibt Gott und er in Gott.
b) Wörtlich: Darin kommt die Liebe bei uns zur Vollendung, daß wir Zuversicht haben am Tag des Gerichts; denn so wie jener ist, sind auch wir in dieser Welt.
c) Wörtlich: Jeder, der glaubt, daß Jesus der Christus ist, ist aus Gott gezeugt. Und jeder, der den Erzeuger liebt, liebt auch den von ihm Erzeugten.
d) Wörtlich: Denn jeder aus Gott Gezeugte besiegt die Welt; und das ist der Sieg, der die Welt besiegt hat: unser Glaube.

den Sohn Gottes sprechen also drei Zeugen: 8 Gottes Heiliger Geist, das Wasser der Taufe und das Blut seines Kreuzestodes. Alle drei Zeugen stimmen in ihrer Aussage völlig überein.

9 Wenn wir schon den Zeugenaussagen von Menschen Glauben schenken, wieviel mehr müssen wir dann dem vertrauen, was Gott selbst bezeugt. Und Gott hat bezeugt, daß Jesus Christus sein Sohn ist. 10 Wer an den Sohn Gottes glaubt, der ist in seinem Innersten von der Wahrheit dieser Aussage überzeugt. Wer Gott nicht glaubt, stellt ihn als Lügner hin; denn er behauptet ja, Gottes Aussage über Jesus Christus sei falsch. 11 Gott aber hat ganz eindeutig erklärt, daß er uns das ewige Leben schenkt, und zwar nur durch seinen Sohn Jesus Christus. 12 Wer also an den Sohn glaubt, der hat das Leben; wer aber nicht an Jesus Christus glaubt, der hat auch das Leben nicht.

13 Ich weiß, daß ihr an Jesus Christus, den Sohn Gottes, glaubt. Mein Brief sollte euch noch einmal versichern, daß ihr das ewige Leben habt.

Gott erhört unsere Gebete

14 Wir dürfen uns darauf verlassen, daß Gott unser Beten erhört, wenn wir ihn um etwas bitten, was seinem Willen entspricht. 15 Und weil Gott solche Gebete ganz gewiß erhört, dürfen wir auch darauf vertrauen, daß er uns gibt, worum wir ihn bitten.[a]

16 Wenn jemand von euch merkt, daß ein anderer Christ sündigt,[b] soll er für ihn beten. Gott wird dem Sünder Gelegenheit zur Umkehr geben, damit er das ewige Leben nicht verliert. Das gilt aber nicht für die eine Sünde, die unweigerlich Gottes Verdammungsurteil und damit den ewigen Tod zur Folge hat. Wer vom Glauben abfällt und Gott lästert, für den sollt ihr nicht beten.[c] 17 Natürlich ist jedes Unrecht Sünde. Aber nicht jede Sünde führt in den ewigen Tod.

18 Wer ein Kind Gottes ist, der sündigt nicht. Das wissen wir, und wir wissen auch, daß Gott seine Kinder bewahrt, damit der Satan sie nicht zu Fall bringt. 19 Als Christen gehören wir zu Gott, auch wenn die ganze Welt um uns herum vom Satan beherrscht wird.

20 Doch wir wissen, daß der Sohn Gottes zu uns gekommen ist, damit wir durch ihn Gott kennenlernen, der die Wahrheit ist. Durch Jesus Christus, seinen Sohn, haben wir Gemeinschaft mit Gott. Ja, Jesus Christus ist selbst der wahre Gott. Er ist das ewige Leben. 21 Darum, meine Kinder, hütet euch davor, falschen Göttern nachzulaufen!

a) Wörtlich: daß wir das von ihm Erbetene haben.
b) Wörtlich: Wenn jemand seinen Bruder eine Sünde begehen sieht, (die) nicht zum Tode (führt).
c) Wörtlich: Es gibt Sünde, (die) zum Tode (führt); nicht im Hinblick auf sie sage ich, daß er bitten soll.

SANFTE KRAFT

Luci Swindoll

1. Johannes 5,4

1. Johannes 5,4 gehört seit Jahren zu meinen Lieblingsversen. Doch erst in letzter Zeit ist mir klargeworden, daß es darin nicht in erster Linie um Glauben, sondern vielmehr um Kraft geht. Diese Kraft ist nicht so offensichtlich wie die eines Lkws, der sich durch ein Flußbett wühlt, oder wie die Fähigkeit, Gewichte zu stemmen. Es ist eine stille Kraft, ähnlich der eines Samenkorns, die die Pflanze aus dem Erdreich hervorbrechen läßt; oder der Kraft bedeutungsvoller Worte, die auf Radiowellen durch den Äther fliegen, Menschen zu einer neuen Lebensorientierung bewegen und Herzen für Zeit und Ewigkeit verändern.

Haben Sie schon einmal eine solche Wut auf jemanden gehabt, daß Sie sich am liebsten umgedreht und nie mehr mit ihm oder ihr gesprochen hätten? Trotzdem sind Sie geblieben, fest entschlossen, mit der betreffenden Person zu sprechen und die Sache wieder in Ordnung zu bringen. Oder haben Sie sich schon einmal absolut unfähig für eine bestimmte Aufgabe gefühlt, dann aber ein mutmachendes Wort gefunden, das Ihnen half, die Sache durchzustehen und sogar erfolgreich zu beenden? Haben Sie schon einmal Ihre Liebe und Fürsorge in einen Menschen investiert, der im Grunde alles andere als liebenswert war, und sind Zeuge einer echten Veränderung in seinem Verhalten geworden – und das in erster Linie aufgrund Ihres Feingefühls und Ihrer Annahme? Das ist die Art von Kraft, die ich meine.

Als Gottes Kinder können wir tatsächlich die Welt überwinden, wenn wir fest daran glauben, daß wir Gottes verändernde Kraft in uns tragen. Reizt Sie das nicht, diese Wahrheit auf jedem Gebiet Ihres Lebens auszuprobieren? Mich jedenfalls schon!

Es gibt so viele Bereiche, in denen ich mir Veränderung wünsche. Ich möchte mir keine Sorgen mehr um das Geld machen. Ich möchte abnehmen. Ich möchte freundlicher und sanfter werden. Ich möchte nicht mehr neidisch sein, sondern den anderen alles Gute gönnen. Ich möchte mehr singen und weniger klagen. Ich möchte mich nicht mit dem Negativen aufhalten, sondern das Positive sehen. Ich möchte denen helfen, die mich brauchen, und nicht darauf warten, daß sie zu mir kommen. Ich möchte einfach erfüllt leben.

Soll ich weitermachen? Sie dürfen gern Ihre eigene Liste zusammenstellen. Denken Sie aber daran: Im Glauben haben Sie die Welt bereits überwunden. Darauf dürfen Sie sich berufen. Wenn Gott uns beauftragt, bevollmächtigt er uns auch. Diese Kraft der Veränderung gehört Ihnen vollkommen, und zwar durch den Glauben. Gehen Sie mutig vorwärts. Der Sieg ist Ihnen gewiß.

Die Befreiung ist kein leerer Traum!

Psalm 126

Als der Herr uns aus der Gefangenschaft
nach Jerusalem zurückbrachte, wußten wir nicht,
ob wir wachen oder träumen.

Doch dann lachten und jubelten wir laut vor Freude.
Auch die anderen Völker mußten zugeben:
«Was der Herr für sie getan hat, ist groß und gewaltig!»
Ja, der Herr hat große Taten für uns vollbracht!
Wir waren außer uns vor Freude.

Herr, wende auch jetzt unser düsteres Geschick zum Guten,
so wie du ausgetrocknete Bäche wieder mit Wasser füllst!

Wer die Saat mit Tränen aussät,
wird voller Freude die Ernte einbringen.
Weinend geht er hinaus und streut die Saat aufs Feld;
doch wenn er zurückkommt, jubelt er über die reiche Ernte.

Der zweite Brief des Johannes

Anschrift und Gruß

1 Als verantwortlicher Ältester wende
ich mich heute an eure Gemeinde und
an jeden einzelnen von euch.[a] Ich lie-
be euch von ganzem Herzen; aber
nicht nur ich, sondern auch alle ande-
ren, die in Christus die Wahrheit er-
kannt haben, lieben euch. 2 Diese
Wahrheit verbindet uns und wird uns
immer und ewig miteinander verbin-
den. 3 Ich bitte für uns alle um Gnade,
Erbarmen und Frieden von Gott, un-
serem Vater, und seinem Sohn Jesus
Christus, damit wir in Gottes Wahr-
heit und in seiner Liebe bleiben.

Die Wahrheit Gottes und die Liebe zum Nächsten

4 Ich bin sehr froh darüber, daß ich in
eurer Gemeinde einige gefunden ha-
be, die sich nach Gottes Wahrheit
richten, so wie es Gottes Willen ent-
spricht. 5 Eure ganze Gemeinde
möchte ich jetzt an das wichtigste Ge-
bot erinnern: Wir sollen einander lie-
ben. Ihr wißt ja, daß ich damit nichts
Neues sage, sondern nur wiederhole,
was Gott von Anfang an erwartet hat.
6 Diese Liebe zeigt sich darin, daß wir
nach Gottes Geboten leben. Von An-
fang an ist euch das gesagt worden,
damit ihr euch auch wirklich danach
richtet.

Warnung vor falschen Lehrern

7 Überall begegnen wir Betrügern, die
in der ganzen Welt ihre Irrlehren ver-
breiten. Sie wollen die Menschen auf
einen falschen Weg locken und be-
haupten, daß Jesus Christus nicht als
Mensch aus Fleisch und Blut zu uns
gekommen ist. Diese Betrüger sind
Werkzeuge des größten Verführers
aller Zeiten und des schlimmsten
Feindes Christi, des Antichristen.
8 Seht euch vor, daß ihr nicht alles ver-
liert, was ihr durch Christus erhalten
habt, sondern daß ihr von Gott den
vollen Lohn für eure Arbeit erhaltet.
9 Wer über das hinausgeht, was
Christus uns gelehrt hat, der wendet
sich von Gott ab. Nur wer sich an die
Lehre von Christus hält, hat mit dem
Sohn auch den Vater. 10 Sollte also je-
mand zu euch kommen, der euch
etwas anderes erzählen will, den
schickt gleich wieder weg. Vermeidet
jeden Kontakt mit ihm. 11 Denn wer
diese Verführer auch nur grüßt, un-
terstützt ihre bösen Absichten und
macht sich mitschuldig.
12 Ich habe noch so viele Anliegen
auf dem Herzen, aber die möchte ich
euch lieber persönlich sagen und
nicht schreiben. Ich hoffe, bald bei
euch zu sein. Dann können wir alles
miteinander besprechen, und nichts
wird unsere Freude trüben.
13 Alle Christen hier lassen euch
herzlich grüßen.[b]

a) Wörtlich: Der Älteste (Presbyter) an die auserwählte Herrin und ihre Kinder.
b) Wörtlich: Es grüßen dich die Kinder deiner auserwählten Schwester.

Auserwählte Frauen

Ruth A. Tucker

2. Johannes 13

Der Apostel Johannes widmet einen eigenen Brief einer Frau, der «auserwählten Herrin», wie Vers 1 wörtlich lautet. Wer war diese «auserwählte Herrin»? Woher kam sie? Welche Rolle spielte sie im Leben der Gemeinde? Wie kam sie zum Glauben an Christus?

Wie oft wünschten wir, die Bibel enthielte mehr Einzelheiten über bestimmte Personen und Ereignisse. Auch dieser Brief läßt Fragen über die nicht näher identifizierte Frau und ihre «auserwählte Schwester» offen. Einige Theologen nehmen an, daß es sich bei diesen beiden Frauen um Leiterinnen von Hausgemeinden handelte. Mit den «Kindern» könnten ihre geistlichen Kinder gemeint sein. In diesem Fall haben sie möglicherweise einen entscheidenden Beitrag zum Wachstum der Urgemeinde geleistet.

In gewisser Hinsicht macht gerade die Tatsache, daß wir nichts Genaues über ihre Identität erfahren, diese beiden Frauen zu einem Sinnbild für zahllose «auserwählte Frauen» aus aller Welt, die im Lauf der Jahrhunderte aus festem Glauben Wichtiges für die Gemeinde Gottes geleistet haben – Frauen, deren Namen in den Annalen der Geschichte meist verlorengingen.

Oft frage ich mich, was aus mir geworden wäre, wenn es da nicht zwei «auserwählte Frauen» gegeben hätte. Frau Salthammer und Frau Cowan zogen mehrere Jahre vor meiner Geburt in unsere Gegend, und aus ihrem aufopferungsvollen Gemeindegründungsdienst erwuchs eine neue Gemeinde in unserem Dorf.

Als ich in jener kleinen Dorfgemeinde aufwuchs, hatten die beiden Frauen längst ihre Koffer gepackt und waren weitergezogen, um ihre Arbeit an anderen Orten fortzusetzen. Was ich über sie weiß, stammt aus Gebetsanliegen, die in der Gemeinde für sie vorgebracht wurden, und aus ihren gelegentlichen Besuchen, wenn sie in den Sommerferien Bibelkurse hielten. Als Kinder lachten wir manchmal über die altmodische Art, wie sie sich kleideten, und erzählten uns Witze darüber, wie man sie mit einer Ladung Kartoffeln oder Rüben statt mit Geld bezahlte. Später erfuhr ich, daß eine von ihnen in einem Armengrab bestattet worden war.

Es waren ganz gewöhnliche Frauen, deren Lebenszeit zu Ende gegangen ist und deren Namen bald ganz in Vergessenheit geraten sein werden. Aber ihr Dienst wird durch die Generationen ihrer geistlichen Kinder weiterleben. Sie waren auserwählte Frauen.

Der dritte Brief des Johannes

Anschrift und Gruß

[1] Als verantwortlicher Ältester schreibe ich an meinen Freund Gajus, den ich aufrichtig liebe. [2] Lieber Gajus! Ich hoffe, daß es dir gutgeht und du an Leib und Seele so gesund bist wie in deinem Glauben.

Vorbildliches Verhalten

[3] Ich habe mich sehr gefreut, als einige Brüder zu mir kamen und berichteten, wie unerschütterlich du dich zu Christus bekennst und wie konsequent du nach seinen Worten lebst.[a] [4] Für mich gibt es keine größere Freude, als zu hören, daß alle treu im Glauben leben, die durch mich Christen geworden sind.[b]

[5] Mein lieber Freund! Es ist gut, daß du dich für die Missionare so tatkräftig einsetzt, die eure Gemeinde besuchen. [6] Sie selbst haben uns vor der ganzen Gemeinde deine Liebe bestätigt. Es ist gut und richtig, wenn du ihnen alles gibst, was sie für ihre Weiterreise benötigen und wie es ihnen als Dienern Gottes zusteht. [7] Denn sie wagen diese Reisen, um die Botschaft von Jesus Christus zu verkündigen, und wollen auf keinen Fall von den Nichtchristen etwas für ihren Lebensunterhalt annehmen. [8] Darum ist es unsere Aufgabe, diese Männer zu unterstützen. So helfen wir mit, daß Gottes Wahrheit weitergetragen wird.

Ein schlechtes Beispiel

[9] Ich habe bereits an eure Gemeinde geschrieben. Aber Diotrephes, der bei euch gern die führende Rolle spielen möchte, will nicht auf uns hören. [10] Wenn ich zu euch komme, muß ich sein ganzes Tun und Treiben aufdekken; denn er bringt uns mit seinen Verdächtigungen und Lügen überall in Verruf. Er ist nicht bereit, durchreisende Missionare aufzunehmen, ja er schließt sogar die Leute aus der Gemeinde aus, die das tun. [11] Doch du, mein lieber Freund, sollst diesem schlechten Beispiel nicht folgen, sondern dem guten. Denn nur, wer das Gute tut, ist ein Kind Gottes. Wer das Böse tut, kennt Gott nicht.

[12] Von Demetrius aber hört man überall nur Gutes. Gott selbst hat sich zu seinem Dienst bekannt.[c] Auch wir können dies bestätigen. Und wie du weißt, sagen wir die Wahrheit.

[13] Es gibt noch so vieles, was ich dir gern mitteilen würde. Aber ich möchte es nicht schriftlich tun. [14] Doch ich hoffe, bald bei dir zu sein, und dann können wir über alles ausführlich sprechen.

[15] Ich wünsche dir Gottes Frieden. Die Freunde von hier lassen dich grüßen. Grüße auch du bitte jeden einzelnen unserer Freunde!

a) Wörtlich: und Zeugnis ablegten für deine Wahrheit, wie du auch in (der) Wahrheit wandelst.
b) Wörtlich: daß meine Kinder in der Wahrheit wandeln.
c) Wörtlich: Ihm ist von der Wahrheit selbst ein gutes Zeugnis ausgestellt worden.

Meine grösste Freude

Ruth Heil

3. Johannes 4

Es war auf einer Osterkonferenz. Eine junge Frau nahm mit ihrem Mann teil. Sie wollte hören, was wir über Gott zu sagen hatten. Ich sprach über das Volk Israel in der Wüste: Giftige Schlangen rafften viele Menschen hinweg. Wer aber auf die von Mose errichtete Schlange schaute, blieb am Leben. «Ich kann einfach nicht verstehen, warum es die Menschen nicht einmal probierten», hatte eines meiner Kinder im Kindergottesdienst dazu gemeint. Auch das berichtete ich. Das junge Paar ging in sein Zimmer: «Gott, wenn es dich wirklich gibt, dann wollen wir zu dir gehören», beteten die beiden. Heute gehören sie zu unseren Mitarbeitern. Ich spüre immer eine große Freude, wenn ich ihnen begegne. Ja, es ist wirklich die größte Freude!

Aber da sind die vielen anderen, mit denen ich schon sprach. Sie haben mit Jesus Christus ihren Weg begonnen, aber sind wieder in ihre alten Gewohnheiten zurückgefallen. Es gibt Tage, an denen solche Erlebnisse mich ganz mutlos machen. Ich grüble, wo ich versagt habe. Die Folge ist, daß dunkle Gedanken mich bedrücken wollen.

Ähnlich ist es manchmal, wenn ich über unsere Kinder nachdenke. Ja, das ist wirklich die größte Freude, sie ihren Weg mit Jesus gehen zu sehen. Aber nicht alle gehen ihn. Auch dann kommen Fragen auf: «Wann war ich kein gutes Vorbild? Wo bin ich schuldig geworden? Was hätte ich anders machen können?»

Es ist gut, daß wir nicht nur die größte Freude mit Gott teilen dürfen, sondern auch unser Versagen und unseren Kummer.

Am wichtigsten erscheint mir, daß ich nicht dabei stehenbleibe, mich anzuklagen, sondern anfange, alles in Gottes Hände zu legen. Ich brauche nicht länger auf Menschen und Umstände zu schauen, auch nicht auf mein Versagen, sondern auf all das, was Gott tun kann.

Und noch mehr: Ich darf meinen Blick auf all das lenken, was er schon gewirkt hat. Und das meint ganz einfach, immer wieder dankbar zu werden für alles, was Gott schon getan hat. «Meine größte Freude» – das ist die Blickrichtung der Dankbarkeit.

Der Brief des Judas

Anschrift und Gruß

1 Judas, der Jesus Christus dient, ein
Bruder des Jakobus, schreibt diesen
Brief an alle, die Gott zum Glauben
berufen hat. Gott, der Vater, liebt
euch alle, und Jesus Christus wird
euch sicher ans Ziel bringen[a].
2 Ich wünsche euch, daß Gottes rei-
che Barmherzigkeit, sein Friede und
seine Liebe euch immer mehr erfül-
len.

Warnung vor falschen Lehren

3 Liebe Freunde! Eigentlich wollte ich
euch davon schreiben, wie Gott uns
vor Tod und Verderben gerettet hat.
Das liegt mir sehr am Herzen. Doch
nun muß ich in meinem Brief ermah-
nen und warnen. Haltet entschlossen
am Glauben fest, und bewahrt ihn ge-
nau so, wie er euch überliefert wurde;
denn was Gott gesagt hat, ist für alle
Zeit gültig.
4 Bei euch haben sich einige Leute
eingeschlichen, über die schon längst
das Urteil gefällt wurde. Gewissenlos
mißbrauchen sie die Gnade Gottes als
Freibrief für ihr zügelloses, aus-
schweifendes Leben; ja, sie verraten
Jesus Christus, der doch allein unser
Herr ist.
5 Was ich jetzt sage, ist euch allen
längst bekannt. Und doch möchte ich
euch eindringlich daran erinnern.
Zwar hat Gott das ganze Volk Israel
sicher aus Ägypten geführt und aus
der Sklaverei befreit. Trotzdem hat
er später alle umkommen lassen, die
sich von ihm abgewandt hatten. 6 Un-
nachsichtig strafte Gott auch die En-
gel, die ihm ungehorsam waren. Sie
hatten ihren Auftrag mißachtet und
den Platz verlassen, der ihnen von
Gott zugewiesen war. Dafür hält Gott
sie bis zum Tag des letzten Gerichts
mit unlösbaren Ketten in der Finster-
nis eingeschlossen.[b] 7 Vergeßt auch
nicht Sodom und Gomorra und die
umliegenden Städte. Auch sie waren
Gott ungehorsam. Denn sie führten
ein lasterhaftes Leben voller Unzucht
und gaben sich den widerlichsten
Ausschweifungen hin. Sie sind ein
warnendes Beispiel: Jetzt müssen sie
die Qualen des ewigen Feuers erlei-
den.
8 Genauso verhalten sich diese
Wirrköpfe in euern Gemeinden.
Auch sie lassen sich von ihren Trie-
ben und Leidenschaften beherr-
schen, lehnen jede Autorität ab, ja sie
verspotten alle sichtbaren und un-
sichtbaren Mächte und lästern sie.
9 Das wagte nicht einmal Michael,
und er ist doch ein Fürst der Engel.
Als der Teufel ihm den Leichnam des
Mose streitig machen wollte, sagte er
nur: «Der Herr soll dich bestrafen!»,

a) Wörtlich: bewahrt für Jesus Christus.

b) Wörtlich: (Ich will euch daran erinnern,) wie er die Engel, die ihre Herrschaft nicht bewahrten, sondern ihre Wohnstatt verließen, für das Gericht des großen Tages mit ewigen Fesseln in der Finsternis bewahrt hält.

ohne ihn zu beschimpfen und zu verurteilen.[a] [10]Diese Leute aber spotten über Dinge, die sie überhaupt nicht kennen. Ohne jede Vernunft, wie die Tiere, folgen sie nur ihren Trieben. Damit richten sie sich selbst zugrunde.

[11]Wehe ihnen! Sie folgen dem Beispiel des Kain, der seinen Bruder umbrachte.[b] Wie Bileam sind sie für Geld zu allem bereit.[c] Und wie Korah gehen sie an ihrer Aufsässigkeit zugrunde.[d] [12]Wenn ihr euch zu euren Mahlzeiten versammelt, haben sie keine Hemmungen, sich die Bäuche vollzuschlagen. Ein Schandfleck sind sie für eure Gemeinde! Sie sind wie Wolken, die der Wind vor sich hertreibt, ohne daß sie den ersehnten Regen bringen; wie verdorrte Bäume, auf denen man zur Erntezeit die Früchte vergeblich sucht. Sie sind tot, vollkommen tot; abgestorben bis zur Wurzel. [13]Sie sind wie die wilden Meereswogen, die ihren Schmutz und Unrat ans Ufer werfen. Sie gleichen Sternen, die aus der Bahn geraten sind, und werden in der ewigen Finsternis versinken.

[14]Henoch, der in der siebten Generation nach Adam lebte, hatte schon damals über solche Leute gesagt: «Seht, der Herr kommt mit vielen tausend heiligen Engeln, [15]um über alle Menschen Gericht zu halten und alle Gottlosen zu verurteilen, die sich gegen seinen Willen aufgelehnt haben. Ihr gottloses Treiben und ihr höhnisches Geschwätz wird er dann bestrafen.»

[16]Dabei sind diese Leute keineswegs glücklich, sondern ständig unzufrieden und beklagen voller Selbstmitleid ihr Schicksal. Sie lassen sich von ihren niedrigen Begierden antreiben, halten großartige Reden und kriechen dabei vor den Leuten, wenn sie nur ihre Macht und ihr persönliches Ansehen erweitern können.

Laßt euch im Glauben nicht beirren!

[17]Ihr aber, meine lieben Freunde, sollt daran denken, was euch die Apostel unseres Herrn Jesus Christus schon vor langer Zeit gesagt haben. [18]Sie warnten euch davor, daß in den letzten Tagen dieser Welt Spötter auftreten werden, die sich von nichts anderem als von ihren selbstsüchtigen Begierden leiten lassen. [19]Durch diese Leute kommt es zu Spaltungen in der Gemeinde. Ihr ganzes Tun und Denken ist auf diese Welt ausgerichtet; aber Gottes Geist ist nicht in ihnen.[e]

[20]Doch ihr, meine lieben Freunde, sollt euch im Glauben nicht irremachen lassen, den Gott euch selbst geschenkt hat.[f] Er ist das Fundament, auf dem ihr euer Leben aufbaut. Betet in der Kraft des Heiligen Geistes! [21]Bleibt fest in der Liebe Gottes, und wartet geduldig auf den Tag, an dem euch unser Herr Jesus Christus in seiner Barmherzigkeit zum ewigen Leben führen wird. [22]Kümmert euch um alle, die im Glauben unsicher sind.

a) 5. Mose 34,6
b) 1. Mose 4
c) 4. Mose 22
d) 4. Mose 16
e) Wörtlich: Sie sind es, die Spaltungen machen, irdisch Gesinnte, ohne Geist.
f) Wörtlich: euer heiligster Glaube.

HINDERNISSE UND CHANCEN

Ruth Senter

Judas 20.21

Man erzählt sich die Geschichte eines alten schottischen Fischers, der mit Freunden in einem kleinen Teehaus an der Küste saß. Als er gestenreich von den Erträgen seines Fischzugs an jenem Tag erzählte, stieß er mit der Hand versehentlich seine Teetasse um. Ein häßlicher brauner Teefleck zeichnete sich auf der frisch gekalkten Wand neben ihm ab.

«Mach dir wegen des Flecks keine Gedanken», sagte einer der Freunde, erhob sich von seinem Stuhl und zog ein Stück brauner Kreide aus der Hosentasche. In kurzer Zeit entstand aus jenem häßlichen braunen Teefleck ein majestätischer Hirsch mit ausladendem Geweih und gewölbter Kruppe. Der Freund des Fischers war einer der berühmtesten Maler Englands.

Das Leben birgt eine Fülle häßlicher Teeflecke, die makellos gekalkte Wände verunstalten. Oft scheint die Alltagswirklichkeit mehr Hindernisse als Chancen zu enthalten, eher Leid als Liebe, eher Reiberei als Ruhe, eher Grauen als Glück, eher Zorn als Zärtlichkeit. Es gibt nicht wenig Anlaß, sich davon irremachen und entmutigen zu lassen. Doch wenn ich Paulus im Römerbrief richtig verstehe, darf ich glauben, daß Gott alles in meinem Leben benutzt, um mich ihm ähnlicher zu machen (Römer 8,28).

Gemeinsam können er und ich die Teeflecke meines Lebens nehmen und etwas Neues daraus machen, sogar etwas Schönes. Wir können die Reibereien nehmen und ruhig bleiben, das Leid ertragen und Liebe üben, den Zorn überwinden und zärtlich sein, die Hindernisse nutzen und sie in Chancen verwandeln. Das ist es, was Gott mir aus dem Stoff des Lebens zu bieten hat.

Und wenn Gott sagt, daß er so etwas für mich zu tun vermag, dann steht mir nur mein Unglaube im Weg, es auch zu erfahren. Wenn das Leben eines Christen sich zu leben lohnt, dann lohnt es sich, Gott zu glauben. Und wenn ich Gott glaube, dann ist den Möglichkeiten keine Grenze gesetzt.

[23] Rettet sie vor Gottes Strafgericht.[a] Auch allen anderen Menschen sollt ihr mit Güte und Erbarmen begegnen. Aber hütet euch davor, daß ihr dabei nicht selber in ihr böses und gottloses Leben hineingezogen werdet.[b]

Lob Gottes

[24] Gott allein kann uns davor bewahren, daß wir vom rechten Weg abirren. Wenn Christus dann in seiner Herrlichkeit wiederkommt, dürfen wir mit reinem Gewissen und voller Freude zu ihm kommen.

[25] Gott, der uns durch Jesus Christus, unseren Herrn, gerettet hat, gehört seit allen Zeiten Ehre, Ruhm, Macht und Herrlichkeit für immer und ewig. Amen.

a) Wörtlich: Reißt sie aus dem Feuer.
b) Wörtlich: Aber haßt sogar das vom Fleisch befleckte Kleid.

Die Offenbarung an Johannes

Wie dieses Buch entstanden ist

1 In diesem Buch enthüllt Jesus Christus Gottes Geheimnisse und Pläne, damit seine Diener wissen, was bald geschehen wird. Durch einen Engel hat Christus dies alles seinem Diener Johannes gezeigt.

2 Alles, was er gesehen und gehört hat, gibt Johannes hier weiter. Er bezeugt, was Gott gesagt und Jesus Christus ihm gezeigt und bestätigt hat. 3 Wer die prophetischen Worte dieses Buches liest, auf sie hört und danach handelt, der ist wirklich glücklich zu nennen. Denn schon bald wird dies alles in Erfüllung gehen.

Grüße an sieben Gemeinden

4 Dies schreibt Johannes an die sieben Gemeinden in der Provinz Asien:

Ich wünsche euch Gnade und Frieden von Gott; von ihm, der immer da ist, der von Anfang an war und der kommen wird. Gnade und Frieden auch von seinem Heiligen Geist[a], der vor Gottes Thron ist, 5 und von Jesus Christus, der uns zuverlässig Gottes Wahrheit bezeugt. Er ist als erster von den Toten auferstanden[b] und herrscht über alle Könige dieser Erde. Er, der uns liebt und durch seinen Tod am Kreuz[c] von unseren Sünden befreit hat, 6 er gibt uns Anteil an seiner Herrschaft und hat uns zu Priestern gemacht, die Gott, seinem Vater, dienen. Ihm gehören Ehre und alle Macht für immer und ewig. Das steht unumstößlich fest![d]

7 Seht! Jesus Christus wird – für alle sichtbar[e] – wiederkommen. Alle Menschen werden ihn sehen, auch die, die ihn ans Kreuz geschlagen haben. Dann werden alle Völker dieser Erde jammern und klagen. Das ist ganz sicher!

8 «In meiner Macht steht alles, von A bis Z. Ich bin der Anfang, und ich bin das Ziel»,[f] spricht Gott, der Herr. Er ist immer da, von allem Anfang an, und er wird kommen: der Herr über alles!

«Schreibe alles auf!»

9 Ich bin Johannes, euer Bruder, und teile mit euch Bedrängnis und Verfolgung. Wie ihr warte auch ich geduldig und standhaft darauf, daß Jesus Christus wiederkommt; dann werde ich mit euch an seiner Herrschaft teilhaben. Weil ich Gottes Wort verkündet und Jesus öffentlich bezeugt habe, wurde ich auf die Insel Patmos verbannt.

a) Wörtlich: von den sieben Geistern. Vgl. Jesaja 11,2
b) Wörtlich: Erstgeborener.
c) Wörtlich: durch sein Blut.
d) Wörtlich: Amen.
e) Wörtlich: mit den Wolken. Vgl. Daniel 7,13; Matthäus 24,30
f) Wörtlich: Ich bin das A (Alpha) und das O (Omega).

10 An einem Sonntag war es, als
Gottes Geist mich ergriff.[a] Ich hörte
hinter mir eine gewaltige Stimme,
durchdringend wie eine Posaune:
11 «Schreibe alles auf, was du siehst,
und sende das Buch an die sieben Ge-
meinden: nach Ephesus, Smyrna und
Pergamon, nach Thyatira, Sardes,
Philadelphia und Laodicea.»
12 Ich drehte mich um, weil ich se-
hen wollte, wer zu mir sprach. Da sah
ich sieben goldene Leuchter. 13 Mit-
ten zwischen ihnen stand einer, der
wie ein Mensch[b] aussah. Er hatte
einen langen Mantel an, und um die
Brust trug er einen goldenen Gürtel.
14 Die Haare auf seinem Kopf waren
wie weiße Wolle, ja leuchtend weiß
wie Schnee. Seine Augen glühten wie
Feuerflammen, 15 die Füße glänzten
wie flüssiges Gold im Schmelzofen,
und seine Stimme dröhnte wie ein to-
sender Wasserfall. 16 In seiner rechten
Hand hielt er sieben Sterne, und die
Worte aus seinem Mund wirkten wie
ein scharfes, doppelschneidiges
Schwert. Sein Gesicht leuchtete
strahlend hell wie die Sonne.
17 Als ich das sah, fiel ich wie tot vor
seinen Füßen nieder. Aber er legte
seine rechte Hand auf mich und sag-
te: «Fürchte dich nicht! Ich bin der
Erste und der Letzte, 18 und ich bin
der Lebendige. Ich war tot, doch nun
lebe ich für immer und ewig, und ich
habe Macht über den Tod und das
Reich des Todes.
19 Schreibe alles auf, was du siehst:
das, was jetzt schon geschieht und was
in Zukunft geschehen wird.
20 Die sieben Sterne in meiner
Hand und die sieben goldenen
Leuchter, die du gesehen hast, haben
folgende Bedeutung: Die sieben
Sterne sind die von Gott beauftragten
Leiter[c] der sieben Gemeinden, und
die sieben Leuchter sind diese Ge-
meinden selbst.»

Der Brief an die Gemeinde in Ephesus

2 «Schreibe an den Leiter[d] der Ge-
meinde in *Ephesus:*
Der in seiner rechten Hand die sie-
ben Sterne hält und zwischen den sie-
ben goldenen Leuchtern einhergeht,
der läßt eurer Gemeinde sagen:
2 Ich weiß, wieviel Gutes du tust,
weiß von all deiner Arbeit, und ich
kenne auch deine Standhaftigkeit. Es
ist gut, daß du die Bösen in eurer Mit-
te nicht duldest und die als Lügner
entlarvst, die sich als Apostel ausge-
ben und es doch nicht sind. 3 Geduldig
hast du für mich Schweres ertragen
und niemals aufgegeben.
4 Aber das eine habe ich gegen
dich: Du liebst mich nicht mehr so wie
früher. 5 Erinnere dich daran, mit
welch leidenschaftlicher Hingabe du
dich einmal für mich entschieden
hast. Was ist davon geblieben? Kehre
um, und werde wieder so, wie du am
Anfang warst.[e] Wenn du dich nicht
von Grund auf änderst und zu mir

a) Wörtlich: Ich geriet in Verzückung am Tag des Herrn.
b) Wörtlich: Menschensohn.
c) Wörtlich: Engel (= von Gott gesandter Bote). Möglich ist auch, unter «Engel» die himmlischen Vertreter der irdischen Gemeinden zu verstehen.
d) Vgl. Kap. 1,20
e) Wörtlich: Gedenke nun, von welcher Höhe du gefallen bist, und kehre um und tue wieder die ersten Werke.

EIN BUCH GEGEN DIE VERZWEIFLUNG

Anne Graham Lotz

Offenbarung 1,1–20

In Mogadischu in Somalia ist ein junger Mann mit dem Fahrrad unterwegs zur Arbeit. Er gilt als das prominenteste Mitglied seiner kleinen, ums Dasein ringenden christlichen Gemeinschaft. Er sieht es als seine Lebensaufgabe an, junge Christen auszubilden und dadurch die Gemeinde Jesu in Somalia aufzubauen. Die Christen des Landes setzen große Erwartungen in diesen begabten, enthusiastischen, geisterfüllten jungen Mann. Er könnte den Gemeinden zu Wachstum und öffentlichem Einfluß verhelfen.

Doch an diesem Morgen im März wird er von zwei Männern auf einem Motorrad überholt, und eine Maschinengewehrsalve beendet abrupt ein vielversprechendes Leben. Bei dem brutalen, sinnlosen Mord bleiben die junge Frau und ihr einjähriges Kind völlig mittellos zurück. Aufgrund ihres Bekenntnisses zum christlichen Glauben ist sie von ihrer Familie und ihrem Stamm verstoßen worden. Die gesamte christliche Gemeinschaft des Landes ist bis in die Grundfesten ihres Glaubens erschüttert.

Gibt es irgendeine Hoffnung für die Zukunft dieser jungen Frau und ihres Kindes? Gibt es Hoffnung für die Christen in Somalia? Während die trauernden Hinterbliebenen versuchen, die Scherben ihres Lebens aufzulesen und zu kitten, möchte ich Sie fragen: Wie steht es mit Ihnen? Haben Sie möglicherweise etwas ähnlich Tragisches erlebt? Hat Ihr Leben eine unerwartete Wendung genommen? Gibt es eine Hoffnung für Ihre Zukunft? Wenn das Leben zu schwer zu sein scheint … Wenn über gute Menschen unfaßbares Unheil hereinbricht … Wenn das Böse über das Gute Triumphe feiert … Wenn die ganze Hölle sich aufmacht … Wenn der Tod noch seine Macht zeigt und das Grab anscheinend den Sieg behält … gibt es dann überhaupt Hoffnung? Das Buch der Offenbarung antwortet auf diese Frage mit einem eindeutigen Ja. Wenn die Sterne vom Himmel fallen … Wenn die Berge ins Meer stürzen … Wenn die Dämonen auf die Erde losgelassen werden … Wenn das Blut der Erschlagenen bis an die Zügel der Pferde reicht … Wenn selbst die schrecklichsten Alpträume Realität werden … dann gibt es dennoch eine wunderbare, strahlende, felsenfeste Hoffnung für die Zukunft – und sie heißt Jesus Christus!

Ich möchte Sie einladen, sich in dieses einmalige Abenteuer hineinzuwagen, das Buch der Offenbarung zu lesen. Die vielen Bilder und Symbole mögen verwirrend oder langweilig erscheinen, vieles mag unverständlich anmuten – machen Sie sich dennoch auf den Weg. Es lohnt sich – denn es gibt eine strahlende Hoffnung zu entdecken: Jesus Christus, den Sieger über alles Unheil dieser Welt.

umkehrst, werde ich kommen und
deinen Leuchter von seinem Platz
stoßen. 6 Eins aber will ich dir zugu-
tehalten: Dir ist das Treiben der zü-
gellosen Nikolaiten[a] ebenso verhaßt
wie mir.
7 Hört genau hin, und achtet dar-
auf,[b] was Gottes Geist den Gemein-
den sagt. Denn wer durchhält und das
Böse besiegt, dem will ich die Früchte
vom Baum des Lebens zu essen ge-
ben, der in Gottes Paradies steht.»

Der Brief an die Gemeinde in Smyrna

8 «An den Leiter der Gemeinde in
Smyrna schreibe:
Diese Botschaft kommt von dem,
der zugleich der Erste und der Letzte
ist, der tot war und nun wieder lebt.
9 Ich kenne alle deine Leiden und
weiß, in welcher Armut du lebst;
doch in Wirklichkeit bist du reich.[c]
Mir ist auch nicht entgangen, wie bös-
artig euch die Leute verleumden, die
sich für fromm halten,[d] in Wirklich-
keit aber Gehilfen des Satans sind.
10 Fürchte dich nicht vor dem, was dir
noch bevorsteht. Der Teufel wird
einige von euch ins Gefängnis brin-
gen, um euch auf die Probe zu stellen.
Zehn Tage lang werdet ihr leiden
müssen. Doch wenn du mir treu
bleibst, treu bis zum Tod, werde ich
dir den Preis des Siegers geben: das
ewige Leben.
11 Hört genau hin, und achtet dar-
auf, was Gottes Geist den Gemein-
den sagt. Wer durchhält und das Böse
besiegt, dem wird der zweite, der ewi-
ge Tod nichts anhaben können.»

Der Brief an die Gemeinde in Pergamon

12 «Schreibe an den Leiter der Ge-
meinde in *Pergamon:*
Das läßt dir der sagen, der das
scharfe, doppelschneidige Schwert
trägt.
13 Ich weiß, daß du in einer Stadt
wohnst, die vom Satan regiert und be-
herrscht wird.[e] Trotzdem bekennst
du dich treu zu mir und hast deinen
Glauben nicht widerrufen; selbst
dann nicht, als Antipas, mein treuer
Zeuge, in dieser Hochburg des Satans
getötet wurde.
14 Und doch habe ich etwas an dir
auszusetzen: Du duldest in eurer Mit-
te Leute, die an der Lehre Bileams
festhalten. Aber Bileam brachte Ba-
lak dazu, das Volk Israel ins Verder-
ben zu stürzen. Er verführte sie, das
Fleisch von Götzenopfern zu essen,
und verleitete sie zu sexueller Zügel-
losigkeit[f]. 15 Außerdem gibt es unter
euch Leute, die den Nikolaiten und
ihrer Irrlehre folgen.[g] 16 Wenn du dich
nicht von Grund auf änderst und zu
mir umkehrst, werde ich sehr schnell
zu dir kommen. Meine Worte werden
diese Leute treffen wie ein scharfes
Schwert.[h]
17 Hört genau hin, und achtet dar-

a) Irrlehrer, deren Oberhaupt wohl Nikolaus hieß.
b) Wörtlich: Wer Ohren hat zu hören, der höre.
c) Vgl. Lukas 6,20; 2. Korinther 6,10; Jakobus 2,5
d) Wörtlich: die von sich sagen, sie seien Juden.
e) Wörtlich: wo der Thron des Satans ist.
f) Wörtlich: Hurerei. Vgl. 4. Mose 31,16; 25,1–2
g) Vgl. Kap. 2,6
h) Wörtlich: Ich werde sie bekämpfen mit dem Schwerte meines Mundes.

WEISST DU NOCH, DAMALS …?

Brunhilde Blunck

Offenbarung 2,4–5

In Rom hat der Kaiser Domitian die Herrschaft angetreten (81–96 n.Chr.). Er sieht sich selbst als Gott-König. Seine Regierungserlasse beginnen mit dem Satz: «Unser Herr und Gott Domitian befiehlt …» Bis in die fernsten Provinzen des Römischen Weltreiches hinein soll der Kaiserkult durchgeführt werden. Alle Menschen sollen den Kaiser als Gott verehren und anbeten. Die Christen in Kleinasien können auf diese Forderung nicht eingehen. Ihr Herr und Gott ist Jesus Christus allein. Es kommt zu grausamen Christenverfolgungen. Der von allen Gemeinden hochgeschätzte alte Johannes wird nach Patmos verbannt. Dort bekommt er von Gott den Auftrag, Briefe an die kleinasiatischen Gemeinden zu schreiben, um die Christen zu trösten und zu ermutigen, ihrem Glauben treu zu bleiben.

Wir erleben heute in Deutschland keine Verfolgung. Aber angegriffen werden wir auch, wenn wir uns offen zu Jesus Christus bekennen. Es tut weh, wenn Freunde und Nachbarn über unser Tischgebet oder unseren Gottesdienstbesuch spotten. Es tut uns deshalb gut zu hören, was Gottes Wort den verzagten und wankend gewordenen Christen zu sagen hat.

Die Christen in Ephesus werden wegen ihrer Standhaftigkeit gelobt. Sie haben die falschen Prediger, die bei ihnen auftauchten, erkannt. Sie waren bereit, Schwierigkeiten zu ertragen, die sie wegen ihres Festhaltens an Jesus Christus erleiden mußten.

Dem Lob folgt die Ermahnung: «Ihr liebt mich nicht mehr so wie am Anfang. Ihr seid müde geworden. Ihr glaubt noch, aber eurem Glauben fehlt die Freude. Ihr seid im Einsatz für Jesus, aber die Mitarbeit geschieht mehr aus Pflicht als aus Liebe zu Jesus. Ihr schlagt noch die Bibel auf, ihr betet, aber seid ihr auch voller Erwartung, daß Gott wirklich hört und redet?»

Umkehr ist nötig! Bekennt Jesus eure Müdigkeit, eure Lustlosigkeit, euren Kleinglauben. Bittet ihn, daß er euch verändert.

Auch wir brauchen solche Ermahnung und Erinnerung, wieder zur ersten Liebe zurückzukehren. Jesus ist bereit, uns wieder neu zu zuversichtlichen und frohen Christen zu machen, die in dieser dunklen Welt sein Licht aufstrahlen lassen.

auf, was Gottes Geist den Gemein-
den sagt. Wer durchhält und das Böse
besiegt, wird Brot vom Himmel es-
sen[a]. Als Zeichen des Sieges werde
ich ihm ein Täfelchen aus weißem
Marmor[b] geben. Darauf steht ein
neuer Name, den nur der kennt, der
ihn erhält.»

Der Brief an die Gemeinde in Thyatira

18 «Schreibe an den Leiter der Ge-
meinde in *Thyatira:*
Dies sagt dir der Sohn Gottes, des-
sen Augen wie Feuerflammen glühen
und dessen Füße wie flüssiges Gold-
erz glänzen. 19 Ich sehe alles, was du
tust. Ich weiß, mit welcher Liebe du
mir dienst und mit welcher Treue du
am Glauben festhältst. Ich weiß, daß
du dich in deinem Dienst für andere
aufopferst, und ich kenne deine Ge-
duld. Und heute setzt du dich noch
mehr ein als früher.
20 Trotzdem habe ich etwas an dir
auszusetzen: Du unternimmst nichts
gegen diese Isebel, die sich als Pro-
phetin ausgibt. Durch ihre Lehre ver-
führt sie die Gläubigen zu einem zü-
gellosen Leben[c] und ermuntert sie,
ohne Bedenken das Fleisch der Göt-
zenopfer zu essen. 21 Diese Frau hat
genug Zeit gehabt, ihr Leben zu än-
dern. Aber sie weigert sich umzukeh-
ren. 22 Darum wird sie nun im Kran-
kenbett für ihre Untaten büßen. Und
alle, die sich mit ihr eingelassen ha-
ben, werden ebenso Schlimmes er-
dulden müssen, wenn sie nicht bereit
sind, sich von ihr zu trennen. 23 Ihre
Kinder werde ich dem Tod ausliefern.
Dann werden alle Gemeinden wis-
sen, daß ich die Menschen durch und
durch kenne, selbst ihre geheimsten
Gedanken und Wünsche. Und jeder
wird den Lohn von mir bekommen,
den er verdient.
24 Allen anderen in Thyatira, die
der Irrlehre nicht gefolgt sind und
sich auf diese sogenannten tiefen
Erkenntnisse über den Satan nicht
eingelassen haben, will ich keine
zusätzlichen Lasten auferlegen.
25 Haltet nur unerschütterlich an dem
fest, was ihr habt, bis ich wiederkom-
me.
26 Denn wer durchhält und das Böse
besiegt, wer bis zuletzt nach meinem
Willen lebt und handelt, dem werde
ich Macht über die Völker der Erde
geben. 27 Mit eiserner Hand[d] wird er
über sie herrschen und sie zerschla-
gen, so wie man Tongefäße in tausend
Stücke schlägt. 28 Und wie mein Vater
mir Macht und Herrschaft gab, will
ich sie auch jedem geben, der im
Glauben festbleibt. Zeichen dieser
Macht soll der Morgenstern[e] sein,
den ich ihm schenken werde.
29 Hört genau hin, und achtet dar-
auf, was Gottes Geist den Gemein-
den sagt.»

Der Brief an die Gemeinde in Sardes

3 «Schreibe an den Leiter der Ge-
meinde in *Sardes:*
Das sagt der, dem die sieben Gei-

a) Wörtlich: von dem verborgenen Manna. Vgl. 2. Mose 16; 4. Mose 11
b) Wörtlich: einen weißen Stein.
c) Wörtlich: Hurerei.
d) Wörtlich: eisernem Stab.
e) Ein Bild für den wiederkommenden Christus.

Herr, du durchschaust mich!

Aus Psalm 139

Ein Lied Davids

Herr, du durchschaust mich, du kennst mich durch und durch.
Ob ich sitze oder stehe – du weißt es, aus der Ferne erkennst du, was ich denke.
Ob ich gehe oder liege – du siehst mich, mein ganzes Leben ist dir vertraut.
Schon bevor ich rede, weißt du, was ich sagen will.
Von allen Seiten umgibst du mich und hältst deine schützende Hand über mir.
Daß du mich so genau kennst – unbegreiflich ist das, zu hoch,
ein unergründliches Geheimnis! Wie könnte ich mich dir entziehen?
Stiege ich in den Himmel hinauf – du bist da!
Wollte ich mich im Totenreich verbergen – auch dort bist du!
Eilte ich dorthin, wo die Sonne aufgeht,
oder versteckte ich mich im äußersten Westen, wo sie untergeht,
dann würdest du auch dort mich führen und nicht mehr loslassen.
Wünschte ich mir: «Völlige Dunkelheit soll mich umhüllen,
das Licht um mich her soll zur Nacht werden!» – für dich
ist auch das Dunkel nicht finster; die Nacht scheint so hell wie der Tag
und die Finsternis so strahlend wie das Licht.

Du hast mich geschaffen – meinen Körper und meine Seele,
im Leib meiner Mutter hast du mich gebildet. Herr, ich danke dir dafür,
daß du mich so wunderbar und einzigartig gemacht hast!
Großartig ist alles, was du geschaffen hast – das erkenne ich!
Schon als ich im Verborgenen Gestalt annahm,
unsichtbar noch, kunstvoll gebildet im Leib meiner Mutter,
da war ich dir dennoch nicht verborgen.
Alle Tage meines Lebens hast du in dein Buch geschrieben –
noch bevor einer von ihnen begann!
Deine Gedanken sind zu schwer für mich, o Gott,
es sind so unfaßbar viele! Sie sind zahlreicher als der Sand am Meer;
wollte ich sie alle zählen, so käme ich doch nie an ein Ende!

Durchforsche mich, o Gott, und sieh mir ins Herz,
prüfe meine Gedanken und Gefühle!
Sieh, ob ich in Gefahr bin, dir untreu zu werden,
dann hol mich zurück auf den Weg, der zum ewigen Leben führt!

ster[a] Gottes dienen und der die sieben
Sterne in seiner Hand hält.
Ich weiß alles, was du tust. Man
sagt von euch, daß ihr eine lebendige
Gemeinde seid. Aber in Wirklichkeit
seid ihr tot. 2 Wache auf und stärke
die wenigen, deren Glaube noch le-
bendig ist, bevor auch ihr Glaube
stirbt. Denn so, wie du bisher gelebt
hast, kannst du vor Gott nicht beste-
hen. 3 Hast du denn ganz vergessen,
wie du Gottes Wort gehört und aufge-
nommen hast? Besinne dich wieder
darauf, kehre um und ändere dich
von Grund auf. Wenn du nicht wach
wirst, werde ich plötzlich da sein, un-
erwartet wie ein Dieb. Und du wirst
nicht wissen, wann ich komme.

4 Aber auch bei euch in Sardes sind
einige, denen der Schmutz dieser
Welt nichts anhaben konnte. Sie wer-
den immer bei mir sein und weiße
Kleider tragen; denn sie sind es wert.

5 Wer durchhält und das Böse be-
siegt, der wird solch ein weißes Kleid
tragen. Ich werde seinen Namen nicht
aus dem Buch des Lebens streichen,
sondern mich vor meinem Vater und
seinen Engeln zu ihm bekennen.

6 Hört genau hin, und achtet dar-
auf, was Gottes Geist den Gemein-
den sagt!»

Der Brief an die Gemeinde in Philadelphia

7 «Schreibe an den Leiter der Ge-
meinde in *Philadelphia:*

Das sagt dir der eine, der heilig und
wahrhaftig ist. Er allein hat als Nach-
komme Davids den Schlüssel zum
Heil. Wo er aufschließt, kann nie-
mand mehr zuschließen; wo er aber
zuschließt, kann niemand mehr öff-
nen.

8 Ich weiß, was du getan und gelei-
stet hast. Siehe, ich habe dir eine Tür
geöffnet, die niemand verschließen
kann. Deine Kraft ist klein; doch du
hast an meinem Wort festgehalten
und dich unerschrocken zu mir be-
kannt. 9 Achte jetzt auf alles, was ge-
schehen wird: Es werden Leute zu dir
kommen, die von sich behaupten,
fromme, gottesfürchtige Menschen
zu sein. Aber sie lügen; in Wirklich-
keit gehören sie zur Gefolgschaft des
Satans.[b] Diese Männer werde ich da-
zu bewegen, daß sie vor dir auf die
Knie fallen; denn sie sollen erken-
nen, daß ich dich liebe.

10 Ihr habt meinem Wort gehorcht
und geduldig ausgehalten. Deshalb
will ich dich auch in der schweren
Prüfung bewahren, die über die ganze
Erde kommen wird, um alle Men-
schen auf die Probe zu stellen. 11 Ich
komme schnell und unerwartet. Dar-
um halte fest, was du hast, damit dir
niemand deinen Siegeskranz nehmen
kann.

12 Denn wer durchhält und das Böse
besiegt, den werde ich zu einer Säule
im Tempel meines Gottes machen; er
wird dort immer bleiben. Und er soll
den Namen meines Gottes tragen und
wird ein Bürger des neuen Jerusalem
sein, der Stadt, die Gott selbst auf
dieser Erde errichten wird.[c] Auch
meinen eigenen neuen Namen wird
er erhalten.

13 Hört genau hin, und achtet dar-

a) Vgl. Kap. 1,4
b) Wörtlich: Einige aus der Synagoge des Satans, die behaupten, sie seien Juden...
c) Wörtlich: Ich werde auf ihn den Namen meines Gottes schreiben und den Namen der Stadt meines Gottes, des neuen Jerusalem, das herabkommt vom Himmel von meinem Gott.

EINEN KAFFEE, ABER BITTE RECHT HEISS!

Brunhilde Blunck

Offenbarung 3,15–16

Manche Menschen trinken ihren Kaffee heiß, andere kalt und die meisten lauwarm. Ich mag nur heißen Kaffee. Wenn der Kaffee lau ist, schüttelt's mich. Ich lasse ihn einfach stehen.

Daran mußte ich denken, als ich den Brief an die Gemeinde in Laodicea las. Gott läßt den Christen dort sagen: «Du bist weder kalt noch heiß. Du bist lau. Das ekelt mich, ich werde dich ausspucken.»

Ein klares und eindeutiges Urteil, das Gott hier trifft. Er kann es sich leisten, denn er hat genau hingeschaut. Gott läßt sich nicht täuschen von einer schönen Fassade. Gott schaut das Herz an. Ich habe mich gefragt: Wie hat es in Laodicea wohl ausgesehen? Wie war die Gemeinde dort? Wir erfahren, daß es in der Gemeinde manche Aktivitäten gab. Die Christen ruhten sich nicht aus auf ihrem Glauben. Sie taten etwas. Aber ihre missionarischen und sozialen Aktionen machten sie auch stolz und selbstsicher.

«Du hältst viel von dir. Du kommst dir reich vor im Vergleich zu den anderen.» Kennen wir solche Gedanken nicht auch? Wir finden unsere eigene Gemeinde ganz toll; wir sind stolz auf alles, was bei uns läuft. Wir halten uns für besser als andere, weil wir viel aktiver und missionarischer sind. Unsere Aktivitäten dienen aber vor allem dem eigenen Ansehen. Es geht uns gar nicht so sehr um Jesus in unserer Mitarbeit. Wir sind überzeugt, daß wir vieles auch ohne ihn ganz gut hinkriegen.

Ich bin betroffen, wenn ich hier lese: «Du merkst gar nicht, wie es wirklich um dich steht.» Es kann also sein, daß ich mich für einen tollen aktiven Christen halte und doch auf Distanz zu Jesus lebe. Ich liebe ihn nicht so, wie er es von mir erwartet. Ich bin lau in meinem Verhältnis zu Jesus, weder kalt noch warm.

«Man muß ja nicht gleich übertreiben!» hört man von manchen Christen in bezug auf ihren Glauben. Gottes Wort redet anders. Jesus warnt uns davor, halbherzige Christen zu sein.

Mir fällt ein altes Lied ein, das wir als Jugendliche gern sangen: «Heiß oder kalt, ja oder nein – niemals sollen wir lauwarm sein» hieß es da. Ich bin froh, daß ich heute von Gott erinnert werde, einen klaren Standpunkt im Glauben zu beziehen. Ich will Jesus bitten, daß er mir aus aller Halbherzigkeit heraushilft, damit er allein Mittelpunkt und Ziel meines Handelns ist.

auf, was Gottes Geist den Gemeinden sagt.»

Der Brief an die Gemeinde in Laodicea

14 «An den Leiter der Gemeinde in *Laodicea* schreibe:

Dies sagt dir der eine, der die Erfüllung aller Zusagen Gottes ist.[a] Christus ist Gottes treuer und wahrhaftiger Zeuge. Von ihm kommt alles, was Gott geschaffen hat.

15 Ich kenne dich genau und weiß alles, was du tust. Du bist weder kalt noch heiß. Ach, wärst du doch das
eine oder das andere! 16 Aber du bist
lau. Das ekelt mich an, und ich werde
dich ausspucken. 17 Du hältst viel von
dir und sagst: ‹Ich bin reich und habe alles, was ich brauche!› Was bist du nur für ein Narr! Du merkst gar nicht, wie es wirklich um dich steht und wie jämmerlich du dran bist: arm, blind und nackt bist du.

18 Wäre es da nicht an der Zeit, du würdest dich endlich um den wahren Reichtum bemühen, um das reine Gold, das im Feuer geläutert wurde? Nur dieses Gold macht dich reich, und nur von mir kannst du es bekommen. Laß dir auch die weißen Kleider von mir geben, damit du nicht länger nackt und bloß dastehst. Kaufe dir Augensalbe, die deine blinden Augen
heilt. 19 Es ist ein Zeichen meiner Liebe, wenn ich deine Schuld aufdecke und dich mit Strenge erziehe. Nimm dir das zu Herzen und kehre um!

20 Merkst du es denn nicht? Noch stehe ich vor deiner Tür und klopfe an. Wer jetzt auf meine Stimme hört und mir die Tür öffnet, bei dem werde ich einkehren. Gemeinsam werden wir das Festmahl essen.

21 Wer durchhält und das Böse besiegt, wird mit mir auf meinem Thron sitzen, so wie auch ich mich als Sieger auf den Thron meines Vaters gesetzt habe.

22 Hört genau hin, und achtet darauf, was Gottes Geist den Gemeinden sagt.»

Gottes Thron

4 Danach, als ich aufblickte, sah ich eine Tür am Himmel, die war offen. Dieselbe Stimme, die schon vorher zu mir gesprochen hatte, gewaltig wie der Schall einer Posaune, sagte: «Komm herauf! Ich will dir zeigen, was in Zukunft geschehen wird!»
2 Gottes Geist ergriff mich, und dann
sah ich: Im Himmel stand ein Thron,
auf dem jemand saß. 3 Die Gestalt
leuchtete wie ein Edelstein, wie ein Jaspis oder Karneol. Und um den Thron strahlte ein Regenbogen, leuchtend wie lauter Smaragde.

4 Dieser Thron war von vierundzwanzig anderen Thronen umgeben, auf denen vierundzwanzig Älteste saßen. Sie trugen weiße Gewänder und
auf dem Kopf goldene Kronen. 5 Blit-
ze, Donner und gewaltige Stimmen gingen von dem Thron aus. Davor brannten sieben Fackeln: Das sind
die sieben Geister Gottes.[b] 6 Gleich
vor dem Thron war so etwas wie ein Meer, durchsichtig wie Glas, strahlend und hell wie Kristall.

In der Mitte und um den Thron herum standen vier mächtige Lebewesen, die überall Augen hatten.
7 Die erste dieser Gestalten sah aus

a) Wörtlich: So spricht, der Amen heißt.
b) Vgl. 1,4; 3,1

DIE TÜR

Herti Dixon

Offenbarung 4,1

Er konnte nicht weg. Für ihn gab es kein Schiff. Nur Sand und Steine und ein Meer, das nie aufhörte. Er war auf der Insel gefangen. Wir hingegen – wie oft haben wir uns nicht hingeträumt, gerade auf so eine Insel wie diese, auf der Johannes saß! Vom Sonnenlicht geträumt, vom warmen Sand und einer frischen Brise. Davon, endlich frei zu sein, von dem was uns einengt. Nur: «Unsere» Insel hätte für uns genausowenig die Freiheit bedeutet, wie für Johannes die seine. Unsere Freiheit, wie die von Johannes, liegt ganz woanders. An einem Ort, wo wir oft gewesen sind, aber trotzdem immer wieder fragen, wo er ist. Denn den Ort unserer Freiheit konnten wir nie selber finden, von ihm konnten wir uns nur immer wieder finden lassen. Wie Johannes. Ja, immer wieder mußten wir lauschen. Und als wir still wurden, konnten wir eine Stimme hören: «Komm herauf zu mir! Da ist eine Tür!» Die Tür: Licht strömt heraus. Langsam geht sie auf. Da sitzt einer auf dem Thron. Einer, nachdem wir uns gesehnt haben, den wir immer sehen wollten. Einer, den wir kennen, obwohl wir ihn nie gesehen haben. Einer, der einen Platz hat in unserem Herzen und den wir lieben, mehr als alles andere.

Da gibt es kein Halten mehr, kein Stehenbleiben. Wir laufen zu ihm hin! Wir werfen uns zu seinen Füßen. Wir werfen unsere Kronen vor ihn nieder. So lange haben sie uns hart gedrückt: die Kronen unserer eigenen Bedeutsamkeit. Jetzt ist er es, der eine Krone trägt, er allein. Jetzt ist er es, dem Ehre, Macht und Weisheit gebührt, nicht mehr wir. So froh wir sind, so unbeschwert, so entzückt. Wie kleine Kinder! Frei, endlich frei, bei unserem Vater daheim.

wie ein Löwe, die zweite glich einem
Stier; die dritte hatte ein Gesicht wie
ein Mensch, und die vierte glich
einem fliegenden Adler. 8 Jede dieser
Gestalten hatte sechs Flügel. Auch
die Flügel waren innen und außen
voller Augen. Unablässig, Tag und
Nacht, singen sie: «Heilig, heilig, hei-
lig ist der Herr, der allmächtige Gott,
der schon immer war, der heute da ist
und der kommen wird!»
9 Diese vier Lebewesen loben und
preisen den mit ihrem Gesang, der
vor ihnen auf dem Thron sitzt und im-
mer und ewig leben wird. 10 Und je-
desmal fallen die vierundzwanzig Äl-
testen dabei vor ihm nieder und beten
den an, dem alle Macht gegeben ist
und der ewig lebt. Sie legen ihre Kro-
nen vor seinem Thron nieder und ru-
fen:
11 «Dich, unseren Herrn und Gott,
beten wir an. Du allein bist würdig,
daß wir dich ehren und rühmen, uns
deiner Macht unterordnen. Denn du
hast alles erschaffen. Nach deinem
Willen entstand die Welt und alles,
was auf ihr lebt.»

Das Buch mit sieben Siegeln

5 Ich sah, daß der auf dem Thron in
seiner rechten Hand ein Buch
hielt. Es war innen und außen be-
schrieben und mit sieben Siegeln ver-
schlossen. 2 Und ich sah einen mächti-
gen Engel, der mit gewaltiger Stimme
rief: «Wer ist würdig, dieses Buch zu
öffnen und seine Siegel zu brechen?»
3 Doch es war niemand da, der es öff-
nen und hineinsehen konnte; nie-
mand im Himmel, niemand auf der
Erde und auch niemand im Toten-
reich. 4 Da weinte ich sehr, weil nie-
mand da war, der würdig gewesen
wäre, das Buch zu öffnen und hinein-
zusehen. 5 Doch einer von den Älte-
sten sagte zu mir: «Weine nicht!
Einer hat gesiegt; er kann das Buch
öffnen und seine sieben Siegel bre-
chen. Es ist der Löwe aus dem Stamm
Juda, der Nachkomme König Da-
vids.»
6 Und dann sah ich es: In der Mitte
vor dem Thron, umgeben von den
vier mächtigen Gestalten und den Äl-
testen, stand ein Lamm, das aussah,
als ob es geschlachtet wäre. Es hatte
sieben Hörner und sieben Augen.
Das sind die sieben Geister Gottes,
die in die ganze Welt ausgesandt wor-
den sind. 7 Und Christus, das Lamm,
ging zu dem, der auf dem Thron saß,
und empfing das Buch aus dessen
rechter Hand. 8 Im selben Augenblick
fielen die vier Gestalten und die vier-
undzwanzig Ältesten vor dem Lamm
nieder. Jeder von ihnen hatte eine
Harfe und goldene Schalen voller
Weihrauch. Das sind die Gebete des
Volkes Gottes. 9 Und alle sangen ein
neues Lied:
«Du allein bist würdig, das Buch zu
nehmen, nur du darfst seine Siegel
brechen. Denn du bist geopfert wor-
den, und mit deinem Blut hast du
Menschen für Gott freigekauft; Men-
schen aller Sprachen, aus allen Völ-
kern und Nationen. 10 Durch dich sind
sie jetzt Könige und Priester unseres
Gottes, und sie werden über die gan-
ze Erde herrschen.»
11 Danach sah ich viele tausend En-
gel, eine unzählbare Menge, und ich
hörte sie singen. Sie standen um den
Thron, um die vier Gestalten und um
die Ältesten. 12 Gewaltig ertönte ihre
Stimme:
«Allein dem Lamm, das geopfert
wurde, gehören alle Macht und aller
Reichtum. Christus allein gehören
Weisheit und Kraft, Ehre, Herrlich-
keit und Anbetung!»
13 Dann hörte ich, wie auch alle an-

«Würdig ist das Lamm ...»

Cae Gauntt

Offenbarung 5,12*

Monatelang haben wir für «Messias – Händel meets Pop» geprobt. Zusammen als Chor und allein als Solisten. Es war bestimmt für die meisten von uns eine sehr große Herausforderung. Für mich auf jeden Fall! Ich habe gemerkt, daß wir alle – Arrangeure, Musiker, Sänger – uns furchtbar angestrengt haben, um uns dieses Werkes «Der Messias» würdig zu erweisen. Ein paar Wochen vor der Premiere ist es jemandem eingefallen, daß wir vielleicht auch eine Zugabe brauchten. Ein Arrangeur hatte die Idee, «Würdig ist das Lamm» als Zugabe zu wählen. Er hat ein Orchester- und Chorarrangement geschrieben, und wir haben es wirklich im letzten Moment per Post bekommen. Am letzten Probentag haben wir dieses Stück auch geübt, aber jedes Mal tauchten kleine Fehler auf. Wir waren recht unsicher, so viel kann man sagen! Und nicht nur wegen dieses einen Liedes ...

Und dann am Premierenabend geht der Vorhang auf, und «Der Messias» fängt an. Ich meine nicht das Musikstück. Nein, unser Herr Jesus, der Messias, hat dieses Notenopfer genommen und es zu einem bewegenden Erlebnis gemacht.

Haben Sie es jemals erlebt, daß das Endresultat größer ist als die einzelnen Teile, aus denen das Ganze besteht? So war das an diesem Abend. Ich kam nicht aus dem Staunen heraus. Wie groß unser lebendiger Messias ist! Die Zuhörer haben es auch gespürt und eine Zugabe verlangt. Wir sind wieder auf die Bühne gekommen und bekamen die Töne für den Anfang von «Würdig ist das Lamm». Der Dirigent gab den Einsatz, und sechzig Sänger und Musiker begannen mit diesem gewaltigen Text. Ich war einfach überwältigt. Während der Proben wollten wir eines Werkes wie «Der Messias» würdig sein. Aber in dem Moment war mir klar, daß dieses Musikwerk nur da war, um den wahrhaftigen Messias zu ehren und ihm zu dienen. Nur er allein ist würdig, unseren Lobpreis zu empfangen. Ich konnte keinen Ton mehr herausbringen. So habe ich meine Augen geschlossen und nur meine Lippen bewegt – aber meine Seele hat gesungen: «Würdig ist das Lamm, das da starb. Zu nehmen Stärke und Reichtum und Weisheit und Macht und Ehre und Lob und Segen! Würdig ist das Lamm. Amen.»

* In der Übersetzung Martin Luthers lautet Offenbarung 5,12: «Das Lamm. das geschlachtet ist, ist würdig, zu nehmen Kraft und Reichtum und Weisheit und Stärke und Ehre und Preis und Lob.»

deren Geschöpfe in diesen Lobge-
sang einstimmten. Alle, die im Him-
mel und auf der Erde leben, die Toten
unter der Erde wie die Geschöpfe des
Meeres, sie alle sangen:
«Lob und Ehre, alle Herrlichkeit
und Macht gehören dem, der auf dem
Thron des Siegers sitzt, und dem
Lamm für immer und ewig!»
14 Die vier Gestalten bekräftigten
dies mit ihrem «Amen». Und die
vierundzwanzig Ältesten fielen nie-
der und beteten Gott an.

Die ersten sechs Siegel

6 Nun sah ich, wie das Lamm das
erste der sieben Siegel aufbrach.
Da hörte ich eine der vier Gestalten
mit gewaltiger Donnerstimme rufen:
«Los!» 2 Und als ich mich umsah, er-
blickte ich ein weißes Pferd. Sein Rei-
ter trug einen Bogen und erhielt die
Krone des Siegers. Er kam als Sieger,
um erneut zu siegen.
3 Als das Lamm das zweite Siegel
aufbrach, hörte ich die zweite der
mächtigen Gestalten sagen: «Los!»
4 Diesmal kam ein Reiter auf einem
feuerroten Pferd. Ihm gab man ein
großes Schwert. Damit sollte er den
Frieden von der Erde nehmen und sie
mit Krieg und Mord überziehen. Er-
barmungslos würden sich die Men-
schen gegenseitig umbringen.
5 Dann brach das Lamm das dritte
Siegel auf, und ich hörte die dritte
Gestalt sagen: «Los!» Und nun sah
ich ein schwarzes Pferd. Sein Reiter
hielt eine Waage in der Hand, die
eine Teuerung ankündigen sollte.
6 Da rief eine von den vier Gestalten:
«Für den Lohn eines ganzen Arbeits-
tages gibt es ein Kilo Weizen oder
drei Kilo Gerste. Nur von den Luxus-
gütern – Öl und Wein – ist genug da!»
7 Nachdem das vierte Siegel aufge-
brochen war, hörte ich die vierte Ge-
stalt sagen: «Los!» 8 Da sah ich ein
fahlbleiches Pferd. Sein Reiter hieß
Tod, und ihm folgte ein Heer von To-
ten aus der Unterwelt. Er und sein
Gefolge hatten die Macht über ein
Viertel der Erde, um die Menschen
durch Kriege, Hungersnöte, Seuchen
und wilde Tiere dahinzuraffen.
9 Jetzt brach das Lamm das fünfte
Siegel auf. Ich sah unten am Altar all
die Menschen, die man getötet hatte,
weil sie sich treu zu Gottes Wort be-
kannt und durch nichts von ihrem
Glauben hatten abbringen lassen.
10 Laut riefen sie: «Du heiliger und
wahrhaftiger Gott! Wann endlich
sprichst du dein Urteil über all die
Menschen auf der Erde, die uns ver-
folgt und getötet haben? Wann wirst
du sie dafür bestrafen?» 11 Jeder von
ihnen bekam ein weißes Gewand,
und man sagte ihnen: «Wartet noch
so lange, bis sich das Schicksal eurer
Brüder und Leidensgefährten auf der
Erde erfüllt hat, die auch noch getötet
werden müssen.»
12 Als das Lamm das sechste Siegel
öffnete, gab es ein gewaltiges Erdbe-
ben. Die Sonne wurde schwarz und
finster und der Mond rot wie Blut.
13 Und wie der Feigenbaum seine rei-
fen Früchte abwirft, wenn er vom
Sturm geschüttelt wird, so fielen die
Sterne vom Himmel auf die Erde.
14 Wie eine Buchrolle, die man zusam-
menrollt, verschwand der Himmel
vor meinen Augen. Die Berge wank-
ten und stürzten in sich zusammen,
und die Inseln versanken. 15 Angst
und Schrecken ergriff die Mächtigen
und Herrscher der Erde, die Heer-
führer, die Reichen und die Starken,
die Herren ebenso wie ihre Unterge-
benen. Sie alle suchten Schutz in
Höhlen und zwischen den Felsen der

GEWARNT UND VORBEREITET

Sharon Mumper

Offenbarung 6,15

Der Seher Johannes stellt uns ein düsteres Bild vor Augen: Der Himmel wird von dem furchterregenden Funkeln herabstürzender Sterne erhellt, während unter unseren Füßen die Erde grollt und bebt. Ganz offensichtlich steht das Ende der Welt bevor. Wie werden Sie den Schrecken und die Ungewißheit der letzten Jahre unseres Planeten Erde, die in der Offenbarung geschildert sind, überstehen?

Als Christen brauchen wir uns nicht vor den Augen Christi, des Herrschers und Richters, in den Höhlen und zwischen den Felsen zu verbergen. Doch es ist unwahrscheinlich, daß wir gegen das Grauen der schrecklichen Ereignisse, die um uns her geschehen, ganz und gar gefeit sind. Wie werden wir diesem unheilvollen Geschehen begegnen? Wie werden wir mit den vielen schrecklichen Prüfungen und Schicksalsschlägen fertig, die uns bereits jetzt treffen?

Die Jünger bewunderten gerade lautstark die gigantischen Steine des Tempels, die kostbaren Verzierungen aus glänzendem Gold und die kunstvoll geschnitzten Holzarbeiten, als Jesus ihre Unterhaltung mit der schockierenden Ankündigung unterbrach, nicht ein Stein des prachtvollen Bauwerks werde auf dem anderen bleiben. Keine vierzig Jahre später, einige der Bewunderer haben dies vielleicht noch miterlebt, wurde Jerusalem von den Römern zerstört und der Tempel in Schutt und Asche gelegt. Obwohl das Unheil plötzlich hereinbrach, kam es für die Christen der damaligen Zeit doch keineswegs überraschend, denn Jesus hatte es ja vorhergesagt.

So sollte für uns heute die Zukunftsperspektive der Offenbarung ein regelrechter Weckruf sein. Auch wenn es so aussieht, als gehe alles seinen gewohnten Gang – der Tag des Gerichts steht kurz bevor. «Gewarnt sein heißt gewappnet sein», sagt ein Sprichwort. Wenn auch um uns her das totale Chaos herrscht – wir haben Gottes Wort in der Heiligen Schrift. Er will uns damit auf alles vorbereiten.

Jesus fordert uns auf, die Aufgaben, die er uns übertragen hat, treu und gewissenhaft zu erfüllen und unsere Beziehung zu ihm lebendig zu erhalten. Wenn dann das Ende kommt, werden wir zur rechten Zeit am rechten Platz sein und das Richtige tun. Egal, ob die verheerenden Ereignisse, von denen die Offenbarung spricht, schon morgen über uns hereinbrechen oder erst in 200 Jahren: Wir können und sollen auf alles vorbereitet sein, was geschehen mag. Wir brauchen nicht mit Angst und Schrecken in die Zukunft zu blicken, sondern wir dürfen dem vertrauen, der uns bewahrt und uns fest in seiner Hand hält: Jesus Christus.

Berge. 16 Und alle schrien zu den Ber-
gen: «Stürzt doch auf uns herab! Ver-
bergt uns vor den Augen dessen, dem
alle Macht gehört! Bewahrt uns vor
dem Zorn des Lammes! 17 Der Tag
seines Gerichts ist jetzt gekommen.
Wer kann da bestehen?»

Wer trägt das Zeichen Gottes?

7 Dann sah ich in jeder der vier
Himmelsrichtungen einen Engel
stehen. Sie hielten die Winde und
Stürme zurück, und es war vollkom-
men still. Kein Lufthauch war zu spü-
ren, weder auf der Erde noch auf dem
Meer; nicht ein Blättchen raschelte
an den Bäumen. 2 Aus dem Osten, da
wo die Sonne aufgeht, sah ich einen
anderen Engel heraufsteigen; der
trug das Siegel des lebendigen Got-
tes. Den vier Engeln, die von Gott die
Macht erhalten hatten, das Verder-
ben über Land und Meer zu bringen,
rief er mit lauter Stimme zu: 3 «War-
tet! Bringt noch kein Unheil über das
Land, das Meer und die Bäume. Erst
wollen wir allen, die zu Gott gehören
und ihm dienen, sein Siegel auf die
Stirn drücken.» 4 Dann hörte ich, wie
viele dieses Zeichen erhielten. Es wa-
ren 144 000; sie kamen aus allen
Stämmen Israels: 5–8 je zwölftausend
aus den Stämmen Juda, Ruben, Gad,
Asser, Naphtali, Manasse, Simeon,
Levi, Isaschar, Sebulon, Joseph und
Benjamin.

Die Auserwählten aus allen Völkern

9 Jetzt sah ich eine Menschenmenge,
so unübersehbar groß, daß niemand
sie zählen konnte. Die Menschen ka-
men aus allen Nationen, Stämmen
und Völkern; alle Sprachen der Welt
waren zu hören. Sie standen vor dem
Thron und vor dem Lamm. Als Zei-
chen ihres Sieges hatten sie weiße Ge-
wänder an und trugen Palmenzweige
in ihren Händen. 10 Mit lauter Stimme
riefen sie: «Heil und Rettung kom-
men allein von unserem Gott, der alle
Macht in seinen Händen hält,[a] und
von Christus, dem Lamm!» 11 Alle
Engel standen um den Thron, um die
Ältesten und die vier mächtigen Ge-
stalten. Sie fielen vor dem Thron nie-
der und beteten Gott an. 12 «Ja, das
steht fest», sagten sie, «Anbetung
und Herrlichkeit, Weisheit und
Dank, Ehre, Macht und Kraft gehö-
ren unserem Gott für immer und
ewig. Amen!»
13 Da fragte mich einer von den Äl-
testen: «Weißt du, wer diese Men-
schen mit den weißen Kleidern sind
und wo sie herkommen?» 14 «Nein,
Herr», antwortete ich, «aber du
weißt es. Sage es mir doch!» Da ant-
wortete er mir: «Sie kommen aus
Verfolgung, Leid und Bedrängnis.
Im Blut des Lammes haben sie ihre
Kleider reingewaschen. 15 Deshalb
stehen sie hier vor dem Thron Gottes
und dienen ihm Tag und Nacht in sei-
nem Tempel. Gott selbst wird sie be-
schützen! 16 Sie werden nie wieder
Hunger oder Durst leiden; keine
Sonnenglut oder sonst etwas wird sie
jemals wieder quälen. 17 Denn das
Lamm, das vor dem Thron steht, wird
ihr Hirte sein. Es wird sie zu den
Quellen führen, aus denen das Was-
ser des Lebens entspringt. Und Gott
wird ihnen alle Tränen von ihren Au-
gen abwischen!»

a) Wörtlich: der auf dem Thron sitzt. Vgl. 6,16

ZU ALLEM BEREIT?

Sharon Mumper

Offenbarung 7,9

«Das ist das Ende – für mich der Beginn des Lebens.» Dietrich Bonhoeffer befand sich auf dem Weg zu einem Nazi-Galgen, als er diese Worte sprach – nur wenige Tage bevor das Konzentrationslager, in dem er interniert war, von den Siegermächten befreit wurde. Am 9. April 1945 trat er in die lange Reihe von Märtyrern ein, die fast zwei Jahrtausende zurückreicht.

Diese Reihe ist auch heute noch nicht zu Ende. Im Gegenteil, sie wird von Tag zu Tag länger. Ein iranischer Pastor, Leiter einer wachsenden Gemeinde, wird erhängt im Wald aufgefunden. Ein peruanischer Pastor verliert durch Maschinengewehrsalven marxistischer Rebellen sein Leben. Ein ruandischer Kirchenmitarbeiter wird mit Macheten zu Tode gehackt. Für alle diese Menschen war dies das Ende ihres irdischen Lebens, aber der Beginn eines neuen Lebens bei Gott, der «alle Tränen von ihren Augen abwischen wird».

Wer sind diese Menschen, die vor dem Thron Gottes und vor dem Lamm stehen, bekleidet mit weißen Gewändern und Palmenzweigen in ihren Händen? Es sind Menschen aus allen Völkern der Erde, die Gott preisen und dabei eines gemeinsam haben: Ihre Anbetung ist durch das Opfer des einzigen wirklich Wertvollen geläutert worden, das sie zu geben hatten – das Opfer ihres irdischen Lebens.

Der Theologe Gerald Bonner sagte einmal, daß das wichtigste Element im Martyrium nicht der eigentliche Akt des Sterbens sei, sondern vielmehr die Bereitschaft des Märtyrers, für Christus zu leben, auch wenn dieses Leben paradoxerweise für ihn Sterben bedeuten mag.

Liegt uns in unseren relativ sicheren Verhältnissen der Gedanke, für Christus zu sterben, nicht recht fern? Die meisten Menschen, die ihr Leben für Christus hingegeben haben, hatten nie mit einer derartigen Möglichkeit gerechnet. Aber ihre Treue im täglichen Leben für ihn hatte sie darauf vorbereitet, auch für ihn zu sterben.

«Denn Christus bedeutet für mich alles; er ist mein Leben. Deshalb kann das Sterben für mich nur Gewinn sein», schreibt Paulus in Philipper 1,21. Sind wir wirklich bereit, für Christus zu leben? Das ist die einzige Frage, der wir uns im Augenblick zu stellen haben.

Der König betet

Psalm 144

Von David.

Gepriesen sei der Herr!
Bei ihm bin ich geschützt wie hinter einem großen Felsen.
Er hat mir gezeigt, wie ich mich wehren kann
und wie ich im Kampf die Waffen gebrauchen muß.
Wie gut ist Gott zu mir! Er gewährt mir Zuflucht und Sicherheit.
Er ist mein Schild, der mich vor Bösem bewahrt.
Er hat mich zum Herrscher über sein Volk gemacht.
Herr, was ist schon der Mensch!
Warum schenkst du ihm überhaupt Beachtung?
Warum kümmerst du dich um ihn? Sein Leben ist vergänglich
und gleicht einem Schatten, der vorüberhuscht.

Herr, komm vom Himmel herab;
berühre die Berge – und sie stoßen Rauch aus!
Schleudere deine Blitze, schieße deine Pfeile
und jage die Feinde auf und davon!
Strecke mir deine Hand von oben entgegen
und reiße mich aus den tosenden Fluten!
Rette mich vor der Macht der feindlichen Völker!
Ihre Worte sind Lug und Trug. Selbst wenn sie schwören, lügen sie.

Gott, für dich will ich ein neues Lied singen und es auf der Harfe begleiten.
Denn du gibst den Königen Sieg
und rettest auch David, deinen Diener, aus tödlicher Gefahr.
Wenn du uns rettest, können unsere Kinder ungestört aufwachsen.
Unsere Söhne werden stark und groß sein wie Bäume.
Unsere Töchter werden schön sein wie gemeißelte Statuen,
die prächtige Paläste zieren. Unsere Vorratskammern sind dann randvoll,
so daß wir mehr haben, als wir zum Leben brauchen.
Unsere Schafe und Ziegen auf den Weiden werfen Tausende von Lämmern,
und unsere Kühe bringen ihre Kälber ohne Fehlgeburten zur Welt.
Dann muß niemand mehr auf unseren Märkten klagen und jammern.
Glücklich das Volk, das so etwas erlebt!
Glücklich das Volk, dessen Gott der Herr ist!

Blick hinter die Kulissen

Hildegard Horie

Offenbarung 8

Das menschliche Leben spielt sich gleichsam auf verschiedenen Ebenen ab: Da ist unsere Welt, in der wir leben, und da ist jene andere Welt, die uns hier verborgen ist. Und oft sind wir derart gefangen in unserem Hier und Heute, daß wir vergessen, daß es noch eine andere Dimension gibt. Denken wir an Kriege, an Katastrophen, an zahllose menschliche Schicksale: Menschen setzen alles dran, um das Unabwendbare aufzuhalten und das Leid abzuwenden. Aber immer wieder müssen sie einsehen, daß ihre Kraft nicht ausreicht.

Kapitel 8 der Offenbarung spricht von Katastrophen unvorstellbaren Ausmaßes, wie sie die Menschheit bis dahin nicht erlebt hat. Das chaotische Geschehen betrifft nicht nur diesen Planeten Erde, sondern auch den ganzen Kosmos. Das Grauen läßt die Menschheit verstummen.

Diese Bilder führen uns die Zerbrechlichkeit all dessen, was der Mensch aufgebaut hat, vor Augen. Die Vergänglichkeit all seines Mühens. Aber auch die Lächerlichkeit seines Stolzes und seiner Überheblichkeit.

Doch inmitten dieser dramatischen Folge von Unglück und Zerstörung wird der Blick auf jene andere Welt gelenkt. Was hier unbeschreibliches Chaos ist, ist dort genau bemessen. Was hier absolut keinen Sinn ergibt, hat dort eine (geheimnisvolle) Bedeutung. Von daher gesehen ist das Buch der Offenbarung so voller Hoffnung, denn es zeigt uns, daß alles, was wir hier auf Erden erleben, in der anderen Welt bei Gott bereits bekannt ist. Ja, nicht nur bekannt, vielmehr genau dosiert. Es gibt kein blindes Schicksal. Über allem, was geschieht, wacht das Lamm, der gekreuzigte und auferstandene Christus, der das Ende dieser Zeit einleitet und überwacht. Es ist die Barmherzigkeit, die das Gericht an der Erde vollzieht. Es ist die Liebe, die über das Chaos herrscht.

Jetzt ist die Stunde gekommen, in der die Gebete der Heiligen vor den Thron des Höchsten gebracht werden. Vielleicht mag es manches Mal so aussehen, als blieben die Gebete ohne Antwort. Aber sie sind nicht verloren. Sie sind aufgehoben bei Gott. Und zu seiner Zeit wird er auf die Gebete seiner Heiligen antworten.

Alle Verzweiflung des Menschen rührt letzlich daher, daß er diesen Blick in die Ewigkeit verloren hat, daß er sich mitreißen läßt von der Angst und der Verzweiflung. Aber ist es nicht, als wollten diese Sätze uns wieder daran erinnern, daß hinter allem Geschehen das Lamm steht? Ja, hören wir nicht seine Worte: «Fürchte dich nicht! Sei getrost, ich bin's, fürchte dich nicht.»

Das siebte Siegel

8 Als das Lamm das siebte Siegel
aufbrach, wurde es im Himmel
ganz still. Diese Stille dauerte etwa
eine halbe Stunde lang. 2 Ich sah die
sieben Engel vor Gott stehen, und sie
erhielten sieben Posaunen.
3 Dann kam ein anderer Engel. Mit
einem goldenen Weihrauchgefäß trat
er vor den Altar. Ihm wurde viel
Weihrauch gereicht, den er vor dem
Thron opfern sollte als Zeichen da-
für, daß die Gebete des Volkes Got-
tes zu Gott gelangen. 4 Und so ge-
schah es auch. Der Duft des Weih-
rauchs stieg aus der Hand des Engels
zusammen mit den Gebeten all der
Menschen, die Gott gehören, zu ihm
auf. 5 Jetzt füllte der Engel das Weih-
rauchgefäß mit Feuer vom Altar und
schleuderte es auf die Erde. Da be-
gann es zu blitzen und zu donnern,
und die Erde erbebte.

Die ersten vier Posaunen

6 Nun machten sich die sieben Engel
bereit, die sieben Posaunen zu bla-
sen. 7 Der erste Engel begann. Kaum
ertönte seine Posaune, da fielen Ha-
gel und Feuer, mit Blut vermischt, auf
die Erde. Ein Drittel der Erde ver-
brannte mit allen Bäumen und dem
grünen Gras.
8 Jetzt blies der zweite Engel seine
Posaune. Etwas, das wie ein großer
feuerglühender Berg aussah, stürzte
brennend in das Meer. Und ein Drit-
tel des Meeres wurde zu Blut. 9 Auch
ein Drittel aller Lebewesen des Mee-
res ging zugrunde, und ein Drittel al-
ler Schiffe versank in den Fluten.
10 Dann ertönte die Posaune des
dritten Engels. Ein riesiger Stern fiel
wie eine brennende Fackel vom Him-
mel. Er stürzte auf ein Drittel aller
Flüsse und Quellen. 11 Dieser Stern
heißt «Bitterkeit». Er vergiftete ein
Drittel des Wassers auf der Erde.
Viele Menschen starben, die von dem
bitteren Wasser getrunken hatten.
12 Jetzt hörte ich die Posaune des
vierten Engels. Schlagartig erloschen
ein Drittel der Sonne und des Mon-
des; auch ein Drittel aller Sterne ver-
finsterte sich. Das Licht des Tages
wurde um ein Drittel schwächer, aber
die Finsternis der Nacht nahm um ein
Drittel zu.
13 Ich blickte auf und bemerkte
einen Adler, der hoch oben am Him-
mel flog und laut schrie: «Wehe! We-
he euch Menschen auf der Erde! Bald
werden die drei anderen Engel ihre
Posaune blasen. Und dann wird
Furchtbares geschehen!»

Die fünfte Posaune

9 Da stieß der fünfte Engel in seine
Posaune. Ich sah einen Stern, der
vom Himmel auf die Erde gefallen
war. Dieser Stern hatte den Schlüssel
zum Abgrund der Hölle. 2 Er öffnete
den Abgrund, und heraus quollen
Rauch und beißender Qualm wie aus
einem riesigen Schmelzofen. Die
Luft war vom Rauch so verpestet, daß
man die Sonne nicht mehr sehen
konnte.
3 Aus dem Rauch quollen Heu-
schrecken und überfielen die Erde.
Ihre giftigen Stiche waren bösartig
und schmerzhaft wie die von Skorpio-
nen. 4 Doch sie durften weder dem
Gras noch den Bäumen oder irgend-
einer Pflanze auf der Erde Schaden
zufügen. Sie sollten nur die Men-
schen peinigen und quälen, die nicht
das Siegel Gottes auf ihrer Stirn tru-
gen. 5 Aber sie durften die Menschen
nicht töten, sondern sie mußten ihnen

DAS LETZTE WORT HAT GOTT

Anne Graham Lotz

Offenbarung 9,1–21

Es war kurz nach dem Ende des Bürgerkrieges in Ruanda. Mein Bruder war dabei, alle notwendigen Vorkehrungen zu treffen, damit die Hunderttausende von Flüchtlingen innerhalb Ruandas medizinische Versorgung erhalten konnten. Während er darauf wartete, die Grenze zu passieren, fiel sein Blick auf ein kleines ruandisches Mädchen. Das Kind saß auf der offenen Ladefläche eines Lastwagens und sang, während es sich im Takt vor und zurück wiegte, leise vor sich hin. Mein Bruder erfuhr, daß dieses Kind hatte mitansehen müssen, wie seine ganze Familie mit Macheten zu Tode gehackt wurde. Sie befand sich mutterseelenallein auf der Welt.

Auf die Frage meines Bruders, was das Mädchen da singe, erhielt er von einem dabeistehenden Soldaten die Auskunft: «Sie singt: ‹Jesus liebt mich ganz gewiß, denn die Bibel sagt mir dies.›»

Das unvorstellbar Böse, das andere Menschen verübt hatten, hatte diesem Kind alles genommen – bis auf das, was ihm seine Eltern oder vielleicht irgendwelche Missionare gegeben hatten: den Glauben an Jesus! Es war bewegend, wie die Kleine sich an das einzige klammerte, was ihr auf dieser Erde geblieben war: die Hoffnung, daß Gott sie liebhatte.

Wer die vielen schrecklichen Berichte in den Zeitungen liest, die grausamen Szenen im Fernsehen verfolgt und innerlich noch nicht ganz abgestumpft ist, der kann nur tiefen Schmerz empfinden angesichts all des Bösen, das Menschen in unserer Welt begehen.

Unser Leid, unser Unglück mögen anders aussehen als das Unfaßbare, was dieses ruandische Kind erlebt hat. Die Bitterkeit, die unsere Zukunft finster und traurig macht, mag andere Ursachen haben. Aber auch wir dürfen Hoffnung haben: Die Herrlichkeit Gottes liegt für uns bereit, und sie kann Sie und mich mit der gleichen Zukunftshoffnung erfüllen wie das kleine ruandische Flüchtlingsmädchen.

Was für eine Hoffnung hatte dieses Kind denn? Überhaupt keine – bis auf die Hoffnung, die Jesus ihr geschenkt hatte. In ihm haben wir eine wunderbare Zukunft vor uns, weil wir wissen, daß der Tag kommen wird, an dem Gott die Gottlosen richtet und den Gerechten Recht verschafft. Warum? Weil Gott gerecht ist!

fünf Monate lang qualvolle Schmer-
zen zufügen, wie sie der Stich eines
Skorpions hervorruft. 6In dieser Zeit
werden sich die Menschen verzwei-
felt den Tod wünschen, aber er wird
sie nicht erlösen. Sie wollen nichts
mehr als nur sterben, aber der Tod
wird vor ihnen fliehen.

7Die Heuschrecken sahen aus wie
Streitrosse, die in den Kampf ziehen.
Auf ihren Köpfen glänzte es, als
würden sie goldene Kronen tragen,
und ihre Gesichter hatten mensch-
liche Züge. 8Sie hatten eine Mähne,
lang und dicht wie Frauenhaar, und
Zähne, wie sie sonst nur Löwen ha-
ben. 9Brustschilde hatten sie wie Ei-
senpanzer, und ihre Flügel lärmten
laut und bedrohlich wie das Rasseln
der Kampfwagen, auf denen die
Kämpfer in die Schlacht ziehen. 10Sie
hatten Schwänze und Stacheln wie
Skorpione. Mit ihrem Gift konnten
sie die Menschen fünf Monate lang
quälen. 11Als König herrschte über
sie ein Engel der Hölle. Die Juden
nennen ihn Abaddon, bei den Grie-
chen heißt er Apollyon. Das bedeu-
tet: Zerstörer.

12Aber das ist noch nicht alles.
Diesem ersten Unheil werden noch
zwei weitere folgen.

Die sechste Posaune

13Jetzt blies der sechste Engel seine
Posaune. Ich hörte eine Stimme von
allen vier Ecken des goldenen Altars,
der vor dem Thron Gottes steht.
14Diese Stimme forderte den sechsten
Engel auf: «Befreie die vier Engel,
die am Euphratstrom gefangen sind!»
15Und die vier Engel wurden befreit.
Auf dieses Jahr, diesen Monat, die-
sen Tag, ja genau auf diese Stunde
hatten sie gewartet, um ein Drittel
der Menschheit zu töten. 16Sie hatten
ein riesiges Heer. Jemand sagte, daß
es zweihundert Millionen Reiter wa-
ren.

17Und dann sah ich dieses Bild:
Die Pferde trugen ebenso wie ihre
Reiter feuerrot, himmelblau und
schwefelgelb glänzende Rüstungen.
Mächtig wie Löwenköpfe waren die
Köpfe der Pferde. Feuer, Rauch und
brennender Schwefel schossen aus
ihren Mäulern. 18Mit diesen drei
Waffen töteten sie ein Drittel der
Menschheit. 19Aber nicht nur aus ih-
ren Mäulern kamen Tod und Zerstö-
rung, auch von ihren Schwänzen gin-
gen tödliche Wirkungen aus. Denn
ihre Schwänze sahen aus wie Schlan-
gen. Sie bissen zu und töteten.

20Doch trotz all dieser entsetzli-
chen Katastrophen dachten die
Überlebenden nicht daran, sich zu
ändern und umzukehren. Nach wie
vor beteten sie die Dämonen an und
ihre selbstgemachten Götzen aus
Gold, Silber, Eisen, Stein oder Holz.
Und dabei merkten sie nicht, daß
diese Götzen völlig unfähig sind. Sie
können weder hören noch sehen, ja
nicht einmal den kleinsten Schritt
tun. 21Aber die Menschen kehrten
nicht um. Sie hörten nicht auf, einan-
der umzubringen, sich mit okkulten
Dingen zu beschäftigen, Unzucht zu
treiben und einander zu bestehlen.

Das kleine Buch

10 Dann sah ich einen anderen
mächtigen Engel vom Himmel
herabkommen. Eine Wolke umgab
ihn, und über seinem Kopf wölbte
sich ein Regenbogen. Sein Gesicht
leuchtete wie die Sonne, und seine
Beine glichen lodernden Feuersäu-
len. 2In seiner Hand hielt er ein klei-

SOLANGE NOCH ZEIT IST ...

Ilse Glebe

Offenbarung 10

Gott wird die verstockte Menschheit noch einmal durch Gerichte zur Umkehr rufen. Im Kapitel 9 berichtet der Seher Johannes, daß die Menschen auch darauf nicht hören wollen.

Menschen, die zu Gott gehören, leiden mit angesichts von Unrecht und Not in der Welt. Sie fragen: «Herr, wie lange noch, bis du dem Bösen Einhalt gebietest? Wann wirst du dein ewiges Reich aufrichten, das Reich des Friedens und der Gerechtigkeit, der Liebe und der Vollkommenheit? Wann greifst du ein?»

In unserem Kapitel 10 erscheint dem Seher Johannes ein gewaltiger Engel. Er verkündet, daß eine Zeit kommen wird, in der es keinen Aufschub und keine Möglichkeit zur Umkehr mehr geben wird. So wahr Gott Gott ist, wird sein vor der Welt verborgener, geheimer Plan jetzt vollendet werden. Gottes Ziel ist der Sieg über das Böse, ist Leben, Heil und Freude. «Wo Gott alles in allem ist, blüht die Welt» (Adolf Pohl).

Johannes erhält einen neuen Auftrag. Indem er das Buch ißt – Gottes Wort verinnerlicht –, wird er als Prophet neu ausgerüstet. Gott hat seine Gnade nicht aufgegeben. Das zeigt auch der Regenbogen, Gottes Friedenszeichen, über dem Engel. Noch darf die Botschaft vom Heil, vom ewigen Gottesreich verkündet und dazu eingeladen werden. Noch dürfen Menschen hinzukommen und sich einhüllen lassen in Licht und Heil – bis sich der Plan Gottes erfüllt.

nes, aufgeschlagenes Buch. Seinen
rechten Fuß setzte er auf das Meer,
seinen linken auf das Land. 3 Wie Lö-
wengebrüll dröhnte seine Stimme,
und laut krachend antworteten ihm
sieben Donnerschläge. 4 Doch als ich
aufschreiben wollte, was ich hörte,
rief mir eine Stimme vom Himmel zu:
«Schreibe nicht auf, was die sieben
Donner geredet haben. Behalte es für
dich!»
5 Jetzt erhob der Engel, den ich mit
einem Fuß auf dem Meer und mit
dem anderen auf dem Land stehen
sah, seine rechte Hand zum Himmel.
6 Und er schwor bei dem, der immer
und ewig lebt, der den Himmel, die
Erde, das Meer und alles Leben ge-
schaffen hat: «Es wird keine Zeit zur
Umkehr mehr geben! 7 Denn wenn
der siebte Engel seine Posaune bläst,
wird Gott seinen geheimen Plan voll-
enden, so wie er es seinen Dienern,
den Propheten, zugesagt hat.»
8 Noch einmal sprach die Stimme
vom Himmel zu mir und forderte
mich auf: «Geh und nimm das aufge-
schlagene Buch aus der Hand des En-
gels, der auf dem Meer und auf dem
Land steht!» 9 Da ging ich zu dem En-
gel und bat ihn um das kleine Buch.
Er antwortete mir: «Nimm das Büch-
lein, und iß es auf! Es schmeckt süß
wie Honig, aber du wirst Magen-
schmerzen davon bekommen.» 10 So
nahm ich das kleine Buch aus seiner
Hand und aß es. Es schmeckte wirk-
lich süß wie Honig; aber dann lag es
mir schwer im Magen.
11 Dann sagte mir jemand: «Gott
wird dir noch einmal zeigen, was er
mit den Völkern, den Nationen und
ihren Herrschern vorhat. Das sollst
du auch noch bekanntmachen!»

Der Auftrag der beiden Zeugen

11 Nun erhielt ich einen Meßstab,
der wie ein langes Rohr aus-
sah, und jemand forderte mich auf:
«Steh auf und miß den Tempel Gottes
aus und den Altar. Zähle alle, die
dort beten. 2 Nur den Vorhof draußen
vor dem Tempel sollst du nicht mes-
sen. Denn ihn werden die Heiden be-
setzen, wenn sie Gottes heilige Stadt
zweiundvierzig Monate lang belagern
und zerstören.[a] 3 Ich werde ihnen mei-
ne zwei Zeugen schicken. Sie kom-
men in Trauerkleidung und werden in
diesen 1260 Tagen verkünden, was
Gott ihnen aufgetragen hat.
4 Diese beiden Zeugen sind die zwei
Ölbäume und die zwei Leuchter, die
vor dem Herrn der Welt stehen. 5 Je-
der, der es wagt, sie anzugreifen, wird
durch das Feuer aus ihrem Mund ge-
tötet. Ja, wer sich an ihnen vergreift,
der wird sterben. 6 Sie haben die
Macht, den Himmel zu verschließen,
damit es nicht regnet, solange sie im
Auftrag Gottes sprechen. Ebenso
liegt es in ihrer Macht, jedes Gewäs-
ser in Blut zu verwandeln und Unheil
über die Erde zu bringen, so oft sie
wollen.
7 Wenn sie Gottes Auftrag ausge-
führt haben, wird aus dem Abgrund
der Hölle ein Tier heraufsteigen und
gegen sie kämpfen. Es wird siegen
und die beiden Zeugen töten. 8 Ihre
Leichen wird man auf dem Platz der
großen Stadt zur Schau stellen, in der
auch ihr Herr gekreuzigt wurde. Die-
se Stadt ist sozusagen ein neues «So-
dom» oder «Ägypten». 9 Aus allen
Völkern, von allen Stämmen werden
sie kommen, Menschen aller Spra-
chen und Rassen, um sich die Toten

a) Vgl. Daniel 7,25; 12,7

DER HIMMEL AUF ERDEN: LOBLIEDER

Rosemarie Uschold

Offenbarung 11,17

Die Offenbarung ist ein wunderbares Buch: sie läßt uns einen Blick in die geöffnete Himmelswelt tun. Wir sehen hinein in Gottes Thronsaal, in dem die Scharen seiner Engel und Heiligen Gott anbeten. Sie sind erfüllt von Dankbarkeit dafür, daß Gott seine Herrschaft ausübt.

Was ist die Herrschaft Gottes?

Gott ist ungetrübtes Licht (1. Johannes 1,5). Gott ist Liebe (1. Johannes 4,16b). Wer würde nicht jubeln, wenn er ein Leben im Licht führt? Wer würde nicht von Herzen danken, wenn Gottes Liebe ihn überflutet?

Nun sind manche Christen der Meinung, es wäre wohl leicht, im Himmel Loblieder zu singen, aber hier auf Erden seien die Umstände eben anders.

Ich kenne einen jungen Menschen, der immer nur auf das schaut, was ihm gerade fehlt. Sein Lebensgefühl ist eine tiefwurzelnde Unzufriedenheit und Neid auf die, denen es vermeintlich besser geht. Seine Gedanken kreisen um die Fragen «Warum habe ich einen langweiligen, untergeordneten Job? Warum habe ich keinen Ehepartner? Warum spiele ich in meiner Gemeinde nicht die Rolle, die ich aufgrund meiner Gaben ausfüllen könnte? ...»

Sein Leben stagniert. Ich halte es für möglich, daß Gott sagt: «Lerne erst die Lektion der Dankbarkeit in den gegebenen Umständen, ehe ich dich weiterführen kann.» Selbstmitleid ist unfruchtbar und verhindert Dankbarkeit. Gott aber sagt: «Wer mir dankt, bringt ein Opfer dar, das mich ehrt!» (Psalm 50,23).

Der Mensch, den ich hier beschreibe, hat einen Leidensgenossen in Psalm 73: Da ist ein Mensch, dem es wirklich schlecht geht. Er kann nicht begreifen, daß es anderen, gottlosen Menschen besser geht als ihm. Er ist verbittert. Aber dann ringt er sich durch zu sagen: «Dennoch halte ich an dir, mein Gott, fest!»

Wie kostbar ist dies Wörtchen «Dennoch» in Gottes Augen! Es drückt unerschütterliches Vertrauen in die gerechte und gute Herrschaft Gottes aus. Und der Beter in Psalm 73,28 findet in Gottes Nähe sein Glück.

In jedem Leben gibt es Grund zu klagen, aber es gibt auch Grund zu danken. Worauf richten wir unser Hauptaugenmerk?

Beginnen wir zu danken statt zu jammern. Denn wir sind doch schon Bürger im Reich Gottes, wo seine Liebe herrscht. Und wir vertrauen darauf, daß diese Herrschaft der Liebe einmal für alle sichtbar und «unausweichlich» sein wird und wir mitsprechen werden: «Du hast deine große Macht bewiesen und die Herrschaft übernommen.»

dreieinhalb Tage lang anzusehen.
Denn man wird es nicht gestatten, die
Toten zu beerdigen. 10 Alle Menschen
auf der Erde werden über den Tod
der beiden Zeugen so erleichtert sein,
daß sie Freudenfeste feiern und sich
gegenseitig Geschenke machen.
Denn was ihnen diese beiden Zeugen
sagten, wollten die Menschen nicht
hören; Gottes Wahrheit hat sie ge-
stört und wurde ihnen zur Qual.[a]

11 Nach dreieinhalb Tagen aber gab
Gottes Geist ihnen neues Leben, und
sie standen wieder auf! Alle, die das
sahen, waren wie gelähmt vor Angst
und Schrecken. 12 Dann forderte eine
gewaltige Stimme vom Himmel die
beiden Zeugen auf: «Kommt her-
auf!» Vor den Augen ihrer Feinde
wurden sie in einer Wolke zum Him-
mel hinaufgehoben. 13 In demselben
Augenblick gab es ein schweres Erd-
beben. Ein Zehntel der Stadt stürzte
ein, und siebentausend Menschen ka-
men ums Leben. Die Überlebenden
waren entsetzt. Sie fürchteten sich
und unterwarfen sich endlich der
Herrschaft Gottes.

14 Aber das Unheil ist noch immer
nicht vorüber. Der zweiten Schrek-
kenszeit wird sehr bald eine dritte fol-
gen.

Die siebte Posaune

15 Jetzt ertönte die Posaune des sieb-
ten Engels. Und im Himmel erklan-
gen mächtige Stimmen: «Von jetzt an
gehört die Herrschaft über die Welt
unserem Gott und seinem Sohn Jesus
Christus. Sie werden für immer und
ewig herrschen!»

16 Die vierundzwanzig Ältesten, die
vor Gott auf ihren Thronen sitzen,
warfen sich vor ihm nieder. Mit ihrem
Lobgesang beteten sie:

17 «Wir danken dir, Herr, du gro-
ßer, allmächtiger Gott, der du bist
und immer warst. Du hast deine gro-
ße Macht bewiesen und die Herr-
schaft übernommen. 18 Die Völker
haben sich in Zorn von dir abge-
wandt. Darum trifft sie jetzt dein
Zorn. Die Zeit des Gerichts ist ge-
kommen, und die Toten wirst du rich-
ten. Allen wirst du ihren Lohn geben:
deinen Dienern, den Propheten, al-
len, die dir gehören und nach deinem
Willen leben, den Großen wie den
Kleinen. Ohne Ausnahme wirst du
alle vernichten, die unsere Erde zer-
stört haben.»

19 Da öffnete sich der Tempel Got-
tes im Himmel, und die Bundeslade[b]
– das Zeichen der Gegenwart und
Treue Gottes – war zu sehen. Blitze
zuckten über den Himmel, und Don-
ner, Erdbeben und gewaltige Hagel-
stürme erschütterten die Erde.

Die Frau und der Drache

12 Am Himmel sah man jetzt eine
gewaltige Erscheinung: eine
Frau, die mit der Sonne bekleidet war
und den Mond unter ihren Füßen hat-
te. Auf dem Kopf trug sie eine Krone
aus zwölf Sternen. 2 Die Geburt ihres
Kindes stand unmittelbar bevor, und
sie schrie, weil die Geburtswehen sie
quälten.

3 Dann gab es noch eine Erschei-
nung am Himmel: Plötzlich sah ich
einen großen, feuerroten Drachen
mit sieben Köpfen und sieben Kro-
nen; außerdem hatte er zehn Hörner.

a) Wörtlich: Diese beiden Propheten haben die Bewohner der Erde gepeinigt.
b) Vgl. 1. Könige 8,1.6

«WARUM ICH NICHT?»

Elisabeth Mittelstädt

Offenbarung 12,11

Viele Christen sind der Ansicht, zur Zeit der ersten Gemeinde habe es die größten Christenverfolgungen gegeben. Doch seit dem Jahr 1950 sind schätzungsweise über 10 Millionen Menschen wegen ihres Glaubens an Jesus getötet worden. Alle christlichen Untersuchungen stimmen überein, daß mehr Menschen im 20. Jahrhundert um ihres Glaubens willen umgebracht worden sind als in allen früheren Jahrhunderten zusammen. Ganz offensichtlich ist das Zeitalter der Verfolgung nicht vorbei. Diese «modernen Märtyrer» haben gewiß nach Offenbarung 12,11 gelebt – und sind auch so gestorben: «Und sie haben ihn besiegt durch das Blut des Lammes und durch die Wahrheit des Wortes Gottes, die sie bezeugt haben. Dafür haben sie ihr Leben eingesetzt und den Tod nicht gefürchtet.»

Christ zu sein, garantiert kein sorgenfreies Leben. Im Gegenteil: der Glaube an Jesus bringt es oft mit sich, in irgendeiner Form Ablehung oder Widerstand zu erfahren.

Sicherlich unterscheidet sich die Art, wie wir «verfolgt» werden von der Situation jener Menschen, die wirklich bedroht und gefoltert werden, weil sie als Christen öffentlich in Erscheinung treten. Aber es tut beispielsweise auch weh, wenn man sich weigert, entsprechend der Anweisung des Chefs zu lügen – und daraufhin seine Arbeitsstelle verliert. Man leidet die Schmerzen seines Kindes mit, das von seinen Freunden abgelehnt wird, weil es sich weigert, wie die anderen zu trinken, Drogen zu nehmen oder sich in Sachen Freundschaft an den Empfehlungen einschlägiger Jugend-Zeitschriften zu orientieren.

In solchen Situationen kann es vorkommen, daß wir uns von Gott verlassen fühlen. Vielleicht sind wir versucht zu fragen: «Warum ich, Gott? Du weißt doch, daß ich ein gutes Leben führen möchte, das dir gefällt. Habe ich es da nicht verdient, gerecht behandelt zu werden?»

Solange wir in dieser Welt leben, werden uns Leid und Schmerzen nicht erspart bleiben. Anstatt zu fragen «Warum ich, Gott?», sollten wir lieber fragen: «Warum ich nicht, Gott?» Wenn wir uns darauf vorbereiten, um unseres Glaubens willen leiden zu müssen, werden wir weder erschüttert noch frustriert sein, wenn die Not uns trifft.

Satan, der große Verkläger, weiß, daß er nicht mehr viel Zeit hat. Er wird alles daransetzen, uns zu Kompromissen zu bewegen. Und wer Kompromisse macht, erspart sich gewöhnlich die Unannehmlichkeiten. Doch Jesus will uns die Kraft schenken, durch sein am Kreuz vergossenes Blut in der Versuchung durchzuhalten. Inmitten von Verfolgungen und scheinbaren Niederlagen leuchtet auch für uns am Horizont der Sieg, den die Überwinder in der Offenbarung bezeugen und den Gott auch uns verheißt.

4 Mit seinem Schwanz fegte er ein
Drittel aller Sterne vom Himmel und
schleuderte sie auf die Erde. Der
Drache stellte sich vor die Frau; denn
er wollte ihr Kind verschlingen, so-
bald es geboren war. 5 Die Frau
brachte einen Sohn zur Welt, der ein-
mal mit eiserner Hand über die Völ-
ker der Erde herrschen sollte. Aber
das Kind wurde gerettet und sofort zu
Gott vor seinen Thron gebracht. 6 Die
Frau aber floh in die Wüste, wo Gott
selbst einen Zufluchtsort für sie vor-
bereitet hatte. 1260 Tage sollte sie
dort versorgt werden.

7 Dann brach im Himmel ein
Kampf aus: Michael und seine Engel
griffen den Drachen an. Der Drache
schlug mit seinem Heer von Engeln
zurück; 8 doch er verlor den Kampf
und durfte nicht länger im Himmel
bleiben. 9 Der große Drache – es ist
niemand anders als der Teufel oder
Satan, der als listige Schlange die gan-
ze Welt zum Bösen verführt –, er wur-
de mit allen seinen Engeln aus dem
Himmel auf die Erde hinunterge-
stürzt.

10 Jetzt hörte ich eine gewaltige
Stimme im Himmel rufen:

«Nun ist der Sieg Gottes endlich
sichtbar, seine Stärke und seine Herr-
schaft sind endgültig! Alle Macht
liegt in den Händen seines Sohnes Je-
sus Christus. Denn er ist endgültig ge-
stürzt, der Ankläger, der unsere Brü-
der Tag und Nacht vor Gott beschul-
digte. 11 Sie haben ihn besiegt durch
das Blut des Lammes und durch die
Wahrheit des Wortes Gottes, die sie
bezeugt haben. Dafür haben sie ihr
Leben eingesetzt und den Tod nicht
gefürchtet. 12 Darum freut euch nun,
ihr Himmel und alle, die ihr darin
wohnt! Aber weh euch, ihr Menschen
auf der Erde.[a] Der Satan wurde auf
euch losgelassen. Er ist voller Wut
und Zorn; denn er weiß, daß er be-
siegt ist und ihm nicht mehr viel Zeit
bleibt.»

13 Als der Drache merkte, daß er
auf der Erde war, verfolgte er die
Frau, die den Sohn geboren hatte.
14 Doch Gott gab der Frau die starken
Flügel eines Adlers. So konnte sie an
ihren Zufluchtsort in der Wüste flie-
hen. Dreieinhalb Jahre wurde sie hier
versorgt und war vor den Angriffen
des Drachens, der bösen Schlange, si-
cher. 15 Doch die Bestie gab nicht auf.
Eine gewaltige Wasserflut schoß aus
ihrem Rachen, und die Frau geriet in
große Gefahr. 16 Aber die Erde half
der Frau. Sie öffnete sich und ver-
schlang das Wasser, das der Drache
ausspuckte. 17 Darüber wurde der
Drache so wütend, daß er jetzt alle
bekämpfte, die zu dieser Frau gehö-
ren.[b] Das sind die Menschen, die
nach Gottes Geboten leben und sich
zu Jesus bekennen.

18 Und der Drache begab sich an
den Strand des Meeres.

Das Tier aus dem Meer: der Antichrist

13 Ich sah ein seltsames Tier aus
dem Meer auftauchen. Es hat-
te sieben Köpfe und zehn Hörner; auf
jedem Horn trug es eine Krone. Auf
den Köpfen standen Namen, die sich
gegen Gott richteten und ihn belei-
digten. 2 Das Tier sah aus wie ein

a) Wörtlich: Wehe der Erde und dem Meer!
b) Wörtlich: Und der Drache ergrimmte gegen die Frau und ging hin, um mit den übrigen ihres Samens Krieg zu führen.

Gottes Liebe ist grenzenlos

Aus Psalm 145

Dich will ich ehren, mein Gott und König! Dich will ich preisen für alle Zeit!
Jeden Tag will ich dich loben und deinen Namen überall bekannt machen.
Groß ist der Herr! Jeder soll ihn rühmen! Seine Größe kann niemand erfassen.
Eine Generation soll der anderen von deinen großen Taten erzählen
und schildern, wie machtvoll du eingegriffen hast.
Deine Hoheit und Macht wird in aller Munde sein,
und auch ich will stets über deine Wunder nachdenken.
Immer wieder wird man davon sprechen,
wie dein Handeln den Menschen Ehrfurcht eingeflößt hat.
Wenn sie dann zurückdenken, werden sie deine unermeßliche Güte rühmen.
Weil du deine Versprechen gehalten hast, werden sie dich laut loben:
«Der Herr ist gnädig und barmherzig; seine Geduld hat kein Ende,
und seine Liebe ist grenzenlos! Der Herr ist gut zu allen
und schließt niemanden von seinem Erbarmen aus,
denn er hat allen das Leben gegeben.»

Darum sollen dich alle deine Geschöpfe loben. Jeder, der dich liebt,
soll dich rühmen und weitersagen, wie großartig deine Königsherrschaft ist!
Sie alle sollen erzählen von deiner Stärke, damit die Menschen erfahren,
wie prachtvoll und herrlich dein königliches Reich ist!
Deine Herrschaft hat kein Ende,
sie wird bestehen von einer Generation zur anderen.
Auf das Wort des Herrn kann man sich verlassen,
und was er tut, das tut er aus Liebe.

Alle schauen erwartungsvoll zu dir,
und du gibst ihnen zur rechten Zeit zu essen.
Du öffnest deine Hand und sättigst deine Geschöpfe;
allen gibst du, was sie brauchen.
Der Herr ist gerecht in allem, was er tut; auf ihn ist Verlaß!
Der Herr ist denen nahe, die zu ihm beten und es ehrlich meinen.
Er geht auf die Wünsche derer ein, die voll Ehrfurcht zu ihm kommen.
Ich will den Herrn loben, und alles, was lebt, soll ihn allezeit rühmen.
Er ist der heilige Gott!

Panther, aber es hatte die Füße eines
Bären und den Rachen eines Löwen.
Der Drache gab ihm seine ganze
Macht, setzte es auf den Herrscher-
thron und übertrug ihm alle Befehls-
gewalt. 3 An einem Kopf des Tieres
sah ich eine tödliche Wunde; aber
diese Wunde wurde geheilt. Alle
Welt lief dem Tier voller Bewunde-
rung nach. 4 Und die Menschen fielen
vor dem Drachen nieder und beteten
ihn an, weil er seine Macht dem Tier
gegeben hatte. Auch das Tier beteten
sie an und riefen: «Wo auf der ganzen
Welt ist jemand, der sich mit ihm ver-
gleichen kann? Wer wagt es, den
Kampf mit ihm aufzunehmen?»
5 Das Tier wurde ermächtigt, anma-
ßende und gotteslästerliche Reden zu
halten. Zweiundvierzig Monate lang
durfte es seinen Einfluß ausüben.
Niemand hinderte es daran. 6 Wenn
das Tier sein Maul aufriß, beleidigte
und beschimpfte es Gott auf gemein-
ste Weise. Es verhöhnte seinen Na-
men, sein Heiligtum und alle, die im
Himmel wohnen. 7 Nichts und nie-
mand hinderte das Tier daran, gegen
Gottes Volk zu kämpfen und es sogar
zu besiegen. Das Tier herrschte un-
eingeschränkt über alle Völker und
Nationen, über die Menschen aller
Rassen und Sprachen; alle beteten es
an. 8 Und alle Menschen auf der Erde
werden das Tier verehren und anbe-
ten: Alle, deren Namen nicht schon
seit Beginn der Welt im Lebensbuch
des Lammes stehen.
9 Hört genau hin und achtet dar-
auf:[a] 10 Wer dazu bestimmt ist, ins Ge-
fängnis zu kommen, der wird auch ge-
fangen genommen. Und wer durch
das Schwert sterben soll, der wird
auch mit dem Schwert getötet. Hier
muß sich die Standhaftigkeit der Kin-
der Gottes und ihre Treue zu Christus
bewähren.

Das zweite Tier: der Lügenprophet

11 Aus der Erde sah ich dann ein ande-
res Tier aufsteigen. Es hatte zwei
Hörner wie ein Lamm, aber eine
furchterregende Stimme wie der Dra-
che. 12 Dieses Tier übte dieselbe
Macht und Gewalt aus wie das erste,
von dem es seine Aufträge erhielt. Es
brachte die ganze Erde und alle ihre
Bewohner dazu, das erste Tier, des-
sen tödliche Wunde geheilt war, wie
einen Gott zu verehren und anzube-
ten.
13 Dieses zweite Tier vollbrachte er-
staunliche Wunder. Vor den Augen
der Menschen ließ es sogar Feuer
vom Himmel auf die Erde fallen.
14 Und immer, wenn das erste Tier da-
bei war, verführte es die Menschen
durch solche Taten. Es forderte sie
auf, ein Standbild zu Ehren des ersten
Tieres zu errichten, das durchs
Schwert tödlich getroffen und dann
wieder lebendig geworden war.
15 Doch das war noch nicht alles. Es
gelang ihm sogar, dem Standbild Le-
ben zu geben. Es begann zu sprechen
und verlangte, daß jeder getötet wer-
den sollte, der das Bild nicht verehrt
und anbetet.
16 Jeder – ob groß oder klein, reich
oder arm, ob Herr oder Sklave – wur-
de gezwungen, auf der rechten Hand
oder der Stirn ein Zeichen zu tragen.
17 Niemand konnte Arbeit finden
oder etwas einkaufen,[b] wenn er das
Zeichen nicht hatte. Und dieses Zei-

a) Wörtlich: Wer Ohren hat, der höre! Vgl. 2,7
b) Wörtlich: Daß keiner kaufen oder verkaufen kann...

MUTIGE AUSNAHMEN

Else Diehl

Offenbarung 13,8

Zu den Visionen des Endes, die der Seher Johannes beschreibt, gehört auch das Auftauchen eines gewaltigen Tieres, einer Macht, die alles daran setzt, die Menschen in ihren Bann zu schlagen. Deutlich ist zu erkennen, daß es hier um einen Kampf gegen Gott und seine Herrschaft geht. Dem Wirken dieser Macht wird, so beschreibt es Johannes, kein Einhalt geboten. Alle Völker und Nationen verehren sie. Ihrem gewaltigen Eindruck unterliegen viele. Viele ja, aber nicht alle. Es gibt Menschen, die sich diesem Einfluß nicht unterwerfen, weil sie einem anderen gehören.

Es sind die Christen, die Jesus Christus durch seinen Tod – im Bild des geopferten Lammes – gerettet hat. Ihre Namen stehen im Lebensbuch. Bei Gott sind sie bekannt. Das ist wesentlich, denn es bedeutet Rettung im Gericht. In dieser Welt sind sie vielleicht unbekannt, aber sie fallen auf, weil sie dieser gewaltigen Macht widerstehen. Das wird nicht leicht sein, und uns kann im Blick darauf Angst beschleichen. Herrscher, die sich als Götter verehren lassen, dulden keinen Widerstand.

Was uns tröstet, ist die Tatsache, daß Gott das letzte Wort spricht. Als deutsche Soldaten im 2. Weltkrieg in Stalingrad eingekesselt waren und den Tod vor Augen hatten, schrieb einer von ihnen den Kanon:

«Alles ist eitel, du aber bleibst
und wen du ins Buch des Lebens schreibst.»

Diesen klaren Blick dafür zu haben, wo Ursprung und Ziel unseres Lebens liegen, das gibt Zuversicht, auch in schweren Zeiten.

chen war nichts anderes als der Name des Tieres, in Buchstaben geschrieben oder in Zahlen ausgedrückt. 18 Doch um das zu ergründen, ist Gottes Weisheit nötig. Wer Einsicht und Verstand hat, wird herausfinden, was die Zahl des Tieres bedeutet. Hinter ihr verbirgt sich die Zahl eines Menschen. Und diese Zahl ist 666.

Das Lied der Befreiten

14 Ich sah das Lamm auf dem Berg Gottes[a] stehen, umgeben von 144000 Menschen. Auf ihrer Stirn stand sein Name und der Name seines Vaters. 2 Jetzt hörte ich Stimmen vom Himmel – gewaltig wie ein rauschender Wasserfall und wie heftige Donnerschläge und doch so zart und schön wie das schönste Harfenspiel. 3 Vor dem Thron Gottes, vor den vier Gestalten und den vierundzwanzig Ältesten sangen sie ein neues Lied. Aber nur die 144 000, die das Lamm durch sein Opfer losgekauft hat und die von allem Irdischen frei sind, können dieses Lied singen.[b] 4 Sie sind ihrem Herrn treu geblieben und haben sich nicht durch Götzendienst verunreinigt.[c] Sie sind rein und folgen dem Lamm überallhin. Als erste von allen Menschen sind sie durch das Opfer Jesu Christi losgekauft und ganz Gott und dem Lamm geweiht. 5 Weder Lüge noch Falschheit gibt es bei ihnen; sie sind ohne Tadel, und niemand kann ihnen etwas vorwerfen.[d]

Drei Engel verkünden das Gericht

6 Jetzt sah ich einen Engel mitten durch den Himmel fliegen. Er hatte die Aufgabe, allen Menschen auf der Erde, allen Nationen und Völkern, den Menschen aller Rassen und Sprachen eine ewig gültige Heilsbotschaft zu verkündigen. 7 Laut rief er: «Fürchtet Gott und gebt ihm die Ehre! Denn jetzt wird er Gericht halten. Betet den an, der alles geschaffen hat: den Himmel und die Erde, das Meer und alle Wasserquellen.»

8 Diesem Engel folgte ein zweiter. Er rief: «Babylon ist gefallen, die große Stadt Babylon! Sie, die alle Völker der Erde irregeführt und in ihre Sünde hineingerissen hat.»[e] 9 Nun kam ein dritter Engel. Niemand konnte überhören, als er rief: «Wehe allen, die das Tier aus dem Meer und sein Standbild verehren und anbeten, die das Kennzeichen des Tieres an ihrer Stirn oder Hand tragen![f] 10 Denn sie werden schonungslos und ohne Erbarmen Gottes Zorn erfahren.[g] In Gegenwart der Engel und vor den Augen des Lammes werden sie in Feuer und Schwefel qualvoll leiden. 11 Dieses Feuer wird niemals verlöschen; immer und ewig steigt sein Rauch auf. Niemals werden die Ruhe finden, die das Tier und sein Stand-

a) Wörtlich: Zion. Vgl. Jesaja 4,5; Joel 3,5; Hebräer 12,22
b) Wörtlich: Und niemand konnte das Lied lernen außer den 144 000, die von der Erde losgekauft waren.
c) Wörtlich: die sich mit Frauen nicht befleckt haben, denn sie sind jungfräulich.
d) Wörtlich: Und in ihrem Mund wurde keine Lüge gefunden; sie sind ohne Fehl.
e) Wörtlich: die mit dem Zorneswein ihrer Hurerei alle Völker trunken gemacht hat.
f) Vgl. Kap. 13,15
g) Wörtlich: Der bekommt auch von dem Wein des Zorngerichtes Gottes zu trinken, der unvermischt in den Becher seines Zorngerichtes gegossen ist.

WIE WEIT REICHT IHRE LIEBE?

Elke Werner

Offenbarung 14

Erinnern Sie sich an die letzten Olympischen Spiele? Die Sportler haben sich seit Jahren auf dieses Ereignis vorbereitet. Harte Trainingsstunden, Verletzungen, Konkurrenzkämpfe, äußerste Disziplin und die Unterordnung unter Trainer und Mannschaft nehmen diese Sportler auf sich. Und jeder Sportler steht auch für sein Volk, seine Nation. Dann kommt die Eröffnung mit dem feierlichen Einmarsch der Athleten. Man entdeckt darunter Vertreter von Nationen, die man auf der Landkarte erst mal suchen müßte.

Unser Text in Offenbarung 14 zeigt, daß Gott alle Völker, Nationen und Sprachgruppen im Blick hat. Er kennt alle, und es ist sein Herzensanliegen, sie alle mit der guten Nachricht zu erreichen.

In Vers 6 lesen wir, daß Gott einen Engel sendet, damit alle bis an die Enden der Erde die Botschaft von Jesus hören. Alle sollen Gott allein anbeten, sich von den falschen, selbstgewählten Göttern abwenden und ihm die Ehre geben.

Klingt das für uns nicht längst überholt? Wer kann schon von uns verlangen, unsere Sicherheiten aufzugeben, um Menschen eine Botschaft zu verkünden, die sie gar nicht hören wollen? Auch hier hat unser Text eine Antwort. Der Gott, der alles geschaffen hat, kommt, um Gericht zu halten. Und in diesem Gericht kann nur der bestehen, der an ihn glaubt. Egal, aus welchem Volk er auch kommt. Gott will allen Menschen die Chance geben, an ihn zu glauben und die Frohe Botschaft zu hören. Das war das Herzensanliegen Jesu nach seiner Auferstehung. Er hat uns als seine Jünger gesandt, bis an die Enden der Erde zu gehen, um Zeugen seiner Liebe und Erlösung zu sein. Das ist unser Auftrag. Und das ist der Auftrag des ersten Engels.

Ein zweiter Engel macht klar, daß die Mächte, auf die die Menschen ihr Vertrauen gesetzt hatten, nicht mehr bestehen. Sie sind von Gott entmachtet. Ein dritter Engel warnt noch einmal davor, weiterhin falsche Götter anzubeten. Gott will, daß alle gerettet werden und zur Erkenntnis der Wahrheit kommen.

Vielleicht können wir in dieser Beziehung von den Sportlern lernen. Auch wir sind gerufen, für ein Ziel zu leben, das uns Opfer und Einsatz abverlangt. Auch für uns als Christen gilt es, uns ganz für Gottes Ziele einzusetzen.

bild angebetet und sein Zeichen angenommen haben. [12] Hier muß das Volk Gottes seine Standhaftigkeit beweisen; denn nur die können bestehen, die Gottes Gebote halten und dem Glauben an Jesus treu bleiben.»

[13] Dann hörte ich eine Stimme vom Himmel, die mich aufforderte: «Schreibe: Von jetzt an kann sich jeder freuen, der im Vertrauen auf den Herrn stirbt!» «Ja», antwortete der Geist, «sie dürfen von ihrer Arbeit und ihrem Leiden ausruhen. Der Lohn für all ihre Mühe ist ihnen gewiß!»[a]

Gottes Ernte

[14] Danach sah ich eine weiße Wolke. Darauf saß einer, der wie ein Mensch aussah. Er trug eine goldene Krone auf seinem Kopf, und in der Hand hielt er eine scharfe Sichel. [15] Nun kam ein Engel aus dem Heiligtum und rief ihm zu: «Gebrauche deine Sichel, und fange an zu ernten! Denn die Erntezeit ist gekommen, und die Erde ist reif für die Ernte.» [16] Und der auf der Wolke saß, schwang seine Sichel über die Erde, und die Ernte wurde eingebracht.

[17] Ein anderer Engel trat aus dem Heiligtum im Himmel. Er hatte ein scharfes Messer. [18] Dazu kam noch ein Engel vom Altar, der Gewalt über das Feuer hatte. Er rief dem Engel mit dem Messer zu: «Nimm dein scharfes Messer, und schneide die Trauben vom Weinstock der Erde; sie sind reif.» [19] Da schleuderte der Engel sein Messer auf die Erde und erntete die Trauben. Er warf sie in die große Weinpresse, die ein Bild ist für den Zorn Gottes. [20] Draußen vor der Stadt wurde der Saft aus den Trauben gekeltert. Ein riesiger Blutstrom ergoß sich aus der Weinpresse: dreihundert Kilometer weit und so hoch, daß er den Pferden bis an die Zügel reichte.

Die sieben letzten Katastrophen

15 Danach sah ich am Himmel eine andere gewaltige Erscheinung, die mich betroffen machte: Sieben Engel waren dort, und jeder brachte eine neue Katastrophe auf die Erde. Erst damit sollte Gottes Gericht zu Ende gehen.

[2] Ich sah so etwas wie ein Meer, durchsichtig wie Glas und leuchtend wie Feuer. An seinem Ufer standen alle, die Sieger geblieben waren über das Tier, die sein Standbild nicht angebetet und die Zahl seines Namens nicht angenommen hatten. In ihren Händen hielten sie Harfen, die Gott ihnen gegeben hatte. [3] Sie sangen das Siegeslied, das schon Mose, der Diener Gottes, gesungen hatte, und das Lied des Lammes:

«Groß und wunderbar sind deine Taten, Herr, du allmächtiger Gott! Gerecht und zuverlässig sind deine Wege, du König aller Völker! [4] Wer sollte dich, Herr, nicht anerkennen, und wer deinen Namen nicht rühmen und ehren? Nur du allein bist heilig! Alle Völker werden kommen und dich anbeten, denn alle werden deine Gerechtigkeit erkennen!»

[5] Dann sah ich, wie im Himmel das Allerheiligste des Tempels weit geöffnet wurde.[b] [6] Und aus dem Heiligtum kamen die sieben Engel mit den

a) Wörtlich: denn ihre Werke folgen ihnen nach.
b) Wörtlich: Und danach schaute ich, und der Tempel «des Zeltes des Zeugnisses» im Himmel wurde geöffnet.

GROSSMUTTERS VERMÄCHTNIS

Cae Gauntt

Offenbarung 15,3

Als ich ein Kind war, verbrachten wir die Sommerferien immer bei meinen Großeltern. Meine Oma hatte einen prägenden Einfluß auf mich. Sie war meine erste Gesangslehrerin. Bei Sonnenuntergang saßen wir dabei im Schaukelstuhl auf der Terrasse. Sie hat mir auch das «richtige» Tischdecken und Bestecklegen beigebracht. Sie hat mir meinen ersten «echten» Schmuck gekauft. Und sie hat mir für jeden Bibelvers, den ich auswendig gelernt hatte, zehn Pfennige geschenkt.

Meine Schwester und ich haben uns immer darum gestritten, wer bei Oma im großen Bett schlafen durfte. Sie hatte eine großartige Gabe, uns zuzuhören. Am schönsten war es, wenn alle Lichter aus waren und die Nacht etwas kühler wurde. Oft war von ferne Wetterleuchten am Nachthimmel zu sehen. Und Oma fing an zu erzählen. Sie hat mir mit gedämpfter Stimme Geschichten von ihrer Familie erzählt (sie hatte zehn Geschwister). Und von meinem Vater, den sie größtenteils allein erzogen hatte, weil mein Opa beruflich als Postangestellter bei der Eisenbahn viel unterwegs war. Dann, während des Zweiten Weltkriegs, wurde er schwer verletzt und mußte um sein Leben kämpfen. So viele Geschichten vom Leben, Leiden, Lieben. Aber durch alles, was sie erzählte, klang das eine Thema durch: Der feste Glaube an Jesus Christus hat ihre Familie zusammengehalten, Trost gegeben, Freude bereitet, Hoffnung erweckt, Stärke geschenkt. Dann hat sie meine Hände ganz fest in ihren gehalten und hat für mich gebetet. Und dann haben wir einen Choral zusammen gesungen. Was glauben Sie, wie warm es um mein Herz war und wie gut ich geschlafen habe nach all dem! In diesen Nächten hat meine Großmutter mir ihren Glauben als Erbschaft geschenkt.

Als ich Offenbarung 15,3 gelesen habe, wunderte es mich, daß all diese Leute das alte Siegeslied von Mose gekannt haben, daß dieses Liedgut durch Jahrtausende hindurch weiter vererbt wurde. Und dann war mir klar: Ihr Großmütter habt es den Kindern und Kindeskindern bestimmt Nacht für Nacht vor dem Schlafengehen zugeflüstert!

letzten Katastrophen. Sie trugen
strahlendweiße Leinengewänder und
ein goldenes Band um die Brust.
7 Eine von den vier mächtigen Gestal-
ten gab den sieben Engeln sieben gol-
dene Schalen. Jede von ihnen war an-
gefüllt mit dem Zorn Gottes, der ewig
lebt. 8 Die Wolke der Herrlichkeit
und Macht Gottes erfüllte den Tem-
pel. Und niemand konnte den Tem-
pel betreten, bevor die sieben Engel
nicht die sieben Katastrophen zum
Abschluß gebracht hatten.

Die Schalen mit dem Zorn Gottes

16 Jetzt hörte ich, wie eine gewal-
tige Stimme den sieben Engeln
aus dem Heiligtum zurief: «Geht und
überschüttet die Erde mit den sieben
Schalen des Zornes Gottes.»
2 Da ging der erste Engel und goß
seine Schale auf die Erde. Sofort bil-
deten sich bei allen Menschen, die
das Zeichen des Tieres trugen und
sein Standbild angebetet hatten, bös-
artige und schmerzhafte Geschwüre.
3 Der zweite Engel goß seine Schale
in das Meer. Da wurde das Wasser zu
Blut. Es war wie das Blut von einem
Toten. Und alle Lebewesen im Meer
kamen um.
4 Der dritte Engel goß seine Schale
über die Flüsse und Quellen. Alles
wurde zu Blut. 5 Dabei hörte ich, wie
der Engel, der über das Wasser
herrscht, sagte: «Du hast dein Urteil
gesprochen, du heiliger Gott, der du
bist und immer warst. Dein Urteil ist
richtig und gerecht. 6 Weil sie die ge-
tötet haben, die an dich glaubten, und
das Blut deiner Propheten vergossen,
hast du ihnen dieses Blut zu trinken
gegeben. Das haben sie verdient!»
7 Und ich hörte, wie eine Stimme vom
Altar her sagte: «Ja, Herr, du all-
mächtiger Gott! Deine Urteile sind
wahr und gerecht.»
8 Dann goß der vierte Engel seine
Schale über die Sonne. Sie konnte
jetzt die Menschen mit ihrem Feuer
peinigen. 9 Alle Menschen litten unter
der sengenden Sonnenglut. Doch kei-
ner kehrte um und erkannte Gott als
den Herrn an. Sie verfluchten viel-
mehr seinen Namen und lehnten sich
weiter gegen den auf, der sie mit solch
schrecklichen Katastrophen heim-
suchte.
10 Der fünfte Engel schüttete seine
Schale über dem Thron des Tieres
aus. Da versank das Reich des Tieres
in tiefste Finsternis. Die Menschen,
die dort lebten, zerbissen sich vor lau-
ter Schmerzen die Zunge. 11 Aber
auch sie bereuten nichts und kehrten
nicht um, sondern verfluchten Gott,
weil sie solche Schmerzen und qual-
vollen Geschwüre ertragen mußten.
12 Der sechste Engel goß seine
Schale in den großen Fluß, den Eu-
phrat. Der Fluß trocknete aus, so daß
die Könige aus dem Osten ungehin-
dert mit ihren Armeen in das Land
eindringen konnten. 13 Ich sah, wie
aus dem Maul des Drachen, des Tie-
res und des falschen Propheten[a] drei
unreine Geister hervordrangen, die
wie Frösche aussahen. 14 Es sind dä-
monische Geister, die Wunder voll-
bringen und die Herrscher dieser Er-
de für sich gewinnen wollen. Alle sol-
len sich mit ihnen zum Kampf gegen
den allmächtigen Gott verbünden,
wenn der große Tag der Entschei-
dung kommt.
15 «Doch vergiß nicht!» sagt Chri-
stus. «Ich komme plötzlich und uner-

a) Vgl. Kap. 13,11–15

Der Altar

Kristina Hartmann

Offenbarung 16,7

Einer der ersten Missionare, die im 19. Jahrhundert nach Sambia vorstießen, war der schottische Arzt, Forscher und Missionar Dr. David Livingstone. Während man heute weite Strecken in Afrika auf Teerstraßen zurücklegen kann, marschierte er noch auf Buschpfaden zu Fuß, mit Trägern, die sein Gepäck trugen, ins Landesinnere. Er war ständig in Gefahr vor wilden Tieren, tropischen Krankheiten, fremden Menschen und ungewissen Situationen. Unerschrocken setzte er sich gegen den Sklavenhandel ein, den er als eine offene, schwärende Wunde der Menschheit bezeichnete.

Für seine hohe Berufung, den Afrikanern die Frohe Botschaft von Jesus Christus zu bringen, brachten er und seine Frau große Opfer. Freiwillig legte er seine Gesundheit und schließlich sein Leben auf den Altar. Im Alter von 60 Jahren starb er an Malaria; man fand ihn tot in seiner Hütte, vor der offenen Bibel kniend. Sein gelebtes Christsein hat bis heute Segensspuren hinterlassen.

Der Gang zum Altar bleibt dem nicht erspart, der entschlossen ist, den guten Kampf des Glaubens bis zum Ende zu kämpfen. Manchmal müssen ungeistliche Wünsche, aufkommende gefährliche Leidenschaften, Trägheit, Mutlosigkeit auf dem Altar geopfert werden.

Was finde ich heute in meinem Leben, wovon ich mich trennen und es als Opfer auf den Altar bringen sollte? Der Gang zum Altar ist selten leicht, aber er lohnt sich; hilft er doch zu ungetrübter Freude in unserer Liebesbeziehung zu Jesus.

Eine tägliche Opfergabe, die Gott sich von jedem Menschen wünscht, ist im Psalm 50,23 aufgeführt: «Wer mir dankt, der bringt ein Opfer, das mich ehrt.»

wartet wie ein Dieb! Nur wer wach
bleibt und bereit ist, wird an diesem
Tag glücklich sein. Nur wer seine
Kleider griffbereit hat, braucht dann
nicht nackt herumzulaufen und sich
zu schämen.»

16 Die dämonischen Geister ver-
sammelten die Heere der Welt an
dem Ort, der auf hebräisch Harmage-
don heißt.

17 Der siebte Engel schüttete seine
Schale in die Luft. Da erklang vom
Thron des Heiligtums im Himmel
eine gewaltige Stimme: «Es ist ge-
schehen!» 18 Blitze zuckten über den
Himmel, und der Donner krachte.
Die Erde bebte so heftig, wie es noch
niemals vorher geschehen war, solan-
ge Menschen auf ihr leben. 19 Die gro-
ße Stadt zerbrach in drei Teile, und
die Städte der Welt sanken in Trüm-
mer. Gott hatte das große Babylon
und seine Sünden nicht vergessen.
Schonungslos und ohne Erbarmen
bekam es Gottes Gericht zu spüren.[a]
20 Die Inseln versanken, und die Ber-
ge stürzten in sich zusammen. 21 Riesi-
ge Hagelbrocken – einen halben
Zentner schwer – fielen vom Himmel
auf die Menschen und brachten Tod
und Verderben. Und die Menschen
verfluchten Gott wegen dieser furcht-
baren Katastrophe.

Babylon – die große Hure

17 Nun kam einer von den sieben
Engeln, die die sieben Schalen
erhalten hatten, zu mir und sagte:
«Komm mit, ich will dir zeigen, wie
Gott die große Hure straft, die an den
vielen Wasserläufen so sicher thront.
2 Die Mächtigen dieser Welt sind ihr
hinterhergelaufen und haben sich mit
ihr eingelassen. Alle Menschen wa-
ren berauscht und begeistert von ih-
ren lockenden Angeboten.»[b]

3 Jetzt nahm mich der Engel und
versetzte mich im Geist in die Wüste.
Dort sah ich eine Frau auf einem
grellroten Tier. Der Körper des Tie-
res mit den sieben Köpfen und den
zehn Hörnern war überall beschrie-
ben mit frechen Beleidigungen gegen
den Namen Gottes. 4 Die Frau trug
dunkel- und grellrote Kleider, dazu
kostbaren, goldenen Schmuck mit
wertvollen Edelsteinen und Perlen.
In ihrer Hand hielt sie einen Becher
aus Gold, der bis an den Rand gefüllt
war mit der Bosheit ihrer Verführung
und Unzucht. 5 Auf ihrer Stirn stand
ein geheimnisvoller Name: «Das gro-
ße Babylon, die Mutter aller Verfüh-
rung und Abgötterei auf der Erde!»
6 Und ich sah, wie sie sich berauschte
an dem Blut all der Menschen, die
Gott gehörten und getötet wurden,
weil sie Jesus die Treue hielten. Ich
war erschüttert und betroffen von all
dem, was ich sah. 7 «Warum bist du so
fassungslos?» fragte mich der Engel.
«Ich will dir verraten, wer diese Frau
ist und was das Tier mit den sieben
Köpfen und den zehn Hörnern be-
deutet, auf dem sie sitzt.

8 Das Tier, das du gesehen hast, war
einmal da, auch wenn es jetzt ver-
schwunden ist. Aber es wird aus dem
Abgrund der Hölle aufsteigen und
dann seinem endgültigen Untergang
nicht entgehen. Und die Menschen

a) Wörtlich: Und der großen (Stadt) Babylon wurde gedacht vor Gott, ihr den Becher mit dem Wein des grimmigen Zornes zu geben.
b) Wörtlich: Mit der die Könige der Erde Hurerei getrieben haben, und die Bewohner der Erde sind von dem Wein ihrer Hurerei trunken geworden. Vgl. Kap. 14,8

EIN GEHEIMNISVOLLER NAME

Brunhilde Blunck

Offenbarung 17,5

Das Buch der Offenbarung ist geheimnisvoll und erscheint uns mit seinen fremdartigen Bildworten schwer verständlich.

Sogar Johannes selbst reagiert auf die ihm von Gott geschenkte Vision (Offenbarung 17,1) mit dem Satz: «Ich wunderte mich sehr, als ich das sah» (V. 6 in der Übersetzung Martin Luthers).

Da thront eine Frau, reich geschmückt und farbenprächtig gekleidet, auf einem seltsamen Tier als Zeichen ihrer Macht. In ihrer Hand hält sie einen goldenen Becher, gefüllt mit Abscheulichkeiten. Die Frau trägt, wie es damals bei Prostituierten üblich war, ein Stirnband mit ihrem Namen: «Das große Babylon, die Mutter aller Verführung und Abgötterei.»

Dieser geheimnisvolle Name war der Deckname für die Weltstadt Rom. Rom übt eine große Anziehung auf die Menschen aus. Sie lassen sich von den Angeboten der Stadt berauschen und verführen. Viele Gottheiten werden dort angebetet. Der Gott der Bibel aber wird beleidigt und verachtet.

Johannes und die Frommen seiner Zeit wußten, daß im Alten Testament immer wieder heidnische Städte, die Gott mißachteten, als Huren bezeichnet werden (z. B. Ninive und Tyrus). Selbst Jerusalem wird von einigen Propheten angeklagt, daß es zur Hure geworden sei, weil es sich in Untreue von dem liebenden Gott abwandte.

In Rom wurden nicht nur besonders viele Menschen zur Sünde verführt. Dort wurden auch die, die Gott die Treue hielten, angegriffen. Was Johannes hier sagt, bedeutet: «Rom ist betrunken vom Blut der Heiligen.» Johannes muß in der großen Verfolgungszeit unter dem römischen Kaiser Domitian einen Decknamen benutzen. Er weiß, daß die Christen, an die er schreibt, das Geheimnis lösen können. Welch ein Trost für sie, daß Johannes dann auch schreibt: Jesus, das Lamm Gottes, ist stärker als die große Hure Babylon. Sie wird fallen, und ihr Weltreich wird zerbrechen (vgl. Kapitel 18).

Christen heute fürchten sich nicht vor Rom. Aber wir stellen fest, daß Gottlosigkeit und Sünde immer mehr Raum in der Welt gewinnen. Wer ernsthaft nach Gottes Geboten lebt und sich offen zu Jesus bekennt, hat heute keinen leichten Stand. Christen erfahren Spott und Verachtung und bis heute auch Verfolgung und Tod.

Wie gut, daß auch uns gesagt wird: Jesus ist der Sieger über alle gottlosen Mächte in dieser Welt! Es kommt der Tag, an dem die Macht der Hure Babylon ihr Ende findet.

auf der Erde, deren Namen nicht
schon seit Beginn der Welt im Buch
des Lebens stehen, werden sprachlos
vor Staunen sein, wenn sie dieses Tier
sehen. Sie werden sich wundern, daß
es zuerst da war, jetzt verschwunden
ist und einmal wieder da sein wird.

9 Um das zu verstehen, ist Weisheit
von Gott nötig: Die sieben Köpfe be-
deuten sieben Hügel, von denen die
Frau ihre Macht ausübt. Zugleich
sind sie auch ein Bild für sieben Köni-
ge. 10 Fünf von ihnen sind schon gefal-
len. Der sechste regiert jetzt, und der
siebte wird noch kommen. Aber sei-
ne Regierungszeit wird nur kurz sein.
11 Das Tier, das früher da war und
jetzt nicht da ist, dieses Tier ist ein
achter König; er ist genau wie die sie-
ben anderen. Auch sein Weg führt in
den Untergang.

12 Die zehn Hörner, die du gesehen
hast, bedeuten zehn Könige, die noch
nicht an die Macht gekommen sind.
Aber wie Könige werden sie mit dem
Tier herrschen, wenn auch nur für
kurze Zeit.[a] 13 Sie sind sich in allem ei-
nig, haben ein gemeinsames Ziel und
stellen sich mit ihrer Macht und ihrem
Einfluß dem Tier zur Verfügung.
14 Gemeinsam werden sie gegen das
Lamm kämpfen. Aber das Lamm wird
sie besiegen. Denn es ist Christus, der
Herr über alle Herren, der König über
alle Könige. Und mit ihm siegen alle,
die von ihm berufen und auserwählt
wurden und ihm treu sind.»

15 Weiter sprach der Engel zu mir:
«Die Wasserläufe, die du gesehen
hast und an denen die Hure sitzt, sind
ein Bild für die Völker aller Rassen,
Nationen und Sprachen. 16 Das Tier
und seine zehn Hörner, die du auch
gesehen hast, werden die Hure has-
sen. Sie werden sie völlig ausplün-
dern, so daß sie nackt und bloß da-
steht. Ihr Fleisch werden sie fressen
und alles andere im Feuer verbren-
nen. 17 Damit aber erfüllen sie nur die
Absicht Gottes. Sie werden alles ge-
meinsam tun und ihre ganze Macht
und ihren ganzen Einfluß dem Tier
überlassen, bis alles erfüllt ist, was
Gott gesagt hat. 18 Die Frau, die du
gesehen hast, ist die große Stadt, die
über alle Könige der Erde herrscht.»

Das Ende Babylons

18 Danach sah ich, wie ein ande-
rer Engel vom Himmel herab-
kam. Er hatte besondere Macht, und
von seinem Glanz erstrahlte die ganze
Erde. 2 Mit gewaltiger Stimme rief er:
«Gefallen ist Babylon, die große
Stadt! Ja, sie ist gefallen! Nur noch
Teufel und Dämonen leben in Baby-
lon. Alle bösen und unreinen Geister
sind dort zu Hause, und die Aasgeier
suchen ihre Beute.[b] 3 Haben sich nicht
alle Völker von dieser Stadt und ihren
Verlockungen berauschen lassen? Sie
konnten gar nicht genug bekommen!
Auch die Herrscher dieser Erde ha-
ben sich mit ihr eingelassen.[c] Und
durch ihren verschwenderischen Lu-
xus rafften sich die Händler der Welt
ihre Reichtümer zusammen.»

4 Dann hörte ich eine andere Stim-
me vom Himmel her rufen: «Verlasse

a) Wörtlich: für eine Stunde.
b) Wörtlich: (Babylon ist) zu einer Behausung für allerlei unreine Geister und zu einer Behausung für allerlei unreine und verhaßte Vögel geworden.
c) Wörtlich: Denn von dem Zorneswein ihrer Hurerei haben alle Völker getrunken, und die Könige der Erde haben mit ihr gehurt.

Gott schützt die Schwachen

Psalm 146

Halleluja – lobt den Herrn!
Ich will den Herrn loben,
ich will ihn loben, solange ich lebe!
Zur Ehre Gottes will ich singen mein Leben lang.

Setzt euer Vertrauen nicht auf Männer,
die Einfluß haben und Macht ausüben!
Sie sind vergängliche Menschen wie ihr
und können euch nicht erretten.
Sie müssen sterben,
und mit ihnen vergehen ihre Pläne.
Glücklich aber ist der Mensch,
der seine Hilfe von dem Gott Jakobs erwartet!
Glücklich ist, wer seine Hoffnung auf den Herrn setzt!

Denn er hat Himmel und Erde geschaffen,
das Meer und alles, was darin lebt.
Niemals bricht er sein Wort!
Den Unterdrückten verschafft er Recht,
den Hungernden gibt er zu essen,
und die Gefangenen befreit er.
Der Herr macht die Blinden wieder sehend
und richtet die Niedergeschlagenen auf.
Er bietet den Ausländern Schutz
und versorgt die Witwen und Waisen.
Wer treu zu ihm steht, der erfährt seine Liebe,
aber wer ihn verachtet, den führt er in die Irre.

Der Herr regiert für immer und ewig.
Jerusalem, dein Gott wird herrschen für alle Zeiten!
Halleluja!

diese Stadt, du mein Volk! Nur wenn du dich von ihren Sünden fernhältst, kannst du dem Gericht Gottes über diese Stadt entgehen. 5 Denn ihre Sünden sind so unermeßlich groß, daß sie bis an den Himmel reichen. Aber Gott hat nicht eine einzige ihrer Schandtaten vergessen. 6 Gebt ihr zurück, was sie euch angetan hat. Ja, zahlt es ihr doppelt heim! Gab sie euch *einen* Kelch ihres Weines zu trinken, so gießt ihr doppelt ein! 7 So wie sie einst in Saus und Braus gelebt hat, soll sie jetzt Qual und Leid ertragen. Insgeheim aber denkt sie: ‹Ich bin Königin und werde weiter herrschen. Ich bin keine hilflose Witwe; Not und Trauer werde ich niemals erfahren.› 8 Aber an einem einzigen Tag wird alles über sie hereinbrechen: Hunger, Trauer und Tod. Im Feuer wird sie verbrennen. Denn Gott, der Herr, der mit ihr abrechnet, ist stark und mächtig.

9 Wer wird sie dann beweinen, wer ihr Ende beklagen? All die Mächtigen, die Herrscher der Erde, die ihr nachgelaufen sind und sich mit ihr eingelassen haben, werden jammern und klagen, wenn sie den Rauch der brennenden Stadt sehen. 10 Zitternd vor Angst werden sie aus großer Entfernung alles mitansehen und laut schreien: ‹Ach, Babylon! Du großes, du starkes Babylon! Von einem Augenblick zum andern ist das Gericht über dich hereingebrochen!›

11 Auch die Kaufleute der Erde weinen und trauern; denn niemand kauft mehr ihre Waren: 12 all das Gold und Silber, die Edelsteine und Perlen, feine Leinwand, teuerste Stoffe, Seide und scharlachrotes Tuch; edle Hölzer, Gefäße aus Elfenbein, kostbare Schnitzereien, Kupfer, Eisen und Marmor; 13 Gewürze, duftende Salben und Weihrauch, Wein und Olivenöl, feinstes Mehl und Weizen, Rinder und Schafe, Pferde und Wagen, ja sogar lebendige Menschen. 14 Auch die Früchte, die du so sehr liebtest, gibt es nicht mehr. Aller Glanz und alle Pracht sind dahin. Nie mehr wird dieser Reichtum wiederkehren.

15 So werden die Kaufleute, die durch ihren Handel mit Babylon reich geworden sind, alles von ferne mitansehen, weil sie Angst haben vor den Qualen dieser Stadt. Weinend und jammernd werden sie rufen: 16 ‹Welch ein Elend hat dich getroffen, du mächtige Stadt! Wo sind all deine Schätze, die kostbare Leinwand, die Purpur- und Scharlachstoffe? Du strahltest doch in goldenem Glanz und warst geschmückt mit Gold, Edelsteinen und Perlen! 17 Und in einem Augenblick ist alles vernichtet, zerstört und verloren!›

Von weitem beobachteten Kapitäne und Steuermänner mit ihren Schiffsbesatzungen, was dort geschah. 18 Als die den Rauch der brennenden Stadt sahen, riefen sie: ‹Was auf der Welt konnte man mit dieser Stadt vergleichen?› 19 In ihrer Trauer streuten sie sich Asche auf den Kopf, und laut weinend klagten sie: ‹Welch ein Jammer um dich, du mächtige Stadt! Mit unseren Schiffen wurden wir reich durch deinen Reichtum. Und so schnell ist es damit nun endgültig vorbei!›

20 Doch du, Himmel, freue dich darüber! Freut euch, die ihr Gott vertraut! Freut euch, ihr Apostel und Propheten! Gott hat sein Urteil an ihr vollstreckt für alles Unrecht, das ihr erleiden mußtet.»[a]

a) Wörtlich: denn Gott hat für euch an ihr Gericht gehalten.

UNERBITTLICHE BARMHERZIGKEIT

Hannelore Illgen

Offenbarung 18,4

Ich kann mich erinnern, daß ich als Kind öfter Schadenfreude empfand, wenn jemand von meinen Klassenkameraden die Folgen seiner kleinen Schandtaten zu spüren bekam. Schließlich waren diese doch wirklich voraussehbar und – geschah diese «Gesetzesübertretung» nicht ganz bewußt? Somit war auch die Strafe rechtmäßig.

Auch heute noch ertappe ich mich manchmal bei solchen Gedanken angesichts der oft selbstverschuldeten Miseren mancher Mitchristen: «Das war ja vorauszusehen.» «Warum hat sie sich auch mit sowas abgeben müssen?» «Selbst schuld. Es ist jetzt ihre Sache, da wieder herauszukommen.»

Das ist die logische, konsequente und unerbittliche Stimme des Gesetzes. Und es ist wirklich wahr: Sünde und Schuld haben Folgen, bewirken letztlich Gericht.

Aber da gibt es noch diese «andere» Stimme der Barmherzigkeit und der Gnade. Auch sie deckt nicht zu, vertuscht nicht, läßt nicht «Fünfe gerade sein». Aber sie verurteilt nicht, sondern zeigt den einzigen Ausweg an: «Wenn du dich fernhältst ...» Das ist gerechte Barmherzigkeit!

Auf einem seiner Bilder zur Exodus-Mappe hat der berühmte jüdische Maler Marc Chagall den ersten Priester des Volkes Israel, Aaron, mit den mosaischen Gesetzestafeln auf seinem Herzen gemalt. Als Priester mußte er sich ja aufgrund der Übertretungen des göttlichen Gesetzes für sein Volk verwenden. Dieses Bild verdeutlicht uns Gottes Willen durch Jesus Christus: die göttlichen Vorschriften sollen dem Herzen näher als dem Verstand sein. Göttliche Barmherzigkeit drückt nicht beide Augen zu, sie verschleudert keine Gnade, zeigt aber immer einen Weg zu Neuanfang und Änderung.

Auch heute kann für jeden von uns ein Tag der Barmherzigkeit und der Umkehr sein. Ich bitte Gott, mir zu zeigen, wovon ich mich fernhalten soll. Ich darf seine Stimme der Barmherzigkeit hören, weil ich zu seinem Volk gehöre.

21 Dann hob ein mächtiger Engel
einen Stein auf, so groß wie ein Mühl-
stein. Den warf er ins Meer und rief:
«So wie dieser Stein wird auch das
große Babylon untergehen. Nichts
wird davon übrigbleiben. 22 Nie wie-
der wird man dort Musik hören: kei-
ne Harfen, keine Sänger, weder Flö-
ten noch Trompeten. Nie mehr wird
ein Handwerker in dieser Stadt arbei-
ten, und der Lärm der Fabriken wird
verstummen.[a] 23 Alle Lichter werden
für immer verlöschen, und die fröhli-
chen Hochzeitsfeste sind für alle Zei-
ten vorbei. Deine Kaufleute waren
die fähigsten und beherrschten die
Erde. Durch deinen betörenden Zau-
ber hast du alle Völker verführt. 24 Du
bist schuldig am Tod der Propheten
und der Menschen, die zu Gott ge-
hörten. Ja, du bist verantwortlich für
den Tod aller Menschen, die auf der
Erde umgebracht wurden.»

Siegesjubel im Himmel

19 Da hörte ich im Himmel viele
Stimmen wie von einem gro-
ßen Chor singen:
«Halleluja! Lobt den Herrn! In
ihm allein ist alles Heil, alle Herrlich-
keit und Macht! 2 Er ist der unbe-
stechliche und gerechte Richter.
Denn er hat sein Urteil über die große
Hure vollstreckt, die mit ihrem ver-
lockenden Zauber[b] die ganze Welt
verführte. Das Blut seiner Kinder,
das sie vergossen hatte, forderte er
von ihr zurück.»
3 Immer wieder sangen sie: «Halle-
luja! Lobt den Herrn! Für alle Zeiten
wird der Rauch dieser brennenden
Stadt zum Himmel aufsteigen.» 4 Da
fielen die vierundzwanzig Ältesten
und die vier mächtigen Gestalten vor
dem Thron Gottes nieder. Sie beteten
Gott an und riefen laut: «Amen!
Lobt den Herrn. Halleluja!»
5 Jetzt erklang vom Thron eine
Stimme:
«Rühmt unseren Gott! Alle, ob
groß oder klein, die ihr zu ihm gehört
und ihm dient!»
6 Und wieder hörte ich Stimmen
wie von einem gewaltigen Chor:
mächtig wie Wassermassen, die zu
Tal stürzen, und wie das Grollen des
Donners. Sie sangen:
«Halleluja! Lobt den Herrn! Denn
der allmächtige Gott, unser Herr, ist
der Sieger. Er hat seine Herrschaft
angetreten. 7 Wir wollen uns darüber
freuen, jubeln und Gott ehren. Jetzt
ist der große Hochzeitstag des Lam-
mes gekommen; seine Braut ist be-
reit! 8 In feines, strahlend weißes Lei-
nen durfte sie sich kleiden.»
Das Leinen ist ein Bild für die ge-
rechten Taten der Christen, die nach
Gottes Willen leben.[c]
9 Dann befahl mir der Engel:
«Schreibe: ‹Glücklich darf sich nen-
nen, wer zum Hochzeitsfest des Lam-
mes eingeladen ist!›» Und er fügte
hinzu: «Gott selber hat das gesagt!»[d]
10 Da fiel ich vor dem Engel nieder
und wollte ihn anbeten. Aber er
wehrte ab und sagte: «Nein, tu das
nicht! Ich bin nichts anderes als du
und deine Brüder, ein Diener, der
von Jesus Christus beauftragt wurde.
Bete allein Gott an! Wenn Jesus

a) Wörtlich: Und das Geräusch eines Mühlsteins wird nicht mehr in ihr gehört werden.
b) Wörtlich: Hurerei.
c) Wörtlich: Die Leinwand nämlich, das sind die Rechttaten der Heiligen.
d) Wörtlich: Dies sind die wahrhaftigen Worte Gottes.

HIMMLISCHER JUBEL

Hannelore Risch

Offenbarung 19,6b.7.9b

Johannes, der Seher, sieht und hört eine unvorstellbare himmlische Liturgie: Zuerst singt der Engelchor ein gewaltiges Halleluja. Gelobt wird Gott als Sieger und als der unbestechliche, gerechte Richter. All das Böse in dieser Welt wäre für uns nicht auszuhalten, wenn wir nicht wüßten: Es folgt ein gerechtes Endgericht! Gott schafft Recht und stellt die heile, geheilte Welt wieder her! Halleluja!

Dem Siegesjubel des Engelchors schließt sich ein Halleluja der ganzen Thronumgebung an. Sie betet den an, der auf dem Thron sitzt, und stimmt ihm restlos zu.

Danach fordert ein Diener, der die himmlische Liturgie leitet, eine neue Gruppe auf, in das Halleluja einzufallen: «Alle, die ihr zu Gott gehört, rühmt ihn!» Sogleich jubeln die Kleinen und die Großen, ja, die gesamte Festgemeinde singt, daß es durch alle Himmel klingt: «Halleluja, denn der allmächtige Gott, unser Herr, ist der Sieger. Wir wollen uns darüber freuen, jubeln und Gott ehren! Jetzt ist der große Hochzeitstag des Lammes gekommen! Seine Braut ist bereit!»

Wer ist der Bräutigam? Jesus, das Lamm, das am Kreuz für alle Menschen sein Blut vergossen hat. Er ist jetzt König über alle Könige und Herr über alle Herren!

Und wer ist die Braut? Alle, die ihn über alles lieben – die ganze Gemeinde Jesu! Es sind Jesusliebende. Hochzeitsfreude und Glückseligkeit verbinden Braut und Geladene.

Freude über Freude – überschwengliche Heilsfreude!

Was kein Auge je gesehen hat, was kein Ohr je gehört hat, was kein Mensch sich in seiner kühnsten Phantasie ausdenken kann, das hat Gott bereitet für die, die ihn über alles lieben.

Ich will auch dabei sein und die Hochzeit des Lammes mitfeiern!

Diesen Bräutigam will ich sehen, denn ihm habe ich mich hier schon anvertraut.

Dieses herrliche Ziel muß ich erreichen!

Jeder ist dazu eingeladen – ohne Ausnahme! Wer die Einladung annimmt und kommt, der ist berufen, diese ewige Glückseligkeit mitzuerleben.

Wer zu diesem Fest eingeladen ist, trägt jetzt schon Vorfreude im Herzen, wenn auch die Gegenwart auf Erden noch alles andere als beglückend ist. Die erleuchteten Fenster des Hochzeitssaales werfen Glanz aus der Höhe in unsere Dunkelheit hinein und weisen uns den Weg.

Christus spricht, dann schenkt uns
sein Geist prophetische Worte.»[a]

Der Reiter auf dem weißen Pferd

11 Da öffnete sich der Himmel vor mei-
nen Augen, und ich sah ein weißes
Pferd. Der darauf saß, heißt der Treue
und Wahrhaftige. Es ist der gerechte
Richter und der Kämpfer für Gerech-
tigkeit![b] 12 Seine Augen leuchteten
wie flammendes Feuer, und sein Kopf
war mit vielen Kronen geschmückt.
Der Reiter trug einen Namen, dessen
Bedeutung nur er selber kannte.
13 Sein Gewand war voller Blut,
und man nannte ihn: «Das Wort Got-
tes». 14 Die Heere des Himmels folg-
ten ihm auf weißen Pferden. Sie alle
trugen Gewänder aus reinem, strah-
lend weißem Leinen. 15 Sein Mund
war wie ein scharfes Schwert, mit
dem er die Völker besiegt. Er wird sie
mit eiserner Hand regieren. Und wie
beim Keltern der Saft aus den Trau-
ben gepreßt wird, so wird er sie zer-
treten, und sie werden den furchtba-
ren Zorn des allmächtigen Gottes zu
spüren bekommen. 16 Auf seinem Ge-
wand – ungefähr an der Hüfte – stand
der Name: «König über alle Könige!
Herr über alle Herren!»
17 Dann sah ich einen Engel, um-
strahlt vom Sonnenlicht. Mit lauter
Stimme rief er allen Vögeln zu, die
am Himmel flogen: «Kommt her!
Versammelt euch zum großen
Schlachtfest Gottes. 18 Stürzt euch auf
das Fleisch der Könige, der Heerfüh-
rer und aller Mächtigen dieser Erde.
Freßt das Fleisch der Pferde und ihrer
Reiter, das Fleisch der Herren und
der Sklaven, der Großen und der
Kleinen.»
19 Und ich sah das Tier und die
Herrscher der Erde. Mit ihren Arme-
en waren sie angetreten, um gegen
den Reiter auf dem weißen Pferd und
gegen sein Heer zu kämpfen. 20 Doch
das Tier wurde ergriffen und mit ihm
der Lügenprophet, der im Auftrag
des Tieres die großen Wunder getan
hatte. Damit täuschte und verführte
er alle, die das Zeichen des Tieres an-
genommen und sein Standbild ange-
betet hatten. Bei lebendigem Leib
wurden beide – das Tier und der Lü-
genprophet – in einen See voller
Feuer geworfen, in dem Schwefel
brannte. 21 Die anderen wurden mit
dem Schwert erschlagen, das aus dem
Munde des Reiters kam,[c] der auf dem
weißen Pferd saß. Und alle Vögel fra-
ßen sich satt an ihrem Fleisch.

Die tausendjährige Herrschaft

20 Danach sah ich einen Engel
vom Himmel herabkommen.
In seiner Hand hielt er den Schlüssel
zum Abgrund der Hölle und eine
schwere Kette. 2 Er ergriff den Dra-
chen, die alte Schlange – sie ist nichts
anderes als der Satan –, und legte ihn
für tausend Jahre in Fesseln. 3 Dann
warf er ihn in den Abgrund der Hölle,
verschloß den Eingang und versiegel-
te ihn. Nun konnte diese Bestie die
Völker nicht mehr verführen, bis die
tausend Jahre vorüber waren. Nach
dieser Zeit muß er noch einmal für
kurze Zeit freigelassen werden.

a) Wörtlich: Ich bin dein Mitknecht und einer von deinen Brüdern, die das Zeugnis Jesu haben. Bete Gott an! Denn das Zeugnis Jesu ist der Geist der Weissagung.

b) Wörtlich: Und mit Gerechtigkeit richtet und kämpft er.

c) Vgl. V. 15; Kap. 1,16

ZUKUNFTSMELODIE

Joni Eareckson Tada

Offenbarung 20

Mag mich dieses Leben an den Rollstuhl binden,
die Verzweiflung wird an mir kein Opfer finden.
Anderen mag wohl der Herr
Heilung schenken, mir gab er
eine Gabe ohnegleichen, schwer zu finden.

Denn mir ist der Himmel so nah.
Oft war er alles, was ich sah.
Klang von himmlischem Tanz
erfüllt mich nun ganz.
Man spielt ihn für mich, schon ganz nah ...

Denn als Christi Braut werde ich gehn,
erlöst an seiner Seite zu stehn.
«Tanzen wir?» fragt sein Blick,
und im endlosen Glück
spür ich alle Tränen verwehn.

Ich teile die Freude, die den Geheilten erfüllt,
ich teile den Schmerz, der noch nicht gestillt.
Doch irdische Freude und Leid
sind begrenzt auf irdische Zeit,
und ein größeres Gut hat Sein Wort mir enthüllt.

Das Kreuz, das wir in diesem Leben tragen,
gibt uns Anteil am Tod, den Jesus ertragen.
Ein Tag kommt, da nimmt er es fort,
und mit Freude gekrönt stehn wir dort
und werden nach keinem Warum mehr fragen.

«Jonis Walzer» von Joni Eareckson Tada

4 Und ich sah mehrere Thronsessel. Auf ihnen nahmen alle Platz, die das Recht hatten, über andere Gericht zu halten. Ich sah die Menschen, die man getötet hatte,[a] weil sie sich treu zu Jesus bekannt hatten und sich durch nichts von ihrem Glauben abbringen ließen. Sie hatten das Tier und sein Standbild nicht angebetet, hatten sein Zeichen nicht auf ihrer Stirn oder Hand getragen. Jetzt lebten sie mit Christus und herrschten mit ihm tausend Jahre lang. 5 Dies ist die erste Auferstehung. Die anderen Toten erwachten erst wieder zu neuem Leben, nachdem die tausend Jahre vorüber waren. 6 Glücklich und von Gott angenommen sind alle, die an der ersten Auferstehung teilhaben. Über sie hat der zweite Tod (der für immer und ewig von Gott trennt) keine Macht. Als Priester Gottes und seines Sohnes werden sie tausend Jahre mit Christus herrschen.

Der Sieg über den Satan

7 Wenn die tausend Jahre vorüber sind, wird der Satan für kurze Zeit aus seinem Gefängnis freigelassen. 8 Alle Völker der Welt, den Gog und den Magog[b], wird er dann anstiften und zum Kampf aufmarschieren lassen. So zahlreich wie der Sand am Meer werden sie sein. 9 Sie zogen herauf, überrannten die ganze Erde und umzingelten das Lager des Gottesvolkes und die geliebte Stadt Gottes. Doch da fiel Feuer vom Himmel und vernichtete die Heere des Satans. 10 Der Teufel, der sie verführt hatte, wurde nun auch in den See von Feuer und Schwefel geworfen zu dem Tier und dem Lügenpropheten. Immer und ewig müssen sie dort Tag und Nacht schreckliche Qualen erleiden.

Das letzte Gericht

11 Ich sah einen großen, weißen Thron und erkannte den, der darauf saß. Erde und Himmel konnten seinen Blick nicht ertragen, sie verschwanden im Nichts.[c] 12 Und ich sah alle Toten vor dem Thron Gottes stehen: die Mächtigen und die Namenlosen. Nun wurden Bücher geöffnet, auch das Buch des Lebens. Über alle wurde das Urteil gesprochen, und zwar nach ihren Taten, wie sie in den Büchern aufgezeichnet waren. 13 Das Meer gab seine Toten zurück, ebenso der Tod und sein Reich. Alle, ohne jede Ausnahme, wurden entsprechend ihren Taten gerichtet. 14 Der Tod und sein ganzes Reich wurde in den See aus Feuer geworfen. Das ist der zweite Tod. 15 Und diesen endgültigen Tod, der für immer von Gott trennt, mußten alle erleiden, deren Namen nicht im Buch des Lebens verzeichnet waren.

Die neue Welt Gottes

21 Dann sah ich eine neue Welt: den neuen Himmel und die neue Erde. Denn der vorige Himmel

a) Wörtlich: die Seelen der Menschen, die enthauptet worden waren.
b) Schon die Propheten haben vom Erscheinen des Königs Gog geweissagt, der mit seinem Volk Magog die ganze Erde mit Krieg überziehen wird. Vgl. Hesekiel 38 und 39.
c) Wörtlich: Vor seinem Angesicht flohen die Erde und der Himmel, und es fand sich keine Stätte mehr für sie.

KOMM NACH HAUSE!

Joni Eareckson Tada

Offenbarung 21

Seltsam, je älter ich werde, um so jünger fühle ich mich. Je schneller die Zeit vorüberfliegt, um so kostbarer werden die Stunden für mich. An manchen Tagen habe ich das Gefühl, jeden Moment heimgerufen werden zu können. Das gleiche Gefühl hatte ich auch als Kind, wenn ich im Wald hinter unserem Haus spielte. Sobald ich am Spätnachmittag von der Schule nach Hause kam, stellte ich meine Sachen in meinem Zimmer ab und rannte schleunigst zur Hintertür hinaus, um mit meiner Schwester und ein paar Nachbarskindern im Wald Fangen zu spielen. Unsere Stimmen hallten zwischen den hohen Eichen wider. Auch alles andere hallte wider – das Zwitschern der Vögel, das Brummen eines alten Rasenmähers in der Ferne, das Zuschlagen von Verandatüren. Wir hatten so viel Spaß beim Spielen, daß eine ganze Stunde vergehen konnte, ohne daß ich es richtig merkte. Erst wenn die Strahlen der untergehenden Sonne lange Schatten durch die Bäume warfen, wurde ich aufmerksam. Dann wußten Kathy und ich, daß Mutter uns bald nach Hause rufen würde. Komischerweise ging ich nur ganz selten heim, ohne gerufen worden zu sein. Es machte mir immer großen Spaß, Papas oder Mamas Stimme durch die gewölbten Hände meinen Namen rufen zu hören. Gerade, wenn ich dachte, jetzt müßte doch bald jemand rufen, hörte ich gewöhnlich das vertraute Klingen der Essensglocke an der Hintertür. «Das Essen ist fertig … Zeit, nach Hause zu kommen!»

Sonderbar, wie ich immer noch Mutters Stimme höre. Am liebsten würde ich weinen. So war mir auch damals als Kind zumute. Das Echo der Glocke … dieser Ton, der einen bis in den Wald hinein verfolgte … die Freude, die mir schier das Herz zerriß beim Gedanken an meine Lieben daheim … die Geborgenheit innerhalb der Familie … Und im Sommer saßen wir oft nach dem Essen noch im Garten hinter dem Haus und sahen zu, wie die Sonne unterging.

«Seht mal, wie tief sie schon steht!» «Jetzt ist sie fast verschwunden … nur noch ein ganz kleines Zipfelchen ist zu sehen!» Alle wetteiferten miteinander, wer als letzter die Sonne sehen würde, ehe sie unterging.

Und dann warteten wir darauf, daß die Sterne erschienen, während wir Lieder sangen und uns gegenseitig die verschiedenen Sternbilder zeigten. Als Kind waren diese Augenblicke für mich der Gipfel der Glückseligkeit. Und heute, als erwachsener Mensch, schaue ich abends noch immer gern zum Himmel empor, weit über den Großen Bären hinweg, singe Himmelslieder und erringe einen Sieg nach dem anderen, bis die Abendschatten dieser Erde dem Morgenlicht der Ewigkeit weichen.

Die meisten Dinge, die meine Seele in der Tiefe berührt haben, waren Töne, die, sobald sie mein Ohr erreichten, schon wieder verklungen waren. Aber der Widerhall jener Essensglocke ist auch heute, viele Jahre später, noch nicht verklungen, sondern schwillt immer mehr zu einem echten, vollen Klang an.

Wahrscheinlich können wir das alle nachempfinden. Wenn diese kurzen, flüchtigen Eindrücke, die so vielversprechend waren, aber nie ganz befriedigt werden konnten, eine vollständigere Erfüllung finden, während wir älter werden – dann wissen wir, daß wir das, wonach wir uns die ganze Zeit gesehnt haben, endlich finden durften. Ohne den geringsten Zweifel können wir dann sagen: «Hier ist endlich das, wofür ich geschaffen wurde … dies ist die Heilung des früheren Schmerzes.» Deshalb wird für mich persönlich das Echo immer lauter. Es wirft den vollen, tiefen Klang des Einen zurück, der, nicht mehr weit entfernt, mir zuruft, nach Hause zu kommen.

Flüchtig sind hier unsre Stunden und Tage,
Bald ist die Arbeit getan.
Sieh, wie im Westen die Schatten sich mehren!
Bald bricht die Ewigkeit an.
Komm heim, komm heim,
Seele, vernimm es, komm heim!
Horch, wie dein Heiland dich flehentlich rufet.
Gib ihm dein Herze, komm heim!

und die vorige Erde waren vergangen, und auch das Meer war nicht mehr da. 2 Ich sah, wie die Stadt Gottes, das neue Jerusalem, von Gott aus dem Himmel herabkam: festlich geschmückt wie eine Braut an ihrem Hochzeitstag. 3 Eine gewaltige Stimme hörte ich vom Thron her rufen: «Hier wird Gott mitten unter den Menschen sein![a] Er wird bei ihnen wohnen, und sie werden sein Volk sein. Ja, von nun an wird Gott selbst als ihr Herr in ihrer Mitte leben. 4 Er wird alle ihre Tränen trocknen, und der Tod wird keine Macht mehr haben. Leid, Angst und Schmerzen wird es nie wieder geben; denn was einmal war, ist für immer vorbei.»

5 Der auf dem Thron saß, sagte: «Siehe, alles werde ich jetzt neu schaffen!» Und mich forderte er auf: «Schreibe auf, was ich dir sage, alles ist zuverlässig und wahr.» 6 Und weiter sagte er: «Alles ist in Erfüllung gegangen. Von A bis Z steht alles in meiner Macht. Ich bin der Anfang, und ich bin das Ziel.[b] Allen Durstigen werde ich Wasser aus der Quelle des Lebens schenken. 7 Wer durchhält bis zum Sieg, wird dies alles besitzen. Ich werde sein Gott sein, und er wird mein Sohn sein. 8 Furchtbar aber wird es denen ergehen, die mich feige verleugneten und von mir abgefallen sind, den Mördern und Ehebrechern, allen, die okkulte Praktiken ausüben und sich ihre Götzen und Idole geschaffen haben, den Lügnern und Betrügern. Sie alle werden in den See aus Feuer und Schwefel geworfen. Das ist der zweite Tod, der für immer von Gott trennt.»

Die neue Stadt Gottes

9 Dann kam einer von den sieben Engeln, die in ihren Schalen die letzten sieben Katastrophen gebracht hatten, zu mir und sagte: «Komm, ich will dir die Braut zeigen, die Frau des Lammes!» 10 Gottes Geist ergriff mich und führte mich auf einen großen, hohen Berg. Dort zeigte er mir die heilige Stadt Jerusalem, wie sie von Gott aus dem Himmel herabkam. 11 Die Stadt erstrahlte im Glanz der Herrlichkeit Gottes. Sie leuchtete wie ein Edelstein, wie ein kostbarer Jaspis, strahlend wie Kristall.

12 Die hohe und breite Mauer rund um die Stadt hatte zwölf Tore, die von zwölf Engeln bewacht wurden. An den Toren standen die Namen der zwölf Stämme Israels. 13 Auf jeder Seite – im Norden, Süden, Osten und Westen – gab es drei Tore. 14 Die Mauer ruhte auf zwölf Grundsteinen, auf denen die Namen der zwölf Apostel des Lammes standen.

15 Der Engel, der mit mir redete, hielt in seiner Hand einen goldenen Meßstab, um die Stadt, ihre Tore und Mauern auszumessen. 16 Die Stadt hatte die Form eines Vierecks und war ebenso lang wie breit. Mit seinem Meßstab hatte der Engel gemessen, daß die Stadt etwa zweitausendfünfhundert Kilometer lang, breit und hoch ist. 17 Dann maß er auch die Mauer der Stadt. Nach unseren heutigen Maßen war sie siebzig Meter hoch[c] 18 und bestand ganz und gar aus Jaspis. Die Stadt war aus reinem Gold gebaut, klar und durchsichtig wie Glas.

a) Wörtlich: Siehe, die Wohnstätte Gottes bei den Menschen!
b) Wörtlich: Ich bin das A und das O, der Anfang und das Ende.
c) Wörtlich: Einhundertvierundvierzig Ellen nach Menschenmaß, das auch das Maß der Engel ist.

[19]Die Grundsteine der Stadtmauer schmückten die verschiedensten Edelsteine. Der erste Grundstein ist ein Jaspis, der zweite ein Saphir, der dritte ein Chalzedon, der vierte ein Smaragd, [20]der fünfte ein Sardonyx, der sechste ein Karneol, der siebte ein Chrysolith, der achte ein Beryll, der neunte ein Topas, der zehnte ein Chrysopras, der elfte ein Hyazinth und der zwölfte ein Amethyst. [21]Die zwölf Tore bestanden aus zwölf Perlen, jedes Tor aus einer einzigen Perle. Aus reinem Gold, klar und durchsichtig wie Glas, waren die Straßen.

[22]Nirgendwo in der Stadt sah ich einen Tempel. Ihr Tempel ist der Herr selbst, der allmächtige Gott, und mit ihm Christus, das Lamm. [23]Die Stadt braucht als Lichtquelle weder Sonne noch Mond, denn in ihr leuchtet die Herrlichkeit Gottes und das Licht des Lammes. [24]In diesem Licht werden die Völker der Erde leben, und die Herrscher der Welt werden kommen und ihre Reichtümer in die Stadt bringen. [25]Weil es keine Nacht gibt, werden die Tore niemals geschlossen; sie stehen immer offen. [26]Alles, was die Völker der Welt an Schätzen und Kostbarkeiten besitzen, werden sie in die Stadt bringen. [27]Doch wer Böses tut und die Sünde liebt, wer lügt und betrügt, der darf diese Stadt niemals betreten. Nur wer im Lebensbuch des Lammes steht, wird eingelassen.

22 Nun zeigte mir der Engel den Fluß, in dem das Wasser des Lebens fließt. Er entspringt am Thron Gottes und des Lammes, und sein Wasser ist so klar wie Kristall. [2]An beiden Ufern des Flusses – zwischen dem Fluß und der großen Straße der Stadt – wachsen Bäume des Lebens. Sie tragen zwölfmal im Jahr Früchte, jeden Monat aufs neue. Mit den Blättern dieser Bäume werden die Völker geheilt. [3]In der Stadt wird nichts und niemand mehr unter dem Fluch Gottes stehen. Denn der Thron Gottes und des Lammes steht in ihr, und alle, die dort wohnen, werden Gott dienen. [4]Sie werden Gott sehen, wie er wirklich ist,[a] und seinen Namen werden sie auf ihrer Stirn tragen. [5]Dort wird es keine Nacht geben, und man braucht weder Lampen noch das Licht der Sonne. Denn Gott, der Herr, wird ihr Licht sein, und sie werden immer und ewig mit ihm herrschen.

Jesus Christus kommt

[6]Danach sprach Jesus Christus[b] zu mir: «Diesen Worten kannst du vertrauen; sie sind zuverlässig und wahr. Gott, der Herr, dessen Geist durch den Mund der Propheten spricht, hat seinen Engel geschickt, damit alle, die Gott dienen, von ihm selbst erfahren, was bald geschehen muß. [7]Macht euch bereit! Ich bin schon unterwegs. Wirklich glücklich zu nennen ist jeder, der an dem festhält, was in diesem Buch vorausgesagt ist!»

[8]Dies alles habe ich, Johannes, gehört und gesehen. Ich fiel vor dem Engel, der mir alles gezeigt hatte, nieder und wollte ihn anbeten. [9]Aber er wehrte ab und sagte: «Nein, tu es nicht! Ich diene Gott ebenso wie du und deine Brüder, die Propheten und

a) Wörtlich: Und sie werden sehen sein Angesicht.
b) Wörtlich: Und er sprach zu mir. (Möglicherweise ist auch der Engel von Kap. 1,1 gemeint.)

FREUDIGE ERWARTUNG

Elisabeth Mittelstädt

Offenbarung 22,20

Während meiner Kindheit auf einem Bauernhof mußte ich auch meine kleinen Hausarbeiten erledigen. Jeden Mittwochmorgen, bevor sie in die Stadt ging, um ihre Waren zu verkaufen, gab meine Mutter uns Kindern kleine Anweisungen, was bis zu ihrer Rückkehr am Mittag erledigt sein mußte. Im Sommer bekam ich meistens die Aufgabe, Blumen zu pflücken, die wir trockneten und verkauften. An einem sonnigen Mittwochmorgen warf ich einen abschätzenden Blick auf das Blumenbeet. «Das schaffe ich leicht, bevor Mutter wiederkommt», dachte ich – und ging spielen. Ehe ich mich versah, war der Vormittag um. Immer noch in mein Spiel vertieft, hörte ich plötzlich das Mittagsgeläut der Kirchenglocken. Bei dem Gedanken, daß mein Versäumnis ans Licht kommen würde, erschrak ich fürchterlich und versteckte mich vor meiner Mutter und der schmerzhaften Abrechnung, die mich erwartete.

Als meine Mutter am folgenden Mittwoch das Haus verließ, konnte mich kein Mensch zum Spielen überreden. Ich ging schnurstracks zu dem Blumenfeld und pflückte die reifen Blüten. Als ich damit fertig war, wartete ich hinter der Straßenbiegung auf die Rückkehr meiner Mutter. Kaum hatte ich sie in der Ferne entdeckt, lief ich ihr mit strahlendem Gesicht entgegen. Sie brauchte mich nicht erst zu fragen, ob ich meine Aufgabe erledigt hatte oder nicht!

Das letzte Kapitel der Offenbarung lenkt unseren Blick darauf, daß Jesus bald wiederkommen wird. Sind wir bereit? Haben wir Vergebung für unsere Sünden erlangt? Steht unser Name im Buch des Lebens? Und wie ist es mit den Aufgaben, die er jeder einzelnen von uns aufgetragen hat? Haben wir unseren Auftrag ausgeführt, oder haben wir die Zeit damit verbracht, zuerst unseren Spaß zu haben und uns um unsere eigenen Angelegenheiten und Interessen zu kümmern?

Wir werden wohl nicht alles zu Ende führen können, was wir uns vorgenommen haben. Ich glaube, auch Jesus hat nicht alles erledigt, was er während seines Erdenlebens gern getan hätte. Trotzdem konnte er, als er diese Erde verließ, zu Gott sagen: «Ich habe den Menschen gezeigt, wie herrlich du bist. Ich habe den Auftrag erfüllt, den du mir gegeben hast.»

Morgen früh werde ich Jesus in meiner Gebetszeit fragen, welche Arbeit er für mich an diesem Tag hat, und am Abend werde ich ihm danken, daß er mir geholfen hat. Ich möchte unter allen Umständen rechtzeitig an der Straßenbiegung stehen, um mit Freude und Erwartung nach Jesu Wiederkommen Ausschau zu halten. Sobald ich ihn dann von fern kommen sehe, werde ich ihm mit strahlendem Gesicht begegnen!

wie all die anderen, die nach den
Worten dieses Buches leben. Gott
allein sollst du anbeten!»
10 Dann sagte Jesus zu mir: «Halte
die prophetischen Worte nicht ge-
heim, die du aufgeschrieben hast.[a]
Jeder soll sie kennen, denn bald wird
alles in Erfüllung gehen. 11 Wer den-
noch in der Sünde leben will, der soll
nur weiter darin leben. Wer seinen
Lastern nicht absagen will, der wird
weiter daran gebunden bleiben.
Doch wer ein Leben führt, wie es
Gott gefällt, der soll darauf achten,
daß sich daran nichts ändert. Und
wer Gott gehört, der soll alles
daransetzen, daß er ihm immer mehr
zur Verfügung steht.[b] 12 Macht euch
bereit! Ich komme schnell und uner-
wartet und werde jedem den Lohn
geben, den er verdient. 13 Von A bis
Z steht alles in meiner Macht. Ich bin
der Erste und der Letzte, der Anfang
und das Ziel.
14 Glücklich werden alle sein, die
ihre Kleider rein gewaschen haben.
Sie dürfen durch die Tore in die
Stadt hineingehen und die Früchte
vom Baum des Lebens essen.
15 Draußen vor den Toren der Stadt
müssen alle Feinde Gottes bleiben:
alle, die Gott den Rücken gekehrt
haben und sich mit okkulten Prakti-
ken abgeben,[c] die Ehebrecher und
Mörder, alle, die ihren Götzen und
Idolen nachjagen, die Lügner und
Betrüger.
16 Ich, Jesus, habe meinen Engel zu
dir gesandt, damit du den Gemein-
den alles mitteilst. Ich bin die Wurzel
und der Nachkomme aus dem Ge-
schlecht Davids. Ich bin der helle
Morgenstern.»
17 Der Geist und die Braut sagen:
«Komm!» Und wer das hört, soll
auch rufen: «Komm!» Wer durstig
ist, der soll kommen. Jedem, der es
haben möchte, wird Gott das Wasser
des Lebens schenken.
18 Wer auch immer die propheti-
schen Worte dieses Buches hört, den
warne ich nachdrücklich: Wer diesen
Worten etwas hinzufügt, über den
wird Gott all das Unheil kommen
lassen, das in diesem Buch beschrie-
ben wurde. 19 Und wer etwas von die-
sen prophetischen Worten unter-
schlägt, dem wird Gott auch seinen
Anteil am Baum des Lebens und an
der heiligen Stadt wegnehmen, wie
es in diesem Buch beschrieben ist.
20 Der alle diese Dinge bezeugt,
der sagt: «Ja, ich komme bald!»
Amen! Ja, komm, Herr Jesus!
21 Die Gnade unseres Herrn Jesus
Christus sei mit euch allen!

a) Wörtlich: Versiegle die Worte der Weissagung dieses Buches nicht.
b) Wörtlich: und wer heilig ist, heilige sich weiter.
c) Wörtlich: die Hunde und Zauberer.

LOBT GOTT IM HIMMEL UND AUF DER ERDE!

Psalm 148

Halleluja – lobt den Herrn!
Lobt den Herrn im Himmel, lobt ihn dort in der Höhe!
Lobt ihn, alle seine Engel,
lobt ihn, ihr himmlischen Heere!

Lobt ihn, Sonne und Mond,
lobt ihn, ihr leuchtenden Sterne!
Lobt ihn auch im fernsten Weltall,
lobt ihn, ihr Wassermassen über dem Himmel!

Sie alle sollen den Herrn loben!
Denn auf seinen Befehl wurden sie erschaffen.
Er wies ihnen für alle Zeiten ihren Platz im Weltall zu
und gab ihnen feste Gesetze, denen sie für immer unterworfen sind.

Lobt den Herrn auf der Erde!
Lobt ihn, ihr Walfische und alle Meerestiefen!
Lobt ihn, Blitze, Hagel, Schnee und Nebel,
du Sturmwind, der du Gottes Befehle ausführst!
Lobt ihn, ihr Berge und Hügel, ihr Obstbäume und Tannen!
Lobt ihn, ihr wilden und ihr zahmen Tiere, ihr Vögel und alles Gewürm!

Lobt ihn, ihr Könige und alle Völker,
ihr Herrscher und Machthaber dieser Welt!
Lobt ihn, ihr jungen Männer und ihr Mädchen,
Alte und Junge miteinander!

Sie alle sollen den Herrn loben, denn er allein ist hoch erhaben.
Seine Majestät erstreckt sich über Himmel und Erde!
Er hat seinem Volk wieder Kraft und Hoffnung geschenkt.
Deshalb lobt ihn Israel. Es ist das Volk,
das ihm am nächsten steht und treu zu ihm hält.

Ilse Ammann-Gebhardt
Pastorin. Autorin von «Jesus von Nazareth – Messias oder Rebell» und «Sieben Jahre für die Liebe». In einem Autorenwettbewerb erhielt sie für die Erzählung «Hagar – ein Frauenschicksal» den ersten Preis. Sie ist verheiratet und hat drei Kinder.

Sigrid Arnold-Levey
therapeutische Seelsorgerin, Referentin im Bund Evangelisch-Freikirchlicher Gemeinden und Chefredakteurin der Zeitschrift «Single».

Hanne Baar
ist verheiratet und hat zwei Kinder. Sie ist Diplompsychologin und Autorin mehrerer Bücher.

June Masters Bacher
ehemalige Grundschullehrerin. Sie hat mehrere Bücher geschrieben, u.a. «Quiet Moments for Women» und eine Serie von Pionierromanen.

Helga Becker
Redaktionsassistentin bei LYDIA, die christliche Zeitschrift für die Frau, ist verheiratet und hat zwei Kinder. Sie ist bei Frauenfrühstücken tätig und Mitarbeiterin in der Landeskirche.

Margret Birkenfeld
Musikerin im tätigen Ruhestand. Sie ist 71 Jahre alt und hat zahlreiche Kinderlieder und Lieder für Erwachsene geschrieben und im Verlag Schulte & Gerth produziert.

Christiane Bladt
verheiratet, drei Kinder. Sie ist im Vorstand der Arbeitsgemeinschaft Biblische Frauenarbeit der Evangelischen Allianz tätig.

Margarete Blank-Mathieu
ist verheiratet und hat vier Kinder. Sie ist Diplom-Sozialpädagogin (z. Zt. Promotionsstudium) und Autorin mehrerer Fachbücher und Artikel zu pädagogischen Themen. Sie ist auch Redaktionsmitglied bei «Frau und Mutter», Kreuz-Verlag.

Brunhilde Blunck
Theologin und Referentin bei Frühstückstreffen und anderen Verkündigungsdiensten. Sie ist verheiratet und Mutter von sieben Kindern. Außerdem arbeitet sie im Vorstand von Pro Christ mit.

Lotte Bormuth
ist verheiratet und Mutter von fünf Kindern. Sie ist Referentin bei Frühstückstreffen, Mitarbeiterin in der Telefonseelsorge, Rednerin bei Freizeiten, Tagungen und im Evangeliums-Rundfunk. Sie ist Autorin von 26 Büchern.

Jill Briscoe
in England geboren, beliebte Rednerin und Autorin von mehr als 40 Büchern. Sie ist Herausgeberin einer Zeitschrift für Pastorenfrauen und auch im Vorstand von Christianity Today World Relief. Sie ist Mutter von drei Kindern und hat neun Enkelkinder.

Rosemarie Bräumer
Autorin und Mutter von drei Kindern. Sie hat das Buch «Es wird Tag» und mit ihrem Mann das Buch «Scheidung und Wiederheirat Geschiedener» geschrieben, erschienen im Hänssler-Verlag. Sie ist in der Pfarrfrauen- und Frauenarbeit sowie bei Frühstückstreffen für Frauen tätig.

Barbara Chaignat-Schätzler
Pfarrfrau, Erwachsenenbildnerin und Katechetin, Mutter von drei Kindern. Sie leitet Krabbelgottesdienste sowie Elternkurse in ihrer Gemeinde und erteilt Religionsunterricht.

Robyn Claydon
Vorsitzende des internationalen Frauenreferats der Lausanner Bewegung für Weltevangelisation und eine beliebte Bibellehrerin und Rednerin. Sie ist auch Mutter und Großmutter.

Maria Czerwonka
Hausfrau und Mutter von zwei Kindern. Als Rednerin ist sie tätig auf Frauenfrühstückstreffen, Frauentagen und Mitarbeitertagungen. Sie hat bereits verschiedene Artikel veröffentlicht.

Monika Deitenbeck-Goseberg
Pfarrerin und Seelsorgerin, verheiratet und Mutter von drei Kindern. Sie ist auch mit großem Engagement in der Obdachlosenarbeit aktiv.

Alexandra C. E. Depuhl
Geschäftsführerin des «Christ Camp» in Krefeld, Mitglied des Vorstands des aej in Deutschland und des Hauptvorstands der Deutschen Evangelischen Allianz. Sie ist verheiratet und hat vier erwachsene Kinder.

Else Diehl
ist als Rentnerin ehrenamtlich tätig und setzt ihre Kraft überwiegend in den neuen Bundesländern ein. Außerdem ist sie oft bei Schulungen, Frühstückstreffen und Frauentagen zu hören und in der Strandmission tätig. Sie ist Autorin und Mitherausgeberin von Praxisbüchern der Frauenarbeit.

Hilde Dieterich
Mutter von drei Kindern und Autorin. Sie ist Psychotherapeutin und Studienleiterin der Biblisch Therapeutischen Seelsorge. Verschiedene Veröffentlichungen, u. a. im Tonart-Verlag.

Herti Dixon
freie Journalistin und Autorin, in Wien zu Hause. Sie ist Mutter von vier Kindern.

Christel Eggers
verheiratet, Hausfrau und Mutter von vier Kindern. Sie ist Mitarbeiterin bei Frauen-Verwöhn-Freizeiten, Frauen-Tagungen und Seminaren im Rahmen der Weggemeinschaft e.V. auf dem Dünenhof.

Elisabeth Elliot
ehemalige Missionarin in Ecuador. Ihr Mann Jim Elliot wurde von den Auca-Indianern getötet. Autorin zahlreicher Bücher, u. a. «Durchs Tor der Herrlichkeit», erschienen im One Way Verlag, Wuppertal, und «Im Schatten des Allmächtigen», erschienen bei CLV, Bielefeld.

Renate Eschner
verheiratet, Mutter und Großmutter. Sie ist Mitarbeiterin bei LYDIA, die christliche Zeitschrift für die Frau, und begleitet zusammen mit ihrem Mann Gruppenreisen nach Israel und Bibelfreizeiten.

Lisa Fuchs
ist Familienreferentin und Leiterin der MFA (Missionarische Familienarbeit in Altenkirchen). Sie ist auch zuständig für Kinderarbeit bei der Lausanner Bewegung.

Cae Gauntt
bekannte christliche Pop-Sängerin. Sie hat zahlreiche CDs veröffentlicht. Ihre letzten Produktionen sind «Messias – Händel meets Pop» und «Welt von 1000 Wegen». Sie ist mit dem Opernsänger Eddie Gauntt verheiratet und Mutter von zwei Söhnen.

Ilse Glebe
Leiterin der Bundes-Seniorenarbeit im Bund der Freien evangelischen Gemeinden. Sie verfaßte mehrere Artikel für den Bibellesebund, Gärtner/Christsein heute, Materialhilfen, Werkbuch «Frauenarbeit».

Ruth Bell Graham
verheiratet mit dem bekannten Evangelisten Billy Graham. Sie ist als Missionarstochter in China aufgewachsen und hat fünf Kinder. Sie ist Autorin mehrerer Bücher.

Kristina Hartmann
Mutter von drei Kindern und Autorin von drei Büchern über Frauen, Ehepaare und Eltern der Bibel, erschienen im Verlag Schulte & Gerth. Sie lebt als Missionarin mit ihrem Mann in Zambia und ist in der Frauenarbeit, Gefängnismission und Waisenfürsorge aktiv.

Hertha-Maria Haselmann
Leiterin der Drogenhilfe Lebenswende e.V., Frankfurt. Sie ist zudem als Schatzmeisterin die einzige Frau im geschäftsführenden Vorstand der Deutschen Evangelischen Allianz.

Ruth Heil
Autorin zahlreicher Bücher, die bei den Verlagen Johannis, Lahr, und Editions Trobisch, Kehl, erschienen sind. Einer ihrer Bestseller ist «Mit 40 fängt ‹frau› an zu leben». Sie hat elf Kinder und ist eine beliebte Referentin bei Frauentreffen und Eheseminaren.

Ingrid Heinzelmaier
ist Redakteurin beim Evangeliums-Rundfunk in Wetzlar. Sie koordiniert dort u.a. die Reihe «GLAUBE + DENKEN». Außerdem ist sie Redaktionsmitglied bei der Zeitschrift «Single».

Ethel Herr
hat drei erwachsene Kinder und drei Enkel. Sie ist Autorin zahlreicher Bücher und Romane.

Ulrike Herrmann
ist Hausfrau und Lehrerin von Beruf, verheiratet und hat drei Kinder. Sie ist Rednerin in verschiedenen Gemeinden und Kirchen und gibt Seminare und Freizeiten für Frauen. Von ihr sind schon zahlreiche Artikel erschienen.

Barbara von der Heydt
war für das amerikanische Fernsehen als Europa-Berichterstatterin tätig. Sie ist die Verfasserin des Buches «Aufbruch: Heimliche Helden der friedlichen Revolution», erschienen im Hänssler-Verlag.

Dorothea Hille
verheiratet mit dem Theologen und Vorsitzenden der Evangelischen Allianz Dr. Rolf Hille. Sie ist Rednerin bei Frauenfrühstückstreffen.

Marianne Hirzel
Hausfrau und Referentin. Sie war zwölf Jahre Vorsitzende der Frauenfrühstückstreffen in der Schweiz, ist verheiratet und hat drei Kinder.

Edith Horcher
freie Journalistin bei verschiedenen Zeitschriften und Tageszeitungen. Sie ist verheiratet und hat einen kleinen Sohn.

Hildegard Horie
lebt mit ihrem Mann, Dr. med. Michiaki Horie, und ihren beiden Kindern in Victoria, Canada. Sie ist im deutschsprachigen Raum besonders durch ihre zahlreichen Veröffentlichungen zu psychologischen und zeitkritischen Themen, aber auch durch ihre Biographien bekannt geworden.

June Hunt
Rednerin, Musikerin und Autorin. Sie ist auch Moderatorin einer Radiosendung «Hope for the Heart».

Hannelore Illgen
Grundschullehrerin, Mutter von drei Kindern. Sie ist Leiterin der Aglow-Vereinigung christlicher Frauen in Deutschland.

Ruth Imhof-Moser
Kindergärtnerin und Katechetin. Sie arbeitet mit bei idea /Schweiz und einer Vermittlungsstelle für Adoptivkinder aus Brasilien. Sie hat selbst drei Kinder adoptiert.

Angelica Jackson
arbeitet als Büroangestellte und Übersetzerin. Sie hat vier Kinder und wohnt in der Schweiz.

Elke Jessen
61 Jahre alt, geschieden. Ihr Mann verließ sie, weil sie kinderlos blieb. Das gab den Anlaß zu der hier abgedrucken Andacht. Sie ist Angestellte im Öffentlichen Dienst und arbeitet ehrenamtlich in der Landeskirche mit.

Linda Karbe
Ehefrau, Mutter von drei Kindern, Frauen- und Eheberaterin, Referentin für Frauenfrühstückstreffen und andere Frauenveranstaltungen im christlichen Rahmen.

Marianne Kawohl
Dipl.-Pädagogin, psychologische Beraterin und Schriftstellerin. Sie hat 21 Bücher und in verschiedenen Zeitschriften und Zeitungen Hunderte von Artikeln veröffentlicht. Sie ist auch in Sendungen des Evangeliums-Rundfunks zu hören.

Janice Kempe
Autorin und Hausfrau, ehemalige Grundschullehrerin.

Ingrid Kern
Mutter von vier Kindern und Lehrerin. Sie ist Vorsitzende der Frauenkommission der Weltweiten Evangelischen Allianz.

Reinhilde Klatte
freiberufliche Übersetzerin von bisher mehr als zwanzig Büchern. Sie ist Mutter von zwei Kindern.

Ulrike Klinkenborg
arbeitet als Hausfrau und Mutter und hat zwei Werkbücher geschrieben, «Opa hatte immer prima Ideen» und «Kofi, wir brauchen dich», die im Brunnen Verlag erschienen sind. Sie ist in Kindergottesdiensten, in Mutter-Kind-Gruppen und bei Mitarbeiterschulungen aktiv.

Ursula Koch
Oberstudienrätin und Schriftstellerin. Sie veröffentlichte mehrere Bücher im Brunnen-Verlag. Sie wohnte drei Jahre in Westafrika und ist jetzt bei der Betreuung von Hilfsprojekten in Westafrika engagiert.

Lilo Kramer
verheiratet, hat eine Tochter. Neben ihrer Tätigkeit im Verlag Schulte & Gerth engagiert sie sich gerne in ihrer christlichen Gemeinde, besonders aber in der Frauenarbeit.

Ingrid Krieger
Mitarbeiterin bei LYDIA, die christliche Zeitschrift für die Frau, ist verheiratet und hat drei Kinder. Ihr Mann ist in der Missionsleitung der Aktion: In jedes Haus.

Margit Lambach
Bankkauffrau, Autorin und Erwachsenenbildnerin. Sie engagiert sich bei Frühstückstreffen für Frauen. In den letzten Jahren hat sie unter anderen die Bücher «5 x 5 zündende Ideen für Frauengesprächskreise» und «Das kleine 1 x 1 der Arbeit in Frauengruppen» herausgegeben.

Katrin Ledermann
lebt mit ihrem Mann in der Schweiz. «Mentoring» (fernschriftliches Jüngertraining für Frauen) ist neben redaktionellem Arbeiten ihre Hauptaufgabe.

Helen Grace Lescheid
Krankenschwester und Autorin zahlreicher Zeitschriftenbeiträge. Sie ist verheiratet und hat eine Tochter.

Florence Littauer
hat zahlreiche Bücher geschrieben und ist oft Gastrednerin bei Fernseh- und Radiosendungen. Sie ist Präsidentin von C.L.A.S.S., einer Organisation, die christliche Redeseminare anbietet.

Hanne Lüling
führt regelmäßig Familienfreizeiten durch. Sie ist verheiratet und hat vier Kinder.

Gaby Lobit
freie Journalistin und Hausfrau. Sie ist verheiratet und hat ein Kind. Sie war bis 1995 vollzeitlich als Missionarin (u. a.) im Pferdesport (10 Jahre Projekt «Equitana» / Mit Pferd und Bibel) tätig.

Anne Graham Lotz
die zweite Tochter von Billy und Ruth Graham ist Autorin, Bibellehrerin und Gründerin von AnGeL Ministries. Sie ist mit Dan Lotz verheiratet und hat drei Kinder.

Ulrike Lotze
Diplom-Journalistin und Mutter von zwei Kindern. Sie arbeitet als freie Journalistin für diverse Medien.

Lorry Lutz
arbeitete mit ihrem Mann viele Jahre als Missionarin in Afrika. Sie ist verheiratet und hat fünf Kinder. Zwei ihrer Kinder sind heute in der Türkei tätig. Sie ist Schriftstellerin.

Cornelia Mack
Diplom-Sozialpädagogin und Pfarrfrau, tätig in der Seelsorge, Mitarbeiterschulung und Frauenarbeit, Referentin bei Frauenfrühstücks-Treffen, Veröffentlichungen in CVJM-Mitarbeiterhilfe und Bibel aktuell, Herausgeberin mehrerer Bücher.

Gretel Masuch
ist verheiratet und hat drei Kinder. Sie referiert bei Frauentreffs, hält Vortragswochen und arbeitet in der Evangelischen Landeskirche mit.

Carole Mayhall
bekannte Schriftstellerin bei NavPress. Sie schreibt unter anderem für die Zeitschrift «Today's Christian Woman».

Margret Meier
ist hauptamtlich tätig als Reisesekretärin und theologische Mitarbeiterin. Als Frauenbeauftragte arbeitet sie im Frauendienst des Bundes Evangelisch-Freikirchlicher Gemeinden in Deutschland.

Elisabeth Mittelstädt
Redakteurin von LYDIA, die christliche Zeitschrift für die Frau.

Rosemarie Moll
Lehrerin und Hausfrau. Sie ist in der Frauenarbeit, Eheberatung und dem örtlichen Rundfunk im Elsaß aktiv. Sie hat drei erwachsene Kinder.

Joanna Müller
Pastorenfrau. Sie ist gemeinsam mit ihrem Mann tätig in der Evangelischen Gemeinde Albisrieden, Zürich, und leitet theologische Weiterbildungskurse.

Sharon Mumper
Schriftstellerin und Beraterin für viele Zeitschriften. Sie ist Direktorin des «Eastern European Magazine Training Institute» und wohnt in Wien.

Anneliese Nitsch
Lehrerin. Sie ist mit dem bekannten Musiker, Komponisten und Sänger Johannes Nitsch verheiratet und hat zwei Kinder.

Magdalena Paulus
ist Juristin, freie Journalistin und Koordinatorin der Frühstückstreffen für Frauen in Bad Hersfeld.

Doris Praemassing
Farb-und Stilberaterin und Sprecherin auf Frauenfrühstückstreffen.

Christiane Prang
arbeitet als freie Journalistin, ist verheiratet und hat ein Kind.

Doris Reinthaler
Allround-Schriftstellerin, Seelsorgerin und Jugendarbeiterin. Sie ist verheiratet und Mutter von zwei Töchtern. Sie schreibt für verschiedene Zeitschriften, und ihr Buch «taufrisch» ist im Schwengeler-Verlag in der Schweiz erschienen.

Sue Richards
Englischlehrerin und Autorin. Sie hat zwei Kinder.

Karin Rieger
Fremdsprachenkorrespondentin. Sie arbeitet u.a. in der Seelsorge und im Chormanagement des Chores PERSPEKTIVEN und ist verheiratet mit Jochen Rieger – Komponist, Arrangeur und Musikproduzent.

Rosalind Rinker
91 Jahre alt, war 14 Jahre Missionarin in China und arbeitete 12 Jahre mit Studenten. Sie ist Autorin zahlreicher Bücher und in einer chinesischen Gemeinde aktiv.

Hannelore Risch
Pfarrerin im Ruhestand, Referentin und Autorin zahlreicher Bücher. Sie hat sechs Kinder und bis jetzt drei Enkel.

Ulla Schaible
Hausfrau und Autorin. Sie leitet mit ihrem Mann den «Wörnersberger Anker», ein christliches Lebenszentrum für junge Menschen, und gehört zur Evangelischen Landeskirche.

Gerlinde Scheunemann
Missionarin, Seelsorgerin, Hausfrau. Sie ist zusammen mit ihrem Mann Autorin mehrerer Bücher, die im Hänssler- und im Brockhaus-Verlag erschienen sind.

Ulrike Schild
Redakteurin im Evangeliums-Rundfunk, Mitarbeiterin bei der Radiosendung «Special für SIE». Sie ist eine beliebte Rednerin bei vielen Frauenfrühstückstreffen.

Sabine Schmidt
ist Redakteurin bei «Neues Leben», das Magazin über Gott und die Welt, Altenkirchen. Darüber hinaus sind Artikel von ihr im «pila-Magazin», in «Champ», «exact» und «la vie» erschienen.

Ruth Senter
Pastorenfrau und Autorin zahlreicher Bücher. Sie ist Mutter von zwei Kindern.

Doris Siegenthaler
Leiterin der «Rundum fit» Bewegungsschule Doris Siegenthaler, Autorin mehrerer Bücher und CDs. Ihr neuestes Video heißt «Neuer Schwung für den Alltag» und ist im Verlag Schulte + Gerth erschienen.

Vreni Stäheli
steht mit ihrem Mann in der Leitung «Missionarische Dienste». Sie ist Hausfrau, hat vier Kinder und ist in der Chrischona-Gemeinde diakonisch engagiert.

Gerdi Stoll
Pfarrersfrau und ehemalige Lehrerin. Sie ist Autorin mehrerer Bücher, die im Hänssler-Verlag erschienen sind.

Luci Swindoll
macht Öffentlichkeitsarbeit für eine christliche Radiosendung. Sie ist Autorin von sieben Büchern.

Joni Eareckson Tada
verheiratet, ist Rednerin und Autorin mehrerer Bestseller, u. a. «Joni», bei Schulte & Gerth erschienen. Das Buch wurde in mehr als 40 Sprachen übersetzt. Sie ist auch Sängerin und Mundzeichnerin, seit 1967 nach einem Schwimmunfall im Rollstuhl. Als Gründerin und Präsidentin von JAF Ministries (Joni and Friends) arbeitet sie für Behinderte.

Gigi Graham Tchividjian
die älteste Tochter von Billy und Ruth Graham, Autorin zahlreicher Bücher und Rednerin. Sie ist verheiratet mit einem Schweizer Psychologen, Mutter von sieben Kindern und Großmutter von sieben Enkeln.

Juliet Thomas
Beauftragte für Frauenarbeit von Operation Mobilisation in Indien. Sie ist Mitglied des Lausanner Komitees für Weltevangelisation und verantwortlich für die Gebetsabteilung.

Ingrid Trobisch
Autorin von verschiedenen Büchern. Eines ihrer bekanntesten Bücher ist «Mit Freuden Frau sein».

Ruth A. Tucker
als Dozentin bei Trinity Evangelical Divinity School in der Nähe von Chicago tätig und Autorin von acht Büchern, von denen einige in Deutschland erschienen sind.

Dorothea Unbehend
Diplom-Sozialpädagogin, in der Kinder-, Jugend und Frauenfrühstücksarbeit engagiert. Autorin von Kinder-, Jugend- und Fachbüchern, Hörspielautorin in Zusammenarbeit mit dem Evangeliums-Rundfunk.

Rosemarie Uschold
Oberlehrerin i. R., z. Zt. 71 Jahre alt, hat zwei erwachsene Kinder und zwei Enkel. Sie ist Beraterin für jüngere Frauen und war auch in der Jugend- und Gemeindearbeit engagiert.

Maria Utri
Hausfrau und Fachlehrerin für Mode- und Bekleidungstechnik. Sie schreibt kreative Artikel für Zeitschriften und ist verheiratet und hat zwei Kinder.

Elke Werner
verheiratet mit Roland Werner. Als Team leiten sie den Christus-Treff in Marburg. 1996 waren sie für den jugendmissionarischen Kongreß «Christival'96» in Dresden verantwortlich. Sie ist Autorin und in zahlreichen christlichen Vorständen aktiv.

Meike-D. Wessling
Diplompsychologin, leitet das Institut «Kings Consulting» in Wentorf bei Hamburg, in dem Seelsorger ausgebildet werden. 1993 hat sie zusammen mit ihrem Mann Dirk das Buch «Abenteuer Mensch» veröffentlicht.

Birgit Winterhoff
Pfarrerin in der Evangelischen Kirchengemeinde Halle und Sprecherin von Morgenandachten des WDR. Sie schreibt Andachten für den Neukirchener Kalender; Bibel für heute; Termine mit Gott. Sie ist Referentin bei Frühstückstreffen für Frauen und Vorsitzende der Arbeitsgemeinschaft Jugendevangelisation.

Dr. Ute Zintarra
ist beim Evangeliums-Rundfunk als Musikredakteurin tätig. Dort verantwortet sie auch das Programm «Für SIE», Sendungen von und für Frauen. Außerdem ist sie Mitglied im Redaktionskreis der ABF-Arbeitshilfe.

Bacher, June Masters, Andacht zu Lukas 11,33, aus: dies., *The Quiet Heart* by June Masters Bacher, © 1988 Harvest House Publishers.

Bormuth, Lotte, Andacht zu 2. Timontheus 4,5-7, gekürzt entnommen dem Buch *Meine Trauer muß der Freude weichen.*

Briscoe, Jill, Andachten zu Markus 1,31; Lukas 10,40; 13,16; 21,2; Johannes 4,34, © 1990 Zondervan Publishing House.

Eber, Andreas, Andacht zu 1. Thessalonicher 3,2, aus: Kindermutmachlied, © Hänssler Verlag, Neuhausen-Stuttgart.

Elliot, Elisabeth, Andachten zu Matthäus 17,2 und Markus 6,46, aus: *On Asking God Why,* © Fleming H. Revell.

Graham, Ruth Bell, Andacht zu Jakobus 1,12 und 1. Petrus 4,19, © Ruth Bell Graham.

Hunt, Jane, Andachten zu Galater 3 und 1. Petrus 2, © 1990 Zondervan Publishing House.

Kempe, Janice, Andacht zu Matthäus 28,7, © 1990 Zondervan Publishing House.

Littauer, Florence, Andacht zu 1. Timotheus 4,16, aus: dies, *It Takes So Little to Be Above Average,* © 1983 by Harvest House Publishers.

Lotz, Anne Graham, Andachten zu Offenbarung 1 und 9, aus: dies., *The Vision of His Glory* by Anne Graham Lotz, © 1996 Anne Graham Lotz, erschienen bei Word Publishing.

Richards, Sue, Andacht zu Matthäus 26,12 und Hebräer 13,5, © 1990 Zondervan Publishing House.

Rinker, Rosalind, Andachten zu Markus 10,14 und Johannes 6,35, © 1990 Zondervan Publishing House.

Senter, Ruth, Andacht zu Judas 1,21, © 1990 Zondervan Publishing House.

Swindoll, Lucy, Andachten zu Hebräer 11,39; Jakobus 3,13 und 1. Johannes 5,4, © Zondervan Publishing House.

Tchividjian, Gigi Graham, Andachten zu Apostelgeschichte 27,15; Römer 12 und Philipper 2,5, © Zondervan Publishing House.

Tada, Joni Eareckson, Andachten zu Lukas 14,12; 2. Petrus 3,8; Offenbarung 20 und 21, aus: dies., *Heaven Your Real Home,* © 1995 Joni Eareckson Tada, erschienen bei Zondervan Publishing House.

Tucker, Ruth A., Andachten zu Johannes 20,25 und 2. Johannes 1,13, © 1990 Zondervan Publishing House.

© für alle anderen Andachten: 1997 LYDIA, die christliche Zeitschrift für die Frau.

Notizen

NOTIZEN

Notizen

NOTIZEN

NOTIZEN

Notizen